1982 年首批
二十四座国家历史文化名城

Wandering in the Famous Historical and Cultural Cities of China

徜徉中华历史文化名城

（第 1 册）

李进民　李晓萌　编著

北　京
冶 金 工 业 出 版 社
2022

内容提要

本书共分3册，主要介绍了国务院1982年首批公布的24座中华历史文化名城。第1册重点介绍了北京、承德、大理、大同、广州、桂林、昆明、曲阜等8座城市的历史人文和名胜古迹。

本书视角独特，文笔轻松，史料详实。本书不同于一般的旅游攻略，而是将景观名胜与相应的历史文化背景相结合，主要侧重于城市的历史和文化内涵，为广大旅游爱好者了解中华历史文化名城的普及性读物，适合各类读者阅读、参考。

图书在版编目(CIP)数据

徜徉中华历史文化名城.1/李进民，李晓萌编著.—北京：冶金工业出版社，2022.10

ISBN 978-7-5024-9270-0

Ⅰ.①徜… Ⅱ.①李… ②李… Ⅲ.①文化名城—介绍—中国 Ⅳ.①K928.5

中国版本图书馆CIP数据核字(2022)第167958号

徜徉中华历史文化名城（第1册）

出版发行	冶金工业出版社	**电　话**	(010)64027926
地　址	北京市东城区嵩祝院北巷39号	**邮　编**	100009
网　址	www.mip1953.com	**电子信箱**	service@mip1953.com

责任编辑　姜晓辉　美术编辑　彭子赫　版式设计　孙跃红
责任校对　葛新霞　责任印制　禹　蕊
北京建宏印刷有限公司印刷
2022年10月第1版，2022年10月第1次印刷
710mm×1000mm　1/16；17印张；330千字；253页
定价260.00元（共3册）

投稿电话　(010)64027932　投稿信箱　tougao@cnmip.com.cn
营销中心电话　(010)64044283
冶金工业出版社天猫旗舰店　yjgycbs.tmall.com
（本书如有印装质量问题，本社营销中心负责退换）

历史恢弘　文化璀璨　名城不朽
（代序）

工科出身的清华校友李进民先生和另一位作者李晓萌，钟情中华文化，热心继承传播，积数十年之搜集整理，为中华大地“国家历史文化名城”作书立传，令人钦敬。

“历史文化名城”之说，始于北京大学侯仁之、国家建设部郑孝燮、故宫博物院单士元3位先生在1982年的倡议，此后由国务院确定命名，成为一种文物保护机制。时至1994年，共有3批99座城市荣膺“国家历史文化名城”称号，及至2021年已陆续增至139座。

我本人和两个儿子对历史文化名城、尤其是故乡北京的兴趣，源于他们的外祖父侯仁之教授的教诲。侯先生以毕生精力、倾全部热情，开启了历史地理学和城市地理学两大学科的研究，尤其对北京的沿革、地理、风貌和历史文化，做了无与伦比的奠基性工作。几十年耳濡目染，使我对历史文化名城的概念深有所感，也更能体会李先生这部著作的意义和价值，它是对侯仁之先生等一代先哲最好的纪念和尊崇。

侯仁之先生1949年在英国利物浦大学完成的博士论文《北平历史地理》，今被公认为“中国历史地理学界第一部关于城市历史地理研究的专著”。这部标志性的著作，始于1941年侯仁之被日本人投入监狱时的腹稿，日后形成文字。他描述了1931年负笈北上，初次进入北平时的感受：“好像忽然投身于一个传统的、有形的历史文化的洪流中，手触目视无不渲染浓厚的历史色彩，一呼一吸都感觉到这古城文化空气蕴藉的醇郁。”

的确，城市是地域文明的汇集点和象征，每个城市都有自己独特的灵魂。尤其在近代和现代社会，城市是历史事件主要的发生地，是不同文化的交叉点和经济活动的集散处。一座城市所保留的历史遗产，就是那个地区和民族的一部百科全书，而像北京这样的大都会，更是整个中华民族历史足迹的缩影和写照。

中国历史悠远、文化博大精深，深深地淀积在以北京为代表的历史文化名城上。历代王朝的更迭、战火的硝烟，文明的迁徙、经济的流转，都在这些名城上刻下深深的印记。而百姓的生活、民间的习俗、多彩的风景、传世的建筑，也都给东西南北的各地名城留下风格迥异的史痕。要了解中国历史和文化，名城是最好的入口之一。

遗憾的是，自1982年建树历史文化名城的规制以来，并没有系统整理和介绍各个名城的研究工作开展，更没有相关的专著问世。李进民和李晓萌的这部著作应时而出，恰好填补了这个空白，成为相关工作的良好开端。进民先生和李晓萌的作品深入浅出、丰富多彩、趣味盎然，既叙述历史事件、传统风貌，又介绍名人轶事、趣闻典故；它不是一部学术著作，而是为广大群众准备的一辑普及性读物，为各个阶层的读者提供一个导引和参考，也是青年一代了解中华文明的通俗版读物。继承和发扬中国传统文化的优良传统，在传统的基础上创新，在历史的背景下崛起，历史文化名城的故事会带给我们许多有益的启示和借鉴，会激励我们去塑造更美好的城市、建设更伟大的国家，去更加努力地实现我们的中国梦！

感谢李进民和李晓萌的辛勤努力，希望这部系列丛书在宣扬中国传统文化和国家历史风貌方面，为延续中华文脉发挥非常积极的作用。追念故人，启迪后者，此书另辟蹊径、贡献卓著。

是为序。

葛惟昆

2018年10月　于清华园

葛惟昆先生，香港科技大学荣誉退休教授、清华大学教授、香港海外学人联合会名誉会长，1959年毕业于北京四中，1965年毕业于北京大学物理系，1983年获英国曼彻斯特大学博士学位；曾任北京有色金属研究所研究室主任、中科院半导体研究所副所长、美国达特茅斯学院副教授、香港科技大学教授。撰写有专著《半导体自旋电子学》（夏建白、葛惟昆、常凯著，科学出版社，2008），*Semiconductor Spintronics*（J B Xia，W K Ge，K Chang，World Scientific，2012），《足球运动与科学》（孙葆洁、葛惟昆等著，清华大学出版社，2017）；主编有《基础物理特色实验集锦》（高等教育出版社，2014），《近代物理实验》（清华大学出版社，2017）；译著有《晶格动力学理论》（波恩、黄昆原著，北京大学出版社，1988），《足球的科学》（清华大学出版社，2014）；发表SCI论文400余篇，被引用6500多次。

前　言

中国5000年的悠久历史，孕育出一些或因文化底蕴深厚，或曾发生重大历史事件而青史留名的城邑。这些历史文化古城，有的曾是王朝都城，有的曾是当时政治、经济重镇，有的曾是重大历史事件的发生地，有的曾是因拥有珍贵文物遗迹而享有盛名，有的则因出产精美工艺品而著称于世。正是它们的留存，使得人们在溯源考证中国历史时获取有利佐证。

有关“历史文化名城”之说，源于1982年北京大学侯仁之、建设部郑孝燮、故宫博物院单士元3位先生之倡议而建立的一种文物保护机制，经中华人民共和国国务院确定并发布，1982年、1986年、1994年，国务院先后公布3批共99座国家历史文化名城。此后，自2001年至2021年又陆续增补了40座，迄今已达139座国家历史文化名城。

每当作者查阅起“历史文化名城”相关史料，常被那些波澜壮阔的历史画卷震撼。大江东去，浪淘尽，千古风流人物。江山如画，一时多少豪杰。那些史上王朝都城，边关军事重镇，重大历史事件发生地，正是这些历史古迹的留存，才为今天人们回顾历史打开了一扇窗口。

每当作者谈论到“历史文化名城”的话题，总会油然泛起一种强烈的自豪感。环顾世界，谁曾见一国，绵延数千年历史文化而不绝，上自尧舜、下至民国，虽有时合时分、然终致分而必合，这也是中华民族血脉绵延且生生不息、56个民族和谐共处的历史必然。

每当作者徜徉于“历史文化名城”之中，面对着那些斑驳遗迹、古老城垣时常浮想联翩。黄河、长江孕育了中华民族5000年的悠久历史与灿烂文化，当年正是这些著名学者、文史专家，怀着对祖国的深切热爱，倾其拳拳赤子之心，提出了堪称名留青史的建议主张。

本书在编著过程中基于以下几方面考虑：

(1) 以国务院 1982 年公布的第一批 24 座国家历史文化名城为依据。

(2) 各“名城”均由一节“概说”引入简要介绍其历史溯源文化特征。

(3) 各“名城”介绍其博物馆，如省（市）博物馆（院）、特色博物馆。

(4) 各“名城”如北京、南京、西安等，简要介绍一两所著名大学。

(5) 各分册以均衡分布 7 种类型“名城”为基础、统筹匹配适当组合。

(6) 对“名城”周边局域史上关联或文化属一脉相承的事物酌情引入。

(7) 本书将北京、南京、西安分别列为 3 册书籍的开始篇，权作反映不同历史时期、不同文化特征的代表，其余“名城”所在图书的位置均以其英文名称字母排序而定。

(8) 本书在介绍博物馆（如中国国家博物馆、南京博物院、陕西历史博物馆等），大学（如北京大学、清华大学、南京大学、西安交通大学等）章节时，为使其资料准确和规范，原则上引用了官网所发布信息。为此，特进行说明并因无法逐一致谢而表示歉意。

(9) 为使读者径直阅读所需内容，本书力求简明扼要、叙事一目了然，故对原文进行 8 次大规模压缩改写再创作。书中所记载的朝代事物，都采用历史纪年与公元纪年对照形式进行阐述，本书介绍“名城”约 700 处（个）历史文化景观（风景、风貌、文物、史迹等）。

本书不是学术著作，也不是文史考证资料，它只是为广大读者准备的一本有关历史文化方面的普及性读物，仅是供广大读者朋友对中华民族文明史作一般性了解的通俗版参考书，为那些喜欢自由行或自驾游的旅游爱好者提供行程导引或出行指南。

如今，人们的思想意识和文化修养不断地得到充实。为弘扬中华民族悠久历史，传承中华民族灿烂文化，保护中华民族历史文化遗产(遗迹)，为进一步促进和发展文化旅游事业，让你、我、他，共同携起手来，在不同工作岗位上，呈献我们的一丝绵薄之力。

作 者

2022年1月

总 目 录

第3册

一、北京

——幽燕风云 六朝帝都

一、北京

——幽燕风云　六朝帝都

(一) 名城概说

北京位于华北平原北部，近依渤海湾，毗邻辽东半岛和山东半岛。西面是太行山余脉西山，北面与东北面为燕山和军都山，两山于南口关沟一带交会，形成自西北向东南展开的广阔平原，史称“幽州之域，左环沧海，右拥太行，北枕居庸，南襟河济，乃君临之地”。

北京平均海拔44米，最高山峰为门头沟区的东灵山，最低方位为通州区东南边界。北京天然河道自西向东贯穿五大水系：拒马河水系、永定河水系、北运河水系、潮白河水系、蓟运河水系。这些河流多由西北山地发源，蜿蜒流向东南平原，最后分别注入渤海。

北京是中华人民共和国的首都，中国的政治、文化、教育和国际交流中心，中国经济金融的决策中心和管理中心，是一座有着3000多年悠久历史文明的古城。在中国的历史上曾经为6个朝代的都城（春秋燕都、辽陪都、金中都、元大都、明朝都城、清朝都城）。

近代民国初期，北京的地方体制仍然依照清制，称顺天府。直到民国三年(1914年)，才将顺天府改称京兆地方，为当时中央政权北洋政府直辖。这一时期，北京新建了有轨电车，呈现了现代的文化机构、医疗机构，如北京大学、清华大学、燕京大学、辅仁大学、协和医学院等。

1949年1月，傅作义将军率领25万国民党军和平起义，解放军随即进入北平，令这座著名古都实现和平解放。同年9月，中国人民政治协商会议第一届全体会议通过决议，将北平更名为北京。1949年10月1日，中华人民共和国中央人民政府在北京宣告成立。

今天的北京，既是一座著名的历史文化古都，也是一座焕发着青春气息的现代化新城。从春秋战国时期的燕都蓟，至明、清王朝的京都，这里曾建造了许多宏伟的宫廷建筑，成为中国拥有王宫、园苑、庙宇、祭坛、皇陵等建筑最多，且保存最为珍贵的宏伟古城。

北京名胜古迹极为丰富，如皇家建筑、宗教庙宇、革命遗址等。现有全国重点文物保护单位90余处，市级重点文物保护单位160余处。其中，故宫、天坛、北海、景山、颐和园、香山、明十三陵、八达岭长城、周口店古人类遗址等，皆为举世闻名的游览胜地。

北京，为国务院于1982年公布的首批24座国家历史文化名城之一。

1. 寻踪问源

早在西周初年，周武王灭商后不久即封召公于今北京域，史称这一广袤封地为燕域。据考证，当时燕都城的位置，约为今北京房山的琉璃河镇一带，其历史遗迹至今尚存。后又封尧之后人于蓟地，只是不久燕便将蓟吞灭，且顺势迁都于蓟，由此始称燕都或燕京。

秦代前北京称蓟，秦时设广阳郡。汉高祖五年（前202年），封于燕王辖地。元凤元年（前80年）复为广阳郡蓟县属幽州。本始元年（前73年）有王族分封于此，其后称广阳首府。至东汉光武帝年间改制时，再置幽州刺史部于蓟县。永元八年（96年）复为广阳郡之驻所。

史上西晋时期，朝廷改广阳郡为燕国，而幽州则迁至范阳。至十六国的后赵时期，幽州驻所又迁回至蓟县，燕国遂改设燕郡。其后虽又历经前燕、前秦、后燕和北魏，但基本格局未变。至隋代开皇三年（583年）废除燕郡，隋朝大业三年（607年），再改幽州为涿郡。

唐初武德年间，涿郡再次复称幽州，至贞观元年，幽州又被划归河北道，其后不久又成为范阳节度使的驻地。史上发生的著名的“安史之乱”中、令番王安禄山于此称帝，自立国号“大燕”，不过此次之乱终为唐王朝所平息，其后唐王朝复置幽州且归卢龙节度使管辖。

五代初期，刘仁恭在此建立政权，自称燕王且割据一方。北宋初年（960年），宋太宗在今海淀高梁河一带，与辽军交战但北宋大败。自此以后，宋王朝对燕云十六州基本失去实际控制。而辽则于会同元年（938年），在北京建立起陪都，史称南京（今北京）幽都府。

金贞元元年（1153年），金朝皇帝完颜亮下令迁都北京，史称此城池为金中都，其大体方位为今北京西南莲花池一带。史上元代，蒙古铁骑先灭金后灭宋、继而横扫欧亚大陆，不久将国号改称元。此时，北京城被称为元大都，同时也再次成为全国的政治中心。

明朝初年，前以应天府为京师。后燕王朱棣携靖难之变夺得皇位，永乐元年（1403年）将北平改称为北京，自始北京方得此名。明永乐十九年（1421年），明朝皇权正式从应天府迁都北京，即以顺天府为明王朝京师，称作北京，而前应天府则作为留都，改称为南京。

清军入关后不久即进驻北京，称北京为京师，顺天府属直隶省。辛亥革命后民国元年（1912 年），中华民国政府定都南京，同年 3 月迁都南京。民国伊始，北京地方的行政区划仍沿清制，只是到了 1914 年，顺天府才改为京兆地方，且直辖于中央政权即北洋政府。

1949 年初，人民解放军百万大军挥师入关，迫于形势压力后经各方人士奔走呼吁，1949 年 1 月底，北京实现和平解放。1949 年 9 月，中国人民政治协商会议第一届全体会议通过，将北平再次更名为北京。1949 年 10 月 1 日，中华人民共和国在此宣告成立。

2. 人文荟萃

北京，这座著名的历史文化古城，由于有着3000 多年悠久历史、6 朝王城的建都经历、丰富深厚的文化底蕴，从而令北京在不同的历史时期，曾经出现过不同的历史称谓。

史上名称

燕都：据相关史书记载，公元前 11 世纪，周武王灭商后在尧封帝。此后，又在苏城建都，不久便将燕封与召公。燕都因古时为燕国都城而得名，其国都曾称为“燕都”。

日下：始见于《晋书》，颍川因距晋国都洛阳很近故称日下。唐代诗人王勃作《滕王阁序》，有“望长安于日下，指吴会于云间”句文。后“日下”亦作为国都的一个代称。

幽州：据称乃远古时期的九州之一，而幽州之名最早可见于《尚书·舜典》之“燕曰幽州”。史上两汉、魏、晋、唐代曾于此设置过幽州，其治所也均在今天的北京一带。

京城：早在唐玄宗的天宝元年（742 年）以前，就将当时的国都长安称之为京城。所以，此后一说到京城，人们就泛指为国都，因此北京成为国都以后，也多将其称为京城。

南京：相关资料显示，史上辽太宗会同元年（938 年），曾将原来幽州升为幽都府，由于当时辽的国都还在上京，故建都后称作南京，不过也有称燕京，当年它曾为辽的陪都。

大都：元代京城是在金代的离宫基础之上，以今天的北海琼岛为中心，重新规划构建的一座宏大都城。元世祖至元九年（1272 年），则将原金中都改称为大都，史称元大都。

北平：明代洪武元年（1368 年），朱元璋建立了大明王朝，其后又经过几番的艰苦征战终于灭掉元，为了记载平定北方这一重要的历史功绩，遂将当时的元大都改称为北平。

北京：明永乐元年（1403 年），明成祖朱棣取得了皇位以后，遂将其封地改称顺天府，不久便迁都城于此且正式将其命名北京。如果仅以此计，北京城也足有 600 余年历史。

京兆：民国二年（1913 年）废顺天府，翌年置京兆地方直属中央，当时行政区划基本包括了现今北京大部分地区。民国十七年（1928 年）废京兆地方，将当时的北京改称为北平。

古都城垣

今北京城，为史上明、清两代王朝都城建筑总称，由宫城、皇城、内城、外城四部分构成，包括城墙、城门、瓮城、角楼、敌台、护城河等设施。自永定门北行，沿途分布有天坛、先农坛、太庙、社稷坛、东华门、西华门、安定门、德胜门等，诸多历史名胜古迹。

天安门与天安门广场

天安门，位于北京天安门广场北端，对面是天安门广场、人民英雄纪念碑、毛主席纪念堂、人民大会堂、中国国家博物馆，天安门城楼是中国古代最壮丽的城楼建筑之一。

天安门广场中央矗立人民英雄纪念碑、毛主席纪念堂，西侧是人民大会堂，东侧是中国国家博物馆，南侧是正阳门和前门箭楼。整个广场宏伟壮观，浑然一体，气势磅礴。

博物馆（院）

北京现已注册的博物馆（院）已达 150 余座，数量规模列世界第二（仅次于伦敦）。中国国家博物馆现为世界最大博物馆，故宫博物院为世界五大博物馆之一，另有中国人民革命军事博物馆、首都博物馆、北京天文馆、自然博物馆、中国人民抗日战争纪念馆等。

京城文化

北京的胡同：旧城内有一被称“胡同”“巷”或“条”的地方，它与南方“里弄”的意思相近。北京城胡同始于元、明、清三个历史时期，其中大多数又形成于 13 世纪的元朝。

北京四合院：又称四合房，是颇具传统色彩的合院式建筑，基于格局为院落四面兼有房屋，通常由正房、东西厢房和倒座房组成，因四面将庭院合围于中间，故称四合院。

国粹京剧：当年徽班（三庆、四喜、春公、和春）先后进京，且随之皇宫献艺成功。该剧种以徽调和汉调为主，兼收昆曲、秦腔、梆子等戏曲精华，继而诞生的一新剧种。

不仅如此，另有评剧、京韵大鼓、北京琴书、相声等地方曲艺。景泰蓝、象牙雕刻等堪称工艺绝技，而吹糖人、捏面人等又为地方民俗代表。京城王府井、西单、大栅栏等为著名传统商业街。此外，琉璃厂古籍文化街区、什刹海文化街区也极具特色，值得一游。

（二）历史文化

1. 中华民族统绪　历史文化殿堂——中国国家博物馆

中国国家博物馆位于天安门广场东侧，与人民大会堂呈对称布局，是在原中国历史博物馆和原中国革命博物馆基础之上组建而成。中国国家博物馆（以下简称“国博”），是以历史与艺术并重，集收藏、展示、研究、考古、公共教育、文化交流于一体的国家级综合性博物馆。

简介

该馆总建筑面积近 20 万平方米，设有各类展厅 48 个，其中最大展厅达 2000 平方米，最小的也近 800 平方米。中国国家博物馆也是迄今世界上一座建筑面积最大的博物馆。这里收藏的 140 余万件藏品，充分显示和见证了中华民族 5000 年文明史的血脉绵延与灿烂辉煌。

国博也是集中反映中华民族优秀的传统文化、革命文化、社会主义先进文化的国家最高级别殿堂。绵延不绝的数千年中华文明，积淀了深厚的历史文化底蕴，在文物收藏保护、陈列展示、公共教育、科学研究、对外历史文化交流等方面，发挥着极为显著的作用。

沿革

1912 年 7 月，民国政府教育部以国子监为馆址设组建国立历史博物馆筹备处。1918 年 7 月，馆址于故宫端门与午门处。1920 年 11 月，博物馆正式成立，1926 年 10 月开馆。

1949 年 10 月，其更名为国立北京历史博物馆。1950 年 3 月，成立中央革命博物馆筹备处。1959 年 8 月，天安门广场东侧新馆落成，1959 年 10 月，“中国通史陈列”对外预展。

1960 年 8 月，原北京历史博物馆更名为“中国历史博物馆”，中央革命博物馆更名为“中国革命博物馆”。至 1969 年 9 月，中国历史博物馆和中国革命博物馆合并，统称“中国革命历史博物馆”。1983年初，两馆再次分设中国历史博物馆和中国革命博物馆。

2003年2月，又在原中国历史博物馆和中国革命博物馆的基础之上，正式组建中国国家博物馆。2010年12月，国博改扩建工程竣工。2011年3月，新馆正式对外开放。

展陈

该博物馆布展形式包括：基本陈列、专题陈列，以及相应的交流展、临时展、网上展等多种形式。例如，在展厅中设有“古代中国”和“复兴之路”两个基本陈列，以及青铜器、佛造像、钱币、瓷器、石刻、革命文物、现代美术作品等多个专题展览或临时性展览。

• 基本陈列

“古代中国”（长期）。包括远古时期、夏商西周时期、辽宋夏金元时期、明清时期等8个板块。系统地揭示了中国从远古时期到清末的漫长历史进程，全面展现了中华历史与文明绵延不绝的发展特点，以及中华各族人民共同缔造多民族国家的历史进程，彰显了中华民族大家庭在政治、经济、文化诸方面，所取得的光辉灿烂成就，以及对人类文明发展曾经作出的伟大历史贡献。

“复兴之路”（长期）。由“中国沦为半殖民地半封建社会”及“走中国特色社会主义道路”等5个板块（17单元）组成。该展览通过回顾1840年鸦片战争以来，陷入半殖民地、半封建社会深渊的中国各阶层人民，在屈辱与苦难中奋起抗争以及为实现中华民族复兴而进行的各种探索。

同时也展现了近100多年来，中华民族团结奋斗的艰难历程，尤其在中国共产党领导下所进行的卓绝斗争，从而实现了新民主主义革命到社会主义革命和建设的历史性转变。

“领袖·人民——馆藏现代经典美术作品展”（常设）。2011年3月，展馆改扩建竣工重新开馆，藉此将“历史与艺术并重”作为新的发展定位。例如，主题为“领袖·人民——馆藏现代经典美术作品展”，就是在该展陈基础上的进一步补充调整。例如，经典美术作品《开国大典》，新时期美术作品《新中国诞生》等。

• 专题陈列

为丰富展览内容，该馆还设有包括青铜器、佛造像、钱币、瓷器、石刻、革命文物、现当代美术作品等10多个专题展览。例如，中国古代瓷器艺术展（常设），友好往来　历史见证—党和国家领导人外交活动受赠礼品展（常设），国家博物馆馆藏雕塑展（长期）等。

典藏

国博收藏的珍贵文物主要分为古代藏品、近现代藏品、艺术作品三大类。在其所收藏的140万余件各类藏品中，仅国家一级文物就有近6000件。这些国宝级文物藏品，不仅类型多样、精妙绝伦，而且具有极高历史价值、科学价值和艺术价值。例如："中华第一龙"（玉雕，红山文化），后母戊鼎（青铜器，殷商晚期），铸武王征商铭文利簋（青铜器，西周），击鼓说唱陶俑（陶器，东汉），三彩骆驼载乐俑（唐三彩），宋、元、明、清时期的精美瓷器，以及各种珍贵书画、印章碑拓、金银饰物、古籍善本等。

---

2. 革命战争史典　人民军队历程——中国人民革命军事博物馆

中国人民革命军事博物馆（以下简称"军博"）位于北京市复兴路北侧，该馆于1958年10月兴建，1959年7月落成；其楼顶立有直径达6米的中国人民解放军军徽，该展馆于1960年8月1日对外正式开放。军博于2012年9月全面加固整修，2017年7月竣工其后复展。

简介

军博全馆设有43个展厅（区），主要从事收藏、研究、陈列，反映中国共产党领导的军事斗争历程、人民军队成长壮大和建设发展的成就，相关历史文物、实物、文献、资料等。展览分为室内文物展区和室外武器装备展区两部分。其中，室内展陈面积约5000平方米，广场展陈面积约2300平方米，重点展示人民军队的成长经历、优良作风和光荣传统。馆内文物集中反映人民解放军军史，中国古、近代军史及世界军史。现馆藏文物16万余件，一级藏品1800余件（套），以武器、军服、证章及军事题材藏品为重点和特色。

沿革

1958年8月，中共中央政治局在召开的北戴河会议上作出一项十分重要决定，为庆祝中华人民共和国成立10周年，将在北京新建历史博物馆、革命博物馆、军事博物馆。

1959年3月，中央军委第167次会议将正在筹备的军事博物馆，定名为"中国人民革命军事博物馆"。1962年夏，毛泽东主席为建馆题写馆标"中国人民革命军事博物馆"。

1963年2月，经上级主管部门批准，博物馆曾将中印边境反击战中所缴获的部分武器装备，以及1962年击落的美制U2型高空侦察机残骸，在馆内进行陈列及定向展出。

1976年10月，总政治部发出《关于征集革命文物的通知》，除继续发掘、征集各革命历史时期文物外，着重征集中华人民共和国成立以来我军参加和保卫社会主义革命和建设的各种文物。

1988年7月，《中国古代战争馆》《中国近代战争馆》正式开馆。自此，展馆初步构成了以反映我党领导的革命武装斗争史为重点，辅以中国古代、近代军事简史的展陈体系。

1999年10月，军博《保卫社会主义祖国馆—抗美援朝战争厅》举行开幕式。2004年2月，《土地革命战争馆》《抗日战争馆》《全国解放战争馆》开馆仪式也在军博举行。

展陈

该博物馆布展形式包括基本陈列、主题展览、以往展览三部分。

基本陈列。展览内容主要包括“中国共产党领导的革命战争陈列”“新中国国防和军队建设陈列”“兵器陈列”“中国历代军事陈列”“军事科技陈列”“军事艺术陈列”六大板块。

主题展览。例如，展馆曾举办过“铭记光辉历史　开创强军伟业——庆祝中国人民解放军建军90周年主题展”。展陈重点介绍了我军历史上一些重大的历史事件，例如井冈山会师、论持久战、攻克锦州、开国大典、上甘岭战役、华北军事演习、进驻港澳、全军政治工作会议等。

以往展览。展馆注重与时俱进。例如对以往设置的古代战争馆，近代战争馆、土地革命战争馆、抗日战争馆、全国解放战争馆、抗美援朝战争馆、新中国国防和军队建设成就馆、兵器馆、中国人民解放军对外交往友谊馆、军事艺术馆，以及一些专题性展览，不断进行调整补充和完善。

探观

倚天青釭——佩剑。剑，作为佩带性兵器史上汉代已见日臻，上自君王、下至士大夫、侠士，皆喜欢将其佩带随行，故《说文·刃部》释，“剑，人所带兵器也。”时佩带名剑乃地位、身份象征，如《三国演义》中，曹操有两柄宝剑，一曰“倚天”曹自佩，一称“青釭”长坂坡为赵云所得。

砸击兵器——鞭与锏。在《说唐演义全传》中有“小秦王夜探白璧关，秦叔宝救驾红泥涧”一折精彩故事。时尉迟恭抽出钢鞭企图偷袭秦琼，而秦琼也拽出两支金装锏相迎，据说尉迟恭打了秦琼三鞭，秦琼还击了尉迟恭两锏。此章节描述了鞭、锏两种砸击兵器，其精彩格斗后传为美谈。

统兵凭证——虎符。史有虎符救赵典故，演绎了魏国如姬帮助信陵君窃得魏王虎符，代魏将晋鄙发兵救赵的故事。据历史文献记载，虎符曾为中央调遣军队凭证，其形状呈虎形分左、右两半，右半边在君王处，左半边交统兵将领。凡调用士兵50人以上，须左右兵符相合方可执行。

“十八般兵器”略说。“十八般兵器”之说源于“十八般武艺”，在不同时期表述也有不同说法，通常指刀、枪、剑、戟，斧、钺、钩、叉，镗、棍、槊、棒，鞭、锏、锤、抓，拐子、流星。

典藏

古代藏品为秦兵马俑、汉代钩镶、隋铜虎符、元至正十一年铜铳、明洪武五年碗口铳、清神威无敌大将军炮、太平天国铁炮、左宗棠印章、丁汝昌战袍、“镇远”舰铁锚等。

近代藏品为朱德南昌起义中使用的手枪、毛泽东送给袁文才的皮裹腿、红军的第一部电台、击毙阿部规秀的迫击炮、侵华日军司令冈村宁次代表日军投降时呈缴的战刀等。

---

3. 明清殿宇恢宏　典藏文物珍奇——故宫博物院

北京故宫位于北京的中轴线之上，故宫博物院成立于1925年，是建立在明清两朝皇宫——紫禁城基础之上，历经500年兴衰荣辱的帝王宫殿。今故宫博物院以其世界上规模最大、保存最完整的木结构宫殿建筑群姿态，赫然屹立于世界一流博物（院）馆之林。

简介

北京故宫，为始建于1406年的皇宫建筑群，自明永乐十八年（1420年）落成之日，至辛亥革命推翻了中国最后封建帝制——清王朝之时，其前后历经大约五百余年的历史。走进故宫博物院，沿中轴线前行，即可见到一系列气势恢宏的宫殿建筑。沿途经过东西六宫和内廷园囿，亦可感受皇家后宫典雅精致的格局，领略宫廷生活神秘及温婉气息。

故宫收藏有明清皇室的奇珍异宝，记载了明清宫廷的历史档案，现存各式藏品180余万件，其中很多为绝无仅有稀世珍宝，它既是中华民族的骄傲，也是人类共同文化遗产。今故宫与法国凡尔赛宫、英国白金汉宫、美国白宫和俄罗斯克里姆林宫，被誉为世界五大宫殿建筑。故宫已入选世界文化遗产，是全国重点文物保护单位、国家5A级旅游景区。

沿革

1914年成立古物陈列所；1925年9月设临时董事会，由严修、蔡元培、熊希龄、于右任、李煜瀛等21人组成，李煜瀛为董事兼理事长，古物馆长易培基，图书馆长陈垣。

1925年10月故宫博物院成立；1928年6月南京政府接收故宫博物院，任命李煜瀛为理事长，另有院长易培基，古物馆长易培基（兼）、文献馆长张继、图书馆长庄蕴宽。

1937年抗战全面爆发。故宫南迁文物历尽艰险，沿三路辗转迁徙至四川，分储于巴县、乐山、峨眉山等地。1945年抗战胜利后，南迁文物于1947年运回南京及故宫博物院。

1948年底至1949年初，南京国民政府曾将3000余箱文物运往台湾，后于台北双溪建立新馆。1949年2月北平解放，新中国成立后故宫博物院曾隶属中央人民政府文化部。

1951年，博物院进行机构调整。1961年，中华人民共和国国务院公布故宫为全国重点文物保护单位。如今，这片恢宏的宫殿建筑群已得到国家和有关部门充分而有效的保护。

展陈

博物院布展形式包括宫廷建筑、宫廷历史、展陈专馆。

宫廷建筑。以紫禁城为主体分为南北两大部分，即前朝（外朝）、后寝（内廷）。

前朝（外朝）。前朝占据紫禁城南部广大区域。其特征宫殿宏伟、广场宽阔、以紫禁城午门、宫门、太和门，以及太和、中和、保和三大殿为中央轴线，体仁阁、弘义阁两厢拱卫辅立，文华殿、武英殿东、西两侧张翼呵护，是皇帝举行盛大礼仪，百官群臣朝见天子庄重之场所。

后寝（内廷）。后寝又称内廷，为皇室生活区域统称。以皇帝、皇后正寝宫殿乾清、坤宁二宫为中，后妃居住的东、西六宫，以及皇子生活的乾东、西五所等院落为辅。其建筑格局严谨，装饰豪华雅致，设有礼仪、寝居、书房、佛堂、苑囿等处所，映衬着皇家生活的许多史痕。

宫廷历史。博物院依据历史档案资料，将紫禁城元旦大朝贺、御门听政、军机处夜值、皇后入洞房、垂帘听政、批阅奏章、御苑中秋等20余项宫廷活动秘史介绍给观众。

元旦大朝贺。即每逢新年第一天，无论皇帝王族还是京城的文武百官皆须早早起身，依律汇集到紫禁城中的金銮宝殿前向皇帝“拜年”，这便是元旦大朝贺的盛装典礼。其主要场地为午门、太和门、太和殿（群臣行动轨迹及仪仗）乾清门、保和殿、中和殿（皇帝升殿路线）。

御门听政。清晨天未大亮，乾清门广场前便已人影攒动。时辰一到，亲王、重臣、九卿以及各部官员，须从景运门进入且汇聚乾清门前。随着太阳升起，皇帝也从内宫来到乾清宫御案前，令王公大臣依次奏事且做出批示。如此说来，日理万机对一位勤政帝王而言并不过分。

展陈专馆：主要包括文物珍品、原状陈列、常设专馆、专题展览 4 大板块活动。

文物珍品。展示有髹金雕龙宝座屏风、“正大光明”匾、铜镀金写字人钟等 8 项珍贵文物。

原状陈列。展示有太和殿、中和殿、保和殿、乾清宫、坤宁宫、储秀宫等 13 处原状殿宇。

常设专馆。如书画馆、陶瓷馆、珍宝馆、钟表馆、青铜器馆等 11 处（有暂闭）常设专馆。

专题展览。如军机处史料展、营造之道——紫禁城建筑艺术展等 11 个（有暂闭）专题展。

典藏

博物院文物收藏体系完备、种类丰富、涵盖古今，现藏品总量已达 180 余万件（套）。远自新石器时代，延续龙山文化、商代后期历朝器物，至明清、民国及近现代珍品。藏品共计分为 25 大类别，其中包含有国家一级藏品 8000 余件(套)。在这些珍贵藏品中，以明清宫廷文物类、古建类、书画类藏品最具特色，堪称珍贵文物艺术之宝库。

4. 燕蓟悠远史痕　皇城雅韵遗风——首都博物馆

首都博物馆（以下简称“首博”），位于北京市西长安街延长线上、白云路的西侧。该馆集收藏、展览、研究、考古、公共教育、文化交流于一体的北京地区综合性博物馆。展馆外观典雅、深邃、含蓄，令其成为十里长街一处富含古都韵味、颇具艺术特色的现代建筑之一。

简介

首博于 1953 年开始筹备，原馆址位于北京孔庙（全国重点文物保护单位）。首博新馆于 2001 年 12 月奠基开工，2005 年 12 月新馆落成试运行，2006 年 5 月正式开馆。今首博以其宏大建筑、丰富展览、先进技术、完善功能，已跻身一流先进博物馆行列。

首博新馆主体建筑呈现独特格局，分别为矩形展馆，椭圆形专题展馆，条形办公科研楼，三者之间的巨大空间为中央大厅和室内竹林庭院。馆内自然采光利用充分、古朴中式牌楼、下沉式翠竹庭院、潺潺流水景观，由此精心营造出厚重人文与自然情趣兼备的空间。

首博今保存与陈列有 70 余万年前的“北京人”栖居史、3000 多年的城垣史、800 余年帝都史的珍贵遗存。这里收藏且陈列着众多中华文明瑰宝，其总数已超过 20 余万件，为一处介绍北京悠远历史与人文风情场馆，一座面向公众展示人类文明的殿堂。

沿革

1953 年，首博开始筹备工作，馆址设于国子监街孔庙。1981 年 10 月，首博正式对外开放。1999 年，首博新馆建设工程立项，当年得到北京市政府批准。2001 年 12 月，首博新馆正式奠基兴建。2006 年 5 月，首博新馆正式开馆。

展陈

首博布展形式包括常设展览、近期新展（不定期）、展览回放（不定期）等形式。首博的常设展览部分为基本陈列、专题艺术陈列两大个板块。

● **基本陈列**

这一部分内容主要包括“古都北京·历史文化篇”“京城旧事·老北京民俗展”。此环节展览意在表现独具特色的京城文化，以及从远古走来且奔向辉煌的古都发展史。

“古都北京·历史文化篇”则由“北京历史文化”与“世界文明概览”构成，“北京历史文化篇”包括“文明曙光（史前）”“燕蓟神韵（夏商周）”“落日余晖（清）”等 10 个单元。

“古都北京·历史文化篇”。

“北京历史文化”。“文明曙光（史前时代）”介绍距今约 50 万年前“北京人”在此生存聚居并由此创造了聚落组织和史前文化，以及在拓展生存空间的过程中，与各种文明发生的交流与碰撞。

“燕蓟神韵（夏商周）”。夏商周时华夏大地，呈现文化融合趋向一统。周武王灭商后，分封了燕、蓟两个诸侯国。战国时燕成“七雄”之一，燕都蓟为“富冠海内”名城。

“夕阳残照（民国）”。民国时期是古都北京重要历史阶段，1912 年曾为中华民国首都，“南京政府”成立后北京改名“北平”，但仍不失北方政治、文化中心的重要地位。

“世界文明概览”。此展是进一步解读“北京历史文化”的辅助陈列，它以世界格局为视角、以京都历史文化为背景，从而加深对北京历史文化内涵的理解与思考，领略中外文明的精粹与交融。

“京城旧事·老北京民俗展”。

以北京800年皇城文史为背景，自清末至民国，将北京民俗元素“胡同和四合院”以戏剧化方式演绎，将胡同、商街、四合院以景画形式呈现，历历在目，让人身临其境。

其“洞房花烛美姻缘”“降龙诞凤添人丁”“古稀大寿福如海”“爆竹辞旧迎新春”“老北京的生活（胡同、商业习俗、京剧）”等5个章节，巧妙串连起老北京的人生礼俗、民间事务。

● **专题艺术陈列**

此展分为千年宝藏展、古代瓷器展、燕地青铜展等5个专题部分。

千年宝藏展厅：精心遴选北京史上遗存的部分佛塔文物进行介绍，以期展示古都北京深厚的佛教文化底蕴、独特的佛教文化风貌，以及建筑、雕塑和各种工艺等精绝特色。

古代瓷器展厅：展出北京作为都城不同时期出土和传世的瓷器，如宋辽金至明清时期北京地区遗址、墓葬、窖藏出土的瓷器代表。展览分4个部分，共展出文物170组件。

燕地青铜展厅：将中原文化与北方草原文化之青铜器对比、西周与东周青铜器对比为线索，意在介绍两种青铜文化在不同时期所产生的历史作用，以及交流与碰撞的因果。

典藏

首博特将青铜器、陶瓷器、金银器、玉器、佛造像、钱币、书法、绘画、织绣、文玩等，十余类具有代表性文物精选布展，从而进一步展示古都北京的悠久历史与灿烂文明。

在首都博物馆所收藏的众多文物珍品中，有一款乾隆御制的石碑尤显珍贵，此碑分为碑身、碑帽、碑座三个部分，其中帽和座各有两个且一共五件，此碑保存非常之完好。值得称道的是，此碑身为乾隆正楷手书《皇都篇》《帝都篇》，以满汉两种文字撰写而成，其中两首诗集中表达了乾隆皇帝“在德不在险”及“居安思危”的治国理念。

---

5. “思想自由　兼容并包”——北京大学

简述

北京大学（以下简称“北大”）创办于1898年，初名为京师大学堂，它是我国第一所具有国立性质的综合类大学。时为肩负着中国最高教育行政机关职责，辛亥革命后的1912年改为现名。

1917年，著名教育家蔡元培先生出任北京大学校长，他奉行“循思想自由原则，取兼容并包主义”，对北京大学进行了卓有成效的改革尝试。由此，促进了思想解放和学术繁荣。当年陈独秀、李大钊、鲁迅、胡适等一批杰出才俊都曾在北京大学执教或任职。

1937年7月卢沟桥事变，北京大学与清华大学、南开大学陆续南迁至长沙，短时内共同组成长沙临时大学。不久因战事吃紧，临时大学又迁到昆明，改称国立西南联合大学。

抗日战争胜利后，北京大学于1946年10月在北平复校。新中国成立后，全国高校于1952年进行院系调整，北大改为一所以文理基础教学和研究为主的综合性大学。

改革开放为北京大学迎来新的发展机遇，今日北大已经成为国家培养高素质、创造性人才摇篮、科学研究和知识创新的前沿基地、国际学术交流的重要桥梁和窗口。

据称，北京大学校友和教师中有400多位为两院院士，人文社科界有影响人士很多也出自该校。北大无论在学科建设、人才培养、教学科研等各方面都取得了显著成绩。

今北大设人文、理学、社会科学、信息与工程、医学5个学部，60余个直属院系120余个本科专业，其专业范围之广几乎涵盖（除军事、农业）所有重要学科或门类。

沿革

京师大学堂（1898—1911年）。1898年7月，该校由孙家鼐主持在北京创立，最初校址在北京景山东街和沙滩红楼等处。京师大学堂也是中国近代正式设立的第一所大学。

国立北京大学（1912—1929年）。1912年5月，京师大学堂更名为北京大学校，不久又冠名“国立”，它也是中国近代史上第一所冠以“国立”名称大学，严复曾出任其校长。

1917年，著名教育家和民主主义革命家蔡元培先生出任北京大学校长，在其任职期间为促进思想解放和学术繁荣，广开言路、博纳群贤，令北大精神面貌日新月异。

1930年，国民政府首任教育部长、蔡元培先生高足、曾三度代理北大校长的蒋梦麟先生执掌帅印。1930—1937年，蒋梦麟先生一直肩负着北大重任且竭尽其所能。这段时间也被学界称为“北大中兴时期”，而蒋梦麟这位中国近代杰出的教育家则功不可没。

1937 年 9 月，北京大学南迁长沙，且与清华大学、南开大学共同组成国立长沙临时大学。1938 年临时大学再移昆明并更名为国立西南联合大学。至 1946 年 5 月西南联大举行结业典礼，光荣地完成战时大学历史使命，由此，也创造了中国高等教育史上的一个奇迹。

1946 年 7 月，胡适先生由美国回国，同年 9 月正式就任北大校长。随后便倾其心血竭诚致力于北大全面复兴，矢志“把北大做到最高学府，做成功今日最高的学术研究机关”。其间胡适先生更以其声望延揽名师，遂令时年北大名士云集、群贤毕至。

1952 年，随着全国高校院系调整，时清华大学、燕京大学的文理科部分师资并入北京大学，而北京大学的工学院、农学院、医学院、地质系、政法专业等，则剥离北大，或组建新的高等院校，或并入其他相关院校。院系调整后北京大学迁址于原燕京大学。

1981 年北大被国务院正式批准为首批具有博士、硕士授予权的大学。1984 年 10 月，北京大学研究生院成立。2000 年 4 月，史上同根同源的北京医科大学与其合并，并由此组建了新的北京大学，随着两校合并也进一步拓宽且均衡了北大诸学科结构。

现北大校园中的勺园、镜春园、畅春园等多处园院，史上一度为明、清两代著名的皇家园林，虽历经数百年风雨，但基本格局与神韵依然。校园北侧与圆明园毗邻、西面与颐和园相望，风景如画的校园环境，令其既具皇家园林恢宏气度，又兼江南山水秀丽神韵。

今“北大燕园”既有亭台楼阁古典建筑，又有湖泊相连，堤岛穿插，校园内古木参天，风景雅致，绿树成荫，鸟语花香。著名的“一塔湖图”堪称是未名湖畔最具代表的景观，如今美丽的湖光塔影常相佐于师生们的倩影，这也是北大人常引以为傲的唯美图画。

校园文化

一般说来，人们所议论的校园文化通常包含物质文化和精神文化两个层面内容。

物质文化一般多指校园环境所显现出的文化品质（如校园布局、基础设施等），它主要服务于精神文化。精神文化既包含着学校的重要制度文化（如学校管理体制、学生培养目标等）、也包含了学校的传统学习文化（如校风、学风、学术氛围等）、多方面的诉求。

由此说来，制度文化服务于学习文化，故学习文化常显现该学校文化核心部分。而文化内涵多浸润于校园文化之中，如校名、校徽、校歌、校训、校风、学风、校庆日等。

漫步燕园幽雅环境，融入浓郁学术氛围，今日之北大所具有的爱国、进步、民主、科学传统，富于勤奋、严谨、求实、创新学风，在这里依然生生不息、代代相传。

例如：学校院系倡导，勤奋、严谨、求实、创新；教学教育倡导，思想自由、兼容并包；科学研究倡导，博学之，审问之，慎思之，明辨之，笃行之；合作交流倡导，志于道，据于德，依于仁，游于艺。

花絮采撷

史上之红楼

红楼出名，源于新文化运动和“五四”运动。1915 年 9 月，陈独秀在上海创刊《青年杂志》（后更名为《新青年》），遂在思想文化领域掀起一场以民主、科学为旗帜，向传统封建思想、道德、文化宣战的新文化运动，由此，揭开了 20 世纪初思想解放运动序幕。

著名学者郭沫若先生曾作《咏红楼》一首如下。

星火燎大原，滥觞成瀛海。红楼弦歌处，毛李笔砚在。
力量看方生，勋勤垂后代。寿与人民齐，春风永不改。

● 今日之红楼

2002 年 4 月，建于原北大红楼旧址的北京新文化运动纪念馆，经整理复原正式对外展出。主要展陈包括：新时代的先声——新文化运动陈列、蔡元培与北大红楼、新文化运动主将陈独秀等；1919 年 5 月 4 日，北大学生示威游行时高举的北大校旗、横幅等。

如今，沙滩红楼已辟作北京新文化运动纪念馆。现有新文化运动陈列展，主要有李大钊先生的办公室、毛泽东当年工作过的新闻阅览室，以及北大学生上课的教室旧址等诸多复原物。史上伟大的“五四”爱国运动和北大红楼遗址，也将永远地载入我国革命史册。

● 蔡元培与胡适

蔡元培生于清同治六年（1868 年 1 月 11 日），曾为同盟会的会员。他就任中华民国第一任教育总长时，便提出要实行国民教育、公民道德教育、美育和世界观教育，试图全面教育培养一代“共和”新人。蔡元培一生致力于中国的教育事业，这也是蔡元培先生毕生之舞台。

1917 年，蔡元培入主北大之后不久，即进行了大刀阔斧的改革。他提倡教育学术“兼容并包、思想自由”，并且不拘一格选拔优秀人才，从而令各种思想或流派都能在北大这块沃土之上竞相传播，使北大一跃成为当时的学术沃土、新文化运动的最主要策源地。

胡适生于 1891 年。戊戌变法失败、八国联军的入侵，促使当时许多热血青年怀着强烈的爱国图强愿望，积极探寻救国之路。胡适正是在这些背景下进入北大这个舞台的。

1917年，他发表了著名的《文学改良刍议》，并由此成为新文化运动的主要代表。胡适先生任北京大学校长期间。曾积极倡导“大胆假设，小心求证”的严谨治学主张。

6. “自强不息 厚德载物”——清华大学

简述

清华大学（以下简称“清华”）前身、清华学堂始建于1911年，1912年更名清华学校，1928年更名为国立清华大学。1937年抗日战争全面爆发后南迁长沙，清华大学与北京大学、南开大学组建国立长沙临时大学，1938年迁至昆明改称国立西南联合大学。1946年，迁回清华园复校。

1952年，经全国高校院系调整，使清华成为一所多学科工业大学，一度被誉为“红色工程师的摇篮”。改革开放以来，清华大学进入蓬勃发展的新时期，确立积极创建世界一流大学的深远目标，成为我国高层次科技人才培养和前沿科技研发的重要基地。

今日清华大学位列“211工程”“985工程”其中，是中国乃至亚洲最著名的高等学府之一，新中国成立之后曾有2位国家主席、7位中央政治局常委、14位两弹一星获得者、600余名院士从这里走出，史上有王国维、梁启超、陈寅恪、赵元任等一批学术大师于此校执教。

如今清华面向未来，继续秉持“自强不息、厚德载物”之校训和“行胜于言”的校风，坚持“中西融汇、古今贯通、文理渗透”办学风格和“又红又专、全面发展”的教育理念，坚持正确方向、坚持立德树人、为国家发展、人类文明进步作出新的更大贡献。

沿革

1911年，清华学堂成立；1912年，更名清华学校；1925年，设大学部（开办清华国学研究院）；1928年，更名国立清华大学；1932年，设立工学院；1933年，始招考留美公费生；1938年，由长沙迁至昆明更名为国立西南联合大学；1946年，返回清华园复校。

伴随着新中国的诞生，清华大学步入了一个历史的新纪元。1950年6月，毛泽东主席应清华师生的请求，欣然命笔题写了校名“清华大学”。毛主席亲笔题写原件现珍存于清华大学的档案馆。

1952年，历经全国高校院系调整，清华成为多学科工业大学。1985～2015年，该校陆续复建理学、法学院等；成立了汽车工程、航天航空学院等；后中央工艺美术学院并入清华美术学院；中国协和医科大学则更名为北京协和医学院清华医学部。

史上清华园乃皇家园林，清康熙年间称熙春园，雍正、乾隆、咸丰前期曾于此暂居，咸丰年间熙春园改称清华园。现校内王府庭园，如工字厅、古月堂、水木清华等古建，以及朱自清先生《荷塘月色》中描述的“荷花池”（近春园遗址）富蕴皇家园苑华贵风貌。

该校大礼堂草坪前立有一方日晷，上面刻镌“行胜于言”警句。此件为1920级毕业生之纪念物。另清华二校门北面小山一侧，立有一方“海宁王静安先生纪念碑”，此碑上书陈寅恪先生撰写的“独立之精神，自由之思想”碑铭，堪称历代清华学子精神之写照。

今校园东区为20世纪五六十年代兴建的苏式建筑，另有明理楼、经管学院、逸夫科技馆等现代风格的新建筑。清华大学现有20个学院、57个系，涵盖理学、工学、文学、医学、法学、哲学、艺术学、历史学、经济学、管理学、教育学等，为多门类学科综合研究型大学。

花絮采撷

●校训：自强不息　厚德载物

1914年，梁启超先生至清华举“君子”为题演讲，以“天行健、君子以自强不息；地势坤、君子以厚德载物”为主旨；激励清华学子发奋图强，后该校尊其为校训，制定校徽。1917年，修建大礼堂并将校徽嵌于正额，以壮观瞻，同时产生的校徽也已列入此名句。

●校风：行胜于言

据称，此语句源于1920级毕业生纪念物，后作大礼堂前草坪南端日晷上之铭句。

●国学院四大导师

“南书房行走”王国维。王国维生于1877年，在四大导师中是首位到清华任教的。王国维年轻时就已通晓语言学、科学、哲学、心理学、社会学等诸多学科。30岁后开始研究文学，中年后期研究中国古代史。对于甲骨文的研究造诣同样出色，如此学术成就奠定了其国学大师之地位。

据称，王国维于1923年曾得一次“应召”，时为末代皇帝溥仪担当过南书房行走。由于他平素治学严谨、知识深邃、行作律己，故在当时校内赢得很多清华教授与职员的尊重，尤其是他所论述的有关读书和学习“三重之境界”，至今仍为后人所称颂且津津乐道。

"饮冰室主人"梁启超。梁启超，我国近代著名的资产阶级改良主义者，梁启超生于广东省新会县之熊子乡，史上曾为清代末年举人，早期他曾与其师康有为一道积极倡导变法维新。据说，他所著述的政论文，流利酣畅、旷达奔放、极富特色，晚年在清华讲过学，有《饮冰室合集》等著作。

1914 年，梁启超于清华同方部授课演讲，其间引用《周易》中："天行健君子以自强不息"（乾卦），"地势坤君子以厚德载物"（坤卦）之名句，以此激励清华学子自当树立"完整人格"。此后，清华便将此卦辞精述为"自强不息，厚德载物"，且定为该校之校训。

"教授之教授"陈寅恪。陈寅恪是我国近代极为著名的历史学家，因其功底深厚、学贯中西，更兼所教授的古史领域内，造诣之深无人可及，故被公认最有成就的学界大师之一。由于他主授的学科，俱以文言写成且学问甚高，因而对只有一般知识背景的人而言，很多时候读起来相当费解。

据说，当年在清华园中，陈寅恪甚至曾被称为"教授的教授"。这是因为每逢他讲课之时，即便一些清华或北大的知名教授，都会躬身前来学习或旁听。据传，他虽不是所谓的语言学家，但却可通晓多达二三十种语言文字，其中甚至不乏一些孤僻难懂之语言。

"语言学之父"赵元任。据讲，赵元任还在 28 岁时，便已被著名的美国康奈尔大学聘为物理课讲师。时年 29 岁又来到清华园任教，且上任伊始便径直担任物理、数学及心理学课的讲师。而在他 30 岁时，又受聘美国哈佛大学的哲学课讲师，33 岁时再被聘为清华大学的哲学系教授。

史载，1938 年赵元任于美国耶鲁、哈佛等著名大学任教，曾当选美国语言学会会长、美国东方学会会长。1981 年，北京大学授予其名誉教授称号。由于他在音位学理论、中国音韵学、汉语方言、汉语语法等领域做出过重要贡献，学界称其为"语言学之父"。

● **清华早期四大建筑**

清华学堂·清末重臣题名"学堂"。在清华大学二校门北面、大草坪南端东侧，矗立着一座式样别致的二层楼房。此幢楼为德式古典风格，青砖红瓦，坡顶陡起，这便是清华大学标志性建筑代表——清华学堂。

1909 年，清政府成立游美学务处并将游美肄业馆改称"清华学堂"。清廷末期身兼学务、外务、军机三部要职重臣那桐，于宣统辛亥年（1911 年）题"清华学堂"校名。

图书馆·清华学子酷爱"书斋"。清华图书旧馆东半部，始建于 1916—1919 年，西半部扩建于 1930—1931 年，该建筑由墨菲建筑事务所、杨廷宝等主持设计。因形式天衣无缝、风格一脉相承故为世人称道。

1931 年，闻听高人描述清华图书馆如何卓越不凡，19 岁的钱伟长便立志要考入清华。据说，当年曹禺在清华园求学，曾狂读馆内大量戏剧方面文籍，后于西文阅览室近借书台一长桌处，写出其不朽名作《雷雨》。杨绛老人赞称“清华大学里我最爱清华图书馆”。

大礼堂·罗马希腊“混合式样”。清华大礼堂，仿自美国宾夕法尼亚大学礼堂模样，为罗马与希腊混合古典廊柱式建筑。大礼堂建成后令人瞩目，很快便成为清华园中翘首及早期建筑群核心，而大礼堂前面那片广阔绿茵草坪，也因此承担起开学及毕业典礼、学校大型集会、报告演讲等重要场所的重任。

据说，大礼堂建成前，在清华学堂东北侧，曾有一处灰砖、红瓦、坡顶的欧式建筑，史称清华园早期学校礼堂，它落成于1911—1923年间，当年也被称作“同方部”。1914年，梁启超于此为清华学子论述《君子》议题，后“自强不息，厚德载物”校训由此发端。

科学馆·培育一代物理大家。科学馆位于二校门内大草坪的西侧，与清华学堂东西相对。该馆自1917年4月始建，至1919年9月落成，便以其先进功能设施成为当时“中国最完备的科学实验大楼”。

科学馆建成之初，辟有设施齐全的各类教室，声、光、热、电全套的物理实验设施，以及测量、生物、化学等先进实验设备。科学馆作为清华物理系馆，一直沿用了近七十年。史载，仅抗战前九届毕业生中，日后曾涌现五十多位我国乃至世界物理学界知名大家。

体育馆·远东大学场馆之最。1914年秋，32岁的马约翰入职清华园任教，他来到之后规定全校实行“强迫运动”，即每天下午4点至5点为专门体育运动时间，届时所有教室、图书室、宿舍一律关闭。1919年，在其主持下体育馆建成，自此国内诸多高校也将体育课列为了在校期间必修课。

据说，该校体育馆当年有幸得建，似乎与坊传“庚子退款”有关。史载，该校体育馆建成之初，命名为“罗斯福纪念馆”，另于体育馆的外柱廊处、嵌有美国总统西奥多·罗斯福头像且著有专门撰写之纪念碑文，该场馆奢华，一经落成便为全国及远东大学场馆之最。

●清华与梅贻琦

梅贻琦先生，是当年清华资助的第一批庚款留美学生，毕业后便长期服务于清华。其历任该校教员、物理系教授、教务长等职务。尤其自1931—1948年任清华大学校长。梅贻琦先生，24岁便被聘为清华教授，13年后开始执掌清华大学校长，与同时代很多风云人物相比，他似乎并无惊天动地之举，但其在任职期间不仅与清华一同历经了时代风雨，更令清华有了长足进步及发展，并由此奠定了清华在中国高校之林始终处于翘楚地位。

梅贻琦先生曾精辟指出：“所谓大学者，非有大楼之谓也，有大师之谓也。”在其任职期间，他十分谦恭地为清华请来了众多“大师级”先生，此始风范也令后世传承绵延不绝，致使清华培育出众多大师级才俊，故而他赢得所有清华人钦敬并尊称为“永远的校长”。

7. 祖国的心脏　团结的象征——天安门与天安门广场

天安门坐落在首都北京市中心、天安门广场的北侧，是中华人民共和国的代表和象征。1949年新中国成立、毛泽东就是在这里向全世界庄严宣告，中国人民从此站起来了！史上天安门，曾是明清两代皇城的正门，今门洞正中上方悬挂着毛泽东主席的巨幅画像，两边分别是“中华人民共和国万岁”和“世界人民大团结万岁”的巨大横幅。

天安门

天安门，始建于明永乐十五年（1417年），初名称“承天门”，其寓意为“承天启运、受命于天”。清朝顺治八年（1651年）更名为天安门。1949年10月1日，中华人民共和国在此举行隆重的开国大典。天安门也被设计嵌入国徽，成为中华人民共和国的代表与象征。今雄伟壮丽的天安门，也是经国务院批准公布的第一批全国重点文物保护单位。

元朝。元中统元年（1260年），世祖忽必烈于开平府即汗位。次年（1264年）元世祖诏令，立史上燕京旧址为都城，元世祖九年（1272年）改中都为大都。自1267年起，历时十八年元大都建成。元大都南城垣位于今长安街南侧，北城垣则是位于今北三环路北侧的土城遗迹。

明朝。明洪武元年（1368年），明太祖朱元璋在南京称帝且建立大明王朝。此时明大将徐达继续统军北上，攻克元大都后更名北平。明永乐十九年（1421年），明成祖朱棣颁诏且迁都北京。明崇祯十七年（1644年），农民起义军首领李自成率军攻入京城、承天门时毁于战火。

清朝。清军入关后不久，顺治八年（1651年），世祖福临正式降旨，下令在原承天门旧址重建此城楼，并将原来的“承天门”更名为“天安门”，取其“受命于天，安邦治国”之意。史载，康熙二十七年（1688年），清廷曾对天安门城楼、进行过一次较大规模的维护和修缮。

民国。1911年，统治了中国几千年的封建帝制向世人宣告结束。1919年，这里曾爆发了震惊全国的“五四”运动。1926年，这里发生了反动军阀镇压学生的“三·一八”惨案。1935年，这里又爆发了的著名“一二·九”运动，并由此推动了全国军民抗日救亡斗争。

中华人民共和国。1949年10月1日，毛主席率领党、政、军负责人，以及全国各民主党派、群众团体、著名人士，昂首阔步登上天安门城楼，在此向全世界庄严宣告中华人民共和国成立："中国人民从此站起来了。"自此，北京天安门城楼也成为了亿万中国人心目中的神圣之地。

天安门广场

北京天安门广场，是当今世界上最大的城市中心广场。广场北起天安门，南至正阳门，东起国家博物馆，西至人民大会堂，总面积达 44 万平方米，可容纳 100 万人举行盛大集会。该广场中央矗立着人民英雄纪念碑，广场的南面则是庄严肃穆的毛主席纪念堂。

盛大阅兵。自 1949 年，中华人民共和国的开国大典，至 1959 年新中国成立十周年国庆，其间每年都要在天安门广场、举行盛大的国庆阅兵和群众游行活动。自 1981 年起，中共中央、中央军委宣布恢复广场阅兵仪式，时至 2015 年，在这里一共举行了 14 次盛大阅兵活动。

人民英雄纪念碑

人民英雄纪念碑，位于天安门以南，毛主席纪念堂以北，天安门广场中央。1949 年 9 月 30 日，经中国人民政治协商会议第一届全体会议批准，为纪念在人民解放战争和人民革命中牺牲的人民英雄，以及他们的丰功伟绩，在首都北京建立一座人民英雄纪念碑。

总体构思。人民英雄纪念碑位于广场中央，与天安门、正阳门形成一个和谐一致的完整建筑群。纪念碑的台座分为两层，上层座呈方形、下层须弥座束腰部，四面镶嵌八幅汉白玉浮雕，另有两幅装饰性浮雕。整个纪念碑造型既有民族风格，又富于鲜明的新时代精神风采。

碑体。人民英雄纪念碑碑体平面呈长方形，顶部为盝顶，碑身采用 413 块花岗石，分 32 层垒砌而成。正面（北面）碑心是一整块石材，上面镌刻着毛泽东亲题的"人民英雄永垂不朽" 8 个鎏金大字。背面碑心由七块石材构成，内容是毛泽东起草、周恩来书写的 150 字碑文。

碑身。人民英雄纪念碑，是由清华大学林徽音先生主持设计。碑身由两层须弥座承托，上层小须弥座环刻牡丹、荷花、菊花、垂幔等，8 个花环表示对烈士们缅怀崇敬之情。下层大须弥座的束腰部，镶嵌有十幅巨大汉白玉浮雕，反映中国近现代所发生的著名历史事件。

浮雕造型。人民英雄纪念碑浮雕，由十块精美的汉白玉制作并镶嵌在碑座的四周。浮雕高 2 米，总长约 40 米。据地质学家化验证明，浮雕可耐久 800 ~ 1000 年。这些浮雕每一帧画面中，都有 20 多个代表人物，每个人物大小与真人相仿，各自的面貌和姿态也不尽相同。

浮雕内容。人民英雄纪念碑由 8 块巨型浮雕构成，这些浮雕包括《虎门销烟》《太平天国》《武昌起义》《五四运动》《五卅运动》《八一南昌起义》《抗日战争》《胜利渡长江》。

人民英雄纪念碑，是中华人民共和国成立之初，一组难得的艺术雕刻精品，其蕴含的严谨创作精神，完美的形式与内容统一，足令这组珍贵雕塑得以经受时间与历史检验。

镌刻碑文。在纪念碑正面镌刻毛泽东题词："人民英雄永垂不朽。"背面是毛泽东起草、周恩来撰写的碑文："三年以来，在人民解放战争和人民革命中牺牲的人民英雄们永垂不朽！三十年以来，在人民解放战争和人民革命中牺牲的人民英雄们永垂不朽！由此上溯到 1840 年，从那时起，为了反对内外敌人，争取民族独立和人民自由幸福，在历次斗争中牺牲的人民英雄们永垂不朽！"

毛主席纪念堂

毛主席纪念堂位于广场的南部，1976 年 11 月举行奠基仪式，1977 年 5 月落成。纪念堂一层，设有北大厅、瞻仰厅、南大厅。纪念堂二层设有毛泽东、周恩来、刘少奇、朱德、邓小平、陈云老一辈领导人革命业绩纪念室，以及展现领袖革命史迹和影视资料放映厅。

一层厅室。北大厅正中安放着毛泽东坐像，背景是一幅绒绣壁画《祖国大地》。南大厅为瞻仰参观出口大厅，北侧汉白玉墙面，镌刻鎏金毛泽东诗词《满江红·和郭沫若同志》手迹。瞻仰厅居中，为瞻仰毛泽东遗容之处。毛泽东身着灰色中山装，覆盖中国共产党党旗，安卧在晶莹剔透的水晶棺内。水晶棺黑色花岗岩基座四周，镶嵌党徽、国徽、军徽。

二层厅室。为毛泽东、周恩来、刘少奇、朱德、邓小平、陈云六位领导人革命业绩纪念室。纪念室以大量翔实照片、文献、实物，反映了中国革命建设以及各个历史时期的光辉业绩。放映厅为到此瞻仰人士，放映文献纪录片《怀念》。该片通过生动珍贵历史画面，再现了六位领袖人物的音容笑貌，以及他们与人民群众同呼吸、共命运的光辉历史形象。

---

8. 皇宫规建典范　人类伟大城垣——北京的城

今天重新审视这座历史古城，人们便由衷而深刻地体会到，无论是总体规划设计、还是城垣建筑施工，北京城堪称中国古代建筑经典巨作。因此，它被许多世界级建筑权威奉为古代城市规划与建筑典范，许多国际权威和专家称其为"地球表面人类最伟大城垣"。

城垣概说

北京城垣历史兴衰，始自明末李自成出逃时对宫城建筑焚毁破坏；清末八国联军入侵，对城垣也造成一定程度的损毁。其后的北洋政府、国民政府虽然对北京城池进行过局部的拆改，不过一直到 1949 年北平和平解放，北京这座古城可以说整体风貌仍保存尚好。

史上的北京城规建、一共分为四重格局，即外城、内城、皇城、宫城。但是由于认知的局限性以及其他因素影响，从 1958 年起，除核心宫城（紫禁城）尚且保存完整，皇城仅余有一座天安门，南皇城、东皇城各遗有一处明代痕迹，其余各处城垣基本拆毁殆尽。

辽都南京。公元 926 年，契丹人开始建立自己的政权，在其吞并燕云十六州之后，契丹便将国号改称为“辽”。为了进一步扩充势力、图谋中原，辽便在幽州（今北京）建立了自己的陪都，又因此陪都位于大辽疆域的南部，所以这个陪都史上称为“南京”，也有称作“燕京”。

金中都城。金天德三年（1151 年），金海陵王完颜亮下诏迁都燕京，并将当时燕京更名为“中都”。据资料考证，当年金中都大安殿遗址，应位于今广安门滨河路的金中都宫殿纪念阙下。

有资料显示，当年的金都皇城曾建有四门，北为振辰门、东为宣华门、南为应天门、西为玉华门。史载，曾经的金中都皇宫极其宏伟壮观，其域内各处的宫阙建筑，史称“古今之冠”，其总体布局也为其后元大都及明、清皇城的规建，树起一座可借鉴参考的样图。

元大都城。公元 1263 年，元世祖忽必烈将统治中心南移至燕京，不久又在原金中都旧址东北侧，开始营建规模宏伟的元大都。史称，元大都皇城以太液池为中心，构建两组宏大建筑群，其一以琼华岛广寒殿为主体宫殿；其二是建在瀛洲之上的仪天殿，即今北海团城附近。

明北京城。明代北京城，则是在元大都基础上进一步扩建而成。明代城垣俯瞰呈现“凸”字形，且依一条纵贯南北长达 8000 米中轴线，有序排列对称布置。外城永定门为中轴线南端起点，北面的钟鼓楼则是中轴线北端止点。明代北京城分外城、内城、皇城、宫城即紫禁城。

其内城共九门：城垣中（南）为正阳门，左为崇文门，右为宣武门，城东部两门分别为朝阳门和东直门，城西部两门分别是阜成门和西直门，城北部则是德胜门和安定门。

外城垣共设七门，正南面为永定门，城垣两边的东面是左安门和广渠门，西面是右安门和广宁门。另外，在外城垣东北、西北角各开一个小城门，被称为东便门和西便门。

明代皇城，在宫城外面共设六门，正南为大明门（清为大清门），大明门的东侧是长安左门，西侧是长安右门。皇城的东、西两侧，各有东安门和西安门，北面为北安门（清为地安门）。承天门（今天安门）朝房两侧“左祖右社”循规布局，依制东太庙、西社稷。

清北京城。清代北京城，基本沿用明代内城、外城、皇城及紫禁城之格局，稍有变化是将外城垣的广宁门改称广安门。清代内城垣共分为九门，正南方中央为正阳门，其左侧为崇文门，右侧为宣武门，城的东面两门为朝阳门和东直门，城的西面两门分别是阜成门和西直门。

内城垣的北面的两门，分别是西边的德胜门，东边的安定门。清代时期的外城垣共分为七个城门，即正南方的为永定门，在其东边的两门分别是左安门和广渠门，在其西边的两门分别是右安门和广安门，在外城和内城的连接拐角处，依然还设有东便门和西便门。

9. 内九外七皇城四　九门八典一口钟——北京的门

以清代北京城为例，内城九门、外城七门、皇城四门及四座辅门、宫城（既紫禁城）四门，近代另开四门。故北京民间流传有“内九外七皇城四、九门八典一口钟”俗语。

京城三十二座门

内城九门包括正阳门、崇文门、宣武门、朝阳门、东直门、阜成门、西直门、安定门、德胜门；

外城七门包括永定门、左安门、右安门、广渠门、广安门、东便门、西便门；

皇城四门包括天安门、地安门、东安门、西安门；

皇城辅助四门包括大明门、端门、东三座门、西三座门；

宫城（即紫禁城）四门包括午门、神武门、东华门、西华门；

近代另开四门包括和平门、复兴门、建国门、水关门。

城门特征及用途

东直门，史上元代被称作崇仁门。坊传，当年此地曾有一镇门之宝，据称是一尊醒目铁塔，此塔内塑有一尊石雕的药王爷像，故该城门多是通行往来运送木材草料的车马。

朝阳门，在元代时这里被称齐化门。据说，当年此处瓮城门上刻有一枝谷穗，由此被称为北京的粮门专走粮车，尤其是京杭大运河运来的漕粮，全部是由此门进入的内城。

崇文门，元代被称作文明门，另老北京人又称其为哈德门。据说，当年此处有一镇海铁龟被视为醒目标志，史上今大兴一带曾有许多酿酒的作坊，故酒车皆从崇文门进城。

正阳门，在元代时被称为丽正门，又称前门。原瓮城内立有一处金身塑像的关帝庙。据说，旧时北京各城门处都只建一座庙，唯独在正阳门却立有两座（观音寺和关帝庙）。

宣武门，元代时被称作顺承门，其标志是报时的宣武门午炮。史上宣武门也称“死门”，送葬的人多出宣武门，清代时刑场就设在菜市口，故押送死刑犯的囚车要出宣武门。

阜成门，在元代也称作平则门。其醒目标志是原瓮城墙上刻一朵梅花，此城门多走运煤的大车。史上，京西门头沟一带多产煤炭，此门因距西山最近，故煤车皆由此入城。

西直门，元代时曾被称作和义门。其典型标志是瓮城上刻一水纹石头，此门多走水车。史上，北京内城水质不好，皇宫用水皆取自玉泉山，故每天凌晨水车便由西直门入城。

德胜门，古代军队出征和返回都颇有讲究。例如，军队返回由此门入城，皆因德胜门富含以德制胜之意，故仁义之师凯旋要经此门，所以史上此门多经过兵车或卒伍。

安定门，军队出征要经过此门，皆因安定镇门之神乃真武大帝。安定门也含有“丰裕”之意，因皇帝常要到地坛祈祷丰年。另外，安定门多外粪场，故粪车要从此门出入。

● 三个版本各评说

城门打典之说。传说，龙王一心想把北京城淹掉，但斗法失败后反被刘伯温捉住。并且用大铁链锁在了东直门内北新桥、一口直通海眼的深井里。这边龙王虽被抓住，但那边龙子却始终不服，于是便在崇文门桥下的海眼处总想拱出一条水路，以便再次兴风作浪来水淹北京城。无奈刘伯温的法术技高一筹，最终仍将其捉住并镇压在崇文门下。传说，刘伯温临行前故意放话：“龙子要想翻身，得等城门打典”，可是这儿的城门官早已将城门上的典换成钟了，所以龙子也就失去了翻身的希望，老北京人嘴边也总念叨“九门八典一口钟”。

税关城门之说。以前九门提督衙门就设在今天崇文门内。当时，九门提督的权力可是不小，近乎于今天的卫戍司令。譬如，其他八座城门都是挂云牌“典”，唯有崇文门挂的是一口大钟，以此显示九门之中此门独具号令引领。只有他这里开始敲钟，其他八个城门才能跟着打典。不仅如此，一般崇文城门总是保持日夜常开。据说，这里是京师税务总机关，通宵都有税务官员或司役守卫出入。而其他八门则以打典为号启闭城门，由于崇文门掌控了全京城的敲钟打典号令，故而在老北京民间坊传中，便留下了“九门八典一口钟”的俗语。

定更报时之说。据说，明清两朝守卫九门的兵丁都要在鼓楼定更报时的统一号令下，借助鸣典、撞钟来提醒人们知晓城门何时开关，特别是夜晚城门即将关闭时其警示作用尤为重要。以此，提醒那些正在途中的路人，必须赶快抓紧时间，若是拖延今宵便不能进出城了。

旧时，鼓楼每天初鼓在戌时，即现在的晚上八时，此先击鼓13下作为起时。起鼓被称作“定更鼓”，也叫“天交头鼓”，头鼓之后每隔一个时辰便击鼓一次，京城时间皆以鼓声为准。例如，三更鼓响百官而起，四更鼓响候于朝门外，五更鼓响午门顿开、百官入朝。

10. 天地日月农　皇权与苍穹——北京的坛

天坛、地坛、日坛、月坛、先农坛是古都北京城十分有名的五坛，若从地图看只是相距不远的五个点。但是，它们是古都北京“皇家祭祀文化”中不可或缺的组成部分。

天坛：祭天之台

天坛，始建于明永乐十八年（1420年），最初此坛称作天地坛。天坛建有两道坛墙，且分为内坛墙和外坛墙，而真正意义上的天坛主要是指圜丘坛。圜丘坛也被称作祭天台，它是天坛内最主要的建筑。祈谷坛在内坛的北部，坛面正中是祈年殿，初名曾称作大祀殿。

嘉靖二十四年（1545年），改建成为圆攒尖顶、三重檐圆形大殿。当时祈年殿的三层檐为三色琉璃瓦，从上至下依次为蓝色代表昊天、黄色代表皇帝、绿色代表百姓。一直到清乾隆年间再次整修，才将三层檐瓦全部改为蓝色，此时所表示的寓意乃是象征天宇苍穹。

地坛：祭祀地皇

地坛，始建于明嘉靖九年（1530年），初名为方泽坛，嘉靖十三年（1534年）重新修葺后改称为地坛。明清时期，两朝皇帝每年“夏至”时分都要在此祭祀地皇神祇。

我国古代，有“天为阳、地为阴”之说，祭祀地皇通常每年夏至。祭祀前三天要斋戒，前两天皇帝住在紫禁城，第三天则要住坛内斋宫。1925年，地坛辟为京兆公园，1928年京兆公园改称市民公园；1957年北京市政府将坛区荒芜地块整修，后作公园对外开放。

日坛：祭祀太阳

日坛，始建于明代嘉靖九年（1530 年），为明清两朝皇帝祭祀太阳之地。太阳在古代称为大明神，祭祀太阳为每年春分时节。日坛的主体建筑为一直径约十丈圆形地，正中有一方台称作拜神台，此台面砌红色琉璃砖，寓意象征天上的太阳，清代重修时改为方砖。

1956 年，日坛重新修葺后向游人开放。如今，这里既是建外使馆区附近一幽雅林园，也是国家级文物保护单位。史上燕京八景之一的“金台夕照”虽早为历史烟云，但悠燕古都所蕴含的文化底蕴，令人们仍在寻觅春秋典籍中，那段昭王金台拜将所遗存的史痕。

月坛：祭祀月神

月坛，又名夕月坛，始建于明嘉靖年间，是明清两朝皇帝祭祀月神和天上诸星宿的地方，今坛内祭祀月神及星宿旧物早已不复存在。史载，月坛主体建筑原为一层，全部由汉白玉堆砌，与其他祭坛规模一样，月坛也有神厨、神库、宰牲亭、祭器库等规制布局。

新中国成立之初，月坛已近荒芜废弃，坛内断壁残垣杂草丛生。1955 年，北京市政府将荒坛整修辟为公园。20 世纪 80 年代，园林部门投入资金，采集培植了娑罗树、石榴树、桂花等一批具有观赏价值的林木，陆续修复钟楼、天门、神厨、神库等史上建筑。

先农坛：祭先农诸神

先农坛又名山川坛，始建于明永乐十八年（1420 年），是明清两朝皇帝前往祭祀先农诸神，举行藉田典礼之场所。史载，先农坛的建筑形式原为内、外两重围墙环绕，主体平面呈现北圆南方格局。坛内的主要建筑分为三部分，即先农坛、天神地祇坛、太岁殿。

先农坛，包括坛台、神厨神库、神仓、具服殿、观耕台、庆成宫等。天神地祇坛主要用于祭祀大地山川等自然神。太岁殿是一组宏伟的建筑群，主要用于祭祀太岁神。

- **皇家一亩三分地**

老北京人常说一句口头禅，管好你“一亩三分地”。此话原意是强调看好你自己那一点势力范围。不过寻其根渊，或许与皇帝先农坛“亲耕”藉田有关。明清两朝，每年仲春亥日，皇帝都要到先农坛行祭农耕藉之礼，而“亲耕”地块面积恰好“一亩三分”。

- **一亩三分地诸说**

鲜一说，乃取其象征之义。当朝皇帝身价贵为天子，若行亲耕不能太累，藉田之举为昭告普天臣民“示范象征耕耘”，皇家耕地仅取一亩三分而已；另一说，当时全国为13个行政区，时称作“十三都司”，故取“一和三”这两个数字，喻义普天之下皆为王土。

● 天子亲耕始于汉

在我国古代，天子施扶犁亲耕之礼仪，被称作藉田礼或称为耕藉礼。史书显示，我国皇帝施行亲耕藉礼最早可见于汉代。譬如，汉文帝即位之初，有贾谊上表《积贮疏》，此奏言道，积贮为“天下之大命”，“于是上感谊言，始开启藉田，躬耕以劝百姓”。

11. 阅尽湖光山色　宛如天上人间——北京的园

首都北京，既是一座著名历史古都，也是世界级园艺大都市。据官方粗略统计，城内和市郊各类园苑景区不下150余处，其中一些著名公园已入选世界文化遗产名录。如此众多名园仅走马观花浏览，三两个月时间也未必遍览，先近后远、择其代表乃不失上策。

颐和园

颐和园，始建于清朝乾隆年间（1750—1764年）。园林设计者借用昆明湖、万寿山为此园基址，以杭州西湖景观为蓝本，携取江南园艺设计手法和诗人浪漫之意境，最终建成一座景色卓绝的山水园苑。如今，已成为我国现存规模最大、保存最为完整的一座皇家园林。

据称，颐和园精绝堪称中国四大名园（另：承德避暑山庄、苏州拙政园、苏州留园）之首，也被赞誉为皇家园林博物馆。1961年，颐和园被公布为第一批国家重点文物保护单位；1998年，列入《世界遗产名录》；2007年，被国家旅游局批准为5A级旅游示范景区。

历史溯源：

颐和园，原为清代帝王行宫及花园之清漪园，也是帝都著名的三山五园之一。史上，三山时指万寿山、玉泉山、香山；五园即清漪园、静宜园、静明园、畅春园及圆明园。

颐和园内建筑布局，集以佛香阁为中心，各处景观约有百余处。其中，佛香阁、长廊、石舫、苏州街、十七孔桥、谐趣园、大戏台等，早已成为家喻户晓的代表性建筑。此园集传统园艺之大成，又巧借山水之微妙，既有皇家园林恢宏气势，又充满自然和谐之雅趣。

园内三大景区：

其一，是以万寿山和昆明湖沿线景物所构成的风景游览区；其二，是以乐寿堂、玉澜堂、宜芸馆庭院为代表的休闲区；其三，是以仁寿殿及其辅助设施为代表的园林保障服务区；

著名十八景观为万寿山、佛香阁、智慧海、昆明湖、排云殿、长廊、清晏舫、画中游、十七孔桥、铜亭、文昌阁、谐趣园、东宫门、乐寿堂、玉澜堂、大戏楼、听鹂馆、苏州街。

北海公园

史称，北海、中海、南海合称三海，此域史上便为皇家林苑。至辽、金、元时期始建离宫，明清两代辟为皇家御苑，自1925年起改作社会公园。北海公园也是我国现存最为古老、最具完整、最有综合性和代表性，富蕴历史文化内涵，御苑式皇家园林之景观代表。

此园位于紫禁城一侧，园内文物、弥足珍贵，意境高雅、构建精绝，堪称我国古典皇家园苑之精华。这里碧波荡漾、视野开阔，湖光塔影、亭台楼阁，苍松翠柏、曲径回廊，草木芬芳，鸟语花香。无论何时游人至此、都仿佛置身琼楼玉宇人间仙境。

园内四大景区为北岸景区、东岸景区、琼岛景区、团城景区。

著名十大景观为北海白塔、铜仙承露盘、太湖石假山、铁影壁、九龙壁、五龙亭、渎山大玉海（瓮）、琼岛春阴碑、北海、团城。

景山公园

景山公园，位于明清两代古城中轴线之上，西临北海，南与故宫神武门隔街相望，为明清时期的皇家御苑。史载，元代初期此处仅是一小土丘，明永乐年间，开挖护城河泥土堆积于此，后渐成巨大土山，兴建紫禁城时此处堆放很多煤炭，故有“煤山”别称。

元世祖忽必烈营建大都城时，该土丘便已处都城中心区域。明朝末年，闯王李自成攻破北京城，崇祯皇帝走投无路被迫景山自缢。清顺治八年（1651年），此山改称作景山，时年景山曾为全城制高点。乾隆年间于山前修建绮望楼，后依山就势在山上构建五方佛亭。

●五座特色峰亭

今园内立有乾隆时期所建的五座峰亭，即周赏亭、观妙亭、万春亭、辑芳亭、富览亭。这五座玲珑雅致的峰亭、堪称园中最具特色景观，尤其万春亭乃京城最佳观景去处。

●崇祯帝自缢处

景山东侧山脚处原有一株歪脖槐树，据传是明崇祯皇帝自缢处。明末，李自成起义军攻入北京，崇祯逃到景山后，自感国败有愧于先祖基业，遂自悬于观妙亭侧歪脖槐树。

中山公园

中山公园位于天安门西侧，这里原是明清两代王朝社稷坛，且与太庙（今劳动人民文化宫）一起分立于天安门两侧。此做法乃是沿袭周代以来，“左祖右社”的礼仪规制。

史载，中山公园在辽、金时期此附近曾有一座兴国寺，至元代该寺改称为万寿兴国寺。明永乐十九年（1421 年），明成祖朱棣迁都北京，不久便循“左祖右社”规制，将此域改建为社稷坛。自此之后，这里就成为明清两朝历代皇帝，祭祀土地神和五谷神之禁地。

园内十大景观为社稷坛、唐花坞、习礼亭、来今雨轩、孙中山铜像、愉园、水榭、公园古柏、兰亭八柱亭、保卫和平坊。

北京市劳动人民文化宫

北京市劳动人民文化宫，位于北京天安门东侧，这里曾是明清两代皇室家庙，旧时也称太庙，为封建帝王供奉祖宗牌位，大典祭祀先人之地。此园也是今国内现存形制最完整、规模最宏大、皇家祭祀祖先之庙宇，古代宗庙建筑群之典范，堪称“天下第一宗庙”。

太庙始建于明永乐十八年（1420 年），明代嘉靖、万历，以及清代顺治、乾隆年间进行过多次较大规模维护或修缮。如今园内仍生长着 700 多株浓郁遮荫的参天古柏。1950 年，时政务院决定，将太庙辟为劳动人民文化活动场所，定名“北京市劳动人民文化宫”。

据说，著名作家赵树理曾赋诗一首赞云：

古来数谁大，皇帝老祖宗；今来数谁大，工农众弟兄；世间一变化，时代不相同；还是这座庙，换了主人翁。

园内十大景观为享殿、寝殿、祧殿、东西配殿、戟门桥、井亭、燎炉、戟门、琉璃门、明成祖手植柏。

陶然亭公园

陶然亭公园，是北京市政府最早整修的一座市区公园，名闻遐迩的陶然亭和慈悲庵便坐落于这座美丽园林之中。史上清代陶然亭就已渐生名气，今历经风雨的陶然亭已与华夏的四大历史名亭（另有，安徽滁州醉翁亭、湖南长沙爱晚亭、杭州西湖湖心亭）齐名。

史载，清康熙三十四年（1695 年），工部郎中江藻奉命督办黑窑厂事宜，后顺势于慈悲庵西部构筑一小亭，并将白居易诗句“更待菊黄家酿熟，与君一醉一陶然”中“陶然”二字撷取为亭名。自此，这座别致小亭颇受文人墨客青睐，各地来京学儒具视此为必游之地。

园内著名景观：今陶然亭有许多游览去处，如位于西北处的龙树寺，寺内有蒹葭簃、天倪阁、看山楼、抱冰堂等文史景观。史称清道光年间学士名流常于此游憩，情趣堪与“陶然”匹配。另外，位于东南处有黑龙潭、龙王亭、哪吒庙、刺梅园、祖园。西南处有风氏园，正北有窑台，东北有香冢、鹦鹉冢，以及近代醉郭墓、赛金花墓等京都人文历史景观。

颇为珍贵匾额：今园中珍存的“陶然”匾，堪称陶然亭公园之额。据说，此匾上篆刻的“陶然”两字，为清康熙三十四年（1695年），朝廷的工部郎中江藻、为时立的陶然亭落成而亲笔所书。

知名楹联佳对：

客醉共陶然，四面凉风吹酒醒；
人生行乐耳，百年几日得身闲（蔡锦泉撰）；
烟藏古寺无人到，榻倚深堂有月来（翁方纲撰）；
似闻陶令开三径，来与弥陀共一龛（林则徐撰）。

12. 千姿百态　逸事风采——北京的桥

据史料考察和文献披露，早在原始社会中后期，我国就已有简单独木桥和木梁桥的出现。至公元前300余年，建于陕西蓝田的蓝桥，便是一座多跨式木梁木柱桥。到了春秋战国时期，单跨和多跨的木桥、石梁桥在中原大地及周边诸侯国已得广泛建造和使用。

由史可知，第一座黄河浮桥出现于公元前541年，其址位于临晋关附近，据说是秦景公母弟后子因畏惧宫廷争斗深恐遭景公所害，乘车逃奔晋国途中所搭建。在《诗经·大雅·大明》一文中，也记述了周文王娶妻，特意在渭河之上造了一座专供帝王使用的浮桥。

金水桥——天子脚下之桥

金水桥蓝本出自元代皇城之周桥。据传，该桥设计师和主持建造者为元代河北曲阳一个叫杨琼的著名工匠，此段秘史在《故宫遗录》资料中可见相关披露。至明代，时皇城营造者仍依原雏形构建了此桥，这便有了今天人们所见雕栏玉砌、典雅尊贵的金水桥。

● 内金水桥

内金水桥，位于紫禁城内、太和门广场金水河上。这是一排五座并列、单孔拱券式汉白玉石桥，五座内金水桥居中者最宽且最长、称为主桥，此桥只有皇帝可从上面通过。另辅以两侧的四桥、称作宾桥，专供皇亲国戚、文武百官通行，五座桥皆采用汉白玉构建。

● 外金水桥

外金水桥，位于天安门前、共有七座，中间五座石桥造型秀丽、雕刻精美，分别与天安门城楼下五个门洞正对。桥面走向营造一定坡度，中间略显拱形呈双向敞开状。此桥变化多姿、高低起伏自然、宛如一道横跨长虹，为雄伟壮丽的天安门平添着皇权独尊色彩。

外金水桥，正中那座石桥称为主桥，桥面宽阔气势宏大，乃为皇帝独享专用，故被称为“御路桥”。在其左右两侧的石桥稍窄，称作“王公桥”，用于皇子、亲王们通行。在王公桥外侧的那两座石桥又窄一些，称作“品级桥”，用于三品以上的文武百官们通行。

原太庙（劳动人民文化宫）及社稷坛（中山公园）门前的那两座桥，比品级桥还要窄一些，称为“公生桥”，时为四品以下官员、卫兵、夫役作往来使用。如今人们所见到的这两座桥，早已不是那座最低级“公生桥”，而是新中国成立后重新规划建造的一座新桥。

卢沟桥——巨丽美观之桥

卢沟桥，史上也称卢沟桥，桥址位于北京西南方约15千米处的永定河上。此桥因横跨卢沟河（即永定河）而得此名，它也是古都北京现存极其著名的一座石造联砌拱桥。

在马可·波罗游记中，它被形容为“桥身结构坚固、造型巨丽美观，具有精湛施工技术，富于极高艺术水平”之桥。一些国外摘录或文献中也有称其为“马可·波罗桥”。

据说，金章宗始称此桥为燕京八景之一“卢沟晓月”。1937年7月7日，日军在此挑起事端后发动全面侵华战争，时驻守宛平城的中国军队奋起抵抗，史称“卢沟桥事变”。

● 史上卢沟桥

卢沟桥，始建于金朝大定二十九年（1189年）。自明代永乐十年（1412年）至嘉靖三十四年（1555年）140余年，此桥虽经6次维修，但仅作局部施工，规模不大。清康熙年间，该桥因毁于一场特大洪水，至康熙三十七年（1698年）此桥得以重修，即今日所见之桥。

坊间盛传，此桥已有800余年的历史。考证此说，应该是此桥的前后桥龄叠加，如果以康熙年间损毁后重新修建的卢沟桥史计算，此桥迄今应有320余年历史。

● 狮子数不清

老北京人有句著名歇后语，叫作“卢沟桥上的石狮子——数不清。”这是因为在此桥上面、立有281根精美望柱，而每根柱子的上面，又都雕有数不胜数的狮子。这些狮子有大有小、形态各异，大的有几十厘米高、小的仅有几厘米高，甚至连鼻子眼睛都无法看清。

不仅如此，这些狮子的形态姿势也各不相同：有的是端坐在石柱上凝视；有的就好像朝着远方长吼；有的狮子则是低着头，仿佛在倾听桥下的流水声；有的小狮子偎依在母狮的怀里，就好像在美美酣睡；有的小狮子或是藏在大狮子的身后，如同玩耍做着有趣游戏。如果一个人来此清点，只恐拼尽全力也无法数清。现经文物工作者精准统计，最终确认卢沟桥上的石狮子总共有501只（史书曾有627只之说），这是迄今公布较权威的数字。

朝宗桥——青史留名之桥

朝宗桥又名沙河北大桥，此桥位于昌平县沙河镇北。它横跨北沙河（温榆河）之上，是明朝帝后文武大臣谒陵、北巡的必经之路，也是当年通往塞北的交通咽喉。史上它与丰台的卢沟桥，通州的永通桥（也称八里桥），通州的马驹桥并称为“拱卫京师的四大名桥”。

● 故事传说

相传明代以前，京北沙河并没有建石桥，自昌平天寿山修筑皇陵以后，皇宫内府人等颇感往来不便，后几经议奏决定在沙河上建两座石桥。主修北大桥的官吏叫赵朝宗，此人正直清廉且十分敬业，为了建好这座大桥，施工前他仔细勘查河道，兢兢业业一丝不苟。主修南大桥的官吏，却是一个善于偷奸耍滑的家伙，造桥施工还未曾展开，他就开始不断琢磨，如何弄虚作假贪污受贿。为了聚财敛钱他不仅克扣工匠们银两，而且还经常偷工减料、以次充好。如此一来，他不但聚敛很多钱财而且提前完工，并派人向京城报喜。

为掌握确切施工情况，皇上特派了个心腹太监，要他到大桥工地督察。不料为人正直且清廉的赵朝宗，却得罪了这平素骄横的太监。又过许久，赵朝宗才上朝禀报北大桥已如期竣工。但此时皇上却把脸一沉，说：“人家南大桥早已完工，你为何用如此长时间？”赵朝宗却答到：“臣只是尽力修筑大桥，但不知南大桥为何如此之快。”皇上又问：“北大桥用了多少银两？”赵朝宗将银簿呈上，皇上一看比南大桥用银多了一倍，便厉声斥责“这是怎么回事”。赵朝宗答道：“臣只知全力修筑大桥，但不知南大桥用银为何之少。”时龙颜大怒，便命人将赵朝宗推出午门斩首，而那两个奸臣却得到了封赏。不久京城连降大雨，京北一带山洪暴发，沙河水位陡然猛涨。此时沙河北大桥，任洪峰冲击岿然不动；然而，南大桥先是摇摇欲坠，当一波更大山洪到来时，这座大桥顷刻之间便彻底坍塌。

消息很快传到了京城，这时皇上才弄明白，自己以前被奸臣和小人所蒙蔽。为了给自己遮羞、也为了给好人平反，盛怒之下传旨，将太监和奸臣即刻推出午门斩首。随后命人在北大桥处竖起一块石碑，上刻“朝宗桥”以示纪念表彰那个为人正直的廉吏——赵朝宗。

史载，此碑立于万历四年（1576 年）。如今 400 多年过去了，“朝宗桥”依然屹立在那里，只是那座沙河南大桥早已寻无踪迹。今天无数路过北沙河的人们，总是十分钦敬地注视桥头那块古老石碑，而生于此地长在桥边的老人们，一代又一代地传颂着“朝宗桥”的故事。

八里桥——近代屈辱之桥

通州八里桥，位于通州以西的通惠河上，因距通州城西门约有八里、俗称八里桥。此桥始建于明正统十一年（1446 年），明英宗赐名“永通桥”。该桥为石砌三券拱桥，桥体采用精美花岗岩石料，两侧建有石桥护栏，桥上立有 33 对望柱，上面雕刻神态各异石狮。

● 八里桥之战

咸丰十年（1860 年），1.7 万余名英法联军分乘百余艘舰船，驶抵天津的大沽口。因守军疏于戒备，致使北塘、新河、塘沽、天津先后陷落，清军只得撤往通州据守。时清政府企图与英法联军谈判，但终因联军所提的条件苛刻，使得天津和通州的谈判破裂。

不久，英法联军逼近张家湾，并向清军驻地发起炮击，清将僧格林沁率部向敌阵猛冲。为抵御强大的蒙古马队，英法联军集中所有炮火力射击，蒙古骑兵虽英勇彪悍，却终因马匹受惊四散狂奔，此情不仅冲撞了后面的步兵，而且令全军阵脚动摇，自相践踏不战自乱。八里桥之战随着清军惨败溃退，直接导致京城防御失守，清室皇亲国戚只得仓皇出逃。随后英法联军未经像样抵抗，便从安定门直接闯入了京城，随之圆明园及西郊诸园遭到劫掠、许多奇珍异宝丧失殆尽，由此留下中华民族近代史上一段极为屈辱失败记录。

高粱桥——传说史说之桥

高粱桥，始建于元初至元二十九年（1292 年），一代天骄忽必烈深谋远虑，建城伊始便对元大都规划布局。例如为解决日后京都用水及南粮北运之需，敕命都水监郭守敬，将昌平白浮泉及西山诸泉水源，收集、并流、汇合，转入京都护城河、积水潭，至通惠河。史学家称赞，此举不但令明清的北京城，有一条通往西郊皇家园苑的水道，而且沟通了京郊与都城诸多水系。史载，当年高粱桥下有一水闸，桥畔西南有一船坞，桥东北建有绮虹堂。每当慈禧离开紫禁城前往西郊诸园，都要在此稍作小憩，然后登舟观景前行。

早年间高粱桥以西，垂柳成荫、风光秀丽，历来是老北京人春游踏青之地。由于这一带稻田荷池甚多，因而颇似江南水乡景致，常见提笼架鸟的、蹲坐河畔纳凉的、歇于茶社品茗的、蔽荫树下席卧的、临风把杆垂钓的，沿河堤行走不时传来小贩的吆喝叫卖声。

● **高亮赶水传说**

西直门外“高粱桥”有一传说。相传刘伯温受命勘都择址，时北京乃是一片苦海。刘伯温便命掌管北京水源的龙王将水搬到别处，否则将令天兵天捉拿问罪，并使他永世不得翻身。龙王无奈只得照办。不久北京城建好了，但龙王却始终忌恨刘伯温。一日，龙王趁刘伯温不备偷着将城里的井水全部吸干，然后将甜水和苦水分别放在两个水车里，经乔装打扮逃出了西直门。刘伯温很快得知此事，立刻命御前侍卫高亮，提银枪纵快马出西直门急追，就在龙王、龙母钻入玉泉山海眼前，高亮终于将其赶上。时高亮不敢怠慢，晃过龙王催马举枪朝最近水车猛刺（匆忙中错刺苦水车），顿时巨浪扑面而来，高亮哪敢怠慢拨转马头往回狂奔，很快隐约可见西直门城楼，高亮凯旋便想看看身后水势，却疏忽了门前刘伯温“不可回头”叮嘱，随着一股巨流将人马一同冲进了附近的长河。

后人为纪念这位有恩于京城的勇士，在他被淹的地方修起一座白色小石桥，并取名“高亮桥”。只是慌乱之中那盛满一车的甜水他没得刺破，反而被龙王带进了玉泉山。这也是后来老北京人为什么总说，京城里的井水甜水少而苦水多的一个缘由。

● **幽州大战史说**

宋太平兴国四年（979 年），携前期得胜之威的宋军为夺取边塞要地幽州（今北京），在今北京西直门外高粱河一带与辽军进行了一场殊死大战，史称高粱河之战。史载，宋军骄兵且阵前轻敌，加之主帅又犯了战略性错误，几番阵前厮杀，终被辽军彻底击败。

史传，开战不久宋军便三面受敌，致使全军阵脚大乱，继而招致恐慌全线溃退，死伤将士达万余人。最终，踌躇满志的宋太宗竟然乘驴车星夜逃离。辽军乘胜追至涿州城（今河北涿州市），此战是宋、辽交兵关乎胜负的直接较量，也是五代十国以后最重要一场战役。受此战败阴霾笼罩影响，宋王朝君臣前期所图谋挥师北进，意欲一统天下的宏图大志只得就此止步。双方阵前的军事态势，也由前期宋军战略进攻，开始转为了战略防御。

13. 波光涟漪　河海湖潭——北京的水

史上北京山泉河流众多，包括永定河、潮白河、北运河几条大河，以及大小不等七八十条小河。北京地区的诸多河流，属于海河水系的有永定河、潮白河、北运河、拒马河，属于蓟运河水系的有泃河。所有这些山泉河流，都发源于西北的山地以及内蒙古高原。

北京的“河”

● 通惠河

通惠河位于北京城的东部，是元代所开挖的一条漕运河道。元世祖将此河命名为“通惠河”。今朝阳区杨闸村向东南，折至通州张家湾村入潞河（北运河故道）。通惠河开通以后漕运便利可直达积水潭，故这条河道对京城的发展起到不可估量和无法替代之作用。

明清两代，在通惠河的主干线上曾修有 24 座大小不等水闸。其中，比较著名的水闸有：广源闸、西城闸、朝宗闸、海子闸、文明闸、郊亭闸、杨尹闸、通州闸等。

● 玉河（或御河）

老北京人习惯将北运河一段称为潞河，且将东便门至通州的这段水流称为通惠河。不过在元代以前，这段河流也被称作潞河，而从万宁桥至金闸河一段，因河道多在都城之内，并且流经元代宫廷的皇城根一线，因此这段河道曾被称为“玉河”或称作“御河”。

● 郭守敬引水入京

郭守敬，我国元代著名的水利专家。为解决元大都城的水源问题，经反复考察最终从昌平白浮泉引水先向西再折向南，一路上又汇集了榆河、玉泉、沙河、清河等多条泉水溪流，并形成一股较大水源汇集于瓮山泊（今昆明湖），再经长河引入西直门水关的积水潭。此水源再经万宁桥、后门桥，皇城东墙外过沙滩、北河沿、南河沿，出丽正门东水关，向东南入文明门外金闸河，然后再向东经张家湾西入白河，整个河段全长约 82 千米。

● 忽必烈钦赐河名

史传，白浮泉引水及通惠河启用之时，轰动京城各方人士竞相观看。此时，恰逢元世祖忽必烈从上京和林返回元大都之际，就在其经过万宁桥时望见水面全是来往运粮船，“过积水潭，见舻舳蔽水”，元世祖龙心大悦，遂亲自命名自万宁桥至通州水流为“通惠河”。

● 吴仲疏浚通惠河

明嘉靖七年（1528 年），因修建皇家坛、庙之需，在巡仓御史吴仲的主持下动工疏浚通惠河且圆满完成。由于吴仲整修通惠河功绩，在通州特为他建祠纪念。直到清光绪二十六年（1900 年），通惠河漕运才基本停运，但通惠河对北京城的历史性贡献却因此名垂青史。

● 玉河宛如小秦淮

今万宁桥至地安门东大街路北，这一段曾为古玉河故道，现经有关部门整修，已从暗河改为明河，其间还修建了雨儿桥和福祥桥。如今，这两座桥与河水交相辉映，尤显得古香古色，更兼沿河道两旁辅以清代古建四合院，意欲呈现出元、明时期古都繁华之风貌。史传，通惠河疏浚，使得积水潭东北岸成了大运河的最终码头，这也促成当年积水潭一带的市井繁华。尤其是东北岸的烟袋斜街一带，时若顺着岸边一路走来，沿途可见客店、酒楼、饭馆、茶肆、商店鳞次栉比，乃至成为当年大都城内最为繁华热闹的地段之一。面对繁华市景有文人赋诗云：十里藕香连不断，晚风吹过步粮桥；玉河景观绝秀丽，宛如江南小秦淮。

北京的“海”

众所周知，北京距最近的渤海少说也要有几百里，但就在这京城里却有着一些被称作“海”的地方，如“南海”“中海”“北海”“前海”“后海”“西海”等。当然这里的“海”，并非人们通常所讲的那种大海，而是指蒙语中的“海子”，意即那些“有水的地方”。

●皇城内三海

所谓内三海，是指南海、中海和北海。明清时期这里原为皇家禁苑，曾被称为西苑、西海子、太液池。著名的燕京八景之一“太液秋风”，就是指这里所呈现的绝色佳景。时对这一片水域划分界定，南海与中海常以蜈蚣桥为界，中海与北海则以金鳌玉桥为限。

●皇城外三海

所谓外三海，是指前海、后海和西海。这一片水域的划分界定，前海与后海常以银锭桥为界，后海与西海则以德胜桥为限。若站在前海与后海之间，那座形如银锭的小桥上，无论清晨黄昏、晚霞夕照、云消雨霁，便可一饱“银锭观山”绝妙佳境（燕京八景另说）。此外，周边诸如广化寺、药王庙、真武庙、海潮庙、三圣庙等星罗棋布。恭王府、醇亲王府、阿拉善王府、涛贝勒府、庆亲王府散布其间。寺庙、宅园与水岸堤桥，在西山的映衬下，构成一幅“西湖春、秦淮夏、洞庭秋、燕京冬”四季时空变幻的帝都山水画卷。

●绝佳什刹海

什刹海一名乃统称，包括前海、后海和西海。由于这三处水域及邻近地区与“前三海”（即内三海）遥相呼应，故老北京人也习惯将其称为“后三海”。如今这里湖岸垂柳绿茵、水中荷花盛开，尤其是夜色中的什刹海，已成为极具古都特色誉满京华的绝佳景观。

●名胜聚贤达

什刹海夏日可游船荡桨，冬季可潇洒溜冰，更兼众多王府、花园遍布美不胜收。如恭亲王府、醇亲王府、宋庆龄故居、郭沫若故居等。另有诸多庙宇，如广化寺、火德真君庙、护国寺、保安寺、真武庙、白马关帝庙、佑圣寺、万宁寺、石湖寺、万严寺坐落其间。史上什刹海这一带，常令达官显贵贤士名流云聚。如元代大书法家赵孟頫，诗人袁崇道三兄弟，明代文渊阁大学士李东阳，清代湖广总督张之洞，清代大词人纳兰性德等。近代和现代时期居住的名人，如宋庆龄、郭沫若、梅兰芳、溥杰、张伯驹、马海德、萧军等。

北京的“湖”

史上的北京城，也曾是一方湖泊众多、溪流泉淙、环境优美之地。昆明湖、玉渊潭、积水潭、莲花池等湖泊，宛如一颗颗璀璨的珍珠，洒落在广袤的京都大地之上。史载，三国时期，便有曹植“出自蓟北门，遥望湖池桑”的诗句，对当时蓟城的田园风光欣赏赞誉。

● 昆明湖

昆明湖位于北京的颐和园内，其水域面积约占园区总面积的四分之三。史上，昆明湖原只是西北郊一带众多山泉溪流汇成的一处天然水泊，曾有七里泺、大泊湖等多个名称。昆明湖前身也被称瓮山泊，又因其地处北京的西郊，所以又被老北京人称作京郊西湖。

据说，当年清帝乾隆意在瓮山泊一带兴建清漪园（颐和园前身），便撷取汉武帝在长安开凿昆明池之史说，遂赐该水域“昆明湖”。1860 年，清漪园遭英法联军焚毁。1888 年，慈禧太后以筹措海军经费之名，动用三千万两白银对其进行复修重建，并改称颐和园。

史载，京西颐和园这一带自古风景优美山水俱佳。曾有明代文人墨客将昆明湖周围的景色描绘成：“溪流纵横、河汉交错、宛如秀美江南。”据传，清代乾隆皇帝一日在昆明湖上泛舟，饱览湖光山色兴趣盎然，遂诗兴大发云：“何处燕山最畅情，无双风月属昆明。”

北京的“潭”

史载，自通惠河挖掘开通之后，来自江南北上的漕运官船，便可沿着河道一路通畅、驶抵京城水域码头积水潭，从而省去众多车马劳顿，经由陆路转运南粮或其他货物劳作。随着这条水路的兴旺，也使得沿积水潭周边区域、很快形成了一处极度繁华的经济商圈。

● 史上积水潭

积水潭原是疏浚通惠河后，形成的一个巨大的水泊，史上积水潭也是漕运码头的终端，据称这里时为皇家洗象池。史载，元代来自暹罗、缅甸的大象，曾为大型运输工具，以及宫廷礼宾仪仗角色。因此，每临盛夏三伏之际，便有人引领大象到这一片水域进行冲洗。

● 潭影寻遗踪

史上的积水潭也曾有过多个称谓，如西海、海子、北湖、莲花池、净业湖、西水关等。而那时的积水潭也与今日的积水潭大不一样。据说，元代的积水潭，是指现在前海、后海、西海三处水面，当年京杭大运河驶来的船舶，可一直抵达这片十分宽阔的水域停泊。

史载，元代积水潭，前海、后海、西海一带水面相连，水域面积比现在要大很多。文载，当年曾有8000多艘漕船，整日在河道上川流不息，来自江南塞北漕粮及货物，通过积水潭码头集散发运。这也说明，此码头当年在京杭大运河中占有极重要的政治和经济地位。

明代中期，积水潭水源上游一带村庄，因人口增加招致土地大量开垦，随后导致部分河道逐渐淤塞，积水潭来水开始不断减少。而扩建皇城也使得通惠河与积水潭水域再度缩减，至民国时期随着扩建马路，自大运河舶来的货物到了通州，也可用马车运进朝阳门。

明代晚期至清代初年，随着部分河道不断淤塞，此段漕运功能开始退化，有些地方还陆续住上人家，不过独特景致和便利交通，也令这里很快成为显贵及文人聚集之地。如今，历经百年沧桑的潭影萍踪，只能凭借古老地名或史痕方可寻得那些久远的历史踪迹。

14. 曲径通幽处　恬淡净吾心——北京的庙宇

北京地区具有多种形式的宗教，其主要有佛教、道教、伊斯兰教、天主教和基督教等。与此相关的各类寺、庙、宫、观、堂等，据不完全统计大约有一百三四十处之多。其中，比较著名的寺，庙、宫、观、堂、大约有三四十个，故只能代表列举，例如：

如潭柘寺、广济寺、牛街礼拜寺（伊斯兰教）、历代帝王庙、孔庙、雍和宫、白云观、王府井教堂（天主教）、缸瓦市教堂（基督教）、圣尼古拉教堂遗迹（东正教）等。

潭柘寺

潭柘寺历史十分悠久。据史书记载，潭柘寺迄今已有1700多年历史，可称北京地区最古老寺院。潭柘寺始建于西晋永嘉元年（307年），寺院初名“嘉福寺”，清代康熙皇帝曾赐名为“岫云寺”。很久以来，北京就流传“先有潭柘寺，后有北京城”的民间谚语。

● 幽寺古道

潭柘寺地处深山，古来交通不便，所以历史上便形成了多条朝寺进香的古道。这些古道中有的是皇室或官家出资修建的，也有的是民间香会集资修建的，还有的是商号与百姓共同修建的。

芦潭古道：芦潭古道曾经是古都旧城通往潭柘寺的一条十分重要通道。史载，清康熙二十五年（1686 年），康熙皇帝玄烨亲临潭柘寺进香，当年行经路线便是这条芦潭古道。

庞潭古道：这条古道全长约 20 千米，是从石景山的庞村过永定河后，再经卧龙岗、石门营、苛罗坨、越罗睺岭，与芦潭古道会合，为京城香客前往潭柘寺另一重要通道。

新潭古道：这也是今门头沟永定镇的东、西辛称村，原来这里合称为“新城”。据说，史上这里曾是永定河上的一处古渡口，当年这里也可称作一处十分繁华的大集镇。

门潭古道：这是一处修建于唐代的古“玉河大道”，也曾是从北京城到门头沟的另一条很重要通道。除此之外，还有潭王古道，也为潭柘寺通往王平口的另一条旧古道。

● 潭柘二宝

宝锅：潭柘寺天王殿前有一口大铜锅，直径 1.85 米、深 1.1 米，为寺里和尚们炒菜所用，由于锅大底厚且需要文火慢熬，故所熬的粥既黏又香。关于这两口大锅，有“泼砂不漏米”之说，原来此锅底有一“容砂器”，熬粥时因不断搅动、砂粒便沉入锅底凹陷处。

石鱼：潭柘寺观音殿西侧有龙王殿，殿前廊上有一石鱼，长 1.7 米、重 150 千克，看似铜实为石，击之可发五音，传闻乃是南海龙宫之宝，后被龙王送给了玉帝。据说，这石鱼身上的 13 个部位，各代表当时的 13 个省份，若是哪省有旱情敲击该省便可显灵降雨。

● 故事传说

礼忏观音-砖现脚窝：据说，元世祖忽必烈之女妙严公主，为替其父赎罪在潭柘寺出家，因每日在观音殿跪拜诵经，年深日久竟将殿内一块铺地方砖，踏出两个深深脚窝。现妙严公主那块“拜砖”依然供奉在观音殿内，且成潭柘寺内一件极为珍贵的历史文物。

皇帝推崇-古寺扬名：元朝末期，元顺帝孛儿只斤·妥欢贴睦尔极为崇信佛教，尤其对名贯京城的潭柘寺，更是推崇和青睐。元顺帝曾请潭柘寺的住持，雪涧禅师享用御宴，并且还是皇上的妹妹亲自下厨，所赐礼遇之显赫、仪式之尊贵，堪称前所未有奉为极致。

辅佐帝王-功成身退：建文帝实施削藩政令时，燕王朱棣采纳了姚广孝谋略，自北平起兵“靖难”，后经战场上激烈厮杀、最终夺取了皇位。明成祖朱棣登基皇位后，欲给予姚广孝很高封赏，但姚广孝却是辞官不做，只身来到京西潭柘寺，远离凡尘隐居修行。

历代帝王庙

历代帝王庙，俗称帝王庙，始建于明嘉靖十年（1531 年），其原址称保安寺，清雍正七年（1729 年）曾获重修。这里原是明、清两代皇帝，崇祀史上历代创业帝王、开国功臣的一座官庙，又因政治地位与太庙和孔庙相齐，故称为明、清时北京城内三大皇家尊崇庙宇。

● 历史溯源

古代中国，封建统治者历来都有祭祀祖先的规制礼仪，例如“三皇”一直被视为华人之始祖，故得历代帝王崇仰祭祀。史传，康、雍、乾三代皇帝，对历代帝王庙非常重视。据说，清康熙帝曾留下谕旨：“除因无道被杀和亡国之君外，所有曾在位的历代皇帝，此庙中均应为其树立牌位。”清乾隆帝更是提出“中华统绪，绝不断线”之名言，并将以前庙宇未涉及的朝代，也选出该朝皇帝入祀，最终经乾隆“钦定”祭祀帝王确立为 188 位。

● 帝庙谚语

在以前老北京人的口中，常会流传一些有趣的民谚或俚语。例如，有关历代帝王庙就有一则十分有趣的民间谚语：“有桥没有水，有碑没有驮，有钟没有鼓，有庙没有佛。”由于古代祭祀祖先大多在室内进行，故祭祖的场所也被称为庙或祠。久而久之，人们便将庙和佛视为一体，认为只要进了庙堂，就一定有佛可拜，这对于大多数庙宇而言确实没错，但对有些寺庙还真的不准确。例如天坛、地坛、日坛、月坛、社稷坛等就是如此。

同为一个“庙”字，有的属于宗教类庙宇，有的则是祭祀用建筑。如北京历代帝王庙，那里所供奉和祭祀的既不是神仙也不是佛祖，而是上迄中华民族史前的祖先、三皇五帝，下至史载夏、商、周、汉、唐、宋、元、明等，中华历朝历代的帝王、功臣、名将。

雍和宫

雍和宫，始建于清康熙三十三年（1694 年），曾是清朝皇帝雍正即位前的府邸。雍正三年（1725 年）改为行宫，乾隆九年（1744 年）改作藏传佛教寺院。今雍和宫由三座精致牌坊、雍和门、雍和殿、四学殿（药师殿、数学殿、密宗殿、讲经殿）以及 3 个文物陈列室构成。

雍和宫整体建筑布局完整、巍峨壮观，具有汉、满、藏、蒙诸民族建筑特色。大殿内供有众多佛像、唐卡及珍贵文物，其中宫院内的檀木大佛，于 1990 年被载入《吉尼斯世界纪录大全》。也可以说清朝中后期的雍和宫，实际已成为全国规格最高的一座佛教寺院。

寺院瑰宝。(木雕三绝、铜铸须弥山、竖三世佛、六道轮回图)

雍和宫的木雕三绝是指，五百罗汉山、檀木大佛、楠木佛龛三件稀世珍宝。

“五百罗汉山”位于在法轮殿。其整个山体乃由紫檀木雕刻而成，浮现层峦叠嶂、阁塔形式错落。神通广大的五百罗汉置身其间，或讲经说法，或形态各异、造型逼真。

“檀木大佛”位于万福阁。此大佛全高26米，地上部分18米、地下部分8米、佛像直径8米、重100余吨。这尊大佛也是我国最大独木雕像，堪称木雕珍稀瑰宝。

“楠木佛龛”位于昭佛楼北侧。其所供奉佛祖佛龛，高5.5米、宽3.5米，整体结构由金丝楠木打造。上面浮现的99条金龙，形象生动气势不凡，实乃国宝级艺术珍品。

铜铸须弥山：位于大殿前庭院中。据说佛教称须弥山为世界最高山，山顶的帝释天乃世界最高的天，因为须弥山是“世界的中心”，故佛祖释迦牟尼经常在山上讲经说法。因此，寺院中的石窟佛，都是坐落于“须弥座”的位置上，以此来显示所处至高无上境界。

竖三世佛：是雍和宫大殿中供奉的三尊佛像，其隐喻从无限久远的过去、到无限遥远的未来，所有这一切全都是佛的世界。这也从时间上进一步说明，佛教历史悠远且生命久长，而时间从远古到今世，再到未来、呈竖向排列，所以人们将此佛也称作“竖三世佛”。

六道轮回图：在万福阁东厢照佛楼。佛教主张众生平等，人死后来世会有六种出路（天神、人、阿修罗、畜生、饿鬼、下地狱）。如果积德行善，下等种姓来世可成上等种姓。若是处世作恶，上等种姓来世会成下等种姓。此图以形象警戒世人“莫作恶，广行善”。

白云观

白云观，始建于唐开元二十九年（741年）初称天长观。金明昌三年（1192）改太极宫，金泰和三年（1203年）遭火焚。白云观坐北朝南规模宏大气势非凡，为我国著名道观之一，也是北京现存最大道观，今观内有玉皇殿、老律堂、邱祖殿、吕祖殿、云集园、碑刻。

● **道观掠影**

金朝末年，长春真人丘处机奉诏西游谒见成吉思汗，且受命掌管天下道教。丘处机死后其弟子尹志平购得长春宫东院，始建道院并取名为“白云观”，翌年春时又建“处顺堂”于观中，且用于埋葬丘处机遗骨。元代末年，长春宫毁于战火，白云观只是依稀残存。

● **道观趣闻**

“铁打的白云观”：据说史上的白云观，不仅经历了多次的毁坏和重建，更重要的是因其山门正中处，有明英宗赐予白云观的那块“敕建白云观”匾额，乃是由生铁铸造而成，并彰显寓意白云观犹如铸铁一般坚固持久，一来二去便有了“铁打的白云观”一说。

“三猴不见面”：是指藏在观内的3个小石猴，很不容易被发现。其实这3只可爱的小石猴，一个是在山门中间，券门东侧的浮雕内；另一个是在山门西侧、八字形影壁须弥座顶端的束腰处；最后一个是在庙后东院雷祖殿前“九皇会碑记”底座花纹的图案之中。

“神特四不像”：在白云观西路有个铜塑怪物，说马有点儿矮，说驴耳朵太小，说骡子脸又太长。若确切一点讲是：“骡身、驴面、马耳、牛蹄”。此物还有个学名叫“神特”，据说你若觉得自己某处不适，只要摸一下“神特”所对应部位，可有手到病除之感觉。

15. 一座恭王府　半部清代史——北京的王府

史传，辽、金时期作为都城的北京，已开始为皇亲国戚营造王府，及至后来的元、明清时期，此类举动也始终未曾间断。史载，清代的王公府邸大多集中于内城，清代乾隆年间京城王府有三十余座。嘉庆年间、城内王府达四十二座，今北京还遗存约二十余座。

● 恭亲王府

恭亲王府，位于西城区北海后街，它是现存规模最为宏大、保存最为完好的一座王府。咸丰元年（1851年），清末重臣恭亲王奕䜣，成为此宅第三代主人并将其改称恭王府，由得此名且沿用至今。著名历史地理学家侯仁之先生概括评价“一座恭王府，半部清代史”。

● 醇亲王府

醇亲王府，位于后海的北岸，该府邸分为正院、住院、花园及马圈四部分。王府始建于清代康熙年间，原为大学士明珠的府邸花园，后为光绪父亲醇亲王奕譞的府邸花园。至清末又成为末代皇帝溥仪父亲、醇亲王载沣的王府花园，因此也被人称作摄政王府花园。

● 郑亲王府

郑亲王府，位于西城区大木仓胡同，该王府内著名的私家花园——“惠园”，曾被誉为京师王府诸花园中最具代表者。现郑亲王府只残存下东部一些遗迹，尚有街门浮雕丹陛，以及东配楼和西配楼，20世纪郑亲王府曾作教育部办公所在地，今列为北京市文物保护单位。

● 克勤郡王府

克勤郡王府，位于新文化街西口路北。克勤郡王系礼亲王代善的长子，被称清初“八大铁帽子王”之一。该王府始建于清顺治年间，至民国转售给熊希龄为私宅，该王府前不久已作整修，基本保持清代王府建筑格局。现为北京第二实验小学使用，暂不对外开放。

● **和亲王府**

和亲王府，位于东城区张自忠路，该王府曾被李鸿章改成西式建筑。1919年前后，一段时间这里曾作总理府，1921年为段祺瑞临时执政府所在地。现王府旧址分属两个单位，即中国人民大学分部和中国社会科学院分部，现院区处于维护保管中暂不对外开放。

● **和敬公主府**

和敬公主府，位于东城区张自忠路，固伦和敬公主是清乾隆帝第三女，此宅为和敬公主下嫁后所赐的府邸。和敬公主系孝贤纯皇后所生，清乾隆十二年（1747年），下嫁给蒙古科尔沁部辅国公色布腾巴勒珠尔。公主后人曾受封为贝勒，所以此地也被称作达贝子府。

● **老睿亲王府**

睿亲王府有两处，一在南池子路普度寺，一在外交部街。前者是睿亲王进京住所，后者是乾隆为睿亲王复爵后新宅。清太宗时，多尔衮受封睿亲王，为清初八大铁帽子王之一。康熙33年（1694年）颁旨，睿亲王府改为玛哈噶喇庙。乾隆41年（1776年），赐名普度寺。

● **礼亲王府**

礼亲王府，位于西皇城根南街大酱坊胡同。礼亲王代善原是努尔哈赤第二子，也是清初著名八大铁帽子王之一。礼亲王府现为北京市重点保护文物单位，暂不对外展览开放。

● **庆亲王府**

庆亲王府，其址位于德胜门内大街南口，定阜街胡同内。庆亲王府原为清代末期、再封庆亲王奕劻的府邸，该王府今为北京市一处重点保护文物单位，暂不对外展览开放。

---

16. 郊野溪流密布　翠谷清泉幽深——北京的苑院

明清时四苑

苑在我国古代也称“囿”，《汉书》中讲“苑”，谓马牧也。明清时北京已有“四苑”之说，即南苑、北苑、西苑、东苑。查询史料并对照今天北京辖区可知，南苑在明清时称南海子，为永定门外大红门南一带；北苑在安定门外以北处，大约为10千米处的今来广营一带；西苑则是今内城的北海和中南海一带；

东苑则是今天内城的东安门以南的一带。

● 南苑曾经很大

史上南苑地处永定河流域，当年这一带不仅泉源密布，而且河水、雨水和泉水汇集，从而形成若干个很大的水面。当时紫禁城北面积水潭被称作北海子，于是这里也就成了南海子。且有饮鹿池、眼镜湖、大泡子、二海子、三海子、四海子、五海子等一众群落水泊。

元世祖忽必烈初到燕京，曾在这里圈围一处小型猎场。其后明成祖朱棣迁都北京，随之在海子内扩建殿堂离宫，四周修砌围墙约 120 里（60 千米），并将原存猎场扩大了数十倍。史载，明代燕京十景中的“南囿秋风”，就是指当年南海子郊野一望无垠的田园风光。

清朝入主中原以后，虽建起西苑、北苑，但南苑仍是京都最大猎场。当时的南苑放养着许多麋鹿，苑中还建有四座行宫，这四座行宫分别为旧衙门行宫（又称旧宫）、南红门行宫（又称南宫）、新衙门行宫（又称新宫）及团河行宫，这也是现在仅存的一处行宫。

● 北苑亦有两个

在一般老北京人记忆中，认为北苑只有一个，即安定门外的北苑。至于通州那个北苑，似乎更应称作“北园”。有资料显示，通州自古以来，用“园”字做地名很多，如梨园、果园、施园、姚园等。这主要是源于地处京东的通州，地势比较平坦、水土比较丰厚。自元、明、清数代以来，此地十分适宜养殖桑蚕、栽培果树，因桑农果农多居于园林附近，继而渐成村落并冠以园名称谓。如台湖镇的桑园村，梨园镇的梨园村，便是由此不断演化而成。清代定都北京之后为巩固皇权站稳脚跟，一段时期曾施行大规模“圈地”。据说，清廷所圈土地，除赐予诸王、勋戚以及八旗臣工俸禄之外，还规定满、汉分居，分兵把守各理疆界。而受雇佃农则群居此园附近，若终年受雇某姓即为“某园”，如张家湾镇施园（原施家）、姚园（原姚家），梨园镇曹园（原曹家）、潞城镇夏园（原夏家）。

● 西苑越来越远

在《北京地名典》中，西苑是这样解释：“明末清初，称中南海为西苑，康熙年间，称畅春园为西苑，畅春园西侧村镇也称西苑”，即现在人们所熟悉的西苑。如今早没人将中南海与西苑相联系，毕竟对苑的理解多含有京郊之意。所以现指的西苑，应为海淀圆明园、颐和园、玉泉山一带的皇家园林。具体所指，今西苑应是颐和园和圆明园之间的地段。

● 东苑悄然消失

在北京市总体规划中，南苑、北苑、西苑都有，唯独没有东苑的位置。其实史上的北京城确有一处称作东苑地方，大约应在今东华门南池子一带。该苑始建于明代初年，如今菖蒲河公园，就是处于原东苑的地界，所以现公园内复建的戏楼，也被称作“东苑戏楼”。

史载，明嘉靖十三年（1534年），在重华殿以西构建皇史宬，以保存各类皇家档案。明末李自成率农民起义军攻入京城，东苑最终毁于兵火战乱。清代初年，顺治帝年幼，多尔衮遂以皇叔名义代为摄政，后在原东苑旧址附近建起了著名睿王府，时成为权倾朝野中心。后因多尔衮被治罪削爵，睿王府也因此遭弃。康熙于三十三年（1694年）下令，将原睿王府改为玛哈噶喇庙。乾隆四十一年（1776年）重修并赐名“普度寺”，此时东苑旧景已烟消云散，其旧名也被人遗忘，今龙德殿后飞虹桥虽不复存在，只留下了飞龙桥这一地名。

金代八园苑

金章宗时期的中都城，曾建极为著名京郊“八苑”。史载，这些著名园苑分别为：琼林苑、广乐园、同乐园、熙春园、芳园、南园、北园、东园。史上这些园苑虽多为一些人造景观，但布局精致、造园纤巧，可与其后闻名的“燕京八景”同为盖世绝伦园艺珍品。

西山八水院

西山八水院，主要集聚于今海淀区的西山一带。这里山势耸立峻峭、翠谷葱林静谧、树木繁茂幽深、泉水充盈丰裕，自然植被丰富、空山鸟语花香。史载，金章宗始建金中都（今北京广安门一带）后，不久便在今海淀西山一带修建了八处行宫，史称西山八水院。

史学家议论，金章宗完颜璟不仅点评过燕京八景，更在林木葱郁、流泉飞瀑、地僻幽深的西山一带，兴建了著名八大水院，这在我国北方地区率先开创了人工造景立园之先河。因此，人们常说的“西山八水院”，也被史学界赞誉为“北京园林史上的一大创举”。据《北京百科土书》记载，金章宗当年西山修建的八水院。今已确认的为金水院（颐和园）、清水院（大觉寺）、香水院（妙高峰）、温汤院（温泉村），其他四院暂无可考。其实，西山八院并非无考，只是说法不一、证据不足暂难确认。例如，其他西山八院之说还有：金水院、清水院、香水院、温汤院、潭水院、双水院、灵水院、圣水院等。

---

17. 鲜活京城脉络　流逝踪迹寻觅——北京的街巷

在古都北京，“胡同”“巷”“条”，与南方“里弄”的意思相当，泛指城镇或乡村中用于沟通居民区之间那些比较窄小的街道。这些“胡同”“巷”“条”，是衔接城内道路交通不可或缺的一部分。根据不同道路通达情况，这些胡同又分“死”胡同和“活”胡同。

“死”胡同只有一个出入口，末端深入居民区且在底部中断。“活”胡同则有所不同，它可能有两个或两个以上出口，并可沟通两条或更多主干街道。胡同可称是北京街道一大特色，京城著名胡同如东交民巷、西交民巷、东裱褙胡同、西裱褙胡同、金鱼胡同等。

京城胡同

史载，北京大小胡同约上千条，其主要形成于元、明、清 3 个朝代，且又以雏形于 13 世纪的元朝居多。这些胡同乍一看表面形式都差不多，但蕴含特色却各不相同。这里不仅是北京普通百姓生活的场所，也是一座民俗风情博物馆，堪称是这座古都跳动的脉搏。

● 胡同概说

史料记载，胡同一词最早始见于元杂曲，元代著名杂曲名家关汉卿在其剧本《单刀会》中，就有“杀出一条血胡同来”的剧本台词。元代杂剧《沙门岛张生煮海》中，也有如下对白：“我家乃住砖塔儿胡同”，而剧中所提的砖塔儿胡同，就是今西四南面砖塔胡同。目前，历史、文化及学术界对北京“胡同”一词的含义和来源主要有三种解释。

水井说。在蒙语、突厥语、满语中，水井一词的发音与胡同的发音非常接近，而历史上的北京人吃水，主要是依靠附近的水井。因此，水井一词便成了生活聚居区的代称，进而逐渐演化成街道的代称。长此以往经人们口口相传，也就产生了今日“胡同”一词的民间用语。

浩特说。元代时期的蒙语中，曾将城镇统称为“浩特”，蒙古人按照自己的习惯，遂将中原城镇的街巷也称为“浩特”。久而久之“浩特”在汉语中，也就逐渐演化为“火弄”或“弄通”。而不同人的发音差异，则更进一步加深且促成了今日“胡同”乃至“弄堂”之演化。

胡统说。还有一种说法，认为胡同一词是源于元朝统治时期，为当时的统治者强化推行“胡人大统”，这一具有政治色彩的口语简化版。史上元代曾规定，大街宽二十四步、小街宽十二步、胡同宽六步，这样的大街、小街、胡同便构成了元大都最初城市道路的规模格局。

历史遗痕。北京胡同名称既反映了老北京诸方面的民俗文化，又为探寻研究北京城的历史沿革提供了十分重要佐证，故慎重对待史上这些遗存的地名，应是一项极为迫切的工作。

街巷史话

● 中华第一街：长安街

在首都北京，有一条以东西轴线为走向的大街，其名取自盛唐时代的都城

“长安”（今西安），含有长治久安之意。此路最初东起东单、西至西单，天安门坐落于长街中间北侧。时至今日，长安街已成为是世界上最长、最宽的城街，也是中国最重要的一条街道。

历史发展至清朝晚期，中国近代著名市政建设创始人朱启钤，为改善和拓展北京的市政交通，曾以极具超前的发展思路，力排众议且采取大刀阔斧做法，最终打通了京城这一东西轴线，从而也为长安街和北京城日后的建设和发展，做出了十分重要的历史性贡献。

新中国成立后，当时的北京市政府为加快城市建设、改变老城区交通状况，实施自东单向东，陆续拆除了五条街巷，并将这段规整展宽的道路命名为建国门内大街。自西长安街向西，也陆续拆除了五条街巷，并将这条经规整展宽的道路命名为复兴门内大街。其后年代，长安街由公主坟向西，继续延伸至首钢东门。大北窑向东，继续延伸至通州镇，从而使长安街全长达 45 千米。至此，长安街也就成了名副其实的百里长街。

● 难指方向街：北京的斜街

北京城区街巷基本呈横平竖直状，多数街巷南来北往方向明晰，但也有一些“不靠谱”的斜街混在其中，过去的老北京人常爱说一句俏皮话：“出门奔斜街——没走正道”。当年，北京城里就曾有很多著名斜街，例如樱桃斜街、李铁拐斜街、杨梅竹斜街、烟袋斜街等。

● 称百年老街：杨梅竹斜街

例如，距前门外大栅栏西口不远处，就有这样有一条老街——杨梅竹斜街。近代，曾引领国人追求新知读物，文化名流梁诗正、沈从文、鲁迅、郁达夫等，皆在此街留下足迹。著名的“八大楼”饭庄泰丰楼旧址，旧京城内四大商场之首“青云阁”都曾坐落于此。

书局林立。民国时期，在这条不足500米长的街道，竟云集了世界书局、正中书局、广益书局、环球书局等名噪一时的著名出版机构，这在中国近代文化史上可称留下浓墨重彩一笔。须知当年世界书局、商务印书馆、中华书局三家出版的教科书，在京城呈三足鼎立之势。

名人故居。历史上杨梅竹斜街，也不乏文人墨客莅临光顾。如著名文人梁诗正，曾是雍正八年的探花，官至东阁大学士，当年朝廷许多重要文件常出自其手，乾隆帝为此特赐其此处一宅邸。1922 年，沈从文从湘西初到北京城，也曾在这里的酉西会馆临时居住近大半年之久。

往事传奇。据说，讨袁名将蔡锷也是在位于斜街东口的青云阁结识了京城名妓小凤仙，二人自此一见钟情且随后多次在普珍园内小酌。进入 20 世纪 80 年代，根据蔡锷将军与小凤仙那段感人至深的传奇故事为题，以青云阁旧址为背景，拍摄了轰动一时的电影《知音》。

联络站点。杨梅竹斜街东口路南东升平浴池，新中国成立前为京城最好的澡堂之一，浴池内分为三个等级，即福堂、官堂、客堂。只是外人有所不知，这里当年曾是北平地下党一处非常重要的联络点，一些负责地下工作的领导就是利用这里特殊周边环境听取汇报、布置任务。

●最短的大街：一尺大街

当年北京城内还有这样一条街道，路面非但不宽而且还很短，但它却“大言不惭、堂而皇之”自称为大街，这便是北京城里那条非常有名的胡同“一尺大街”。说来也很有意思，这条街巷虽被称“大街”，其实不过是一条短街，据说还是北京城里最短的一条街巷。当然，名曰“一尺大街”，也并非只有一尺多长，整条街道的总长大约有 30 米。不过这条街虽说不长，却是老北京街巷的一处缩影，具有十分典型的京城文化特色。此街位于杨梅竹斜街西口、樱桃斜街东北口，桐梓胡同北口、东琉璃厂尽头东南角的四街汇合处。

●外交当自强：东交民巷

东交民巷原是明、清两代“五府六部”所在地。清代乾隆、嘉庆年间，设有“迎宾馆”专供外国使臣来京临时居住。鸦片战争以后，这里先后设立英、俄、德、法等使馆。

1900 年 8 月 14 日，八国联军入侵北京，当时的东交民巷也在劫难逃。仅当时巷内的户部银库，就被日本侵略军抢走白银 300 万两；珍藏于翰林院内的《永乐大典》《四库全书》等诸多的宝贵文献及历史资料，或被抢劫一空丧失殆尽，或被付之一炬彻遭焚毁。

不过，这条全长仅两千多米的东交民巷，也是当年北京城里最长且最著名的一条胡同。1860 年第二次鸦片战争以后，随着《辛丑条约》的签订，各国列强又强迫清政府将东交民巷划为“使馆区”，并将东交民巷改称为“使馆街”，且在其四周竖起围墙建起碉堡。旧时这里初建英国汇丰银行，不久又开设了法国邮局、德国医院等。其后，这里又陆续开设了“美国花旗银行”“法国东方汇理银行”“日本正金银行”等多处金融机构。昔日东交民巷内，英国、法国、美国、俄国、德国、日本等 11 国，曾设立使馆、开办教堂、外国医院，实际将东交民巷这条街道变成了一条享有治外法权的特权街区。

1949 年北平和平解放，举行入城仪式的中国人民解放军列队经过东交民巷，以此洗刷自鸦片战争以来，中国武装人员未经许可不得进入东交民巷的耻辱。今天随着祖国的日益强盛，东交民巷也翻开了崭新一页，那些曾经的旧式建筑、已成为异域风情缩影。

18. 全而无缺美味　聚而不散情逸——北京的饭庄

数千年悠悠岁月，其历经辽、金、元、明、清五朝，令北京形成尊有皇家气派、贵有公卿雅韵，俗有大众口味、南北特色汇聚、东西风味兼容，独具一格的京城餐饮文化。

名牌老店誉京华

● **金牌全聚德**

时下流传“不到长城非好汉，不吃烤鸭真遗憾”。而在京城吃烤鸭，首选“全聚德或便宜坊”。据说一次周总理宴请，外宾询问“全聚德”究竟是什么意思。周总理微笑作答：“‘全聚德’是全而无缺、聚而不散、仁德至上。”这可谓“全聚德”迄今最经典的权威解释。

据传，“全聚德”始创于清同治三年（1864 年），当时的店主叫杨全仁。某一年前门的外肉市、恰有一家叫“德聚全”的干鲜果铺生意清冷，有杨氏慧眼盘下此店并由此做起了烤鸭的营生。据说，“全聚德”牌匾这笔遒劲的字迹，乃是一位叫钱子龙的秀才挥笔而就。

“全聚德”制作的烤鸭，冠以“明火挂烤”，且以枣、梨等果木为燃料，因此出炉后的烤鸭蕴含淡淡的果木香。通常一只鸭要片百来片儿，然后辅以荷叶饼、黄瓜条、葱白、甜面酱等配料一卷，吃到嘴里味美四溢。另有，烤鸭三吃，片皮、片条、皮肉等风味餐。

● **银牌便宜坊**

据说，焖炉烤鸭还是北京烤鸭的鼻祖，堪称北京城里的老资格烤鸭店，早年有人在前门外的鲜鱼口内，开了一家叫“便宜坊”的烤鸭店，其历史可追溯至清代咸丰年间。“鸭子不见明火”，这是焖炉烤鸭最显著特征，而要吃“焖炉”这一口，讲究的食客则必去便宜坊。焖炉烤鸭最拿手的绝活，是利用炉火将鸭子“焖”熟。由于鸭胚在制作时受热均匀，令油脂和水分也消耗较少。以此法烤熟的鸭子，皮肉不脱离、色泽红鲜亮、外皮酥脆香、内层鲜而嫩、一咬流油入口即化，用此技艺烤出的鸭子，不仅体态丰满、出肉率也较高。

● **头牌东来顺**

据传，最初涮羊肉，源于忽必烈手下大厨为应对突然而至军情，快速烧好一锅开水，遂将冻羊肉切成薄片下到锅中一搅涮，捞出拌上佐料即食。当时这一吃法，估计谈不上鲜美但却是解了燃眉之急，不料此事竟然得到了忽必烈赏识，且在军营中得到推广。

如今涮羊肉不可同日而语，头牌涮肉名不虚传，乃具备八大绝活：“选料精、刀工美，调料香、火锅旺，底汤鲜、糖蒜脆，配料细、辅料全”。东来顺享誉京城，贵在选料精、加工细、佐料全、制作规范，尤其切出的羊肉片铺于青花瓷盘中隐约可见盘面花纹。

● **御牌都一处**

都一处烧卖馆，可溯源至清乾隆三年（1738 年），距今已有 280 余年的历史。据称，都一处烧卖馆最初的店址、是在前门外大街鲜鱼口路南，此店的主人姓李、祖籍为山西。

坊传，清乾隆十七年（1752年）的除夕夜，小店门外进来一主二仆。主人是个文人打扮，此时已经是寒冷冬夜，三人进店仅作稍事休息，店小二便端上来热气腾腾的酒、菜。由于店家殷勤招待，使得此一行的主人很是满意。酒足饭饱之余闲聊间随口问道："你家小店是什么字号？"此时店主人已隐约感觉，此人绝非等闲之辈，便很谦恭小心地答道："小店卑微尚且没有字号。"只见此人看了看周围店铺，然后很感慨地言道："时已至深夜仍不关门之酒店，如此偌大之京城大概只有你这一处了，索性称作'都一处'吧！"。转眼一月余过去了，店主早已将除夕夜之事忘掉。忽有一日门外人声嘈杂，伙计们告知皇宫太监来到此店。起初店主人吓了一跳，也不知自己犯了何事，直到看见宫人送来"都一处"御赐虎头牌匾，酒店的主人才恍然大悟，原来那晚莅临小店的竟然是乾隆皇帝。这件事很快地轰动了北京城，使得京都王公贵族、大小官员、员外绅士、富户人家竞相趋之若骛。小店主人则将"都一处"虎头匾，端挂在店堂正中，并将乾隆帝坐过的那把罗圈椅上覆黄绸，下垫黄土奉为"宝座"。自此，"都一处"声名鹊起，京城上下尽人皆知。

● **皇牌仿膳饭庄**

仿膳饭庄位于北海公园内，是京城著名的宫廷菜馆。仿膳饭庄的前身是"仿膳茶庄"，主要经营宫廷糕点小吃，尤以肉末烧饼、小窝头、豌豆黄最为有名。"仿膳"饭庄的菜点制作精致，形色美观，口味讲究，尤其继承了清宫"御膳房"清、鲜、酥、嫩的特点。仿膳饭庄最著名的菜肴首推"满汉全席"，曾经一套完整的满汉全席，需分四至六餐。现"满汉全席精选"，令食客一餐便可领略筵席之精粹。仿膳饭庄的小吃也极具宫廷特色，如豌豆黄甜中带香，芸豆卷乃是真正的入口即化，肉末烧饼更兼外酥里软咸香适口。

在仿膳饭庄接待史中，曾有众多知名宾客光顾。如美国前总统尼克松，前国务卿基辛格，日本前首相田中角荣、大平正方，英国前首相希思，联合国前秘书长瓦尔德海姆等。

---

19. 蜿蜒烽火楼台　恢宏皇家陵寝——八达岭长城及十三陵

自春秋战国以来，为抵御北方游牧民族袭扰，我国古代史上历朝都极为重视修筑长城这一宏大军事防御设施。如今若沿着崇山峻岭仔细追寻，仍可依稀窥见那些修筑于不同历史年代、不同历史王朝的长城遗迹或遗痕，如烽火墩台、断壁残垣、城砖瓦砾。

八达岭长城

八达岭地处峰峦叠嶂的军都山隘口，其关城始建于明弘治十八年（1505

年)，形式为东窄西宽梯形状。史上，明嘉靖、万历年间，曾进行较大规模整修。明《长安夜话》描述："路由此分，四通八达，故名八达岭。"由此可见，八达岭所处地理位置多么重要。

古人云："自八达岭下视居庸关，如建瓴、若窥井。"更有甚者言："居庸之险，不在关城而在八达岭。"由此可知，当年的居庸关不仅是一个城关，而是扼守京畿咽喉安危之所在，而处其上方的八达岭，因这些特殊地理条件，也就成为历代南北交兵必争之地。

史上八达岭长城乃是护卫居庸关的门户，从八达岭长城至今天的南口镇，其间仅是一条20千米长的峡谷，因沟谷中间筑有"居庸关"，故这条峡谷由此得名"关沟"。八达岭高踞关沟北端的最高处，其位于两峰夹峙一道中开，居高临下俯视，地势极为险峻。

纵观八达岭长城雄姿，宛如条巨龙绵亘于崇山峻岭，蜿蜒逶迤、巍峨险峻，秀丽叠翠、辽阔苍茫，驰名华夏、享誉世界。今八达岭长城有东西二门，东门额题"居庸外镇"，西门额题"北门锁钥"，自关城向北延伸的城垣建有敌楼12处，关城以南建有敌楼七处。

关城东门处的额题"居庸外镇"，始见于嘉靖十八年（1539年）。西门处的额题"北门锁钥"，始见于万历十年（1582年）。此两门楼均为砖石结构，券洞的上方都建有平台，于此平台的南、北方向皆有通道，用于连接关城与城墙的各处，城台之上还砌有城墙垛口。

除了关城可以登上长城，在南四楼、北四楼、北八楼和北十一楼，也都留有登城梯口。其中南四楼，为观赏八达岭长城、摄影入画的最佳方位。北八楼，乃是八达岭长城段最高敌楼，因此也被称"观日台"，有戏言"不到长城非好汉"，意喻登达此处可称好汉。

我国著名古建专家罗哲文先生，面对此景不禁赞叹："千峰叠翠拥居庸，山北山南处处峰。锁钥北门天设险，半哉峻岭走长龙。"今长城已为中外各界人士来京观光必游之处。当年尼克松先生、撒切尔夫人等300多位世界名人，皆登临八达岭长城一览壮观景色。

主要景观。长城南北城垣、敌楼、墩台、城台、古炮、城墙、烽火台、岔道城、望京石等。

明十三陵

明十三陵位于昌平区天寿山麓，陵区周围群山环抱、山清水秀景色宜人。自永乐七年（1409年）始建长陵，到明朝最后一帝崇祯入葬思陵，其间历经230余年，前后共修建了13座帝陵，埋葬了13位皇帝、23位皇后、二位太子、30余位妃嫔及两个太监。

明十三陵是我国明代十三位皇帝陵寝的总称，这些陵墓依次为：长陵（成祖）、献陵（仁宗）、景陵（宣宗）、裕陵（英宗）；茂陵（宪宗）、泰陵（孝宗）、康陵（武宗）、永陵（世宗）；昭陵（穆宗）、定陵（神宗）、庆陵（光宗）、德陵（熹宗）、思陵（毅宗）。

今十三陵堪称中国乃至世界现存规模最大、帝后陵寝最多、形制规格完整、建筑气势恢宏大的一处皇家陵园，现已开放长陵，定陵、昭陵、神路。新中国成立后，政府十分重视对其保护工作，1961 年公布为全国重点文物保护单位，明十三陵现为世界文化遗产。

长陵。长陵始建于明永乐十一年（1413 年），是明朝第三位皇帝朱棣的陵墓，也是十三陵中建筑最早、规模最大的一座陵寝，高耸的明楼是其最显著标志。长陵建筑占地约 12 万平方米，陵园平面总体布局呈前方后圆形状，方形部分由前后相连三进院落共同构成。

定陵。定陵是明神宗朱翊钧（万历）陵墓，陵园布局呈前方后圆状，外围是一道宝城，第一道门为黄瓦、朱扉，设券门三道。外罗城偏后部分为宝城，其平面近似圆形，直径约 230 米。宝城垛口采用大块花斑石垒砌，环砖砌高大宇墙、墙体与垛口之间设铺砖马道。

昭陵。昭陵是明穆宗朱载垕与三位皇后的合葬陵寝，祾恩门前的碑亭内，立有无字碑“石龟负碑”。据说，此皇帝一生功过难于评说，故立无字碑。有民谚道：“摸摸乌龟头，一生不发愁；摸摸乌龟腚，永远不生病。”游人至此多喜欢摸一摸石龟，明知戏言且全当一乐。

碑亭。碑亭位于神道中央，为长陵修筑时所建。亭内竖有龙首龟趺石碑一块、高六米多，此碑上题大明长陵神功圣德碑，为明仁宗朱高炽著文，明初著名书法家程南云所撰写。

神路石雕群。神路石雕群从碑亭北两根六角形石柱起，至龙凤门止的千米神道两旁，整齐地排列着 24 只石兽和 12 个石人。这些石像造型生动、雕刻精细，深为游人喜爱。

---

20. 绵亘远古走来　明垣新韵风采——京华史苑采撷

1918 年，瑞典地质学家安特生在房山区周口店考古发掘周口店“北京人”遗址。1927 年，加拿大学者步达生也对该遗址进行类似发掘，并将所发现三枚牙齿命名为“中国猿人北京种”。1929 年，该洞中首次发现古人类遗迹，故此遗址称为“周口店考古第一地点”。

周口店考古遗址

周口店“北京人”遗址，位于北京房山区周口店龙骨山北，为世界发现的旧石器时代早期人类存在，以及生活痕迹的一处非常重要遗址。因该遗址发现并出土了许多具有考古价值的遗痕或遗物，故被列为首批国家重点文物保护单位，今已入选世界文化遗产名录。

● **发现震惊中外**

1929 年，我国古人类学家裴文中先生在此地进行考古发掘时，出土了一个完整“北京人”头盖骨，这一重大发现震惊了世界学术界。“北京人”头盖骨的发现，令名不见经传的周口店顿时成为早期人类发祥地。近百年来，相关科考工作持续进行且有所发现。

迄今，该遗址陆续发现不同时期各类化石和遗物地点 27 处，发掘出土 40 多个“北京人”化石遗骸，10 多万件石器、用火遗迹及上百种动物化石。因而成为我国古人类学、旧石器时代考古学、第四纪地质学等多学科的科研基地，1987 年被列为世界文化遗产。

● **留有更多期待**

大量考古证据表明，在人类历史发展至黎明进程的前夜，从体质形态到社会形态，确实有过“直立人”这一阶段。他们应是“南猿”的后代，也是其后所出现“智人”的祖先，而“直立人”也正是由猿向人进化序列过程中，一个非常重要且不可或缺的中间环节。

周口店遗址的发现果然不负众望，令其一跃成为研究人类远古时代一处重要科考基地。可惜 20 世纪二三十年代，那些发现及发掘的许多珍贵化石，随着 1941 年太平洋战争爆发，旋即失踪至今下落不明，此事件也成为近代考古界未破解的一个谜团。

● **世界遗产委员会评价**

到目前为止，科学家已经发现了中国猿人属北京人的遗迹，他们大约生活在中更新世时代，同时发现的还有各种各样的生活物品，以及可以追溯到公元前 18000 年到 11000 年的新人类的遗迹。周口店遗址不仅是有关远古时期亚洲大陆人类社会的一个罕见的历史证据，而且也阐明了人类进化的进程。

明代古城垣遗迹

北京明城垣遗迹，可始溯于明永乐十七年（1419 年），距今约 600 年历史。史载，明城墙宏伟高大、全长达 25 千米。现仅存崇文门至城东南角楼一段，此残存城墙遗迹全长 1500 米，其东南角楼也是全国尚存、规模最大的城垣转角式角楼，现为全国重点文物保护单位。

● **徐达扫北，高筑明墙**

明代北京的内城垣，时为元大都城垣的基础上所建。元大都城垣周长 30 千米，设城门 11 座，城垣全部为板筑夯土墙，高 12 米，宽 31 米。明洪武元年

(1368年)，大将徐达在整修元代北城垣的同时，又在距北城垣以南3000米的地方，重新加修了一道新的城垣。

明正统元年（1436年），在加固整修旧城墙的同时，又陆续修筑了9座门楼。经过此番整修过的城垣，不仅令城楼更加宏伟高大，而且还设立了箭楼、瓮城，城垣四角处又增设了角楼。此外，正阳门瓮城立门两座并将原护城壕加宽加深，有些地方则采用砖石垒砌。

明嘉靖三十二年（1553年），兵部尚书聂豹等联名上奏，提出进一步加固并修筑外城，工程获准实施历经半年有余。城南外城垣竣工之后，令北京城垣自此呈现凸字形，时外城的构筑皆以内城南端，东、西两侧尽头处为起点，并且宽于内城500米屹立于内城南部。竣工的内城和外城垣皆建有可供上下城墙的马道。所有城垣外侧设置齿状雉堞，此设施防御时便可起到盾牌作用，另城垣内侧增建一些相关辅助设施。史上清代，此城垣基本未变仅作加固维修。自20世纪六十中期城墙被逐段拆除，上面作公路下面为环线地铁。

●明城残垣，古墙新韵

今明城墙遗址公园，以保护城垣遗迹为初衷，以展示古城墙历史原貌为目的。新建的北京明城墙遗址，也为市民提供了一处清静、自然、古朴、苍翠的环境。现城墙北侧，为一郁郁葱葱封闭绿化带；城墙南侧，呈线形植物园状配置，令城垣遗迹简洁、古朴大方。

此番修复明城墙遗址公园，有关部门依照“修旧如旧”原则，以营造沧桑历史、呈现古朴的环境，为其主导设计思想。据此，对现有1500余米的城墙遗址进行精心整修，突出保护现状，同时排险加固、适量修补为辅，力求在最大程度上保存古城墙遗址旧貌。此外，景区运用现代设计手段，烘托遗存城垣苍凉之感。今漫步遗址公园，古树掩映、绿草茵茵，残存的城墙遗迹、凝重的古老角楼，仿佛诉说着历史沧桑。园内“老树明墙”“残垣漫步”“古楼新韵”“雉堞铺翠”诸多别致景观，令人追忆遐思、回味流连。

焦庄户地道遗迹

焦庄户地道战遗址，位于北京顺义区东北燕山余脉的歪坨山下，该村东南接唐洞村，西北靠大北坞。史载，明代此地已渐成村，初为官宦庄园，后聚焦、韩两姓大户人脉，源自山西的洪洞县迁此落户，在其后漫长的岁月里，因村中焦姓户居多，此庄便由姓得名。

●光荣斗争史

在革命战争年代，焦庄户属冀东抗日根据地领导，是通往平西、平北根据地必经之路。史载，当年（1946年）全村曾挖12条千米长地道，成为纵横交错，能躲能藏、能打能防，令敌人闻风丧胆的战斗堡垒。1947年，顺义县人民政府授予其“人民第一堡垒”锦旗。

● **地道战遗迹**

焦庄户地道遗址战纪念馆始建于1964年秋，馆名初为“焦庄户民兵斗争史陈列室”。1979年，更名为“北京焦庄户地道战遗址纪念馆”。2013年，该纪念馆确定为全国重点文物保护单位。现纪念馆陈列有当年革命斗争历史资料，以及许多珍贵的革命历史文物。

据说，焦庄户地道战遗址，为全国同类革命史遗迹中整修保存最为完好范例。该地道内设有防水淹、防毒气的翻板，以及会议室、休息室等。今深入焦庄户地道，见识水缸、锅台、猪圈、柴棚、驴槽等，十分巧妙隐蔽地道出入口，令参观者交口称颂、赞叹不已。

21. 珍玩聚老街　神木卧京华——琉璃厂及神木厂

明代朝廷工部辖有“五厂”，即崇文门外的神木厂、朝阳门外的大木厂、宣武门外东南处琉璃厂、宣武门外南面的黑窑厂、内城的台基厂。台基厂早期曾是堆集薪柴、芦苇等杂物之处，西方人曾称台基厂为马可·波罗路。除了台基厂以外，其他四厂方位都在外城。

五厂之琉璃厂

琉璃厂位于和平门外，史上辽代这里并不是城里而是郊外。据说，当年这里有一小村落名曰“海王村”，元代这里初建官窑其后始制琉璃瓦。明代修筑北京城时，因宫殿建筑瓦料所需，进一步扩大了官窑规模。自此，琉璃厂也就成为朝廷工部的五大工厂之一。

清代末期，琉璃厂附近建京都师范学堂，即今师大附中前身；海王村附近的郊野大集，也逐渐演化为旧京极为有名的厂甸。繁华的街市、便利的环境，京都文人雅士光顾之名气，遂使琉璃厂于京城声名鹊起，成为一处最大的古籍书市，聚敛古玩字画的文化名街。据称，清代来自全国各地进京参加科考的举子们，大多数暂居在前门外这一带。正因如此，这里很快形成了出售书籍、笔墨、纸砚商铺，经营珍玩字画的门店，久而久之便成为一条文化气息浓厚的商街。如今，历经百年风雨的琉璃厂依然在叙说文化老街的故事。

● **老店芬芳**

旧时琉璃厂，曾有许多著名老店，如槐荫山房、茹古斋、古艺斋、瑞成斋、萃文阁、一得阁、李福寿笔庄等，以及中国最大古旧书店——中国书店。从前的琉璃厂附近，也有商务印书馆、中华书局、世界书局（即三大书局）。琉璃厂内老店——荣宝斋便极为著名。

清末时分，许多文人墨客常聚于此，如老一辈书画家于右任、张大千、吴昌硕、齐白石等都是这里常客。据说，名人沈钧儒先生所用的镇尺，当年便是购于琉璃厂的荣宝斋。故有人说，琉璃厂因为有荣宝斋等多家著名老店而享有盛名。也有人说，这些文化老店亦因为有了名人光顾，才愈加声名鹊起。

● **古玩老店**

书画名店博古斋：博古斋始于清道光二十五年（1845 年），另说始于咸丰八年（1858 年）。创始人祝锡之为清朝会试落榜举子，后转经营古玩字画，著名藏品如《百苦吟》等。

金石名店尊古斋：始于光绪二十三年（1897 年），主要交往金石收藏家、鉴赏家，如考古学者郭沫若、马衡、罗振玉等，著名收藏品如青铜器权和衡（秤锤和秤杆）、拓片等。

瓷器名店延清堂：始于光绪二十七年（1901 年），由清廷内务府总管文索出资 9000 银两开设。著名藏品如明青花红彩、玉壶春瓶，康、雍、乾御窑珐琅瓷器等清宫御用珍品。

修复名店汲古阁：汲古阁是一家历史悠久，专门复制、修复文物古玩的老店。由于技艺高超、做工精湛，修复效果可达逼真效果，故在国内外同行中享有极高口碑和声誉。

● **古籍老店**

琉璃厂文化街中国书店，专门收集中国历代古籍，碑帖、拓片，各类旧书、报纸杂志，同时兼营文房四宝。走进中国书店正门可见到，南北木柱上有四副意味深长的对联：

“开列中华典籍文化于斋，汇聚人类悠久历史于堂”“陈述社会人文风云于眼，展示民族收藏鉴赏于身”“中外典籍册页书画凭人涉猎，新旧相容买卖并举赏家把玩”“经史子集文字图影引名士细品，邃古博广雅趣厚存供贤者探微”

● **笔墨老店**

东、西琉璃厂都有文房四宝店，其“戴月轩”尤为著名，据称为湖笔正宗。此外，“李福寿”、吴文魁店也很有名气，旧时称“清秘阁”为此处历史最久、规模最大南纸店。

“一得阁”墨汁始于清同治年间，迄今已有 150 年历史。相传，该店创始人谢松岱潜心研制出一种墨汁，因经久耐用、不易退色，颇受文人墨客赏识，遂使生意兴隆。

● **名店生辉**

三百余年沧桑巨变，携几代人不懈努力，“荣宝斋”今已成为书画经营、文房用品、木版水印、装帧装裱、收藏及出版等综合文化传承名店。更兼史上文化鸿儒、丹青巨擘，常往来于荣宝斋，并因此留下了许多趣闻佳话，更令这座百年老店享誉京城、熠熠生辉。

● **名人手迹**

琉璃厂文化街的楹联牌匾，如今也是瞩目景观颇具影响。如在琉璃厂东口，就有一副楹联曰：“琉璃掩映春堆厂，杨梅横斜香满街”，此联文辞颇有趣味。因为在老北京人概念里，琉璃厂不只是东、西琉璃厂，它还包括厂甸、新华街、火神庙、土地庙等多处旧景。

不仅是张贴的楹联，琉璃厂各家老店，商铺、显号的牌匾也都十分了得，可以说很多篆书不乏出自名人、名士、名家、名流之手。每当至此潜心浏览、仔细品味之余，时常唏嘘赞叹不已、感慨至深暗生震撼，这大概就是人们常说，文化底蕴深厚赋予之高雅魅力。

五厂之神木厂

据传，明成祖朱棣修建紫禁城时，曾在北京的城内及城外、设置了多处堆放制作材料的工厂。例如，集中制作宫殿基座的地方便被称作“台基厂”；为宫廷烧制各式琉璃瓦的地方，被称作“琉璃厂”；储存和加工大型木料的地方，被称作“神木厂”及“大木厂”。

● **神木厂探秘**

神木厂又称皇木场，据乾隆钦定《日下旧闻考》描述，神木厂在广渠门外，有大木偃侧于地，高可隐一人一骑，明初构宫殿遗材也，相传其木有神。京师神木厂所积存大木，皆为永乐时物，其中最巨者曰“樟扁头”，围二丈外、卧四丈余，骑而过其下高可隐身。

为何这些巨木又被称作神木？民间坊传：“大木直径超二尺许，神木直径超五尺者”，所谓神木，乃是大木之中的大木也。另据《明史》记载，时永乐四年“帝将营北京，命礼部取材川蜀”，礼部奏言：“今得大木数株皆寻丈，一夕出谷中抵江上，声如雷不偃一草。”

在古代中国，皇帝被称为天之骄子，故“天子自命为神，名其山曰神木山，遣官祠祭”。因此，北京城营建竣工后不久，永乐二十年（1422 年），便在京城的东南郊，即今天的崇文门外，将原来堆放木材地方建起了神木厂，岁月流逝却于此留下“神木厂大街”旧称。

清乾隆二十三年（1758 年），乾隆帝驾临神木厂后言道：“京都有这株巨大神木，我很早就听说了，也总想到此看看，今天来城东之便一观。”由此感慨遂触景生情亲书《神木谣》一首，立碑刻于正面，又在“神木”西侧，建红墙黄瓦碑亭一座，御书“神木谣”赋。

● **旧京五大镇物**

自明清始端，街头巷尾便盛传北京城有 5 大镇物，即以京城的东、西、南、北、中5个方位，分别归置出五个颇具讲意的建筑，用来震慑妖魔鬼怪，确保京都平安无事。

据传，当年北京城所谓5大镇物分别是：城东镇物，神木场金丝楠木；城南镇物，永定门燕墩；城西镇物，大钟寺永乐大钟；城北镇物，颐和园铜牛；城中镇物，景山。

时以道家的金、木、水、火、土，这五行相生、相克理论解释：西方属金，镇物称是西直门北大钟寺的永乐大钟；东方属木，镇物称是广渠门外神木厂的金丝楠木；北方属水，镇物称是万寿山下昆明湖畔的大铜牛；南方属火，镇物称是中轴线南端永定门外的燕墩；中央属土，镇物称是紫禁城北侧中轴线上的景山。

22. 卢沟观晓月　太液赏秋风——燕京八景史话

“燕京八景”之说，始于金代明昌年间。清乾隆十六年（1751年），乾隆帝钦定“八景”，令“八景”之中“春、夏、秋、冬、朝、夕、水、火”各占一字，每处景观立御碑一块，正面钦定“八景”名称，背面赋七律诗一首。后史料引用，多以乾隆帝钦定八景为据。

源于金代800余年的“燕京八景”，纵观其名称、地点，含义也曾发生过多次变化。因此，“燕京八景”所富蕴的丰富内涵，已经远超湖光山色、柳绿花红广义景观之范畴。

八景溯源

金代八景之说：太液秋风，琼岛春阴，道陵夕照，蓟门飞雨，西山积雪，玉泉垂虹，卢沟晓月，居庸叠翠。

元代八景之说：太液秋波，琼岛春阴，道陵夕照，蓟门飞雨，西山霁雪，玉泉垂虹，卢沟晓月，居庸叠翠。

明代八景之说：太液晴波，琼岛春云，道陵夕照，蓟门烟树，西山霁雪，玉泉垂虹，卢沟晓月，居庸叠翠。

清代八景前说（康熙）：太液晴波，琼岛春云，道陵夕照，蓟门烟树，西山霁雪，玉泉流虹，卢沟晓月，居庸叠翠。

清代八景后说（乾隆）：琼岛春阴，居庸叠翠，太液秋风，西山晴雪，卢沟晓月，金台夕照，玉泉趵突，蓟门烟树。

（即“春、夏、秋、冬、朝、夕、水、火”于“八景”之中各领一字）

民间八景另说：南囿秋风，东郊时雨，银锭观山，西便群羊，西安双塔，石幢燕墩，白塔晴云，西涯晚晴。

八景外传

南囿秋风：今南苑附近，元代为放飞水泊，明清两代皇家亦为饲养鸟兽之地，因而也称南海子。当年，这里草木丰茂，溪泉遍布、环境优美，每至春秋，皇帝常来这里狩猎。

东郊时雨：今朝阳门外，当年这里也曾是沃野良田、一马平川。但见远近村落隐现，河渠杨柳依依，尤其春雨绵绵时节，乡民扶犁悠悠耕耘，更显得田园诗般的风光乐趣。

银锭观山：今什刹海与后海之间有一座微拱小石桥，形状像一枚银锭，故曰银锭桥。桥东是宽阔的什刹海，桥西为狭长的后海。立于此桥向西观望，可远眺绵亘叠翠的西山。

西便群羊：旧京西便门外护城河左侧，河坡上的青草地中，散落着白石数十块。民间传说，当年鲁班将石头变为群羊赶来修建北京城，由于延误了时辰，白羊又变回石头。

八景意境

- **“蓬莱仙境”·琼岛春荫**

“仙山高处玉为台，五色春云拂曙开；缥缈映空连禁液，氤氲承日护蓬莱。”这是明代文人郑缉，对当年京城琼华岛及团城美丽景色由衷赞美。史上金代，以琼华岛为中心，兴建了金中都离宫，金世宗又从北宋皇家园林“借来”许多太湖石，遂营造出琼阁仙境。据说，当年营造的太液池、琼岛、团城，以及现在中南海里瀛台，意在营造传说中所描述的、东海三座神山仙境而构建。如瀛台代表瀛洲，团城代表方丈，琼岛代表乃是蓬莱，而“琼岛春荫”之中的“春”字，不仅指明媚春光，也暗含长生不老、益寿延年之意。

- **“北门锁钥”·居庸叠翠**

“重关深锁白云收，天际诸峰黛色流；北枕龙沙通绝漠，南临凤阙壮神州。”这是明代文人曾棨，对当年京城“北门锁钥”——居庸关及八达岭一带壮丽景色的由衷赞美。史上的居庸关及八达岭，为京城通往塞外的必经之路，也是长城距京都最近的一个隘口。翻阅中国古代通史就会发现，史上我国北方游牧民族，多次穿越大漠挺进中原，这里便是其征战前首要跨越的屏障。《金史》对居庸关如此描述：“中都之有居庸关，犹秦之有崤涵，蜀之有剑门。”故八达岭的长城段乃是居庸关防御体系中，最为险要的关口。

- **“三海涟漪”·太液秋波**

“太液晴涵一镜开，溶溶漾漾自天来；光浮雪练明金阙，影带晴虹绕玉台。”这是明代文人杨荣，对当年京城三海以及琼华岛美丽景色的由衷赞美。史上北海、中海、南海，清代之前也被称太液池。我国古人理念中始终认为，水之德在于养人，景之贵在于得水。秋日，若立于宽阔的金鳌玉栋桥上向北眺望，便可观北海波纹涟漪之水面，向南眺望也可见中南海碧波荡漾之微澜。桥畔东侧是微缩城垣——团城，西侧是国图老馆，若有机会登临中海东岸水云榭亭，还可一览当年乾隆皇帝钦定且手书“太液秋风”御碑及碑文。

- **“银屏素壁”·西山晴雪**

“银屏素壁何岧峣，西山新霁雪未消；千林皓影散琼树，万壑晴光凌碧霄。”这是明代文人郑缉，对当年北京西山一带雪后初霁满目银装素裹，所呈现的美丽景色由衷赞美。北京西山为太行山之余脉，自南向北而迄东三面环拥北京，享有“神京右臂”美称。

金大定十年（1170年），南宋大臣范成大出使金国，恰逢九九重阳佳节，遂至西山观赏秋月。不料天降大雪，令中都城“西望诸山皆缟”。这对北国金人来说乃司空见惯常景，却令由南北上的范成大充满惊诧，随即诵出“苦寒不似东篱下，雪满西山把菊看”的诗文。

- **“云稀影淡”·卢沟晓月**

“河声流月漏声残，咫尺西山雾里看；远树依稀云影淡，疏星寥落曙光寒。”这是明代文人杨荣，对夜色斑斓的卢沟桥畔所呈现的疏星寥落、云稀影淡绝佳景色由衷赞美。北京地处华北大平原的尽头，坐拥三面环山、俯瞰东南沃野，由此形成一天然“北京湾”。千年前的金代，今卢沟桥畔乃是前往京城的重要往来渡口，卢沟河水日夜奔流，卢沟河畔客商如织，“未晚先投宿、鸡鸣早看天”。由于卢沟渡口距京城尚有约20千米的路程，故一般进京的官民商旅，临傍晚便先于附近驿站小宿，第二天趁拂晓赶早启程进京。

- **“燕王求贤”·金台夕照**

“燕昭延郭隗，遂筑黄金台；剧辛方赵至，邹衍复齐来。”这是唐代大诗人李白，当年面对史上燕都东郊那座著名的求贤台遗址，发出的幽思与感慨。春秋战国时期，燕昭王拜访隐士高人郭隗，并为其搭建一座高台在周围堆放黄金，以此表达求贤若渴之诚意。自春秋战国之后，以高台招贤的方式令不少朝代亦效法奉尊，如金代便仿照修筑过黄金台。据说，清乾隆皇帝也沿袭过这一做法，并将当年求贤筑台位置选定在朝阳门外的关东店苗家地一带。可惜“金台夕照”遗迹现已无从可寻，唯求贤拜将故事传颂不绝。

- **“素练秋壑”·玉泉趵突**

“碧障云岩喷玉泉，长流宁是瀑流悬；遥看素练明秋壑，却讶晴虹饮碧川。”这是明代文人邹缉，对当年京西玉泉山清泉喷涌之时形成的异彩流虹景色，惊叹之余所发出的由衷赞美。京西玉泉山海拔不高，山形景致也非卓越超群，但它与北京城历史却紧密相连。史上的玉泉山，地上清泉淙淙、地下溪流暗涌。有史文载，“沙痕石砾，随地皆泉，山阳有巨穴，泉喷而上，淙淙有声”。明代，因泉水自泉眼内喷涌而出，形成流虹异彩景致，时呈现于画卷“玉泉垂虹”。清代，乾隆皇帝御赐钦定燕京八景之一“玉泉趵突”。

● “从遣乘春”·蓟门烟树

“惆怅秦城送独归，蓟门云树远依依；秋来莫射南飞雁，从遣乘春更北飞。”这是唐代文人李益对蓟门郊外沃野农家村落呈现的袅袅炊烟景致，抒发的惆怅与赞美。据说，元代忽必烈所营建的元大都北城垣，到了明清时期已经成了京城郊外的一处踏青之地。当年乾隆皇帝遴选“蓟门烟树”旧址，钦定此景于元大都北土城遗址，皆因明代《北京八景图》中就有“古城西北蓟门前”的诗句为凭，其文中所提到古城，便是元大都北城垣。想必当年的元大都郊外土城一带，应为林木葱郁、阡陌纵横，炊烟袅袅、诗话田园。

八景与名人

● 陈子昂与“登幽州台歌”

古都北京名胜古迹众多，这些绝佳景观不仅各具特色且声冠群雄独步华夏。只是进一步审视却发现，刻意描写赞颂古都的诗文并不多，而流传千古的名篇佳句更屈指可数。唐代文人陈子昂《登幽州台歌》：“前不见古人，后不见来者；念天地之悠悠，独怆然而涕下。”寥寥简短四句，却将天、地、人、心四维形式绝佳契合，堪称流传最广名篇佳句。只是其后很少见到如此荡气回肠之佳句，亦如此文所言“前不见古人，后不见来者”。

● 李白与“燕山雪花”

“燕山雪花大如席，片片吹落轩辕台；幽州思妇十二月，停歌罢笑双蛾摧”。李白所作的这首《北风行》说来不太出名，但毕竟是以幽州景色，以及诗人心绪为题材。加之又出自诗仙的口中笔下，故对于比较注重观瞻的京都而言，悉心留存也不失为珍贝之筛选。

● 金章宗与“八景点评”

800年前的金章宗，不仅是一纵横驰骋的马上天子，也是位极富风雅，“颇具审美情趣之帝王”，当年章宗“御批”燕京八景并赐名绝非一时冲动，应是仔细斟酌下了一番功夫。而章宗对“八景”点评，可称始建了参照坐标，也为后来者竖起一道难以逾越的丰碑。

● 金世宗与“卢沟晓月”

历史上的金世宗，借助海陵王奠定的坚实政治及经济基础，又延续了数十年太平盛世。那座令意大利旅行家马可·波罗叹为观止的卢沟桥，就是于金大定二十九年（1189年）建造的。据说，大桥盛典世宗钦赐“广利桥”（卢沟桥）名，即其后燕京八景之——“卢沟晓月”。

● **忽必烈与“太液秋风”**

史上，元、明、清各朝，但凡诗文书画如与“八景”有关，或是文人抒怀或奉君赞誉。唯有元世祖忽必烈，弃用金中都废墟另择大都城新址，并对元大都水系布局作出总体规划统筹安排，而为后世留存宝贵遗产，已不限于“太液秋风”“琼岛春云”诗风雅韵。

● **永乐帝与“八景诗画”**

明永乐皇帝迁都北京后，胡广等13位书画界名士，遂将“燕京八景”绘成连环画册，并分别附注加以说明，其后又作八景图画携诗文成卷。于是明代“燕京八景”图，便有了泼墨山水跃然纸上，此举令以往八景旧名也随之润色升华，如蓟门飞雨另称蓟门烟树。

● **风流天子与“燕京八景”**

乾隆帝文采飞扬富于风雅，更以帝王九五之尊为燕京八景树碑立传，与历代君王相比，堪称有过之无不及。如前写下“苍茫树色望中浮，十里轻阴接蓟丘”初文，后又改“十里轻杨烟霭浮，蓟门指点认荒丘”新作。彰显语不惊人誓不休，治学严谨从不将就气派。

● **乾隆帝赐名“玉泉趵突”**

“玉泉垂虹”乃是金章宗御批“燕京八景”之一。不过风流倜傥的乾隆皇帝，在这方面也绝不甘居落后。为表示对才华横溢的金章宗认同，也显示自己见识超群、卓尔不凡，故对“玉泉垂虹”四字仅改成为“玉泉趵突”，此番举动既显谦逊之礼，又不同于前作旧称。

---

23. 不信美人终薄命　从来侠女出风尘——八大胡同传奇

北京胡同多如牛毛，唯八大胡同名声在外非同一般。老北京人所说“八大胡同”，并非专指八条街巷，而是泛指旧京前门外大栅栏附近、一个特定区域的若干街巷，因这里曾分布大小近百家妓院。而八条胡同在同行中名气最高，影响更大一些，所以才得出此名。

所谓八大胡同

旧京历史上的“八大胡同”堪称是烟花柳巷代名词，有关“八大胡同”一说并无权威界定。例如，坊间多指前门外西珠市口大街以北、铁树斜街以南专事此类活动的街巷。故有人将民间口述“八大胡同”大体罗列为陕西巷、韩家潭、百顺胡同、胭脂胡同、石头胡同、朱家胡同、王广福斜街（现今棕树斜街）、大李纱帽胡同（现今小力胡同）。

● **等级之不同**

旧京一说到八大胡同几乎无人不晓，但是要说到陕西巷知道的人恐怕就不多了。其实，当年的陕西巷可称是八大胡同之首。在清代及民国年间，这里曾被誉为“京城第一风月情场”。现今过去的青楼早已改作民居住宅，不过当年赛金花居住的上林仙馆遗址尚存。

史载，当年的八大胡同分为四等，“清吟小班”时乃居首，此处女子擅琴棋书画技艺，长秋波妩媚颦笑，如此雅韵风情令名流绅士、权贵富商趋之若骛。“茶室”是次于小班的二等风尘聚所，当年茶室虽不及“清吟小班”高雅，但仍不乏年轻貌美、色艺俱佳女子。三等称“下处”，此类女子品貌一般，既无前者楼院清雅，居室摆设也比较简单。最下等俗称“窑子”，这些女子处于最下层之列。旧京城的八大胡同，其罪恶与堕落相伴相生，也见证了自清末至民国年间，生活在最底层社会的妇女，那些令人痛楚的心酸往事。

● **侠女出风尘**

话说旧京逸事，就无法绕开这八大胡同，过去这里虽充斥着罪恶与堕落，但也发生过令人感慨的传奇轶事。例如，史上苏三、陈圆圆就曾在京都的八大胡同中留有萍踪；而近代流传最广的，便是赛金花和小凤仙的故事，以至有人将这四人并称为京城四大名妓。

不过这些出没于风月场中的女子，若论地位和身价、最负盛名者当属“赛金花”。据史书载，“赛金花”生于清同治十一年（1872 年），因家境贫困而下海，后嫁给了状元洪钧时为三姨太。其后，又随夫出使于德、俄、荷、奥欧洲四国，身为大使夫人且周旋于上流社会。

20 世纪 80 年代，电影《知音》上映，使人们对小凤仙和蔡锷将军那段如泣如诉的不解情缘才有所了解。有关她明里招摇过市、暗助蔡锷反袁，最终协助将军迅速脱险、成功逃离京城那段传奇故事，愈发使得这位青楼女子与八大胡同更具深测隐秘难以探究。

赛金花逸事

在晚清众多的名妓之中，赛金花应该是最富传奇色彩的一位，除了名列“清末四大谴责小说”《孽海花》之主人公，另有多部笔记或小说，涉及有关她的故事。作为公使夫人，当年她曾辗转周旋欧洲四国，作为妓女无论在上海或北京，她都位居显赫令青楼扬名。

据说，当年八国联军入侵北京时，她能深明大义并力所能及去劝说联军统帅止乱，为保护北京城及百姓民众免遭生灵涂炭，竟然起到腐朽的清政府力不能及，或无法替代的作用。赛金花三度嫁作人妇，晚年境遇窘迫，1936 年 12 月 4 日病故于北京，后葬于陶然亭。

坊传，当年八国联军攻入北京城，奸、杀、掠、抢无恶不作。一日赛金花面对闯入家中、欲施劫掠的德国士兵，用德语说到：“我是你们皇帝威廉二世和皇后维多利亚的朋友”，并出示了她与皇帝和皇后合影。德士兵及军官确认此事，立即对其行礼并施以保护。第二天，德国士兵开来一辆汽车将赛金花接进故宫，去见她在西洋出使时认识的朋友，现任联军总司令瓦德西。正是凭借这一层特殊关系，赛金花借机为慈禧求情，并规劝瓦德西整肃军纪，不要侵害普通民众百姓。由此促使瓦德西发布军令，约束士兵肆意妄为。

传闻，谈判伊始、瓦德西代表联军对战争赔偿开价极高，提出慈禧太后须赔偿克林德公使性命，清朝皇帝须亲自道歉。此时卧病在床的李鸿章对庆亲王说，这时也只有借助赛金花了。果然赛金花施以外交手段，对瓦德西晓之以理动之以情，并说服了克林德夫人。其后，经她不断游说，联军最终同意议和，而赛金花此番作为，令京城上下对她多有感激。议和成功，联军兵退，两宫回銮行赏论功，此时赛金花再无人提及。时人戏言：“似这般侠骨奇情，与古来苏小小、薛涛歌舞诗词这两类人物比较，孰重孰轻不言而喻。”

据说，赛金花葬于陶然亭，著名画家张大千为她作像，齐白石为其题写墓碑，碑文便是她语：“国家是人人的国家，救国是人人的本分。”此物现珍存于博物馆。

- **名人多评说**

林语堂《京华烟云》评说：“你做过一些义举，于社会有功，上苍总会有眼的。”胡适也曾在《新青年》上言道：“北大教授为妓女写传还史无前例。”夏衍于《懒寻旧梦录》讲：“朝堂上的大人物心灵还不及一个妓女。”

小凤仙传奇

据说，当年小凤仙初到北京八大胡同，因为姿色并不出类拔萃，一开始也未显山露水。但自从进了“陕西巷云吉班”之后，因其“粗通翰墨，喜缀歌词，天生又成就了一双慧眼，可少时能辨别狎客或浪子”，正所谓诗书增色口碑渐佳，遂声冠京师且很快成为名妓。

1915 年，时任云南都督蔡锷将军，被袁世凯羁留于北京，将军此时虽身居高位但实属闲职，暗中却受到盯梢监视。为避开袁世凯耳目，蔡锷权作韬晦之计，故沉醉于八大胡同烟花柳巷，后于“云吉班”结识了小凤仙，此英雄美人两情相悦，彼此很快成为知音。

1915 年 11 月中旬，就在袁世凯意欲称帝前夕，小凤仙巧借“云吉班”有人做寿之机，故意安排蔡锷也在房中饮酒作乐。就在发往天津的火车即将到点时，蔡锷将军不取衣帽、假借要去洗手间，遂趁院内众人喧哗纷乱之际，旋即离开“云吉班”直奔前门火车站。由此，蔡锷龙归大海鸟入高林，最终辗转返回云南，举起反袁称帝义旗，随着护国讨袁斗争的胜利，小凤仙“侠妓”名声也传遍全国。袁世凯死后，黎元洪代理总统，任命蔡锷为四川都督，但因其操劳过度病入膏肓，不久于日本福冈医院逝世，享年 34 岁。

时讯，蔡锷灵柩运回上海，当地举行盛大追悼会，小凤仙也托人送来了挽联，自此以后小凤仙便音讯皆无。坊传，20 世纪 50 年代初，京剧大师梅兰芳率剧团赴朝慰问参战的志愿军，途经沈阳下榻政府交际处，时有一妇人暗中拜访大师，传此人便是小凤仙。据说，那次见面后不久，梅兰芳便托人解决了此人生活及工作事宜。1954 年以后，小凤仙患上了老年痴呆症及脑血栓，时隔不长便悄然病逝了。传闻，当年蔡锷将军兴至青楼，应小凤仙索求笔墨，临别时分留下一副楹联："不信美人终薄命，从来侠女出风尘。"

（三）北京特产与美食

地方特产：稻香村糕点、月盛斋酱肉、王致和腐乳、张一元茉莉花茶、义利糖果；六必居酱菜、信远斋蜜饯果脯、王麻子刀剪、同仁堂中成药、脸谱、风筝；剪纸、绢花、补花、内画壶、景泰蓝、牙雕、玉器、雕漆、面人、泥人、绢人等。

风味美食：北京烤鸭（全聚德、便宜坊）、谭家菜系列、清真菜系饭庄、仿膳宫廷佳肴；著名烤肉饭庄、著名西式餐厅、著名的八大楼菜系、油茶、面茶、茶汤、豆汁；薄脆、焦圈、烧饼、炒肝、爆肚、艾窝窝、豌豆黄、芸豆卷、驴打滚、糖耳朵；豆腐脑、杏仁豆腐、奶油炸糕、姜汁排叉、什锦元宵、百果年糕、卤煮火烧等。

二、承德

——清史藏珍 皇家宫苑

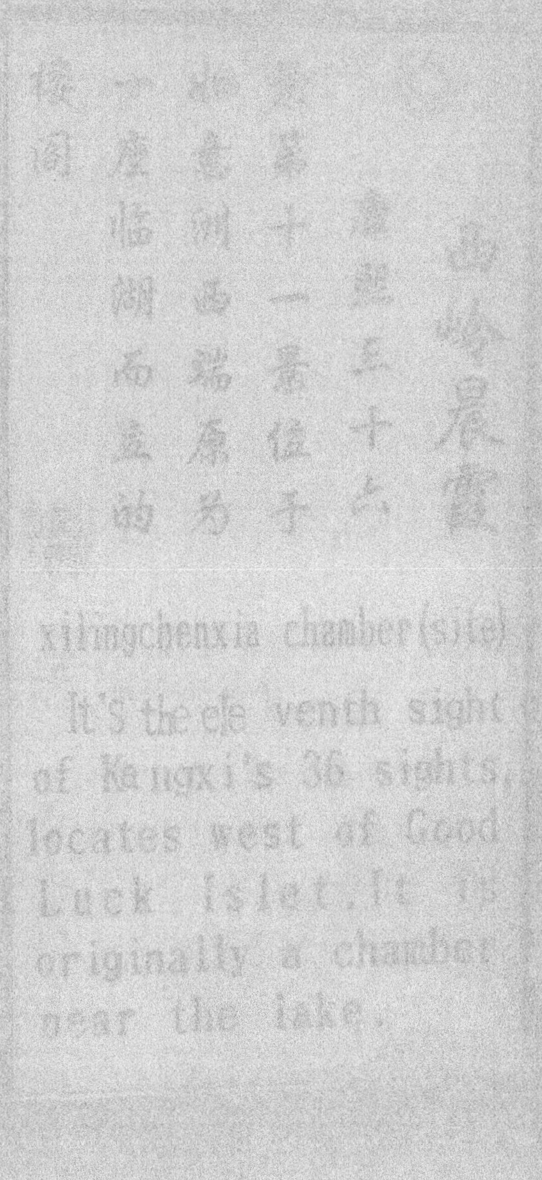

二、承德

——清史藏珍　皇家宫苑

（一）名城概说

承德地处我国华北和东北过渡带，其南部和西南部与北京、天津接壤，北部倚蒙、辽，且与秦皇岛、唐山及张家口为邻。承德地势自西北向东南呈阶梯式下降，由于四周环山，故冬季温度略高于同纬度其他地区，夏季雨量集中且气候凉爽，为清代皇家避暑胜地。

承德域内发现的“红山文化”遗迹，迄今已有5000余年历史。史上，处于早期氏族社会的游牧民族自蒙古高原南下，曾于热河一带驻足，此域可称人类文明进化过渡区。有关这一段文史资料、史学界称为燕山文化，它与燕、赵史话共同构成了河北历史主体文化。近代史记，承德有过200年的陪都历史，这里保存有清晰完整的清代宫廷文化、古建文化、佛教文化、儒学文化，汇集了各民族王公大臣来京觐见时，清廷着意为他们建造的恢宏庙宇。这些建筑虽风格各异，却和谐统一，且融汉、蒙、藏、维多民族风情于一体。史上承德也称热河，这里存有世界著名皇家园林——避暑山庄；著名皇家庙宇建筑群——外八庙；著名皇家狩猎地——木兰围场；著名木制大佛——千手千眼观音；著名的短河——热河；长城精萃段——金山岭长城；更加鲜为人知，这里还是普通话标准音采集地。

承德文物古迹荟萃，民俗风情浓郁，不失为风景优美的塞外名城，狩猎、度假的游览胜地。著名的名胜古迹有避暑山庄、外八庙、普乐寺、安远庙、普宁寺等。1994年，位于承德市的避暑山庄以及周围庙宇建筑群，已被联合国教科文组织批准为世界文化遗产。承德现有全国重点文物保护单位9处，省级重点文物保护单位35处，市县级重点文物保护单位500余处，地上地下文物文化遗存1300余处。这些文物资源丰富、种类齐全、分布集中且保存完好，尤其清代皇家园林和皇家庙宇建筑群，堪称是中国和世界瑰宝。

承德，为国务院于1982年公布的首批24座国家历史文化名城之一。

1. 寻踪问源

承德历史悠久，具有多民族遗留的历史印痕。据考证，早在中原龙山文化时期，这里就已有人类活动踪迹。殷周时，这里曾是山戍、东胡族群活动的区域，春秋时期这里曾为燕的势力范围。在承德以东150千米处的凌源县海岛营子村，曾出土多件西周时期铜器。

战国时期，承德一带属燕国的渔阳右北闰、辽西三郡。秦汉以后，历代中央政权都曾在此设置行政管辖。在中华民族发展的历史长河中，这一带曾经留有许多汉、匈奴、乌桓、鲜卑、库莫奚、契丹、突厥、蒙古等诸民族，生存栖息、经济交流、历史碰撞的痕迹。

清康熙四十二年（1703年），清廷在此修建行宫，康熙四十七年（1708年），热河行宫启用。雍正元年（1723年）设热河厅、次年立热河总管，统理东蒙政务。雍正十一年（1733年）为取承受先祖德泽之义，罢热河厅改承德为直隶州，由此可视作“承德”名称伊始。

弘历六年，乾隆帝始临避暑山庄，承德自此进入繁荣期。弘历四十三年（1778年），乾隆帝在一道谕旨中言道：“热河地方朕每岁秋弥先期驻跸，数十年来户口日增，民生富庶，且农桑繁殖，市肆殷闻……”“皇祖诗云聚民至万家，今则不止于万，俨成大邑矣”。

史上承德，一度成为仅次于北京的另一政要中心，故有塞外京都之称。史载，清帝每年有半年多时间在此理政，如会诏少数民族王公、接见外国使节、理谕内外要政。嘉庆十五年（1810年）清廷增设热河都统署；道光七年始（1827年），热河文武官员隶属都统署管辖。

清康熙、乾隆年间，这里堪称繁荣鼎盛期，万壑松冈、琼楼仙阁等处，曾留下才子纪晓岚楹联。譬如：八十君王，处处十八公，道旁介寿；九重天子，年年重九节，塞上称觞。不过自从咸丰皇帝继位伊始（1851年），继而持续到民国时期，承德日渐衰落、呈现满目苍凉。

辛亥革命后废除封建帝制，民国三年（1914年）此设热河特别区，民国十七年（1928年）改立热河省，承德时为热河省会。1933年日寇侵占此域，设伪满特别行政区。1948年，承德获得解放，时承德隶属热河省管辖。1955年，热河省建制撤销，承德市划归河北省。

新中国成立后，承德沿着希望之路不断发展。1976年，经国务院批准《避暑山庄和外八庙整修工程第一个十年规划》，令这片珍贵历史文化区得到有效维护。其后承德翻开了新的一页。1984年1月，承德市改为省辖市；1993年7月，地、市合并辖八县三区。

2. 人文荟萃

相关资料显示，承德为上亿年前侏罗纪时期生物发祥地，这也是承德地区历史溯源中尤值得浓墨重彩描述的章节。如今这里皇家园苑气势恢宏，庙宇宫阙金碧辉煌，山野起伏丛林隐没，猎场广阔骏马驰骋，塞上风光群峰竞秀，游人至此心旷神怡。

据称，考古工作者在此域所发现的新石器时代痕迹，属极具代表性的“红山文化”，距今约有五千多年的历史。不仅如此，承德地区保留着丰富的古建文化、佛教文化、儒教文化，以及与多民族融汇的地方民风民俗，从而成为十分丰富的非物质文化遗产资源宝库。

承德民俗艺术丰富多彩，如滕氏布糊画、丰宁剪纸、丝织挂锦、根雕、瓷雕、字画等颇具地方特色。滕氏布糊画既具有油画透视效果，又不失国画之意蕴，被誉“华夏一绝”。承德木雕采用当地楸木、杏木、椴木等为原材料，雕刻作品古朴典雅、被称为艺术珍品。

遍布承德各县区的剪纸艺术，也是承德地区极富传统特色的文化遗产，尤以丰宁剪纸最为著名。1992 年，这里被命名为“中国剪纸之乡”，2005 年列入首批非物质文化遗产名录，另编辑出版有专著《王老太太剪纸》，河北省还组织部分工美艺人到国外巡回表演。

此外，清建避暑山庄后，全国各地烹饪绝技相继传入，且与宫廷御膳融汇，从而进一步促进了饮食文化发展繁荣。承德美食源远流长，地方风味独具特色，五香鹿肉、野味火锅、油酥饽饽、鲜花玫瑰饼、一品烧饼、棋子烧饼、南沙饼等，堪称东西荟萃南北兼收。

（二）历史文化

1. 清廷典章文物　宫闱秘史习俗——避暑山庄博物馆

避暑山庄博物馆，位于我国现存规模最大皇家园林——避暑山庄丽正门内，由避暑山庄正宫区、松鹤斋、万壑松风三组恢宏建筑构成。该博物馆撷取自然山水之本色，兼收江南塞北之景观，它与北京故宫博物院、沈阳故宫博物院同为我国清代历史三大博物馆。

简介

避暑山庄博物馆，以馆内典藏清代皇宫御用珍品闻名于世，现有清宫御用珍宝、宫廷艺术珍品 3 万余件，被联合国教科文组织列入世界 500 家博物馆之一。今已复原陈列（澹泊敬诚等）、专题展览（挂屏、瓷器等）近 30 处，意在展示中华民族灿烂文明历史印痕。

这里曾经是清王朝康熙、乾隆、嘉庆三代皇帝和皇后，驻跸热河处理朝政、礼仪宴飨、养心读书、起居游乐的主要场所。整个区域占地 5.6 万余平方米，馆内除珍藏有旧石器、新石器时代的早期原始文化遗物外，还收藏有丰富历史、民族、民俗珍品和革命文物。

正宫：始建于康熙五十年（1711 年）至康熙五十二年（1713 年）。乾隆十九年（1754 年）曾获重新整修及改建，为清帝驻跸承德期间处理朝政、日常起居的主要场所。整组建筑群既严守帝王皇室规整庄重之格局，又体现了康乾盛世辉煌，及多民族统一繁荣之和谐景象。

松鹤斋：始建于乾隆十四年（1749 年），其址位于正宫东。此处古树浓郁参天，花草山石点缀，环境幽雅静谧，是乾隆帝为其母所建颐养之地，题名“松鹤斋”蕴含松鹤延年之意。幼时嘉庆帝曾于继德堂读书起居，自道光二十年，此处始供奉清朝历代皇帝的画像。

万壑松风：是避暑山庄宫殿区最早的一组建筑，它位居山庄近高岗一隅，其势如居高临下俯瞰湖泊，半封闭回廊布局呈连通环抱之势。该主体建筑万壑松风殿，坐南朝北且与其他各殿堂错落有致，参差相间、布局灵活，颇具江南园林建筑之神韵、格调高雅清幽。

展陈

该博物馆布展形式包括：复原陈列、专题展览。

- **复原陈列**

此建筑布局为复原展，主要包括澹泊敬诚、烟波致爽、四知书屋 3 个展区。

“澹泊敬诚殿”：相当于北京故宫太和殿，为清帝举行重大庆典、百官朝贺、接见使节的场所。该大殿的正中今悬挂有康熙帝辛卯年间（1711 年）亲题的“澹泊敬诚”匾额。

“烟波致爽”：始建于康熙四十九年（1710 年），为康熙钦定三十六景之第一。这里曾经居住过康熙、乾隆、嘉庆、咸丰四位皇帝，其中嘉庆和咸丰均病故于此。1861 年，咸丰在此签订丧权辱国的中英《北京条约》、中法《北京条约》、中俄《北京条约》，令我国丧失大片领土和主权。

“四知书屋”：始建于康熙五十年（1711 年），为皇帝上下朝更衣休息、接见近臣一便殿。康熙帝钦题“依清旷”匾今悬挂于内檐，另有乾隆帝于戊申年间（1788 年）题写的“四知书屋”。自此，这里也被称作“四知书屋”，一些重大政务、军机事务常于此评议。

- **专题展览**

专题展览主要包括珐琅、瓷器、挂屏、钟表、吉祥图案、“无冕之王”——慈禧 6 个展区。如珐琅专题部分，介绍了其传入、发展、辉煌的历史，以及一些有关珐琅的基本知识。

“无冕之王”专题部分，介绍了慈禧三度垂帘听政，实为清朝末年同治、光绪两朝，统治中国近半个世纪之久的垂帘听政女皇。另有，慈禧个人生活情趣和清宫秘史逸闻。

典藏

今馆内珍藏、陈列的各类文物已达 3 万余件，如乾隆五十六年（1791 年）亲躬修撰文字石鼓十墩，以及重要碑刻、历史典籍、资料图册等。其中，乾隆帝《咏挂瓶》诗堪称绝品。

“豆绿地粉彩开光轿瓶”——乾隆御题诗：依然胆缒式，却异汝官珍；动挈路搴秀，静悬屋盎春；制惟日趋巧，道不易还淳；红紫随时阅，何曾著点尘。

“金地粉彩开光葫芦式轿瓶”——乾隆御题诗：无碍风尘远路，载将齐鲁芳春；本是大邑雅制，却为武帐嘉宾；宿雨朝烟舆润，山花野卉常新；每具过不留意，似解无能所因。

“红地粉彩开光轿瓶”——乾隆御题诗：静历黄图紫塞，饱参秋卉春葩；贮就常看不谢，簪处偏宜半斜；岂虑勾蜂引蝶，只疑浥露蒸霞；文殊昨示妙谛，纷雨优钵罗花。

“汝釉竹节轿瓶”——乾隆御题诗：官汝称名品，新瓶制更嘉；随行供啸咏，沿路撷芳华；挂处轻车称，簪来野卉斜；红尘安得在，香篆度帷纱。

“黄地粉彩瓜棱式轿瓶”——乾隆御题诗：水亭帘卷芰荷风，香锦堆波点点红；一幅生绡谁为展，不知身在画图中。

---

2. 皇家庙宇宫苑 塞上北国江南——避暑山庄

承德避暑山庄位于承德市北部，俗称承德离宫、又名热河行宫。避暑山庄始建于康熙四十二年（1703 年），乾隆五十五年（1790 年）竣工，历时 87 年。山庄气势恢宏，美在山中有园、园中有山，群峰环绕、沟壑纵横，清泉溪流、丛林幽深，奇峰怪石、景自天成。

山庄景物与周边自然山水融为一体、交相辉映，更兼园中有园、景内有景，从而构成一幅千姿百态丰富多彩立体画卷。成为我国现存最大的皇家园苑，著名的文物风景名胜区。每临盛夏之时步入避暑山庄，观赏花红柳绿、湖光山色美不胜收，宛如漫步锦绣江南。

山庄总体布局为宫殿区和苑景区两部分，其苑景区又分湖泊区、平原区、山野区三处景观。山庄内有康熙和乾隆钦点 72 景。另分布诸多殿、堂、楼、馆、亭、榭、阁、轩、斋、寺等，精美华丽建筑一百余处，史学及建筑学界称其为中国三大古建筑群之一。

避暑山庄建筑群，堪称我国古典园林艺术杰作，享有“中国地理形貌之缩影”及“中国古典园林最高范例”之赞誉。1994年12月，避暑山庄及周围庙宇（热河行宫），列入世界文化遗产名录。2007年5月，经国家旅游局批准成为国家5A级旅游示范景区。

历史文化

据相关史料记载，就整个避暑山庄而言所历经营建时间，大体可划分两个阶段。

第一阶段，即康熙四十二年至康熙五十二年（1703—1713年）。时为山庄的整体规划，园艺设计、建设展开阶段。如开湖区、筑洲岛、修堤岸，建宫殿及亭树和宫墙，遂使得避暑山庄初具规模。在此期间，康熙皇帝曾遴选园中景物，并以四字为名钦题“三十六景”。

第二阶段，乾隆六年至乾隆十九年（1741—1754年），乾隆帝对山庄继续进行规模扩建，增建宫阁殿宇和多处园林建筑。时乾隆也仿祖父康熙格调，以三字为名钦题“三十六景”，此番康熙与乾隆二帝钦点佳苑美景，堪称史上帝王一段佳话、合称避暑山庄七十二景。

康熙二十年（1681年），清廷为加强对蒙古各部落辖制、巩固北部边防，在距北京350多千米的蒙古草原建立了木兰围场。自此每年秋季，皇帝均带领王公大臣、八旗军队、后宫妃嫔、皇族子孙等，前往木兰围场行围狩猎，兼达到操练军队、震慑域外列强之方略。

史上山庄并非歌舞升平，这里也曾发生过诸多历史事件，一些重要史迹和文物，已成为国家统一、民族团结重要史实和历史见证。如乾隆帝曾于此召见并宴赏蒙古及西藏政教首领，接见以特使马戈尔尼为代表首个英国访华使团。而清帝嘉庆、咸丰皆病逝于此。

咸丰十年（1860年），随着英法联军攻入北京城，咸丰帝一行被迫仓皇出逃，其首选之地便是避暑山庄。其后也是在这座山庄里，批准了《中俄北京条约》等多个丧权辱国的不平等条约。而对中国近代史产生过重要影响的“辛酉政变”，亦是密谋策划且发端于此。

主要景观

今承德避暑山庄的形式布局，大体可分宫殿区和苑景区两部分。宫殿区，宫阁殿宇布局严谨，庭院幽静建筑古朴。苑景区，自然野趣南北兼容，布局和谐巧用地貌，依势随形景观丰富。山庄堪与其他名园媲美，形成塞上宫苑独特风貌。

● 宫殿区

山庄宫殿区位于避暑山庄的南端，包括“正宫”“松鹤斋”“万壑松风”“东宫”四组建筑。正宫为宫殿区主体建筑，包括九进院落，分为“前朝”“后寝”

两部分，主殿称“澹泊敬诚”，采用珍贵楠木构建。宫殿区也是数代清帝理朝听政、举行大典和寝居后宫。

山庄正宫现辟为博物馆，陈列有清代遗留下来的宫廷文物。其后面殿堂分别为“四知书屋”“烟波致爽”“云山胜地”等。此宫殿区东北接平原区和湖泊区，西北连山野区，主体建筑居中，令其自然景观既与人文景观十分巧妙结合，又充分显示皇家庭院独尊气派。

● 苑景区——湖泊

苑景区精美，源于园内湖泊之点缀，据说康熙帝游览至此盛赞：“天然风景胜西湖。”虽然此湖不及颐和园水域广阔，但是岛间错落，湖面长堤和洲岛分割为五湖，各湖之间又有桥堤彼此相通，两岸花草葱郁树木成荫，山庄主要景观建筑错落、分布在湖区的周围。此等布局，令整个湖区凸显曲折有致，秀丽多姿。今景区大小湖泊八处，即西湖、澄湖、如意泅、上湖、下湖、银溯、镜溯、半月湖，且统称塞湖。湖区各处建筑，大多仿照江南名胜而构建，如“烟雨楼”仿照了嘉兴南湖的烟雨楼，金山岛的布局乃仿照镇江金山。湖中二岛含两组建筑，一称“如意洲”，另称“月色江声”。“如意洲”现假山、凉亭、水池等精巧布局，为景区中心。“月色江声”由精致四合院携几处亭、堂。每当傍晚时分月上东山，银光铺洒清澈湖面，庄内万籁俱寂、水波抚拍堤岸，“月色江声”衔此得名。

● 苑景区——平原

平原区位于避暑山庄北部，主要是一片广阔的草场和林地，其中草场以试马埭为主体，这里也是皇帝举行赛马活动的场所。林地称万树园，是避暑山庄内重要政治活动中心之一。园内有不同规格蒙古包 28 座，其中最大的一座，就是被人称为御幄的蒙古包。这座直径约 24 米的巨大蒙古包，也称皇帝的一处临时宫殿，史上乾隆皇帝曾于此召见各民族的王公贵族、宗教首领和外国使节。万树园西侧的文津阁，时为中国四大皇家藏书名阁之一。另外还有永佑寺、春好轩、宿云檐等几组建筑群，点缀于草木、林地之间。

● 苑景区——山野

山野区位于山庄西北部，约占整个园林面积的五分之四。其间群峰环绕、沟壑纵横，清泉涌流、密林幽深。该景区借用山峰、山崖、山麓、山涧等地貌，修建了多处园林景观，以及博仁寺、须弥福寿之庙、罗汉堂、殊像寺等 12 座金碧辉煌、雄伟壮观喇嘛寺庙。纵观山庄这些庙宇，其布局之集中，规模之宏大，建筑之精湛，堪称我国古代建筑史上之精粹。另一引人注目的景观，是两个遥距相对的山峰，其巅之上各建一亭，一曰“南山积雪”，一称“四面云山”，每至夕阳西下晚霞映照、山峰熠熠生辉，此曰“锤峰落照”。

钦点山庄七十二景

避暑山庄是我国著名的三大古建筑群之一，该山庄最大特色便是山中有园，园中有山，山园互衬相得益彰。现山庄内分布在各处的建筑共计120组，其中有康熙帝以四字钦点36景，有乾隆帝以三字钦点36景，此景观被统称避暑山庄著名72景。

康熙钦点（四字）36景：烟波致爽、芝径云堤、无暑清凉、延薰山馆、水芳岩秀、万壑松风、松鹤清樾、云山胜地、四面云山、北枕双峰、西岭晨霞、锤峰落照、南山积雪、梨花伴月、曲水荷香、风泉清听、濠濮间想、天宇咸畅、暖流暄波、泉源石壁、青枫绿屿、莺啭乔木、香远益清、金莲映日、远近泉声、云帆月舫、芳渚临流、云容水态、澄泉绕石、澄波叠翠、石矶观鱼、镜水云岑、双湖夹镜、长虹饮练、甫田丛樾、水流云在。

乾隆钦点（三字）36景：丽正门、勤政殿、松鹤斋、如意湖、青雀舫、绮望楼、驯鹿坡、水心榭、颐志堂、畅远台、静好堂、冷香亭、采菱渡、观莲所、清晖亭、般若相、沧浪屿、一片云、萍香泮、万树园、试马埭、嘉树轩、乐成阁、宿云檐、澄观斋、翠云岩、罨画窗、凌太虚、千尺雪、宁静斋、玉琴轩、临芳墅、知鱼矶、涌翠岩、素尚斋、永恬居。

3. 建筑结构精美　民族工艺荟萃——外八庙

清朝初年，藏传佛教在我国蒙、藏地区传播广泛，教徒对此信仰十分虔诚，佛经教义已成为蒙、藏人群的精神支柱。为此，清廷不惜大兴土木特意在承德兴建庙宇，以便为前来的蒙、藏上层政教首领提供瞻礼膜拜等宗教活动场所，其功能与避暑山庄相辅相成。

这些兴建的藏传佛教庙宇，以汉式宫殿建筑为基调，兼收了蒙、藏、维等民族建筑艺术特征，创造了既多样又统一的建筑风格。在这里便可瞻仰西藏布达拉宫壮观气势，一览日喀则扎什伦布寺雄奇，领略山西五台山殊像寺风采，感触新疆伊犁固尔扎庙身影。

历史文化

当年清政府，为使前来的蒙、藏上层政教首领拥有固定的宗教活动场所，以此彰显天朝之神威，遂在承德避暑山庄周围，仿照西藏、新疆、蒙古，藏传佛教寺庙的基本形式，陆续修建了12座藏传佛教寺庙，这12座不同形式的寺庙，依山就势分布于相应方位。这些庙宇位于避暑山庄北，山丘地带的有8座，分别为罗汉堂（已毁）、广安寺（已毁）、殊象寺、普陀宗乘之庙、须弥福寿之庙、普宁寺、普佑寺（已毁）、广缘寺。位于避暑山庄以东，武烈河东岸的有4座，分别为安远庙、普乐寺、溥仁寺、溥善寺（已毁）。

外八庙之由来

资料显示，在这12座寺庙里，其中8座属清政府理藩院管辖治理。这8座寺庙都在喇嘛印务处注册，在北京还设有常驻喇嘛“办事处”。由于这8座庙都在古北口外，故习惯统称“外八庙”（即口外八庙之意）。久而久之，“外八庙”就成了承德12座寺庙代称。

现避暑山庄以北山丘地带、自西向东的5座分别有殊象寺、普陀宗乘之庙、须弥福寿之庙、普宁寺、广缘寺。在避暑山庄以东的武烈河东岸，自北向南有3座分别是安远庙、普乐寺、溥仁寺。这众多庙宇远远望去巍峨壮观、富丽堂皇，依山就势、金碧辉煌。

外八庙之精粹

在这12座藏传佛教寺庙中，现有普陀宗乘之庙、须弥福寿之庙、普宁寺、普乐寺，于1961年3月被列为首批全国重点文物保护单位，堪称是现存的外八庙代表之精粹。

●普陀宗乘之庙

普陀宗乘之庙，位于承德避暑山庄北部，“普陀宗乘”在藏语中即布达拉宫之意。该寺庙始建于乾隆三十六年（1771年），是乾隆帝六十寿辰为其母皇太后八十寿诞而建。普陀宗乘之庙殿宇依山就势、布局自然，逐层升高、富于变化，形制为藏传佛教建筑风格。

我国边疆各少数民族多尊崇藏传佛教，普陀宗乘之庙立于汉族传统建筑的基础之上，融汇了藏族的传统样式风格而建造。庙宇既蕴含汉藏建筑艺术风格，也体现了民族和谐中华一统大义。史上的乾隆皇帝正是在这里，接见了万里东归的土尔扈部族首领渥巴锡。

●须弥福寿之庙

须弥福寿之庙，位于承德避暑山庄北面的狮子沟南坡，这座庙宇自山脚处依山势向上延伸，气势十分雄伟。寺庙主体为三层高大红台，中央是一座重檐大殿名曰妙高庄严殿，俗称金瓦殿。该建筑也是此庙中最大殿宇，其顶部以鎏金筒瓦覆盖，四脊布设八条金龙。

清乾隆四十五年（1780年），弘历七十岁寿诞之日，后藏政教首领六世班禅前来避暑山庄祝寿。乾隆在《须弥福寿之庙碑记》中写道：“布达拉既建，伦布不可少。”时寺庙一如后藏形式，金瓦映日辉，玉幢随风舞。因此庙专为接待班禅而建，故又被称“班禅行宫”。

●普宁寺

普宁寺地理位置优越，皆因处于12座皇家寺庙中间，而其余的11座寺庙均排列在西南及东南两侧。该寺庙前半部为汉式，具有汉族传统佛教寺庙的特征；后半部则为藏式，仿效西藏桑鸢寺而建。这两种不同风格建筑，既巧妙地融为一体，又各自独具特色。寺院正中坐落一碑亭，内有御制石碑三通，碑文分别为："普宁寺碑文""平定准噶尔勒铭伊犁之碑""平定准噶尔后勒铭伊犁之碑"。这三通碑文记述了兴建普宁寺渊源，清政府平定达瓦齐、阿睦尔撒纳叛乱之始末，碑文均采用满、蒙、汉、藏四种文字镌刻。

● 普乐寺

普乐寺始建于乾隆三十一年（1766 年），其历史意义在于当时清政府一举平定了准噶尔部贵族叛乱。令生活在巴尔喀什湖一带的左、右哈萨克部族，以及生活在葱岭以北的东、西布鲁特（今柯尔克族）部族，摆脱了准噶尔部叛乱势力对其由来已久的压榨和欺凌。史载，其后不久清廷大军又粉碎了"回部"霍集占兄弟暴乱，携此余威令西北边疆局势趋于稳定。为表示对西北各民族宗教信仰的尊重，以及进一步加强中央政权统治，乾隆皇帝敕命修建了这座庙宇以示纪念，且赐名"普乐寺"蕴含天下一统、普天同乐之意。

4. 山河通远徼　形胜抱神京——木兰围场

清代皇家猎苑木兰围场，位于今河北省承德市的围场满族蒙古族自治县，与内蒙古草原接壤，这里自古以来就是水草茂盛、禽兽繁衍的丰美之地。公元 1681 年，清康熙帝为不断历练八旗军队，特意在这里开辟了一处广达 10000 多平方千米的皇家狩猎场。

史载，清朝昌盛时期的前半叶，几位清帝每年都要亲自率领皇室、王公大臣，以及八旗精兵强将，聚集于此地举行以射猎演军、肄武绥藩为主旨的军政活动，史称"木兰秋狝"。据说，清康熙至嘉庆 140 余年间，在此曾先后举行的"木兰秋狝"活动多达 105 次。

围场溯源

据说史上辽代，此域就已经成为辽帝避暑狩猎场所，素有"千里松林"之美称。清代这里原为蒙古喀喇沁杜楞君王扎锡，翁牛特镇国公吴塔特的领地。公元 1677 年，康熙皇帝首次北巡塞外，一眼便相中了这块"万里山河通远徼，九边形胜抱神京"的风水宝地。

公元 1681 年，康熙皇帝第二次北巡，藉以"喀喇沁、敖汉、翁牛特诸旗敬献牧场"的名义，趁机划定了 14000 多平方千米狩猎围场。这座巨大且广阔的清代皇家猎苑，由此卓然而立，它也因此成为世界上第一座、也是迄今为止世界上规模最大的一座皇家猎苑。

清廷之所以选择木兰围场作为皇家猎苑，自有其政治目的和战略意义。木兰围场北控蒙古，南拱京津，史上历来为军事战略要地，清王朝于此借行围狩猎之名，达到操练军旅“肄武绥藩”之实，从而牢固控制蒙古、震慑沙俄、加强民族团结、巩固北部边防大政。

公元1690年，康熙皇帝以其雄才大略果敢行动，于此域指挥的乌兰布通之战，一举平定了噶尔丹部族的叛乱，维护了国家统一和民族团结。据传，史上雍正皇帝虽然未曾来到木兰围场，但他却始终不忘嘱其后世子孙“当遵皇考所行，习武木兰，毋忘家法”。

清初时期的木兰围场，自然生态十分优越，林木葱郁、水草丰茂，走兽出没、野鹿成群，各种鸟兽多不胜数，甚至发现虎豹出没。据《清圣祖实录》记载，当年康熙行围狩猎声势浩大，且不乏在这里射死过豺狼虎豹，据说最多的时候，一日内射中野兔达300余只。

坝上明珠

木兰围场塞罕坝以东为阴河发源地，以西是吐力根河发源地。这里水流纵横，宛如玉带绕林，隆冬白雪皑皑，依然泉水汩汩，水流不断蒸气缭绕，成为森林公园一大景观。

如果从今天的地域版图观察了解，历史上的木兰围场，主要由现在的塞罕坝国家森林公园、御道口草原森林景区，以及红松洼国家自然保护区这三大自然保护区组成。

●塞罕坝国家森林公园

塞罕坝国家森林公园，是今中国北方最大的森林公园，蒙古语中“塞罕达巴罕色钦”，意思是美丽的高岭。史上清代，此处属于木兰围场之一部。放眼今天的“塞罕达巴罕色钦”既有浩瀚的林海、广袤的草原、清澈的高原湖泊，更兼有许多清代的历史遗迹。著名景观有：康熙点将台、将军泡子、塞罕湖、塞罕塔和十里画廊等。

●御道口草原森林景区

御道口草原森林景区，现有原始草原达70万亩（约470平方千米）、湿地达20万亩（约130平方千米）、天然次生林50万亩（约330平方千米）、天然湖泊20余处。此域泉水47处、河流13条，为滦河重要发源地。这里各类野生动物达100多种，春夏时节绿草如茵、山花烂漫，秋季层林尽染、野果飘香，冬季银装素裹、玉树琼花。

●红松洼国家自然保护区

红松洼国家自然保护区，草原面积达20多万亩（约130平方千米），森林覆盖率可达78%。这里动植物种类繁多、水草丰美茂盛，山地原野交错、丘陵宽甸起伏，河流湖泊星罗棋布，森林草原连绵不绝，浩瀚的林海与辽阔的草原浑然一体，景色优美气势壮观。

5. 应君王意愿　得敕封方隅——城隍庙

热河城隍庙，位于承德市西大街文庙西路北，始建于清乾隆三十七年（1772年），前为山门殿，门前分列旗杆和石狮，门内各有钟鼓楼一座。正殿高悬乾隆帝御题匾“福荫岩疆”，庙内立乾隆帝御制《热河初建城隍庙拈香瞻礼八韵》石碑，记载了城隍庙营建始末。

在我国古代，特别是自唐朝以后城镇不断崛起，因而凡有城池的地方，都陆续建有城隍庙，这也使得人们对城隍信仰趋于普遍。自后唐清泰元年（934 年）城隍受封为王，至明太祖洪武三年（1370 年）正式颁布各府州县必祭祀城隍神，时清代也延续了这一祭祀礼制。

历史文化

史上清代，当时的承德为热河厅隶属于京师内务府管辖，大体相当于今日直辖市或特区一样规格，人们也习惯将其冠上“热河”二字，以示此庙与其他地方城隍不同。因此，承德城隍庙又称作热河城隍庙。据说，热河城隍庙落成时，乾隆皇帝曾率文武官员进庙拈香瞻礼。

自此，每年“木兰秋狝”，先期驻跸避暑山庄的清朝皇帝，特别是乾隆皇帝必至城隍庙瞻礼祭祀，如果一时国事繁忙，也必遣臣进庙代为行祭，此举后成皇家礼制并记入典籍。所以说热河城隍庙已非同寻常民间寺庙，享受如此高规礼遇，令其跻身山庄皇家寺庙之列。

不仅如此，该寺庙除了京城之外，也是北方地区最大的一座城隍庙，另在16 座皇家寺庙中，还是为数不多的两座道教寺庙之一。热河城隍庙主体建筑内供奉着一尊城隍坐像，其面目慈善号称天下第一城隍，庙内还供奉了道教诸神，以及华佗等许多民间俗神。

● **天下第一城隍**

传闻，热河城隍神乃是康熙帝一位皇子，乾隆帝的叔叔名为允礼，允礼乃康熙帝妃子纯裕勤妃于康熙三十六年（1697 年）所生，排行 17。允礼自幼聪明持重，九岁后常随康熙帝到避暑山庄及塞外秋猎。因其勤奋自律且不参与皇子间皇权之争，故深得康熙帝喜爱。然而美中不足，允礼身体比较柔弱，因此雍正帝特准其可在私邸办理政务，每隔十日进宫面圣即可，这在当时可称是特殊恩惠的极其关照，及至雍正帝临终特命允礼辅政。乾隆帝继位之后，允礼继任总理事务兼管吏部，由于他秉性忠烈耿直，也深得乾隆帝赏识。乾隆三年（1738 年）春时允礼薨，此情令乾隆帝万分悲痛，甚亲自过问丧事办理。由于允礼无子，乾隆皇帝将雍正第六子——弘瞻过继为其子。此后在很长时间内，乾隆帝常怀念这位忠君叔父，以至在几十年后还时常思念，由此可见眷恋之情厚重，悲伤感触至深。

热河厅时属直隶管辖，任上总督兼工部尚书大臣周元理，得知皇上时常怀有此番悲伤心绪，寻机借故于避暑山庄澹泊敬诚殿特奏请皇上，称如今热河已成为规模不俗之市，又因距京师附近地理位置显赫，故应建立一座城隍庙，这既符合皇家礼制，又可抚慰神灵。

乾隆皇帝何等聪慧，闻听此奏顿明其意，于是即刻恩准奏本，拨专款和精干人员主持寺庙营建。时庙宇落成之际，为感念叔父允礼忠心辅国佑帝之恩，顺势封其为热河城隍神，敕此庙建筑规制享帝王礼遇，城隍塑像金脸、金袍，端严、慈祥、俨然一副帝王之尊。

史上清代，北京为清王朝的皇权中心，而承德乃是康、乾兴盛时期的第二政治中心，故当时的热河城隍神，自然具有与众不同的显赫地位。乾隆帝封其名号“方隅”，隐喻管理大清一方疆域之意，因此成为所有城隍之尊，而热河城隍庙神也堪称天下第一城隍。

---

6. 三庙有其一　形制竞高规——文庙

热河文庙位于承德市西大街城隍庙以东，其建筑规模宏大，仅次于曲阜孔庙，现仅存部分建筑，主要有庑殿、斋房、尊经阁、讲堂、崇圣祠等。当年，清廷内务府曾将珍藏周文王鼎等十余件周代法器安置于此，以便每年春秋仲月，行隆重盛大祭孔典礼使用。

热河文庙始建于清乾隆四十一年至四十四年（1776—1779 年），该庙宇落成典礼之时，乾隆皇帝曾亲临祭奠。不仅如此，由于清代承德所处的特殊地位，遂使得热河文庙在全国诸多文庙中，亦占有相当显赫之位置，故与北京孔庙、曲阜孔庙并称为国内三大文庙。

文庙概说

热河文庙布局为三部分，中为大成殿，左为尊经阁，右为府学。庙前是一座大影壁，广场各立东西牌坊一座，庙内自棂星门而入，依次是泮池、大成门、碑亭、大成殿等主体建筑，以及东西配殿。在大成殿的正中供奉至圣先师孔子的神位，上面以黄绫覆漫。

大成殿前两侧东西配庑，内供历代先儒牌位，大成殿东角有一长形无窗房间，为储存祭器库房。正殿院内有古松数十棵，高耸拔挺耸入云端，庭院清幽雅静，肃穆庄严。殿后依山坡修有假山花园，沿磴道而上可见一独立成院崇圣祠，供奉着孔子及五代先人。

大成殿的东西两壁，立有《平定台湾告成热河文庙碑文》《御制十全记》《补咏战胜廓尔喀图序》等石刻。据传，当年东院尊经阁珍藏古今各类图书逾万卷，如《十三经注疏》《二十四史》等180余种，计有13064册。清代时期西院，为承德府学教授署驻地。

大殿之上高悬乾隆皇帝御题“广大中和”匾额，另有嘉庆皇帝御书“圣集大成”匾额。两边廊柱悬楹联“有开必先冠古今而垂教化；无思不服合内外以振文章”。旁边四配为复圣颜子、宗圣曾子、述圣子思、亚圣孟子，另从祀十二先哲闵子骞、丹伯牛圣人弟子。

7. 施顶礼膜拜　盼独占鳌头——魁星楼

承德魁星楼始建于清道光八年（1828年），原址位于半壁山之巅，这是一座三间硬山布泥瓦大殿。据说，当年此魁星楼香火十分旺盛，一些香客为进香往来方便，还在半壁山下建码头且设茶棚。后因战事不断终致香火渐衰，该楼主体建筑也因年久失修日渐损毁。

魁星是汉民族神话中一位主宰文章盛衰的神仙，而在儒士学子们心目中，魁星则更具至高无上的地位，因此中国很多地方都建有“魁星楼或魁星阁”。通常魁星楼正殿塑魁星造像，其面目狰狞、金身青面、赤发环眼、头生两角，整个面目造型如鬼怪模样一般。通常所见的魁星多右手握持一管大毛笔、又称朱笔，意喻用来圈点应试人取舍。另左手持一墨斗、右脚金鸡独立，脚下踩踏一条大鳌鱼头部，此形寓意“独占鳌头”。而左脚扬起后踢作奋起状，以求造型贴近呼应“魁”字，右下一笔大弯勾脚上面即北斗七星。

在我国古代，儒生学子极看重读书科举仕途，所以但凡可行都建有魁星楼，以供读书人到此前来顶礼膜拜，祈求自己能在科举应试中金榜题名。不仅如此，魁星楼也充斥了浓厚汉民族风格，以及鲜明地方文化特色，因而成为汉文化遗产中不可或缺的组成部分。

承德魁星楼

今新建的魁星楼仍位于原址半壁山上，其占地面积约60000多平方米，建筑形式比原楼规模要大出许多，且增添许多富于文化内涵的新鲜内容。整组建筑色彩绚丽、宏伟壮观，依山就势、错落有致，现魁星楼的主要景观为广场苑区、宫殿区、园林绿化区三部分。

魁星楼主体建筑分别为，龙门、中斗宫、七十二福地、荣仕乐真殿、弘文殿、魁星主楼、承天台、聪明泉、环山栈道等。其中，荣仕乐真殿为东西配殿，供奉“寿、喜、乐、合”及“福、禄、财、安”等八尊神像，这些神像雕刻精美绘画逼真，制作考究别具一格。

弘文殿为景区另一组重要建筑，正面碑廊与两侧爬山走廊、巧妙连接而成。殿内遴选我国历史上颇具影响的众多思想家，文学家、艺术家、科学家等名士68位，并将其一生中精华亮点、主要成就，以图文形式篆刻于碑，碑刻的上方为仿红木大型情景木雕画。

在这些木雕画中，记录有我国古代史上如“悬梁苦读”“凿壁借光”等刻苦用功，勤奋读书的11例故事典范。此外，大殿还立有16块魁星文化特色碑，通过整组雕刻图文，意欲勾勒出一幅可启迪后人，激励进取、矢志不渝、奋发向上、光彩照人的历史画卷。

魁星楼主体建筑，依山就势、叠峙而起，自上而下依次分布，楼、廊、殿、阁、苑，呈现一建筑风格独特的道教殿宇。主楼立于山巅，拔地而起、气势宏伟，门殿配道教护法神、张天师大型系列壁画，沥粉描金制作精湛，众神塑像栩栩如生，可称庙宇壁画精品。

在楼阁门殿两侧，有百幅翰墨名人珠玑，道家36洞天。在36级丹阶下，高大龙门与主楼魁星手之才斗珠笔遥相呼应。广场处布置介绍我国千年道教文化展，具有千年历史渊源的科举考试图文展。另在“五魁苑”还布置了科考进阶“五经”真谛等专题展。

8. 绵亘惟余莽莽　江山如此多娇——金山岭长城

金山岭长城位于河北省承德市滦平县境，与北京市的密云县相邻，系史上明朝将领戚继光受领蓟镇总兵任上主持修建。金山岭可称万里长城楼垣之精粹，享有“万里长城，金山独秀”之美誉。此处长城的障墙、文字砖和挡马石，被专家称作金山岭长城三绝。

巍峨长城

金山岭海拔700余米，登临山巅北眺群山起伏，东观司马台水库浩渺，南望密云水库无垠。此处长城依山据险、蜿蜒起伏群峰之巅，形势险峻雄奇。此段城垣敌楼密布，构筑精巧，形式多变，即便著名的八达岭、山海关、嘉峪关地段长城与其相比也恐难分伯仲。

史上，金山岭长城依山就势，或逶迤蜿蜒或高低起伏、其势不凡气吞山河。只是不乏一些低缓处、反而易攻难守。故此这些地段城垣修筑得尤为坚固，敌楼更加宏伟高大，城关要塞紧密相连。据统计，此段敌楼和烽火台密集醒目，重要机关设施达158处之多。

明清时期，金山岭长城因所处地理位置十分险要，故此段长城时承担着极重要军事防御职能。今远眺金山岭长城，蜿蜒曲折、惟余莽莽，烽火楼台、雄伟壮丽。放眼长城内外极目远眺，崇山峻岭、林木苍翠，春夏秋冬、四季分明，探幽览胜健步登临叹曰美哉。

历史价值

古今中外，凡到过长城的人们，无不惊叹它的磅礴气势、规模宏伟和工程艰巨。长城既是一座稀世珍宝，也是艺术非凡的文物古迹，它象征着中华民族坚不可摧的意志，自立于世界民族之林的勇气和力量，如今它不但是中华民族宝贵遗产，也令全人类引以为傲。早在1987年，中国的万里长城就已被列入《世界遗产目录》。

世界遗产委员会对其评价：约公元前220年，一统天下的秦始皇，将修建于早些时候的一些断续的防御工事连接成一个完整的防御系统，用以抵抗来自北方的侵略。在明代（1368～1644年），又继续加以修筑，使长城成为世界上最长的军事设施。它在文化艺术上的价值，足以与其在历史和战略上的重要性相媲美。

长城趣话

我国明代不仅在“外边”长城布防，还修筑了“内边”长城和“内三关”长城。譬如“内三关”长城，以史上北齐所筑城垣为基础，于内蒙古与山西省交界的偏关以西，经雁门关、平型关等人河北，经涞源、房山、昌平等诸县抵达居庸关，然后由北向东继续延伸。不仅如此，经与怀柔四海关又与“外边”长城衔接，而后又以紫荆关为中心，顺势形成南北走向。所谓“内三关”长城，在很多地方与“内边”长城并行，有些地方两城相隔仅数十里。此外，一些地方还修筑了“重城”，如雁门关一带的“重城”多达二十四道。

资料显示，我国史上大约有20多个诸侯国，以不同方式参与修筑过多处长城。据说，若将史上各朝所修筑的长城叠加起来，足有十万里（50000千米）之多。其中尤以秦、汉、明3个历史朝代所修筑长城的设施称最，其总长度超过一万余里（5000多千米）。

据称，在我国新疆、甘肃、宁夏、陕西、内蒙古、山西、河北、北京、天津、辽宁、吉林、黑龙江、河南、山东、湖北、湖南等省、市、自治区，都保留有不同朝代长城或烽火台遗迹。

知名关隘

资料显示，现已查明历代长城著名关隘约有140余处。如嘉峪关、山海关、居庸关、玉门关、娘子关、雁门关、平型关、黄崖关、瓦桥关、倒马关、金山岭、张家口、紫荆关、司马台、慕田峪、白马关、鹿皮关、大同城、杀虎口、宁武关、龙泉关、马岭关、峻极关、定边城、吴旗秦长城、魏长城南端、韩城魏长城等。

9. 耸峙青山如黛　竞秀奇峰峥嵘——名山奇峰怪石

承德既拥有史迹丰富的人文景观，也拥有朴实无华的自然风貌，如环绕市区的山峦，便分布多处千奇百怪的红岩（岩层），地质学界称其为“丹霞地貌”。在我国北方地区此现象实属罕见。这些山岩不仅造型奇特俊美，更兼北国雄浑气势，丝毫不逊江南丹霞地貌。这里奇峰怪石，造化自然天成、形式千姿百态、耸峙竞秀峥嵘。尤为精粹如磬锤峰、蛤蟆石、罗汉山、僧冠峰、天桥山、双塔山、鸡冠峰等十余处妙趣横生的峻岭奇峰。

● 磬锤峰

承德本地有句俗语：“摸到棒槌山，能活三百三。”棒槌山又名“磬锤峰”，它孤立于平缓山峦之上，犹柱擎天一柱，那上部略粗下部略细的自然造型，极容易开启人们无穷之想象力。清康熙四十一年（1702 年）康熙帝巡游，以此峰形状酷似磬锤，遂赐名“磬锤峰”。

磬锤峰景区，素以峰岭雄、险、奇、秀闻名遐迩，有时人感慨此处观景最宜“远望取其势”。如立于景区任何一座山梁，面西可一览避暑山庄的湖光山色，朝北可远眺外八庙的金碧辉煌，向南可远观僧冠峰，望东可一瞥天桥山，取西南则可鸟瞰塞外山庄全景。

坊传，磬锤峰这一奇妙景观可与纳米比亚“上帝拇指”媲美。在磬锤峰半腰处长有一株数米高的桑树，这株桑树与磬锤峰相守近 300 年，不知是否为国内现存最早桑树。

● 蛤蟆石

蛤蟆石位于武烈河东岸，馨锤峰东南端之侧，其间只隔一条山谷，远望酷似一方巨石，安卧虎踞群峰之巅，又如一巨型青蛙欲跃苍穹，这便是承德十大自然胜景之一——蛤蟆石。蛤蟆石长约 20 米、高约 40 米。蛤蟆头探出悬崖，腹下有南北两洞，洞室南北相连。山洞东西贯通，南洞最大，高 1.8 米、宽 8 米、纵深 9 米，若是夏天游览至此，这里无疑是一处纳凉消暑歇脚福地。蛤蟆石脊背处山岩系此地砾岩之卵砾石生成，这些卵石颗粒光滑细腻，纹体别致凹凸自然。蛤蟆石脊背处地势较平坦，上面大约可容纳数十人。

● 罗汉山

罗汉山位于市区武列河东岸，高约 110 米，为承德市名山之一。此山形如屏障峰峦叠翠，山腰中部忽奇峰突起，酷似一尊罗汉，袒胸露腹、双手扶膝、背山面水端坐故得此名。罗汉山体挺拔匀称，山形悠然自居。在罗汉山主峰下侧，另有一峰形状如同一尊小罗汉。在罗汉山主峰东侧，另有一峰形如随行僧人，身披袈裟默默无语，此峰与主峰比肩而立相携相伴，但不知这些佛家弟子欲往何方。主峰南侧另立两峰，状如两个罗汉扶肩耳语，神态潇洒旁若无人。据地质部门的专家测算，这座罗汉山迄今已有300多万年的历史。

• 僧冠峰

僧冠峰相对高度300米，海拔高度650米，此峰形状犹如一顶僧帽，这也令当年乾隆皇帝赐名僧冠峰。僧冠峰东临武烈河，南倚九华山，绵亘起伏，层峦叠嶂。每临春、夏、秋三季，若是在早、晚时刻，时常可见此峰顶云雾升腾，宛如薄纱掩面，又若轻绢漂浮。僧冠峰景区占地面积4平方千米，自然、人文景观浑然一体，御赐僧冠峰、天成达摩像、龙王拜佛等，奇峰怪石形神俱佳。据说，僧冠峰神奇之处在于它能“以云气聚散、知晴雨辄验”，一年四季时节，只要领略此山巅云气之奥妙，便可预知此地天气之变化。

（三）承德特产与美食

地方特产：南沙饼、鲜花玫瑰饼、杏仁露、肉肠、八珍酒、热河大曲、酸枣露等、滕氏布糊画、承德剪纸、丝织挂锦、承德木雕等。

风味美食：改刀肉、汽锅野味、御土荷叶鸡、银丝杂面、八宝饭、油酥饽饽、烧卖、烙糕、白荞面、糕凉粉、拨御面、荞面河漏、二仙居碗坨、驴打滚、煎饼盒子、莜麦面小吃、一品烧饼、棋子烧饼等。

三、大理

——风花雪月　苍洱大观

三、大理
——风花雪月 苍洱大观

（一）名城概说

大理位于云南省中西部，东邻姚安、南接临沧、西联保山、北倚丽江，地处苍山之麓，洱海之滨。境内河流主要属金沙江、澜沧江、怒江、红河四大水系，有大小河流160余条，呈羽扇状遍布大理州。有谚语赞：“四时气候，宛如初春，寒止于凉，暑止于温。”

大理历史悠久、文化灿烂，此域曾发现很多新石器时期史痕，是云南地区早期文化发祥地之一，史籍称其为“昆明之属”。史载，公元前四世纪白族先民就在这里繁衍生息，许多氏族或散落或聚集，继而创造了光辉灿烂的白族文化，且绵延波及云、贵、川。史上大理，曾为古南诏国和大理国都城，是古代云南地区的政治、经济和文化中心，其影响时间长达500余年。大理为低纬度高原季风气候，四季鲜花盛开，气候温和湿润，山川土地肥沃，矿产资源丰富，民族团结和睦，实为我国西南地区一块富足丰饶之宝地。

大理也是滇缅、滇藏公路的交会地，境内的大理白族自治州，曾是彩色电影故事片《五朵金花》的故乡。苍山烟云、洱海清波，蝴蝶泉边、三塔耸峙，美丽富饶的坝子、绚丽多姿的风情，风花雪月的静谧，总是显得那般的温婉，虽不撩其经意，却总是令人陶醉。

大理历史悠久文物古迹众多，其中以大理古城、崇圣寺三塔、苍山、洱海、蝴蝶泉等，著名历史文化景观最具代表性。不仅如此，另有佛图寺塔、元世祖平云南碑、彝族故里巍宝山、南诏故都太和城遗址，以及双廊、南诏风情岛、剑川钟山石窟等诸多风景名胜。

大理，为国务院于1982年公布的首批24座国家历史文化名城之一。

1. 寻踪问源

公元前221年，秦已开始经营西南设置地方行政机构，由此开启中央王朝对大理地域的行政管辖。公元前109年，汉武帝派遣大军击败“昆明之属”各部落，并在大理地区设置了叶榆县，开辟了西南地区商贸，大理因此成为川滇通往印度的“南方丝路”中转站。

三国时期，云、贵地区及四川西南部，被称作南中时为蜀国势利，后西南部落头领孟获叛乱，令蜀汉丞相诸葛亮率部亲征，并由此演绎了史上著名的“七擒七纵”典故。最终蜀汉彻底平定此域纷扰之乱，并由此开创了西南地区、史上极为少有的近百年安定局面。

公元 8 世纪，在唐支持下南诏政权建立，随着南诏势力增强，先与唐发生征战，后有南诏宫廷自生内乱，导致“南诏”最终走向消亡。公元 1253 年，元忽必烈率大军从青藏高原而下攻占大理，公元 1382 年明军破大理城，史上清代大理基本沿袭了明代规制。

新中国成立不久，1950 年 2 月大理专员公署建立，辖下关、大理、洱源等 15 个县和市。

1956 年，鹤庆、剑川划归大理专区。1956 年 11 月，建大理白族自治州，下关为自治州首府。2000 年，大理白族自治州管辖大理市、鹤庆县、漾濞等 1 市 11 县（含自治县）。

2. 人文荟萃

大理白族自治州，居住着汉、白、彝、拉祜等 13 个不同民族，其中白族约占全市总人口 65%，白族兄弟能歌善舞，风情习俗具有鲜明的民族特色。境内巍宝山为道教名山，也是古“南诏”国发祥地，颇具特色的洞经乐奏会和彝族歌会，令这座名山更加引人注目。

大理苍山十九峰闻名遐迩，蜿蜒横亘连绵不绝；十八溪喧腾，点苍山巍巍，山顶终年积雪，折射晶莹夺目；百里洱海、波光粼粼，归帆点点、渔歌唱晚。大理古城东临碧波荡漾的洱海，西倚高耸入云的苍山，形成了“一水绕苍山，苍山抱古城”的独特地貌格局。

沿南门进入古城，有复兴路直通北门，顺街而行但只见各式店铺比肩而立，这里也是古城最繁华的商业街市，随行可见出售大理石、扎染等地方特色商品。被称作大理四绝的风、花、雪、月四景，历来为世人所称道。据说，在白族民间还有一则世代传诵的谜语：

虫入凤窝不见鸟（风），七人头上长青草（花）；
细雨下在横山上（雪），半个朋友不见了（月）。

下关风

下关一年四季都有大风，尤其是在冬春两季，时有阵风可达 8 级以上。据说，因为苍山挡住了东西向的空气对流，令苍山和哀劳山间的天生桥峡谷成为仅有的对流出口。

上关花

上关花主要是指木莲花，此花在大理境内遍地盛开且随处可见，传说为仙人吕洞宾所植。此花大如莲，花色鲜艳，常年开 12 瓣，闰年开 13 瓣，花色黄白相间极其美丽。

苍山雪

相传很久以前，有一瘟神在此肆虐残害百姓。有白族兄妹为拯救众生，在观音指点下将瘟神驱赶至山顶，为使瘟神幽灵永不复生，妹妹便化作苍山雪人峰永久守护在这里。

洱海月

据说，洱海月的来历出自天上公主下凡的故事。每到农历八月十五日中秋之夜，居住在这里的白族人家，都要举家划着木船来到洱海，尽情地欣赏倒映于水中的皎洁明月。

白族民居

白族民居外观颇具特色，白墙青瓦、庄重大方，建筑飞檐翘角，十分精致秀美。这些房屋墙基、门头、窗头、横梁常采用石头堆砌，屋顶多以板瓦为沟、筒瓦为顶。民居建筑讲究门楼形式，如“一滴水”形式，即为普通坡屋；“三滴水”形式则显现华丽尊贵。

白族的民居照壁，极具凸现地方特色，各家所建照壁并不刻意美化装潢，或采用高档材料故意渲染。主人会通过不同方式，来表达福禄、安康、吉祥、幸福、和谐之意，从而实现对未来生活的美好祝愿，因此在这里一些院落照壁，不乏出现主人自己的艺术作品。

风味佳肴

“土八碗”：为白族传统宴席中一套典型菜谱，由煮、炒、蒸、炸、煎、腌等多种方式制作的菜肴，色泽鲜艳美不胜收。如添加红糙米的红肉炖，挂蛋糊油炸的酥肉等。

“砂锅鱼”：大理水产资源丰富，仅鱼类就有十多种，砂锅鱼是一味特色佳肴。制作时先将黄壳鲤鱼以砂锅清炖，再加入火腿、玉兰片、猪蹄筋等配料及调味品烹制而成。

“乳扇”：为扇形状乳制品，是白族人待客的一道特色佳肴。据说，在云南的十八怪里面，就有“牛奶做成扇子卖”一说，乳扇可生吃可熟吃，也可烧、炸、煎、煮等。

“生皮”：据说，食用“生皮”的习俗源于史上南诏时期。它是由火烧猪肉及切成细丝猪肝，辅以葱、蒜、芫荽、炖梅、辣子面、酱油等佐料，经厨师精心烹制而成的。

（二）历史文化

1. 唐宋南诏大理　史上文献明邦——大理白族自治州博物馆

大理白族自治州博物馆，位于州府大理市洱河南路，馆址占地面积约3.4万平方米，绿化面积达1.4万平方米，建筑面积8800平方米，展出面积4600平方米。整体建筑混浑然一体，突出白族民居建筑“三坊一照壁”“四合五天井”形制布局，呈园林庭院独特景观。

简介

大理白族自治州博物馆，简称大理州博物馆，该馆成立于1986年，是云南兴建的第一座州级博物馆。全馆设有13个展厅，以及会议厅、报告厅、影像厅等设施。走进博物馆，如穿越时空隧道，观众可领略南诏、大理国的悠远历史，感受绚丽多姿的民族风情。

大理州博物馆，以史上南诏和大理国历史文化、白族历史文物为特色，意在探秘白族4000多年的史迹。展馆布置有“大理青铜文化”“南诏大理国历史与文化”“南诏大理佛教艺术”“大理石文化”“大理陶瓷艺术”“白族文化”等，12个专题式陈列展厅。大理州博物馆建馆，迄今已接待了来自数十个国家和地区的专家，学者、省内外的观众达100余万人（次）。博物馆先后荣获“全国文化先进单位”“全国文物系统先进单位”“全国百家中小学爱国教育基地”“云南省科普教育基地”等多项荣誉称号或表彰。

展陈

博物馆布展形式包括基本陈列、专题展览。

基本陈列为南诏大理国历史文化、南诏大理国佛教艺术（石刻）、南诏大理国佛教艺术（佛像）。专题展览有青铜文化展、大理石文化展、白族文化展、本主文化展等。

● **基本陈列**

南诏大理国历史文化。南诏、大理国为彝族和白族先民，史上建立的两个少数民族地方政权。公元738年，蒙舍诏在唐王朝支持下统一六诏，建立了雄踞西南地域的南诏国，南诏国历经13代而亡。公元937年，段思平联合滇东37部灭“大义宁国”继而建大理国，大理国延续318年。南诏、大理国前后延续500余年。史上南诏、大理国统治，客观起到了结束西南边陲分散割裂乱象，为团结统一边疆各少数民族、促进社会经济发展，作出了历史性贡献。

南诏大理国佛教艺术（石刻）。大理佛教源远流长，南诏大理国时期的石刻造像，以其数量多、分布广、影响大著称，主要以石窟造像和摩崖石刻为代表，其中被誉为“南天瑰宝”的剑川石窟最为著名。据称，大理22代帝王中，曾有9位帝王禅位为僧，这在中国古代史上可称是一个传奇。悠久的历史，丰富史迹、摩崖与石窟，成为探究南诏大理国历史文化珍贵资料。

南诏大理国佛教艺术（佛像）。南诏大理国时期，佛教为国教且受到王室和民间尊崇，展陈造像多样、品相质地精美。如被誉为“云南福星”的阿嵯耶观音像，便是这一时期佛教造像中的艺术杰作。此外，南诏大理国佛教绘画艺术传世之作《张胜温画卷》《南诏图传》，堪称中国佛教绘画精品。

● **专题展览**

青铜文化展。早在3000多年前，栖息于这片古老、神奇土地上的先民，就以勤劳和智慧开启了滇西文明先河。海门口遗址考古，揭示了公元前1000年的云南便已进入青铜器文明时代。那幢充满神秘色彩的大波那铜棺，令今人为大理先民的惊人智慧、超凡创造力所折服。

大理石文化展。大理也是大理石的故乡，早在远古的新石器时期，白族先民就将大理石用于网坠工具。有资料显示，大理石的规模性开采约始于唐代，其类别可分为纯白石，亦称汉白玉。另有，花纹石、水花石、彩花石、水墨花石多种。由于天然大理石画面，具有得天独厚装饰效果和观赏价值，古往今来这种独特的石材，一直深得人们的赞誉和厚爱。

白族文化展。白族历史源远流长，早在4000多年前的新石器时代，白族先民就已经在大理域内、繁衍生息。距今3000年左右，这片地域就已经出现先进青铜文化和稻菽农耕文明。唐宋时期，白族共同体已基本形成，并一度成为云南本土的主流文化，影响推动了云南历史发展进程。史上白族在中华民族大家庭中，与各兄弟民族睦邻友好、和谐共处。

典藏

例如：铜鼓（青铜　春秋战国）、钺范（石质　战国）、铜马（青铜　战国至西汉）。庑殿顶楼阁式陶房屋模型（陶器　东汉）、铜鎏金阿嵯耶观音立像（青铜　宋代）。鸱吻大理国（青灰陶质　宋代）、青花缠枝牡丹纹宝珠钮盖罐（瓷器　元代）。青花缠枝花卉葫芦瓶（瓷器　明代）、章鋆之楷书扇面（清代）等。

---

2. 云雪双绝　飞拂飘渺——苍山雪与云

大理境内苍山西耸、洱海东卧，在苍山与洱海之间，存有许多绝妙的自然景观。雄伟壮丽的苍山，绵延横亘于大理境内；其很多山峰海拔都在3500米以上；最高的马龙峰达4122米，由于此山海拔较高，使得山上异常严寒，峰顶积雪终年不化，被人称“苍山雪”。

腰绕萦云、峰巅积雪——苍山之雪

苍山峰顶白雪皑皑、终年银装素裹，阳光下显得晶莹洁白，令人遐想陶醉。传说在很久以前，有一年苍山脚下瘟疫流行不止，幸有两兄妹用所学法术，合力将这个瘟神赶到了山顶上，并将其埋在雪里冻僵。为使瘟神不得复生，妹妹遂变成雪人峰上雪神永镇苍山。

如此动人传说，古今文人无不为其留下诗文佳作，明代杨升庵就曾赞誉苍山：“峰巅积雪、山腰白云，天巧神工、各显其技。”元代黄华老人诗碑中写道：“桂镜台挂玉龙，半山飞雪天风。”而最高峰的马龙峰因其积雪终年不化，独享“玉龙冰雪”美称且久负盛名。明代，护送无极和尚返回大理的翰林学士张来仪，在形容苍山美景时言道：“阴岩犹覆太古雪，白石一化三千秋”，有文赞“苍山雪景蔚为壮观，堪与阿尔卑斯山媲美”。此峰顶积雪历经盛夏而不消融，故成苍山美景一绝，且跻身大理奇观“风花雪月”四景之一。

宛如青烟、飞拂缥缈——苍山之云

在旖旎的云南大理风光中，除了闻名遐迩的“风、花、雪、月”美妙四景之外，最受人们赞誉的就要数苍山云景了。由于苍山与洱海的地形特点所致，使得苍洱在一年之中，经常出现许多云景奇观，史书上曾有：“秋来雨后看云容，天将玉带束山公”的赞美诗句。

大理苍山巍然西耸、洱海碧波万顷东卧，若身历其境徜徉于在苍洱之间，就会不时看到绝妙的云景奇观。其中最称美妙、最为迷人的要数苍山玉带云、望夫云、火把云等神奇的云景，人们常见云朵款款飘来、继而飞拂离去，无不感慨万千、令人陶醉，充满遐想。

玉带云，一般多在夏秋之交，雨后初晴时出现。火把云，一般多在农历六月下旬来临，这时恰逢白族人传统节日火把节。望夫云一般多午间11点至13点生成，它可称大理地区预测区域性天文之孤例特征。据说，每当浮现望夫云，则预示洱海一带很快有大风光临。

玉带云：每逢高原盛夏，不期而至的阵雨来得总比人们想象得还快，离去却又比人们的视野还远。如果有幸亲眼目睹就会看到，不知何时一条乳白色云朵飘浮而来，宛如缠绕于苍山腰际的玉带。这就是人们常说的玉带云，离我们视线仿佛很近，定睛观看还是那么遥远。每当置身于大理云端之中，身处其间此时的你，所见到的一切自然便有虚幻之感觉。踏上浮云玉带之路，宛如步入清凉洁净的天界，这里既有一泻流泉飞瀑，也有山路曲径通幽。沿着云际笼罩的玉带天路，便可在鸟语花香之中，深入苍山秘境，步入飘渺云端。

望夫云：传说，南诏公主与苍山猎人铸就的千古一爱，虽然被南诏王的罗荃法师施魔法毁灭，但南诏公主毕竟幻化为峰顶幽愤云朵，一缕轻盈魂魄不断浮现天际，深情凝望着被沉入海底的猎人。如此美丽传说，宛如苍山之永恒或若浮云之梦幻，永远不会随风雨而飘零。

大理之云正所谓时空变幻之象征，也可称触摸爱情之萦绕，雾气腾空飘渺、浮云轻盈游荡，瞬间转换成无穷的神奇云景。那些美丽轻盈的云团似玉带，不时徘徊于苍山玉龙群峰之巅，令心仪人自然而然萌动、憧憬美好未来，有情人终成眷属、心灵之约陡然升华。

3. 峰峦巍峨　清涧秀溪——苍山峰与溪

苍山又名点苍山，是云岭山脉南端主峰，由雄峙嵯峨的十九座山峰构成。它北起洱源邓川，南至下关天生桥，苍山十九峰巍峨耸立，与秀丽的洱海风光、形成强烈的视觉冲击，最高处马龙峰，山顶终年积雪不化，因此也被人称为“炎天赤日雪不融”美妙奇观。

令人称道的是在这些峰峦山涧之隙，常会涌出一股清泉，这些溪水由上而下，逶迤蜿蜒注入洱海。正是苍山十九峰十八溪的幸存，从而构成苍山的独特奇妙景观，绚丽多姿的景色，丰富民族地域文化、悉数掩映于静谧峰峦秀溪，那些美丽传说也随之日夜流淌。

苍山十九峰

苍山十九峰堪称是座巨大的森林王国，摇曳多姿的阔叶林，高大伟岸的冷杉树，婀娜多姿的杜鹃花，以及那些知名或不知名、却不时发出幽香的鲜花野草。每临雨后初霁、碧空如洗，彩虹飞架、苍翠欲滴，苍山十九峰总被映衬得格外艳丽，凸显出诱人多情与娇羞妩媚。

步入苍山云岭深处，融入雾色缥缈云端，一路青翠曲径通幽，潜入清凉洁净世界，侧耳倾听流泉飞瀑，但只见云消雾散眼界顿开，便可在天路缝隙之间，饱览玉洱风光广阔、洱海苍茫无垠，俯瞰村庄星罗棋布，眺望原野阡陌纵横，顿觉胸襟开朗、精神愉悦舒逸。

漫步这迷蒙之苍山云端，不时会有一朵朵洁白云带，婀娜多姿地飘荡过来，仿佛要系住这奔放不羁，云遮雾霭的苍山十九峰。此刻若触摸那一缕浮云，才发觉距离竟是那么遥远，一刹那就仿佛坠入瑶琳仙境，游离于“忽闻海上有仙山，山在虚无缥缈间”之梦幻。

西南葱茏地 苍冠十九峰，云弄、沧浪、五台、莲花、白云、鹤云、三阳、兰峰、雪人、应乐、观音、中和、龙泉、玉局、马龙、圣应、佛顶、马耳、斜阳。

苍山十八溪

苍山十八溪乃是天赐一泓清溪之水，犹如亘古充盈清泉、潜流洞穿低声俯吟，四季情趣盎然，饱含蜜意温柔，涓涓溪流不绝、堪称苍山灵魂永驻。十八溪水“性格”迥异，千姿百态情趣盎然，唯一不曾改变的性格便是苍山之溪独享：“水尽清冽、潭至秀美”。

每临高峻的马龙峰、幽静的圣应峰、名泉之冠清碧溪，可见溪水宛如游龙、穿峡临涧，数丈清泉飞泻而下、如落星雨，碧翠叠加水澈溪清、纯净无比，终至聚汇一泓清泉。潭溪水清如玉，峡谷飞涧流急，如探苍山诸溪、非身临其境，若观清碧溪美、只此一景足矣。盖十八溪水、自天悬高处，吟溪泉声韵，觉宇宙无穷。美哉苍山，美哉秀溪。

天赐清泉流 造化十八溪，霞移、万花、阳溪、茫涌、锦溪、灵泉、白石、双鸳、隐仙、梅溪、桃溪、中溪、绿玉、龙溪、清碧、莫残、葶溟、阳南。

---

4. 黑白两分明 月云不相染——洱海

洱海是云南一处著名高原湖泊，从空中俯瞰、洱海宛如一轮新月，静卧在苍山和大理坝子之间。洱海共有四洲、五湖、九曲三处水面，洱海水面清澈、透明度高，自古以来就被称作“蕴藏于群山之间的无瑕美玉”。所以说到了大理、若不观洱海实属一大遗憾。

文人赞誉“风、花、雪、月”

据说，20世纪60年代初，著名作家曹靖华曾到大理一游，欣喜之余意犹未尽，特别是大理风、花、雪、月四景，令其印象极深且感慨万千，随即留下小诗一首：

下关风，上关花，下关风吹上关花；
苍山雪，洱海月，洱海月照苍山雪。

郭沫若先生也曾光临大理，参观游览之余也即兴赋诗一首：

拾来洱海月，上有乌云玷；
黑白两分明，月云不相染。

大理洱海是一处风光明媚的高原淡水湖，在我国古代文献中称“叶榆泽”“昆弥川”“西洱河”“西二河”等。洱海形似人耳，南北长、东西窄，入湖河溪大小有100余条，其主要为北面弥苴河，西面苍山十八溪，东面海潮河等，而出湖的河流却只有西洱河。

关于洱海月的民间传说，在当地流传最广的、是天宫公主下凡的故事。传说天宫中有一位公主羡慕人间幸福，便下凡到洱海边与一渔民成婚，公主为了帮助众乡亲过上丰衣足食生活，就把自己的宝镜沉入海底，将水中鱼群照得非常清晰，使渔民们可以打到更多鱼。

洱海月所以出名，得益于洁白无瑕的明月，其不仅将苍山积雪倒映于洱海之中，并且与冰清玉洁的洱海明月交相辉映，从而浮现出银苍玉洱这一大理称绝之奇妙景观。史上就有“享渔沟之饶、受水天辉映”赞誉，令人疑惑梦幻，究竟是天月坠海，还是海月升天。

游大理　观苍洱（佚名抒怀）：

晨曦破晓，雾霭静谧，浩渺烟波，空蒙无际；
旭日初升，霞光骤显，粼粼闪烁，微风拂煦；
残阳铺洒，归舟唱晚，波纹涟漪，此伏彼起；
苍洱夜月，星瀚灿烂，月影相惜，若即若离；
撷苍山云，拾洱海月，风花雪月，归去来兮。

洱海“三岛、四洲、五湖、九曲”

三岛为金梭岛、玉几岛、赤文岛。

四洲为青莎鼻洲、大鹳淜洲、鸳鸯洲、马濂洲。

五湖为太湖、莲花湖、星湖、神湖、渚湖。

九曲为莲花曲、大鹳曲、蟠矶曲、凤翼曲、罗莳曲、牛角曲、波曲，高莒曲，鹤翥曲。

---

5. 苦涩　香甜　百味——大理三道茶

远方客人初次来大理旅游，主人盛情待客之时，通常都要请你品尝一下大理著名的三道茶。话说这三道茶恰如其名，茶分为三杯，要逐一呈上，尝什味交集，且各不相同：

第一杯苦涩，意喻少年挨苦；第二杯香甜，意喻中年过得幸福；第三杯百味，意喻苦中有甜交集品味人生。

一苦、二甜、三回味，这就是三道茶中所蕴含的人生哲理。第一道茶很苦，附送蜜饯伴口；第二道茶比较甜，茶面还有些甜花生；第三道茶什味交集，领略人生处世哲理。

三道茶由来

传说很久以前，大理苍山脚下，住着一位手艺高超的老木匠。他身边有一个徒弟，虽已学艺多年却一直没让他出师。一天他对这个徒弟说道：“作为一个木匠，你学会了做各种木工活，但只学到一半手艺，这次跟我上山把大树放倒锯成板材，扛得回家才算出师。”闻听此言，徒弟心中很不服气，就随师父上山找到一棵大麻栗树，操起锯子干起来。不料大树还未锯成板材，就已觉得口干舌燥，无奈只好恳求师父让他下山取水，但师父始终不依。直到天色傍晚，徒弟实在渴得不行，只好随手抓一把树叶，放进口里咀嚼缓解。此刻，师父见徒弟又皱眉头又咂舌的样子，便笑着问徒弟：“这时味道如何？”那徒弟只好实话实说：“口中好苦啊！”。师父这时才语重心长地说：“你要想学好手艺，不先吃点苦头怎行啊？”这样直到日落西山，木板虽然是锯好了，但徒弟却已累得筋疲力尽。这时，只见师父不慌不忙、取出一块红糖递给了徒弟，然后郑重其事告诉他：“这就叫先苦后甜！”徒弟吃了这块糖后，仿佛觉得口也不太渴了，身上又有了不少力气。于是打起精神赶快起身，把锯好的木板扛了回去。从这天开始师父认可这位徒弟正式出师了。

临行分别时，师父沏上一碗茶，放上些蜂蜜和花椒叶，让徒弟再次喝下去，然后问道：“此茶滋味如何？”徒弟答道：“甜、麻、苦、辣，五味俱全。”师父听了哈哈大笑，说道：“这茶中滋味与学手艺做人道理相仿，既要清楚先苦后甜经历，还要懂得品味人生。”直到这时，徒弟才明白了师傅真情实意和良苦用心。自此以后，徒弟牢记师傅的谆谆教诲，无论走到哪里，遇到何种困难，总是不断提醒告诫自己，认真做事、踏实做人，一丝不苟、精益求精。数年之后，这位徒弟终于成为一名为人正直，技艺高超的出色木匠。

6. 花木扶疏　溪渠潺淙——大理古城

大理古城，位于风光迤丽的苍山脚下，距大理市下关 13 千米。现存大理古城始建于明洪武十五年（1382 年），其东临洱海、西枕苍山、城楼雄伟、气势壮观。大理城墙周长 12 里（约 6000 米），城墙高 7.5 米，东、西、南、北原有四座城门，上面建有巍峨的城楼。

大理古城，简称叶榆城又称紫城，其历史可追溯至唐代天宝年间，自公元 779 年南诏王迁都算起，迄今已有 1200 年建城历史。古城东临碧波荡漾洱海，西倚四季翠郁苍山，形成了“一水绕苍山，苍山抱古城”形式格局，风光犹若世外桃源、景致宛如桃源仙境。

现存大理古城，是在明代初年在阳苴咩城的基础之上，整旧如旧恢复重建。今城垣为方形、四门上建城楼下设卫城，环南北三条溪水，视为古城天然屏障。

城内由南到北横贯五条大街，自西向东纵穿八条长巷，整个城市呈棋盘式布局，素有九街十八巷美称。

主要景观

● **平云南碑**

“世祖皇帝平云南碑”距古城西北约1000米处，耸立于3月街场之上，现为云南首批重点文物保护单位。今与全国第一批重点文物保护单位，著名的大理崇圣寺三塔、古城西南方的弘圣寺塔遥望相对，此碑既是大理古城文史见证，也为古城蕴含许多故事传奇。

● **文献楼**

文献楼，位于大理古城的南门外约1000米处，素有古城第一门楼之称，如今它也成为大理古城中一个不可或缺的标志性建筑。该城楼始建于清代康熙年间，楼额悬挂有康熙四十年（1701年）云南提督偏图所题“文献名邦”的著名匾额，故被人们称为“文献楼”。

● **五华楼**

据传，史上五华楼曾经是南诏王礼遇待客的国宾馆，故有南诏“天下第一楼”之说。不过在南诏时期，五华楼曾遭多次焚毁又多次得以重建，只是规模越建越小不胜从前。

● **大理基督教堂**

该教堂位于复兴路与和平路的交会处，此教堂始建于1904年，时称“中华基督教礼拜堂”。2004年正式更名为“大理古城基督教堂”，如今成为一座中西合璧式宗教建筑。

7. 玉柱标空　古南胜景——大理三塔

大理崇圣寺三塔，可称苍洱天地胜景之一，其形似三支巨笔、浮图神功诡秘，平添瑰丽风采、独领苍洱风光，从而将大理古城点缀得更加恢宏壮丽。早在南诏国丰佑年间，这里就有恢宏殿宇千间，时至大理国又为皇家寺院，它也是大理史上规模最为宏大的古刹。

面对苍耳大观　随笔抒怀慨叹（佚名）：

奇峰幽路，镂银滴翠；苍山高耸，巍峨伫立。
碧波荡漾，横练素黛；洱海烟波，浩渺无际。
古南胜景，玉柱标空；三塔鼎峙，俯瞰云低。

仰望挺拔高耸的塔刹，令人顿生超出尘寰、划破云端之感。顶部铜铸葫芦形宝瓶，瓶下为八角形宝盖，四角展翅安有击风铎，其下是钢骨铜皮的相轮，最下面为覆钵外加莲花宝座托。在塔顶四角原有金鹏鸟，相传“龙性敬塔而畏鹏，大理旧为龙泽，故以此镇之”。

驻足于塔下向上观看，但只见塔身高耸伸入云端，又仿佛云移塔驻地转天旋，再定睛唯恐现泰山压顶之势。东面正中有石照壁，上有黔国公沐英后裔沐世阶题写“永镇山川”四个大字，字迹潇洒、庄重雄奇，颇有气魄。今照壁后有省人民政府所立《重修三塔记》。

大理三塔历尽千年洗礼，如今背倚终年积雪的苍山，面临一池碧波荡漾的洱海，得“玉洱银苍”呈现浑然一体，从而展露一幅清纯朴实、恬静悠然、典雅唯美的清新画卷。

观苍洱胜景　禁不住赞叹（佚名）：

三塔雄姿气象万千，中幡沐雨临风岿然；
南北小塔相携对峙，身直形正胸襟坦然；
塔势犄角鼎足稳固，顶天立地永镇山川。

三塔佳话

崇圣寺，初建于南诏丰佑年间（824—859年），大塔先建，南、北小塔后建，寺中立塔且塔依寺名。史载，当年庙宇恢宏气势壮观，时咸丰及同治年间寺院遭毁，只有三塔得以幸存。“胜地标三塔，浮图秘鬼工”。如今崇圣寺三塔，已成为大理“文献名邦”标志象征。

时元代高僧念庵　题佳联于崇圣寺：

伟哉！具苍洱大观，到此邦才知此地；
果然！是古南名胜，非斯塔莫称斯楼。

有无名氏　题一楹联：

成古云霄三塔影；诸天风雨一楼钟。

名对佳联，唯细心品味方知绝妙，文中道出了崇圣寺，名塔、名楼，不负大观绝佳胜境。史载，南诏建极十二年（871年），该寺院内曾有一巨大铸造鸿钟。据说，当年明代著名旅行家徐霞客曾至此且撰文称“钟极大，径可达丈余，而壁厚及尺，其声闻可八十里”。

另无名氏　题一楹联：

大叩大鸣，小叩小鸣，普觉梦中之梦；
一声一佛，千声千佛，遥闻天外之天。

清代文人周之烈也曾题写："楼势欲空天地我；钟声唤醒去来今。"这些出于不同时期的名联佳句，皆有异曲同工之妙。故"钟震佛都"，也成为当年大理著名十六景之一。

特色景观

● 三塔映月

崇圣寺三塔的摄影环境，不仅限于阳光明媚的白天，同时也适于月色皎洁的夜晚，著名的"三塔映月"绮丽景色，绝对可称是大理三塔、靓丽身影之形象代表。寂静夜空，月亮、星星、三塔，呈现于深蓝色夜幕之中，此光景倾倒八方游客，足令摄影发烧友称绝。

清代文人杨炳锃赞誉：

佛都胜概肇中堂，三塔嶙嶙自放光；
苍麓湖皤寻倒影，此中幻相说空王。

● 三塔倒影

三塔倒影公园，源于20世纪80年代。忽一日人们从所建水库倒影中，忽发现远在千米之外的崇圣寺三塔，塔形倩影映于水库之中，塔影雄姿与蓝天白云相衬。不久，此地辟为公园命其名。今园内建有白族民居、楹联照壁、大理石碑亭题刻、倒映漾波亭等景观。漫步三塔倒影公园中，池水碧绿、清澈见底，水面无澜、明亮如洗，三塔倒影、清晰可见，游人至此、交口赞誉。若选择不同角度拍摄，景观形态亦随之变化，三塔同样不失美丽迷人倩影。这里四季皆可拍摄三塔，即便是寒冷冬季、苍山银装素裹映衬更具神奇。三塔倒影，不仅喜欢阳光明媚的白天，更是青睐月光如洗的夜晚。傍晚时分漫步至水池西侧的大理碑亭，过亭沿曲廊步行数米左右，便可达立于水中的漾波亭。时亭现六角、廊柱朱红，三塔倒影、雕梁画栋，月色斑斓、交相辉映，此景绝妙称奇，令人心旷神怡。

---

8. 清泉明如镜　彩蝶四方来——蝴蝶泉

蝴蝶泉位于大理苍山的云弄峰下，泉水清澈如镜，每年一到蝴蝶相会之时，便有成千上万只蝴蝶从四面八方飞来这里，汇集在泉边漫天飞舞。蝶大者如巴掌，小者如铜钱，无数蝴蝶还钩足连须，首尾相衔，一串串从大合欢树上垂挂至水面，五彩斑斓可称奇观。据说，蝴蝶泉出现这一现象，与这一带自然环境有关。蝴蝶泉西靠苍山东临洱海，苍山巍峨挺拔，耸立如屏，山顶终年覆雪。夏时晶莹，云聚生雨降水丰富，植物众多风光绮丽，鲜花不断四季如春。从而为蝴蝶等昆虫大量繁殖和聚集生长，创造了极为有利条件。

话说近代蝴蝶泉也颇具名人效应。1961 年，学者兼诗人郭沫若行至大理，特意为大理蝴蝶泉作七言长诗《蝴蝶泉》，今撷取此七言长诗中三段，以作初步了解及欣赏拜读。

其一

蝴蝶泉头蝴蝶树，蝴蝶飞来千万数。
首尾联接数公尺，自树下垂疑花序。

其二

四方蝴蝶尽飞来，首尾联作秋千舞。
从此年年蝶会开，四月廿五年一度。

其三

合欢古树罩深潭，泉沫泠泠清似露。
清茶酹祷蝴蝶魂，阿雯阿霞春永驻。

史传，当年大旅行家徐霞客光顾大理蝴蝶泉后，遂将其景观概括为泉、蝶、树之三绝。如今，点苍山云弄峰下的蝴蝶泉，就像一颗璀璨的宝石，镶嵌在翠竹绿荫之中。景区内古色古香的石牌坊上，题写有“蝴蝶泉”三个大字，为当年郭沫若先生留下的墨宝。

自古以来，众多文人学士到此游历，都会留下不同形式的文笔。如明代著名地理学家徐霞客在其游记中称颂蝴蝶泉：“泉上大树，当四月初，即发花如蛱蝶，须翅栩然，与生蝶无异。又有真蝶千万，连须钩足，自树巅倒悬而下，及于泉面，缤纷络绎，五色焕然。”

清代诗人沙琛赋诗《上关蝴蝶泉》赞曰：

迷离蝶树千蝴蝶，衔尾如缨拂翠湉；
不到蝶泉谁肯信，幢影幡盖蝶庄严。

古往今来，每逢农历四月至五月间，风雨携得春归，云弄峰山涧溪水清澈，百花吐艳竞相开放，蝴蝶泉边的合欢树丛便会散发淡雅清香，从而令成千上万的蝴蝶到此聚会。每当说到大理蝴蝶泉名声，难免有意或无意者追根溯源，也总会有人半开玩笑地质疑：“谁人知道究竟是大理成就了蝴蝶泉？还是电影《五朵金花》成就了蝴蝶泉？”

青春无悔，岁月如歌。今人们没有忘记这部传世之作，这部电影编剧、导演、演员、音乐，以及所有为这部影片付出心血的人士。感谢他们在那物质生活并不丰富的年代，却满怀理想和信念，克服重重困难和挫折，为这片热土和人民，留下如此美好的影视作品。

经典影片《五朵金花》史料采撷

编剧赵季康、王公浦，导演王家乙，摄影王春泉，美术设计卢淦、史维钧，作曲雷振邦，演奏长影乐团，指挥尹升山，剧中主演杨丽坤饰-副社长金花、莫梓江饰-阿鹏，剧中演唱李世荣、赵履珠、黄虹、罗炳媛、李凌云，著名插曲《蝴蝶泉边》作词季康，作曲雷振邦，演唱李世荣、赵履珠；

1960 年荣获埃及开罗第二届亚非国际电影节，荣获最佳导演、最佳女演员银鹰奖；2005 年荣获“中国电影百年百部名片”奖；2005 年荣获“中国电影百年百位优秀演员奖”——杨丽坤。

---

9. 扎染本曲 照壁天井——大理周城

大理周城位于大理古城北 23 千米，全村居住 1500 余户白族居民，今是大理最大白族村镇。这里的白族手工扎染极为有名，周城白族传统文化保护区，现为云南省级非物质文化遗产，也是国家首批非物质文化遗产，1996 年被文化部命名为“民族扎染艺术之乡”。

白族民居

游人若来到周城，便可以随意见到非常典型的“三房一照壁，四合五天井”封闭式白族庭院。这些民居有的独成一院，有的一进数院或数院落连成一个整体，外墙面多为上白（石灰），下灰（细泥）粉饰，各家院内的照壁多是一主、两厢、三主庭院的传统式格局。大理本地民居，多为一高两低的挑檐飞角、青瓦盖顶形式的墙体。这些民居主房正面，连接两厢山墙，从而令这三部分形成封闭庭院。照壁正中以石灰粉刷，书以四眼题字或嵌大理石屏，在其四周镶并勾勒出长方、圆形、扇面等图案，其中多以水磨或粉彩绘画。

白族扎染

自明末、清初以来，扎染就成为周城白族所沿袭的民间传统工艺。扎染一般采用白棉布或棉麻混纺白布材料，所使用的染料主要为植物蓝靛或土靛。周城染布所用染料土靛，全是村民自己种植及加工，这些原料除满足本地染布之用外，多余土靛还可直接外销。扎染传统工艺，必须要经过 20 多道工序，有时几天才能染好一匹布料。染布颜色的品质优劣，不仅与浸染次数有关，还与浸染技术、染料的配方、晾晒、气候等有关。扎染品种繁多、图案丰富，主要有花草植物、鸟兽鱼虫、图案图形、自然景物、字体符号等。

白族大本曲

白族大本曲又称本子曲，是白族特有的一种民间说唱艺术，曾广泛流传于洱海周边的白族地区。大本曲多以唱功为主要表现形式，同时也辅以道白，施之过渡性衔接，表演时要求各类唱词、须遵循白族诗歌传统“三七一五”格律，且由一人手执花扇或手绢演唱。表演时辅以两条长凳、一张桌子、一人操三弦伴奏，构成形式简洁的表演场面。大本曲可表现各种不同人物，情节内容多为民间传说或历史故事，唱词全用白族语，中间夹带道白和韵诗，有时也使用一些汉语。表演者可身兼多角色转换，从而演绎一个完整故事。

白族民俗

云南省白族多信仰“本主”，各地方常建“本主庙”，每年都有盛大“本主节”。白族的“本主”也是“人神兼备”的护卫神，极富于原始宗教色彩。由于这种原始的信仰，已深入到对祖先或英雄的崇拜，故这种宗教的根基，便构成了对“本主宗教”信仰之核心。

白族人民节日众多，近乎是“一月三节”。如赶秧节、放生节，其中最有名的是火把节。每逢此节，人们先要将火把上面系上火把梨、苹果，然后插上小旗，通常由一位德高望重者将火把点燃，然后人们围成圆圈挥舞火把，热情洋溢载歌载舞、欢快场景其乐融融。

---

10. 河蛮城邑　德化古碑——太和城遗址

太和城遗址，位于大理古城以南约7000米、太和村西的苍山佛顶峰麓。史上太和城曾为古南诏国的都城，唐开元二十七年（739年）南邵国迁都于此，时为南诏前期的政治、经济、文化中心。唐大历十四年（779年），异牟寻迁都羊苴咩城后，太和城遭弃且逐渐荒废。太和城原本是一河蛮城邑，城内曾建小城垣金刚城，以及南诏国避暑行宫。城内立有南诏德化碑，碑阴题名计有41行，今为研究南诏初期历史文化、社会各个阶层形态，以及当时官吏规制重要史料。1961年，太和城被公布为第一批全国重点文物保护单位。

史上太和

史上太和城，是先期将苍洱地区推向历史前台之都邑，而拉开这个序幕之人，乃是南诏国的第四代诏主皮罗阁。早在南诏迁都以前，苍洱地区的社会经济发展就已经为南诏建都创造了有利条件。当时的南诏势力已经开始扩张北上，并率先自巍山进入苍洱地区。

唐开元二十五年（737 年），皮罗阁赶走了原在太和的土著“河蛮”，继而占领这座具一定基础，且颇具发展规模的城邑。其后，皮罗阁不断扩充实力，继续征伐周边弱小部落。与此同时，对太和旧城进行修筑加固，从而为南诏欲实施迁都计划进行了必要先期准备。

“太和”在白语中含有“山坡“之意，唐开元二十七年（739 年），诏主皮罗阁将南诏统治中心，从巍山正式迁到了“太和城”。这次统治中心的移动，对南诏政权日后的发展，无疑起到了至关重要作用，这也令日后的苍洱地区成为南诏展现自己宏图的重要舞台。

有关史上南诏政权究竟如何规建太和城，史书或相关资料并无明确记载。不过正是这种历史缺失，也为后人留下不少遐想和猜测空间。例如，南诏政权曾于“天宝之战”中，打败强大的唐朝大军，除有吐蕃势力支持，南诏太和城曾发挥了重要政治和军事作用。

如今在太和城遗址，还保存有一块非常著名的石碑《南诏德化碑》。此碑于唐代宗大历元年（766 年）建立，碑上铭文明确记述了当年的南诏国，如何战败强大的唐王朝大军，从而实现了对云南地区掌控统治，故此段经历也可称为“南诏国”史上极其重要的篇章。

古城遗迹

当年太和城的选址和兴建，便谋划此城池须具备强大军事防御功能，今后人也领略到南诏在构建这座古城时，展露出的聪明和才智。太和城建于苍山佛顶峰与五指山之间缓坡上。苍山位于在古城西面，实为一道天然屏障，洱海位于古城东面，从而隔出一片苍茫。

古代，若要逾越苍山和洱海，如无强大的军事实力几乎就不可能实现。根据这一地形特点有专家推测，以苍山和洱海作为屏障，太和城只全力建造好南北城墙足矣。如西面虽朝苍山敞开，但有山为墙；东面虽临洱海袒露、却以水为池，时太和城防固若金汤。

史上太和城墙，主要为夯土结构筑成，但在不同的地段依据地势、土质情况，则辅以岩石和沙土加固。南诏人在建之城时，充分考虑了苍山的地形，巧妙利用山坡与溪流间、所形成的天然沟壑，巧妙增加城墙高度，以苍山奔流而下溪水作为古城天然的护城河。如此，“以山为壁，以沟为壕，内高外低，仰攻甚难”，从而令整座城池呈现出高墙壁垒，坚不可摧的气势。皮罗阁还在太和城北另筑一“龙口城”，以阻北面偷袭来犯之敌。有史书说，太和城内街道巷陌皆以石块铺就，另以坚固大石块垒砌城墙，连绵数里延伸而不断。

11. 洱海珍珠　美哉双廊——南诏风情岛

大理南诏风情岛，实为洱海三岛之一。该岛东靠佛教圣地鸡足山，北接石宝山，南连大理古城，西对苍山洱海，四面环水景色宜人。故大理南诏风情岛享有“大理风光在苍洱，苍洱风光在双廊”之美誉。为此竟有人戏称：“观赏大理风光，休要遗落双廊”之俚语。

如果将大理的苍洱风光，比喻成一顶十分耀眼的皇冠，那么洱海的南诏风情岛，无疑是镶嵌在这顶皇冠上一颗璀璨明珠。南诏风情岛位于洱海东北部的双廊村对面，来这里的往返交通十分便捷，旅游住行也比较舒适，尤其是岛上历史人文、自然景观相当丰富。登上小岛首先见到的便是一组巨大石雕，即沙壹母群雕。这是根据《后汉书·西南夷列传》中，所记载有关大理地区的一则神话雕刻而成。精美的石刻雕塑与别具特色的园林艺术融为一体，令人们在亲近大自然的过程中，不断在探寻那些久已逝去的质朴与真诚。相传，南诏祖先是一位名叫“沙壹”的女性，以捕鱼为生，在捕鱼的过程中，因触沉木而受孕，于是生下 10 个儿子。而哀牢山下有一对夫妇生下 10 个女儿，后来十兄弟娶了这些女子为妻，幸福生活、繁衍至今。如今这一美丽传说，被雕塑家赋予了新的艺术生命。

主要景观

• 雕塑

在近岛礁石上，有一组“洱海的女儿”铸铜雕塑，这是一立一卧两位渔家女沐浴形象，塑像矫健而飘逸，与岛上天然岩石“醉八仙”遥相呼应。雕塑取自《后汉书·西南夷列传》中“九隆”神话为故事题材。这个神话在滇西一带十分有名，几乎成了创世的神灵。

• 观音像

在“福星广场”正中，有一尊汉白玉观音立式雕像。这是按照南诏大理国时期，存留下来的阿嵯耶观音造像雕塑而成，据说这也是目前国内一尊极著名汉白玉观音雕像。此雕塑正面是大理神话、观音十八化的传说，背面分别为线刻贴金“观音授记细奴罗立国图”。

• 南诏行宫

南诏行宫建筑风格，突显唐代建筑风格基调，同时兼具南诏及吐蕃建筑特色于一体，展现了史上南诏时期、多民族文化融合特征。这是一组综合建筑群，不但可以满足游客食宿，同时还具备商品陈列、声相展示、艺术表演、景观欣赏，娱乐休闲等多重服务功能。

● **本主广场**

在岛的西端是本主广场，此地放置有四尊铜质本主塑像，中间则是“中央本主”锻铜塑像，他就是被人们赞誉为本主之王、五百神王之首的段宗榜。此本主广场设计新颖、构思巧妙，制作精良，集中体现了白族文化之精华，令游客感悟领略白族本主文化之魅力。

● **太湖石**

今岛上还建有一片“太湖石景区”，太湖石是一种珍贵的园林观赏石，此石佳品大多产于江苏太湖故得此名。一块上好太湖石，价值不菲且求之不易，而该岛上所采集的太湖石，具有种类繁多、形态各异、规模宏大、多彩靓丽特点，由此构成与众不同别致景区。

（三）大理特产与美食

地方特产：雕梅、炖梅、海菜、刺菱角、高河菜、漾核桃、海东雪梨、剑川木雕、鹤庆银器、大理铸剑等。

风味美食：饵块、乳扇、大理炒螺黄、大理冻鱼、大理炖梅、大理砂锅鱼、理树头菜炒火腿、大理酸辣鱼、大理火巴肉饵丝、大理翠梅酸辣鱼、理雕梅扣肉、白族泥鳅钻豆腐、白族酸辣鱼、宾川海稍鱼、洱海鱼三味等。

四、大同

——三代京华　两朝重镇

四、大同
——三代京华　两朝重镇

（一）名城概说

大同位于山西省北部、大同盆地的中心区，桑干河自西南流向东北贯穿全市，形成四周高、中间低，两山夹一川的凹槽型地貌。境内的桑干河、御河、唐河及苍头河等，分别流向海河、黄河等不同水系。大同素有“中国煤都”“雕塑之都”“凤凰之城”之说。

大同古称平城、云中，其地处大同盆地与晋、冀、蒙交界处，内长城蜿蜒其南，外长城横卧其北，东连太行、西临黄河，山峦起伏、沟壑纵横，独特的地理环境，故而形成许多险关要隘和天然要塞，远自上古时期，便成为华夏北部咽喉重镇，历代兵家必争之地。

史上，这一带曾发生过上千次大小战事。如大同以东马铺山，为汉代开国皇帝刘邦与匈奴苦战七昼夜的疆场；金沙滩（今属山西朔州界）乃是当年杨家将血战之遗址。那些千百年来遗存下的文物史痕，现已成为人类历史发展进程中极为宝贵的历史古迹。其中以云冈石窟、北魏悬空寺为代表的北魏史迹；以华严寺、善化寺、观音堂、觉山寺塔、圆觉寺塔为代表的辽金史迹；以边塞长城、兵堡、龙壁、明代大同府城为代表的明清史迹；以及独特的平城文化、边塞文化和佛教文化，构成了大同地域鲜明的历史风貌。

史上大同，也是民族融合的大舞台，为促进中华民族团结统一亦功不可没。北魏平城的城郭建设独具魅力；北魏平城时代的理政形态、文化改革，影响深远，荫及盛唐；北魏时代的云冈石窟，辽金时代的华严寺、善化寺等经典建筑，亦可独步华夏堪称古城精髓。

大同，为国务院于1982年公布的首批24座国家历史文化名城之一。

1. 寻踪问源

夏商周时：这里就有部落迁徙定居，周代至春秋此域为北狄势力，据《战国策·释地》记载：“今山西岢岚州以北，故楼烦胡地也。”战国时此域初为代国后归于赵，时为赵国“边塞要地”。自赵武灵王开辟大同，设置行政管辖始，迄今已有2300余年的建城历史。

秦汉时期：公元前221年秦灭六国，大同分属雁门郡、代郡。时秦大将蒙恬率大军30万击败匈奴修筑长城，设平城、善无、延陵、平舒、马邑等城堡。又自大同以西五千米处河谷“筑城武周塞内，以备胡”。公元前209年秦末天下大乱，匈奴则乘势占据大同。

三国两晋：大同为乌桓、鲜卑等部族所据，两晋时大同北部为鲜卑族领地，南部为雁门郡地。永嘉四年（310年）晋并州牧刘琨，以拓跋猗卢救援之功上书晋怀帝，请封鲜卑拓跋猗卢为代公、后封代王，遂修秦汉平城为代国南都，平城复还治，此为大同建都之始。

北魏隋唐：道武帝拓跋珪迁都平城，因时局正处南北朝，故北魏平城立都长达97年，且经六帝七世，一度为中国北方政治、经济、文化中心。史上隋唐，结束了南北分裂局面。但后唐清泰三年（936年），节度使石敬瑭依契丹势灭后唐，并将燕云十六州拱让契丹。

宋辽金元：辽耶律德光（947年），设大同为陪都。宋宣和五年（1123年），预置云中府路，为宋金攻辽预置版图。但后金失约，故雍熙三年（986年），为云州观察使杨业短据，后再未入宋域版图。元初大同为西京路，马可·波罗途经此盛赞：“一座宏伟而又美丽城市。”

明清时期：明王朝为国家统一和边境安全，设“九边重镇”，大同居首，又命著名大将军徐达于此坐镇。据有关资料记载，清顺治十三年（1656年）曾对大同城进行过全面整治，包括修缮云冈石窟，恢复北岳恒山祭祀，复寺院林立庵堂相望，现经声佛号极乐世界。

民国元年（1912年），大同废府留县，民国16年（1927年）大同立县，隶属山西省管辖行政区之一。1949年5月，随着中国人民解放军的前进步伐，大同最终获得和平解放，从此这座著名塞上古城翻开了崭新的一页。1952年原察哈尔省撤销，大同划归山西省辖市。

2. 人文荟萃

大同地处晋北塞上，自然风光恢宏，既不同于南国水乡的花红柳绿，也不同于白山黑水的冰雕玉树。她那天高云阔的塞北风光，嵯峨威武的险关叠嶂，气势雄浑的“倚天北柱”，更兼古朴奇峻、巨刹危楼之悬空寺，足令八方宾客慨叹不已、心旷神怡，流连忘返。

史上大同，曾为北魏拓跋氏京城，辽、金两代王朝的陪都，明、清两朝的军事重镇（西京）。此域自古北控大漠，民风尚武、强健剽悍，金戈铁马、长于征战。因此，这里既是民族融合缩影，也是佛教归化先驱，时促进中华民族南北融合，曾起到不可替代角色。

明大同城垣，基于北魏、唐、辽、金、元旧城基础，史上几经整修略呈方形。城内以四牌楼为中心，街衢道路规划齐整，“四大街、八小巷、七十二道绵绵巷”，凸现北魏时期，城郭坚固、防御完备，彼此呼应、自成体系，为我国古城建史一处颇为出色边关重镇。

大同春节文化庙会每年正月举行，庙会期间汇集有秧歌、二人台、锣鼓、川剧等多种艺术表演，另有剪纸、泥塑、刺绣、凉粉等，诸多种民间地方工艺品及特色小吃展现。

生旺火，是大同一带地方习俗。每逢春节前的除夕傍晚，在家家户户院落门前，都要用大块煤炭垒成一个塔状，此堆砌物旧称旺火，为时人以图吉利、企盼来年兴旺之意。

游八仙，也是大同地区的另一项特色活动。据说，此民俗初现明代年间，即每年正月初八，当地百姓人家皆扶老携幼聚集在寺庙和道观处，为祈求来年亲人健康和平安。

大同的铜器制品历史悠久，久负盛名。史上就曾有“五台山上拜佛，大同城内买锅”之说。尤其是铜质的火锅、酒具、铜牌匾乃至宫廷的餐具等，质地优良、声名远播。

广灵剪纸，为中国民间剪纸三大流派之一，其构图生动、表现传神，刀法细腻、用料考究，更兼出众的染色、精致的包装，风格独树一帜被誉为“民间剪纸、品优艺绝”。

（二）历史文化

1. 平城辉煌史记　北魏文物珍奇——大同市博物馆

史上大同，地处中原汉族与北方游牧民族衔接处，因而具有农耕文化与草原文化相互影响、交汇融合之特征。大同古代文明，携北方游牧之沃野与中原农耕之丰腴，长城内外、烽火狼烟，兵戈铁马、纵横驰骋，时而交兵、时且互融，具有典型多元民族文化印痕。

简介

大同市博物馆始建于 1959 年，旧馆址位于驰名中外的辽、金皇家寺院华严寺，时为全市收藏、保管、陈列历史文物专门机构。展馆布设“大同简史陈列”，辟有“远古的大同”“北魏平城”“辽金西京”等基本陈列，以及“历代钱币”“明清瓷器”等专题展。

大同市博物馆御东新馆，位于南郊区御东新区的太和路，现为国家二级博物馆，也是迄今省内最大的市级博物馆。现馆内珍藏各类文物约 7 万余件，一级品达130余件，其中一级珍贵文物——北魏彩绘人物故事漆屏，已被列入国家严格禁止出国（境）展览文物名录。博物馆新馆运用了异型建筑典型刻画手法，将大同历史文化融入其中，如吸收大同火山群地貌、九龙壁、云冈石窟等元素，昭示龙城文化博大之精深，龙腾虎跃之形胜。该博物馆现设基本陈列“天下大同——大同古代文物展”。不仅如此，博物馆另布设4个专题展厅“大同恐龙”“瓷路撷珍”“妙笔丹青”“梵语清音”，一处临时展厅。今大同市博物馆主推历史与文化并重，集收藏、展览、研究、公共宣教、文化交流于一身之综合类博物馆。为展示多元文化艺术，历史发展足迹，民族团结和睦一扇窗口。

展陈

该博物馆布展形式包括基本陈列、专题展览。基本陈列部分：沧桑代地，魏都平城，辽金西京，明清重镇；专题展览部分：大同恐龙，磁路撷珍，妙笔丹青，梵语清音。

● **基本陈列**

沧桑代地（第一至第四单元），文明序曲、狄代方国、战国兴城、秦汉烽火板块。大同地理环境，自古便具农牧交错特征，始终游移于两大文明之间。故历史文化也在胡汉之间徘徊。其形其神、亦胡亦汉，伯仲之间、胡汉难分，不凡历程极富地域特色。

魏都平城（第一至第六单元），盛乐时代、京都平城、胡风汉韵、恒州平城等。史上，拓跋鲜卑建北魏王朝，拓跋珪迁都、开启平城时代；道武帝雄才大略，奠定封疆一隅；太武帝气吞山河、完成北方一统；冯太后、孝文帝“太和新政”促华戎一体。

辽金西京（第一至第五单元），唐代云州、西京遗构、边地风情、宗教大观等。史上大同曾为辽、金陪都，历经契丹、女真、蒙古等部族相继经略，为华夏二次民族融合重要历史舞台。形成了独具特色的西京风貌，书写下中华文明进程浓墨重彩一笔。

明清重镇（第一至第四单元），九边重镇、大同宏府、边地商贸、民生百态板块。明清时大同亦为边关重镇，历经烽火硝烟、兵戈铁马争斗，也曾铸剑为犁、商贸交流互惠。绵延起伏的长城，军事要塞之古堡，锈迹斑驳的火炮，阅尽风云跌宕史上春秋。

● **专题展览**

大同恐龙（第一至第三单元），主要包括恐龙世界、大同恐龙、恐龙灭绝等板块。远在中生代时期，大同也曾是恐龙乐园。时大同为地域植被茂盛、水系发达的冲积平原处，栖息了庞大的恐龙家族。如寻常少见的华北龙，天镇甲龙、前爪锋利的跃龙等。

磁路撷珍（第一至第七单元），北朝、唐代、辽代、金代、元代、明清时期瓷器。唐代大同已现瓷窑，辽金元时期大同瓷器达鼎盛。如浑源窑出镶嵌青瓷、黑釉剔花瓷，怀仁窑产油滴瓷等，故在华夏陶瓷史上占有一席之地，诠释了古老大同之瓷序章节。

妙笔丹青（第一至第三单元），书法、绘画、水陆画。馆珍藏古代书画以明、清作品为主。如明董其昌、张瑞图，清代黄慎、郑板桥等名家作品。佛教“水陆画”是馆藏书画一大亮点，为大同宗教、民俗和绘画艺术宝贵遗珍。

梵语清音（第一至第四单元），海会遗珍、十八罗汉、关帝庙窖藏、民间造像。北魏王朝以兼收并蓄胸襟，吸纳来自异国之文明。1500 余年佛道争锋、此消彼长，相互融合、共存俱荣，佛道造像交相辉映，令大同史上文明雕凿艺术立铭刻之永恒。

典藏

基本类型包括：青铜器、玉石器、陶瓷器、金银器、造像等八大类型。青铜器类（如铜博山炉、蟠虺纹铜鼎等）。玉器类（如玛瑙环、寿星托桃玉摆件等）。石器类（如石雕八卦香炉、石雕供养龛等）。造像类（如真武大帝铜坐像、观音菩萨铜坐像等）。陶瓷器类（如黄釉剔花牡丹菊花纹罐、陶连枝灯等）。漆木器类（如竹木雕花壁灯、嵌螺钿黑漆木影屏等）。书画类（如关公像立轴绢本设色、三老图立轴　纸本等）。金银器类（如铜鎏金点翠蝙蝠纹头饰、铜鎏金点翠蝙蝠纹发钗等）。

镇馆之宝：元代广寒宫影青釉瓷枕、北魏石雕帐座、辽代琉璃棺；北魏葡萄童子纹鎏金高足铜杯、北魏漆屏风画。

---

2. 北魏艺术杰作　世界文化遗产——云冈石窟

山西大同的云冈石窟，与甘肃敦煌莫高窟、河南洛阳龙门石窟、甘肃天水麦积山石窟，并称中国古代四大著名石窟艺术宝库。1961 年，被国务院公布为全国首批重点文物保护单位，2001 年被联合国有关部门列入世界遗产名录，2007 年评为国家 5A 级旅游景区。

历史文化

云冈石窟的开凿始于北魏文成帝，其后一直延续至孝明帝，前后历经 60 余年。南宋、金皇统七年（1147 年），曹衍《大金西京武州山重修大石窟寺碑记》载：“贞观十五年，守臣重建”，唐慧祥撰《古清凉传》卷记载，时有一俨禅师“每在恒安修理孝文石窟故像”。

清康熙三十五年（1696 年）康熙帝冬日回銮、巡幸途径云冈寺，赐御书匾额“庄严法相”。清乾隆年间，云冈石窟亦有维护修葺。新中国成立以后，云冈石窟主要洞窟受到保护，并认真得到有效管理，1952 年国家文物部门设置了专门机构，将石窟文物保护纳入规范。

大同云冈石窟造像气势宏伟，内容丰富多彩，堪称公元五世纪时期、中国石刻艺术巅峰之作，因而也被誉为中国古代雕刻艺术之宝库。云冈石窟如以开凿时间归类，大致可归分为早、中、晚 3 个不同时期，而各个历史时期石窟造像，其风格形式不同且各具特色。早期石窟，多以气势磅礴、浑厚旷达“昙曜五窟”为代表，彰显纯朴西域风情；中期石窟，多用装饰华丽、富丽堂皇的艺术风格著称，着重突出复杂多变格调；晚期石窟，多采清瘦俊美、比例匀称适中造型为傲，成为“瘦骨清像”之起源。云冈石窟不同时期石像造形，客观记录了印度及中亚地区、佛教艺术传入中国的佛教历史轨迹，也反映了佛教造像在中国逐渐民族化、世俗化，以及传播和渗透发展过程。

主要景观

云冈两道山麓，将石窟分成为东区、中区和西区三部分，史上第一窟、第二窟为同期开凿。云冈东区石窟群，是指云冈石窟东端一窟至四窟，东区石窟多以佛塔为主，故又被称作塔洞。这里石窟风化侵袭比较严重，只有第一窟东壁后下部其故事浮雕仍保存比较完整。

第一窟：在中央雕出两层方形塔柱，后壁主像为弥勒。四壁佛像大多曾遭风化剥蚀，南壁窟门两侧的雕维摩、文殊像，石窟东壁后下部的佛本生故事浮雕保存还比较完整。

第二窟：中央为一方形三层塔柱，塔南面下层雕释迦多宝像、上层雕三世佛。每层四面刻出三间楼阁式佛龛，窟内壁面另雕出五层小塔，可为研究北魏时期建筑形象资料。

第三窟：为云冈石窟中规模最大的一座洞窟，传为昙曜译经楼。窟分前后两室。前室上部左右各雕一塔，中雕方形窟室，主像为弥勒，从雕刻风格来看可能为初唐作品。

第四窟：此窟遭风化水蚀侵袭比较严重，后经有关部门及时抢救保护。现平面呈矩形中雕方形立柱，东壁交脚弥勒像保存较完整，南壁窟门的上方有北魏正光年间铭记。

第五窟：为云冈最大佛像，据称这尊佛像膝上可站 120 人，一只脚上可站立 12 人。窟内满雕佛龛造像，窟西侧刻有两佛对坐在菩提树下，顶部浮雕飞天线条异常优美。

第六窟：洞窟四壁雕有佛、菩萨、罗汉、飞天造像，窟顶立33诸天神及各种骑乘。此形象生动富于艺术想象，令人赞叹目不暇接，东西两壁刻有著名的“佛传图”。

第七窟：天幕龛中央雕刻一交脚弥勒菩萨像，左右各备一倚坐佛像，边为二胁侍菩萨。下龛为释迦、多宝二佛并坐像，壁与窟顶相接处，雕刻一排伎人像，各执乐器演奏。

第八窟：石窟内两侧，有五头六臂乘孔雀的鸠摩罗天，东侧刻有三头，八臂骑牛的摩醯首罗天。这种雕像艺术风格在云冈石窟可称罕见，从而折射出北魏时期社会之变革。

第九及第十窟：建于北魏孝文帝太和八年（484年），两窟以华丽浮雕为主。其中第九窟壁刻佛龛、乐伎、舞伎，造像精美，动感极强。第十窟主像弥勒，两侧精雕图案花纹。

其余的十一窟至二十石窟，或雕饰精美，或刻画细腻，或姿态飘逸，或刚健雄浑。

3. 望常山之峻峨　登北岳壮高游——北岳恒山

恒山位于浑源县城南10千米处，距大同市约62千米。据史书记载，早在4000多年前舜帝北巡时，遥望恒山奇峰耸立、山势巍峨，遂叩封为北岳。恒山亦称常山、恒宗、元岳、紫岳，与东岳泰山、西岳华山、南岳衡山、中岳嵩山并称五岳，享誉华夏、声播四海。

恒山地处塞北，雄踞高原、俯瞰旷野，天气多晴朗之日，少云蒸雾缭之时，登高远眺，举目近观，令人有雄伟旷达之感。恒山因山势险峻地理位置重要，历来也为兵家必争之地，自古便是烽火狼烟边关要冲，古人曾赞叹恒山“危峰过雁来秋色，万里黄沙散夕阳”。

民谚云：“雁门关外雁人家，早穿皮袄午穿纱。”天峰岭和翠屏峰景区，素以双峰并峙闻名，其中天峰岭、翠屏峰、千佛岭及温泉景区，因地势高令早晚温差大。今北岳恒山、浑源古城、龙山自然保护区携上述景观，共同构成自然风貌与历史人文兼具的旅游胜地。

历史文化

恒山源于阴山余脉，东连太行、南障三晋，西跨雁门、北瞰云代，绵亘塞外、东西蜿蜒达250千米，为桑干河与滹沱河分水岭。恒山号称108峰，紫荆关、平型关、雁门关、宁武关等雄关险隘，皆是塞外通向华北平原咽喉要冲，历来为兵家用武之地。

史上恒山，被称为北国万山之宗主。远在春秋时期，代国倚恒山而幸存。战国时，燕、赵凭恒山称霸一方。秦始皇嬴政一统天下，遂敕封天下12名山，恒山则被尊立天下第二山。其后延续至汉武帝，又首封北岳恒山为神。史上两汉时期、匈奴据恒山而虎视中原。

东晋时期，鲜卑慕容氏北踞恒山独霸一方。史上，唐玄宗、宋真宗，先敕北岳为王继而封帝。据传，北魏太武帝拓跋焘，曾亲登恒山驾临天峰，拓跋氏欲衔恒山而领天下。

宋辽时期，斩关夺隘、彼此争战；金代，雄恃恒山、剑指中原；元代，铁骑倾泻、纵横中原；明一统天下，太祖朱元璋立尊北岳为神；清朝历代帝王，皆遣重臣到此祭祀。

史上这一带，发生过多次浴血鏖战，因而留下诸多关隘、城堡、烽火台，以及史上著名征战痕迹。恒山独特地理环境，演绎了许多战争史话，今也自诩为傲独领故事传奇。

不仅如此，唐代诗仙李白、明代旅行家徐霞客，以及四方学士八方游客，无不千里迢迢慕名游历北岳恒山，欣喜之余多留下名句名篇，墨宝珍迹。北宋画家郭熙亦评说："泰山如坐，华山如站，嵩山如卧，常山如行"，此等雄浑壮观可谓："群峰奔突，气势磅礴。"

恒山有东、西两峰，东为天峰岭、西为翠屏峰，两峰对峙、层次分明。险要异常的金龙峡，两侧峭壁耸立，石峡一线青天，最窄处不过三丈有余（10米多），自古常为兵家必争之地。据说，北魏道武帝曾发兵于此据守，宋代忠烈杨家将倚险据守抵御辽国入侵。

主要景观

历史上的恒山，曾建书院学舍、立有摩崖雕刻、楹联碑碣众多，史上一些名人对恒山也曾有过精粹描绘。如汉代史学家班固曾赞曰："望常山之峻峨，登北岳之高游。"加上天下奇观悬空寺，遂使得整个恒山景色美不胜收，令游客如身临历史长廊，驻足流连忘返。

据称，西汉初年恒山一带就已有建寺立庙记载，时迄今约2000余年历史。另飞石窟诸建筑，始于北魏时期，经唐、金、元三代曾获重修。明清时期，恒山一带寺祠星罗棋布，庙宇楼台毗邻耸峙，因而就有了："三寺、四祠、九亭阁，七宫、八洞、十二庙"之说。据传，唐代大诗人李白于恒山脚下悬空寺前，遗有墨宝"壮观"痕迹。北岳庙前廊下有清代御祭、碑刻20余通，这些碑刻祭文既为历史之佐证，也是研究恒山宝贵史料。

若登临恒山之巅探幽览胜，但只见苍松翠柏、楼阁飞檐，花草繁茂、奇峰幽涧，恒山十八景果然不负传言。望常山之峻峨、登北岳壮高游，游览北岳胜景、如观恢宏画卷。

史上恒山十八胜景如下。磁峡烟雨、云阁虹桥、云路春晓、虎口悬松、果老仙迹、断崖啼鸟、夕阳晚照、龙泉甘苦、幽室飞窟、石洞流云、茅窟烟火、金鸡报晓、玉羊游云，紫峪云花、脂图文锦、仙府醉月、弈台弄琴、岳顶松风。

苦甜井、悬根松、出云洞，是此山著名奇特景观。苦甜井位于恒山半腰处，双井并列仅相隔一米，水质却迥然不同。一井深数尺，水如甘露、甜美清凉，长年饮用，取之不竭，唐玄宗曾赐匾额“龙泉观”。而另一井则水质苦涩难饮，彼此截然不同，形成鲜明对照。

悬根松，为恒山另一奇景。当地人也称悬根松为“四大夫松”，这是因该古松的根部虽危悬于崖石一端，却始终紧抓住山岩。立于虎风门观望，但见此松屹于危岩之上，松干傲然悬绝壁之端，英姿勃发、赫然挺立，似亭玉立、如伞舒展，若龙腾跃，气势非凡。

出云洞，在夫人庙不远处之山腰际。恒山风云变幻无常，晴朗之日、洞口寂静，阴雨来临、洞口蒸腾，不时还泛出缕缕烟雾，如逢奇妙此景，令人称绝遐思梦幻。唐代名士贾岛在《北岳庙》诗中有：“天地有五岳，恒岳居其北；岩峦叠万重，诡怪浩难测”之赞叹。

恒山北岳庙，始建于明代弘治年间，它也是恒山诸多寺庙中气势最为恢宏的殿宇。此庙位于恒山主峰、大峰岭南面的石壁崖下，寺庙门前计有石阶 103 级，立于庙宇下方须仰视方可，且唯有步步登高，方可到达寺庙之山门，北岳庙门处高悬“贞元之殿”匾额。

恒山庙宇经典楹联：

恒岳万古障中原，唯我圣朝，归马牧羊教化，已隆三百载；

文昌六星联北斗，是真人才，雕龙绣虎光芒，雄射九重天。

---

4. 庙宇凌绝　奇险壮观——浑源悬空寺

悬空寺位于山西浑源县，距大同市 65 千米，该寺始建于北魏王朝后期，迄今已有 1400 多年历史。据说，建造悬空寺古代工匠，依据道家“不闻鸡鸣犬吠之声”要义，遴选北岳各处悬崖峭壁后，方择此建成颇具绝妙神奇的悬空寺，其后史上历代对悬空寺皆有修缮。

悬空寺，为我国五岳名山之北岳恒山，著名十八景中最为独特一处景观，号称北岳恒山第一名胜。在我国众多古代寺庙中，悬空寺堪称亘古未有，绝对可称是一座极为奇妙建筑。此寺庙依山凌空，建筑巍峨、奇险壮观，既有超凡的建筑技艺，也具不朽艺术价值。自古寺庙或建于平地，或位于高山，但此寺庙却与众不同，而是建在悬崖峭壁上，危悬半空中。其面临山势陡峻危岩，两边峭壁垂直百余米、有如斧劈刀削一般，不难想象当年设计和建造者，思想之高深、气魄之大胆、技艺之高超，足令今人叹为观止拍手称绝。悬空寺上临危崖，下探深谷，背岩依龛，寺门朝南，以西为正。全寺取木质框架结构，半插横梁固牢，巧借山岩顶托，梁柱相携一体，回栏左右相连。堪称古代建筑经典之绝品。悬空寺现为全国重点文物保护单位，也是国内兼具佛、道、儒，三教合一的特色庙宇。

历史文化

据说，悬空寺是北魏时期一位名叫了然的和尚所建，该寺距今已有1400余年历史。虽然历代都有修复，但其原始结构并未改变。现存主体建筑为明清两代多次整修后遗存。悬空寺背西面东，就像悬在巨大屏风腰际处，一副精巧别致、玲珑剔透的巨幅画像。

有骈文称颂赞誉：

面对巍峨恒山，背倚翠屏峻岭；上临危岩峭壁，下探莫测深谷；

凿岩锁石为基，凌空端然稳立；结构触目惊险，构建精妙神奇。

初见悬空寺，给人感觉第一印象，简直就是一栋“危宇”。时无论以猎奇心境或者作尝试冒险冲动，一旦行至佛堂前平台，踏上那连接殿宇间的栈道，所有人都会不约而同、屏住呼吸，小心翼翼踩踏木板，如履薄冰，生怕因自己脚重导致楼板坍塌。随着步步登高，小心通过这条栈道，继续前行至北边、那座三层三檐楼阁，这时便发现自己居高近似悬空。抬头望“上临危岩”，俯身看“下探深谷”，随着脚下楼板偶然间的晃动，已无暇举目张望、唯有胆战心惊，此时此刻此情此景，称提心吊胆则毫不为过。也有胆大不惧者，侧身探头向外张望，但只见凌空栈道仅以数条立木和横木支撑。这些横木梁又被称作“铁扁担”，皆采用当地特产铁杉木加工制成方形木梁，然后牢固插进岩石缝里。据说，这些木梁成型后、必用桐油反复深浸，最终达到抗蚁蚀、防腐朽。

悬空寺之所以能悬空，除了借助“铁扁担”之功，其立木同样立下了汗马功劳。这些立木条柱的落点，全都经过精心考量，以确保能将整座悬空寺稳固支撑。不仅如此，悬空寺刻意建在山腰的凹进部位，还为尽量减轻塞外寒风的侵袭，同时也能达到遮挡烈日的功效。

悬空寺栈道石壁上，刻有“公输天巧”四字。公输即公输班，就是人们常说的鲁班，他被认为是建筑工匠祖师爷。今石壁所刻字迹实为称赞此庙宇建筑绝伦，亦如鲁班那样巧夺天工。今悬空寺已历经1400余年，尚且保存尚好几近未损，堪称华夏神州一处奇观。

观悬空寺胜景　不禁由衷赞叹（佚名）：

其一

面对恒山倚翠屏，上摩崖壁下临空；
飞梁半举悬空寺，稳坐端然唯一擎。

其二

星雨落飞隘石边，鬼恒挟裹雾云间；
太白挥墨悬空寺，北岳雄浑绝壮观。

主要景观

悬空寺历来是文人向往、墨客登临之处，有诗人赞：“飞阁丹崖上，白云几度封，蜃楼疑海上，鸟到没云中”。史载，公元735年，诗仙李白游悬空寺，遂于岩壁处留下“壮观”二字。明崇祯六年（1633年），著名地理学家徐霞客游历至此，临别称赞“天下巨观”。

悬空寺整座庙宇，建有各类大小房舍40余间。寺庙总体布局为寺院、禅房、佛堂、三佛殿、太乙殿、关帝庙、鼓楼、钟楼、伽蓝殿、送子观音殿、地藏王菩萨殿、千手观音殿、释迦殿、雷音殿、三官殿、纯阳宫、栈道、三教殿、五佛殿，数十处珍贵历史古迹。

据说，著名杂志《时代》周刊，历数世界各地“岌岌可危”奇险建筑现状，于2010年12月，将北岳恒山悬空寺与“全球倾斜度最大人工建筑”——阿联酋首都阿布扎比市的“首都之门”、希腊米特奥拉修道院、意大利比萨斜塔一并列入国际知名奇险建筑名录。

---

5. 辽金殿堂　唐韵遗风——华严寺

华严寺位于大同市区西部，是我国辽、金时期华严宗派重要寺庙代表，也是我国现存两座最大木结构佛殿之一（另为辽宁义县奉国寺大殿）。寺内尊奉安诸帝石像、铜像，故而具有辽皇室祖庙性质。辽保大二年（1122年），寺内部分建筑曾毁于兵焚，其后又获重建。

大同华严寺始建于辽代。据史文记载，当年寺院香火之极盛，大殿宏伟、庙宇嵯峨、气势壮观。究其主要缘由乃是辽代时期，大同一带佛教华严宗派势力领鼎盛，辽道宗亦曾亲撰《华严经随品赞》十卷，且在云中（云中即郡今大同雁北一带）降旨敕建华严禅寺。

元代初年，华严寺仍不失云中巨刹美誉。明宣德、景泰年间，佛像得重修补塑，遂得勃然中兴。明中叶后期，始分上、下两寺各开山门自成格局。清代初叶寺院遭毁，后经修缮成今日规模。如今上、下二寺虽连成一体，但仍以各自主殿为中，各从自家月门通行。

历史文化

华严寺大殿中央，有三尊大佛端坐于莲花台上，此为佛教中的三世佛，即过去、现在、未来佛。此外殿内还保存有31尊辽代的塑像，这些雕塑形象地描绘了佛祖给弟子们讲经说法的场面，但见弟子、童子、菩萨皆聚精会神，虔诚听经、微闭双目，思索领悟。这些塑像刻画入微，表情生动、造型优美，可称我国古代彩塑艺术之珍品。其中，一尊胁侍菩萨头饰华丽、长辫垂肩，体态优美、合掌露齿，塑像刻画技艺精湛。这尊菩萨光脚立于莲台，衣饰飘带流畅，形象楚楚动人，据说这尊不凡雕像，源于一个感人传说。

相传，辽代皇家极为崇信佛教，遂征调各地能工巧匠前来修建华严寺。当年大同城外有位雕塑出众工匠，因不放心年轻女儿独自在家，便有意拖延不愿前往。不料却惹恼了官府，管事声言以“违抗皇命”欲加治罪，后经众工匠的求情，才免于杀身之祸。不巧施工中途遇到麻烦，为推卸责任监工寻借口欲处罚此工匠。姑娘见父亲和工友为塑造神像，几近冥思苦想一筹莫展，便在一旁时立时坐，双手合掌、闭目诵经，试图为众工匠祈祷平安。此景确令众工匠受到启示，便依照她的身段体形和姿态为模，修饰塑造。这种做法令工程进度果然加快，众人因此十分感谢这位姑娘。一天老工匠因身体不适，迟滞了手中活计，监工发现便命手下责打并扬言严办，这时工匠女儿挺身而出，声称要代父受过，但监工就是不允。姑娘无奈面露痛苦神色，绝望中飞身投入身旁滚烫铁水中。沸腾铁水飞溅溢出，那个十恶不赦的监工竟被溅出的铁水烫死了。而姑娘也化为一缕青烟飘向天际。众工匠为感怀姑娘临别一幕，记住她平素纯真莞尔一笑，遂以其芊芊优美身段，惟妙惟肖地塑造了一尊绝世传神之菩萨雕像。

主要景观

● 华严上寺

华严上寺，以金代所建大雄宝殿为主。寺院又分两院，前院有山门、廊比念佛堂、云水堂，后院有客室、禅堂、僧舍，整体建筑气势恢宏，高低错落、井然有序。大雄宝殿始建于辽清宁八年（1062年），保大之乱毁于兵火，金天眷三年依旧址重建，后历代多修补。

大雄宝殿，为现存辽、金时期最大佛殿，也是现存两座（另一为辽宁义县奉国寺大殿）最大殿宇之一。殿内三面壁上满绘精美壁画，内容多为佛教故事，善财童子五十三参、童子拜观音、罗汉图与千手观音等。这些壁画大多绘制于清代光绪年间，故显十分珍贵。殿门外北墙之上，保存有宋代著名理学家朱熹手书《易经》及碑碣四块。步下月台、南楼廊下一通石碑，刻有明代著名文学家文征明手书诗碑《太湖》一通。每逢盛夏日时节，寺院之内花草盛开，美人蕉、西番莲、夹竹桃、红绣球等争艳，色彩缤纷、芬芳四溢。

● **华严下寺**

华严下寺，位于上寺东南侧为辽代所建，以薄伽教藏殿为中心。“薄伽”属印度梵文译音含佛之意。今薄伽教藏殿，保存有辽代塑像、石经幢、楼阁式藏经柜及天宫楼阁。

下寺砖雕二门东，有天王殿、南北配殿和山门，为辽重熙七年（1038 年）所建。寺院整体建筑结构严谨，布局得当，显唐代建筑遗韵，属现存辽代庙宇建筑中一处十分珍贵遗迹。殿内斗八藻井等，亦是辽代旧物，另存有清代一套“龙藏”，乃是不可多得的珍贵文物。另有，四壁排列重楼式雕木藏经阁 38 间，后窗处拱桥联结，木制天宫楼阁五间。此楼阁雕工玲珑精巧、富于变化，为国内罕见辽代木构建筑杰作，对研究我国古代建筑艺术，具有十分重要的科学价值，此建筑也被著名建筑学家梁思成先生赞誉为“海内孤品”。

---

6. 云州宝刹　始自开元——善化寺

善化寺位于大同城内的西南一隅，该寺始建于唐代开元年间（713—741 年），玄宗时被称作开元寺；五代后晋初期，改名为大普恩寺。辽代末保大二年（1122 年），寺院屡遭战乱破坏，寺内建筑大部也毁于兵火；至金代初年，经该寺上首圆满大师主持才得以重修。寺内大殿塑天王像四尊，故又称天王殿，这四尊佛教护法神姿态庄严，给人以凛然不可冒犯之威仪。山门木柱分布整齐，前、后檐柱各 6 根，纵向立中柱 6 根，共 18 根且内外柱同高。山门梁袱皆为月梁式，砍削规整、形制美观，为我国现存的金代山门之巨构。

历史文化

善化寺当地俗称南寺，有文赞：“云州宝刹城南偏，创建始自贞观前（待考）。”寺院布局严谨、结构尚存完整，建筑排列有序，前后呼应、左右对称，高低错落、主次分明。该寺是我国现存规模最大、保存最为完整辽、金时期寺院，现为全国重点文物保护单位。

寺院大殿东侧，原为文殊阁遗址，西侧为金贞元二年（1154 年）修建的普贤阁，此阁面阔三间、进深三间，为一座三间见方、重檐九脊的辽式楼阁。此建筑刻意采用了平座暗层格局（即两明之间夹一暗层），专家推测此阁虽为辽、金时期建筑，但尚存唐韵楼阁遗风。普贤阁坐西朝东，高耸于寺院之中，阁内设有木梯，由此登阁可远眺一览平城。阁南有琉璃烧制的五龙壁一座，色彩绚丽，富丽堂皇。侧旁为一尊铁牛，保存完好、四肢健壮，形态动人。据说，此物原在御河西岩，为镇河妖、消除水患，铸造而立，后被移于今处。

主要景观

● 大雄宝殿

此殿为辽代建筑、金代重修，殿前建有宽阔月台，殿顶梁架构造雄伟，殿内斗拱形制多样，殿内佛坛泥塑金身如来五尊，端坐于莲台，人称五方佛。此物系金代原作，法相庄严、姿态清雅，衣纹流畅、雕技高超，虽经历代彩绘修饰，仍保留辽、金塑像艺术风格。

大殿内莲座硕大，镶有莲瓣、串珠、三角柿蒂，狮首等装饰，此物制作手法精湛，与五方如来佛像同为辽代遗物。旁边肃立菩萨谦恭谨慎，两侧24诸天神，立像高达2.5米，人物形象生动、形态表情各异，塑像制作精湛，不仅能识文武，甚至可以分辨年纪。大殿之中雕塑最为出色，乃是东侧“日宫天子”和西侧“月宫天子”。日宫天子眉目清秀，身材修长、肌肤圆润，衣饰流畅。月宫天子丰满端庄，表情含蓄，面带温和，善目慈祥。这些精湛雕塑，身姿婀娜、华贵不凡，玉臂轻舒、极富动感，给游人留下深刻印象。

● 三圣殿

大殿始建于金天会六年（1128年），面阔五间、进深四间、风格独特，建筑结构兼具宋、辽时期特点，可称金代初年木构建筑典范。殿内四根立柱与四根辅柱支撑梁架，庑殿顶式，左右次间各出60度斜拱，形如怒放花瓣。据称，金代斜拱盛行，硕大华丽以此为最。

此殿雕塑立像三尊，中为释迦牟尼佛，左为文殊菩萨，右为普贤菩萨，故此殿被称“三圣殿”。殿内采用四根金柱，用以支撑大殿梁架屋顶，这也是辽、金减柱、移柱法的又一实物范例。从这些建筑结构和工艺技法，可以了解我国古代建筑地域特点与时代风貌。三圣佛像前有二位助持菩萨侍立，佛坛后面有护法神韦驮像，其手持降魔杵、威严怒目豪气雄壮。此殿尚存四通碑碣，为研究史迹重要资料，其中建碑历史最早，碑额雕刻精致，碑文辞藻华丽，碑刻书法精湛，以朱弁所撰写《金碑》为最，历来被誉为四碑之杰。

---

7. 云开春晓　声闻四达——大同鼓楼

大同鼓楼始建于明代，楼阁外观呈方形，进深三间共三层，底层以砖石砌成，中为十字穿心门洞、行人可纵横通行。这座三檐楼阁为上下两层木构建筑，上层设大鼓，旧时晨钟暮鼓，声震古城弘扬四乡。如今此楼不仅装点市容，同时也在烘托这座历史古城风貌。

历史文化

史上，大同鼓楼又称更鼓楼，旭日初升、晨钟飘荡，夕阳西下、暮鼓飞扬，正所谓："晨钟暮鼓，惊醒世间名利客；经声佛号，唤回苦海梦迷人。"据史书载，鼓楼初为传递信息，提示人们警醒防盗。后随社会发展时局变化，逐渐演变为报时的工具、报警的信号。

大同鼓楼位于市内永泰街，时为大同古城一处地标性建筑，这一历史文物究竟始建于何时，长久存疑却始终也无定论。鉴于史料不足佐证欠缺，专家只能参考清代、民国时期所遗存部分碑记推断，终以此楼"始建于明代"含糊表述，给出一无法令人信服之推论。

然而，功夫不负用心之人。近期经文物专家、云冈石窟研究院院长张焯先生数年探讨苦苦追寻、反复研究多方考证，终在国学宝典《四库全书》中找到有力证据和答案。据称，此书有文明确记载，大同鼓楼始建于明天顺七年至八年间(1463—1464 年)，该鼓楼主持建造者共有 3 人：即都察院右副都御史王越、总兵杨信、大同时任知府李福。文载，其时大同知府李福不辞辛劳，赴京恳请吏部尚书李贤为大同鼓楼作记（1465 年）。如此推断，该鼓楼建造年代，应是三人同在大同任职内，故此楼迄今已有 540 余年。

主要景观

1978 年秋，该鼓楼进行了实质性维修，封闭十字穿心门洞，扩展楼旁马路。1985 年进行了彩绘修复，图案生动艳丽、古楼风貌复原，由此恢复古朴雄姿、随之再现昔日壮观。至 2001 年，文物部门再次进行全方位大规模整修，施以油漆彩绘，更令鼓楼别开生面。如今，鼓楼各层檐下额枋彩绘故事传说，其内容丰富、画案精美、形象生动。如"桃园三结义""吕布戏貂蝉"等。另，鼓楼内原有牌匾整理修复，也在此番施工中一并完成。

史上大同鼓楼　四面悬挂牌匾：

东向上为"歌风"，下为"云开春晓"；南向上为"鼓楼"，下为"声闻四达"；西向上为"振德"，下为"和声鸣盛"；北向上为"时雍"，下为"瞻云就日"。

---

8. 年代久远　闻名遐迩——代王府九龙壁

大同代王府九龙壁，久享盛名、驰名中外，是我国现存三座九龙壁中建立年代最早、结构尺度最大、极富艺术魅力中的一座。另外两座立于北京、始建于清乾隆年间，一座在北海公园，一座立故宫皇极门前，但与大同九龙壁历史相比较，大约晚350～400年。

大同代王府九龙壁，时为明朝初年代王朱桂府邸一建筑物，即代王府端礼门前的一座照壁。朱桂是朱元璋十三子，生于明洪武七年（1374年），他与明蜀王朱椿为郭惠妃所生。而代王妃乃是大明开国重臣、大元帅中山王徐达之女，也是仁孝文皇后（朱棣后）之妹。

大明王朝为维护中央集权，虽严格规定藩王不得干预地方政务，但毕竟这些皇亲国戚地位显赫，加之持有权倾一方的上谕，自然就如藩属地区"小皇帝"一般。综观大明王朝漫长历史，朱桂家族声名显赫其虽几经波澜，但王室地位始终稳固，爵位相传经久不衰。

历史文化

据《明史·朱桂传》记中载，自代王朱桂始，传至其五世四王之时，其间"封郡王者凡二十有三"。史载，明王朝初期，大明皇帝朱元璋为了加强中央集权统治、防范北部残余蒙元势力入侵袭扰，至洪武二十四年（1391年），先后将皇子25人封藩于全国各地。此举意义不凡，兼具多重目的使命。其中，不乏监督地方官吏，军、政、财、文等诸项要义。朱桂于洪武十一年（1378年）受封为豫王，洪武二十四年（1391年）又改封为代王，并由此成为极为重要的九路边塞藩王之一，而史上大同代王府也是在此期间为朱桂所建。

据《大同府志》记载："旧学府在府治东，明洪武八年（1375年）建为府学，明洪武二十九年（1396年）以府学为代藩府第，改云中驿为府学即今学也"。由此上述《大同府志》中的载文可知，当年声名显赫的代王府，却是在原府学基础之上经过一番改造扩建而成。据此可知，代王府内前照壁——九龙壁，应为权倾之时所立。清顺治六年（1649年）大同总兵举旗反清复明，后兵败遭清军疯狂"屠城""斩城"。其间，声名显赫的代王府也随之付于一炬、化为瓦砾残垣，只是代王府前九龙壁得以幸存且成今日珍贵历史文物。

景观概说

代王府九龙壁坐南朝北，为一座单面五彩琉璃照壁，阳光映衬下极其巍峨壮观。相较北海九龙壁长度乃是其三倍。此九龙壁建筑结构，全部采用黄、绿、蓝、紫、黑、白等彩色琉璃构件拼砌而成。壁体由三部分构成，底部为须弥座，中部为壁身，上部为壁顶。此照壁东西两端分别为旭日东升、明月当空图案，其间衬有江崖海水、流云纹饰。在须弥座束腰处镶有两层琉璃兽，第一层麒麟、狮、虎、鹿、飞马，第二层略小行龙。琉璃兽姿态各异、栩栩如生，须弥座上方平托九龙琉璃，各处比例适中，结构恰到好处。不仅如此，在整个壁身下部、运用青绿色汹涌波涛，上部辅以蓝色云雾、黄色流云作衬底。此外，在九条巨龙之间，利用流雾和行云，将波涛和山崖或隔或连。壁画正面特别是九条龙的肢体全部采用高浮雕制作，令每条龙形象突兀于壁上，表现着强烈立体感。

从九条龙布局和形态来看，正中心那一条坐龙领正黄色。据说明代，正黄色为主色，象征尊贵，通常属帝王御用。此龙正对王府的中轴线，昂首腾跃向前，目光炯炯有神，全神贯注王府端礼门。龙身向上浮动卷曲，龙尾摆动伸向后方，猝然而不惊，端坐且静观。中心龙两侧第一对龙，为两条腾空跃起蛟龙，颜色淡黄、龙头面向东，龙尾朝中心龙，这组雕龙神态潇洒，叱咤风云怡然自得。第二对龙为中黄色，头尾皆朝西，形态与第一对龙大致相同，此幅壁画布局严整、形式对称。第三对龙为紫色，为两条腾跃飞舞之龙。此两条龙面露凶光、形态暴怒，呈翻江倒海之势。第四对龙着黄绿色，姿态飞扬跋扈，彰显气宇轩昂。今九龙壁前布有一池清水，每当微风吹过，水面荡漾波纹涟漪。此时倒映于水池中九条壁，龙形浮现腾云驾雾，时兴风作浪，时呼风唤雨，气势磅礴欲冲九天。

9. 自然遗产　科普实地——大同火山群遗迹

据不完全统计，仅 20 世纪以来仍有活动的重要活火山，在地球上起码还有 250 处之多。在人们已知或未知的活火山中，还有 60% 左右，分布在南、北美洲地区，以及太平洋中的一些岛屿，如印度尼西亚、日本、美国、智利以及尼加拉瓜、危地马拉等地。其中，美国加利福尼亚州拉森火山国家公园、华盛顿州圣海伦斯火山观光胜地、菲律宾阿波火山国家公园，以及马荣火山等，各类火山观光胜地、火山地质公园都很有名。如今，除了探险和科考关注活火山，随着旅游项目开发，火山遗迹也开始提供各种观赏服务。如坦桑尼亚恩戈罗火山口野生动物园、乌克兰的卡拉达格火山地貌旅游观光。

火山群遗迹

大同火山群遗迹，是在 900 平方千米范围内，呈现 30 余座完整漂亮火山锥体死火山群落。其中，位于大同县城东北部的西区火山，是该火山锥景观最密集、最壮观的代表。如今这些景观，大多处于海拔 1100 米至 1400 米山巅，四周多显平坦宽广地貌衬托，令这些火山锥体如幽灵突兀而起，充满威武与神秘气息，著名代表如金山、阁老山等。

大同火山群遗迹，依据外部形态特征大致可分四种类型：一是穹隆状，此类多由玄武岩组成没有火山口，如孤山和峨毛疙瘩等；二是蛋壳状，此类由玄武岩组成，如肖家窑头火山和大辛庄的火山等；三是半圆状，此类系火山的喷发物沿山前裂隙喷出，依山坡流动而成；四是马蹄状，此类多为玄武岩火山屑互叠形成，后经流水切穿火山口。

从高空鸟瞰大同火山群落，极富观赏意境、如颇具特色的西区火山口——狼窝山。其直径达500米左右，近乎呈现正圆锥形状，中心深度平均可达30～50米，这也是大同火山群中、火山口最具深度一座。昊天寺山，则是西区火山口中自然锥体极完美的一座。

这些火山口虽经数十万年水蚀冲刷，但从空中鸟瞰却看不到山体上所留下的任何破坏痕迹。从卫星所拍摄的照片上看，黑山的火山锥很像一只正在爬行的“大海蜇”。而附近的金山火山锥更像一颗夜空中“彗星”，拖弋的“尾巴”为岩浆外流后形成的痕迹。

从高空俯瞰阁老山，其形状又如一枚金色的“桃心”，由于四周布满放射状水蚀冲刷后的沟纹，极像是“桃心”迸发出“光芒”，故这处景观显得格外迷人。东坪山火山锥距离西区火山带较远，距离大同县城正东约2000米处，此火山喷发时熔岩朝东南方向流淌。

地质学科普专家指出，大同火山群落具有整体构成规模性，形态多样性，以及原始地质景观完整性等特点。可称东亚大陆地区认识了解火山地质概貌不可多得的标本。

（三）大同特产与美食

地方特产：大同黄花、恒山黄芪、下韩砂锅、阳高杏脯、小堡葡萄、大同火锅、羊毛地毯、艺术瓷、云冈绢人、灵丘玉米皮编等。

风味美食：黄糕、凉粉、莜面、刀削面、豌豆面、苦荞面、驴肉、涮羊肉、豆腐干、大同烧卖、羊杂粉汤等。

五、广州

——南国风韵 浩气长存

五、广州
——南国风韵　浩气长存

(一) 名城概说

广州位于广东省中南部，珠江三角洲北缘，东江、西江、北江交汇处，濒临广袤南海。广州简称穗，历史悠久、底蕴深厚，史有羊城、花城、任嚣城、楚庭、番禺等诸多别称，为近代我国最早对外通商口岸之一，亦有“千年商都”、南国明珠美称，今为广东省会。

传说，周代广州域曾连年遭灾，田野荒芜稻菽无收，饥民四处流离。忽一日，天空传来悠扬乐声并现五彩祥云，只见五位仙人身披彩衣，各自骑着口衔稻穗的仙羊飘然而至、徐徐降临。仙人将稻穗馈赠给乡民，祝愿此域风调雨顺永无饥荒，然后便悄然飘逝而去。

五只仙羊遂化为石羊，永远留在仙人降临之福地。从此以后，这里便承仙之愿，年年丰收，岁岁飘香，此域也成为岭南最富庶地方。黎民始终不忘感恩这五位仙人，为此在仙人降临地方修建了“五仙观”，内塑五仙坐像，其后再作五羊雕塑以示永久纪念和感恩。

史载，汉武帝平南越而设广信，统领南方交趾刺史部达400年之久，广府民系及文化由此发源，不断壮大。史上广信（今梧州、封开）也为最早广府首邑，其后有三国东吴以广信为治。两宋时期，广信东为广南东路，西为广南西路，自此形成广东、广西之格局。

具有2000余年历史的广州，至今仍保存许多珍贵史遗迹，如五仙观、南越王墓、光孝寺、六榕寺、镇海楼、千年古道遗迹等。广州近代众多史迹同样声名显赫，如三元里抗英遗址、黄花岗烈士陵园、中山纪念堂、黄埔军校旧址、粤海关建筑、圣心教堂（石室）等。

广州，为国务院于1982年公布的首批24座国家历史文化名城之一。

1. 寻踪问源

史载，早在商代广州地域被称“南越”，周代时又称“百粤”及“南海”。大约公元前9世纪的周代，这里的“百越”人，便与长江中游一带楚人不断往来，及至后世建有“楚庭”，从而成为广州的早期称谓。广州城始建于秦代（前214年），其最早城垣史称为任嚣城。

秦嬴政28年（前219年），秦始皇遣大军南攻“百越”初战失利。5年之后（前214年），令赵佗、任嚣再次攻越，此战大捷秦始皇一举征服岭南域，后该域始设南海、象郡、桂林3郡，且建立番禺（今广州）县。今越秀山上清代石牌坊即书有“古之楚庭”字样。

秦胡亥二年（前208年）中原战乱，赵佗采纳了任嚣建议，封锁与中原交通，隔断与中原往来，拥兵自重自恃一方。汉建安十五年（210年），吴主孙权封步骘为交州刺史；公元217年，步骘将州治迁回番禺；公元226年，吴将交州分广州及交州，“广州”由此得名。

史上唐宋，唐代广州已现牙城、子城和罗城“三重”格局。南汉时又将广州城垣规制为宫城、皇城和郭城。史上宋代，是广州发展的重要阶段，宋神宗四年（1068年），子城外扩并筑东城，5年后再扩西部商区、外商聚居地，且再筑西城，由此形成三方城垣格局。

明清时期，明洪武十三年（1380年），永嘉侯朱亮祖重修城垣，初将宋、元三城合一，后对旧城再改扩，令城垣东至今越秀路，北抵越秀山，西至人民路，南至万福路，周长约11千米。清代广州城，增东、西两翼城垣，南拓至珠江边，形成近代广州基本格局。

清乾隆二十二年（1757年），清政府实行“一口通商”，广州遂成唯一对外通商口岸，外国商人要找指定商行为其代理，这些外贸行店即所谓“十三行”。1842年，随着清政府战败，被迫签订《中英南京条约》，其后建立的广州机器局可称是广东洋务运动的一个始志。

辛亥革命武昌起义后，广东宣布军政府正式成立。1917年孙中山发动了“护法运动”，11月孙中山宣布成立中华民国军政府。1921年2月，广东省议会通过《广州市暂行条例》，广州市政厅正式成立，孙科被任命为广州首任市长，同年2月该《条例》公布施行。

1949年，百万雄师下江南，国民政府被迫南迁，李宗仁将总统府暂设于华南师范大学。1949年10月14日，广州获得解放。新中国成立后，广州一度为中央直辖市，1983年广州实行计划单列。2014年，广州国民生产总值跃居国内第三位，仅次于上海和北京。

2. 人文荟萃

广府文化，即以广州为核心、影射波及珠江三角洲域的南粤文化，其个性鲜明、影响广众。入广东及广州域，粤语、粤音、粤剧、粤绣、粤菜，可称“五粤”芳华。一些史学家对此曾给予很高评价，甚至认为粤人在汉民系中，可称发扬自身文化最成功群体之一。

● “五粤”芳华

粤语：广州地区通用语，本地居民以讲广州话为主，广州为广府民系核心地带，广府文化发源地之一，广府民系占本地人口近八成。广州郊区县亦有讲客家话人群，其主要分布于增城区、花都区、从化区。此外，另有部分人讲潮州话，今广州市民基本都能讲普通话。

粤音：广东音乐产生、流传和发展主要于珠三角及粤西广府文化区，如器乐有粤胡、秦琴、琵琶、扬琴、洞箫、喉管、铃、笙及木鱼。19 世纪 60 年代，经严老烈人等创作并改编《旱天雷》《雨打芭蕉》等经典曲目，现已成为风格独特、色彩浓郁的著名乐曲。

粤剧：广东境内流行最广地方剧种。著名演员以“粤剧四大家”薛觉先、马师曾、白驹荣、廖侠怀为代表，其中又以粤剧名伶红线女所开创的“红腔”影响更大。2009 年，粤剧这一具有浓郁特色剧种获得联合国教科文组织肯定，并列入非物质文化遗产名录。

粤绣：粤绣为中国四大名绣之一，是广东潮州和广州地区手工丝线刺绣总称，该刺绣技艺又可分为潮州绣、广州绣两大流派分支。作为粤绣之一的广州绣，始见于当时少数民族黎族，而旧时大多数绣工竟是来自潮州、广州的男子，这种现象在世界上也颇为罕见。

粤菜：粤菜是中国著名八大菜系之一，主要由广州、潮州、东江这三地佳肴构成。粤菜特点，一是选料广博奇异，品种花样繁多；二是用量精而细，配料多而巧，装饰美而艳；三是注重品质，口味清淡，清中求鲜，淡中求美。而这三方菜品又各具特色独领千秋。

● 三芳竞秀

广州菜，卓以味美色鲜、菜品丰盛、做工精致、百式百味著称。这在国内珍馐佳肴琳琅满目、美味菜点数不胜数的同行中，可称独步天下并由此赢得“食在广州”美誉。

潮州菜，其悠久历史可追溯到汉、唐时期。其菜品以海味、河鲜和畜禽为主料，另辅以菜蔬水果。因其选料考究、制作精细，烹饪奢华、价格昂贵，故有高端菜系之一说。

东江菜，又被人称为客家菜，因制作讲究“原汁原味，故美味可口、回味无穷”。其菜品主要以肉类为主，喜用三鸟，少用菜蔬，尤以炖、烤、煲、焗等功夫见长而著称。

● 民风习俗

迎春花市：春节前夕，各大公园举办迎春花展，各主题街道搭起彩楼售花卖桔。

波罗诞庙会：也称南海神生日，是广州地区最大民间庙会，迄今已有千年历史。

荷花节：每年八月荷花绽放，人们前往番禺观赏荷花，同时还可观赏文娱活动。

龙船景：端午前后市郊各乡进行龙船表演，其时沿江两岸彩旗飞舞、锣鼓喧天。

（二）历史文化

1. 清代羊城贡院　粤海文史大观——广东省博物馆

广东省博物馆（简称广东省博）位于广州市文明路，广东省博的建馆筹备工作始于1957年，该馆址前身曾是清代年间的广州贡院，现为全国重点文物保护单位——国民党“一大”旧址（含革命广场），广东省文物保护单位——红楼，以及中山大学天文台的所在地。

简介

广东省博旧馆陈列大楼设计为“U”形建筑，主楼朝向东、右为南副楼，左为北副楼。南副楼于1959年上半年落成，后主楼和北副楼工程因故而停建。1959年10月，广东省博物馆及所辖广州鲁迅纪念馆对外开放。1992年10月，在原址新建的陈列大楼落成。

广东省博新馆以展陈广东历史民俗、艺术、自然为主要方向。其主要包括历史馆、艺术馆、自然馆三部分，配有陈列展览系统、藏品管理系统、教育及综合服务系统、业务科研系统等。完善的基础设施和先进的管理系统，令该馆步入国内与国际一流博物馆行列。

该馆珍藏的中国历代陶瓷和书画展品，其数量和质量在国内同行中名列前茅。广东省博出土的文物如金木雕、端砚类藏品尤为丰富，颇具地方特色风情。近年，以民系、民俗文化（广府、客家、潮汕、雷州）为代表的文物调研和征集工作，同样开展得绘声绘色。

展馆曾推出多项大型展览，例如广东历史文物展览、广东出土文物展览、广东省改革开放成就展览、商承祚先生捐赠文物精品展览、刘少奇光辉业绩展览等。

沿革

广东省博物馆于1957年开始筹建工作。1959年10月，该博物馆与其所辖的广州鲁迅纪念馆正式对外展出。乘改革开放东风，广东省博又在原址基础之上新建陈列大楼。1992 年 10 月新建陈列大楼落成，陈列面积已达原展馆的 4 倍。2003 年广东省博物馆再次筹划新馆建设。2004 年 12 月，新馆于珠江新城中心区南部的文化艺术广场奠基。2008 年 5 月，广东省博物馆被国家文物局评为全国首批“国家一级博物馆”。2010 年 5 月，运用了“宝盒”设计理念建设的广东省博物馆新馆落成并对社会公众正式开放。

展陈

该博物馆布展形式包括基本陈列、专题、临时性展览。

- **基本陈列**

“广东历史文化陈列”“南海海上丝绸之路”“广东珍稀动物展”“鲁迅生平与纪念”“漆木精华——潮州木雕艺术展览”“国民党‘一大’与第一次国共合作史料陈列”。

“广东历史文化陈列”分别以南粤源流、扬帆世界、继往开来、粤海烽火，这 4 部分内容，来介绍广东地域历史发展，以便令观众更加全面了解粤海文明古往今来。例如：

“南粤源流”——追溯了粤人之源、民族融合过程，以及广东主体民系形成和民俗文化特色。展示了马坝人头骨、南越王油画、广府茶楼、潮州大吴泥塑、客家围屋等史迹。

“扬帆世界”——以海上丝绸之路为话题，介绍特权聚奇洋货十三行，精美绝伦广彩、广雕、风靡一时的外销画，以及中西合璧颇受社会争议，开放与兼容并举的南粤潮。

“继往开来”——介绍中国近代历史风云史上，广东名人，抗英图强、洋务运动、维新领袖、辛亥革命、国共合作、民族工商界先驱，以及志士仁人令南粤大地星光璀璨。

“粤海烽火”——介绍广东军民在中华民族危亡时刻，谱写了可歌可泣的抗战烽火篇章。那些珍贵的历史图文资料，记述了当年南粤儿女们前赴后继、不屈不挠的革命精神。

典藏

信宜铜盉（西周）：1974 年出土于广东信宜，是广东首次发现的西周青铜盉。此铜盉造型别致新颖、纹饰非常精细，该文物为广东近年所出土古代最精美的青铜器物之一。

沧海龙吟琴（宋代）：此龙吟琴为明代岭南大儒陈献章所使用过的一架古琴，该古琴的背面刻有陈白沙亲自题刻的“沧海龙吟”四个字，因而此琴就越发显得弥足珍贵。

木雕罗汉像（北宋）：这尊珍贵木雕罗汉像于南华寺大佛肚内偶然发现，此物一经问世便为世人瞩目。这是我国现存唯一宋代木雕五百罗汉群像，罗汉像于明代重新饰金。

青玉镂雕龙穿牡丹钮（元代）：此物以新疆和田青玉立体镂通琢成，钮呈椭圆形柱状。留皮上现巧色牡丹纹饰，牡丹花盛叶茂，五爪龙纹双鹿角，穿行于牡丹花草丛之中。

《雪梅双鹤图》（明代）：此画为明代早期著名宫廷花鸟画家边景昭之代表作。故无论技法、赋色还是布局，作者时以出神入化之笔，呈现出一幅工整细腻、笔墨潇洒绝品。

《湖山平远图》（明代）：此画卷末端处，有明景泰年间陈敬宗题写之行书《湖山平远图记》。其后又有清代早期文人黄时俊所题七言绝句一首，画卷清新典雅、弥足珍贵。

金漆木雕大神龛（清代）：神龛是潮汕民间供奉祖先神位的特制神器，素以金漆木雕件为代表，而硬木制作多为素雕。此神龛是目前所见最大神龛，人物众多且栩栩如生。

《广州港全景图》（清代）：这是十八世纪、十九世纪中国画师运用西洋技法绘制，此画以自然风光、市井风情为主线，勾勒出时广州港全景图，堪称清代珠江版“清明上河图”。

---

2. 百年镇海楼　近代风云史——广州（市）博物馆

广州（市）博物馆位于风景秀丽的越秀山，始建于明代古阁镇海楼为馆舍。民国初年有识之士言道：“世界文明的国家，均有宏伟博物馆设办，广州为全国最繁盛之地，岭南文化中枢，广东革命策源地、总理诞降之省”，该馆成立之初被称“广州市立博物院”。

简介

1928 年，广州市政府着手修葺筹办“广州市立博物院”。1929 年 2 月，展馆正式对外开放，故可称我国早期创建博物馆之一。新中国成立后此馆改称广州（市）博物馆。

经过几十年建设发展，现在除原镇海楼展区外，还拥有 3 个各具特色分展区。即广州美术馆展区、三元里人民抗英斗争纪念馆展区、三·二九起义指挥部旧址纪念馆展区。

广州博物馆现为一处展示及收藏广州地方历史文物综合性博物馆。馆内常设展览为“广州历史陈列”，通过近千件古代、近代的图片、资料，介绍广州历史发展概况，地方文化的特征。不仅如此，广州博物馆还不定期举办一些专题性、纪念性及临时性展览。

该馆展品主要是广州地区历年考古发掘的出土文物，也有文史研究机构调拨选送的藏品，向社会征集、民间购入，以及社会收藏人士捐赠文物。现展馆各类文物已达10万余件。80余年来，广州博物馆始终坚持不懈，倾心致力于展示古城广州的千年历史踪迹。

沿革

广州博物馆的馆址镇海楼，始建于明洪武十三年（1380年），为明永嘉侯修缮广州城时，沿北城垣拓至越秀山上时所构造的一城楼，镇海楼自清代以来多次被评羊城胜景之一。

1928年，广州市政府筹办“广州市立博物院”，1929年2月，正式对社会公众开放，此为我国早期所创建博物馆之一。1941～1945年，曾改称为广州市立图书博物馆。

1946～1949年，时称广州市立博物馆。1950年至今，称为广州（市）博物馆。2017年5月，广州（市）博物馆经有关部门检查验收，后批准荣获国家一级博物馆资质。

建馆80余年来，广州博物馆虽历经风雨，但专心致力于办好“广州历史陈列”等常设展览及专题展陈，倾心向来自海内外的朋友，介绍广州数千年历史变迁和民俗轨迹。

展陈

该博物馆布展形式包括：基本陈列“广州历史陈列”以及专题或临时性展览。除此之外，广州（市）博物馆还分别设立了广州美术馆展区、三元里人民抗英斗争纪念馆展区、三·二九起义指挥部旧址纪念馆展区。

- **基本陈列**

镇海楼展区：该区展陈内容为《广州历史陈列》，它以广州城历史渊源为主线，通过700多件古代、近代文物、照片和资料，从政治、经济、文化、风俗等诸方面，充分展示广州2000多年的历史轨迹和社会变迁，从多角度、从多侧面帮助人们了解这座名城概貌和历史文化。

此处以五层楼形式布展：

一层，为广州的地理模型与广州古城市示意图；二层，新石器、秦汉、三国两晋、南北朝史物；三层，隋、唐、宋、元、明、清时期历史文物；四层，展示明、清时期，特别是清代历史文物；五层，展示鸦片战争时期及广州近代历史资料。

此外，在镇海楼西侧有1964年建立的碑廊和炮座。碑廊立有古碑刻23方，炮座安放有明崇祯年间至鸦片战争时期、广州铸造的城防大炮，以及时购德国克虏伯兵工厂的钢铁铸炮。东侧有1986年设立的专题陈列室，以及举办各种临时性或纪念性的专题展览。

美术馆展区，该展区位于镇海路东侧。其主体建筑为仲元图书馆，此物时为纪念辛亥革命著名将领邓仲元所建。展区设有两个专题展览，分别为《海贸遗珍》和《地球历史与生命演化》。

抗英斗争纪念馆展区，该展区位于广园中路三元古庙。当年鸦片战争的炮火打破了三元里村的宁静，三元里的乡亲父老齐聚于三元古庙前、誓师抗英共商对敌之策。从此，这座建于清初顺治年间的庙堂便名扬中外，并由此书写了中国人民不屈不挠、奋起抗击外来侵略者的光辉一页。

三·二九起义指挥部旧址纪念馆展区，该展区位于越华路小东营。1911年4月，黄兴由港抵穗，遂将起义指挥部设在距清两广总督署最近的小东营这处民宅中。4月27日，黄兴亲率“先锋队”100余人，由此出发攻打两广总督署，虽然这次著名起义最终归于失败，但也由此揭开了辛亥革命的序幕。

典藏

文物类别，历史文物、地方文献、历史图片、名人捐赠等今各类藏品10万余件。

展馆珍品，如象牙雕、铜铁器、陶器、书画、钱币、广绣、瓷器等代表性文物。

---

3. 中山首创　遗泽余芳——中山大学

简述

中山大学由孙中山先生首创，有着100多年的光荣办学传统，时为教育部的一所直属高校，现已成为国内一流、国际知名的现代综合性大学。如今设有广州、珠海、深圳3个校区、5处校园以及10家附属医院，现中山大学正朝着世界一流大学迈进。

中山大学具有人文社科、医学理等多学科基础，不断追求学术之创新，以国际视野开拓办学，现该校已形成“综合性、创新性、开放性”之特色。学校坚持中国特色社会主义办学方向，坚持立德树人根本，以“博学气质、德才兼优、家国情怀”为人才培养目标。今中山大学以“面向学术前沿、面向国家重大战略需求、面向国家和区域经济社会发展”为基本导向，与此同时还努力推进、由外延式发展向内涵式发展转变。现在中山大学正站在一新的起点上，为争取进入“国内高校第一方阵，世界一流大学行列”而不懈努力。

沿革

早在1835年11月，由美国公理会传教士伯驾在广州十三行率先开设眼科医局，后于1859年改称“博济医局”。1879年，博济医学堂改名为博济医院附设南华学堂。1904年改称南华医学校，1930年改称岭南大学医学院，1936年又称孙逸仙博士纪念医学院。

1908年春，广东光华医学堂成立，该校自1912—1952年曾多次更名，后称公立广东光华医学院。1909年春，广东公医学堂成立；1915年易名为广东公立医专学校，1925年并入国立广东大学；1926年定名国立中山大学；1931年改称国立中山大学医学院。1953年，历经全国高等学校院系调整，国立中山大学医学院与岭南大学医学院合并组立华南医学院。1954年经再次合并成立新的华南医学院，1956年华南医学院改称为广州医学院，1957年更名为中山医学院，1961年定为卫生部直属全国重点高等医科院校。

广州格致书院，由美国长老会传教士哈巴安德医生于1887年创办于广州，后发展为私立岭南大学，博济医院及其附设医学校后为岭南大学医学院。1907年该学校改称为岭南学堂并开设医科，由此始端发展为岭南大学，而其医科学则成为圣约翰大学之一部。岭南大学，是美国友好人士在广州创办的一所私立大学，校址曾几经变迁。1904年，将永久校址设在距广州城东南十里的康乐村。此后历经战火洗礼的岭南大学，先于1937年南迁至香港，1942年又得北上韶关。1945年抗战胜利后，岭南大学得以重返康乐村。

1924年2月，邹鲁先生接管广东农业专门学校以及广东法科大学，其后不久又宣布筹建国立广东大学，并以此向上报告筹备经过和实施计划等。为积极支持办学，孙中山先生亲自动手多方筹措资金；1924年6月9日，邹鲁被正式任命为国立广东大学首任校长。1925年，时有“广东公立医科大学”“广东公立工业专门学校”并入。孙中山先生逝世后，经廖仲恺先生提议将广东大学更名为中山大学，并得到国民政府批准。其后，又有广东公立医科大学、国立广东法科学院、广东省立勷勤大学工学院先后并入该校。

新中国成立后，中山大学由此掀开新的历史一页。1952年，历经全国高校院系调整，原中山大学文理院系与岭南大学文理院系合并，组成了新的中山大学。1954年，学校再次将全国唯一语言系调整至北京大学，时系主任王力教授带领全系师生48人整体迁出。今中山大学，已是一所包括文学、历史学、哲学、法学、经济学、管理学、教育学、理学、医学、工学、农学、艺术学等多学科的综合性大学。现为国家“985 工程”“211 工程”建设实施高校，中山大学正朝着国内一流、国际知名现代综合性大学阔步前进。

中大校训：博学之，审问之，慎思之，明辨之，笃行之。

据说，中山大学校训是中山先生 1924 年 11 月 11 日，在广东大学举行成立典礼时所亲笔题写。该校训词为“博学　审问　慎思　明辨　笃行”。此十字训词原文出自儒家经书《礼·中庸》，其《中庸》第二十章言道：“博学之，审问之，慎思之，明辨之，笃行之。”

因处于伟大民主革命时代，令中山先生十分重视知识教育，他希望造就立志振兴中华的新一代学子。1923—1924 年，他倡议在广东设立两校，一是黄埔军校，一是广东大学，以一文一武办校模式，造就“为国家，为人民，为社会，为世界服务”之人才。十字训词是中山先生将博学、审问、慎思、明辨、笃行这五者，作为一有机整体予以新释，他告诫青年，学、问、思、辨之关键在独立思考，学习科学首先要明白，进行任何发明创造，不仅要有书本知识，还要长期考察心得体会，故将“笃行”解释为社会实践。

因此，今大力创办教育，就是为明造就建设人才，学生在校学得知识后，就要“专心做一件事，帮助国家，变成富强”，这是学生的责任，即学与行在理论与实践的统一。

花絮采撷

中大之体育。在百年“中大”办学历程中，中山大学及岭南大学皆有光荣体育传统。中山先生认为：“此剧烈竞争之时代，不知自卫之道，则不适于生存。”为此呼吁国人重视体育，先生“欲图国力之坚强，必先图国民体力之发达”时为复兴中华理想，今为“中大”体教指南。

史上，中山大学体育教育，体育考试非常严格，素为广东体育强校。成立于 1888 年的岭南大学，曾为近代校体教育之先锋。清代末期，岭南学堂就已开展足球、网球、棒球、田径、游泳等体育活动，由于学校竞赛成绩突出，曾多次获得广东省运动会团体冠军。

陈寅恪故居。陈寅恪先生的故居，位于“中大”校内东北区的一幢两层小楼。据说，此建筑原为美国友好人士麻金墨夫人于 1911 年所捐建，后曾为岭南大学附属中学校长葛理佩之寓所。其后，又有王季思、杨国荣、容庚、商承祚等知名教授，先后在此居住。自 20 世纪 50 年代，陈寅恪教授便一直居于此楼的二楼，现在该幢建筑已辟为校纪念物，再现了陈先生居住时的摆设及所使用器物，当年《论再生缘》《柳如是别传》等著作便于在此写就。

如今，这里林木葱郁生机盎然，每当人们沿着附近林荫小路漫步，途经此楼西侧便可见许多高大的槟榔、墨绿的蒲葵、枝叶挺拔的翠竹。多少年来它们宁静伫立、临风不惧，尽其所能呵护这幢宅舍，目睹了大师超凡学识、气节尊严，凝视着先生于此所留下的足迹。

4. 一袭同窗　风骚各领——黄埔军校

黄埔军校旧址，今位于广州市东南的长洲岛。1924 年5 月，孙中山在苏联和中国共产党帮助下，创办了这座著名的军事学校。在第一次国共合作时期，这里曾为当时革命军培养了许多军事人才，可以说在中国近代革命史上，黄埔军校具有极其重要的历史地位。

军校概说

狭义上讲，黄埔军校是指1924—1930 年，国民党在广东省广州市黄埔区长洲岛上所兴办的一所军事学校，当时校名为“中国国民党陆军军官学校”。广义上讲，黄埔军校也可指自 1924 年起，国民党及中华民国政府主政期间，所兴办的多个军事学校。史载，在黄埔军校建校之初，该校就已经建立了党代表制度和政治工作制度。当时，蒋介石任校长，廖仲恺任党代表，周恩来任政治部主任，叶剑英任教授部副主任，熊雄、恽代英、萧楚女、聂荣臻、张秋人等许多共产党人，都曾在该校担任过教官或其他相应工作。

当年军校中，分别设有步兵、炮兵、工兵、辎重兵、宪兵、政治等学科，至1927 年蒋介石公开发动“四·一二”政变前，军校一期至四期共培养毕业生4981 名。其间并以军校学生为主体，组成了一支坚强的革命军，参加了统一广东的战役以及著名的北伐战争。

黄埔军校于 1927 年，改称为中央陆军军官学校，1946 年再改制为陆军军官学校。回顾该校历史，可以说在近代中国革命史中它不失为一所著名军事学校，其所培养的许多军事干部，无论是在抗日战争还是在解放战争中，很多人已是声名显赫的战区或战役指挥官。

现黄埔军校旧址，仍保存有军校大门、孙中山纪念碑、孙中山房间、俱乐部、游泳池等多处历史遗迹。1928 年兴建的孙中山纪念碑，至今仍巍然矗立于校内一处山冈之上，碑顶上孙中山头像为一日本友人所赠送，现碑座上镌有《总理训词》和《总理像赞》等。军校至今仍保存着当年孙中山住过的房间，这是一座两层的黄色小楼，现辟为军校历史陈列室。校区西南山冈上为东征烈士墓，军校旧址抗战期间被毁。1964 年，经有关部门批准整修复原，现黄埔军校旧址为全国重点文物保护单位、广州爱国主义教育基地。

经典景观

军校大门。黄埔军校大门坐南朝北、面对珠江，学校牌坊门额白底黑字上书

“陆军军官学校”横匾，时为国民党元老谭延闿之手笔。门前设有两个哨位，后面的两间房子是卫兵室。

据说，黄埔军校建立之初，此门悬有一副楹联：

上联：升官发财请往他处；
下联：贪生畏死勿入斯门。
横批：革命者来。

军校本部。全校自总理、校长、党代表之下，分设政治、教授、教练、管理、军需、军医6部，机构总员约40余人。另建有学员宿舍、饭堂、展览室等。1938年抗日战争中，校园遭日本战机轰炸。1996年5月，广州市政府投资两千余万对其重建，并于同年11月开放。

孙中山旧居。在军校大门西侧，有一幢二层砖木结构楼房，此地原是校内教职员的宿舍。当年，孙中山到校视察曾在此憩宿。孙中山逝世以后，此处便改建为孙总理纪念室。1984年又将此处改为黄埔军校纪念馆，用于介绍展陈黄埔校史，以及孙中山在广东期间革命活动照片。

中山纪念碑。校内立有中山纪念碑，纪念碑身正面镌刻有“孙总理纪念碑”6个隶书体醒目大字，此为国民党元老胡汉民先生笔迹。纪念碑东面镌刻有孙中山弥留之际，所呼唤的七字遗言：“和平、奋斗、救中国”。碑身背面刻有孙总理像赞，此文可称中山先生革命之写照。

东征阵亡将士墓。东征阵亡将士墓，1925年动工、次年竣工落成。此墓葬有两次东征战役中所阵亡的516名将士。墓的西侧为17将校墓，这是一座仿巴黎凯旋门式的建筑，上书“东征阵亡烈士纪念坊”。纪念坊后面是入伍生和学生墓群，东边是一座单人墓——蔡光举烈士墓。

北伐纪念碑。北伐纪念碑位于军校南侧，此处建有教思亭和北伐纪念碑。纪念碑高7米有余，此碑也是为纪念1929年北伐战争中所牺牲阵亡的将士而建。另外，在军校园区的西南面，还建有一座剧场式的俱乐部，其西侧建有一处游泳室，这些建筑也为学校旧址中遗迹。

---

5. 呕心沥血　名垂青史——中山纪念堂

广州中山纪念堂位于越秀山南麓的东风中路，现为广东省重点文物保护单位。此地原是清代督练公所，辛亥革命后为督军署，1921年时为非常大总统府。纪念堂由我国著名建筑大师吕彦直设计，1929年奠基、1931年基本竣工，整个建筑富蕴浓郁的民族风格。

经典之作

该纪念堂平面略呈八角形，建筑总面积达12000万平方米。纪念堂采用木桩基础，钢架和钢筋混凝土结构，八角形大厅设计了30米跨的钢桁架，大屋顶由八排钢桁架将其结合为一个牢固整体，四角墙壁为50厘米厚钢筋混凝土剪力墙，可承载屋顶全部重量。

在纪念堂正面檐下内外，各有8根需3人方可合抱的朱色水磨石立柱，并以此来烘托彩绘斗拱。花梁及拼花图案的天花板做工精细，5盏巨大长方形挂有重穗的玻璃青铜大吊灯，高悬于宽阔走廊半空，既映衬镂花丹门，又烘托整个殿堂，彰显宏伟富丽古色古香。

纪念堂整体由4个宫殿式重檐、歇山抱厦建筑构成，犹如四层卷叠的龙脊巧妙构成一个整体，继而烘托出中央巨大的八角形攒尖式屋顶。在重檐歇山顶的正中，高悬着一块蓝底红边的漆金大匾，上面为孙中山手书“天下为公”4个大字，字体饱满，雄浑有力。

纪念堂装修工艺，采用了新式防霉、防潮油漆，有些位置采用纯进口材料，此举意在对关键部位提前采取有效保护措施。纪念堂的正门檐下，悬挂的那五盏巨大长方形青铜大吊灯，除却玻璃所有材料皆以生铁制成，甚至底边部下垂的那些绦穗也以生铁铸就。

纪念堂红柱黄墙，衬宝蓝色琉璃盖瓦，富蕴庄严瑰丽。檐角云水花纹，斗拱上饰图案、檐头钟形铁马，都极具民族特色。堂内观众厅为上下两层共4729个座位，顶部呈圆盖状，采用玻璃镶嵌吊顶，为避回声干扰厅内无一立柱，即便今日看此建筑也为上乘杰作。

名垂青史

中山纪念堂建筑形式充分吸收了我国传统建筑优秀元素，整体结构金碧辉煌、典雅壮美。从屋头各檐角制作到细微内部装饰，无一不体现这一深刻内涵。纪念堂飞檐飘逸，采用琉璃瓦更显华贵精美。这幢建筑与吕彦直设计的另一杰作——南京中山陵风格不同。

时南京中山陵上面采用钢制瓦，以期长久保持锃亮。而中山纪念堂选用则是中山先生最喜爱的宝蓝色，并以此作琉璃瓦主色调，由此可见此设计之高妙。纪念堂顶部呈椭圆形，且使用从香港购进的36000余张金箔镶贴，从而展现巍峨宏大、熠熠生辉金顶效果。

该纪念堂除金顶之外，另有“天下为公”字匾、总理遗嘱、建国大纲、奠基石字体等，也都采用金箔镶贴。如果从空中向下俯瞰，中山纪念堂的整体建筑，极像是一座呈外突状的伞状结构。试想80多年前便设计如此经典之作，足令今人击掌称绝、叹为观止。

史载，1925 年 5 月，孙中山丧事筹备委员会向海内外各界悬奖，广泛征求中山陵设计方案，吕彦直毅然应征。后经筹委会评议，其所设计的中山陵方案，因能保存中国建筑传统形式，陵园范界略成警钟木铎形，蕴含中山先生“唤起民众”寓意，从而获得首奖。其后，1926 年 2 月《广州民国日报》也刊登了悬赏，征求建筑孙中山纪念堂及纪念碑方案，吕彦直遂精心准备再次积极参加应征，最终获得本次应征作品一等奖。1926 年 11 月初，吕彦直再次不负众望，受聘承担广州中山纪念堂、中山纪念碑总建筑设计师。对一个并不显赫的私人建筑事务所，能在如此短暂时间内几乎同时承担起国家级两大纪念性建筑工程，以及相应建筑设计和施工监理，这在中国近代建筑史上可称典范。

1929 年 6 月 11 日，兹以《国民政府公报》第一八九号颁发褒奖令。据业内权威人士透露，时以国民政府的名义发布命令，仅为褒奖一位工程建筑师之勋劳，这在中国近代建筑史上堪称绝无仅有先例。由此可见，我国著名建筑大师吕彦直，勋劳卓著非同一般。据相关史料记载，时有捷克著名雕刻大师高琦，特为吕彦直雕塑一半身浮雕像。早期同盟会成员且时任国民政府高官、中国近代著名书法家于右任先生亲自撰写了碑文：

总理陵墓建筑师吕彦直监理陵工，积劳病故。总理陵园管理委员会决议立石纪念。

6. 精神不死　浩气长存——黄花岗烈士陵园

黄花岗七十二烈士墓园，又称黄花岗烈士陵园，位于广州市区北部、白云山南麓的先烈中路。该陵园是为纪念 1911 年 4 月 27 日、孙中山领导的同盟会，在广州举行“三·二九”（农历）起义中牺牲的烈士而建，它也是近代广州曾为我国革命之策源地见证。

当年同盟会员潘达微，冒死收殓烈士遗骸 72 具后葬于黄花岗。1918 年，爱国人士和海外华侨为纪念这些死难烈士，捐资修建了这座烈士陵园。该陵园布局庄严雄伟，既有中国传统建筑特色，又具埃及和西方古典建筑风格，此种形式国内当年应属罕见。现陵园内广植各种应季开放的黄花，以及草木本植物，从而令园内景色四季黄花不断，以此寓意象征烈士之精神永垂不朽。陵园岗顶处七十二烈士陵墓，采用麻石砌成方形墓基，四周环绕铁链围栏，上有四柱方形钟顶碑亭，伫立着“七十二烈士之墓”石碑一方。在石碑后面，是一座由麻石建成的记功坊，坊的上半部是以 72 块矩形石块、叠砌成的金字塔形坊顶，此坊顶上面矗立一座高举火炬的自由神像。整座建筑造型别具一格，颇为豪气壮观，坊额镌刻著名革命党人章炳麟撰书：“缔造民国七十二烈士纪功坊”碑文。此坊后面，立有记录武装起义经过的石碑。南墓道为一碑林，镌刻“自由魂”“精神不死”等碑文。附近两根3米多高连州青石柱，上面透雕盘旋而上青龙相对而立。整个墓园布置为苍松翠柏、繁花并茂，如此匠心设计既是革命纪念之地，也是近代文史景观。

主要景观

浩气长存牌坊，是一座三拱仿凯旋门式的花岗石牌坊门楼，牌坊的正面长31米、宽3米、高13米。门额上方镌刻由孙中山先生亲自题写的：“浩气长存”4个贴金大字。

七十二烈士墓。1911年4月27日（农历三月二十九日），同盟会发动广州起义失败，喻培伦、林文、林觉民、方声洞等一百多人殉难。后经潘达微先生冒死收殓72具遗骸葬于此地。

默池，始建于1921年。池址正对陵园主墓道，故为瞻仰、拜祭先烈必经之路，人们一走上拱桥，因斜坡产生效果，便会不由自主地把头低下，颇似低头默哀、肃然起敬。

纪功坊，由前后各72块青石堆叠成高山状整体结构，以此象征72烈士英灵。青石分别镌刻当时国民党海外各支部名称及个人姓名，石堆顶部屹立自由女神像。

红铁门石牌坊，位于烈士陵园的南墓道入口处，铁门左、右两侧各立一石刻牌坊。

黄花亭，始建于1926年，此亭为一中西式建筑，形式典雅四季如画景致怡人。

龙柱，为当年国民党安南党部于1926年3月敬献建造。此柱是采用的著名连柱式青石雕刻而成，柱身为一倒卷状青龙盘作旋屹立，柱底为一鲤鱼跃龙门式的造型昂首。

四方池，始建于1921年，为民国时期的菲律宾埠、中国国民党第一支部、第二支部共同敬献。池壁上方镌刻有七十二烈士庐塘基（意思是房舍，有池塘），以示永久纪念。

中山手植松。据说，此松为孙中山先生之手泽，也可称黄花岗墓园众多名木中最具有历史意义的封植。1912年陵园初建时，两粤广仁善堂恭请中山先生手植四棵松树，但现仅存一株。

潘达微墓。潘达微，1906年参加同盟会。三·二九起义失败之后，他冒死发动广仁善堂收集烈士遗骸，并以房契来作抵押购得东郊红花岗，后以秋日黄花赞喻烈士之不屈品格。

7. 岗上红花　辉映彩霞——广州起义烈士陵园

广州起义烈士陵园，位于市区中山三路北面的红花岗。该烈士陵园是为纪念1927年12月，在广州起义行动中牺牲的革命烈士。陵园始建于1954年，今为一座纪念性公园。

1927年12月11日凌晨，在时任中共广东省委书记张太雷，以及叶挺、叶剑英、苏兆征、聂荣臻、徐向前等革命者领导下，毅然发动了著名的广州起义。据说，当时崔镛健等150多名朝鲜同志，以及苏联驻广州领事馆人员也以不同方式参加了这次武装起义。

景观概说

广州起义烈士陵园坐北朝南，陵园正门为两座黄色琉璃瓦顶石阙，当中五扇朱红色铁栅门气势庄严。南门正面的石壁上，镌刻着周恩来手书“广州起义烈士陵园”8个大字。主墓道由花岗石铺砌，山坡上屹立青松翠柏，两侧花圃遍植红花，终年不绝且生机盎然。陵墓为圆形大土墓，上面整齐地铺满青草，护墙镌刻朱德所题“广州公社烈士之墓。”陵园东面为纪念陈铁军和周文雍烈士所兴建的一座湖心亭，上有董必武题写“血祭轩辕”四字横匾。陵墓大道宽阔笔直，20个花坛芬芳吐艳，两侧苍松翠柏庄严肃穆挺立。

陵园坐落于岗地湖畔，从而令纪念性建筑物与周边自然环境融为一体。在坡地绿水池边，精心点缀碑亭、桥榭，园中红花盛开坡地、交织铺就出数条石板幽径。经此布局使得整个陵园秀丽无比，1963年和1986年，陵园以“红陵旭日”景观入选“新羊城八景”。

纪念诗文

朱德题诗：

红花岗上放红花，血迹未干映彩霞；
夺得政权声势众，中原革命走龙蛇。

董必武题诗：

广州起义继南昌，旗帜鲜明见主张；
只有人民救中国，更无道路是康庄；
将成即毁原赏识，虽败犹荣应赞扬；
岗上红花开满地，卅年前事永难忘。

8. 江潮涌动　唤起工农——广州革命历史遗迹

广州作为中国近代革命策源地、第一次国共合作诞生地，保留着大量革命历史文物，保存有众多珍贵革命史迹。广州也因此被誉为近代“革命的大本营”。现许多珍贵的革命历史文物以及革命历史遗迹，今已列为省级文物保护单位，以及全国重点文物保护单位。

农民运动讲习所旧址

农民运动讲习所旧址位于广州中山四路，它是当年毛泽东等革命者 1926 年在广州举办的全国农民运动讲习所旧址，也是第一次国内革命战争时期培养农运干部的早期革命学校。农讲所旧址原为明代孔庙，清代又作番禺学宫，庭院为一座庄严古朴的建筑群。

史载，毛泽东在大革命时期，曾三次来广州从事革命活动。第一次是 1923 年 6 月，那次来穗出席了中国共产党第三次全国代表大会，会上当选为中央委员及中央局秘书。第二次于 1924 年 1 月来穗，时为参与中国共产党帮助孙中山改组国民党工作，由此出席了国民党“一大”，此会议曾当选国民党候补执行委员。第三次是 1925 年 9 月来穗，10 月担任国民党中央宣传部代理部长，主持过国民党政治委员会机关刊物《政治周报》。

据有关资料记载，广州农民运动讲习所首期活动，由著名共产党人彭湃任主任。毛泽东曾任第六届农民运动讲习所所长，农讲所第六届活动曾移至惠爱东路番禺学宫举办。史载，当年农讲所开设三民主义、中国国民党史、中国史、各国革命史等课程，毛泽东、周恩来、恽代英曾于此授课。六期学习共培养 772 名毕业生及 25 名旁听生，其中第六届人数最多、规模最大、影响最深，这些学员毕业后奔赴各地，从事那里的农民革命运动。

中华全国总工会旧址

中华全国总工会旧址位于越秀南路，这里原为广东惠州会馆，1924 年成为国民党中央工人总部，1925 年中华全国总工会迁此，为中华全国总工会成立后首个总部所在地。

1925 年 5 月 7 日，在中国共产党领导下第二次全国劳工大会在广州召开。大会决定成立中华全国总工会，选举林伟民、刘少奇为正副委员长，苏兆征、邓中夏等为执委。

中华全国总工会成立之后，这里很快便成为大革命时期领导全国工人运动重要活动中心。1927 年 1 月，全总办公地由此迁往汉口，这里又改为了全总驻广州地区办事处。

据称，时全总工会旧址原为三层楼房，一楼是广州工代会礼堂和办公区，二楼和三楼是全总礼堂和办公区。1926 年在门前两侧修筑“工农运动死难烈士纪念碑”，以及“廖仲恺先生牺牲处纪念碑”。新中国成立后，陆续对原会址进行修缮复原，今已开辟为纪念馆。

国民党“一大”旧址

国民党“一大”旧址，位于市区文明路215 号钟楼礼堂。这里原为国立广东高等师范学校旧址礼堂，同时也是第一次国共合作的诞生地。据说，鲁迅先生1927 年于中山大学任教期间，这里曾是他进行社会活动的往来之地，也是他发表演讲进行演说的重要场所。

史载，1924 年1 月20～30 日，孙中山在这里主持召开了具有重要历史意义的中国国民党第一次全国代表大会。此次会议通过了改组国民党决议，重新解释了新三民主义，并由此制定了联俄、联共、扶助农工三大政策，重新策划国民革命目标未来之伟业。当年，共产党人有李大钊、毛泽东、林伯渠、瞿秋白等参加了这次大会的领导工作，并当选为中国国民党第一届中央执行委员和候补中央执行委员。大会圆满完成了预定任务，国民党改组为各革命阶级联盟政党，标志时国共合作反帝反封建革命统一战线形成。

9. 近代史迹　欧陆风情——沙面及欧式建筑群

沙面位于广州市西南部，南濒珠江白鹅潭，北隔沙基涌，是与著名六二三路毗邻相望的一座小岛，岛上建有大小街巷八条，面积0.3 平方千米。沙面曾称拾翠洲，是珠江冲积而成的一块沙洲，故曰沙面。远在宋、元、明、清时期，沙面就已成为广州通商之要津。

近代风云

当年清政府实行闭关锁国政策，只许外国人在广州一地经商，并由具有官商性质的十三行商人辖制。中国经济自给自足以及对外贸易实行限制，使得外国商人一直无法打开中国市场，逐渐酿成资本主义市场与清政府矛盾日益加深，至英国政府屡次向清廷施压。

鸦片战争之后，中英签订了《南京条约》，由此令广州成为五大通商口岸之一，并由此开始在广州建立租界领地。随后外商便相中沙面这块宝地，并由英政府官员出面交涉，强迫清政府在沙面以北用人工挖出一条宽40 米、长1200 多米小涌（即现沙基涌）。

清咸丰十一年（1861 年），沙面相继沦为英法两大势力租界。由于沙面是广州重要商埠，随之又有十多个列强国家先后在岛上设立领事馆。不久多家外国银行、几十多家洋行也在沙面从事商贸活动，其后粤海关会所、广州俱乐部等会所，也开始在沙面相继成立。

1925 年 6 月 23 日，广州工人、学生等各界人士，举行声势浩大的反帝示威游行。队伍到达西桥头碉堡等处，租界巡捕架设的机枪向游行队伍疯狂扫射，停泊于白鹅潭的英、法炮舰也向游行示威队伍炮击，由此酿成了著名的“沙基惨案”，又称“六二三惨案”。

沙面近代发展史，即见证了我国屈辱的租界史，也曾留下孙中山、周恩来等革命伟人历史足迹。1959 年，周总理视察沙面，指示要妥善保护此地风貌，以作革命史迹见证。如今沙面岛上的欧陆风情建筑群，已辟为国家 5A 级旅游景区，成为广州又一处观光胜地。

欧陆风情

沙面岛上绿化出色，绿树成荫、空气清新，环境幽雅。岛上今有胜利宾馆、沙面宾馆、白天鹅宾馆、广州国际海员俱乐部、波兰驻广州领事馆、朝鲜输出输入商业、中波轮船股份公司广州办事处、沙面网球场、沙面游泳场等建筑，以及外事单位及体育娱乐设施。

1984 年，古树名木普查鉴定时，此地百年以上古树有 100 株、200 年以上的一株，树龄最长一株已达 300 年。由于岛上西方古典主义建筑群颇具异域特色和多元文化气息，现为国家级重点文物保护单位并被评为“羊城第九景”，可称是广州一处异域街区世外桃源。从这里眺望珠江，颇有天高江阔心旷神怡之感。岛上现存 150 多座欧式风格建筑，分别为特色鲜明的新巴洛克式、仿哥特式、券廊式、新古典式及中西合璧风格建筑。今已成广州保存尚好且充满异域色彩建筑群落。有人戏称“沙面是一颇具欧陆风情的别致景观”。

● 建筑特色

新古典式：其特点是模仿西方古典复兴手法，追求雄伟、严谨。一般多以粗大石材砌筑底层基础，并以古典柱式和各种组合形式为建筑主体，辅以精致细微的设计和装饰。

折中主义式：折中主义建筑是任意模仿历史上各种建筑风格，或自由组合成各种建筑形式。因而，此类建筑并不追求固定的法式，只是强调比例均衡，注重纯粹形式之美。

券廊式：特点是平面简单、立面连续的拱廊组合，构造形式简洁，线脚明朗而无其他装饰。此形式为西方建筑传入东南亚后为适应当地气候而成，故又被戏称为殖民地式。

仿哥特式：顾名思义，其外形仿照哥特式，但具典型哥特式风格，它由罗曼式建筑发展而来，为文艺复兴建筑所继承。此哥特式建筑特色突出尖形拱门、肋状拱顶与飞拱。

原苏联领事馆。原苏联领事馆位于沙面大街68号，此楼高三层，采用砖钢筋混凝土结构，坐北朝南，为英国维多利亚风格。整栋建筑全部采用清水红砖装饰，有沙面“西红楼”之美称。

原露德圣母堂。此建筑原名为沙面天主堂，该教堂花园的南面、原有一座圣母山，因曾安放过露德圣母像而得此名。该教堂立面主要门窗呈山尖状，以便处处表现及反映天主教堂之特点。

旧海关馆舍。新中国成立前“红楼”为粤海关俱乐部，只有中、高级以上官员才有资格出入，其后曾被改作海关员工宿舍。该建筑以其独特造型和鲜明的色调，令其成为沙面一处标志性建筑。

原英国雪品厂。原英国雪品厂始建于20世纪初，为早期现代主义建筑风格，曾是HK牛奶公司一制冰厂，为现存沙面建筑群中唯一厂房式建筑，车间现存天台房子、屋顶水池基本完好。

原汇丰银行。该建筑呈南北向长方形走向，东南部与西南部作削角处理。塔楼顶和塔身均采用了古典复兴式风格，半球壳的穹顶附加于圆筒鼓座上且构成塔顶，塔座采用了巴洛克风格。

10. 楼垣碑塑　风景独好——广州越秀公园

越秀公园主体为越秀山，据说西汉时期南越王赵佗曾在此山之上建“朝汉台”而得此名。今园内主要景观有楚庭、佛山牌坊、古城墙、古四方炮台、中山纪念碑、孙中山读书治事处碑、伍廷芳墓、五羊石像、五羊传说雕塑群像、球形水塔、海员亭、电视塔等。

自元代以来，越秀山便成为羊城著名八景之一。元代称粤台秋月，明代称粤秀松涛，清代称粤秀连峰、镇海层楼，现代又有越秀远眺、越秀层楼、越秀新晖。园内著名古迹镇海楼又名五层楼，楼阁五层、楼高28米，登高极目远眺，羊城美景一览无余、尽收眼底。

胜景镇海楼

历史上的镇海楼，曾被誉为岭南第一胜景，又因其楼高五层，故而又称作“五层楼”。此楼始建于明洪武十三年（1380年），乃由永嘉侯朱亮祖所建，此楼初名“望海楼”，后又题名为“镇海楼”，其寓意可居高临下，具有雄镇海疆之势，1956年改作广州市博物馆。

镇海楼坐北朝南、翘檐飞脊、巍峨挺拔、雄镇山巅，气度非凡且独具特色。清初著名诗人屈大均曾盛赞镇海楼："山海形胜、玮丽雄峙，虽黄鹤、岳阳不能超过它"，实"可以壮三成之观瞻，而奠五岭之堂奥"。整个清代年间，镇海楼一直为广州城最高地标建筑物。

据说，在镇海楼兴建之初，还有这样一段故事趣闻。相传朱元璋得天下之后，定都南京建明王朝。一天，他和铁冠道人同游钟山，就在游兴正浓之际只见铁冠道人忽指南方，对朱元璋郑重其事言道："今广东之海面，似笼罩一股王气，莫非将有真龙天子出世。"朱元璋闻听游兴顿无，随之追问如何驱此邪恶，铁冠道人示意须在广州建一楼阁，以便镇住这条"龙脉"，否则必生大患。朱元璋闻言速派人至广东查访，果然得报称越秀山上出现王气。朱元璋立即下诏，命镇守广州永嘉侯朱亮祖于此山上建一楼阁以镇不祥。圣旨颁下，朱亮祖哪敢怠慢，立即在越秀山上兴建了这座"楼形塔状，塔似楼形"的镇海楼，该楼外观所呈绛红色，据说有驱恶镇邪之意。历史长河奔流不息，如今大明王朝早不复存在，而镇海楼却成了广州保存十分完好、颇具气势、极富民族特色的一代名楼。

明城垣遗迹

今越秀山之古城墙遗迹始建于明代，它和镇海楼及五仙观中的岭南第一楼，被誉为"广州明代初期的三大古迹"，也是广州现仅存的一段古城墙。史上这段古城墙曾分为西、中、东三部分，从大北门到镇海楼为西段，环镇海楼所在的小盘龙岗山头为城墙的中段。

立于古城墙之上，有感芳草萋萋、苍凉凝重，似有"念天地之悠悠，独怆然而涕下"，怀古凭吊之情愫。史上越秀山古城墙时为广州北门制高点，乃兵家必争之地。史料记载，第二次鸦片战争期间，英法联军炮轰此城墙，并在洋枪队掩护下向广州城发起进攻。

1923 年，孙中山在广州任大元帅期间，发生桂军将领沈鸿英图谋不轨，以至在广东花县发动叛乱，继而开始进犯广州城。当时，其前锋已近越秀山北，孙中山却临危不惧，亲自坐镇五层楼，指挥部队在古城墙布防，因此这段古老城墙也为国民革命留下历史见证。

中山纪念碑

越秀公园内中山纪念碑，时为纪念伟大民主革命家孙中山先生而立，它位于观音山顶，循"百步梯"上行 498 级台阶可达。此纪念碑始建于 1929 年，由我国著名建筑大师吕彦直亲自设计督造，纪念碑的基层为四面，有 26 个羊头石雕像，寓意广州乃五羊城。该纪念碑体建筑全部用花岗石砌成，碑底为方形、向上渐小而尖。碑内梯级可回旋至顶，第一、二层四面可凭栏俯瞰，更高处每层均有窗户，可极目远眺。石碑正面是长约 7 米、宽约 4 米的一巨型花岗石，上面镌刻李济深先生采用隶书体撰写的《总理遗嘱》。

孙中山遗嘱（文）

“余致力国民革命，凡四十年，其目的在求中国之自由平等。积四十年之经验，深知欲达到此目的，必须唤起民众，及联合世界上以平等待我之民族，共同奋斗。现在革命尚未成功。凡我同志，务须依照余所著《建国方略》《建国大纲》《三民主义》及《第一次全国代表大会宣言》，继续努力，以求贯彻。最近主张开国民会议及废除不平等条约，尤须于最短期间，促其实现。是所至嘱！”

五羊石雕像

越秀公园中的五羊石雕像，是广东的雕塑家根据古老的五仙羊传说故事，并发挥了超强智慧和想象力经通力协作创造而成。这些雕塑羊的身体形状健美，但见母羊驻足昂首凝视远望，口衔谷穗神态安详；其余四只活泼小羊近倚环绕其身，姿态迥然各异。

据说当年雕像竣工时，有人曾提出既是五仙之羊，怎会还有吸奶乳羊呢？高人释疑，无论仙人还是五羊实为想象之神话，故仙羊无论大小，既具仙风佛法，也有凡俗物欲。

逝者如斯夫，今五羊石雕已为广州城徽，五十余年来也为越秀公园不断增色，随着五羊神话的不断流传，凡海内外人士皆慕名而来必至此驻足留影，兴趣盎然流连忘返。

今五羊雕塑石像，已为广州城第一标志特征。有关史料记载，该雕塑作品乃是集当年岭南派著名雕塑艺术家，尹积昌、陈本宗、孔繁纬等一众通力合作之成果。此雕像始建于 1960 年 4 月且伫立越秀山巅，今四方宾客至广州城，必前往越秀游览驻足五羊景观。

11. 果然造世界　胜读十年书——广州的书院

华夏书院最早出现于唐朝，起初只是地方小型私教单位，后逐渐成为小众施教，又经朱熹创立发展至宋代成熟。自此伊始，历代书院逐步演变为半民半官性质的教育机构。

在我国古代，曾诞生过许多著名书院。一些书院虽历经数朝声名非但不减反而影响巨大，其中比较知名并具代表性如江西庐山白鹿洞书院、湖南长沙的岳麓书院、河南商丘的应天书院、江西上饶的鹅湖书院、湖南衡阳的石鼓书院、河南登封的嵩阳书院等。

书院溯源

唐代书院：据传书院之名始于唐代，且分为官、私两类。私人书院最初源于私人书房，官立书院最初为官方修书、校书或偶尔为皇帝讲学的场所。唐玄宗开元六年（718 年）、始将乾元院改名丽正修书院。据说，四川遂宁的张九宗书院（635 年）应为我国最早私人书院。

宋代书院：北宋初年，各地陆续出现白鹿洞、岳麓、睢阳（应天府）、嵩阳、石鼓、茅山、象山等诸多颇具影响的书院。其中白鹿洞、岳麓、睢阳、嵩阳书院，并称为中国古代四大书院。不过到了宋仁宗末年，北宋前期那些较有影响的书院几乎全部消失殆尽。

南宋时期：张栻、朱熹、吕祖谦、陆九渊等著名学者着手恢复一些书院。宋理宗即位后（1225 年），不久便将理学定为正统学说，朱熹等理学大师的书院教育，也逐渐成为重要遗产为官府所继承。自景定元年起（1260 年），大力推行科举考试、朝廷由此而控制书院。

元代书院：元世祖至元二十八年（1291 年），忽必烈首次下令广设书院，民间如有自愿出钱、出粮捐助建者也可立书院。其后又多次颁布相关法令，保护当时社会书院和庙学顺利开办，对于这些书院一律视为官学，书院山长也定为学官，由此奠定书院官学化始源。

明代书院：明代初期，一些宋、元时期留存的书院多被改为地方学校和社学。嘉靖十六年（1537 年），明世宗下令取缔天下私创书院。嘉靖末年，因内阁首辅徐阶倡导书院讲学，才令书院得以恢复。万历七年（1579 年）张居正掌权，以统一思想为由禁毁全国书院。

清代书院：清代初期朝廷为抑制书院发展，于顺治九年（1652 年），禁止私人设立书院。雍正十一年（1733 年），各省渐允许设置书院，其后府、州、县才相继建立书院。乾隆年间、官立书院迅速剧增。光绪二十七年（1901 年），明令书院改为学堂，书院历史自此终结。

广州书院

广州兴教始于西汉末年，至三国时期骑都尉虞翻在番禺虞苑办学。南宋时期开始设立书院。清代期间设立府学宫，清朝末年改革之风渐起日盛，洋务派于同治三年（1864 年），始在广州开设同文馆，以培养外事翻译人才。与此同时，大量教会学校也相继涌入。

史上广州书院林立，如粤秀书院、越华书院、圣心明德书院、羊城书院、学海堂书院、菊坡精舍、应元书院、广雅书院、番山书院、莲峰书院等。19 世纪末，辛亥革命元老、中国现代教育奠基人何子渊、丘逢甲等，冲破守旧势力禁锢，积极创办推广新式学堂。

陈氏书院

如今，广州保存一著名陈氏书院，当地人称陈家祠，现为广东民间工艺博物馆所在地。该书院始建于光绪十六年（1890 年），是当时广东七十二县陈氏宗族祠堂。初用于广东各县陈氏子弟来省城应试科举时、一处临时学习及住宿场所，今全院占地面积近 15000 平方米。

该书院整体建筑为“三进三路九堂两厢”布局。穿插的六院八廊，规模宏大，厅堂轩昂，庭院幽雅，配以各式精美木雕、石雕、砖雕、灰塑、陶塑、铜铁铸等艺术品，与高大厅堂呈浑然一体。正门两边的外墙之上，为六幅大型砖雕“梁山聚义”“梧桐杏柳凤凰群”。这些装饰砖雕，做工精细、层次分明，形象生动、神态各异，花鸟栩栩如生，砖雕技艺高超，实为近代宅第所罕见。院内长廊柚木屏门双面镂刻，分别为历史故事“三顾茅庐”和“赤壁之战”等20 幅作品，有专家赞誉：“木刻钢刀雕琢出的中国历史故事长廊。”郭沫若先生赋诗赞誉：

天工人可代，人工天不如；
果然造世界，胜读十年书。

早在 1959 年，陈氏书院就被辟为广东省民间工艺博物馆，主要用于搜集、保藏、研究、展览广东地区历代民间工艺品，如陶瓷、雕刻、刺绣，以及少数民族地区工艺品等。广州陈氏书院现为全国重点文物保护单位，1996 年曾被评为“广州十大旅游景观”之首。

粤剧《搜书院》故事

广东粤剧《搜书院》是一部历史名剧，剧情讲述重阳佳节，琼台书院放假，学生们外出游玩。书院学生张逸民在圣母宫旁观看风筝，忽有一断线风筝落于面前，张拾起风筝触景生情，遂于风筝题诗一首。恰逢镇台府丫鬟翠莲至此寻找风筝，二人相识于此结缘。一日，镇台夫人偶见风筝题诗，认为翠莲在外竟有私情，翠莲怕连累书生矢口否认。不久镇台告诉夫人、道台欲纳翠莲为妾，要其哄骗翠莲应允，不料恰被丫鬟秋香听得。翠莲无奈幸亏得到秋香帮助，慌着男装连夜逃出镇台府，很快镇台发现并派家丁四处搜寻。翠莲奔逃不辨方向，恰遇谢宝和老仆林伯回院，翠莲谎称看望同乡张逸民，谢宝便带她来到书院。张逸民见有书生来访，以为到此谈诗论对，翠莲灵机一动念出风筝诗句，顿时令书生感到十分惊诧。翠莲此刻只得将镇台夫妇合谋直言相告，并讲自己乃翠莲乔装。书生又惊，又喜，又忧，喜的是二人相见有缘，忧的是镇台权重势大，书院更不能私藏女子，翠莲表示愿随他而去、生死相依，万般无奈只得暂且留下翠莲。镇台很快得报，一男子貌似翠莲躲进了书院，便带领兵包围书院，扬言如若搜出翠莲也将谢宝一并治罪。张逸民见此事已无法掩盖，只得将真情如实相告，谢宝虽责备书生做事荒唐，却也同情翠莲遭遇，后经反复斟酌决定择机成全二人。谢宝先以书院归道台所辖为由，称没有道台手令镇台不能搜查。镇台无奈一面命兵丁围住书院，一面要谢宝与其同去拜见道台。其间，谢宝巧施妙招暂将翠莲藏于轿中，并乘轿随镇台离开书院。行至半路有轿夫声称太累，谢宝假意嘱咐轿夫稍事休息，不得耽搁随即赶来，待镇台和谢宝一行离开后，轿夫立刻将轿内翠莲放出。天亮时分，张逸民也随即赶到这里，后与翠莲远走高飞而去。

“南国红豆”花絮

据传，《搜书院》原为海南琼剧脚本，此民间故事流传已有200余年。至20世纪50年代，海南艺术家将其编写为《搜书院》剧本，并由琼剧著名表演艺术家黄文、陈华、红梅主演，很快便得到海南各界广泛欢迎。不久，《搜书院》被移植改编为粤剧演出剧本。

据说，周恩来观看了红线女主演的《搜书院》后，曾给予了很高的评价，称赞她是珍贵的“南国红豆”。不久，毛泽东也观看了马师曾、红线女等粤剧名伶表演的《搜书院》，并赞其表演飘逸潇洒、唱腔苍劲有力、艺术水平卓越。

---

12. 四大丛林　千年古刹——广州的寺院

广州是我国首批历史文化名城，域内有不少颇具影响的著名古刹，其庙宇巍峨、古木苍翠，花草葱郁、香烟缭绕，晨钟暮鼓、经声佛号，不乏史上名人在这里留下足迹。

光孝寺

光孝寺，位于市区光孝路，为广州的四大丛林（光孝寺、六榕寺、海幢寺、华林寺）之一，在广州地区民谚中，就曾有：“先有光孝，后有羊城”这样一种说法。这大概是说光孝寺在广州地区是一座年代久远、颇具规模的著名佛教名刹。该寺现为全国重点文物保护单位。据说，该寺最初是南越王赵佗（前204年）、第三代孙赵建德（112年）一处旧宅。三国时吴国都尉虞翻，因进谏致吴王不悦遭贬南越，其至此后建宅讲学，虞翻之后家人又将此私宅改作庙宇始称“制止寺”。至东晋时期，有西域名僧昙摩耶舍到此传教并建大雄宝殿。

今光孝寺殿宇巍峨、气势雄伟，结构威严、肃穆壮观，大雄宝殿为光孝寺最醒目主体建筑。殿堂构筑于高大台基之上，钟、鼓二楼分立于殿堂左右。今殿堂内新修建三尊大佛像，中为释迦牟尼，左、右分别是文殊菩萨和普贤菩萨，此三尊佛像合称为“华严三圣”。现在寺院中的东、西铁塔，乃是国内遗存最古老的两座铁塔。西塔，始建于五代南汉大宝六年（963 年），为南汉后主刘鋹的太监龚澄枢与其女弟子、邓氏三十三娘联名建造，故此塔与比肩的东塔要早建 4 年。如今寺内二塔既有很高历史价值，也具很高的艺术价值。东塔，始建于五代南汉大宝十年（967 年），且冠以南汉后主刘鋹之名。此塔呈四方形共有七层，塔高约 7.7 米，塔基为石刻须弥座，塔身上方铸有 900 余佛龛，每龛内均有小佛像。这些佛像虽小但制作十分精致。据说，初成时全身贴金，因而有“涂金千佛塔”美称。

六榕寺

六榕寺，位于市区中山六路西北，该寺始建于南北朝梁大同三年（537 年），迄今已有 1480 余年历史。史载，沙门昙裕法师从扶南（柬埔寨）请佛陀舍利转回，得梁武帝诏许后，于宝庄严寺建舍利塔。此四角形六层木塔内外绘佛典图解，称“敕赐宝庄严寺舍利塔”。

据说，刺史萧裕为迎接这一佛教之宝到来，特在此地建“宝庄严寺”。至北宋端拱二年（989 年）该寺院得获重修。史传，宋代大文学家、书法家苏轼于宋元符三年（1100 年）途经此地时曾到寺院驻足。一日，他见寺内植有六株古榕，随之即兴题写了“六榕”二字。六榕寺院内今有一副楹联：

一塔有碑留博士，六榕无树记东坡。

联中“博士”暗指唐初四杰之一王勃，如今史上六榕树已荡然无存，仅留后人放飞想象，唯寺遗“六榕”二字，据说为苏东坡手迹。自明代以来，六榕寺虽历经风雨却幸存，现六榕寺内有花塔伫立院中，塔东立山门、弥勒殿、天王殿，以及苏东坡画像和石刻古碑。花塔以西为大雄宝殿，殿内供奉清康熙二年（1663 年）、黄铜精铸三尊佛像。佛像高 6 米、重约 10 吨、仪态慈祥，现为广东遗存最大古铜佛像。大殿南侧今重建说法堂，榕荫园内有六祖堂、观音殿、僧舍斋堂、功德堂、藏经阁等。六榕寺现为广州著名历史文化古迹。

海幢寺

海幢寺，位于广州市海珠区、同福中路与南华中路之间，该寺院素以环境清幽、园林优雅而著称。此寺院旧址南汉时称“千秋寺”，至明末时改称为“海幢寺”。清代初年寺院历经大规模修建，遂成为广州“四大丛林”之冠。海幢寺现为广州市重点文物保护单位。

据传，清康熙五年（1666 年），僧人池月、今无因得官方认可资助，得以建大雄宝殿。次年又于此大兴土木，相继建起了藏经阁、天王殿、韦驮殿、伽蓝殿等殿堂。此后再续建丛观、西禅、镜空、松雪、悟闲、画禅等，诸多殿宇、僧舍、亭台、宫宇等20余座建筑。

史载，清康熙中叶，海幢寺院声名远播、香火达全盛期，时寺院规模为今日之三倍，又因寺院北临珠江，南倚万松岭，故风景秀丽，环境幽雅。至清嘉庆十一年（1806年），寺院一度被辟为夷人（外国人）游览区，由此开创了广州地区专为洋人提供特殊休闲之先河。

现大雄宝殿前的空地东侧，为1997年新建的宝严石塔，此塔周围设有石栏，塔为平面六角形莲花基座，上方为八角形葫芦顶，该塔所有檐角处皆悬挂铁钟。寺内现尚存三株菩提古树。据称，这三株菩提树移植于光孝寺原株菩提树、正宗一脉传承分植而立于此。

华林寺

华林寺，位于广州市荔湾区下九路西来正街附近，该寺始建于南北朝、梁武帝普通八年（527年），迄今已有1490余年历史。华林寺前身曾称西来庵，隋代以前此地仍为珠江堤岸。至梁武帝普通七年（526年），时有天竺国（即古印度）高僧菩提达摩东渡至此传教。

达摩先于西来初地登岸，并在其登陆处始建西来庵，后得梁武帝诏前往建康（今南京），传授心法欲大阐宗风，故后世信徒皆尊菩提达摩为中国佛教禅宗之始祖。逝者如斯夫，现千余年前佛教禅宗至此传教诵经已成历史，但始踏“西来初地”典故却流传至今。寺院石柱悬楹联：

证菩提心现应真相，
登欢喜地得自在观。

今步入寺院殿门，首先见到是一尊笑口常开、大腹便便的弥勒佛像。殿堂北端处供奉着三尊大佛，即释迦牟尼佛祖居中，兹师佛于左侧，阿弥陀佛于右侧。殿堂西墙供奉着全身地藏王像，殿堂东墙供奉是一尊木雕千手千眼观音立像，此观音与地藏王相对而立。殿堂石柱悬楹联：

东土禅宗传妙法，
西域宝甸辟华林。

楹联实为赞颂初祖达摩至此传播教义启化功德。殿堂北墙正中石基上，供奉着身穿袈裟、左腿趺坐、右脚曲起，形如菩提的达摩塑像。殿堂东西墙壁处悬有两幅雕画，内容是叙述菩提达摩东渡至此的故事传说，如“面壁九年”“一苇渡江”“只履归西”等典故。

---

13. 中原楚越　二代藩王——西汉南越王博物馆

西汉南越王博物馆（西汉南越王墓），位于解放北路的象岗山之上，其与著名的中国大酒店相毗邻。据相关史料考证，它应是秦统一岭南时著名将领赵佗之孙、西汉早期建都番禺（广州）时南越国第二代藩王、文帝赵眛之陵墓，该陵墓迄今已有2100余年历史。此陵墓于1983年6月施工中被发现，后经有关部门的进一步考古发掘，最终在原址处建立起西汉南越王博物馆。该博物馆现占地面积1.4万平方米，辟有古墓保护区、综合陈列楼两部分，古墓保护区的主体建筑位于象岗山的深处，此遗迹现为全国重点文物保护单位。

据说，考古现场曾出土“文帝行玺”（金印）印鉴9枚，另有大批精美玉雕饰品随葬，墓室内、外发现15具殉葬残骸，专家判断可能是赵姬、妾隶。墓中出土文物种类繁多，共计10000余件，其中雕镂精美玉器，以及具有汉、楚、越文化特色青铜器最为珍贵。此次考古发掘的南越王墓，也是20世纪80年代以来国内最重大考古发现之一。墓中出土各类随葬品约10000余件，其中墓主身上的“丝缕玉衣”为中国考古首次发现。此外，青玉角杯、十一套组玉配饰、五十八件玉剑饰等，也是国内汉玉中的首次重大发现。

不仅如此，在这些随葬品中，还发现刻有“蕃禺”铭文铜鼎，战船纹饰提筒，“文帝九年”铭文句鑃，以及古波斯银盒、蓝色平板玻璃牌饰等，均为此番考古发现珍品。从墓主身上龙钮“文帝行玺”金印，以及“赵眛”玉印，专家初步判定墓主为第二代南越王。

馆藏珍品

文帝行玺金印，出土于墓主人胸部位置，印面阴刻“文帝行玺”4字，此印应是南越文王发布命令的官印，该印以龙为钮、黄金铸成、僭称帝玺。文帝行玺金印，也是我国目前考古所发现最大的一枚西汉年代金印，这也是迄今为止仅有的一枚汉代龙钮形帝玺。

右夫人玺金印，也是南越王墓夫人中唯一的一枚黄金印玺。此金印以龟为钮，如按照汉代时期的礼制，夫人是皇帝和诸侯王妃妾称号。据此可以推断，右夫人身份应为南越国后宫妃妾。右夫人随葬物具有数量多、品质精的特点，因汉代以右为尊，说明她乃诸妃之首。

帝印玉玺。此枚玉玺，是在墓主腰腹位置所出土的9枚印章中一枚。这9枚印玺原是三枚一组，用小漆木盒盛放，玉玺为阴刻篆书“帝印”两字。根据《史记》《汉书》记载，南越国第一代王、第二代王都曾僭越称帝，“帝印”玉玺及封泥出土，恰对这一史说提供有力佐证。

象牙卮出土时，封装在一漆木酒杯内，其整体呈圆筒形，卮盖内针刻线画有凤鸟、飞雁纹，盖身刻四只独角神兽，神兽张口回首、姿态威猛。画面采用红蓝两色相涂，更加增添感官立体效果，此件针刻填色象牙制品、用心机巧，针刻线画、十分精致，可称绝品。

波斯银盒。此盒为墓主一盛装药物之器具。考古专家认为此物很可能来自西亚古波斯帝国，远在西汉时期，广州一带就已渐现重要港口和商品集散地。时此银盒进入南越国后，工匠又根据汉代银器特点，另在盖子焊上盖钮，盒底部分增加了圈足，并在器物上面雕刻铭文。

青玉盒乃是一上好青玉雕琢而成，盖子与盒身有子母口相扣合，盖面纹饰分为三区，上面桥形的小钮、内套玉环可以自由活动。此盒身颇似一个圆碗，上面刻画有三圈纹饰，该玉盒的质地温润、品位上乘，盒的内外均被打磨光洁，雕镂工艺考究、制作精致细腻。

珍珠枕，源于墓主玉衣头套下，发现470颗珍珠。在我国古代盛传天然珍珠具有镇静、美容和辟邪之功效，故王侯、贵族多采用珍珠制作头枕。以往国内考古，尚未发现过此类物品，这次出土应属首次。另主棺室头箱中一个大漆盒内、盛放了重达4000多克重的珍珠。

---

14. 宫署御苑　回廊曲渠——南越王宫博物馆

南越王宫博物馆位于市中山四路，经不断考古发现今保护面积达5.3万平方米，是广东省唯一列入国家“十一五”期间重点保护的大型遗址项目。该遗址于1996年为国务院公布的第四批全国重点文物保护单位。2006年12月，列入中国世界文化遗产预备名单。

史料考证，今南越王宫博物馆所处位置，史上西汉时期应为南越国的宫殿、御苑所在地。据现场考古发现的一些如石池、曲渠、平桥、步石、回廊等遗迹判断，很可能是两千年前南越国御花园，这将是迄今发掘显露最为完好、考古发现年代最早御苑遗迹之一。

展馆概说

南越王宫博物馆，今被专家誉为“广州历史精华之所在”，可称了解广州城历史发展的重要遗迹。该博物馆展示了两千多年前，南越国王宫御苑史痕遗物，通过录像和导览系统观众还可亲临史迹现场，深入了解考古发掘全过程，领略文物珍奇、感触探幽神秘。

遗址主楼。观众步入遗址主楼，在这里首先看到的是2000多年前、南越王宫皇家花园遗址，而后还可进一步浏览、复原后的皇家宫苑模型。参观过一号宫殿遗迹，观众沿左手侧继续前行，来到二号宫殿遗址现场模拟展示区，在这里观众可进一步了解考古人员清理文物过程。

王宫遗址。据称，1995~1997年，这里初进行考古发掘时，便发现宫署御苑、石构水池、曲流石渠等典型遗迹。例如，石水池砌筑斜坡状，砂岩石板呈密缝状铺砌，这与西方古代建筑手法有异曲同工之妙，而出土地八棱石柱、石栏杆、石门楣等建筑构件，亦为国内罕见。

南国砖井。沿着1000多年前宫殿回廊踪迹继续前行，便可以来到主体陈列展示区，在这里参观浏览就会见到一处“南国砖井”式建筑。此部分展览主要介绍史上广州、宫苑区中水井的历史沿革、发展变化、使用方式、密切关系等，这部分展陈内容也被称作“饮水思源”篇。

板块展示陈列，包括“走进南越王宫”“步入南汉兴王府”“名城广州两千年”这3部分内容。展览主要通过声、光、电形式，以及文物、图片资料，对遗址精华部分作进一步介绍，如在《走进南越王宫》影像中，可见“万岁”瓦当、“蕃”字池壁等经典文物。

文物价值。现宫署御苑遗址，已被国务院公布为全国重点文物保护单位。据世界历史遗址基金会2012年世界遗址观察名单公布显示，此次入选历史遗址共67座，包括越南下龙湾、秘鲁纳斯卡线、中国南越王宫、土耳其朗姆孤儿院，以及波兰圣帕拉斯科娃大教堂等。

---

15. 百年楼钟　同业之最——粤海关博物馆

粤海关博物馆位于广州市区沿江西路。此海关始设于清康熙二十四年（1685年），是我国最早设立的海关机构（粤、闽、江、浙）之一。最初设立的粤海关旧址，位于广州海珠广场旁边天字码头。清咸丰十年（1860年），粤海关税务司于现关址处正式建立公署司职。

民国三年（1914年），粤海关大楼于现址位置正式奠基，该建筑工程由英国建筑师戴卫德·迪克，参照欧洲古典建筑形式设计，华昌工程公司承建，工程于1916年5月竣工。

展馆概说

粤海关大楼是目前国内历史最为悠久的海关大楼，它既先于1924年落成的武汉江汉关大楼，也早于1927年落成的上海江海关大楼。此楼坐北朝南、建有穹顶钟楼，钟楼四面各砌塔司杆双柱，置大型四面时钟、内有5个不同的吊钟，为1915年英国制造。

该楼建筑总共分4层，连带钟楼其总高度约为32米。正面和东侧柱廊全部为双柱，造型仿罗马爱奥尼式巨柱、整体通贯于二层至三层，四层设计为罗马塔司干柱形式。整座楼宇外观高雅、气势不俗，既赋予了海关建筑庄重与威严，也具备有相当完善的办公职能。

- **建筑特色**

该大楼的整体建筑设计为钢筋水泥结构，采用大块麻石作基础，正面外墙全部使用花岗岩圆柱与条石镶砌。室内高大宽敞柚木拱形窗棂，漫铺樟木地板，各层走廊宽阔彩色水泥铺地、彩瓷镶嵌墙裙，大楼内置豪华壁炉。据说，当年建筑大楼材料多来自云南大理。建筑采用罗马式立柱，欧式风格钟楼、房间设置壁炉，令其具有十分显著的欧式建筑特征。由于选材非常严格、材料质地精良，以至于楼层内外结构极为坚固。据说，整座建筑可承受500磅炸弹爆炸所产生的冲击波。坊传，当年仅钟楼一项便耗资30万银圆。

如今，这座充满欧陆风情的古典建筑，无论是整体建筑结构，还是室内总体布局，全都保存基本完好，只是原正中拱券门上方“粤海关”3字，早已改为“广州海关”4字。1993年8月，经广州市人民政府正式批准，原粤海关大楼已作广州市重点文物保护单位。

机械大钟。楼顶安放的机械大钟时为1915年英国制造，是迄今国内保存历史最悠久、英制全机械传动式立钟。前不久因大钟运行时间过长，以及一些零部件出现不同程度磨损，导致大钟时间出现较大误差，有关部门为此对大钟进行两次维修，以恢复大钟准确性报时。

● **迁址改展**

2006年9月，经批准广州海关正式撤出，至此这座沿用了91年的海关大楼，其主体业务迁往天河珠江新城。2007年2月、经国家海关总署批复，原“粤海关大楼”改为中国海关博物馆广州分馆。随即大楼进行全面复原整修，国家投入巨资以恢复其历史风貌。

16. 建筑珍存　中西合壁——石室圣心大教堂

石室圣心大教堂位于广州市区中心一德路，它曾是广州天主教的一处教区。教堂最初于1861年8月动工，直到1888年整体方才落成，此工程前后历时达25年之多。这座气势宏伟、极具特色大教堂，为一幢典型哥特式建筑，迄今已有160余年的历史。

教堂概说

石室圣心大教堂创建人为法国传教士明稽章。据说，他回法觐见法皇拿破仑三世时，曾获得50万法郎专款，1863年12月举行了盛大开工奠基典礼。为此，明稽章特意从罗马和耶路撒冷运来1000克泥土，以表达此教创立于东方的耶路撒冷、兴起于西方的罗马。

1856年，第二次鸦片战争爆发，英法联军攻陷广州城，并将两广总督行署夷为平地。当时，罗马教廷任命两广教区“宗座监牧”，时法国传教士明稽章相中已被夷为平地的两广总督地基，遂要求清政府划给其以建教堂，但两广总督劳崇光拒绝了他的这一要求。明稽章百般无奈，遂请法军司令出面不断威胁劳崇光，最终恭亲王奕忻与法国政府签署附加协议，同意在此建立教堂并报咸丰皇帝下诏批准，源此命名始称“圣心大教堂”。

● **中西合璧**

在教堂东侧墙角处刻有“JERUSALEM1863”，西侧墙角下刻有“ROME1863”，今字迹清晰依然可见。据说，法国教会为此特请来 Vonutrin 和 Humbert 两位建筑师，并仿照巴黎圣克洛蒂尔德大教堂样式设计。此教堂工程监理，由广东揭西石匠客家人蔡孝负责。

据说，这座教堂虽为哥特式建筑，但也融入了不少中国元素。例如教堂建造采用一些传统工艺，一些地方用糯米桐油替代水泥、穹顶石块凿双孔用铁枝穿、教堂楼顶出水口呈狮状造型、门上雕刻广式木雕，地板改为广东大阶石砖，从而令其防湿效果更加出色。由于大教堂全部墙壁和石柱、皆采用花岗岩建造，故民间称其为“石室”，又称“石室耶稣圣心堂”或称“石室天主教堂”。教堂正面一对双尖塔巍峨高耸直插云霄，令该教堂极具典型的“哥特”式特征，有人赞誉此建筑风格可与闻名于世的巴黎圣母院媲美。

● **建筑特色**

石室圣心大教堂，现为广州教区最大教堂，为国内现存双尖塔形哥特式建筑之一，也被称作东南亚石材结构天主教堂代表。据说，该教堂是全球仅存 4 座全石结构、哥特式教堂建筑。坊传，当年为建此教堂竟耗资 40 万法郎，其华贵与著名巴黎圣母院相比也毫不逊色。

今圣心石室大教堂几乎具有哥特式教堂所有构建元素，既具早期建筑格调，如彩色玫瑰窗、透视门，也有中、晚期建筑特色，如双钟、尖塔。此外，尖顶拱券、飞扶壁、石束柱等布局，也运用得当恰到好处，故成一座立于东方、纯正欧洲中世纪天主教堂典范。

2004 年 7 月，该教堂进行第三次全面整修，依据此番施工计划、重新安装了机械大钟，如今每天早上 9 时至晚上 10 时，适逢正点时刻大钟都会自动敲响。不仅如此，此次修复材料中特采用从菲律宾定制的 98 扇玻璃。据称，这些玻璃价格昂贵堪比黄金。

17. 情思萦绕　魂系珠江——广州的长堤

长堤位于广州市珠江北岸，且沿着珠江呈东西走向。长堤大马路的沿江大道，东起北京南路，西接人民南路，全路距离总长约 2000 米。清朝初期这里还只是珠江的一段河道，后来因珠江沿岸淤积不断加剧，造成河滩不断向外延展，至清朝末年便逐渐形成了陆地。

海珠广场

广州海珠广场始建于1953年，位于广州市老城区中心轴线与滨江景观带交会处，它也是广州目前唯一的滨江式广场。今在其附近汇聚有泰康路、高第街、一德路等若干传统商街。1963年和1982年，海珠广场与广州解放雕塑，以“珠海丹心”入选羊城新八景。

史载，1959年广州解放雕塑像在珠江岸边的海珠广场隆重落成。此雕塑像为一名解放军战士，肩挎一条小米袋、一手紧握步枪，一手捧着鲜花、满怀胜利微笑，坚定凝视远方。在此雕像基座的上方，镌刻有叶剑英元帅题词：“一九四九年十月十四日解放纪念”。

时任建筑工程设计师林克明先生，是中国近代城市规划与建设先驱之一。其毕业于法国里昂建筑工程学院，回国后为广州城市建设发展，呕心沥血立下不凡功绩。中山文献馆是其承接的首个建设项目，也是他运用传统与现代相结合形式进行设计改革的大胆尝试。

自海珠大桥起，海珠广场、广州市政府、中山纪念堂，中山纪念碑等，沿途建筑错落有致、格调不俗，当年这条看似很普通的城市道路，如今已成贯穿市区南北的中轴线。遥想当年，这与时任总体规划设计师、独具智慧及超前视野密不可分。而林克明先生与他的同事们惠及后人的杰作，无疑为今日广州城的规划建设做出了应有的历史性贡献。

海珠大桥

资料记载，当年广州海珠大桥为德国工程师设计，采用英国进口钢材，由美国马克敦公司负责承建，它也是近代广州市第一座跨江大桥。此桥于1929年12月破土动工，1933年2月工程竣工并胜利通车。据说，海珠桥落款为时任国民政府主席胡汉民所题。

海珠大桥全长357米，主桥全长183米，呈南北两跨对称布局，中跨为开启式结构，能向上左右分开以方便大型船舶顺利通过。海珠大桥建成之后，便成为广州市的标志性建筑，当年很多涉及广州或珠江的画面里，人们都会经常见到她雄伟英姿、靓丽倩影。

2012年2月，海珠大桥获批正式封闭，进行为期18个月的大修。2013年8月，海珠大桥整修工作顺利完成。此次大修重建了两端引桥，更换了主桥的钢材结构，拆除了1995年加建的吊塔，以及部分的临时加固部件，从而基本恢复到1950年时海珠大桥形态。

广州长堤

光绪十二年（1886年），时广州道路交通不畅，张之洞曾提议在江边修筑一条马路。1920年沿江的北侧开始建一马路，这便是今长堤大马路前身。今沿江道路分布有广东省总工会、中山大学附属第二医院、华夏百货公司、大三元酒家、爱群大酒店、海珠大剧院等。

由于广州长堤的形式和作用，与上海外滩所处的地位极其相似，故很多人也将这里称作是广州“外滩”。不仅如此，在过去很长一段时间里，长堤也曾是广州的形象和骄傲。

当年，有许多著名商厦、宾馆、酒楼，以及办公机构，皆汇集于此或这一带附近街区。如名噪一时的华厦公司、南方大厦、邮政大楼、粤海关大楼，都曾是这里醒目建筑。

老广州介绍，当年的南方大厦里总是顾客拥挤、人头攒动，西壕的二马路还被人戏称为“食街”，粤菜、潮菜，时尚小吃应有尽有。

经典记忆

20世纪五六十年代，以广州为故事背景、拍摄过多部反特故事片。其中《羊城暗哨》《跟踪追击》《秘密图纸》这3部影片已成经典。片中多处展现了大沙头码头、海珠广场、海珠大桥、长堤、南方大厦、越秀公园等，迷人的南国景色和妩媚的羊城风光。

（1）电影《羊城暗哨》，海燕电影制片厂，1957年摄制；导演卢珏，编剧陈残云，主要演员冯喆饰—王练，狄梵饰—八姑，夏天饰—马老板，梁明饰—刘妈（梅姨），韩涛饰—陈医生。

（2）电影《跟踪追击》，珠江电影制片厂，1963年摄制；导演卢珏，编剧聂建新、朱向群、安忠民，主要演员林岚饰—李明刚，林书锦饰—小黄，史进饰—钱家仁，红冰饰—徐英，陈天纵饰—何老师。

（3）电影《秘密图纸》，八一电影制片厂，1965年摄制；导演郝光，编剧史超、郑洪、郝光，主要演员田华饰—石云，邢吉田饰—丁局长，王心刚饰—陈亮，王毅饰—小崔，张璋饰—金大夫，刘季云饰—古仲儒，师伟饰—方丽，李壬林饰—叶长谦。

---

18. 骑楼大屋 老宅古道——广州的商街

广州自古就是贸易港口、商业都市，尤其是近代以来更是立于潮头，引领先河。如北京路商业街区、江南大道商业街区、人民路商业街区、第十甫商业步行街、上下九路商业区、长堤商业区、东山口商业区、天河商业区、珠江新城等，已成今日广州著名之商圈。

商业骑楼

自1840年鸦片战争之后，广州城市的近代建筑发展迅速，在此过程中经历了西洋建筑的移入、传统建筑的复兴、现代主义建筑的跟进等，若干次兴衰变化过程。因此，广州地区的建筑形式便出现了不同时期、不同类型、不同特点、不同用途的多元特色。例如公共类建筑类为邮务管理局大楼、粤海关大楼、省工会大楼等；民居类建筑类为西关大屋、竹筒屋，东山花园洋房、小洋楼等；纪念类建筑类为中山纪念堂、海员亭等；宗教类建筑类为天主教圣心堂（石室）等。其中，尤以爱群大厦、南方大厦、市银行大楼、省银行大楼、新亚大酒店，以及遍布广州各主要街道的商业骑楼（商业街阁楼），成为极具代表性建筑。据说，广州商业骑楼建筑溯源、多因受到古希腊建筑风潮影响，始兴盛于欧洲后流传世界各地，随之进入广州。

所谓商业骑楼建筑，是将楼房前半部跨接人行道建筑，并与马路边沿相连接，从而形成自由步行的一条长廊。最长的骑楼建筑可达几百米乃至一两千米之多。由于广州有“五月的天，小孩儿的脸，说变就变”之说，而“骑楼”建筑出现，正好适应这种气候特点。早年广州城的“骑楼”建筑，主要集中在第十甫路、上下九路、中山路、解放路、人民南路、一德路等，城内主要商业街区。其中，西濠口“骑楼”极具规模和气魄，而新亚酒店、南方大厦、爱群大厦等处的骑楼建筑，也可称广州鼎盛时期此类建筑之杰出代表。

西关大屋

在广州如果有人提到西关，多是老广州人对明、清时期北起西村南濒珠江岸、东起人民路口西至小北江，旧广州城西门外一带的泛指统称。而这里所提到的西关大屋，为旧时居住于这一带的高官贵妇、实业富商、名门小姐所营造的一些富家公寓或名流宅邸。这种颇具南国韵味的传统建筑，史上因多位于以西关一带，所以当地人也称其为“西关大屋”。如今西关大屋受多种因素影响，已从清末、民初鼎盛时期800余间，已减少到不足100余间。其中，尚有保留价值大概只有10余间，如十三甫正街15号的西关大屋。

史载，曾经的这些老宅高大明亮，庭园结合装饰精美，厅与厅之间均以天井相隔，天井上面常加设一小屋盖，以便通风采光。正间两旁为客厅、偏厅、卧室和楼梯等。门厅右边多设有庭院小井，用于栽种花木、布置山石鱼池，以供游憩观赏，庭院后部多为书房。

千年古道

北京路地处广州市中心，为历史上广州城最早兴起的街区。早在秦汉时期，广州已为番禺商旅繁华之地。此域时有番山和禺山两座高冈，据考证番山大约在今文德路、中山图书馆旧址北“九思亭”小丘一带。番山原来较高，南汉时为扩广州城垣，将其削低拉平。

宋代，山旁曾筑“九思亭”、后称“番山亭”，如今古亭遗迹仍依稀可寻。而禹山大约在今北京路以西、小马站以东，西湖路与越秀书院街之间。唐天祐四年（907年），为开拓城区此山也被削低拉平。古往今来，北京路一带始终雄冠广州人气、商市最为聚集的街区。

史料记载和考古证实，今北京路、教育路和西湖路一带，汇集多处重要历史文化遗迹。如秦番禺城遗址、西汉南越国宫署遗址、唐海军楼遗址、南汉御花园、明清大南门遗址、清代庐江书院等。这些珍贵史迹涉及十多个历史朝代，因而具有十分重要考古价值。

上下九商业街

今广州的上下九商业街，全长800多米，共有骑楼式建筑230余间，这些建筑多始于20世纪初期。岁月流逝，如今这里已成为广州著名的商业步行街。尤其是这里的骑楼式建筑，颇具岭南地区建筑特色，最宜南方气候特点，既可防雨防晒，又得橱窗展示。

今上下九步行街有许多著名商家知名品牌、传统老店入驻，如永安公司、广州服装店、鹤鸣鞋帽店、大陆钟表店、妇女儿童商店、广州纺织商场、锦华床上用品店等。时有清平饭店、广州酒家、陶陶居酒家、莲香楼著名饭店、酒家于此展示厨艺。也有皇上皇腊味店、第十甫副食品店、趣香饼家等广州老牌食品店，不甘落后尽显神通。更有文昌鸡、清平鸡、陶陶姜葱鸡，姜汁撞奶、双皮奶、老婆饼、广式月饼，糯米鸡、伍湛记及第粥、欧成记云吞面等，广式糕点、粤味小吃，令人无不赞叹“食在广州”。

（三）广州特产与美食

地方特产：老婆饼、杏仁饼、鸡仔饼、猪油糕、荔枝干、热带水果、广彩、木雕、玉雕、牙雕、粤绣、龟苓膏、岭南盆景等。

风味美食：肠粉、早茶、凉茶、烧味、粤菜、虾饺、双皮奶、广州菜、艇仔粥、云吞面、及第粥、白切鸡、萝卜牛腩、荷叶包饭等。

六、桂林

——山清水秀　石美洞奇

六、桂林
——山清水秀　石美洞奇

（一）名城概说

桂林位于广西壮族自治区东北部，北依湖南、贵州，西面、南面与柳州市相伴，东面与贺州市毗邻，为山地及丘陵构成区域，属典型的“喀斯特”岩溶地貌。遍布全市的石灰岩经亿万年风化浸蚀，形成了千山立环野、一水抱榕城，洞幽、石奇、景美的独特景观。

桂林境内河溪密布，水利资源丰富，河流落差较大，著名河流有漓江、湘江、洛青江、浔江、资江等，另有集水丰富的支流60余条。桂林气候四季分明、夏长冬短，且雨、热基本同季，气候条件十分优越。唐代诗人杜甫曾赞誉：“五岭皆炎热，宜人独桂林。”史上赞美桂林的诗文很多，且以韩愈《送桂州严大夫同用南字》堪称名作佳句。

苍苍森八桂，兹地在湘南。江作青罗带，山如碧玉环。
户多输翠羽，家自种黄甘。远胜登仙去，飞鸾不假骖。

桂林古称榕城，历史人文悠久，如画山水奇丽，自古以来无不吸引文人墨客。若乘一叶扁舟荡漾于漓江之上，但见沿途两岸呈现的景色，恍如仙境、美轮美奂。泛舟顺水漂泊，犹如置身百里画廊，晨曦薄雾飘渺、细雨朦胧迷离，青山绿水不断、满目诗情画意。

早在南宋嘉泰元年，诗人王正功首次提出：“桂林山水甲天下”这一蜚声中外的千古名句，只是此名句的经久传颂，却令其他赞誉竟稍显逊色。但正是这一精辟言语问世，令桂林这座以山水形盛著称的历史文化名城，饮誉神州且独步华夏，闻名于世而无出其右。

漓江之水、明亮如镜，溪流幽深、蜿蜒曲折，而举世天工造化的喀斯特地貌，令这里的青峰峻岭忽如平地兀起，千姿百态气象万千。从而形成桂林山水所独具的“山青、水秀、石美、洞奇”景致“四绝”。也令其当之无愧地赢得了“桂林山水甲天下”这一美誉。

桂林名胜古迹众多、风光秀丽宜人，其最具代表性景观如象鼻山、伏波山、叠彩山、南溪山、尧山、独秀峰、七星岩、芦笛岩、甑皮岩、明代王城、榕湖、杉湖等。在第二十五届国际地质大会上，执行主席费希尔曾评价：“桂林的岩溶，可称为世界岩溶之最。”

桂林，为国务院于1982年公布的首批24座国家历史文化名城之一。

1. 寻踪问源

早期远古先民，曾在广西的峰林、溪涧、丛地留下了许多生息之印痕，而古人类学家也在广袤八桂大地，陆续发现了“柳江人”“麒麟山人”“干淹岩人”“九楞人”等遗迹。

大约距今一万年，这一带曾是“百越”人生活栖息领地。自秦始皇始置桂林郡、象郡和南海郡，这大概是“桂林”名称之最早溯源，只是当时郡治并不在今天的桂林。

汉元鼎六年（前111年）设始安县，隶属荆州零陵郡。东汉时期，改属始安侯国；三国时先归蜀、后属吴。甘露元年（265年），置始安郡始安县，郡县治所为今桂林。隋唐时期属于岭南桂州总管府，至唐武德四年（621年），镇守此地将领李靖曾修筑城垣于独秀峰南。唐贞观八年（634年）改称临桂县，属桂州始安郡；光化三年（900年）属静江节度。史上，五代十国时期，先后属楚和南汉桂州；到了宋代，前属广南西路桂州，后属静江府。元代，属广西行中书省静江路；明、清时期，属广西省桂林府。1911年为广西省会，1914年改称为桂林县，1940年始设桂林市，1949年11月桂林获得解放。1958年，改称广西壮族自治区桂林市。自此，桂林名称便一直沿用至今，桂林今为广西第三大城市。

2. 人文荟萃

“八桂”一词可见《山海经》中“桂林八树”，晋人郭璞说“八树成林，言其大也”，据说，桂林名称来源于“桂树成林”。史载，商、周时期，桂林属“百越”人居地。秦代，始皇33年（前214年）统一岭南，“置桂林、南海、象郡，以谪徒民且与越杂处十三岁”。

史上灵渠开通，不仅有了舟楫之便，使得中原文化长驱直入，也为八桂大地带来诗书礼乐，开启民智文教兴学。南朝时期的颜延之为官桂林，长年在独秀峰读书岩用功写作，由此成为传承中原文化的使者。独秀峰山麓历代建有书院府学，也称桂林史上第一府学。伏波山公园内，有一尊威武青铜雕像引人注目。但见骏马仰天嘶鸣，将军弯弓抡月，英姿气宇轩昂，这是再现汉代著名“伏波将军”马援、金戈铁马鏖战形象的一尊雕塑。

桂林，物华天宝、人杰地灵，在王城正阳门外的东侧有一条古老小巷，前巷口立有一块石碑，上刻“兄弟翰林”4个大字，这便是桂林史上著名龙朝言、龙朝翊两兄弟。清代，这里还曾走出四位状元，其数量在中国名列第五。这些俊才贤士美名，至今仍在靖江王城及第坊上熠熠生辉，以颜延之命名的读书岩，也早已成为桂林文脉之象征。

在伟大的抗日战争中，无数八桂热血男儿，为了维护国家独立、挽救民族危亡，义无反顾地奔赴抗日战场。他们不畏牺牲、前赴后继，同入侵之敌进行了艰苦卓绝的抗争。

两江四湖（漓江、桃花江、榕湖、杉湖、桂湖、木龙湖）景区，所形成的环城水系，是城内最优美风景区，它与著名的漓江风景区，共同构成了桂林最精华的旅游风光带。芦笛岩钟乳奇石，玲珑剔透琳琅满目，变化多姿宛若仙境。七星岩则将山青、水秀、石美、洞奇四绝集于一身，堪称是造化灵秀婉约大成。象鼻山，犹如一头巨像屹立江边，扬鼻豪饮漓江碧水。伏波山擎天伫地危岩耸立，奇峰峻岭别有洞天，风光无限秀美称极。叠彩山石纹横布，岩垒坚硬彩翠相间、若叠若彩展露层级。独秀峰拔地而起、陡峭高耸环视葱岭，气势不凡独尊“南天一柱”美誉。靖江王城古城环廓围垣拢聚，另置金碧辉煌宫殿于内核，继而与王城建筑主体和谐一处，由此集粹此隅这不可多得著名古建群落。

阳朔西街，小青瓦、坡屋面、白粉墙、吊阳台，显露着桂北明清时期，南方小镇的古朴典雅、温婉碧玉风情。那株植于我国隋代、迄今约有 1400 多年的阳朔大榕树，伴随着 20 世纪 60 年代影片《刘三姐》的上映，声名鹊起不胫而走，名扬四海声播五洲。

（二）历史文化

1. 靖江史遗韵　山水话春秋——桂林（市）博物馆

桂林博物馆于 1963 年开始筹建，1988 年 11 月广西壮族自治区成立 30 周年之际落成并对外开放，该馆址位于秀峰区西山路，馆名为郭沫若先生题写。今桂林博物馆新馆坐落于临桂新区的平桂西路，2010 年 2 月奠基，2014 年 3 月竣工，2016 年 12 月开馆试运行。

简介

桂林博物馆新馆、总建筑面积 34000 万平方米，展厅面积约 12000 万平方米，为展示桂林地区历史文化综合类博物馆，现有各类馆藏文物达 30000 余件，展陈内容以桂林发展历史、明清书画珍藏、贵宾礼品、桂林地区发掘出土的明代梅瓶、广西少数民族文物等为基本特色。

新建的展馆共设有 9 个展厅，推出 4 个基本陈列以及两个专题展。如“漓水春秋——桂林历史文化陈列”，以及“情系桂林——李培庚、叶侣梅、宋克君捐赠的作品展”等。

梅瓶文物可称该馆之特色展，其珍藏的300多件梅瓶中，有250余件为明代青花瓷类，60余件为陶梅瓶。该博物馆展出的藩王陵出土陶瓷文物，以其永恒的诱人魅力、高雅的艺术品位、精湛的工艺水平、独特的人文价值成为展览门类中最具引人注目的品牌。

展馆曾参与《桂林历史文化大典》编纂，举办过“八桂溯源——广西考古成果展”，桂林博物馆“最炫梅瓶风”等活动，荣获“广西首届博物馆十佳社会教育活动品牌”称号。桂林博物馆，现已成为宣传民族团结社会进步的活动中心、展示桂林历史文化的窗口。

展陈

该博物馆布展形式包括基本陈列、专题展览，临时展览、数字展览。如“漓水春秋——桂林历史文化陈列”“画里人家——桂林民俗文化陈列”“靖江遗韵——桂林出土明代梅瓶陈列”“友谊桂林——馆藏外宾赠送礼品陈列”以及“情系桂林——李培庚、叶侣梅、宋克君捐赠作品展”和“翰墨华章——馆藏明清书画精品展”等。

● **基本陈列**

漓水春秋——桂林历史文化系列：分为前言、第一单元史前桂林、第二单元古代桂林、第三单元近现代桂林等。

画里人家——桂林民俗文化系列：分为前言、第一单元和谐家园、第二单元市井画卷、第三单元斑斓彩衣等。

靖江遗韵——桂林出土明代梅瓶陈列：分为前言、第一单元梅瓶的来源、第二单元梅瓶的概说、第三单元梅瓶的釉色、第四单元梅瓶的造型、第五单元梅瓶的纹饰等，这五个板块来分别进行介绍。

友谊桂林——馆藏外宾赠送礼品陈列展：分为前言、外国政要和王室赠礼、外国友好城市赠礼、外国代表团及友人赠礼。

梅瓶文化：桂林博物馆所收藏的梅瓶数量之多、品种之丰富、器型之多样，在国内同类物品中均属罕见。专家和学者对此推崇备至，赞誉为“国之瑰宝”“梅瓶之乡，桂林一绝”等。该博物馆拥有梅瓶，数量之多可谓全国之冠，其纹饰、品种之精绝，独特、珍稀之华贵在同类藏品中皆属一流。有些器形独具特色，可称仅存无二，以至于成为鉴定之标器。

梅瓶考略：梅瓶可为储酒、陈设装饰、明器陪葬、多用途器物，自唐代便受到人们喜爱。至元明清时已渐日臻。时清代许之衡称“梅瓶”，口细项短、肩极宽博、至胫稍狭、故曰梅瓶。特点：其一，气势非凡的龙凤纹梅瓶。龙是皇权象征，皇帝使用的器物上皆有龙纹。其二，雅致的花卉鱼禽纹梅瓶。如水禽图梅瓶、花鸟纹梅瓶、花卉纹梅瓶等。其三，仪态万千的人物纹梅瓶。此类梅瓶造型生动活泼，具有深厚艺术美感。其四，多姿多彩斑斓色釉梅瓶。此类梅瓶造型精巧别致、纹饰丰富精美绝伦。

典藏

基本类型有梅瓶、书画、礼品、杂项、民俗。梅瓶，如青花双龙戏珠纹梅瓶（明万历）、哥釉赭彩青花松梅鹤纹梅瓶（明嘉靖）。书画，如居廉设色荔枝鹦鹉图轴（清），李流芳水墨山水图轴（明）等。礼品，如美国前总统尼克松先生赠和平之鸟镀金骨瓷盘（1976 年）等。杂项，如佛弟子迦叶像（唐）、“静江府卖钞库之记”铜印（宋）等。民俗，如哈尼族所使用的梅花纹焊花套筒手镯（民国）。

2. 奇峰美如画　松柏翠夹陵——靖江王陵博物馆

靖江王陵区有藩王墓 300 余座，整个陵园规模宏大、气势磅礴，世称“北有十三皇陵，南有靖江王陵”，又因有 11 名藩王葬于尧山，故有“靖江王十一陵”之说。如庄简王陵布局十分巧妙、隐匿于苍翠欲滴松柏之中，有文赞“奇峰秀色美如画，松柏交映翠夹陵”。

王陵概说

明洪武元年（1368 年），朱元璋先后分封 24 个儿子、一个侄孙，皆到要塞重地建藩为王。明洪武三年，朱元璋封侄孙朱守谦为靖江王，从册封到灭亡 280 年、先后承袭王位 14 人，这些藩王墓葬构成方圆近百里、气势磅礴的宏大墓葬群，其中有 11 名藩王葬于尧山。

在靖江 11 座王陵中，目前向游人开放的是 1985 年整修过的靖江庄简王陵。它是第三代靖江王朱佐敬及嫡妃沈氏合葬陵墓。靖江庄简王陵红墙绿瓦，雕梁画栋、单檐歇山，朱漆彩绘、桥梁栏杆，潺潺流水。该墓始建于明永乐年间，迄今已有 580 多年历史。

靖江庄简王陵分外园和内宫两部分。进入陵门有三条神道，中为王径、左右为陪径、于神道两旁对列，既显示了明代规制严整，又具有较高艺术欣赏价值。由神道进入内宫可登享殿，此殿高大宏伟、富丽堂皇，是祭祀主要场地。殿后即“宝城”是王陵“寝宫”。

展馆简述

王陵城内之陵墓四周构筑两道围墙屏卫，宝城前立三券陵门、中门、五开间享殿、四门贯通的神道碑亭。神道两侧对列墓表及翁仲，石兽雕刻精湛，威武神奇，森严堂皇。清顺治九年（1652年）清军攻克桂林，自此延续280余年、历14代统治的王城就此终结。

靖江庄简王陵博物馆属遗址型古墓专题类博物馆，于1987年复原后开辟而成，故为靖江王陵之一部。该博物馆陈列展出墓群出土文物，如陶瓷器、金银器、玉器、金属器等，且以陶器居多。其中最具特色的就是精美梅瓶，迄今出土各式梅瓶达300余件之多。

● **梅瓶瑰宝**

这些梅瓶绘有30多种不同内容形式的图案，现经文物专家对这些梅瓶，以及所出土的陶瓷器鉴定，一致认为在同一个地方，同时发现300余件精美梅瓶，这在国内仅此一例，即便在南京、北京皇陵，也没见如此众多珍贵发现。因此，桂林可称“梅瓶文物宝库”。

何谓梅瓶？梅瓶多指小口、短颈、丰肩、肩下渐收的一种瓶式，具有实用、装饰、陪葬器具等多种用途的器物。梅瓶于唐代已始现，至宋时已经广泛流行，时称为“经瓶”。至于后来为什么又称梅瓶？经文物专家解释依据有二：其一，因这些瓷瓶为小口，与梅枝瘦小形态相似，仅能容下一枝梅花；其二，据说此瓶与“梅坛酒”有关。不过第一种说法为多数人所认同。

靖江王陵出土的这些梅瓶，有着鲜明的时代风格且文饰丰富，如花卉、云龙、仕女、八仙、佛道、花鸟、高仕等。瓶彩釉色缤纷，如青花、五彩、白釉、孔雀绿、斗彩等。这些梅瓶外形美观、线条流畅，如景泰青花梅瓶上绘“仕女蕉叶题诗”，人物生动、构图简洁。另有宣德梅瓶堪称存世孤品，此瓶上绘《访友图》，无论是国内还是国外，即便在英、美、法、加、意、东南亚等瓷器收藏丰富的国家和地区，也未发现同样藏品。

● **墓志碑碣**

墓志亦称圹志是中华民族悼念先祖的一种特殊纪念物，通常在其上面记述逝者生平事迹，表彰逝者功德品行，此物有相对固定形状和行文体例。墓志通常要与墓主一起埋藏地下墓中，上面同时记载墓主姓名、世系官职、生卒年月、婚姻状况，以及丧葬地点等。墓志与墓碑，作为华夏文化组成部分，犹如一对孪生兄弟，作为封建礼教的产物，已沿袭有近两千年历史。由于内容记载近实，故能起到溯史、证史、纠史、补史之作用，尤其对考古研究工作具有十分重要意义，历来为文史考古部门作整理收藏重要内容之一。

● **王陵形制**

史上明代，可称王陵构建辉煌时期，明朝开国皇帝朱元璋，就曾对陵寝制度作过重大改革。如他将地上的封土堆，由以前的覆斗式方形改为圆形或长圆形，且取消了寝宫，但扩大了祭祀殿宇。在明朝历代皇帝中，除惠帝朱允炆外，余

15 帝都依此制规建造陵园。

史上明朝分封朱姓藩王，如蛛网般遍布全国，这些藩王死后多建造形制庞大、极具奢华陵寝。由此可见，明代帝王陵墓的营建开创了我国史上最具规模的帝王陵寝之风。

---

3. 千山立环野　一水抱榕城——两江四湖景区

桂林市两江四湖景区，指漓江、桃花江、榕湖、杉湖、桂湖、木龙湖所构成的环城风光带。其中的主题景区以木龙古渡、古城墙为主景，以宝积山、叠彩山为背景，彰显木龙古水道景区。两江四湖所构成的山水美景，可谓桂林市旅游景观天赐独享之宣传名片。南宋著名文人刘克庄，在赞誉桂林美景时曾言道："千山环野立，一水抱城流。"时有游人佚名到此一瞥，也欲效仿古人留下只言片语抒怀："千山立环野，一水抱榕城。"

景区概说

● 最美是漓江

桂林美，最美是漓江。漓江发源于桂林东北部、兴安县的猫儿山麓，其流经桂林、阳朔至平乐县恭城河口，水流全长约 170 千米。桂林至阳朔漓江段，就像一条青色绿绸带，蜿蜒于漫野峰峦之中，奇峰夹岸、碧水萦回，山光倒影、风光旖旎，宛如一段山水画廊。桂林市至黄牛峡，为漓江前端部分。这里两岸奇峰林立，田园风光错落分布，是观赏远山近水、人文民风首选，由此构成画卷序言。主要景观如象鼻山、斗鸡山、父子岩、龙门古榕、大圩古镇等，尤其黄牛峡至水落村段，奇峰叠翠倒映，为漓江风景区精华所在。

● 阳江秋月朗

桃花江又名阳江，属漓江主要支流，其发源于桂林灵川县中央岭东南侧，由北向南流经桂林城西侧，再往东南汇入漓江。宋代时与此西湖、清塘相通，今直抵今芦笛岩前的芳莲池。桃花江水势平缓、清幽恬静，沿岸峰峦倒映如画，山水田园风光别有一番情趣。沿着桃花江两岸，适逢季节夹竹桃如火、田畴如绣，中隐、狮子、清季、甲山矗立。每至深秋降临，月色皎洁景观如画，史称"阳江秋月"，此为古桂林八景中最具特色美景。有文称赞桃花江道：其景之美俨然"不似漓江，胜似漓江"，此语评价恰如其分。

● 榕湖、杉湖景区

榕湖、杉湖景区位于桂林城中央，是一处水体相伴的连接湖，以阳桥为界，东称杉湖、西曰榕湖，因湖岸生长榕树、杉树而得此名。唐宋时这里为护城河，元代称其鉴湖，明代因城池扩建而成内湖。自清代始，富绅名士于湖岸边结庐，文人墨客常湖畔吟诗作赋。史上，这里曾建有唐景崧五美堂别墅，王鹏运祖居西园、李宗仁官邸、白崇禧桂庐、马君武故居等。今昔日故居已多无踪迹，仅存李宗仁官邸和白崇禧桂庐。北斗桥位于榕湖，东连湖心岛、西连古南门，桥上栏杆采用汉白玉，桥形美观，工艺精致，晶莹剔透。

● 桂湖景区

桂湖景区有宋代城西护城河，另“老人高风”“桂岭晴岚”为其传统景观，今有榕树园、迎宾桥等，汇集名树、名花、名桥于一身。此湖水澄碧，令青峰倒映、时枝头摇曳、显扑朔迷离，崖花水藻、恬淡清绮，徜徉湖畔、感清新幽雅，泛舟湖上、观波纹涟漪。

● 木龙湖景区

此湖邻近木龙洞，故曰“木龙湖”，今木龙塔撷取上海龙华塔为蓝本建造。木龙湖南侧与叠彩山之间建有观赏林地、草地、溪流、瀑布的景观带。史载，宋代时木龙湖一带曾为驻军营盘，日前两江四湖改造工程，实为联通漓江与内湖，现终于成就显山露水效果。

著名景观

日月双塔。日月双塔坐落在杉湖中，日塔为铜塔，月塔为琉璃塔。园林小径、溪流、古树，构成高山流水雅韵。溪流山丘上立“桂林山水甲天下”名句首倡、南宋诗人王正功铜像。

知音台。知音台位于杉湖东侧，象鼻山近旁，此建筑面积约 10000 平方米。由琵琶台、小桥、小岛、溪流等景观组成。以中国古代乐器琵琶造型为主体构架，辅以其他造型衬托。

杉湖亭。杉湖亭位于湖心岛上，此亭始建于 1955 年，木结构以杉树皮为盖顶。湖畔有清代“补杉楼”，此地有桂林著名诗人朱琦、龙启瑞等登临吟咏之地，故补杉亭之名由此而来。

邀约台。邀约台建于王鹏运西园遗址，南侧有其祖居的西园为私家园林。今邀约台建有音乐喷泉，水柱由主喷和四组水型构成，成圆状飘舞在湖的中央，与周围景观交相辉映。

榕溪桥。榕溪桥位于榕湖北路，地处丽泽湖与榕湖相交处。桥型仿照古代著名石桥赵州桥的桥型，桥身构造简洁明快。

湖心岛。湖心岛位于榕湖中间，岛上小溪将湖心岛分为两处。临水采用叠石生态驳岸，岛中新建汉白玉龙船舫，及湖心亭子迦廊、小飞虹、小亭。

湖心亭。此亭原建于 20 世纪 40 年代，1979 年获重建。现为新颖仿古临水亭廊，由两亭及连廊组成，大亭八角、小亭四角，单檐尖顶坐落岸上。湖岸九曲桥衔湖心岛，掩映于湖光翠柳间。

古南门。古南门位于榕湖北岸，又称榕树门。史载，为唐代名将李靖于武德四年（621 年）率领大军平定岭南之后，遂于桂林设城构建“唐城”南大门，果如此说将有 1300 余年历史。

系舟处。宋崇宁二年（1103 年），北宋诗人黄庭坚被贬宜州途经桂林，船行至此登岸泊舟，后赋诗《到桂州》。淳熙二年（1175 年），张栻赴静江府任上，于原系舟处建榕溪阁以示怀念。

山水诗碑。桂林素有“摩崖石刻甲天下”之称。今榕杉湖两岸，精选历代山水诗文 37 篇，由当代书法家撰写，后摹刻于自然山石上。其立于古南门前的《阳塘记》，堪称三绝碑。

古榕双桥。古榕双桥桥型采用中国著名桥梁圆明园天宝坞的桥型，桥体设计为人行并列双桥。此桥采用波形桥梁，线型优美自然舒畅，与周围的湖光山色相得益彰。

芙蓉亭。芙蓉亭在榕湖西南岸边。清代著名画家罗辰于此建“芙蓉池馆”，1955 年建亭时命名芙蓉。1988 年获改建，亭建石桌石凳，柱间立石栏杆，亭侧树荫浓密、颇适宜纳凉。

千年古榕。南宋文学家刘克庄在《榕溪阁》诗中写道：“榕声竹影一溪风，迁客曾来击短篷。我与竹君俱晚出，两榕犹及识涪翁。”今树龄虽 800 年以上，仍旧枝叶婆娑、浓茂蔽日。

朝霞亭。朝霞亭在榕湖东侧，簇拥于小叶樟、夹竹桃间，与翠竹茂盛小岛为伴。此为单檐攒尖顶小亭，三面建有石栏桌凳，北面曲桥通达。每临日出时刻，霞光满亭、景色宜人。

水晶桥。此桥选取造型考究的水晶玻璃构件，时为国内最早采用水晶玻璃、建成承重桥体的实用性桥梁。此桥造型美观、晶莹通透，夜幕降临灯光亮起后，七彩斑斓、绚丽夺目。

蘑菇亭。蘑菇亭位于湖心岛上，由一组圆形水榭与 3 个独立单柱圆形亭组成。如登上杉湖北岸的漓江宾馆顶层俯瞰水面，可见湖心岛平面呈现美丽梅花图案。

唐景崧雕像。唐景崧是桂剧奠基人，在榕湖边曾建有五美堂别墅。唐景崧人物雕像由极具民族风格的照壁构成，其雕工精美、构思独特，尤其各种戏剧人物，别具匠心、惟妙惟肖。

---

4. 数代明王府　南天独秀峰——靖江王城景区

靖江王府位于桂林市中心区，墙高门阔、气势不凡。该王府始建于明洪武五年，洪武二十六年始筑城，迄今已有 630 余年历史，如此算来比北京故宫兴建的时间还早一些。靖江王府也是我国迄今历史最长、保存最为完好的一座明代藩王府，该王府内外也因此浓缩了近几百年地方王族历史文化。走进王城之内，但只见独秀峰孤峰突起，陡峭高峻气势雄伟，不负“南天一柱”赞誉，宋人王正功名句“桂林山水甲天下”撰刻于此。

独秀峰陡然矗立，峰顶建有玄武阁、观音堂、三官庙、三神祠等，立于乐山、探奇、瞻云三处景观可凭栏远眺。史传，顺治九年李定国攻占桂林，孔有德兵败举火自焚，历经280年王府付之一炬，现仅存城墙、城门、承运门、承运殿台基、雕栏玉砌和云阶玉陛。

历史文化

自秦始皇北筑长城，南修灵渠开始，便可理明桂林历史踪迹。如史上有唐代名将李靖于独秀峰下构筑子城，自此独秀峰和王城千百年来一直属于王府和政要所在之地。靖江王城始建于明洪武五年，其规模宏大城坚府深，布局严谨气势森严，殿宇巍峨楼阁屹立，气势轩昂恍如皇宫。明朝有12代、14位靖江王居此，其间历经280余年。

史上清代，这座庭院幽深的靖江王府，也曾作过广西地方科考贡院。而这里还曾留下了4位状元、585位进士、1685位举人史迹，故这里也被称作儒学圣地、仕子之天堂。如今走进昔日贡院，可遥想象当年科举考试之盛况。民国时期，孙中山先生曾在王城内设立过北伐大本营。如今独秀峰下建立有“中山纪念碑”，以供后人瞻仰凭吊。

王城概说

靖江王城是明太祖朱元璋侄孙朱守谦，受封靖江王时修建的王城。据明代黄佐《广西藩封志》记载，王城时辟有四门，南曰端礼（后称正阳），北曰广智（后称后贡），东曰体仁（后称东华），西曰遵义（后称西华）。城垣左为宗庙，右为社稷，建有承运门、承运殿等。除了主体宫殿建筑，另建有楼阁亭台、轩室庭院，从而构成了一座规模宏大的王府建筑群。独秀峰挺拔峻峭立于城中，山上建有玄武阁、观音堂、三客庙，山下建有月牙池。城内三元及第坊为清嘉庆二十二年（1817年）时任两广总督、曾连中三元的陈继昌所立。

我国古代盛行的科考制度，是先经省内乡试、会试，后赴京城皇帝殿试的三级选拔。若三次考试皆名列榜首，则分获解元、会元、状元称号，即人们通常所说的连中三元。史载，自我国唐代始设科举考试起，1500余年以来，连中三元者仅有13人，而清代200年中仅有二人获此殊荣，时乡里多将其名镌刻于牌坊，给予成名者至高无上荣誉。

王城景观

贡院。这里因科举时代走出状元而名扬天下，如今已按旧制恢复部分号舍。

以便游客乘兴至此遥想当年科考盛况，从而感受仕子苦读“十年寒窗”之艰辛，“金榜题名”时喜悦。

状元及第坊。此坊是道光年间，及光绪十五年、十八年，为前科状元龙启瑞，后有张建勋、刘福姚先后登上殿试一甲榜首而建，科考本地连出数名状元，时政要乡邻也自感脸上增光。

榜眼及第坊。此坊同治四年（1865 年）为于建章所立。古代会试后由皇帝钦定殿试，按一、二、三甲张榜公布名次，且二、三甲各取百人以上。一甲只限 3 名，获状元、榜眼、探花称号。

奇峰独秀

独秀峰孤峰突起、气势雄伟，素有“南天一柱”美称。山麓东侧读书岩为桂林名人胜迹，南朝文学家颜延之诗句“未若独秀者，峨峨郛邑间”令独秀峰赫然独享此名。

太平岩。太平岩原名西岩，岩洞刻有恭惠王朱邦宁绘刘海蟾像。明嘉靖间挖出一枚“太平通宝”钱币，靖江王认为“此惟兆哉，山灵告予”，“遂以太平名岩”且栽种花木修建宝塔。

中山纪念塔。该塔位于独秀峰东麓，月牙池畔。1925 年 9 月，时有广西著名人士白崇禧等为纪念广州革命政府成立和广西统一，特在孙中山先生 1921 年誓师北伐驻足处兴建此塔。

月牙池。该池位于独秀峰的东侧，亦称独秀泉，因泉涌凿池形如月牙而得名。池上建有曲模水榭，池畔重柳依依，景色幽雅恬静，另有月牙东圣母、春涛、白龙并称为桂林的四大名池。

独秀亭。此亭位于独秀峰顶，为重檐瓦顶、柱间有通透花窗、东西各双向开门。此亭因高踞于悬崖之巅，登临顿觉此云生足下，举目张望时星列胸前，抗战时此亭曾作空袭报警。

---

5. 三山携两洞　环拥一江流——象山景区

桂林市象山景区位于城市中心地带，主要包括象鼻山、伏波山、叠彩山。三山彼此相距不远，濒临漓江、半枕陆地，半沉江流、山水相依，实为桂林山水之精华所在。山得水灵气，水得山雅秀，千百年社会口碑令其早已蜚声华夏成为闻名遐迩的旅游胜地。

桂林旅游名胜异彩纷呈，非一两句话所能概括，但历数桂林著名景观后便不难发现，独具魅力的两江四湖景区，与“三山两洞一条江”的象山景区，可称桂林风景名胜之精粹所在，而这两大独具特色景区，将名山、秀水、奇观、历史、人文、典籍等悉数尽收。

象山景区

概括为三山两洞一条江。三山指象鼻山、伏波山、叠彩山；两洞指芦笛岩、七星岩；一江指漓江。

主要景观

象鼻山，象的文化照壁、水月洞、象眼岩、会江亭、普贤塔、云峰寺、訾洲等；伏波山，还珠洞、试剑石、千佛岩、珊瑚岩、癸水亭、伏波回廊、河岸驳堤等；叠彩山，叠彩亭、四望山、望江亭、明月峰、仙鹤洞、木龙古渡、叠彩琼楼等。

● 象山公园

桂林象山公园以象鼻山为中心，涵盖了象山水月、爱情岛、普贤塔、云峰寺、三花酒窖等特色景观。尤其景区内因有一山座酷似大象的象鼻而得此名。如今的象鼻山不仅已被选作桂林城徽代表，同时也成为中国山水景色中、人与自然美好和谐的符号标志。

象鼻山。象鼻山位于桂林市、漓江与桃花江的汇合处，其独特的山形，悠久的历史，令其荣膺为桂林城徽标志。位于象鼻与象身之间的水月洞，内有摩崖石刻50余件，为广西地区重点文物保护单位。唐代著名诗人韩愈名句："江作青罗带，山如碧玉簪"便镌刻于洞中。象鼻山，简称"象山"，因山形酷似一只站立漓江边、伸鼻饱饮江水的大象而得名，半山处另有一透穿岩洞"象眼岩"。象鼻山地处漓江之滨，原名"漓山"。唐会昌年间，诗人元晦称"漓山"与临潼"骊山"音仿，为避其误会，故取景色宜人之意，更名"宜山"。明代孔镛曾作《象鼻山》诗：

象鼻分明饮玉河，西风一吸水应波；
青山自是饶奇骨，白日相看不厌多。

水月洞。象鼻山后，有一个南北对穿半封闭形的通道，因在象鼻后侧故而得名象鼻岩。象鼻岩石壁上刻有历代文人诗作，其中唐代著名诗人韩愈，所作《送桂州严大夫》最为有名。史上韩愈虽未到过桂林，却有一著名咏桂林诗，可见早在唐代时桂林山水就已名闻遐迩。在象鼻山的象鼻和象腿之间，有一个卷篷式的半圆大洞，每当皓月当空之时，恰好与江中的倒影，契合成一个巨大圆孔，此景宛如一轮明月静浮水中，故称"水月洞"。唐代文人元结在象鼻岩留篆刻"水月洞”3字。宋代有蓟北处士《和水月洞韵》诗曰：

水底有明月，水上明月浮；
水流月不去，月去水还流。

● **伏波山公园**

从象鼻山公园沿滨江北行约2000米，便达象山景区另一处景观伏波山公园。该公园由多级山地庭院构成，其景观主体是伏波山，另有还珠洞、千佛岩、试剑石、听涛阁、半山亭、千人锅，以及大铁钟等文物景观，经休息坪、半山塔亭，便可达伏波山顶。

伏波山孤峰耸峙，半插漓江且半枕陆地。据说，山上因有唐代所建汉朝名将伏波将军马援祠而得此名。坊传，因山势阻拦江水于此形成漩流，此有降波之意故称伏波山。伏波山“山势陡峭拔地擎天”，东南临江回廊、可依崖听涛，西南登山石阶、以登高望远，此处最宜领略观赏“伏波胜境”意境。山上多藏岩洞卓以“还珠洞”最为著名。

● **叠彩山公园**

叠彩山旧称桂山，由明月峰、仙鹤峰、四望山、于越山等组成。叠彩山横亘市区，景色优美、易于攀登，又因山石如彩锦绸缎，层层相叠而得此名。清朝文人秦焕始建叠彩亭，至此观明月峰横断崖壁，犹如“彩翠相间”锦缎，这里也称摄影“叠彩”最佳取景处。叠彩山一名，据说源于唐代著名文人元稹之侄元晦，因其游历叠彩山后，著有《叠彩山记》一文，其文曰：“按图经，山以石文横布，彩翠相间、若叠彩然，故以此索名。”

叠彩山中佳景颇多，如叠彩亭、于越阁、瞿张二公成仁碑、仰止堂、风洞、叠彩楼、望江亭、拿云亭等著名景观。山上历代名人摩崖石刻甚丰，为叠彩山文物精华。登上明月峰，驻足拿云亭，“一面晴风四面山，望疑仙境在人间”，俯瞰榕城胜景一览无余。

● **环拥江流**

从桂林乘船顺流而下至阳朔。此一路峰峦耸秀，碧水如镜，青山浮水，倒影翩翩，两岸景色犹如百里水面画廊。漓江景色美在天工造化、奇在山水变换，无论清晨、中午、黄昏，皆可现千姿百态。尤其烟雨迷蒙晨曦，江面仿佛浮掠一层轻纱，宛如仙境飘渺虚幻。

漓江流经市区环城段，使得三山、两洞、一江之风光带，像一串璀璨珍珠连接到一起，仿佛将桂林山水之精华系数拢聚。有游客赞誉漓江风光富蕴清、奇、巧、变之四绝，称其为，水流清澈四季晶莹，山形奇异千姿百态，天工巧夺造物神奇，四时变化扑朔迷离。

6. 岩耸形神立　洞幽石怪奇——七星岩景区

七星公园景区位于桂林市的漓江东岸，因园内有七星山而得此名。七星岩景区是一座大型综合性公园，普陀山是七星公园主体，著名七星岩身处普陀山腹地，七星山有七峰并峙，宛如天空北斗七星。北四峰恰如斗魁，称作普陀山；南三峰又像斗柄，唤作月牙山。

七星公园山峰迤逦多有溶洞，岩洞雄奇而深邃，小东江经花桥顺月牙山，悄然无息蜿蜒南去，水中青峰桥相映成趣。洞中石钟乳、石笋、石柱、石幔等地质现象，千姿百态、蔚为壮观。七星公园具有典型岩溶地貌景观，景区集山清水秀、聚洞奇石美四绝于一体。

景区概说

七星岩景区位于漓江之东普陀山腹地。其景观主要包括栖霞洞、碧虚岩、仙李岩等。远在隋唐时代，七星岩便已成著名游览胜地。史上“北斗七星”“栖霞真境”“月牙虹影”“驼峰赤霞”“龙隐奇迹”等著名景观，皆为此青山绿水、灵岩峭壁增添故事佳话。今园内景观，奇山秀水，格外绮丽多姿。“北斗七星”“驼峰赤霞”“月牙虹影”“普陀石林”等景观闻名遐迩。七星公园岩洞素以雄奇深邃、瑰丽多姿著称。步入其间不难发现，天工造化景自天成有如海外奇谈、更似人间童话，人物形神兼备、昂然妙趣横生，堪称是“神仙洞府”。

主要景观

现公园著名景观有普陀山、七星岩、骆驼山、三将军墓、月牙楼、天柱石、护碑亭、摘星亭、玄武洞、元风洞。以及龙隐洞、月牙岩、曾公岩、八百壮士墓、桂海碑林等。

普陀山。普陀山是七星公园主体，由七星山西北天枢、天璇、天玑、天权四峰组成，因山上供奉观音菩萨故被称为普陀。普陀山景观丰富，岩洞、亭阁众多，尤以七星岩最为著名。园内亭阁则以栖霞亭、碧虚亭这一组建筑最为别致。若至天矶峰的摘星亭，登亭极目眺望便可观赏到宋代大诗人刘克庄所描述“千峰环野立，一水抱城流”的壮观景色。

七星岩。七星岩位于七星公园普陀山的腹地，七星岩又称栖霞洞、碧虚岩等，据说此名源于宋代。此岩本为地下河床，后地壳变动，地下河上升方才露出地面成为岩洞，但因雨水长期沿石缝渗入溶解石灰岩，且不断在洞内结晶为石钟乳，从而形成蔚为奇特自然景观。

骆驼山。骆驼山原名酒壶山为桂林市名山之一，因山形状酷似骆驼遂冠以此名。每至晨昏时分朝霞映照山石，骤显色泽斑斓，景色颇为壮观。自明清时期以来，此地遍植桃树，每逢春时桃花烂漫、江霞紫雾，分外妖娆，源此“壶山赤霞”便成为清代的桂林八景之一。

三将军墓。三将军墓位于普陀山半山腰处博望坪。1944 年 11 月，为抗击日军侵略进行的桂林保卫战中，国民革命军第 31 军参谋长吕旃蒙、防山军司令部参谋长陈济桓、第 131 师师长阚维雍等壮烈牺牲。1946 年，国民政府建“三将军墓”以示纪念，蒋介石、李宗仁、白崇禧题字。

月牙楼。月牙楼有架空走廊与后山凉亭相通。此楼整体建筑由楼、亭、廊几部分组成，高低错落，起伏有致。立此驻足近可观普陀山、博望亭、普陀精舍，远眺则苍翠一览无余。1963 年郭沫若至此曾赋诗赞美：

月牙楼是画廊楼，八面奇峰豁远眸；
毋怪楼中无一画，画图难及自然优。

天柱石。天柱石位于七星公园西花桥东，山石挺拔屹立如柱，故得“天柱”之名，又因此石有如绽放芙蓉亦称“芙蓉石”。此处北临灵剑江，江中矶石上筑有小亭，东南茂树葱茏，浓郁簇拥，石山之巅有小叶榕华亭如盖。据说，史上晚清临桂著名词人况周颐曾居天柱峰下。

护碑亭。护碑亭位于普陀山南麓山门东侧，此亭始建于 1974 年，以保护唐颜真卿所书“逍遥楼”，及宋代李彦弼所书《湘南楼记》这两处碑刻遗迹。又因“逍遥楼”一语乃出自书法大家手笔，故此碑亭也被称作“逍遥亭”，游人至此即可欣赏书法，又能一览园林胜景。

摘星亭。摘星亭是此七山峰中唯一高亭。立于此亭放眼四周，东可见尧山、天圣、屏风，北可望虞山、叠彩、伏波及清澈漓江，西可赏象鼻、南溪诸胜，故得“旷观亭”之美誉。

玄武洞。玄武洞位于普陀山北半山处与白鹤洞相连，洞口朝向西北，洞内有全真道观。据说，此洞始为元代所建，至明更名真武阁，后因避讳缘由改为玄武阁，洞亦更名玄武洞。

元风洞。元风洞古称玄风洞位于普陀山西麓，洞口朝西向，洞内今有题刻“温凉别况”，田汝成《游记》中语句“冬时温如火，盖阳伏之征也”。据称，宋代诗人赵少隐曾于此建“来风亭”，明代吕调阳曾筑“七星庵”，清代改为“大贤庵”，只是以上亭、庵现已无存。

7. 自然艺术宫　绝美已至极——芦笛岩景区

芦笛岩景区距市区约 7000 米，是一处以游览岩洞为主、观赏山水田园风光为辅的独特风景名胜。园内主要景观有芦笛岩、朝晖楼、芳莲池等，是桂林山水中一颗璀璨明珠。有人赞誉："桂林山水甲天下，芦笛美景可称极"此岩洞幻化幽深绝美至极。如玲珑剔透石笋、石乳、石柱、石幔、石花等琳琅满目，构成狮岭朝霞、红罗宝帐、盘龙宝塔、原始森林、水晶宫、花果山等多处奇妙景观，令游人恍若步入瑶琳仙境"自然艺术迷宫"。

景区概说

芦笛岩所处的光明山，早前被称作毛毛头山。芦笛岩于1959年被发现时，洞内现大量绮丽多姿、玲珑剔透的石笋、石乳。据称，此岩洞原为半山腰处一很小洞口，仅可容一人出入，附近乡邻常以山坡芦荻草做成笛哨，吹出悦耳动听音色，以至于芦笛岩赢得此名。从唐代起，这里历朝不断游人萍踪，今洞内有古壁画70余幅。洞中存大量石钟乳、石笋、石柱、石幔、石花，千姿百态、仪态万方，造化神奇、琳琅满目。芦笛岩奇异瑰丽，美在自然艺术，纵观整个岩洞之中30多处神奇造型，虽为自然造化，不失鬼斧天工。

七星岩与芦笛岩虽同属岩溶洞穴地貌，但二者风格迥异，前者玲珑瑰丽，后者雄伟神奇。尤其岩洞内的景物，各具风采、百怪千奇，那些历经漫长年代垂落的石乳、石笋格外奇妙，一经敲打便会发出悦耳声音，人们根据不同声色变化，称其石琴、石鼓、石钟。

主要景观

塔松傲雪。今洞中两座奇特石笋，一座像雪人、一座如塔松，上面都似覆盖一层白雪，巍然屹立于万籁俱寂雪原之中。曾有诗文赞："大雪压青松，青松挺且直；要知松高洁，待到雪化时。"此"青松高洁"不畏严寒、天工造化令人称奇，虽身处南国胜景，却也领北国风光。

双柱擎天。密集高大的石柱构成了芦笛岩壮观石林。其中，有两根巨大石柱，颇显顶天立地气概。但如果仔细观看，也发现右边这根"石柱"，与洞顶并未完全相连，只是顶部几根石丝开始初显接触。左边这根"石柱"，乍看好像已经连接起来，其实也还差一点没有接上。

水晶宫。在芦笛岩洞中，水晶宫可称是最宽阔地方，此大厅上方悬挂一盏巨大宫灯，仿佛令整个石笋大厅尽显通明、游人至此如进水晶宫，四周万籁俱寂无声，恍惚身处幻梦仙境。有人质疑，这里大厅为何广阔空荡、为何没形成石钟乳，今有地质学家解释：首先，这里岩层平缓，古地下水流顺着岩层溶蚀了整片岩石，故留得层面平整；其次，这里洞顶岩石比较完整，裂隙很小，水不便渗透，所以钟乳石不便形成。

经典二十景：狮岭朝霞、红罗宝帐、半首诗台、高峡飞瀑、塔松傲雪、菇山传奇、瓜菜丰收、黄杨木雕、盘龙宝塔、鸟语花香、双柱擎天、帘外云山、远望山城、葵花石峡、镜照蜈蚣、水晶宫殿、幽境听笛、舞台帷幕、珍珠金鱼、雄狮送客。

8. 梯田四季画　风情各不同——龙胜景区

龙胜各族自治县景区距桂林市约90千米。龙胜景区旅游资源丰富，有号称“天下一绝”，国家级景区龙脊梯田，有位于国家级森林公园旅游度假区内的“华南第一泉”。龙胜地区景色秀丽气候宜人，冬无严寒夏无酷暑。全县属于高山区域温差较大，山峰连绵、河谷幽深，浔江水系遍布全县，林木茂盛葱郁，生态环境优越，山水田园迤逦。

历史文化

史上，龙胜曾被称作桑江，至秦嬴政三十三年（前224年）初为桂林郡辖地。两汉三国时期，属荆州武陵郡镡成县境地。晋至隋代，亦为始安郡地域。至唐龙朔二年（662年）再置灵川县，龙胜仍属灵川县地。至后晋天福八年（943年）又置义宁县，龙胜则属义宁县地。

史上，宋、元、明三代，龙胜仍属义宁县境域。明代，于义宁县始置巡检司，负责治理义宁西北地域庶政。乾隆六年（1741年），置“龙胜理苗分府”。民国元年（1912年），“龙胜厅”改称“龙胜县”，隶属桂林市管辖。中华人民共和国成立后，“龙胜县”属桂林专区。1951年，龙胜实行民族区域自治，1955年9月，改称为“龙胜各族联合自治县”，1956年12月，改称为“龙胜各族自治县”，自此成为中南地区第一个成立的民族自治县。

景观概说

龙胜各族自治县自然景观独特，民族风情浓郁，民风古朴淳厚。龙胜景区多姿多彩，形成了以景区矿物温泉为核心，集岩门峡溪水漂流、瑶寨风情于一体的五大景区。即龙脊梯田风景区、花坪原始森林风景区、西江坪旅游风景区、温泉森林公园风景区、银水侗寨与勒黄峡风光的山城奇景风景区。

龙脊梯田。龙胜地区的龙脊梯田始于元代，距今已有700多年的历史。龙脊梯田景区主要分为，平安壮寨梯田和金坑红瑶梯田。平安壮寨梯田有“七星伴月”和“九龙五虎”两大著名景观。金坑红瑶梯田则有“大界千层天梯”和“西山韶乐”，以及“金佛顶”三大著名景观。

龙脊梯田景观是龙胜各族自治县和平乡龙脊村，以及平安村梯田的统称。龙脊梯田所以出名，在于其恢宏磅礴气势。南国山区皆有梯田，但像龙脊梯田这样景色别致、规模庞大而且集中实属罕见。龙脊梯田集壮观和秀美于一体，故享有“人工梯田之冠”的美誉。

龙脊梯田如链似带，将山峰环绕成巨大的螺蛳，有的像巨扇半露半展，有的像天镜细碎分割。在这个特定的区域内，小路蜿蜒于错落有致的梯田间，有如一根根飘忽的长线。龙脊梯田景色随季节变化而变化，时而春水融融，时而绿波荡漾，时而一片金黄。春、夏、秋在这里就是三幅套色版画，倾心将田园美景和丰收果实呈献给晒楼和谷仓。

主要景观

龙脊梯田景观主要有龙脊梯田、大寨梯田、小寨梯田、龙脊古壮寨、金竹壮寨、黄洛瑶寨等。龙脊梯田景观为广西旅游一级景区，龙胜景区旅游一年四季可称各领风骚：

春来，水满田畴，串串银链山间悬挂；夏时，佳禾吐翠，似排排绿浪从天而泻；秋色，稻穗沉甸，座座金塔玉宇琼楼；冬至，雪兆丰年，若环环白玉堆砌云端。

龙胜温泉。龙胜温泉位于龙胜县城东北的矮岭溪边，从县城乘车仅需 40 分钟可到达。温泉由地下 1200 米深处岩层涌出，水温常年保持在 45～58℃。水中富含有锂、锶、铁、锌、铜等十几种于人体有益的微量元素，龙胜温泉水还是优良的天然饮用水源和医疗矿泉。

花坪。花坪自然保护区位于龙胜与临桂两县的交界处，1978 年，经国务院批准成为国家级自然保护区，且以珍稀孑遗树种银杉为特色，花坪自然保护区还是珠江水系的源头。

民族风情

龙胜各族自治县居住着苗、瑶、侗、壮等多个民族。少数民族人口约占全县总人口 76%，所谓“无山不瑶，无林不苗，无垌不侗，无水不壮”，便概括了民族分布概况。

红衣节。“红衣节”是龙胜红瑶同胞最为盛大、最显隆重的节日。每年农历四月初八，瑶、苗、侗、壮等少数民族都要欢聚一堂进行歌舞表演，以及瑶族妇女长发比赛等节庆活动。

白面瑶寨。白面瑶寨位于龙胜温泉 6000 米处。寨边枫木参天，寨门有清代寨规石碑，寨前矗立的“红瑶柱”为瑶民图腾崇拜。村民热情好客，有顶竹杠、背新娘、长鼓舞喜庆活动。

三门瑶寨。三门瑶寨位于龙胜温泉 10 千米处。村寨依山傍水，民风淳朴，这里集瑶族自然生态、文化生态、经济生态于一体。可体验种桑、养蚕、人工织布及瑶族刺绣等喜庆活动。

细门瑶寨。细门瑶寨位于龙胜温泉8000米处，是一个古老瑶族村寨，寨前梯田如盘龙缠绕。浓浓的珍珠油茶是款待宾客的上品。瑶族古老民族歌舞，有彩群舞、长鼓舞等喜庆活动。

黄洛瑶寨。黄洛瑶寨位于龙脊景区，此地居住为清一色的红瑶族。自古红瑶妇女有蓄长发习俗，发长达一米以上有60名，最长达1.9米，由此曾获得“吉尼斯群体长发之最”纪录。

金竹壮寨。金竹壮寨位于和平乡龙脊景区，距县城约17千米，因金色竹林而得名。金竹壮寨于1992年，为联合国教科文组织誉为壮寨楷模。有竹邦舞、狮公舞、板鞋舞喜庆活动。

9. 烟雨漓江　千年古榕　山水仙境——阳朔风光

漓江发源于“华南第一峰”、桂北地区越城岭的猫儿山麓（今兴安县境）。此江水一路流经桂林、阳朔，至平乐县的恭城河口，江流全长约170余千米，形状酷似一条青罗带，蜿蜒流淌于奇峰峻岭，人称“百里漓江，犹如画廊”，被称喀斯特地貌精典至极景观代表。

最美漓江

无论何时游览漓江，你都会感到沿途景色，不会因时间、地点、气候，发生变化而受到影响，或者说随四时季节变化，皆可呈现不同神奇景观。故有人曾打趣言道：“有时天气的变化，反而会令此时漓江景色显得更加妩媚”，倘若趁此泛舟江上定然别有一番韵味。如晴天，漫江碧透青峰倒影；若阴天，山隐雾色虚无缥缈；逢雨天，云遮雾障水气蒙眬。尤其烟雨漓江，浩渺烟波升腾，秀水若隐若现，奇峰突兀掩映，雨幕轻纱笼罩，江山景色无限。简直就是一幅神奇泼墨水彩，尽显“桂林山水甲天下，绝妙漓江泛秋图”仙境。

古城墙址。熙平县城遗址位于兴坪镇狮子崴，始建于吴甘露元年（265年），废于南朝梁代，前后约200余年。古城遗址群峰环绕，犹如天然城墙，“老屋宅”“跑马道”旧名至今犹存。

归义县城遗址位于白沙镇新寨村旁，于唐武德四年兴建（621年），贞观元年废弃（627年）。遗址为正方形，有东、南、西3门，城墙为泥土夯筑。现有其城垣遗迹约800余米。

古乐州城遗址位于福利双桥村南，江边数十亩稻田处。其始建于唐武德四年（621年），城墙土筑，城南为白面山，北为双桥树，西北临马头江。现遗凿马槽，古代此为马棚。

阳朔古城垣始建于元至正七年（1347年），城开四门。明、清两代曾增高加固四围城墙，民国时拆城墙以筑碉堡。新中国成立前夕，东城墙、南城墙基本完好，西城墙仅存一小段。

莲花岩。莲花岩位于兴坪镇白山底村，地下河可通数里外漓江。岩洞中的石笋，千姿百态、美不胜收。最精妙之处是洞中的 108 盆石莲，全“漂浮”于水面，景致奇妙令人称绝。

山水园。山水园位于碧莲峰东麓，濒漓江处一古道。此地风景幽雅，石壁有数十处历代石刻。其中，有著名的“带”字碑以及“桂林山水甲天下，阳朔堪称甲桂林”诗碑堪称精品。

富里桥。富里桥位于遇龙河的上游，此河上有单拱石桥，始建于明代，长 30 米、宽 5 米、高 10 米，距今约有 500 余年的历史。该桥造型美观，立于水中的倒影恰似一轮明月。

遇龙桥。遇龙桥位于遇龙河中游，是今阳朔境内规模最大、广西桥梁史上著名的古建桥梁。此桥为干砌单拱，距今已有 500 余年历史，桥体坚固巍峨壮观，两侧藤蔓攀壁累垂。

千年古榕

阳朔大榕树又称穿岩古榕，此千年古榕位于阳朔城南 8000 米处，紧依高田乡穿岩村金宝河南岸，此处远离喧嚣尽显一隅田园风光。大榕树冠呈圆盖形，远望犹如一撑开巨伞；近观盘根错节，老当益壮茂密蔽天。彩色电影《刘三姐》播出，令其一夜成名蜚声中外。据说，此榕树为晋代所植，距今已有 1500 多年。古树旁金宝河，明镜如洗；隔岸平地有一小石山，中间对穿一孔道，似巨型石门洞开。小河今为一截拦水坝，涨水时水滚坝坡，为幽雅田园风光平添一幅恬静画面。旧时，古榕树下有一“榕荫古渡”曾为阳朔一景。

经典影片《刘三姐》

导演苏里，作曲雷振邦，主唱傅锦华、李敏玲，配音张桂兰，发行长春电影制片厂，黄婉秋饰刘三姐，刘世龙饰阿牛哥，梁音饰刘二，张巨光饰老渔夫，张文君饰舟妹，夏宗学饰莫怀仁，贺汝瑜饰莫进财，马骉饰陶秀才，徐峻泰饰李秀才，李万城饰罗秀才。

十里画廊

月亮山风景区山岩形状独特、充满无穷遐想，景观富于变化、令人心驰神往。时人称此清幽阳朔十里画廊，沿途阅尽田园风光，秀水奇峰美不胜收，置身其间如临仙境。据说，时任美国总统卡特来阳朔，刻意骑车尽兴观赏十里画廊。

如今，这里已建成一条5000米长自行车公路，方便游人观赏沿途风光。当地人也将其戏称“卡特景观小道”。

画廊景观。主要景观有佩桃献寿、海豚出水、尼姑下山、火焰山、八戒晒肚、金猫出洞、马象奇石、龙角山、猴子民愁、骆驼过江、青厄风光、古榕美景、美女梳妆、秦皇出征等。

龙潭古村。龙潭村位于月亮山以西约1000米处，该村已有500多年历史。现存有一些明、清时期的古建筑，青砖粉墙青瓦、层檐飞龙走凤，为阳朔地区古建筑保留较好的村落之一。村边风光秀丽，有“荷塘奇观”“弟子山”“佛留坳”“犀牛泉”等10余处田园自然景观。

10. 别样风情街　世间桃源地——阳朔景物一瞥

阳朔西街

阳朔西街是古城阳朔中最具历史韵味的街巷。西街始建于清顺治四年（1647年），东临漓江、直对东岭，西面青泽峰、旁倚碧莲峰。街道宽约8米、长约800米、路面暗青油亮，皆用本地槟榔纹大理石铺就。清代低矮砖瓦房、粉墙红窗，彰显古朴典雅岭南风情。一走进西街，就会感到这里一砖一瓦，富蕴浓郁文史气息。孙中山先生曾在这里进行过演讲，绘画大师徐悲鸿曾经在这里居住，这里还曾接待过外国总统、总理、首相、部长等150多位贵宾。古色古香的建筑，晚清时期的民居，徜徉于青石板路令人流连忘返。

西街中的讲台和错落的青石板，皆留有名人史迹、沁透时代印痕。西街朴素民风，具有博大宽广国际包容元素。阳朔糍粑与米粉、意大利咖啡与西餐、古老的中国年画、前卫的时尚消费、各种语言交流，全部浸染于这山水画般街巷之中。石板路、酒吧、餐馆、旅店、攀岩吧、桂北古民居、旅游纪念品、民间艺术廊、不同肤色旅游者往来于“西街”，展现着多元文化时代风情。

《阳朔碧莲峰》　唐·沈彬

陶潜彭泽五株柳，潘岳河阳一县花。
两处争如阳朔好，碧莲峰里住人家。

早在1000多年前唐代，诗人便对居住于此羡慕不已。如今的西街依旧小家碧玉般模样，但这里的每处酒吧、网吧、外语招牌，却已显露出四面人文格调，八方异域情怀。

徐悲鸿旧居

阳朔徐悲鸿旧居位于阳朔县前路一座三开间的砖木结构平房。1936年，徐悲鸿先生到阳朔，曾想暂定居于碧莲峰下。此事后为李宗仁得知，便买下了此屋并慨然相赠。今故居外围白粉墙、上罩小青瓦，略带土黄颜色的檐口，门楼的下面悬有吴作人先生手书牌匾“徐悲鸿故居陈列馆”，牌匾的另一侧还镶嵌有“徐悲鸿故居”大理石的碑刻。步入徐悲鸿故居庭院，只见一株10多米高、花香醉人的玉兰树伫立。故居陈列馆风檐为褐红色，里面主要展陈了徐悲鸿先生在阳朔生活期间的情景实物、图片和介绍。

徐悲鸿曾与美丽的漓江结下了不解之缘。当年，徐悲鸿随乘一叶扁舟，从桂林专程来到了阳朔，即被秀美的漓江风光折服、陶醉。他不辞劳顿便将阳朔作自己安身立命之地。其间，徐悲鸿先生创作了《漓江烟雨》《走岂渡》《鸡鸣不已》等著名画作。在《南游杂感》文中他还曾写道：“世间有一桃源，其甲天下山水，桂林之阳朔乎。”今江水盈盈、影画入镜，平流细泻、蜿蜒无声，云霞映衬、水波荡漾，山光水色佳绝可称人间仙境。

1985年，徐悲鸿故居得以修复，后又整理扩建了展览室和庭院。今院内一米多高大理石座上，建有徐悲鸿半身正面铜像，两侧奇石篆刻“阳朔天民”“徐悲鸿印”图章。室内大厅端放着徐悲鸿先生半身石膏像，两边耳房和展览室，陈列徐悲鸿与夫人廖静文的合影照和生活照。故居门楹上横幅“徐悲鸿故居”5个大字，系廖静文女士手书。

据说，距县城5000米的“潘庄”，是徐悲鸿居留阳朔时、写生作画时小憩之所。此地依山傍水视野开阔，上有古木参天，下是百年古渡，金宝河与遇龙河在不远处相汇流淌。如今，伫立于“潘庄”极目远眺，骆驼过江、鉴山古寺、穿岩古榕、月挂高峰、凤楼晚照等景区，与阳朔奇峰秀水融为一体，就好像为“潘庄”适配一串高贵典雅的项链。

11. 钟乳奇绝秀　深闺藏未露——荔浦丰鱼岩

荔浦位于桂林市南部约100千米处，距离阳朔约40千米，居桂林、柳州、梧州三市之间。这里山清水秀，民族风情浓郁，文物古迹众多，民间流传许多神话故事和动人传说，当年电视剧《宰相刘罗锅》热播时，该剧情中所提到荔浦芋头，曾风靡一时众人争品。

“苍苍森八桂，兹地在湘南。”史上，荔浦建制源于汉元鼎六年（前111年）。今荔浦东连平乐、西接金秀、南依蒙山、北邻永福，全县居住壮、汉、苗、瑶等15个少数民族。荔浦著名景观如，苍劲婆娑“千年古榕”，蔚为壮观“高山瀑布”，清幽俊俏“小青山银子岩”，悠远独秀“荔浦宝塔”，山水相映“青山晚照”等，山水竞秀异彩纷呈胜景。荔浦丰鱼岩景区群山环抱，自然景观别具一格，田园风情韵味独特。只是此地偏隅知名尚浅，配套设施不足，一些奇绝独特景观，竟然不为游人所知。

佚名游《丰鱼岩》胜景　由衷赞叹：

惊美一洞穿九山，妙赞荔浦丰鱼岩；
旷世钟乳奇绝秀，未露深闺婕妤颜。

溶洞、暗河、田园

荔浦丰鱼岩，位于桂林市荔浦县城南约12千米处的龙怀乡境内，距桂林市约120千米。现为国家3A级旅游景区、省级田园旅游度假区，溶洞与地下河乃此处奇绝景观。

丰鱼岩景区集水、陆、空三栖于一身，有亚洲第一洞“丰鱼岩”，灵验如神的天下第一卦“八卦山庄”，神秘幽深的“鹅翎寺”，以及“长滩河”“思贡峡”“大江湖”景观。该景区溶岩洞号称“亚洲第一洞”，享有“暗河漂十里，一洞穿九山”美誉，只是此奇观，至今仍处于“养在深闺人未识”境地。

景区观赏包括三部分：第一观赏区，是岩洞内陆观赏区，全长约2000米。其洞中最大厅为25000多平方米，相当于两个足球场的面积，洞内的石笋、石柱千姿百态，形成了许多妙趣横生的奇景；第二观赏区，是洞内暗河，全长约3000米。这条暗河也是开发与利用，最为完整的一条暗河。沿途景观栩栩如生，游船之旅充满隐秘、神奇色彩，全程具有探秘寻幽感触；第三观赏区，乘坐空中高架列车。在车辆叮当行驶之中，透过视野宽阔的车窗，便可一览田园风光。如此丰鱼岩景区集，水、陆、空三项之旅，令游客耳目一新回味无穷。

（三）桂林特产与美食

地方特产：夏橙、笋干、椪柑、金橘；三花酒、桂花酒、沙田柚、毛尖茶、桂花茶；壮锦、罗汉果、辣椒酱、荔浦芋头、圆枝腐竹、桂林辣椒酱、桂花马蹄糕；绣球、镇纸、瓷刻、苎麻、竹木雕刻、玉石雕刻、阳朔画扇、芒编工艺品等。

风味美食：汤圆、胡辣、凉粉、油茶、粉利、酿菜、马蹄糕、水糍粑；啤酒鱼、桂林米粉、拔丝芋头、芋头扣肉、豆蓉糯米饭等。

七、昆明

——高原春城 西南明珠

七、昆明
——高原春城　西南明珠

（一）名城概说

昆明是云南省会，其位于云贵高原中部，东与曲靖市交界，西与西南部和楚雄彝族自治州及玉溪接壤，东南与红河哈尼族彝族自治州毗邻，北与凉山彝族自治州相依。昆明地势北高南低，地貌以溶洞、溶岩、坝子为特征，属亚热带、低纬度、高原山地季风气候。

有关“昆明”一词的起源，长期以来就有多种说法。“昆明”在中国古代史籍中有“昆”“昆弥”“昆沵”之表述。多数学者认为，“昆明”早期并非地域名称，很可能是生活在我国西南地区（即今日云南西部、四川西南部一带），一个古老部族的称谓。史载，汉武帝时期，著名史学家司马迁曾在《史记·西南夷列传》中写道：“西自同师（今云南保山）以东，北至叶榆，名为嶲、昆明，皆编发，随畜迁徙，毋常处，毋君长，地方可数千里。”若依此说，这里“昆明”一词，应是记述古代云南一少数民族的族称。

“昆明”作为地名出现则是在唐代。“武德二年，于镇置昆明县，盖南接昆明之地，因此为名。”不过此所指昆明县，非今之昆明，乃四川定笮镇（今盐源县境）。至于唐代为何将定笮镇称作为“昆明”，该文献也给出缘由，是因其接近于昆明（指部族）之缘故。

昆明历史悠久，山川秀丽，民族众多，灿烂的文化史迹、美丽的自然风光、多彩的民族风情，令昆明今已成为我国著名旅游胜地。如龙门、滇池、翠湖、石林、大观楼、讲武堂、阳宗海、轿子雪山等国家和省级著名风景区、云南民族风情村等100余处风景名胜。

昆明，为国务院于1982年公布的首批24座国家历史文化名城之一。

1. 寻踪问源

早在远古时期，昆明一带已经出现人类生息痕迹，4000—7000年前，滇池一带已有原始农业和狩猎活动。青铜器时代，分布于陕西、甘肃、青海、四川及云南北部游猎民族。从越西（四川越西）进入滇地，并与傣僮语系氏族“蒲”

“僚”等部落交汇融合。

春秋时期，“庄蹻开滇”带来了楚域及中原地区先进的文化和技术，进一步促进了滇地经济发展。史载西汉元封二年（前109年），汉武帝征发巴蜀地区，且以大兵临滇之势，先后攻占了滇池东北的劳浸、靡莫等部落，面对强大的汉王朝势力，滇王最终选择归附。

史上汉代，曾以滇池地区为中心，设置了益州郡，郡下再设县，从而将中央集权的郡县制，推行到当时的西南边陲，这也令滇地所处的奴隶制形态始受冲击。中央封建王朝对该地域实施管辖，也令中原地区先进技术和先进文化，不断与当地的经济文化碰撞融合。

公元617年，唐在云南设置92州，滇地则为主要区划。公元618年，唐任命爨氏子孙爨弘达为昆州刺史，治理属县。公元746年，蒙氏皮罗阁进兵安宁灭爨氏。公元765年，蒙氏阁逻风（时南诏国王）命其长子凤迦异于昆川（今昆明一带）置拓东城且驻守。

公元937年，大理段氏取得了南诏政权，遂建大理国，且统一云南，并依拓东城设鄯阐府，其府治沿仍袭旧制，时为大理国八府之一。只是其后，在段氏政权内部发生了剧烈的争斗，所幸到大理国末期，鄯阐城已经成为滇中地区“商工颇众”异常繁华之城邑。

公元1253年，元军攻占云南、赛典赤主滇，并将此前军事统治时所设万户、千户、百户，改为路、府、州、县，且正式建立云南行中书省。公元1381年，明王朝进军并占领云南，洪武十五年修筑昆明城池，该城环周围9里，建有6座城门，城外设置护城河。

清朝隶属管辖沿袭明制，昆明仍为云南首府及昆明县治所，城垣范围也没有超出明代的规模。清代后期，特别是1885年中法战争以后，法、英等势力不断入侵云南，至光绪三十年（1904年），清政府被迫将昆明辟为商埠。宣统二年（1910年）滇越铁路开通直达昆明。

1937年卢沟桥事件爆发，由于很多外地工厂及学校内迁，使得大量资金、设备和人才进入昆明，令昆明经济发展一度呈现战时繁荣。时至1940年，昆明与重庆、川中、广元、川东等地，已为西南一带大后方重要工业区，承担起政府主要经济来源和工业支撑。

1949年12月，云南和平解放。当年昆明所辖范围还很狭小，仅为东起金马山，西接菱角塘，南至螺丝湾，北临虹山界。如今，昆明下辖7区、1市（县级）、4县，以及3个自治县（民族）。辖区的扩大、经济的发展，为昆明展现出光明前景和美好的未来。

2. 人文荟萃

昆明人称“春城”，自然景观、人文景观、名胜古迹众多，旅游资源得天独厚，古今相携交映生辉。这里可领略滇池烟波浩淼，石林峰林耸立，寺院曲径通幽。昆明还是一座多民族和谐共处的城市，色彩斑斓的民族歌舞，可令人近距感触兄弟民族不同文化习俗。

● **风景名胜**

石林景区，被誉“天下第一奇观”，有大石林、小石林、乃古石林、灵芝石林；滇池景区，水面广阔，沿途的西山、观音山等风景名胜，被誉为“高原明珠”；西山景区，有碧鸡，太平等诸峰，华亭寺、太华寺、三清阁、龙门等著名景观；大观楼景区，华夏名楼之一，一百八十字长联气势恢宏，被誉“古今第一长联”；昆明世博园，集园艺之精华，融山水于一体，展现人与自然和谐共处优美画卷；云南民族村，有傣、白、彝、纳西族等村寨景观，浓缩民俗、民歌、民居风情；阳宗海景区，天空湛蓝、湖水清澈、波光涟漪、设施齐备，为一旅游休闲胜地；轿子雪山景区，山峰因形如花轿得名，景区集奇特、美妙、险峻、瑰丽于一体。

● **民俗文化**

昆明地区聚集20多个不同民族，各族同胞服饰绚丽、民风淳朴、能歌善舞、热情好客。彝族的“火把节”，白族的“三月街”，傣族的“泼水节”，苗族的“踩花山”，傈僳族的“刀杆节”等民族节日久负盛名，著名滇剧、花灯戏更为广大群众喜闻乐见。

春城昆明风光秀丽，物华天宝，人杰地灵。云南的山茶花盛开鲜艳、名冠天下；昆明牙雕，历史悠久、技艺精湛；木雕工艺，古朴典雅、备受赞誉；乌铜走银、形色别致、格外俊朗；斑铜制品，色泽金黄、华丽高贵；云子称极、云烟封冠，业内独步饮誉华夏。

（二）历史文化

1. 展露滇地之光　述说近代风云——云南省博物馆

云南省博物馆（老馆）位于昆明市五一路，该馆始建于1951年8月，是一座省级的综合性博物馆，迄今已走过了70年的不凡历程，曾为云南省历史、文化、艺术的集聚之地。云南省博物馆新馆位于昆明市广福路，已于2015年5月建成并正式对社会公众开放。

简介

史上“云博”历经过多次变迁，从最初云南图书博物馆，至昆明文庙择址，再到圆通寺临时“居所”，见证了“云博”发展与变迁的过程，记述了展馆历史印痕和深厚底蕴。

云南省博物馆现为国家一级博物馆。开馆以来已举办了各类展览400余次，其中有徐悲鸿、张大千等大师作品展，法国“深海奇珍”国际巡展、“绣罗云裳——海派旗袍与云南服饰展”“茶马古道——八省区文物特别展览”、“南方霸主——庄蹻故国楚文物大展”等。博物馆现收纳藏品包括青铜器、陶瓷器、古书画等各类文物已达20000余件（套），其中内有国家一级文物705件（套）、二级文物1389件（套）、三级文物12203件（套）。

沿革

云南省博物馆创建于1951年，20世纪50～60年代，晋宁石寨山古墓群的考古发掘活动，为滇地青铜文化溯源提供了佐证，被考古界称作“石寨山文化”亦称“滇文化”。

1972年发掘江川李家山古墓群，出土战国至两汉时期文物1300余件，其具有代表性的青铜纺织工具、卷经杆、梭口刀、纺轮、绕线板等，是研究云南纺织历史重要资料。

20世纪70年代，在楚雄万家坝发掘春秋—西汉古墓，出土文物1245件。其中，最为重要发现是出土5面春秋时期铜鼓，这也是迄今为止世界上所发现的最早的铜鼓。

2007年5月，该馆举办展陈的“滇国——云南青铜文明陈列”曾荣获陈列展览精品奖。云南省博物馆现为国家一级博物馆，自2008年5月开始对外实行永久性免费开放。

展陈

该博物馆布展形式包括基本陈列、专题展览或临时展览。

- **基本陈列**

主要包括有“远古云南——史前时期的云南”“文明之光——青铜时代的云南”“南中称雄——东汉至魏晋时期的云南”“妙香佛国——唐宋时期的云南”“开疆戍边——元明清时期的云南”“风云百年——近现代时期的云南”6个板块，介绍云南发展历史。例如：

“远古云南——史前时期的云南”。该展览通过生命大爆发、恐龙世界、从猿到人、新石器时代这4部分内容，揭示了云南地域为何具有世界的远古生物与地质，追溯了人类起源与民族多元格局形成原因等。

“文明之光——青铜时代的云南”。以《史记》《汉书》对战国、西汉时期的云南记载为依据，以滇国为代表再现司马迁笔下的神秘“滇国”如何从“酋邦”式社会，最终并入西汉帝国“大一统”版图的历程。

“风云百年——近现代时期的云南”。以“内忧外患”“倚剑南天”“燎原星火”“金沙水拍”“滇遮烽火”“曙光初现”为主题，演绎出近现代时期云南“暮色的古城”及“黎明的曙光”之成因。

● **专题展览**

通过“窑火斑斓——云南省博物馆陶瓷精品展”介绍了云南省博物馆珍藏的精品瓷器。

典藏

云南省博物馆馆藏以青铜器、陶器、玉器、佛教、书画、自然标本等九类文物为代表。例如：

滇国青铜器。滇国时代青铜器不仅在云南历史上，甚至在世界青铜史上，也都占有重要的地位。自20世纪初就已引起世人注目。今展馆特将部分精品首次公开陈列并将长期对外展陈。

大理国写经。此为佛教经书典籍，是记录佛陀思想重要载体，也是佛教传播重要手段。该件经文写于大理国天开十年（1214年），经文中夹有梵文，具有云南佛教密宗写经、刊经一大特色。

金臂甲。此金臂甲考证为西汉时期文物，属交战中防护类器具。其造型呈圆筒状，上粗下细，与人的手臂相符，通体无纹饰，筒侧开口，边沿有长方形穿孔，造型规整，做工精细。

首枚云南省人民政府印。这是件1950年遗存文物，按照我国相关法律规定，一枚印章失去其功效后，应立即停用并尽快销毁。但因历史原因这枚印章得以保存，故具有档案史料和很高文物价值。

金属工艺。这些金器、银器、铜器文物，为汉代至明代珍品。金器，如明代的金镶红蓝宝石冠；银器，如傣族的镶石银鎏金项圈；铜器，如红铜、黄铜、紫铜等多种造型的珍品器物。

珠宝玉器。博物馆所收藏各类玉石、琥珀、玛瑙、水晶文物，多为明代或清代的珍贵藏品。

---

2. 滇中文华集萃　抗战青史永存——昆明市博物馆

昆明市博物馆位于昆明市的拓东路，该博物馆是一座集中展示地方文史的综合类博物馆，昆明市博物馆的一期工程于1997年9月建成开馆，二期工程也于2013年12月建成并对外正式开放。现博物馆占地面积已达18000平方米，建筑面积达20000余平方米。

简介

昆明市博物馆举办过“回归——熊秉明艺术作品展”“张建中艺术作品展”

“丁绍光作品展”“中、韩民族造型艺术展”“美国国家地理百年经典摄影作品展”“清代‘扬州八怪’国宝书画精品展”“欧洲先锋派——恩特林登博物馆20世纪藏品鉴赏”等展览。

昆明市博物馆，现有滇池地区青铜文化精品展、地藏寺经幢展和恐龙化石展、昆明飞虎队纪念馆、扇面精品展、瓷器精品展、昆明老照片展等。展馆发挥了公共文化设施所具有的宣传、教育、传播作用，该馆另有3个机动展厅，以便举办各类临时或不定期展览。建馆以来，其已陆续举办130余场具有一定质量和影响力的展览，接待观众400余万人次，发挥了博物馆在精神文明建设中所独具的、文化传播作用。2002年10月，昆明市博物馆被国家人事部和国家文物局联合授予了“全国文物系统先进集体”的光荣称号。

沿革

1997年9月，昆明市博物馆一期工程竣工，不久即对社会公众开放；2002年，昆明市博物馆一期工程荣获云南优秀特色建筑设计一等奖；2008年12月25日，昆明市博物馆二期工程正式拉开开工建设序幕；2013年12月，昆明市博物馆二期工程竣工，并很快也对外正式开放。截至2014年8月，先后举办130余场临时或专题性展览。

展陈

该博物馆布展形式包括固定展览、专题展览或临时展览（形式及内容不定）。

- **固定展览（基本陈列）**

该馆将固定展览设为常设展览（基本陈列），主要包括有地藏寺经幢展、青铜精品展、恐龙化石展、扇面精品展、瓷器精品展、昆明飞虎队纪念馆等6大主题板块。例如：

地藏寺经幢。地藏寺经幢始建于滇大理国时期（宋代），该经幢时由五段红砂石雕刻而成，整个经幢层次分明雕满佛教密宗，佛、菩萨、天王、力士、鬼奴诸神像共计300余尊，被赞誉为“滇中艺术极品”“绝无仅有之杰作”。1982年即被国务院公布为全国重点文物保护单位。

青铜精品展。云南的青铜历史可追溯至商代晚期（公元前12世纪），终于西汉晚期（公元1世纪），战国至西汉时期曾达鼎盛。滇地青铜制品代表如铜鼓、储贝器、执伞佣、铜枕等，这些典型器物造型优美、栩栩如生，充分体现了昆明古代先民的聪明才智和高超的冶炼技术。

恐龙化石展。1938年，古生物学家在云南禄丰发现一种大型早期蜥臀类恐龙。1987年和1993年，科考人员又发现了“中国双嵴龙”化石以及恐龙骨骼、足印化石。其中“中国双嵴龙”化石是欧亚大陆首次发现，晋宁县夕阳乡以其丰富埋藏发现，成为云南又一个“恐龙之乡”。

扇面精品展。“扇韵遗香——清代云南名家扇面精品展”，介绍了云南虽地处边陲，但与中原文化长期融合，且逐渐形成其丰富、多元的文化特质，集中凸显了云南古代书画艺术之辉煌。

瓷器精品展。史上随军屯、民屯之势，带入滇域的景德镇民窑青花瓷，与其后建水窑、玉溪窑所产青花瓷，同被滇人视作珍品，展览介绍了不同时期民窑青花瓷简史、传承和融合过程。

昆明飞虎队纪念馆。抗日战争时期，中国曾经得到世界反法西斯阵线、友好国家和人民的大力援助。1941 年 8 月 1 日，在美国政府的支持下，应中国政府招募的美籍志愿军第一大队成立，并迅速投入中印缅战区对日作战。一年之后，美国空军特遣队和第十四航空队先后进驻中国。其中，美国人克莱尔·李·陈纳德所指挥的航空队，采用了“飞虎”图案作为队徽，更因其能征善战、英勇无畏、威震长空、战绩辉煌，而被人们赞誉为“飞虎队”。“飞虎队”的 4 年援华抗战经历，也是中国抗日战争和世界反法西斯战争史上值得铭记的一页。当年，正是他们与执行驼峰航线的美国空运总队中印联队，承担远程轰炸日本本土任务的美国第 58 重型轰炸机联队、杜立特轰炸机大队等空军健儿，一起英勇奋战、流血牺牲，为赢得抗日战争的胜利作出了不可磨灭的贡献，他们为中国人民永远缅怀和纪念。

典藏

昆明市博物馆今所珍藏文物，主要为滇池一带所发现器物主要包括青铜器、陶瓷器、民族服饰、近代文物、石质文物等几大类。例如，战国双钺形铜戈（战国青铜器）、西汉鱼形铜杖头（西汉青铜器）、武士牵马陶俑（明代瓷器）、景颇族女套装（近代服饰）、松鹤图轴（清代书画）等。

3. 会泽百家　至公天下——云南大学

简述

云南大学（以下简称云大）是我国西南地区最早建立的综合性大学之一。著名数学家、教育家熊庆来先生曾于此领衔校长，一批著名学者受聘于该校任教，由此也奠定其较高的发展基础和深厚的学术底蕴，开创了云大办学历史上第一个辉煌时期。1938 年，改称国立云南大学。

新中国成立之后，云南大学由此掀开了新的历史一页。历经 20 世纪 50 年代院系调整，原云南大学一些重要特色系科划出，后发展为今昆明理工大学等高校。1958 年，云南大学由中央高教部划归云南省管理。1978 年，云大被国务院确定为全国 88 所重点大学之一。

改革开放以来，云南大学进一步获得快速进步。如 1996 年，取得首批列入国家“211 工程”重点建设大学。2001 年，列入西部大开发重点建设院校。2004 年，成为教育部和云南省政府重点共建高校。2017 年，进入中国首批 42 所世界一流大学建设目标行列。

今日云南大学，已成为一所以民族学、生物学、资源开发与环境保护，以及边疆问题和东南亚、南亚国际问题研究为特色，具有文、史、哲、理、工、农、医、管、艺术等诸学科较为齐全，注重人才培养、科学研究、社会服务、文化传承的全国重点综合性大学。

云大学校本部位于昆明市五华区，毗邻翠湖公园，另有呈贡校区、洋浦校区、丽江旅游文化学院校区等校区。展望未来，云南大学将继续秉承“会泽百家，至公天下”的云大精神，为早日建设成立足祖国西南边疆、综合性国际性研究型一流大学而不懈努力。

沿革

云南大学简称云大，始建于 1922 年 12 月 8 日；1923 年 4 月，正式成为私立东陆大学；1930 年，改为省立东陆大学；1934 年，改称省立云南大学；1937 年，熊庆来先生受聘任云南大学校长；1938 年，改为国立云南大学，时有 5 个学院、18 个系及专修科室。

早在 20 世纪的 40 年代，云南大学就已发展成为一所包括文、法、理、工、农、医等多学科在内，且规模相当宽泛，门类比较齐全的综合类高校。据称，1946 年出版的《不列颠百科全书》中，曾将此时的云南大学，列为中国 15 所在世界最具影响的大学之一。20 世纪 50 年代院系调整，原属云南大学一些重要特色系科，被划出后并入北京航空学院、四川大学、西南政法学院、长沙铁道学院等高校。其后原校内的工、医、农等专业也先后独立建校，并发展为其后的昆明理工大学、云南农业大学、西南林业大学等高校。历经全国院系调整，云南大学由原高教部划归云南省管理；1978 年，被教育部列为全国 88 所重点大学之一；1997 年，作为国家“211”工程首批建设 61 所大学之一；2004 年成为省部共建高校。2018 年，跻身于中西部 14 所“以部为主，部省合建”高校行列。

校训：自尊，致知，正义，力行。

东陆大学成立之初，唐继尧先生曾作校训：自尊，致知，正义，力行。

具体含义为：

自尊：志学而立，健以自强。不偏不倚，毋怠毋荒。世方万变，我自抱一。高乃自危，立乃毋蹶。

致知：子与有言，立乎其大。大者先立，天君自泰。何以致之，在致良知。良知吾心，吾心乃师。

正义：履蹈正谊，罔涉回邪。耿介拨俗，尽扫浮夸。廉隅外砺，诗书内华。不折不挠，凛然孔嘉。

力行：非知之艰，行之维艰。知行合一，允矣名言。庄敬曰强，同撑大厦。愿持此言，质诸天下。

据说，对此八字校训释义及出处有传闻曰："自尊"谓之心态，"致知"讲求学问，"正义"乃谈道德，"力行"以求实践，而其中四首四言诗句，可谓唐氏心境表露与注解。

云大精神：会泽百家，至公天下。具体含义为：

"会泽百家"，意指海纳百川、兼收并蓄、百家争鸣、融合创新；"至公天下"，意在以天下视为公，志求公在天下。

花絮采撷

- **"会泽院"名称由来**

据说，云大将主楼称"会泽院"，与东陆大学创始人唐继尧有关。早在20世纪初，云南各界人士便竭力主张在本省成立大学，所幸这一愿望在唐继尧主政云南期间实现。

唐继尧，云南会泽人且生于书香门第，1904年考取官费留学日本，后在日本加入同盟会，积极参与反清民主革命运动。其历经辛亥革命、护国起义、护法运动，先后出任贵州都督、云南都督、督军、省长等职。1919年，省议员大会通过"本省筹办大学请愿书"。

据称，1920年时昆明已有中学10余所，学生超3000人，要求升入大学以求深造者日趋强烈，社会各界对兴办大学"颇为迫望"。时任云南督军兼省长的唐继尧，审时度势且于当年9月，以云南督军公署、省长公署之名告知省议会，表示了"大学之设，必期于成"。唐继尧随之打出"废督裁兵，振兴实业"，"交流东西文化"旗号。为此，他致函省参议员王九龄和军都督府秘书官董泽，提出"拟办一所私立大学名曰东陆"。不料1921年2月，唐部下顾品珍突然起兵倒戈迫其出走香港，董泽等也随之同往，办学工作由此搁浅。1922年3月，唐继尧回滇再次执政，遂令王九龄等人继续筹建大学，任命董泽为筹备处长。至8月又批准学校组织大纲，令省府根据筹备处建议，划拨出具有历史意义的贡院旧址作该大学校舍。为使学校更具规模和范围，还将圆通山之一部划归东陆大学校园。为进一步筹措办学资金，他要求公营企事业捐助一定份额，将停办企事业、学校资产、设备和经费一并拨归东陆大学，作为校长和建校所需之经费，责令省公署须定期、定额拨付经费，命大中小县按等级每年交纳规定数额税银，以作学校奖励各县大学生奖学金。不仅如此，他率先捐款1万元（旧滇币）筹备费，其后又捐助50万元。1922年11月，该校筹备处投票决定校领导人选，唐继尧和王九龄荣获名誉校长，董泽为校长。此后，学校为纪念唐继尧先生倡导教育、创办东陆大学功绩，决定以其家乡来命名新建的主楼。

旧时，人们出于对名人尊重，习惯以其家乡作为别号。故云大主楼便以唐继尧别号“会泽”命名。对于校内“楼”“堂”“院”称谓也同煞费苦心。如考虑主楼建在明远楼旧址，为区别新楼与旧建筑，而不用“楼”；主楼紧挨贡院衡鉴堂、至公堂，也不用“堂”。最后，经筹备人员开动脑筋反复斟酌，便采用泛指一般楼宇建筑“院”字来命名，并将“会泽院”3个字镌刻于主楼前后门门楣之上以示永久纪念，会泽院便因此得名。

4. 时势精英　大学楷模——记国立西南联合大学

国立西南联合大学是中国人民在抗日战争期间，短暂设立于昆明的一所综合性大学。当年，时由北京大学、清华大学和南开大学三校联合组建而成。据说，卢沟桥事变爆发后战事吃紧，随后陆续迁入云南各类高校达十余所，其最著名的就是国立西南联合大学。

史载1937年，北京大学、清华大学、南开大学为避战火，先迁至湖南长沙组成长沙临时大学。且由三校之长蒋梦麟、梅贻琦、张伯苓，组成常务委员主持日常校务。1938年4月，再因战局继续恶化，三校不得不离开长沙西迁至昆明，改称国立西南联合大学。在此国家危难之际，北大、清华、南开三校不负众望，会集了一批著名专家、学者、教授，师资充实、人才荟萃，学者云集、各显所长。即便在极其艰苦的条件下，他们仍坚持严谨的治学态度，树立优良办校学风，成为当时中国规模最大、最著名的高等学府。

重要遗迹

● **联大纪念碑**

今在云南师范大学校园内，“一二·一”四烈士墓西侧，保存当年冯友兰撰文、闻一多篆额、罗庸书丹的西南联合大学纪念碑。该碑座呈现圆拱形，高约5米、宽2.7米，中嵌石碑。碑文1000余字，记述了联大创办始末及特色，此碑为联大在昆明之重要遗迹。

● **联大烈士墓**

今在云南师范大学校园东北隅，有一座青竹和翠柏掩映的“一二·一”四烈士墓。该石柱基座上刻闻一多先生所撰写的《一二·一运动始末记》，墓后石屏为一自由神浮雕：无数青年跟随自由女神，奔向自由，呼唤光明。浮雕之下，刻有感情真挚的悼诗：(略)。1983 年 8 月，王力教授重返故地感慨良多，由衷赋诗一首：

《缅怀西南联合大学》　王力

芦沟变后始南迁，三校联肩共八年。饮水曲肱成学业，结芭筑室作经筵。
熊熊火炬穷阴夜，耿耿星河欲曙天。此是光辉史一页，应教青史有专篇。

花絮采撷

回首抗战岁月，时中国大地由东向西，正发生一场波澜壮阔的大迁徙，从东海之滨走向大山，从华北平原，奔赴偏远西南，无数读书人高昂着头颅、挺直着身躯艰辛跋涉。环顾世界不禁发问，何时何地曾发生如此规模文化转移？世上哪个民族曾遭受如此这般苦难？世界哪里有这么一群读书人，把学校当作捍卫国家荣誉与民族精神第二战场？

- **文军长征**

国立西南联合大学，这所只存在 8 年多的战时高校，却在中国人记忆中树起一座至高无上的丰碑。如今 80 年过去了，每当一提及“西南联大”国人依然振奋不已百感交集。

1937 年 11 月，北京大学、清华大学、南开大学，在长沙组建成立国立长沙临时大学开学，这天也成为日后西南联大校庆日。1938 年 2 月，长沙临时大学分三路西迁昆明。当时从长沙到昆明分为 3 条路线，多数教师、家眷及部分女同学，先从长沙乘火车到香港，后由香港渡海到越南海防，再乘火车入滇。经济条件较好男生和少数女生，先由长沙乘火车到广西桂林，后由桂林乘汽车经柳州、南宁、镇南关入越南，再转乘火车入滇。而最艰苦一路便是由湖南出发，徒步行至昆明的“湘黔滇旅行团”。该旅行团由 267 名家庭贫困男同学，以及 11 位中青年教师组成，配 4 名军事教官和队医。他们跨越湘、黔、滇三省，翻越雪峰山、武陵山、苗岭、乌蒙山等崇山峻岭，步行 3600 里历时 68 天。所谓文人长征堪称旷古未有，时虽称“旅行团”，却全无旅行之惬意。史载，“湘黔滇旅行团”出发上路前，每人配发给军装一套、绑腿一副、草鞋一双、油布伞一把，每人限带行李 8 千克，其主要是行路时的必需生活用品。其实当年西迁高校不只西南联大一家。

据称，抗战期间当时国内的 100 余所高校、曾进行多次多地搬迁，而迁校 3 次以上者有 19 所，迁校 4 次以上的有 8 所。例如，浙江大学从 1937 年到 1940 年前后竟迁徙 4 次。

除了昆明，当年中国高校西迁地还有重庆、西安、成都，以及川南宜宾李庄镇。然而即便在这种极其艰难困苦条件下，梁思成先生仍在当时完成了那部著名的《中国建筑史》。

● **名师垂范**

何谓名师垂范？一日昆明突降骤雨，教室屋顶上的铁板被打得巨响，教授一次次提高声音，但学生们仍然听不清。无奈教授便在黑板写下“静坐听雨”，任凭渗透雨水打湿肩头，却端然稳坐恬淡从容。当年正是他们不惧环境恶劣，以浩然正气，呵护着国家文脉。经济系教授陈岱孙，上课素以“准时”著称，往往讲完最后一句话下课铃声亦同响。任继愈在《我钦敬的陈岱孙先生》一文中回忆道：“陈先生讲课认真，以身作则，给同学作出榜样，同学们听课从不敢迟到。个别同学去迟不好意思进教室，索性立教室窗外侧听。”

● **学子报国**

何谓学子报国？在西南联大史上，曾出现过3次学生投笔从戎的抗日热潮。第一次是在长沙临时大学期间；第二次是随着来华美军增多，西南联大学子纷纷报名担任译员；第三次是中国远征军组建时，联大学子到印度蓝姆加当汽车兵，驾车辆穿越于史迪威公路。

今云南师范大学东北角，竖立“国立西南联合大学纪念碑”，纪念碑背面为《国立西南联合大学抗战以来从军学生题名》，总计834人，后人称其为西南联大“八百壮士”。驻足于纪念碑前肃立，恭敬阅读上面之碑文：“国立西南联合大学于战时任务完成学校结束之日，勒其从军学生之姓名于贞石，庶垂令闻，及于久远。其有遗阙，补于校志。”

● **民族气节**

何谓民族气节？有一位教授名满天下，“七七事变”后父亲绝食而亡，“他自感体衰无力保家卫国，而家园沦陷而令其不甘受辱”。就在为父亲治丧时为躲避日本宪兵要挟，又不给华北伪政府支撑门面，他没等父亲出殡便悄然离去。这个教授便是国学大师陈寅恪。还有一位青年，闻听日军在北平沦陷后举行“庆功会”怒不可遏，气愤地将一面日本膏药旗撕碎扔在地上。父亲知晓此举必引来灾祸遂促其离开，临别时告诫他：“以后要学科学，不要学文，科学对国家更有用。”这位少年就是邓稼先，新中国的功臣、“两弹元勋”。

● **苦难磨砺**

何谓苦难磨砺？当时还曾有这样一位柔弱青年，他先是从上海逃出，向西途中又得了疟疾，而后又患了痢疾，因无药可服险些丧命。为了能最终奔赴学校，一路之上历尽艰难困苦，他曾把衣服丢得无几，但书籍却一本未落反而一次比一次渐多。他的名字叫李政道。

5. 喀斯特地貌　阿诗玛故乡——路南石林

云南路南石林，位于距昆明市不远的路南县，该县是我国岩溶地貌（也称喀斯特地貌）比较集中的代表地区。景区由大小石林、乃古石林、大叠水、长湖、月湖、芝云洞、奇风洞 7 个风景区组成。其石林中像生石、数量广众之多、观赏价值之高，乃举世罕见。

领略路南石林风光，会因观赏角度差异、远近高低不同，显现景物形态会有所不同。若放纵视野、登高瞭望，石林就像一片刚出土幼苗。如无遮挡极目远眺，石林又像重重叠叠的山峦。2007 年 6 月，云南路南石林与贵州荔波、重庆武隆联合申报了世界自然遗产。

进入景区徜徉漫步，但只见远近布满石柱，石壁、石峰、石岭，千姿百态，争奇斗丽。有的石柱兀然突起、高度可达四五十米，面对这些林立怪石，不禁想起一首打油诗：

远看大石头，近看石头大。
石头果然大，果然大石头。

这里的石头不仅极具特色，有时更像是一幅绝妙的图画。在彝语中“乃古”意为黑色，即黑色石林。进入乃古石林，怪石忽如怒涛冲天而起，转瞬又似千仞峭壁刀丛林立。

这里还有许多神奇的怪石，有的像擎天石柱赫然屹立，也有的似虎豹豺狼猛兽，还有的像家禽牲畜，鸡鸭鹅狗、骡马牛羊。更有的像花草植物，如雨后春笋、莲花蘑菇、玉簪花开等。难怪有人说，无论你怎样随意遐想，没有你找不出形象，只有你想不到的模样。

“钟声石”格外神奇，随意敲击会发出不同声调。遇到雨天，蝉翼般轻雾，令石林微露娇羞面容、如身披轻纱撒尼少女。若是晴天明媚的阳光，又仿佛罩上一抹恬淡光晕。

主要景观

石林。路南石林面积广阔，其各处景观远近不等。今代表景区李子箐石林，为单体范围最大、景观相对集中、景色出众优美，且由石林湖、大石林、小石林和李子园几部分构成。

外石林。外石林是位于大小石林之外，其远近不等范围可达数十平方千米。散布于野岭荒山、鲜花绿树丛中，有许多奇峰怪石点缀其间。这些奇峰巨石个体庞大，形象极为生动。

乃古石林。乃古石林位于主“石林”以北 13 千米处，也称新石林或摩寨石林。进入乃古石林，如见一群黝黑怪石拦路，接踵扑面而来，排山倒海、气势磅礴、令人遐想思绪万千。

经典石像。不仅如此，石林内还有很多经典石像，足以令人思绪万千、心驰神往无限遐想。东游览区：梁祝相会、众志成城、石破天惊、独石成林、孔雀开屏、双狮恋等；西游览区：相依为命、醉八仙亭、古佛一灯、龙腾虎跃、南天栈道、老君壶等。

阿诗玛故乡。撒尼人是彝族的一个支系，两千多年来世代生活于此，与石林生息与共。他们创造出以“阿诗玛”为代表的撒尼民俗文化，如今“阿诗玛”已成为云南旅游形象出色代表。

电影《阿诗玛》史料

彩色立体声电影《阿诗玛》，是根据古老的撒尼叙事长诗《阿诗玛》改编摄制的一部彩色立体电影。早在20世纪60年代，该片即由著名表演艺术家刘琼执导，上海电影制片厂完成摄制，在这部影片中，杨丽坤、包斯尔、韩非、崔超明等，分别担任了不同角色。主要职员：

原著李广田，编剧葛炎，制片陈忠豪，道具林福增，导演刘琼，摄影许琦，配乐宗贤、葛炎，剪辑陈祥兴，演奏上海乐团，指挥陈传熙，合唱上海合唱团，指挥司徒汉，演唱胡松华、杜丽华、靳小才、程振华。

主要演员：杨丽坤饰阿诗玛，包斯尔饰阿黑，韩非饰阿支，黄琼英饰阿支母，柳杰饰阿诗玛母，冯奇饰海热，崔超明饰热布巴拉。

经典撒尼民歌

享誉中外的撒尼民歌《远方的客人请您留下来》，在每年一度彝族火把节中，是撒尼人最为喜爱的经典保留曲目。这首闻名于世的著名乐曲，是1953年4月由词作家范禹、曲作家麦丁深入生活实际，用心体验撒尼民族风情，以至于触发创作灵感精心雕琢而成。

1957年，莫斯科举行第六届世界青年联欢节，《远方的客人请你留下来》这首合唱曲，一举夺得了此次庆祝活动金奖，从而为中华民族音乐在国际乐坛赢得了荣誉和骄傲。

---

6. 湖光山色　奔来眼底——滇池

滇池位于云南省昆明市西南隅，古称滇南泽，又称昆明湖。滇池为地震陷落型湖泊，外形酷似一弯新月，湖面海拔高度1886米，南北长约39千米，东西最宽为13千米。

滇池东有金马山，西有碧鸡山、北有蛇山、南有鹤山，湖岸线长达163千米，面积约306平方千米，容水量约为16亿立方米，世人素称“五百里滇池”。滇池自西南螳螂江（海口）入普渡河汇入金沙江，流域面积2860平方千米，为我国西南地区一颗璀璨明珠。

滇池名称由来有三种说法：一是据晋人常璩《华阳国志·南中志》文载："滇池县，郡治，有泽水环周围二百里，所出深广，下流浅狭，如倒流故曰滇池"；二是认为"滇，颠也，位于高原之上"；三是溯源民族历史考证，《史记·西南夷列传》载："滇"曾为该地区一支很大部落名称。

如今，"五百里滇池"奔来眼底，湖光山色、风景秀丽，碧波万顷、舟帆点点。沿着湖畔四周一路行来，沿途有云南民族村、云南民族博物馆、西山华亭寺、太华寺、三清阁、龙门、筇竹寺、大观楼及晋宁盘龙寺、郑和公园等诸多著名旅游景观和风景名胜区。

滇池海埂景区，东起海埂村西迄西山脚，全长5000米，宽60～300米，将300多平方千米的滇池一分为二。埂南是烟波浩渺的滇池；埂北为一望无际草海，花草繁茂、绿柳成荫、碧波荡漾，园林景色与湖畔渔村，彼此呼应融为一体，景自天成风光迷人。

现海埂一带规划建设已初步形成4大功能区：东部，为国家体育机构、每年冬季训练的多功能基地；中部，为一块优良的沙滩浴场，坡度平缓、沙滩细软；西部，为公园游览区，既可观湖光山色也可惬意垂钓；北部，为疗养和休闲区，辟有民族村、园林式度假村。

主要景观

滇池一角。滇池一角位于滇池的西南一隅，水源异常清澈，是昆明数一数二的疗养地。这里汇聚有空谷园、磊楼别墅、引胜桥，还有红云坞、待月亭、温水泉等，诸多园林式庭院。

海埂公园。海埂公园位于滇池的东北部，为伸入滇池的湖中长堤，湖水由浅入深。有新建的云南民俗文化村，游人至此参观既可领略彝、傣、白等民族的风土人情，体验趣闻乐事。

白鱼口。白鱼口位于滇池的西南部，这里的空谷园有磊楼别墅、引胜桥、红云坞、待月亭、温水泉等园林设施，雅致宜人。在此凭栏眺望滇池，波光粼粼，白帆点点，鸥群竞飞。

7. 清幽秀美　佛道相容——西山

滇池西岸的西山，是一座峰峦起伏、林木苍翠、百鸟争鸣、景色秀丽的森林公园。茂密的林木植被郁郁葱葱，华亭寺、太华寺、三清阁等古刹殿宇，掩映于茂林修竹深处。史上唐代这里被称碧鸡山；元明时称太华山，又因位于昆明城西，人们习惯称为西山。昆明西山与附近金马山遥遥相对。自古以来，西山一带便是丛林密布、花草繁茂，景色清幽、风光秀美、佛道相容，景致称极。若从昆明城东南方向眺望西山，此山宛如一位恬静绰约美女，栖身侧卧于滇池岸边，似青丝飘洒、波光倩影，风姿绰约、妩媚动人。

著名景观

龙门。龙门位于西山风景区终端，北起三清阁，南至达天阁，是云南省内规模最大，最为精美的道教石窟。龙门素以景致“奇、绝、险、幽”名闻华夏，雄居昆明众多名胜古迹之首，因此吸引八方游客。它也是整个西山中最令人拍手称绝景观，于海内外享有盛誉。精湛石雕是龙门最大特色，这些石雕沿悬崖绝壁而存，全部由人工精雕细琢完成。其布局严谨、做工精致，魁星、文昌、关圣等塑像，依石岩凿刻巧夺天工、栩栩如生。由此远眺三清阁，俨然就像一座空中楼台，但只见层楼叠宇、凌空欲飞，奇绝险峻蔚为壮观。

华亭寺。华亭寺依山临水环境清幽，由于其地处昆明西山碧鸡华亭峰故得此寺名。该寺院历史悠久虽几经沧桑毁损，但所幸仍得多次修整复原。如今全寺面貌焕然一新，寺内现有大雄宝殿、天王殿、观音楼、撞钟楼、雨花台、放生池等多处历朝遗存的文物古迹。进得寺内，可见山中有水，景内有人、诗画交融、意蕴无限。华亭寺现存多处重要文物古迹，如缅甸佛教徒赠送的玉佛两尊、泰国佛教徒赠送的镀金佛、方丈室保存的铜铸鎏金三目十八臂准提菩萨等。此外，寺内还存有虚云禅师舍利塔，林则徐、郭沫若诗碑等。

太华寺。太华寺位于太华山之腹地。该寺始建于元朝大德十年（1306年），寺院初名佛严寺。明代增设碧莲室、思召堂、一碧万顷阁等建筑，至清康熙二十六年（1687年）获重修。太华寺素以殿堂清幽、花木繁茂著称，寺内遍植多种名贵花木，且尤以山茶、玉兰最为著名。如今，寺内古木参天枝繁叶茂，名贵花木争奇斗艳，四时飞花姹紫嫣红。游览太华寺，引人入胜则首推眺望滇池，观日出、赏名花。今寺内保有四柱三门石坊、天王殿、大雄宝殿、缥缈楼、一碧万顷阁、思召堂、映碧榭多处景观，经曲径游廊巧妙衔接已连为一体。

三清阁。三清阁初为元梁王的一处避暑行宫。明初改称玉皇阁，其后增建灵官殿、三清殿、三丰殿、吕祖殿、元帝殿、真武殿、七真殿、张仙殿、老君殿、抱一宫、飞云阁、斗姆阁等，以上统归于“三清阁”。今各殿依山而立，层高叠峙、鳞次栉比，形式布局颇具特色。

罗汉山北连美女峰、太华峰，南接挂榜山、千仞峭壁，峭壁崖下乃是浩瀚滇池。三清阁九层十一阁，建筑高低错落，因高出滇池水面300余米，故置身于此，仿佛步入“空中楼阁”，纵览缥缈“海市蜃楼”。如今建有1000多级石阶，由此便可直达滇池的龙门村。

8. 四季竹翠　八面水翠——翠湖

翠湖公园位于昆明市区螺峰山下，与著名的云南大学正门相对。此园规模虽然不是很大，总面积大约只有21万平方米，但园中水域面积十分宽广，粗略统计约占15万平方米。故该园常年春夏柳翠，四季竹翠，八面水翠，赢得城中湖泊、满园皆翠之美誉盛赞。驻足翠湖，近收水光潋滟，登高凭栏放眼，南眺碧鸡，北瞰蛇山，故多有诗文赞誉："十亩荷花鱼世界，半城杨柳佛楼台，"被称作镶嵌在昆明城中"绿宝石"。据说，当年沈从文、朱自清、吴宓等诸多名人时常流连于此欣赏垂柳摇曳，或饮茶品读，或谈古论今。

景观概说

据传，自自明代时起，历任云南行政官员都要于此修亭建阁，又因东北面有九泉汇流成池，名曰"九龙池"。及至"翠堤春晓"名冠云贵，时被誉为"镶嵌在昆明城中的一颗绿宝石"。至民国初年这里方始辟为公园，广种垂柳、遍植茶花，自此渐有翠湖之美称。

今园内筑有两道修长柳堤，呈"十字形"交汇于翠园中心，从而将全湖景致一分为四。有南、北横堤被称作"阮堤"，传为道光年间云南总督阮元仿西湖"苏堤"修筑而成。另有通往东、西的唐堤，为1919年，时任川、黔、滇三省联军总司令唐继尧拨款所筑。

今翠湖公园，已由水月轩、西南岛、金鱼岛、海心亭、观鱼楼、九龙池等多处著名景点构成公园特色景区。例如，湖心岛景区以湖心亭、观鱼楼等仿清建筑为主体，东南面有水月轩和金鱼岛，东北面是竹林岛和九龙池，南面有葫芦岛和九曲桥，西边是海心亭。

尤其值得一提趣闻，自1985年起每年冬季时分，都会有大量红嘴鸥从遥远的西伯利亚飞临至昆明地区过冬，而其中就有相当数量的红嘴鸥长时间停留在翠湖栖息。每到这个时节昆明人都会莅临翠湖，观赏鸥群于湖面觅食飞舞，但从未见到损伤或捕捉个例。

9. 唐梅宋柏　元杉明茶——黑龙潭

黑龙潭位于北郊龙泉山五老峰下，为昆明风景名胜之一。黑龙潭也称龙观泉，史上又称黑水祠，因山脚有一泉汇流成潭而得此名。黑龙潭由两处道教建筑构成，龙泉观称上观，黑龙宫称作下宫。黑龙潭内因存有唐梅、宋柏、元杉、明茶四株古树，而声名远播。

历史文化

史书记载，龙泉山麓涌一泉汇为潭，碧绿清澈。其旁另有一潭，水呈混浊、有水口与黑龙潭相通，两潭池水一清一浊、相互连通，但浊不变清、清不混浊，实为园中绝景奇观。黑龙潭素有“滇中第一名观”美称。据说，清代云贵总督阮元考证后称：“滇池县有黑水祠，盖此地也，或唐梅、宋柏之间为故址，龙神庙乃下迁者。”所以，汉代前黑水祠为今黑龙潭道观，故号称云南第一名胜古观。传说，云南龙王黑龙宫殿在此，故称“黑龙潭”，且这里潭水也因此而终年不竭。自唐宋时期以来，昆明地区百姓如遇干旱之年，便到黑龙潭来祭祀求雨。明初，黔国公沐氏曾于此大兴土木，将龙神祠改称为黑龙宫，令龙泉观形式初具规模。明清两代云南督抚曾多次对龙泉观进行修葺，规制不断完善，至民国时期，此处改称龙泉公园。

观内诗文

清代诗人硕庆曾撰一副楹联：

两树梅花一潭水，四时烟雨半山云。

此诗表明，黑龙潭有著名“三异木”位于祖师殿前，即枝干横曲唐梅，两株一卧一立。相传，此古树为唐南诏时道安和尚手植，清代云贵总督阮元为此赋诗两首赞誉此梅：

其一

千岁梅花千尺潭，春风先到彩云南；香吹蒙凤龟兹笛，影伴天龙石佛龛。
玉斧曾遭图外划，骊珠常向水中探；只嗟李杜无题句，不与逋仙季迪谈。

其二

铁石心肠宋开府，玉冰魂魄古梅花；边功自坏鲜于手，仙树遂归南诏家。
今日太平多雨露，当年万里隔烟霞；老龙如见三沧海，试与香林较岁华。

另有，袁嘉谷赋《宋柏行》诗云：

风霜饱阅八百载，柏身老矣色不改；
问柏何缘老不改，中坚持有性根在。

今观内存有一株明代所植的茶花树，每逢冬末春初，其他茶花尚且含苞待放，而它却已花红似火，此树故称早桃红。稍有知识及阅历者，都会晓得“云南山茶甲天下”这句赞语，如今山茶花位列云南8大名花之首，近来又被尊为昆明之市花。1961 年，郭沫若游览黑龙潭即兴赋诗：

茶花一树早桃红，百朵彤云啸傲中；
惊醒唐梅睁眼倦，衬陪宋柏倍姿雄；
崔嵬笔立天为纸，婉转横陈地吐红；
黑水祠中三异木，千年万代颂东风。

此外，黑龙潭内还珍存了许多名贵碑碣，这些碑碣石刻芳华集萃，诗词、书法、绘画、刻工、文史于一体，因此不仅可称珍贵的历史文物，也是富含艺术韵味的文化珍品。例如，在这些众多碑碣石刻中，最为引人注目的是一块道符碑，此碑又称作凸字碑。这是一块与众不同的凹刻碑，碑文为“万物兹生”4 个大字。此碑刻工十分精细，其受光后会产生明暗变幻，故常令人视感产生错觉，而将实为阴刻凹字体误认为阳刻凸字体。所以，尽管人们已知视觉为误判，但仍习惯称其为凸字碑。此碑为明朝著名道士刘渊然所撰写符箓雕刻而成。史载，刘渊然曾得朱元璋及朱棣赏识，且赐封统领天下道观。

10. 从古未有　别创一格——大观楼

昆明大观楼始建于康熙年间，因濒临滇池可远观西山，尽览湖光山色。今人园可游览涌月亭、凝碧堂、揽胜阁、观稼堂等亭台楼榭，此园与周围景观汇集为大观楼公园。

虽园内景观林立，但闻名遐迩的还是这座大观楼。据称，史上乾隆年间，因滇域名士孙髯翁为此楼撰写一长联，后经书法高人陆树堂书写、名匠刊刻，遂令此名不见经传楼阁因名联跻而身华夏名楼。史载，清道光八年（1828 年）此楼获修葺。

今重整一新的大观楼层高有三，且与滇池西面绿茵苍翠太华山隔水相望。大观楼中心游览区、当地人习惯称作“近华浦”，园中现珍存清代咸丰帝御题“拔浪千层”匾。时光绪十四年（1888 年），名士赵藩重以楷书刊刻长联，昆明大观楼现为全国重点文物保护单位。

江南名楼

黄鹤楼、岳阳楼、滕王阁早已闻名于世，然而昆明大观楼却因地处祖国西南边陲，历史诸因鲜为人知。但是，自清代孙髯翁书就“天下第一长联”后，遂驰名于九州并由此跻身华夏名楼之列，成为继黄鹤楼、岳阳楼及滕王阁之后，我国江南又一座名楼。

据史料记载，早在清同治五年（1866 年），便已有马如龙著《重建大观楼记》，至清光绪二十年（1894 年）又有舒藻著《创建重建大观楼碑记》。翻阅此文即清晰可见：“国朝，以吴三桂为平西王镇滇，乃由近华浦东向会城，开挖一河，计长十里，曰运粮河”句文描述。不止如此，早在清初吴三桂疏浚运粮河前，此处便已有旧河存在并可往来行船，后因大观楼、涌月亭、澄碧堂等建成，继而又“周围添筑外堤，夹种桃柳，点缀湖山风景”。随着周边环境发展，景色日渐清新游人不断。“从此高人韵士，选胜登临者无虚日，遂成省城第一名胜”，达官显贵临湖宴饮，骚人墨客登楼歌赋。唯布衣寒士孙髯翁，一扫低调俗唱类诗文，挥笔成就惊世长存 180 字长联，自此大观楼胜景远播四方。

大观楼长联

上联：五百里滇池奔来眼底，披襟岸帻，喜茫茫空阔无边。看：东骧神骏，西翥灵仪，北走蜿蜒，南翔缟素。高人韵士何妨，选胜登临。趁蟹屿螺洲，梳裹就雾鬟风鬟；更苹天苇地，点缀些翠羽丹霞，莫孤负：四围香稻，万顷晴沙，九夏芙蓉，三春杨柳。

下联：数千年往事注到心头，把酒凌虚，叹滚滚英雄谁在？想：汉习楼船，唐标铁柱，宋挥玉斧，元跨革囊。伟烈丰功费尽，移山心力。尽珠帘画栋，卷不及暮雨朝云；便断碣残碑，都付与苍烟落照。只赢得：几杵疏钟，半江渔火，两行秋雁，一枕清霜。

这副长联思想内容深刻，艺术形式完美，堪称中华楹联艺术宝库之中一颗极其光彩夺目的明珠。毛泽东曾评价称其“从古未有，别创一格”。

1961 年，著名学者郭沫若登临大观楼，即兴赋诗“长联犹在壁，巨笔信如椽”。

《咏大观楼》　郭沫若

果然一大观，山水唤凭栏；睡佛云中逸，滇池海样宽；
长联犹在壁，巨笔信如椽；我亦披襟久，雄心溢两间。

大观楼景区

今大观楼景区，华浦古典园林、南园中西融汇园林、西园现代园林各显不同时代之园林风格，令滇池草海之滨形成湖光山色，曲堤柳烟、荷塘月色、百花争艳等，舒畅幽雅、不俗环境，刻意表现“九夏芙蓉，三春杨柳”，“万里云山一水楼”昆明大观魅力特色。其一，华浦园苑景区，展现明、清风格的古典建筑、撷取优秀特色园景为代表；其二，南部园林景区，包括庾庄、鲁园，以民国时兴建融汇中西文化特色景园；其三，西部休闲景区，着重展示了现代造园艺术之精华、突出休闲娱乐为特色。

11. 军校先驱　威名远扬——陆军讲武堂

云南近代历史上，昆明有一文一武两所学校非常著名。“文校”便是当年“西南联合大学”，“武校”是指著名的云南陆军讲武堂。前者曾为近代中国培养了一批杰出的科学家、教育家以及著名学者。而后者则为近代中国培养了一批杰出的军事家、革命者。

讲武堂概说

云南陆军讲武堂是一幢十分典型的“走马转角”式建筑，其东、南、北楼各为两层、楼高10米左右，南楼上方有一座阁台为学校检阅之用。面对讲武堂操场，东楼时为3层、楼高16米，曾作校本部办公所用。4面楼房浑然为一体，层高通透，错落有致。楼房之间相同、都有拱形门洞出入，东、西两栋楼一般看去大致相同，两楼各宽11米。史上，因东楼距翠湖以及附近的沼泽地较近，为了防止校舍水浸受潮，墙体皆以大青石垒砌而成，西楼因距水域较远则以土基构建，南楼和北楼各宽9米余，墙体为青砖夹层。

史上，讲武堂创办后，在管、教一致原则下，建立与教学相配套组织机构。李根源任总办时，为培养革命军事骨干，他积极聘用进步教官、编写教材、添置设备、明确分工、规定职责，课程设步、骑、炮，工、辎重五科，机构编制不断完善，人员力求少而精干。

近代史影响

清代末年，清王朝欲仿西方始建新式陆军学堂。云南陆军讲武堂始建于1907年，于1909年正式开学。当年，创办于1909年的云南（昆明）陆军讲武堂，与创办于1906年北洋讲武堂（天津）、创办于1908年的东北讲武堂（奉天），并称清政府三大讲武堂。

资料显示，在辛亥革命和护国之战中，陆军讲武堂的士官生满怀炽热爱国热忱，不畏牺牲、勇敢战斗、屡建战功，为推翻封建王朝、反对袁世凯复辟做出了历史性贡献。

辛亥云南起义的成功，推翻了清王朝在云南的最后统治，支援了武昌起义，推动了辛亥革命在全国胜利的车轮。辛亥革命之后，云南都督蔡锷将军下令，将讲武堂改为陆军讲武学校。在护国、护法的战斗中，以讲武堂师生为骨干组建的滇军，战绩辉煌威名远扬。

1938年，该校按黄埔军校系列、改称“中央陆军军官学校第五分校”。随后，依照黄埔军校系列、编定为黄埔第十一、十四、十六、十七、十八、十九、二十期，其间培训各类学员近 8000 人。黄埔军校的 9 处分校，均由蒋介石兼任校长，昆明分校由龙云兼主任。

据称，云南讲武堂曾走出了两位元帅、二十几位上将，另有 3 个国家军队的总司令，一个国家国防部部长。其间，培养了数百名将军，中将以上高级将领便有数十人。

12. 欲浮双塔去　如拥五华来——东寺塔和西寺塔

东寺塔和西寺塔为昆明市内著名景观，其分别位于书林街和东寺街，二塔一东一西隔街相望，迄今已有 1100 多年历史。据称，两塔始建于大理三塔竣工之后，公元 840 ~859 年。东塔原在常乐寺内，西塔位于慧光寺内，今史上两塔旧有原址早已不复存在。

双塔史话

元代，便有昆明白族诗人王升将“双塔挺擎天之势”作为昆明著名的八景之一进行讴歌。在明史中，描写昆明景色诗文中，也有“城南双塔高嵯峨，城北千山如涌波”之赞誉。而在郭文的诗句中，亦有“湖势欲浮双塔去，山形如拥五华来”之溢美辞藻。据说，明代以前文献中，东、西寺塔称为双塔。及至清代，大观楼长联作者孙髯翁在其《大观楼》诗中也有“听唱竹枝来小咏，醉看塔影忽双飘”的溢美之词。此外，钱南园在其《阿姑祠》诗中，也有“一夜风吹西寺塔，霜空不断响铃声”的形象比喻和描述。

有关东寺塔与西寺塔始建年代，至今史学界一直存有争议，各种说法多有旁证，但始终未有公认结论。例如，民国 13 年《昆明市志》载有：“东、西二寺塔、自唐文宗大和三年（829 年）开工，历三十年始竣。”若以此为据，此二塔为唐大中十三年前后方成。史载，清道光十三年（1833 年），昆明遭地震，当时东寺塔完全倾圮。光绪九年至十三年（1883 ~1887 年），东寺塔得以重建。资料记载：“因视旧基低下，虑土薄弗，乃移于迤东数百步内。”此重建后的东寺塔，参照西寺塔式样，整体造型依然保留了唐代建筑风格。

历史上两塔，在不同时期都曾毁于地震，但其后又照彼此模样重建，因此两塔外形不仅十分相似，而且都保留了唐代风格。1984 年宝塔整体维修，人们曾挖出大量糯米和黄泥状结胶物，专家判断应为明代建筑一种加固技术，时为云南地方建筑一种独特工艺。

鸡鸣声远

有关部门考查，东寺塔宝顶四只“金鸡”，均为铜皮制作，每只高约 2 米，其口角中噙含有一枚两头有孔之铜管，管内装有金属簧片，鸡头、脖子乃至腹部全部为空心。据说，早年间每至冬、春多风季节，一遇劲风吹来之际，“金鸡”嘴内安放的铜管便通过“金鸡”腹腔内的空气回旋振荡，不断地发出清脆悦耳的“喔喔”鸣叫声。尤其是在寂静午夜之时，“鸡鸣”传播的声音由近及远，从而越发增加了“金鸡”神秘传奇色彩。

13. 东骧神骏　西翥灵仪——金马碧鸡坊

金马碧鸡坊始建于明朝宣德年间（1426—1435 年），迄今已有 580 余年历史。金马碧鸡坊因年代久远民族特色鲜明，曾被誉为昆明的象征。东坊因临金马山称“金马坊”，西坊因近碧鸡山称“碧鸡坊”，北与纪念赛典赤“忠爱坊”相邻，故合称“品字三坊”。据说，明末一唤作担当和尚赋诗：

一关在东一关西，不见金马见碧鸡；
相思面对三十里，碧鸡啼时金马嘶。

据传，日落之际余晖从西边照射碧鸡坊，其倒影投于东街之上。与此同时，月亮则刚从东方升起，银色光芒洒向金马坊，其倒影投于西街之上。随后两牌坊的影子渐移渐近，最后竟互相交辉于一起。此景乃坊间所传 60 年才可出现一次的“金碧交辉”绝妙奇观。

民俗史话

云南不仅物华天宝、人杰地灵，自古以来也为人们称作神话王国，故金马碧鸡也有故事传说流传至今。有关金马碧鸡的传闻，最早可见汉代班固《汉书》一文。另据《汉书》王褒传载：“汉宣帝五凤三年（前 55 年）有方士盛言，益州有金马碧鸡之神，可祭祀而致。”

当然，若以今日人类学、民族学及民俗学的观点来看，金马与碧鸡很可能与少数民族先民对某种动物的图腾崇拜有关。东晋时期，常璩在《华阳国志·南中志》对金马碧鸡描述：“治化尤异，神马四匹出于滇池河中。”故清代名士赵士麟在《碧鸡诗》中也曾写道：

彩云一片舞天鸡，五色光中望欲迷；
化作青山千载碧，王褒空自渡巴西。

在这短短的四行诗中，碧鸡扑朔迷离、变幻莫测，以及王褒求宝不得而空返的典故，具已概括描述。至于金马碧鸡究竟为何物，古往今来各种解释莫衷一是。据有人解释说：“金形似马、碧形似鸡”。如此说来，碧鸡很可能就是人们传说中祥瑞之鸟凤凰的化身。如果追溯其原型，很有可能是云南孔雀一类珍禽。

因为此鸟羽毛艳丽、五彩斑斓、身形匀称、仪态俊美，少数民族先民对其钟爱有加，故凭借其丰富想象力，塑造了“碧鸡”这一美丽动人的神话。例如，“碧鸡”毛羽艳丽璀璨，常在天际翱翔，所到之处尽泛神光。

清代康熙年间，吴三桂起兵叛乱，清朝统治者为占先机便利用金马碧鸡神话，昭告世人此番平定叛乱乃是上天助力于大清。据戴炯孙《昆明县志》载：“康熙二十七年，清军将领固山贝子，率军围攻昆明城，其屯兵金马山麓，夜梦金马腾骧故明日攻城克也。”

金马碧鸡象征吉祥如意，其实意在反映人们对美好生活的向往和追求，致使千百年来有关神话传说，始终不断在三迤大地广泛流传，促使人们由衷赞美倾心颂扬，同时留下许多优美诗文。其中尤以孙髯翁之大观楼楹联：“东骧神骏，西翥灵仪”千古名句最为称绝。

14. 三迤士民　善待永历——明永历帝殉国处

今昆明市华山西路附近，有一小块平整休闲广场，在此漫步尚能看到一块石碑矗立于林木之侧，碑文以隶书体书写“朙永历帝殉国处”7个大字。如走近仔细观看，还会发现首字似乎有些奇特，左边是“囧”，右边是“月”，令许多人心存不解疑惑。碑文为正楷阴书至今清晰尚存，打头的一个字左边是“囧”，右边则是“月”，明字为何这样写，令很多人颇感意外。有人说此字是故意写错，云南大学古汉语教授罗江文认为，这应是一个“明”字的演变体。但专家这一说法，至今尚不能令人信服且仍存在争议。

据传，自1964年，此石碑突然神秘消失近20年，直到1983年才被找回，所幸碑身并无损伤，后石碑仍被重立于原处。随着近年城市发展、道路不断被拓宽，此碑位置也因此移动多次，但最终在文物部门据理力争之下，自1998年起，这块石碑终于安定了下来。

历史文化

在我国漫长封建社会中，史上一些王朝皇帝也在云南留有史迹。除尚有争议的建文帝朱允炆外，另一个便是明末永历帝朱由榔。史载，明代末期李自成、张献忠领导的农民起义军席卷大江南北，而李自成曾率军杀入北京皇宫，推翻了明王朝统治。然而，随着明将吴三桂“冲冠一怒为红颜”，引领清军入关，协力镇压农民义军，终致阶级矛盾逐步转化为民族矛盾。农民义军也随之由反明转而抗清，明王朝在江南的一些残存旧部也积极响应，先后拥立明朝后裔福王朱由崧、鲁王朱以海为帝继续抗争。

清顺治三年（1646年），明朝旧臣拥立桂王朱由榔于肇庆，次年称帝且以永历为年号。据说，明永历帝继位后，常于粤、桂、湘、黔域间奔波，故被史学界戏称“马上天子”。

清顺治十三年（1656年），原农民起义军张献忠部下、著名反清将领李定国，主动将永历帝迎至云南。恭请驻跸昆明并将当时的云南贡院作为永历帝的行宫及临朝听政处。时李定国治军有方，较其他农民义军，纪律严明、作战勇敢，遂使永历得以喘息、暂且偏安一隅。据称，其势力全盛时已达，滇、黔、粤、桂、湘、赣、川7省部分地区。

清康熙元年（1662年），吴三桂率清兵进军缅甸。由于明永历帝朱由榔在明朝旧臣中颇具影响，而且是坚持“反清复明”皇帝，这也就成为吴三桂“必诛之人”。迫于清朝大军压境，缅甸皇族发动宫廷政变，新立国王只得屈从清朝威慑，助力灭掉明皇最后残余。后缅王为将永历帝交给清军，不得不费尽心机将其解送昆明，其间永历帝被囚禁于昆明金蝉寺。同年四月末，吴三桂奉旨监斩永历帝，但此时有人附其进言“彼亦曾为君，全其首可也”。吴三桂会意赐锦帛永历帝及太子一行，迫其自缢于五华山侧金蝉寺“篦子坡”。故后人附谐音，称此地为“逼死坡”。随着战事不断失利，李定国不断接到各处传来的恶讯，更兼希寄之明皇亦不复存，多重打击令其悲愤而死，南明残存势力终至灭亡。辛亥革命胜利之后，时任云南都督的蔡锷将军聊以“三迤士民”的名义，在“逼死坡”前旧址处立“明永历帝殉国处”石碑一块。据说，此碑一直保存了50多年，至20世纪60年代中期，石碑不知何故曾一度失落。所幸20世纪80年代得以找回之后又重新立于坡头，如今此碑已列为区级重点文物保护单位。

15. 水声琴韵古　山色画图新——圆通寺

圆通寺始建于唐朝南诏时代，初名补陀罗寺。元大德五年（1301年）始建圆通寺，后得元朝皇帝“赐玺书嘉”。其后此寺曾获多次扩建，前后历时18年余，至元延祐六年（1319年）得以竣工。明代时，圆通寺进一步得到扩充，山顶置接引殿，清代时亦获多次重修。

寺院概说

圆通寺坐落于圆通山南侧，前临圆通街、后衔圆通山，其形式对称、布局严谨、主体突显，现为昆明地区著名的古老佛教寺院之一。圆通寺气势宏伟，寺内林木苍翠、建筑精致典雅，宛如一座隐秘不露的江南园林，故被人誉为“螺峰拥翠”，时为昆明著名八景之一。若从建筑学方面浅析，该寺亦属闹中取静以小见大，其巧借背后螺峰山势，从而形成别具一格的寺庙佛院，这在我国诸多佛寺院中，形式独特颇具雅韵。圆通寺正门位于圆通街，进入寺院越向里走地势越低，这在我国寺庙建筑中属较为罕见的“倒坡寺”风格。今圆通寺大殿，供奉有清光绪年间雕塑三世佛坐像。在大殿的正中，两根高达十余米立柱上，各塑一条十分色彩醒目的蟠龙。在大殿四壁之上，另塑有五百罗汉像，这些雕塑较一般佛寺堪称上乘之作。据说，大观楼长联作者孙髯翁，适逢晚年常到此寺舒缓心绪。

圆通寺现有圆通胜景坊、圆通宝殿、八角亭等建筑。尤其上座部佛殿——铜佛殿，这在国内可称独一无二。今殿内供奉有泰王国佛教界所赠送铜制释迦牟尼坐像，其与圆通宝殿释迦牟尼塑像形同相似，却形态不一，以此显示佛教两大部派之差异，令人大开眼界。圆通寺，由大乘佛教（俗称北传佛教）、上座部佛教（俗称小乘佛教），以及藏传佛教三大教派佛殿构成，且大乘佛教为主体，至此可见佛教三大派殿宇形制，一览无遗。

寺院趣闻

“圆通”据说是观音32名号之一，观音又称作“圆通大士”。所以，无论是“补陀罗”还是“圆通”，都是供奉观音的寺院。佛教称观世音为大慈大悲的菩萨，苦难众生只要诵念其名号“观其世音”，菩萨即会降临显灵前往普度众生，所以倍受信徒崇敬称颂。据传，观音是随藏传佛教传入云南，最早于洱海之滨落地，成为云南佛教密宗主要偶像之一，南诏王曾将拓东城视为“东都”，建城伊始便恭请观音寺、补陀罗寺。据考证，“补陀罗寺”乃是中国最早观音寺院之一，甚至比四大佛教名山的普陀山还要早一百余年。

汉传大乘佛教中，观音为阿弥陀佛的左胁侍，名列“南海三圣”之列，也是四大菩萨之一。自元大德五年（1301年）起历时18年，在补陀罗寺废墟处又重建一座颇具规模寺院，时称其为圆通寺，寺院建成后由汉传佛教名僧主持，自此成为本地禅宗最早丛林之一。

● **佛道并存**

据说，大殿原本主尊并不是三身佛而是观音。今在圆通胜境牌坊上所雕八洞神仙、南极、三星等均为道教之神，另有道教张三丰、吕洞宾的石刻画像亦在这悬崖峭壁下。

● **铜佛咒蛟**

铜佛殿内挂四幅彩画，为释迦牟尼出家、成道、初转法轮、涅槃四圣迹。铜佛殿的后面为咒蛟台，传说洞中有蛟龙作祟，盘龙寺开山祖师觉照遂筑台念经镇蛟龙以消水患。

● **闹中求静**

圆通寺周边景色秀丽，寺院后面绝壁峭拔，山色葱郁、林木苍翠，朝霞落日、景色幽然。崖下泉水淙淙，石壁涂金抹丹，自清代以来便有“水声琴韵古，山色画图新”赞誉。

今寺中悬有楹联：

上联：古刹居闹市，车水马龙，看你如何安身，触目均为纷扰相；

下联：佛缘注心灵，游客观众，是谁能够敬意，随机所到极乐园。

16. 慕名仙客来　寻梅觅暗香——昙华寺

昙华寺素以花木繁茂著称，尤以夏秋之玉兰、茶花、海棠，冬春之仙客来而久负盛名。据传，建寺之初一株古优昙花树不慎被压死，而此寺建成之后，这株婆娑老树又重萌新芽，新叶窈窕而生九丝，花似芙蓉绽开十二瓣，花期仅数小时，但奇香浓烈、沁人心脾。昙华寺因花得名，有诗为证：

昙华春意闹，百卉展新装；海棠沉醉态，月季弄晴光；

红入夭桃艳，绿波柔柳长；漫步临芳径，寻梅觅暗香。

漫步昙华寺院但见古寺清幽，院内遍植贴梗海棠，火把果、杜鹃花、雪松等，多种名贵花木，新构建的别致长廊，典雅小亭、点缀于垂钓池旁。置身典雅玲珑江南庭院，移步芳庭欣赏新奇瑰丽花卉，仲夏之夜若逢昙花一现，宛若睡美人身姿、缥缈眼前婀娜浮现。

今寺内前、中两院，有钱南园纪念碑廊、十八罗汉、五百罗汉石刻、全国名联碑园等诸多景观，值得品味浏览。

主要景观

● 优昙献瑞

昙华寺内有株优昙树，相传当年来自遥远印度，古树虽历尽沧桑仍枝繁叶茂茂，耸立寺内藏经楼偏院，墙上可见石刻题咏“优昙献瑞”。史上，寺内住持和尚映空“以善艺花木而名冠滇中”，令寺院培植牡丹、春兰、缅桂花、垂丝海棠等，多样名贵花木享誉春城。

● 大雄宝殿

大雄宝殿为寺内主殿，也是该寺最大殿堂，殿前建有宽阔月台，殿顶梁架构造精致，殿内斗拱形制多样，尽显传统风格木构建筑。殿内正中的五尊金身如来佛像人称五方佛，此佛像皆为辽、金时代原物，也是昙华寺庙宇内几经风云变幻，仍能得以幸存之瑰宝。

● 三圣殿

三圣殿始建于金代天会六年（1128 年），该大殿面阔五间、进深四间，结构有别于宋、辽建筑而风格独树。此殿为金初木构代表，殿内四根立柱与四根辅柱、支撑梁架，庑殿顶式左右次间、各出 60 度斜拱、形如怒放花朵。据称，金代华丽挺硕斜拱构建，以此为最。

● **寺庙称谓**

中国古代寺庙有过多种称谓，如“寺”最初并不指佛教寺庙，秦代时曾将官舍称寺，至汉代又将接待西来高僧居地称寺。随着佛教影响日渐加深，为表示对其认同和尊重，“寺”便逐渐成为特指佛教庙宇，久而久之便成为信徒乃至社会对佛教建筑的一种泛称。例如，人们所熟知的白马寺、大昭寺等。另外，在蒙语中，寺也被称为“召”。例如大召、小召、五当召等。此外，还有称作宫或庙，如布达拉宫、普陀宗乘之庙等。当然，还有尼姑居住的寺庙被称庵，以及早期佛教建筑另一种形式——石窟，即开凿在崖壁之处的岩洞。

17. 青山依旧在　几度夕阳红——杨升庵祠

杨升庵祠位于碧鸡山麓高峣村东南祠旁之普贤寺，据传该寺建始建于汉，因寺中供奉普贤菩萨而得此名。明代初期，寺内有高僧玉琳施手修建，清代康熙年间又获重整。

今寺内有大殿二院，前院供普贤菩萨，后院供观音菩萨。寺院广植绛桃、杜鹃、梅花、山茶等花木，枝繁叶茂；罗汉松、银杏树、苍翠葱郁、生机盎然，为西山著名古刹。

杨升庵祠自明代嘉靖年间始立，400多年来不论达官显贵、学士名人，以致过往乡绅、无名商客、本地庶民，都会不辞旅途劳顿、慕名前往观瞻，留下议论诗文。时不乏赞其思想不凡，颂其品格高贵，由衷抒发滇民对智化施教做出倾情贡献的先哲敬仰和缅怀。

历史文化

杨升庵本名杨慎，字用修、号升庵，四川新都（今成都市新都区）人，著名文学家、时“明代三才子”之首，后人习惯称其为“杨升庵”。杨氏家族学识渊博、门风醇厚，杨升庵23岁考取状元，是明代四川地区唯一状元，曾任经筵讲官此职可称为皇上讲书帝师。

史传，嘉靖在位40余年，多现君臣交恶不理朝政著称，更兼朝中一些无耻之徒，竟不断投其所好推波助澜。时杨廷和、杨慎父子常晓以大义规劝，岂料昏君不纳忠言。杨廷和无奈面君归隐故里，其子杨慎也上书辞职。其间杨慎“偕廷臣伏左顺门力谏”令皇帝震怒，“命执首八人下诏狱”。由此揭开明史中昏聩无能拒谏、血腥残暴一幕。杨慎更是以“首倡”罪，被充军烟瘴之地、谪戍永昌卫（今云南保山）。昨日前途无量五品京官，转瞬成为逐出皇城谪人，此时年仅37岁。昨日声名显赫金科状元，今日成为皇帝眼中大逆，从繁华鼎盛京都，流放蛮荒边塞僻壤，杨慎瞬间遭受其人生巨大反转。

在其漫长流放生涯中，杨升庵常往来博南兰津、苍洱金碧、临安阿迷、澄江嵩明等地。37 年间足迹几乎遍及云南大部，然行迹所至乡里多与当地仕子研讨学问，博诗论文奖掖后辈，着实为促进滇域文化进步做出不凡贡献，因此得到各族百姓尊敬与呵护。至今云南一带流传："妇人孺子，多识其名；野老村夫，言及升庵，辄相咨嗟惋惜慨叹不置。"有后人于保山筑咏赋"明诗台"，著名诗人宋湘任保山郡守时续建杨升庵祠。

明嘉靖三十八年（1559 年），杨升庵卒于戍所。临终之时他以："临利不敢先人，见义不敢后身"告诫子孙要重义轻利见义勇为。杨氏家族至今有一条不成文族规，凡入朝或在外为官者，均不得忘记父老乡亲，每次回乡必捐资或做一利民善事，以报答家乡养育之恩。

杨氏《四足歌》

其一

茅屋是吾居，休想华丽的，画栋的不久栖，雕梁的有坏期。

只愿他能遮能避风和雨，勿休想亭台楼阁，但求得不漏足矣。

其二

淡饭充吾饥，休想美味的，膏粱的不久吃，珍馐的有断时。

只求他粗茶淡饭随时济，再休想鹅掌豚蹄，但得个不饥足矣。

其三

丑妇是吾妻，休想美貌的，俊俏的招是非，妖娆的把命催。

只求她温良恭俭敬姑嫜，再休想花容月色，但得个贤慧足矣。

其四

蠢子是吾儿，休想伶俐的，聪明的惹是非，刚强的把人欺。

只求他安分守己寻生计，再休想英雄豪杰，但得个孝顺足矣。

对于杨慎个人来说，流放可称非常之不幸；但对于他流放到云南而言，却可称一大之甚幸。杨慎与解缙、徐渭并称"明朝三大才子"，杨慎谪居滇地 30 余年，他的大部分作品都创作于此，时不仅令自己著作等身留名，也为促进云南文艺发展做出了历史性贡献。

- **《临江仙》与杨升庵**

虽然人在谪戍路上，但却留下了经典传世之作《临江仙》，这是一首抚今追昔、荡气回肠的千古绝唱，也是一曲洞穿历史、笑看风云的豪迈咏叹。至今，云南还流传着许多与他有关的教化传闻，建有供奉他的祠堂，他与三国时期诸葛亮同为云南人所尊敬崇拜。

《临江仙》 明・杨慎（杨升庵）

滚滚长江东逝水，浪花淘尽英雄。是非成败转头空，青山依旧在，几度夕阳红？白发渔樵江渚上，惯看秋月春风。一壶浊酒喜相逢，古今多少事，都付笑谈中。

● **“才学卓越，人品俊伟”**

一代鸿儒高风亮节，如皎洁明月名垂青史。李贽在《续焚书》中不吝溢美之词：“才学卓越，人品俊伟”，堪与四川史上的唐李白、宋苏轼并列，实可称“李谪仙、苏坡仙、杨戍仙”也。当年，国学大师陈寅恪高度评价：“杨用修才高学博，有明一代，罕有其匹。”

18. 革命之号角　解放之鼙鼓——聂耳墓

西山太华寺与三清阁之间有一片比较舒缓坡地，其间松柏林立绿树成荫。在此万花丛中，长眠着电影《风云儿女》主题歌《义勇军进行曲》的曲作者、人民音乐家聂耳。该墓地布局呈琴状，主体视为琴盘，墓穴乃为琴颈，道上分别设七层花台，这些花台呈琴品状其寓意象征 7 个音阶，墓道上 24 级石阶，显示墓主仅历经的 24 个春秋。另在琴盘顶部的 7 块晶莹墨石上，镌刻着“人民音乐家聂耳之墓”字迹。此方墓地设计新颖、构思别致，既富于新时代的气息特点，又显得庄严肃穆宁静、整体简洁大方。

聂耳生平

聂耳，原名聂守信，字子义，另一说为此紫艺，1912 年生于云南昆明一清寒医家。聂耳聪慧好学酷爱音乐、能演奏多种乐器，中学时便加入共产主义青年团，积极参加革命活动。1930 年到达上海，先在一家商号当店员，后考入了“明月歌舞社”任小提琴演奏员。1933 年经田汉介绍，聂耳加入了中国共产党，随后积极参加左翼音乐、戏剧、电影等工作，并以“黑天使”笔名发表积极文艺评论，抨击社会靡靡之音，提出“替大众呐喊”的主张。1935 年，拟取道日本赴苏联学习，不幸在藤泽市鹄沼海滨游泳时溺水身亡。

聂耳生平虽然十分短暂，但他积极投身革命文艺工作，创作了 30 余首富于时代气息的进步歌曲，如《义勇军进行曲》《前进歌》《毕业歌》《开路先锋》《码头工人歌》《新的女性》等，当年这些歌曲揭示了社会黑暗，反映工农为摆脱苦难而进行英勇斗争。尤其是在“九・一八”事变之后，他激情创作的《义勇军进行曲》，在中国人民抗日救亡的危急关头成为鼓舞全国人民奋起抵抗“中国革命之号角，人民解放之鼙鼓”。

友好纪念

聂耳生于春城昆明，卒于他乡日本。日本人民为纪念聂耳，1954 年 11 月在藤泽市鹄沼海岸聂耳遇难地附近为其建立一座纪念碑。1963 年，又重建“耳”字形花岗石纪念碑，郭沫若书题“聂耳终焉之地”，日本戏剧家秋田雨雀先生专门撰写了聂耳生平碑文。

中、日两国人民为世代纪念聂耳，充分表达睦邻友好关系、一衣带水情谊，根据中、日两国人民友好愿望，在聂耳生、殁之地，昆明和藤泽 1981 年两地正式结为友好城市。

19. 贝丘文化　史上八景——官渡古镇

官渡镇位于昆明市东南郊，距市区大约 10 千米，是著名的历史文化古镇，滇文化重要发祥地之一。官渡古镇在南诏大理国时期已是滇池东北岸一大集镇和交通要冲，渔舟及过往官船均要在此停靠，或坐轿或骑马过状元楼，而后才进入昆明城因此得名“官渡”。

今古镇内仍留存有许多古建，如佛寺、阁楼、庙宇等，俗称六寺、七阁、八庙。现有国家、省、市、区级文物保护单位十余处。如建于唐代的土主庙、宋代的法定寺、元代的妙湛东塔以及明代孔子楼、金刚塔等，其中金刚塔非常珍贵被列为国家级文物保护单位。

史上八景

古渡渔灯。古时，因滇池东岸一直延伸至尚义村，这里乃是著名东渡口，也是东西往返必经水路要道。晚间塔内灯光明亮，闪烁的灯塔与渔船灯火交相辉映，犹如灿烂星光绚丽无比。

螺峰叠翠。螺蜂山在尚义村的东面，系螺蛳壳堆积而成，为古代渡口渔民食用螺肉、日久螺壳堆垒积层。法定寺院晨钟暮鼓，霞光普照、碧绿层叠，古寺螺壳、交相辉映，令人流连。

云台月照。云台宫位于古镇岸边，宫前原有一半圆形水池，池中有洞穴出水，常年流淌水清如镜。夜月柳梢偏西，整个殿堂倒映于池水，清风拂掠波纹荡漾，似水晶宫阙图晶莹浮现。

杏圃牧羊。此景旧址原位于观音寺和云台宫之间，此处原植大片杏树、间伴一些杂竹。每逢春天柳绿花红，村中常有放牧少年汇集于此，远近不时传出童趣嬉戏，一派牧歌田园景色。

凌云烟缭。凌云阁位于孔子楼。赛典赤为云南平章政事时，曾将此阁改为孔子楼。有文赞曰："夕阳穿疏、透阁襄影，蒙龙斜辉、飘落玉宇，晨夕薄雾、炊烟四起，久绕斯阁而不散。"

滇南草坪。清代时期，官渡古镇集市每逢土主庙会，四乡村民蜂拥而至，一时镇上摩肩接踵。故每到此刻乡里便约定俗成将集市转至五谷寺的西草坪空地，不过人头攒动仍现繁华。

金刚夜语。过去妙湛寺僧人常为死者吊祭诵经至深夜方归。相传，一次众僧理事返回，行至西苍沟大桥，依稀见到两位金刚正坐在桥边窃窃私语颇为震惊，事后此桥便称作金刚桥。

笔绘苍穹。官渡原有双塔，西塔在清道光年间因地震坍塌，东塔至今犹存。每逢秋冬季皓月当空，塔映光照状如笔形、形随光影缓慢移动，如神仙泼墨巨笔挥舞，撰写诗文赞美苍生。

旅游景观

凌云阁。凌云阁又称锁水阁，紧邻宝象河畔，堤畔林木苍翠，云霞雾霭，此缭绕凌云被称官渡八景之一。《凌云阁》有碑文："登斯楼，夕阳满楼穿疏透阁，襄影蒙龙斜辉飘落玉宇。"

少林寺。据说，史上比少林寺还小有名气，红墙碧瓦光彩照人，不过后因一场大火遭焚，仅余正殿、华严阁、玉皇阁、配殿几处。现寺院建筑大部已得恢复，正殿供释迦牟尼佛像。

官渡双塔。双塔始建于元代，清道光十三年（1833 年）西塔毁于地震，1999 年幸获重建。相传每隔六十年逢秋分时，日落月升星空皎洁，双塔伫立交相辉映，堪与金马碧鸡坊相媲美。

金刚宝塔。金刚塔始建于明代，现已形成中间大塔、四角小塔的五塔式建筑。此宝塔虽仅有五百年历史，但其具有很高文物和艺术价值。1996 年，此塔被列为全国重点文物保护单位。

法定寺。法定寺为宋代大理国时所修建，佛殿原为三进规格，且与配殿构成前后院落。今寺院天王殿供奉一尊白玉雕凿的弥勒菩萨，与大肚弥勒风格相异，现为法定寺镇寺之宝。

土主庙。土主庙始建于南诏时期，迄今已有 1200 余年历史。庙宇大殿飞檐凌空，斗拱密匝雕梁画栋，浮雕做工极为精致圆润，线条自然疏密流畅，庙中古木苍劲，花团锦簇峥嵘。

官渡老街。漫步立于官渡街心，环视庙宇阁楼、闻听悦耳风铃，仰视报晓金鸡、微抚双塔倩影。徜徉文化古镇民俗老街，方觉各族先民纯真质朴、智慧勤劳，历史文化遗产何其珍贵。

贝丘文化。据说，滇地古人建筑金刚塔时并无水泥，而将螺蛳壳拌黑胶泥夯实，再用糯米饭和糯米汤添红土作垫层。金刚塔下螺蛳壳上斑驳的凿削痕迹，堪称“贝丘文化”历史佐证。

（三）昆明特产与美食

地方特产：云烟、斑铜、文山三七、昭通天麻、铁皮石斛、扎染布、撒尼挂包、昆明牙雕、锡制工艺品等。

风味美食：糍粑、牦牛肉、鲜花饼、野生菌、普洱茶、丽江玛咖、抓抓粉、糯米团、罐米线、罐血旺、调糕藕粉、过桥米线、木瓜水、酱螺蛳、米凉虾、炒饵丝、烧饵块、泡梅子、傣味菠萝等。

八、曲阜

——礼乐之邦 儒学之源

八、曲阜

——礼乐之邦 儒学之源

（一）名城概说

曲阜位于山东省西南部，古称鲁县，史上周朝时期曾为鲁国国都。曲阜，东连沂蒙，西俯平野、南引凫峄、北依岱岳、沿沂河两岸，土地肥沃、物产丰富。据汉书记载“鲁城东有阜委曲长七八里，故名曲阜”。若依此说，曲阜溯源至少可近5000年建城历史。远在上古时期，曲阜曾是东夷族部落聚集中心，著名大汶口文化、龙山文化的重要发现地。传说，玄嚣少昊是黄帝长子，受封东海、承袭太昊，前穷桑继位、后迁都曲阜，以鸟图腾命官、以金德王天下。其在位84年寿长达百岁，崩于云阳山，葬至曲阜寿丘。

曲阜也是中国古代伟大教育家、思想家、儒家学派创始人孔子的故乡。史上周代，鲁地已被奉为华夏文化中心，东方礼乐之邦。新中国成立后，各级政府对曲阜在中国古代史上所处特殊地位非常重视，对其所遗存的历代珍贵文化遗产明文立法予以保护。如今，全市有重点文物保护单位100余处，其中国家重点保护单位4处、省级重点保护单位12处。孔府、孔庙、孔林，因尚存金、元、明、清历代建筑1300余间，两汉以来的历代碑刻、石雕6万余方，古树3万余株，明清档案约30万件，现已被列入世界文化遗产名录。不仅如此，曲阜附近还有周公庙、孟母林、颜庙、少昊陵等诸多历史文物古迹。

曲阜，为国务院于1982年公布的首批二十四座国家历史文化名城之一。

1. 寻踪问源

传说上古时期，舜帝躬耕历山、渔猎于雷泽，制陶于河滨、作器于曲阜。商朝时，曲阜被称作奄，第十八代商王南庚迁都于此。武王灭商后，将胞弟宰辅周公旦封于曲阜，立国为“鲁”。周公辅佐成王史称“周公吐哺，天下归心”，后成千古人臣典范尊称“元圣”。

春秋、战国时，楚灭鲁（前249年）始设鲁县。秦代立郡县制，鲁为薛郡、郡治设曲阜，隶徐州部。西汉时，淮南王刘余为鲁王，两汉时期曲阜为鲁都，魏晋南北朝时为鲁郡治。隋文帝开皇十六年，诏改县名为“曲阜”。自此，曲阜开始作为地理名词一直沿用至今。

唐、宋时期，曲阜虽不为鲁南行政中心，但因是孔子故里仍受重视，历经“贞观之治”和“开元盛世”，其经济和文化已达兴盛。明、清时期，明正德年间，农民义军“破曲阜、焚官寺致县治成墟”，后明武宗诏以孔庙为中心另筑新城。清代，曲阜建制与明略同。

民国时期，曲阜县曾一度改为自治，后又隶属南京政府所管辖。新中国成立后，曲阜建制归于济宁专署。1986 年，曲阜撤去县制改为省辖县级市，并由此始称作“曲阜市”。

自“五四”运动以后，长期占据思想统治地位的儒家学说，便不断受到冲击出现动摇。新中国成立后，思想和学术界对孔孟学说多有议论，其间不乏出现跌宕起伏之风波。

2. 人文荟萃

曲阜，可称儒学之源儒教之根。孔子生于尼山长于阙里，设教于杏坛、出仕于鲁都，归葬于泗水。史称，孔子身通六艺且周游列国 14 年，后潜心治学、聚贤讲礼，谓有弟子三千，得贤人七十二，积毕生之功德创立和传播儒家学说，也留下许多历史活动踪迹。

祭孔大典。祭孔大典亦称“丁祭乐舞”或“大成乐舞”，是集乐、歌、舞、礼于一体的综合性表演。据称，祭孔活动可追溯至公元前 478 年，即孔子卒后次年，鲁哀公将孔子故宅辟为寿堂祭祀孔子。其后，汉高祖刘邦过鲁，以“太牢”祭祀孔子，开历代帝王祭孔之先河。

祭孔乐舞。祭孔乐舞是孔子后代及历代皇帝和地方官吏，举行祭祀孔子仪式时的专用乐舞，故又称“丁祭古乐”，至元代称“大成登歌之乐”，明代称“大成乐”，清代又称“中和韶乐”。祭孔乐舞源自孔子卒后二年。以“六代之乐”演奏于庙宇，以示对孔子尊崇纪念之意。

楷木雕刻。楷木雕刻迄今已有 2400 余年历史。史载，楷雕为孔子学生子贡始创，他用楷木雕刻恩师孔子、师母亓官氏两尊圆雕坐像，今孔林中有“子贡手植楷”珍贵历史遗迹。相传，孔子辞世后，学生子贡守其庐墓 6 年以寄托哀思，故后人视子贡为尊敬师长之楷模。

曲阜由来。神农炎帝，国名大庭，建都淮阳，后迁曲阜，斫木为耜，揉木为耒，教民耕作，播种五谷。“曲阜”二字，始见于《礼记》，“成王以周公有勋劳于天下，是以封周公于曲阜”。东汉应劭解释说：“曲阜在鲁城中，委曲长七、八里，”有称此为“曲阜”名称历史由来。

奉教讲学。武王伐纣灭商之后，将其胞弟周公旦封于商故地奄，立国号为“鲁”后成诸侯国中文化最发达之地。春秋末年，著名思想家、教育家孔子聚贤讲学，使得鲁地成为诗书礼乐传播之中心。源此，后人为纪念孔子，留下了孔府、孔庙、孔林、孟庙、颜庙等文物遗迹。

孔壁得书。史载，汉景帝三年（前154年），皇帝刘启改封皇子，将淮南王刘余立为鲁王。时此王为达扩充王宫目的，遂寻机拆除阙里孔子旧宅，不料竟意外发现孔鲋珍藏的《尚书》《论语》《诗经》《仪礼》等许多经书典籍，从而留下极为有名的“孔壁得书”典故。

鲁班传说。鲁班传说是流传于齐鲁的民间故事。话说春秋末期，鲁国有一能工巧匠名公输盘，他不但发明了木匠工具，且技艺不凡能力超群，因其是鲁国人大家便称他为“鲁班”，以致后人为颂扬其聪慧才能，不吝将华夏大地许多著名建筑，也归赋予这位能工巧匠。

（二）历史文化

1. 北斗七星布局　诗书礼乐大成——孔子博物馆

孔子博物馆位于曲阜市大成路南首路西，与世界著名文化遗产“三孔”遥相呼应。该馆由两院院士吴良镛先生规划设计，于2013年初正式动工，总建筑面积55000平方米，其主馆42000万平方米。其中，展示陈列面积1.7万平方米，该馆可称孔子文化集大成之所。

简介

孔子博物馆建筑设计契合中国传统文化，附会“北斗七星”布局，从而形成以主展馆为核心、7个辅馆为展示空间的建筑群体。博物馆建成之后，与世界著名文化遗产“三孔”遥相呼应，成为一座高科技、大众化、体验式新型博物馆，儒家思想正统标示中心。

此馆布展以“孔子的时代、孔子的一生、孔子的智慧、孔子与中华文明、孔子与世界文明、永远的孔子”6大部分构成，并以此作为介绍展示孔子文化的主线，同时另以孔府家传文物，以及孔府历史为副线。在特色展厅集中展陈著名汉魏碑刻、像石汉画等文物。

该馆现有各类馆藏文物70余万件，另有20多通珍贵的汉魏碑刻。馆藏珍品包括明代至1948年间、30多万件孔府私家文书档案，宋代以来40000万多册善本古书，以及明清衣冠服饰、祭祀孔子的礼仪乐器等。堪称一座代表中国传统文化精髓、综合类现代博物馆。

展陈

博物馆布展形式包括基本陈列、特色展览。基本陈列包含孔子时代、永远的孔子等6章。特色展览包括诗礼传家、石刻精品两个板块。

●基本陈列

孔子的时代（第一章），周礼在鲁（部分）包括万古长河、周礼在鲁等（3个单元）。

孔子的一生（第二章），吾志于学（部分）包括君子好礼、圣集大成等（5个单元）。

孔子的智慧（第三章），思想核心（部分）包括大同理想、德政礼治等（4个单元）。

孔子与中华文明（第四章），治国修身（部分）包括儒学行世、中国道路等（3个单元）。

孔子与世界文明（第五章），儒学影响（部分）包括朝鲜半岛、日本、东南亚的传播等（1个单元）。

永远的孔子（第六章），互动形式（部分）包括雕刻装饰艺术、复原竹简书墙等（1个单元）

●特色展览

诗礼、传家（板块）主要包括余荫百世、式瞻阙里等（3个单元）。

石刻精品陈列（板块）：曲阜名碑（部分）包括汉魏丰碑、宋风清韵等（3个单元）；图画天地（部分）包括永生家园、以阙为界等（3个单元）。

典藏

文物珍品包括孔府档案、古籍文献、陶器、雕器、织品、玉石器、金属器、书画、家具等。

例如，孔府档案（如清孔庙平阳屯四五甲地亩粮银赤书等）、竹木牙雕（如明·天启象牙笏板等）、古籍文献（如明·抄本《孔氏实録》等）、陶瓷器皿（如清康熙·青花白描花草小瓶等）、丝织品（如明·青纱妆花彩云白鹇补圆领衫等）、金属器（如明·缠枝宝相花纹掐丝珐琅鹤足炉等）。

镇馆之宝：新石器时代·长玉琮、西周·“鲁中齐”铭双牺耳三、西周·“侯母”铭象纹铜壶、战国·圆雕黄玉马摆件、宋·《皇朝仕学规范四十卷》、明·蓝纱织暗花妆花蟒衣、明·孔子观欹器图轴、清·奉天诰命盒、清·黄地彩绘缠枝牡丹纹铜胎画珐琅五供。

2. 建筑杰作经典　书画碑刻超群——孔庙

孔庙，位于山东省曲阜市城中心，其南北长1000余米，东西宽200余米，占地327亩（22万平方米），环庙建有围墙，四面立有角楼。孔庙也是我国著名三大宫殿建筑群之一，其规模仅次于故宫建筑群，是我国现存最大的祭孔初地，国家级重要历史文化遗产。

历史文化

史载，孟子对孔子曾有这样评价："孔子之谓集大成。集大成者，金声而玉振之也。金声也者，始条理也，玉振之也者，终条理也。"以此来表征孔子思想乃集古圣先贤之大成，赞颂孔子对文化教育巨大贡献。故后人将孔庙门前第一座石坊也称为"金声玉振"。

进入大成殿，可见孔子像两侧四配，东位西向分别是复圣颜回和述圣孔伋，西位东向分别是宗圣曾参和亚圣孟轲。再向外排列的十二哲，东位西向分别是闵损、冉雍、端木赐、仲由、卜商、有若。西位东向的分别是冉耕、宰予、冉求、言偃、颛孙师、朱熹。环视此殿，其悬十块匾额、三副楹联。如门外正中处，此为清朝雍正皇帝题书"生民未有"匾额。大殿内正中处，时为清朝康熙皇帝题书"万世师表"匾额，以及清朝光绪皇帝题书"斯文在兹"匾额。此外，南面还悬有清朝乾隆皇帝的题书"时中立极"匾额等。

在圣迹殿内，迎面为清康熙皇帝手书"万世师表"石刻。另有，唐代大画家吴道子所绘"孔子鲁司寇像"。左边为晋代著名画家顾恺之所绘"先圣画像"，此画像又被称作"夫子小影"，虽然此画称"小影"，但在诸多孔子画像中位置不凡，据说是最接近孔子原貌。

东南方露天处，有"重修孔子庙碑"，此为明宪宗朱见深所立。时碑文极力推崇孔子思想，如"朕惟孔子之道，有天下者一日不可暂缺"等。碑文撰以楷书，字体端庄、结构严谨，书法精湛、著称于世。此碑立于明成化四年（1468年），因而也被人们称作"成化碑"。

在泮桥东、西处各立一幢石碑，俗称"下马碑"。此碑始立于金明昌二年(1191年)，上刻"官员人等至此下马"，表明文武官员、庶民百姓到此，必须下马下轿以示尊敬。据说，皇帝祭祀孔子也要下辇而进。由此可见，在中国封建社会里孔庙拥有极高地位和尊严。

主要景观

大成殿。这是一座金黄色大殿（大成殿、寝殿、奎文阁，为孔庙三大建筑），突兀凌空，双重飞檐，中海蓝色竖匾，为清雍正皇帝手书"大成殿"3个金色大字。在我国古代建筑中，曲阜孔庙大成殿、北京故宫太和殿、泰山岱庙宋天贶殿并称东方建筑艺术的杰出代表。该大殿建筑结构规整简洁，重檐飞翘、斗栱交错，雕梁画栋、金碧辉煌。藻井枋櫄、云龙图案，皆饰金箔贴裹、祥云缭绕，彰显群龙遨游。四周廊下环立28根雕龙石柱，皆整石雕刻，两山及后檐18

根八棱磨雕石柱具以云龙雕饰，据称共计雕有1296条蟠龙。这些浮雕盘旋升腾，中刻宝珠、缭绕云焰、波涛浮衬，形式各有变化，但是无一雷同。雕功玲珑剔透，刀法刚劲雄浑，形态栩栩如生，堪称我国古代石雕艺术瑰宝。据说，皇帝每临曲阜祭孔子，这些石柱须红绫包裹，以避皇帝见此雕刻，其精华媲美皇宫而降罪。

寝殿。寝殿也是孔庙内三大建筑之一，为供奉孔子夫人亓官氏的专祠。殿内立有神龛，木雕游龙戏凤、精美异常，龛置木牌上书“至圣先师夫人神位”。据传，亓官氏原为宋国人，19岁嫁与孔子且先于孔子7年去世。有关真实情况如何，历朝史料古籍却无明确记载。

宋大中祥符元年（1008年），亓官氏被真宗追封为“郓国夫人”。元至顺三年（1332年），加封为“大成至圣文宣王夫人”。明嘉靖八年（1529年），孔子尊称“至圣先师”，故称其为“至圣先师夫人”。自唐始设寝殿专祠，清代庙宇重修圣人牌位，上罩木刻神龛前置供桌。

奎文阁。其始建宋天禧二年（1018年），初名“藏书楼”。金章宗明昌二年（1191年）重修后改称“奎文阁”，清乾隆皇帝曾重题匾额。据说，“奎”乃二十八星宿之一，后人进而将奎（魁）星又演绎为文官之首。后经历代封建帝王赞颂孔子为至圣，遂将孔庙藏书楼改称奎文阁。今阁前廊下立石碑二幢，东为“奎文阁赋”，系明代著名诗人李东阳撰文，著名书法家乔宗书写。西为“奎文阁重置书籍记”，记载了明代正德年间、皇帝命礼部重修并赐书庋藏之经过。奎文阁前有两座御碑亭，亭内外立四幢明代御碑，碑文皆为尊奉孔子赞语。

圣迹殿。圣迹殿是保存和记载孔子一生事迹之处，大殿因石刻连环画圣迹图而得此名。今大殿系明万历二十年（1592年）、巡按御史何出光主持修建，原为木刻孔子事迹之图画，后主持定夺改为石刻，由杨芝作画章刻石嵌于殿内墙壁，这便是著名的120幅“圣迹图”。

圣迹图自孔母祷于尼山生孔子，至孔子死后子弟庐墓为止，附有汉高祖刘邦、宋真宗赵恒以太牢祀孔子二幅。其中，有世人熟知“宋人伐木”“苛政猛于虎”等著名典故。以及孔子一生主要活动和言论，堪称一处历史故事人物踪迹图影，具有很高历史和艺术价值。

杏坛。杏坛相传是孔子讲学之地，孔子杏坛设教记载，最早见《庄子·渔父篇》：“孔子游乎缁帷之林，休坐乎杏坛之上，弟子读书，孔子弦歌鼓琴”。宋天禧二年（1018年），孔子第45代孙、孔道辅监修孔庙，置正殿后移，以殿旧址“除地为坛，环植以杏、名曰杏坛”。乾隆皇帝为此赋诗：

重来又值灿开时，几树东风簇绛枝；
岂是人间凡卉比，文明终古共春熙。

东庑。东庑现珍存40余块汉，魏、隋、唐、宋、元等不同时期碑石篆刻，其中很多已贵为珍品。例如，最具代表“汉魏北朝石刻”22方；西汉石刻瑰宝首推“五凤”；东汉石刻隶书珍品“礼器”“乙瑛”“孔宙”“史晨”碑；以及魏体楷模“张猛龙”碑等。

西庑。西庑现珍存的100多块“汉画像石刻”，也是久负盛名的艺术珍品。这些石刻内容丰富，既有神话传说的青龙、白虎、朱雀、玄武，也有反映当时社会生活的捕捞、歌舞、杂技、行医、狩猎等活动记录，这些石刻为深入研究汉代社会生活，提供了珍贵历史资料。

十三碑亭。十三碑亭始建于唐代，至元代时又续建二座，清代添建9座，现存唐代至民国各时期、各式碑刻共50余方。这些碑文多为朝廷对孔子追谥加封、拜庙致祭及整修庙宇记录，以汉文、八思巴文、满文等书写篆刻。碑亭布局呈南八北五形式，所以又称作十三碑亭。

3. “官衙附私宅　此合仅一家”——孔府

孔府位于孔庙东侧，系孔子嫡长子孙之府第，即人们常说的衍圣公府。此府始建于明洪武十年（1377年），明弘治十六年（1503年）获重修，清道光十八年（1838年）扩修，清光绪十一年（1885年）重建。新中国成立以来，国家多次拨款整修，现为全国重点文物保护单位。

孔府素有“天下第一家”之称，世为孔子嫡居府邸，是中国封建社会唯一、官衙与私宅合一式建筑。自北宋末至金代，孔府建筑规模不断扩大，至明、清时期已达到现在规模。孔府占地面积约240亩（16万平方米），为九进庭院、三路布局，厅、堂、楼、房463间。

今孔府基本格局：东路，即东学、一贯堂、慕恩堂、孔氏家庙及作坊等；西路，即西学、有红萼轩、忠恕堂、安怀堂及花厅等；中路，前官衙、后内宅，如前后堂楼、配楼及花园等。

衍圣公主要职责，是奉祀孔子并护卫孔子林庙。宋代以后，又陆续增设管理孔氏族人、先贤、先儒、后裔等职责。孔府为我国传世最久、规模最大封建贵族式庄园，其设有一套完整管理规制。孔府为国家第一批重点文物保护单位，1994年列入世界文化遗产名录。

历史文化

孔子嫡孙一向以“礼门、义路、家规矩”标榜，恪守诗书礼乐祖传家祖训，故建筑形式也颇受儒家礼仪制约，极具儒家宗法伦理观念烙印。如传统“前堂后寝”制度，即前堂为官衙、东学、西学、公务、会客等对外活动场所，后寝为内宅、花厅等家族生活用地。

孔子嫡孙享有世袭罔替爵号，其历时2100多年，堪称中国最古老贵族传承世家。因此，私宅府第也是中国现存规模最大、保存最为完好、最为典型的官衙附私宅合一式建筑群。故孔府、孔庙、孔林具有丰富历史、科学、艺术价值，为现存珍贵历史文物。

今府中元、明、清衣冠，孔子画像、衍圣公及夫人肖像，以及祭祀礼器最为著名，很多文物堪称稀世珍宝，这些珍存对研究我国古代服饰具有重要参考价值。另孔府内所珍存30余万件明、清时期文史档案、私家文案，也为研究明清以来文、政、经史重要佐证。

主要景观

圣府大门。圣府大门为五檩悬山式建筑，匾额“圣府”乃明朝宰相严嵩所撰书。两侧有对联：“与国咸休安富尊荣公府第，同天并老文章道德圣人家”，其中“富”字上面少一点，寓意“富贵无头”，“章”字一竖通到立字，寓意“文章通天”，此联刻意彰显“圣人家”气势。

重光门。重光门始建于明弘治十六年（1503年），其四柱回梁，悬山肩挑，前后重花蕾各四朵，门上高悬“恩赐重光”之匾额，故称作“重光门”。此门平时一概紧闭，只有孔府适逢喜庆大典，或迎接圣旨，以及举行重大祭祀活动时才得以隆重开启，故此门又被称仪门。

大堂。大堂为一处明代形式建筑，此地多为宣读皇恩圣旨、接待朝廷至此官员、审理重大私案厅堂。在此堂内中间设有一处彩绘云蝠八宝暖阁，内置虎皮太师椅，椅前置红漆公案，摆放有文房四宝。在云蝠八宝暖阁之上，高悬有清顺治皇帝恩赐的“统摄宗姓”匾额。大堂两侧及后墙，陈设历代朝廷赏赐使用的金瓜、钺斧等仪仗器物。另有象征封爵和特权的官牌，如“袭封衍圣公”“光禄寺大夫”“奉旨稽查山东全省学务”等。据说，每当衍圣公出行之时，都要有专人执掌司礼，彰显气魄以示威严。堂中有一“阁老凳”，相传为明代宰相严嵩闻讯皇帝欲治其罪，遂托衍圣公代为求情时静候之座。

二堂。二堂是衍圣公接待四品以上官员，以及受朝廷委托，代行考试礼学、乐学、童生之地。此处明间南向开门，以穿廊与大堂相连接，两堂呈“工”字形，上悬清康熙帝御赐“节并松筠”匾额，清乾隆帝“诗书礼乐”匾额，以及清道光、咸丰、慈禧太后御笔诗画等。

三堂。三堂是衍圣公处理家政及内部事务之地。此处建筑也为明代形式建筑，堂内明次间为前设格扇门，内设宽敞公案，室内上方高悬、清乾隆皇帝御赐“六代含饴”之匾额。两旁侧间则皆以实墙分隔开来，其东面一室为会客间，西面一室为书写、撰文、奏章之处。

六厅。六厅是孔府仿照朝廷六部设立，官衔自正七品至正六品。例如：百户厅——掌管奴户；管勾厅——掌管地租银粮；掌书厅——掌管文书、档案；知印厅——掌握印信和签押公文；典籍厅——掌管礼仪典章和御赐书籍；司乐厅——掌管乐学、乐舞生、乐器及舞具。

内宅。内宅也是一处明代形式建筑，此地为官衙（孔府）与私宅的分界之处，故而此处门房常年专人值守森严戒备，往来皆必符合规矩，未经管事允许，任何人不得擅自入内。

前上房及戒贪壁。前上房是孔府主人接待至亲和近支族人客厅，也是孔府举行家宴和婚丧仪式的主要场所。戒贪壁颇似麒麟但不是麒麟，为一想象贪婪之兽，传其拥有世间所有宝物，仍不满足妄想去吃太阳。此壁立于内宅门里处，为出入内宅必经之处，意在警示府人不要贪赃枉法。

前堂楼。前堂楼为七间两层楼阁式清代建筑，此建筑清光绪十二年（1886年）获重建。其后孔子七十六代孙“衍圣公”孔令贻三位夫人，陶氏、丰氏、王氏以及两个女儿曾住此楼。

后堂楼。后堂楼为清代光绪十二年重建，后堂楼院是孔德成的住宅。现已复原的陈列，乃为七十七代衍圣公孔德成结婚时之场景，东套间仍为民国时期改置的新式天花板和地板。

铁山园（花园）。铁山园即孔府花园。清嘉庆年间，时七十三代衍圣公孔庆镕重建此园，以铁石装点园景而得此名。园内珍存一株“五柏抱槐”（五棵柏树环抱一棵槐树），景观十分新奇。

4. 墓古千年悠　林深五月寒——孔林

孔林又称“至圣林”，位于曲阜城北1000米处、占地面积约两平方千米，为孔氏家族专用墓地，迄今已有2500余年历史。孔林也为我国持续年代最长、保存最完整的氏族墓地及墓冢式园林，为世界延续最久、面积最大族墓地之一。孔林现为全国重点文物保护单位。

孔林内置神道长达1000米，两旁苍松幽深、翠柏夹道侍立，林中龙干虬枝多为宋、元时期所植，林道尽头是一座称为“至圣林”的木质结构牌坊，此处也被称孔林大门。相传孔子弟子们，为纪念孔子各以家乡苗木、广植于孔林之中，故而树种繁多。林内墓冢累累，除孔子祖孙三代墓葬及建筑，尚有孔令贻、孔毓圻、孔闻韶、孔尚任之墓。

孔林墙内有一河，即著名的圣水——洙水河。过洙水桥北不远处、便可见到人们常说的享殿，时殿前立翁仲、望柱、文豹和角端等石兽。享殿后正中大墓为孔子的墓地，墓前有巨碑篆刻“大成至圣文宣王墓”。据说，此种特殊墓穴布局，被称富含“携子抱孙”寓意。

孔子墓前东侧有三亭，为宋真宗、清圣祖、清高宗驾临祭孔时，曾经于此停留。孔林之中除了孔子墓外，墓饰规格较高的应为第七十二代孙、孔宪培夫人的墓地——于氏坊。此于氏墓前时立一高大木制牌坊，上书“容音褒德”。据称，这位于氏夫人出身不凡，乃是清乾隆皇帝之女，因当时奉行满汉不通婚的规制，故乾隆帝先将女儿过继给一品大臣于敏中，然后再以于女名义下嫁给衍圣公，令此墓规格非同小可，故而被尊称于氏坊。

孔林中还有一名人墓地，为清代著名戏剧家孔尚任。史上，他因《桃花扇》一书而名噪一时。该墓位于内圈外侧东北，墓碑上刻“奉直大夫广东清吏司员外郎东塘先生之墓”。据说，康熙时至“三孔”时由孔尚任作介绍，因其学识渊博、介绍翔实，深得康熙帝的赏识。

历史文化

在中华悠久的历史长河中，儒家文化已成为华夏文明的重要基石。“千年礼乐归东鲁，万古衣冠拜素王”，史上曲阜已为中国历代王朝纪念孔子，推崇儒学礼教最具代表之地。如今，孔庙、孔府、孔林（俗称为三孔），于 1994 年 12 月已被列入世界文化遗产名录。

相传，孔子死后，弟子们初将其葬于曲阜城北的泗水之畔。据说，当时孔子的坟茔只可谓“墓而不坟”（既无高土隆起之意）。及至秦汉时期坟虽筑高，也只有少量墓地和几户守林人家，只是后经历代王朝不断推崇，令孔子地位日益增高，孔林的规模才越来越大。

明洪武十年（1377 年），孔林规模迅速扩大。雍正帝八年（1730 年）整修孔林，重修门坊设施、增派专司守护，时耗银 25000 余两。孔林作为一氏族墓地，2000 多年来，孔氏家族葬埋习俗一直未曾间断。据统计，自汉代以来历代王朝，对孔林重修、整修 13 次。

“墓古千年悠，林深五月寒。”正是由于孔林的始终延续和完整存在，使得这里既可考证，春秋、秦汉时期墓葬习俗，又可研究我国历代政治、经济、文化的发展轨迹，以及历朝风俗民情演变过程。早在 1961 年，国务院就将其公布为首批全国重点文物保护单位。

主要景观

神道及万古长春坊。出曲阜城北门，见两行苍松翠柏，如龙如虬夹道而立，这是孔林神道。道中屹立一座 6 楹精雕石坊，6 根石柱上面各蹲守 12 只神态各异石狮。上题“万古长春”四字。此坊为明万历二十二年（1594 年）初建。另有，清雍正年坊刻“清雍正十年七月奉敕重修”字。

孔林大门（至圣林坊）孔林大门，始建于元至顺二年（1331 年），大门牌坊，为明永乐二十二年（1424 年）添建，至清代雍正年间，改称“至圣林”。此坊木质结构四柱三间、三层绿瓦顶，长约 11 米、宽约 4 米，坊明间花板上雕“至圣林”字，坊前有明崇祯七年（1634 年）雕琢石狮一对。

洙水桥。孔子当年讲学于洙、泗之间，故洙、泗也常为儒家代称。孔林内有洙水桥三座，中桥拱起如虹，为明嘉靖二年（1523 年）所建，桥上“洙水桥”3 字时为明代权臣严嵩题书。此处有一楹联颇富意蕴：

凤凰有时集嘉树、凡鸟不敢巢深林；
荆棘不生茔域地、乌巢长避楷林风。

享殿。享殿位于墓门之后孔子墓前。该殿始建于明弘治十年（1497 年），其后又历经多次整修。现珍存乾隆手书“谒孔林酹酒碑”“教泽垂千古，泰山终未颓”。另外，遗有 4 对石雕：华表：系墓前的石柱，又称望柱；文豹：外形似豹，腋下喷火，温顺善良，用以守墓；角端：一种想象怪兽，传说日行一万八千里，通四方语言，明幽远之事；翁仲：传为秦代骁将，威震边塞，其后对称文、武两像，称翁仲以守墓。

碑林。孔林万木掩映，碑刻如林，石仪成群，“断碑深树里，无路可寻看”。除有著名汉碑移入孔庙外，今尚存李东阳、严嵩、翁方纲、何绍基、康有为等诸多书法家笔题碑刻。相传孔子死后，“弟子各移四方奇木来植，故多异树，鲁人世世代代无能名者”，遂使得各类大树盘根错节、枝繁叶茂。如野菊、半夏、柴胡、灵芝等百种植物繁茂竞荣。

手植楷及庐墓处。孔子死后，众弟子守墓三年相诀而去，独子贡在此又继守三年。后人为纪念此事，建屋三间，立碑一座，题为“子贡庐墓处”。相传子贡奔丧后，曾将一楷树苗栽于恩师墓旁，后长成大树。清康熙年间树遭雷焚，后人遂将枯干图像刻于石上，立碑建亭以示纪念。

孔氏墓地

孔子墓。孔子生于公元前 551 年，享年 73 岁。孔子墓位于孔林中偏南，墓前石碑有二。前碑“大成至圣文宣王墓”，为明正统八年（1443 年）立、黄养正篆书，后碑“宣圣墓”，为孔子五十一代孙衍圣公孔元措立。东为其子孔鲤墓，南为其孙孔伋墓，此布局称携子抱孙。

孔令贻墓。孔令贻墓位于孔林的东北处，此墓地封土东西约 13 米，南北约 9 米，高约 2. 8 米，时为一座中等规模的坟冢。该墓前的石碑之上篆书题刻“孔子七十六代孙袭封衍圣公燕庭先生之墓”。墓碑上雕麦穗额、嵌龙边，墓前设有石雕供案、石鼎、帛池、酒池各一件。

孔尚任墓。沿环路继续东行过一石坊，可见路旁立一石碑上书，“奉直大夫户部广东清吏司员外郎东塘先生之墓”，这便是清初著名剧作家、《桃花扇》作者孔尚任的墓碑。由此继续向西，可见一处上书“鸾音褒德”墓葬群，孔子后裔孔谦、孔宙、孔彪、孔褒等均埋葬于此。

于氏坊。传说，乾隆一女儿脸上生有黑痣，后算命说“主一生有灾，须嫁有福之人，方可免去灾祸”。朝中群臣议论只有圣人后代最妥，但碍于时满汉不得通婚，故乾隆让女儿先认协办大学士、兼户部尚书于敏中为义父，遂改姓于由此下嫁孔家，此坊应为纪念于氏所立。

5. 周公受封于鲁　先秦城垣遗迹——鲁国故城

鲁国故城是指史上周朝时期鲁国的国都旧城遗址。鲁国都城始建于西周初年，现经考证，总体略呈方形，城墙周长11700余米，且按周礼规制，为前朝后市，左坛右社。鲁国宫城遗址位于都城中心，周围有宫墙建筑遗迹，城内置十条交通干道，东西、南北各五条。其南北走向中间一条，北起宫城穿过东南门、直达雩坛，应为都邑中轴线。

历史文化

据说，考古所发现的鲁国故城乃周代鲁国都城，故城遗址波及曲阜市区及周边，为周代诸侯国中延续时间最长的城垣。西周初年，武王封周公旦于鲁，时为“鲁公”。成王时周公之子伯禽代父就封并于此建立都城，至鲁顷公亡国时止，传34代建都达873年。

鲁城沿用至西汉晚期，另建城后始向西南收缩，但沿用了鲁城南、西部分城墙。西汉300余年间，此处仍为鲁王封地。故城从西周至汉代，其间历经8次大规模兴建修葺，宋代迁于寿丘则故城渐毁。1978年，经有关部门进行全面勘查发掘，从而揭示了此故城概貌。鲁故城四周建有城壕，东、西、北各辟城门三座，南辟城门两座。今曲阜市位于鲁故城的西南隅，现城内规模约为原故城面积七分之一，今内城位于鲁故城遗址的西南处。如今内城中心有一片高地，据考证为原宫殿区和太庙之地。史上宋代，高地四周曾分立衙署、商区和住宅，史上周公庙遗迹至今尚存。另于故城的西部，还发现密集排列冶铜、冶铁、制骨、烧陶等手工作坊遗迹。今在故城西部墓葬区，已发掘100余座周代墓葬。

主要景观

城垣遗址。鲁故城遗址分外城和内城两部分，现存遗迹为西周晚期至西汉年间史痕，考古发现有多处增筑、修补踪迹。现发现城门11座，且东、西、北各有3门，南面仅有两门，另南面两门外侧遗有夹门墩台，此形式尚可作为《左传》中所记载、雉门推断佐证。

鲁故城内城，居全城中部偏北，城内有密集的大型建筑基址，经试掘考证，为春秋至西汉时鲁国宫城。此宫城、南东门、“舞云台”呈直线排列，道路北端两侧各有三处对称建筑基址，从而形成了鲁城中一条主干道，且与重要建筑物之间共同构了宫城的中轴线。这与《周礼·考工记·匠人》中记载的周代都城规制形式基本吻合，由此也反映出西周时期诸侯都城礼制。不仅如此，鲁故城内东周时期史迹或遗痕遍布全城。其中西部、北部均有制陶、冶铜遗物，西部有东周制陶作坊遗迹，北部和西部偏东有东周炼铁遗痕。

西周墓葬。自1977年以来，此地陆续发掘墓葬200余座，甲组墓多是小型陶器，乙组墓除小型陶器外，另有一些大中型铜器，其大型东周墓室面积达一二百平方米。西周、春秋墓中的铜器组合，形式与中原地区相似，这表明当时鲁文化与商周文化成分已经相互交融。

春秋文物。鲁都故城出土文物多以陶器为主，如西周时陶器普遍饰绳纹、流行凹弦纹。春秋时期出现暗纹，战国时期绳纹逐渐衰退，暗纹、瓦纹开始流行。另有，西周筒瓦、板式瓦、汉代瓦当，卷云纹图饰瓦当，以及春秋时期盘、盖豆、鼎、釜，战国时期的洗和折腹盘等。

---

6. 都穷桑徙曲阜　百岁终葬寿丘——少昊陵

少昊为中国史上“三皇五帝”之一，少昊陵古称云阳山，位于曲阜城东4000米处旧县村东北的高阜上，少昊墓地是中国著名古陵之一，有“中国金字塔”之称。史传，黄帝之子少昊，建都穷桑，后徙曲阜。在位84年，寿百岁而终，葬于鲁故城东门外寿丘。少昊陵底大上小，呈梭台形状如金字塔。陵墓对面是一座石坊，此坊三间雕刻精致，始建于清乾隆三年（1738年）。过石坊有陵门三间，两侧接砖砌墙垣，门后是广五间享殿，殿中恭修神龛，上悬乾隆帝“金德贻祥”匾额。陵园现存有历代祭祀、纪事石碑、石刻。

历史文化

据曲阜县志记载“少昊金天氏，姓己名挚，黄帝之子玄嚣也”。因“能修太昊之法”，“以金德王天下”而得此名，后登帝于穷桑、迁都于曲阜。传说，其承受帝位之时，有凤鸟择栖而至故以鸟纪官。少昊施政“民无淫天下大治，诸福之物毕至”，“实为五帝之冠”。

史载，有“宋真宗幸鲁，兴建宫阁，以道教守之，古树丰碑，鳞次栉比，金、元亦加修葺”。明代，弘治年间殿遭雷击焚毁，清乾隆年间大修，后又得多次重修。少昊陵与万石山皆平地兀起，门前为少昊陵石坊，享殿前有明、清两朝帝王，祭祀少昊时祭文碑刻。据说，少昊在位施政时，曾设工正、农正等官职，分别管理手工业和农牧业事宜。其间订立度量、观测天象、制定历法、发明乐器、创作曲调、以鸟命官（即鸟作图腾），继而接任东夷部族联盟之首领。另有《春秋命历序》载文，少昊帝沿袭八世且传位五百年。

在中国远古史上，除了黄帝陵、炎帝陵之外，少昊陵可称是华夏民族又一溯源象征。另有民间坊传，因其生地与黄帝同为寿丘，故追思悠远礼仪供奉，因而更具传奇色彩。

主要景观

少昊陵坊。少昊陵坊位于陵院大门且于古柏夹抱神道之间。此坊处建有五级石阶，另四楹三间，为石质结构，其四根八棱石柱乃为石鼓夹抱，柱上分别雕以华表、宝瓶，石坊枋额书“少昊陵”3 字。石坊为乾隆十六年（1751 年）十月初一奉敕重建，时曲阜知县孔毓琚监立。

少昊陵享殿。少昊陵享殿为此陵前的主体建筑，是奉祀少昊的主要殿堂。其绿瓦覆顶、殿顶四脊，上置鸱吻、神兽形态各异，格棂门窗、廊下明柱，皆覆朱漆，梁椽雕饰云龙纹。殿内神龛，悬乾隆帝手书“金德贻祥”匾额。享殿两侧东、西配殿，为乾隆三年（1738 年）所建。

张孟男祭少昊碑。张孟男祭少昊碑位于少昊陵西庑南侧偏东，此石碑饰龙纹碑头，碑体上正书“大明”二字。史料记载，此碑立于明万历元年（1573 年），碑文内容多为称颂少昊功德赞语，此一处张孟男祭少昊石碑，可称是少昊陵内几十块祭祀碑中最具代表性的碑刻石雕之一。

万石山。民间坊传，万石山为黄帝生地、少昊葬地，又因史前无史书记载，故只能从传说中撷取某些野史。如“百家言黄帝”“长老皆称黄帝”，所以说一部《史记》只能从黄帝说起，而后世便认为黄帝为中华人文始祖，而少昊名列三皇五帝之一，自然也备受尊重推崇。

守山神庙。守山神庙位于万石山之上，此为一黄琉璃瓦覆顶的四方小庙，小庙原为石室系宋代修建。清乾隆三年（1738 年），石室改建黄琉璃瓦庙，只是后来不知所终，今石室乃近年仿制。史上，宋代皇帝崇尚道教自命黄帝子孙，故万石山神像便是依道家的形象雕塑而立。

云阳山。云阳山民间传为少昊陵寝。据《帝王世纪》记载，“少昊自穷桑以登帝位，徙都曲阜，崩葬云阳山”，因少昊为传说人物，故史学界尚无定论。1978 年，少昊陵西发掘出石斧、石铲等文物，属新石器时期大汶口文化，故所传三皇五帝时期此地应已有族群生息。

万人愁碑。万人愁碑是位于少昊陵约 1000 米处的一款残碑。史上，宋真宗建景灵宫，宋徽宗时又进行整修，故“万人愁”碑应为宋宣和年间遗物。据说，此碑位于景灵宫门外一带，原物为石碑四幢。传说采伐石料之时因其巨大沉重，故民间传搬运此碑被称“万人愁”。

庆寿碑。庆寿碑位于少昊陵前、约1000米处的水塘西岸。现仅遗留三个刻有“庆寿”大字的残缺石块。碑上原有小篆题跋，书法遒劲，可惜岁月漫长湮灭无存，只“庆”字右刻“燕山任筠时75岁”，“寿”字左刻“至圣五十五代孙世袭曲阜县尹监刻”，故称庆寿碑。

景灵宫遗址。景灵宫遗址位于少昊陵前一片高地之上。有《重修景灵宫碑》记载，“鲁为禹贡兖州之境，有岗隆起于曲阜县城之东，北曰寿丘者相传为黄帝所生之地”。宋代开国以后，尊轩辕黄帝为其始祖，“诏曲阜县更名为仙源县，徙县治于寿丘”，遂始修著名之景灵宫。

7. 屡空不改其乐　好学始于涓滴——颜子庙

颜子庙位于曲阜陋巷街的北首，这是一座祭祀孔子著名弟子颜回的庙宇。颜回字子渊，幼时虽家境出身贫寒，但本人却极为好学，因而常得到孔子赞誉，称其为得意弟子之一。唐贞观二年（628年），始尊颜回为先师；唐开元二十七年（739年），颜回又被追封兖国公。

据《陋巷志》记载，颜庙又称复圣庙。史载，孔子曾称赞颜回：“有颜回者好学，不迁怒，不二过。”又说：“一箪食，一瓢饮，居陋巷，人不堪其忧，回也不改其乐，贤哉回也。”故孔子称赞颜回以德行著称，自此以后贫而好学者备受世人推崇，也为后人所景仰。史传，汉高祖刘邦东巡过鲁，始建颜子祠庙。颜庙面积23000平方米，有殿、堂、亭、门、坊等，遗有元、明、清建筑24座159间。庙内现存碑刻53方，正殿供奉颜子像、两庑从祀名人，颜之推、颜师古、颜真卿、颜杲卿等，颜庙现为全国重点文物保护单位。

历史文化

史上颜庙自汉高祖刘邦东巡祭孔后始建，后经唐、宋、元、清历代各朝推崇，而得屡次修复和扩建。现存庙宇建筑为五进院落，内有殿、亭、门、坊等共159间。今庙内建有复圣寝殿、杞国公殿、杞国公寝殿等殿堂，复圣殿位于仰圣门内，为该祀庙主体建筑。

宋代时期，颜子庙曾立曲阜城东北处五泉庄附近。元初此庙获重建且历经十年落成，但元大德末年庙毁，元延祐四年（1317年）庙迁至陋巷街落定。元文宗至顺元年（1330年），颜回被加封为兖国复圣公，明万历二十二年（1594年）再得修建，遂奠定今日祠庙之雏形。

颜庙基本布局。中路形式为：陋巷坊、优入圣域坊、卓冠贤科坊、复圣庙坊、复圣门；陋巷井亭、归仁门、明碑亭、仰圣门、乐亭、复圣殿、两庑、寝殿；东路形式为：克己门、祭器库、见进门、退思堂、家庙基址；西路形式为：复礼门、杞国公殿、杞国公寝殿。

主要景观

乐亭。乐亭位于颜庙复圣殿前，为一座正方形四角凉亭，内外八角石柱，四周雕石栏花板，绿琉璃瓦罩顶，重檐八角结脊。亭内立有篆刻“乐亭”石碑，为纪念颜回“箪瓢屡空，不改其乐”好学精神。苏轼为此曾作《乐亭记》，对颜回始于涓滴好学精神给予高度评价。

正门。颜子庙正门立有3座石碑坊，中间一座称为“复圣庙”坊，东边一座称为“卓冠贤科”坊，西边一座称为“优入圣域”坊。后面第一道大门，面阔三间进深二楹，绿色琉璃瓦盖顶，八棱石柱擎檐，上置朱漆门扇，梁坊彩绘烘托，布局既现古朴典雅，又显十分尊崇。

归仁门。据说，颜子庙中有3座门，所取之名源于孔子与颜回那段广为流传的精彩对话。在《论语·颜渊》篇中，便记述了这则故事传闻。颜渊问仁，子曰：“克己复礼为仁。一日克己复礼，天下归仁焉。”“为仁由己，而由人乎哉?”颜渊曰：“臣虽不敏，请事斯语矣。”

仰圣门。仰圣门是颜庙内的第三道大门，此处五门并立，中间门称作“仰圣门”。此门始建于元延佑四年（1317年）时称“神门”，明正德二年（1507年）重建后佑名“仰圣门”。门立6层石阶之上，呈单檐、歇山式，绿瓦覆顶、彩绘斗拱、6扇朱漆门，上悬红地金字匾额“仰圣门”。

陋巷井。陋巷井位于颜庙复圣门里，外围是八角露天伞形古亭。井北有明嘉靖三十年（1551年）所立“陋巷井”石碑，此碑时为纪念孔子对颜回“一箪食，一瓢饮，居陋巷，人不堪其忧，回也不改其乐”好学精神而立。明万历六年(1578年)，于井南又立“陋巷故址”石碑。

复圣殿。复圣殿建于宽阔平坦台基之上，重檐八角，九脊四坡，五脊六兽，四周回廊。大殿四周立有26根、两人合抱的石柱围绕，前檐下四根石柱，每根上面皆雕刻两条上下飞舞神龙，中堂上高悬一块蓝底金字巨幅匾额，上有清乾隆帝御笔题书“粹然体圣”字迹。

---

8. 黄帝故里纷纭　期待史学考证——寿丘

寿丘位于曲阜市城东约4000米处旧县村东。据古史传闻，此处曾被称为黄帝诞生地。历史上宋真宗曾在寿丘建景灵宫祭祀，这大概是所言寿丘为黄帝出生地最初的历史依据。景灵宫原建有玉雕黄帝像，施以太庙礼仪、礼制祭祀，此庙后毁于元末兵火。

历史文化

黄帝传说。有关黄帝身世，国语中说“少典娶有蟜氏女，生黄帝、炎帝”。关于有蟜氏居地，史书记载，黄帝母族有蟜氏，居平逢之山。《山海经·中次六经》也说“缟羝山之首，曰平逢之山，南望伊洛，东望谷城之山，其状如人二首，名曰蟜虫是为螫虫，实惟蜜蜂之庐”。上古史所传，有蟜氏是一崇拜蜜蜂的氏族部落，该部落长期与有熊氏部落通婚。一些史书上所记载的平逢山，应为今洛阳北边的邙山。《山海经·中次六经》也说，“平逢之山南望伊洛，东望谷城之山”。在郝懿行《疏》也说道，“平逢山即北邙山，郏山之异名也”。在《地理志》也提到，河南郡谷城该县因山为名，山在今河南洛阳市西北，而在很多史籍中经常提到的“伊洛”，据考证应指今伊水和洛水。《左传·定公八年》记载，“单子伐谷城”。杜预注“谷城在河南县西”。《后汉书·郡国志》中也曾说道，“谷城，瀍水出”。故由此推测，远古时期声名显赫的有蟜氏，当居应住于洛阳北侧、以邙山为中心的豫西一带。其范围大致西达渑池、灵宝，东抵偃师、巩义，北至黄河南岸，南到嵩县、汝州之宽泛地区。其实郑州的周边市县，远在夏代之前就已属华夏文明主要发源地伊洛方域。

黄帝妻嫘祖。黄帝居轩辕之丘，而娶西陵之女，是为嫘祖——《史记卷一·五帝本纪第一》。史上西平县古为西陵氏徙居之地，西陵作为地名与西平长期沿用，史上曾有西陵国、西陵亭、西陵乡、西陵县称谓。在历史典籍中，西汉之前唯有一处称西陵的地方，就是今河南省西平。

黄帝居有熊。如果从史上秦始皇“焚书坑儒”前所遗留的战国和先秦史籍中寻找，如《国语》《左传》《竹书纪年》《黄帝见大隗》等典籍，就会发现“黄帝”和曲阜之间并未发生何种联系。但这些史书却无一例外指出，“黄帝居有熊”以及黄帝居有熊国的一些活动。

帝生于寿丘。黄帝生于寿丘的说法自古有之，皇甫谧在《帝王世纪》中也赞同此说法，这种说法也曾被很多学者所引用。自宋代真宗“推本世系、遂祖轩辕”起，便将轩辕黄帝立为赵姓始祖。宋大中祥符五年（1012 年），诏曲阜县更名仙源县，县治迁寿丘，西建景灵宫且奉祀黄帝。

帝生于新郑。《史记》开篇即明确指出“黄帝者，少典之子，姓公孙，名曰轩辕”。少典是原始社会有熊氏部落的首领，后人也将其称为有熊国（河南新郑），而黄帝乃是有熊氏国君少典后裔。因为在众多史料中将黄帝称为有熊氏，所以也有了黄帝生于河南新郑一说。

故里纷争期待考证。有关黄帝故里之争由来已久，虽执意各方都认为自己论据充分，但迄今并无一家之说能得到多数认可。因此，“帝居有熊”“帝生寿丘”“帝生新郑”等诸如此类的各种提法，只能停留在不同学术观点阶段，若取得权威定论只能期待充要考古史迹佐证。

9. 感触恬静幽深　方觉儒学圣地——洙泗书院

洙泗书院位于曲阜城东北约 4000 米处，该书院南临洙水、北临泗河，故被取名为洙泗书院。洙泗书院自古便被冠以儒学圣地，儒家文化学说重要源头之所在。史传，此处曾为孔子修书讲学之地，不过随着历史风云变迁，如今已成为纪念和祭祀孔子的重要场所。

史传，孔子周游列国之后返回鲁地，便专注于删诗书、定礼乐、系周易、聚徒众，首开讲学之举。史上东汉“弟子房舍、井瓮犹存”，元代初年因遭战乱房舍俱毁，元至元三年（1337 年），书院殿、堂、门、庑等建筑曾获重建，自此始称洙泗书院，设山长一人奉祀。

明弘治七年（1494 年），时书院殿堂房舍得以重修。史传，汉、唐、宋、金以来，此处便为先师讲堂圣地。现洙泗书院占地面积 19000 余平方米，院内古柏参天、清幽雅静，诗书礼乐蕴含其中，诸多建筑为明清遗迹，如讲堂，大成殿，两庑，元、明、清历代碑刻等。

历史文化

公元前 5000—前 3000 年，传说伏羲氏、女娲氏、炎帝、黄帝、少昊帝等，一脉相承涌现华夏大地，中华龙、凤图腾，可称始肇于此。现存羲皇庙、伏羲陵、蚩尤冢、寿丘、少昊陵、北辛文化遗址、大汶口文化遗址、龙山文化遗址，一众史前文明遗痕或遗迹。

洙泗源泉、儒学之端，中华文化与洙水、泗水密切相关。古泗河流域可称中华文明重要的发祥地之一，泗水发源于沂蒙山脉，源头溯泗水县之泉林镇。史传，这里乃是人文初祖、伏羲的降生之地——雷泽。洙水乃是泗水的一条重要支流，始源于曲阜泉水喷涌而成。

洙泗书院旧称孔子讲堂，至元代初期讲堂损毁几近，“故基化为禾黍”。元至元三年（1337 年），孔子第 55 代孙、曲阜县尹孔壳钦出资，促成讲堂得以在旧址重建。后因该书院地处“泗水经其北，洙水过其南”的洙泗之间，后世便将孔子讲坛改称作洙泗书院。

明弘治七年（1494 年），衍圣公孔弘泰以维修阙里孔庙余资再度重修此讲坛。明正德二年（1507 年），改前山长为国子监学录且授秩正九品。明正德六年（1511 年），书院大门又毁于刘六、刘七的农民起义。明嘉靖二年（1523 年）重建大门，明天启七年（1627 年）获大修。

史上，清代不同阶段，如顺治八年（1651 年）、顺治十三年（1656 年）、康熙三十八年（1699 年）、雍正十二年（1734 年），该书院均获得不同程度整理和维护。另道光二十九年（1849 年），以及其后民国期间，该书院也多次得到维护和整治，1988 年书院施以全面大修并重建外墙。

有关中国书院历史，通常多从唐代计起，但如果追溯洙泗书院历史，便可称有 2500 年之久。资料显示，洙泗书院为孔子晚年讲学“先圣讲堂”，历代受凭吊及膜拜，如《阙里文献考》称“汉时弟子房舍、井瓮犹存，光武帝破董宪于昌虑还、过鲁，坐孔子讲堂”。

史上，明清时期书院获多次整修，及至民国一段时间内，书院的殿、堂、门、庑等，各处建筑保存尚基本完整。今遗存各类建筑 40 余间且分为三区，东区有更衣厅等，西区为礼器库等，中区为学院讲堂、大成殿等。神道尽头为牌楼楼额题书“洙泗书院”四字。

景观概说

洙泗书院，今整体建筑布局可视作三部分：东区为更衣厅；西区前有礼器库，后有神庖、神厨；中区为前、后两进的庭院，分别有大门、讲堂、大成殿、两庑等诸多处建筑。

基本格局。书院内大部建筑，初为明代年间遗物，后经清代多次维修。现存有讲堂、大成殿、两庑等建筑，以及元、明、清历朝代碑刻。院内古柏参天，深邃幽静、草木盈盛，漫步葱郁林木中，顿感古老书院恬静幽深，别离于喧嚣功利尘世，清净淡定之余而渐增求学心绪。院内大成殿，为单檐绿瓦悬山顶，七檩前后廊式木架，殿内奉祀孔子、四配、十二哲。两庑东西各置三间，单檐灰瓦悬山顶，五檩抬梁式木架。讲堂三间布置，五檩抬梁式木架，无斗栱，整体为清代建筑风格。明间前后石柱浮雕莲瓣饱满，据考证此为元代遗物。

有人戏言，史上的洙泗书院，也许是今中国所有学院中利用效率最低之讲堂。因为，自 2500 年前起，被尊为圣人的孔子在此讲学之后，就没人敢在这里再次开讲了。

（三）曲阜特产与美食

地方特产：矿泉水、曲阜香稻、孔府家酒、全毛地毯、果旦杏、楷雕如意、龙头手杖、尼山石砚等。

风味美食：孔府家宴、孔府糕点、孔府煎饼、孔府熏豆腐等。

1982 年首批

二十四座国家历史文化名城

Wandering in the Famous Historical and Cultural Cities of China

徜徉中华历史文化名城

（第 2 册）

李进民　李晓萌　编著

北　京

冶 金 工 业 出 版 社

2022

内容提要

本书共分3册，主要介绍了国务院1982年首批公布的24座中华历史文化名城。第2册重点介绍了南京、长沙、杭州、景德镇、荆州、绍兴、苏州、遵义等8座城市的历史人文和名胜古迹。

本书视角独特，文笔轻松，史料详实。本书不同于一般的旅游攻略，而是将景观名胜与相应的历史文化背景相结合，主要侧重于城市的历史和文化内涵，为广大旅游爱好者了解中华历史文化名城的普及性读物，适合各类读者阅读、参考。

图书在版编目(CIP)数据

徜徉中华历史文化名城.2/李进民，李晓萌编著.—北京：冶金工业出版社，2022.10

ISBN 978-7-5024-9270-0

Ⅰ.①徜…　Ⅱ.①李…　②李…　Ⅲ.①文化名城—介绍—中国　Ⅳ.①K928.5

中国版本图书馆CIP数据核字(2022)第167959号

徜徉中华历史文化名城（第2册）

出版发行　冶金工业出版社　**电　话**　(010)64027926

地　址　北京市东城区嵩祝院北巷39号　**邮　编**　100009

网　址　www.mip1953.com　**电子信箱**　service@mip1953.com

责任编辑　姜晓辉　美术编辑　彭子赫　版式设计　孙跃红

责任校对　葛新霞　责任印制　禹　蕊

北京建宏印刷有限公司印刷

2022年10月第1版，2022年10月第1次印刷

710mm×1000mm　1/16；17.5印张；342千字；269页

定价260.00元（共3册）

投稿电话　(010)64027932　投稿信箱　tougao@cnmip.com.cn

营销中心电话　(010)64044283

冶金工业出版社天猫旗舰店　yjgycbs.tmall.com

（本书如有印装质量问题，本社营销中心负责退换）

总 目 录

第 1 册

第 2 册

第3册

第2册目录

一、南京

——龙蟠钟山 虎踞石城

一、南京
——龙蟠钟山　虎踞石城

（一）名城概说

南京位于宁镇丘陵地带，北连辽阔江淮平原，东接富饶长江三角洲，今为江苏省会所在地，史上南京，曾有金陵、秣陵、扬州、丹阳、江乘、湖熟、建业、建康、江宁、升州、白下、上元、集庆、应天、天京等40多个不同称谓，远多于国内其他历史古城名称。

南京，山、水、城、林相携成趣，江山多娇、气势不凡，四季景色迥然不同。公元前472年，越王勾践曾命大臣范蠡在雨花台一带构筑城池，史称“越城”。据传，明朝开国皇帝朱元璋定都南京，有儒生邓伯言特为朱元璋敬献钟山诗一首，其中有“鳌足立四极，钟山蟠一龙”之赞誉。不料此语一出顿使朱元璋龙心大悦，高兴至极，禁不住拍案而起连声称赞，只是邓儒生始料不及，着实被吓得差点缓不过气来。

南京素有“江南佳丽地，金陵帝王都”之美誉。春游“牛首烟岚”，夏赏“钟阜晴云”，秋登“栖霞胜境”，冬观“石城霁雪”。优越的地理环境，秦淮风景人文，令历代政治家、军事家和文化名人多有赞誉。传诸葛亮慨叹：“钟山龙蟠，石头虎踞，真乃帝王之宅也。”当然，也有史学家就此提出质疑，如著名历史教授谭其骧认为，没有资料可佐证史上诸葛亮曾经到过南京。对这些不同学术争论，还有待史学家进一步考证，但南京作为一座自然环境优越、历史文化悠久、人文景观厚重、史迹遗存丰富的名城却毋庸置疑。

当年，孙中山先生在其著名《建国方略》一文中也不吝溢美之词，并由衷发出洋溢赞美南京之心声：“其位置乃在一美善之地区。其地有高山、有深水、有平原，此三种天工，钟毓一处，在世界中之大都市，诚难觅此佳境也。……南京将来之发达，未可限量也。”如今，古都南京仍保存众多历史文化古迹。如著名古越城遗迹、金陵邑遗址、六朝石刻遗迹、南唐二陵、明代城垣遗迹，秦淮河风光带、夫子庙、明孝陵、中华门、中山陵、雨花台、玄武湖、总统府建筑群等历史文化景观，可谓“金陵四十八景，尽揽风光无限”。

南京，为国务院于1982年公布的首批24座国家历史文化名城之一。

1. 寻踪问源

远在100多万年前，南京一带就已现古人类活动踪迹。资料显示，南京有7000多年文明史，2600余年建城史，近500年建都史，享有“六朝古都”“十朝都会”美称，“天下文枢”“东南第一学”赞誉。史载，明、清时期一半多的状元皆出自南京江南贡院。

春秋末年，吴王夫差曾于今朝天宫一带筑冶池，开启冶铜手工业作坊先河。周元王四年（前472年）越灭吴，大臣范蠡在今中华门外长千里始筑越城。公元前333年，楚威王熊商于石头城筑金陵邑，故金陵之名由此溯源。公元229年，吴主孙权称帝改秣陵为建业。

此后，东晋、南朝宋、齐、梁、陈也相继于此建都，今南京城仍可寻到六朝建康遗迹。史载，六朝时期的建康曾为世界最大之都城，时南京城与罗马城并称“世界古典文明两大中心”，史学界评价以建康为代表的南朝文化，在中国历史上曾产生过极其深远影响。

隋、唐两代时局动荡，幸因大江阻隔，令经济、文化未受太大影响。唐亡之后，南唐定都金陵且扩建城邑，当年北方战火不断，而江南偏安70余年没有发生剧烈战事。时秦淮河畔集市兴隆，商贾云集、经济繁荣，诗词歌赋、琴棋书画兴盛，开创一代文盛方兴。

宋时金陵，依然保持南唐城市规模，以东南一方经济重镇闻名华夏。元代时改集庆路，城内设有东、西织染局，时南京云锦已为皇家御用贡品，由此领衔江南地区最盛织造中心。洪武元年（1368年），朱元璋立应天府为京师建大明王朝，南京由此成为华夏政治中心。

1842年，鸦片战争战败后，清政府被迫签订《南京条约》，自此拉开中国近代史帷幕。1853年，太平军攻克南京建太平天国，改南京称天京，立都11年。1911年12月，孙中山于此就任临时大总统，中华民国建立。1927年3月，国民革命军北伐，不久攻克南京。

1927年4月，时国民政府正式成立，南京立都并置特别市。1930年，改院辖市（直辖市）。1949年4月23日，人民解放军解放南京。1952年11月，南京改为省辖市；1953年1月，南京由省辖市立江苏省会。1994年2月，经国务院批准南京升格为副省级单位。

2. 人文荟萃

史上六朝逢北方战乱，迫中原人大规模迁徙，时南京多为首选初地。史学界称此“衣冠南渡”行为，即是中华文明图存延续历史，也是华夏民族剧烈碰撞与交融，起到上承汉晋、下启隋唐，为日后盛唐文化隆兴预埋下伏笔。一些中西史学家对此给予客观评价。

六朝以来，名人至金陵络绎不绝。李白、刘禹锡、杜牧等名士大家，皆于此留下不朽诗篇或传世佳作。如，南唐二主李璟、李煜的诗集，刘勰的成名作《文心雕龙》，吴敬梓的代表作《儒林外史》，袁枚的典籍佳作《随园诗话》，曹雪芹的恢宏巨作《红楼梦》等。不仅如此，戏剧名篇《桃花扇》作者孔尚任，书画名圣顾恺之，大书法家王羲之、王献之，“金陵八大家”之首龚贤，美术教育家徐悲鸿，著名山水画家傅抱石，草书名家林散之等，这些历史名人、诗画贤士，皆于不同历史时期，在此留下经典之作或历史痕迹。

明代南京，文化丰富、底蕴深厚、史迹恢宏，作为明朝开国都城，南京有幸保存了诸多文物古迹。世界著名文化遗产——明孝陵、明城垣遗迹、明故宫遗址公园、龙江宝船厂遗址公园、莫愁湖公园内“胜棋楼”、夫子庙景区江南贡院，都是极具代表性的名胜史迹。

近、现代史中，南京也享有十分独特的历史地位。如著名的太平天国运动，孙中山建立中华民国。1927 年至 1949 年，中华民国政府以南京为都。抗战时期南京保卫战、解放战争百万雄师下江南等。在这些特殊的历史时期内，都留下许多珍贵的近现代史迹萍踪。

南京不但与江淮四邻交错接壤，由于所处地理位置相对居中，因而在不同历史阶段，与镇江、淮安、南通、盐城等地区域性文化，曾产生过极密切的交流与融合。在漫长而悠远的历史长河中，随各不同时期政治、经济、文化影响，南京也形成独具自身魅力的秦淮风情。

史上南京话曾为官方用语，清代中叶之前的中国官方语言一度以南京官话为标准语。南京地理位置，决定其地方戏曲兼具江苏南北特色，南京白局、南京白话、南京评话、洪山戏、民歌《茉莉花》在国内外享有很高知名度，为人们喜爱，广为传唱。

南京菜也称京苏菜、金陵菜，为苏菜四大菜品之一。金陵菜起源于先秦，至隋唐已负盛名，明、清自成流派，金陵菜烹饪技法富于变化，具有南北皆宜口味特色。南京工艺品制作精美、格调高雅，如南京云锦、金陵金箔、仿古牙雕、折扇、剪纸、木雕、竹刻等。

（二）历史文化

1. 展陈勾吴文明　珍藏稀世瑰宝——南京（省）博物院

南京博物院位于南京市紫金山南麓、中山门内北侧，是我国第一座由国家投资兴建的大型综合类博物馆。该博物院曾被有关部门评选为“全国公共文化设施管理先进单位”“国家一级博物馆”“中央地方共建国家级博物馆”以及“全国爱国主义教育示范基地”。

简介

南京博物院贯彻“提倡科学研究，辅助公众教育，适当陈列展览，图智识之增进”为立院宗旨，抗战时期暂迁四川李庄镇时，还曾举办“史前石器展览”。新中国成立后，举办过“中国历代陶瓷展”“伟大祖国古代艺术展览”“南京博物院十年”等专题展。

南京博物院现拥有各类藏品 43 万余件（套），上自旧石器时代，下迄当代，既有全国性的，也有江苏地域性的，既有宫廷传世品，又有考古发掘品，许多为历代文物珍宝。其中，以青铜、玉石、金银器皿、丝织刺绣、印玺碑刻等文物类藏品最为丰富。尤其每一品型皆可自成系列，可称数千年中华文明历史发展延续最直观且极为有力的佐证。例如，战国“错金银重烙铜壶”，西汉“金兽”，东汉“广陵王玺”，西晋“青瓷神兽尊”，南朝“模印砖画”，明代“釉里红岁寒三友纹梅瓶”等，皆为该院典藏之珍品。

现“一院六馆”布局各有侧重，在办好基本陈列同时，博物院每年还举办若干专题或临时性展览，如院藏文物展、外省市文物展以及国内外有影响的文物及艺术品展。

沿革

1933 年，在我国近代民主革命家、著名教育家蔡元培先生的倡议下，国民政府创建了国立中央博物院工作筹备处，蔡元培先生任第一届理事会理事长，另有李济、杭立武等先后接管筹备处工作。新中国成立之初，仍沿用国立中央博物院名称且由文化部领导。1950 年 3 月更名为国立南京博物院，自 1954 年起改属江苏省文化局领导。1959 年国立南京博物院、江苏省博物馆、江苏省文物管理委员会合署办公，更名为南京博物院。

该院（馆）以其丰富办展经历，使“一院六馆”职能各有侧重。如历史馆为“江苏古代文明展”，特展馆为精品展览，非遗馆为国家级（江苏）非物质文化遗产，民国馆重点展示南京地区民国社会民俗风情，数字馆以网络科技形式令观众作穿越时空般莅临体验。

1960 年起，以“江苏历史陈列”为基本陈列，重点介绍江苏地区的政治、经济、文化发展史。1989 年该展更新为“长江下游五千年文明展”，将通史陈列改为专题陈列。

展陈

该博物馆布展形式包括常设展览、新展预告、新展空间、展览回顾等。

常设展览（基本陈列）。

该院（馆）常设展览设17个板块，如江苏古代文明展、江苏民俗展、民国风情展等。

江苏古代文明展。史上江苏具有悠久的历史和灿烂文化，其所在的长江流域与世界上其他大河流域一样，同样孕育了中华民族璀璨历史和古代文明，创造了极其光辉且极具特色的勾吴文化。

江苏民俗展。自古以来，江苏境域便是河网纵横交错、湖泊星罗棋布，物产丰盛、都市繁华、人文荟萃。一方水土养一方人，不但孕育了著名勾吴文化，也沿袭了精致儒雅的吴地民俗。

民国风情展。这一部分展览，通过仿真民国欧式建筑街景，展示了当年老南京城的生活缩影景象，同时利用声、光、电等科技手段，使得所营造和呈现的情境氛围更加近似逼真效果。

典藏

为使观众充分领略博物院（馆）所具有的深厚文化底蕴和丰富内涵，该院（馆）特意从馆藏40余万件文物中经过反复筛选最终确立了若干最具代表的“镇院瑰宝”。这些珍品经严格程序初选20件为候选品，再从其中遴选出18件，作为“镇院瑰宝”。例如：

镇护之宝——金兽：迄今出土最大、最重金器，铸造、捶击而成，堪称“国之瑰宝”。

御窑之宝——釉里红岁寒三友纹梅瓶：现存唯一保存完好带盖明洪武釉里红梅瓶。

贵媛之宝——金蝉玉叶：构思巧妙、制作精美的稀世工艺珍品，罕见的闺房至宝。

弘觉之宝——鎏金喇嘛塔一组：明代佛教绝品，国内唯一“迷你型”鎏金喇嘛塔。

水墨之宝——徐渭《杂花图卷》：古代写意花鸟画精品，享有“天下第一”美誉。

慈航之宝——金观音菩萨立像：清朝国力鼎盛时期作品，宫廷造像工艺最高峰。

舆图之宝——利玛窦《坤舆万国全图》：国内最早且唯一的刻本摹绘的世界地图。

权信之宝——广陵王玺金印：唯一汉代刘姓王印，与滇王印、倭奴王印同为珍品。

织绣之宝——沈寿刺绣精品《耶稣像》：近代刺绣大师沈寿“仿真秀”代表作品。

天工之宝——错金银重络铜壶：挟战国争霸风云，集青铜重器之经典，弥足宝贵。

2. 龙蟠虎踞遗珍　金陵六朝胜迹——南京市博物馆

南京市博物馆位于南京市秦淮区朝天宫，其中朝天宫也是我国江南地区最大的宫殿式古建筑群，现为全国重点文物保护单位。该博物馆以其丰富文物文献资料，出色的研究成果为基础，展现了古都南京深厚的文化底蕴，为深入研究其历史轨迹提供了有力佐证。

简介

南京市博物馆是一座综合性历史艺术类博物馆，其前身为新中国成立初期建立的南京市文物保管委员会。1978 年南京市博物馆正式挂牌，由此承担起南京地区历史文物的宣传展示，文物收藏保管，文献资料整理，地下遗址及古墓葬的调查研究，考古发掘等项工作。

该博物馆重点展示古都南京历史文化，依据馆藏文物特点，结合历史文献，展馆举办了“六朝风采”“明都南京”“龙蟠虎踞——南京历史文化陈列”等展览。此外，还先后举办“公元 15—16 世纪佛罗伦萨贵族服饰展”“阿拉伯艺术展”“台湾当代陶艺展”等。

该博物馆在“史前、六朝、明代”的历史研究，六朝帝王陵寝、明故宫遗址的考古发掘等方面也取得了不俗成果。与此同时，将朝天宫古建筑群特有的文化氛围，与南京悠久的历史进程相融合，使到访者在不经意间便可感受和领略古都金陵历史与人文之厚重。

博物馆藏现收藏各类文物 10 万余件，上溯远古、下迄民国、藏品丰富，具有很高的历史、艺术和科学价值。如南京人头骨化石，青釉羽人纹盘口壶，青瓷莲花尊，王、谢家族墓志，青花萧何追韩信梅瓶，镶金托云龙纹玉带，七宝阿育王塔等典藏文物皆蜚声中外。

沿革

南京市博物馆所在地朝天宫，其名系明太祖朱元璋下诏亲赐（1385 年），为取其“朝拜上天”之意，今为我国江南地区规格等级最高、建筑面积最大、保存最完整古建筑群。

南京市博物馆前身乃是新中国成立之初，由地方政府所成立且管辖的南京市文物保管委员会。早在1957年，该馆址所在地朝天宫便已被列为江苏省的重点文物保护单位。1978年，南京市博物馆正式挂牌且承担起南京地区的文史宣传，地下遗址和古墓葬考古发掘，文物调查、藏品保护、资料征集与保管，以及文献研究考古成果等项工作。如今，这座历经沧桑的恢宏殿宇重新焕发青春，已成为古都南京一处著名的旅游文化景观。

展陈

该博物馆布展形式包括基本陈列、专题陈列、最新展览、展览回放等。

基本陈列：

“龙蟠虎踞——南京城市史展”。该展览充分利用本馆所珍藏的历史文物，南京地方文献资料，以由远而近的历史发展顺序，将所展示内容分别从远古到秦汉，六朝、隋唐宋元、明清、民国，列为5个单元。展馆重点介绍古都南京史上发生的重大事件，不同时期的历史人物。展陈突破了文物展品的局限性，依据文献、照片、档案等翔实资料，采用复原场景、创作史画等形式。

专题陈列：

“胜迹千年——朝天宫历史展”。朝天宫所在冶山地区，是南京开发最早、最为知名地区之一，距今已有二千多年历史。史上历朝建置、朝代几经变迁，然史不绝书，现存建筑系清同治五年（1866）重建。

此展览分为了“冶城春秋”“朝天云阁”“人文掌故”三个单元，分别介绍朝天宫的历史沿革、现状和史上著名掌故、诗文。此外，特别展示记载朝天宫历史的两座石碑。

“云裳簪影——馆藏宋明服饰展”。此展为馆藏宋、明时代的服装与各种佩饰，其中各种服装、鞋袜20余件，各种金、银、玉首饰、佩饰100余件，其中部分展品来自江宁宋墓和江宁将军山明代沐氏家族墓。

“玉堂佳器——馆藏精品展”。该展览包括了“青花萧何月下追韩信图”梅瓶、“青釉羽人纹釉下彩盘口壶”等国宝级精品代表，以及各类形式文物精品20余件，这些文物可称是展馆珍藏文物精华所在。

典藏

南京市博物馆著名的典藏有：

漱石寒泉铭七弦古琴（明）、徐渭《恭谒孝陵》行书卷（明）。

紫砂提梁壶（明），吴经墓陶仪卫俑群（明），琥珀束发冠（明）。

朱耷竹石图轴（清）。

齐白石《草虫写生册》（近代）。

3.“诚朴　雄伟　励学　敦行”——南京大学

简述

南京大学坐落于钟灵毓秀、虎踞龙蟠的古都金陵，该校为一所历史悠久、声誉卓著的百年名校。其前身是创建于1902年的三江师范学堂，此后历经两江师范学堂、南京高等师范学校、国立东南大学、第四中山大学、国立中央大学、国立南京大学等历史阶段。

该校于1950年更名为南京大学，20世纪50年代初在全国高校院系调整时，与创办于1888年的金陵大学文、理学院等合并，继续称南京大学。一个多世纪办学历程，令南京大学及前身与时代同呼吸共命运，为国家的富强和民族的振兴做出了重要的贡献。随着改革开放的不断深入，南京大学也焕发出新的生机，学校的各项办学指标和综合实力均跃入了全国高校之前列。1994年，南京大学被国家确定为“211工程”重点支持的大学。1999年，南京大学获准国家“985工程”并进入首批重点建设高水平大学行列。

今日南京大学以“加强应用、注重基础、发展边缘、促进联合”为目标方针，全心致力于解决重大理论和现实问题，为把今南京大学早日建成世界一流大学而不断努力。

沿革

南京大学今以筹建于1902年的三江师范学堂，作为该校的初创建校之始端。不仅如此，溯源南京大学其主源则应为中央大学，其次源则是1952年主体并入的金陵大学。

史上，三江师范学堂、两江师范学堂（1902—1912年）创立较早。早在20世纪初，1902年前后，三江师范学堂创始者乃是相继担任或署理两江总督的刘坤一、张之洞和魏光焘。其中刘坤一倡议“应从师范学堂入手”；张之洞是三江师范学堂创建运筹设计者；魏光焘为三江师范学堂开办的组织实施者。1906年，更名为“两江优级师范学堂”。1911年12月监督李瑞清“挂冠而去”，教务长雷恒返回老家，时学校几近处于离散。自1912年，两江师范学校多次发起复校活动。

南京高等师范学校（简称南高）及国立东南大学（1914—1927年）。1914年8月南京高等师范建校，1921年9月国立东南大学开学，时郭秉文为东南大学校长且兼任南京高等师范学校校长。1922年12月，南高评议会和东大教授会联席会通过了《南京高等师范归并东南大学办法》，南高并入东大令学校实力大增，当年该校曾聚集了不少国内及留学归来英才。

中央大学前期发展（1927—1937 年）。1927 年，南京国民政府成立后，合并江苏境内专科以上公立学校组建国立大学，并于次年定名为中央大学，时张乃燕、罗家伦任校长。

抗战时的中央大学（1937—1945 年）。1937 年 8 月下旬，罗家伦在学校教授会上详陈了迁校重庆之理由，其后获得蒋介石允准。尽管当时面临众多困难，但经学校同仁倾心协力，令处于战乱时期该校一度发展至史上鼎盛时期，成为当时国内规模最大高等学府之一。

复原后的中央大学（1946—1949 年）。1945 年 8 月，校长吴有训领衔主政。为确保按时开学不惜动用了水、陆、空的各类交通工具，12000 多名师生分 8 批陆续返回南京。

金陵大学（简称金大）（1888—1952 年）。金陵大学前身是美国基督教会美以美会，于 1888 年在南京干河沿创办的汇文书院。1928 年 3 月，陈裕光出任当时国内教会大学第一位国人校长。

南大与金大合并（1949—1952 年）。1950 年 2 月，金大由华东军政委员会改属教育部直接领导，建立校务委员会负责制时陈裕光任主任委员。1952 年，全国高等学校院系调整时两校合并，新组建的南京大学初设 13 个系，至 1956 年 9 月调整为 10 个系。

改革开放之初，国家重点投资建设北大、清华等五所高校。此时南大人毫不懈怠砥砺奋进，至 20 世纪 90 年代先后获得国家级奖项 38 个，省、部级科技成果奖 397 项。如今南大以创建高水平大学为目标，进一步制定了长远发展规划力争跻身世界一流大学行列。

校园文化

一般说来，人们所议论的校园文化通常包含物质文化和精神文化两个层面内容。

物质文化一般多指校园环境所显现出的文化品质（如校园布局、基础设施等），它主要服务于精神文化。精神文化既包含着学校的重要制度文化（如学校管理体制、学生培养目标等），又包含了该校的传统学习文化（如校风、学风、学术氛围等）等。一般说来，制度文化服务于学习文化，故学习文化可直接体现该校文化核心部分。而文化内涵则多浸润校园文化之中，如校名、校徽、校歌、校训、校风、学风、校庆日等。

校训为诚朴、雄伟、励学、敦行。

“诚朴　雄伟，励学　敦行”八字校训，言简意赅、朗朗上口，易于传记、端庄大气，寓意深刻、富于哲理。“诚朴雄伟”原为中央大学校训，“励学敦行”乃古代先贤名句。

“诚朴”：南大传统最本色之物，诚朴饱含诚恳朴实之意，且“诚”为核心根本。

“雄伟”：富含雄壮伟大之意，为人治学当立有远大志向，永不自满且不断进取。

“励学”：即学习知识，提升素质，塑造品格，超越精神，净化灵魂，思维创新。

“敦行”：就是勉力亲身而为，强调动手能力、倡导实践作风、强调道德与规范。

花絮采撷

正校门。

正校门是20世纪50年代流行的传统建筑，突出特征是毛泽东主席撰书的金字校名“南京大学”，以及门柱上同为毛体草书的“团结紧张、严肃活泼”令其更富于历史寓意。

百年鼎。今在“南大”校园教学楼门前的广场西侧，于郁郁葱葱之林木平台处，矗立着一尊恢宏巨大的青铜鼎，在此鼎下面置有一方铜牌书：值此百年校庆，特铸斯鼎，世世相传。

科技馆。在科技馆门前的树林之中，立有潘菽的胸像以及“五二零”纪念亭。潘菽，字有年，我国近代著名心理学家、教育家，九三学社创始人，20世纪50年代曾任南京大学校长。

小礼堂。小礼堂始建于1923，原为金陵大学的小礼拜堂，由著名建筑师齐兆昌，与美国费洛斯与汉密尔顿建筑事务所共同设计。北面是“金陵大学堂”，南面是“两江师范学堂”。

大礼堂。大礼堂当年为美国芝加哥帕金斯建筑事务所设计，陈明记营造厂所承建、于1918年竣工。它也是金陵大学现存历史最早的建筑物，该建筑造型参照中国古代庙宇为砖木结构。

4.“高筑墙　广积粮　缓称王”——南京明城垣遗迹

南京城墙的建筑历史，可以追溯至我国的春秋时期，周敬王二十五年（前495年）。时吴王夫差曾在冶山建冶城，若以此计算距今已有2500多年历史。史载周元王三年（前473年），越国大夫范蠡曾在中华门外的长干里筑越城，这是迄今南京建筑城垣最早的记录。

公元前473年，越王勾践灭掉吴国之后又企图进一步吞并楚国，据说他巡视了南京中华门长干里一带地势后，遂召见其主要谋士范蠡，下令在此地建城且定名“越城”。当时的“越城”规模很小，全城周长也只有1000米又80步，占地面积也仅有6000余平方米。公元前333年，楚威王灭越且于今南京清凉山一带筑城，史书将此处城郭称为“金陵邑”，这也是南京后来又被称作“金陵”历史溯源。建安十六年，吴王孙权又在金陵邑基础上构筑了“石头城”，这也是今日南京的重要历史遗存“鬼脸城”的历史由来。

今南京古城垣为我国明代遗迹。该城墙建筑格局并未遵循古代都城历来所采取的方形或矩形规制，而是设计思想独特、建造工艺精湛、规模雄伟恢弘，在钟灵毓秀的南京山水之间，蜿蜒起伏绵延盘桓长达35.3千米，其外廓城总周长更是超过了60余千米。

今南京古城垣，始建于元至正二十六年（1366年），竣工于明洪武二十六年（1393年），此工程规模浩大，前后历时达27年之久。南京明城垣整体布局包括明朝时期所修筑的宫城、皇城、京城和外郭四重城墙，但现今所说的明城垣多指仅部分残存的内城的城墙。作为古代军事防御设施，无论历史价值、观赏价值、考古价值，以及城垣建筑设计、建筑工程技术诸方面，世界各地城墙都无法与之相比，可谓继秦长城后又一历史奇观。据说，当年兵进徽州之时，朱元璋询问学士朱升战略方针大计，朱升审时度势献上三句经典名句“高筑墙、广积粮、缓称王”。朱元璋听后甚为称赞。

资料显示，南京明城垣的建筑工程，前后共征用了国内5省、28府、152州县的28万民工。南京的明城垣，不仅是我国史上第一大都城建筑，也是世界上第一大都城垣。

明城垣之中华门

南京古城垣现遗存部分明城墙始建于明代初年，其南北长约10千米，东西宽约5.7千米，周长约34千米。建城初期曾有聚宝、石城、清凉、仪凤、钟阜、金川、神策、太平、朝阳等13座城门，后在各个不同历史时期，又陆续增辟了11个城门，故史上计有24座城门。

中华门，明代称聚宝门，为南唐都城南门故址上重建。内有镇淮桥，外有长干桥，它也是迄今南京明城墙现存最大的一座城堡式门楼，同时也是我国目前保存最大的一座城堡建筑。1931年南京扩建中华路时，便将此门改称为中华门，其后此名一直沿用至今。

中华门城堡以四道拱门贯通三道瓮城，各道门都设有千斤闸和双扇木门，不过现在仅存有闸槽和门位。中华门还设有24座藏兵洞，可藏兵3000人。整个城堡工程宏伟、结构复杂、设计巧妙，此种构建模式在我国城垣建筑史上，始终占有极其重要的历史地位。

明城垣之石头城

石头城位于南京城西北清凉山后，始建于战国时期楚威王六年（前333年），学界称其楚威王之金陵邑。东汉建安十六年（211年），吴主孙权又在金陵邑旧址之上筑城。由于城基利用自然山岩凿成，其形狰狞有如各种兽面，故人们将其称作石头城，也有称鬼脸城。

石头城周长约3千米，南面开有两门、东面开有一门，西北因紧靠长江，故不设城门。当年石头城曾为东吴水军之总部，在其附近江面上常泊有百余艘战船，城内建有石垒仓库，以便用来储存粮草、兵器等军需物资，城西最高处建有烽火台，以作通信联络之用。

石头城因其地势险峻，自古以来就有“石城虎踞”之称。明代朱元璋定都南京之后，洪武二年（1369年）便开始着手兴建南京城墙，而此处的石头城垣自然便成为当时城墙之一部。如今的南京古石头城，已是享誉中外的著名历史遗迹，也是南京著名旅游胜地之一。

5. 流水落花春去　杳无天上人间——南唐二陵

史上南唐属五代十国之一，定都金陵长达39年，计有烈祖李昪、中主李璟和后主李煜三位帝王。其鼎盛时幅员已达35州，地跨赣、徽、苏、闽、鄂、湘诸省或一部。

南唐三帝

南唐烈祖李昪，本名徐知诰，字正伦、小字彭奴，徐州人士。其原本一孤儿，战乱中被杨行密收留、后送徐温为养子。徐温去世后李昪渐掌军政大权，任大丞相、大元帅。升元元年（937年）其废吴帝建南唐。昪元七年（943年）逝，谥光文肃武孝高皇帝、庙号烈祖。

南唐元宗李璟，字伯玉、烈宗长子，史称南唐中主。其在位之时南唐达鼎盛，但李璟却为政不勤、奢侈无度，且常与宠臣韩熙载、冯延巳等，饮宴赋诗歌舞升平。他的诗词感情真挚，风格清新脱俗、语言不事雕琢，尤其“小楼吹彻玉笙寒”，为流芳千古之名句。

南唐末帝李煜，史称南唐后主，其公元961年即位。此时，南唐已苟安于江南一隅，直到宋兵南下城破国亡，才不得不奉表出降称臣。史传，宋太宗对他那句“故国不堪回首月明中”始终存有顾虑，后终命人下药将其毒死，但仍将其追封为吴王，葬于洛阳邙山。

南唐二陵

南唐二陵位于南郊祖堂上南麓，二陵相距约100米，为南唐先主李昇的钦陵、南唐中主李璟的顺陵。此二陵布局形式仍沿袭唐先帝的祖制规矩依山筑坟，东边为李昇钦陵，建于公元943年，此时南唐国势正处上升时期，故此陵规模较大，内部装饰呈现华丽。

史载，南唐二陵是由南唐大臣、江文尉和韩熙载奉旨督办且共同设计。资料显示，史上南唐二陵曾多次被盗，不过被劫之后所余存的器物反而更显珍贵。新中国成立之后，考古工作者先后从两残存墓中陆续发掘出600多件珍贵文物，现已收藏于南京博物院。

南唐后主

史学界曾有一说，南唐后主李煜虽政治上庸碌无为，但艺术才华着实出众。李煜长书法、善绘画、识音律、精诗文，且具很高造诣，尤以词成就最为出色。

李煜的词作主要可分两类。即降宋之前，其词格调绮丽文风柔靡，主要反映宫廷生活，或男女情爱居多。而战败降宋以后，李煜因亡国后痛楚，以竭尽泣血般绝唱，竟使这位亡国之君成为千古文坛中的“南词王”，正是“国家不幸诗家幸，语话沧桑词始冠”。

今日若吟咏李煜这些后期词作时，虽感凄凉悲壮，但觉意境深远，可称得为日后的苏、辛“豪放”派词人开启了引导先声，故南唐李后主堪称我国宋词承前启后一代宗师。

正如国文大家王国维先生，在其《人间词话》中所言：“词至李后主而眼界始大，感慨遂深”，至于语句清丽、音韵和谐，更属空前绝后。就中国诗史而言，温庭筠、韦庄、冯延巳等皆可称唐五代词坛之佼佼者，然而词之集大成者，非悲剧皇帝词王李后主莫属。

南唐后主李煜词选

虞美人·之一

春花秋月何时了，往事知多少。小楼昨夜又东风，故国不堪回首月明中。

雕栏玉砌应犹在，只是朱颜改。问君能有几多愁，恰似一江春水向东流。

相见欢·之一

无言独上西楼，月如钩。寂寞梧桐深院锁清秋。

剪不断，理还乱，是离愁。别是一般滋味在心头。

浪淘沙·之一

帘外雨潺潺，春意阑珊。罗衾不耐五更寒。梦里不知身是客，一晌贪欢。

独自莫凭栏，无限江山，别时容易见时难。流水落花春去也，天上人间。

6. 治隆唐宋　帝陵恢宏——南京明孝陵

南京明孝陵为明太祖朱元璋陵寝，也是我国现存古代最大的帝王陵墓之一。它坐落在钟山南麓的独龙阜玩珠峰下，该陵墓始建于明洪武十六年（1383 年），距今已有 600 多年的历史。明孝陵区分前、后两部分，陵墓区建筑宏伟，史上陵园仅围墙长度就达 45 千米。

清康熙三十八年（1699 年），康熙帝南巡至金陵，耳闻目睹南京城盛况，对明太祖朱元璋所建立的明王朝曾发出由衷赞叹。“治隆唐宋”是康熙帝将明太祖朱元璋统治时期，大明王朝综合的国力与史上李唐、赵宋时期国情相比，称其社会更加繁荣，幅员更加辽阔。

史传，当年康熙皇帝数次南巡，曾有六次遣官前往拜祭，另有五次且亲往谒陵。而史上乾隆皇帝的六次南巡，更是亲至明孝陵“拈香奠酒”。据说，二位皇帝祭拜时行三跪九叩大礼，简直优渥有加，此礼遇之高“礼文隆渥，逾于常祀”，堪称千古盛德逾礼之举。

陵园概说

明孝陵自洪武十四年（1381 年）开始建造，至明洪武十六年（1383 年）基本完成主体工程。其后，又陆续征调军工 10 万、至永乐三年（1405 年）工程全部完成。整个工程艰巨、规模浩大，前后历时达 25 年。陵园布局为两部分，一是导引建筑神道，二是陵寝主体建筑。

史书记载，当年陵园内亭阁毗邻相接，殿中烟雾缭绕，松涛连绵林带，鹿鸣萦绕其间。只是历经数百年风云，现仅存神烈山碑，下马牌坊、大金门、四方城、功德碑、神道石兽，以及獬豸、骆驼象、麒麟、狮 6 种 24 只石象生，神道石柱二，文臣武将四。

陵墓神道自从四方城开始，此立一座颇为巨大的碑亭，碑亭的顶部早已毁损，现仅存有方形的四壁。亭内有立于龟趺座上的石碑一块，此碑高度 8 米为有余，碑文乃是明成祖朱棣亲撰，碑文共计 2746 字，详述了明太祖的功德。碑座、碑额，雕琢精致、恢宏瑰丽。

明孝陵气势宏伟，虽历经 600 余年历史沧桑，但主体建筑尚遗存，仍基本完好地保留于原地，另空间总体布局基本保持完整，主体自然景观未受大的损坏。明孝陵在中国帝陵发展过程中所拥有的独特设计理念，集中反映了皇家陵寝规制严谨高超的艺术造诣。

从这个意义上讲，明孝陵可称是封建帝王陵墓中一处极为珍贵重要的历史遗存。它开创了自明、清帝陵的一代新制，因而具有里程碑式的价值和地位。史上，明、清两代多位皇帝，中华民国临时大总统孙中山，以及众多政治家和军事家都曾到这里拜谒凭吊。

四大谜团

谜团之一，朱元璋是否葬在了独龙阜？

提起明孝陵可谓尽人皆知，但该陵墓地宫具体位置在哪里，却一直扑朔迷离众说纷纭。据说，在当年朱元璋下葬时，由13个城门同时出殡且仪式规模宏大，故有好事者怀疑朱元璋是否真的葬于明孝陵，这也就成为数百年来的一个历史谜团。

谜团之二，陵寝墓道为何采用弯曲形？

有关这个谜团长期以来有两种说法。一说，因为陵宫前面正对梅花山，乃是三国时吴主孙权的墓地。史传，朱皇帝曾经放言，日后定要孙权这条好汉为其守门，故神道便改直行弯。二说，因朱元璋是个农民皇帝，做事不拘章法，行为与众不同，崇尚别出心裁。

谜团之三，陵墓为何呈“北斗”布局？

明孝陵建造周期前后长达25年，学界专家在考古调查中偶然发现，若以居高临下姿态观察，发现明孝陵的主体、自大金门经神道至宝城，其布局形式呈北斗状。不知其规划设计之初，是否采用了象征手法，寓意天帝所居北斗，以“四灵”环绕而作神秘布局。

谜团之四，“龟趺驮碑”时用作何为？

据说，在四方城东南方约100米的山谷处，旧时曾静静地卧着一只巨大石龟。其龟头乃朝向山谷（东南方）的出口，而距此龟趺不远的30米处另有一巨大碑材横卧于地面。坊传，此碑材的两端皆留有榫凿痕迹，而其中一榫留有插入此龟趺背上之孔槽的尺寸。试想，当年它们应为一配套物件，即“龟趺驮碑”。此遗物现位于明孝陵大金门内，明孝陵神功圣德碑亭以东，两者处于东西同一直线上。这个时代相同体量庞大，但碑体却无文字记载。它究竟时作何种用途？至今也无令人信服的证据能解释这个扑朔的谜团。

功过评说

● **一统天下**

朱元璋，幼名重八，濠州钟离（今安徽凤阳）人士，明朝开国皇帝史称明太祖。元末农民起义爆发，他先参加起义军郭子兴部，初为亲兵后升九夫长，因作战英勇才能出众，不久便被郭招为女婿。后逐渐成为这支起义军重要将领，朱元璋一名乃是参加起义军后所改。

郭子兴卒后，这支队伍继续由朱统领征战，后被小明王韩林儿授左副元帅。也就在此期间，朱元璋开始不断培植亲信，发展壮大自己的势力。他深知兵不在多而在精，更兼采纳儒士朱升“高筑墙，广积粮，缓称王”经远战略决策，遂令其在群雄争霸中屡屡得手。

朱元璋颇有心机、志存高远，在与群雄对峙征战中常是巧择战机各个击破。同时，朱元璋十分注重招贤纳士，积极任用胡惟庸、李善长、刘基、宋濂等一批当时的能人贤士，并依谋臣兼军师刘基的建议，确定先灭陈、后攻张，先统一江南、再图北上的大政方略。即首先战败强敌陈友谅，继而俘获张士诚，迫降方国珍。后攻山东、战河南、拔潼关、取大都，遣师南下且进军两广。不仅如此，为彻底剿灭元军残余势力，八次发兵漠北，遣军入川、攻取云南、扫平辽东。明洪武二十二年（1389 年），大明王朝基本实现一统华夏。

● 诛杀功臣

据说，史上朱元璋曾有过两次大规模诛杀行为，而这些所遭杀戮之人，多是当年在疆场立下汗马功劳的文臣武将。只是当他们功成名就，以为可安享富贵时，却被朱元璋以各种罪名接连不断地诛杀。资料显示，在此诛杀过程中有 40000 多文臣武将被处死。

其最具代表性是胡惟庸、李善长、刘基三位重臣要案。史载，此三人皆是运筹帷幄、决胜千里的高级幕僚。朱元璋打下大明江山，从某种意义上讲应是这三人合力之结果。当年他们皆被委以重任，而朱元璋认为江山坐稳后，这些智囊存在反而成了他一块心病。譬如，皇太子的老师宋濂，本是元末明初时期一位极为出色的人才，朱元璋曾尊称其为“圣人”，最初往来宫中如同一家。后因其孙牵扯到胡惟庸一案，朱立刻翻脸不认人，昔日座上宾眨眼成为阶下囚，直至被贬到荒蛮之地，没有几年便穷困潦倒病死在他乡。

朱元璋最信任的智囊之一刘基，对大明王朝建立可称得上是居功至伟，堪与蜀汉孔明的功绩一比高下，但其最后结局根本无法与诸葛亮相比。有史料说，正是由于刘基的足智多谋、使得朱元璋如芒在背，最后设计将其毒死，后又将此事嫁祸于胡惟庸身上。

据称，平定云南大将傅友德，最终竟是与其子同时被绑赴刑场腰斩。平定广东的大将朱亮祖，也是父子同时惨死于钢鞭之下。大臣李仕鲁金銮殿上呈请辞职，此时朱元璋却认为这是看不起他这个皇帝，当即命禁军护卫武士，将李仕鲁摔下于殿堂，令其不治而亡。

不过，在这些患难与共的兄弟中，只有常遇春、徐达、汤和三人没有被扣上谋反的罪名。但这并非朱的皇恩浩荡，而是源于常遇春早逝、徐达食用御赐蒸鹅而亡、汤和一副或真或假糊涂状令其善终。而有关朱元璋诛杀重臣心理动因，后世史学家亦多有不同评说。如有宫廷秩闻盛传，一日皇太子劝说父亲不要诛杀太多功臣，朱元璋听了一言未发，遂将一根长满了刺的荆棘丢在地上，然后命皇太子用手拾起，结果皇太子被蒺藜尖刺扎破手掌且连声呼痛。朱元璋随后讲到，我今如此煞费苦心，就是先为你拔掉那些扎手荆棘。

朱元璋对开国功臣的疯狂诛杀，并未换来王朝安定。在其刚入坟墓不久，坐镇北平（今北京）的燕王朱棣，便以为国"靖难"出师发兵、统军征战，自此展开争夺皇位鏖战。但时能臣战将皆被诛杀殆尽，危难之时朝廷已无统兵良将，终至建文帝朱允炆兵败而逃。

---

7. 富含寓意　融汇中西——中山陵及陵园设计师

南京中山陵位于紫金山南麓，是中国近代伟大政治家孙中山先生的陵墓。陵墓建于 1926 年 1 月至 1929 年春，主要建筑贯穿中轴线之上。整个墓区平面形如大钟，钟顶为山下半月形广场，南端鼎台（现为中山先生立像）为大钟的钟纽，钟锤是半球形墓室。

精心设计　经典之作

中山陵墓坐北朝南、依山而建，且由南往北沿中轴线逐渐升高，依次为广场、石坊、墓道、陵门、碑亭、祭堂、墓室。整个墓区呈大钟形含"唤起民众，以建民国"之意。

陵园牌坊采用青色象征苍天，青色琉璃瓦也暗含"天下为公"之意。向前行则为一亭，亭中乃是一块高约 6 米的碑石，上刻"中华民国十八年六月一日，中国国民党葬总理孙先生于此"的鎏金大字。过此碑亭即为陡峻的石阶，这些石阶总共分作八段计有 392 级。攀登如此之多石阶，的确要付出一定努力。每当走完这段距离陡峻的石阶便将领悟到："革命尚未成功，同志仍需努力"之含义。最高平台有华表两座后面为祭堂，华表乃为柱状标识物，标志祭堂在此。祭堂有三个拱门，分别书写"民族""民权""民生"门额。

在"民生"门之上，有孙中山先生手书"天地正气"直额，以此表达孙中山先生为之奋斗的理想。在祭堂正中，为孙中山先生的汉白玉坐像，此像为国外著名雕塑家保罗·兰德斯，于 1930 年在巴黎雕刻而成，坐像基座四周雕刻有孙中山先生为之奋斗革命业绩。在祭堂后还有一个特殊的铜门，其横额之上书写着"浩气长存" 4 个大字，此额乃是孙中山先生手笔印迹。进入堂门内便是一钟形墓室，中央有一直径为 4 米、深度为 5 米的大理石圆形石穴。孙中山先生的汉白玉灵柩及卧像，即被安放在此圆穴之中。

呕心沥血　死而后已

中山陵设计得如此成功，设计师吕彦直功不可没。1911 年，17 岁的吕彦直考取了清华学堂留美预备部。1913 年，吕彦直考取公派留学美国名额，且就读于美国康奈尔大学。1918 年底，获康奈尔大学建筑学学士学位。不久进入著名的墨菲建筑师事务所。

1921 年初，吕彦直在卢浮宫参观时恰与黄檀甫邂逅并由此成为知己。吕彦直回国后最初一段时间是在墨菲建筑事务所上海分所继续工作。至 1922 年 3 月，吕彦直转到东南建筑公司并与黄檀甫成为同事，在此工作期间他参与了上海银行公会大楼的设计。不久，吕、黄二人合作创办了“真裕公司”。1925 年 5 月，当时的总理丧事筹备委员会向海内外悬奖，征求中山陵墓的设计方案，吕彦直毅然决定参加应征。据黄檀甫后来回忆说：“吕彦直为设计中山陵，整日废寝忘食、呕心沥血，反复琢磨不断修改其画作方案。”

为了直观起见，吕彦直每画完一稿，就用桐油灰捏出设计模型，然后对着模型不断修改，修改后再捏造出新的模型，如此往复循环不已。最终吕彦直设计的中山陵图案既保存中国建筑传统形式，陵园范界又呈警钟木铎形，暗含中山先生“唤起民众”精神而获首奖。

由吕彦直所设计的中山陵，既是一座纯中国式的陵墓，又有别于以往的中国封建帝王陵寝。从主体颜色上观看，以孙中山首创共和国旗蓝为主色，并用蓝色琉璃瓦顶取代皇帝专用的黄色琉璃瓦顶。其使用功能以祭奠活动公众性，取代了以往皇家祭奠的私密性。陵园设计的宽阔广场、墓道、台阶，既适应大型公共祭奠活动，又彰显中山陵庄严肃、穆仪态恢弘，令中山先生人格魅力、精神风貌，乃至奋斗精神升华到一个全新境界。

时间转至 1926 年 2 月，当年广州《民国日报》悬赏建筑孙中山纪念堂及纪念碑方案，吕彦直再获设计方案首奖，并受聘该工程建筑师。在中国近代建筑史上，由同一家建筑事务所，同时承担国家级两大纪念性建筑，且负责建筑设计和施工监理，堪称没有先例。

1928 年初，吕彦直被确诊患有肝癌。经慎重考虑后，他将这一病情告诉了远在北京的未婚妻严璆并要其另嫁。1929 年春节前，吕彦直回到上海古拔路 55 号的寓所静养，在其弥留之际他写下最后的遗嘱，并交代好自己未完成的工作。他反复叮嘱黄檀甫等同仁，务必按原计划完成中山陵余下的有关工程，同时也要开展好广州中山纪念堂、纪念碑的建筑施工事宜。1929 年 3 月 18 日凌晨，一代建筑英才吕彦直停止了呼吸，其未婚妻严璆得知后消息后悲痛欲绝，不久便断然在北京西郊削发出家。

1929 年 6 月 11 日，时有《国民政府公报》颁发第一八九号令，褒扬病逝的建筑师吕彦直。据称，以政府名义发布命令褒奖一位建筑师的功劳，这在中国建筑史上可称绝无先例。1929 年 4 月，根据孙中山先生丧事筹备委员会决定，在奠基室内为吕彦直建纪念碑。其间，好友黄檀甫先生亲自出面，诚请雕刻孙中山卧像的捷克雕刻家高琦另为吕彦直雕刻了一幅半身状浮雕像。就在此浮雕像的下面刻有于右任先生书写的一段碑文：

"总理陵墓建筑师吕彦直监理陵工积劳病故"

总理陵园管理委员会于十九年五月二十八日决议立石纪念。

8. 史迹风云 优雅园林——南京总统府建筑群

前南京总统府具有传统江南园林韵味，富含近代中西建筑风格，既是国内保存近代完整建筑群之一，也是中国近代史重要文物遗址，现全景区已辟为中国近代史博物馆。该建筑群，明初曾为德侯府和汉王府，清代改作江宁织造署、两江总督署，太平天国时期一度作为天王府。孙中山于此宣誓就职，任中华民国临时大总统，时为大总统府。

历史文化

600 多年前，朱元璋招降陈理后，在此为其建造德侯府。明永乐初年，朱高煦被封为汉王于此建造王府，今汉府街的地名即是由史上这一段经历而来，其后府内建有花园又称"煦园"。清代时曾为两江总督署，太平天国攻占金陵后这里一度作为天朝王宫。

1912 年元旦，孙中山在此就任中华民国临时大总统，其后便将此地设为总统办公区和会议处。在西花园的东北侧另有一幢中式楼房被称作"中山堂"。民国时期，蒋介石曾在二楼设办公室，李宗仁则在对面房间办公，三楼会议厅是当时举行国务会议场所。

总统府大门仿西洋古典式，大门内两侧排列数十米长朝房，时为警卫兵士驻地。二门为一处中国古代衙门式大堂，几十根粗大的红柱立于其间气势不凡。继续由此前行是一条很长的走廊，两侧有礼堂、外宾接待室、总统休息厅、参事处、文官处等一排中西式建筑。

从西侧朝房尽头向西拐过一月洞门，就是人们常说的西花园。进入园门之后迎面便是一座中空的假山，假山之上有座两层的六角亭，上层耸于假山之巅，下层掩于山石其中。西北侧另有一座方胜亭，此亭很像是两个方亭重合一半，风格尤显独特，形式颇为罕见。

东边是一阁三开间的桐音馆，该馆始建于 1870 年，据说当年此地是曾国藩一处花厅。其整体模样呈飞檐翘角、圆顶造型且四面皆窗，门前屋后植有浓密高大梧桐数株。每逢雨天庭院万籁俱寂，雨点打在梧桐叶上，叮叮咚咚作响，别有一番趣味，故而称桐音馆。

西面是一片形似花瓶的水域，时人称其太平湖。此湖形呈现南北长而东西窄，由于具有这一特点，当年景观设计者别具匠心，而将两个建筑安置于湖面南北。南边这一石舫竖行泊于水中，有曲折石桥可至，此舫青石精雕细琢造型大气，舱内布置陈设根雕式桌椅。

据说，当年乾隆皇帝南巡时，驾临此地亲赐匾额“不系舟”，每当微风轻拂，水波随风荡漾舫若轻徐缓行。从西侧登岸向北便是夕佳楼，一幢双顶、重檐、卷棚歇山式的两层古典风格建筑，楼阁之上建有凉台，下面设有曲折回廊，整栋建筑典雅，极富诗情画意。

转至桐音馆后面，便是忘飞阁和棕榈亭。此地东边设有一处游廊，游廊的尽头建有一碑亭，亭内有清代学者俞越书写唐人张继《枫桥夜泊》诗碑一方。此花园的西南角围墙边，另有一座小巧观望亭，这也是全园景观的最高处，登上此亭全园景色便可尽收眼底。

景观概说

门楼：清代为两江总督署头门，后为国民政府大门，1946 年国民政府还都南京，这里仍保持原貌。1948 年 5 月“行宪国大”召开，主席改称“总统”，原“国民政府”更名为“总统府”。1949 年 4 月 23 日，人民解放军解放南京，并将红旗插上总统府的门楼。

朝房：东朝房为一处清代建筑，当年曾是两江总督署，吏、户、礼、科房。太平天国时为等候天王召见处，民国时期为总统府的警卫室。西朝房也为清代建筑，曾为两江总督署，兵、刑、工、科房，太平天国时也为等候天王召见处，民国时为总统府交通科和警卫室。

麒麟门：为一处长方形红漆面双扉木门，该布局实为显示主宰者之威严，此大门平时紧闭，只有蒋介石到来时才开启，其他人只能从门的两侧绕行。此大门前蹲守两只石麒麟，故名“麒麟门”，该门已于 20 世纪 50 年代初拆除，不过在地面仍留有明显的拆凿痕迹。

二堂（中堂）：二堂为一处清代晚期建筑，原是太平天国的内宫宅邸，两江总督署时期称此地为二堂。民国时期，此处成为外国使节递交国书或举行各种礼仪活动的场所，民国年间曾进行过多次改建，但内部至今仍保持了原中式风格，不过北墙门外却已为西式门廊。

子超楼：子超楼位于总统府的中轴线北端，由于国民政府主席林森，字子超，而史上这幢办公大楼也是其任上所建，又因林森担任国民政府主席时间最长，所以人们便将此楼习惯地称为“子超楼”。该幢建筑于 1934 年开工，至 1935 年 12 月竣工，主体建筑五层。子超楼各层功用：第一层，先作国民政府的文官办公处，后成总统府文书局的办公室；第二层，总统、副总统办公处，朝南蒋介石办公，朝北李宗仁办公；第三层，是国民政府的会议室，当年许多重要会议曾经在这里召开；第四、五两层，暂不对游人开放。当年的具体用途，此暂隐或猜想。

复园：清代曾为两江总督署花园，太平天国时期这里又建东花园。当年这里有石舫、湖泊、假山及楼台亭阁等诸多景观，清同治三年（1864 年）清军攻破天京时遭兵焚被毁。国民政府时期，这里曾是行政院一部分。2002 年，根据史料记载、复原了部分花园及建筑。

煦园：明代初年这里曾为汉王府花园，又因汉王朱高煦名中有“煦”字而得此名，清代曾为两江总督署花园。煦园为一处典型的江南园林，且与总统府内各建筑群连为一体相得益彰。园内至今保留许多著名景观，如石舫、夕佳楼、忘飞阁、漪澜阁、印心石屋等。

行政院：行政院办公楼始建于 1934 年 6 月。楼内设院长、副院长、秘书长、政务处长办公室、会议室、总办公厅、稽核室等。行政院当年是国民政府最高行政机关，掌管内政、外交、财政、经济、军政、文化、教育等诸多事务，下辖各部门分掌各类政府职权。

西花厅：为一幢黄色西洋式平房，也是典型仿意大利文艺复兴式建筑。此厅始建于清代两江总督端方任上，竣工于末任总督张人骏任期，因位置在总督署西面，故被人又称作西花厅。该幢建筑坐北朝南面阔七间，1912 年 1 月，曾作为中华民国临时大总统办公室。

大堂：总统府内所谓“大堂”乃是一处中式建筑，抱厦五间、面阔七间，硬山顶单层双檐，与二堂及穿堂相连，呈现“工”字型殿堂模样。这里曾经是太平天国的金龙殿，又被称作荣光大殿，时清军攻入此地大殿被毁，同治九年（1870 年）重建两江总督署大堂。

政务局大楼：为一处仿欧式两层建筑，该楼始建于 1920 年的中期，初为江苏督军孙传芳的办公楼，至 20 世纪 30 年代改为国民政府文官处办公楼。1946 年以后作为国民政府文书局，以及总统府政务局的办公楼。蒋介石的高级幕僚陈布雷等人也曾在此办公。

孙中山起居室：此起居室始建于清宣统元年（1909 年），为一处小青瓦木结构、硬山顶两层的中式建筑，这里原为清朝两江总督署高级幕僚住所。1912 年 1 月至 4 月，孙中山先生就任中华民国临时大总统时即在此居住，院内有一对汉白玉金鱼缸为海外华侨所赠。

总统府会客室：每逢国民政府举行正式仪式前，蒋介石、林森、李宗仁等政要均在此作短暂休息。这里也兼作内宾接待室，内有一套间为蒋介石临时办公室，1946 年国共谈判曾在这里举行。1949 年 2 月，李宗仁曾在此会见由北平归来的“和谈代表团”一行。

总统办公室：总统办公室位于总统办公楼（子超楼）二层东南角，这是一处由3个房间构成的套房。中间的一间为办公室，临窗放置有一巨型写字台，写字台上有一本台历，台历的日期至今仍是1949年4月23日——即当年南京解放日，历史的一页也在这里定格。

9. 圣人府邸　学仕考场——夫子庙与江南贡院

夫子庙始建于宋代，其紧邻秦淮河北岸的贡院街旁。现在人们通常所说的夫子庙，主要是指夫子庙、学宫、江南贡院这3个建筑群荟萃而言，因而这里也是秦淮文史精华所在。只是经过历史长河的洗礼，岁月时光的交替，如今这里已成一片繁华热闹商街。

夫子庙

夫子庙建筑群东起姚家巷、西至四福巷、北到建康路东段。这里旧有的房舍建筑虽历代屡遭毁损，但各个时期又不断得到修复和扩建，从而依然是重楼叠阁富丽堂皇，直到清末民初时期仍为东南诸省之冠。今日所见夫子庙建筑的基础格局仍为清代末期建筑。

进入21世纪以后，夫子庙主要建筑再次得到整体维护或修缮，部分建筑甚至进行了重建。例如夫子庙东西坊门所刻“德配天地、道贯古今”，据说是当年曾国藩手迹。

夫子庙的正门为棂星门，后面则是大成门，过大成门到大成殿便是祭祀孔子之处，东西有配殿和长廊。继续往后便是结构高大的崇圣殿，过去这里也被称作历代先贤祠，崇圣殿之后为治山，山上有顾亭林祠，山顶上有敬一亭，可远眺钟山雄姿、近俯夫子庙全景。

学宫

古代学宫，一般说来就是用作教化臣民学习之地，也就是我们今天所熟知的学校。据说“学宫”一词最早在西周时期便出现，其与后世经常使用的“辟雍”一词意义相同。

周天子设学处，时为教授国仕和贵族子弟场所（明·陈继儒“大司马节寰袁公家庙记”）“讣闻，上遣官视葬，有司陈祭（袁可立），博士弟子员乡三老俎豆之于学宫之旁”。

东晋咸康三年（337年），夫子庙始建，后有王导提议“治国以培育人才为重”，立太学于秦淮河南岸。当年只有学宫，并未建孔庙，北宋景祐元年（1034年），孔庙就东晋学宫扩建而成，因祭奉孔夫子又称夫子庙，而在学宫前建孔庙，乃希望士子仍遵圣贤之道。

南宋建炎年间学宫遭兵火焚毁，南宋绍兴九年（1139 年）获重建，称建康府学。元朝时，改称集庆路学，明初为国子学，时上元、江宁两县学并入，称应天府学。清代，府学迁城北明国子监旧址，夫子庙原府学故地改江宁、上元两县学，清咸丰年间再毁兵火。

江南贡院

江南贡院，始建于我国南宋时期。据说，朱元璋定都南京以后，遂将乡试、会试都集中在南京举行。永乐十九年（1421 年）明成祖虽迁都北京，但南京仍作陪都存在，由于江南历来是人文荟萃之地，所以科举考试仍在此如期举行，时明成祖令人至此督察江南贡院。

史上明、清两代，江南贡院均有扩建，至清光绪年间贡院占地面积已达数万平方米，其建筑规模之庞大，为当时全国 23 个行省贡院之最。此种宏大局面一直持续到同治年间，当时已建可供考试用“号舍”总计 20644 间，这还不包括司考官员的办公住宿用房在内。

到了清朝末期，废科举、办学校之风日渐兴起，贡院也就随之失去了以往作用。明远楼是贡院内主体建筑，位于贡院中心，此楼高三层、四方形且四面设窗，主要用于监视应试的举子在考试过程中行为活动，以及贡院内执役员工有无传递关节的一处监督设施。

明远楼中的“明远”二字，据说是出自曾子《论语·学而》篇中的“慎终追远，明德归厚矣”。不仅如此，在此楼南面当年还有一副楹联，系清代康熙年间的名士李渔所撰：

矩令若霜严，看多士俯伏低徊，群嚣尽息；
襟期同月朗，喜此地江山人物，一览无余。

其实，仅从此联所表达意思，也可看出当时“明远楼”设置的目的和作用。

---

10. 桨声灯影间　佳话亦流连——秦淮河

秦淮河，源自溧水的东庐山与句容华山之间，此水自东向西流经南京市区南部，又沿着石城西北悄然注入长江。秦淮河是长江的一条支流，古名“淮水”、又名“龙藏浦”，相传秦始皇东巡时，望金陵上空紫气升腾，以为王气凝结，故“凿方山断长垅为渎入于江”。

秦淮河，也可称南京古老文明的摇篮，远在新石器时代域内就已有人类活动遗迹。“江南佳丽地，金陵帝王都”，秦淮河流经南京城内的河段，便是著名的“六朝金粉地，十里秦淮河”水域。秦淮河两岸风光优美人文古迹众多，集中体现了古都金陵的繁华风貌。

画舫凌波　桨声灯影

史上三国东吴时期，从东水关至西水关一带，一直沿着秦淮河两岸便已形成繁华的商业区和民居地。到了六朝时代更是商贾云集、文人荟萃、儒学鼎盛，成为名门望族聚居首选之地。自隋唐以后，虽然呈现短暂的衰落颓废之势，却也引来无数文人骚客来此凭吊。

到了宋代这里又开始复转，再次呈现江南文教中心圣地，浮现“旧时王谢堂前燕，飞入寻常百姓家”的繁华咏叹不绝于耳。到了明、清两朝，这里更是呈现十里秦淮又一个鼎盛时期，其间金粉楼台鳞次栉比、画舫凌波、桨声灯影，构成一幅如梦如幻的独特景观。

风光无限　诗文秦淮

《泊秦淮》　唐·杜牧

烟笼寒水月笼沙，夜泊秦淮近酒家，
商女不知亡国恨，隔江犹唱后庭花。

此诗格调清新、于情入理，寥寥数语便将秦淮河畔美景，隋唐动荡时局以及金粉之地纸醉金迷夜景，描述得细致入微、情真意切，因而也就成为一首流传千古的名篇佳作。

在中华悠久的历史长河中，有许多关于秦淮河的故事传说、赞美秦淮风光的诗词名句，尤其是儒学鼎盛时的南北朝，兴衰转换的隋、唐时期，以及繁华一时的明、清两代，其每个时代有关描述秦淮河的诗文词句，都各具特色且饱含历史印痕。

《桃花扇》　明清·孔尚任

梨花似雪草如烟，春在秦淮两岸边。
一带妆楼临水盖，家家粉影照婵娟。

《临江仙·昨夜渡江何处宿》　宋·苏轼

昨夜渡江何处宿，望中疑是秦淮。
月明谁起笛中哀。
多情王谢女，相逐过江来。

同学少年　风华正茂

话说民国年间，一则轶事曾平添不少趣闻。坊传，时文人俞平伯与朱自清同游秦淮河，尽兴之余二人约定以《桨声灯影里的秦淮河》为共同题目，即席各作散文一篇，借以抒发游历秦淮河之不同感受。此情堪称“恰同学少年风华正茂，书生意气挥斥方遒”再现。

正如朱自清在文中所描述的那样：“不仅是因为它那华灯映水、画舫凌波的美景，而是有许多历史的影像使然了。”最终二人的这一游玩作品，虽报以风格迥然不同，却也比肩而立传颂文坛，并且由此成为现代文学史上，乘兴游玩之余、同窗以文会友美谈佳话。

11. 细柳夹岸生 桃花渡口红——桃叶渡

据说，早年间在南京城的江北，长江岸边的桃叶山下，有一个不大显眼的古渡口，当地人称作“桃叶渡”，又被称作“晋王渡”，它和“宣化古渡”“大码头渡”同属南京浦口东门的三大古渡口。但也有人说，桃叶渡应在古南京城以南，是秦淮河上的一个老渡口。

史上桃叶渡口

现如今所说的桃叶渡，仅指处于南京城内秦淮河与古青溪水道合流处附近一处很小的码头，其方位大约就是南起贡院街东，北至建康路的淮清桥西附近。有关桃叶渡的由来，坊间街巷各种传说很多，林林总总不一而足，其中流传较广影响较大主要有两个版本。

坊间传闻一：

传说，早在东晋时期，宣化山的东南处有一座桃叶山，山下便是白浪滔天的滚滚长江。民间盛传晋元帝（317—322 年）时，当时扬子江边的桃叶山上，到处长满了诱人的桃树，枝叶繁茂苍翠欲滴，每至赏花时节游人如织流连忘返，自此便有了“桃叶山”的美名。

每逢春季桃树枝头发芽，桃花烂漫盛开之际，山上和山下桃花、姹紫嫣红煞是好看。不过遇到风起之时，会有很多桃叶被吹落四处飘零，一时间桃叶和桃花轻浮水面。此时往来于两岸撑船艄公，望着江边飘零的桃叶和桃花，常戏言：“桃叶渡江也，桃叶也渡江。”

自从有了“桃叶渡”这个称呼，便在艄公和民间很快流传开。据说，当时浦口东门“桃叶渡”仅是一个没有名气的野渡。不过到了东晋中期，“桃叶渡”称呼便声名鹊起，时桃叶渡身价也开始从一个很不起眼的野渡，摇身一变成为当地一个非常有名的渡口了。

坊间传闻二：

据说，古桃叶渡（后也称桃花渡）这个美丽动人的名字，竟然可追溯至史上六朝的东晋时期。坊传，自六朝繁华期始一直延续至明、清年间，桃叶渡一带乃热闹繁华地段。其间河舫竞立、灯船萧鼓，舟楫竞渡、往来穿梭，一派金粉佳丽之地，金陵帝王之都景象。

时古桃叶渡，就如同杭州西湖上的断桥，扬州瘦西湖畔的二十四桥，流传许多动人的故事传说、富蕴浪漫传奇般色彩。传说，当时内秦淮河水要比今日河面宽阔许多，那时往来河上多是普通木船，一旦遇到稍大风浪，若艄公摆渡功夫不佳，常会酿成翻船事故。相传，当年东晋大书法家王献之，纳有小妾桃叶、桃根姐妹二人，且令王十分疼爱。每当她们往来于秦淮河两岸时，王献之心中总是忐忑不安，为此，常亲至渡口相迎相送。一日为表切意深情，特为姐妹二人作《桃叶歌》一首，在一些史籍中称此文《桃叶词》。

《桃叶歌》　东晋·王献之

桃叶复桃叶，桃树连桃根；相怜两乐事，独使我殷勤。
桃叶复桃叶，渡江不明楫；但渡无所苦，我自来迎接。
桃叶复桃叶，渡江不待橹；风波了无常，没命江南渡。

《答献之歌》　东晋·桃叶

桃叶映红花，无风自婀娜；春花映何限，感郎独采我。

在中国有句俗语："山不在高，有仙则名。水不在深，有龙则灵。"此前这个并不十分出名的小渡口，凭借着王献之的这则诗歌竟在传颂之中声名大作，不久竟跻身金陵名渡之列。自此桃叶渡名声鼓噪，桃叶渡故事也随之口口相传，成为经久不衰的风韵佳话。

近代著名文人汪曾祺，在他的《岁朝清供》一文中亦曾这样写道：

廿四桥边廿四风，凭栏犹忆旧江东；
夕阳返照桃花渡，柳絮飞来片片红。

今古桃叶渡遗址附近，立有一座石牌坊，上书"古桃叶渡"4个大字，另建有"桃叶渡亭"。一段古老故事、一则美丽传说，成就了今日桃叶渡，也成为南京旅游名胜之一。

如今，古桃叶渡石牌坊处，正、背两面，各撰有一副楹联：

正面楹联为：　细柳夹岸生；桃花渡口红。
背面楹联为：　楫摇秦代水；枝带晋时风。

12. 随郎团扇影　摇动一身香——桃花扇传奇

金陵名妓李香君可称是秦淮河畔一颗闪亮明珠，此女虽社会地位卑微，却能受到后人歌颂和仰慕，究其原由不仅是芊芊丰韵花容月貌，更因她富于强烈的正义感、丝丝的爱国情怀，以愤世嫉俗、眷怀故土，出淤泥而不染、濯清涟而不妖，难能可贵士子精神。

《桃花扇》这部名著，是清初剧作家孔尚任历经十余年，三易其稿才完成的一传奇剧本。文中通过讲述男女主人公侯方域（朝宗）和李香君的爱情故事，反映了明末清初，一段社会变革历史缩影。正所谓“借男女离合之情，喻天下兴亡之感，而事出实人且有凭有据”。

20世纪60年代，著名戏剧家欧阳予倩对《桃花扇》故事堪称情有独钟，曾在话剧、京剧、电影等多个领域涉猎这一题材，他对《桃花扇》解读改编，影响了不少戏剧的编排和创作。1964年著名剧作家梅阡、孙敬，将其改编为电影文学剧本并且再次搬上银幕。剧中曾有这样十分精彩的一幕，即侯方域送李香君一扇且即兴题诗：

南国佳人佩，休教袖里藏；
随郎团扇影，摇动一身香。

剧中故事情节跌宕起伏丝丝入扣，其中随着南明皇帝弘光（1644—1645年）即位，起用阮大铖之流，令阮死灰复燃极力陷害侯方域等，且先迫其出走去投奔史可法，而后又从中作梗欲强行将李香君许配他人，但李香君性格刚烈忠贞不二、坚决抗争誓死不从。剧中随之呈现极其悲壮一幕，李香君万般无奈毅然撞头欲自尽，终虽未遂却血溅诗扇。侯方域的朋友杨龙友利用这些溅落的血点，即在扇中绘出一束桃花。

史料记载，该部电影的男、女主人公，由当年著名演员冯喆和王丹凤主演。这部影片一经上映，立刻获得社会的极大好评，并由此成为两位演员未曾逾越的经典之作。经典历史故事影片《桃花扇》参考资料：

编剧梅阡、孙敬、欧阳予倩，原著孔尚任，导演孙敬，摄制西安电影制片厂，上映时间1963年，主演王丹凤（饰李香君）、冯喆（饰侯朝宗）、韩涛（饰阮大铖）。

如今，南京市秦淮区以文学名著《桃花扇》蓝本为基础，且将秦淮河畔一旧宅、复原为李香君故居——媚香楼。消息一经传出游人纷至沓来，寻幽访古者络绎不绝。其中，不乏文化名人和海外学者，以及一些当年王丹凤、冯喆的忠实影迷，在此留下赞颂墨宝和珍贵手迹。

13. 湖山六朝梦　儿女一枰棋——莫愁湖与胜棋楼

莫愁湖公园是一座有着1500年历史，以及丰富人文气息的江南古典园林。莫愁湖古时称横塘，因其依傍石头城又被称作石城湖，六朝时期这里还是大江的一部分，直到北宋乐史所著《太平衰字记》中才始现莫愁湖一名。1929年，此地开辟为一处社会公园。

莫愁湖传说

传说，南齐时代有一洛阳少女名唤“莫愁”，她勤劳、善良、美丽、聪明。只是在其15岁那年，父亲因身染重疾不幸病故，年幼的莫愁为了葬父，万般无奈只得卖身。恰逢建康石城湖卢员外路过洛阳，他见莫愁孝顺贤惠聪明美丽，就将其买下作为儿媳带回建康。莫愁卖身葬父后，便含泪辞母离家南下，不久北方边塞燃起烽火狼烟，莫愁丈夫应征戍边，不料一别十载杳无音讯。善良的莫愁只得将思夫情感寄托于帮助邻里、扶危济困德行之中。莫愁善举深受邻里称颂，但却遭到公婆反对，不断遭受冷嘲热讽和刁难欺辱。因屡遭诬陷凌辱，令莫愁实在无法忍受，遂毅然投湖而去以示坚贞不屈。后人为纪念莫愁这一善良女子，便将她投湖自尽的石城湖改称为莫愁湖。如今在此园故居郁金堂侧，赏荷厅的莲花池内，伫立着一尊汉白玉雕像，现已成南京市一处著名标志性景观之一。

漫步徜徉莫愁湖园中，但只见楼、轩、亭、榭错落有致，堤岸垂柳、繁花相间，湖水清澈、碧波荡漾。郁金堂、胜棋楼、抱月楼、曲径通幽，山石松竹悉数掩映于绿荫其间。宜人胜景果然不负“江南第一名湖”“金陵第一名胜”“金陵四十八景之首”的美誉。

胜棋楼韵事

胜棋楼，是莫愁湖园中的又一处著名历史文化景观。该楼始建于明洪武初年，重修于清同治十年（1871年），此楼阁飞檐翘角，分上、下两层，造型庄重工艺精致，为一座五开间青砖小瓦，明清风格式建筑。楼内陈列古玩玉器，其明清红木家具，堪称金陵之最。

相传，明太祖朱元璋喜弈棋且棋艺不凡，而朝中重臣大元帅徐达也是一位弈林高手。但朱元璋只要与徐达对弈，无论局势怎样不利，但最终徐达总是败在他手下。对此朱元璋心知肚明，认为这是徐达有意让自己赢棋，所以如此胜出对朱元璋而言心里总是不爽。久而久之，这也使得既自负又自信的朱元璋，甚至认为徐达虽然棋艺很高，但未必真能胜得了自己。所以，总想寻找时机真正较量一番。恰逢一次朱元璋又唤徐达前来下棋，不过这次事前朱却一再圣谕徐达：“此番棋局要你用尽棋术，无论胜负朕决不怪罪于你。”于是，君臣二人当真摆开了阵势，霎时间纹枰之上“烽火燃起”。这边朱皇帝大刀阔斧一路紧逼，那边徐元帅进退有序，步步为营。二人从早上一直下到中午，朱元璋自观棋局，便感觉胜利在握面露自鸣得意，脱口便问徐达：“爱卿，此棋局胜负你以为如何？”只见徐达叩首答道：“万岁棋艺高超，非臣下可及，但请圣上完胜之时，不妨纵览一番全局”。朱元璋闻听此言，遂起身到对面一观棋势，顿时不禁失声惊叹：“朕棋艺确不如徐爱卿也！”原来朱元璋发现徐达的棋子，在博弈之间竟将棋面布出了“万岁”二字。此一番较量，朱元璋真正领略了徐达的棋艺，为不失当初许下的诺言，随即将那次对弈的棋楼和莫愁湖园林，一并赏赐给了开国重臣徐达。如今岁月悠悠斗转星移，唯有此番君臣对弈的趣闻，却成就了历史上一段千古佳话，此后更有好事者撰写了这样两副楹联。

其一

莫愁女观花眉飞色舞；

朱元璋对弈好大喜功。

其二

古往今来，英雄美人风流千古；

江山如画，贤臣良将肝胆一生。

如今，莫愁湖公园内写有许多佳联名对，其内容又多与“名楼或名湖”故事融汇交织。正所谓古往今来，多少英雄与美人的传说，俱令一些名不见经传的园林名声大噪且身价倍增，而那些话里话外故事趣闻，也引得众多的文人墨客竞相至此撰写联语抒发情怀。

今拾得一些胜棋楼楹联略作品味。

麓山樵客对联：

世事如棋，一局争来千秋业；

柔情似水，几时流尽六朝春。

吴文杰的对联：

楼中尚有英雄像；湖上空怀儿女情。

范仕义的对联：

烟雨湖山六朝梦；英雄儿女一枰棋。

彭玉麟对联：

胜地足流传，直博得一代芳名千秋艳说；

赏心多乐事，且看此半湖烟水十顷荷花。

李淡愚对联：

君臣相悦，遑论输赢，谁谓开国帝王，笑把湖山当孤注；

儿女多情，易生悲感，愿祝凝妆少妇，饱餐风月不知愁。

14. 凤凰台上凤凰游　凤去台空江自流——凤凰台觅踪

在古代华夏大地，曾有多处建有凤凰台。有关“凤凰台”一词的由来，据说是指“凤凰飞临而降落的高台”，其富含祥瑞之意，估计在古代那里也应是一著名旅游景观。其实，除了金陵的凤凰台，还有湖北荆门的凤凰台，广东潮州的凤凰台也都很有名气。

有关古金陵凤凰台的遗迹究竟所处何地，多少年来也是考古界所追寻的谜踪。据有好事者传言，今南京凤台山一带地势高亢，实为俯瞰“大江前绕，鹭洲中分”最佳之地。遥想当年，唐代大诗人李白可否来此登眺，从而留下千古吟唱的著名诗篇《登金陵凤凰台》。也有传，唐五代十国年间因杨吴筑城所为令山势切断，凤凰台遂被围于城内，但仍有前临城墉（聚宝门至三山门段），后俯淮水（镇淮桥至西水关段）之势，其纵横仍有十来里左右。明代初年筑城因城垣高峻，呈“大江前绕，鹭洲中分”之势，遂为城垣所掩。

其实，今对常人而言，无论“凤凰台”遗迹所处何地，则更多是被大诗人李白《登金陵凤凰台》这篇佳作所吸引。例如诗以凤凰台传说起笔，倾诉了对时空变幻感慨。“凤凰台上凤凰游，凤去台空江自流”，短句中虽连用3个“凤”字，却丝毫未使人有重复感。

《登金陵凤凰台》　唐·李白

凤凰台上凤凰游，凤去台空江自流，
吴宫花草埋幽径，晋代衣冠成古丘；
三山半落青天外，二水中分白鹭洲，
总为浮云能蔽日，长安不见使人愁。

史载，古凤凰台在旧金陵城之西南。另有《江南通志》记述：“凤凰台在江宁府城内之西南隅，犹有陂陀尚可登览。”南北朝宋元嘉十六年（439年），有三鸟翔集山间，纹彩五色状如孔雀，声谐和众鸟群附，时人谓之为凤凰，起台于山，谓之凤凰山，里曰凤凰里。

诗人李白将“凤凰台”作为特殊景物描述，应该不是一般登临抒怀，也可谓暗藏心扉，别有一番滋味。据说当年李白登临黄鹤楼时，唯独没能尽情抒发自己的心绪。究其原因正如他自己所言：“眼前有景道不得，崔颢题诗在上头。”

有人猜想“谪仙”自此之后，不仅难受也不心甘，表面虽赞扬了崔颢诗句，但也暗生一比高低的心思。于是他至金陵作凤凰台诗，意在写出可与崔颢《黄鹤楼》等量生辉的《登金陵凤凰台》。而《登金陵凤凰台》这首著名诗篇，最终也博得与崔颢名篇相同的赞誉。

15. 商女也知亡国恨　巾帼未必让须眉——话说秦淮八艳

一说到南京的秦淮河，就不能不提到明末清初时期古都金陵八位富蕴传奇的女子，即坊传的“秦淮八艳”。这在诸多的民间传闻中，又被称作“金陵八艳”，她们是柳如是、李香君、董小宛、陈圆圆、顾横波、寇白门、卞玉京、马湘兰

（以上八艳之说多有不同版本，这里暂不作有关的真伪考证）。

话说当年八位风尘女子，能在浩如烟海的中国历史上，博得关注且青史留名，恐怕不只是因其是名冠金陵的南曲名妓，或者是个人才貌超群、色艺俱佳。其实人们之所以能经久不息赞颂“八艳”，皆因她们美而不俗，忠于爱情，坚贞不屈，乃至民族气节不让须眉。

史载，“秦淮八艳”所经历的明末清初时期，正是处于重大社会变革、风雨飘摇剧烈动荡年代。然而仅就持有民族气节这点而言，她们所表现的鲜明立场与不屈品格，却远胜于同时期那些达官权贵们，也令那些平日“之乎者也”，自恃满腹经纶的士子们汗颜。

八艳故事传奇

●生死一跃　柳如是

据传，当年清兵入关势如破竹，眼看就要打到南京城下，钱谦益的爱妾柳如是苦心力劝钱对天明志、以身殉国。最初钱也慷慨激昂声言欲效法屈原投水自尽，可真若行事从日上三竿一直等到日已西斜，钱竟冒出一句：“这湖水也太凉了。”言外之意是不肯投湖。

反倒是此时的柳如是全然不惜一命投身水中，只是其命不该绝又被人救起。据说，后来柳如是多次变卖家财，尽力资助抗清武装。对于这段历史，大学者陈寅恪也为之感动。在其晚年双目失明后仍旧不辞辛劳奋笔，续写了 80 多万字《柳如是别传》为其树碑。

●刚烈忠贞　李香君

李香君其名远扬，要感谢孔尚任《桃花扇》，此剧虽有艺术渲染但主旨脉络清晰，尤其大事不虚。李爱慕侯方域一表人才，欣赏他气节道义，赞同他与权臣阮大铖划界，支持他去投奔史可法、继续坚持抗清斗争，为此她洗尽铅华闭门谢客，一心静待侯方域归来。

其间，她不惧高官田仰逼娶，甚至不惜跳楼抗争以死明志，终用血溅桃花扇行为，成就了一段才子佳人千古佳话。就在她弥留之际仍剪下一绺青丝，倾心绑在弥足珍贵的桃花扇之上，留下遗言称：“士当为大明守节，勿事异族。妾定于九泉之下，铭记公子厚爱。”

●殚精竭虑　董小宛

董小宛聪明灵秀，神姿艳发窈窕婵娟，可称秦淮花楼一等招牌。她心仪明复社四公子之一冒襄之后，立志相嫁终得入门为妾。冒襄乃饱学之士且才华横溢，地方豪绅屡次催他出道做官，而他却在董小宛的规劝之下，既不降清也不出仕，更不去参加清廷的科举。

后因躲避清军追杀，冒襄家财竟被洗劫一空瞬间潦倒贫困如洗。但此时董小宛却不离不弃，想尽办法维系支撑家计，殚精竭虑积劳成疾，贫病交加而死，时年仅28岁。此情感动冒家上下悲痛欲绝，遂将其葬于如皋之影梅庵，使得后世文人墨客多有敬仰凭吊。

●风雅双绝　顾横波

顾横波通晓文史，工于诗词、才貌双绝，素有“南曲第一”之称。据清代余怀《板桥杂记》记载，顾横波“庄妍靓雅、风度超群，鬓发如云、桃花满面，弓弯纤小、腰支轻亚”。她嫁给“江左三大家”之一龚鼎孳，虽夫妻相偕举案齐眉，却也不忘国家民族大义。

就在明清交替社会发生巨大变化关头，龚鼎孳信誓旦旦言道“必将一死殉国”，顾横波遂拿来绳子让他上吊。没曾想龚非但不肯决然一死，反而对旁人不厌其烦地表白：“我愿欲死，无奈小妾不肯何。”此拙句歪理一出，气得顾美人花容失色顿时灵魂出窍。

●凄美委婉　陈圆圆

在“秦淮八艳”之中，数陈圆圆名气最大、坎坷最多、影响最远（见吴三桂，刘宗敏与陈圆圆之传奇故事）。一个弱女子生逢乱世，大多很难主宰自己的命运浮沉，但她却能在动荡漂泊与烽烟之中，仍力求洁身自好，既不助纣为虐也不同流合污，实属难能可贵。

●毅然决然　寇白门

寇白门的经历虽然没有多少传奇色彩，但她却能始终如一、恪守自己应有气节与操守。当她嫁于明朝权贵朱国弼以后，夫贵妻荣的境遇必然招来许多人的嫉妒和羡慕，但就在朱国弼降清以后，她却毅然决然地离开了朱家，独自远走天涯寻觅自由的生活去了。

●绝世自尊　卞玉京

卞玉京也是一位极富民族气节的青楼女子，就在清军占领金陵之后，她便不再抛头露面。原本钟情于才子吴梅村且到了意欲谈婚轮嫁之时，但闻吴梅村决意降清出仕后，卞玉京甚蔑其为人，自此便不再与之相见。有传卞玉京自此一绝尘缘，隐性埋名离家入庵。

●诗画超群　马湘兰

明末清初，秦淮河畔马湘兰乃是独占花魁的名妓。她相貌虽不出众、姿色亦如常人，却情怡开涤、明媚如春，清风拂柳、燕语莺声，谈吐得体、善解人意。由于她诗文画作颇具影响，后多被文人雅客争相收藏，她也因此成为王孙贵胄、江南才子竞相追逐的佳人。

16. 旧时王谢堂前燕　飞入寻常百姓家——乌衣巷及王谢古居

史传，朱雀桥在朱雀门外的秦淮河上，乌衣巷在三国时期乃是东吴士兵驻扎营房以及储存军需所在之地。由于当时驻扎在这里的军士都身着黑色的军服，所以当地人们就将这里称为“乌衣巷”了。不过到了东晋时期，这里一度成为王导、谢安等豪门望族的宅邸。

朱雀桥边野草花，乌衣巷口夕阳斜；
旧时王谢堂前燕，飞入寻常百姓家。

这是唐代著名诗人刘禹锡，在其怀古组诗《金陵五题》中所作之第二首。诗人通过对小桥、夕阳、野草，燕子易主的生动形象描绘，十分贴切地表现了日月轮回、社会沧桑的巨大变迁，而在诗文的字里行间，也隐喻对那些豪门望族的戏弄嘲讽和无声批评。

史传东晋时期，在南京城繁华鼎盛的乌衣巷内，曾经居住过以王导、谢安为代表的两大豪门。然而时过境迁当年权倾一时的豪宅，如今已是野草丛生，夕阳残照。此情此景令诗人不禁唏嘘感慨沧海桑田世间多变，此诗语句虽简单直白，却道理深刻、意味颇深。

史上，王导与谢安都是权倾一时朝中重臣。王导乃东晋初年宰相，声名显赫威震朝野，坊间曾流传：“王、马（意喻司马氏）势大，权倾天下”之说。谢安则是晋孝武帝丞相，早年谢安功勋卓著，曾有“安石不出，将如苍生何”典故，足见其威望之高非同一般。

史传，后秦符坚率大军列阵淝水北岸，其兵临城下意欲扫平东晋，扬言投鞭可使长江断流。一时间朝野惊恐人心浮动，就在这万分危急时刻，谢安再次临危受命披挂上阵。他出任征讨大都督，从容镇定临危不乱。历经数阵斗智斗勇激烈较量，终以“淝水之战”一举击败符坚后秦大军，创造了我国军事史上著名的以少胜多经典战例。

今日，王、谢古居乃参照史料新建，主体建筑为燕堂和鉴晋楼。此处设有王、谢家族史料，六朝历史和艺术，淝水之战景观，东晋时期起居习俗，六朝时期书画，洛神赋壁画等诸多板块陈列展，可令参观者思绪飞逝至悠远年代，领略那些叱咤风云的历史人物。

今楼堂外的墙壁上，还嵌有竹林七贤图、对狮图、行乐图等砖印壁画，以及一些具有史料价值、观赏价值的文物字画。在庭院之中还建有一仿兰亭小溪，曲水流觞的流杯渠，另古居内经常邀请各界名流，撰写书法、记文、楹联，以期增加文化氛围展现艺术之美。

---

17. 却喜涨沙成绿野　烟村耕凿久相安——燕子矶景区

矶乃江边巨石，北方称之为丁坝，南方称之为矶，矶又可分天然矶和人工矶。在长达6000多千米的浩荡长江之上，据不完全统计，目前所能知道的有七十二矶。

在这些众多的江边巨石中，又以江苏南京的燕子矶、安徽马鞍山的采石矶、湖南岳阳的城陵矶、湖北荆州的观音矶这四处地理形势最为著名。其中，南京的燕子矶是长江三大著名天然矶之一，又为长江三大天然矶之首，故而享有着“万里长江第一矶”的美誉。

燕子矶海拔高度36米，山石耸立挺拔江边，三面孤寂面水临空，形似燕子展翅欲飞。据传，当年康熙、乾隆二帝数次巡视江南，均在此停留登高远眺寄语抒怀。其中乾隆帝还曾御笔题写了“燕子矶”碑，以致当年“燕矶夕照”成为清初金陵著名四十八景之一。

喻理劝轻生

在积贫积弱的旧社会，一些失学、失业，或生活无出路的青年，因痛感饥寒交迫前途渺茫，一时思索沉寂万念俱灰，茫然之时难免选择轻生。据说，当年有一些人常怀着悲愤之情，到这里投江自杀，这也使当时的燕子矶名声蒙上一层可怕的阴影。

据传，1927年初夏的一天傍晚，陶行知先生乘坐一辆人力车进城，行路之上与车夫交谈时得知，有一位女学生刚上过他的车，并说要到燕子矶去。可是到了那里后，女学生不但付了一元车钱，还把身上剩余的钱也给了车夫，陶先生静静地听完却一直没有说话。

第二天晚上，一些从燕子矶小学实习回来的师范生向陶校长报告，说是燕子矶江边发现一具女尸，看样子好像一个中学生，她的父母亲正在那里号啕大哭。陶先生听了情不自禁地说道：“一个年轻人为什么不能走别的路？为什么不想一想，活着能多干些事呢？”惋惜之余的陶先生自言自语道：“要让那些轻生的人多想一想，死不得啊！”陶先生找来木板挥笔写下了两段话，然后让学生送到了燕子矶。

这两块写有短句的木板，一块被插在了燕子矶休息亭旁。木板上面写有3个醒目大字“想一想”。并且在其下面还写下了几行清晰小字：“人生为一大事来，应当做一大事去。你年富力强，有国当救，有民当爱，岂可轻死！”

另一块木牌，则被插在了燕子矶的矶头最为险要之处。上面也写有3个醒目大字“死不得”。在其下面也写下了几行清晰的小字：“死要重于泰山，有轻于鸿毛，你与其为个人的事投江而死，何不从事乡村教育，为中国三万万四千万农民，努力而死好呢？”很快，这两块特殊的木牌引起了过往的人们注意和思索。

当然更为主要的是，引起了那些欲寻轻生者的冷静和沉思。据说，正是这两块木牌的劝导和警示，确实挽救了个别因一时思绪迷蒙、几乎要走进绝路的那些青年人生命。

燕子矶景区

●蹬顶道

据传，当年乾隆皇帝六下江南，有5次登临燕子矶，并且都是由此台阶行至矶顶，故后人将其称为南巡蹬顶道。遥想当年乾隆帝立于燕子矶顶，面对滚滚东逝的长江之水，极目江南美景、俯瞰大好河山，兴奋之余挥毫御题“燕子矶”3个大字，并为此赋诗一首。

当年闻说绕江澜，撼地洪涛足下看；
却喜涨沙成绿野，烟村耕凿久相安。

●御碑亭

御碑亭，为燕子矶公园的主要景观之一，此碑亭立于矶顶至今已有240余年。史载，这座“御碑亭”初建于乾隆年间，始称作大观亭，后随着形式不断发展被称作御碑亭。

●劝诫碑

燕子矶因三面环水峭壁陡立，旧时常有失意人到此轻生。近代大教育家陶行知先生闻知此事深感痛心，他在两块木牌上分别写下了“想一想、死不得”6个大字，木牌下面还写有劝诫语。此举曾让一些失意之人幡然醒悟重新振作。今燕子矶顶所立石碑是将当年陶先生劝诫语雕刻而立，以期后人记住那段历史。

●酒樽石

酒樽石，因外形酷似古代饮酒的酒樽而得此名。相传，唐代大诗人李白因官场失意，便乘一叶扁舟，漂流至燕子矶。一日他登上矶顶把酒吟诗，面对滔滔江水，忽然间顿生奇想，欲以此石为樽，江水为酒、酣畅痛饮，且凌乱乘兴之际，遂挥毫奋书“吞江醉石”。

●观澜亭

观澜亭，耸立于长江之畔，乃是登临矶头石壁，观赏江涛拍岸、“燕矶夕照”的最佳之地。傍晚落日时分，西斜晚霞照射石壁，映衬滔滔江水，正可谓霞光万道江涛声声，此情此景，不似仙境胜似仙境，古往今来文人墨客倍加推崇此地，誉为古金陵四十八景之一。

●摩崖石刻

为将燕子矶公园深厚文化底蕴，与奇特自然景观完美结合，公园西部景区开辟了摩崖石刻区，将康熙、乾隆，以及史上名人赞咏燕子矶的诗词，用各种字体刻于崖壁之上。

18. 高阁临江阅古今　飞檐峭壁落千寻——阅江楼景区

坊间传言，阅江楼是继湖北黄鹤楼、湖南岳阳楼、江西滕王阁后的江南第四大名楼（另有一说江南四大名楼是指湖北黄鹤楼、湖南岳阳楼、云南大观楼、江西滕王阁）。

如今在阅江楼景区悬有一副绝妙对联："一江奔海万千里，两记呼楼六百年"，堪称是对这座阅江楼风雨沧桑的真实写照。今阅江楼气势恢宏陡然耸立，翘首四大显著特色：一是高耸，此处山高78米，楼高52米，总高130多米，为最高名楼；二是精美，此楼设计施工、精雕细琢，所用原材料皆为极致华美上品；三是内涵，此楼有许多历史文化积淀，留下了许多历史及名人的足迹；四是气派，此楼筹建伊始，就已定下楼阁建造，必须是独尊皇家气派。

据说，始建阅江楼的初衷，乃是源于朱元璋称帝前曾在狮子山上以红黄旗帜为号，指挥数万伏兵一举击败了强敌陈友谅40万人马，由此奠定了大明王朝的数百年基业。

史载，明洪武七年（1374年），朱元璋欲在狮子山建一楼阁，亲自命名为阅江楼，同时下旨在朝文臣职事各作一篇《阅江楼记》。然而朱元璋写了楼记也打了地基，却又突然决定停建阅江楼。不过这在他其后的《又阅江楼记》中，却也说明了当时因何停建的理由。

阅江楼景区

2001年建成的阅江楼，并没有因其是复制品而妨碍它成为江南名楼，反而获"高阁临江阅古今，飞檐峭壁落千寻"的赞美，并多次出现于画作和诗句中。该楼阁整体成L形状，主翼面北，次翼面西，这也使得无论立于两翼的任何一侧，都可饱览长江风光。

石狮子。石狮子是目前中国最大一对雄狮，全高4.8米，总重约30吨，采用产于苏州整块金山石经精心打磨而成，其雕刻风格依据明太祖时期、盱眙县明祖陵守门狮子刻制。

汉白玉碑。汉白玉碑正面为朱元璋所撰写的《阅江楼记》，背面为明初大儒宋濂撰写的《阅江楼记》，此文曾被选入清代《古文观止》。此碑是当下国内形体最为庞大汉白玉碑刻。

阅江楼鼎。阅江楼鼎仿西周时期著名的司母戊鼎，上刻有"狮梦觉兮鬣张，子孙骄以炎黄，山为挺其脊梁，阅万古之长江，江赴海而浩荡，楼排云而慨慷，鼎永铸兹堂堂"铭文。

下西洋瓷画。下西洋瓷画高12.8米，宽8米。此壁画背后为唐伯虎和祝枝山作品。

青铜浮雕。青铜浮雕高2米，宽8米，全景式展现郑和七下西洋壮举，雕塑家吴为山制。

（三）南京特产与美食

地方特产：菊花脑、扶余老醋、溧峰茶叶、八卦洲芦蒿、南京雨花茶、金陵云锦、金陵金箔、金陵辟邪、羽毛贡扇、南京雨花石。

风味美食：五香豆、五香蛋、红松葡萄、白马黑莓、南京香肚、豆腐涝、葱油饼、牛肉锅贴、黄桥烧饼、开洋干丝、玉带糕、什锦菜包、鸡丝浇面、鸭油酥烧饼、麻油素干丝、手撕风鱼、五色小糕、薄皮包饺、桂花小元宵、熏鱼银丝面、南京樱桃、南京百合、南京板鸭、南京盐水鸭、东坝豆腐干、鸭血粉丝等。

二、长沙

——三湘英杰 于斯为盛

二、长沙

——三湘英杰　于斯为盛

（一）名城概说

长沙位于湖南省东中部偏北，地处湘江下游和长浏盆地西缘。其东望江西之宜春、萍乡，南俯株洲、衡阳，西衔益阳、娄底，北领汨罗、岳阳。境内河流多属湘江水系，河网密布，水量丰富。除湘江外，还有浏阳河、捞刀河等，长短大小不一水流300余条。

长沙一名起源，历来众说纷纭且史说各异。如有长沙星说、万里沙祠说、沙土之地说、长形沙洲说等。但多数学者认为，应源于古代自然环境特征，后约定俗成流传于今。

优越的地理环境，便捷的水陆交通，富庶的鱼米之乡，令其早在春秋战国时期，便为楚国雄峙南方之战略要地。秦统一六国后，改长沙为郡治。汉高祖刘邦立国后不久，便于公元前206年始设汉朝属邑——长沙国。如此说来，长沙这座古城已有2000多年悠久历史。

自古以来，潇湘便是文化艺术昌盛之域，名人贤士层出不穷之风水宝地。如始建于宋代的岳麓书院，西汉初年著名政论家、文学家贾谊等。历代文人骚客、英才俊杰无不以“一为迁客去长沙”奉为自己平生夙愿，在中国悠久历史长河中，长沙享有令人尊崇位席。

物华天宝、人杰地灵，长沙素有“楚汉名城”美誉，湖湘文化底蕴获赞八水沁润，“潇湘洙泗”，山、水、洲、城集萃，领衔“山水名郡”桂冠。岳麓书院、古麓山寺、爱晚亭、禹王碑、马王堆汉墓、天心阁、白沙井、橘子洲等，古迹名胜星罗棋布。

长沙，为国务院于1982年公布的首批24座国家历史文化名城之一。

1. 寻踪问源

据考证，早在7000多年前，在这片广袤的江南沃土上便已有了人类聚居生活的痕迹。中华人文始祖三皇五帝中的炎帝，以及其后的舜帝，都是归葬于当时古长沙域。在夏、商时期，长沙一带属古三苗国。有资料显示，长沙之名可溯源至我国史上的西周时期。

春秋战国时，这里为楚国之南方重镇和主要粮食产地。秦始皇统一中国后始设长沙郡，时属秦国三十六郡之一，郡治驻所湘县（今长沙）。自大秦帝国伊始，便开启长沙入列华夏行政区划始端。西汉长沙改郡为国，东汉复称长沙郡，西晋置湘州郡治仍设临湘县。

三国时期，长沙一度属吴领地。隋、唐时称潭州，改临湘为长沙县。北宋时长沙县南与湘潭县北合并，同为荆湖南路潭州治。元代改置湖广行省潭州路。明洪武五年，改潭州路为长沙府。清康熙三年，清廷偏沅巡抚移镇长沙在此设湖南布政司，治所于长沙县。

辛亥革命以后，时国民政府将长沙定为湖南省省会。民国十九年（1930 年）7 月，中国工农红军曾一度攻入长沙。1949 年 8 月，长沙获得了和平解放。1983 年，长沙市增辖浏阳、宁乡、湘阴三地。2015 年，设立湖南湘江新区，成为我国中部地区首个国家级新区。

2. 人文荟萃

长沙自古便是“此地既佳丽，斯人亦豪英”的人杰之地，形成了“唯楚有材，于斯为盛”的人文习风。战国时期，楚大夫屈原被贬，行吟于湘沅之间，虽处山河破碎颠沛流离境遇，仍完成了文学名篇《离骚》，倾诉着对故土的热爱，以致后人也将长沙誉为“屈贾之乡”。

东汉长沙太守张仲景所著《伤寒杂病论》，现为中医学教科范本。唐代孙思邈著《千金方》堪称中医药学经典。唐代书法家欧氏父子始创欧体，僧人怀素狂草为书法一绝。史上，杜甫、李白、王维、卢纶、褚遂良、柳宗元、刘禹锡等，皆在长沙留下诗作或萍踪。

始建于公元 268 年的古麓山寺院，号称“汉魏最初名胜，湖南第一道场”。创建于后唐明宗天成二年（927 年）的开福寺，为江南地区著名佛教禅院。始创于宋太祖开宝九年（976 年）的岳麓书院，迄今已有千年历史，学界尊称“潇湘洙泗”，享有“千年学府”之美誉。

另有，天心阁雄踞古城，登阁远眺“四面云山皆到眼，万家灯火最关心”。橘子洲，四面环水、屹立江心，春季柳枝低垂、随风飘拂，夏季百花争艳、芬芳四溢，秋季橘红枝头、丹桂飘香，冬季雪压青松、银装素裹。长沙烈士陵园，青松翠柏，亭台楼阁，庄重肃穆。

长沙，也是我国近代革命策源地之一。自戊戌维新、辛亥革命、新民主主义革命，老一辈革命者始终探寻革命之路，青年时代毛泽东，“恰同学少年、风华正茂，书生意气、挥斥方遒”，曾在第一师范学院、岳麓山爱晚亭、新民学会旧址等处留下了革命的足迹。

• 长沙三绝

湘绣，史上溯源于长沙域，为人们称颂为中华四大名绣之一。菊花石雕，产于浏阳大溪河底岩石层中，天然生有菊花图案。红瓷器始于晚唐长沙窑，为华夏瓷器中之名品。

• 文化艺术

湘剧，是湖南地方戏代表剧种，其风格或粗犷、奔放，或委婉、悠扬。另有，长沙花鼓戏、长沙弹词、浏阳皮影、浏阳客家山歌、宁乡对子花鼓等诸多种民间艺术形式。

此外，长沙还有多项知名品牌入选国家级非物质文化遗产名录。例如湘绣、湘剧、长沙弹词、菊花石雕、火宫殿庙会、浏阳花炮制作技艺、长沙窑铜官瓷烧制等。不仅如此，另有入选省、市级非物质文化遗产名录，如长沙花鼓戏、洞井龙舞、麻山锣鼓、长沙棕叶编、浏阳皮影、浏阳客家山歌、宁乡对子花鼓、长沙县双江滚灯车等。

• 地方民俗

长沙陶公庙会，为四乡赶集一大特色。每年农历三月三，长沙人有地菜煮鸡蛋习俗。立夏时，有吃立夏粳习俗。惊蛰时，农家于暗处点灯，石灰撒房四周及潮湿暗角。

（二）历史文化

1. 三湘古文明　八水韵遗珍——湖南省博物馆

湖南省博物馆位于长沙市开福区东风路，与湖南省烈士公园相毗邻。该馆占地面积 49000 平方米，建筑面积 91000 平方米，为湖南省最大的综合类博物馆，国内具影响力博物馆之一，荣获首批国家一级博物馆资质，并努力向国际先进博物馆的行列前进。

简介

湖南省博物馆自建馆以来，以保护、传承优秀历史文化为己任，集文物收藏、研究、展示诸工作于一身，现已成为人们了解三湘历史文化、领略湖湘文明奥秘的重要窗口。

该馆现收藏各类文物 18 万余件，从史前人类打制的石器，到精美绝伦的青铜尊彝，从马王堆汉墓的绫罗钟鼎，到明清文人的妙墨丹青，很多历史文物弥足珍贵，堪称国宝。在这些众多展品中，尤以长沙马王堆汉墓出土文物、商周时期的青铜器、楚文物、历代陶瓷、书画和近现代文物等最具特色，堪称古老中华民族的智慧与湖湘历史的见证。

不仅如此，该馆还不断推出内容丰富、形式多样的临时或专题性展览，以多视角形式向国内外观众介绍湘楚文明与优秀文化，展示三湘古老历史及灿烂文化遗珍。

沿革

1897 年，郴州学会组建了郴州学会博物院。1904 年，经湖南巡抚赵尔巽率先倡导，士绅梁焕奎、龙绂瑞等筹款，在省垣再次兴办一所博物馆。1924 年 6 月，湖南省教育会博物馆开馆。1927 年，正式定名为湖南省立博物馆。1930 年，毁于战火后再未恢复。

1951 年 3 月，湖南省博物馆筹备处成立。1956 年，博物馆落成并举办“湖南手工艺品陈列”等 6 个专题陈列。1959—1966 年，举办了“湖南人民革命史陈列”展览。

1972—1974 年，马王堆汉墓三座墓葬发掘，令其成为世界同行关注焦点，数千件精美文物和保存完好的汉代女尸出土，使得博物馆藏品与展览档次因此得到很大提升。

博物馆自 1979 年开始，由自然、历史类收藏展示并重，逐渐转向历史类收藏和展示为主。1999 年，新建陈列大楼竣工，博物馆定位为历史艺术类博物馆。2008 年，湖南省博物馆成为国家首批一级博物馆。2017 年 11 月，博物馆改扩建新馆正式对外开放。

展陈

博物馆布展形式包括：“长沙马王堆汉墓陈列”“湖南人——三湘历史文化陈列”两个基本陈列。另外，还设立有青铜、陶瓷、书画、工艺 4 个专题或临时性展馆。

● **基本陈列**

长沙马王堆汉墓陈列。

1972—1974 年发掘的长沙马王堆汉墓，是西汉长沙国丞相、轪侯利苍一家三口墓葬，经考古发掘共出土 3000 多件珍贵文物，时为 20 世纪世界最重大的考古发现之一。其保存完好的墓葬结构及丰富的随葬品，使汉代的生活方式、丧葬观念等得以较完整的呈现。其中，700 余件工艺繁复的精美漆器，反映了汉代髹漆业的辉煌成就，而 500 多件织精美丝织衣物，力证了西方文献中“丝国”之记载；逾 50 篇“百科全书”式的简帛文献，记述了先哲们的学识与智慧；诡谲奇幻的彩棺帛画，蕴含了汉代升天幻想及永生渴望。

该展览分为序厅及“惊世发掘”“生活与艺术”“简帛典藏”“永生之梦”4 个

单元。

湖南人——三湘历史文化陈列。

该陈列分为五部分，采用第一人称形式介绍湖南历史文化、自然环境、发展轮廓。第一部分“家园”，展示这片地域曾经生活什么样人，现在湖南人是如何形成的；第二部分“我从哪里来”，诠释史上的湖南人是如何来获取、利用、生活资源；第三部分“洞庭鱼米乡”，展示了不同历史时期湖南人为何种生活状况及习俗；第四部分“生活的足迹”，则进一步总结提炼出湖南人所具有的独特精神气质；第五部分“湘魂”，通过层层递进、融会贯通，使得整个展览实现完整的契合。

典藏

大禾人面纹方鼎。大禾人面纹方鼎为史上商代晚期文物，颜色碧绿、器身呈矩形、口部略大于底，两耳直立、四柱状足、足上部有兽面纹，器身外表四周、饰半浮雕人面，下巴两侧有爪。

御龙帛画。御龙帛画为史上战国时期的文物，其线条精微而细腻，故被称为中国早期肖像画的杰出代表。人们将其与“人物龙凤帛画”一起并称为先秦时期绘画艺术中的双绝珍品。

曲裾素纱禅衣。曲裾素纱禅衣为西汉早期文物，此禅衣款式类似当时流行的上下衣裳相连的深衣。也有一些学者则认为，贵为丞相夫人的辛追，有意展露华丽外衣纹饰，因此在衣袍外罩单衣。

唐摹《兰亭序》。此卷正文质地为绢本，卷前引首部分有明代著名书画家、鉴赏家董其昌题书“墨宝”二字；卷尾依次有明代许初，清代王澍、贺天钧、梁同书、石韫玉、李佐贤等诸跋。

---

2. 望湘江北去　到中流击水——长沙市博物馆

长沙市博物馆（新馆）位于长沙开福区新河滨江文化园区。该博物馆集文物收藏、保护研究、展示宣传、教育服务等功能于一体，收藏各类文物近5万件(套)。其中以商周青铜器、楚汉文物、长沙窑瓷器藏品丰富最具特色，为观众提供了一处解古城长沙的史话园地。

简介

长沙博物馆成立于1986年，最初设计为一座地方志博物馆，主要以综合陈列、收集保管，以及研究有关自然、历史、文化、技术、科学等方面的历史实物及样品标本等。

今馆藏有关长沙历史、近现代革命史的珍贵文物。其中，商代青铜大铙、青铜编铙、带鞘铜剑、曹僎玛瑙印等被誉为稀世之珍。另有伟人毛泽东的诗词对联书法艺术碑廊。

馆内现有藏品已达5万余件（套），涵盖了从旧石器时代、商、周、春秋至战国时代，以及秦汉、明清至近现代，展示了长沙各历史时期考证实物。其中，尤以长沙辉煌鼎盛阶段的商周青铜器、楚汉文物、唐代长沙窑瓷器和近现代文物，独具特色，享誉业内外。

长沙博物馆除有常设展览（基本陈列）“湘江北去——长沙古代历史陈列”“中流击水——长沙近代历史陈列”两大板块，同时还会根据需要不定期地举办一些专题或临时性展览。例如举办“独立苍茫——湖南名人书法展”“华夏瑰宝——保利海归精品文物特展”等。

沿革

长沙市博物馆（老馆）原址位于清水塘22号，为毛泽东、杨开慧同志故居，也是中共早期湖南党组织所在地、中共湘区委员会的活动站，今为湖南省重点文物保护单位。1986年，长沙市博物馆筹备工作，就是在当年中共湘区委员会旧址纪念馆的基础上展开。

今长沙市博物馆新馆位于湘江新河三角洲，建筑外观起伏跌宕，宛如一座磐石记录着古城发展印迹。今展馆主要集综合陈列、展示、收集、保管、收藏等多种功能于一体。该博物馆近10年举办各类型展览100余场（次），展馆包括基本陈列，以及“长沙历史文物陈列”“长沙三国吴简暨历年出土文物展览”，接待观众累计已达200余万人次。

展陈

该博物馆布展形式包括基本陈列、特别展览、特展回顾、数字展厅。

● **基本陈列**

“湘江北去——长沙古代历史陈列”。长沙古代历史陈列展，以“湘江晨曦”“青铜之乡”“楚南重镇”“大汉王国”“湖湘首邑”“明清府城”6个专题，介绍长沙由星辰而得此名，以及古人早期生息，历经商周南征，楚人经略、汉廷分封、唐宋繁盛、明清初定，源远流长的灿烂文化和古代文明。

“中流击水——长沙近代历史陈列”。长沙近代历史陈列展，以“倡导经世”“引领新政”“辛亥首应”“建党先声”“秋收起义”“团结御侮”“和平解放”7个专题，介绍近百年来长沙人以天下兴亡为己任，艰难求索，前赴后继，力挽狂澜，为民族的独立和人民的解放，作出了卓越历史性贡献。

典藏

象纹大铜铙。此为商代文物，据有关史书记载铙为古时的一种乐器，可用于军旅战阵以催人奋进，或祭祀、宴乐。此器形制巨大，气魄雄伟，纹饰粗犷，是我国目前商代青铜乐器之王。

乳钉云雷纹编铙。此为商代文物，铙以组的形式出现为国内罕见。根据取样测音，该组编铙每件各能发出 1～2 个不同的乐音，编合起来的古代五音俱全，是目前我国最早能成组演奏的乐器。

草叶纹四山字铜镜。此为战国文物，该镜为青铜质地，镜的边缘为窄卷边素面。此物为山字纹镜，因而是楚国镜中一个十分重要的类型。此镜花纹清晰、光洁可鉴，是四山纹镜中的杰出代表。

双面透雕龙纹青玉佩。此为战国文物，玉佩外形呈扁平半圆状，采用珍贵青玉琢成。佩的边沿为弧形龙身，身饰谷纹，两端雕刻龙首次，玉佩纹饰精美，线条流畅自然，堪称楚国玉器中的精品。

“闵都君印”金印。此为西汉文物，印的外观呈半球状，周有一圈阴线边栏，栏内阴刻篆文“闵都君印”4 个字。此印小巧精致，书法精美，刻工细腻，保存完整，弥足珍贵。

“七贤”人物诗文罐。此为唐代文物，该罐外侈口，翻沿、直颈、圆肩、平底。唐代长沙窑素以釉下彩著称，装饰多为诗文、花鸟、动物及人物，将诗、画、人物融为一体，目前国内仅此一例。

羊脂白玉翠盖鼻烟壶。此为清代文物，整个壶身洁白如雪，圆润剔透如羊脂，器盖碧绿如水草。此器物色泽滑润，青翠欲滴，造型简练，线条流畅。精细雅致大气，可以称同类型鼻烟壶之极品。

金花山水人物纹洗手盆。此为清代文物，上面绘有四组开窗图案，其中两组为花鸟纹，一组为山水庐舍纹，一组为人物故事纹。此器物画工精细，色彩对比强烈，民俗气息浓厚，实为难得之珍品。

---

3. “实事求是　敢为人先”——湖南大学

简述

湖南大学坐落在历史文化名城长沙，该校区位于湘江之滨、岳麓山下，因其溯源历史悠久，故享有“千年学府，百年名校”之美誉。学校今为教育部直属全国重点综合性大学，国家“211 工程”“985 工程”重点建设高水平大学，“世界一流大学”重点院校之一。

该校办学历史，最早可溯源至宋太祖开宝九年（976 年）所创建的岳麓书院，其后虽历经宋、元、明、清等史上数朝变迁，但始终保持了文化传承连续性。1903 年改制为湖南高等学堂，1926 年定名湖南大学，1937 年时为国民政府教育部所辖十余所国立大学之一。

随着新中国成立，该校著名哲学家、教育家李达先生，曾出任新中国成立后湖南大学首任校长，毛泽东同志亲笔题写了校名。在长期的办学历程中，学校为国家和社会培养了一大批高级专门人才，许多毕业生成长为著名专家学者、企业家以及优秀的党政军干部。

沿革

湖南大学办学历史，最早可追溯到宋代开宝年间（976 年）的岳麓书院。历经沿袭至 20 世纪初叶，与湖南高等学堂为代表的几所院校合并（1903—1912 年），由此组建了湖南高等学校。其后，再次与湖南优级师范学堂合并（1912—1917 年），组建了湖南高等师范学校。

1917—1926 年，经与湖南公立工业专门学校为代表的几所院校合并，组建湖南公立工业专门学校。1926—1937 年，与湖南公立法政、商业专门学校这两所院校合并，组建了省立湖南大学。1937—1949 年，再与国立商学院合并组建国立湖南大学。

1949—1953 年，历经全国范围内的高校院系调整，原国立师范学院、省立克强学院、省立音乐专科学校，以及私立民国大学并入，且组建了新的湖南大学。与此同时，该校也析出了校内一些重要院系和知名专业，且并入国内其他大学或组建新的院校。

1953—1958 年，时有“武汉”“四川”“中山”等大学一些专业并入，学校改称中南土木建筑学院。20 世纪 50 年代末又称湖南工学院，不久学校再次复名湖南大学，后一些专业并入长沙铁道学院。改革开放后，湖南财贸等学院及湖南计算机高专学校相继并入。

该校今设研究生院和 23 个学院，学科专业涵盖哲学、经济学、法学、教育学、文学、历史、理学、工学、管理学、医学、艺术等 11 大学科门类。今 7 个学科进入 ESI 前 1%，7 个学科入选国防特色学科，另化学、机械工程学入选教育部世界一流学科建设行列。

“惟楚有才，于斯为盛”。麓山巍巍、湘水泱泱，千年学府、源远史长，如今历经千百年风雨的湖南大学及同仁，继承和发扬了岳麓书院优秀教育和文化传统，继续为创建国际知名的高水平研究型大学砥砺前行，为实现中华民族伟大复兴“中国梦”而不懈努力。

校训为实事求是，敢为人先。

“实事求是”，语出《汉书 · 河间献王传》。1917 年，湖南公立工业专门学校（湖南大学前身一）迁入岳麓书院旧址，校长宾步程将“实事求是”作校训制匾悬挂于讲堂。

“敢为人先”体现了湖湘文化内涵之重要精髓，史上岳麓书院亦可称湖湘文化的重要发祥地。正是源于此文脉传承，湖南大学同仁在为实现创建“综合性、开放式、研究型大学”目标奋斗时，既要坚持“实事求是”的态度，也要奉行“敢为人先”的改革创新精神。

● **湖南大学校风**

“博学、睿思、勤勉、致知”。博学：富含“博于问学”，治学广博、深远，善于在瀚海知识中充实自身。睿思：强调“明于睿思”，在博学的同时，还要积极、善于、深入的思考。勤勉：奉行“学而不厌”，形成一种勤奋刻苦、积极向上的奋发图强精神。致知：“格物致知”学以致用，知行统一，达到“明德”“明理”之目的。

花絮采撷

● **“惟楚有材，于斯为盛”**

就在今岳麓书院大门处，左右各悬一副醒目的楹联：“惟楚有材，于斯为盛”。据称，大凡读过些文史的人可谓对此无人不知，无人不晓。这副楹联史上流传很广，堪称湖湘文化之象征。据说，此联出自嘉庆年间进士、时岳麓书院山长“南楚第一人”袁名曜之手。

袁名曜，字道南，号岘冈，史传其学富五车，文采风流，冰雪聪明。此人于乾隆五十三年（1788 年）先是高中举人，再于嘉庆六年（1801 年）又得进士及第、入仕选庶吉士，而后被授予翰林院编修，至翰林院侍读，兼国史馆纂修、日讲官等职，曾参与修订《高宗实录》。

1812 年，被岳麓书院聘为山长，成为著名四大书院之一“掌门人”，因其工诗善文，见解独到，湖南名生多出其门，人称桃李满天下。时翘楚有首倡“师夷长技以制夷”“中国睁眼看世界第一人”魏源，云贵总督罗绕典等，而袁名曜与门生合撰对联已传作佳话。

据说，一日袁名曜感于楚地人才济济、建树甚丰，随即脱口吟出“惟楚有材”，门生张中阶应声对曰“于斯为盛”，大家齐称妙极。师生合撰的这一联，也就这样成了岳麓书院的大门楹联。此联言简意深，神韵悠悠，气势不凡，琅琅上口，故流传至今名气不曾稍减。

4. 为有牺牲多壮志　敢教日月换新天——韶山毛泽东纪念馆及故居

1963 年，经中共中南局第一书记陶铸提议，在韶山修复毛泽东故居并建立陈列馆，用于宣传毛泽东生平事迹。后经中央同意，湖南省委在毛泽东故居引凤山下择址辟为纪念馆。

毛泽东故居

韶山毛泽东故居位于韶山市韶山乡韶山村土地冲上屋场。1893 年 12 月 26 日，毛泽东诞生于此，并在此度过了其童年和少年时期。相传舜帝南巡时见此地风景优美，遂奏韶乐，引凤来仪、百鸟和鸣，又传“韶氏三女”得道于此，有凤鸟衔天书众女皆仙去。

毛氏故居系一组土木结构的“凹”字型建筑，东边是毛泽东家，西边是一邻居，中间的堂屋为两家共用，总建筑面积约 472 平方米。1961 年，经国务院批准公布，毛泽东故居为全国重点文物保护单位。1983 年 6 月，邓小平在门额匾上题字“毛泽东同志故居”。

毛泽东纪念馆

韶山毛泽东同志纪念馆，自 1964 年建成开放以来，已接待国内外观众 5000 余万人次，以及世界 150 余位外国元首、240 余位政府首脑。2008 年，被评为国家一级博物馆。

● **基本陈列**

纪念馆布展“中国出了个毛泽东”，主要包括“危亡时势、立志救国、追求真理、参加建党、唤起工农，创建人民军队、开辟革命道路、坚持团结抗日、领导延安整风，指挥大决战，缔造新中国、立国安邦、奠定基业、艰辛探索、建设强国、勋业永存”等板块。

纪念馆的二层，为专题展览和临时展览区，辟有毛泽东生活用瓷展、毛泽东珍藏唱片及磁带展、韶山毛泽东同志纪念馆珍藏艺术品展。其展出毛泽东使用的日用瓷 200 余件，唱片磁带 200 余盘（张），以及数十年来展馆所收藏的珍贵油画、国画、雕塑等艺术品。

● **遗物展陈**

遗物展馆，一层展览“风范长存——毛泽东遗物展”为基本陈列，展陈区的面积近 2000 平方米，内容包括有：“勤政为民，鞠躬尽瘁”“反奢倡俭，清廉如水”“博学多思，孜孜不倦”“亲情如歌、友谊似海”“雅情逸趣、坦荡襟怀”等 10 个不同内容的专题板块。

● **铜像广场**

一代伟人毛泽东主席铜像矗立在韶山冲广场。这里背依韶峰是韶山冲中心，距毛泽东故居、毛氏宗祠、毛泽东纪念馆很近。毛主席铜像按其在开国大典上的形象设计，坐西南、朝东北，主席身躯伟岸，双手握书卷，身着中山装，双眼炯炯微露笑容，神采奕奕。

● **滴水洞**

韶山滴水洞，时为毛泽东在此居住工作之地，其址位于韶山冲西部附近，与毛泽东故居相距约3000米。由滴水幽壑、虎歇坪、龙头山等自然景观和滴水洞一号建筑群构成。毛泽东的著名诗篇有：

《七律·到韶山》

别梦依稀咒逝川，故园三十二年前。
红旗卷起农奴戟，黑手高悬霸主鞭。
为有牺牲多壮志，敢教日月换新天。
喜看稻菽千重浪，遍地英雄下夕烟。

《七律·答友人》

九嶷山上白云飞，帝子乘风下翠微。
斑竹一枝千滴泪，红霞万朵百重衣。
洞庭波涌连天雪，长岛人歌动地诗。
我欲因之梦寥廓，芙蓉国里尽朝晖。

---

5. 忽报人间曾伏虎　泪飞顿作倾盆雨——板仓杨开慧纪念馆及故居

杨开慧，号霞、字云锦，书香门第。1901年，出生于湖南长沙县板仓，即今长沙县开慧镇。其父杨昌济乃是闻名三湘的著名学者、知名教授，思想进步。在杨开慧不满3岁时，父亲杨昌济便怀着救国救民抱负，远涉重洋留学，积极寻求救国救民的真理。

第一次国内革命战争失败后，毛泽东深入农村积极领导秋收起义，开展了以井冈山为革命根据地的武装斗争。杨开慧带着孩子，继续坚持革命工作，不断发展党的组织，积极参加长沙、平江、湘阴等地武装斗争，杨开慧是中国妇女解放运动的倡导者和实践者。

1930年10月，杨开慧突遭不幸被捕入狱。在此期间她面对各种威逼利诱，始终严词拒绝退党声明，坚持不与毛泽东脱离关系，大义凛然坚贞不屈英勇就义。1957年，毛泽东为纪念杨开慧烈士，特写下了著名的诗篇，并在诗文中将其称赞为“骄杨”。

《蝶恋花-答李淑一》　毛泽东

我失骄杨君失柳，杨柳轻飏直上重霄九。
问讯吴刚何所有，吴刚捧出桂花酒。
寂寞嫦娥舒广袖，万里长空且为忠魂舞。
忽报人间曾伏虎，泪飞顿作倾盆雨。

据说，时有推荐杨昌济去北大任教的章士钊先生，曾就诗词中出现的“骄杨”二字，请教毛泽东应作何解释。毛泽东答道：“女子为革命而丧其元（头），焉得不骄”？

杨开慧故居

杨开慧烈故居，坐落在长沙县板仓，距长沙市70余千米。该故居始建于清代末年，为土木结构小青瓦式房舍，屋前有土坪、池塘和田垅，前门悬有匾额，上书“杨开慧烈士故居”。故居黄泥饰墙，质朴大方，松竹掩荫，别具风格，现为湖南省文物保护单位。

杨开慧烈故居，面垅背山坐北朝南，此宅筑以防护矮墙并形成一不大院落。整个故居占地面积约680平方米。故居的房舍布局以上中下三栋平行排列，前低后高、前栋为双面木门，中嵌木栏转门，中栋有三级踏步上入过厅，门额上方悬挂“板仓”二字横匾。

该处房舍于1966年11月整修后对外开放，同时一并复原陈设了杨开慧住房、杨昌济夫妇住房以及毛泽东、杨展等的住房。据说，1980年在对此宅进行整理修缮时，在其旧墙的夹缝中发现了1928年前后杨开慧在家居住时，所写一些手稿、信札等多件珍贵文物。如今，在故居右侧300米处的棉花坡山头平坦处，另建有一座杨开慧烈士陵园。

杨开慧纪念馆

杨开慧纪念馆，其址位于湖南省长沙县板仓镇。2010年11月，纪念馆正式对社会公众开放。杨开慧纪念馆由板仓杨开慧故居、杨开慧烈士陵园、杨公庙、杨开慧纪念馆4部分构成，其中杨开慧故居、杨开慧烈士陵园、杨公庙三处为省级重点文物保护单位。

杨开慧纪念馆景区占地面积约64000平方米，建筑面积约9200平方米，现为湖南省爱国主义教育基地。该景区内以“骄杨颂”为其布展核心主题，同时辅以大量详实的历史资料，全面真实地再现了杨开慧烈士、毛岸英烈士、杨昌济先生光辉灿烂的一生。

---

6. 参与重大决策　多次临危受命——宁乡刘少奇纪念馆及故居

刘少奇纪念馆，位于湖南省长沙市宁乡县、花明楼镇炭子冲村，这里也是刘少奇文物资料收藏研究中心。馆区主要包括刘少奇纪念馆、刘少奇故居、门楼广场、铜像广场等，以及炭子冲学校旧址，从而形成了人文荟萃、山水和谐、风光秀美的花明楼风景名胜区。

刘少奇纪念馆，1988年11月由国家领导人杨尚昆剪彩开馆。纪念馆建筑面积3200多平方米，包括一个序厅、8个展室，其中第一至第七展室为刘少奇同志革命生平基本陈列，第八室为展馆音像室。主体建筑具有民族气息，为自由分散型群体式园林格调。

该纪念馆的正门处，悬挂有邓小平同志题写“刘少奇同志纪念馆”匾额。中心广场处红旗飘舞、鲜花盛开，广场一侧建有亭台水榭、游廊亭阁立于涟漪碧水之中，美丽的自然风光与园林式的建筑，彼此点缀、相互衬托，参观之余在此小歇，自然别有一番情趣。

刘少奇故居

刘少奇故居是一栋坐东朝西、土木结构的普通湘地农舍，故居共有房屋21间半，其中瓦房16间半、茅草房5间。房屋前临碧水、背倚青山，左有参天古树，右为邻家农舍，环境十分优雅，生动再现了19世纪末、20世纪初江南农家的典型民居。

刘少奇1898年11月24日出生于此，并在这里度过了他的青少年时代。从8岁开始，刘少奇便进入附近柘木冲、罗家塘等地的私塾学校读书受教，并时常以自己取得优异学习成绩而博得老师和同窗们的称赞，以致令在一起读书的学友十分钦佩。

刘少奇纪念馆

刘少奇纪念馆由广州美术学院负责设计兴建。步入纪念馆大厅参观，行至序厅的正面墙处，展现一幅“刘少奇和人民在一起”的大型浮雕，该作品象征着刘少奇同志为革命事业奋斗一生，始终和人民群众联系在一起，体现了他为革命事业所建立的不朽功勋。

刘少奇同志是我党工人运动的杰出领导者，华北、华中抗日根据地主要创建者和领导者。新中国成立后，他是政治和经济制度创立者之一，参与了社会主义建设重大决策的制定和实施，是党内公认的著名理论家，发表过《论共产党员的修养》等多篇重要文章。

该纪念馆展陈，以自序展厅引入，两侧排列许多生动精致浮雕。展厅内分别陈列刘少奇同志在不同历史时期、生活和战斗照片200余幅。通过这些珍贵实料、陈列品，以及景画影像展示，使得整个展览内容与形式，呈现步入时空隧道般的强大冲击力和感染力。

---

7. 三湘风水宝地　志士英才辈出——长沙名人故居

贾谊，河南洛阳人，西汉杰出的政治家、文学家世称贾生。贾谊少时成才，

18岁便以善文为郡人所称。文帝时曾任博士，迁太中大夫，因志存高远、锐意改革，而屡遭排挤打击，以致被贬。后人景仰这位高贤，依旧保存着他的故宅，今宅内雕塑立一木雕像。

贾谊故居

贾谊故居，位于湖南长沙市西区福胜街三条巷，旧址原名贾太傅祠，此地传为西汉名士贾谊宅基，今仅存祠屋一间。此祠前巷侧旁水井一口，传为贾谊年间所凿，上敛下大其状如壶，世人称太傅井，又称长怀井，此说源于杜甫“长怀贾谊井依然”诗句而得此名。

史上贾谊以高论政文著称，尤其政论文中针砭时弊评论时政，风格朴实高峻，议论淋漓酣畅，鲁迅称其“西汉鸿文”，代表作有《过秦论》《论积贮疏》《陈政事疏》等。其辞赋皆为骚体，形式近散体化，为汉赋之先声，尤以《吊屈原赋》《鵩鸟赋》最为称著。

汉武帝时期，敕命修缮贾谊故居。明代成化元始年（1465年）形成祠宅合一之格局。其后虽历经毁损不断，但围绕贾谊井为中心依原址附近未变，今贾谊故居为1998年重修。主要景观有门楼、贾谊井、贾太傅祠、太傅殿、寻秋草堂、古碑亭、碑廊、贾谊生平事迹展、诗画陈列室。

- **年少英才**

贾谊从小博览群书，先秦诸子百家书籍无所不读。汉高后五年（前183年），贾谊18岁因熟诵《诗经》《尚书》，撰文著论而闻名河南郡。当时的河南郡守吴公乃秦朝名相李斯学生，因其治理地方政绩卓著而被评为天下第一，而贾谊学识渊博遂引其格外器重。

汉文帝二年（前178年），吴公被任命为廷尉，遂向汉文帝举荐说“贾谊颇通诸子百家之书，是个年轻有为的人才”，当时贾谊年仅21岁，在所有文人学士中最为年轻。据说，每当汉文帝抛出题目让学士们议论，贾谊皆以学识渊博对答如流，论述挥洒且有理有据。

- **宦海被贬**

贾谊入朝任职少年得志，初时可谓一帆风顺，汉文帝也十分赏识。不久即令贾谊担任公卿职位，意欲委以重任。然而巨大阻力首先来自那些权臣显贵，他们众口一词攻击贾谊：“这个洛阳人，小小年纪，学识浅薄，一心想专擅权力，这样要将许多国家大事搞乱了。”

贾谊本想辅佐文帝干一番人生大事，却因受谗反遭被贬，最终被逐出京师，受到如此这般挫折，遂使他深感孤独和失望。贾谊谪居长沙心情忧郁，而长沙气候环境卑隰，更令其伤感不已，于是写就名篇《鵩鸟赋》，借喻世界万物的变化、而对人情世故沧桑感叹。

• 思危宏论

汉文帝七年（前173年），贾谊多次向朝廷上疏，其最著名为《治安策》。他回顾历史列举事实，说明分封诸侯王之利弊，终其结果“十年之间，反者九起”几乎不得安宁。贾谊指出，诸侯王的叛乱，不取决于远近亲疏，而取决于形势变化，取决于王侯力量强弱。

综观《治安策》通篇，不但论述了地方诸侯症结，对国内有关的政治问题，以及经济、军事等问题也提出了自己的独到看法。贾谊认为居安者应思危并以此推论：“疏者必危，亲者必乱。”正如伟人毛泽东所点评：“《治安策》一文，乃是西汉一代最好的政论。”

历代评价（摘述撷取）：

班固：谊夭年早终，虽不至公卿，未为不遇也。凡所著五十八篇，于世事者传云。

刘歆：汉朝之儒，唯贾生而已。

刘向：贾谊言三代与秦治乱之意，其论甚美，通达国体，虽古之伊、管未能远过也。

刘勰：贾生浮湘，发愤吊屈，体同而事核，辞清而理哀，盖首出之作也。

苏轼：贾生，王者之佐，而不能自用其才也。贾生志大而量小，才有余而识不足也。

鲁迅：谊尤有文采，如《治安策》《过秦论》，皆为西汉鸿文，沾溉后人，其泽甚远。

司马迁：余读离骚、天问等悲其志。适长沙，观屈原未尝不垂涕，想见其为人。

毛泽东：《治安策》一文，是西汉一代最好的政论，全文切中当时事理。

黄兴故居

黄兴故居位于湖南省长沙县高塘乡杨坨村（今黄兴镇）凉塘。故居始建于1864年，原为两进两横，左右披厦厢房32间的四合院。1981年进行整修，今正门有廖承志题书“黄兴故居”门额，修葺后的故居，陈列有黄兴故居简介、黄兴生平事迹介绍。今门额两端有楹联一副：“蒙庆受福，长乐永康”。上下堂屋间辟有天井，正厅前有6扇方格木门为屏，后有退屋双坡屋顶，前栋屋脊正中处塑“福、禄、寿”三星像。故居前临水塘，后接田垅，左右为邻居，院内多植橘树，现故居已为省级重点文物保护单位。

黄兴是近代杰出的民主革命家、中华民国的创建者之一、孙中山先生的第一至交、辛亥革命时期的先驱和领袖，与孙中山常被时人以“孙黄”并称。1916年10月31日，黄兴病故于上海，1917年移柩长沙。同年4月，受民国元老尊以国葬于湖南长沙岳麓山。

● **黄兴与孙中山**

孙中山与黄兴同为建立中华民国的两位最高元勋。1905 年，孙中山所建立的兴中会，与黄兴所建立的华兴会等团体，在日本东京合并成立了中国同盟会。由于清末时期许多重要的革命团体和革命活动多为两人参与并谋划组织，故后世常以“孙黄”二者并称。

传闻，当年在同盟会的成立大会上，黄兴免俗客套直接发出提议：“公推孙中山先生为本会总理，不必经选举手续。”以致在辛亥革命前后，所发生的几次“倒孙”政治风波中，黄兴素以“成事不必在我”的坚定理想信念，义正词严地拒绝了来自各方名利诱惑。据说，当他接到一些拥护者的来信，希望他另行组党，黄兴回曰：“领袖惟有孙中山，其他不知也！”此无私和顾全大局的态度，时赢得了多数民国元老乃至于后世的敬重。

● **后世评价**

今史学界认为，如果说孙中山是思想家、先行者，而黄兴则是执行者、实干家。如其发动参与许多重要革命活动，出生入死积劳成疾，招致中年早逝，堪称推翻满清统治、开创民国之元勋。在革命活动中虽与孙中山时有分歧，但始终甘居次席且鼎力相助不移。据称，闻知黄兴逝世蔡锷将军悲伤至极遂写下挽联：

以勇健开国，而宁静持身，贯彻实行，是能创作一生者；
曾送我海上，忽哭君天涯，惊起挥泪，难为卧病九州人。

据说，辛亥革命元勋章太炎也非常敬重黄兴的意志和为人，在其挽联中写道：

“无公乃无民国，有史必有斯人”

冯自由同为兴中会和同盟会的知名人物，也可称辛亥革命的早期革命家之一，他在评价黄兴的千秋功过时曾不无感慨言道：“世称孙、黄为开国二杰，克强诚当之无愧矣。”

章士钊，近代著名民主人士，学者、作家、教育家和政治活动家，在评价黄兴时也曾说道：“吾持以论交之武器，在无争二字，然持此以御克强，则顿失凭依，手无寸铁。何以言之？我以无争往，而彼之无争尤先于我，大于我……天下最易交之友，莫如黄克强。”

徐特立故居

徐特立故居位于长沙城东约 43 千米处，原长沙县五美乡之观音塘。故居占地面积约 1700 平方米，为一处砖木结构四合院式普通民宅，旧址始建的年代现已无从考证。徐特立 1877 年出生于此，该房屋曾于 1914 年进行改建，其后又经历两次扩建并多次维修。

徐特立曾为毛泽东的老师，1927 年加入共产党，是中共第七届、第八届中央委员。1968 年逝世，1980 年该故居获维护修缮，复原后的故居陈设有徐特立夫妇，徐乾以及教员陈昌、毛达恂等人的住房。1983 年该故居恢复整修，重新公布为湖南省重点文物保护单位。

● 人物经历

徐特立又名徐立华，原名懋恂、字师陶，湖南善化（今长沙县江背镇）人。中国著名的革命活动家和著名教育家，徐特立曾经是毛泽东，以及田汉等著名革命人士的老师。

徐特立 1911 年参加辛亥革命，1927 年加入中国共产党，同年 8 月参加了著名的南昌起义。1931 年 11 月，当选为中华苏维埃共和国中央执行委员，1934 年参加长征。新中国成立以后，曾经担任过中央人民政府委员会委员，1968 年 11 月在北京逝世，享年 91 岁。

● 教育救国

早年间，徐特立随立宪派组织三次请愿活动相继失败，逐渐认识到改良主义在中国行不通，必须通过革命方式推翻清政府统治。他向革命党人林伯渠等人了解革命形势，表示要追随孙中山参加革命。为此，他聚集一些进步教员积极宣传演说，号召大家支持革命。

时随湖南光复，徐特立担任了省临时议会的副议长，只是眼见官场腐败堕落，其倍感失望和愤慨。不久便回到教育界试图通过教育革命，以实现教育救国的愿望。他创办并苦心经营长沙师范学院。由此，对毛泽东、蔡和森等许多匡时救国的学子产生过深刻的影响。

● 逆境入党

1927 年 4 月，国民党右派公开叛变革命，5 月 21 日长沙发生“马日事变”，共产党人和革命群众遭到疯狂屠杀。面对血雨腥风白色恐怖，徐特立坚决拒绝了反动派的拉拢、利诱，并冒着极大风险、危难时刻加入了中国共产党，成为一名坚强的共产主义战士。

陆定一在《人民教育家》一文中，曾对他的行为给予了极高的评价：“人民教育家徐特立同志，就这样给全党同志上了第一课。那就是困难时不要动摇，应当更坚定地奋斗，革命是一定胜利的。这本没有字的教科书比什么教科书都好，也比什么教科书都重要。”

● 历史评价

党中央评价他：“对自己学而不厌”“对别人诲人不倦”“杰出的革命教育家”。

毛泽东称赞他：“坚强的老战士”“革命第一，工作第一，他人第一”。

刘少奇称赞他："中国共产党的光荣"。

周恩来称赞他："人民之光，我党之荣"。

革命元勋朱德同志，在写给徐特立贺信中也以十分肯定态度积极称赞他："你是革命模范的人，你是革命前进的人。不管革命历史车轮转得好快，你总是推着它前进的"。

毛泽东同志在写给徐特立的贺信中，更是给予了极为积极的评价，并且满怀深情地称赞道："……你将来必定还是我的先生……愿你成为一切革命党人与全体人民的模范"。

---

8. 竹简帛画　丝织物器——马王堆汉墓

马王堆汉墓，其址位于长沙市东郊4000米处、浏阳河旁的马王堆乡，1972—1974年，在这里先后发掘出土了三座汉初古墓，所出土的大部文物现已珍藏于省博物馆。其中，一号汉墓所出土的女尸，经考证距今2100多年，但形体仍保存完整，全身肌肤润泽，部分关节甚至可以活动，身体软组织尚有一些弹性，几乎与新鲜尸体近似。

此次出土的汉墓女尸，既不同于木乃伊也不同于尸蜡和泥炭鞣尸，而属一种特殊类型古尸，在防腐学上堪称奇迹，震惊了世界也吸引众多科研学者。此次在马王堆汉墓中，还出土了其他珍贵文物3000余件。其中，一些漆器制作精美、纹饰华丽，光泽如初。

墓葬主人

据传，1971年底，当地驻军欲在马王堆附近小山坡处建造人防地下医院，但在施工中过程中几次遇到塌方，深入钻探时又不时冒出了呛人的气体，有人用火点燃竟呈现蓝色火焰。此消息很快被报告有关部门，后经科考人员初步确认此地应是一处古代墓葬。

史上长沙，曾为古长沙国都邑所在地，该墓地最初被讹传为五代十国楚王马殷的墓地，故称作马王堆。其后又曾被附会于长沙王刘发，埋葬其母程、唐二姬"双女"，但文物清理过程中意外发现了一枚印章，上面刻"妾辛追"几个字，这说明墓主人名字叫辛追。随着考古工作者的进一步深入研究，最终确认此汉墓应为西汉初期长沙国丞相轪侯利苍的家族墓地。一号墓为利苍妻，二号墓为长沙丞相轪侯利苍，三号墓为利苍之子。

文物价值

●"遣策"竹简

"遣策"竹简，是我国考古发现同类竹简中最完整两批。其内容均为逐件记录随葬物品名称，数量和各种器物类别统计。例如车骑、乐舞、童仆、侍从、仪仗、兵器等。

● **一号汉墓帛画**

一号墓内棺覆盖了一幅精美的“T”型帛画，画面上中下 3 部分，分别表现了天上、人间与地下场景，史学界认为这可能是当时传统习俗，希望死者死后灵魂不要消散。

● **织品与衣物**

马王堆汉墓不仅出土大量丝织品和衣物，且具有年代早、数量大、品种多、保存尚好的特点，因此将极大丰富我国在考古领域有关早期纺织工艺和纺织技术的资料佐证。

● **帛书和医简**

此出土帛书和医简，大部写于宽 48 厘米整幅帛，少部写于宽 24 厘米半幅帛，且用木条将其收卷。医简共两卷 200 支，一卷似《黄帝内经》论养生之道，另一卷为房中术。

● **千年古尸**

尤其是一号汉墓所出土的女尸，迄今有 2100 多年，但形体仍保持完整，全身润泽，部分关节尚可活动，软结组织尚有弹性，几与新鲜尸体相近，堪称防腐史上一奇迹。

● **研究保护**

经医学检验表明，此逝者生前已患冠心病、多发性胆石症、全身性动脉粥样硬化症以及血吸虫病等多种病变。由此揭示了辛追死因乃食用甜瓜引起并发症，导致心绞痛发作而亡。2013 年，国家文物局将所发掘马王堆汉墓，列入第七批全国重点文物保护单位。

---

9. 紫微栖凤　碧浪潜龙——开福寺

开福寺，其址位于长沙市开福区新河开福寺路，现为我国佛教禅宗中临济宗杨济派的著名寺院，也是全国对外重点开放佛寺之一，今湖南省及长沙市佛教协会均设立于此。

寺院概说

史传，开福寺为五代十国时期后唐明宗天成二年（927 年）楚王马殷始建，又经其子马希范再建会春园、嘉宴堂、祓禊亭等庭园于后。有宋代张式曾就此周边环境描述道：“长沙开福兰若，故为马氏避暑之地，所谓会春园者，今荒郊中时得砖瓦，皆因鸾凤之形。”

史上开福寺，在宋、明、清时期，皆有时修时毁记载。今见寺庙殿宇规模宏伟，占地面积超16000平方米，建筑面积6300余平方米。寺内立有佛殿三进，第一进为三圣殿，第二进为大佛殿（即大雄宝殿），第三进为毗卢殿，东厢建有客堂、斋堂、库房、方丈居室。

不仅如此，寺院西厢房设有说法堂、禅堂等。寺院大雄宝殿，在20世纪20年代曾获重修。此主体建筑歇山顶式，脊吻作龙凤禽兽饰，四角垂悬铜铃，每得临风铃声清脆。

今庙宇正脊构建的宝瓶、法轮，直落云霄，山门处额题“古开福寺”，另悬楹联“紫微栖凤，碧浪潜龙”，寺内现珍存清康熙、光绪年间石碑各一方。史上开福寺，历经战乱且多遭焚毁，但又数次得以复修重建，故终令虔诚香客络绎不绝，且寺庙主持高僧辈出。明代李冕曾题诗赞曰：

最爱招提景，天然入画屏；
水光含镜碧，山色拥螺青；
抱子猿归洞，冲云鹤下汀；
从容坐来久，花落满闲庭。

寺院史化

● 五代时期

开福寺始建于五代十国，后唐明宗天成二年（927年），当年南楚王马希范将会春园之一部施舍于僧人保宁（一说是僧人真严），自此而始建了开福寺。后马希范又在其附近大兴土木，旁垒紫微山，北开碧浪湖，逐渐令开福寺一带成为此地一处著名的风景胜地。

● 宋代时期

宋代是开福寺兴盛时期。尤其有一擅长医药的和尚——洪蕴，据传曾受宋太祖赵匡胤召见，且赐紫方袍，号广利大师。其后，宋太宗赵光义下诏广求医术秘方，洪蕴曾摘录数十处药方呈上。宋真宗咸平初年，洪蕴一度领衔僧官，补右街首座，转左街副僧录。

● 元明清时期

经元迄明，开福寺一带香火日盛且虔诚拜佛与日俱增，源此至清代开福寺，先后修建4次。嘉庆十一年（1806年）书法家朝葑为寺院山门撰写楹联“紫微栖凤，碧浪潜龙”。

光绪十二年（1886年），时有王闿运等十数人道俗，在此组织了一颇有名气的碧湖诗社。光绪十七年（1891年），湘军将领提督衔江南福山镇总镇陈海鹏撰书“古开福寺”横额。

● **民国时期**

1918年，开福寺大殿遭焚。1919年，住持慧修重建毗卢殿。继任住持宝生和尚，自1922至1924年，先后重修大雄宝殿和三圣殿。1939年，巨赞法师于此举行过爱国集会。

● **新中国成立以后**

1952年重修开福寺，明真法师时为寺院住持。1965年，开福寺公布为省级重点文物保护单位。2004年11月，经有关部门批准，开福寺再次进行大规模整修和扩建，今寺院的占地面积已由原来的80亩（约53000平方米）扩增至175亩（约117000平方米）。

寺院景观

● **三大殿**

开福寺建筑格局：今寺院以三大殿（三圣殿、大佛殿、毗卢殿）为主体建筑群。

● **山门**

山门：四柱、三门、三楼、花岗石牌坊式建筑，山门两旁立石狮、石象各一对。

● **特色**

特色仪式“焰口”：这是中国流传很广的一种佛教仪式。仪式所用音乐结构庞大严整，是一种融“赞、偈、咒、器乐”等多种形式为一体，且具有一定情节性的佛乐套曲。

● **著名十六景**

紫微山、碧浪潮、白莲池、龙泉井、放生池、鸳鸯井、凤嘴洲、木鱼岭、拔禊亭、嘉宴堂、会春园、回步桥、舍茶亭、清泰桥、舍利塔、千僧锅。

---

10. 妙手医圣　秘方仙祖——张仲景祠

张仲景，东汉末年著名医学家，后人尊称为医圣、南阳五圣之一。据载，张仲景祠于清嘉庆二年（1797年）得重修，民国时此地办育英小学，抗战时毁于战火。1947年，长沙中医界捐款重建新祠三间改名仲景堂，后整修马路该祠被废，现中医院立一石碑纪念。

人物概说

史传，少年时期张仲景，很早就开始接触医书典籍。他从这些医典中得知，扁鹊望诊蔡桓公的故事，因而对神医扁鹊产生由衷仰慕和敬佩，这也为他后来能成为一代名医奠定了最初的思想基础。现今广泛流传的《伤寒论》与《金匮要略》，已被医药界奉为经典。

据说，张仲景10岁的时候便已展露出医学才华，他不仅开始“博通群书，潜乐道术”，乃至同乡何颙颇为赏识其才智，曾对其言道：“君用思精而韵不高，后将可为良医。”后张仲景果然不负所望，悬壶济世成为一代名医，被人们尊称为“医中之圣，方中之祖”。

张仲景一生勤求古验、博采众方，集前人之大成、揽数代之精华，从而写出了不朽的医学名著《伤寒杂病论》。这部医书融理、法、方、药于一体，始开辨证疗疾之先河，从而形成神韵独特的中国古代医学思想体系，因此对后世的医学导向起到了巨大引领作用。

张仲景确立的六经辨证治疗原则，尤其受到历代医学名家推崇。作为中国第一部从理论到实践、以辨证论治法则的医学专著，乃是中国医学史上影响最大的著作之一，也成为后人学习研究中医理论及实践必备经典著作，历来受到医学界同仁和诊治大夫的高度重视。张仲景所创立的学说自晋朝至今，依然是“道经千载更光辉”，其著作在世界医学界享有极高盛誉，这在世界医学史上亦属罕见。

主要著作

《伤寒杂病论》作为中医四大经典著作之一，其原著已经散佚。而《伤寒论》传为晋代太医王叔和根据自己所搜寻的部分《伤寒杂病论》有关伤寒部分轶文整理而成。

《金匮要略》传为宋代王洙、林亿、孙奇等人，在一次偶然的机会中发现《伤寒杂病论》的部分残简，而将其中杂病部分整理成册，后更名为《金匮要略》刊发于世。

不仅如此，张仲景的著述除《伤寒杂病论》外，还有《辨伤寒》十卷、《评病药方》一卷、《疗妇人方》二卷、《五藏论》一卷、《口齿论》一卷，只可惜原著多已散失无存。

张仲景实为我国中医学界一位旷世至伟的奇才，仅以一部《伤寒杂病论》的杰出贡献，就足以成为世界医学界令人仰慕尊崇的伟人之一。而由它所倡导并确立的中医学“辨证论治思想”理论，更是指导从事医药学人士贯彻理论与实践衡齐的至尊宝典。

11. 萃于斯阁　汲久不竭——天心阁及白沙井

天心阁为长沙重要旅游名胜，也是长沙现仅存古城标志。此阁位于长沙市中心区城南路与天心路交会处的古城墙内。天心阁楼高三层，建筑面积846平方米，碧瓦飞檐、朱梁画栋，阁与古城墙及天心公园，错落相间、相映生辉，巧妙融为一体。

天心阁

资料显示，天心阁其名始见于明末俞仪《天心阁眺望》一诗中。天心阁原名天星阁，时以星宿分野正对“长沙星”而得此名，这里曾为古人观测星象、祭祀天神之地。清乾隆年间天心阁得以重修，文载“极城南之盛概萃于斯阁”，渐成文人墨客雅集吟咏之所。旧时前来此处拜祭的人群络绎不绝，文人墨客也常到这里登阁远眺，吟诗作赋。明代文人李东阳曾留戏言：

水陆洲、洲系舟，舟动洲不动；
天心阁、阁栖鸽，鸽飞阁不飞。

另有清代学者黄兆梅撰书：四面云山皆入眼；万家烟火总关心。

据有关资料记载，此处原旧楼牌名为崇门楼牌楼，始建于 20 世纪 40 年代。至今它还保存于天心公园，今景区内尚修建有著名崇烈亭，楼牌之上题有两副气势磅礴的对联。居中的一幅为：“气吞胡羯，勇卫山河”。旁边的一幅为：“犯难而忘其死，所欲有甚于生”。

● **历史文化**

天心阁历史可追溯至长沙筑城，西汉高祖五年（前 202 年）刘邦立汉，封重臣吴芮为长沙王，置长沙为都邑、长沙始筑土城。由汉迄宋，随着社会发展，城池自南北两向渐次扩展。至元代已成基本格局，但城垣形状仍较简陋，明初后才垒址以石，使之“上下完固”。

清顺治十一年（1654 年），有洪承畴尽拆明代诸藩王旧城，悉数用于城垣的增补修筑，令其增高加厚不可同日而语。清乾隆十一年（1746 年），有抚军杨锡被主持兴建此阁。溯其阁名据称引自《尚书》“咸有一德，克享天心”之意。此阁楼竣工之时被称全城最高处。此后又续建窝铺、更栅，增修城楼、炮台、垛口，令其为之一新。辛亥革命后，为进一步发展贸易和交通之便，拆除城墙修筑环城马路，因阁峙城头之故，幸存留此处。

新中国成立后，此阁得到有关部门关注并将其列为重点文物保护单位。今日天心阁主体建筑为 1983 年重建，现仿木结构，栗瓦飞檐，朱梁画栋，主副三阁，间以长廊。主要景观：

古城墙。据东汉应劭所著《汉官仪》记载，长沙城池始建于战国时期。汉高祖五年（前 202 年），秦番阳令吴芮因率越人助刘邦灭秦有功，被汉高祖刘邦封为长沙王，时立长沙国。北魏郦道元在其《水经注》“湘水”篇中记：“汉高祖五年以封吴芮为长沙王，是城即芮筑也。”

太平军魂。“太平军魂石雕”，展现清咸丰二年（1852 年），太平天国起义军攻打长沙城时战斗场景。雕塑以西王萧朝贵骑马挥剑斩杀、不幸中弹罹难历史为背景，生动再现了太平军将士前仆后继、英勇奋战精神。从而令人们仿佛重现了，战鼓雷鸣、刀枪林立的激烈战斗场景。

月城。月城又称瓮城或子城，是用于屏蔽主城门小城，以增强城池的防御力量。据《武经总要前集·守城》描述："其城外瓮城，或圆或方，视地形为之。"明洪武五年（1372年），长沙府卫守御指挥使邱广，曾动用大量砖石用于改造旧土城墙，故9个城门外均未筑月城。

崇烈亭。崇烈亭前身为午炮亭，为清末民初时期统一全城时刻所用。亭中置黄铜火炮一门，每日正午鸣炮三响报时。1946年，为纪念抗日战争"长沙会战"中阵亡的将士，时湖南省政府在国耻纪念亭原址建16柱斗拱八角歇山顶亭一座，亭额系蒋介石先生亲笔题写。

崇烈门。崇烈门始建于1946年，时为纪念抗日战争长沙会战中、三次大战而阵亡的将士们所立。此门由蒋介石，陈诚、张治中等民国要人，带头捐款修建。此门悬有一副对联："气吞胡羯，勇卫山河"。

联中的"羯"字，为我国古代的一个族名，史上曾依附于匈奴，在这里特指日寇。

名人画廊。名人画廊绘有33位在湖南历史上有过突出贡献的名士俊杰，在这些名人中即有湘籍人士16人。如炎帝神农氏、朱熹、张轼、李芾、曾国藩、魏源、郭嵩焘等。此外，景区内还有映山楼、茗香园、熏风亭、逸响亭、崇烈塔、入胜亭等景观。

天心阁申遗。2012年10月，有关文物部门已就滕王阁（南昌）、岳阳楼（岳阳）、黄鹤楼（武汉）、鹳雀楼（永济）、蓬莱阁（蓬莱）、大观楼（昆明）、阅江楼（南京）、天心阁（长沙）、钟鼓楼（西安）、天一阁（宁波）这中国十大著名历史文化阁楼，共同申报联合国世界著名文化遗产。

白沙井

长沙白沙井，为我国江南地区著名甘泉之一，此井今位于市区贺龙体育场、白沙街东侧的天心阁附近。其井口现用大理石围砌，井水清澈凛冽、四季流淌不绝，更兼口味甘美全无混浊杂质，无论春夏秋冬，泉水不溢不竭，随舀随涨充盈，且能始终保持同样水线。

话说此井虽小，然而水质极佳，古今获誉、远近蜚声。据清《一统志》记载："在县东南二里，广仅尺许，最为甘洌，汲久不竭。"自明清以来均有石刻，被誉为长沙第一井。旧时白沙井水曾被挑担沿街叫卖。原井口只一眼故出水较急，明末水分二眼出势渐缓。

现经有关部门深入科学考证，发现此井水呈现如此绝佳之品质，皆因地下网纹红土及沙砾置无数次渗滤而得。旧时井旁曾建有一座龙王庙，庙中撰有一副十分有趣的对联：常德德山山有德；长沙沙水水无沙。

以此形容井水清澈纯净无比，据说当年长沙名酒“白沙液”便由此水酿制而成。

● **历史文化**

白沙古井始凿于何时现已无从考证，据称明代以前长沙地方史志多散佚，仅有明崇祯十二年（1639 年）刊印《长沙府志》记载：“白沙井，县（指善化县）东南二里，井仅尺许，清香甘美，令通城官员汲之不绝，故称长沙第一泉。”由此可见那时白沙井便已非常有名。

据有关资料推测，白沙古井初现于春秋战国时期，始为一眼泉。明朝末期分为二泉，后增为 4 泉。背靠山侧今立有石碑，上刻“白沙古井”4 字，泉眼周围辅以导水沟，高处围以石栏，两边石级作通道。在自来水尚未普及之前，此乃附近居民最重要的饮用水源。现今大门敞开出处，建有一座四柱三洞牌坊式建筑，中间两柱分别撰写楹联：

高天聚风月一园是造物之无尽藏好为寄兴怡神地；
古井媲潇湘八景看游人之所共适都在廉泉让水间；
横批：白沙古井

---

12. 潇湘英烈　林慰忠魂——湖南烈士公园

湖南烈士公园位于长沙市区东北方，西临东风广场、东滨浏阳河、南起陈家山庙山、北抵丝茅冲，为长沙市区一处著名林园。今烈士公园因地貌山丘广植花木，以平地辟园彰显绿草如茵，幽雅啼莺、碧波粼粼，亭台阁宇、别致玲珑，呈花木茂盛，现四季葱郁。

1951 年，为纪念近百年来在人民解放事业斗争中英勇献身的湖南籍革命英烈而修建此烈士公园。陵园纪念区由南大门进入，沿漫长甬道径直向前，两侧龙柏苍翠挺立，经过芬芳吐艳的花坛，顺着花冈岩台阶拾级而上，迎面是雪松对列、绿草如茵的纪念广场。

步入烈士公园肃穆恬静，纪念区苍松翠柏处，矗立着高达 58 米的烈士纪念塔，上有毛泽东手书题词“湖南烈士公园纪念碑”。塔内陈列着 90 余位烈士的遗像，以及 10 多万湖南英烈的名录。与烈士纪念塔相呼应的建筑，还有仿宋长廊纪念亭和革命记忆红军渡。

主要景观

纪念亭。纪念亭廊位于纪念塔东北处，1951 年 12 月纪念碑奠基仪式后，即开始动工兴建此亭，并于1953年3月竣工。纪念亭为仿宋代长廊式建筑，染柱为纯木结构，三亭之间采用朱漆红廊相连，中间主亭建筑为两层，登上楼阁可环眺公园全景，湖光山色尽收眼底。

年嘉湖景区。年嘉湖景区位于纪念亭东侧，湖面碧波荡漾、枝柳随风拂面，春秋时节、风光旖旎，轻舟荡桨、游人漫步。在湖心四岛处建有三拱桥，置身桥上凭栏眺望，水面涟漪、别有情趣。岛岸之间架有迎丰桥，沿湖区还建有“朝晖楼”“羡鲜馆”“船坞”景观服务设施。

湖心岛。湖心岛位于年嘉湖中，始建于1963年，包括大岛、孤岛、半湖岛和新岛，此4岛构成湖区主体景观。湖心岛与烈士纪念塔隔水相望，岛上漫坡广植红叶树，以此寓意革命烈士一片丹心，另有棕榈、垂柳等风景树木和花丛灌木，时展现春、夏、秋、冬四季园景。

红军渡。史载，1930年7月，彭德怀率领红三军团进攻长沙，并以8000人击溃30000敌军。当年红三军团战士曾由湖迹渡浏阳河进入长沙，今湖迹渡已划入公园，故此旧称改名红军渡。另有1987年建杉亭一处、石碑一座，碑上刻有“红军渡”3字，以为革命历史纪念。

迎丰桥。迎丰桥连接湖岛和堤岸，该桥始建于1982年9月，桥身为仿木结构，依据湘西山区廊桥形式所建，桥现低栏高廊、曲折有致，具有古老的湖南地域风格。另有一典雅的汉白玉雕“芙蓉女”立于湖面水色之中，仿佛向人们诉说着古城长沙的淳朴厚重与古典之美。

炉罐潭。炉罐潭位于道吾山，普安冲狮子溪中段，溪流清澈形似炉罐，故曰“炉罐潭”。漫步于潭溪之间，只见鱼虾游戏水中，煞是活泼可爱，溪水明亮如镜，幽谷恬静清新，更为游人增添不少乐趣。今潭溪周边建有曲静通幽、天皇石印、关门石、仰天坡等游览景观。

革命志士。夏明翰，字桂根，衡阳礼梓乡人，1900年生于湖北秭归。“砍头不要紧，只要主义真。杀了夏明翰，还有后来人!”这是中国共产党优秀党员夏明翰烈士英勇就义前，用自己年轻的生命谱写的一首慷慨就义宣言。此诗气壮山河，时至今日仍被人们广为传颂。

杨开慧，1901年11月生于湖南省长沙县板仓一个进步知识分子家庭，1920年加入中国社会主义青年团，时年冬与毛泽东结婚。1921年加入中国共产党后，在极为艰苦、险恶的条件下积极从事农民、工人、妇女和学生运动，后不幸被捕、坚贞不屈英勇牺牲。

13. 清泉幽谷　湘楚名胜——岳麓山景区

岳麓山濒临湘江景色优美，依水面市、交通便利，观橘洲横卧，望古城繁华。今山、江、洲、城浑然一体，堪称天赐胜境。唐代诗人刘禹锡曾写道“群峰朝拱如骏奔”，即赞其天然雄浑之势。每至秋冬之交，红枫层林尽染，此古来便是华夏四大赏枫之地。

岳麓书院号称“汉魏最初名胜，湖湘第一道场”。古麓山寺坐落于丛岭，其二十涧真虚福地云麓道宫乃道教圣地，迄今已有800余年历史。爱晚亭为我国四大历史名亭之一，现存此亭建于清乾隆五十七年（1792年），青年时代毛泽东常憩于此，今亭额为毛泽东手书。

历史文化

据说，古人曾将岳麓山列为南岳著名七十二峰之一，南北朝刘宋时《南岳记》曾载有“南岳周围八百里，回雁为首，岳麓为足，故名岳麓”。据有关地质资料考证，古岳麓山最早浮现于古生代，后形成于中生代，继发展于新生代，距今有3亿多年的历史。

在岳麓山云麓峰之左侧峰峦处，今遗有一著名“禹王碑”，可称岳麓山古老文明象征。据说，此碑时为宋代摹刻，碑石上有奇特古篆字，字分九行77字。相传，远在4000多年前洪荒时代，禹为治水三过家门不入，后大禹有一南岳之行便于岣嵝峰下立此方石碑。

东汉赵晔在《吴越春秋》中记载“禹登衡山，梦苍水使者，投金简玉字之书，得治水之要，刻石山之高处”。唐代韩愈为寻访禹碑且留下“蝌蚪拳身薤叶拔，鸾飘风伯怒蛟螭”诗句。今全国已知10余处禹王碑，据说皆为岳麓山禹碑复形，由此可见此碑之珍贵。

岳麓山另有一著名碑刻——麓山寺碑，乃由唐代著名文学家、书法家李邕撰文并书写，黄仙鹤刻石。此碑文共计1400余字，以骈散文体兼具，其叙述麓山寺自晋泰年始建，至唐开元年立碑，其500年间兴废修葺，历代禅师弘扬佛法要述，以及岳麓山秀美风光。

由于此碑的文采、书法、刻工堪称精湛至极，所以又被称“三绝碑”。因碑字所用行书乃此碑独创，笔力雄健浑厚，其后书法大师如苏轼、米芾等都曾沿袭其法。元代书法大家赵孟頫自言“每作大字一意拟之”。故此“三绝碑”在中国古代碑刻艺术中享有盛誉。

旅游景观

●半山亭

半山亭位于岳麓山半腰处，为一座六方形凉亭。据传，以前此地距云庵为半程，麓山寺僧人下山购物挑担回寺，常在此歇息片刻。一日有烧火僧以“半”字为题，赋诗曰：

半山半庵号半云，半亩半地半崎嵚；
半山茅块半山石，半壁晴天半壁阴；
半酒半诗堪避俗，半仙半佛好修心；
半间房舍半分云，半听松声半听琴。

此诗很快在寺院传开，主持方丈闻听十分高兴且大为赞赏，遂不再令其继续烧火而是授以佛经真传，日夜专心持诵。今半云庵虽已久圮，但这“半”字诗却不曾淹没且流传至今，更兼到此游人每每品读此诗，无不感慨中华文化之魅力，顿增继续游山观景之雅兴。

● **麓山寺**

麓山寺地处岳麓山半腰，山门上有“古麓山寺”之横额，两旁为对联：“汉魏最初名胜，湖湘第一道场”。此联既揭示了寺的久远历史，也表明其在湖南佛教中地位。寺门外古枫参天，浓荫苍翠笼盖，寺内园圃百花争艳，观音阁为砖木结构，厅堂神龛中置观音像。

● **将士公墓**

据说，抗战时期进行的长沙会战，就有三湘子弟组成的第七十三军于长沙外围奋起抗击来犯日军。1946 年春，时任军长韩俊指令专人督修公墓于此。墓碑正面向东，中刻楷书“陆军七十三军抗战阵亡将士公墓”，此碑上有蒋介石先生所书“精神不死”碑文。

● **岳麓书院**

岳麓书院始创于北宋太祖开宝九年，后有宋真宗赐名岳麓书院。今书院大门处撰有一副楹联，上联“惟楚有材”，乃清代嘉庆年间岳麓书院袁名曜院长所出。下联“于斯为盛”，时为该书院书生张中阶所对，此佳联探观可分别溯源《左传》与《论语》两处妙语。

● **爱晚亭由来**

据传，清乾隆年间有不凡文人罗典在这里做了 27 年山长，坊传此人颇有才气，但为人比较清高孤傲。时为欣赏红叶，他在清枫峡口处建一凉亭取名红叶亭。有一年秋天，江南才子袁枚来到长沙，许多人因仰慕其名气，都前来与之相见，只有罗典不予理睬。不仅如此，他还在书院牌楼上书一联“不为子路何由见，非是文公请退之”。若译成今白话便是“我与你不是一路之人，有什么理由要见面呢？你若无韩文公一样有才学，就请自己打道而回”。两天后袁枚过江而来，恰好见到此副对联，先是摇头随后付之一笑。

坊传，忽一日袁枚来到清风峡，见亭子匾额上写“红叶亭”3 个大字，亭柱上刻一副对联：“山径晚红舒，五百夭桃种得；峡云深滴翠，一双驯鹤待笼来”。袁枚看了对联似乎想说些什么，但却欲言又止。稍事略加思索后，便认真抄录一首唐代诗人杜牧著名绝句。但不知是有意所为，还是疏漏所致，他在第三句却漏掉两字，因而成了“停车坐枫林”了。这件事遂引得人们纷纷议论。不久此事便传到岳麓书院。罗典听了连声说“惭愧，惭愧”，马上吩咐学生将“红叶亭”匾额取下，亲笔题写一块“爱晚亭”新匾额挂上去。

今岳麓山景区，汇湘楚文化之精华，名胜古迹众多，革命圣迹遍布，诠释儒道为一体，文史景观遍布山林溪涧，例如白鹤泉、翊武亭、蔡锷墓、蟒蛇洞、白鹤泉、舍利塔、飞来石、自来钟、穿石坡、印心石屋等，已成为国家级重点风景名胜区，5A 级旅游示范景区。

14. 佳景如屏画　青山一面城——橘子洲景区

橘子洲又称橘洲、水陆洲，其址位于长沙市区对面湘江的江心处，此处乃湘江下游众多冲积沙洲之一，也是国内最大的内陆洲。橘子洲西望岳麓山，东临长沙城，四面环湘水，砥柱击中流，狭处宽度约 40 米、长处宽约 140 米，形似一长岛，为长沙重要名胜之一。

橘子洲久负盛名，春时，江波潋滟、沙鸥点缀；夏至，水鸟嬉戏、鱼翔浅底；秋来，柚黄橘红、芬芳扑面；冬临，凌波迎风、寒江钓雪。史上长沙“江天暮雪”便是著名潇湘八景之一。现橘子洲建有颂橘亭、揽岳亭、诗词碑、铜像广场、枕江亭等多处著名景观。

史上潇湘八景有潇湘夜雨、平沙落雁、烟寺晚钟、山市晴岚、江天暮雪、渔村夕照、洞庭秋月、远浦归帆。

历史文化

史载，橘子洲生成于晋惠帝永兴二年（305 年），初为激流回旋、沙石堆积，后成橘洲、织洲、誓洲、泉洲 4 岛，至清代有上洲、中洲、下洲 3 岛，“望之若带，实不相连”。后逐渐演变成一串长岛，上为牛头洲，中为水陆洲，下为傅家洲，橘子洲以盛产柑桔而驰名。

橘子洲又名水陆洲，立于岳麓山远眺，宛如一条缎带，飘浮于浩荡湘江之上，对于它的来历，历朝皆有多种传说。史上唐代，此湘江两岸现迷人风光，获文人墨客赞誉。唐末文人李殉有诗句描绘：

获花秋，潇湘夜，橘洲佳景如屏画。
碧烟中，明月下，小舟垂纶初罢。
水为乡，篷作合，鱼羹稻饭亦常餐。
酒盈杯，书盈架，名利不将心挂。

唐代诗人杜甫，也曾写下“桃源人家易制度，橘洲田土仍膏腴”著名诗句。古往今来，橘子洲就像是一帧风情画，它以岳麓山为侣，与湘江水作伴，风光无限、美不胜收。西望峰峦叠翠层林尽染，东瞰湘江舟楫往来都市繁华，展现“一面青山一面城”绝妙景观。

橘子洲也仿佛一座承接历史的桥梁，浸染着湘楚文化丰厚底蕴。朱熹、张栻往来于岳麓书院，与城南书院过江的朱张渡，似诠释八百年前潇湘弟子求学萍踪。水陆寺、拱极楼则述说元代宗教文化盛衰。青年毛泽东曾在这里发出天问“问苍茫大地，谁主沉浮?”

著名景观

问天台。青年时代的毛泽东，曾于湖南第一师范就读，当年为寻求救国救民之路，常与同学们到湘江去中流击水，在橘子洲头进行宣讲演说。不知他那时是否思考，怎样改变一个旧世界。恰同学少年、风华正茂；书生意气、挥斥方遒，也许这便是称其为“问天台”缘由。

百米喷泉。百米喷泉位于橘子洲，是公园中一道亮丽的景观。百米喷泉喷水时，其效果接近于30层楼高。因此，每逢重大节假日或纪念庆祝活动，湘江两岸的居民都会站在潇湘大道、湘江大桥边，或来到橘洲景区正门前，驻足观看百米喷泉向高空喷水壮观景色。

沙滩公园。沙滩公园主打东南亚风，入口石象即见散发的异域风情，园内随处可见中东海枣、加拿利海枣、老人葵等东南亚地区常见植物。节假日期间，人们可开展沙滑、沙排、沙足等体育活动，不同的季节还可举办沙滩科技博览会、音乐节、啤酒节等各类主题集会。

艺术雕塑。青年毛泽东艺术雕塑巍然屹立在橘子洲头。该雕塑以1925年青年时代的毛泽东形象为基础，突出表现一代伟人毛泽东青年时期便胸怀大志、积极寻求革命真理，探索社会变革道路，展露其风华正茂，指点江山、激扬文字、问苍茫大地谁主沉浮的光辉形象。青年时代毛泽东在橘子洲曾留下足迹，1925年挥就了脍炙人口的著名诗篇：

沁园春·长沙

独立寒秋，湘江北去，橘子洲头。
看万山红遍，层林尽染；
漫江碧透，百舸争流。
鹰击长空，鱼翔浅底，万类霜天竞自由。
怅寥廓，问苍茫大地，谁主沉浮？
携来百侣曾游，忆往昔，峥嵘岁月稠。
恰同学少年，风华正茂；
书生意气，挥斥方遒。
指点江山，激扬文字，粪土当年万户侯。
曾记否，到中流击水，浪遏飞舟？

（三）长沙特产与美食

地方特产：祖塔剁辣椒、贾傅松醪酒、天岩寨椪柑、宁乡毛尖、浏阳豆豉、大围山梨、浏阳金橘、铜官陶器、浏阳花炮、沙坪湘绣。

风味美食：毛氏红烧肉、清蒸青辣椒、干扁豆蒸腊肉、火宫殿臭豆腐、口味虾、金汤牛鞭、乘火麒麟、剁椒鱼头、腊味合蒸、浏阳蒸菜、烟熏腊肉、湘都酱板鸭、清蒸火腿肉、清蒸白豆腐、黄鳝炖薯粉。

三、杭州

——人文仙境　华贵雍容

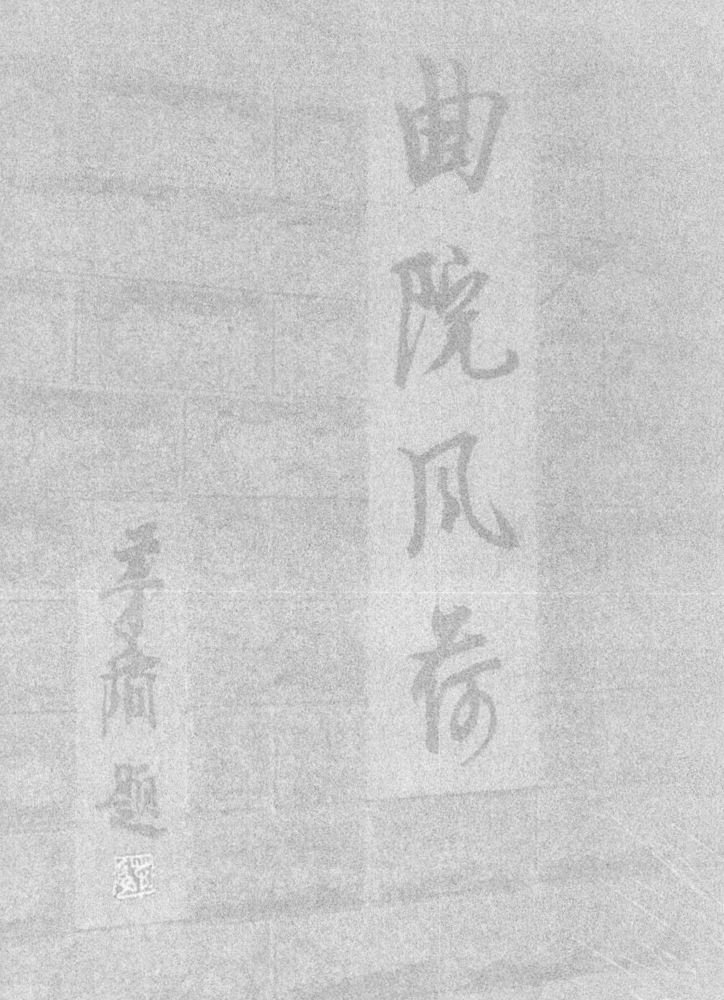

三、杭州
——人文仙境　华贵雍容

（一）名城概说

杭州位于我国东南沿海北部，地处杭嘉湖平原南缘，今浙江省会所在地、省内第一大市。杭州拥有2300余年的建城历史，早在宋代杭城便享有“人间天堂”之美誉。“欲把西湖比西子，淡妆浓抹总相宜”是对这座古老而美丽的城市，既贴切又极具个性化赞美。

杭州西濒城湖，东临钱塘，北靠武林山，这里湖光山色秀丽，风景如诗如画，自古便是鱼米之乡。杭州更是山水为特色之历史文化古城。据已发现的新石器时代、良渚文化遗迹显示，早在4000多年前，杭嘉湖平原一带社会生产力就已发展至相当成熟的阶段。

史上杭州曾有“临安”“钱塘”“武林”等称谓。西子湖、钱塘江以及周边起伏的丘陵，构成杭州地貌特征。人们只要一走近杭州，便可悄然感触钱塘史迹、西湖烟雨、龙井茶香，著名的钱王射潮、武松单臂擒方腊、岳飞遇害风波亭等故事传说也都发生于此。

西湖三面临山且一水抱城，湖光山色，美不胜收，摩崖碑刻、诗画遍布，珠帘玉带、烟柳画栋。而灵隐寺、六和塔、飞来峰、岳王庙、三潭印月、西泠印社等众多文物古迹、人文景观令人称绝。有民谚道“天下西湖三十六，就中最好是杭州”堪称其经典赞誉。

杭州，为国务院于1982年公布的首批24座国家历史文化名城之一。

1. 寻踪问源

史上周朝以前，杭州属“扬州域”。相传，大禹治水时曾将天下分为九州，长江以南广袤地域泛称扬州。公元前21世纪，大禹南巡聚诸侯于会稽山，乘舟而行途经此地，“舍其余杭（即舟）至此”，故得“余杭”之名。也有说禹至此造舟以渡，故越人称此“禹杭”。

春秋时期，吴越争霸，此地先属越后归吴，越灭吴后复归越，至战国时楚灭越。秦统一六国后，在灵隐山麓设县治，始称钱塘属会稽郡。《史记·秦始皇本纪》载，“始皇出游过丹阳至钱塘”。自秦代以后至汉代，杭州仍属会稽郡、三国属吴，到晋代又复称吴郡。

史上隋朝，因沟通了南北水路交通，此城垣雏形初具规模。隋开皇九年（589 年）废郡为州，自此“杭州”之名于史籍中首次出现，当时杭州下辖有钱唐、余杭等 6 县。开皇十一年（591 年）又在凤凰山麓依势筑城，其“周三十六里九十步”，这也是杭城的最早史记。

唐代杭州一度为重要贸易港口，时有日本、高丽、大食、波斯等地商人频繁到访。五代时钱谬立吴越国，杭州曾改称西都。为防当时海潮肆虐之患，钱王倾全力率众修建了工程浩大的防波堤，史称钱氏海塘。今天人们所见到石塘，乃是清代在此基础上重建。

公元 1127 年，北宋为金所灭。公元 1129 年，宋高宗赵构为偏隅南宋王朝，迁都杭州改称临安府，自此杭州作为南宋都城长达 150 余年。随着政治中心南移，官僚富商云集，杭州在政治、经济、文化领域得到迅速发展，由于引领行业聚首，时为国内最发达之地。

史上元代设杭州路，明设杭州府，清为浙江省治，民国元年废杭州府。20 世纪初叶，沪杭、杭甬铁路相继建成，1937 年又钱塘江大桥竣工。新中国成立后，杭州也经历了不断变化。2017 年，杭州行政区划历经再次的调整，今杭州辖 10 市、2 县以及 1 代管市。

2. 人文荟萃

杭州，今有西湖风景名胜区以及“两江两湖”（富春江、新安江，千岛湖、湘湖），2 个国家级风景名胜区。另有，天目山以及清凉峰两个国家级自然保护区。不仅如此，还有千岛湖、大奇山、午潮山、富春江、青山湖、半山和桐庐瑶琳 7 个著名国家森林公园。

每当人们漫步于苏堤或白堤，很自然就联想到苏轼、白居易这两位大诗人；一讲到杭州的天下奇观，人们自然就联想到钱塘江大潮。钱江潮每月初三和十八日潮势最大，每天又有两次涌潮，而每年又以农历八月十八潮势最盛，正所谓“八月十八潮、壮观天下无”。

杭州的博物馆、纪念馆、名人故居数量堪称国内之最。例如茶叶博物馆、丝绸博物馆、印学博物馆、江南水乡博物馆、京杭大运河博物馆。例如黄宾虹纪念馆、章太炎纪念馆、苏东坡纪念馆、马寅初纪念馆，胡雪岩故居、郁达夫故居、林风眠故居、司徒雷登故居等。

自古以来，杭州经济富庶、文化发达，享有“东南第一州”美称。而西子湖、钱塘江、千岛湖以及周边丘陵，又构成举世称奇山水自然景观。宋代诗人苏东坡曾由衷地发出“欲把西湖比西子，淡妆浓抹总相宜”的感慨，可称是古往今来赞美杭城最为经典妙句。

西湖之美得于天赐，晴天水潋滟、雨天山空蒙，朝霞晨曦、落日余晖，无论雨雪阴晴，皆可四时入画景致新奇。西湖之妙又在山倚湖侧，湖依山拥、湖山映衬、相携成景，无论春花、秋月、夏荷、冬雪，风光各异、四时不同，风情婀娜多姿，妙趣横生任人品评。

杭州古有西湖（南宋）十景蜚声中外如苏堤春晓、曲院风荷、平湖秋月、断桥残雪、花港观鱼、柳浪闻莺、三潭印月、双峰插云、雷峰夕照、南屏晚钟。

杭州今有西湖（现代）十景驰名华夏如云栖竹径、满陇桂雨、虎跑梦泉、龙井问茶、九溪烟树、吴山天风、阮墩环碧、黄龙吐翠、玉皇飞云、宝石流霞。

宋代著名诗人杨万里，在《晓出净慈寺送林子方》诗中就曾写道：

毕竟西湖六月中，风光不与四时同。
接天莲叶无穷碧，映日荷花别样红。

古往今来人们称颂赞美西湖风光：

二月里，雾色空蒙凌虚，时西湖景色卓然，宛如王母瑶琳仙境；
四月中，微风细雨拂面，湖山飘渺若梦幻，风姿绰约温润娇媚；
十月至，皎洁皓月凌空，泛舟于平湖碧波，暗许百年湖山誓盟；
冬月临，恰逢雪花飞舞，银装素裹于湖山，断桥残雪堪称一绝。

据说，意大利著名旅行家马可·波罗，在其游记中曾慨叹，杭州是“世界上最美丽的华贵之城”。今杭州桑蚕丝织技艺、西泠印社“篆刻”已列“人类非物质文化遗产”名录。域内百余处文物古迹，历代文人墨客诗画佳作，令其成为国内最为著名的旅游胜地。

杭州地方特产极具特色，如西湖龙井茶、张小泉剪刀、杭城古香缎、杭城刺绣、西湖绸伞、西湖藕粉、天目云雾、真丝绡等。杭帮菜“清爽别致”闻名于世，口味偏于清淡，选料注重时鲜、口感略带微甜。宋代诗人苏东坡赞誉“天下酒宴之盛，未有如杭城也”。

（二）历史文化

1. 河姆良渚文物　古越三吴遗珍——浙江省博物馆

浙江省博物馆位于杭州市西湖区，初名为“浙江省西湖博物馆”。该馆历经80余年不断发展成为国家一级博物馆，现已形成包括孤山馆区、武林馆区、名人旧居、文物保护科研基地等，多方位、多层次、宽范围陈列展示与服务社会的崭新格局。

简介

浙江省博物馆始建于1929年，原名“浙江省立西湖博物馆”，时为省内最大综合类人文科学博物馆，馆藏各类文物达10万余件。1993年，博物馆改扩建工程竣工，新增历史文物馆、青瓷馆等十余个展馆。馆舍极富江南地域特色，呈现“园中馆，馆中园”布局。

馆区内文澜阁，曾为清代皇帝行宫遗址和皇家藏书楼，为珍藏《四库全书》七阁之一。新建西湖美术馆处，原为我国第一所高等美术学府——国立艺术院旧址。黄宾虹纪念室坐落于杭州栖霞岭，原为先生故居。沙孟海旧居位于杭州龙游路，沙先生晚年曾居住于此。

该博物馆设“越地长歌——浙江历史文化陈列”“钱江潮——浙江现代革命史陈列”两个基本陈列。另有“昆山片玉——中国古代陶瓷陈列”“重华绮芳——宋元明清漆器艺术陈列”“意匠生辉——浙江民间造型艺术”“文澜遗泽——文澜阁与《四库全书》”专题陈列。

今博物馆珍藏的文物，标本、珍品琳琅满目。其中，河姆渡文化遗物，良渚文化玉器，越文化遗存，越窑、龙泉窑青瓷，五代两宋佛教文物，汉代会稽镜，宋代湖州镜，南宋金银货币，历代漆器、书画、金石拓本等，为极具地域特色及学术价值的典藏珍贵文物。

沿革

1929—1949年，历经筹划成立浙江省西湖博物馆，1948年1月委任潘锡九为馆长。

1950—1969年，历经省立西湖博物馆更名浙江省博物馆。1970—1989年省文物考古所成立，沙孟海任浙江博物馆名誉馆长。1990—1999年历经“省博”孤山馆落成，“杭钢集团”捐赠越王者旨於赐剑等。2000—2008年省博物馆历经调整发展、面向社会免费开放。

随着形势发展，2009年博物馆武林馆区落成，落实馆藏珍品“十大镇馆之宝”评定工作。2010年展馆获得“国家一级博物馆”“中央地方共建国家级博物馆”荣誉称号。

2011年，历经“越地长歌”历史文化系列展陈，由此获得“全国展陈十大精品奖”等。2013年，历经“惠世天工”历史文物精品展”，再获年度“全国展陈十大精品奖”等。

2014年，历经原孤山馆区展陈项目调整，“省博物馆中国古代漆器研究中心”成立等。2015年，历经浙江省博物馆全面升级，荣获全国博物馆文化产品首批示范单位称号。

展陈

该博物馆布展形式包括新展预告、当前临展、展览回顾、数字浙博。博物馆现设立有“越地长歌——浙江历史文化陈列”“钱江潮——浙江现代革命史陈列”两个基本展陈。

展馆导引：

孤山馆区。孤山馆区有文澜遗泽、瑞象重明、昆山片玉、常书鸿美术馆、黄宾虹艺术馆、漆器艺术馆。

武林馆区。武林馆区设有越地长歌、钱江潮、意匠生辉、非凡的心声、十里红妆等几大展览主题。

文澜阁。文澜阁始建于乾隆四十八年（1783 年），史上为江南著名的皇家藏书楼，为清代珍藏《四库全书》的七阁之一。文澜阁景致颇具特色，布局紧凑雅致，现为全国重点文物保护单位。

沙孟海旧居。此旧居坐落于杭州龙游路，院内“沙孟海旧居”匾额为著名金石篆刻家钱君陶所书。沙孟海先生孜孜不倦追求艺术，创造出了古拙浑厚、缜密雄健、气势磅礴的“沙体”。

黄宾虹纪念室。黄宾虹纪念室坐落在杭州栖霞岭，此处原为黄宾虹先生的旧居。黄宾虹先生逝世后，秉承其遗愿，将其存留的 5000 余件作品、10000 余件文物悉数捐献给浙江省博物馆。

西湖美术馆。西湖美术馆位于孤山馆区东侧。20 世纪 30 年代初，林风眠、艾青等在此建立一座哥特式美术馆，其旨在“整理中国美术，介绍西洋美术，协调中西艺术，创造时代艺术”。

典藏

该博物馆现有各类藏品 8 万余件。包括：

河姆渡史前文化的陶器、象牙制品等；良渚史前文化的玉器和丝织品等。

古越国的青铜器。

越窑、龙泉窑、南宋官窑窑口的青瓷等。

会稽古铜镜和湖州古铜镜。

明清浙籍书画家的作品等。

镇馆之宝：

河姆渡文化双鸟朝阳纹牙雕（新石器时代），良渚文化玉琮（新石器时代）。

越王者旨於睗剑（战国），伎乐铜房屋模型（战国）。

“彩凤鸣岐”七弦琴（唐），吴越国鎏金纯银阿育王塔（五代）。

泥塑彩绘观音立像（北宋），龙泉窑青瓷舟形砚滴（元）。

黄公望富春山居图卷（元），金箔贴花万工花轿（清）。

2. 最忆是杭州　枕上看潮头——杭州（市）博物馆

杭州（市）博物馆位于西湖风景名胜区吴山中麓粮道山，与著名历史文化景区河坊老街毗邻。该博物馆以展现杭州历史变迁，城市发展轨迹以及杭城文物珍藏为主旨，其以展品文物丰富、展馆环境优美、展陈设施优良，成为浙江省内最具影响力的博物馆之一。

简介

杭州（市）博物馆，前身为2001年对外开放的杭州历史博物馆，经过多年的积累与发展，现已成为文物丰富、区位便捷、展览精美、设施优良，专注介绍杭州文史的窗口。该馆通过展陈宋代官窑瓷器，花鸟扇面、元代青花观音像、明清浙派、武林画派书画等珍贵文物，折射出钱塘地域不同历史时期发展轨迹，故在国内外同行中享有盛誉。其中《珍藏杭州——馆藏文物精品陈列》系列展，展示了杭州多年所出土的历史文物，以及杭州域内不可移动文物。以及馆藏书画精品、馆藏文房珍品、馆藏珍贵邮票等。《最忆是杭州——杭州历史文化陈列》展览，以杭州数千年文化底蕴为依托，依据翔实的资料、史迹、名人、要事之佐证，以历史朝代为引导，叙述史上杭城的发展轨迹。

《忆江南词三首》　唐·白居易

江南好，风景旧曾谙。日出江花红胜火，春来江水绿如蓝。能不忆江南？
江南忆，最忆是杭州。山寺月中寻桂子，郡亭枕上看潮头。何日更重游？
江南忆，其次忆吴宫。吴酒一杯春竹叶，吴娃双舞醉芙蓉。早晚复相逢？

该博物馆收藏文物已逾万件，涵盖了陶瓷、书画、玉石、印章、钱币等类别。其中，战国水晶杯等珍贵文物，于2002年已被国家文物局列入首批禁止出国（境）展览名录。

不仅如此，该博物馆还运用多种科技手段，模拟展示诸如宋代大运河沿岸风光、再现杭州百年老店风情等。自2012年起，杭州博物馆每年所接待中外观众已逾百万人次。

沿革

该博物馆前身，为20世纪90年代筹建的杭州历史博物馆，经过十数年发展，现已成为一座反映杭州历史人文、城市变迁的综合类博物馆。2001年，博物馆实施展陈提升工程，遂以精美的展览、独特的韵味、优质的服务，弘扬和展示古都杭州优秀的历史文化。例如2002年该博物馆所珍藏的镇馆之宝——战国水晶杯，随同其他64件（组）弥足珍贵的历史文物，已被国家文物局列入首批禁止出国（境）展览的珍贵文物名录之中。

2013 年，南馆的机动展厅改造后对外开放；2014 年，南展馆杭州通史陈列进行布局调整，令展区呈现功能类别清晰，展陈层次分明，空间利用合理，形式格调新颖格局。

展陈

该博物馆布展形式为常规展览、新展预告、当前展览、大展回顾、在线视频。

其中常规展览（基本）分别由“最忆是杭州”通史陈列、翰墨丹青——馆藏书画陈列、闲情雅致——馆藏文房雅玩陈列、意匠生辉——杭州不可移动文物纵览、物华天宝——杭州出土文物精品陈列、方寸之间——馆藏邮票陈列 6 个专题性板块构成。

- **常规展览（基本陈列）**

“最忆是杭州”通史陈列：将“最忆是杭州”列为命题，以城迹为导引，以史痕为脉络，以人文为线索，展示其 8000 年文明史、5000 年建城史，彰显其丰富历史文化内涵，华贵幽雅地域文化特色。该展览具有 3 大亮点：其一展区布局精致，凸显杭城地域文化特色；其二展示手段新颖，动静结合、张弛有度，再现史上杭城繁华昌盛；其三展陈文物丰富极具代表性。

物华天宝——杭州出土文物精品陈列：杭州历史悠久、人文厚重，蕴含丰富的历史文化遗存，8000 年前跨湖桥遗址，5000 年前良渚文化，令越人争相亮起中华文明的晨曦曙光。进入一统历史时期，秦代置县，隋代始名，唐代卓郡；五代吴越国雄踞东南，至宋元明清时期奠定“东南第一州”之盛名。该展馆珍藏文物丰富，涵盖了史前跨湖桥文化、良渚文化，春秋时吴越文化、隋唐文化、五代时文化、南宋文化，以及元明清文化等，构成了比较完整的文化发展序列。

典藏

杭州（市）博物馆典藏有：

水晶杯（战国），青铜神人神兽镜（汉）。

越窑青瓷狮形辟邪（西晋），越窑青瓷执壶（唐）。

老虎洞窑套盒（南宋），蓝釉描金爵（元）。

青玉螭纹觥（明），翠伏虎罗汉（清）。

3.“求是　创新”——浙江大学

简述

浙江大学坐落于历史文化名城杭州。该校前身“求是书院”，始建于 1897

年，为中国最早创办的新式高等学校之一。1928 年，该校定名国立浙江大学。抗战期间，“浙大”举校西迁，辗转贵州遵义、湄潭等地办学 7 年，1946 年秋回迁杭州。

新中国成立后，历经 1952 年全国高校院系调整，浙江大学部分系科被转入兄弟高校和中国科学院。在 120 多年的办学历程中，浙江大学始终以造就卓越人才、推动科技进步、服务社会发展、弘扬先进文化为己任，逐渐形成了以“求是创新”为校训的优良传统。

浙江大学是一所特色鲜明，在海内外具有较大影响力的综合型、研究型大学。该校所设置的学科涵盖了哲学、文学、理学、工学、医学等 12 个门类。学校现拥有紫金港、玉泉、西溪、华家池、之江、舟山、海宁 7 个校区，学校图书馆的总藏书量约 694 万册。

“国有成均，在浙之滨”。今日浙江大学秉承“求是创新”精神，为推动国家繁荣、社会发展、人类进步而努力。为建设具有世界一流、综合型、研究型、创新型大学而奋斗。

沿革

浙江大学渊源。求是书院创建于 1897 年，这也是中国近代史上效法西方学制模式，最早创办的几所新式高等学校之一。至 1901 年学校几度易名，又因经济困窘几近停办。

学校度过艰难困扰时至 1927 年，在原校址基础之上组建国立第三中山大学（时浙江公立工业专门学校，浙江公立农业专门学校，改组为第三中山大学工学院和劳农学院）。

至 1928 年 4 月 1 日，学校改称为浙江大学。自 1928 年 7 月 1 日起，该校又在原校名基础之上冠以“国立”二字，时正式称为国立浙江大学，下设工、农、文理 3 个学院。

抗战爆发后，紧张局势令浙江大学被迫撤离，后辗转西迁贵州。在校长竺可桢先生带领下，“浙大”筚路蓝缕，历经百般困苦，坚持不辍办学，终成国内著名大学之一。

1946 年秋，学校迁返杭城。至 1948 年 3 月，浙江大学已发展拥有文、理、工、农、师、法、医 7 个学院、25 个系、9 个研究所、1 个研究室，具有较强实力的综合性大学。

新中国成立后，历经 1952 年全国高等学校院系调整，浙江大学原部分院系，知名学科或独立成院，或并入他校，或与之江大学、省立医学院等高校重新组合，或另立新校。

值得一提的是之江大学，其前身为始建于 1897 年的育英书院。浙江省立医学院其前身为始建于1912年的浙江医学专门学校。历经调整后“浙大”成为一多科性工业大学。

1998年9月，经国务院正式批准，浙江大学、杭州大学、浙江农业大学、浙江医科大学合并组建新的浙江大学，今该校为教育部直属高校、教育部与省共建共管高校。

● **校训为求是　创新**

关于“求是”一语的含义，据说竺可桢先生对此议论当年曾作过多次说明，其后又在《科学之方法与精神》一文中进一步明确阐述了有关“求是”的方法和路径：（1）不盲从，不附和，以理智为依归；（2）虚怀若谷，不武断，不蛮横；（3）专心一志，实事求是，严谨整饬毫不苟且。

今浙江大学在“抓住时机，迎接挑战，迈向一流”一文中，又提出了知识、能力、素质并重的人才培养模式，将“求是　创新”的方法和路径在新时期释义更为具体、明确。

花絮采撷

● **筚路蓝缕　文军长征**

所谓“筚路蓝缕　文军长征”是指抗战时期，浙江大学西迁流亡办学历程。自1937年至1940年2月，其落定遵义、湄潭、永兴止，师生历时两年半、途经6省2600千米。

初迁浙江建德（1937年9月21日—12月24日）。该校初迁于淞沪战役之后，当年浙大校长竺可桢于1937年9月与西天目禅源寺商定，暂时租借该寺院余屋。至9月21日，一年级新生陆续迁至该寺院，9月27日开课。

二迁江西吉安与泰和（1937年12月24日—1938年8月13日）。此次入赣，自1937年12月24日到次年1月20日。浙大师生从浙江建德出发，途经金华、玉山、樟树，转抵江西吉安。浙大迁至吉安后，学生暂住白鹭洲上的吉安中学。

三迁广西宜山（1938年8月13日—1939年12月13日）。第三次西迁入桂，从1938年8月13日起至10月底，该校的全体师生，除押运图书、仪器等物资的师生尚在途中，其余大部均先后安抵宜山，学校于11月1日开学上课。

终迁贵州遵义、湄潭。1944年11月24日南宁陷落，学校再次迁校。经贵州遵义和云南建水等地勘察校址，最后决定分迁到贵州遵义、湄潭。自此至抗战胜利，浙大于1946年回迁至杭州。

历史意义重大。时烽火骤起，国历危难、举校西迁，浙大全体师生怀“教育救国，科学兴邦”理想，历时两年余，穿越江南6省，行程2600千米，此浙大创造了近代办学史一奇迹。其间，浙大不仅坚持办学、坚持科研，且办学规模在战乱中仍得发展壮大。创造了丰硕的学术成果，培养了如李政道、程开甲等诸多科学大师，赢得了“东方剑桥”之美誉。

● 近代大学建筑群·“浙大之江校区”

“之江大学”旧址位于杭富路六和塔西侧、钱塘江畔，现有钟楼、主楼、图书馆、慎思堂、都克堂等建筑20余幢，建筑群布局高低错落，为现今保存较完好教会大学之一。

“之江大学”建筑群落是中国传统建筑体系，融汇西方建筑体系实行转型期的重要实例。2006年5月，之江大学旧址被国务院核定公布为第六批全国重点文物保护单位。

校区建筑特色。原之江大学校舍始建于1907年，各类建筑40余幢，以三层红砖清水外墙，红瓦顶为主基调。现存旧址建筑群为西方近代建筑，与东方传统风格有机融合而成，既富于欧洲近代建筑韵味，也蕴含文艺复兴倩影。为此荣获了“世界近代学府建筑完整保护第二名”。

口诀典型建筑。慎思堂、都克堂；科技馆、图书馆、经济馆；东斋、西斋、北斋、韦斋；上红房、下红房、灰房、白房。学校老人通常称作二堂、三馆、四斋、四房。

遗存经典景观。该校区内的慎思堂，乃是一处极富代表性的建筑。当年这里曾是学校的主楼，又因其位于校园广场中间，为校长、财务、教务、总务、会议室等行政事务机构的办公处。

该校区的钟楼北面是一座几何形花园，此布局略显美国大学校园风格。慎思堂与钟楼遥相呼应，台阶下有一对石狮蹲坐草地上，经济馆又名同怀堂位于校园中心草坪南端。

图书馆位于慎思堂与都克堂之间山坡处。清水外墙、红瓦披顶，建筑体量较大内部装饰考究。都克堂又名育英堂，屋顶上原有一醒目十字架，整体形态粗犷尖矗色彩深沉。

该校区的东斋、西斋史上曾为男生宿舍，韦斋则为女生宿舍。红房为2幢别墅，圆拱门廊、雕花柱子、做工考究均有古罗马建筑痕迹，当年司徒雷登先生曾在此红房居住。

1912年，孙中山先生到校发表演讲。他非常感激传教士们在创办学校过程中所做出的不懈努力，其间与该校师生合影留念。由此可见，曾经的教会大学也是中国近代教育史上不可或缺的重要篇章，它们同样为中国高等教育发展作出过不可磨灭的贡献。

---

4. 格调鲜明　异彩纷呈——杭州特色博物馆

杭州现有特色博物馆近30家，这些不同类型的博物馆有序开展征集、典藏、陈列、研究工作。各展馆积极为社会公众提供历史知识，科普教育、阅读欣赏等项服务，努力将杭州发展、历史变迁、现代风貌，全方位、多角度、客观地展现给国内外观众及友人。

西湖博物馆

杭州西湖博物馆位于美丽的西子湖畔，整个建筑大部延伸于地下，意在不露痕迹地融入西湖自然景色之中。为使西湖成功申获世界文化景观遗产，博物馆开展了十分专业细致的研究工作，以丰富史料和实物印证弘扬了西湖普世价值，获得了世遗专家充分肯定。

● **展馆精华**

西湖博物馆包括序厅、西湖概况、西湖历代浚治与景观形成、西湖题名景观、西湖文化、精神家园6大篇章。步入博物馆内，不仅能看到西湖独创的山水景观组合，丰富的历史文化遗存，还可运用现代技术、以全新视角感受西湖深厚文化底蕴，窥探西湖史痕。

序厅。通过西湖全景沙盘，将三面云山一面城的西湖，以整体格局且直观方式呈现于巨大的西湖雨丝幕帘，营造出了一个如梦如幻般烟雨朦胧意境飘渺的唯美西湖。

第一展厅。概括介绍了西湖所处的地理环境，同时从西湖的山、水、生态以及整体格局等方面引入，进一步介绍西湖的湖光山色美景，以及历史悠久人文厚重的发展历程。

第二展厅。突出介绍了史上杭州城，为了生存和发展对西湖进行的若干次、整修改造历史，介绍史上杭州城与西湖的密切关联，生动展示了人与自然相互依存的辩证关系。

第三展厅。运用如诗如画比拟手法，展示古代华夏对于风景名胜的设计理念，介绍“题名景观”代表作“西湖十景”的溯源及其传承，并由此成就了西湖最为精彩的华章。

第四展厅。从宗教、忠孝、隐逸、藏书、文学艺术等诸方面，进一诠释西湖景观人文内涵，见证人类如何依存自然、爱护自然、改造自然，方可享受自然赋予之美好环境。

第五展厅。通过进一步展示历代王侯，文人墨客，诗画名家，热爱、留恋、赞誉，西湖美景的诗词书画，印证了西湖天堂般的美景，古往今来便是人们称颂的“人间天堂”。

● **馆藏精品**

该博物馆还收藏众多与西湖有关的文史资料和珍贵文物，如在西湖水下发现的历代古钱币、五代吴越“鎏金铜龙”、明代《西湖竹枝集》、清代康熙五彩

“雷峰夕照”盘、青花“西湖风景观音瓶”、清代乾隆“西湖行宫图卷”，从而印证了西湖悠久历史和美丽湖山。

大运河博物馆

大运河博物馆位于杭州市拱墅区，运河文化广场南侧，毗邻大运河南端终点的标志——拱宸桥。京杭大运河博物馆是国内以千年史话为索引的运河博物馆代表。

京杭大运河被称为世界上历史最悠久、里程最长的一条人工运河。运河始于春秋时期吴王夫差“凿邗沟以通舟楫之便”。史上隋代，又沟通以洛阳为中心的大运河。唐、宋时期运河盛极，元代整修运河时截弯取直，从而形成了今日贯通我国南北的京杭大运河。

该展馆以漕运船、微缩运河等形式，再现了古运河的历史风貌。展览包括“序”“大运河开凿与变迁”“大运河的利用”“运河畔的城市”“运河文化”4个展厅。

第一展厅：以人物雕像、历史图片形式，再现了大运河连接中国5省4市，贯通5大水系跌宕起伏的历史故事。如春秋战国时期，吴越争霸鏖战使用的代表兵器青铜戈。

第二展厅：通过与运河漕运有关的文物和资料，介绍了最具历史价值的清代苏州府官斛；以及运用18台投影仪，营造出当年京杭大运河漕运时气势恢宏的壮观场景。

第三展厅：运用现代影像技术，以“模拟运河之旅”方式，使观众乘坐片刻，便可感触航拍京杭大运河沿途经过的城镇、乡村景象，以及两岸如诗如画的运河风光。

第四展厅：通过展示京杭大运河沿线风情，使观众了解运河文化孕育的山东聊城面塑、江苏扬州剪纸、江苏无锡泥人等民间艺术，认识大运河在古今历史进程中的巨大贡献。

《运河之歌》——话说运河主题歌

时光流转，日月穿梭，运河唱着神州古国。
两岸风光，一路传说，几多曲折，几多苦涩，几多欢乐。
历史的长河，生命的长河，中华民族源远流长的歌。

杭州茶叶博物馆

杭州茶叶博物馆位于西子湖畔著名的“茶乡”龙井，这是我国唯一以“茶”为专题的国家级博物馆。馆内设有茶史、茶萃、茶事、茶具、茶俗等展厅。茶艺区在饮茶景观区内，以便进行现代茶艺、古代茶艺、日本茶道、径山茶道、台湾茶道等示范表演。

茶叶博物馆一号楼作陈列展区共设5个展厅。分别为茶史厅、茶萃厅、茶具厅、茶事厅、茶俗厅。二号楼为外宾接待厅和学术交流厅。三号楼设6个不同风格的品茶室。四号楼为古今中外茶艺、茶道表演。馆内极具江南园林特色，曲径回廊和茶厅掩映。

茶叶博物馆作为展示茶文化为主题的博物馆，特选址盛产西湖龙井茶的产区双峰一带。该馆设计了6大相对独立又相互关联的茶文化展示空间，有助于人们从不同视角观察了解中国茶文化的悠久历史，并在深入浅出的解读过程中悠闲品茗西湖龙井余香。

中国印学博物馆

中国印学博物馆位于西泠桥东侧，该馆名为赵朴初先生题写。主馆前面竖有一块4.2米高被誉为“天下第一印”的汉白玉龙印钮章馆标。在主馆区设有历代玺印厅、篆刻艺术厅、书画厅，并以诸多珍贵实物，展示了我国古代印章与印学形成和发展的文史。

印学博物馆由西泠印社筹建，为一座汇集文献收藏、文物展示、学术交流于一体的专业印学博物馆。西泠印社秉承“保存金石，研究印学”的宗旨，浓郁的学术氛围与西湖的自然景致相互映衬，使之成为既具园林庭院式建筑，又为知名金石篆刻印学艺术场所。该博物馆通过数千件珍贵实物，序列完整地展示介绍了我国印学历史、印文化历史。馆内珍藏的印章，从最初的“信物凭证”，演化为“权威象征”，继而登顶为篆刻艺术，其间所历经的演变过程，以及3000多年印学发展史，通过文字实物，全面系统地勾勒呈现。该博物馆展出印学珍品达600余件，其中有先秦陶拍、封泥、秦汉古玺绝品，以及存世最早的明代顾氏集古印谱、明清以来印章艺术流派大师的原作。悠久的印社发展史，庭院式回廊、亭阁、绿树、湖山环境，将印学博物馆优雅气质与西湖自然景观融为了一体。

5. 风骨高雅　学问赫然——杭州名人纪念馆

杭州自然环境优雅，物产丰富充裕，人文历史厚重，自古便是王侯重臣、侠客义士、文人墨客、诗画名家、社会名流青睐之地。史上诸多名人都曾在湖光山色间留下印痕。

龚自珍纪念馆

龚自珍纪念馆位于杭州城东马坡巷的小米园内。纪念馆主体结构为6开间、2层木构建筑，环境清幽，古朴典雅。龚自珍11岁随父离乡，这是他最后一次回杭州，其后便很少再到于此。纪念馆现为杭州重点文物保护单位，陈列有龚自珍生平及名家书画。

龚自珍浙江杭州人，晚清思想家、史学家，27 岁中举。道光元年（1821 年）任国史馆校对官，9 年后始成进士，官至礼部主事，19 年后弃官南归，21 年后于江苏云阳书院猝然去世。龚自珍诗歌瑰丽豪放特色鲜明，散文潇洒自成一家，享有“龚派”美称。

龚自珍承袭家学渊源，初从文字、训诂入手，渐涉金石、目录，后又广触诗文、地理、经史百家，其间又受到当时崛起的春秋公羊学派影响甚深。面对清嘉道年间日益深重的社会矛盾，他一度弃考训诂之学，专意讲求经世之务实，志存高远，立锐意改革宏愿。

章太炎纪念馆

章太炎纪念馆位于杭州上城区南山路。章太炎，名炳麟，浙江余杭人，清末民初著名的民主革命家、思想家、著名学者、国学大师。其学术研究涉及教育、历史、哲学、政治等，且思想敏锐、著述颇丰。周恩来评价他“学问与革命业绩赫然，是浙江人民骄傲”。

该纪念馆坐南朝北，以原有墓道为轴线，前后衔接，明朗贯通，其建筑布置明为北方四合院形式，实则兼收江南庭园构筑之格局。纪念馆舍经考究属明清风格式建筑，白墙黛瓦，融敦厚、集凝重、汇灵秀、透精致于一体，纪念馆由著名史学家周谷城先生题写馆名。

纪念馆设 3 个展厅：序厅，又称“也是堂”，主要介绍章太炎先生事迹生平，以及章氏家族相关成就；革命厅，通过多媒体、互动式展板、创作类油画形式，展示了章太炎革命生涯；国学厅，也称“膏兰室”，主要展示章太炎在国学方面成就，以及相关文物典籍。

现馆内收藏文物已达 1000 余件，其中《流血革命》《狱中联句》《十九路军死难将士公墓表》等珍品，系国家一级保护文物。这些国宝级文物在此展出，使观众仅在移步之间，便可增长文史知识，获知章先生与俞樾、鲁迅等旧友深情厚谊。

黄宾虹纪念馆

黄宾虹纪念馆位于杭州西湖栖霞岭，这里曾是著名画家黄宾虹旧居，此院落原为旅法教授楼定濂投资设计建造。1948 年秋，黄宾虹先生应杭州国立艺专之邀，特从北平专程来到杭州。初住杭州城西岳王庙旁栖霞岭艺专宿舍，1952 年春才迁住栖霞岭 31 号。

黄宾虹，原名质，字朴存，亦作宾虹。他是现代著名的山水画家，对诗文、书法、金石、篆刻无所不通，尤对画论、画史很有研究，相关著作论述颇丰。1937 年受邀由上海迁居北平，被聘为故宫古文物鉴定委员、国画研究院的导师，同时还兼任北平艺专教授。其代表著作如《黄山画家源流考》《虹庐画谈》《古画微》《画学编》《金石书画编》《画法要旨》等。在我国近现代绘画史上素有“北齐南黄”之说，“北齐”是指居住北京的花鸟绘画大师齐白石先生，而“南黄”便是居于浙江杭州的山水画巨匠黄宾虹先生。

黄宾虹先生 1948 年返回杭州，任国立杭州艺专教授，晚年任中国美术家协会华东分会副主席、中国美术家协会理事、中央民族美术研究所所长（因病未赴）。他一生创作了大量写生山水，表现章法堪称前无古人，去世前则将珍藏的金石书画悉数捐献给国家。

马寅初纪念馆

杭州马寅初纪念馆（故居）位于杭州庆春路 210 号，此幢楼始建于清代末期、民国初年，为 3 层砖木结构建筑，原属马星竹所有，1936 年为马寅初购买。1951 年，马寅初受命北京大学校长离杭赴任，后此处使用者屡有更换，2006 年 5 月公布为全国重点文物保护单位。

现纪念馆展厅陈列的书桌、书柜、台灯、高凳、躺椅、轮椅以及衣帽等物品，均为马寅初生前所使用的原物。在 3 楼阳台的南墙上方镌刻着“竹屋”二字，故此幢别致的小楼亦称“竹屋”。史载，马寅初先后于 1936 年、1946 年、1947 年、1949—1951 年在此居住。

马寅初先生是中国当代著名的经济学家、教育学家、人口学家。现馆内展出了马先生在各个历史时期的照片、史料、著作及手迹。纪念馆分设负笈西洋、民族卫士、共商国是、一代宗师、人口宏论、坚持真理、光耀人间等若干专题，展示了马先生璀璨不凡人生。

史载，新中国成立后不久，他被任命为浙江大学第一任校长，其后在全国第一届政协代表会议上被推选为中央人民政府常务委员、财政委员会副主任、华东军政委员会副主席。在波兰华沙出席第二届世界保卫和平大会时，又被推选为本次世界和平理事会理事。

马寅初在其经历的参政、议政活动中，素以主人翁的态度襟怀坦白、积极建言献策，他自始至终是中国共产党的真挚诤友，也是近代中国知识分子的杰出楷模。他说：“实事求是，为曾经批判错的人平反，公开改正自己错误，这说明中国共产党是大有希望。”

马先生也是公认的“学界泰斗、一代师表”，具有铮铮铁骨、无私无畏的民主战士。当年，他因提出新人口论而受到错误批判，被迫辞去北大校长职务。在其蒙冤受屈的 20 余载中，他始终立场鲜明、捍卫真理，就其学术风骨而言，精神难能可贵，品质尤为可嘉。

林风眠纪念馆

林风眠纪念馆位于杭州植物园大门旁侧林隐路，为一幢西式 2 层独立小楼。林风眠是我国现代画家、美术教育家，曾历经巴黎高等美术学校深造。1928 年，林风眠应蔡元培之邀，在孤山脚下创办了我国第一所高等艺术学府——国立艺术院，并担任首任院长。

该纪念该馆分上、下两层，楼上为画室，摆放画桌、文房四宝，以及一幅 20 世纪 50 年代林风眠在画室的照片。楼下为陈列室，展示林风眠生平事迹和遗物，室内墙壁悬挂《鸡冠花》《红叶小鸟》《屈原》《柳》《裸女》《秋林》等，是其不同历史时期创作的代表作。

林风眠曾任上海画院画师，20 世纪 70 年代后定居香港，1979 年曾在巴黎举办过个人画展并取得极大成功。林风眠擅长仕女人物、京剧人物、渔村风情、女性人体，以及各类静物画、房舍风景画。西湖为他提供了绘画素材和艺术灵感，也影响了其品性与画风。

林先生作品富于悲凉孤寂，空旷抒情风格。其绘画作品格调鲜明，观者神领一望便知。他努力打破中西艺术羁绊，试图创造一种共通绘画语言。他也是富于创新的艺术大师，对许多后辈绘画同行曾产生极为深远影响。林风眠被称为 20 世纪中国美术界杰出代表。

---

6. 时代才俊　风雨茅庐——杭州名人故居

胡雪岩故居

胡雪岩故居位于杭州市河坊街大井巷历史文化保护区东侧。有资料显示，清同治十一年，胡雪岩耗资 10 万两白银，在今元宝街处建起气势恢宏豪宅。据说其建筑格局、室内家具、装饰陈设、做工之精细、用料之考究，堪称清代末期中国巨富商贾私宅第一。

胡雪岩，浙江杭州人、祖籍安徽绩溪，少时入杭州一钱庄做学徒伙计，又在浙江巡抚王有龄扶持下自办阜康钱庄。后因力助左宗棠有功得到朝廷格外嘉奖，授布政使衔、赐红头顶戴、紫禁城骑马、封赏黄马褂。其鼎盛时期，一度达到任何商人都无法企及的身价。

坊传，胡氏府邸亭台楼阁、小桥流水明廊暗弄巧夺天工构思精妙，砖雕、木雕、石雕、灰雕，比肩而立无其不精。宅院内假山为国内现存最大天然湖石，陈设工艺精湛考究，多以紫檀、酸枝、楠木、银杏、南洋杉、中国榉等高档木材装饰，可称清代末期奢华之最。

史上，胡雪岩除经营钱庄，兼营粮食、房地产、典当、生丝、军火等，而其创办的胡庆余堂国药号品质上乘，时终成富甲一方的红顶商人。今古宅有芝园、十三楼等亭台楼阁，珍存董其昌、郑板桥、唐伯虎、文徵明等名家书画篆刻，以及两顶极为罕见红木官轿。

郁达夫故居

郁达夫故居位于杭州大学路场官弄，这里原是1933年4月郁达夫为暂避政治迫害、从上海举家移居杭州时所购置的一处寓所。此寓所分正屋与后院两部分，所有样式均由郁达夫自己动手设计，寓所落成后不久，时有学仁马君武为此书题“风雨茅庐”门额。

郁达夫原名郁文，字达夫幼名阿凤、浙江富阳人，中国现代作家、革命烈士。郁达夫是新文学团体创造社发起人之一，为抗日救国而殉难的爱国作家。他担任《东南揽胜》编委，任杭州作家协会理事期间，经常在《东南日报》发表杂文揭露当时社会腐败黑暗。

今大门两侧有五六间平房，过天井有三间正屋坐北朝南，正中间为客厅，厅东西为卧室、三面回廊。正院与后院以砖墙相隔，后院建平屋三间，为书房与客房，内有假山点缀，林木参差、环境幽雅。今此宅以当年格局整修恢复原状，现为杭州市文物保护单位。

郁达夫早期曾写下《沉沦》《银灰色的死》等20余篇抒情性散文，以及六七十篇议论杂文。这一阶段表现他刚从日本回国、满怀希望的心情，而当见到满目疮痍的现状后，顿感无限失望。他对当时的革命前途，既怀有悲观失望情绪也富于慷慨激昂热忱。郁达夫中期，面对白色恐怖采取消极避世行为，故其追求一种“名士”风度，流连忘返于山林江湖。晚期的郁达夫，参加了政治部第三厅诸多抗日宣传活动，他用笔作武器积极投入战斗，从而写下了许多著名政论文章，且以自己激愤的文笔鼓舞国人积极抗日。

郁达夫从事文学创作同时，还积极参加抗日救亡活动，先后在上海、武汉、福州等地进行抗日救国宣传工作，其间发表过《怀念鲁迅》《沉沦》《故都的秋》《春风沉醉的晚上》《过去》《迟桂花》等作品。新中国成立后，中央人民政府追认郁达夫为革命烈士。

中国前文联主席夏衍先生称赞说：“达夫是一个伟大的爱国者，爱国是他毕生的精神支柱。”著名的社会活动家胡愈之先生也曾积极评价：“在中国文学史上，将永远铭刻着郁达夫的名字，在中国人民反法西斯战争的纪念碑上，也将永远铭刻着郁达夫烈士的名字。”

盖叫天故居

盖叫天故居，又称燕南寄庐，位于杭州金沙港，此宅系盖叫天先生于20世纪30年代购置。故居由门厅、正厅、后厅、左右厢房、佛堂等建筑构成，其形式为青瓦白墙江南民居的建筑风格。今故居陈列有盖叫天生前遗物，展示介绍其从艺经历和艺术成就。

盖叫天，原名张英杰，河北保定高阳县人氏。幼时因生活所迫学习戏剧表演，13岁辗转到杭州，在拱宸桥“天仙戏院”学唱老生，15岁改学武生。其后尤以武功戏而闻名华夏，被誉为“北国真好汉，江南活武松”，并由此开创了独具表演特色的盖派艺术。

据说，盖叫天宅邸不仅用于日常练功、陶冶休恬生活起居，此处还接待过梅兰芳、周信芳等艺术同行，以及诸多社会名流。周恩来、陈毅等国家领导人也曾到此探望盖先生，时有人打趣戏言：“此地既见证了盖叫天从艺生涯，也珍藏了梨园珍闻名流趣事。”

夏衍故居

夏衍故居位于杭州江干区严家弄，此宅旧称八咏堂，始建于清末民初时期，原为一处简单中式普通平房，时为夏衍诞生及青少年居住地。现旧居依整旧如旧原则、整体采用江南民居模样整修，促其恢复原貌，今故居已对社会公众开放，现为杭州文物保护单位。

夏衍，中国左翼电影运动的开拓者、组织者和领导者之一。早年参加过五四运动，编辑出版进步刊物《浙江新潮》。自浙江省立甲种工业学校毕业后，曾公费留学日本，入明治专门学校学习电工技术，其间接触了日本共产党，参加日本工人运动和左翼文化运动。

夏衍，原名沈乃熙，浙江杭州人，是我国近代著名的电影艺术家。现陈列室布展有夏衍光辉奋斗一生，以及生平重要革命事迹。馆内展示了夏衍生前使用过的眼镜、衣物，以及名家好友字画等。1994年，夏衍被国务院授予“中国有杰出贡献的电影艺术家”称号。

夏衍一生著作颇丰，其代表作如《心防》《秋瑾传》《上海屋檐下》等。文集有《夏衍剧作选》《夏衍选集》，报告文学有《包身工》等。其所创作或改编的电影文学剧本，如《狂流》《春蚕》《祝福》《林家铺子》等，对我国电影艺术发展曾产生过重要影响。

司徒雷登故居

司徒雷登故居位于杭州市耶稣堂弄3号，1985年被列为杭州市文物保护单位。重新整修后的司徒雷登故居有上下两层、房间全部开放，分为客厅、书房、卧室和厨房四部分，故居环境依“燕大”校友，以及司徒雷登先生故交所提供的文献资料布置而成。

司徒雷登先生，1876年6月生于中国杭州，其父母当时均为美国在华传教士。1904年，司徒雷登开始在中国传教，后参加了杭州育英书院（即之江大学前身）建校工作。自1919年起，出任燕京大学校务长、校长。1946年任美国驻华大使，1949年8月离开中国。

在他执掌“燕大”27年中，凡具有真才实学教授，他不问宗教信仰、政治倾向和学术流派，一概积极聘用。有人说他在“燕大”的工作成就，远超其出任美国驻华大使所作的贡献。“9·18”事变后，司徒雷登与燕大师生一道抗议“日本帝国主义”侵略行径。

卢沟桥事变爆发后，司徒雷登先生在燕大升起美国国旗，此举意在保护学校师生。抗战期间，他尽自己所能努力保护爱国学生。为此被侵华日军囚禁了将近4年。据说，日本人曾质问他，为何要帮助中国人？司徒雷登回答：他帮助中国人是因为自己信任他们。

今故居内通过一系列老照片，如实介绍了司徒雷登先生生平事迹，使人们从不同角度、多侧面了解这位前美国驻华大使，在那个动荡不安的年代所经历的不凡人生。尤其是他为了自己所热爱的教育事业所付出的毕生精力，以及他与中国杭州结下的深情厚谊。

该故居依照典型传教士家庭，模仿布置了每一件家具，无论是餐厅桌椅、床榻橱柜，所有细节务求尽善尽美。在所开放每个房间的墙壁上，还分别展示了司徒雷登早年在杭州的生平事迹，创办燕京大学的不凡经历，以及作为大使期间一些珍贵照片和文史资料。

步入先生故居，穿过门廊、宽敞厅堂、暗红色的地板，扑面而来的首先是一种历史的厚重感。走进一楼左手边的第一间起居室，对面墙壁处是一个近1.5米高的灰色壁炉，其上方悬挂的大幅油画格外醒目，在壁炉的边上还摆放着一个银质烛台和一件古朴的座钟。故居壁炉两侧靠墙处，摆放着几组褐红色的真皮沙发，尚未燃尽的蜡烛，以及仍在嘀嗒运行的座钟。此情此景，仿佛使人触摸到司徒雷登先生当年在此生活的情景。为尽量还原当年旧貌，故居工作人员翻阅、查找、寻访了大量与先生故居有关的人物和资料。

2008年11月，根据司徒雷登先生遗愿，有关部门将其骨灰安放于杭州半山安贤园。时任美国驻华大使雷德、燕京大学当年的老校友，以及杭州市民和各界代表，满怀真诚迎接司徒雷登之魂再度回归他曾经热爱和生活过的古城杭州。如今在其墓碑上清晰镌刻：

“司徒雷登，1876—1962，燕京大学首任校长”。

7. 史说古城　端倪浮现——杭州的城与门

杭州是我国著名历史文化名城。公元前210年，秦始皇凭借扫平6国的余威，率领船队出巡东南且于11月抵达钱塘。传说，船队驶达钱塘江时恰逢潮涨，面对波涛汹涌的江水，始皇帝登峰眺望壮观景色。正是这不经意间之行，也将他历史足迹印在了杭城大地。

杭州的城

史传，隋文帝开皇九年（589年）废钱塘而置杭州，自此杭州作为地名沿用至今。隋开皇十一年（591年）杨素建杭城，城垣东临盐桥河，西濒西湖畔，南达凤凰山，北抵钱塘门，设钱塘门、盐桥门、炭桥门、凤凰门。若以此计算，杭州城至少有1400余年历史。

隋大业六年（610年），隋炀帝下令开凿京口至杭州段江南运河，在现代运输兴起之前，大运河则是沟通中国南北最重要的水运通道。唐长庆二年（822年），白居易任杭州刺史，此地湖光山色深深打动了诗人，令其才思泉涌。至五代十国时期，杭州亦为吴越国都城。

史上，吴越王钱氏先后两次扩建杭州城，从而使杭城垣扩大近一倍。南宋高宗绍兴八年（1138年）于此定都，令杭州城愈加繁华日盛、成为当时世界上第一大都会。史载城内街市纵横，里巷连毗珍异，商贾汇聚云集，昼夜兴隆不绝，可谓日市方罢休夜市又开启。

史书，南宋时杭州便有钱湖、清波等13座旱城门，另有保安、余杭等5座水城门。元代，意大利著名旅行家马可·波罗在其游记中曾赞叹："杭州无可置疑是世界上最美丽华贵的城市。"明代，有张岱、徐渭等名士游历西湖，留下"十里荷花两桨人"之赞誉。

清代，康熙五次、乾隆六次到杭州，无不赞叹杭州湖山之佳绝，民丰之物美。时西湖一带御苑、王府、宅园星罗棋布，幽院、雅室、民居隐没其间。时如诗句所言"一色楼台三十里，不知何处觅孤山"。所以说，史上杭州城无愧"世界上最美丽华贵的城市"的称谓。

杭州的门

史载，南宋时期杭州水、旱城门共有18座。其中，旱城门13座有钱湖门、清波门、丰豫门、钱塘门、东城便门、候潮门、保安门、新门、崇新门、东青门、艮山门、嘉会门、余杭门。水城门5座有保安门、南水门、北水门、天宗门、余杭门。史上，元、明、清时期，杭州有城门10座。

10 座城门名称为清波门、涌金门、钱塘门、武林门、艮山门、庆春门、清泰门、望江门、候潮门、凤山门。

10 座城门趣说

清波门。清波门旧址位于今铁冶路口附近，又称“柴摊儿”，顾名思义，是卖柴的地方。城门地形也是杭州十大城门中唯一尚可辨认的痕迹。史上吴越钱王时，此地只是一水门东通流福沟，又称“涵水门”，也称“暗门”。北宋清波门建成后，人们仍旧以“暗门”相称。

涌金门。涌金门位于旧杭城西。据《水浒传》描述，宋江征讨方腊，攻涌金门一路，屯兵湖对面北山。水军将领张顺潜入涌金水门，伏到三更手执城墙石缝攀爬。谁知刚至一半便被人发现，张顺情急跃身入水中，但城上弓箭、卵石齐下，“浪里白条”就这样毙身于水中。史上涌金池据称位于涌金水门南面，水门前直通浣纱河，正对开元路的那一截水道，即处于今大华饭店内，小说《水浒》传中“浪里白条”张顺，当年很可能战死在这里。现涌金池为 1999 年模仿修建，池水中张顺腾跃而起、一束浔阳江打鱼的装扮犹现当年英姿。

钱塘门。钱塘门位于旧城西。有杭谚云“钱塘门外香袋”。明时张岱《陶庵梦忆》，说到昭庆寺香市日景：“昭庆两廊，无日不市。”张岱在《西湖七月半》中描述夜景：“亦船亦楼，名娃闺秀，携其童娈，笑啼杂之，环坐露台，左右顾盼，身在月下而实不看月者看之。”

武林门。武林门位于杭州旧城西北处，此门又称北关门。史上历朝历代，它都是奉尊、要津、有序、富裕代表，一如“北关”旧称。武林门外历朝历代也都是黄土铺地，遍洒清水，皆因“朝廷恩泽自北而来”。当年康熙、乾隆下江南历次到杭州，皆是由此门进入杭州城。

艮山门。艮山门位于杭州旧城正北偏东。宋元以来，此门并非军事要冲，却是丝绸聚集之地。当年，此地所建都锦生丝织厂率先引进了第一台法式织锦电力机，其后陆续建厂多出此地。抗战期间杭州沦陷，爱国人士都锦生拒绝生产，他舍弃事业躲避天竺以示抗争。

庆春门。清军入关之后，为维护其王朝统治将兵营分为八旗。从顺治年代起，杭州 10 座城门中的 9 座皆由八旗子弟掌管，汉人高官巡抚也不能染指，只留一门由汉兵把守。

史载，钱塘门正黄旗把守、武林门镶黄旗把守、凤山门正红旗把守、望江门镶红旗把守、候潮门正蓝旗把守、涌金门镶蓝旗把守、清泰门正白旗把守、清波门镶白旗把守，艮山门也由其他旗人把守。唯独庆春门交由汉兵来把守，故此城门专出粪担贬称“污秽之门”。

清泰门。此城门取自清平、安泰之意。杭谚云“清泰门外盐担”。宋以前，杭州“盐榷”在盐桥旁。元、明时期，盐商盐贩要到此得官府确认才能“称掣放行”。清代，杭州府所辖盐场在清泰门之外，设有灶保及役使，属杭州府官差编制，专司盐场的“稽煎缉私”事务。

望江门。望江城门旧址在今杭城的望江路附近，杭谚云“望江门外菜担”。南宋周密《武林旧事》中说：“杭州的菜市有，新门、东青门、坝子头三处。”据说当年望江门一带种菜，种得最高的地方，是在城墙的上头。四五米高的城墙上，种菜人搭起屋棚以便瞭望照看。

候潮门。候潮门为旧杭州城东南方第一座城门，白居易有：“涛声夜入伍员庙，柳色春藏苏小家。”唐昭宗景福二年（893 年），钱镠扩建杭州城，东南一角因接近钱塘江。江潮令城墙屡建屡毁，钱镠闻听大怒，调集万名强壮兵丁，各持强弓劲弩一字儿排开严阵以待。随着潮头骤起、浊浪排空而来，钱镠下令点炮鸣锣，兵士万箭齐发，箭雨皆射潮头。但见恶浪顷刻退去，军民顿时欢声雷动。潮水退去后，军民迅速运来石块，装入竹笼，沉落江底，随即打入木桩加固，城墙基础如此得以巩固。这便是著名的“钱镠射潮”传说。

凤山门。凤山门，一个很平常的地名却凝结着杭城的历史精髓。说杭州若不提凤山门，不提与它相连的山水街巷，就如同没有触摸到杭州的文化脉搏。如今的凤山门，仍披着一层薄纱，就像秋雨将尽的迷雾，时隐时现。虽然偶有拨云透亮，终至四围烟波凌虚雾色空蒙。

---

8. 水光潋滟　山色空蒙——杭州西湖十景

杭州西湖十景多指西湖一带十处极具特色的景观，这些著名的景观，基本是环绕于西湖分布。据说，西湖十景一说初形成于南宋，南宋之后又分别有元代钱塘十景，清代西湖十八景，清代乾隆的杭州二十四景。1984 年又评西湖新十景，2007 年再评西湖新十景。

传闻明代，有一位日本大臣奉命出使来华，返回之前定要到杭州来游历。据说，就是为验证杭州西湖美景是否像传说的人间仙境，临别时留下打油诗一首：

《无题》　佚名

昔日曾见此湖图，不信人间有此湖；
今日打从湖畔过，画工还欠费工夫。

此诗乍看并无华丽辞藻，但仔细品读竟耐人寻味。虽然词句近似白话议论，却已将他曾经的疑问一扫而空，继而委婉批评当年的画师水平也不高。尽管自己只是到此一游，但仍被杭州满目秀美湖光山色，璀璨丰蕴的文物古迹所倾倒、所吸引、所折服。

西湖十景概说

古往今来，有关西湖十景众说纷纭，但能赢得公认且声誉度最高西湖十景提法是三潭印月、平湖秋月、花港观鱼、柳浪闻莺、曲苑风荷、苏堤春晓、断桥残雪、雷峰夕照、南屏晚钟、双峰插云。

● 三潭印月

三潭印月岛，又名小瀛洲，与湖心亭，阮公墩合称为湖上三岛。全岛南北有曲桥相通，东西以土堤相连，桥堤呈“十”字形交叉，将岛上水面一分为四，水面外围是环形堤埂。从空中俯瞰岛中有湖，神奇仙境在西湖十景中独具一格，堪称江南水上园林经典之作。

● 平湖秋月

平湖秋月位于白堤的西端，孤山的南麓，濒临外西湖，为西湖十景之一。南宋时期平湖秋月并无固定景址，明代洪瞻祖诗中曾写道：“秋舸人登绝浪皱，仙山楼阁镜中尘。”而西湖十景木刻版画中《平湖秋月》一图，仍然以游客在湖船中，举头望月为画面主体。

● 花港观鱼

花港观鱼位于苏堤南段以西处，在西里湖与小南湖之间的一块半岛上。清康熙三十八年，皇帝玄烨驾临西湖，依照惯例题书“花港观鱼”，以石建碑立于池畔。其后，乾隆帝下江南游西湖时，又有诗作题刻于碑阴，诗中云：“花家山下流花港，花著鱼身鱼嘬花。”

● 柳浪闻莺

柳浪闻莺意在营造烟花三月柳丝飘拂燕语莺歌的氛围。闻莺馆东面以草坪和密林带为主，所形成的友谊园景区，引种了许多日本樱花，草坪北侧铺石砌台，矗立“日中不再战”纪念碑。在公园大草坪的北侧，是专门迁建于此的康熙御刻“柳浪闻莺”亭碑。

● 曲院风荷

曲院风荷以夏日观荷为主题。“曲院”原是南宋朝廷御设的酿酒作坊，位于今灵隐路洪春桥附近。每逢盛夏之际微风徐来，荷香伴酒香四散飘逸，令人不饮亦醉。南宋诗人王洧有诗赞：“避暑人归自冷泉，埠头云锦晚凉天，爱渠香阵随人远，行过高桥方买船。”

● 苏堤春晓

苏堤为苏东坡任杭州知州时疏浚西湖葑泥构筑而就。冬去春来，苏堤犹如一位报春使者，垂柳夹岸、桃花争艳，湖面如镜、流波倒影。西湖景色梦幻，晨曦悄然初露、柳丝舒卷飘逸，月沉湖面余晖、微风轻松拂面。徜徉湖畔、心旷神怡，柔情似水、意境唯美。

● 断桥残雪

断桥位于西湖白堤东端，每当瑞雪初霁，西湖银装素裹，白堤横亘、雪柳霜凌。阳光下冰雪渐退消融，依稀可辨石桥若隐若现，而涵洞中白雪奕奕生光，且与桥面的灰褐色形成反差，远远望去桥面似断非断，从而就形成了“断桥残雪”这一西湖绝佳独特奇观。

• **雷峰夕照**

雷峰山位于净慈寺前，因山巅有吴越时所建雷峰塔而得此名。可惜70年前塔倒山虚，连山名也改为了夕照山。西湖南岸这座呈半岛状名山当年属南宋御花园。新中国成立后，山上遍植香樟、枫香、榆树等观赏树木，如今夕照山林景色，满目苍翠不减当年。

• **南屏晚钟**

南屏山绵延横卧西湖南岸，山间怪石耸立树木繁茂、郁郁葱葱。雨雾时分、云烟遮掩，山峦隐没仿佛起舞，缥缈空灵，若隐若现。据传，后周显得元年，吴越国主钱弘叔在南屏山麓建庙宇始称净慈寺，后与灵隐寺遥相并峙成杭城南北两大佛教道场。

• **双峰插云**

南宋时期，两峰插云已列西湖十景之一。春秋佳日，岚翠展露，双塔入云，若隐若现，远望直入云际、气势非同一般。有诗云：“浮图对立晓崔巍、积翠浮空霁蔼迷，试向凤凰山上望、南高天近北烟低。”清康熙皇帝御题“双峰插云”，且建景碑亭立于洪春桥畔。

---

9. 长桥不长　断桥不断　孤山不孤——西湖别致景观

杭州以西湖为中心，分为湖滨、湖心、北山、南山和钱塘五部分。西湖四时四季皆美，可谓晴天水潋滟，雨天山空蒙；不论雨雪晴阴、朝霞余辉，都能变幻自如相谐成趣。在西湖的绝色美景中，就有常为人们津津乐道、见怪不怪、妙趣横生的西湖景致三绝：“长桥不长、断桥不断、孤山不孤。”

长桥不长

今日“长桥”，一湖秋水碧波荡漾，园内假山曲径，亭台楼阁，芙蕖映日、柳荫葱郁，花团锦簇、瑰丽幽雅。一幢砖木两层小楼，坐北朝南、面山背湖、玲珑剔透，四周分布石桌石凳。傍晚时分幽静的长桥水边，婉转悠扬的笙歌乐舞且与“南屏晚钟”交相呼应。

据说“长桥”被称西湖三大情人桥之一。当年梁祝相送到此饯别，二人在桥上依依不舍。就这样别了又送、送了又别，来回竟走了十八里程。祝英台以物喻情，其后也就有了著名十八相送，正可谓“路长桥不长”，传闻这里总有许多蝴蝶，成双成对地翩翩起舞。

“长桥”还有一段凄美爱情故事。传说宋代，有一青年女子陶师儿与书生王宣教相爱，但好事未成却遭后母从中挑拨横加阻挠，眼见美好姻缘难以成全。一日，陶师儿与王宣教乘船夜游西湖，就在长桥荷花深处二人以湖山为盟相约来世，然后一起投水双双殉情。

断桥不断

西湖“断桥”位于白堤东端，背靠宝石山，面向杭州城，是外湖和北里湖的分水处，也是著名的西湖十景之一，在西湖诸多古今大小桥梁中尤以“断桥”名气最大。今日“断桥”主体系1941年改建，自20世纪50年代起又经多次整修，现桥东侧立有“断桥残雪”碑亭。

“断桥”也称西湖第一情人桥，由于“断桥”所处位置背城面山，处于北里湖和外湖分界区，所以每逢冬雪降临之际，这里便是观赏西湖雪景最佳去处。《白蛇传》故事中，许仙与白娘子在此偶遇雨中借伞定情，凭借这段传奇爱情故事，遂使“断桥”蜚声中外。

“断桥”由来众说纷纭，唐代张祜《题杭州孤山寺》诗中，始见“断桥”一语。何谓“断桥”？据说每临瑞雪纷飞茫茫一片，雪驻初晴时，此桥阳面冰雪始先融化，而桥阴面部分仍显白雪皑皑，此刻若站在湖边远处观望，桥身呈现似断非断，“断桥残雪”由此得名。

另有一说，自平湖秋月行至白堤到此而止，若由孤山一路行来至此分界而断。另一说，宋代此桥称作保佑桥，每当冬日雪霁时从葛岭远眺，此桥与堤似断非断，故得此名。

史上南宋朝廷偏安一隅，有多情画家欲取残山剩水意境，故意拟出桥名和景名，得“断桥残雪”。明代画家李流芳称：“往时至湖上，从断桥一望，魂销欲死。还谓所知，湖之潋滟熹微，大约如晨光之着树，明月之入庐。盖山水映发，他处即有澄波巨浸，不及也。”

其后曾有佚名诗人云：

悠然漫步西湖边，湖面如镜柳如烟；
旧时断桥今犹在，未见白娘与许仙。

明人汪珂玉，更有评说西湖胜景之妙语：“晴湖不如雾湖，雾湖不如雨湖，雨湖不如月湖，月湖不如雪湖，悟其山水之绝者，世间尚有几人哉！”如此说来，绝非一两日之功，便轻言西湖美妙，仅凭一两次流连，却欣然指点评说。西湖之美是在于湖山相谐，恬淡宁静、四时入画，景自天成。

孤山不孤

“孤山”位于西湖西北角，四面环水、一峰独峙，山虽不高，却显优雅，因位于西湖里湖与外湖之间，时被称“孤山”，又因多梅花又名梅屿。“孤山”海拔仅38米，虽为西湖群山最低，却在西湖名声颇高，又兼湖中唯一天然岛屿，可称观赏西湖美景首选之地。

清代，康熙皇帝于此曾建行宫，其后雍正帝又改行宫为圣因寺，此寺与当时的灵隐寺、净慈寺、照庆寺并称为“杭州四大丛林”。“孤山”也是西湖中最大岛屿，此山风景别致清幽，故史上历朝多为帝王首选独据，源此被称孤山，似有显赫至极、唯我独尊之意。

“孤山”既是风景绝佳胜地，也是文物荟萃雅隅。如南麓文澜阁、西湖天下景、浙江博物馆和中山公园。山顶处有西泠印社；山麓西侧有秋瑾墓，墓碑镌孙中山题“巾帼英雄”；山麓北坡处有放鹤亭，亭外广植梅花，1927年为纪念孙中山先生，此改称中山公园。

今园内有一精致绝伦小园，名曰“西湖天下景”，其依山面湖玲珑精巧。清光绪二十九年（1903年），艺术大师吴昌硕在此成立西泠印社，一时间国内外篆刻名家云集于此，成为金石篆刻和书画艺术著名社团。现西泠印社保存有历代珍贵碑刻、贴石、墓志、画像等。

10. 公德崇坊　祖武是绳——钱王祠

钱王祠位于西子湖畔钱王祠路，柳浪闻莺公园一侧。900余年来，钱王祠历经沧桑几经毁建，现存八字墙据称汉代仅存之遗迹。2001年，史上钱王古祠得以重建。

历史文化

在杭州众多历史人物中，有一人常被当地民众提起，那就是五代十国时期、吴越国的国王钱镠。公元923年吴越国建立，钱镠实施保境安民方略，时为社会稳定和经济发展作出了重要贡献。现古祠已恢复吴越国钱王三氏五代塑像，以及功德崇坊等主要殿堂建筑。

钱王祠旧名表忠观，为供奉吴越国钱王三世五代国君。今重建甬道竖五道牌坊，寓意吴越国五代君王对江浙域所作的历史贡献。甬道尽头为一座钱王雕塑，山门矗立西湖边，钱王祠前后三进巍峨壮观，钱王祠前立有“功德崇坊”四字，以纪念吴越国王之功绩。今祠内悬楹联赞誉：

功勋合五百臣之多，一代规模创吴越；
德化被十四州而远，千秋坊表永湖山。

功臣堂。步入钱王祠，前行不远即可见到功臣堂，此堂以壁画排序形式、线描石刻手法，反映了史上钱氏家族在其统治时期的文治武功，尤其吴越国史所上发生的八起重大事件——西陵大战、擒拿董昌、大战狼山江、疏浚西湖、筑捍海塘、纳土归宋、陌上花已开、兴筑罗城。

五王殿。五王殿中陈列吴越国三世五王塑像，位于正中的是高约 5 米的钱镠雕塑，在他周围是钱元瓘、钱弘佐，钱弘倧、钱弘俶的塑像。穿过祠内大殿，揽远堂和怀镇堂一左一右排列，亦如结伴而行。

铜献殿。铜献殿大气恢宏且不失精巧，左右分立两座碑亭，左边是重建碑记，右边为清乾隆帝亲题的“忠顺贻庥”4 个大字。铜献殿的两侧为功臣堂，左侧称颂武功，右侧表赞文治。堂内碑文已模糊不清，但从斑驳碑迹中，依然可以窥见史上这位吴越国王的雄才大略。

铜献殿结构建筑体量直视并不大，但其铜制的须弥台基却是目前国内最巨，故颇为世人瞩目，尤其台基上那座八海九山铜雕，可称是祠内的镇殿之宝。铜献殿为单层三重檐式，方殿为宋代风格，阿育王塔式宝顶，用铜量 40 余吨，色泽古黄铜色，金属质感极强。

《钱王祠》　清・乾隆

勋勒金书，纳土当年资保障；

业基石镜，筑塘奕祀庆安澜。

《钱王祠》　明・张岱

扼定东南十四州，五王并不事兜鍪。

英雄球马朝天子，带砺山河拥冕旒。

大树千株被锦绂，钱塘万弩射潮头。

五胡纷扰中华地，歌舞西湖近百秋。

不仅如此，在杭州附近临安的太庙山上，史上也建有钱王陵、立有钱王祠。今祠内的匾额有题书“祖武是绳”，据称为钱王第三十二世孙、著名书法家钱君陶先生之题额。

据说，此题额意在告诫后世子孙要谨遵祖上家训如准绳且世代传承。钱先生浙江桐乡屠甸镇人，上海市政协委员等职，曾任西泠印社副社长、装帧艺术的开拓者。他一生治印两万余方，上溯秦汉玺印、下取晚清诸家精髓，是集诗、书、画、印于一身艺术名家。

11. 心昭天日　浩气长存——岳王庙

杭州岳王庙位于西湖北山路西段的北侧。该庙始建于南宋嘉定十四年（1221年），为后世历代纪念民族英雄岳飞庙宇。明景泰年间改称“忠烈庙”，历经元、明、清、民国，且时废时兴，所幸流传保存至今，体现了社会公众对一代民族英雄怀念和敬仰之情。

历史文化

岳飞是南宋初年抗击金兵南侵主要将领。但权臣秦桧、张俊等人在宋高宗默认之下，以“莫须有”罪名，诬陷其反叛朝廷，最终将其陷害致死。岳飞遇害时，在供状上写下“天日昭昭”几个大字，被害后狱卒隗顺冒生命危险，将岳飞遗体草葬于九曲丛祠旁。

● 十二道金牌

史载，我国宋代时凡有赦书或军事上紧急命令，皆使用金字牌由内侍省派人传送，故称“金牌”，后便用作紧急命令代称。而连发十二道金牌则表示此令重要万分紧急。

有关这段历史在《宋史·岳飞传》中曾作这样描述：“（秦桧）言飞孤军不可久留，乞令班师。一日奉十二金字牌。飞愤惋泣下，东向再拜，曰：‘十年之功，废于一旦。’”

南宋时期，著名抗金将领岳飞，凭其智勇和将士们浴血奋战，使得前方战事不断取得胜利。然而，宋高宗却于绍兴十一年（1141 年）在秦桧等主和派议奏下，一日内连发十二道金牌，竟将在前方指挥作战的主帅召回临安。岳飞见金牌悲愤交加，痛心疾首而仰天长叹：“十年之功，废于一旦！所得诸郡，一朝全休！”

同年十一月，南宋朝廷又以“莫须有”罪名，将岳飞、岳云父子绞杀于风波亭。

史料记载，宋代时期的金牌，主要用于传达赦书以及军机要务，一般都是由皇帝敕旨直接交发。据说，此金牌制度始于宋元丰六年（1083 年），金牌用特殊木材制成条状，长约一尺，周身涂满朱红油漆，上面篆刻着“御前文字，不得入铺”8 个黄金“警”字。

史称，这里的“御前文字”，是指朝廷直接从皇帝那里直接传来的公文、信件。“不得入铺”是指在传递邮件的时候，驿吏不得在驿站内交接，而只能在马背上径直传递。如此严格规制，不仅可以缩短邮件传递速度，而且提高了驿吏的工作效率。据《宋史》记载，该“金牌”光耀炫目，传递时急飞如电，望之者无不速避，日行 500 里（250 千米），昼夜不停鸣铃飞递。由此可见，这种“金牌”的效果，不逊现今“特快专递”效率。

南宋隆兴元年宋孝宗即位，降旨为岳飞父子昭雪，悬赏五百贯追寻岳飞遗体，并以隆重仪式迁葬于栖霞岭下的岳坟。南宋嘉泰四年（1204 年），朝廷再将其追封为鄂王，建庙立坊以示永久纪念。清康熙五十四年（1715 年），此庙又得以复建，民国时期（1918 年）曾获大修。

● 主要景观

进得岳王庙头道门，迎面是一座二层重檐建筑，殿内巍峨肃穆庄严，正中高悬有“岳王庙”3字竖匾。继而是天井院落，中间有一条青石铺成的甬道，两旁树冠葱郁古木参天，正殿忠烈祠重檐中间，赫然高悬“心昭天日”的巨大横匾，这是出自叶剑英元帅手笔。

大殿正中处，是一座4.5米高身着紫色蟒袍、臂露金甲的岳飞塑像，雕塑气势威严形象逼真，充分显示一代名将英武气概。另在大殿墙壁之上，有明代莆田名士洪珠书题写“精忠报国”4个大字。座像上方高悬一块“还我河山”的巨幅横匾，据说此乃岳飞手迹。左右两边各悬一块“碧血丹心”及“浩气长存”横匾，为佛教协会会长赵朴初、西泠印社社长沙孟海所书。大殿后面两旁，是一组岳母刺字的巨幅壁画，大殿天花板上绘有“百鹤图”，总共373只仙鹤，形态各异、生动逼真，彰显出岳飞浩然正气、名垂青史风范。

配殿启忠祠原祀岳飞父母，今改作岳飞抗金史迹陈列室。陵园入口处建“精忠柏亭”，此亭北侧墙壁上，为冯玉祥题词“民族英雄”。进得墓园门，两侧是碑廊陈列历代石碑125块，北廊是岳飞诗词、奏札手迹，南廊为历代名人凭吊题咏，以及岳王庙重建碑记。

《满江红·写怀》　南宋·岳飞

怒发冲冠，凭栏处、潇潇雨歇。抬望眼，仰天长啸，壮怀激烈。
三十功名尘与土，八千里路云和月。
莫等闲，白了少年头，空悲切！
靖康耻，犹未雪。臣子恨，何时灭！驾长车，踏破贺兰山缺。
壮志饥餐胡虏肉，笑谈渴饮匈奴血。
待从头、收拾旧山河，朝天阙。

1979年该庙宇得以再次整修，时岳飞墓阙按南宋风格设计，墓前望柱刊刻楹联：正邪自古同冰炭，毁誉于今判伪真。

在此墓阙的阶下的不远处，便是当年陷害岳飞的秦桧、王氏、张俊、万俟卨4人铁铸的模拟人像，但见其皆反剪双手，面墓而跪、低头不语。跪像背后墓阙上有楹联：青山有幸埋忠骨，白铁无辜铸佞臣。

12. 江南禅宗　东南之冠——灵隐寺

灵隐寺，又名云林寺，位于西湖以西不远处，其背靠北高峰，面朝飞来峰。灵隐寺始建于东晋咸和元年（326年），开山祖师为西印度僧人慧理大和尚。南朝梁武帝时曾获扩建，五代时吴越王钱镠命永明延寿大师重拓，赐名“灵隐新寺”，现为全国重点文物保护单位。

史载，宋宁宗嘉定年间，灵隐寺便被誉为江南禅宗、著名“五山”之一。清顺治年间，禅宗大师具德和尚主持灵隐寺时筹资复建。据说，仅建殿堂耗时竟达18年之久，自此规模宏伟一跃雄居“东南之冠”。康熙二十八年（1689年），康熙帝南巡，赐名“云林禅寺”。

历史文化

灵隐寺，江南著名古刹之一，迄今已有1700多年历史。寺院两峰挟峙、林木茂盛，寺居幽谷、云烟缭绕，寺内殿堂以天王殿、大雄宝殿、药师殿、直指堂(法堂)、华严殿为中轴线。两侧另附以五百罗汉堂、济公殿、联灯阁、华严阁、大悲楼、方丈楼等建筑。

灵隐寺为杭州最早名刹，也是中国佛教禅宗著名十大古刹之一。其开山祖师西印度僧人慧理大和尚，乃由中原云游四方、入江浙后至武林。某日见一峰叹曰“此乃中天竺国灵鹫山一小岭，不知何时飞来？佛在世日，多为仙灵所隐”，遂于峰前建寺名曰“灵隐”。

又传，灵隐寺原称“灵鹰寺”始建于唐初，在秦岭湾门前原有一笔架山，后有一吴姓僧人在此居住。一日僧人打柴，因天气炎热将道袍脱下，忽然一只大雁凌空而下，将道袍叼起向南飞去至今灵隐寺处落下，僧人不舍一路追来，忽现一绿柳成荫、苍翠葱郁之地。绿影婆娑间骤现一岭，土坨南头北尾，前饮碧水绿荷，后交浮菱翠湖，左右两侧隆起，呈两扇翼状土丘，此地貌状如苍鹰俯地。僧人顿觉醒悟此乃佛祖指点，遂于此焚香祷告，继而搭棚择吉立寺，冠名“灵鹰寺”。自此之后，这里便香火渐旺，庙宇规模与日俱增。

又传，唐代贞观年间，大将军尉迟恭戡乱出征，一日路过寺院，见其巍峨庄严井然有序，遂进得庙中朝拜，借机祈祷战事吉利马到成功。后尉迟恭果然大获全胜，班师回朝后尉迟恭遂将此事禀报于朝廷，后获唐太宗李世民准奏，钦赐将“灵鹰寺”改称作“灵隐寺”。

史载，唐大历六年（771年），该寺院得到全面修葺。五代时新建法堂、百尺弥勒阁，赐名“灵隐新寺”。南宋时，高宗与孝宗至灵隐挥洒翰墨。宋嘉定年间，享誉江南禅宗“五山”之一。清顺治年间，梵刹庄严、古风重振，跃居“东南之冠”，清帝康熙赐名“云林禅寺”。

主要景观

● 飞来峰

飞来峰，又名灵鹫峰，山形迥异无石不奇，无树不古无洞不幽。山有冷泉晶莹剔透，无论溪水涨落，常年喷涌不绝。沿溪峭壁有五代、宋、元时期摩崖造像，尤以元代藏传佛教最为珍贵，堪称石窟造像艺术中瑰宝。明人袁宏道赞：“湖上诸峰，当以飞来为第一。”

● 三大殿

天王殿上悬“云林禅寺”匾额，为清康熙帝所题。天王殿正中供奉弥勒佛像，袒胸露腹笑容可掬。背对山门供奉护法神韦驮雕像，头戴金盔，身披甲胄，这尊香樟木雕像，为南宋珍贵遗物。天王殿两侧四大天王，俗称四大金刚，两个神色和善，两个形态威武。

大雄宝殿原称觉皇殿，单层三叠重檐，气势嵯峨，异常雄伟。新中国成立初期，因大殿正梁被白蚁蛀空造成大殿倒塌，致使原释迦牟尼佛像被毁。现在佛像是重修寺宇时，由浙江美院雕塑家和民间艺人用近百块香樟木雕成，此佛像造型端庄，气宇轩昂，风采依旧。

药师殿供奉有药师佛像，以及日光天子、月光天子。大殿左侧有罗汉堂，陈列着五百罗汉线刻石像。灵隐寺内还珍藏有诸多佛教文物，如古代贝叶写经、东魏镏金佛像、明代董其昌的写本《金刚经》，以及清雍正年间的木刻本龙藏等，都是弥足珍贵的文物瑰宝。

●冷泉

在天王殿外不远处有一冷泉亭，苏东坡有诗云："不知水从何处来，跳波赴壑如奔雷。"亭上有一副对联：泉自几时冷起，峰从何处飞来。白居易《冷泉亭记》中说"东南山水，余杭为最，就郡则灵隐寺为尤，就寺则冷泉亭为甲"，因此文令冷泉与该亭名扬华夏。

典故传说

●飞来峰

相传一天，济公和尚算知有一巨大山峰欲从远处飞来，济公恐山峰自天而降伤及乡邻，就规劝大家赶快离开此地，谁知邻里全然不信。眼看山峰就要飞来，济公情急之下，冲进一户正在迎娶新娘人家，背起新娘就跑，村人以为和尚要抢新娘，都呼喊着追了出来。就在全村人们追赶之时，忽然天昏地暗，轰隆一声巨响，一座山峰呼啸而来，瞬时压没了刚才那座村庄。直到这时人们这才明白，刚才力劝人们搬迁的贫僧乃是济公显灵。

据说，济公成佛后其尊号别开生面与众不同，字面宽泛寓意广覆长达28字——"大慈大悲大仁大慧紫金罗汉阿那尊者神功广济先师三元赞化天尊"。

另说，济公成佛后之尊号，汇集佛、道、儒于一身，堪称名高天下，造化至极。

●康熙题匾

传说，康熙帝游历灵隐寺，寺内方丈恭请圣上为寺院题书匾额。康熙信手挥笔，在纸上先写了"雨"字。不过这个雨字写得过大，"灵"若按繁体字书写，还有3个"口"和一个"巫"，余下的笔画实在不好摆放了，他急中生智索性题写成"雲林禅寺"。

● **云林禅语**

能舍亦能得，舍亦无所舍，得亦无所得。
如如不动，动用无穷。
念念无求，求本无念。
无念为宗，无作为本。
真空为体，妙有为用。
佛见众生全是佛，魔见众生全是魔，凡夫见众生全是凡夫。
终日不见己过，便绝圣贤之路。
终日只谈人过，便伤天地之和。

13. 盛境千峰秀　安禅万事通——净寺

净寺位于西湖之西侧，始建于五代吴越国时期，民间传有济公和尚运木古井的故事。据杭州史料载，“南屏晚钟”初见于北宋张择端画，每临傍晚寺院钟声清悠洪亮所传甚远。远在南宋时便被誉为“南屏晚钟”，明洪武年间重铸大钟一口，遂成为西湖十景之一。

历史文化

后周显德二年（955 年），道潜向钱王进谏，将黄妃净慈寺塔下地宫内 16 尊金铜罗汉移净慈寺，恰逢钱王也梦见了 16 尊罗汉要求随道入寺，遂引得众人皆称：“此乃佛祖托梦应验。”五代时期，高僧贯休绘 16 罗汉图，后人称为“十六应真像”，今存杭州碑林。

● **屡遭毁损**

宋太平兴国二年（977 年），净慈寺改称寿宁禅院，南宋建炎二年（1128 年），称净慈禅寺，绍兴十九年（1149 年），称报恩光孝禅寺。嘉泰四年（1204 年）寺遭大火，除山门外皆归灰烬。元代，经众多禅师努力，修建了观音殿、大殿、罗汉殿、法堂且重建山门渐复旧貌。

明代，洪武及正统两朝，净慈寺再遭火焚。后得住持法净、宗妙二位高僧倾心募资修复。清康熙五年（1666 年），将原位于大慈山下永明祖塔迁建于净慈寺东，题门额“极乐世界”。康熙帝南巡时题“净慈禅寺”额，康熙四十三年（1704 年），寺院钟楼再遭火焚。

清雍正八年（1730 年），重修万工池、永明塔院。乾隆九年（1744 年）寺院获重修，乾隆游历寺院，题“正法眼藏”匾额。太平天国时期寺院遭焚毁，清同治后期略有兴建但未能复原。清代末期，净慈寺屡遭兵劫乃至楼毁钟失。民国年间，寺院经募修才渐复规模。

• 南屏晚钟

南屏山位于西湖南岸，玉皇山北、九曜山东。主峰高百米，林木葱郁、石壁如屏，北麓山下有净慈寺，傍晚时分钟声悠扬清远。此为西湖十景之“南屏晚钟”。北宋张择端曾绘《南屏晚钟图》，此图虽不如《清明上河图》蜚声画坛，却也入明《天水冰山录》中。

• 妙曲（趣）横生

《南屏晚钟》这首经典歌曲时由陈蝶衣填词，王福龄谱曲。最早是由崔萍演唱，后收录于1961年出版与之同名的《南屏晚钟》专辑中。因歌词含蓄、曲调悠扬，歌曲一经面世就表现出非凡的艺术魅力，被社会广众传唱，历久不衰。

直到近些年，仍有很多著名歌手或演员在演唱这首歌曲。像徐小凤、凤飞飞、费玉清、梁波罗、江珊等都曾在不同形式音乐会上，以各自魅力来展现此曲不同版本风格。

《南屏晚钟》

作词：陈蝶衣，作曲：王福龄

我匆匆地走入森林中，森林它一丛丛，
我找不到他的行踪，只看到那树摇风。
我匆匆地走入森林中，森林它一丛丛，
我看不到他的行踪，只听得那南屏钟。
南屏晚钟、随风飘送，它好像是敲呀敲在我心坎中，
南屏晚钟、随风飘送，它好像是催呀催醒我相思梦。
它催醒了我的相思梦，相思有什么用，
我走出了丛丛森林，又看到了夕阳红。

我匆匆地走入森林中，森林它一丛丛，
我找不到他的行踪，只看到那树摇风。
我匆匆地走入森林中，森林它一丛丛，
我看不到他的行踪，只听到那南屏钟。
南屏晚钟、随风飘送，它好像是敲呀敲在我心坎中，
南屏晚钟、随风飘送，它好像是催呀催醒我相思梦。
它催醒了我的相思梦，相思有什么用，
我走出了丛丛森林，又看到了夕阳红。

14. 林竹裹禅寺 天下第三泉——虎跑

虎跑位于杭州西南大慈山白鹤峰下。此定慧禅寺原称大慈定慧禅寺，又称虎

跑寺。虎跑泉地处禅寺内，虎跑之名皆因虎跑地穴见清泉而得此名。唐元和十四年（819年），有性空大师在此隐居建寺。宋代高僧济公先出家灵隐寺，又居于净慈寺，后圆寂虎跑寺。

历史文化

相传元和年间，高僧寰中与弟子性空自南岳云游至杭城，隐居于大慈山下。适逢天旱无雨，夜梦神人指点南岳有童子泉，遣二虎移赠众僧饮用，天明果见二虎跑地作穴，片刻清泉涌出如珠故曰“虎跑泉”。遂于此建寺院弘禅宗之法，取名定慧禅寺，又称虎跑寺。

虎跑泉水性甘洌，素有“天下第三泉”之称，至今水势汩汩不绝。今入寺门沿溪拾级而上，寺门处有二金刚，大雄殿、钟楼、藏经阁、济公院、罗汉堂等。民国初年，李叔同先生钟爱此处风水后落发虎跑寺。今寺内存有弘一法师（即李叔同）纪念堂、济公院等。

虎跑泉水质甘洌醇厚，列镇江金山中泠泉、无锡惠山惠泉之后，被称天下第三泉。用虎跑泉水冲泡龙井茶，称作西湖双绝，享有“龙井茶、虎跑水”之美誉。虎跑泉内原有3口水井后合为二池。主池泉边石床上有小臂人侧身卧睡，神态安静慈善，境界超脱非凡。

历史人物

- **高僧济公**

高僧济公，原名李修缘，南宋时高僧，浙江天台县永宁村人。济公形象总是头顶破帽，身着破衣，手摇破扇，脚拖破鞋，衲衣污垢，貌似疯癫。不受戒律，嗜好酒肉，其实乃是一位学识渊博、行善积德的得道高僧，故被列为禅宗第五十祖，杨岐派第六祖之列。

- **弘一法师（李叔同）**

李叔同，号息霜，浙江平湖人，少时留学日本。擅长油画、音乐、戏剧、书法，曾任教两浙师范学堂，后出家归于佛门，法名演音，号弘一，别号晚晴老人。弘一法师曾以满腔热忱提出“念佛不忘爱国”口号令人钦敬，今西泠印社内藏有篆印手书《阿弥陀佛经》。

《送别》　李叔同

长亭外，古道边，芳草碧连天。
晚风拂柳笛声残，夕阳山外山。
天之涯，地之角，知交半零落。
一壶浊酒尽余欢，今宵别梦寒。

主要景观

滴翠岩：定慧禅寺内，茂林修竹中，石隙之间，泉水淙淙。

叠翠轩：一仿古茶棚，此处品香茗，流连清泉，观水张力。
罗汉堂：殿堂皆供奉，五百阿罗汉，只有济公，不在其位。
济公殿：供济公享殿，此雕像石刻，风趣儒雅，栩栩如生。
济公塔：此虎跑茶室，有济祖塔院，济公和尚，藏骨之处。
虎跑梦泉塑像：滴翠崖下一斑斓猛虎似正在跑（刨）地模拟塑像。

15. “雷峰”如老衲　“保俶”似美人——雷峰塔

雷峰塔始建于公元975年。据传，此塔是吴越王钱弘俶为祝宠妃黄氏得子而建，亦称“黄妃塔”，因地处湖滨南岸雷峰之巅，又得名“雷峰塔”。自雷峰塔坍塌后，作为西湖十景之一的“雷峰夕照”不仅空有其名，乃至山名也换成夕照山，自此“南山景观皆虚”。

新雷峰塔，位于西湖南岸、雷峰山前，南屏山日慧峰下净慈寺对面，雷峰塔濒临湖畔，林木葱郁，拔地而起。史上，吴越时期所建的雷峰塔，曾是西湖的标志性景观，与北山保俶塔遥相呼应。雷峰塔未倒塌之前，西湖曾现“一湖映双塔，南北相对峙”绝妙景观。

历史文化

史料载，雷峰塔原系吴越国王钱俶为祈求国泰民安，于北宋太平兴国二年（977年）在西湖南岸的夕照山上敕建的一座宏伟佛塔。原塔基底部辟井穴式地宫，用于存放佛螺髻发舍利、纯银阿育王塔、龙莲座释迦牟尼佛坐像数十件珍贵佛教宝物以及精致供奉器物。

据说，在雷峰塔的塔身处，一些极隐秘塔砖之内，还秘藏有雕版印刷的佛教经卷。北宋宣和二年（1120年），雷峰塔因遭战乱损毁。南宋庆元年间，建筑和陈设得以修复，遂重现昔日辉煌，尤其在黄昏时分，古塔与落日交相辉映，此绝妙景观时被称作“雷峰夕照”。

明末，有杭州名士闻启祥，将杭城南面的雷峰塔与西湖对岸的保俶塔，合在一起妙语评说道：“湖上两浮屠，雷峰如老衲，保俶如美人。”不料此语一出，顿获世人赞许。

清代前期，雷峰塔冠以裸露砖砌塔身，呈现夕阳残缺之美。其后，因得《白蛇传》神话传说相连，自此成为西湖十景中最为津津乐道之名胜。就连康熙、乾隆二帝也多次前来游历和品评，如此强大的名人效应，如此广泛的民众基础，“雷峰夕照”自然闻名遐迩。

雷峰塔原七层，重檐飞栋、窗洞豁达、颇为壮观，每至夕阳西下，塔影横空赫然与众不同。明朝嘉靖年间，雷峰塔外楼廊曾遭倭寇烧焚，其后此塔的基础砖石又不断被一些可悲者盗窃。历尽风霜再遭破坏，终致此塔于1924年9月25日，不堪重负终轰然坍塌。

传奇故事

●白娘子与雷峰塔

白娘子与西湖的故事虽只是神话传说，但在整个华夏可谓妇孺皆知、家喻户晓，其知名度远胜一些名人逸事，现较早定型文本，可见《清平山堂话本》《西湖三塔记》。自明代便有人将其编剧搬上舞台，冯梦龙《警世通言》又将其整理为《白娘子永镇雷峰塔》。

此时《白蛇传》故事构成已基本成型，并与杭州西湖、镇江金山寺名胜串联。清代，戏剧作家更将民间传说予以充实，遂令故事情节更加丰富多彩。更兼著名艺人精湛表演，如此一来西湖名声丝毫未损，反而平添许多演绎篇章。

雷峰塔从某种意义上讲，所以能够享誉华夏名扬四海，因为它压制了白娘子情意。随着《白蛇传》故事中出现了雷峰塔，一个令人十分悲怆的结局便无可挽回地显现。著名学者余秋雨评说：“雷峰塔只是一个归结性的造型，但已成为一个民族精神的怆然象征。”

●金山寺与雷峰塔

在雷峰塔与白娘子传说中，人们总也忘不了那个以“卫道士”自诩、居于金山寺的法海和尚。根据冯梦龙《警世通言》中的描述，书中的许仙与白娘子只因在镇江码头边开一家小药铺，其后才认识了金山寺法海禅师，如此便将那个法海禅师扯到这个传说里来。

据说，金山寺确有法海其人。不过，冯梦龙笔下的法海似乎还是个“正面人物”，大有替天行道之意。史上金山寺，在镇江西北方的金山上，初建于东晋时期，寺内庙宇楼台依山而起，历来为我国佛教禅宗南朝名寺。而史上镇江与杭州联系，也确实相当紧密。今游金山寺可见一副对联：

适从云水窟来，山色可人，两袖犹沾巫峡雨；

更向海天深处，邮程催我，扁舟又趁浙江潮。

如今，伫立雷峰新塔极目远眺，碧波荡漾的西湖、端庄秀丽的汪庄、初见规模的南线景观、绿意盎然的湖心三岛一览无余。徜徉西湖东岸湖滨远眺，雷峰塔敦厚持重，保俶塔婀娜俊俏，双塔一南一北、鼎峙隔水相望，湖光山色又重现昔日风光与绚丽。

---

16. 塔竖桥横　阅古通今——六和塔与钱塘江大桥

六和塔位于钱塘江畔月轮山，是杭州一处十分著名景观。此塔始建于北宋开宝三年（970年），塔高近60米，外观塔现13层，塔内实为7层，其形雍容大度、气势卓越不凡。塔内旋楼梯相连，自塔内向外眺望，近可见横亘钱塘江大桥，远可观浩荡宽阔江面。

六和宝塔

六和塔名源于佛教“六和敬”，史称建塔目的原是用来震慑钱塘江潮。在塔内第三级须弥座上，雕刻有花卉、飞禽、走兽、飞仙等各式图案，绘画入微，工艺精巧，结构奇妙，堪称我国古塔建筑艺术之杰作。1961年，此塔被国务院公布为全国重点文物保护单位。

史上，六和塔所在位置原是五代吴越王之南果园，宣和三年（1121年）此塔曾毁于兵火战乱。现存砖筑塔身主体为南宋绍兴二十六年（1156年）重建，至乾道元年（1165年）竣工，前后历时10年。六和塔不仅取自佛经“六和敬”之教义，而且富含“天地四方”之意。

历史文化

六和塔历史悠久，迄今已有1000余年。据《咸淳临安志》载：“智觉禅师延寿，始于钱氏南果园开山建塔，因地造寺、以镇江潮，塔高九级、五十余丈，内藏佛祖舍利。”据传，六和塔建成以后，江潮果然不再迸流，作孽水患即被镇伏，沿岸百姓再无惊溺之忧。此外，六和塔还兼具灯塔照明、引航导向之功用。太平天国时期，此塔曾随寺改名“开化寺”，宋代就曾有诗赞云：“径行塔下几春秋，每恨无因到上头。”从塔身内拾级而上，每面壶门全通外廊，各层均可凭栏，远观广阔江面，近观荡桨归舟，浓郁苍翠峰岭。

元统年间，六和塔因年久损伤曾进行一次较大修缮。明嘉靖十二年（1533年），倭寇入侵杭州，寺院与古塔遭毁。所幸明万历年间，寺院著名高僧莲池大师主持重修六和塔，尤其宝塔顶层和塔刹部分，不仅恢复重建，而且还更换了塔身中心木柱以及磉石构件。

清雍正十三年（1735年），世宗胤禛认为古塔关系国计民生，特下诏拨国库帑金，命浙江巡抚再作彻底修整。清乾隆十六年（1751年），高宗弘历南巡至杭州，两次登临六和塔且赋诗著文，对钱塘江、月轮山一带风光发出“壮观至是真空前，那更息心安四禅”慨叹。

值得一提的是，风流倜傥富于才华的清帝乾隆，特为六和塔的每层题写了诸层之匾额，这在我国古代历史上，不啻为特例，也可称罕见。塔内各层匾额分别是：

一层，初地坚固；二层，二谛俱融；三层，三明净域；四层，四天宝纲；五层，五云覆盖；六层，六鳌负载；七层，七宝庄严。

光绪二十五年（1899年），杭州名流朱智捐资修筑钱塘江堤坝，后以余资重修六和塔。他在尚存砖塔外身，构筑一道13层木构外檐廊，塔芯内添以螺旋式阶梯，由此底部盘旋可达顶层，全塔形成“七明六暗”格局。经过此次重大修缮，六和塔的状貌已现今形。

● 水浒传与六和塔

据说，梁山好汉征方腊得胜，班师前在六和塔外寺庙休整。忽一日，花和尚鲁智深与行者武松，似听得门外传来千军万马厮杀声。鲁智深一跃而起抄起禅杖冲将出来，却只见钱塘大潮呼啸奔涌而来。此时，他立刻想起高僧要其铭记“听潮而圆，见信而寂”偈言。花和尚随之联想水泊梁山此番倾巢出动征讨方腊，只落得梁山众弟兄死、伤、离、散境地，他木然呆立几许顿感宿命至此。据传，此时花和尚鲁智深，回来后只说了几句深奥偈语，然后便在此处坐化圆寂了。而行者武松也随之在六和塔出家，至善为僧，80而终。

● 自古观潮绝佳地

史上六和塔，也是著名观潮胜地。钱塘江潮汐这一自然造化杰作，素有世界奇观美誉，一年四季皆可领略风采，尤以中秋前后最为壮观。“八月十八潮，壮观天下无”。早在先秦时期，道家庄子就折服钱塘江潮壮观气势，自此之后观潮风靡，骤然兴起且长盛不衰。

到了南宋时期，六和塔便成为观赏钱江秋潮首选去处。至元代时期，更是以六和塔为中心形成传统人文交往区域。自明、清以来，由于泥沙沉积江道弯曲，潮势逐渐向东转移，使得海宁盐官镇渐成新观潮胜地，不过杭州六和塔仍是观赏秋潮的最佳首选。

据传，六和塔俯瞰观潮不仅白昼适宜，月夜观潮景色更佳。明代高濂在《四时幽赏录》《六和塔夜玩风潮》载文言道：“在横空月色下，静观海门潮起，但见月影银涛，光摇喷雪，云移玉岸，浪卷轰雷，白练风扬，奔飞曲折，势若山岳声腾，使人毛骨欲竖。”

《登六合塔凭栏》　佚名

登高凭栏，眼界顿开；
葱岭溪涧，云影徘徊；
塔竖桥横，阅古通今；
江潮涌动，扑面而来。

钱塘江大桥

在中国近代建桥史上，郑州黄河大桥由比利时人主持建造；济南黄河大桥为德国人主持建造；哈尔滨松花江大桥乃俄罗斯人主持建造；蚌埠淮河大桥是英国人主持建造；沈阳浑河大桥由日本人主持建造；云南河口人字桥则是法国人主持建造等。

钱塘江大桥位于西湖以南，紧邻六合塔，为贯通连接沪甬、浙赣铁路交通要冲，该桥由我国著名桥梁专家茅以升先生主持设计并施工。为建成此桥，当年建设者克服重重困难，历三年零一个月，终于在抗战最紧要关头建成我国第一座铁路、公路两用双层桥。

1937 年 8 月，淞沪会战爆发不久上海陷落，杭州危在旦夕。11 月 16 日，南京国民政府发出炸桥命令，茅以升心情沉重且深明大义发出“造桥是爱国，炸桥也是爱国!”的悲愤，随后在书桌前写下“抗战必胜，此桥必复”之豪言。1946 年，抗战胜利大桥修复。

如今，杭州段钱塘江上，耸立钱江二桥、钱江三桥、钱江四桥等十余座宏伟壮观的大桥。一座座现代化大桥，抒发着中华各族儿女自立于世界民族之林的豪情壮志。唯独钱塘江大桥，沿袭初名不改，巍然屹立月轮山前，与桥畔千年六和塔比肩而立、熠熠生辉。

---

17. 堂馆斋记　溢流飘香——清河坊老街

清河坊历史街区是杭州历史上著名老街，也是杭州目前唯一保存较完整旧貌街区，可称是杭州城悠久历史的局部缩影。史上南宋定都杭州后，曾筑九里皇城，开十里天街（中山中路），繁华市井令皇亲国戚、权贵富商很快在天街周边构建起宫府宅院。

历史文化

清河坊得名，与当时的太师张俊有关。建炎三年，张俊在明州击退金兵得高桥大捷，后被封为清河郡王。据说在河坊街的太平巷，他曾建有清河郡王府，故这一带也被称作“清河坊”。史载，这一带酒楼茶肆鳞次栉比，买卖兴隆络绎不绝，故有“前朝后市”之说。

《清河坊老街驻足》　佚名

清河街坊，繁华至极；
前朝后市，史载有据；
白日人流，络绎不绝；
夜晚如昼，灯火通际；
店铺云集，鳞次栉比；
名家荟萃，各显神奇。

史上名家老店一瞥有王星记、张小泉、胡庆余堂、方回春堂、叶种德堂、保和堂、万隆火腿栈、雅风堂、状元馆、荣宝斋、王润兴，义源金店等，诸多名家老店汇集于此。

老店概说

● 保和堂

保和堂门前有一许仙铜像。相传许仙与白娘子相遇时，他正在保和堂做学徒。保和堂中药铺有近千年历史，在清河坊一带享有美誉。清末年间，胡雪岩在清河坊开胡庆余堂后，保和堂才逐渐走向衰落。今保和堂老店已换新貌，主要出售自家秘制药酒、药茶等。

● 胡庆余堂

胡庆余堂店内有胡雪岩撰写“戒欺”匾额，意在提醒店员须诚实经商。为此，药号广请江浙一带名医，优选历代秘方考究，采办地道药材精制。自此，胡庆余堂声名鹊起，于是有了“南有庆余堂，北有同仁堂”的说法，而胡雪岩本人也因此被誉为“江南药王”。

● 香溢馆

香溢馆善营优质烟草以及国内不同地区、不同时代的精致烟具。大厅有一巨型烟杆，为印度血檀木料，重205斤、上下贯通、可供卷烟、烟丝抽吸。另有，全象牙手型（象征权利）大烟枪，来自藏区的黄铜人型烟枪，以及各类做工精致的水烟袋、斧头打火机等。

● 欧冶刀剑

欧冶刀剑素以“坚韧锋利、刚柔并济、寒光逼人、纹精饰奇”四大特点著称于世。创始人欧冶子铸造了“龙渊”（龙泉剑），开创冷兵器典范之先河。春秋时期，欧冶子曾为吴王夫差铸剑，越灭吴后，此剑归于越王勾践之手。今已被考古界赞誉为“稀世珍宝”。

● 张小泉刀剪

张小泉刀剪始创于康熙二年。当年初入杭城，始于吴山脚下大井巷、搭棚砌灶锻打刀剪。由于其工艺世代秘传，又取优质钢进行锻打，形成锋利、轻巧、耐用特点，很快令生意渐有起色。随着式样、品种、规格不断改进，更使得生意兴隆、销路顿开声名鹊起。

● 万隆火腿

万隆火腿店始建于清同治三年（1864年），以经营金华火腿为主，兼营南北干货腌腊制品，因选用“金华两头”腿肉精制，始终保持质量上乘。当年，杭城就流传“腌腊上品首推万隆”一说。据说，鲁迅先生任教杭州城师范学堂时，就曾多次光顾万隆火腿店或托人购买。

特色展馆

● 江南铜屋

江南铜屋以铜为精华将传统造型艺术与绘画、雕塑、建筑、书法相融合。始自穷奢金石之丽、成于精工凝脂之密，令这座江南铜屋成为一处不可多得的名城瑰宝。今铜雕博物馆藏有朱炳仁大师艺术作品，另有铜书画、铜壁画、熔铜艺术、铜建艺术等珍品。

● 荣宝斋

“荣宝斋”其前身为“松竹斋”，后取“以文会友，荣名为宝”寓意更名“荣宝斋”。今有陆润庠、郭沫若、沙孟海题写的“荣宝斋”匾额，依次悬挂于正门、前厅和照壁。现荣宝斋拥有诸多名人、名家作品，如扇面、字画等。今主营明、清时期的名家字画。

● 河坊街邮局

河坊街邮局始于明洪武中期，初为清河坊之北吴山驿站，至清代沿袭明制设吴山驿。1903 年设大井巷邮政分局，1914 年改大井巷邮务分局，后迁至清河坊，其间几度变迁。2001 年清河坊老街整建，河坊街邮局复立，主营特色纪念邮品，二楼为邮政历史陈列馆。

● 古陶瓷博物馆

7000 年前，河姆渡人开启使用古陶器先河。至 5000 年前，良渚文化又得进一步发展，并由古陶器渐进演变古陶瓷。此展馆内可窥见史上政治、军事、经济、文化、生产发展经历。现馆内收藏 400 余件珍贵历史文物，意在反映浙江近 7000 年来陶瓷文明演进过程。

（三）杭州特产与美食

地方特产：塘栖枇杷、里叶白莲、九曲红梅；天目笋干、青溪龙砚、杭白菊、西湖莼菜、西湖藕粉、西湖龙井、西泠印泥、西湖绸伞、杭州丝绸、王星记扇子、昌化鸡血石、张小泉刀剪、仿南宋青瓷。

风味美食：老鸭煲、叫化鸡、东坡肉、虾皇饺、油冬儿、片儿川、幸福双、馄饨小笼、港汇笋尖、南宋定胜糕、明良生煎包、酥皮芋蓉盅、葱包桧儿、西湖醋鱼、金牌胡萝卜、蟹黄小汤包、香菠血糯饭、豆香麻糍、脆皮马蹄糕、泥蒜炒年糕、腊味煲仔饭、采芝斋糕点。

四、景德镇

——向号瓷之国　高峰是此都

四、景德镇
——向号瓷之国　高峰是此都

（一）名城概说

景德镇地处江西省东北部，其境域位于黄山、怀玉山余脉与鄱阳湖平原交界处过渡地带。市区则处于群山环抱的盆地之中，西北与安徽东至县交界，南与万年县为邻，西同鄱阳县接壤，东北倚安徽祁门县，东南和江西婺源县毗连，为一处典型江南红壤丘陵地。

景德镇属亚热带季风气候，日照充足、雨量充沛、温和湿润、四季分明。其境内有昌江、西河、南河等水流。昌江由此经过，西河、南河乃重要支流，由景德镇市郊注入昌江。史上景德镇曾与广东佛山、湖北汉口、河南朱仙并称为明、清时期中国四大名镇。

景德镇被世人誉为“世界瓷都”，因制瓷历史悠久、瓷器品质优异精良，“瓷都”二字更成了景德镇别称，景德镇由此可称中国历史上制瓷业最为杰出代表。不仅如此，景德镇还是国家重要山水生态旅游文化胜地。

资料显示，近代景德镇陶瓷业员工根据有关部门指示，曾出色地完成了多次重要政治任务，其中包括精心烧制的毛泽东主席专用瓷具“毛瓷”。改革开放以来，特别是进入21世纪后，为了完成上海“APEC”会议之需，还特别烧制一批会议高级专用瓷器用品。

据传，1972年，时任美国总统尼克松访华，在其启程返回时，周总理特意将一套景德镇精制的青花瓷餐具，采用极为庄重的国礼形式赠予尼克松先生。

诗人郭沫若曾以“中华向号瓷之国，瓷业高峰是此都”著名诗句，讴歌了景德镇的悠久历史和陶瓷文化，盛赞其在中华陶瓷历史发展进程中不可磨灭的历史地位。

景德镇，为国务院于1982年公布的首批24座国家历史文化名城之一。

1. 寻踪问源

史上春秋时期，景德镇域尚属楚地东境。秦代时为九江郡番县地，汉初归入豫章郡鄱阳县。东汉时期，在昌南域（今景德镇附近）始建瓷窑作坊烧制陶瓷器具。到了唐代，由于昌南地区土质适宜，工匠们在吸收南方青瓷和北方白瓷基础之上，创制出一种青白瓷。

青白瓷器晶莹滋润品相堪比玉器，此等制品初为富户王公享用，后作上呈贡品，再后有商人贩运出口至海外。唐武德四年（621 年）置此地新平县新平镇属之，因其在昌江之南称昌南镇。唐武德八年撤县，开元四年（716 年）复置，治所在新昌江口故称新昌县。

宋代景德年间，宋真宗赵恒命昌南进御瓷，器底书“景德年制”字。因瓷器精美，天下闻名，众称景德镇瓷器。久而久之昌南名渐被淹没，景德镇名却沿用至今。明、清时期，景德镇瓷业发达，外贸昌盛，时与湖北汉口、河南朱仙、广东佛山并称华夏四大名镇。

清康、乾时期，景德镇制瓷业已达繁盛。清代末期，因社会动荡及军阀混战，瓷业生产始从巅峰趋于下滑。特别是鸦片战争后，景瓷生产受到严重影响，延续 500 多年之久的御器专制也告寿终。民国五年（1916 年），浮梁县治从旧城（今浮梁县）址迁至景德镇。

1949 年 4 月，景德镇及浮梁县获得解放。1953 年 6 月，景德镇划为省辖市。1960 年，撤浮梁县制其区域划入市境。1983 年，鄱阳县属鱼山荷塘区且划归景德镇管辖。1988 年，经批准再恢复浮梁县建制。2009 年，景德镇市辖乐平市、浮梁县和珠山、昌江两区。

2. 人文荟萃

景德镇，今以陶瓷艺术主旨旅游文化，内涵丰富、独具特色。深厚的历史积淀，绝伦的陶瓷珍品，令游人对“瓷都”的辉煌史迹倍感自豪。

● 史上四大名镇

广东佛山镇。佛山素有“陶艺之乡、粤剧之乡的美称，绵延悠久的珠三角历史，孕育了独具魅力的岭南文化。“石湾瓦，甲天下”，史上佛山也因盛产陶瓷被称“南国陶都”。

湖北汉口镇。史上武汉地处荆楚之域，曾几何时被誉“楚中第一繁盛之地”。汉口、武昌、汉阳也被人们并称为武汉三镇，作为近代工业先驱和兵工要地，已被载入史册。

河南朱仙镇。远在春秋时期这里被称作启封城。到五代时又因疏蔡河与汴河相通，又得舟楫之利，至清代康熙年间，朱仙镇“已达盛极”，成为中原地区水陆交通重要枢纽。

江西景德镇。迄今已有 1600 多年历史。文载，唐开元四年（716 年）此域更名新昌县，因该镇位于县境之南又称昌南镇，别称陶阳镇。自此开启景德镇发展史话。

● **“昌南谐音扬名”**

景德镇瓷器以“白如玉，明如镜，薄如纸，声如磬”品质蜚声华夏饮誉海外。其中，青花、玲珑、粉彩、色釉，并称景德镇四大传统名瓷。更有薄胎瓷被称作稀世珍品。

据说，“China”英文发音，源自景德镇史上名称“昌南”，并以此宣称为景德镇正宗瓷器。虽然，其真实性及可信度有待于史学界作进一步考证，但也确属与众不同之说。

● **史传制瓷名家**

据传，赵慨（公元304—?），晋代陶工，景德镇瓷器师祖。陶玉，为唐武德年间（618—626年）匠人，所制瓷品人称“假玉”，且令昌南镇名闻天下。唐英（1682—1756年），能文善画亦精通制瓷。近代王大凡（1888—1961年），因专攻陶瓷艺术创作，故人称陶瓷艺术专家。

● **瓷都名胜一瞥**

陶瓷博物馆。景德镇有众多陶瓷博物馆，以中国陶瓷博物馆名气最高、收藏最多、类别最丰、品位最高。特别是明、清宫廷瓷器珍品，堪与故宫博物院、上海博物馆媲美。

湖田古窑址。景德镇古窑遗址众多，湖田古窑兴烧于五代，历经唐、宋、元、明、清数朝，为迄今国内所见到规模最大、烧造时间最长的一处大型古瓷窑代表遗址。

江南第一衙。这也是我国江南地区迄今唯一保存比较完整的、封建时代五品县级官署衙门，成为了解古代衙署文化一处不可多得绝佳标本，故被人誉为“江南第一县衙”。

宋代之红塔。此塔为景德镇唯一保存完整的宋代古塔。该塔高40余米，结构特征、修造方式皆具鲜明地域性。又因不同质地塔砖多达数十种，被称塔建珍贵历史遗迹。

（二）历史文化

1. 陶迹探源　瓷序华章——中国陶瓷博物馆

景德镇中国陶瓷博物馆位于景德镇市昌江区紫晶北路，该博物馆占地面积约5.5万平方米，建筑面积约3.2万平方米。展馆布局由常设展厅、临时展厅、学术交流区、公共活动空间、休闲商务区等构成，可满足展陈、收藏、研究、培训和宣教等多项功能需求。

简介

景德镇中国陶瓷博物馆，前身为景德镇陶瓷馆（老馆），该馆始建于1954年，为国内首座专题性陶瓷展馆。现景德镇中国陶瓷博物馆（新馆）位于市区昌南湖畔，馆内收藏自新石器时代以来、不同历史时期陶瓷文物，成为展示陶瓷珍品与历史文化的著名博物馆。

该博物馆主体建筑掩映于两山之间，正立面外形的圆形建筑宛如一件精美的陶器。两侧建筑宛如一双巨手，寓意“拉坯成型”。屋顶通透采用自然光源，寓意“玲珑剔透”。顶层通廊向上高挑，寓意“通向未来”。整个建筑若从空中俯瞰，如一架水车在悠悠运转。

博物馆展品类别丰富，不但具有很高学术和艺术价值，也可作为学习和研究陶瓷历史文化提供充足翔实的佐证。还可成为普及陶瓷文史知识、传播陶瓷历史文化、了解陶瓷发展历程、展现史上瓷都辉煌、品读“中华向号瓷之国、瓷业高峰是此都”的讲堂。

博物馆藏品既有考古发掘的新石器时代陶器，也有自汉唐以来不同历史时期瓷器、陶器。在3.6万余件文物藏品中，属国家级珍品有500余件，其中王步、珠山八友等近现代艺术陶瓷作品，堪称是瓷器代表佳作之精绝，彰显了景德镇千年制瓷历史之辉煌。

展陈

该博物馆布展形式包括常设展览、专题展览、最新临展、展览交流等。

常设展览（基本陈列）分为6个展厅共9部分内容展陈。

专题展览为康雍乾时期唐英作品展、景德镇宋、元青白瓷珍品展等专题展。

最新临展包括馆藏王步青花作品展、回望故乡之路——朱乐耕陶艺等临时展。

● **常设展览（基本陈列）**

一序厅：陶瓷起源　文明标尺（第一部分），旧石器时代（前1.8万年）—南北朝（581年）。

南青北白　盛世雄风（第二部分），自隋唐（581年）—五代（960年）。

晶莹如玉　镇名天下（第三部分），史上宋代（960—1279年）瓷史。

锐意创新　独领风骚（第四部分），史上元代（1271—1368年）印迹。

二展厅：官民并进　瓷都华章（第五部分），明代（1368—1644年）瓷都发展；

异彩绘呈　瓷业鼎盛（第六部分）：清代（1644-1911年）瓷业兴衰。

三、四展厅：跨越传承　古韵新风（第七部分），民国（1911—1949年）瓷业状况。

五展厅：继往开来　铸魂塑形（第八部分），新中国（1949—）辉煌业绩与历史转型。

六展厅：中华瓷国　瓷业之都（第九部分），即隋唐（581 年）—五代（960 年）瓷迹辉煌之巡礼。

典藏

馆藏陶瓷珍品集中于 3 大类别，即古代陶瓷、近代陶瓷、现代陶艺。

- **古代陶瓷**

影青釉瓜棱盖合（宋），青花牡丹纹梅瓶（元）；青花葡萄纹菱口盘（明），康熙斗彩十二月花诗杯（清）。

- **近代陶瓷**

程意亭绘粉彩寿带梅花瓷板，田鹤仙绘粉彩梅花瓷板；王大凡绘粉彩花木兰还乡图，王琦绘粉彩桃园结义瓷板。

- **现代陶艺**

粉彩双面百蝶薄胎碗，青花斗彩天女散花瓶；青花玲珑龙纹琵琶瓶，周湘甫绘墨彩描金《岳飞》。

2. 名留青史　熠熠生辉——十大瓷厂博物馆

十大瓷厂陶瓷博物馆位于景德镇珠山区风景路。新中国成立后不久，百废待兴的景德镇在有关部门支持下，很快将民国时期零散的陶瓷厂陆续整合为十数个颇具规模的陶瓷企业，为国家经济建设做出了重要贡献，人们习惯将这些单位称为“十大瓷厂”。

史载，“十大瓷厂”多次承担并完成有关部门下达的国礼瓷、纪念瓷、民族瓷、出口瓷等重大国家政治或经济任务，取得了我国陶瓷史上极其辉煌的成就。十大瓷厂虽然只经历几十年短暂发展历程，却也成就了中国近代陶瓷史上一段极其珍贵的经典佳话。

瓷史概说

景德镇制陶业“始于汉世”。此时陶器“质甚粗、体甚厚，釉色淡而糙”“只供本地迩俗粗用”并无名气制作远销。后经东晋时人赵概对成型和焙烧等工艺进行革新，遂被后人称“制瓷师主”立庙奉祀。景德镇陶器自南北朝后渐起，至五代时期开始名扬天下。

考古研究发现，五代时期的景德镇窑址分布甚广，据称可达 18 处之多，尤其是延续六七百年之久的湖田古窑址，规模巨大，影响甚远。宋代时期的景德镇，不仅已烧造出了温润如玉、品种优良的影青釉刻花瓷，而且还烧出了造型各异、风格独特的影青釉瓷雕。元代时期景德镇，更是成功地烧制出青花瓷和釉里红瓷，这两种瓷器均是颇具特色的名贵珍品，以至于今天的收藏家始终将其视为稀有的瓷器瑰宝。例如釉里红不但可单独用作装饰，亦可与青花结合称作青花釉里红，两者相谐生辉，令其尤显珍稀名贵。

明代，景德镇的陶瓷业呈现官民竞市名品辈出，故有“明一代至精至美之瓷，莫不出于景德镇”之说。明永乐年间，景德镇成功烧制出玲珑瓷。到了成化年间，又烧制出更加精细的青花玲珑瓷。此玲珑瓷碧绿剔透，青花典雅苍翠欲滴，制作精美令人爱不释手。

明代永乐年间，时兴鲜红器，亦称“祭红”。其釉厚如脂、光莹鲜艳，享有“永乐之宝”“永器鲜红最贵”赞誉。至宣德年间，宝石红釉则比永乐鲜红釉更胜一筹，其间蓝釉瓷在此时也烧造较多，乃至后人将其与白釉、红釉并论，公推为宣德瓷器之“上品”。

清代前期，景德镇制瓷业水平已达“参古今之式，运以新意、备诸巧妙”程度，“于彩绘人物、山水、花鸟各领其胜”，称制瓷技术几乎达到了炉火纯青、极度繁荣、出神入化之地步。清代的景德镇与明代时一样，官窑民窑争锋并存，且名窑及精品不断涌现。此时，可称御窑、名窑辈出、创新层出不穷。康熙年间，著名官窑已有“臧窑”“郎窑”，其主要制作单色釉，青花、五彩、素三彩、釉里红等极品。尤其制作的康熙青花瓷，色彩艳丽，层次分明、晶莹剔透，因而获赞“青花五彩”盛誉至极，别具一格“独步本朝”。时有精品豇豆红，此品也称美人醉。有诗云“绿如青水初生日，红似朝霞欲上时”，此文形容可称极为贴切。另康熙年间始创粉彩，且有“清一代，以此为甚”之说。卓以粉润柔和，色彩丰富、绚丽雅致，形象逼真、构图隽秀，故被赞誉“鲜娇夺目，工致殊常”。

自乾隆中期开始，景德镇的陶瓷制业繁荣趋势渐缩、衰微端倪显露。尤其道光以后，一段时期内的景德镇制瓷业竟处于萧条下滑状态。故《饮流斋说瓷》一文中说，“乾隆一朝，即为清极盛时代，亦为一代盛衰之枢纽”，而到了晚清后期则日趋没落走向衰败。

十大瓷厂

所谓“十大瓷厂”，是人们对原景德镇市所属的大型瓷厂俗称，其实当年这里远不限只有十家瓷厂。据称，这些著名瓷厂的建立，多源于景德镇制瓷业迅猛发展的年代。

十大瓷厂博物馆展示了1949年至1995年间，景德镇著名瓷厂生产的瓷器实物，以及相关文史资料，对传承瓷都千年瓷脉文化承上启下继往开来，具有十分积极意义。

“中华向号瓷之国，瓷业高峰是此都”。新中国成立后一段时期内，当年“十大瓷厂”为共和国经济发展，做出过巨大贡献、创造了辉煌业绩。而“十大瓷厂”所产青花、青花玲珑、粉彩、釉中彩、雕塑瓷、薄胎瓷，国礼瓷等经典制品，也名留青史。

曾经国营瓷厂代表（国企所有制）有建国瓷厂、人民瓷厂、新华瓷厂、艺术瓷厂、红旗瓷厂、红星瓷厂、东风瓷厂、宇宙瓷厂、为民瓷厂、华风瓷厂、光明瓷厂、景兴瓷厂、古窑瓷厂、景陶瓷厂、华电瓷厂等。

曾经集体瓷厂代表（集体所有制）有红光瓷厂、曙光瓷厂、雕塑瓷厂、卫华瓷厂、新光（陶彩）瓷厂等。

3. 典型炉窑　瓷华萦绕——古窑民俗博览园

古窑民俗博览区位于瓷都大道古窑路，现为国家级非物质文化遗产、生产性保护示范基地、国家5A级旅游景区。园内展示有古制瓷作坊、镇窑、佑陶灵祠、古窑群、天后宫、瓷碑长廊等。另有“祭窑神”、女子瓷乐队演奏以及拉坯、画坯等传统制瓷工序演示。

在展示区内，有仿古代制瓷作业生产线、清代镇窑、明代葫芦窑等景观。展示明、清时期手工制瓷工艺流程，以及传统名瓷精品。该博览园内建筑古朴，翠竹浓郁、幽静典雅，仿古作坊明快简捷、布局精致，仿古炉窑构造精巧、流程清晰、技艺精湛、介绍翔实。

主要景观

• 清代镇窑

清代镇窑为传统窑炉中独具风格瓷窑。窑房是穿斗式木构架建筑，窑炉约占窑房面积的四分之一，底层为装匣，做开窑之用。烧成室呈一头大、一头小长椭圆形，故有“鸭蛋形窑”之称。现景德镇所展示的镇窑是迄今保存最完整、最具价值的古清代瓷窑。

• 葫芦窑

葫芦窑为葫芦形柴烧瓷窑简称，古人称“窑形似卧地葫芦，前大后小”。葫芦窑为景德镇特有瓷窑，其最早出现于元末，明代葫芦窑兼备了宋、元时期龙窑和馒头窑优点，烧制技艺也有了长足进步，对整个明代制瓷业发展，以及清代镇窑形成具有历史性贡献。

• 馒头窑

馒头窑因窑形近似馒头而得名，此为宋元明三代典型炉窑，但有的馒头窑因窑床呈马蹄形，又称马蹄窑。馒头窑属半倒焰式窑炉，火焰自火膛喷向窑顶，再倒向窑床，烟气从竖烟道烟囱排出。元、明时期，此类窑炉营造和烧制技艺已达传统瓷业最高水平。

● 宋代龙窑

宋代龙窑为我国传统陶瓷窑炉之一，窑炉依山势倾斜砌筑、形状似龙而得名。龙窑结构简单，分窑头、窑床、窑尾三部分，其优点是造价低、装烧量大，火焰抽力大，可形成烧造青瓷、影青瓷的还原气氛。湖田、瑶里、丽阳等多处均发现有宋代龙窑遗迹。

● 小器作坊

小器作坊乃是古代陶瓷手工生产场所，民间俗称坯房，至明代已有详细分工。史料载，制瓷工艺有“手工七十二”之说，此类作坊多生产日用瓷，如碗、盅、杯、碟等。因胎质细腻、造型规整，素以白如玉、明如镜、薄如纸、声如磬，饮誉华夏、著称于世。

● 大件作坊

大件作坊顾名思义是因其产品较以往体积要大，很多工件又因形式出奇而闻名，俗称大件作。此作坊史上曾生产万件瓶、千件缸、大盘之类陈设瓷。这些产品制作难度大，技术要求高，器型高大宏伟，集中体现了瓷艺工匠们聪明才智和瓷窑操控的高超技巧。

● 瓷音水榭

瓷音水榭瓷乐团，是以瓷盘为代表新型打击乐器。这套乐器采用优质瓷土，按专业要求精制而成，乐器演奏起来清晰悦耳、美妙动听，实乃“声如磬”美誉体现验证。因具有音质纯正优美，音域音量适中，音准校定相对稳定等特点，此乐器可谓迄今世界首创。

● 明间

明间“有闾门、店铺、祠堂、民宅”等八栋仿明代建筑。此种结构在明代遗迹中并不多见。闾门制作精美、民宅围绕天井布置，上下堂、上下正房、东西厢房，结构多为穿斗式。山墙面为梯形，雕刻纹饰各具特色，此类风格即便在遗存明代建筑里也属珍稀。

● 清园

清园为四栋不同类型仿清代建筑，正中一栋命名“玉华堂”。该祠堂由照壁、门厅、享堂、后寝组成，地面铺青石板，构架粗犷壮观，雕刻富丽堂皇。祠堂后“大夫第”，为清代进士住宅，旁边配有一书厅与住宅相通，厅前设有石栏水池，两旁配置格扇厢廊。

● 唐英纪念馆

唐英，清代奉天人，隶汉军白旗字俊公，自号蜗寄老人。清雍正六年，为驻御厂协理官，前后20余年致力工艺研究，仿古、创新均获巨大成就。其所督造的瓷器被称“唐窑”。著有《陶成纪事》《陶冶图说》及《陶人心语》，今已为研究景德镇制瓷史重要文献。

- **风火仙师庙**

风火仙师庙供奉着风火仙师童宾。童宾是明代万历年间景德镇烧窑把桩师傅，在烧制御器大龙缸时因故献身，故被后人奉为窑神。风火仙师庙始建于清代嘉庆年间，建筑分享堂、后寝两部分。1989年1月，该建筑被公布为景德镇市重点文物保护单位。

4. 宋代千年红塔　江南第一县衙——浮梁古城

浮梁县城位于景德镇市郊，距市区约8000米。古城始建于唐元和十二年（817年），迄今已有1200年历史。历经唐、宋、元、明、清数朝，一直为历代浮梁县治所。唐代诗人白居易言道“商人重利轻别离，前月浮梁买茶去”，足见古城瓷、茶历史源远流长。

名句采撷：

《琵琶行》　唐·白居易

浔阳江头夜送客，枫叶荻花秋瑟瑟。
千呼万唤始出来，犹抱琵琶半遮面。
大弦嘈嘈如急雨，小弦切切如私语。
嘈嘈切切错杂弹，大珠小珠落玉盘。
别有幽愁暗恨生，此时无声胜有声。
门前冷落鞍马稀，老大嫁作商人妇。
商人重利轻别离，前月浮梁买茶去。
我闻琵琶已叹息，又闻此语重唧唧。
同是天涯沦落人，相逢何必曾相识！
今夜闻君琵琶语，如听仙乐耳暂明。
莫辞更坐弹一曲，为君翻作《琵琶行》。

浮梁古城

浮梁历史可追溯至东晋年间新昌，唐朝天宝元年（742年），时新昌改名浮梁。唐元和十一年（816年），浮梁迁至今旧城。历经唐、宋、元、明、清，至民国四年（1915年），在长达1100年史海中，该县衙屡毁屡建。现浮梁古县衙始建于清道光年间，距今已有170余年。

今浮梁旧县城仿古建筑，具有徽派与赣派相互融合风格。尤其是城内五品县衙、宋代红塔、古县城门楼、历史文化长廊、曲径通幽的千年古井、精品陶瓷馆之魁星阁，以及建设之中的仿古庙宇宝积寺、韵琴湖，正在复建的“西塔夕照”，乃史上著名昌江八景之一。

浮梁古县衙规模宏伟，完整保留了中轴线上的照壁、头门、仪门、衙院、大堂、二堂及三堂等古县衙旧制风貌。整座建筑坐北朝南，错落有致，廊道相接、浑然一体，衙内陈列了古代官服、十八般兵器、官轿、刑具、讯杖。院内古木参天，路面甬道直通大堂。

值得一提，古县衙中的楹联颇具特色，其内容丰富寓意深刻，涵盖了为官律己、为人处世、隐而不露的封建官文化、瓷文化和茶文化。客观反映了浮梁1300多年来，历代县吏珍闻轶事，揭示了史上“瓷都之源”历程缩影，彰显古代浮梁人勤劳智慧聪明才智。

千年红塔

浮梁红塔古称西塔，始建于北宋建隆二年（961年），距今已有1000余年历史，是江西省迄今保存时间最久、最完整的一座大型宋代古塔。素有“江西第一塔”称谓，享有浮梁“古代城徽”美誉，今既为古浮梁象征和历史见证，客观印证了宋代至今浮梁古城历史兴衰。

据称，唐代时此处曾建有一座寺庙，名曰西塔寺。依先有寺庙后有佛塔之说，专家判断此塔应为传承佛教而兴建。资料显示，史上此塔称“大圣宝塔”，明万历三年（1575年）进行过整修。1959年，该塔列为省重点文物保护单位，由此载入中国七十二座古塔名录。

巍峨耸立的红塔，其墙壁厚重，在塔里形成一长巷，因外墙为红色又称“红塔”。全塔共7层，从地坪至复盆顶塔高约38米，塔身皆以大型青砖实砌，每层均为青砖叠砌、出外挑平台，故不设钩栏。浮梁红塔反映了北宋初期，佛塔外貌造型及所具的时代特征。

为增强塔身坚固程度，该塔的底层壁厚竟达3米。在砌结塔身时，因使用的封砖灰浆，由石灰、糯米浆、红土壤及砂砾四种成分混合而成，经过几百年风雨侵蚀，灰浆中红壤色素不断外溢，逐渐将塔身染成了红色，原本一座青色砖塔最终却成了一座“红塔”。

此塔融合了传统古塔风格，也兼具江南佛塔之特色，除第二层未建平座外，其余各层均有平座，每层平座三门各据一面，其余三面无门。若逢春光明媚或秋高气爽时，登临塔顶俯瞰昌江，瓷都风光尽收眼底，人们期待再现“文照胜朝晖，紫烟连霄汉”景色。

五品县衙

浮梁县署所以被誉为“江南第一衙”，源于浮梁知县乃是官居五品的高位县令，由于浮梁县境地处皖、浙、赣交通要道，战略和经济地位十分重要。“一座古县衙，半部清代史”，身临其境之中，细心品味史料，仿佛穿越时空。

史上瓷都景德镇，一直隶属浮梁县管辖。而浮梁县旧县城自唐代以来，一直是浮梁县治所之地。据称，浮梁县自古以来便一直为“旺县”，因此县署级别立为五品，即高出一般县署两级。今浮梁古县衙已成为江南地区，乃至国内保存比较完整的清代古县衙代表。

史载，唐天宝元年（742 年），新昌改名浮梁属上邑（即五品官衔）。今县衙内仍存有一块清乾隆三十三年（1768 年）“奉旨碑”，上书“特调浮梁正堂加五级”。明间背檀坊下书“钦加同知衔，赏戴花翎权知浮梁事张，毛公建”，而钦赐五品应为古代县衙级最高之品位。

现存浮梁古县衙，始建于清道光年间，距今已有 190 余年历史，也为我国现江南地区唯一保存完整的封建县级衙署，故有“中国第一县衙”“江南第一衙”之美称。现保留中轴线上的照壁、头门、仪门、衙院、大堂、二堂及三堂，基本再现了清代县衙旧有形制。

县衙建筑坐北朝南，错落有致、廊道相接、浑然一体，庄严威武俱显，厚重古老并存。游历古县衙欣赏建筑艺术之际，也可感受封建衙门、官府大堂威严。现衙署内陈列有古代官服、刑具、十八般兵器、讯杖、官轿等。据称有人到此戏言“帝制早废，县衙犹存”。

县衙楹联

县衙大门楹联

治浮梁，一柱擎天头势重；
爱邑民，十年踏地脚跟牢。

县衙大堂楹联

其一

铁面无私丹心忠，坐官最怕叨念功；
操劳本是份内事，拒礼为开廉洁风。

其二

欺人如欺天，毋自欺也；
负民即负国，何忍负之。

县衙二堂楹联

其一

民心即在吾心，信不易乎，敬尔公，先慎尔独；
国事常如家事，力所能勉，持其平，还酌其通。

其二

法行无亲，令行无故；

赏疑唯重，罚疑唯轻。

县衙三堂楹联

得一官不荣，失一官不辱，勿说一官无用，地方全靠一官；

吃百姓之饭，穿百姓之衣，莫道百姓可欺，自己也是百姓。

大堂后廊楹联

为政不在多言，须息息从省事克己而出；

当官务持大休，思事事皆民生国计所关。

---

5. 御用官窑督办　珍藏顶级复原——龙珠阁

珠山耸立于景德镇市中心，高度几近数十仞，此山灵秀俊美，古往今来多有赞咏。据传，唐代世人见其山势形状宛如五龙抢珠，遂将其更名珠山。有史料载，龙珠阁初建于唐代，明代曾改称朝天阁，后日久颓于荒废，史上清代又于朝天阁旧址处复建一龙珠阁。

历史文化

史上明、清两朝，官府奉旨曾在此设立皇家御窑，甚至皇宫要派太监到此亲自坐镇，以便监造那些即将呈献皇宫的专用瓷器制品。在此处地下，常遗有一些明清两代的珍贵御用瓷器或皇家贡品。古往今来，龙珠阁也就成为景德镇高端瓷器的代表和象征。

今所复建的龙珠阁，位于景德镇珠山之巅旧址处。资料显示，该阁最早始建于唐代，初称“聚珠亭”。宋代时曾得修葺一新且改称“中立亭”。明代天顺年间再获重建，又称“朝天阁”。明代成化年间，改称“冰立堂”。明代万历年间再次修建，竣工时称“环翠亭”。清代雍正年间，改称“文昌阁”。1925 年此阁再获重建，唤作“龙珠阁”，1986 年经有关部门批准，于珠山顶处重建龙珠阁。此次重建龙珠阁，为一幢仿明代重檐宫廷式建筑，阁楼分 6 层、净高约 35 米，建筑面积约 1650 平方米，现已成为景德镇市的城徽标识。

景观概说

重建后的龙珠阁，采用四明、七暗复合式结构，阁高三层（楼分 6 层）、广阔数丈，围以红墙、覆以黄瓦，气宇轩昂、巍峨耸立。此阁大门与内殿梁柱均饰以朱漆，耀眼辉煌。阁中前后殿神龛，设白瓷趺坐观音、香炉、烛台，以夏布调漆为胎，塑身涂金彩神像。

今龙珠阁内，珍藏历代官窑经典瓷器尚品，以及史上历朝官窑的珍贵史料。例如阁内陈列展示有青花釉里红花瓶，明正统官窑御制巨型龙缸，珠山出土的明代官窑珍稀瓷器等。龙珠阁内瓷器多为残件，皆因历代官窑烧制御用瓷器时必须严格筛选并剔除瑕疵。据称，这些未被选中的瓷器，几乎每一件都必须在指定地点、由专人监督且使用专用工具将这些瓷器全部击毁，以防日后疏漏流入民间。今龙珠阁内瓷器文物，为古官窑瓷器销毁遗址处发掘，由考古、瓷器专家研究考证，经高级瓷器技师精心修复方得复原。

据说，这些瓷器虽为当年未能入宫副品，但仍能从中领略到御用贡品的高贵奢华，顶级瓷器、珍稀精绝，今虽历经数百年洗涤，但仍可令人叹为观止。而那些送入皇宫、王府的贡品，则无一不是鬼斧神工、美轮美奂的无价之宝。现龙珠阁已成为景德镇又一胜景。

---

6. 史上曾辉煌　岁月留遗香——古窑遗址群落

迄今为止，在景德镇周围已发现23处不同时期的古窑遗迹，经有关部门考证后认为，其最早始烧于五代时期，最晚终烧于明代，其大多数又集中于宋代。由此推论，史书所描述宋代景德镇“袤延十余里、民窑二三百”，“村村陶埏、处处窑火”之盛况并非妄言。

古窑遗址四大聚集区

（1）景德镇市东郊以湖田为中心，分布在昌江支流南河下游两侧古窑遗址群。主要包括湖田古窑、杨梅亭古窑、黄泥头古窑、塘下古窑4处。

（2）景德镇市黄泥头东侧以湘湖为中心，分布在南河中游附近的古窑遗址群。主要包括湘湖街古窑、白虎湾古窑、盈田古窑、灵安古窑4处。

（3）景德镇市东南20多千米处，以浮梁县寿安镇为中心四周的古窑遗址群。主要包括南市街古窑、柳家湾古窑、灵珠古窑、朱溪古窑、西溪古窑、丰旺古窑、宁村古窑、月下古窑、富坑古窑、凉伞树下古窑、大屋下古窑11处；

（4）景德镇市浮梁县瑶里镇，以高岭村为代表，分布于东河周边的古窑遗址群。主要包括内瑶古窑、饶南古窑、长明古窑、南泊古窑4处。

东郊古瓷窑遗址群落

● 湖田古瓷窑遗址（国家级重点文物保护单位）

该古窑位于市郊3000米处东郊湖田村，其依南山余脉，临南河之水，为著名古代窑场，覆盖面积约40万平方米。兴于五代，历经宋、元，至明万历年间，延续烧造瓷器700年。遗有五代白釉器、宋影青器、元黑黄枢府器、明代青花等。具有极高历史和人文价值。此外还有，杨梅亭古瓷窑遗址、黄泥头古瓷窑遗址、塘下古瓷窑遗址。

湘湖古瓷窑遗址群落

● 湘湖街古瓷窑遗址

该古窑位于市郊5000米处、湘湖镇北边湘湖村。据说，此处发掘残碎瓷片多为五代、北宋、南宋三朝遗留。根据《陶录》记载和堆积层显示，湘湖窑业兴盛时期，略早于湖田古窑。这里当年制瓷技艺、烧造水平较高，时为一个经济文化较发达地区，宋代称“湘湖市”。

此外，还有白虎湾古瓷窑遗址、盈田古瓷窑遗址、灵安古瓷窑遗址。

寿安古瓷窑遗址群落

● 寿安南市街古窑遗址

该古窑位于景德镇东南，寿安镇柳家湾以西南市街村，其烧造年代始于五代止于元初。所遗残物主要有青白瓷、影青瓷、青花瓷等。白瓷器型精巧、釉面晶莹透亮，影青瓷精美、多刻花和印花装饰，青花瓷纹饰极丰富，是仅次于湖田古窑的又一处著名古窑遗址。此外，还有柳家湾古瓷窑遗址、灵珠古瓷窑遗址、朱溪古瓷窑等10处遗址。

瑶里古瓷窑遗址群落

● 瑶里内瑶村古瓷窑遗址

该古窑位于景德镇市郊45千米处，瑶里古镇瑶里乡内瑶村。遗留物主要为青花碗、白瓷碗、盘等日用器物。胎质粗糙、釉色灰暗、工艺稍差。有简单青花纹饰，碗心有草体“六”字，仅有“涉圈叠烧法”瓷器。烧造年代多集中明代中期，且以民间日用粗瓷为主。此外，还有绕南古瓷窑遗址、长明古瓷窑遗址、鹅湖南泊古瓷窑遗址。

古窑兴衰记忆

史料记载，湖田窑是我国宋、元两代各大制瓷作坊中，形式规模最大、延烧时间最长、生产瓷器最精美著名窑场。其历经700多年的烧瓷历史，从而在湖田一带留下了许多典型古瓷窑、古作坊遗物。如“葫芦窑”“马蹄窑”等历代古窑遗迹，考古文物异常丰富。

今在该遗址之上，已建起湖田古窑址陈列馆，在此集中展示所出土的各种窑具和瓷器。史载，湖田窑业兴起于五代，遗物多积于村东，宋代曾达瓷业鼎盛，经宋元至明中期趋于衰落。宋元遗物多集村南，元明遗物以琵琶山为重，窑具以刘家坞、琵琶山最具代表。

7. 青山浮白雪　和含器方成——高岭遗址公园

高岭山位于景德镇市东北 40 千米处，史上曾为景德镇制瓷业最主要原料产地。早在宋、元时期，由于高岭土使用价值的发现，令瓷业“二元配方”制胎法产生，今国际通用黏土矿物学名词取自高岭土命名地，现为江西风景名胜区、国家重点文物保护单位。

在高岭山一带，至今仍有明清时期矿坑遗迹，如采矿遗址、尾砂堆遗物、淘西坑、水口亭、东埠古街、古码头等。尤其是高岭土白色尾砂，堆积场面蔚为壮观，被誉为“青山浮白雪”。这里明代万历、清代雍正年间所立石刻碑文，记述了当年开采高岭土之盛况。

历史文化

鹅湖镇距景德镇市约 50 千米，附近有一高岭村，其中有座高岭山，此山史上出产一种制瓷黏土，即被后人称之为“高岭土”。明代科学家宋应星在其《天工开物》一文中，曾有这样记载：“高粱山（即高岭山），出粳米土，其性粢软，两土和含，瓷器方成。”

清康熙五十一年（1712 年），法国来华传教士昂特雷柯莱，首次向世界介绍了制瓷所用重要原料高岭土。清同治八年（1869 年），法国著名地质学家李希霍来此地考察，后在其名著《中国》第三卷中也对高岭村所产高岭土作了较详细的介绍，自此高岭土闻名于世。

今日高岭村一带，仍有不少明、清时期的矿坑遗迹，如淘洗的水池、匠人的工棚，以及那些日积月累的雪白尾砂堆，其巨大砂堆最厚处竟达 50 米。人们至此，不仅可一窥古代采掘现场，亲历陶洗瓷土的场景，而且还能欣赏到青山映衬、雪白尾砂的奇异景观。

高岭遗址公园

高岭遗址公园现为全国重点文物保护单位，江西省历史文化名胜区，其总面积约 20 平方千米，这里也是瑶里五大风景区之一。其中，高岭土旧矿遗址园由高岭和东埠两景区构成，如今同为江西省首批历史文化村，高岭山也因是“高岭土”命名地而享誉世界。

东埠也是明、清时期高岭土、釉果等制瓷原料的主要出产地，故而被誉“海上丝绸之路最源头”。现如今，这一地区仍保存着许多比较完整的古街巷、古店铺、古码头。特别是在 20 世纪 70 年代初，这里曾作为彩色电影《闪闪的红星》

主要的外景拍摄地。

高岭和东埠，山林葱郁、民风淳朴，溪涧清幽、泉水叮咚，古道崎岖，蜿蜒逶迤，自然与人文景观俱佳。高岭山遗多处古矿洞、淘洗坑及尾沙堆物。这些遗迹多分布高岭山、水口亭、东埠村三地，现水口亭立“玉岭云峰”石刻，亭内存明万历、清雍正两朝石碑。

8. 精美藏大气　虽富却无贵——祥集弄古民宅

祥集弄位于中山北路第一条小弄，该弄堂分为上下两弄，上弄于20世纪90年代经国务院批准，被列为全国重点文物保护单位祥集弄古民宅。此宅主要是以祥集弄古民宅群落为代表，其院内的十余幢明代时期建筑，无论数量、质量或类型皆可称国内一流。

历史文化

祥集弄明代建筑位于市区中心地段，其东依动司岭，西临中山北路，南至珠山大道，北接老当铺弄。当年这些富商为显示资财身价，又不犯庶民宅舍不过三间五架禁令，便将用料考究、装饰精美以达富丽堂皇之目的，然而也映射出封建商贾富而不贵的社会地位。

祥集弄古民宅为两幢院落，始建于明成化年间，迄今有500余年历史。其建筑高大宽敞，布局结构严谨、用料极为考究，街石油亮可鉴、外表青砖墙皮，俱散发久远年代气息。房宅虽显陈旧，却承载古老故事。

当年富商对此宅院柱础、地袱、风拱、雀替、船蓬轩等构件，用料及工艺极为考究，明间上枋柱，“竹芭编心造”，做工堪称登峰造极。即便不显露处也使用贴金，而一些非关键部位也采用昂贵材料，有人曾打趣比喻“这里的柱子比京城一般宫阙柱子或许还粗”。

建筑工艺

史上明代，无论大、小建筑群布置已经成熟。如古都北京、南京布局，便是得益于此时期的规划和构建。至于清代帝王宫建，只不过是在明代宫殿基础上增扩提升补遗而已。因此，这一时期北京城建筑只是在明都城基础上，巩固完善外城、内城和皇城布局。

明、清两朝，江南官商私宅扩充加速，富绅私宅林园营建盛极。这一时期的建筑工艺和材料也获进一步发展，官式建筑呈现严谨稳重，装潢、彩画、模式日趋定型。其装修陈设中留有砖石、琉璃、硬木等，不同材质痕迹明显，青砖材料已经普遍用于民居建筑。

宅第等级

我国古代封建社会，私人住宅不仅是一处居所，也被视为宅主身份象征。远在唐、宋时期，朝廷便对官员与庶民住宅的形制作出限定。如宋代规定，六品以下官员宅前，不得建乌头门，庶民房舍不得使用飞檐、重拱、五彩饰等，其用意在于显示官吏与庶民差异。

到了明代初期，朝廷对私人住宅的等级、划分更加严格规范。例如官员建宅不得用歇山、重檐屋顶，不许用重拱及藻井，这些限制在宋代只针对庶民，但此时却指向一般官员。所以，除了皇亲国戚不论你官位多高，住宅不能用歇山顶，只能采用“两厦”形制。

不仅如此，即便王侯官员住宅，也要分为若干个等级。例如大门和厅堂间数，房屋进深、油漆色彩等方面，均被加以严格限制。如一般百姓屋舍不超过三间，不得使用斗拱和彩绘，明代这些住宅形制等级，尽管规定十分严格，但隐蔽逾制现象仍时有发生。

祥集弄古民宅建筑，充分印证了明代社会等级制度，所谓“庶民庐舍，不能超过三间五架”之禁令。同时也显示了景德镇富商私宅，深藏精良华贵，不露富丽堂皇，外观虽只求中等，内部穷极奢华。其隐喻表明既追求富有，也欲改变商人“富而不贵”社会地位。

---

9. 瓷之源　茶之乡　林之海——瑶里古村落

瑶里，古名“窑里”，位于景德镇市浮梁县，距景德镇市区约 50 千米。史上，瑶里因是景德镇制瓷原料主要产地之一，故而也被称作景德镇陶瓷发祥地，并由此得以扬名。

瑶里村远离城市喧嚣，这里群山环抱、沟壑清幽，林木葱郁、莺燕鸣啼，古道蜿蜒、清泉汇集。镇中遍布的清代民居，古道、街巷至今保存完好，古香古色、恬淡优雅。

史上瑶里

瑶里一带盛产陶瓷原料，自古便享有“高岭瓷土，瑶里釉”之美誉。因而也一度成为供应景德镇原料最重要的产地。而陶瓷原料开采业兴旺，也带动了瑶里本地制陶业发展。宋、元、明时期曾达顶峰。今域内有 30 余处古窑遗迹，使其成为景德镇三大古窑址之一。

自元代以后，随着高岭土、白石塔釉果等瓷土原料开采，更加确立了瑶里为景德镇瓷业生产最重要原料产地。那时，瑶里的长明、方家山、白石塔、江家下等地，矿工云集、矿洞遍布、水碓房林立，淘洗池硕大，瓷土矿、釉果矿开采加工呈现一派繁忙。

不仅如此，史上瑶里还是著名茶乡，浮梁在唐代便已为著名茶叶集散地之一，时有“浮梁每岁出茶七百万驮，税十五余万贯”记载。唐代诗人白居易，在其名篇《琵琶行》中也有“门前冷落车马稀，老大嫁作商人妇。商人重利轻别离，前月浮梁买茶去”的名句。

今日瑶里

今日瑶里，享有“瓷之源、茶之乡、林之海”之美誉，现为国家历史文化名镇。瑶里镇域内今已开发有5大景观区、数十处旅游景点，分为自然风光、人文景观两大类别。例如汪湖生态游览区、瓷茶古镇游览区、梅岭休闲度假区、高岭土矿遗址区、昌南瓷器主题园区等。瑶里一带古村落、大多依山傍水，自古以来便是青山苍翠绿水长流；瑶里矿藏丰富，但现已禁止开采，这也令瑶河溪水重现清澈，瑶河戏鱼便为一道靓丽景观。

瑶里物华天宝，人杰地灵。史上为西汉长沙王吴芮、南宋开国侯李椿年、清朝工部员外侍郎吴从至等诸多名人故里或乡邻。如今这里既有徽派“三雕”艺术、狮冈胜览、程氏宗祠，也有复原的古明、清商街、徽州故道，以及反映瑶里乡风土人情的灯彩、地戏。

风物瑶里

●陶瓷遗迹（绕南、高岭景区）

瑶里制瓷业历史悠久，可上溯至唐朝中叶。瑶河纵横水运之便，徽州古道穿越而过，水陆交通兼备。这里黄山松、金钱松遍布，皆为上等窑柴，在不同历史时期，皆有相当规模瓷业兴起，宋、元、明时曾达鼎盛，筑就了千年制瓷史话，为景德镇三大古窑区之一。

●明清风韵（瓷茶古镇景区）

瑶里古镇始于西汉末年。这里群峰环抱，翠屏如画，南踞象山，北卧狮峰，瑶河逶迤穿境而过。数百座明、清时期的古民居依山傍水、错落有致，沿瑶河两岸点缀分布。这些古宅民居多为徽派建筑风格，飞檐翘角、粉墙黛瓦，静谧隐没于这片青山绿水之中。

古镇明、清商街当年曾为这里最繁华路段，昔日竟有上百幢商家店铺鳞次栉比分布于街道两旁。东埠古街时为浮梁四大街道之一，镇内古街、古桥、古码头等设施，显示着明清时期此为转运高岭土重地。青石板上辗出的独轮车凹痕，印证这里如何喧闹繁华。

●纯净自然（环境与物产）

今日瑶河因没有污染，使得河水清澈见底。俗话说“水至清则无鱼”，而瑶河却现“水至清可见鱼”，并由此成为一道靓丽风景。瑶里地处山区，空气清新，雨量充沛，产茶历史悠久，茶品一枝独秀且历来为“贡茶”，所产“得雨活茶”今为“人民大会堂专供”。

瑶里人的食材多取自天然，形成独具的饮食特色，如珍珠米果、油糍、碱水粑等。经典菜肴有清炖石鸡、神龟偷菇、腊肉泥鳅汤等。行走瑶里街市间，各种土特产品琳琅满目，如野生香菇、木耳、茶油、火笋、笋衣、干蕨、香榧、板栗、锥栗等，令人目不暇接。

● **风光旖旎（汪湖景区）**

瑶里风光之最，当数汪湖生态游览区、梅岭休闲度假区。此域山岭青翠，深邃恬静，既有流泉飞瀑、奇石洞天，也有千年樟树、茂密葱林。更兼山、水、岩、林融为一体，集险、奇、峻、秀于一身，汇四时景色变幻于一季，可称是寻幽探奇，郊野之旅极佳遴选。

瑶里风景区，堪称汇集山川、丛林、瀑布、峡谷诸多自然风光，以及古镇、古宅、古道、古窑址等，历史人文景观于一体。呈现古朴，悠远、静谧，青山绿水、奇美并具，一年满目葱绿、四季气候皆宜，实为大自然馈赠人间世外桃源，感悟天人合一蓬莱瑶琳仙境。

特色景区

瓷茶古镇游览区有程氏宗祠、狮冈胜览、明清商业街、瑶里博物馆、陈毅旧居、瑶河赏鱼。

汪湖生态游览区有南山瀑布、原始森林、天河谷、徽州古道。

高岭土矿遗址园区有东埠景区包括东埠古道，古船码头，明、清商业街，乾隆禁令碑。高岭土遗址包括高岭古矿、聚秀廊桥、千年古樟、龙口瀑布、玉岭云峰。

绕南陶瓷主题园区有古水碓作坊、古釉果作坊、古陶瓷作坊、古龙窑遗址、水碓小世界。

梅岭休闲度假区有张氏宗祠、千年古樟树群、蝶恋谷、徽州古道、梅岭度假。

（三）景德镇特产与美食

地方特产：雕塑瓷、青花瓷、玲珑瓷、粉彩瓷、颜色釉瓷、雀眉茶、薄胎瓷人、瓷胎竹编、德宇活茶、龙姣瓜子。

风味美食：饺子粑、碱水粑、景德板鸡、油炸馄饨、鲶鱼煮豆冲、油条包麻糍。

五、荆州

——楚汉史沧桑 明清遗钩沉

五、荆州
——楚汉史沧桑　明清遗钩沉

（一）名城概说

荆州古称“江陵”，其位于湖北省的中南部，地处江汉平原腹地，荆州历史悠久、文化灿烂，建城历史已达2600多年，为楚文化重要发祥地，三国文化的著名代表区。荆州历史可追溯到公元前689年，即楚文王建都于郢（纪南城），在此定都前后长达400余年。

春秋时期，纪南城曾为楚国都城，这里也是南方地区最为繁华的大都会，楚国鼎盛时期的政治、经济、文化中心。荆州境域自古群英荟萃、名流辈出，史上江陵亦被称作“七省通衢”，从春秋战国到五代十国，这里先后有34位帝王于此建都，历时达500余年。

史载，自五代时起，中原王朝的统治中心多在豫、陕之域。江陵西控巴蜀，北接襄汉，襟江带湖，遥指吴粤，为中原沟通岭南之要冲，这使得江陵成为著名“荆楚名城”，创造了名扬华夏、堪与古希腊雅典相媲美的楚汉文化，其重要之地位仅次于国内著名古都。

清代末期，日本携洋恃强凌弱，且以《马关条约》中所强加不平等条款，从沙市通商口岸攫取了巨大经济利益。新中国成立以后，荆州曾设行政区专署、驻江陵县荆州镇，管辖荆门、天门等8县。只是20世纪50～70年代，荆州影响越来越小而沙市名气却越来越大。

80年代，沙市伴随改革迅速崛起，号称“三楚明星”，当年沙市轻纺工业十分发达，活力28、沙市日化、“荆江”牌热水瓶、“鸳鸯”牌高级床单等，一批国家名牌产品曾饮誉华夏且走向海外市场。1994年江陵（荆州）与沙市合并称荆沙市，1996年重新更名为荆州市。

荆州文物古迹众多，如太晖观、元妙观、开元观、卸甲山、点将台、章华寺、纪南城遗址等。史载，太晖观为明洪武年间（1393年）湘献王朱柏所建，其主体建筑屹立于高大平台之上，飞楼涌殿、华拱画梁，顶覆筒瓦、雄甲荆楚，素有“小金顶”“赛武当”美称。

荆州，为国务院于1982年公布的首批24座国家历史文化名城之一。

1. 寻踪问源

近代考古发现，早在五六千年前荆州地域就已有人类繁衍生息踪迹，并由此创造了著名的屈家岭文化及石家河文化。史籍《禹贡》载，夏时禹分华夏九州。有关九州一说多源于上古，此论虽考证不足却绵延数千年流传。也有学者认为此说时应指华夏氏族境域。

史传九州二说有：

夏禹传九州之说包括冀州、兖州、青州、扬州、荆州、豫州、雍州、徐州、梁州。

西周传九州之说包括冀州、兖州、青州、扬州、荆州、豫州、雍州、幽州、并州。

据说，荆楚一说可溯源始称作荆，后称为楚。史载，商朝时楚地仅是华夏一隅，至周朝时封楚先君熊绎于丹阳，国号为荆。公元前689年，楚文王继位"始建都郢"，城立纪山之南。由此令荆人习惯将此都城称"郢"，或纪郢。直到春秋初期，楚成王才改荆为楚。

春秋前期，楚国青铜冶炼和锻造技术处华夏诸侯领先水平，其兵戈锋利、军武强盛。历经300余年征战，先后灭掉了几十个小国。周顷王六年，楚入全盛，庄王继位后，统领千乘，大败晋师、合围宋都、力压周天子"问鼎之轻重"，遂成史上"春秋五霸"之一。

春秋晚期，楚国发生内讧，楚平王枉杀重臣伍奢，其子伍子胥出逃，后兴吴伐楚。楚昭王十年，吴国大军攻入郢都楚败。战国后期，秦国日益强盛，楚国却走向衰落。秦昭王二十九年，秦大将白起率军攻入鄢郢与纪郢，史称"白起拔郢"，楚顷襄王逃遁于城阳。

三国时期，诸葛亮描绘荆州形势："北据汉沔、利尽南海，东连吴会、西通巴蜀，此用武之地也"。后魏、蜀、吴三国为争荆州，演绎了"刘备借荆州""关羽大意失荆州"等精彩故事。这也使得此域留下许多三国史迹，如江陵有关公点将台、公安遗孙夫人城。

史上东晋时期，先后有晋安帝、齐和帝、梁孝元帝移此为都。唐代设江陵为荆州治所，唐肃宗时立南都江陵府。北宋建隆四年，强大的宋军挥师南下，荆南末帝自知大势已去，无奈只得开城乞降。明、清两代此地曾置荆州府，历史上建文帝出走、曾迁封辽王于此。

民国元年（1912年），荆州裁府留县。新中国成立后至1951年，时荆州行政区督察专员公署，改称"湖北省人民政府荆州区专员公署"。1970年，荆州专区改荆州地区。1994年，撤荆州地区改称荆沙市。至2012年，该市辖荆州、沙市两区，又三市三县一开发区。

2. 人文荟萃

现荆州古城始建于五代，该城垣规模之宏大、保存之完好，为我国南方地区“仅有之完璧”。荆州自古人杰地灵，史上名人贤士辈出，楚庄王、屈原、孙叔敖、岑参、张居正等，素享“惟楚有才”美誉。老庄哲学、楚辞文学、楚歌乐舞已载人类共同文化遗产。

厚重的历史，丰富的人文，使得江陵（荆州）自古以来就具有很高的知名度。唐朝诗仙李白名诗《下江陵》、诗圣杜甫佳作《江陵望幸》，使得江陵载誉华夏四海扬名，令“千里江陵一日还”成为无人不晓之名句，而众多文人墨客题咏江陵诗文，更是不胜枚举。

● **有关荆楚诗文采撷**

《下江陵》　唐·李白

朝辞白帝彩云间，千里江陵一日还。

两岸猿声啼不住，轻舟已过万重山。

《江陵望幸》　唐·杜甫

雄都元壮丽，望幸欻威神。地利西通蜀，天文北照秦。

风烟含越鸟，舟楫控吴人。未枉周王驾，终期汉武巡。

甲兵分圣旨，居守付宗臣。早发云台仗，恩波起涸鳞。

《荆州歌》二首　唐·刘禹锡

其一

渚宫杨柳暗，麦城朝雉飞。

可怜踏青伴，乘暖着轻衣。

其二

今日好南风，商旅相催发。

沙头樯竿上，始见春江阔。

《望洞庭》　唐·刘禹锡

湖光秋月两相和，潭面无风镜未磨。

遥望洞庭山水翠，白银盘里一青螺。

荆州还是龙舟文化发源地之一，“中国荆州国际龙舟节”现已成该地独具特色文化品牌。荆州花鼓戏为湖北主要地方剧种之一，旧称花鼓子、沔阳花鼓戏、天沔花鼓戏。

每年正月和农历五月十三日，荆州关帝庙都要举行大型庙会。届时，荆州人会耍龙灯、吹喇叭、套轿子、骑马射箭、划采莲船，使得古城内外格外红火社会安康欢乐吉祥。

（二）历史文化

1. 春秋战国盛衰　楚汉文明踪迹——荆州博物馆

荆州博物馆位于湖北省荆州市荆州区荆中路，是一座地方综合类博物馆。该馆以优美的环境、丰富的馆藏、独具地域特色的文物陈列，以及丰硕的考古研究成果而享誉海内外。1994 年经国家文物局专家评选，该馆荣获了中国地市级“十佳博物馆之首”的赞誉。

简介

荆州博物馆始建于 1958 年，经过 50 多年的发展，今馆区面积已达 5 万余平方米，建筑面积达 2. 3 万平方米。该馆考古发掘，主要为长江流域大溪、屈家岭、石家河三大原始文化，荆楚域夏、商文化，东周时楚文化，战国文化、秦汉文化以及秦汉时期简牍等。如博物馆发掘的凤凰山 168 号汉墓，便属重大考古发现。鸡公山旧石器时代遗址、潜江章华台遗址发掘考证，均被评为当年全国十大考古发现。另有 4 代越王剑、吴王夫差矛、马山战国丝织品、楚汉简牍等。特别是凤凰山出土的西汉古尸，堪称国宝级珍贵文物。

荆州博物馆现收藏各类文物达 13 万余件，其中绝大部分为考古所发掘的出土文物，也有一些属于传世文物和革命文物。这些藏品类别包括有铜器、陶器、瓷器、漆木器、玉石器、丝织品、金银器、古字画、简牍等。其中属国家一级历史文物就有 550 余件（套）。

展陈

该博物馆布展形式包括：常设展览、特设展览、交流展览。

其展览内容主要包括“江汉平原原始文化展”“江汉平原楚汉青铜文化展”“荆州出土古代简牍文字展”“荆州凤凰山 168 号汉墓展”“荆州楚墓出土玉器展”“楚汉织绣品展”“馆藏瓷器精品展”“古代漆器精品展”8 个极具楚汉时期历史文化特色展陈。

- **特设展览（专题展览）**

主要包括“楚都遗珍——荆楚文物精品展”“美不胜衣——先秦两汉服饰复原展”“荆王府珍宝展”“王城春秋——东周洛阳文明展”“晷运时成——南京钟表展”等特色展。

● **常设展览（基本陈列）**

江汉平原原始文化展。江汉平原历史文化遗存，揭示了不同时期、不同性质、不同类型文物和遗迹，既有旧石器时代遗痕，也有新石器时代遗址。这些遗物主要为原始先民、生产和生活中所用的石器、陶器、玉器等。展览从不同角度再现史前时代、此域的生产、生活状态及社会风貌。

江汉平原楚汉青铜文化展。早在夏、商时期，青铜器就已为我国古代先民所了解使用，至西周时期逐渐呈鼎盛。春秋争霸和战国征伐，使得楚国成为“地方五千里，带甲数十万”时第一大诸侯国，创造了空前发达的楚文化，对秦汉时期中华民族大统一、大融合，产生了积极而深远的影响。

荆州出土古代简牍文字展。早在商代，我国就已出现早期文字——甲骨文。西周时期，铭铸青铜器上的金文（又称钟鼎文）已成当时文字的典范。春秋战国时期，随着社会的发展，一种以竹木为载体、用笔墨书写的文字，在这一特定历史环境下产生，并在其后历史进程中占据了主导地位。

荆州凤凰山168号汉墓展。史上秦将白起拔郢（前278年），曾令此地沦为废墟，秦汉时这里渐成贵族墓地。凤凰山西汉古尸与长沙马王堆西汉古尸属同期，相比较而言，前者下葬年代更早，保存更为完好。这一重大考古发现，对于研究西汉时期的科学、历史、文化等方面都具有重要意义。

荆州楚墓出土玉器展。春秋战国时期，对玉器的用制已呈巅峰，儒家“以玉比德”成为当时玉文化重要特征。荆州在东周时期曾为楚都所在地，迄今为止已发掘的楚墓达6000座以上。在这些墓葬中曾经出土了相当多的玉器，其种类包括璧、环、璜、龙凤形佩、管、珠、剑首、印章等。

楚汉织绣品展。中国是世界上最早生产丝绣品国家之一，丝绣品的出现及其发展，对人类物质和精神生活产生过深远的影响。史上荆楚丝绣织品，在中国和世界文化史上曾留下珍稀印迹。

馆藏瓷器精品展。中国是瓷器发祥地，公元前16世纪商代中期就已经出现了早期青瓷，即所谓“原始瓷”。战国至西汉时期，此地原始瓷的烧制时有长足发展，部分青瓷已开始崭露头角。

古代漆器精品展。中国漆器的制作与使用始于7000年前的新石器时代，至春秋战国时期，漆器更得到进一步发展。特别是雄踞南方的楚国，此时的漆器制作工艺水平已达到很高的境地。

典藏

馆内珍藏国宝级文物达30余件，如铜虎尊（西周）、铜大口尊（商代）、越王州勾剑（战国早期）、铜人骑骆驼灯（战国）、铜提梁壶（战国）、兵辟太岁戈

(战国)、铜虎子（西汉)、青瓷荷叶盖罐（宋代）等。

2. 土砖唯一延续　江南最美完璧——荆州古城垣

荆州古城又名江陵城是我国著名历史文化名城，城址始建于春秋战国时期，曾是楚国的官船码头和渚宫，后成为江陵县治所的最初城郭。其历经千百年风雨变迁，现耸立的雄伟城池乃明清两代所修建，其结构完整、逶迤挺拔，为我国现存最完美古城垣之一。

大北门城楼也被作“朝宗楼”，城楼脊枋下方有“大清道光十八年岁次戊戌九月壬戌初十戊申吉时丁巳时重建”的历史记载。大北门又被称拱极门，史上为通向中原和京城古驿道出口，旧时人们常在这里迎送亲友，大北门城楼也是荆州城唯一尚存城楼建筑。

古城概说

荆州城也称江陵城，因秦破郢后置江陵县，作为县治而得此名。在其后2000多年里，江陵曾作为地名为历代行政区划所沿用，因而出现过一城用二名的现象。荆州城历史悠久，早在春秋周庄王八年（前689年)，楚文王迁都郢时（今纪南城）这里便为楚官船码头。

周赧王三十七年（前278年)，秦将白起攻占郢都改江陵县为治所。西汉初年，封临江王于此。后东晋安帝、南齐和帝、梁元帝、后梁、隋末梁王、唐代南都、荆南国等，均于此立都建城。楚、西汉、东汉、三国、西晋、东晋、南北朝、宋、明，曾册封王侯于此。

荆州城郭形成于战国末年，至汉代已有城墙。蜀将关羽、吴太守朱然、东晋桓温、梁元帝、南平王高季兴等都对荆州城进行过修葺。北宋末年，战火烽烟令城池遭毁，南宋淳熙年间城池获重修。元初，忽必烈曾拆荆州城。元末，朱元璋称吴王时又重建荆州城。

荆州古城自秦、汉以来，一直都是历代封建王朝册封王侯、建业置府的朝廷重镇。西汉初年，改九州而设十三刺史，荆州便位居其中。魏晋时荆州降格仍保留其名，其治所虽多有变化且始终未定。而此种格局一直延续到明代初期，荆州才作为正式城邑确定下来。

荆州城池构筑坚固，建有配套军事设施，具有完善作战防御功能。最具特色的四座藏兵洞，东西南北各一座，分为上下两层可容100余人，每层又都有小藏兵洞，每个小洞可容2人。这些藏兵洞构造精巧，洞中建有射孔，可对攻城之敌发射弩箭令其猝不及防。

荆州城墙体采用特制青砖，加石灰糯米浆构筑。这些特制青砖每块重约4千克，从烧制城砖文字可知，当年这些城砖并非都出自荆州本地。鄂、豫、陕三省交界的均州，湘、桂、黔三省交界的靖州，江西省的茶陵以及湖南全省，皆有制砖砌于荆州城垣上面痕迹。

三国文化

东汉末年，魏、蜀、吴三国以建立霸业一统天下为目的，都想独得荆州这块重要战略要地。尤其曹操经多年征战、基本统一北方之后，便挥师南下夺取了荆州。当时处于劣势的吴侯孙权及尚无立足之地的刘备都将此地视为立业根基，也都各自盘算虎视荆州。

历史上的魏、蜀、吴三国便是围绕战略要地的荆州之争，构成了三国演义精彩章节。由此也为后世留下许多波澜壮阔的征战史料。而《三国演义》这部经典名著也随着“刘备假意借荆州”“关羽大意失荆州”等脍炙人口的故事流传，使得荆州古城名扬华夏。

“欲说三国事，必得话荆州”，一部长达120回的《三国演义》，其中竟有72回提到荆州。史载，三国时期荆州为兵家必争之地，刘表、刘备、关羽、吕蒙等鲜活人物、许多精彩故事都发生于此。魏、蜀、吴呈鼎足之势，其盛衰兴亡皆与荆州得失密切相关。

史载，曹丕、刘备、孙权三家各自称帝后，使得魏、蜀、吴各霸一方而三分天下，其间围绕荆州战事争端却始终未见平息。东汉建安二十四年（219年），关羽攻打魏军樊城，孙权趁机派大将吕蒙偷袭荆州，迫使关羽只得败走麦城，后为东吴俘获，经劝降无果被杀。

● 刘备巧言借荆州

赤壁大战之后，兵家必争的荆州七郡被刘备、曹操、孙权三家瓜分。曹操占据荆州北部最大的南阳郡，孙权得到江夏郡和南郡，刘备得到荆州南部4个郡（长沙、零陵、桂阳、武陵）。刘备屯兵公安欲求扩大势力显然受限，便巧言向孙权提出暂借荆州南郡一用。东吴鲁肃劝说孙权将南郡暂时借给刘备，于是刘备便拥有了荆州五郡（南郡、长沙、零陵、桂阳、武陵），从而北拒曹操，东和孙权，取得益州（今四川），由此开始建立了蜀汉基业。不过《三国演义》中也讲到刘备得蜀地之后，却再也不提借用东吴荆州一事。所以，民间至今都流传着“刘备借荆州——有借无还”这一诙谐俏皮的歇后语。

● 关羽大意失荆州

关羽是三国时期的蜀汉名将，其武艺高强，且侠肝义胆，温酒斩华雄、过五关斩六将、千里走单骑，一时名扬天下。但关羽也有一个致命弱点，就是心高气傲、目中无人。

建安二十四年（219年），魏军主力在汉中和刘备交战，此时驻守荆州的关羽积极配合刘备的行动，亲率荆州大军主力进攻魏军，兵临樊城及襄阳击败魏军大将曹仁，并乘胜出击围困襄阳、樊城。为解襄樊被困之围，曹操急调徐晃及张辽等名将，又遣于禁统率七军。此战关羽巧妙利用汉水暴涨，乘势水淹七军，擒于禁、斩庞德，一时间关羽威震华夏，使得曹操几乎考虑迁都，以避关羽时锐气之锋芒。后经魏国谋士司马懿建议，曹操联合东吴孙权，促孙权乘机偷袭关羽大后方荆州，导致关羽败走麦城失去荆州这一战略要地。

这也就有了《三国演义》中十分精彩章节——关羽“大意失荆州”“落败走麦城”。

旅游景观

荆州古城，现所存留砖城为明末、清初构筑。整座城池呈现不规则长方形。清顺治三年（1646 年），依明代城池旧有基础对荆州城进行整修，竣工之后则将各城门重新命名。

东门为寅宾门，西门为安澜门，南门为南纪门，东南门为公安门，大北门为拱极门，小北门为远安门。

1970 年，随着城市公共交通事业发展，经报请国务院批准，有关部门在古城垣上新开三座三孔城门，这便使得原有 6 座城门，变为现在的 9 座城门。20 世纪 80 年代，将寅宾门城楼重建。史载，荆州古城明末、清初曾到一次修复，其后再次获整修竟相隔了350 余年。

领略古城风采，最好到东门和大北门。东门称“寅宾门”，始建于明代，门楼称“宾阳楼”，形式古朴壮观，现城楼为 1988 年复建。据说，电影《小花》《路漫漫》《战国钟声》等影视剧都于此拍摄过外景。宾阳楼和朝宗楼有台阶，游人登临可饱览江陵神韵。

3. 赞八百年基业　叹几多郢流殇——楚故都纪南城

楚故都纪南城位于荆州市江陵区北 5000 米，城址因在纪山以南又称纪郢。楚文王元年（前 689 年）“始都郢”，楚顷襄王二十一年（前 278 年）秦国大将白起拔郢，此城历时 400 余年，其间 20 代君王在此建都，时为楚国的政治、经济、文化中心，神州华夏第一大都会。

纪郢遗迹

1961 年、1975 年，经对纪南城进行科学考察获得大量宝贵资料。尤其是 1975 年，发掘科考的 168 号汉墓，为葬于汉文帝十三年（前 167 年），保存十分完好的一具古尸，这对研究西汉初期历史、文化、医学等具有极为重要学术价值，考古界称为“重大发现”。据说，当年发掘时土城墙尚存，城内城外、地上地下，遗存的文物极为丰富。这为研究当时社会变革、楚国的历史文化，提供了极为重要的依据。考古还发现有楚王台榭、宫殿建筑等遗迹，东周及春秋时期陶器、铁器、铜器、筒瓦、板瓦等珍贵历史遗物。

经近年多次考古活动，陆续发现当时宫殿、房屋、水井、窖穴、窑址、铸炉、灰坑、道路等遗迹，出土了丰富的建筑材料、生活用品、生产工具等器物。这些众多历史文物中，包括有越王勾践宝剑、吴王夫差矛、战国丝绸、漆木器皿等文物，其中不乏稀世珍品。其实，在纪郢城遗址周围，同样遍布楚汉古墓。如距离故城遗址不远的纪山、八岭山、雨台山长湖墓葬群，其规模同样相当庞大，也发掘出土了许多重要文物。如楚王孙鱼戈、彩绘木雕座屏、凤纹铜尊、错银龙凤纹尊、彩绘石磬，其中任何一件都价值连城。

早在1962年，纪南城就被公布为全国重点文物保护单位，今城垣处立有郭沫若题“楚纪南故城”碑。临纪郢遗址高地环视，可见八岭、纪山、雨台诸山，坡岗起伏、林木葱茏、阡陌纵横，现金戈铁马已不见、烽火硝烟早散尽，但仍可依稀感触到荆楚雄风犹存。

荆楚春秋

据说楚之祖，源自帝颛顼高阳氏。高阳者，黄帝之孙昌意之子也，其部落居于商都朝歌以南，芈姓乃楚先祖。季连之后曰鬻熊，为周文王老师。曾孙熊绎，以王父字为氏成熊姓。周成王分封先王功臣，熊绎受封于丹淅之域，始立楚国建都丹阳（今河南省淅川县）。

《史记·楚世家》《国语·郑语》中载，楚人为祝融后裔，祝融乃是火神兼雷神，“能昭显天地之光明”，生时为高辛氏火官之长，死为火官之神。祝融部落在夏时就已渐成一方势力强大部落，史称为祝融八姓，到了殷商时期，祝融部落的势力已经非常强大。

西周时期，荆人首领鬻熊率楚民弃暴君商纣王，西行投奔明君周文王，受文王器重。后至周成王分封，鬻熊曾孙熊绎受封楚君，楚人自此便跻身诸侯之列。熊绎初建都丹阳，即今襄樊市南漳县，至春秋战国时期，楚国君王熊通继续沿袭熊渠开疆拓土之辉煌。

关于古丹阳在何处，近代史学界有当涂说、秭归说、枝江说、丹淅说等。周昭王时秦屡兴兵南征，迫楚人沿丹江河谷下徙。后楚人终在丹江下游（河南淅川境）建立新都。以中外史地名随人迁徙惯例，新都仍称“丹阳”，“荆山”之名也随楚势力越过汉水，波及湖北南漳西北境域。多数专家认为南阳淅川为楚开国之君、熊绎始都丹阳之地。

春秋时期，楚国南征先灭掉随国。周桓王十六年（前704年），熊通称王后，又灭掉了麇、卢、罗等小国，继而南进征伐大小百苗。楚国全盛时期，其地域覆盖范围已达今河南、陕西、重庆局部，湖北、湖南、安徽全部，浙江、江苏大部，时楚疆域已近半个华夏。史传，楚庄王即位“不飞则已、一飞冲天，不鸣则已、一鸣惊人”。随着庄王勤政选贤任能，整军习武、励精图治，楚国又进入了经济繁荣、文化灿烂鼎盛时期。共王继位后，楚便开始走向衰微，到了昭王时楚则更加败落，以致国破之后不得不迁都江陵（荆州）。

兴亡之事

纵观楚史，楚子受封、昭王南征，庄王问鼎、吴起变法，及至宣威盛世。可以说春秋战国时期有关荆楚一带的历史，从某种意义上来讲就是一部楚国的兴衰历史。随着其后楚都自湖北丹阳，至荆州纪郢、淮阳陈郢、安徽寿郢的数次变迁，也见证了楚之兴亡。

楚国兴衰绵延800余年，随着楚国初年不断走向繁荣强盛，楚文化也脱颖而出，堪与中原文化分庭抗礼，成为中华文化两大流派。在其后相当长岁月中，作为南北两大文化代表，相互碰撞、相互融合、相互转变、相互更新，从而形成黄河与长江流域的两大文明。

春秋时期，楚文化蓬勃发展，战国纷争交兵时为楚文化鼎盛阶段。秦之兴起乃是楚由盛转衰前奏。史传，当时纪郢为诸侯中最繁华的都会。汉桓谭《新论》载：“楚之郢都，车毂击，民肩摩，市路相排突，号为朝衣而暮敝。”这说明当时楚都纪南城繁华已达盛极。

自古以来，楚地就有楚、荆、楚荆、荆楚称谓，楚国为何称“楚”？据考证研究资料，国名可能是源于“国母”之死。楚之先君穴熊记载，穴熊妻子妣厉，生子丽季遇难产，产后致妣厉而死、丽季存活。妣厉死后葬礼，巫师用荆条包裹，后人便由此称己为“荆”。若真如此，按楚国君世系传位，妣厉丈夫以及她儿子先后做了楚人首领、成为楚之开国先君，且由此开创了楚国800年辉煌基业。随着后来楚都的几次迁徙，又从另一个角度以史见证了，楚国历经崛起发展扩张，继而达到了国之鼎盛，然后逐步走向衰败灭亡。

史上楚都数次迁徙：初建都丹阳（今河南淅川域）→移都纪郢（今湖北江陵县北）→再移都与陈（今河南省淮阳）→迁都寿春（今安徽省寿县）。

楚故都兴衰

丹阳——楚始都

史传，丹阳是楚立国后第一座都城。关于古丹阳的确切位置一直是历史学界、考古学界长期争论的热点。有说是今湖北秭归县，也有说在今湖北枝江市，还有说为今湖北南漳县境。但多数学者认为古丹阳应在丹水之阳，与淅水交汇处，即今湖北丹江口水库域。

一些专家和学者，依据新蔡葛店楚王墓出土两枚楚简，甚至提出“丹阳楚都均州说”。楚简译：“过去，我的先辈出自均陵（均州），往居此沮漳流域，又选择迁居在郢。”以此论证楚国故都发祥地西周时代均陵，即唐朝均州，众所周知此均州，即今天的丹江口市。

纪南城——楚中都（略）

至陈——楚次都

史上，楚国至楚庄王时，经过一番励精图治，楚现“不鸣则已、一鸣惊人”，终踏上争霸之路。史载，楚、晋两国的邲之战，又称“两棠之役”，以楚国大败强国晋国而告终，自此楚成春秋五霸之一。弭兵之会后令楚与晋平分中原霸权，时楚国强盛之势如日中天。

商鞅变法使得秦国强势崛起，而楚国后几代不争气君王败家令楚开始走下坡路。尽管如此，实力强大疆域辽阔的楚国仍是秦国头号宿敌，故两国之间争战不可避免。经过一系列的交战，公元前278年，秦将白起攻破楚国郢都，楚顷襄王只得迁都至陈（今淮阳）。

寿春——楚末都

现寿县（寿春）古城墙始建于宋代，该城垣距今已有1000多年历史。由于明、清两代不断整修，古城至今保存仍较完好，据说也是目前国内保存最为完好的七座古城之一。

史上寿县之所以能为楚国其后都城，据说与一项重要的水利工程有关。安丰塘修建于春秋中期，距今大约有2500年，相传为楚国令尹孙叔敖修筑。史称“佐庄王以霸”，“寿春地方千里、有陂田之饶”。它可与四川的都江堰、陕西的郑国渠、河南漳河渠比肩齐名。

寿春也是楚国最后一座都城。史载，楚先后立有四座都城，即湖北江陵的纪南城（郢），前后历时400余年，至公元前278年秦国大将白起拔郢，楚都被迫迁往河南至陈即今淮阳。公元前241年，楚考烈王再将都城迁往寿春，一直到公元前223年楚被秦灭亡为止。

---

4. 传称荆州神童　话说千古一相——张居正故居

张居正故居位于荆州古城东大门内，有一条以张居正命名的街巷，张居正故居就在这条街道的东端。由于众多历史原因，张居正原故居其实早已毁于战乱，今故居仅是为后人提供缅怀张居正历史功绩的场所，为此有关部门择地重建了张居正故居。

今在张居正故居南门处，伫立有“江陵碑苑”牌坊，北门紧临宾阳城楼。

景区以相关历史资料为佐证，依其所描述故宅概貌复原构建了这一四合院式宅邸。此院中小花园布局，当属明清时期建筑风格，故居内设张居正生平展览，介绍其意欲中兴图强变革史话。

历史文化

史传，历经数十年的宦海生涯，使张居正十分注意观察思考社会现实中的诸多社会矛盾，悉心探究史上历代王朝盛衰兴亡的经验教训。为此，他于明隆庆二年（1568年），向明穆宗上奏一折，又称《陈六事疏》，力主革除前朝世宗嘉靖帝遗留下的各种弊端。张居正推行的锐意改革，集中表现以下六大主张："省议论"（禁止空谈，讲究实际）；"振纲纪"（整肃朝风，严明法纪）；"重诏令"（令行禁止，推崇效率）；"核名实"（严明考察，选拔人才）；"固邦本"（轻徭薄赋，安抚民心）；"饬武备"（整备军事，严守边塞）。

有关这些政治主张当时并未全部付诸实施，但从中可以窥见张居正改革的蓝本宏图，这也是张居正开始推行改革的前奏。隆庆六年穆宗驾崩（1572年）太子朱翊钧继位，改年号"万历"即明神宗，明穆宗在位时对张居正十分信任，遗命张居正等三位重臣时为辅政。

史载，万历初年张居正联手大宦官冯保，一举推倒高拱并跃居为首辅，此时神宗尚处年幼，故军政大事概由张居正裁决。他自诩"勇于任事，以天下为己任"。出任首辅后不久，张居正以整顿吏治为由，以发展经济、巩固边防为主旨，强力推出一系列的重大政治变革。此举推行不久，便令新政焕然一新，使暮气沉湎的大明王朝竟然生出短暂的回光返照，浮现了最后的一抹辉煌。张居正执政期间，朝廷大力整顿吏治，积极巩固边防，遂使得自明中叶以来朝廷所积存的政治危机、日益尖锐的社会矛盾，稍微得到些许短暂缓解。

据史料记载，万历初年国泰民安，国力陡增日趋繁盛，太仓积粟臻于富足，盈余可支储用十年，财政收入明显好转，国库充裕多达400余万。鉴于张居正推行的改革，确实取得了重大成效。因此，他也被明代著名思想家、文学家李贽赞誉为明代"宰相之杰"。

主要景观

张居正故居今为一组仿明清四重院落，包括西花园、照壁、张文忠公祠、文昌阁、神龟池、捧日楼、纯忠堂、南门广场景观。另有大学士府，九鸟苑、陈列馆、文化艺术碑廊、首辅论证群雕等。园内花草、典雅葱郁，亭台楼榭、绿树成荫，小桥流水、清幽恬静。

进得院落太岳堂，门额上方悬"千古一相"匾额，两边书楹联"一人而为帝王师，双肩能担天下事"。堂内有明朝大儒李贽对张居正评价"宰相之杰"4

个大字。墙壁之上书“荆州神童、初涉政坛、休假三年、步步高升、荣膺首辅、锐意改革”等历史生平。

5. 祠显汉代古风　殿露忠义仁勇——关羽祠

关公祠及关公陈列馆位于荆州古城南门的关庙旧祀。据传，此关庙旧址原是关羽镇守荆州时的一处府邸遗迹，也是关羽后代世袭江陵之地。卸甲山关羽祠原建于荆州城西南、旧城垣处一个土丘之上，南面紧邻城墙，东、西、北三面台基与土城垣融为一体。

今日关羽祠祀，仿照原关庙风格，灰瓦红墙、画栋雕梁，飞檐翘角、气势威武，浑然一体且独具魅力。主要有仪门、正殿、陈列馆等，各处建筑前后呼应，既独立成形又兼顾左右。关公祠及陈列馆，也是三国文化旅游景观之一，为荆州古城楚汉文化宣传名片。

历史文化

史传，关羽字云长，本字长生、汉族，身高 1.98 米，并州河东解州人（今山西运城）。东汉末年刘备麾下著名将领，曾与刘备、张飞桃园三结义，官至前将军、汉寿亭侯。在三国演义的小说中，曾为西蜀刘备五虎上将之首。自东汉以后，一直是民间崇祀之偶像。

史上荆州为关羽领兵镇守军事要地，关羽一生令人仰慕的性格与业绩，在镇守荆州期间得到了充分展现。不过荆州陷落也是关羽败走、事业名声俱损且丢失性命终结地。这便有了大意失荆州、落败走麦城、被斩于临沮悲剧性的结局，足令后人扼腕叹息。

史上荆州域，包括南阳、南郡、江夏、武陵、长沙、桂阳、零陵七郡。曾是曹操、刘备、孙权三方势力必争的战略要地。赤壁大战之后，曹操拥有南郡以北，孙权占据江夏郡和南郡以南，史书上“刘备借荆州”一说，就是孙权将自己南郡之一部，暂借给刘备使用。

史载，东汉建安二十年（215 年），刘备取得益州后，孙权即派诸葛瑾为使去向刘备讨要所借之地，并要求将荆州南部数郡一并归还给东吴。然而，刘备总是借故托辞拒绝，而孙权派人去接收，守将关羽又坚决不给。自此落下民间歇后语“刘备借荆州——有借无还”。

有关荆州卸甲山关羽祠，可见明崇祯十三年（1640 年），以及清顺治十年（1653 年）江陵地方编纂的《江陵志馀》，抗战期间此寺庙曾遭到日军焚毁。今复建的关羽祠依据史料，保持了明清时期建筑风格，故被誉为荆襄关羽第一祠，也是海外华人祭祀关公首选之地。

关公现象

历史上关羽，令人们对其常怀仰慕与同情之心，故死后民间倍加推崇。后经历朝褒封，尊为关圣帝君（佛教称伽蓝菩萨），追封为“武圣”，位置堪与“文圣”孔子齐名。许多故事也得到广泛传颂，如“温酒斩华雄”“千里走单骑”“过五关斩六将”“单刀赴会”等。

不过，关羽生性孤傲清高、孤芳自赏，这大概是他樊城之战取得最初胜利且威震华夏后，转而主观臆断过于自信，导致大意失荆州，最终落得败走麦城。据说，曹操曾告诫手下大将夏侯渊：“为将当有怯弱时，不可但恃勇也。将当以勇为本，行之以智计。”

所幸关羽具有更优秀一面，并因此名垂千古。步入众关帝庙皆可见高悬忠、义、仁、勇匾额，这便是人们对其敬重、推崇至极精神所在。《三国演义》对此描十分精彩，如“屯土山关公约三事”“华容道义释曹孟德”“寻兄护嫂夜读春秋”“汜水关温酒斩华雄等”。

祠内景观

● 山门及天梯

祠内山门飞檐翘角，彰显汉代建筑风格。其正殿前方建有33级石砌台阶，此处唤作天梯，此说源于“三月三日开天门”民间一说。以及荆州城垣“三山不见山”（即松甲山、卸甲山、掷甲山）的历史故事，寓意登上33级天梯，人生便可一步一个新台阶。

● 正殿及后殿

此正殿内塑有一尊关公坐像，以及长子关平、次子关兴立像。塑像关公头佩戴汉巾，身着汉袍，左手捋髯，右手作免礼状，凸显关公所独具的忠、义、仁、勇形象。后殿正面高悬着一巨幅匾额，正文全部采用隶书镌刻形式，书写陈寿《三国志·关羽传》全文。

● 关公铜像及圣迹沙盘

关羽祠正殿二楼层处，今立有一尊关公立姿铜像，据称这也是关羽祠内的镇殿之宝。在铜像的前面布置有关公圣迹沙盘，此为国内唯一用沙盘展示关公一生行踪的视图。

● 祥和殿及诚信殿

祥和殿内有关公一家四代九口的全家像，这也是将关公全家大小唯一安放在同一殿堂人物雕塑像。在诚信殿内另外塑有刘备、关羽、张飞、赵云、诸葛亮等五位人物头像。

● **卸甲山石碑**

今在祥和殿旁的卸甲山处，还特意立有一方颇具新意的石碑。上面篆刻有一组碑文：“此石碑由千年神龟气定神祥鼎力托起，以此向世人展示百年古祠旧貌，今日换了新容。”

● **关公立姿石像**

此外，在诚信殿旁还立有一尊由花岗岩雕塑的巨大关公石雕像。该石像高4.8米，关公伫立面朝东方，提刀远眺、威武豪气，俨然展露武圣人的英姿，舍我其谁之形象。

● **关、张兄弟树**

另外，在所立关公雕塑石像后，植有两棵独特的楠树。据说，这象征关、张两兄弟根同叶茂、情深似海，生当人杰、死亦鬼雄。虽历经人世悲怆，仍傲然挺立卸甲山上。

---

6. 道观始自盛唐　建筑起于明清——荆州三观

古城荆州不仅富蕴春秋文化，楚汉文化，三国文化，而当地著名“三观”也驰名华夏，蜚声中外。荆州三观主要指玄妙观，开元观和太晖观，今为全国重点文物保护单位。

玄妙观

玄妙观位于荆州城北偶、荆北路的中段处，现为全国重点文物保护单位。据观中的碑文记载，此观始于唐贞观九年（635年）所建，另有一说始于唐开元年间所建。观址原在城西南隅，明代嘉靖年间迁徙于此本称玄妙观，清代为避康熙帝玄烨名讳，曾改称元妙观。

今观内建筑，前为山门、中为玉皇阁、后为三天门和玄武殿。玉皇阁乃是明万历十二年（1584年）重建，为四角攒尖顶的三层楼阁。其面阔与进深均为3间，平面呈正方形，重檐飞举、翠瓦丹墙，体态稳健、色彩和谐。玄武殿耸立于崇台之上，古朴雅致巍峨庄严。

今观前存元至正三年（1343年），所伫立的一方《中兴路创建九老仙都宫记》石碑。此碑文中记述了九老仙都宫营建过程始末，堪称是一件不可多得的道教历史珍贵资料。

现观内所遗存建筑多为明万历十二年（1584年）所建，其主体建筑玉皇阁采用三重飞檐，形似伫立宝塔。屋顶建有一尊青铜莲花座，形状宛如一顶盛开的金莲，更兼与屋顶闪烁的琉璃瓦极为巧妙地融为一体，每临旭日初升傍晚夕阳西下，光彩夺目十分耀眼。

不仅如此，在观后一处6米多高的台基上，还建有三天门和玄武阁，此建筑均为重檐歇山顶式。且在玉皇阁的右侧方另立有一块高大石碑，上书“九老仙都宫记”字样。

据称，此碑始立于元惠宗至正三年（1343年），这也是目前此地所能见到的最早碑刻。碑文记述了玄妙观当年主持道人唐洞云被元帝敕封为八仙之后第九仙，碑文由元代著名学士欧阳元亲自撰写、元代书法大家危素手书，这无疑令此碑身价陡然倍增尤显珍贵。

开元观

开元观位于江陵城西门内，今为全国重点文物保护单位。此观始建于唐开元年间、故称开元，其后虽屡经各朝战乱损伤但常有修葺。现存主体建筑，为明、清两代的遗构。尤其沿观的中轴线，原观内山门、雷神殿、三清殿、天门、祖师殿等，主体保存尚好。

现观址占地面积约5000平方米，布局坐北朝南，一门三殿贯穿中轴线，呈梯次有序排列。山门为木结构门楼式建筑，庑殿顶、三道门、造型美观、纤巧瑰丽。门前立有石雕蹲狮一对。雷神殿为清代硬山样式，面阔三间、进深三间、七架梁前后搭牵连接，以四柱支撑。

观内的三清殿，建在高约1米的台基之上。形式为单檐歇山顶式，面阔五间、进深三间、前檐施五栖、重翘斗拱，平身科明门采用四攒，后檐及两侧均施三幅云衬托挑檐木行。另在观的后部还建有一处高台，台高距地面3米有余，下筑一道20级的石板台阶。此大殿沿台阶两侧的石栏板，上面雕刻有禽兽、人物、几何图案，今观内陈列部分文物为荆州博物馆之一部。天门为砖石结构，单门道、庑殿式屋顶，脊施蟠龙、形象鲜活、极为生动。祖师殿结构为重檐歇山顶式，面阔及进深均为三间，平面略现一正方形。

此外，四周围廊飞檐处皆雕龙头，殿内雕梁画栋、古朴典雅。正中央的天花板上，绘有五色龙凤图案，上有15条金龙和20只凤凰，各个形态生动、形象极为逼真。上檐施五栖重翘斗拱，下檐施四栖单翘斗拱，殿内置井口天花，绘有五色龙凤，图案绚丽夺目。

太晖观

太晖观位于江陵城西门外1000米处、太湖港之北岸，宋元时期此处有草殿，明洪武二十六年（1393年），朱元璋第十二子朱柏受封江陵湘王。由于其笃信神仙，“善道家言”，遂于此建殿，经占卜得未济卦于是命名为“太晖观”，现为全国重点文物保护单位。

据清乾隆《江陵县志》记载，太晖观有主体殿阁五座，偏殿、左右殿俱备，规模宏伟，殿宇高大，时人赞曰：“遍数琳宫，独此雄甲荆楚。”现存建筑有山门、三清殿、朝圣门、金殿、配殿等，金殿立于高大平台之上，重檐叠脊、顶覆钢瓦，旭日映照、光彩生辉。

金殿前檐下建有浮雕石柱，云绕龙蟠，精致生动。台后清水一泓，浮现碧波涟漪，两侧垂柳成行，婀娜多姿，由此衬得金殿更加辉煌瑰丽。殿内装潢雕梁画栋熠熠生辉，故有“小金顶”“赛武当”之称。据说，湘献王被告谋反畏罪自焚，但不久又获得昭雪平反。

另有，湘王衣冠冢位于太晖观西侧将台中学内。据称，此地曾发掘出土600余件文物。1956年，被公布为省级重点文物保护单位。该殿堂仿硬山式结构，绿色琉璃瓦脊，两端筒瓦当皆饰五爪龙形图案，墓室奇特别致、建筑工艺精湛，堪与太晖观比肩相携而立。

7. 一读骚经肃然　行廉志洁无滓——江渎宫

江渎宫，又名江渎观，位于荆州沙市区江汉南路之东侧。此宫始建于南宋嘉定六年（1213年），清雍正八年（1730年）获重建。据传，此宫旧址乃是屈原被贬后居住和吟读之地。宫内有厢房两栋，虽为附属建筑仍显恢宏气魄，宫后置有高台，台上建一大殿。

殿内立有屈原塑像，《重修江渎宫记》石碑。江渎宫年代虽已悠远，但游人至此瞻仰，仍觉诗人身着楚服、头冠崔嵬、腰佩长剑，于徘徊行吟中。今宫前立一井，井深4米，井水清冽，井沿上绳痕清晰，今犹为居民汲用。据传明万历年间，曾有龙现身故名龙井。

屈原，名平，生于郢都的一贵族家庭，是我国春秋战国时期楚国政治家和著名诗人。其不朽之名篇《橘颂》《天问》，据称便写作于当年此处宫中，故江渎宫内的“天问阁”也因此而得其名。其后有南宋著名爱国诗人陆游，也曾于此寓居并写下若干著文。

《橘颂》　先秦·屈原

（节选）

后皇嘉树，橘徕服兮。受命不迁，生南国兮。
深固难徙，更壹志兮。绿叶素荣，纷其可喜兮。
曾枝剡棘，圆果抟兮。青黄杂糅，文章烂兮。
精色内白，类任道兮。

《天问》　先秦·屈原

（节选）

遂古之初，谁传道之？上下未形，何由考之？
冥昭瞢暗，谁能极之？冯翼惟象，何以识之？
明明暗暗，惟时何为？

屈原生于楚地，对故土怀有深厚感情，入仕后在楚国担负要职近20年，至楚怀王时曾官至大臣左徒。后因力主富国强兵、联齐抗秦，但其政治主张遭到令尹子兰、上官大夫靳尚等人联合反对，加之屡遭谗言，遂被贬为管理王族内务，沦为有名无实“三闾大夫”。不仅如此，随着朝廷内部争斗加剧，他再遭贬黜乃至流放汉北及江南。后因常念故土忧伤国事，发愤作《离骚》始开创楚辞先河，自此在我国文学史上树起一座不朽的丰碑。而他忧国忧民的爱国情操以及留下的旷世宏篇，对后世诗歌创作产生深远影响。

《离骚》经典名句，寓意颇深，富含哲理，百读不厌。

《离骚》　先秦·屈原

纷总总其离合兮，斑陆离其上下。
回朕车以复路兮，及行迷之未远。
信而见疑，忠而被谤，能无怨乎？
举世混浊而我独清，众人皆醉而我独醒，是以见放。
路漫漫其修远兮，吾将上下而求索。
既替余以蕙纕兮，又申之以揽茝。
长太息以掩涕兮，哀民生之多艰！
众女嫉余之蛾眉兮，谣诼谓余以善淫。
恐鹈之先鸣兮，使夫百草为之不芳。
亦余心之所善兮，虽九死其犹未悔。

据传，屈原流放江南时，得知秦将白起“拔郢”，面对国破家亡故土难回困境其满怀哀怨忧伤，愤懑投汨罗江以身殉国。1954年，国际文联理事会将这位著名诗人列为世界四大文化名人之一。今世界各地华人，每逢端午节都要纪念这位伟大的爱国诗人。

1991年，江渎宫经批准再获重修，今主建筑为三层阁楼式建筑，天问阁红墙绿瓦，气势恢宏。天问阁内底层立有三闾大夫塑像，两侧楹联援引了叶剑英元帅的即兴诗句游东湖《行吟阁》

泽畔行吟放屈原，为伊太息有婵娟。
行廉志洁泥无滓，一读骚经一肃然。

试想，诗人若知千年之后得此积极评价，不知是否觉得“此生未负荆楚之人”？

8. 曾得御赐封赏　存疑千古迷离——章华寺与章华台

章华寺位于荆州市沙市区太师渊，该寺始建于元代泰定年间，清代曾获重修。寺内建有山门、天王殿、财神殿、韦驮殿、大雄宝殿、观音殿、弥陀殿、藏经楼、禅堂、念佛堂、净月堂、斋堂、方丈室等，主体建筑规模巨大、雄伟壮观、金碧辉煌，为荆楚名刹。

史载，明建文帝游历此寺，曾吟诗："楚歌赵舞今何在？唯见寒鸦绕树啼。"清代道光年间，寺院长老以禅堂窄小为由，遂尽心竭力经营，拓地扩寺增舍，终致庙宇巍峨。现遗存殿堂建筑多为晚清年间修葺构建，如天王殿、韦驮殿、大雄宝殿、藏经楼、方丈堂。

今寺内珍藏清雍正年间皇室所颁赐的全套《藏经》8000 卷，以及当年缅甸国王赠送的两尊珍贵玉佛。另在大雄宝殿东侧尚有古井一口，名唤沉香井。清人宗涓有诗赞："朝汲井泉甘，暮汲井泉冽。"现井水甘冽如故，井沿有清人镌刻"沉香古井"4 字清晰醒目。

大雄宝殿前长有一簇古梅，据说为楚灵王时遗物，至今老干苍虬，枝叶繁茂。清人李葆元咏："香凝白雪争千载，影瘐江南剩一枝。"寺内有甘露观音塔，塔底真身殿供奉一高僧坐化圆寂肉身像，其全身金箔紧裹，长年香熏防腐，此为国内仅存五处真身像之一。

今寺内千年古梅、沉香古井、银杏古树、篆刻古碑，被称为章华寺中"四绝"。不仅如此，寺内另有春秋贝壳路、东汉年代古砖也是镇寺之宝。据说，武汉的归元寺、荆州的章华寺、当阳的玉泉寺，曾被并称湖北三大丛林，现该寺为湖北省重点文物保护单位。

御赐封赏——章华寺

章华寺又名章台寺，早在隋唐年间便有隐士在此结庐修行。另有说，该寺所处乃是当年楚灵王五行宫、古章华台的遗址。史载，元泰定二年（1325 年）始建此丛林。元至正二十三年（1363 年），陈友谅鄱阳湖之战兵败，朱元璋追杀至江陵，战乱中章台寺遭严重毁损。

明初，章台寺为避元文宗帝亲临寺院之嫌遂将章台寺改称章华寺。明洪武二十一年（1388 年），朱元璋之子楚王朱桢镇守荆襄，见寺院破败遂拨银修复。明建文帝四年（1402 年），靖难之变后燕王登基，据说建文帝仓皇出逃，其途经江陵时曾在章华寺内挂单 3 天。

明末清初，章华寺因战乱屡遭毁损。清康熙四年（1665 年）再生"三藩之乱"，云南王吴三桂先杀云南巡抚后统兵北上，而荆州一带便成为双方厮杀重要战场。章华寺因屡遭兵火殃及终致寺毁僧散。清嘉庆和同治年间，寺院经守性高僧主持才逐渐开始复原。

清光绪三十一年，净月大师奉旨入京讲经说法。因经法智慧广博，深得光绪皇帝、慈禧太后赞誉，赏赐龙藏、龙椅、袈裟、如意等珍品。加封净月大师官居四品大僧正钦命方丈，受命管辖荆州、宜昌、恩施、郧阳等地所有寺院，章华寺自此名声大振香火旺盛。

寺院景观：

进得寺院大门，迎面便是天王殿，两边钟楼和鼓楼分别供奉关公和财神。在天王殿后面，是一块御赐“大雄宝殿”牌匾。由此可见，当年章华寺曾承蒙皇家何等恩宠。寺院内观音甘露宝塔乃是镇寺之物，供奉的观音菩萨甘露主尊塑像，塔高七层谓之七级浮屠。

宝塔内外观音壁画，分别以汉、隋、唐、宋、元、明、清各个朝代，不同风格绘制镌刻。塔身石栏玉柱，上面嵌有飞龙、白象、麒麟、雄狮、彩云、白鹿等石雕，样式精美，形态各异、栩栩如生。56个飞龙挑角，口中各含56个纯铜风铃，微风拂掠叮咚悦耳。

不仅如此，在寺院铁塔后面的罗汉堂内还虔心供奉着众多罗汉。位于佛堂中央的四佛法相，一位是观世音，一位是健康佛，一位是前程佛，一位是善财佛。现如今“章华寺”的三字匾额，乃是前中国佛教协会会长、前中国佛学院院长赵朴初先生亲笔题写。

千古之谜——章华台

章华台，又称章华宫。史传，为楚灵王六年（前539年）修建的一处离宫，后毁于兵乱。这座“举国营之，数年乃成”的宏伟建筑，时被誉“天下第一台”。据说，章华台“层高10丈，基广15丈”，曲栏拾级而上，中途需停3次方可达顶端，故又称“三休台”。

无论先秦古籍《左传》《国语》《韩非子》，还是《史记》《汉书》《后汉书》，以及《水经注》等，均有关于章华台记述。当年楚灵王“举国营之”，于古云梦泽建方圆40里，富丽堂皇宫苑，炫耀于群雄诸侯。自古章华台毁于秦军兵火，其遗址也就成了千古之谜。

● **遗址争议**

关于章华台遗址，考古界一直存有湖北之说和湖南之说。1986年，当时在湖北潜江龙湾发掘一宏大地下遗址。后经国内著名学者考证，初步认为此处乃古楚章华台遗址。以致1999年出版《辞海》一书，据此而将古章华台地理位置择定湖北潜江的西南一隅。

● **湖北荆州说**

章华寺坐落于荆州市沙市区，其东北隅有一太师渊，相传此地乃是古章华台遗址，元初建章华寺，清代又获重修。该寺院内有沉香古井、唐代古银杏树等遗迹。现寺院存有一株古梅，据说，此物乃生于春秋时代楚灵王时期。如此说来，应是迄今存活最久之古梅。

● **湖北监利说**

监利古为华容县域，宋代沈括有云："华容即今之监利，非岳州之华容也，至今有章华故台在县郭中。"明清《监利县志》亦有记载，章华台在其县城西北。"章台晓雾"曾被列为监利"容城八景"之一，其地形地貌据称与古章华台遗址相似，但结果则尚待考证。

● **湖北武汉说**

今武汉市黄陂区王家河街章华村，据说曾是古章华台遗址一部分。一些已发掘的资料表明，该遗址有正殿、配殿、厢房及宫内暗道等建筑，但这些资料有待进一步考证。

● **湖南华容说**

华容县胜峰乡清水村，考古发掘遗址两层土台，台体规整，边线整齐。据宋·沈括《梦溪笔谈》记载："楚章华台，亳州城父县、陈州商水县、荆州江陵、长林、监利县皆有之。"《左传》，楚灵王七年，"成章华之台，与诸侯落之"。杜预："章华台在华容城中。"

● **湖北潜江说**

1986年，湖北潜江龙湾镇考古发掘一宏大地下遗址，著名学者谭其骧考证后认为此地最似章华台遗址。龙湾遗址也是迄今保存最为完整、发现时代最早的一处楚国离宫别院遗址群落。亦如屈原在《九歌》中所写："鱼鳞屋兮龙堂，紫贝阙兮朱宫。"

1999年12月，北京大学商周考古权威邹衡教授，秦汉考古权威俞伟超教授，社科院考古所研究员、古建筑学家杨鸿勋先生等，一致认为龙湾楚宫殿遗址群落应定名为"楚章华台宫苑群落"。2001年，国务院批准该宫苑群落为第五批全国重点文物保护单位。

诗词歌赋——章华台

《梦泽》　唐·李商隐

梦泽悲风动白茅，楚王葬尽满城娇。
未知歌舞能多少，虚减宫厨为细腰。
茫茫衰草没章华，因笑灵王昔好奢。
台土未干歌管绝，可怜身入野人家。

《渚宫》　宋·苏东坡

当时楚人架宫殿，意思绝妙般与垂。
飞楼百尺照湖水，上有燕赵千娥眉。

《章华台》　唐·胡曾

茫茫衰草没章华，因笑灵王昔好奢。

台土未干箫管绝，可怜身死野人家。

《章华台赋》节选：

楚灵王既游云梦之泽，息于荆台之上。前方淮之水，左洞庭之波，右顾彭蠡之奥，南眺巫山之阿。延目广望，骋观终日。顾谓左史倚相曰：“盛哉此乐，可以遗老而忘死也。”于是遂作章华之台，筑乾之室，穷木土之技，单珍府之实，举国营之，数年乃成。设长夜之淫宴，作北里之新声。于是伍举知夫陈、蔡之将生谋也。《章华台赋（并序）》　东汉·边让（全文略）乃作新赋以讽之：

《章华台赋》是东汉著名辞赋家边让的代表性作品。

此赋运用对比夸张手法，描写楚灵王在章华台，长夜宴饮、高歌曼舞；紧接叙述了楚灵王与爱妃及其宠臣，极尽穷奢、侈靡享乐、极致景象；继而再写楚灵王受大臣借古讽今劝谏后，其翻然悔悟，遂罢长夜饮；自此，楚灵王励精图治，荆楚雄风，日益强盛、敕令诸侯、威加四海。

---

9. 三道河湾之首　九曲回肠称雄——观音矶

观音矶位于湖北荆州市沙市区一侧、荆江大堤之上。观音矶始建于南宋，因矶上建有观音寺而得此名。矶之词语解释为江边巨石，南方称其为矶，北方则称为丁坝。矶又分天然矶和人工矶，人工矶实为一种河道堤防，即动用巨大人力物力修建的防洪堤坝。

今观音矶经历年整修，已建有1000平方米矶头广场，毗邻著名的万寿园。今园内耸立万寿宝塔有470余年历史，远处荆州长江大桥飞架，此地亦是临江观景的绝佳去处。

拱卫江汉荆沙

滚滚长江由雪域高原奔腾而来，源远流长东逝而去，经青海、西藏、四川等9省及自治区。据不完全统计，在长达6000多千米长江上约有七十二矶。在这七十二矶中，又以江苏南京燕子矶、安徽马鞍山采石矶、湖南岳阳的城陵矶、湖北荆州的观音矶最为著名。

古观音矶，始建于南宋淳佐年间。初建为土矶，明嘉靖年开始改建为石矶。因矶上建有观音寺而得此名，又因矶身直插江心激流、形如象鼻又名象鼻矶。每逢长江洪峰汛期，观音矶顶承浩瀚江流、削弱水势护卫江堤，数百年来为化解荆江险情起到了巨大作用。

功在千秋华夏

观音矶，地处万里长江险在荆江的荆沙段，其雄踞九曲回肠荆江要冲，三大河湾之第一湾，因而对拱卫荆江大堤、削弱上游江水来势，起到极为重要的砥柱作用。观音矶伫立中流击水，伸入滚滚江心约200米，长江流域任何一处矶体都无法与之比拟。观音矶也是中华祖先留给后人弥足珍贵的精神财富和物质财富，是荆江流域民众不畏艰险、勇敢、智慧的真实写照，是人类与大自然不懈斗争的结果。据统计，观音矶土石方总量达90万立方米，修建工程之宏伟，加固规模之浩大，可与任何堤坝一比高下。

《水调歌头·游泳》　毛泽东

才饮长沙水，又食武昌鱼。万里长江横渡，极目楚天舒。

不管风吹浪打，胜似闲庭信步，今日得宽馀。子在川上曰：逝者如斯夫！

风樯动，龟蛇静，起宏图。一桥飞架南北，天堑变通途。

更立西江石壁，截断巫山云雨，高峡出平湖。神女应无恙，当惊世界殊。

---

10. 晴帆虎渡胜景　险要荆江见证——万寿宝塔

万寿宝塔亦名接引塔，始建于明嘉靖二十七年（1548—1552年）。系明代第七代辽王朱宪㸅封荆州时遵嫡母毛太妃之命为嘉靖皇帝祈寿、嘉靖帝为毛太后祝寿而构建。故含“镇江求福”之意。清康熙、嘉庆、道光年间曾获维修加固，新中国成立后进行过多次修葺。

宝塔概说

万寿宝塔，为一座八面七级、楼阁式砖石仿木结构佛塔。塔体通高约41米，塔的额、枋、斗拱皆为仿木构建形式，宝塔各层收敛明显，近似锥状，顶端施葫芦形铜鎏金塔刹，内藏毛太妃手抄《金刚经》。该宝塔建筑结构精细，塔身稳健、造型简洁、雄伟壮观。

此塔与众不同之处，乃是塔座低于江堤平面已近7米，故平地仅能看到六层塔高。宝塔呈现这一奇特景象，源于长江河床在漫长岁月中淤积，而荆州大堤也随之不断加高，终致塔的底层逐渐落于堤下。现今古塔已经清理整修，为此开挖加固两层葫芦形基坑。

如今，通过台阶可下到塔的底层，塔基的八角处现各有一尊汉白玉力士为砥柱，形态各异、形象生动。塔底四周用汉白玉栏杆围挡，坑壁镶嵌数十块碑刻，底层塔门处置一石匾，楷书撰写“万寿宝塔”四字。一层塔室为正方形，通过南侧圆形拱门便可进入塔内。

宝塔正中石雕的须弥座上，有接引佛一尊，高度8米、威严肃立，透过塔门上的拱形塔窗，人与佛像皆可一览塔外滚滚长江。塔身内外壁嵌入佛龛94处，共有汉白玉坐佛87尊，佛像造型庄重，神韵生动、姿态逼真。塔内镶嵌方形塔砖，烧制独特、形制规整。据说，这些塔砖计有2300余块，全部来自全国各地州府县乡、善人信士所敬献。这些塔砖种类繁多，如花卉砖、浮雕佛像砖、满藏回蒙汉五种文字砖等。佛像砖或端坐或肃立，花卉砖则千姿百态、各具特色。塔室第四层，存有“辽王宪鼎建万寿宝塔记”石碑。透过那些斑驳字迹，人们便可了解有关此塔的营造历史。今塔内设有螺旋状石梯，自一至五层为壁内折上，第六层改为室内折上，一至四层塔室有石刻须弥座，须弥座立有佛像。第五层内设有佛龛，每层向外塔门洞开，驻足凭栏俯瞰，可一饱“晴帆虎渡”胜景。

旧时江陵（荆州）有著名8景，后因沙市崛起一度升为省辖市，所以使得这8景也分属于沙市和江陵（县）两地，鉴于此等缘故也有人将其称作“荆沙八景”。

荆沙八景：章台春霁、江津晚泊、虎渡晴帆、玉壶荷香、纪寺烟岚、八岭松云、龙山秋眺、三湖钓雪。

仰视薄云飞渡，萦绕宝塔；俯瞰大江奔流，经久不息。俱往矣，数百年来万寿宝塔，既是荆江两岸人民饱经水患历史见证，也寄托着荆江两岸人民企盼“更立西江石壁，截断巫山云雨，高峡出平湖，神女应无恙，当惊世界殊”那样一种降服江患的美好夙愿。

荆江万寿宝塔现已成为荆州市一处十分重要的历史遗迹，也是国内现存的一座明代藩王为当朝皇帝祈寿的宝塔。早在1956年，此塔便被湖北省政府公布为第一批省级重点文物保护单位。2006年5月，万寿宝塔作为明代古建被列入全国重点文物保护单位。

11. 抗洪史迹荣耀　英模不朽丰碑——荆江分洪纪念塔

荆江分洪工程纪念塔位于荆州市沙市区，荆江南岸太平口北岸处沙市大堤之上。纪念碑为方塔型式，碑有3层，高10余米，花岗岩构筑，汉白玉镶嵌，新颖庄严，风采熠熠。中层四面，镌有毛泽东、周恩来题词，邓子恢七言韵语，李先念、唐天际合写的碑文。

万里长江险在荆江

著名的荆江分洪工程主体位于湖北省公安县境，其始建于1952年春末夏初之交。当年参加工程建设的30万军民，以75天的惊人速度完成了荆江分洪一期工程，提高了荆江河道安全泄洪能力，缓解了上游洪水对江汉平原以及华中重镇武汉市的巨大压力。

荆江北岸江汉平原，自古便是富庶之地。但荆江南北两岸地面，分别低于沙市汛期水位8—13米。每逢夏季汛期来临，荆江就像一条桀骜不驯的地上悬河，时刻威胁荆江堤防拱卫的荆州、沙市及江汉平原。因此，汛期荆江北岸大堤防洪，首当其冲形势极为险峻。

过去说黄河之水泛滥成灾，史上有十年九涝之说。其实人们有所不知，长江一旦出现洪涝，其危害之大有过之而无不及。因而自古便有“万里长江，险在荆江”一说。而长江中游每至洪峰汛期，人们便十分担心不测。民谚曰“不怕荆沙动刀兵，只恐南柯一梦终”。

“为广大人民利益”

1950年冬，毛泽东主席亲自审阅并批准了《荆江分洪工程计划》，以及为此确定的“蓄泄兼筹，以泄为主，江湖两利”的原则。1952年3月，中南军政委员会召集湖南、湖北两省和水利部、农林部、交通部等有关单位负责人，共同审议了该《计划》实施方案。当年，荆江分洪委员会由李先念任主任委员，副主任委员唐天际、刘斐。荆江分洪工程总指挥部由唐天际任总指挥，李先念任总政治委员，副总指挥有王树声、许子威、林一山，副总政委袁振。1952年4月，荆江分洪工程全面动工，参战军工、民工共30余万人。

其间，党和国家领导人对此项工程十分重视，分别为荆江分洪工程题词或著文。

毛泽东主席题词：

“为广大人民利益，争取荆江分洪工程的胜利”

周来恩总理题词：

“要使江湖都对人民有利”

荆江分洪二期工程，于同年9月拟订总体计划，11月正式付诸实施，1953年4月胜利竣工。1954年汛期，长江先后出现五次洪峰，上游洪水来量之大实为近百年所罕见。时经批准，荆江分洪工程指挥部、先后三次开闸进行分洪，有效降低荆江水位近1米，减少荆江四口泄入洞庭湖水沙量约54亿立方米，此举充分发挥了江湖两利之效益。

荆江分洪，不仅是荆江地区核心防洪工程，也是配合长江远期防洪系统、立足解决长江较大和特大洪水危害。荆江分洪也是标本兼顾的一座大型水利枢纽，为新中国成立初期平原地区、水利综合利用典范工程。2006年，荆江分洪闸被列入第六批全国重点文物保护单位。

（三）荆州特产与美食

地方特产：甜酸独蒜、无铅皮蛋、荆州枇杷、荆州纸折扇、荆州朱桔、荆州刺绣、荆州漆器、荆州羽毛扇。

风味美食：麻元宵、荆州酥饼、公安锅盔、鱼糕鱼丸、千张扣肉、龙凤配、皮条鳝鱼、三丝春卷、御膳藕丸、散烩八宝。

六、绍兴

——闺苑繁华地 越台名士乡

六、绍兴
——阆苑繁华地　越台名士乡

(一) 名城概说

绍兴地处浙江省中北部、杭州湾南岸，宁、绍平原的西部，其东依宁波，南俯嵊州、诸暨，西近杭州，北隔钱塘江与嘉兴市相望。绍兴四季分明，气候温湿、土地肥沃、物产丰富、河湖遍布、溪流纵横，享有“水乡泽国”“百桥名城”“鱼米之乡”之美誉。

绍兴古称会稽、山阴，简称越，迄今已有2500余年建城历史。春秋时期，於越族以绍兴域始称越国。秦王政二十五年，降越君改会稽郡。隋开皇九年设吴州治会稽县，南宋高宗赵构曾以“绍奕世之宏休，兴百年之丕绪”取其意，此为绍兴名称之始且沿用至今。

绍兴，物华天宝、人杰地灵，繁华富庶、山水驰名，越王勾践“卧薪尝胆”的故事，早已家喻户晓流传至今。元稹赞：“会稽天下本无俦，任取苏杭作辈流。”又云：“东南一大都会，越中蔼蔼繁华地，仙都难画亦难书。”毛泽东则称赞：“鉴湖越台名士乡。”

绍兴风景秀丽、驰名中外，文物古迹众多、名人故居遍布。名胜耳熟能详，如沈园、东湖、吼山、大禹陵，兰亭景区、新昌大佛寺、王羲之故里、贺知章故居、周恩来祖居、蔡元培故居、秋瑾故居，鲁迅故里等，堪称是水乡、桥乡、酒乡、书法之乡、名士之乡。

绍兴，为国务院于1982年公布的首批24座国家历史文化名城之一。

1. 寻踪问源

考古资料显示，自新石器时代中期始，绍兴迄今已有8000余年历史。据传，夏时禹经余杭至此“会聚诸侯，以表其功”。春秋时期，“越王勾践、卧薪尝胆、北上争霸”。秦代“始皇东巡、会稽刻石”。越都城始于春秋晚期（前490年），距今已有2500余年历史。

史称，汉代“东南重镇，青瓷扬名”，魏晋“贵族都邑，泱泱大邦”，隋唐“雄踞一方，国之东门”，宋元“钱塘繁华，辉映东南”，明清“阛阓之巅，盛极一时”。绍兴自古为东南之都邑，经济富庶文化发达。更有会稽古都、吴越东都、南宋故都，华夏青史留名。

近代，民国元年（1912 年），废弃原府、州、厅等旧制，实行省、县两级建制，原绍兴府所辖县域均直属浙江省军政府管辖。新中国成立后不久，为浙江省绍兴专区，至 1983 年改为省辖市。2013 年 10 月，经国务院批复再次对绍兴市的部分行政区划进行调整。

2. 人文荟萃

绍兴素以文风昌盛誉满天下，从春秋到晚清的 2000 多年中，这里人才辈出群星璀璨，涌现许多著名的政治家、思想家、文学家和科学家。战国时期，越王勾践和他的谋士范蠡，东汉的唯物思想家王充和学者严子陵，魏晋南北朝时期书法家王羲之和诗人谢争运等。唐代诗人贺知章，南宋诗人陆游，明清时期书画家徐渭、陈洪绶、赵之谦、任伯年。医学家张景岳，历史学家章学诚，晚清革命志士秋瑾、徐锡麟、陶成章等，都曾在这里留下了历史足迹。绍兴是文化革命斗士鲁迅的故乡，也是无产阶级革命家周恩来的祖籍地。

绍兴融“山水美景”与“江南诗画”于一身，史上有李白、苏轼等数百位文人墨客曾于此留下赞美诗句。如李白称：“日月照耀金银台”，白居易赞：“天上取样人间织”。

● **优雅文风**

绍兴，是著名古典美学之城，兰亭盛会、曲水流觞、诗酒风流、千古美谈。源会稽开创了中国山水园林史、山水文学史、行书书法史、旅游文化史、古典美学史等先河。

● **温婉越剧**

越剧，中国第二大剧种，以唱腔为主兼具表演，曲调温婉、长于抒情、流派纷呈，极具江南妩媚灵秀之气。代表作有“红楼梦”“西厢记”“蝴蝶梦”“梁山伯与祝英台”等。

● **越窑青瓷**

绍兴是中国瓷器发源地之一，越窑青瓷作为贡品，曾与金银、宝器、珍品并列。越窑青瓷对人类文明进步具有不凡之贡献。有唐诗赞“九秋风露越窑开，夺得千峰翠色来”。

● **古越名剑**

绍兴是中国名剑铸造之地，轩辕夏禹剑即出于会稽山。越王勾践剑，则号称天下第一剑。史上名剑泰阿、龙渊、湛泸、巨阙、鱼肠、纯钧、胜邪等，据称乃欧冶子所铸。

● 丝绸之乡

绍兴素以“丝绸之府”著称，隋唐时绍兴为全国丝绸中心。唐代大诗人白居易曾在《缭绫》一诗中盛赞绍兴丝绸华贵精美，而名贵丝绸“缭绫”，当时就产自于绍兴之域。

● 湖光山色

据传，会稽山与镜湖曾引得诗人兴趣盎然、流连忘返。李白的“一夜飞度镜湖月”、白居易的“稽山镜水欢游地”、元稹的“镜水鸳鸯暖共游”无不充满赞美和留恋之意。

● 经典园林

绍兴园林，源于魏晋时期会稽，越州曾为唐代三大都市园林之一。史上此地名园璀璨不乏可圈可点。如五代有钱王府之西园、宋代有荣王府之花园、陆游与唐琬之沈园等。

● 秘境茶道

史上唐代，绍兴文人高僧云集，嗜茶成风遂将茶文化引入“道”之秘境。史称宋代绍兴“日铸雪芽”乃为天下第一名茶，有诗云：“素瓷雪色缥沫香，何似诸仙琼蕊浆”。

● 运河终点

大运河历史官方称其为南北运河，而运河历史图籍标注却一直以绍兴为其终点。如1790年，清朝绘制《九省运河泉源水利情形图》记载绍兴为大运河终点。

(二) 历史文化

1. 越地耕战春秋　山阴纤道史话——绍兴博物馆

绍兴博物馆始建于1992年，初建馆舍位于越城区延安路。2010年7月，迁址越王城历史文化保护区。新馆建筑面积10000平方米，建筑造型为青铜瓦四坡屋面，外墙采用绍兴东湖青石饰面，整体建筑既依托了越王城历史文化背景，又融入了府山的优美自然环境。

简介

绍兴博物馆为双层现代钢混式结构建筑，主展馆平面呈两个错落交替正方形。博物馆展陈区、文物储藏区、展馆办公区、影视与报告厅等区域，皆现庭院式格局。坡面屋顶中开天窗采光，稻黄色砖墙衬孔雀绿琉璃瓦，假山亭台、曲桥池塘，草木花卉、清静幽雅。

场馆广场中央竖立高12.8米、重8吨的一柄青铜剑抽象雕塑，剑身正面镶嵌有280字《绍兴名城记》，雕塑下方是一条纵向长40米青铜“薪道”，其铸刻自“周敬王三十年（前490年）句践命范蠡筑城”，至“1983年7月绍兴撤地建市”等25件绍兴历史纪要。

展馆基本陈列“越地春秋——绍兴历史文化”，以绍兴先人足迹为探观索引，以绍兴历史进程为脉络主线，以绍兴重要史段为节点章回，从“先越、越国、会稽郡、越州、绍兴、近代绍兴”6部分，系统展示自旧石器时代至新中国成立，绵延悠远的绍兴历史文化。

绍兴博物馆今珍藏各类历史文物约1.6万件（套），涉及金属器、陶瓷器、石器、玉器等四大类别。其中，尤以新石器时代的石钺，商周至春秋战国时期的印纹陶、原始瓷、越王剑，汉代至唐代的越窑青釉瓷、会稽铜镜，以及明清时社会名流经典书画最具特色。

展陈

该博物馆布展形式包括常设展览、临时展览、特设展览、视频欣赏。

常设展览有“越地春秋”——绍兴历史文化（基本陈列）、“大越遗珍”——纪念绍兴建城2500年大型文物展（此专题展举办于2010年5月）。临时展有“天下一统”——大秦帝国文物展、妙相真如——历代金铜佛像收藏展。特设展有“越音润物”——越剧文物珍品展、“山哈风韵”——浙江畲族文物展等。

● 常设展览

“越地春秋”——绍兴历史文化展（基本陈列）

先越（第一部分）：大约距今9000年至4000年间，於越的先民们已在这片地域栖息劳作，并由此创造了灿烂辉煌的古越历史文化，成为中华民族文明的重要发祥地之一。

越国（第二部分）：春秋战国时期，句践继位，建都大越（今绍兴），并以此根基，卧薪尝胆、奖励耕战，经“十年生聚，十年教训”，终胜夙敌、旋继逐鹿中原，迁都琅琊，领春秋霸主之一。

会稽郡（第三部分）：秦统一华夏，于吴、越故地置会稽郡。东汉吴会分治，南朝时期，会稽郡物产丰裕经济繁荣。东晋时期，北方战乱南方会稽富甲一方，呈现“今之会稽，昔之关中”盛况。

越州（第四部分）：隋大业元年（605年），旧会稽郡置越州。唐代，越州为浙江东道治所。五代，越州为吴越国东府。北宋，越州仍为一方要邑。隋唐至北宋时，越州域内经济繁荣、丰腴富足。

绍兴府（第五部分）：南宋初年，高宗赵构避难越中，升越州为绍兴府（1131年），“绍兴”一名自此沿袭至今。后虽迁都临安（今杭州），但绍兴一度仍作南宋陪都，成为仅次临安的另一著名都会。

近代绍兴（第六部分）：鸦片战争的兴起、揭开了近代中国历史的序幕。时著名爱国志士组织革命团体，掀起了反帝反封建革命高潮。其中，许多绍兴籍优秀儿女前赴后继，谱写了光辉史迹篇章。

“大越遗珍”——纪念绍兴建城2500年大型文物展（专题展览2010年5月）

史上越国曾为浙域大地一代王朝。其国力鼎盛时期，灭吴、并莒、亡郯、威慑齐晋，时与强楚抗衡，一度荣登霸主地位，平分江南半壁河山，虽雄踞东南可号令诸侯。故有《越绝书》《吴越春秋》等著名古史典籍，将其称作“大越”，奉为百越之首，在古代中国东南地区的先秦史上，古越文明的博大与精深。无疑曾占有重要历史地位。《大越遗珍》展包括“大越崛起、筑城建都、礼乐化民、耕战并举、陶瓷毓秀、金石流芳、融于华夏”7部分。再现绍兴史迹辉煌、追寻璀璨盛典华章、彰显越人民风习俗。

典藏

馆内珍藏文物涵盖四种类型，即金属器、陶瓷器、石器、玉器。

金属器，如越王不光剑（战国），越王者旨於睗剑（战国）等。

陶瓷器，如青瓷羊形器（东晋），窑变红贯耳方瓶（清代）等。

石器类，如石铲（新石器时代），石犁（新石器时代）等。

玉器类，如透雕龙蛇纹玉戈（春秋），镂孔玉佩（战国）等。

---

2. 任劳任怨绝代尹　为国为民孺子牛——周恩来纪念馆

周恩来纪念馆原名锡养堂，位于绍兴市劳动路东端，始建于明洪武年间。据绍兴地方志记载，保佑桥周氏明嘉靖年间迁居绍兴城，清康熙三十七年（1698年），周懋章妻王氏寿至百岁，浙江巡抚特为“百岁寿母之门”送匾额一方以示庆贺，故此地又称“百岁堂”。

这里原为周恩来祖辈聚所，后来因周的祖父转至江苏任职，这才有了周举家迁往淮安之行。据说，周恩来生前始终要求下属，不准对其祖居进行修缮，今整修后的周恩来纪念馆立有一尊3米高的汉白玉周恩来像，另有周恩来与故乡陈列展、周恩来遗物陈列展。

周氏祖居

周恩来祖居为明代建筑风格砖瓦平房，坐北朝南、阔三间、深三进，入内每两进间，各有明堂相隔。第一进为普通平房左右为耳房，中间为台门斗，大门颇具绍兴地方特色——黑漆竹丝大门。周恩来生于淮安，但他非常热爱自己的故乡，多次讲道：“我是绍兴人。”

今在仪门上方悬挂一块巨型匾额，上有陈云题“周恩来祖居”5 个大字。第二进为厅堂，现已辟为文物展示厅，陈列有 1939 年 3 月周恩来到绍兴开辟抗日活动时相关资料及文物图片。展厅正中处安放周恩来身着戎装塑像，目光炯炯有神，精神异彩飞扬。

往里进是三间正屋，中间为客堂间，陈设有六角拼盘、古式书桌等物品。西厢房则为当年周恩来下榻之处，陈设极为简朴仅有一桌、一椅、一床而已。在这些展陈资料中，还有周恩来在南开读书时的履历表，以及 1939 年回到故乡时续写的《周氏族谱》影印件。

历史足迹

周恩来祖上乃北宋哲人周敦颐后裔。其先辈于元代年间迁徙至浙江绍兴，明洪武十四年始定居于此，旧居名曰“锡养堂”。清康熙三十七年，周懋章之妻王氏寿至百岁，浙江巡抚特授“百岁寿母之门”匾额。少年时代周恩来即感受故乡文化熏陶、祖辈深刻影响。

1939 年 3 月，周恩来曾以国民政府军委会、政治部副部长身份前来绍兴地区宣传抗日救国主张，从事相应革命活动。其间，周恩来在亲属陪同下祭扫了祖墓并在族谱上填写了自己和邓颖超的名字，留下了珍贵题词和照片，表达了他对故乡人民的一片深情。

今厅内廊柱悬联，高度概括了周恩来为人民，鞠躬尽瘁、死而后已的光辉一生。

其一

选贤与能讲信修睦，
体国经野辅世长民。

其二

为国为民孺子牛，
任劳任怨绝代尹。

周恩来与故乡展室位于百岁堂东轴线处。展厅主要陈列周氏族系世谱，1939 年 3 月周恩来到绍兴宣传抗日救国主张以及所参加的祭祖探亲活动。此陈列展包括“周恩来与故乡”“烽火千里行”两个单元，展示了周恩来与绍兴历史渊源，以及对故乡的热爱。

“光辉的一生”展厅，位于百岁堂西轴线诵芬堂。包括：“为中华之崛起而读书”“为中国人民解放事业而斗争”“人民的好总理”“杰出的外交家”“鞠躬尽瘁　死而后已”“永远活在人民心中”6 个单元。此展资料丰富内容翔实，再现了周恩来伟大光辉一生。

周恩来故居位于百岁堂后部。1909 年春，11 岁的周恩来随其伯父来到绍兴，自此便在这里居住了相当长的时间。后来周恩来又去了沈阳，并在三伯父的帮助下读书学习。但是祖籍绍兴，在周恩来心目中始终留下不可磨灭印象，他曾对美国记者说："我是绍兴人"。

今周恩来祖居广场中央，矗立一尊 4 米高周恩来铜像，背后立高 5.5 米、宽 13.8 米汉白玉照壁。上有周恩来手迹"努力学习，精益求精"，8 个镀金大字。广场占地面积 1600 平方米，广场东西两侧围廊镶有 14 块石碑，为周恩来 1939 年回绍兴时给亲友题词。

3. 丰润文化底蕴 翰林德寿人家——鲁迅故里

据传，1961 年纪念鲁迅先生八十诞辰时，毛泽东曾写有七言绝句两首，后人根据抄件刊印并附加了标题。此诗凝练沉挚、铿锵有力，情感炙热、寄寓深刻，且以恢弘的气度评说了鲁迅先生的人格和诗品，赞扬了鲁迅先生忧国忧民之品质，不屈不饶的斗争精神。

《七绝二首·纪念鲁迅八十寿辰》 毛泽东

其一

博大胆识铁石坚，刀光剑影任翔旋。
龙华喋血不眠夜，犹制小诗赋管弦。

其二

鉴湖越台名士乡，忧忡为国痛断肠。
剑南歌接秋风吟，一例氤氲入诗囊。

鲁迅故里景区位于绍兴市区中心、鲁迅路与延安路交接处，今为市内保存最完好的一片历史街区，现是绍兴对外文化宣传重要窗口。鲁迅故里以其独特文化内涵和底蕴，吸引着来自世界各地的游人。如今，景区内还可乘坐乌篷船观光绍兴的小桥、流水、人家。

鲁迅故里景区著名景观有鲁迅祖居、鲁迅故居、鲁迅纪念馆、百草园、三味书屋、土谷祠、长庆寺、恒济当、静修庵。

鲁迅祖居

鲁迅祖居，俗称周家老台门，其形式坐北朝南，前临东昌坊口，后通咸欢河，西接戴家台门，与著名的三味书屋隔河相望。周家老台门占地约 3000 余平方米，主体建筑粉瓦墙黛，砖石木架结构，是一座十分典型的旧时封建士大夫住宅，其建筑布局总共分为四进。

第一进俗称“台门斗”，此处仪门上方悬挂一块蓝底金字的“翰林”匾。鲁迅祖父周福清在清同治年间曾被钦点为翰林，这对当年的周家来说可谓是莫大的荣耀。故周氏家族的3个台门，仪门上都悬挂翰林匾，它仿佛是3张巨大名片昭示着主人的身份。

第二进为厅堂，俗称“大堂前”。此处乃是周氏族人进行公共活动的重要场所，例如举办喜庆、祝福，或宴请宾客之用。该厅堂正上方高悬一块“德寿堂”匾额，另在其两旁房柱处，悬有一副红底黑字醒目楹联“品节详明，德性坚定；事理通达，心气和平”。

第三进便是香火堂，这也是周家用作祭祀祖宗、处理丧事的地方。在封建社会，儒家宣称为人处世皆以孝为本，故逢年过节祠堂之上都要悬挂列祖列宗的遗像，安放牌位、设五事置祭品，且凡周家五代以内老少必须到此进香、行磕头、施大礼，以尽孝道。

第四进为楼房、亦称座楼，此地作为居住之用。第一进至第四进的左右均建有对称侧厢楼房，房屋之间皆有廊屋贯通，以蔽日晒或雨淋。两侧天井点缀若干假山、石池小景，雅而不俗。整座周家老台门布局严谨，远远望去、粉墙黛瓦，黑白分明、极富韵味。

鲁迅故居

据说，清代嘉庆年间，周家在老台门以南、以西各购建住宅一所，称为新台门和过桥台门。新台门位于东昌坊口西侧，其规模和结构与老台门大体相仿，鲁迅故居即位于新台门西部。在周家新台门内，鲁迅度过了童年和少年时代，并且留下许多耐人寻味的身影。

鲁迅自述，其小时候每逢夏天，常躺在桂树下的小饭桌上乘凉，听他的继祖母蒋氏给他猜谜或讲故事。过桂花明堂便可见鲁迅卧室，从日本留学归国后，鲁迅初在两级师范学堂教书。辛亥革命期间他回到了故乡，这里也是他在绍兴任教时曾经的卧室兼书房。

2003年10月，新台门改建并作复原整修，复原后的周家新台门分三进，由台门斗、大厅、香火堂、侧厢及杂屋等构建组成。台门斗内隐门正上方，今悬有鲁迅祖父周福清“翰林”匾一块。第二进“德寿堂”，第三进“香火堂”今作辅助陈列，内容分为三部分。第一部分：周氏房族兴衰，此部分展览陈列主要是通过实物和照片，重点介绍鲁迅祖父周福清、祖母蒋氏、父亲周伯宜、母亲鲁瑞、元配夫人朱安等，家族及直系亲属（生平事略）。第二部分和第三部分：此部分展览陈列主要介绍了鲁迅与周作人、鲁迅与周建人的相互关系，以及鲁迅在新文学运动中所发挥的历史贡献。有关周建人部分，重点介绍了鲁迅对其关怀和培养。

百草园

鲁迅曾经回忆说：“我家的后面有一个很大的园子，相传叫作百草园。其中似乎确凿只有一些野草，但那时却是我的乐园。”百草园的名称说来很雅，但其实只是一个极普通的菜园，它为新台门的周氏族人所共有，平时种得一些瓜豆青菜，秋后便用来晾晒稻谷。

据说，童年时期的鲁迅常和小伙伴们在百草园中玩耍嬉戏、捉蟋蟀、玩斑蝥、采桑葚、摘覆盆子、拔何首乌，夏天在树荫下乘凉，冬天在雪地里捕鸟。关于百草园的详细情节，鲁迅在其《从百草园到三味书屋》的一文中，曾经作了非常形象而又十分生动的描绘。此文回忆说：“不必说碧绿的菜畦，光滑的石井栏，高大的皂荚树，紫红的桑葚；也不必说鸣蝉在树叶里长吟，肥胖的黄蜂伏在菜花上，轻捷的叫天子，忽然从草间直窜向云霄里去了。单是周围短短的泥墙根一带，就有无限趣味。”这大概是鲁迅儿时的纯真记忆吧。

三味书屋

三味书屋寿家台门，是鲁迅私塾老师寿镜吾先生家的住处。寿镜吾名怀鉴，字镜吾，是一位学问渊博的宿儒。他品行端正、性格耿直，一生厌恶功名，自考中秀才之后便不再去应试了，而终身以坐馆授徒为业。鲁迅曾称赞他是“本城中极方正，质朴，博学的人”。

三味书屋是当年绍兴城一所颇负盛名的私塾，鲁迅 12 岁时到这里读书，前后长达 5 年时间。三味书屋约有 35 平方米，正中上方悬挂“三味书屋”匾额，为清代著名书法家梁同书所题。据称“三味”即读经味如稻粱，读史味如肴馔，读诸子百家味如醯醢。

鲁迅曾说：“孔孟的书我读得最早，最熟，然而倒似乎与我毫不相干”。然而尽管如此，鲁迅对三味书屋仍留下非常深刻的记忆。在《从百草园到三味书屋》一文中，他便是做了十分生动细致的描绘。三味书屋距今已有一个多世纪了，但现在仍保存得十分完好。

走进书屋，房子、桌椅、匾额、对联等大多都仍是当年的原物。新中国成立以后，三味书屋现主人的后裔寿积明等，着眼大局便将它慨赠给有关部门。三味书屋现已作为国家重点文物，继续得到妥善的留存和保护，并且成为鲁迅故里一处十分重要的展陈实地。

鲁迅纪念馆

绍兴鲁迅纪念馆始建于 1973 年。2003 年初，为恢复鲁迅故里的传统风貌，将环境尺度与其不协调的旧陈列厅去掉，恢复为周家新台门。新建的纪念馆位于鲁迅故里东侧，东接鲁迅祖居，西邻周家新台门，北毗朱家台门，南临东昌坊口，与寿家台门隔河相望。

今鲁迅纪念馆极富绍兴特色和时代特征，造型简洁平和，外观朴实无华。内部采用雕塑、不锈钢装饰墙面，建筑与水景纵横交错，室内室外空间相互渗透，由此构成一充满灵气的现代展馆。今镶嵌陈列厅正面墙上“绍兴鲁迅纪念馆”7个大字，为郭沫若所题。

展馆布局

今纪念馆分别由序厅、南北主展厅、辅助展厅、名人文库，以及休闲区几部分构成。主展厅分为两层，分别呈现南、北展厅两处空间，同时又与序厅紧密相连，融于一体。

进入纪念馆序厅，首先映入眼帘的是一尊大型青铜坐像，处在鲜花丛中的鲁迅，表情自然、和蔼可亲，仪态从容、睿智自信，意在更多地展现日常生活中的鲁迅真实面貌。

序厅两侧设有“水乡绍兴”“越中名贤”大型浮雕，重点展示绍兴的悠久历史、灿烂文化。序厅空间宽敞明亮，布置盆栽乔木，环境素雅朴实，彰显鲁迅先生的不凡气质。

基本陈列

“鲁迅在绍兴”（1881—1897年）

此单元以绍兴悠久历史和灿烂文化开篇，尤其是历代越中先贤对鲁迅思想产生的影响和熏陶。介绍其7岁启蒙，12岁进三味书屋，不囿于《四书》《五经》，努力寻求多种文化知识。家境从小康跌入困顿，少年鲁迅感受人情冷暖，世态炎凉，心灵蒙受的创伤。

“鲁迅在南京、日本、绍兴”（1898—1912年）

鲁迅在求学过程中，逐步形成“将来必胜于过去，青年必胜于老人”的社会发展观。在日本留学期间，他便立下了豪迈誓言。在历史教训面前，他改变了医学救国的初衷，于是以文笔作为武器，投入了新战斗方式。为此，他一方面培养青年，一方面投身于革命。

鲁迅在北京、厦门、广州”（1912—1927年）

“五四”新文化运动中，鲁迅写下许多战斗檄文，猛烈抨击旧思想、旧文化和旧道德，由此成为这场运动中的一位主将。其后在厦门、广州，一面从事教学、文学创作，一面投入新的战斗。他经历了腥风血雨的考验，严格解剖自己思想，纠正过去“偏颇”认识。

鲁迅在上海”（1927—1936年）

鲁迅定居上海时，绽开他一生中最光辉十年。他拥护中国共产党，赞同抗日民族统一战线政策，团结广大进步文化人士，勇于向那些反动投降势力发起冲击。他不乏以“窃火者”自喻，关心、爱护、培养青年，他不断深入进行学术探索、积极推动中外文化交流。

“民族魂”

鲁迅逝世后，举国哀悼，人们喻其为“民族魂”。很多著名人士、社会名流为其撰文纪念。新中国成立后，北京、上海、广州和绍兴等地相继建立鲁迅博物馆（纪念馆）。

土谷祠

绍兴土谷祠即土地庙，它坐落在长庆寺斜对面，祠前有一跨街台亭。原跨街台亭上，曾有许多匾额，鲁迅幼时常到这里看戏剧。这里原来并排有 3 个祠庙，最北面的是土谷祠，中间为穆神庙，靠南面的是财神堂，只是土地庙的规模与其他寺庙相比都要小一些。

说起土谷祠，人们自然就会联想到鲁迅名著《阿 Q 正传》，其实这里并非真有阿 Q，只不过鲁迅取自当年有个叫谢阿桂原型。此人孑然一身栖居于土谷祠，曾给周家打过短工，但沾有偷窃习气，名声也不太好，鲁迅以他为素材创作出“阿 Q”这个经典艺术形象。

旧土谷祠已废弃多年，原来建筑于 1981 年曾复修。2003 年，有关部门出资对土谷祠原址进行重建并恢复旧貌。现今，中外来宾至此参观，常会提起鲁迅笔下阿 Q 其人，鲁迅夫人许广平说：“在土谷祠，能更亲切地找到阿 Q 所在，仿佛此处就有熟人，呼之欲出”。

长庆寺

长庆寺位于绍兴南塔子桥南堍，距鲁迅故居不到 200 米，旧址为绍兴八大寺庙之一。长庆寺始建于唐永徽二年（651 年）一度圮废重建，堪称千年古刹。今寺庙坐西朝东、赭墙黛瓦，山门上方悬“长庆寺”匾额，进门头殿有一尊袒胸露腹、笑容可掬的弥勒菩萨。

少年时期鲁迅，有时也去长庆寺游玩，新台门周家曾是长庆寺的护法施主，周家的佛事亦都请长庆寺和尚来做。长庆寺在 20 世纪 50 年代便逐渐地断了香火，因为龙师父的子孙不用再操持此业谋生了。现在长庆寺旧址依然存在，殿内石柱上的楹联且依稀可辨。该寺庙的建筑分前、后两殿，前殿供奉一尊如来大佛，以及十八罗汉，后殿则是一尊木雕的千手观音塑像。鲁迅曾载文回忆说到：“我的确早看见寺里有丈余的大佛，有数尺或数寸的小菩萨”。如今大殿中悬挂各式匾额 50 多块，在大殿的石柱上还撰有两副楹联：

其一

九品莲台狮吼象鸣登法座，
三尊金相龙吟虎啸出天台。

其二

炳惠照于西天教开两汉，
荫慈灵于中土恩普十方。

恒济当

恒济当离周家不远，过土谷祠前跨街台亭和塔子桥，沿着东咸欢河北岸向东走数百步，见有一堵高大的粉墙，墙壁上书有一个硕大的“当”字。旧时的恒济当和别的当铺一样，门楣上方挂有一块长方形、黑底金字招牌横书其店名，正中处书写一个硕大“当”字。

鲁迅祖父周福清做官时，夏家与周家时有往来。鲁迅 13 岁那年，家庭迭遭变故，顿由小康而坠入困境，故被迫经常出入恒济当。此时却受到夏家和“朝奉先生”奚落和欺诈，饱尝世态炎凉后的鲁迅曾经慨叹：“我以为在这途路中，大概可以看见世人的真面目”。

静修庵

绍兴庵堂似乎特别多，在鲁迅《阿 Q 正传》中，同名的就有好几座。距离鲁迅家最近的一座，就是西咸欢河沿的静修庵。据说，此庵始建于清道光年间，与土谷祠、长庆寺相距不足百米。旧时削发为尼多是卑微女子，个别上流社会也有或遭受刺激或看破红尘。

鲁迅小说中的阿 Q，自身也是弱者且备受欺压。但阿 Q 又把小尼姑“视若草芥”，就在阿 Q 被假洋鬼子用哭丧棒痛打以后，转眼见了尼姑他还要“大声地吐一口唾沫”。不仅口出污秽言语，甚至还动手动脚讨些便宜，这也足见旧时社会尼姑所处地位何等低下。

---

4. 群贤名士荟萃　泰斗楷模云集——书圣故里

绍兴书圣故里位于蕺山南麓古民居群落处。它东起中兴路，西临解放路，北至环城北路，南到胜利路，为绍兴市历史风貌保存最完整街区。此处荟萃了绍兴名士，“书圣”王羲之、“学界泰斗”蔡元培的故里，以及刘宗周、黄宗羲等堪称历代名士的求学圣地。

该景区为前街后河，名胜古迹众多，如蔡元培故居、戒珠讲寺、蕺山书院、题扇桥、探花台门、太平天国壁画等。小桥流水、里弄街巷，青石板路、粉墙黛瓦，整片故里街区充盈着江南水文化、桥文化、酒文化，成为历史文化名城绍兴一张极具代表性的名片。

王羲之陈列馆

王羲之陈列馆位于斜桥弄 8 号，是书圣景区内专门陈列展示王羲之，以及受王羲之影响历代书法大家的作品。王羲之字逸少，祖籍山东临沂人，是我国东晋时期著名书法家，12 岁时随家族南迁浙江绍兴，曾出任会稽内史和右军将军，故被后世尊称为“王右军”。

王羲之为人耿直、心胸豁达、时淡泊名利、喜山水形胜。他曾拜师书法世家卫夫人，苦心钻研，深得书法之精髓，晚年书法炉火纯青，已达登峰造极境界。其所书《兰亭序》为史上千古绝唱，被历代书法家公认为，举世无双“天下第一行书”，晚年归隐嵊州金庭。

题扇桥

题扇桥位于绍兴书圣故里之蕺山街。史传，王羲之在此曾为老妪题扇而得此名。据嘉泰《会稽志》记载，此桥始建于宋嘉泰年间，道光八年获重修。桥拱为纵联分节并列砌筑，弧型桥栏颇具特色，桥上原有石灯杆为方便过往路人照明，现仅存灯杆石插座一个。

清光绪《策府统宗》一书，有关《浙江古迹》条目中，仅列题扇桥为绍兴古迹代表。由此可见，此桥早年便具有很高知名度。今题扇桥与八字桥、广宁桥、光相桥、拜王桥、泾口大桥、迎恩桥、西跨湖桥等合称为绍兴古桥群落，现列入全国重点文物保护单位。

● **古桥石碑**

据说，此桥原有一石碑后被挪走，建桥年份也已遭毁。近年，文管部门诚请名人萧娴书“晋王右军题扇桥”7 字，竖新碑于桥旁。萧老乃康有为女弟子，字迹潇洒、运笔飘逸，秀外慧中，书法大家于右任称其“当代卫夫人”，故墨宝求之不易，立此碑相得益彰。

● **桥名源由**

《晋书王羲之传》载，“尝在葺山见一老姥，持六角扇卖之，羲之书其扇各五字，姥初有愠色。谓姥云：但言是王右军书，以求百钱，姥如其言，人竞买之”。他日，姥又持扇来，羲之笑而不答，将笔抛进笔飞弄，人躲进躲婆弄，后此桥便被人们称之为题扇桥了。

蔡元培故居

蔡元培故居位于笔飞弄 13 号，为蔡氏祖父所遗几代故居。蔡元培自出生至出任翰林院编修前，就一直生活在这里。蔡元培，字鹤卿、号孑民，出身科举，历任民国教育总长、北京大学校长、中央研究院院长等，为我国近代著名民主革命家，教育家、科学家。

蔡氏故居主体建筑坐北朝南，砖木结构、共分三进，清代中期形式，为绍兴传统“台门”建筑。此宅第一进门厅坐西朝东，上悬刘海粟题“蔡元培故居”匾额。第二进厅堂和第三进房舍坐北朝南，三进不处同一轴线。宅院围墙高大，庭院深深，彰显气势不凡。

陈列室正中为蔡元培半身塑像，左壁悬有毛泽东撰、沙孟海书“学界泰斗，人世楷模”巨幅联语。右壁有周恩来撰、沈定庵书“从排满到抗日战争，先生之志在民族革命；从五四到人权同盟，先生之行在民主自由”楹联。此故居现在为浙江省重点文物保护单位。

蕺山书院

绍兴蕺山书院为明代儒学大师刘宗周讲学之地，也是蕺山学派的发祥地。史载，在蕺山学派弟子中，尤以黄宗羲和陈确最具影响力。清代末期，蕺山书院改为山阴县学堂，徐锡麟曾执教于此。近代，有著名人士范文澜、陈建功、徐钦文等曾在此书院中就读。

戒珠寺

戒珠寺依蕺山而临西街，旧为城中八大名寺之一。据传，建寺前这里曾是王羲之一处宅邸，后王羲之弃宅为寺，初名“昌安寺”。唐大中六年（852 年）始称“戒珠寺”，意为“戒律洁白，犹如珠玉”也。唐咸通三年（862 年），衢州刺史赵磷直题“戒珠讲寺”匾额。

三槐堂（尚德当铺）

尚德当铺始建于清代。光绪二十九年资料显示，绍兴当铺时有 64 家之多，尚德当铺乃其中之一，尚德当铺老板王达夫，号称“王百万”为当地富商。当铺坐西朝东，格局森严、商住合一，其四周建筑高墙，高墙内附设避弄，为一处早期浙地商贾典型宅院。

钱业会馆（公所）

钱业会馆位于笔飞弄 7 号与蔡元培故居毗邻。该会馆始建于清代末期，主体建筑坐西朝东，前后两进，第一进门屋、第二进正楼。此为当年本地钱业同行，聚会交易场所，也可称当地金融势力主要决策地，辛亥革命前，由绍兴 17 家钱庄联合成立的一处会馆。

民国时期，这里曾是中国银行驻绍兴城中一所办事处，如今这里已规划整理为钱币博览馆。今绍兴钱业会馆（公所），已于 2002 年被绍兴公布为市级重点文物保护单位。

---

5. 江户矢丹忱　轩亭洒碧血——鉴湖女侠秋瑾

秋瑾字璇卿，号竞雄，别称鉴湖女侠，祖籍浙江绍兴，清光绪元年（1875

年）生于福建厦门。1894 年，秋瑾随其父秋南寿前往湘乡督销总办赴任。次年，受父母之命、媒妁之言，许配给义源当铺王老板之子王廷钧为妻。自此之后，秋瑾在义源当居住 8 年余。

秋瑾故居位于绍兴市镇塔山脚下和畅堂，其北靠塔山、西濒鉴湖，古朴雅致、环境清幽。“莫道女儿非英物，夜夜龙泉壁上鸣。”少年时代秋瑾，在此读书习文，且痴迷武术、喜舞刀弄剑。虽说是一窈窕女儿身家，却也充满英姿豪气，富蕴巾帼不让须眉胆识。

秋瑾故居

该故居是一座颇具清代特色，江南水乡式木构旧式民宅。此宅共五进，坐北朝南，依山而筑，渐次升高，规模虽不大，却有大家气质，结构虽不繁，却见气韵通达。第一进门庭，上悬何香凝先生手书“秋瑾故居”匾额。第二进三间坐北朝南，为平房和一间小楼。

据称，此地原为明代东阁大学士朱赓别墅，秋瑾祖父宦谪返里携家居此。1906 年，秋瑾从日本归国直到英勇就义前夕，这里是她从事革命活动重要场所，留下许多珍贵文物史迹。1963 年，列为省级重点文物保护单位。1979 年经重新整修，恢复故居原有旧貌。

故居客堂，当年是秋瑾与革命党人议论工事之地，今正中高悬“和畅堂”3 字匾额。东首小楼是秋瑾卧室，卧室摆放古雕花木床，书桌上置文房四宝，另有一些秋瑾生前所用遗物。床头悬挂秋瑾男装小照，这也令人联想起为寻求妇女解放其所做的历史贡献。

卧室后壁有一暗室，曾藏匿文件和武器。秋瑾被捕后，清兵曾多次到此查抄但始终未发现这一机关。第三进是她母亲住处，秋瑾少时也于此居住。第四进为其兄住处，现辟为陈列室，展陈民主革命光复会主要领导人徐锡麟、陶成章等烈士照片、手迹和文物。

第四进东首间，有孙中山、宋庆龄、周恩来、郭沫若、吴玉章等人题词。正如她被捕之后英勇不屈、怅恨自己壮志未酬，从而留下“秋风秋雨愁煞人”的悲怆诗言。故后人对这位辛亥革命时期中国著名女革命家、妇女解放运动的先驱英烈，给予崇高评价。

辛亥革命胜利后，绍兴父老为纪念这位杰出的女中豪杰，选在绍兴城内、府山的西南坡处建立了“风雨亭”。其后，又在烈士就义的轩亭口竖立起“秋瑾烈士纪念碑”。该纪念碑高 7 米余，四周设有围栏，碑座上方镌刻蔡元培撰文，于右任手书“秋先烈纪念碑记”。

秋瑾纪念碑

1907 年，秋瑾和徐锡麟分别准备在浙皖两省举行起义。7 月，徐锡麟在安庆举义失败，不久秋瑾也随之被捕。秋瑾纪念碑位于绍兴市中心轩亭口处，为秋瑾烈士当年就义处，该纪念碑高7米，上下两层呈正方形。1930年，绍兴先贤王子余集资树碑且于此落成。

现纪念碑西面，建有“轩亭口”牌坊，东面塑有秋瑾汉白玉雕像，其后照壁处镌刻“巾帼英雄”4个大字，出自孙中山先生手书。碑身镌有张静江手书“秋瑾烈士纪念碑”，碑座镌刻蔡元培撰、于右任书《秋先烈纪念碑记》。此碑现已列为市级重点文物保护单位。

6. 山阴水道　运河延伸——绍兴的河

浙东运河，又名杭甬运河，它是浙江省内一条历史悠久的古运河。运河西起杭州市滨江区的西兴街道，沿途跨越曹娥江，流经绍兴市，继续东至宁波市甬江入海口。运河始建于春秋时期，全长约240千米，运河最初的开凿遗痕，今位于绍兴市的山阴故水道。

运河史话

早在西晋时期，会稽内史贺循便主持开挖过西兴运河，后与曹娥江以东运河，形成西起钱塘江，东至东海的整段运河。南宋建都临安后，浙东运河遂成为当时重要水运河道。元至清代，浙东运河影响力开始下降，但仍保持畅通，近代逐渐被其他交通运输形式取代。

浙东地势南高北低，故河流多为南向北流，因此东西走向的浙东运河，就需要穿越多条自然河流。为维持不同地势水位，使船只顺利通过不同高差河段，这段运河上修建有许多碶闸和堰坝设施，这些数量众多形式各异的闸桥，也就成为了浙东运河的显著特色。

据考证，浙东运河历史可以追溯至春秋时期山阴故水道。根据《越绝书》记载，山阴故水道始于范蠡修建山阴大城（绍兴老城）东郭门，终于上虞东关练塘。晋惠帝时期，为满农作物灌溉之需，会稽内史贺循主持修建钱塘江东岸、西兴至会稽城的西兴段运河。

此后，这段运河与上虞段以东运河，以及姚江、甬江自然水道逐渐形成了浙东运河。南北朝时期，运河形制基本成型。唐代中叶，江南运河沿线运务繁忙，浙东地方官员又主持疏浚浙东运河、增设堰碶设施、开挖扩充河道，疏浚鉴湖水域并使其成为运河水源。

南宋定都临安后，宋金对立致使京杭大运河北段与江南部分联系中断。浙东运河和江南运河，由此成为南宋的水运交通生命线。南宋初年，宋高宗赵构征发民夫，整修浙东运河绍兴至余姚段。南宋时期浙东运河历经多次整修，令航运状况得到大幅提升改善。

据《嘉泰会稽志》载，当时浙东运河，萧山至上虞段可通行二百石大船，山阴至姚江段通行五百石大船，此时运河繁荣已达盛极。元明时期，浙东运河未断维护整修，此时虽不如南宋时期繁华，但运河航运作用一直不废，只是到清代后期浙东运河才日渐衰败。

2008 年 11 月，浙东运河作为京杭大运河延伸段，与海上丝绸之路衔接沟通，此段运河也因此列入古运河申遗项目。如今，浙东古运河作为中国南北大运河的一部分，也将成为人类社会的共同文化遗产。2013 年 5 月，浙东运河纳入第七批全国重点文物保护单位。

历史作用

浙东古运河，历史上曾发挥的作用主要包括航运、灌溉、漕运、水驿 4 大部分。

航运。由于杭州湾潮水来势凶猛，使得古代浙东船只多取道浙东运河前往杭州。南宋时期，浙东古运河曾是对外贸易重要通道。产品通过运河运往宁波，再通过海路输往域外。

灌溉。浙东运河另一重要任务，就是灌溉运河两岸农田。西晋修建西兴运河，其最初用途即为灌溉。从宋代至明清，历代均有修缮运河蓄泄设施，使得运河闸坝系统保持完善。

漕运。史上浙东乃是漕粮重要征发地，唐代此段运河即纳入官办。漕粮自浙东运河抵达西兴后，过钱塘江至京杭大运河，北上直抵京城，福建所运漕粮也经海路登岸至此转运。

水驿。浙东运河另一个重要功能，即是作为古驿道存在。运河起点的西兴曾经设立西兴驿，宋代沿运河也曾设立 12 处驿站，明、清两代保留西兴驿，近代邮政建立递铺遂取消。

史迹遗存

浙东运河沿线，保留有大量历史文化遗迹。其中，全国重点文物保护单位 3 处、省级文物保护单位近 20 处、市县级文物保护单位众多，运河沿岸浙东古镇更可谓星罗棋布。

纤道。纤道是运河纤夫行走路道，浙东古运河沿线均有众多纤道分布，萧山和绍兴一带最为集中。位于绍兴钱清镇板桥至柯桥街道的谢桥纤道，今为全国重点文物保护单位，而萧山纤道、绍兴渔后桥纤道、绍兴皋埠纤道、上虞纤道已纳入浙江省重点文物保护单位。

古桥。浙东运河上古桥众多，桥梁风格迥异形式不同。例如常见有半圆拱、七折边拱、马蹄形拱、立交桥型，以及其他类型的桥梁。今有不少典型桥梁已列入文物保护单位，其中绍兴市区一些重点桥梁古迹，今以绍兴古桥群落的名义已列入全国重点文物保护单位。

史迹。浙东运河西段史上有记载，李白、杜甫、贺知章、王维等40余位唐代诗人曾到此造访，故曹娥江、剡溪、天姥山、天台山沿途构成“浙东唐韵诗路”。唐代以后，陆游、范成大、秦观、朱彝尊、鲁迅等文人墨客途径浙东运河，也曾留下许多传世佳作。

---

7. 桥街古城　水陆通衢——绍兴的桥

古城绍兴，素有桥都、水城美称，纵横的河道、仿佛就是公路，各式各样石桥乃是其交叉路口。登上林木葱郁的府山、蕺山、塔山，居高临下俯瞰市容，粉墙黛瓦鳞次栉比，现代建筑携古宅民居，依傍于闪烁发亮的河旁，绿水青山掩映着古城绍兴之水域风情。粉墙黛瓦古桥神韵　水路通衢河道纵横的八字桥、广宁桥、光相桥、春波桥。

八字桥

八字桥位于绍兴八字桥直街东端，处于广宁桥与东双桥之间。据《嘉泰会稽志》载，此桥始建于南宋嘉泰年间，南宋宝祐四年（1256年）获重建，“桥面相对、形如八字，故得此名”。桥以石材构筑，结构造型奇妙，桥连三路水通南北，时为城中主要水道之一。此桥净高5米、桥呈石壁式，上置栏杆望柱头雕覆莲。东西两面各立石柱9根，主桥孔下西面第五根墩柱上刻“时宝祐丙辰仲冬吉日建”。西端南面踏跺之下，建一小孔跨越小河，桥下石壁转角处已被纤绳磨出的光痕，目视清晰可见，可知当年舟楫之繁盛。

建筑特色。八字桥建筑结构为梁式石桥，两侧桥基皆条石叠砌，石柱下端插入基石凹槽内，上端大条石压顶与两侧金刚墙紧贴。石桥踏跺分三面四道，与三条道路相通。南面西岸一道则横跨小河，西面一道连接八字桥直街，北面一道在主河东岸，与南面东岸位于同一方向。

三大特点。据地方志载，南宋嘉泰年间始建此桥。八字桥独具三大特点，一是历史悠久，二是造型美观，三是科学实用。有关人员在考证桥史中发现，桥下西侧第五根石柱之上，镌刻“时宝祐丙辰仲冬吉日建”字样，这又说明在南宋保佑四年（1256年）年，此桥进行过整修。

八字桥水城风貌街区是重点文物保护单位之一。据说，有专家曾提出“八字桥”也称“八士桥”，只因各抒己见、一时难有定论。游览八字桥为欣赏桥形，水城河道格局，传统民居建筑，地方民俗风情，尤其晨曦街区静谧、依傍河道前行尽可饱览水城风韵。

广宁桥

广宁桥位于绍兴市区广宁桥直街东端，为一座横跨漕河、南北向单孔拱形石桥。相传此处本无桥，后因乡人集资建桥，来往百姓广受其惠故起名为广宁桥。广宁桥始建于南宋高宗年间，至明万历二年（1574 年）重修，为我国始建年代最早、立交式七折边拱桥。

建筑特色。当年桥下建有纤道，纤夫拉纤也可从桥下穿行，不知此举是否可称早年之立交桥。据史考证，该桥重建于南宋绍兴四年（1134 年），明万历二年（1574 年）获重修，但此前一直认为为明代所建。史载，南宋年间这里曾做纳凉观景之处，此桥今为市级文物保护单位。

一个偶然的机会，考古人员意外发现一块被砌入民居住房的广宁桥石碑，此碑文清晰记载，桥重建于南宋绍兴四年，后经明万历三年重修。故此桥原判断明代将上推至宋代，大体与八字桥所处同时代古桥，后经旁物进一步佐证，广宁桥为迄今最早立交型石桥。

古桥史料。明代朱亢宗曾作诗怀古：

河梁风月故时秋，不见先主曳杖游；
万叠远青愁对起，一川涨绿泪争流。

另据，方志《绍兴具志余辑》中有关此桥的文史记载：“桥呈方向东西，一圆洞，高三、四丈，长十余丈，桥面广度为二丈，上有石栏甚坚，有碑亭，越中之大工程”。

《元夕二首》　明·徐渭

其一

年年异县望乡园，乡里今年赏上元。
罗绮含风灯火乱，烟花拂地叶枝繁。

其二

人如不夜城中坐，曲似钧天乐里翻。
归去若从桥上过，广陵步月来须言。

另据，嘉泰《会稽志》中相关史料记载：“广宁桥在长桥东，漕河至此颇广，居民鲜少，独士人数家在焉”。这既就说明此桥所处方位，也描述了周边环境及民居状况。

光相桥

光相桥位于绍兴市北海桥直街，始建于元代至正元年（1341 年），其后曾历经过数次维修。桥体为单孔弧拱式结构，桥孔净跨达 8.5 米、桥身拱高 4.35 米，为一马蹄拱形状。桥拱构造为分切并列式，桥上两侧设有石栏杆，桥柱头建有雕作覆莲，两堍建有石级。

建筑特色。据说，早年光相桥附近因有光相寺而得此名。该桥南北向，横跨老城河，两头衔接上大路和下大路。桥两端置垂带，上设工字形座栏，每边座栏以 6 只覆莲望柱相隔，桥面两边各设 21 级石阶。此桥为浙江元代少有留存之桥梁，对研究桥梁发展史具有重要意义。

资料显示，光相桥始建于东晋时期，清乾隆与嘉庆年间曾获重修。该桥拱券条石纵向分节并列砌筑，拱石镌有莲花座图案，上刻“南无阿弥陀佛”和“至正辛巳重建光相桥”题记。桥上置实体栏板和覆莲望柱，其中北端望柱上刻有“隆庆元年吉日重修”字样。

文史资料。据称，光相寺可溯源至晋义熙年间。此桥时为通往光相寺必经之路，而光相寺与光相桥恰好同名，根据我国古代常以寺名引出桥名习惯，初步推断此桥应始于东晋时期。

古光相桥四大特点：一是，此种分节并列砌置古桥，一般多出现在宋代之前，而这种桥型绍兴比较少见。若此类桥型尚可保存至今，说明光相桥在历次重修时已经考虑到保留原桥型要求。二是，桥拱上部两侧，那一对怪兽并非石狮，而狮兽桥饰多出现唐代之后。此桥饰与晋代辟邪、晋代瓦当怪兽造型相仿，另桥栏、桥柱纹饰为晋代古桥风格重要特征。三是，桥上使用有多种年代石料，其年代最早桥柱石材风化程度与八字桥、广宁桥相仿。这说明此桥应建于宋朝之前，历次重修旧料原位依存，表明此桥保持了原状。四是，在《光相桥题记》的一些史料中，也比较明确记载“古有光相桥、重建光相洞桥”的情形。这说明此桥重建之前就已是半圆形拱桥，而重建后仍保持了原有状态。

“桥市玲珑隔秋水，山亭峭倩出寒烟”。2013 年 5 月，绍兴古光相桥，连同八字桥，广宁桥、泗龙桥、太平桥、谢公桥、题扇桥、拜王桥、接渡桥、融光桥、泾口大桥、西跨湖桥以及迎恩桥，正式统称为绍兴古桥群落，并由此列入第七批全国重点文物保护单位。

春波桥

春波桥位于绍兴市都昌坊路禹迹寺前，此桥距离鲁迅纪念馆不远，该桥时为一座清代重建的单孔石拱桥，拱圈为纵联分节砌置，桥面纵坡很小，采用两根石梁做桥栏。另一说则称春波桥又称罗汉桥，这是因为旧时在桥的北侧，有禹迹寺内供奉五百罗汉缘故。

古桥史料。春波桥原为一座石砌拱桥，桥形古朴玲珑雅致。不过 20 世纪 50 年代，绍兴因城市建设之需，竟将其改成了一座水泥板桥。时桥长约 6 米、宽约

3 米，水泥桥板连接架于两岸石壁，辅以铁杆作栏。据说，春波桥因陆游诗句而闻名遐迩，迄今一直被人们传颂。

另有唐代诗人贺知章“惟有门前鉴湖水，春风不改旧时波”诗句，有人便将此桥唤作“春风桥”。南宋庆元二年（1196 年），陆游作《沈园》七绝：“城上斜阳画角哀，沈园非复旧池台，伤心桥下春波绿，曾是惊鸿照影来”。后人据此将“春波桥”，也称“伤心桥”。

春波悲情。绍兴沈园乃是古越年间名园之一，也是爱国诗人陆游别离铭记之地。沈园坐落在附近的一座普通石桥旁，则因陆游名诗流传千古，并由此成为文人墨客寻古探幽去处。史传，陆游初娶唐琬，琴瑟和谐、感情弥笃，但因其母不悦，虽立海誓山盟，终致二人被迫分离。传说，离别十年之后又一个暮春时分，陆游再次重游沈园时两人不期而遇。陆游无限惆怅、百感交集，唐琬为之敬酒、追忆往昔。陆游遂情不自禁赋词一阕，名曰《钗头凤》，唐琬阅后伤感至绝亦和词一首《钗头凤》，而时隔不久唐婉郁郁寡欢悲痛而逝。此情此景令陆游终生难忘，以后每临沈园徜徉，他总会想起宫墙题词、唐琬旧情。庆元二年（1196 年），陆游重游沈园，睹物追思作七绝《沈园》，晚年则写下“梦游诗句”。

《夜梦游沈氏亭园》　南宋·陆游
路近城南已怕行，沈家园里更伤情，
香穿客袖梅花在，绿蘸寺桥春水生。

---

8. 虚竹幽兰生静气　和风朗月喻天怀——兰亭

兰亭位于绍兴西南方 13 千米处的兰渚山脚。相传，越王勾践于此植兰花，汉代此为驿亭之地，明嘉靖二十七年（1548 年）得郡守沈启重建，清康熙十二年（1673 年）整饬，其间时有荒废。1980 年景区全面整修，现为国家 4 级旅游名胜区、国家重点文物保护单位。

兰亭寻觅

史上兰亭究竟在什么地方，国内史学界至今说法不一。王羲之的《兰亭集序》中仅有：“会于会稽山阴之兰亭”。郦道元的《水经注·浙江水注》中只说：“浙江东与兰溪合，湖南有天柱山，湖口有亭，号曰兰亭，亦曰兰上里。太守王羲之、谢安兄弟，数往造焉。”

有关兰亭记载，越州条目中引顾野王《舆地志》曰：“山阴郭西有兰渚，渚有兰亭，王羲之谓曲水之胜境，制序于此。”如依文所述兰亭应在湖中。《海录碎事·地理下·陂泽门》卷三有：“山阴县西南三十里有兰渚，渚有亭曰兰亭羲之旧迹。”可见兰亭也在湖中。

从《嘉泰会稽志》记载看，兰亭在兰渚山一带，当时镜湖流域湮废，兰亭已不在湖中。吕祖谦《东莱吕太师文集》中曾有《入越记》一篇，此文曰："十里含晕桥亭，天章寺路口也，才穿松径至寺，晋王羲之之兰亭。"故吕祖谦是以天章寺作为了史上兰亭旧址。

另据，《嘉庆山阴县志》卷七文中所载："明嘉靖戊申年，郡守沈启移兰亭曲水开天章寺前。"另有文载：清康熙十二年（1673年），知府许宏勋重建。"三十四年，奉敕重建，有御书《兰亭诗》，勒石于天章寺侧，上覆以亭。"三十七年复御书"兰亭"时两大字悬之。

其实，1600多年来，兰亭故址早已是沧海桑田几经变迁。现在的兰亭，为明嘉靖二十七年（1548年），在时任郡守沈启主持下，从宋兰亭遗址天章寺迁移至此，其后此园亦几经兴废。至清康熙三十二年（1693年），康熙帝御题《兰亭集序》，勒石上覆遂以此建亭。

清康熙三十四年（1695年），得知府宋骏业主持重修。清嘉庆三年（1798年），知县伍士备偕绅士吴寿昌、茹棻等筹资重修兰亭，曲水流觞、右军祠等景观，继而查明旧兰亭址，所在东北隅土名石壁下。1914年，在右军祠内始建墨华亭。1916年，兰亭增建文昌阁等。

据说，当年王羲之与名士孙统、孙绰、谢安、支遁等41人，过"修禊日"宴集于此。众人列坐曲水侧，酒觞置于清流之上，漂流至何即赋诗否则罚酒三觞。传说，此聚26人赋诗37首，王羲之即兴作序，史称《兰亭集序》乃王之书法峰巅之作"天下第一行书"。传说，王羲之乘酒兴方酣，铺蚕茧纸、执鼠须笔，奋笔疾书，一气呵成。《兰亭集序》通篇28行，324字，凡字有复重者，皆变化不一，精美绝伦。据说，唐太宗见后即爱不忍释，死前命人用来殉葬，以至后世之人，再也无法见到《兰亭集序》的墨宝真迹了。

《兰亭集序》集字联采撷：

一生勤为本；万代诚作基。
一亭俯流水；万竹引清风。
虚竹幽兰生静气；和风朗月喻天怀。
虚怀视水人咸悟；和气为春天与游。

景区概说

兰亭，可谓世界级文化遗产，王羲之兰亭修禊与《兰亭集序》，涵盖了中国山水园林、中国山水文学、行书书法三大艺术门类。今日兰亭，据明嘉靖年间所遗兰亭旧址复建，且以"景幽、史雅、文妙、书绝"四大特色，成为享誉海内外，颇具影响力的名胜古迹。

游兰亭景区可用"一序""三碑""十一景观"简述概括：

“一序”：《兰亭序》；

“三碑”：鹅池碑、兰亭碑、御碑；

“十一景观”：鹅池、乐池、临池、小兰亭、流觞亭、御碑亭、古驿亭、十八缸、曲水流觞、王右军祠、书法博物馆。

经典景观

● 鹅池

步入景区迎面可见“鹅池”二字，传为王羲之和王献之，父子二人分别所书，故称“父子碑”。传说，王羲之喜欢鹅，家里曾饲养一群鹅，今亭侧的鹅池水中，常有几只白鹅悠然嬉戏别有一番情趣。过鹅池越三曲桥至小兰亭，亭中碑撰“兰亭”二字系康熙帝手书。

● 御碑亭

御碑亭幽雅别致、八角重檐，青石围栏、江南风韵，为园内等级最高之建筑。内置高大碑石一通，上有清康熙、乾隆二帝亲题御笔，正面为康熙帝手书《兰亭序》全文，背面乃乾隆帝游兰亭御题七律《兰亭即事》，后人谓之“祖孙碑”，此碑逸事堪称世间绝唱。

● 曲水流觞

一条“之”字形曲水蜿蜒，中间有木化石上刻“曲水流觞”。史载，王羲之邀名人雅士于此修禊，曲水中漂下酒杯，止于何处停息，面者须当场作诗，未成者罚酒三觥。诗文汇成《兰亭集》，众人皆推王羲之为其作《兰亭集序》，此序被后人称之“天下第一行书”。

● 流觞亭

史载，“流觞亭”之匾额乃是清代光绪年间出自江夏太守李树堂手笔。如今亭内陈列有《兰亭修葺图》《曲水流觞图》等名家作品，以及流觞时所使用的杯具复制品。今亭内有徐生翁撰书，兰亭书法协会沈定庵题“兰亭”楹联：

此地似曾游，想当年列坐流觞未尝无我；
仙缘难逆料，问异日重来修禊能否逢君。

● 右军祠

流觞亭北，便是“王右军祠”。史载王羲之曾任右将军、会稽内史。故后人常称其为王右军。现祠内壁上嵌有许多精致碑刻，正中悬王羲之画像，两边楹联：“毕生寄迹在山水，列坐放言无古今”。祠前有一泓清泉流动，正中一长方形“墨池”池中建“墨华亭”。

● 临池十八缸

民间传闻，王献之幼年时自满，有王羲之一点成太、后十八缸临池学书其教子典故即由此而来。相传，王献之幼习书法，自感学有所成沾沾自喜。某日将习字呈父阅，王羲之在“大”字下边随手添一点。后经王羲之夫人观后言道：“吾儿唯有这一点才像羲之。”

● 乐池

园中西部有“乐池”，水域达十亩之多，碧透清晰芙蕖映日。临池附近有“俯仰亭”，池畔西侧设饭庄茶室，东侧乃是流觞亭，此处应为兰亭景区中心。亭内悬有“曲水邀观处”匾额，下有唐代画家李公麟的《兰亭修葺图》，亭前的曲水叠石，传为流觞咏饮之处。

● 书法博物馆

御碑亭北行现兰亭江，隔水相望便是“兰亭书法博物馆”，这是一幢以弘扬兰亭及《兰亭序》文化内涵，以交流书法艺术为宗旨的现代书法博物馆。馆内设大小书法展览厅，大小书艺交流厅，及相关附属设施，该建筑令兰亭景区、平添一处传承古今书法之雅院。

● 今日之兰亭

现经数年持续整修，今园中建有兰亭碑、御碑亭、右军祠等悉数建筑，景区环境崭露呈现，林木葱茏、溪水潺淙，鹅池恬静、曲水流觞，古色古香、典雅清幽。兰亭借助名人效应扬名四海、饮誉华夏，不日将比肩与大禹陵、东湖，同为古城绍兴之三大风景名胜。

9.“红酥手　黄縢酒　满城春色宫墙柳”——沈园

绍兴沈园位于鲁迅中路，出鲁迅故里景区向东穿过中兴路，继续前行约300米即到。据说，沈园为南宋时期沈姓富商私家花园，故得“沈氏园”之称。沈园遗迹名气颇高，迄今约有800余年历史，初建时颇具规模占地约70多亩，时为绍兴城内一处著名园林。

若仅就一处私家花园而论，在花团锦簇江南此园未必十分出众。而历经岁月沧桑，至今仍得传颂，皆因一则千年不老的爱情故事，一首催人泪下的著名宋词《钗头凤》。现沈园门额“沈氏园”3字为郭沫若所题。1963年，沈园被确立浙江省重点文物保护单位。

史上沈园

史传，南宋绍兴二十一年春，著名诗人陆游与爱妻唐琬被迫分离。数年后又逢一个春日，陆游携家人于山阴城南沈园同游，恰与昔日夫人唐琬邂逅相遇。唐氏遂置酒肴聊表曾经绵绵之意。陆游触景生情一时无法释怀，遂以情极所致吟赋诗词，信笔题于沈园壁。这首著名宋词，表达了陆游与唐氏于沈园邂逅时情景，前文追忆昔日美好时光，感叹被迫离异痛楚。后文感慨往事不堪回首，抒发了内心离别愁绪，倾诉孤独难以名状。

《钗头凤·红酥手》　宋·陆游

红酥手，黄縢酒。满城春色宫墙柳。东风恶，欢情薄。
一怀愁绪，几年离索。错！错！错！
春如旧，人空瘦。泪痕红浥鲛绡透。桃花落，闲池阁。
山盟虽在，锦书难托。莫，莫，莫！

唐琬见词生情，不禁潸然泪下，心痛不已衷肠寸断，即便回到家中，仍一直沉浸于痛苦之中，难以自拔无法解脱。情至深处几不自禁，遂梳理纷乱心境，提笔和陆游词。

《钗头凤·世情薄》　宋·唐琬

世情薄，人情恶，雨送黄昏花易落。晓风干，泪痕残。
欲笺心事，独语斜栏。难！难！难！
人成各，今非昨，病魂常似千秋索。角声寒，夜阑珊。
怕人寻问，咽泪妆欢。瞒！瞒！瞒！

在诗中，唐琬诉说了自己对陆游的无限思念，哭诉自己幽思成疾，心灵长久经受折磨，历经此番的痛楚离别，唐琬身心疲惫至极再也无法承受，不久便于忧郁中离世。

不久陆游闻知此事，失魂落魄悲痛欲绝，心灵遭受极大冲击，且终生难以释怀，沈园自此也成为他对唐琬思念心绪，魂牵梦绕之地。据传，陆游晚年入城，凡沈园开放之日，必入园中凭吊，数十年后某日，陆游再次至沈园，感慨物是人非。遂作《沈园》二首：

其一

《沈园》　宋·陆游

城上斜阳画角哀，沈园非复旧池台。伤心桥下春波绿，曾是惊鸿照影来。
梦断香消四十年，沈园柳老不吹绵。此身行作稽山土，犹吊遗踪一泫然。

其二

《沈园》　宋·陆游

路近城南已怕行，沈家园里更伤情。香穿客袖梅花在，绿蘸寺桥春水生。
城南小陌又逢春，只见梅花不见人。玉骨久成泉下土，墨痕犹锁壁间尘。

据说，一直到晚年，陆游心头始终牵挂着沈园。资料显示，诗人为怀念唐琬，追忆沈园之邂逅离别，曾留有十多篇充满依恋思绪的感触诗文。纵观陆游一生，在其所著大量诗作中，能在同一个地点针对同一个件事物，写下如此众多情思诗文实属并不多见。

正是由于这些，催人泪下的凄美故事，感怀至深的动人诗篇，令如今沈园已成为寄托执著爱情圣地。每至徜徉于沈园回廊亭榭，不仅可欣赏古典园林之美，更多是在感受世间那些真挚美好的情谊，难怪有人戏谑：“今日之沈园俨然已成，华夏之爱情主题名园。”

今日沈园

近年来，地方政府和有关部门于沈园旧址，恢复重建了仿宋代沈园。现新园已初具规模，并成为绍兴古城内融历史、文化、古迹于一体，令人推崇的雅园景观。今修复、重建和扩建后沈园，占地面积近38000平方米，分为古迹区、东苑区、南苑区三大组成部分。如今，孤鹤亭、半壁亭、双桂堂、八咏楼、宋井、射圃、问梅槛、琴台和广耜斋等景观，依历史资料旧貌及沈园文化内涵，有序分布于沈园三大景区之中。从而形成了“诗境爱意”“春波惊鸿”“残壁遗恨”“宫墙怨柳”“踏雪问梅”“诗书飘香”著名景观。

不仅如此，古迹区葫芦池与小山乃是宋代原物之遗存，其余多为考古发掘复建。现景观错落有致，色调庄重典雅，彼此互为映衬，颇显宋代风韵。陆游一生喜梅，今古迹区遍植大量腊梅，繁盛时节香气四溢，若逢冬日恰逢雪景莅临沈园，堪称诗情画意无限。

---

10. “不知细叶谁裁出　二月春风似剪刀”——贺知章秘监祠

贺知章秘监祠俗称湖亭庙，位于学士街劳动路小学内。相传，南宋绍兴十四年（1144年），时任绍兴郡守莫将，在贺知章读书旧地重建“逸老堂”，以祀唐代诗人贺知章和李白。乾道五年（1169年），时任太守张津对其复修。宝庆三年（1227年），太守胡矩再度进行修葺。

历史文化

贺知章，字季真、越州永兴（今浙江萧山）人士，唐代著名诗人、书法家，少时就以诗文出众得以扬名，晚年自号四明狂客。贺曾于武则天证圣元年（695年），中乙末科状元，朝廷授其国子四门博士，迁太常博士，后历任礼部侍郎、秘书监、太子宾客等不同官职。

宋代，王十朋诗中即有“贺老祠堂枕鉴湖”名句，后该祠移至“明真观”。南宋开庆元年（1259年），吴潜撰文、张即之书《重建逸老堂记》。元代，逸老堂与涵虚馆合并秘监祠废址。元至正二十年（1360年），刘仁本文、史铨书、周伯琦篆、徐仲裕刻《贺秘监祠堂记》。

《贺知章祠》　宋·王十朋

贺老祠堂枕鉴湖，霓裳羽化宅荒芜。

无人更问君王觅，转使高风千载孤。

南宋乾道中叶（1169年），史浩奏移千秋观旧额，续建三清殿、两庑，分享前代高尚之士，凡四十一人故俗谓之先贤堂，又名鸿熙观。明代永乐中时（1413年），改为今额，清代嘉庆中期得里人重修碑存于观中。1937年，贺知章第41世孙贺扬灵任浙江专员复修葺。

今秘监祠坐北朝南，共有三进，均五开间，正殿门额题“唐秘书监贺公祠”，祠内原有北宋熙宁元年（1068年）、《众乐亭诗刻》，王安石、司马光等数位名人诗词20余首。近代，绍兴名人蔡元培作《重修贺秘监祠记》，现存主体建筑时为清同治四年（1865年）重修。

史载，唐天宝二年（743年）十二月，贺知章因病辞官得以还乡。史传，贺知章既工文辞、也擅草隶，性旷夷、善谈说、平素嗜酒，与杜甫、李白等结为好友。晚年尤纵诞，自号“四明狂客”，又称“秘书外监”，以逍遥里巷为乐，醉后挥笔纵墨，顷刻之间便出文章。

贺知章诗文出众，才华横溢不拘一格，只可惜他所流传的诗词，以及笔墨真迹很少，其诗文原作大多散佚，自86岁告老还乡旋逝。贺知章诗文以绝句见长，描写景物、以情抒怀、风格独具，潇洒飘逸，名篇如《咏柳》《回乡偶书》，尤为脍炙人口、千古传诵。

《咏柳》　唐·贺知章

碧玉妆成一树高，万条垂下绿丝绦。

不知细叶谁裁出，二月春风似剪刀。

《回乡偶书二首》　唐·贺知章

其一

少小离家老大回，乡音无改鬓毛衰。

儿童相见不相识，笑问客从何处来。

其二

离别家乡岁月多，近来人事半消磨。

唯有门前镜湖水，春风不改旧时波。

---

11. 山阴道上行　如在镜中游——鉴湖与东湖

鉴湖位于绍兴城西南约1500米，古为浙江名湖之一，曾经有文赞曰“鉴湖八百里”，可以想象当年鉴湖水面之广阔。今鉴湖集观光旅游度假于一体，为江南水乡型风景名胜区。鉴湖景区由东跨湖桥、快阁、三山、清水闸、柯岩、湖塘景观，以及南山景区构成。

鉴湖史话

东汉永和五年（140年），时任会稽太守马臻遣以数众民工筑堤潴水，汇集收纳山阴、会稽两县36源清流，灌溉农田9000余顷，民得其利受益甚丰，遂成江南最大水利工程之一。其东起蒿口斗门（今上虞蒿坝镇），西至广陵斗门（今绍兴南钱清）全长约57千米。

鉴湖水域面积190平方千米，若逢盛夏雨天集水季节，此湖水面积可达610平方千米。唐代中叶后，河道淤塞水土流失，湖区面积逐渐开始萎缩。自北宋大中祥符年间，又因当地豪绅在湖区构筑堤堰、掠湖为田，修建私园据为己有，致使湖区面积大为缩减。

园林景观

今鉴湖面积约有31平方千米，其主园区东起亭山、西至湖塘，总长约23千米，俯瞰其形宛如一条飘逸缎带，镶嵌于富润绍兴平原。鉴湖原名镜湖，相传黄帝于此铸镜而得其名，史上鉴湖亦有长湖、庆湖别称。鉴湖水质极佳，驰名中外绍兴老酒即用此湖水酿造。

鉴湖水面宽阔，泛舟其中，凌波浩渺，远眺峰峦叠翠，近观碧水无垠，山阴道上行、如在镜中游。鉴湖不仅具有独特自然风光，也有许多名胜古迹为其增色。如湖滨东岸有会稽太守马臻之墓，据说其兴修水利得罪了豪绅，被诬告陷害致死，后会稽百姓建墓立庙永世祭扫。今墓前建有石坊一座，上刻“利济王墓”4个大字，墓碑上方有“敕封利济王东汉会稽郡太守马公之墓”。据称，此碑为清康熙五十六年（1717年）建墓时所立，墓东侧另有马太守庙，此庙始建于唐开元年间。今前殿、正殿以及左右殿宇，乃晚清时期的建筑遗存。

宋代王十朋有诗云：

会稽疏凿自东都，太守功从禹后无；
能使越人怀旧德，至今庙食贺家湖。

史上，鉴湖也是我国南宋著名爱国诗人陆游故里，今有快阁、三山遗址凭吊。快阁地处东跨湖桥西侧，据称为陆游中年赋诗读书处，后改陆放翁祠，现存清代建筑数间。

今鉴湖对岸有一段山阴道可直通兰亭，如沿快阁西行约数里便可见陆游故里之三山，乡邻谓之行宫山、韩家山、石堰山，三座小山之间有一临湖小村，旧时称其为西村。

如今湖塘、容山湖、白塔洋一带，史上古人旧居早已杳无痕迹，但自然景致依然，且湖光山色俱佳，湖岸堤桥、轻舟点点，远山近景、如诗如画，游人至此无不流连忘返。

王羲之曰："山阴道上行，如在镜中游"此言无虚。

袁宏道赞："钱塘艳若花，山阴芋如草；六朝以上人，不闻西湖好"亦非夸张。

贺知章称："湖山奇丽"终老此乡，岩洞深邃，水塘清澈，石景奇妙，闻名遐迩。

东湖史话

东湖景区位于绍兴东绕门山麓，此为山水景致两部分构成，南面是东西绵延，三四里长的箬箦山。相传秦始皇东巡，曾在此供草牧马得名。此山原是青石山，人称绕门山，汉代后成石料场。千百年凿岩斧削终成高达50余米悬崖峭壁，形状各异犹如巨型岩画。

清代末年，绍兴著名书法家、园林艺术家陶浚宣见此地风景绮丽，堤外倚浙东运河，便拓域围堤、堤上砌墙，围墙里面自建封闭式园林。今东湖四方皆已成景，湖面有秦桥和霞川桥，湖中有仙桃洞和陶公洞，远处为一片长约200米、宽约80米，明亮如镜水塘。

园林景观

如今若从湖岸边出发，乘上一只悠荡乌篷小船，绕过笔架山继续前行，迎面便可见到一处巨大岩壁。举目观看，上面镌有著名学者郭沫若1962年游览东湖时即兴所赋诗句：

《游东湖》　郭沫若

箬箦东湖，凿自人工；
壁立千尺，路隘难通；
大舟入洞，坐井观空；
勿谓湖小，天在其中。

若是乘游船继续前行，不远处便为著名的陶公洞。陶公洞附近建有听湫亭，如若弃舟上岸，拾级登顶便可一览湖景，俯瞰波纹涟漪、绮丽恬静，远眺水乡风光、尽收眼底。

如经饮渌亭也可抵达仙桃洞，但闻"洞五百尺不见底，桃三千年一开花"，细细品味佳联名句、兴趣盎然倍添情趣。洞窟西面桂岭，犹如一座小岛，桂花丛中可见香积亭。

不仅如此，东湖还有多处具有革命历史意义的胜迹。如孙中山、陶成章、徐锡麟和鲁迅等诸多志士仁人当年曾在这里商议革命大计。陶成章遇难之后，绍兴乡民特意在东湖建立陶社以示纪念。1916年8月，孙中山曾亲临致祭，离别之前题写“气壮山河”横匾。

今扩建后的东湖，面积已达原来两倍多。1997年，东湖景区再获修建灯光夜景，傍晚500余只各色灯光，使入夜的东湖成为一座巨型灯饰盆景。现东湖以山岩、洞窟、石桥、湖面完美巧妙结合，成为浙江域内著名旅游名胜，东湖因此也跃入浙江三大名湖之列。

12. 越州花果山　浙地武陵源——吼山景区

吼山景区位于绍兴市以东12千米处。据传，2400年前吴灭越，越王勾践为雪前耻，卧薪尝胆将此用作聚力之地。据《越绝书》载，越王勾践于此饲养猎犬，以捕捉南山白鹿，然后进献吴王而取欢心，故此山又被称作犬山或狗山，而“吼”系“狗”音的转读法。

景区文化

吼山自然风光俊美，历史人文多彩浓郁。史载，春秋战国时期，这里为古越青瓷窑址。吼山历经千百年的变迁，形成山、水、洞、潭、佛等多重史话奇特景观，这里既有史上皇家园林遗迹，也有庭院累累瘢痕，既有历代人工斧凿遗物，也有景自天成自然奇观。

如春秋越王勾践于此饲犬猎鹿，南宋诗人陆游祖居吼山生息，明代陶望龄、张岱、袁宏道、徐渭、陶允宜、查慎行，近代陶成章、蔡元培、鲁迅等皆在此留有历史足迹。另名人郑板桥、平度、李慈铭、孙嘉淦、刘正谊、刘显祖、赵青等，也留诗文或摩崖石刻。

吼山又被人们誉为“越州花果山”“浙地武陵源”“古越石文化代表”。明末清初文人张岱就曾留下“谁云鬼刻神镂，竟是残山剩水”感慨赞语。现吼山园区景观已达60处，其形态各异，巧夺天工，著名景观如云石、棋盘石、象鼻吸水、一洞天等20余处。

园内西北处曹家山有一烟萝洞，四周峭然陡壁，中间平坦开阔，面积可达数亩。崖壁下遗有洞穴，水潭处幽静清凉，堪称夏时避暑胜地。云石山高峻耸立，山上大小石柱众多，四周奇峰峻峭，挺拔达数十丈，疑似鬼斧神工、实则景自天成，娉婷若云故曰云石。

云石、棋盘石，被誉“天下奇石”，可称吼山景观之精华。据《康熙会稽县志》载，古吼山汇聚八景首推乃云石。棋盘石高20米、环10余米，底部瘦削，拔地而起，巍峨峻奇。山顶处坐落庙宇，千年宝刹寿宁禅寺，静谧祥瑞，梵音缭绕，紫气东来，普度众生。

特色景观

园内景区有吼山园区、山水园区、水乐园区、花果园区、瞻仰园区 5 部分，另 48 处景观皆以石景奇特见长，“棋盘石”为吼山石景精华，“云石”乃越中 12 胜景精粹。据传，陆游先人羡吼山风景，由鲁墟移此定居生息繁衍，建有前宅、后宅、东宅等居舍，山北处的陆氏家庙，现为吼山一景。水石宕居于东，石梁横跨岩间，中洞可通舟楫，岩壁“放生池”“观鱼跃”“武陵源”题刻。山顶有陶望龄、“石匮山房”等现已无存。

● 棋盘石

棋盘石高 30 余米周 10 余米，上面横卧巨石三块，孤兀独立，崔嵬离奇。传说，两位神仙曾在这里下棋，纹枰之上变化莫测、斗转星移呼风唤雨，盘石弈棋故得此名。

● 云石

云石凌空兀立，上粗下细，巨石椭状立峰巅危状欲倾。民国时，有邑人鲍彬书“云石”二字。覆岩之下另有亭 5 间，名唤“万寂亭”，亭前有飞泉池，水澈甘冽曰“云泉”。

● 寿宁寺

寿宁寺旧称万寂庵，为陆游先人建于东山，半为祠堂、半为家庙。今迁址重建吼山风景区，有天王殿、大雄宝殿、藏经楼，一如中国寺庙对外开放可烧香、还愿、敬佛。

● 烟萝洞

沿桃园小径经月门入烟萝洞，顿觉豁然开朗。三面石壁，中有深潭，一泓清泉，自山顶飞流而下，宛如一袭水帘，唤“龙涎水”。洞名为明礼部尚书、陶大临之子陶允宜题。

● 放生池

放生池是采石遗弃石宕，蓄水成池潭深水清。池上石梁横跨水面，梁下双洞倚立相携。孤岩自山顶悬危而下，酷似“象鼻吸水”。潭中岩石形态各异，水石相映绝妙生辉。

● 花果园林

吼山果园繁茂，桃林历史悠久，据说为蔡元培先生所辟，已有 70 余年历史。春天桃花竞相怒放，呈现一片花的海洋，园内怪石林立，形状各异称奇。另有神犬护山、神仙浴池、神龟护亭、石摇门、蛤蟆石、僧帽石、天井、青蛙登天、五狗迎宾等景色旖旎诱人。

13. 镜湖水如月　耶溪女似雪——柯岩景区

柯岩风景名胜区位于绍兴城西12千米处柯山脚下。柯岩山似犹如一桩耸立仙柱，陡然拔地而起、扶摇直插云端，形态俊俏，可谓奇观。云骨高30余米、底围仅4米，耸峙如锥、娉婷玉立，苍岩之上、古柏苍翠，虬枝挺拔。据考证此石年代久远，树龄逾千年。

景苑文化

柯岩石景媲美吼山有过之而无不及，古人称之“绝胜”。柯岩石景奇异源自隋、唐，距今已有千年历史。清代年间便形成著名越中“柯岩八景”。柯岩景区历经别具匠心营造，现已经形成石佛景区、镜水湾景区、越中名士苑和圆善园为代表的四大景区。

柯岩景观卓以云骨最为奇绝，号称“天下第一奇石”，自隋、唐以来，因采石不绝终致奇绝景观。云骨形体至伟，上宽下窄，宛如一尊倒置宝塔，今领古越奇观、独步华夏。云骨高30余米、底围仅4米，远望宛若一柱，又似云烟腾空，故被世人称作“炉柱晴烟”。

今巨石之上存光绪年间刊刻“云骨”二字，有人粗测称字体可达一人之高。相传，宋代大书法家米芾酷爱高山峻岭奇峰怪石，一日得见云骨真容而“癫狂”，情极所致竟守数日方去。另距云骨约百余步，乃是柯岩大佛，法相慈祥，雕琢精湛。史传，柯岩大佛乃是唐代僧人附岩开凿而成，此弥勒坐像高约11米、通体仅一石。另有蚕花洞、七星岩、蝙蝠洞诸景，均系史上采石所遗，洞奇幽深隐秘。“名士苑”内有越州历代名士塑像，圆善园中古色古香意蕴悠长，柯岩大佛现为省级重点文物保护单位。

此外，蚕花洞、蝙蝠洞石洞幽深，其间各具特色不同凡响。如今，柯岩景区经过多年规建养护，一批特色景观相继发掘问世。例如莲花听音、七星岩、三聚同源、越女春晓、镜水飞瀑、越中名士苑等，其风格各异、妙趣横生。

主要景观

● 柯岩大佛

柯岩大佛始于隋代，历经石工三代而成，其两耳巨大可通人行，为浙江四大石佛之一。佛像宽颐广泽、法相纯厚慈祥，面庞丰满圆润、仪态恬淡端庄，堪称江南石刻艺术珍品。与国内众多石佛不同，此佛为圆雕佛像，佛背与佛龛不相缀连，故具有超凡艺术价值。

● 圆善园

圆善园为唐式风格建筑，依山就势，委婉延展。山门、合缘壁、钟楼、财神殿、弥勒殿、佛殿、手印山、罗汉院、龙腰池，气势恢弘。此园是目前国内最大仿唐建筑，其独创重檐结构，似苍鹰翘首展翅欲飞。今罗汉院内立18尊石罗汉，大小与常人相仿。

● **越中名士苑**

越中名士苑以石雕形式展现从古至今那些与绍兴相关的历史人物，如大禹、勾践、王羲之、陆游、徐渭、秋瑾、周恩来、鲁迅、竺可桢等，其形象生动、光彩照人。此苑品位上乘、艺术高雅，富于历史文化内涵，周边危岩峭壁、林木葱郁茂盛，更令雕塑风姿绰约。

● **镜水湾**

镜水湾集中展示绍兴水乡风光、民俗情观。三聚同源、少儿天地、情人谷、戏台、石竹居、杏花坡、越女池等景区，将带你步入情趣盎然之天地。古往今来，随着社会名流造势、文人渲染开发，现已形成柯岩大佛、炉柱晴烟、七星岩、文昌阁、莲花听音等佳景。

● **云门禅寺**

据传，史上有安息国高僧云游会稽，于此弘扬佛法。历经三国、西晋、东晋、南北朝、隋唐、宋元、明清近2000年，云门禅寺香火延续不绝，故有“越山千万云门绝”“若耶溪绕门而过，秦望山据背在上”之咏叹。现如今寺前青峰矗立如屏，云门钟磬悠远。

《寄题云门寺梵月无侧房》　唐 · 皎然

越山千万云门绝，西僧貌古还名月。
清朝扫石行道归，林下眠禅看松雪。

● **鉴湖景区**

鉴湖乃历史名湖，湖光山色瑰丽，可谓尽享风流。唐代诗人李白云：“镜湖水如月，耶溪女似雪”。南宋诗人陆游吟：“千金无须买画图，听我长歌歌鉴湖”。如今东汉笛亭、南洋秋泛、五桥步月、葫芦醉岛，其与柯岩景区山水交融、岩湖映衬、风光旖旎、各领风骚。

《越女词》　唐 · 李白

镜湖水如月，耶溪女似雪。
新妆荡新波，光景两奇绝。

---

14. 蝉噪林愈静　鸟鸣山更幽——会稽山景区

会稽山景区位于绍兴市区东南部，距市中心约6000米，景区占地面积5平方千米，大禹陵、香炉峰、百鸟乐园，为园中三大主要景观。据说，会稽山与上古时期华夏治水英雄大禹有着不解之缘，盛坊此为大禹娶妻、封禅之处，也是大禹寿终陵寝的葬埋之地。

历史文化

会稽山自然景观神奇，人文景观丰富，文化积淀深厚。早在隋代就被列入中国“四镇”之一（古称绍兴会稽山、临朐的沂山、幽州的医巫闾山、冀州的霍山为四大镇物）。

南朝以来这里风光旖旎，史上名人侠士众多，历代绵延传颂不已。今泛舟若耶溪，或漫步会稽山，品读史上文人雅士名篇佳作，从而唤起人们憧憬美好未来、追思历史记忆。会稽山下若耶溪畔，水清似镜，群峰倒影，如入画屏。晋朝顾恺之赞叹会稽山水：

“千岩竞秀、万壑争流，草木蒙笼其上、若云兴霞蔚然。”

东晋名士王羲之、谢安等文人墨客皆因“会稽有佳山水”而居于绍兴。更兼南朝著名诗人王藉，吟咏赞誉会稽山之瑰丽佳句“蝉噪林愈静，鸟鸣山更幽”令此山驰名华夏。

《入若耶溪》　南朝·王籍

艅艎何泛泛，空水共悠悠。
阴霞生远岫，阳景逐回流。
蝉噪林逾静，鸟鸣山更幽。
此地动归念，长年悲倦游。

会稽山原名茅山、亦称亩山，乃是中国历代帝王加封祭祀的著名镇山之一，也是中国山水诗画的重要发源地。据传，上古治水英雄大禹一生行迹终成四件大事“封禅、娶亲、计功、归葬”都与会稽山有关。春秋战国时期，会稽山一度成为越国卧薪尝胆腹地。

秦始皇统一中国不久，便不远千里登临会稽山以礼祭祀大禹。面对这座有“天子之气”和“霸主之气”的会稽山，表达了一代君王的宏图伟意。汉代以后这里又成佛道圣地，传说葛洪之祖葛玄就是在此炼丹成仙，山中阳明洞为道家第十一洞天，至今香火延续。

自汉、晋之后，此域名人贤儒隐士辈出，史上东晋虽立都于建康，但王、谢此等重臣一旦超脱便立即归隐会稽。唐代这里渐成浙东诗路门户，明代巨儒王阳明于此筑室隐居，潜心研修独创阳明学派。因此，会稽山自然形胜林木幽深，皆富蕴深含历史文化踪迹。

特色景观

● 大禹陵

大禹陵是会稽山景区内重要的名胜古迹之一，现为国家重点文物保护单位。进入禹庙西辕门，过南侧的棂星门，沿石板路顺山势逐级登高，继续行经百米山间甬道，便达大禹陵的碑亭。今禹亭石碑上刻明代绍兴知府南大吉所撰书“大禹陵”3个醒目大字。

1939年，周恩来绍兴之行，曾祭祀大禹陵并于此碑前留影。今大禹陵碑南侧为禹祠，祠外北侧为“禹穴”碑，祠内有“禹穴辩”碑。另有前殿、后殿、放生池、曲廊和禹井亭等建筑，现为大禹后裔宗族祭祀场所。沿大禹陵碑亭北侧顺碑廊而下，即为禹庙。

禹庙，始建于南朝梁大同十一年（545年），为江南一带少有大型古建群。进东辕门依次为照壁、岣嵝碑亭、棂星门、午门、祭厅、大殿。出禹王殿东门便可至“窆石亭”，亭内置一石称“窆石”。此石形若秤砣，上有孔洞，相传此为大禹下葬工具，现为禹庙之镇物。

● 大禹雕像

大禹传为夏后氏首领，帝颛顼曾孙，黄帝轩辕氏六代玄孙。相传禹因治理黄河水患有功，受舜禅让而继帝位，后人称其夏禹。大禹为上古时期与尧、舜齐名贤圣帝王，其最为卓著功绩便是成功治理洪涝、划分华夏九州，故自秦皇之后，历代帝王皆至禹陵祭祀。

大禹雕像为一尊高度20米、重达数吨的青铜雕塑。2008年3月，在大禹陵后面会稽山峰顶举行纪念仪式隆重矗立这尊巨大雕塑，这也是浙江省迄今最大户外青铜塑像。立此雕塑意在彰显4000年前，洪荒时期华夏部落首领大禹率领民众抗洪治水之功绩。

● 百鸟乐园

出大禹陵东行不远，即为百鸟乐园。如今园内饲养来自世界各地走禽、涉禽、猛禽、飞禽、鸣禽、攀禽等7大类、约130余种近万只飞禽，是国内品种最全、数量最多鸟之乐园。现园内建有飞鸽广场、鸟类艺术雕塑、人·鸟·自然博物馆、育鸟中心、猛禽区等。不仅如此，园中还辟有天鹅湖、松鹤苑、鸵鸟园，鸳鸯涧、相思谷、观景长廊、百树千巢、鸟语花香等十余处赏鸟休闲区。设有人鸟对话、雀鸟剧场、斗鸡观摩，以及孔雀东南飞等娱乐项目，是集观赏性、知识性、趣味性、科普性于一体的大型生态旅游景观。

● 香炉峰

香炉峰景色秀美，因山间常有云雾缭绕，故有“炉峰烟雨”美称，此峰为越中十二胜景之一，南宋状元王十朋留有“香炉自烟”之名句。香炉峰乃是会稽山诸峰之一，相传山上有“金简玉字之书”，令夏禹得之而助其“知山河体势”，终治服洪水，威四海九州。

此峰顶岩石，因状如香炉而得其名，每逢雨势降临，山顶云雾迷蒙、雾霭缭绕，宛如炉烟升腾。沿一千七八百级石阶盘旋登至山脊，沿途可见巍峨的大雄宝殿、小巧的四面观音殿、思远宝塔等庙宇建筑。现香炉峰顶“炉峰禅寺”为香炉峰景区经典景观。

- **炉峰禅寺**

炉峰禅寺，今有山门、九龙壁、放牛池、钟鼓楼、大雄宝殿、藏经楼等庙宇建筑，景区内“阳明洞天”，名为洞天实为幽谷。据说，黄帝建候神馆于此，后被道教列为三十六小洞天之一。传说大禹在此得“金简玉字书”，助其识山河体势，穷百川之理治服洪水。

自司马迁“上会稽，探禹穴”之后，来此寺寻访隐居的名士络绎不绝。唐宋时期，禅寺留有题记近30帧，其中《龙瑞宫记》一篇，详细叙述了龙瑞宫历史沿革和界止。此文乃唐代著名诗人、书法家贺知章的手迹相当珍贵，全文字迹工整、清晰可辨。

- **石帆山游乐区**

石帆山通体石岩，呈东西走向，山体扁狭长，山岩石壁高数十丈，状如一叶风帆，飘荡苍茫云海，此山之名源此而来。另一说，大禹治水功成后，有天仙圣姑自东海乘石船、张石帆来此察看。今顺天梯登至山顶顿显宽阔平坦，远眺若耶溪无限风光尽收眼底。

- **山林滑道**

现园中建有山林滑道，游人可乘滑橇顺滑道疾驰而下，此道集新奇、惊险、畅欢、拓展于一身。如不适应此惊险刺激，也可乘坐索道吊篮享受悠闲放飞心情，观光索道全长1180米、配有98个吊篮，穿行于山峰云雾之间若隐若现，绿色田野宛如漂萍逐波水面。

（三）绍兴特产与美食

地方特产：珍珠粉、绍兴黄酒、绍兴麻鸭、绍兴腐乳、越州瓷器、大佛茶、嵊州珠茶、嵊州香榧、二都杨梅、新昌白术、中华鳖、上虞黄瓜、长塘角笋、同康竹笋、紫阆野山笋干。

风味美食：霉千张、霉毛豆、霉菜头、霉冬瓜、霉苋菜梗、西施豆腐、干菜焖肉、清汤越鸡、清蒸鳜鱼、清炖越鸡、绍兴香糕、绍式虾球、绍兴醉鱼、绍兴茴香豆、绍兴臭豆腐。

七、苏州

——吴中名胜 园林翘楚

七、苏州
——吴中名胜　园林翘楚

（一）名城概说

苏州地处江苏东南部，位于长江金三角区域。其东邻上海、南望嘉兴、西濒太湖、北依无锡、常熟。苏州物华天宝，人杰地灵，被世人誉为“上有天堂，下有苏杭”。苏州素以园林典雅、山河秀丽闻名华夏，故有“江南园林甲天下，苏州园林甲江南”之美称。

据有关资料考证，苏州迄今已有4000多年文明史。苏州建城历史悠久、规模宏大，“水陆并行、河街相邻”呈双棋盘格局，“三纵、三横、一环”的河道水系，“小桥流水、粉墙黛瓦”的独特风貌。虽历经2000余年风雨，至今仍能留存于原址，实为国内外所罕见。

苏州历史发展进程中，曾多次作为不同朝代都城而存在。例如春秋时期的吴国、战国时期的越国、三国时期的孙吴、元末时期的张吴等，因此苏州不仅是现存历史古城，也是华夏史上有名的古都之一。著名史学家顾颉刚先生考证后，曾将其称为华夏著名古城。

唐代诗人张继一首《枫桥夜泊》，令古今游客竞相到此造访，领略寒山寺钟声。姑苏城郊风光秀丽，灵岩、天平、洞庭诸峰点缀于浩渺太湖之滨，湖光山色、交相辉映，塔影形胜、景致天成。日出江花红胜火，春来江水绿如蓝，文人墨客题咏，如何不忆江南。

苏州古城和苏州园林，集世界文化遗产和世界非物质文化遗产“双秀”于一身。另有昆曲艺术、周庄民居、阳澄湖大闸蟹三张国际知名品牌为名片。如今，享誉世界的苏州园林建筑群，已有9座被列入了世界文化遗产名录，故苏州不负中国著名旅游胜地之一。

苏州，为国务院于1982年公布的首批24座国家历史文化名城之一。

1. 寻踪问源

据传，史上商、周时期，周太王亶父有3个儿子，长子泰伯、次子仲雍、三子季历。季历有子姬昌，太王亶父认为“昌”有兴盛王业之兆，欲将王位先传至季历再传于姬昌。后泰伯、仲雍得知此意，或尊父意或为免灾，最终一行离去，直奔当时尚称蛮荆的吴地。

泰伯、仲雍深入吴地之后，入乡随俗自行断发纹身，以此表示他们已为此域之人，不再回去继承王位了。由于他们的出现，带来并开始传播中原地区灿烂且优秀文化，以及先进的农业生产技术，后泰伯便被拥立为君长，其国号始称作“勾吴”。

自泰伯时起、历经十九代传至吴王寿梦（前585年），此时吴国已有了确切纪年。不过那时候吴国的都城，仍然处于不断迁徙变化之中。随着吴国势力的不断增强，寻找一处稳固合适之地建都，就愈加显得日益紧迫。寿梦二十五年（前561年），吴迁都于今苏州一带。

公元前514年，吴王阖闾下令大臣伍子胥督建构筑水陆格局形式城池。自此，苏州地理位置基本未发生变化且一直沿袭使用至今。史上春秋时风云变幻跌宕起伏，著名的吴越之战，最终以越国灭掉吴国而告终。公元前379年，越将其都城迁到姑苏（今苏州）。

公元前222年，秦始皇于吴地设会稽郡。东汉末年孙坚、孙策前据江东，后孙权与魏、蜀成三足鼎立，其间初移京口（今镇江），再移秣陵（今南京）。南朝时期，“三吴”乃东南富庶一隅，梁末改吴郡为吴州。隋文帝九年（589年），吴州始称苏州（此为苏州溯源）。

公元778年，唐设苏州江南唯一“雄州”。其后吴越纳土于宋，宋太宗三年（978年），钱氏于太湖畔置“撩浅军”，兴水利、防水患，百姓多获丰逸。史载，钱谬之子元琼、初建金谷园即环秀山庄前身。而虎丘云岩寺塔，则始于后周时期显德元年（954年）。

元世祖12年（1275年）设江淮行省，置浙西路军民宣抚司。及至明太祖元年（1368年），改平江路为苏州府。明永乐19年（1421年）迁都北京，南京为陪都、苏州府属南直隶省。清咸丰10年（1860年）太平天国李秀成驻防苏州，时以苏州为省会始建苏福省。

民国期间，国民政府建都南京，江苏省会遂迁至镇江，于次年11月正式建立苏州市。1949年4月27日，随着人民解放军胜利进军的步伐，苏州获得解放。新中国成立后，设苏州市，1953年设苏州专区，20世纪80年代，苏、锡、常快速发展，曾一度被称金三角域。

2. 人文荟萃

史上勾吴地，历来厚文强兵，人才辈出。商末泰伯、仲雍奔吴，教化民众优化农耕，以服天下乃为至德，堪称吴地文化开山始祖。春秋时期的言偃，也是孔子三千弟子中唯一的南方贤士，而他也是将北方儒家文化最早传播至吴地的第一人，世称“南方夫子”。

兵家孙武，因齐国内乱奔吴，著就《兵法》13 篇，助吴王阖闾南战越国，西破强楚、号令诸侯，争霸中原，令后人尊称为“兵圣”。三国时代天文学家陆绩，作天文专著《浑天图》。两晋时期陆机与其弟陆云并称“二陆”，所著《平复帖》被誉为华夏法帖之祖。

文徵明，学画于沈周，工行、草书，有智永笔意，大字仿黄庭坚，尤精小楷世称神笔。更以诗、书、画“三绝”驰誉文坛，为沈周、唐寅之后被推吴门画坛领袖。明代文学家、戏曲家冯梦龙，著有名话本集《喻世明言》《警世通言》《醒世恒言》世称“三言”。

苏州私家园林最具特色，史载大约春秋时期，此类园景就已始现，五代时期已具雏形，宋朝又见其长足演变，自明代现欣荣兴旺之势，至清代则达辉煌时期鼎盛。今有苏州 9 座园林已列入世界文化遗产名录。在中国四大名园中，苏州独占两席——拙政园和留园。

此外，“吴中第一名胜”虎丘，也是广众至此必游之地。在这些各具特色园林景观中，无论拙政园、寒山寺、虎丘山、狮子林，还是木渎、同里、锦溪等古镇，都会令人不禁感慨自然之灵秀、人类之伟大，每至浏览园艺胜景之时，便能触发人与自然和谐感悟。

昆曲，又称昆剧、昆腔、昆山腔，为中国流传古老剧种之一，也是中国传统文化艺术中的珍品。昆曲，初兴于元末明初的昆山及太仓一带，苏州乃是昆曲之故乡。相关资料显示，自明代隆庆、万历时起，至清代康熙、嘉庆年间，昆曲由于不断革新而得迅速发展。史上昆曲鼎盛时，则形成以苏州地域为中心，波及周围几近影响全国各大城市，时令昆曲艺术繁荣昌盛，独霸称雄近 200 年。其间涌现出不少戏剧名家，造就一批才华超群优秀艺人，也曾为后人留下了许多优秀的传奇剧本，如著名昆曲《牡丹亭》《窦娥冤》等。

每年农历六月初六，苏州一带久有晒书习俗，这一天人们要将家中诗画、书籍晾于庭院之中，以防虫蛀或腐蚀。吴中各大寺院庙宇也要将珍藏经书搬出晾晒，僧人择机召集乡村妇老作“翻经会”，引领其烈日下翻经晾晒，宣称“翻经若果十遍，再世可转男身”。

每年农历七月初七，苏州一带信奉乞七节，又名女儿节。民间传说在这天晚上，成群结队喜鹊要飞向银河且搭成鹊桥，以便让牛郎和织女在银河鹊桥之上相会。民间还有七夕之夜祭祖织女习俗，以求向她寻问聪明智慧和纤巧织艺，此习俗因而也被称作“乞巧”。

（二）历史文化

1. 吴越春秋萍踪　姑苏流韵芳菲——苏州博物馆

苏州博物馆成立于1960年，为一地方综合类博物馆，也是苏州地区文物收藏、保护、研究中心，其馆址“太平天国忠王府”为全国重点文物保护单位。1999年，苏州市政府邀请著名建筑师贝聿铭设计苏州博物馆新馆。2006年10月，新馆建成并正式对外开放。

简介

新博物馆与风景名胜园林——拙政园、狮子林相毗邻，由此构成一条丰富多彩的历史文化长廊。新馆占地面积1万余平方米，建筑面积1.9万余平方米，加上修葺一新的太平天国忠王府遗址，由此成为一座彰显姑苏经典文化气质、独具鲜明地域风格的特色博物馆。

该展馆收藏有西周时期豪伯父乙鼎、商代百乳簋、春秋战国时期曲窃纹鼎等。另有五代越窑青瓷莲花碗、唐代裴家瓷枕，北宋年间所制“真珠舍利宝幢”，宋钧窑天蓝小碗，元代釉里红托盏盘，明代青花鸡心底碗，宣德年间缠枝牡丹大碗、青花海水白龙盘等。其中，馆藏宋代缂丝、刺绣，明代罗香园刺绣，清代康熙乙亥款“千岁芝墨”，宋代夏口《钱塘观潮图》团扇、元代王蒙《竹石图》条幅等，均为极不多见珍品。该馆还珍藏许多文物资料，如太平天国遗存文物，孙中山、黄兴、邹容手迹、中共苏州地下党史料等。

博物馆现收藏各类文物已达4万余件，其中一级文物860余件（套）、二级文物1100余件（套）、三级文物3万余件（套），尤以历年考古出土文物、明清书画、工艺珍品见长。不仅如此，该馆珍藏古籍善本700余种，普本近3万种，为全国古籍重点保护单位。

2008年，苏州博物馆荣获首批国家一级博物馆称号。2012年，苏州博物馆荣获国家文物局“最佳讲解导览”奖。2013年，苏州博物馆荣获全国“最具创新力博物馆”称号。该馆举办的“衡山仰止——吴门画派之文徵明特展”，曾获“全国十大陈列展览精品奖”。

展陈

该博物馆布展形式包括：基本陈列、临时展览、赴外展览。另设民俗博物馆、过云楼陈列馆。基本陈列为吴地遗珍、吴塔国宝、吴中风雅、吴门书画4部分章节构成。

● **基本陈列**

吴地遗珍（第一部分），包括晨光熹微、争伯春秋、锦绣江南、都会流韵 4 个单元展陈内容。

史上苏州为长江下游新石器时代文化分布区。春秋时，黄池会盟、吴越争霸，演绎了恢宏历史篇章。西汉时，苏州为“江东都会”。西晋末，北方士族南迁，苏州又得一次升华。唐宋时，已有“苏湖熟，天下足”古谚。明清时，苏州已成东南域经济与文化都会。

吴塔国宝（第二部分），包括宝藏虎丘、塔放瑞光 2 个单元展陈内容。

西汉时，苏州拥盐、铜之利。江南运河开通，令其成东南水陆交通要冲。瑞光塔又称“瑞光寺塔”，瑞光寺初名“普济禅院”，为苏州著名之禅林。相传塔上常放五色祥光，现存塔身为北宋初期遗物，木构部分为宋以来历次重修，该塔历史在苏州仅次于虎丘云岩寺塔。

吴中风雅（第三部分），包括文房雅事、宋画雅斋、陶冶之珍、攻玉巧技等 9 个板块展陈内容。

史上苏州，不仅山川钜丽、风土清嘉，且人文渊薮、商贾辐辏、都会繁华。姑苏闲隐、雅人深致，才子风流、美人佳话。明清时期，苏州文人盛行书画之临摹，鼎达之淬极，至真赝不辨。故有“姑苏人聪慧好古，亦善仿古法为之”，苏人若以为雅，则四方随效也。

吴门书画（第四部分），包括北厅、南厅 2 个展陈单元内容。

仇英，字实父、号十洲，原籍太仓、后移居苏州，曾拜周臣门下学画。至中年时，仇英凭借勤奋与努力，以其独特绘画技巧，成为明代姑苏著名画家之一，成为继周臣之后“独步江南者二十年”，在画史上得以与沈周、文徵明、唐寅齐名，为人称作“吴门四家”。

典藏

该博物馆珍藏文物包括 6 大基本类型：

忠王府彩画代表：双狮戏球，花篮竹蝶，柏枝绶带，荷花螳螂等。

两塔瑰宝代表：如铜质大金涂塔（五代），铜地藏佛像（宋代）等。

书画类代表：如七君子图（元代），《灌木丛篠图轴》（明代 · 唐寅）等。

陶瓷类代表：斗彩牡丹蝴蝶盘（清代），官窑青花海水龙豆（清代）等。

铜器代表：饕餮纹铜爵（商代），伯父乙鼎（西周），夔纹盨（西周晚期）等。

工艺品代表：竹雕蕉荫梳妆笔筒（明代），沉香木雕刻渔钓图笔筒（清代）等。

2. 溯阖城悠远　窥野史踪迷——苏州古迹寻觅

苏州古城始建于公元前514年。2500多年来，古城绵延了春秋故都的痕迹，1500年的佛道文化熏陶，1000年的唐城时代格局，800年的宋代街坊风貌，500年的明清两代繁华。至今仍保留着街巷依河而建，宅舍临水而居的“小桥流水人家”独特风貌。

古城之中，迄今留存18处全国重点文物、57处省级文物、178处市级文物、250处保护建筑群。另有阊门、山塘、平江、拙政园、怡园5个历史街区，观前街、十全街、枫桥3个历史风貌区，30余处旧街历史地段。以及众多桥梁、驳岸、古井、牌坊历史古迹。

古城沿革

历史上苏州古城，也被称作阖闾大城，时为古代江南重要都邑之一。先后为春秋时期吴国政治经济中心。西汉时江南政治、经济中心，史称“江东都会”（司马迁），三国时东吴国都（前期），宋代为全国经济重心。在一些史料中享有，“苏常熟、天下足”赞誉。

史传，春秋吴地自泰伯奔吴、至寿梦历经19世，又经诸樊、余祭、余昧、王僚四朝，至46年后阖闾登基。在吴国重臣伍子胥主持之下，揭开了建造阖闾大城，即今日苏州古城的序幕。其后吴国为越国所灭，越国又被楚国所亡，至楚春申君黄歇被封于吴地。

秦始皇统一中国后，将天下分为36郡，于吴、越之地置会稽郡，以吴县为郡治。东汉永建四年（129年）置吴郡，三国时期孙权据吴地为本，开创了东吴一代基业。后隋文帝杨坚统一江南，开皇九年（589年）废吴郡改称苏州，且以城西姑苏山作名，始称姑苏。

据称，当时南来北往物资于此集散，一些货物甚至远涉重洋。至唐大历十三年（778年），苏州已经成为江南一方显赫要邑。尤其历经宋代经济繁荣，令“上有天堂、下有苏杭”民间俚语不胫而走，至明清时期苏州繁华已达鼎盛，为东南一隅文化发达经济富庶之域。

史上城门

苏州自春秋时期始建城垣，一直延续到清代末期，史上记载曾有15座城门。其中，外城门12座，子城门3座。民国时期，新拓金门和阊门两座，故苏州历史上共出现过17座城门。这些不同时期所修建的城门，在这座著名古城中已经留下斑驳历史痕迹。

春秋时期开通城门有蛇门、娄门、葑门、盘门（蟠门）、平门（巫门）、齐门（望齐门）、胥门（姑胥门）、相门（匠门，干将门）、子城门三座（苏吴子城）。

西汉时开通城门有栗门、魴鱮门、赤门。

唐代时开通城门有南门。

民国的开通城门有金门、阊门。

地名典故

●观前街

观前街即玄妙观前一条老街，旧时此地善男信女终日不绝，久而久之渐成繁华商街。此观初名玄妙观，至宋代更名天庆观，又因观内遍栽桃树，花开时节绚若云锦，所以又称碎锦街。元代天庆观改名玄妙观，自此街名也称作玄妙观前街，后逐渐演化为观前街。

●三元坊

清乾隆四十六年（1781 年）科举考试，苏州考生钱棨竟连中“三元”。史载，乾隆四十四年钱棨中乡试第一名解元，乾隆四十六年又中会试第一名会元，后殿试再中第一名状元。据我国历史料显示，在严酷繁缛的科举考试中，若连中“三元”非常不易也极少见。

史载，自隋代开科考试以来，连中“三元”考生总共不过 14 人，钱棨是清朝开国之初第一个连中“三元”之人。为此苏州地方官和百姓，感其为家乡父老增光显贵，故而特用花岗岩筑一牌坊，称作“三元坊”并将乾隆帝《御制三元诗》镌刻之上誉为殊荣。

《御制三元诗》 清·乾隆

龙虎传胪唱，太利晓日暾。国朝经百载，春梢得三元。
文运风云壮，清时礼乐蕃。载咨中四义，敷奏近千言。
讵止求端楷，所期进谠论。王曾如何继，违弼我心存。

●专诸巷

专诸巷为阊门旁一条小巷。史传春秋时期，吴王诸樊长子公子光（即阖闾）为谋夺吴王僚皇位，与重臣伍子胥密谋，利用春秋四大刺客之一专诸，将鱼肠宝剑藏匿于鱼腹之中，刺杀了吴国君主王僚。据称，刺客专诸曾居于此，而这段历史也令小巷名称流传至今。

●干将路

史传，春秋时期，吴国人干将与其妻莫邪铸成一对锋利无比宝剑，一把名唤“干将”、一把名唤“莫邪”，后晋献给吴王阖闾。自此干将、莫邪二人也被人们称作利剑代名词，后人为纪念干将，便以干将墓相近的正东城门，称作“干将门”，一相邻路称为干将路。

世界文化遗产

1997 年，世界遗产委员会经过认真审阅历史资料，实地考察、仔细筛选、严格评判，将苏州园林中的拙政园、留园、网师园和环秀山庄作为代表，列入《世界遗产名录》。评选委员会随之以此为示例，对这些苏州的古典园林景观作了精彩评语：“没有哪些园林比历史名城苏州的四大园林更能体现出中国古典园林设计的理想品质。咫尺之内再造乾坤，苏州园林被公认是实现这一设计思想的典范。这些建造于 16—18 世纪的园林，以其精雕细琢的设计，折射出中国文化中取法自然而又超越自然的深邃意境。”

---

3. 姑苏小桥多　人家尽枕河——苏州的桥与水

苏州是著名水城，享有东方威尼斯美称，城内河道交错纵横，小桥流水遍布全城。苏州园林饮誉华夏驰名世界，诗曰：“红阑干畔，白粉墙头，桥影媚，橹声柔，清清爽爽，静静悠悠，最爱是苏州。”这段清新优美诗句，可称是描述姑苏风貌精致剪影和真实写照。

苏州的桥

苏州建桥历史远可上溯春秋，近可延续明清。如春秋时临顿桥、乌鹊桥；汉代时顾家桥；三国时渡僧桥；南朝时悬桥。至唐宋时苏州桥梁，鳞次栉比遍布大街小巷。

文献记载，在宋代《平江图》著录中有桥梁 359 座。明清两代的《苏州府志》记录，明代有桥梁 300 座、清代 311 座。民国时期《吴县志》记录大小各式桥梁达 349 座。

《忆江南》　唐·白居易

江南好，风景旧曾谙。
日出江花红胜火，
春来江水绿如蓝，
能不忆江南？

岁月悠远，时空变换。在漫长的历史长河中，古城苏州小桥携流水，逐渐形成了自己特色，人们则将姑苏小桥归纳为“一多、二古、三秀、四趣”。

● “一多”

唐代，著名诗人白居易任职苏州刺史，就曾赋诗赞扬苏州的桥“绿浪东西南北水，红栏三百九十桥”。诗人杜荀鹤也对苏州众多桥梁的特点，也作出十分生动的描绘“古宫闲地少，水巷小桥多”。如果以这些词语作为参考依据，估计那时苏州的桥梁不下几百座。

史记，宋代《平江图碑》上刻有359座桥，而民国时期城内有桥308座，加上城外的700余座，已达1000多座。据统计，苏州城内桥梁的密度，每平方千米约为15座，桥梁之多堪称世界之最，其每半平方千米桥的密度，超过了世界著名水城意大利的威尼斯。

- **“二古”**

苏州桥史可上溯至春秋战国，下延续清末民初。据《吴地记》资料描述，定跨桥为吴王阖闾时期建造，另都亭桥、鹤舞桥、临顿桥、剪金桥、胭脂桥等皆有千年以上历史。其中汉代建造的皋桥，唐时有陆龟蒙为其题诗：“横绝春流架断虹，凭栏犹想五噫风。”

不仅如此，史上苏州建造桥梁用材也颇具明显时代特征。例如最早多为木桥，所以“桥”字是“木”字偏旁，而不是“石”字偏旁或“土”字偏旁。但到了唐代以后，开始有了木梁和木栏杆的石墩桥，这些桥的栏杆又多刷以红漆，故称作“红栏”或画桥。

- **“三秀”**

苏州的桥，不仅众多且精致纤巧、形式多样。有人说这些桥似乎不只供人通行，也是可供品味欣赏的艺术品。例如那些大桥、小桥、拱桥、平桥、旱桥、曲桥、廊桥、亭桥、暖桥、过街桥等，廊亭曲拱、千姿百态，令每一座桥都具历史的印痕、时代的特征。

苏州的桥，有的如石阶连壁宏伟庄重，有的如长虹卧波、横跨河面，有的如山石倾覆、降临大地，有的如千古奇石、岁月斑驳，有的如翘角飞檐、廊阁亭榭。众多各式桥梁，或供人们遮风避雨稍事歇息，或石板铺就两肩以利通衢，或雕栏玉砌凭栏临风，给人以诗情画意。

- **“四趣”**

苏州的桥，千姿百态瑰丽多彩。既有单孔小石桥，也有多孔大石桥；既有狭窄的平顶桥，也有宽阔的通舟拱桥；既有装点精巧双桥，也有平铺坦直赤膊桥；既有对称的兄弟桥，也有三四级石阶的半顶桥；既有倒八字形状的翻转桥，也有可吊桶提水的“双井桥”。

此外，这里还有修长的联拱石桥，精美的悬砌拱桥、过往烧香的庙桥、以及私家华贵的暖桥。即便徜徉于苏州园林，也常见点缀其间的曲桥、廊桥、拱桥、板桥。总之苏州的桥或彩虹临空、奇妙瑰丽，或玲珑剔透、温婉碧玉，更兼这些桥梁饱含人文富蕴史话。

苏州的水

苏州，这座具有2500多年历史的江南古城，除了巧夺天工的姑苏园林，水巷人家便是这座古城特殊记忆。而其极具代表性的小桥流水景致，莫过于山塘河与平江河。

山塘河原是京杭大运河进入苏州城主干河道，它北起白洋湾南至阊门，为古代京杭大运河苏州河段的主航道之一，而依河伴行的山塘街，史上便是著名繁华老街。据说，平江路东侧原是苏州仓储聚集地，由此也成为水城苏州“小桥、流水、人家”典型河段。

唐宝历元年（825年），时任苏州刺史白居易，遣民众凿河筑路以利水陆通衢。所挖这条人工河道即山塘河，该河道长约七里（约3500米），故民间便有“七里山塘到虎丘”之说。此外，白居易还沿河修堤筑路，故这条路也被后人称作白公堤，即现在的山塘老街。如今行走于这条老街，悠闲漫步徜徉流连，不经意间就会跨过一石板小桥，低头便可见潺潺流水。若是乘舟于河上前行，会觉得水面波澜不惊，悄无声息静静流淌，低吟浅唱不露声色。那些到过苏州人们凡悉心品味，留言赞誉皆称“姑苏小桥多，人家尽枕河”。

---

4. 婉约留几许　优雅藏一亭——苏州的园林

1997年，世界遗产委员会将苏州的拙政园、留园、网师园和环秀山庄作为代表，列入《世界遗产名录》。随之便以此为示例，对这些苏州的古典园林景观作出了精彩评语：“没有哪些园林比历史名城苏州的四大园林更能体现出中国古典园林设计的理想品质。咫尺之内再造乾坤，苏州园林被公认是实现这一设计思想的典范。这些建造于16—18世纪的园林，以其精雕细琢的设计，折射出中国文化中取法自然而又超越自然的深邃意境。”

留园

留园，在众多苏州园林中，此园因布局严谨、风格高雅、景观丰富，曾被评为“吴中第一名园”。园中著名景观有涵碧山房、林泉音硕之馆、冠云峰、五峰仙馆、又一村等。

涵碧山房，为中部主厅式格局，厅内轩敞高爽、陈设典雅，厅前平台宽阔，依临荷花水池，盛夏纳凉格外优雅惬意。明瑟楼，紧依涵碧山庄东侧，双面临水、四围清幽。闻木樨香轩，坐落于涵碧山房西北隅，此处山石掩映、桂树繁茂葱茏，鸟语花香，美不胜收。可亭，为古六角亭建筑，此处赏玩可舒心休闲。远翠阁，位于园中部东北角，濠濮亭，三面环水，史传为主人观鱼处。清风池馆，四周布设美人靠，于此驻足可俯瞰一池碧水。沿自揖峰轩一路前行，便为林泉音硕馆，它与五峰仙馆一并作为东部景区的特色景观。

东部景区以五峰仙馆为聚核，有读书处、揖峰轩、汲古得埂处、西楼、鹤所等环绕周围。五峰仙馆前峰石挺秀，此馆因梁柱以楠木构建，又称楠木厅。厅前庭园伫立有气势浑厚湖石假山，据称此园林厅堂规模为姑苏最大一处，汲古得修埂紧邻厅之西北角。

北部景区一片月季园，繁花时节清香宜人。向西行为“又一村”，游罢厅堂楼台之余，来到又一村小息，饱览山石之美、恍如置身桃花源。此景取自陆游“山重水复疑无路，柳暗花明又一村”诗情画意，借以点缀留园一隅江南郊野风光，可称独树一帜别开生面。

1997 年，世界遗产委员会将“留园”作为苏州园林艺术代表列入《世界遗产名录》。

网师园

网师园始建于南宋，初为宋代扬州文人史正志（官至侍郎）“万卷堂”故址，府内有一花园名“渔隐”。清乾隆年间，时告老还乡光禄寺少卿宋宗元，于此始营构建私家花园，又因该园紧临附近王四巷（今阔街头巷），便取其谐音雅意，遂将其称作“网师园”。

据说，网师含有渔夫、渔翁之意，又与“渔隐”临近，喻意隐居归于世外桃源。清代著名学者钱大昕评说网师园时言道：“地只数亩、而有行回不尽之致，居虽近廛、而有云水相忘之乐”。据传，民国奉系军阀张作霖曾以此园为礼物，奉送张钧銮以谢再造师恩。

网师园虽为苏州最小之园林，但园内山池厅堂布局合理，从南至北有轿厅、大厅和内厅三进建筑宽敞，装修精致意蕴典雅，园中景观小山丛桂轩、樵风径、月到来亭、殿春移。小山丛桂轩取自《楚辞·小山招隐》一语，以及北朝散文家庾信《枯树赋》之名句。

樵风径位于水阁西侧，为一段蜿蜒起伏的爬山步廊，其名取意于唐代宋之问诗句“归舟何虑晚，日暮有樵风”，以及杜牧诗句“陶潜官罢酒瓶空，门掩杨花一径风”。循着樵风径北行，便可至月到来亭，此亭取自唐韩愈诗句“晚色将秋至，长风送月来”妙语。现亭中悬镜一面，令镜中之景与镜外之景，别现情趣、相应成辉。此亭北面有看松读画轩，室内陈设优雅，东侧为竹外一枝轩，取自苏轼“江头千树春欲暗，竹外一枝斜更好”诗语。水池北岸有集虚斋和五峰书屋，登楼远眺园艺盎然，犹如优雅画卷徐徐展露。

1997 年，世界遗产委员会将“网师园”作为苏州园林艺术代表列入《世界遗产名录》。

拙政园

拙政园始建于明正德年间，园名取自晋代潘岳《闲居赋》中“此亦拙者之为政也”。该园景观山水并重，全园面积水居五分之三，各式建筑布局皆依池傍水而立，亭台楼阁倒映水中，彼此相偕。拙政园分为东、西、中 3 个组成部分，其中间部分为园区之主体。

步入园中，一湾平静池水沿途折曲，一行梧桐古柏扶岸而立，水中一座木桥径直卧跨且直通远香堂，立于桥上环顾园景，厅堂阁榭花红柳绿。此东南处为腰门内假山屏障，假山以东竖有一道起伏云墙，墙内闪现亭轩、檐角错落掩映，在西南方乃是一条蜿蜒回廊。

若沿回廊观望，曲桥亭阁、远堂近榭，参差错落、叠彩掩映，舒展亮丽、景物幽寂，遂令人产生强烈纵深感。回廊几经曲折忽而伸向北方，与远香堂西北侧倚玉轩衔接，倚玉轩与远香堂比肩而立，背倚满目葱郁小丘，宛如置身阆苑仙境，愈加衬托拙政园林典雅。

远香堂北濒湖池，水中遍植荷花，每濒盛夏时节，荷香四散飘逸。平台北面一片碧水之上，建有两座土石堆积的小岛，上面各立一座亭轩掩映花木丛中。向西张望，湖心另有一处与小山连在一起如同比较低平陆洲，此处建有一座八角亭，匾额题“荷风四面”。

见山楼，因登楼可见园景山石故得此名。楼西短廊承衔倚玉轩，出轩向南有一座廊桥，名曰“小飞虹”，这也是苏州园林中独有的一座廊桥。香洲为一组造型优雅的建筑，西边二层楼阁被称澄观楼，香洲三面环绕一汪清澈池水，从北面观看酷似一画舫楼船泊岸。

拙政园的西部，南为曼陀罗花馆，北为州六鸳鸯馆。据说，这里曾是园主宴请宾朋欣赏昆曲处。馆东有六角宜两亭，从亭上可俯瞰中、西两园美景，邻近的花影、曲廊、水池、山石也可一并纳入眼帘。馆南水中塔亭倒映，攒尖八角宛如宝刹，亭倚塔影琼阁仙境。

1997 年，世界遗产委员会将“拙政园”作为苏州园林艺术代表列入《世界遗产名录》。

环秀山庄

环秀山庄位于市区景德路，集建筑、园林、雕刻、诗书、灰雕传统艺术于一体，突显园艺布局富蕴雄、奇、险、幽、秀、旷之特征，此山庄尤以湖石假山称最。据传，山景乃清代叠山大师戈裕良之作，虽为人工却如天开，造化神奇惟妙惟肖，堪称山石珍品。

该山庄历史最早可追溯至晋代王旬、王珉兄弟舍宅建寺。五代时期，吴越王钱镠之子建金谷园，宋代已成药圃、明嘉靖年间改作书院、督粮道署，万历年间已为私家宅园。道光年间，汪为仁购建宗祠，初立“耕荫义庄”经部分整修，令花园成汪氏宗祠“耕耘山庄”一部，名“环秀山庄”，也称“颐园”。而环秀山庄渐生名气，源于叠山名家施展妙手神笔。

环秀山庄虽不大但气势不凡，最称绝为清代园艺名家戈裕良所叠假山交口称赞。主峰突兀、次峰拱揖，池水临风、绿茵葱郁，移步咫尺、叠岩谷壑，环峰巡礼、幻景须臾，山形危径、洞穴临绝，崖石飞梁、变化神奇，精致园艺品位超群，独步江南名冠华夏。环秀山庄堪称假山园景代表之作，可贵之处在无景却巧借狭小空间，经造园设计者精妙布局，令山石、池水、树木、建筑近乎自然和谐。另适时展露山石奇巧，临水构建亭台阁榭，从而营造层次多变意境深远景观，有园艺大师称“环秀山庄假山允称上选”。

环秀山庄假山约占全园面积三分之一，山形造势颇具清代山水名家石涛“神韵”令所叠假山兼具远山近景，入画肌理。园内另有一名泉，清乾隆年间刑部员外侍郎蒋楫掘地得泉，水质佳美，遂以苏轼“蒙茸出磨细珠落，眩转绕瓯飞雪轻”诗句题“飞雪泉”。

1997 年，世界遗产委员会将“环秀山庄”作为苏州园林艺术代表列入《世界遗产名录》。

狮子林

狮子林始建于元至正二年（1342 年），为著名僧人天如禅师纪念中峰神僧所建，园中有燕誉堂、小方厅景观等。狮子林得以名声在外，盖因湖石假山众多奇绝而著称，入得园中可见各处山石玲珑、洞壑清幽，曲折委婉、如入八阵，故有世外“桃源十八景”之称。

驻足观看洞顶奇峰，有如怪石林立，似雄狮起舞，现狮群欢腾。今园中有含晖、吐月、玄玉、昂霞等著名假山峰石，而众山石中堪称诸峰之首，盖以狮子峰名冠群雄。燕誉堂为全园主厅，宽敞宏伟。中堂内置有屏刻《狮子林图》《重修狮子林记》等展品陈列。

燕誉堂，旧时曾是园主宴请宾朋之地。据说，乾隆至此游园，此处曾为临时御膳房。厅堂由两个房间构成，上有一大屋顶，屋顶下两房间，且有各自屋顶，有人说颇似鸳鸯戏水，故被称为鸳鸯厅。小方厅在燕誉堂以北，厅前建有“息庐”“安隐”两处精美砖刻。

进得院内，可见湖石、花台、小树、花草点缀精致且不失幽雅，谐趣美景堪比天工，巧妙布局胜似天工。另在花台之上，借用太湖石垒成一座突兀石峰，湖石变化莫测，如同九只不同身形小狮子嬉戏故取名“九狮峰”，此处也为小方厅这厢庭院一处观赏主景。

沧浪亭

据说，沧浪亭可称苏州最古老园林，传为宋代诗人苏子美所建。沧浪亭造园艺术与众不同，其独到之处在于未进园门，便已见绿水萦绕，垂柳临风，凭栏携岸，水域佳境。园中山石嶙峋，回廊曲蜿，廊中画窗透空，已将花草林木、山水湖石各样景观融为了一体。

园内景致以假山为主，崖上古木参天，著名的沧浪亭掩隐于假山之巅。南面明道堂今为园内最巨建筑，墙上悬有3块宋碑石刻拓片，分别是天文图、宋舆图、宋平江图（苏州古城图）。另外，在500名贤祠中，还嵌有苏州历史进程中500多位著名人物的平雕石像。

西南隅辟有假山石洞，取名印心石屋，山上有小楼名曰见山楼，登楼可一览远近姑苏州风光。此时若从窗口回望沧浪亭，顿觉顷刻之间转换时空，恍惚置身于危岩丛林之中。另山楼下辟有石屋二间，屋额上方刻有“印心石屋”4个字，此乃当年清道光皇帝御书。

沧浪亭花窗样式颇多，据说全园共有108式，分布于园内各条走廊之上，窗棂的花纹图案，变化多端，构思奇巧。沧浪亭之美，长于清幽古朴鹤立，融庭园内外景观于一体，园中水面宽阔豁然，水流清澈恬淡、鱼戏莲藕之间，夏日芙蕖盛开，奉献一池清香。

---

5. 称彩绘典范　赞玲珑庭院——忠王府

忠王府位于苏州市北寺塔路，与苏州名园拙政园毗邻，为太平天国时期所遗存规模最大的一座王府。忠王府建筑风格属于江南小巧玲珑型，所营造的“小桥流水山石花卉”氛围，与北方宏大皇家园林截然不同，1961年被国家公布为全国重点文物保护单位。

历史文化

清咸丰十年（1860年），太平天国忠王李秀成率太平军攻克苏州，同年10月先将苏州吴姓大户之拙政园占据，不久便将其一部改作忠王府，同时顺将东边潘姓、西边汪姓宅邸一并收入扩充。从而形成一片包括官署、庭院、园池、宅第“绵亘里许”的精美华贵建筑群。

同治二年冬（1863年），太平军兵败退出苏州，清朝重臣李鸿章遂将李秀成的忠王府改为江苏巡抚行辕；同治十一年（1872年），又将其改作八旗奉直会馆。1938年江苏沦陷，日伪政权将此作为“江苏省维新政府”驻所。1946年，此地曾作国立社会教育学院校舍。

调查统计，忠王府内原有包袱棉 285 方、如意头 210 个、各式彩绘 495 方，其中四分之三为山水、花鸟、走兽及绚丽之锦纹。这些彩绘取材大多寓意福禄寿喜、吉庆有余、万事如意、锦上添花。例如钱蝠（全福）、柏鹿（百禄）、蝠磐（福庆）、蜂猴（封侯）等。

如今，这些彩绘历经修复，完整留存计有 343 方。其中，323 方彩绘为太平天国时原作，其余因无法整修被迫进行技术涂改。苏（苏州）式彩绘素以精秀典雅著称，忠王府彩绘可称现存清代苏式彩绘代表，此建筑也是一处保存尚好极具代表性的太平天国时期旧址。

景观概说

旧忠王府主体部为中路官署，始以太平天国的规制构建，后虽经李鸿章整修，如拆除掉东西辕门、角楼、鼓吹亭，改大门为清代衙署规制，装潢涂鸦龙凤纹饰彩绘，但其基本格局仍保持了原貌。沿中轴线由南向北依次为照壁、大门、仪门、正殿、后堂、后殿等。

忠王府纵深长约 140 米，大门面阔 3 间 12.5 米、进深为 10 米，梁枋彩绘一度被涂刷，但龙凤痕迹依稀可辨。柱础均为青石覆盆式，次间脊柱间皆砌隔墙，明间设断砌门，置有抱鼓石。大门左右两翼为八字墙、前卧石狮，抱鼓石和石狮雕刻精致，气势不凡。

廊柱头处置丁字科，步柱之间设海棠花格，立心式长窗 14 扇，裙板浮雕云龙，绦环板覆以云凤纹饰。大殿内梁架结构厅堂抬头轩贴式，步柱与金柱之间作船篷轩状，金柱与后步柱间悬架大梁、用以连接后双步檐廊。另在明间与后步柱间，设一扇典雅精致屏门。

忠王府建筑主要为公署、邸宅、花园 3 部分。王府正殿高大宽敞，北侧穿廊连接后轩、正殿，穿廊与后轩平面呈“工”字形，故而合称工字殿。时有公署建筑，仍保存着 400 余方隽秀梁枋彩绘，以及 9 幅生动壁画，正殿门窗龙凤纹窗格，装饰精美堪称艺术珍品。

忠王府建筑恢宏，雕刻及绘画丰富多彩，龙凤雕刻乃是主要特征。如大门前石狮子，工字殿中 20 扇门窗雕刻龙凤，后殿 9 幅裙板上彩画，以及前后四面梁柱上彩画等。王府内壁画和彩画极具地方特色，取材广泛内容丰富，不过多数仍是反映田园郊野风光景色。

忠王府彩画众多，从大门到后殿各处建筑皆绘花鸟鱼虫、山水林园图案，其中保存较完好彩画有 300 余幅。这些廊柱彩画苏式韵味浓郁，清新秀丽、风格俊雅，具有很高艺术价值。在封建社会农民运动史上，尚能保存如此这般遗迹，忠王府可称极为稀有特例。

6. 吴中第一景　不游乃憾事——虎丘

苏州名胜虎丘位于苏州城郊，距市区约5000米，是一座仅有30余米高的山丘。据说，虎丘迄今已有2500多年的历史，宋代大诗人苏东坡曾留下“不游虎丘乃憾事也!”的名句。正是源此名人效应，自宋代以后，凡至苏州者无不以观光游览虎丘为荣幸。

据传，春秋时期，吴王夫差葬父阖闾于此，时三日有白虎雄踞其上，后人称其虎丘。又传“丘如蹲虎，以形冠名”。《吴地记》载：“虎丘山绝岩纵壑，茂林深篁，有三绝九宜十八景”。这里灵岩峭壁古树参天，千年古塔矗立山巅，自古享有“吴中第一名胜”美誉。

游虎丘，以剑池和云岩寺塔最具代表。剑池幽深故事神奇，阖闾墓葬千古之谜；云岩寺塔巍然屹立高耸入云，迄今已有1000多年的历史，虎丘宝塔早已成为古城苏州象征。

历史文化

虎丘人文历史，可追溯到2500多年前，或者说它和古城苏州的历史一样悠久。相传，春秋时期，这里曾是吴王阖闾的离宫，周敬王二十四年（前496年），阖闾在吴越大战中重伤而死。其子夫差择墓于此，据《史记》记载，为建陵墓征调劳役10万有余。传说，墓葬穿土凿池、积壤为丘，铜椁三重、灌注水银，且将阖闾生前喜爱的“扁诸”“鱼肠”等3000柄宝剑，一同秘藏于幽宫深处。传说葬逾三日，其金精化，白虎蹲立其上，此丘遂被称虎丘。也有说虎丘形似蹲虎得名，岂料此一说，竟得到清乾隆帝的首肯。

相传，吴国灭亡后的数百年间，越王勾践、秦帝始皇、东吴孙权都先后至此而探宝求剑，但最终都一无所获徒劳而返，而虎丘传为帝王陵寝，并由此渐成佛教名山和游览胜地。据称，六朝和东晋时期，便有司徒王珣及其弟司空王珉在山中刻意营造私宅别墅。

唐代，为避高祖李渊祖父李虎名讳，虎丘曾一度改称武丘，寺名亦改称武丘报恩寺。颜真卿有“不到东西寺，于今五十春”诗句。唐宝历元年（825年），白居易出任苏州刺史，始自阊门与虎丘之间，开挖河道衔运河贯通，修筑塘路直抵山前，广植桃李辅以美艳。

唐武宗李炎在位期间，推崇道教而欲废佛教，遂发动了一场大规模灭佛运动。唐会昌五年（845年）曾诏令，没收佛寺土地财产，毁掉佛寺众多佛像，强迫僧尼离寺还俗，史称“会昌灭佛”。其时，虎丘东西二寺竟被拆得片瓦无存，所幸此景不长很快佛寺又得恢复。

重建的虎丘山寺合二为一，并从山下移到山上，逐渐形成今日依山而筑格局。山下则另建有东山庙和西山庙，以示铭记舍宅为寺王珣及王珉兄弟。北宋至道年间，苏州知州魏庠上奏，改虎丘山寺为云岩禅寺，并由律宗改奉禅宗，自此虎丘便成为佛教和游览胜地。

● **帝王文化**

康熙年间（1684—1707 年），康熙皇帝先后 6 次驾临虎丘，最后一次还在山上行宫住了一夜。他熟悉虎丘、钟情虎丘，多次激发出诗兴豪情，书写楹联题写匾额。例如为虎丘山寺题名“虎阜禅寺”，自此之后虎丘寺改称虎阜禅寺，这块金匾至今仍高悬于头山门。

史传，康熙皇帝一次游兴正酣，但见虎丘远处山色迷人，近处林茂葱郁，白公堤柳浪拂煦，欣然命笔书写一联“山光茂苑来书几，柳色金阊入画图”。时临窗凭栏俯视，见极目清流争渡，河上浮漂画舫舟船，继而提笔续写“花棹浑疑浮碧汉，倚窗常似俯清流”。忽一日，见云烟缭绕台榭高筑，提笔书就“烟霞常护林峦胜，台榭高临水石佳”。又一日，登高远眺青山如画月影垂帘，挥笔再题“四面岚光俱入座，一轮蟾影恰当帘”。晨曦虎丘，苍松翠竹、云雾霞光，遂潇洒题书“松声竹韵清琴榻，云气岚光润笔床”。傍晚感山幽静寂，波光映月、景色秀美，遂乘兴书就“波光先得月，山秀自生云”。

当年，康熙帝书写匾额楹联，至今仍被高悬于虎丘山巅的殿堂楼阁。虎丘的山光水色故事传说与一代君王眼中的大千世界情感交织，竟构成了风华绝代的帝王历史文化。

● **士大夫文化**

古往今来，历代文人墨客都在“吴中第一名胜”虎丘留下许多史迹萍踪。例如晋代的顾恺之，六朝顾野王，唐代颜真卿、李白、白居易、韦应物、刘禹锡、陆龟蒙等。不仅如此，宋代的苏轼、米芾、绍隆，元代的赵孟頫、倪瓒，明代的王鏊、沈周、文徵明、唐寅、张岱、袁宏道，清代吴伟业、朱彝尊、洪钧、陆润庠等，都曾光顾于此。

史上，王珣、王珉两兄弟在虎丘，前营造别墅，后舍宅为寺，遂成为江南士大夫传承精神寄托典范。其后，唐代韦应物、白居易、刘禹锡荣任苏州刺史时，都对姑苏和虎丘情有独钟不忍离去。白居易为官一任造福一方，开挖“七里山塘到虎丘”福荫子孙后代。

东晋时期，大画家顾恺之曾称赞“虎丘”乃是一处“含真藏古”之地。南朝梁陈时代，著名文人顾野王也曾赞誉虎丘“抑巨丽之名山，信大吴之胜壤”。唐代李阳冰则以篆体书写“生公讲台”。著名文学作品《三言二拍》《红楼梦》《儒林外史》中也都提及虎丘。

● 古建文化

虎丘所遗存的古代建筑群，乃是构成其历史文化的重要组成部分，如塔、殿、桥、亭、楼、阁、墓等，自五代一直延续至今，建筑风格与自然景观，俱已显现宋、元、明、清、民国不同时期建筑特色。早在1961年，国务院将云岩寺塔列为全国重点文物保护单位。

虎丘携山寺建于山中，从而形成深山藏古寺之格局，山门建在山前，形成山藏寺、寺包山、山寺合一模式，如此绝妙布局，在中国众多名山古刹中，也属罕见之特例。即游山便可访寺，布局源于巧借，灵活遂生妙成，建筑山溪浑然一体，葱林花木掩映其中。

虎丘山中的剑池，据说是吴王阖闾墓地，这里不仅留下了千古之谜，同时也保存了诸多康、乾帝王历史遗迹，如康熙皇帝题写“虎阜禅寺”，康、乾二帝的行宫含晖山馆。

据说，史上康熙帝曾经六游虎丘，乾隆帝七游虎丘，其间留下“御笔”“御诗”。如山上塔院御碑亭，头山门高悬康熙御书“虎阜禅寺”匾额，彰显君王至此唯我独尊气息。

著名景观

● 虎丘塔

虎丘塔为仿楼阁式砖木套筒式结构，塔内有两层塔壁，犹如一座小塔外面又套一座大塔，由于塔基土石厚薄不均、基础不完善等因素，自明代起此塔开始向西北倾斜。经测量塔尖现已倾2.34米，塔身最大倾斜3°59′，故虎丘塔今被称为“中国的比萨斜塔”。

● 剑池

游虎丘最引人入胜古迹，便是传说的吴王阖闾墓剑池。从千人石上朝北观望，在“别有洞天”的圆洞门旁，刻有“虎丘剑池”4个大字，字迹浑厚遒劲，传为唐代大书法家颜真卿之子颜頵所书。石壁上另刻“风壑云泉”，笔法潇洒，传为宋代大书法家米芾所书。

● 试剑石

虎丘山上有一块非常著名的岩石，人称试剑石。相传春秋时期，吴王阖闾为与诸侯争霸天下，遂召来当时天下最有名的铸剑师——干将与莫邪夫妇为其铸利剑。后经夫妇二人精心锤炼、宝剑终于铸成，随后携“莫邪”宝剑来到虎丘山，并将此剑献给了吴王阖闾。阖闾欲试该剑锋芒，对准一石手起剑落，竟将此石一劈为二，民间所传此为试剑石。其实这块石头，仅是一火山喷出凝灰岩，久经风化便沿着裂纹形成巨大缝隙酷似剑劈。

● 孙武练兵场

孙武为春秋时期著名军事家，世上流传的《孙子兵法》即他所著，被称世界兵法奇书。据说，孙武执法严明，令吴王对其倍加敬重。现在“孙武子亭”是为纪念孙武所建。1985 年张爱萍将军为此亭题匾，同时书写“孙子兵法，克敌制胜。娇娘习武，佳话流传”刻于石碑。

● 断梁殿

断梁殿也是虎丘二山门，此山门粗看与其他山门形式相同似无别样，但如果走近山门驻足仰头仔细观看，便会发现山门正梁处断开，并且留有明显接缝。据行家说，此构思十分巧妙，同时也表明该建筑师用心良苦，因此不能不赞叹我国古代能工巧匠聪明智慧。

● 二仙亭

二仙亭原为宋代建筑，后于清代嘉庆年间重建，亭内分别立有二位神仙。相传，一日二仙在此下棋、一位樵夫驻足观看，待樵夫回到家中众人称其年轻。自此流传：“仙人一盘棋，世上已千年”。现亭中悬一副有趣对联“梦中说梦原非梦，元里求元便是元”。

● 头山门

头山门照壁墙上面书“海涌流辉”4 个大字，这是说虎丘原为海中一岛屿。后将“海涌山”改称作虎丘，源于吴王阖闾在吴越槜李大战中，不幸身负重伤而亡，后其子夫差葬阖闾于虎丘。传说，下葬三日有一白虎蹲于此丘之上，后人便将此山称之为虎丘。

● 拥翠山庄

拥翠山庄墙边各有“龙、虎、豹、熊”行草四方石刻，苍劲有力，气势磅礴，时为清咸丰八年（1858 年）清军将领陶茂森所书，后自他处移置于此。据说，拥翠山庄是晚清赛金花的丈夫、苏州状元洪钧发起兴建，建筑景色富于变化，乃苏州园林翘楚且独树一帜。

● 枕石

相传，晋代著名高僧生公曾坐在这块石头上翻看经书，疲倦了就睡在石头上。由于此石受了仙气，遂成为苏州文人膜拜仙石，赶考的秀才离开苏州时，都要到此抛一下小石子预卜自己前程。据说，这块石头上因滋生黏性物质，所以扔上的石子往往黏住而不下落。

● 第三泉

相传唐贞元年间，“茶圣”陆羽曾到虎丘，掘井一口并以此井之水为凭，对比品鉴各地的水质优劣，写下我国第一部《茶经》。由于此井水清冽、味甜，故被陆羽称为“第三泉”。该井四周石壁赭色，纹理天然、观其如铁，诗人苏东坡赋予“铁华锈崖壁”之赞誉。

● **大殿**

大殿为虎丘云岩禅寺仅存一座佛殿。这里流传一种趣说“五十三参，参参见佛”。是说无论你走到哪层台阶，回头都可看到一位菩萨。传说善财童子一心想成佛，但拜了52位都未成功，后经文殊菩萨点化拜观音为师方才修成正果，此师父恰是第53个。

● **千人石**

相传吴王阖闾死后，其子夫差将其葬于虎丘山。但墓地修筑即将完工时，夫差认为若是众人知道其父墓葬内情，将来结伴至此盗墓那还了得。于是便下令赏赐工匠们饮酒，只是到了深更半夜，便命手下将这1000多人全部斩杀。传说，鲜血横流便将此石染成红色。

● **生公讲台**

生公是我国晋代一位著名高僧。据说，一次他讲到“恶人向善、亦能成佛”，只见一块石头竟然向他微微点头示意，仿佛对众人说“我懂了”，而这块石头就是今水池中的点头石。故有“生来池水满，生去池水空”“生公说法、顽石点头、白莲开花”之趣说。

7. 暮雨过枫桥　一诗寺成名——枫桥与寒山寺

据说，自从唐代诗人张继写下《枫桥夜泊》这首著名诗文后，古往今来、千帆竞过，凡是来苏州的八方游客，都要不辞辛劳到这里亲身领略一下枫桥及寒山寺诗情画意，以致一衣带水的很多日本朋友都知道古城苏州有这样一处闻名遐迩的庙宇和古桥。

枫桥

枫桥位于寒山寺北，距山门仅百步，此桥始建年代已无法考证，现存枫桥重建于清同治六年（1867年）。枫桥横跨古运河上，以优美古朴单孔石拱桥造型，独特的地理位置在苏州众多古桥中，独树一帜、名冠群雄。有诗云“画桥三百映江城，诗里枫桥独有名”。

据说，书生张继进京赶考落第，心情不畅郁闷返乡，一路颠沛途经此地，百感交集触景生情，遂挥毫运墨写下这首流传千古佳作。诗中将坎坷仕途、惆怅心绪、寂静夜景，以及弯月、客船、江枫、渔火、乌啼、钟声，如诗如画般轻舒展开，又若低吟娓娓道来。诗中，有明有暗，有静有动，有音有画，有情有景。虽然只有短短的28个字，却悉数写出一个悠远旷达、深邃逼真的意境。全诗虽没出现一个桥字，但通篇都在围绕桥叙述。随着此诗成为千古绝唱，也使得这座名不见经传的枫桥，自此便声名鹊起享誉中外。

史料记载，古时这里曾是水陆交通要道，每当漕粮船北运途经此地，就要封锁河道以备查验，为此设有漕运关卡，而设卡之桥也被称作“封桥”。晚唐诗人杜牧诗文曾写道：

长洲苑外草萧萧，却忆重游岁月遥；
唯有别时今不忘，暮烟秋雨过枫桥。

宋代诗人俞桂，也在其“咏枫桥”一诗中写道：“昔年曾到枫桥宿，石岸旁边系小船”。另有宋代著名诗人陆游，在其远赴蜀地途中经过枫桥时，也留一篇《宿枫桥》诗文：

七年不到枫桥寺，客枕依然半夜钟；
风月未须轻感慨，巴山此去尚千重。

此外，南宋史上，被称为田园诗人的范成大也曾写过一首名为《枫桥》绝句：

朱门白碧枕湾流，桃李无言满屋头；
墙上浮图路旁堠，送人南北管离愁。

明代著名诗人高启，在《将赴金陵始出阊门夜泊》一文中写道：“正是思家起头夜，远钟孤棹宿枫桥”。明代著名书画家唐伯虎，才华横溢风流倜傥，一则“三笑点秋香的风流韵事”，令人们茶余饭后议论品评。史载，他曾也留下一首以七律格调赞咏枫桥的诗文：

金阊门外枫桥路，万家月色迷烟雾；
谯阁更残角韵悲，客船夜半钟声度；
树色高低混有无，山光远近成模糊；
霜华满天人怯冷，江城欲曙闻啼乌。

不仅如此，清代诗人姚配在《夜过寒山寺》诗文中言道“只有疏钟添客恨，潇潇暮雨过枫桥”。据《秋灯丛话》记载，清代诗人王士祯，特意在蒙蒙雨夜中感受枫桥情趣。

寒山寺

走过枫桥古镇石板路小巷，继而立于枫桥的桥头，举目便可见坐落于绿树丛中、碧瓦黄墙的寒山寺。漫步进入寒山寺院，只见青松翠柏、曲径通幽。古往今来，诗人张继途经寒山寺，而留下著名诗篇《枫桥夜泊》，诗文伴随钟声千古流传，古刹合着诗韵蜚声四海。

寒山寺始建于梁代，距今已有1400多年历史，唐时名僧寒山在此任住持，遂将枫桥寺易名为“寒山寺”。寺内古迹有石刻碑文，寒山、拾得的石刻像，文徽明、唐寅所书碑文残片等。寺内主要建筑有大雄宝殿、庑殿（偏殿）、藏经楼、碑廊、钟楼、枫江楼等。

寺院景观

寒山寺内现今殿宇，大多为清代遗留建筑。主要有大雄宝殿、藏经楼、钟楼、碑廊、枫江楼、霜钟阁等。寒山寺内的建筑布局，没有传统的中轴线规制。该寺山门前面建有一石拱圈古桥，桥堍与山门之间，那垛醒目的黄墙作为照壁，山门两旁耸立两棵著名古樟。

● 正殿

寒山寺正殿，面阔五间、进深四间，殿内庭柱之上悬挂赵朴初居士撰写的楹联：

千余年佛土庄严，姑苏城外寒山寺。
百八杵人心警悟，阎浮夜半海潮音。

大殿内两侧，立有明代成化年间铸造的18尊鎏金罗汉像。与众不同之处，在寺院中所供奉的并不是南海观音，而是我国唐代时期两位高僧寒山与拾得的石刻画像。据说，此画像乃是出自清代、扬州著名的八怪之一罗聘之手，画像脱俗、用笔粗犷、线条流畅。画像中的寒山右手指地，谈笑风生。拾得则是袒胸露腹欢愉静听。寺中寒拾殿位于藏经楼内，殿楼屋脊处雕饰《西游记》唐僧师徒取得真经后自西天归来的神话故事。

● 钟楼

钟楼位于藏经楼南侧，为六角形重檐亭阁。寒山寺内“天下第一佛钟”，为仿唐式古铜钟，总重量约为108吨，钟高约8.6米。钟面主体铭文《大乘妙法莲华经》计有69800字，钟面之上共有铭文70094字。大钟裙边铸九幅精美飞天图。以及六铣口之裙边。

● 诗碑

寒山寺碑廊内，现有一块巨大石碑，上面镌刻唐代著名诗人张继那首脍炙人口诗词。如今，这块由清末著名学者俞樾书写的诗碑，已成为寒山寺中一绝，自《枫桥夜泊》这首流传甚广的诗篇问世以来，历代文人墨客到访寒山寺，临摹、拓碑者始终络绎不绝。

据《寒山寺志》记载，寺内第一块《枫桥夜泊》诗碑，为宋代王硅所撰书。明代重修寒山寺时，第二块《枫桥夜泊》诗碑乃文徵明为寒山寺重写《枫桥夜泊》诗撰刻于石。清末光绪年间，江苏巡抚陈夔龙重修寒山寺，遂请名士俞樾手书第三块《枫桥夜泊》碑。近代，寒山寺第四块《枫桥夜泊》诗碑，是一位与唐代张继同名同姓的书法家所书。另在诗碑后面另附题跋曰：“余夙慕寒山寺胜迹，频年往来吴门，迄末一游。湖帆先生以余名与唐代题《枫桥夜泊》诗者相同，嘱书此诗也。中华民国三十六年十二月沧州张继。”

● **藏经楼**

藏经楼系寺院收藏保存经书之处。一楼内墙壁上嵌有《金刚般若波罗蜜经》经文，另有董其昌等诸多著名书画家的书法篆刻。此钟楼为二层并八角，楼下石碑为重修寒山寺时所立，正面碑文为程德全所撰。碑的背面刻有重修寒山寺时募捐者的名字和金额。

● **花篮楼**

寒山寺枫江第一楼，寺内原枫江楼已于300年前坍塌。今此幢建筑是文物部门为了保护历史古迹，在1954年修整寒山寺时，特将苏州城修仙巷内宋宅著名“花篮楼”移建于此。此楼的建筑风格与众不同，偌大楼阁只有两根主柱，恰似花篮提手承载了全部重量。

8. 江南第一塔　古刹冠姑苏——北寺塔

北寺塔，又称报恩寺塔，此塔位于苏州城北人民路，为苏州城内最古老的一座佛塔，也是姑苏城中一颗璀璨明珠。北寺塔，始建于三国东吴赤乌年间(238—251年)，相传，吴主孙权为其母吴国太舍宅建寺。庙宇迄今已有1700余年历史，为我国江南著名古刹之一。

历史文化

北寺塔旧址为古通玄寺，唐开元年间改称开元寺，五代后周显德年间获重建，并由此更名为报恩寺。北寺塔高76米，八角9层伫立姑苏城且雄冠江南，登高凭栏远眺便可一览古城风光。今宝塔四周保存有明清时期古殿堂建筑，如楠木观音殿、古铜佛殿。

东汉时期，苏州一带经济繁荣社会稳定。三国时期，苏州曾一度作为孙吴政权的早期政治中心，随着佛教禅宗不断传入中国，这里逐渐成为佛法兴盛之地。如今日盘门内，仍留存孙权时期建造的普济禅寺，虽然当年的殿宇早已无寻，但至今还尚存一北宋瑞光塔。

北宋末年，金兵攻陷宋都开封且继续挥师南下。现存北寺塔乃是遭受战乱之后，于南宋绍兴年间重建的一幢佛塔，其后便以独一无二的身形，雄冠于江南众寺院佛塔，且与虎丘塔一并成为苏州古城的标志象征。如今北寺塔也是国内保存较好的著名宋代古塔。

寺内景观

北寺塔是一幢十分典型中式楼阁佛塔。此塔造型八面9层，塔高76米，重檐复宇，规模宏大，形式不俗，占地面积860余平方米，史称江南第一古塔。塔内设置有木梯，人们循级登高而上，立于外廊凭栏远眺可俯瞰姑苏胜景，此塔现为省级文物保护单位。

沿着入口处进门，迎面便是北塔胜迹牌坊，正面书有“知恩报恩”4个大字。在小说《三国演义》中，吴主孙权的母亲吴国太，曾有一折在镇江北固山的甘露寺、招亲纳婿的传奇故事。如今，这座厚重人文牌坊，既浓缩了姑苏历史沧桑，也浸润了孙权孝母之情。

北寺塔东侧，为明万历年间重建的楠木观音殿，这也是苏州现存较完整的明代古建筑之一。殿内佛像须弥座雕刻精致，枋柱间有数十幅彩绘、色调和谐精细、风格与众不同。观音殿南侧有一长廊，陈列目前国内最大一幅漆雕《盛世滋生图》，也称《姑苏繁华图》。

古塔北侧建有一幢古铜佛殿，该铜佛殿内供铜铸三世佛，塔式单檐硬山造，观音兜山墙梁架、脊饰，具有十分典型的徽派建筑风格。寺塔东北庭院，奇石峻峭，曲水萦绕，亭榭廊桥，各领风骚。塔南为四柱三间五楼牌坊，三开间硬山顶门厅，另建有贴砖八字墙。

---

9. 存人文景观　遗古迹弥珍——玄妙观

玄妙观位于苏州城中心区，此观初建于吴帝孙皓天玺元年（276年），距今已有1700余年历史。观内古三清殿，南宋淳熙六年（1179年）曾获重建，现为苏州城中仅存的一座南宋时期木构殿宇式建筑，也是江南地区最大木构古建，具有十分重要的历史价值。

玄妙观，人文景观丰富，文物古迹众多。如老子像碑、朝北玄帝铜殿、钉钉石栏杆、五代古井、无字碑、神仙印石、靠天吃饭图碑、五鹤街、六合亭、四海亭、运木古井、一步三条桥等景观。1982年被列为全国重点文物保护单位。

今观内大殿，供奉三清（即上清、玉清、太清）像，俗称太上老君、元始天尊、通天教主。这些塑像高达17米，造型比例精致，神态祥和清澈，面色表情庄重，实为宋代雕塑之佳作。玄妙观现珍存唐吴道子太上老君像，唐玄宗圣赞颜真卿书撰碑刻俱弥足珍贵。

历史文化

苏州观前街，春秋时期曾是吴王阖闾宫殿区，西汉年间筑神明通天台，为观察天象祭祖圣地。玄妙观始建于吴帝孙皓天玺元年（276年），初名“真庆道院”，元代元贞元年（1295年）始称玄妙观。清代初期，为避康熙帝玄烨名讳，改“玄”为“圆”，时称“圆妙观”。

观前街因观得名，旧时又被称作碎锦街，起因当时观内广植桃花，花开花落、满街犹如碎锦。观前街历来热闹繁华，摊贩星罗棋布，店铺鳞次栉比，为游客到苏州品尝风味小吃，购买地方特产首选之地。故有“来苏州不可不逛观前街，逛观前街不可不去玄妙观”之说。

三清殿重建于南宋时期，殿前有青石承露台，石栏板浮雕形态逼真，极为精美，相传是唐、宋时代遗作。殿内吴道子绘老子像复刻石碑，上有唐玄宗李隆基御赞，颜真卿之撰书。此碑与“天庆观尚书省到并部符使帖”石碑，同为南宋时遗物堪称国宝级艺术珍品。

著名景观

● 正山门

正山门始建于唐代，为五开间土木结构。现存建筑为清乾隆四十年（1775年）重修。入门迎面便可见一块竖头匾，上书“圆妙观”3字，字形端庄、笔力浑厚，此为清末通州名士沙玉召所书。今殿内供奉6位尊神，即马、赵、温、王四大元帅及辟非、禁坛二将军。

● 三清殿

三清殿是玄妙观主殿，殿前正中上方悬有竖头匾，上书“三清殿”3个正楷大字，此物系康熙年间太傅金之俊所书。此匾下方有一横额，上书“妙一统元”4字，笔力雄浑苍劲，亦为太傅金之俊所书。道教认为三清乃元始天尊之化身，故有“一气化三清”之说。

● 财神殿

财神殿原位于东脚门，整修后移建于此。殿内供奉三位财神，分别为月财神赵公明、文财神比干、武财神关羽。中间供奉文财神比干，其专司买卖公平，旁边是赵公明和关公，彰显公道义气。供奉“三神”寄托了世人对正道、公平、信义期待和崇尚。

● 文昌殿

文昌殿始建于清乾隆末年。此殿堂格局十分别致，殿内供奉文昌梓潼帝君，而两旁奉祀却是孔子、朱熹。文昌本为星宿，民间俗称“文曲星”，主宰世人的功名利禄，因而被人们尊奉为禄位之神。苏州自古文化繁荣，名士才子层出不迭，故历来崇拜文昌极盛。

● 妙一统元匾额

当地流传一则趣闻，观中“妙一统元”匾额笔力雄健，原为清代太傅金之俊所书，但经日晒雨淋，字体已现陈旧剥蚀，亟须重摹见新。然而匾上“一”字印迹已无。虽请数位名人尝试补写，但效果都不理想。忽一日有村夫自荐，经试笔众人交口称赞获一致认可。

● **朝北玄帝铜殿**

玄帝殿前庭有一铜合金浇铸小型殿模，面阔四尺置于石座之上，坐南朝北且面向玄帝殿。此模型殿铜色古湛乌黑，外观造型仿自武当金殿，内供北极玄天上帝，亦称真武大帝。旧时众信徒进得观内，乐于触摸铜殿以祈福消灾。今此殿陈列于三清殿万年台之东。

● **运木古井**

相传，建造弥罗宝阁紧要关头一时木材断供，后经道人布施法术，即有木材从井中不断涌出，从而保证了工程顺利进行。此井现已淹没尚存一井栏，其实运木古井的传说，在其他寺观中也有。如杭州净慈寺有一运木古井，传说施法道士为家喻户晓的济公。

● **钉钉石栏杆**

观内三清殿承露台，青石勾栏围以三面，石栏与构件之间，均以熔化生铁浇联。据说，如此这般结构形式，冷却后观望视之，犹如铁钉楔进钉合一般，故人称钉钉石栏杆。

● **一步三条桥**

三清殿承露台东侧甬道，三条并排青石板，宛如三座桥面，只是石板不长，常人一步便可跨越，故人称一步三条桥。据说，旧时石碑下有水穴，雨后鱼自其中跃出，民国时水穴填平。现三条青石仍在，信者皆视其为吉祥之物，若能一步逾越，即可求得平顺安康。

● **无字碑**

无字碑伫立于三清殿东侧，无字碑原为有字碑。燕王朱棣领兵入南京，命方孝孺起草登基诏书，但方氏抗命不从，因而株连十族，被杀800余人。最终他书写的原碑文，也被铲除干净，竟成了一块无字碑。今此碑虽无一字却闻名遐迩，为玄妙观三大名碑之一。

● **老子像碑**

老子像碑立于三清殿西楹。据传，原画像系唐代吴道子手笔，画像上方的文字，为唐玄宗所题御赞，唐代大书法家颜真卿书就，堪称一物领三绝。老子为先秦诸子百家之一，著《道德经》被道教尊为始祖，但其形象终不多见，故道观今存老子像碑者堪称稀物。

---

10. 吴中奇才俊　三笑点秋香——唐寅祠

唐寅，字伯虎、更字子畏，别号六如居士，为我国明代著名画家，擅长诗、书、画，艺境可称三绝。唐伯虎擅长山水画，又工人物，尤擅仕女，技法清秀缜密，画风潇洒飘逸。其作品被尊称为“唐画”，甚为后人所推崇，时与沈周、文徵明、仇英并称明代四大家。

不仅如此，唐寅另与祝允明、文徵明、徐祯卿并称为吴中四才子。传世佳作有《秋风纨扇图》《一世姻缘图》《簪花仕女图》《六如居士全集》《唐寅画谱》等。唐伯虎54岁辞世而去，时已家境清贫，初葬桃花坞故居，明嘉靖二十二年（1543年）才移葬现址。

历史文化

唐寅祠，旧名唐解元祠，位于阊门内桃花坞廖家巷前新街准提庵（又名七子庵）。明万历十年（1582年），有僧人旭小于此构筑禅房数楹。明天启六年（1626年），杨大溁始创精舍于此，供奉准提佛像名为准提庵。清康熙年间，封疆大吏江苏著名巡抚宋荦将其整修。

其后，清嘉庆五年（1800年），又有吴地知县唐仲冕将此庵维护，籍此拓庵东别室为唐解元祠，用于祭祀唐寅、祝允明、文徵明三君像，署其室名曰“桃花仙馆”。同治年间又得复修，1923年再获重修。原准提庵坐北朝南，占地面积约2000平方米，山门面阔五间。

史载，明崇祯十六年（1643年），有文人雷起剑、毛子晋人等见唐寅墓地荒芜几遭践踏，慨然叹曰：“千载下读唐伯虎之文者皆其友，何必时与并乎！”遂出银两整修。清嘉庆六年（1801年），有吴地知县唐仲冕，以唐氏族裔之名整修此墓，另碑书“明唐解元之墓”。

景观概说

现整修后的唐寅园已对外开放，景区分为景观区、山水区、陈列区、演艺区，另建有桃花仙馆、梦墨堂、六如堂、闲来草堂、禅仙居、雕塑园、唐府等诸多特色景观，同时建戏说、史话、外传、礼祭4个大板块，多视野多角度地向人们讲述风流才子唐伯虎的故事。

● 桃花仙馆

桃花仙馆为三间堂屋，6扇油漆竹丝大门，横匾题“桃花仙馆”，因史上唐伯虎所处明代，故建筑仿造为明式风格。唐伯虎虽然名气很大，但其家境并非富有，特别到了晚年，各种因素令其已近清贫。唐伯虎38岁时，只能依靠出卖字画，方才始有一些积蓄。

时已中年渐趋平稳，不久便在城北桃花坞原宋人章庄简别墅旧址处，仿照陶渊明桃花源意境“地缩武陵脉，轩开蔚蓝天”，建造了一座山野田园式宅院。桃花坞落成之后，唐伯虎甚为满意，取名为“桃花庵”，自命桃花庵主，特意做《桃花庵歌》一首以示庆贺。

● 梦墨堂

唐伯虎天资聪颖，学习勤奋，16岁参加苏州府试即考中了秀才，并且是第一名“案首”。这在封建的科举时代十分不易，唐伯虎也顿时成了读书人议论和赞叹的话题。至29岁时参加南京十三府乡试，结果又考中了举人，而且还是第一名“解元”。30岁时更加踌躇满志，远赴京城参加“会试”，意欲进一步夺取功名，没想到此次科考发生了一场意想不到的风波。有人启奏皇上，说主考官事先泄露了考题，此案引发朝廷震怒。而就在追查审理过程中，唐伯虎竟被牵连了进去，乃至被送到了大理寺受审。受此番沉重打击，竟使得唐伯虎沉沦濒于自暴自弃，幸得好友祝枝山、文徵明规劝，才令其重新振作，专心致志，倾心于诗、书、画作。据传，唐伯虎辗转福建，因得九鲤仙子托梦，自此以后无论是赋诗、绘画，还是书写文章，总感是才思泉涌下笔如神。

● 六如堂

唐伯虎中年后，因社会冷落、命运捉弄、生活清贫，厌世思想逐渐强烈，后开始信佛，自号六如居士。今堂内塑像现头戴方巾，手握画笔、凝神构思，意在表现倜傥不羁，“百年障眼书千卷，四海资身笔一枝”自视笑傲烟云，唯我孤芳自赏，凸显怀才不遇心境。

● 闲来草堂

唐寅早期绘画，“远攻李唐”“近交沈周”。拜吴门画派创始人沈周为师。不过唐寅虽师承周臣，却又青出于蓝而胜于蓝。因能兼各名家之所长，令画艺突飞，名声大振。

唐寅画作最多且最具成就主要集聚于山水画，闲来草堂是他闲来无事倾心绘画之处。唐氏一生命运坎坷、风流倜傥、荣辱相伴，正因如此经历才令这位江南才子传世流芳。

坎坷人生

史上唐伯虎与祝允明、文徵明、徐祯卿并称“江南四才子”。其画作更是与沈周、文徵明、仇英并称“吴门四家”。一部电影《三笑》轰动了大陆，使很多人始知了唐伯虎。

其实，早年就有《唐解元一笑姻缘》、苏州评弹《三笑》。以致后来周星驰的电影《唐伯虎点秋香》，也从不同侧面表现了这位吴中才子风流倜傥、挥洒自如，怀才不遇惹人怜爱。

● 宁王府福祸

明正德九年（1514年），皇室宗亲宁王馈以重金聘请唐伯虎到南昌以作书画，只是命运与唐又开了个绝大玩笑，原来宁王此举为图谋反，故作礼贤下士姿态。所幸唐伯虎察觉到此中蹊跷，为求脱身竟一度装疯卖傻，正是此举才令其侥幸逃脱几近灭门九族之祸。

● 唐伯虎与秋香

据说，史上秋香确有其人，原为秦淮河畔名妓，长唐伯虎20岁，琴、棋、书、画无不精，“唐伯虎点秋香”故事雏形始于苏州才子陈元超韵事。某日，陈与朋友游历虎丘，恰与秋香不期而遇，秋香对陈公子嫣然一笑，竟招致陈公子乔装打扮委身做伴读书童。

只是到了明代文人冯梦龙笔中，一经演绎就有了《唐解元一笑姻缘》。因唐伯虎颇具不拘礼法性格特征，因此在此部文艺作品中，作者故意让唐伯虎恃才自傲、放浪形骸，深入朱门、隐秘相府，与主子仆人插科打诨，从而塑造了“唐伯虎三笑点秋香”精彩故事。

古往今来，民间所传闻的唐伯虎与史上真实的唐伯虎是否存在巨大出入，其实已经无关紧要，而唐伯虎的诗、书、画艺术三绝，却被证明并非虚言、其历史地位无可撼动。正因如此，几百年来世人以各种方式、不断讲述这位江南才子的传奇故事和风流韵事。

---

11. 溪山风月美　姑苏第一街——木渎古镇与山塘老街

木渎位于苏州城西太湖之滨，史上即为江南著名古镇。木渎风光秀丽，物产丰饶，又处天平、灵岩、狮山、七子等吴中名山秀水之间，素有“聚宝盆”美称。木渎乃是与姑苏同龄的水乡古镇，古为沟通姑苏城与太湖往来重要枢纽，堪称太湖之滨极其重要门户。

木渎古镇

木渎古镇迄今已有2500多年历史。相传春秋末年，吴王夫差为取悦美女西施，在灵岩山顶建馆娃宫，后增筑姑苏台。由于此项工程十分浩大，史传“三年聚材，五年乃成”，源源而至木材竟然令“积木塞渎”，阻断了山下的河流港渎，木渎之名由此得来。

秦嬴政二十六年（前221年），朝廷以吴故都设吴县，当时木渎即隶属于吴县。三国时期，木渎为三吴要地。东晋司空陆玩（吴名将陆逊后裔），建宅于灵岩山馆娃宫旧址，后其舍宅奉为寺院，木渎由此又添一佛教圣地。北宋时期于此设镇，归属吴县镇以木渎为名。

据说，到了明清年间，木渎已成为苏州城西一处水陆交通极为繁华的商埠。清代乾隆皇帝南巡6下江南时，竟有6次来江南每次必至木渎。如今，乾隆题款之御码头，乾隆与其恩师沈德潜吟诗唱赋、与江南名士徐士元品茗弈棋，皆留下许多脍炙人口传说或佳话。

20世纪60年代，上演的一部《满意不满意》喜剧故事片，剧中有一情节是市农机厂林师傅与徒弟着急赶往木渎镇，在离开“得月楼”饭馆时，竟把工具包忘在了店里。所幸饭店老杨师傅及时赶到码头，又在码头工人帮助下，隔水传递将工具包交给了林师傅。故事讲的就是这里。

旅游景观

木渎周围群山拱峙，毗邻太湖水域丰饶，既得湖山秀水之灵气，又具小桥流水之清幽，领私家园林典雅、携儒士名人故居，聚众多历史人文。现仍有十余处保留完好的明清时期私宅园林，今木渎风景名胜区，已列太湖风光13景之首，为今江浙一带著名古镇。

● 虹饮山房

此处原是木渎文人徐士元故宅，此园面积宽阔，建筑布局气派，其中景观“溪山风月之美、池亭花木之胜”格调意境远胜一般园林景致，因此乾隆每御驾木渎必游此园。

● 严家花园

此园初为乾隆恩师沈德潜故居，后归木渎首富严国馨所有。此园布局疏密得当，曲折委婉、精巧典雅、高低适宜、幽深恬静，其高超园艺设计令其独树一帜，充分显示出工匠高超艺术造诣。建筑名家刘敦桢、梁思成、童俊等数次考察，赞其为苏州园林之“翘楚”。

● 古松园

现园中有一株明代罗汉松，号称树龄已达500年故得此名。古松园乃清末木渎富户蔡少渔旧宅，其布局紧凑、保存尚好，砖雕门楼、精雕缀饰，形神兼备。今古松堂方椽上刻8只琵琶，以喻“八音联欢”，如此形式遍观江南庭院建筑可称格调高雅品味脱俗。

● 榜眼府

此宅为林则徐弟子、近代政论家冯桂芬故居。冯桂芬乃是清道光二十年（1840年）一甲二名进士，乡里称此宅为“榜眼府第”。榜眼府建筑为清代园林风格，花园皆以水池为中心，亭、轩、廊、榭、桥、黄石假山散落其间，高低错落，绿树掩映满园充满诗情画意。

● 灵岩山

史载，灵岩山风光秀丽景色奇绝，域内有吴王姑苏台、清代大诗人张永夫纪念馆。清乾隆五十四年（1789年），湖广总督毕沅晚年筑灵岩山馆。景区楼台亭榭依山而建，九曲回廊随形叠起，池塘清流，曲水萦回，自古便是旅游胜地，被誉吴中胜景“秀绝冠江南”。

● 天平山

天平山位于苏州城西15千米处，名人范仲淹高祖葬于此山东麓。北宋时期，朝廷曾将天平山赐给范仲淹，故此山也称“赐山”。天平山素以怪石、清泉、古枫“三绝”享誉吴地。一进山麓便可见成片枫林，秋日霜临，满目绯红，层林尽染，时人称“万丈红区”。

山塘老街

古苏州城，水巷交错、街衢纵横，在众多街巷中，山塘街便被誉为“姑苏第一街”，究其原因，一是此街有1000余年历史；二是最具古城特色；三是它与名人逸事多有相联。

● **人文史话**

唐宝历元年（825年），白居易任苏州任刺史，到任后不久便至虎丘一带查看河道淤塞、水路通畅状况，随后开始筹划在虎丘环山处，开河筑路事宜。古山塘老街，始建于唐宝历年间，随着旧有河道疏通、新开河道始成，这一带很快便呈现出水路通衢稻禾飘香景象。

山塘河，东起阊门渡僧桥附近，西至虎丘望山桥，长约七里（约3.5千米），故俗称“七里山塘到虎丘”。此河在阊门与运河相接，由于河塘筑堤顺势形成一路，即山塘街。山塘河开凿与山塘街形成，极大便利了水运和灌溉，也使这一带很快形成热闹繁华集市。

清乾隆年间，著名画家徐扬创作《盛世滋生图》，也称《姑苏繁华图卷》。此图展现了苏州城、镇、村、街，其中街景便是以山塘老街为范本，画中“居货山积，行云流水，列肆招牌，灿若云锦”。曹雪芹在《红楼梦》中曾称赞山塘街“最是红尘中，富贵风流地”。

山塘街，颇具苏州古城格局特征，通常是民居临河而立，沿街一侧紧傍河道，一座石桥将对面街道相连。山塘街商家店铺鳞次栉比，房屋多为前门沿街、后门面水，有的还建成独特过街楼，颇有朱栏层楼，柳絮笙歌韵味，故山塘街堪称是苏州一处典型河道水巷。

清乾隆二十六年（1761年），乾隆帝在皇太后70大寿时，特在万寿寺紫竹院旁、沿玉河一线仿建了一条苏州街，而这条苏州街的模样便是以苏州山塘街为原型。清乾隆五十七年（1792年），乾隆帝又在颐和园内西北侧另建一条苏州街，堪称是山塘老街的又一翻版。

古山塘街，在一些民间故事或文艺作品中也多次出现，如苏州弹词《玉蜻蜓》《三笑》《白蛇传》中都曾出现。电影《三笑》唐伯虎偶遇秋香，引得虎丘禅寺“三笑留情”，秋香回转令唐寅乘小舟尾随，及至东亭卖身相府为奴，其间行经水路便是这条山塘河。

---

12. 五堂异域风情　百年教会学府——史上东吴大学

东吴大学（今苏州大学）旧址位于苏州十梓街1号，该校渊源可追溯至监理公会、时在苏州和上海两地开办了学校。清同治十年（1871 年）美国基督教监理公会在苏州十全街设存养书院，光绪五年（1879 年）迁至天赐庄且更名为博习书院（后并入上海中西书院）。

东吴大学，实际是在苏州宫巷中西书院基础上发展而成。1901 年 3 月，宫巷中西书院迁入天赐庄博习书院旧址，东吴大学堂正式开学，成为美国基督教在中国建立的早期教会大学之一。1911 年 3 月，孙乐文去世，校董会选举中西书院葛赉恩为东吴大学新校长。史上这一任命，促进了当年中西书院与东吴大学间的发展及院系学科完备。1952 年全国高校院系调整，东吴大学文理学院、苏南文化教育学院、江南大学数理系合并组建了新的苏南师范学院，同年再次更名为江苏师范学院。1982 年，学校则再复名苏州大学。

东吴大学概说

19 世纪中叶后期，清廷颓废不敌英法俄日等列强侵略，被迫签下数纸不平等条约。国内腐朽、外事溃败，令清廷及百姓丧失信心，此时社会贤达呼吁改革，抵御列强声浪日增。正是在这样的时代背景之下，美国基督教会来到中国，一面进行传教，一面兴办教育。

自 1879 年起，该教会先后在苏州创办了博习书院、宫巷书院，在上海创办中西书院。1900 年，决议合并三书院，以宫巷书院为基础，将苏州天赐庄博习书院扩建为大学。

1900 年 12 月，校董会制定章程，首推林乐知先生（万国公报创办人）为董事长，孙乐文先生为校长。自此，20 世纪初的中国第一所民办大学——东吴大学正式诞生。史上东吴大学在其创办过程初期，学校前后历经了三位美籍校长，即孙乐文、葛赉恩、文乃史。

严格的培养目标，鲜明的教学特色，遂使东吴大学的法学教育独树一帜声名鹊起，时有“南东吴、北朝阳”之说。其间培养了一批著名法学专家，如鄂森、王宠惠、吴经熊、倪征燠、李浩培、潘汉典、杨铁（木梁）等，时被誉为“华南第一流且最著名的法学院”。

早在五四运动期间，东吴大学便筹组了学生会等社团组织，积极进行学术研究探讨、开展学术交流辩论、提倡校园体育活动。由于东吴大学几任校长垂范，初期形成良好校风，也为日后校务发展奠定了良好学习氛围，令东吴大学逐步实现了自我完善转化进程。

1926 年，该学校首废宗教必修课程，以及曾经沿袭的礼拜仪式，改为学生自由参加。不久学校董事会实施改组，校董三分之二成员由国人出面担任。1927 年，杨永清先生当选首任国人校长。为使原英文校训意译“法古今之完人”更具丰满。始将“养天地正气”赋予其中。自此以后，“养天地正气，法古今之完人”便作为东吴大学的中文校训。

纵观近代百余年，史上东吴大学（今苏州大学）先后向社会各界、输送众多专业人才或研究学者，其中许多人已成为科学、法律、教育、文化等领域著名学者或知名人士。例如著名科学家、诺贝尔奖获得主李政道，著名法学专家倪征燠，著名蚕桑专家郑辟疆，著名脑外科专家及医学教育家杜子威，香港知名人士杨铁（木梁）、查良镛（金庸），以及谈家桢、刘建康、宋鸿钊等数十位科学院院士和工程院院士。

曾经的教会大学

我国近代史上，虽然教会大学数量并不多，但其建校起点却很高，特别是20世纪20年代前后，对于引进西方现代教育模式产生过深刻影响。故近代教会大学历史为中国近代教育史上不可或缺重要一页，在中国高等教育发展进程中、曾留下不可磨灭的痕迹。例如在我国近代教育史上的13所著名教会大学：燕京大学、齐鲁大学、东吴大学、圣约翰大学、之江大学、华中大学、金陵大学、华西协和大学、金陵女子文理学院、沪江大学、岭南大学、福建协和大学、华南女子文理学院。

东吴大学校训

由于历史原因，原东吴大学校训乃是先有的英文，然后才有了其后的中文校训。例如原校训：Unto a Full-Grown Man，即是出自新约圣经以弗所书第四章第十三节。据称，此段若直译可为“教育成人”，译成中文时为“法古今完人”。1929年，校政部会议通过杨永清校长提议，为使校训内容更丰富、后将“养天地正气”一语赋于其中。自此，始将该校的中文校训立为“养天地正气，法古今完人”。

异域建筑史迹

苏州大学（史上东吴大学）校内至今保存有多栋风格独特旧式建筑，这些建筑或显露欧洲古典式，或效仿中世纪城堡式，或呈现美国教堂式，多样共存尚基本保持原貌。1991年，苏州大学校内的部分旧式建筑遗存，已经被苏州市列为文物保护单位。

●旧时校门（原东吴大学）

原东吴大学校门始建于20世纪初期，1948年获重建。该校的门额系清朝两代帝师翁同龢所题。校门坐南朝北，校门以南为原东吴大学校址，也是其建筑遗存精华所在。

●校门南面

该校门南面门洞立柱分别书有“养天地正气，法古今完人”原东吴大学校训，上面刻字“全心全意为人民服务”是1949年后所附，原题英文“UNTO A FULL GROWN MAN”。

● **红楼**

红楼始建于1902年，时建筑正门的门楣上方镌刻有海淑德之名及1903年字样。此楼原为纪念美国基督教监理公会的女传教士海淑德（Laura Askew Haygood）而建。

● **春晖楼**

春晖楼建于20世纪30年代，原是东吴大学教授们住宅，与之相邻还有其他三幢别墅，但秋韵楼、夏润楼外墙经修缮其原有格调尽失，仅剩春晖楼和冬瑞楼旧时遗韵尚存。

● **钟楼**

钟楼始建于1903年，原名称作林堂，是为纪念东吴大学奠基者之一林乐知先生所立，钟塔高耸于学校中轴线，钟楼顶部的报时大钟，每逢半点敲响，现成校园一景。

● **精正楼**

精正楼建于1912年，时为纪念东吴大学第一任校长孙乐文，由美国弗吉尼亚州某教堂捐建。精正楼为一座漂亮的城堡式建筑，风格属哥特复兴式，此楼也被称作孙堂。

● **博物馆**

博物馆始建于1937年，原为东吴大学校内体育馆，馆内建有游泳馆等多项体育设施。原入口处“体育馆”门额为孔祥熙所书，现此建筑已改作苏州大学博物馆。

● **子实堂**

子实堂始建于1930年，时为纪念博习书院创办人曹子实先生所做的贡献而命名。史上，子实堂建筑曾经为东吴大学的学生宿舍，现为苏州大学人文社科研究院。

---

13. 一唱雄鸡天下白　万方乐奏有于阗——柳亚子纪念馆

柳亚子纪念馆位于苏州吴江黎里镇中心街，此前这里曾为清乾隆时期工部尚书周元理旧宅，史上名为赐福堂。柳亚子初名慰高，字安如，后更名为弃疾，字亚如，最后则以亚子为其名。1898年，柳亚子携全家从北库大胜村移居黎里镇，1922年后迁居此地。

柳亚子出身书香门第，少年家教严格，成年受其父亲影响赞成变法维新，致力《新民丛报》创办。清光绪二十九年（1903年），在家乡参加中国教育会，后赴上海入爱国学社读书并加入该社，1906 年参加同盟会，1909 年创立了南社，曾任孙中山临时大总统府秘书。

1948 年 1 月，中国国民党革命委员会在香港成立，他是发起人之一。新中国成立后，曾任中央人民政府委员、政务院文教委员会委员、全国人大常委等职。柳亚子先生为国民党左派、文学家，早期在家乡从事革命活动，曾创刊《新黎里》报、《三五》半月刊等。

名人概说

清宣统元年（1909 年），柳亚子与陈去病、高旭组织了著名反清文学团体南社。辛亥革命以后，曾在临时大总统府任秘书，因不习军政机关生活三日后便辞职，后到上海办报。袁世凯窃取国政之后，他自感到世事不可为，惘然返黎里，纵情于酒痴，醉创于诗文。

1923 年 4 月，柳与毛啸岑等人创办《新黎里》报，意欲宣传新文化新思想。同年又与叶楚伧、邵力子等成立新南社，鼓励三民主义，提倡民众文学。不久又加入改组的中国国民党，担任过国民党吴江县党部执委会常委、江苏省党部执委、国民党中央监察委员。

1925 年 5 月，上海爆发了著名的“五卅”运动，柳亚子遂于 6 月发起成立“黎里国民外交后援会”，积极声援“五卅”运动。1926 年 1 月，赴广州出席国民党二大，6 月出席二中全会，反对蒋介石提出的“整理党务案”，会上痛哭以示抗议，中途退会返回黎里。

抗战期间，柳亚子与宋庆龄、何香凝在香港发表宣言，斥责蒋介石消极抗日，后被蒋介石开除党籍。毛泽东赴重庆谈判时，曾与柳亚子会晤赠手书《沁园春·雪》诗一首。

《沁园春·雪》　毛泽东

北国风光，千里冰封，万里雪飘。
望长城内外，惟余莽莽；大河上下，顿失滔滔。
山舞银蛇，原驰蜡象，欲与天公试比高。
须晴日，看红装素裹，分外妖娆。
江山如此多娇，引无数英雄竞折腰。
惜秦皇汉武，略输文采；唐宗宋祖，稍逊风骚。
一代天骄，成吉思汗，只识弯弓射大雕。
俱往矣，数风流人物，还看今朝。

1950 年，柳亚子先生将家传之文献，以及住所中集汇的南明史料、南社文献，及其他诸多历史时期资料、吴江地方文献等，总计 44000 余册悉数捐献给了国家。

柳亚子纪念馆

柳亚子纪念馆既为一座清代的民居建筑，也是一处近现代的重要史迹，此宅原为清直隶总督、工部尚书周元理的一处私邸，其始建于清乾隆四十五年（1780年）。该宅院前后有6进，建筑面积2800余平方米，现存3座砖刻门楼宽敞气派，具有一定文史价值。

1922年，柳亚子曾向周氏之后裔典租了这座深宅大院，此后这里便成为柳氏会见爱国民主人士，议论国家命运前途、编辑《南社丛刻》、撰写诗文之地。1987年5月，柳亚子先生百年诞辰之际，经中共江苏省委批准，依托柳亚子原故居筹建了柳亚子纪念馆。

作为一个专题性纪念馆，此处拥有柳亚子及南社多方面藏品和权威性资料，为收藏、保护、研究、展示柳亚子与南社历史文物的重要场所。1980年，此地被列为吴江县文物。1982年，被列为省文物保护单位。2006年，被国务院批准为全国重点文物保护单位。

柳亚子故居

柳亚子故居，其建筑朝南临河，厅堂楼室结构规整，长窗画梁雕绘龙凤。故居第一进门厅，6扇黑漆大门庄重肃穆，门厅前正中悬挂一块橘黄色匾额上书“柳亚子纪念馆”，左下有“屈武敬题”4个字。宅门对面沿河处，竖立一块“全国重点文物保护单位”碑石。

柳亚子故居共分五进，每进门墙高大坚固，饰有精巧细致的砖雕门楼，每进厅堂居室均被整修一新。柳亚子自12～41岁的29年间，其大部分时间都生活在这里。故居内现陈列300余件弥足珍贵的文物史料，此为柳亚子先生从事民主革命活动的重要见证。

故居第二进，茶厅大门正中悬有廖承志先生题写的匾额“柳亚子先生故居”。第二进大厅内正中处，安放着邓颖超于1985年题词、一座柳亚子先生半身塑像。据说，当年毛泽东称赞柳亚子先生为“人中麟凤”，并与其有着相互唱和的诗文交谊。

故居第三进大厅专柜，陈列柳亚子所创办的《新黎里报》实物样品，其中有“教育研究特刊”等报纸。该报当年曾被誉为“时代明灯”“地方福音”，这也是柳亚子先生早年从事民主革命活动的历史见证。史载，此刊共出版发行了82期，特、赠刊20期。

故居第三进的赐福堂，门口陈列一块残匾，上书“赐福堂”3字，此匾系清乾隆年间大学士嵇璜赠予工部尚书周元理之物，现悬挂匾额为残匾复制品。据说，当年乾隆曾赐予周元理9个福字，大学士嵇璜将福字制成九块匾额，其中之一赠送给工部尚书周元理。

现赐福堂还陈列有南社出版的《南社丛刻》22集，其3—7集、9—20集都是柳亚子所编订。今柳亚子故居还保存许多南社珍贵手迹，这批手迹现已成为稀有的历史珍品。此外，展陈有毛泽东，周恩来、宋庆龄、鲁迅、何香凝等写给柳亚子信笺或题词。

故居东、西两侧，原为夏季午休房和磨剑室书斋，两旁各悬一副楹联，上联“青兕后身辛弃疾”，下联“红牙今世柳屯田”。此为柳亚子故交傅纯根手笔，其妙在将“柳弃疾”3字嵌于其间，令人不禁联想到柳当年曾改名“弃疾”，且积极参与反袁斗争的史迹。

诗词著作

在柳亚子一生中，写下大量声情激越、意气风发诗文。据不完全统计，诗约7000余首，词约200余首。毛泽东曾多次唱和柳亚子诗词，从而留下国家领导人与诗人交往的佳话。

1949年3月柳亚子作《感事呈毛主席》一诗，毛泽东阅后感事不久便回诗应答。

《七律·和柳亚子先生》　毛泽东

饮茶粤海未能忘，索句渝州叶正黄。
三十一年还旧国，落花时节读华章。
牢骚太盛防肠断，风物长宜放眼量。
莫道昆明池水浅，观鱼胜过富春江。

1950年国庆观剧，柳亚子先生即席赋《浣溪沙》，毛泽东因步其韵随之奉和。

《浣溪沙·和柳亚子先生》　毛泽东

长夜难明赤县天，百年魔怪舞翩跹，人民五亿不团圆。
一唱雄鸡天下白，万方乐奏有于阗，诗人兴会更无前。

（三）苏州特产与美食

地方特产：六神丸、太湖莼菜、浒关草席、茉莉花茶、稻香村茶食、银鱼、果脯蜜饯、卤汁豆腐干、碧螺春茶叶、阳澄湖大闸蟹、苏绣、苏扇、苏灯、宋锦、琢玉、湖笔、红木雕刻、桃花坞年画。

风味美食：松子糖、虾子酱油、玫瑰瓜子、枣泥麻饼、蜜汁豆腐干、西瓜鸡、猪油年糕、清汤鱼翅、母油整鸡、太湖莼菜汤、松鼠鳜鱼、绿扬馄饨、响油鳝糊、翡翠虾斗、荷花集锦炖。

八、遵义

——无偏无陂 遵王之义

八、遵义
——无偏无陂　遵王之义

（一）名城概说

遵义位于贵州省北部，东与湄潭毗邻、西与毕节衔接、南与贵阳相望、北与桐梓倚依。遵义古称梁州，曾是黔入川咽喉，黔北军事重镇。早在春秋时期，其所辖地域分属于牂柯、巴、蜀、鳖、鳛等部。据说，“遵义”称谓可溯源《尚书》，“无偏无陂，遵王之义”。

遵义山美水美，民风淳朴、风情独特，尤以山、水、林、洞为主要特色。这里有被称为“西南古代雕刻艺术宝库”的杨粲墓，有被誉为“生物活化石”的赤水桫椤国家级自然保护区，有被称作“丹霞第一瀑”的赤水大瀑布，还有西南高原明珠之称的栗元草场等。

遵义地区也是我国多种名酒的重要产地之一。以国酒茅台为代表，包括习酒、董酒、湄窖、珍酒、鸭溪窖酒等一大批优质名酒饮誉华夏，香飘四海。这里山川秀丽、风景优美、气候宜人，全市森林覆盖率接近50%，因而也被称誉为最适合人类宜居的城市。

1935年1月，中国共产党曾在这里召开了著名的“遵义会议”。会议通过了关于反对敌人五次“围剿”的决议总结，纠正了前期军事和组织上的错误，肯定了毛泽东同志的正确主张，始现了以毛泽东为代表正确领导，为红军胜利完成二万五千里长征奠定了基础。

遵义，自然风光秀丽、人文景观丰富，有重要历史景观遗址13处、国家级3处、省级10处。如革命史迹遵义会议旧址、红军总政治部旧址等。自然景观，如赤水桫椤国家级自然保护区、双河溶洞国家级地质公园等。名胜古迹，如海龙屯军事遗址、杨粲墓等。

遵义，为国务院于1982年公布的首批24座国家历史文化名城之一。

1. 寻踪问源

考古发现，早在新石器时代桐梓县马鞍山一带，就有人类活动的遗迹。从已发掘的大量石器、骨器，以及丰富的用火痕迹判断，距今大约18000年。此外，在赤水河流域，赤水、习水一带，也先后发现许多石斧、石锛、石网坠等古人类早期的劳动工具。

史载，西周末至春秋时期（前800—前500年），遵义所处地域，分别为牂柯、巴、蜀、鳖、鳛等番邦部族之领地。至战国时期，今遵义一带还曾归入“大夜郎国”势力范围，西汉元光五年（前130年），此地置建为郡且郡治设于鳖县，大约于今遵义城区中心地带。

史上，偏安一隅的“夜郎国”，存续约有250余年便悄无声息地消失了。此后，也曾有郡县建制“夜郎郡”“夜郎县”在一些朝代中出现。其后与遵义尚有关联，为唐贞观十六年（642年）所置夜郎县，即今桐梓县境时珍州治所于此，后历经数代变迁此域又称播州。

播州之名，因存续长达960余年，所以人们也常用“播州”来代称古代的遵义。播州从唐末到明末的720余年间，为杨氏土司所世袭统治。明万历二十八年“平播之役”后，取消土司制度，实行“改土归流”，次年又将播州分为遵义、平越两个“军民府”辖制。

清康熙年间，取消“军民”二字直称遵义府。今遵义大部地区归属于以上两府。清雍正五年（1727年），遵义府由四川省，划归于贵州省管辖。民国初年废“府”制，民国二十四年（1935年）贵州设11行政督察区。1949年11月遵义解放，于此基础之上新遵义诞生。

2. 人文荟萃

● 三美并蒂

自然风光纯净。遵义地区自然风光秀美，享有中国长寿之乡、中国厚朴之乡、中国金银花之乡、中国优质名茶之乡、中国吉他制造之乡等诸多称号。拥有海龙屯、赤水丹霞等世界自然与文化遗产。荣获国家森林城市、国家卫生城市、双拥模范城市等多项殊荣。

民族文化绚丽。遵义古称播州，据统计全市有仡佬、苗、土家、布依、彝、侗、回等36个少数民族，人口达89万，约占全市总人口的12%。在漫长的历史发展进程中，各少数民族创造和积累了丰富多彩的民族文化，如流行仁怀市苗族布依族乡的“采月亮”等。

民风纯朴厚重。遵义受地域环境及历史因素，形成了睿智、灵犀，清净、休闲、蜀境民风，勤劳、质朴、骁勇、剽悍之顽强性格。游人置身于此顿感，满目葱绿、峻陵起伏，浓郁茶香、随风飘荡，沁人心脾、淋漓酣畅，沉浸于葱绿世界、徜徉于花簇海洋。

● 红色记忆

遵义会议。1935年1月，红军攻克黔北重镇遵义，随之中共中央在遵义召开了政治局扩大会议，集中解决当时最为紧迫的军事和组织问题。此次会议的召开，始现了以毛泽东为代表的正确路线，以及在中央开始的主导地位，在最危急紧要时刻挽救了中国革命。

娄山关。娄山关千峰万仞，峭壁绝立、若斧似戟、直刺苍穹。川黔公路盘旋而过，素有“一夫当关，万夫莫开”之说。两次娄山关战役胜利，确保了遵义会议成功召开。毛泽东填《忆秦娥·娄山关》词，“苍山如海，残阳如血”，描述了当年红军指战员鏖战场景。

突破乌江。乌江渡位于遵义县境，史上称其为“黔蜀要津”，历来为兵家必争之地。史载，明万历二十八年（1600 年），明朝大军征讨播州杨氏，鏖战于此曾遭败绩。但在330 余年后，1935 年 1 月 3 日，红军先遣团的指战员却历尽艰险，胜利突破了乌江天险。

●黔境史话

“夜郎自大”在现代汉语词汇中，应属认知率最高一类的成语，汉语工具书曾释为：对妄自尊大者的讽喻。也正是通过这个成语使人了解到，春秋战国时期，在我国西南一隅曾有一领土不大的夜郎国，大约今遵义市城区一带，应属当年“大夜郎国”的地域。

“土司制度”是我国古代封建王朝，统治边疆少数民族采取的一种特殊制度，早在唐代已有启端。所谓土司为辖域内最高统治者或大领主，即直接掌握属地军、政、财权，乃至农奴“生杀予夺”。土司制度在遵义延续长达数百年之久，遗有丰富土司文化史迹。

“美酒飘香”。贵州气候宜人，水质优良、多出佳酿，是我国重要的酿酒基地之一，素有酒乡之美誉。遵义酿酒历史悠久，底蕴深厚、名酒众多、中外驰名。有资料显示，遵义地区出土的大量酒器、酒具，以及饮酒画像等文物，见证了遵义酒文化历史源远流长。

（二）历史文化

1. 红色史迹热土　播州文化奇葩——遵义市博物馆

遵义市博物馆位于汇川区人民路与珠海路交汇处，博物馆占地面积约 1.5 万平方米，建筑面积 8.2 万平方米，其建筑设计体现了传统的天圆地方理念。博物馆外墙采用本地天然青石，以加工成表面凹凸纹的青石砖再行装饰，既富有地域特色，又充满现代气息。

简介

遵义市博物馆成立于 2006 年，为一座综合类型博物馆，该馆以文物保护、标本收藏、研究展示为其主要职能。展馆内设电子监控、中央空调、消防安全、配电照明、语音导览、无线讲解等先进系统及现代设备，为观众提供一处了解、学习遵义历史文化场所。

博物馆《遵义之美》为基本陈列，分为“资源富市”“文化奇葩”“红色热土”“多彩民俗”“国酒之乡”“辉煌成就”6个部分，从自然资源、历史文化、风土人情、著名酒乡等不同侧面，将一个历史悠久、色彩斑斓、充满活力的历史文化名城——遵义完美展示。

遵义有着悠久的历史和灿烂的文化，保存了丰富的历史文化遗产。馆内今收藏有不同时期的历史文物，珍存了遵义各族人民的文明史迹。其尤以宋代以来的文史最具特色，如牡丹纹梅瓶（宋代）、椅背式提梁锡酒壶（明代）、茅台酒赖茅商标柱形陶瓶（民国）等。

该博物馆以弘扬优秀文化为已任，为此举办了近50个不同类型展览。通过图片、文献、实物、造型、影视资料等，向公众全方位展示了遵义秀美山川、深厚历史、革命传统、浓郁风情、香醇美酒、灿烂前程，力求彰显地域文化特色，不断提升展馆陈列水准。

展陈

该博物馆布展形式包括基本陈列、正在展览、展览回顾、展览预告几种形式。其中，“遵义之美”系列展览为该博物馆布置的基本陈列，展览的主要内容包括资源富市、文化奇葩、红色热土、多彩民俗、国酒之乡、辉煌成就6大主题板块。

- **基本陈列**

“遵义之美”

遵义，山雄水秀，物产丰富，史前旧石器时代“桐梓人”取火之举，点燃了遵义的文明初曙。史上战国、秦汉时期，巴蜀域交汇促进了文明发展，两汉三贤、清代三儒增添儒雅气息。遵义会议、四渡赤水，载入红色史册。国酒茅台香飘四溢，驰名华夏饮誉全球。

资源富市（第一部分）：遵义地区具有悠久的历史、灿烂的文化，自然资源、生物资源、矿产资源丰富，更兼青山绿水空气清新、多姿多彩民族风情，独特黔域播州文化，近现代红色长征之旅。

文化奇葩（第二部分）：早在旧石器时代，栖息于此的“桐梓人”已点燃遵义史前文明。秦汉时期，土著濮人以领先的采砂炼汞技艺，强化了部族地域经济。成为黔文化步履先驱和荆棘拓荒者。

红色热土（第三部分）：1935年1月，中国工农红军第一方面军、突破敌军重围，在遵义召开了政治局扩大会议。会议纠正了前一时期中央军事上和组织上的错误，会议肯定了毛泽东同志有关政治和军事主张，并由此确立了以毛泽东同志为代表的正确路线，以及在党中央的主导地位。

多彩民俗（第四部分）：黔北多山史称“山国”，史上土著多以狩猎、伐山、农耕、蚕织为业。在漫长的历史发展进程中，各个民族间的碰撞交汇民俗融合，形成了今日黔北独具特色的地域风情。

国酒之乡（第五部分）：早在远古时期，此域先人便将美酒用于祭祀，黔人历经了2000多年历史，积淀了丰厚的酒礼文化习俗。史上黔人可称每逢历史变革，总会精心酿造出具有时代特征的名酒。

辉煌成就（第六部分）：遵义素有“黔北粮仓”美誉，粮食产量约占全省总量四分之一。遵义现有1个国家级经济开发区、1个国家级新型工业示范区、13个省级经济开发区，曾获省级以上科技重点项目280余项。享有长寿之乡、金银花之乡、优质绿茶产区、吉他制造之乡等荣誉称号。

典藏

馆藏文物以宋代以来文物最具特色其代表展品如：

白底黑牡丹纹梅瓶（宋代），椅背式提梁锡酒壶（明代）。

粉彩花果纹天球瓶（清代），歪嘴琴童傩面具（清代），红釉花瓶（清代）。

白釉描金八棱形酒杯（清代），较政行斗（清代），花鸟纹开片瓷瓶（清代）。

十六层透雕象牙球（民国时期），茅台酒赖茅商标柱形陶瓶（民国时期）等。

2. 危急时刻　力挽狂澜——遵义会议旧址

遵义会议旧址位于遵义市老城区的红旗路（原子尹路），原地名也被称作琵琶桥。该会址原是一幢坐北朝南不很高的二层灰色楼房，为中西合璧砖木结构形式建筑。楼房上覆小灰瓦，歇山式屋顶上开一“老虎窗”附有抱厦，整座建筑分为主楼以及跨院两部分。

在主楼四周建有回廊，楼房檐下的廊柱间有10个券拱支撑，此种样式保留了我国传统建筑“彻上明造”风格。楼上设有梭门梭窗，檐柱顶饰了垩土堆塑的花卉，东西两端各有一转角楼梯，外面加设了一道木栅栏。门窗涂饰赭色，镶嵌彩色玻璃，窗外层加有板门。此楼各房间均设有壁橱，整个主楼通阔约26米，进深大约17米，楼体通高12米，占地面积528平方米。该幢楼原是黔二十五军第二师师长柏辉章的私人官邸，可称20世纪30年代遵义城中最宏伟建筑。会议旧址大门临街，门的两侧原8间门脸乃是柏辉章的商铺。

历史背景

1934 年 1 月，中共六届五中全会后，王明“左”倾冒险主义变本加厉。在这种错误领导下，导致第五次反“围剿”失败，红军被迫放弃革命根据地，开始了艰苦卓绝的万里长征。长征初期，部队行军速度缓慢，红军在每次突围过程中损失极为惨重。

为彻底摆脱敌军的围追堵截，毛泽东建议中央红军应主动放弃原定前往湘西欲同红二、六军团会合的企图，立即改变前进方向，迅速向敌军力量薄弱的贵州挺进。此灵活机动战略战术，遂令追敌茫然不知所措。1935 年 1 月 7 日，红军顺势攻克黔北重镇遵义。1935 年 1 月 15 日至 17 日，中共中央政治局为解决危急关头的生死存亡，召开了这次极为重要的扩大会议。此会议集中讨论了红军第五次反“围剿”失败，长征以来遭受严重挫折的原因，会议及时纠正了博古等人在政治路线和军事指挥屡次所犯的严重错误。

这次会议成功召开，也是中国共产党人第一次独立自主地运用马列宁主义基本原理，结合中国革命的具体实践，及时解决了自己所面临的大政方针，以及军事战略和策略问题。正是由于这次重要会议，在极其危险时刻挽救了红军、挽救了党、挽救了中国革命。

在我党历史上，著名的遵义会议就是在这样的历史背景下及时召开，也正是在这次重要会议上，开始认识毛泽东同志为代表的正确路线，确立了毛泽东在中共中央的主导地位，标志着中国共产党开始从幼稚逐渐走向成熟，中国革命的航船乘风破浪驶入正确航道。

相关史料

此次遵义会议的成功召开，是在没有共产国际的直接干预下、独立自主地进行了组织改组，会议增选了毛泽东同志为中央政治局常委，取消博古、李德的最高军事指挥权。这次会议经过仔细慎重讨论，决定朱德继续担任最高军事首长，周恩来仍然为军事指挥者。

此次会议常委们进行了分工，张闻天接替博古总负责，毛泽东、周恩来主抓军事，行军途中又组成了由毛泽东、周恩来、王稼祥参加的三人指挥小组。自此毛泽东成为红军和党中央主要领导人之一，这是我党做出的重要选择，也是我党日后取得成功的关键所在。

1984 年 9 月，中共中央党史资料研究委员会对外正式公布了史上《关于遵义政治局扩大会议若干情况的调查报告》记述，确认当年出席这次会议的人员分别是毛泽东、周恩来、朱德、陈云、博古、张闻天、刘少奇、王稼祥、邓发、凯丰、刘伯承、李富春、林彪、聂荣臻、彭德怀、杨尚昆、李卓然、邓小平、李德、伍修权。

遵义会议明确指出：军事上领导错误是李德、博古和周恩来三人，而李德、博古负主要责任。

此次会议的四项决定：一是改组了党中央领导机构，推选毛泽东为政治局常委；二是指定张闻天起草决议；三是常委中再进行适当的分工；四是取消了博古、李德的最高军事指挥权，决定仍由中央军委主要负责人朱德、周恩来指挥军事，周恩来为最后决定的负责者。

会议不久进一步决定，毛泽东作为周恩来在军事指挥上的帮助者。张闻天接替博古在党内总负责。随后又成立了由毛泽东，周恩来、王稼祥组成的 3 人团，周恩来任团长。

展馆概说

进入展馆正门穿过大厅，迎面便是一座巨大的砖彻牌坊，上面有彩瓷碎片的嵌字，前为“慰庐”，后为“慎笃”。过牌坊不远便是一小天井，天井南侧有一小门直通往柏家内四合院，北侧是主楼。1935 年 1 月，工农红军第一方面军长征到达遵义后总司令部驻此。

当年，就是在这里召开了中央政治局扩大会议，会议肯定了毛泽东正确主张，选举毛泽东为政治局常委，成立了三人军事领导小组，结束了王明左倾冒险主义在中央的统治地位。自此，始现以毛泽东为代表主导地位，为红军胜利完成二万五千里长征奠定了基础。

史载，会议旧址时为当年红军总司令部和总部一局驻地。今楼上除陈列遵义会议的会议室、军委总参谋部办公室外，还有军委副主席周恩来、总司令朱德和康克清、总参谋长刘伯承、参谋长叶剑英的办公室兼住室。

当年，该会议室楼下设有作战室、机要室、三军团军团长彭德怀，政委杨尚昆住室，一局局长彭雪枫、张云逸的办公室兼住室，以及后勤、保障人员、警卫人员的住室。遵义会议旧址于 20 世纪的 1954 年 1 月开始复原展陈，1957 年 7 月 1 日正式对社会公众开放。

1961 年 3 月，经国务院批准公布为第一全国批重点文物保护单位。1964 年底，中共中央主席、中央军委主席毛泽东同志，亲自为纪念馆手书“遵义会议会址”6 个大字。

红色艺术经典

“红色艺术经典”作品，大型音乐舞蹈史诗《东方红》歌曲之一。

《红军战士想念毛泽东》（新版）

作词：任红举，作曲：时乐蒙、彦克

抬头望见北斗星，心中想念毛泽东，想念毛泽东。

迷路时想你有方向，黑夜里想你照路程，黑夜里想你照路程。
湘江岸，你燃起火炬冲天亮，号召工农闹革命。
井冈山，你率领我们打天下，红旗一展满地红。
抬头望见指路星，心中想念毛泽东，想念毛泽东。
困难时想你有力量，胜利时想你心里明，胜利时想你心里明。
瑞金城，你首创革命根据地，工农掌权好威风。
赣江边，你率领我们反围剿，杀败蒋匪百万兵。
啊……啊……红军是你亲手创，战略是你亲手定，
革命战士怀念你，伟大的领袖毛泽东。革命战士怀念你，伟大的领袖毛泽东！

“红色艺术经典”作品《长征组歌》歌曲之一。

《遵义会议放光辉》

作词：肖华，作曲：晨耕、生茂、唐诃、遇秋

苗岭秀，旭日升，百鸟啼，报新春。
遵义会议放光辉，全党全军齐欢庆。
万众欢呼毛主席，马列路线指航程。
雄师刀坝告大捷，工农踊跃当红军。
英明领袖来掌舵，革命磅礴向前进。

---

3. 百折不挠　苦难辉煌——中共领导遵义寓所

遵义会议期间，中央领导人寓所位于遵义新城古式巷，这是一幢一楼一底式洋房，距遵义会议的会址约1000米。1935年1月上旬，工农红军一方面军占领遵义后，中共中央部分负责人曾在这里住宿办公，楼上3间自左至右，分别为毛泽东、张闻天、王稼祥住处。

除此以外，遵义会议召开期间，该寓所楼下右边一间原为博古同志的住室。此外，还有其他几处房间，分别为医务人员、警卫人员，以及一些勤杂人员的住室。1964年，该住所经由遵义会议纪念馆再次进行全面复原布置，并于整修后开始对社会公众展陈。

会议史料

政治局委员：秦邦宪，又名博古，1926年留学苏联。时任中共中央临时负责人，长征初期曾为中共中央“三人团”核心小组成员之一；

朱德，清末时期中秀才，曾经留学德国。时任中华苏维埃共和国中央军事委员会主席，工农红军总司令兼红一方面军司令；

陈云，学徒工出身。时任全国总工会党团书记，长征初为红五军团中央代

表，军委纵队政治委员，遵义警备司令部政治委员；

张闻天，又名洛甫，先后在莫斯科中山大学红色教授学院学习、任教。时任中华苏维埃共和国中央执行委员会人民委员会主席；

毛泽东，湖南省立第四师范学院毕业，曾是出席中共中央召开“一大”会议代表。时任中华苏维埃共和国中央执行委员会主席；

周恩来，留学日本、法国、德国、英国等地。时任中华苏维埃共和国中央革命军事委员会副主席，红军总政委兼红一方面军政委，长征初为中央“三人团”成员之一。

政治局候补委员：王稼祥，时任中华苏维埃共和国中央革命军事委员会副主席，红军总政治部主任；

刘少奇，时任中华全国总工会委员长，长征时为红八军团及红五军团中央代表；

何克全，又名凯丰，时任共青团中央书记，长征时为红九军团中央代表；

邓发，时任国家政治保卫局局长。

与会其他成员：刘伯承，时任红军总参谋长、军委纵队司令员，遵义警备司令部司令员；

李富春，时任中央候补委员、红军总政治部副主任、代主任；

林彪，时任红一军团军团长；

聂荣臻，时任红一军团政治委员；

彭德怀，时任中央候补委员、红三军团军团长；

杨尚昆，时任中央候补委员、红三军团政治委员；

李卓然，时任红五军团政治委员。

---

4. 宣传革命道理　发动组织群众——红军总政治部旧址

红军总政治部旧址位于遵义老城杨柳街的天主教堂，当年这座教堂由经堂和学堂两部分组成。经堂处于北端，是一座“罗马式”的建筑，空斗砖墙、栗色木柱，穿斗屋架、伞状拱顶，且由纵深四排32根、7米以上的浑圆4柱支撑，两列边柱则须承受屋顶重量。

学堂处于南端，为一组庭院式平房砖木结构形建筑，整座教堂长105米、宽129米、占地面积约13500平方米。1935年1月遵义会议后，党中央曾在经堂内召开红军部队大会，毛泽东、周恩来、张闻天等在会上传达了遵义会议精神，极大地鼓舞了广大指战员。

基本史料

为了进一步发动群众，红军进入遵义城后不久，红军总政治部便在这里召开了有各界人士参加的动员大会。会议决定成立“遵义县革命委员会”“回山乡革命委员会”“赤色工会”等红色权力机构、革命群众组织和革命武装组织，从而点燃了该地区革命烈火。

史载，就在那次动员大会上，为进一步发动群众，宣传无产阶级革命理论，会议期间散发了《中华苏维埃共和国宪法大纲》《中共中央告民众书》等革命文件和宣传品。

资料显示，当年老城中的这座天主教堂，始建于同治五年（1866 年），由于长期未进行维护修缮，该房间木柱腐朽，四壁出现倾斜。时至 20 世纪 70 年代，国家文物局便拨专款对此建筑进行彻底修缮，在严格保持旧址风貌的基础之上、改砖木构为钢筋混凝土结构。

1984 年，国家有关部门再次增拨专款，用于修缮天主教堂的学堂部分。如今，这座教堂已为全国重点文物保护单位，并作为遵义会议陈列馆、遵义会议旧址组成之一部。

5. 英雄多壮志　理想高于天——遵义烈士陵园

遵义红军烈士陵园位于遵义市凤凰北路，该烈士陵园建于市区旁的小龙山岗之上。进入陵园不久顿感气氛庄严肃穆，陵园正面伫立着一座庄重纪念碑，时为纪念遵义会议五十周年而立。纪念碑的正面为邓小平之手书“红军烈士永垂不朽”8 个耀眼醒目的大字。

纪念碑后面，是当年红三军团参谋长邓萍的墓地。该墓地坐北朝南，墓室皆由红色砂料石扣砌，在墓顶中央处竖有一颗红色五角星，墓碑的正面嵌有碑铭，横书为张爱萍上将的手迹“邓萍同志之墓”。陵墓的左右侧室上壁，题有“鞠躬尽瘁，死而后已”8 个大字。

红军烈士陵园内，还安葬着在当年长征中英勇牺牲的红军战友或无名烈士。陵园内建有坟茔和骨灰堂。如今，遵义红军烈士陵园已列为国家烈士陵园重点文物保护单位。

历史文化

●红三军团

红三军团是第二次国内革命战争时期，中国工农红军主力部队之一。1930 年 6 月，于鄂东南中央苏区大冶县的刘仁八地区，由湘鄂赣的红五军、红八军等所属部队整编而成。军团总指挥为彭德怀，总政治委员滕代远，参谋长邓萍，政治部主任袁国平。

军团下辖第五军，军长由彭德怀兼任（后邓萍兼），政治委员为滕代远（后张纯清)。第八军，军长李灿（后何长工代)，政治委员何长工（后邓乾元)，全军团共10000余人。其后，又有湘鄂赣地区部分地方红军武装，整编红军第十六军也陆续也归入红三军团的建制。红三军团组成后，相继攻占了通山、崇阳、通城、岳阳，随即进入平江、浏阳一带活动。1930年7月攻占长沙，1930年8月与红一军团在浏阳永和会师，整编为红一方面军。1934年10月参加长征，下辖第四师、五师、六师，军团长彭德怀、政委杨尚昆、参谋长邓萍。

刘少奇曾为三军团中央代表。中央红军和红四方面军会师后，中央军委将军团统一改称为军，红三军团称工农红军第三军。长征到达陕北后，红三军团番号取消仅保留红四师，归属红一军团指挥。1937年8月，红四师随一军团改编为八路军115师343旅686团。

●红五军

中国工农红军第五军简称红五军，是红三军团的主力部队之一。1928年7月，彭德怀、滕代远、黄公略等人于湖南平江率领国民革命军独立第五师第一团发动平江起义。其后，起义部队整编为红五军第十三师，军长彭德怀、党代表滕代远、参谋长邓萍。

另外，该部下辖第一团团长雷振辉、党代表李灿；第四团团长陈鹏飞、党代表黄公略；第七团团长兼党代表黄纯一，全军共约2500余人。1928年11月，彭德怀、滕代远率领第四纵队、第五纵队，以及军部和直属部队人员，奔向井冈山地区与当时的红四军会师。

1929年1月，毛泽东和朱德等同志率红四军主力离开井冈山地区，转入江西、福建一带作战。1930年，红五军4个纵队改编为第一师、三师，其后红五军和红八军合编为红三军团。1933年6月，红三军团根据中央军委命令，取消军一级编制红五军番号取消。

●红八军

中国工农红军第八军简称红八军，是中国工农红军红三军团主力部队之一。1930年6月，由李灿、何长工等同志率领红五军第五纵队，依照中央军委指示在湖北东南改编为红八军，后与红五军合编成红三军团。时军长何长工、政委邓乾元、政治部主任柯庆施。

红三军团下辖3个纵队，第一纵队司令员刘文琪，第二纵队司令员程子华，第三纵队司令员谢振亚。1930年冬，红十五军转移至鄂豫皖苏区，部队被分散隶属于红四方面军各部队的战斗序列。1933年6月，中央红军进行整编取消军一级编制，红八军番号取消。

另有资料显示，在当年红军的发展史上，还有两支部队也曾使用过红八军番号。

一是，1930年2月，俞作豫率国民政府广西警备第五大队在龙州举行起义。该部队曾被编为红八军，军长俞作豫、参谋长宛旦平、政治部主任何世昌。此军下辖第一纵队、第二纵队、第三纵队，全军共2000余人。后遭到李宗仁围攻，全军基本覆灭仅剩100余人。

二是，1932年春，湘赣苏区的红军独立第一师、第三师所合编的部队，其代理军长李天柱，政治委员王震、参谋长李达。同年11月该军部正式成立，肖克任军长、政治委员蔡会文、政治部主任王震，下辖第二十二师、第二十三师、第二十四师，全军共有2200余人。

● 邓萍简介

邓萍，四川省富顺县人（今自贡市）。1926年底，考入武汉中央军事政治学校。1927年秋，受组织派遣在国民党军湖南独立第五师一团从事兵运工作。1928年7月，参与组织并领导了平江起义，曾任红五军参谋长、军委书记，开辟领导了湘鄂赣苏区斗争。

1934年10月，协助彭德怀同志指挥红三军团并担任右翼前卫。1935年2月27日，在遵义战役前线指挥作战中英勇牺牲，邓萍同志也是红军长征途中，牺牲的职务最高的军事指挥员。2009年9月，邓萍被评为100位对中华人民共和国成立作出突出贡献的英雄模范之一。邓萍牺牲后，张爱萍曾怀着十分沉痛心情，挥笔写下挽持一首，借以悼念英烈。

《悼念邓萍》　张爱萍

长夜沉沉何时旦？
北伐讨贼冒战雨，平江起义助烽焰。
“围剿”粉碎苦运筹，长征转战肩重担。
遵义城下洒热血，三军征途哭奇男。

新中国成立后，党和遵义市人民政府千方百计寻找邓萍烈士的踪迹，其后将他的遗骸和许多牺牲在遵义的红军烈士们一起，迁葬于林木葱郁碧水环绕的凤凰山麓。彭德怀元帅亲自修订了邓萍同志的简历，张爱萍将军亲笔为邓萍烈士撰写墓志铭，以志永久纪念。

6. 横走天下路　难过乌江渡——突破乌江战斗遗址

突破乌江战斗遗址回龙场，位于大乌江迴龙渡口。这里江流水势湍急，山形险峻陡峭，当地有民谚形容乌江天堑“横走天下路，难过乌江渡”。1935年1月1日，中央红军从乌江南岸，以仅有的一条木船强渡乌江，一举击溃了驻守对岸的敌军成功渡过了乌江。

突破乌江遗址

回龙场渡口位于大乌江中段，以回龙桥为中心，上自枸皮滩、下至沙水湾、全长约15千米，流域面积28平方千米。这里就是当年红军长征强渡乌江时回龙场战斗遗址，如今战斗硝烟早已散去，现已建成了纪念红军二万五千里长征、青少年爱国主义教育基地。

20世纪五六十年代，曾经上演过一部经典战斗故事片《突破乌江》。这部影片生动地再现了当年红军如何摆脱敌军围追堵截，克服重重困难、英勇顽强不畏牺牲，成功突破乌江天险的故事。影片弘扬了革命战士为了崇高理想，冒着枪林弹雨勇于前赴后继。

● 革命史迹景观

当年红军长征突破乌江的回龙场战斗遗址，位于余庆县的大乌江镇附近。如今走进革命战斗史迹观光区，但只见两岸山峰耸立岩壁宛如刀劈，江水奔腾咆哮形势极为险要。战斗遗址主要景观有：有望夫岩，骆驼峰、迴龙渡、回龙桥、水油滩、江心石、蛤蟆石、沙水湾、龙吟石、二郎峰、仙童峰、姊妹瀑等。

红色经典记忆

● 战斗故事影片《突破乌江》

故事梗概。1934年底，红军第一方面军先头部队以迅雷不及掩耳之势，经黄平、瓮安，快速挺进至贵州境内，乌江南岸的黄家村并准备择机渡过乌江。乌江自古号称天险，两岸陡峭，水流湍急，为遵义、桐锌南面一道天然屏障，红军要夺取遵义、桐锌就必须先渡乌江。

然而，就在红军到达黄家村之前，敌人已将这里洗劫一空，妄图使我军在此无法立足。我军先遣团到达黄家村后，迅速抢救受到伤害群众，为他们治伤、救火和修补房屋。同时积极发动广大群众，将当地土豪劣绅的粮食和衣物分发给那些受苦受难的穷苦百姓。与此同时，在团首长谋划指挥下，通过制造佯攻乌江阵势，试探侦察出敌人火力配备。但形势紧急迫使先遣团必须强渡乌江，就在渡江战斗进行到关键时刻，对岸敌人后面突然枪声大作。原来前次偷渡成功暂隐蔽于北岸的陈连长，出其不意地向敌人发起了进攻。

随着前后夹击攻势，使强渡的红军迅速登岸，随后部队又抢占了敌人背后侧翼山头，切断了敌军的逃跑之路。最终，红军先遣团成功击溃了敌军的防守部队，胜利完成了突破乌江天险的战斗任务，为红军扫清了前进中障碍，保证了红军大部队继续向着遵义进军。

影视资料。编剧：朱欣。导演：李舒田、李昂。主要演员：李久芳饰张团长，周正禹饰秦政委，于纯绵饰连长，刘秉章饰王班长，石存玉饰黄大爷，林洪桐饰罗小光，霍德集饰黄大发，邢吉田饰敌旅长，刘江饰敌参谋长，王孝忠饰敌营长。

● 大型声乐套曲《长征组歌》

整个组歌分为《告别》《突破封锁线》《遵义会议放光辉》《四渡赤水出奇

兵》《飞越大渡河》《过雪山草地》《到吴起镇》《祝捷》《报喜》和《大会师》10个部分。

《长征组歌》之《四渡赤水出奇兵》

作词：肖华，作曲：晨耕、生茂、唐诃、遇秋

横断山，路难行。天如火来水似银。亲人送水来解渴，军民鱼水一家人。
横断山，路难行。敌重兵，压黔境。战士双脚走天下，四渡赤水出奇兵。
乌江天险重飞渡，兵临贵阳逼昆明。敌人弃甲丢烟枪，我军乘胜赶路程。
调虎离山袭金沙，毛主席用兵真如神！毛主席用兵真如神！呐、啊！

---

7. 遵义标型铜鼓　宋代风格雕塑——杨粲墓

杨粲墓位于遵义市红花岗区深溪镇坪桥村，距离市区大约有10千米。据说，此墓地选址颇有一番讲究，三面临水环绕，四周群山拱卫，当地人以前总是称其“皇坟”。

西南播州安抚使杨粲夫妇墓，始建于南宋理宗年间，墓冢是由496块巨大的白砂岩石构建砌筑。该墓地规模宏大，内有各式雕刻190余幅，在国内已发掘的宋墓中居首位。

该墓地形式不但堂规室阔，墓室内外布局规整考究，具有内容丰富整齐划一特色。墓内壁画的人物、动物、花草、器物，以及石刻装饰技艺精湛。雕刻多以高浮雕或浅浮雕为主，另加阴线刻，圆雕仅施于盘龙柱础，在28尊人物造像中又以4尊武士造像最为宏大。

墓主人正襟危坐，衣冠端楚，庄重威严。文官、女官皆为肃立，衣带宽袍舒袖、潇洒拘谨并具，贡使卷发跣足、武士顶盔贯甲，负重力士、二目圆睁、仪表威严，总角童子、活泼可爱，面露天真。这些造像内容丰富技艺精湛，被誉为西南地区石刻雕塑艺术宝库。

历史文化

史载，墓主杨粲，祖籍山西太原，字文卿、小字伯强，系杨端十三代孙。杨粲于宋宁宗嘉泰初年袭位，史称播州安抚使，其在此当政40余年，一些史籍中曾现赞美之誉“播州盛世”。可见当时所辖社会稳定，生产进步、经济繁荣、文教兴盛，现祥和民安景象。

史学界认为，此情皆得益于杨粲实施“治政宽简”方略，即在当时推行一种不事苛求的开明政策，因而对于稳定社会局面，促进生产发展起到一定积极作用。特别是建学造士，与当地土著仁人发展社会文化教育，促使播州“土俗改变”“趋向于中土文物同”。

播州杨氏土司“王朝”，尚能统治播州700余年，历经27代至杨应龙止。其间在遵义所经营的年代，若自唐代始算堪比任何一个中央王朝所统治的时间都长。尤其杨粲实施治军之道及民族团结和睦政策，皆为子孙视为传家之宝继承，具有重要意义和深远影响。

杨氏于唐代末年，洞悉时局果断击杀播州原土司，自此世袭这一方领地，历经唐、宋、元、明，独立于西南一隅，终成此隅举足轻重大土司。杨粲墓因早年被盗，故随葬器物遗存较少，但出土文物中男墓铜鼓已被选定为我国南方八大标型器物之“遵义型铜鼓”。

杨氏古墓形式为夫妻并列，此种完全平等格局在国内类似古墓中尚属首次。又因每一墓室内均布满精美雕刻，由此也成为我国西南地区最具宋代雕刻风格的博物馆。杨粲墓是遵义杨氏土司遗留珍贵史迹。1982年，经国务院公布为第二批全国重点文物保护单位。

文物价值

1957年，时贵州省博物馆主持进行杨粲墓考古发掘；1958年，列为省重点文物保护单位。1982年，重新公布为省重点文物保护单位。后经国务院批准，杨粲墓列为全国重点文物保护单位。1985—1999年，国家文物局对杨粲墓曾进行了两次较大规模整修。

杨粲墓的珍贵价值，集中表现于它所具有的精湛雕刻艺术。资料显示，该墓中共有28个不同人物的造像，形象生动极为逼真，雕刻技法有浅浮雕、平浮阴刻、半圆雕等。墓主杨粲像处南室后壁正中，头戴长脚幞头，身着朝服危襟正坐，俨然一幅君王之神态。

- **五类雕刻形式精湛**

五类雕刻形式为人物雕刻、动物浮雕、植物浮雕、文字雕刻、仿木建筑浮雕。例如在两边的侧壁上，有对称伫立形态儒雅的文官，有披坚执锐气势威猛的武将，还有气宇轩昂的武士和端庄秀丽的女官。在这些浮雕中，“进贡人像”卷发跣足、上身赤裸，下身着角裙，手脚戴镯环，头顶装满珊瑚、珍珠和金银的贡盘，面目质朴神情沉鸷。通过这些进贡人像，可初步了解我国古代史上黔北地区少数民族社会形态，以及当时与中原王朝的往来关系。墓中“负重人”形象，则是反映土司制度下奴隶们的社会地位。在此墓室中，除了人物浮雕，还有“野鹿衔芝、凤穿葡萄、双狮戏球”等装饰雕刻。

杨粲墓建筑结构采用100—3000千克、大小不等的496块白砂石料堆砌，总体布局具有室幽、堂奥、整齐划一特色。墓内各式雕刻190幅，是国内迄今发现规模最大、雕刻最为丰富南宋墓葬，类型涉及人物、动物、花卉、器皿、几何图案、仿木构建筑等。

墓中遗存28尊人物造像，体态形象逼真，表情栩栩如生。墓室的内部雕刻内容丰富而精湛，圆雕、高浮雕、浅浮雕、阴线刻、透雕等技法，兼施并用、雕技娴熟、造型生动。由于具有五代及北宋时期高度写实主义特点，故被誉为我国“西南古代石刻艺术宝库”。

8. 汉宋两朝学典　西南百代儒宗——郑莫祠

郑莫祠位于遵义市老城区的十一中校内，该祠始建于1930年，坐落于校舍左侧的荷花池畔。此郑莫祠，乃是纪念清代道光、咸丰、同治年间黔地著名经学家、文学家和书法家郑珍、莫友芝二人的一处祠堂。时人曾尊称二位为“郑莫”“西南硕儒”。

“郑莫”二人不仅学术造诣很深，而且还是莫逆之交同窗挚友。他们所取得的多方成就，历来也为士林们所敬重。该祠坐西向东、中西合璧，砖木结构、歇山式屋顶，面宽15米、内设三间周有回廊。大门上方悬“郑莫祠”匾额，此为遵义名人杨文湘所撰书。今祠门悬有楹联、祠内供奉郑、莫二人木塑，“郑莫祠”现为市级文物保护单位。

人物概说

史载，清代嘉庆、道光年间，郑珍、莫友芝二贤崛起于西南，著述宏论超群，学术地位卓然，影响颇远，桑梓生辉。清廷授其文林郎，清史稿列入儒林及文苑传，享有西南鸿儒赞誉。郑、莫二君逝世于清代同治年间，后归葬乐安江畔并由家乡族人世代凭吊墓冢。

1929年，贵州地方名士贤达向驻扎遵义的北防司令黄道彬建议修葺郑莫祠，且采取地方绅士出资筹款办法实施。史载，时黄氏出资2000元，县长金章出资500元，师长蒋丕绪出资1000元，因各界慷慨解囊经费很快凑齐，祠址选协台坝“老三中”荷花池前。

据称，当年所建郑莫祠，仅系砖房瓦顶平房一栋，正面及左右均为拱门、立柱、回廊，里面建有三间堂屋，正中间为祠堂主人及配祀木主，左右为一般办事用房。当年《续遵义府志》就是借用此处用房刻版完成，祠堂右侧立《创修郑莫祠附设图书馆碑记》石碑。

史载，郑莫祠之碑文由遵义地区著名学者赵乃康先生撰文。悬挂于门额处“郑莫祠”的3字匾，则由编写《续府志》刻版主持，遵义地区著名书法家杨文湘先生亲撰书。今悬挂于祠堂中的一副著名楹联，乃是出自遵义著名学者赵乃康先生之手笔。

题“郑莫祠”楹联·赵乃康

阐汉宋两朝学术，

为西南百代儒宗。

祠事花絮

据说，郑莫祠建成后，每逢进行祭祀活动，学生们都要唱纪念歌。歌词大意：

播水潆洄，播山苍秀，中有名圣在前清道咸时候。
发为文章政篆籀，海内交称学中泰斗，
吾遵义文化，慚落后，唯郑莫，两先生，
学问人品，允宜馨，香俎豆。瞻崇祠，齐俯首。

1935年，国民党中央军进驻遵义，郑莫祠曾被用作国民党军政部弹药库，四周增设碉堡岗哨，门禁森严，不准擅入。直到1947年底，这里中学房舍才被收回，但荷池和水亭均已损坏，只有祠堂尚余存。其后相当一段时间，此处建筑未得保护终至破烂不堪。

20世纪80年代，“郑莫祠”被列文物保护单位。1987年，政府拨专款予以全面整理修复。此次整修依据修旧如旧方针，保持外形基本不变原则，为便于陈列展览和社会参观，适当增加了内部采光，并且依照原貌的样式，将其长、宽、高，适当向外扩展两米。

1991年6月，在“郑莫”二位鸿儒之一，莫友芝诞辰180周年之际，郑莫祠以新的面貌向公众开放。时遵义政协及各界名流，特在郑莫祠举办莫友芝诗文墨迹展。

9. 酒冠黔人国　盐登赤虺河——仁怀茅台镇

仁怀市位于贵州西北部赤水河中段、大娄山脉西部北侧，背倚历史名城遵义，为云贵高原向四川盆地衔接过渡的山地区域。仁怀还是黔北经济区与川南经济区的连接点，国酒茅台酒的故乡，当年“红军四渡赤水”的战斗发生于此。2004年，被正式命名为“酒都”。

历史沿革

史上仁怀地域，早在商、周时期就已有人类在此繁衍生息痕迹。北宋大观三年（1109年）仁怀置县，其县治位于今赤水市复兴镇隶属滋州。北宋宣和三年（1121年），仁怀降县为堡，附归属于泸州郡。元代设怀阳县，置仁怀长官司及古滋长官司，皆隶属播州安抚司。

明洪武十四年（1381年），改仁怀县辖地隶属四川遵义府。清雍正五年（1727年），随府改属贵州布政司管辖。雍正八年（1730年），县治生界亭子坝（今仁怀市）。雍正十一年（1733年），时任知县杜诠领帑项15080两率众建城，至雍正十三年（1735 年）始新垣立。

清乾隆三年（1738 年），仁怀县改设遵义分府属仁怀，其河西土城三里皆归遵义府通判管辖，自此仁怀与遵义正式合一。清乾隆十三年（1748 年），改仁怀厅隶遵义府管辖。1949 年，仁怀获得解放。新中国成立后曾设仁怀县，其县城位于原中枢镇其隶属于遵义专区。

1995 年 11 月，经国务院批准撤销原仁怀县，设立县级仁怀市，其隶属遵义地区管辖。1997 年 6 月，国务院批准撤销原遵义地区及县级遵义市，设立地区级遵义市，仁怀市则一度改设为省直辖市。1997 年底，贵州省人民政府委托遵义市行使代管县级仁怀市。

史载，1915 年茅台酒于巴拿马万国博览会获金奖，茅台镇遂声名鹊起享誉四方。今赤水河贯穿仁怀全境，仁蔺、茅习、遵茅等高速公路皆于茅台集聚。古谚“川盐走贵州、秦商聚茅台”诸多优势令今仁怀欲携酒乡声望，百尺竿头更进一步再创新时期酒业辉煌。

酒乡人文

据传，100 多年前，在巴拿马万国博览会上，名不见经传的茅台酒只因中国酒业师傅一次偶然操作失误，不慎将酒瓶掉地打碎遂致展览大厅酒气弥漫香飘四溢。此意外之举，却令贵州茅台酒销售陡增，名声不胫而走，茅台酒故乡仁怀镇也初为世人瞩目。

“巴拿马万国博览会”，其全称应为“1915 年巴拿马—太平洋国际博览会”。当年举办此博览会目的主要是为庆祝巴拿马运河开凿通航而举办的一次国际型盛大庆典活动。该会址设于美国旧金山市，博览会从 1915 年 2 月开展至 12 月闭幕，展期长达 9 个半月。

据说，此次博览会开创了世界博览会史上展期历时最长、参加人数最多之先河。时中国政府虽初次参加此类活动，但首次在国际舞台上亮相，便取得了令人瞩目成绩。

据说，此次盛会总计颁发 20344 块奖牌，中国展品共获奖牌和奖状 1211 个。其中，大奖牌 57 个、荣誉奖牌 74 个、金牌 258 个、银牌 337 个、铜牌 258 个、鼓励奖 227 个。

清代诗人郑珍有诗云“酒冠黔人国，盐登赤虺河”。今茅台镇集古盐运文化、红色长征文化、国酒文化于一体，被誉“中国第一酒镇”。现追寻古老盐道，一路可见奇幽险秀雄、白云人青峰，峡谷风光、花丛林海、长冈胜迹、两岔宋墓、三渡丰碑诸多风景名胜。

文史遗迹

全国重点文物保护单位 1 处，红军四渡赤水战役旧址，包括四渡赤水纪念塔、茅台渡口纪念碑、红军烈士墓、红军战斗遗址、长冈毛泽东住处。

省级文物保护单位2处，包括两岔河宋墓、鹿鸣塔。

市级文物保护单位2处，包括怀阳洞摩崖、茅台酒老酒房。

仁怀市文物保护单位13处，包括水口寺县署遗址、天圣寺、德庄石院墓、德庄陈于逵墓、永安寺、无水明墓、茅台贞节坊、国酒门、巨型茅台酒瓶、鲁班双魁田四合院、焉家渡石刻、五马三洞桥、德庄三合院。

另有多处非等级文化遗址，包括坛厂红军烈士公墓、茅台怀红亭、西汉土坑墓、木脚牙、云仙洞商周遗址、东汉砖石墓址、黎民镇总兵衙署遗址、奢宣谕墓遗址、两岔宋墓群等、中枢伟人亭。

---

10. “雄关漫道真如铁　而今迈步从头越”——娄山关景区

娄山关亦称太平关，位于遵义、桐梓两县交界处，自古便是川、黔两省交通要道上的重要隘口。今黔北第一要塞娄山关，因山势险峻、奇伟壮观、辉煌史迹，已成为广大游客向往之地，而两次娄山关之战胜利、确保遵义会议顺利召开，也令其成为红色教育基地。

历史文化

娄山关，又名娄关、太平关，为大娄山脉主峰、海拔1576米，南距遵义市50千米，地处遵义、桐梓两县交界处。娄山关北距巴蜀，南扼黔桂，自古便是黔北咽喉，素为兵家必争之地。明万历年间平播之役，清代咸丰、同治时期黔北农民起义皆于此激烈鏖战。

1935年2月25—26日，红军第一方面军与黔军大战娄山关前。经过反复争夺，歼灭黔军两个团，揭开了遵义战役之序幕。毛泽东填有《忆秦娥·娄山关》词，时描写当年红军指战员，英勇鏖战壮烈情景，今有名人行草镌于大理石碑，更令雄关声色倍增。

《忆秦娥·娄山关》　毛泽东

西风烈，长空雁叫霜晨月。
霜晨月，马蹄声碎，喇叭声咽。
雄关漫道真如铁，而今迈步从头越。
从头越，苍山如海，残阳如血。

这是毛泽东写于1935年的一首雄浑壮阔、慷慨悲烈的诗词。作者通过对战争环境的深入观察，丰富积累，细微入境，豁达抒情，仿佛再现了处于铁血征途中的红军官兵，时鏖战娄山关的激烈场景。彰显了作者面对暂时困难，坚定的意志和从容不迫心境。

这首诗词写于娄山关激战后，以娄山关之战为背景，虽是描述翻越娄山关时部队的行军场面，却表现了胜利后所见、所闻、所感。其运用文笔时以高度概括法，侧面突出法，从而将两天战斗过程浓缩为一，通过严肃、紧迫的行军氛围，隐喻再现了当时激战场景。

此诗作者通过描述猛烈西风，凄厉的雁叫声，急促的马蹄声，以及时断时续、悲咽、冷涩喇叭声，暗示当时战斗场面是何等的紧张激烈。作者还通过深入细致描述，巍峨起伏的群山、鲜血殷红般残阳，进一步展现了红军指战员浴血奋战、英勇顽强的大无畏精神。

娄山关，高耸入云千峰万仞、悬崖绝壁峭岩耸立，若斧似戟刺破苍穹。古往今来川黔公路，必经此地蜿蜒盘旋而过，故人称此处为黔北第一险要，素有“一夫当关，万夫莫开”之说。清代著名学者与诗人郑珍、莫友芝等，无不吟咏其形式险峻，慨叹其壮观雄浑。

时郑珍赞誉“娄山关”雄险：

山势西来万马奔，大娄一勒九旗屯。
天随路人藤蔓峡，人共云争虎豹门。
旧日刘兵率飞过，六年黔国任翻倾。
黄心无复将军树，空逐流移泫石根。

时莫友芝著文《亭遗诗》慨叹：

大楼高压万峰颠，鸟道才容一线穿。
岂料养痈成为溃，翻今天险等虚传。
翦除劲旅劳三省，通塞残筹费五年。
始信大刀功第一，当时斡腹竟争先。

景观概说

娄山关风景区素以雄关险道著称，又以人文奇景取胜。此处人文风情敦厚、文物古迹众多，既有举世闻名的遵义会议旧址，也有统治播州700余年杨氏土司建筑群遗迹。其景观主要包括乌江渡、播雅天池、红花岗区、凤凰山、海龙屯、娄山关、天门洞、夜郎镇8个历史文化景区。纵览8处景观（景区），窥见古今史迹、领略风土人文。

（三）遵义特产与美食

地方特产：林关茶、董酒、湄窖、茅台酒、鸭溪窖酒、遵义白及、正安油桐、擂茶、正安藤茶、都匀毛尖、务川银杏、正安老鹰茶；务川百合粉、绥阳空心面、桐梓方竹笋、播娜摩簸箕画、思州石砚、玉屏箫笛、雄精雕刻、遵义丝织、贵州蜡染、大方漆器、布依地毯。

风味美食：清明粑、鸭溪凉粉、蕨菜鸡饼、凉拌米皮、四色甜酒粑、醋羊肉、金鱼饺、黄糕粑、凉拌折耳根、赤水河鲜鱼筵、正安红苕粉、折耳根炒肉丝、遵义羊肉粉、正安冰粉籽、仁怀三把鸡、赤水乌骨鸡、香炸玉米饼、五彩小花卷。

1982 年首批

二十四座国家历史文化名城

Wandering in the Famous Historical and Cultural Cities of China

徜徉中华历史文化名城

（第 3 册）

李进民　李晓萌　编著

北　京

冶 金 工 业 出 版 社

2022

内容提要

本书共分3册，主要介绍了国务院1982年首批公布的24座中华历史文化名城。第3册重点介绍了西安、成都、开封、拉萨、洛阳、泉州、延安、扬州等8座城市的历史人文和名胜古迹。

本书视角独特，文笔轻松，史料详实。本书不同于一般的旅游攻略，而是将景观名胜与相应的历史文化背景相结合，主要侧重于城市的历史和文化内涵，为广大旅游爱好者了解中华历史文化名城的普及性读物，适合各类读者阅读、参考。

图书在版编目(CIP)数据

徜徉中华历史文化名城．3／李进民，李晓萌编著．—北京：冶金工业出版社，2022.10

ISBN 978-7-5024-9270-0

Ⅰ.①徜…　Ⅱ.①李…　②李…　Ⅲ.①文化名城—介绍—中国
Ⅳ.①K928.5

中国版本图书馆CIP数据核字(2022)第167953号

徜徉中华历史文化名城（第3册）

出版发行　冶金工业出版社　　**电　　话**　(010)64027926
地　　址　北京市东城区嵩祝院北巷39号　　**邮　　编**　100009
网　　址　www.mip1953.com　　**电子信箱**　service@mip1953.com

责任编辑　姜晓辉　美术编辑　彭子赫　版式设计　孙跃红
责任校对　葛新霞　责任印制　禹　蕊
北京建宏印刷有限公司印刷
2022年10月第1版，2022年10月第1次印刷
710mm×1000mm　1/16；18印张；344千字；272页
定价260.00元（共3册）

投稿电话　(010)64027932　投稿信箱　tougao@cnmip.com.cn
营销中心电话　(010)64044283
冶金工业出版社天猫旗舰店　yjgycbs.tmall.com
（本书如有印装质量问题，本社营销中心负责退换）

总目录

第1册

第2册

第3册

第3册目录

一、西安

——五千年文明　十三朝帝都

一、西安

——五千年文明　十三朝帝都

（一）名城概说

西安地处关中平原的中部，东望商洛、南依秦岭、西枕咸阳、北濒渭河，今为陕西省会。西安古称“长安”“镐京”，迄今已有5000多年文明史、3100多年建城史、1100多年建都史，史称中国四大著名古都之一，中华文明和中华民族重要发祥地之一。

西安史上，曾有周、秦、汉、隋、唐等13个朝代在此建都，这里作为中国的政治、经济、文化中心长达1100多年。西安现有6处古迹已被列入《世界遗产名录》，即秦始皇陵及兵马俑、大雁塔、小雁塔、唐长安城大明宫遗址、汉长安城未央宫遗址、兴教寺塔。

史上著名的丝绸之路，西安曾是其最重要起点。不仅如此，西周时期的丰镐都城，秦代的咸阳宫、长乐宫，隋代的大兴城，唐代的兴庆宫等著名历史遗迹，皆为人勾勒出绵延不绝的“长安史话”。新中国成立以来，先后有200多位政府首脑或重要外国贵宾到此来访。

悠久的历史、璀璨的文化，使得西安这座著名的历史古都留下许多闻名中外的名胜古迹。如半坡母系氏族村落遗址、秦始皇陵兵马俑坑、秦始皇陵、长陵、茂陵、昭陵、乾陵等帝王陵墓，慈恩寺塔、荐福寺塔、西安古城、咸阳古渡、关中八景、鸿门宴遗址等。

西安，为国务院于1982年公布的首批24座国家历史文化名城之一。

1. 寻踪问源

早在远古时代，“蓝田猿人”就已在这里繁衍生息，至新石器时代“半坡先民”于此建立起氏族部落。约在7000年前仰韶文化时期，这里已出现城垣雏形；距今约6000年，这里就已有了新石器时代晚期城垣遗迹，这也是迄今国内所发现最早的城垣遗址之一。

资料显示，西周时期西安被称作“丰镐”，此源于周文王和周武王分别修建丰京和镐京之说。西周初期“成康之治”，标志着中国奴隶制社会已进入鼎盛时期。周武王灭商建立周朝后，以丰镐为都，乃是西安京城之始，前被奉为宗教之地，后者则是政治中心。

秦都城咸阳，自秦惠文王后不断向外扩展，随着自身实力日益增强，又在渭河以南陆续修建了章台、兴乐宫、甘泉宫、信宫、阿房宫等宫苑建筑。史上，秦初宗庙原在渭河南岸，当年令朝野震惊一时的荆轲刺秦王事件，就是发生在秦章台（即后来汉未央宫前殿）。

公元前202年，刘邦击败项羽取得政权，于长安（今西安城西北汉城）建立西汉王朝。时有谋士娄敬、张良等力主建都长安，后将秦兴乐宫改为长乐宫，又在秦章台基础之上建未央宫。刘邦由此定都关中，并取当地长安乡吉兆，立名“长安”，寓意“长治久安”。

此汉都择址沿袭秦制，宫阙位于今西安汉城保护区内。其后随着丝绸之路的开通，当时的古长安城已经成为东方文明中心，史称“西有罗马，东有长安”。只是到了西汉末年，大司马王莽谋权称帝时，曾于短暂期内将都城长安改称为音同但字不同的“常安”。

隋开国之初，所立都城仍为长安旧城，但终因战乱破坏原有长安城已残破不堪，隋文帝只得在其东南另择新址。唐太宗贞观八年（634年），于原外郭城东北龙首营建大明宫。其后，又修建城墙、城楼、兴庆宫等建筑，令宫城与今西安相吻，皇宫与明城墙重合。

五代时，后梁改京兆府为雍州，设大安府。后唐时，改大安府为京兆府。宋代时，置陕西路、永兴军路。元代初期，长安城继续沿用京兆府的名称，元世祖曾封其三子忙哥为安西王，令其镇守该城且建安西王府。至元十六年（1279年），一度将京兆府改称为安西路。

明洪武十三年（1380年）及洪武十七年（1384年），西安城分别修建鼓楼和钟楼，其位置与元代所建敬时楼和钟楼大体无异。洪武二十四年（1391年）太子朱标奉旨巡视西安，后曾上奏迁都于此，只是他回到南京不久便染病而去，加之其他原因令迁都一事便再无下文。

清代的西安城规模总体布局依然，只是在城垣的东北部增修了一处专供满族兵丁驻防的城池，又在城垣的东南部修建了一处用于汉军驻防的城池，另增加了钟楼西南的总督院署等。史载，庚子之变（1900年）时，慈禧和光绪帝西逃，曾驻跸西安长达一年之久。

1911年10月，辛亥革命爆发，西安也发动了武装起义。1921年，冯玉祥将军督陕，抗战前夕国民政府曾经建西京筹委会。1936年12月，这里发生了著名的西安事变，由此出现“停止内战，一致对外”国共两党合作的局面。1949年5月，西安获得解放。

2. 人文荟萃

西安是中国历史文化名城，在旅游资源普查155项类别中，西安旅游资源独领89项。环西安今有帝王陵墓72座，如“千古一帝”秦始皇陵、西汉帝王11陵、唐代帝王18陵，以及周、秦、汉、唐四大都城的遗址，大小雁塔、钟鼓楼、古城垣等著名文物史迹。

● 史上朝代

十朝之说，西周、秦（秦孝公始）、西汉、前赵、前秦、后秦、西魏、北周、隋、唐。

十一朝之说，在十朝的基础上加上王莽建立的新朝。

十二朝之说，在十一朝的基础上加上西晋（愍帝4年）。

十三朝之说，西周、秦（秦孝公始）、西汉、新朝、东汉、西晋、前赵、前秦、后秦、西魏、北周、隋、唐。今十三朝建都之说，在史学界已为比较认可之观点。

十四朝之说，有两种观点：其一是在十三朝的基础上，另加上大夏王朝；其二是在十三朝基础上，另加上武则天建立的武周。

十六朝之说，在十三朝的基础上加上西汉末年由刘玄建立的更始政权、由樊崇刘盆子建立的赤眉政权、由黄巢建立的大齐政权。

十七朝之说，有两种观点：其一是在十四朝第一种情形的基础上加上武周、大齐和李自成建立的大顺；其二是在十三朝的基础上加上更始政权、赤眉政权、大齐和大顺。

● 史上定都

朝代一鉴表

朝代	名称	都城位置	历经在位帝王	建都时间
西周	镐京	丰镐遗址	周武王—周幽王，共12王	前1046—前771年
秦	咸阳	秦咸阳城遗址	秦孝公—子婴，共6王	前350—前206年
西汉	长安	汉长安城遗址	汉高祖—孺子婴，共12帝	前200—9年
新	常安	汉长安城遗址	王莽	9—23年
东汉	长安	汉长安城遗址	汉献帝	190—195年
西晋	长安	汉长安城遗址	晋愍帝	313—316年
前赵	长安	汉长安城遗址	刘曜	319—328年
前秦	长安	汉长安城遗址	苻健—苻坚，共4帝	352—385年
后秦	长安	汉长安城遗址	姚苌—姚泓，共3帝	386—417年
西魏	长安	汉长安城遗址	元宝炬—元廓，共3帝	534—557年
北周	长安	汉长安城遗址	周闵帝—周静帝，共5帝	557—581年
隋	大兴	隋大兴城遗址	隋文帝—隋恭帝，共3帝	581—618年
唐	长安	唐长安城遗址	唐高祖—唐昭宗，共20帝	618—904年

● **地方戏剧**

流行于陕西及西北戏剧主要是秦腔（又称“梆子腔”），此为中国戏曲四大声腔中最古老、最丰富、最庞大声腔体系。2006年，秦腔被列入首批国家非物质文化遗产名录。

● **艺术绘画**

今国画中长安画派可溯源于西周时期木偶戏、汉代以前的关中皮影戏，以及地方色彩浓郁的户县农民画之影响。画作以表现黄土高原粗犷、陕北淳朴民俗为其画风特征。

（二）历史文化

1. 商周悠远文明 秦汉隋唐典藏——陕西（省）历史博物馆

陕西历史博物馆位于西安大雁塔西北侧，这座被称为“中央殿堂，四隅崇楼”的建筑，高低错落有致，气势雄浑庄重，融民族传统与地方特色于一体，颇具唐韵遗风神韵。该馆自1983年开始筹建，1991年6月落成并对外开放，今已成为国家级大型现代化博物馆。

简介

陕西历史博物馆堪称汇聚三秦大地历史文物精华，展馆文物不仅数量多、种类全，且品位高、价值广。现已形成了基本陈列、专题陈列、临时展览等多角度、多侧面的展陈体系，竭诚为观众介绍陕西丰富悠远的历史文化，展现三秦大地博大深邃的古老文明。

基本陈列“陕西古代文明”，以古代历史进程为主线，即史前、周、秦、汉、魏晋南北朝、隋唐、宋元明清七大部分，选取不同时期典型文物陈列。专题陈列“大唐遗宝”展，介绍文物精品300余件（组）。不仅如此，该博物馆每年还要举办10余次临时性展览。

陕西历史博物馆现收藏各类文物已达170余万件（组），上自远古时代石器，下至近现代社会历史文物，时间跨度100多万年。该馆藏商周时期的青铜器精美绝伦、历代陶俑千姿百态、汉唐金银器独步华夏、唐墓壁画举世无双，堪称精品荟萃、美不胜收。

沿革

陕西历史博物馆溯源可至1944年6月，时为民国陕西省政府建立的省历史博物馆，其馆中文物为原西安碑林、民教馆、西京博物馆等收集的藏品，馆址布设于今碑林。

1949 年，随着古城西安的解放博物馆便为新政权接收。1951 年，该博物馆改称为西北历史文物陈列馆。1952 年，又改称西北历史博物馆。1958 年，再改称陕西省博物馆。

1973 年，周恩来总理到陕西视察，有感于陕西历史文物资源丰富，但已有博物馆规模与其不相适应，遂指示建设新博物馆，但该博物馆筹建工作实际于 1983 年开始。

1986 年，博物馆新馆正式定名“陕西历史博物馆”。该博物馆建筑由中国工程院院士、著名建筑设计师张锦秋女士设计。1991 年 6 月，博物馆全部竣工并正式对外开放。

展陈

该博物馆布展形式包括常设展览、专题展览、最新展览、交流展、数字展等。

● **常设展览**

基本陈列为陕西古代文明展（1—3 展厅），以中国古代史进程为导引，分为史前、周、秦、汉、魏晋南北朝、隋唐、宋元明清 7 部分，撷取各个历史时期代表文物组合展陈，以此展现陕西地域自旧石器时代早期蓝田猿人至鸦片战争前 100 多万年的历史轨迹。

第一展厅。第一单元——《人猿揖别》，此部分展览以距今 115 万年前的蓝田猿人、大荔人、西安半坡、临潼姜寨等先民遗存为导引，再现了中华民族生机勃勃的初始以及文明之曙光。第二单元——《凤鸣岐山》，此部分展览介绍陕西作为西周王都曾拥有的丰富遗迹、遗物，展示了中国早期国家的政治制度、经济形态尤其是伦理规制以及青铜铸造技术。第三单元——《东方帝国》，重点介绍以兵马俑为代表的秦史迹，以磅礴的气势和雄壮的军事特征表现了秦帝国影响后世的集权制度，以及锐意进取、一统河山的帝王意志。

第二展厅。第四单元——《大汉雄风》，以汉都长安、汉家陵阙和典型汉代文物，集中展示了中国古代社会发展第一个高峰汉代的强盛与繁荣，彰显其开放进取、开拓强盛的时代特征。第五单元——《冲突融合》，此部分展览着意介绍陕西境域，农耕民族与游牧民族的文化特征、历史遗痕及宗教史迹，表现了民族大融合、佛教东渐及两种文化碰撞的史痕。

第三展厅。第六单元——《盛唐气象》，通过隋唐时代典型遗存，展示鼎盛时期长安城的文史风貌、东西方交流的丝绸之路，以及隋唐文化兼收并蓄、创新发展所达到的前所未有之高度。第七单元——《告别帝都》，此部分展览着重介绍了自唐代以后，继续作为西部重镇的长安历史地位，以及处于西北中心区的陕西依然独具魅力的文化传承和史迹绵延。

● **专题展览**

大唐遗宝展。该展陈文物丰富、工艺精美、保存完好，堪称近代隋唐考古工作最重要发现之一。不过这些宝物主人究竟是谁、因何原因埋藏于地下，迄今仍是专家深入探讨追寻的话题。

唐代壁画珍品。此展为该馆独具特色，其中5件（组）18幅被定为国宝级文物，另69件（组）82幅被定为一级品。如今这些壁画已作研究唐代社会尤其贵族生活和精神追求的佐证资料。

典藏

博物馆收藏文物达170余万件，其中很多为国宝级之珍品且明令限制域外展陈。例如：方舆鼎（西周早期）、五祀卫鼎（西周中期）、多友鼎（西周晚期）、皇后玉玺（西汉）、彩绘步兵俑（西汉）、舞马衔杯纹银壶（唐代）、青釉提梁倒注瓷壶（北宋）等。

---

2. 塔寺交相辉映 园院相得益彰——西安（市）博物院

西安博物院位于南门外友谊西路，该馆集展陈、小雁塔及荐福寺名胜、园艺休闲区三位于一体。2007年一经开放，便以西安地区历史文物、唐代千年古塔、悠扬雁塔晨钟、秀丽优雅园景而引起轰动。此等布局形式在国内众多知名博物馆（院）中可称独树一帜。

简介

西安博物院文物展馆主体建筑由中国工程院院士张锦秋主持设计（陕西历史博物馆设计师）。今馆藏各类文物13万余件，其中国家三级以上珍贵文物1.4万余件。该展馆精品荟萃，异彩纷呈，有近2000件珍品为首次面世，彰显了古都西安深厚的历史文化底蕴。

该博物院展览主要由基本陈列、专题陈列、临时陈列3部分组成，展览运用了虚拟电子翻书、数字幻影演示、DMS数字虚拟演示、文物导航等现代科技手段，以虚实结合手法，生动地再现了展览内容，演绎了千年历史古都独具的大气磅礴、仪态万方的恢宏景象。

史上荐福寺曾为著名皇家寺院，可惜唐末毁于战乱唯幸存寺中一佛塔——小雁塔。现存荐福寺主体为明、清两代的遗物，今荐福寺内殿宇布局，主要集中于山门直对的小雁塔中轴线，由南向北依次为山门、钟鼓楼、慈氏阁、大雄宝殿、藏经楼、小雁塔、白衣阁。

小雁塔原名“荐福寺塔”，塔身呈方形为十五级密檐式砖塔。史载，明代几次地震令塔顶14级、15级两级被毁，塔身也经历裂而复合奇迹，故有“雁塔神合”之说。现存小雁塔为13级，基本保持唐代风貌。1961年，被国务院公布为第一批全国重点文物保护单位。

今新扩建区增加了水面布局，以及新颖园林式景观，从而令历史名胜与现代园景融为一体，成为一处集文物鉴赏、旅游观光、惬意休闲于一身的特色博物馆。漫步于西安博物院，不仅可了解古都西安悠远历史，也会使人自然地感触到现代西安朝气蓬勃的新姿。

沿革

唐甲申年间（684年），皇室为高宗祈福始立荐福寺，唐景龙年间（707—709年），小雁塔也于荐福寺内落成。今西安博物院有幸依托史上唐代荐福寺遗址和小雁塔相拥而建。

新中国成立后该寺院和宝塔得到保护，1961年小雁塔为国务院公布第一批全国重点文物保护单位。1963年，西安市小雁塔保管所成立。1980年，小雁塔景区对社会开放。

1996年，根据西安市政府统一规划，于小雁塔西南部筹建博物馆。2000年11月，西安市政府正式启动“西安博物院”建设项目。2007年5月，西安博物院建成对外开放。

今西安博物院由博物馆、小雁塔与荐福寺历史名胜区、小雁塔历史文化园构成，成为世界文化遗产、全国重点文物保护单位、古建与现代展馆于一体的国家一级博物馆。

展陈

该博物院布展形式包括基本陈列、专题陈列、临时陈列。

- **基本陈列**

古都西安（展览一区）。釉陶望楼，1992年西安市雁塔区三爻村出土。楼阁三层有斗拱，顶为四角攒尖式，脊、窗、门、回廊、人物等。另有鎏金铜铺首、龙纹空心砖、陶水管道、三彩院落模型。

古都西安（展览二区）。展陈内容：千年古都1—9板块。以“西周丰镐”“秦阿房宫”“汉长安城”“隋、唐长安”“明、清西安”为章节，展示历代都城规模、格局以及唐代以后，城市的发展变化。并以隋、唐长安城为例，制作了汉长安城、宋元城、明清西安城的模型等。

古都西安（展览三区）。展陈内容：帝都万象1—8板块。以“周秦文明”“汉唐风采”“府城华章”3个章节为例，将史上不同时期文物进行排列，从不同侧面再现帝都生活万千气象。

● **专题陈列**

专题陈列有：佛教造像展，“宝相庄严”佛教造像展室1—5板块；印鉴欣赏展，颗粟大千-古代印章1—5板块；古今玉器展，玉夔龙配件、玉带板、胡旋舞等；名家字画展，于右任草书条、唐寅字画、林良双鹰图立幅等。

典藏

著名的典藏有：父癸铜豆（商），陶水管道、甲鱼纹鼎（战国），釉陶望楼（汉代）；楚大官厨鼎（西汉），长宜子孙镜（东汉），仙山并照四神镜（隋）；鎏金铜铺首（唐），三彩院落模型（唐），银背瑞兽镜（唐）；青花阿拉伯文碗（明），张大千仕女条（近代时期）等。

---

3. 文明曙光初现　仰韶文化遗痕——西安半坡博物馆

西安半坡博物馆位于西安市东郊半坡路，这是新中国发掘的第一座史前聚落遗址。西安半坡博物馆始建于1958年4月，其后许多党和国家领导人曾到此前来参观。1961年，半坡遗址被公布为第一批全国重点文物保护单位。2008年，被评为“国家一级博物馆”。

简介

该博物馆于1956年开始筹建，1958年4月正式建成开放。展馆名曾称“陕西省博物馆半坡村分馆”“西安半坡村博物馆”，1957年改名为西安半坡博物馆且一直沿用至今。

半坡遗址1953年春被发现，1954—1957年，中国科学院考古研究所先后进行了5次大规模发掘。该遗址揭示了距今6000多年前，新石器时代仰韶文化一处典型聚落。遗址以大量历史遗迹，遗痕和实物，显现了新石器时代尚处母系氏族社会的半坡先民生存环境、社会形态、建筑类别、祭祀场所、生产方式、埋葬习俗等聚落活动痕迹。遗址中展示一座横穴窑，是我国目前发现最早、保存较完整的陶窑遗址之一。现博物馆在文物展陈形式中，采取动静结合手段、图文并茂方法，从而以逼真模拟，电闪雷鸣、日月星辰，栩栩如生地再现了半坡人，所处严酷自然环境而艰险生存、辛勤劳作之场景。

现馆内收藏各类文物1.8万余件。其中，三级以上文物4000余件、化石标本300余件，新石器时代人类和动物骨骼标本若干。其中，馆藏人面鱼纹盆为国家一级文物，堪称是半坡遗址出土文物中珍品。2008年，北京奥运会的吉祥物福娃的创作就受此启迪而产生创意灵感。

展陈

该博物馆布展形式包括半坡遗址、出土文物展、临时展览、虚拟展馆。半坡遗址，包括西安半坡博物馆陶窑遗迹、半坡遗址（在线观看）两部分。出土文物展，包括基本陈列、文物展实景、半坡博物馆（全景图）三部分。临时展览：在 2013—2016 年期间，该博物馆曾举办 20 余场临时或专题展览。例如“中国科举文化展”“纳西族东巴文化展”等。

- **出土文物展（基本陈列）**

追魂——不可忘却的记忆：“文明曙光里的火种”。主要列举了生态环境，劳动生产、日常生活、远古之谜 4 个单元分别介绍。

单元 1。青青河畔——半坡人与生态环境（介绍其选址特点、居住区域、遗址布局等）。

单元 2。生命之诗——半坡人劳动生产（展示骨角类和陶类工具、农耕渔猎、饲养采集）。

单元 3。田园牧歌——半坡人日常生活（介绍其居所饮食、编织纺织、装饰及彩陶等）。

单元 4。隐秘玄机——半坡人遗留远古之谜（追寻刻划符号之谜、尖底瓶之谜等趣闻）。

遗址场景复原（代表）。陶窑遗迹：在半坡聚落制陶区，共发现 6 座陶窑，为横穴和竖穴两种形式。聚落遗址包括瓮棺、瓮棺群、小土沟、防范猛兽沟、圆形房屋、半地穴房屋等。

典藏

西安半坡遗址为母系氏族社会繁荣阶段一处典型聚落遗址，属新石器时代仰韶文化之遗存，其发展贯穿整个仰韶文化时期。半坡遗址年代以聚落群体为基础。经专家科研考证，为公元前 4905—4005 年，距今 6870—5970 年（1965 计），前后延续约 900 年。

由此可知，该遗址出土的各类文物尤显十分珍贵，有的文物堪称国宝级珍品。生产工具类包括石球、石刀、石锛、骨簇、骨铲、骨鱼叉等。生活器具类包括牙饰、陶埙、陶纺轮、骨珠、贝饰、骨针、蚌刀等。精品彩陶类包括陶兽纽、陶蛙塑、刻符陶片、剔刺纹陶罐、指甲纹红陶壶等。

---

4. 气势恢宏帝陵　威武雄壮军阵——秦始皇帝陵博物院

秦始皇帝陵博物院是一座以秦始皇兵马俑博物馆为基础，以秦皇陵遗址公园为依托，将秦皇陵作为背景环境主体的一处大型遗址类博物院。该博物院基于考古遗址为本，以展示文物保护环境为职责，集考古发掘、教育科研、游览休闲等多职能于一体的一处史迹文苑。

简介

秦始皇陵始建于秦王政元年（前 247 年），至秦二世二年（前 208 年），工程前后历时近 40 年，可称中国史上第一座规模庞大、设计缜密的帝王陵寝。骊山秦始皇帝陵布局庞大、规模宏伟、历史久远、文物丰富、史说迷离，因而具有十分重要的历史、科学和考古价值。

秦始皇兵马俑坑始现于 1974 年，被誉为“世界第八大奇迹”“二十世纪考古史上伟大发现之一”。这 3 个兵马俑坑呈品字形排列，总面积达 20000 多平方米，在这些俑坑内放置了与真人、器物 一般大小的陶俑、陶马共计 7000 余件，具有极高的文史和艺术价值。

此外，俑坑内还出土大量青铜兵器，如剑、矛、戈、戟、弩机及大量箭镞等，这些兵器虽历经 2000 多年仍锋刃锐利，这表明当时冶炼技术已达很高水平。1980 年，又在秦始皇陵西侧，出土两乘大型彩绘铜车马，因工艺精湛造型逼真，被考古界誉为“青铜之冠”。

有证据表明，早在 2000 多年前的中华民族便具有如此超凡的智慧和才能，这是中华璀璨历史的鲜明写照。早在 1961 年，秦始皇陵便被公布为第一批全国重点文物保护单位。1987 年 12 月，秦始皇陵及兵马俑坑被联合国教科文组织批准列入《世界遗产名录》。

展陈

该博物院布展形式包括展览预告、基本陈列、在线展览。

● **基本陈列**

主要包括馆史陈列，“博物院”之外景，骊山遗珍，秦始皇兵马俑博物馆（兵马俑一号坑→兵马俑三号坑、文官俑及百戏俑坑、铜车马展厅），以及秦陵（骊山园）等。馆史陈列，为在线参观。“博物院”外景，实地或在线参观。骊山遗珍，兵马俑坑发掘遗迹展示。

秦陵珍品的殿堂——秦始皇兵马俑博物馆，此为一大型遗址类博物馆。秦兵马俑作为世界上最庞大地下军阵，令 20 世纪现代人慨叹。秦陵彩绘铜车马，堪称人类文明史上伟大奇观。气势磅礴的兵马俑，精美绝伦的铜车马吸引着无数海内外游客到这里参观。

秦始皇兵马俑博物馆占地 20000 多平方米，展出距今 2200 多年前的陶质兵马俑，这些陶俑模拟古代军队编制，组成了一支庞大的地下军阵，示意拥卫冥冥之中的秦始皇。

一号坑，此坑内有6000多件兵马俑，俑坑最东端站立的三排武士应是秦军的前锋，南北的两排是军阵侧翼，中间38路向东的纵队是秦军主体，驾战车、握兵器、严阵以待。

二号坑，则由形式众多的车兵、步兵、骑兵、弩兵联合构建而成的曲尺型军阵，该军阵内的士兵即各自独立又相互关联，从而更加适应战场上激烈厮杀和瞬息万变的战局。

三号坑，此坑最小只有520平方米，内有武士俑68件，陶俑相向排列成仪仗队形，并且出土有祭祀祈祷留下的鹿角、兽骨等物，这里极有可能是整个地下军阵统领机关。

在文官俑及百戏俑坑，时文官与武士相比，此陶俑头戴长冠似有一定爵位。"百戏"是古代杂技统称，这些陶俑现扛鼎、旋盘姿态状，此陪葬坑暂定名"百戏俑坑"。

在铜车马展厅，可知此铜车马为皇帝灵魂出游天国之仪仗队，展现皇家雍容华贵气势不凡，彰显史上青铜时代曾经辉煌。两乘车为单辕、双轮，此为古四马车行有力佐证。

秦陵（骊山园景区）。此过程展览共包括3部分介绍秦始皇和他的陵寝（第一部分）。秦始皇帝陵位于骊山北麓，一片由河流冲积形成的洪积扇上。该陵园占地面积约为56平方千米，是中国历代帝王陵墓中规模最为宏大、埋藏最为神秘特大型帝王陵寝。

陵园的选址与营造（第二部分）。包括陵园的位置、陵园的设计与督造、陵园的修建人3个章节内容。

陵园的布局（第三部分）。包括封土与地宫、内外城垣与地面遗迹、陪葬墓、陪葬坑4处陵园场景。

典藏

截至2016年7月，秦始皇帝陵博物院（馆）总计收藏的各类文物史料已达6000余件（组）、60000余件。其中，内含国家一级文物950余件（组）、二级文物220余件（组）。例如：

秦铜甬钟——（秦代 青铜器），秦青铜箭镞——（秦代 青铜器）。

秦高级军吏俑——（秦代 陶器），秦骑兵俑——（秦代 陶器）。

秦石甲胄——（秦代 石器），秦乐府钟——（秦代 青铜器）。

5.“精勤　敦笃　果毅　忠恕”——西安交通大学

简述

西安交通大学（简称西安交大），为教育部直属重点大学，也是中国最早兴办的高等学府之一。该校前身乃是1896年创建于上海的南洋公学，至1921年改称为交通大学。1956年，经国务院批准交通大学内迁至古都西安，1959年定名为西安交通大学，后列为全国重点大学之一。

西安交通大学作为“七五”“八五”重点建设高校，首批进入国家“211”和“985”高校之一，被教育部确立为建设世界高水平知名大学的重点院校。2000年4月，经国务院批准将西安医科大学、陕西财经学院与西安交通大学合并，组建新的西安交通大学。

今日西安交通大学，已成为理工特色门类齐整，涵盖理、工、医、文等10个学科的综合性研究型大学。学校设有27个学院（部）、9个本科生院和19所附属教学医院，师资力量雄厚且具有两院院士（含双聘院士）、国家级“高等学校教学名师奖”获得者多名。

现西安交大致力于培养崇尚科学，求实创新、勤奋踏实、创造和传播知识，为中国及世界科技创新、为社会发展和人类文明进步之人才。为将西安交大建设成大师名流荟萃、莘莘学子向往、各类人材辈出，具有国际影响力的世界一流研究型大学而努力。

沿革

西安交通大学的办学历史，最早可追溯至史上的南洋公学（1806—1904年）、商部的高等事学校（1906—1906年）、邮传部上海高等实业学校（1906—1911年）、南洋大学堂（1911—1912年）等学校或学堂。其后，随着学校历史变迁，以及社会变革而组建交通大学（1921—1922年）。

随后，该校又历经由交通大学上海学部（1921—1922年），交通部南洋大学（1922—1927年），交通部第一交通学校（1927—1928年）等多次不断变化。不仅如此，该校还在不同历史阶段，分立出了交通大学唐山以及北平分校，继而演变为当年交通部第二和第三交通大学。

1928—1946年，西安交大校长本部常设于上海，第二通大学曾为土木工程学院（唐山）、西南交通大学（成都），第三交通大学之北平学院则改称北方交通大学（北京）。

1949—1959年，西安交大主体迁往西安（1955—1956年），且设西安和上海

(1957年）两个分部（另有一支已于1949年分立台湾新竹）。时1959年，则明确西安交大与上海交大各自独立办校。2004年“西安交大”“西安医大”“陕西财经”组建成新西安交通大学。

今西安交大累计藏书已达487万册（件），其中15种为世界著名期刊，另收藏有大量科技报告、学术论文、技术标准、专利文献、缩微资料等。现学校同仁为早日建成大师名流荟萃、莘莘学子向往、栋梁人才辈出、具有国际影响一流研究型大学而不懈努力。

校园文化

一般说来，人们所议论的校园文化通常包含物质文化和精神文化两个层面内容。物质文化一般多指校园环境所显现出的文化品质（如校园布局、基础设施等)，它主要服务于精神文化。精神文化既包含着学校的重要制度文化（如学校管理体制、学生培养目标等)，又包含了学校的传统学习文化（如校风、学风、学术氛围等)。制度文化服务于学习文化，故学习文化常可显现该校文化核心部分。而文化内涵多浸润于校园文化之中，如校名、校徽、校歌、校训、校风、学风、校庆日等。

●校训：精勤　求学，敦笃　励志，果毅　力行，忠恕　任事

早在1909年（宣统元年)，该学校对所颁布的校训曾作有解释，此校训仅为4个字，即：勤，俭，敬，信。1925年11月，柴骋陆先生在《南洋旬刊》上撰文且认为，1897年南洋公学外院《四勉歌》作为“校训亦无不可”，其关键词语是：和厚，肃静，勤奋，整洁。

时值1933年4月9日，由交大三日刊社出版的《国立交通大学工业铁道展览会特刊》(第11号)。文中提到了文治堂讲坛上悬挂的校训，即：“精勤，敦笃，果毅，忠恕。”

时间转至1937年6月，时编印的《交通大学一览》上，人们看到新的校训：精勤求学，敦笃励志，果毅力行，忠恕任事。即将“1933年校训”的4个词语扩充为8个词语。

2005年4月4日，西安交通大学决定启用1937年《交通大学一览》公布校训。为此，众多学者不吝赐教和求索，以求表达充分完整释义。例如：

精勤。专心勤勉。《后汉书·冯勤传》：“以图议军粮，在事精勤。遂见亲识。”

求学。求—探索、寻找；学—学问、学业；求学意为探求学问。

敦笃。敦厚笃实。《左传·成公十三年》：“勤礼莫如致敬，尽力莫如敦笃。”

励志。集中心力专心致志。班固《白虎通·谏诤》：“励志忘生，为君不避丧生。”

果毅。果敢坚毅。《书·泰誓下》：“尔众士，其尚迪果毅，以登乃辟。”

力行。一是强调要竭尽全力而行。二是倡导须努力深入实践（语出：行无法度，竭日不足，故曰力行”及“好学近乎知，力行近乎仁，知耻近乎勇）。

忠恕。为儒家伦理道德范畴。忠尽心为人，尽力为人谋；恕推己及人，如人之心。

任事。一是称职，胜任所赋予的职责；二是担当、胜任各种挑战性工作。

花絮采撷

● 交通大学西迁记

时局所需，调整布局。史上，交通大学西迁是指1955年年初，鉴于当时国家社会主义建设和国防现代化建设的需要，同时也是为了尽快改变旧中国所遗留下来的高等教育布局不甚合理的状况，以及大力支持西部社会经济建设和发展，经慎重研究，国务院决定交通大学内迁西安。

曾经计划，整体搬迁。1955年3月30日，国务院二办收到高教部上报中央报告，提出了为加强内地高校建设，建议“交通大学”由上海迁往西安，“交大”电讯工程系迁往成都。有关中央领导人审阅了这个报告。后来国务院又在召开全国文教会议时正式提出了交大西迁任务。

一校两地，主体西迁。针对不同意见和建议，后经有关部门进一步研究讨论，决定“交大”主体部分迁西安，且新兴专业设在西安，使“交大”西安院系重点朝着理工大学的方向发展。对于部分留在上海院系，主要为涉及机电专业，及内地一时无法发展的造船、运输起重等专业学科。

校名有别，分开办学。1957—1959年，在两年多的时间里，“交大”曾分为西安、上海两部分办学。直到1959年7月，高教部向国务院提交了关于两校分设报告得到批准。同年9月彭康被任命为西安交大校长兼党委书记，时任司法部副部长谢邦治被任命为上海交大同一职务。

当年，在西安国庆节大游行列中，第一次打出了西安交通大学的校牌。自此，西安交通大学和上海交通大学结束了一校两地的局面，正式开启了校名有别分开办学之历程。

---

6. 溯隋唐史迹　遗规整明垣——西安古城墙

西安古城墙又称西安明城墙。广义西安城墙包括西安唐城墙和西安明城墙，但一般特指西安明城墙。该城墙位于西安市中心，是国内现存规模最大、保存最完整古代城垣。

西安明城墙主要包括护城河、吊桥、闸楼、箭楼、正楼、角楼、敌楼、女儿墙、垛口等一系列军事建筑设施，从而构成严密的军事防御体系。徜徉于西安古城墙，可更加直观地了解和体会在古代战争中，那些时建于各地城镇的高大城墙所独具的特殊防御功能。

历史文化

据传，早在夏商时期就已现掘壕筑城雏形，而《吴越春秋》以及《史记》中，已有“鲸筑城以卫君，造郭以居，此城郭之始也”相关情形的描述。西安作为千年古都，历代曾多次修筑过城墙，多数城垣虽今已被历史尘埃掩埋，但仍可清晰追溯至公元 6 世纪的隋代。

今西安城墙为明代初年在唐长安皇城旧址基础上所建。由于唐代末年战乱频繁，使得原有的宫殿、亭台及城内建筑均遭受到严重破坏。其后又历经五代的后唐、后晋、后汉、后周，再至宋、元两朝，城垣名称或建制虽屡有变更，但旧城垣概貌还是得依稀保留。

史上元代，西安曾被称作奉元城，当年这里乃是西北地区一方军事重镇。明洪武二年（1369 年）三月，大将军徐达统三军从山西渡河入陕，元朝守将闻风丧胆遂弃城而逃。徐达毫不费力地占领了奉元城，时隔不久明廷便将奉元路改称西安府，西安得名由此伊始。

现存西安城墙始建于明洪武年间，可称明太祖朱元璋“高筑墙、广积粮、缓称王”宏图经略的集中体现。据说为建成永固城市防御体系，该城墙厚度竟大于其高度，因而异常坚固。这座城墙迄今已有 600 余年历史，也是我国现存宏伟古代城垣杰出代表。

城门概说

今西安古城墙沿于隋唐袭至明清，绵延不绝达 1400 年历史。在漫长的历史长河中，西安古城曾发生过巨大变化，细数这些城门的名称来历也可见识古城的沉浮与兴衰。

西安原有主门四座，即长乐门（东门）、永宁门（南门）、安定门（西门）、安远门（北门）。

长乐门（东门）。长乐门又称东门，为明代时期建筑。明末李自成的农民起义军由东门攻入西安，战乱中也导致这座城楼被大火焚毁。清代此门楼获重建，今旧址已作为西安事变纪念地。

永宁门（南门）。永宁门始建于隋初，史称安上门。此为皇城南面三门偏东一座，明代改称永宁门。它也是现今西安诸城门中复原最完整的一座，今车辆行人可从南门东西两侧券洞穿过。

安定门（西门）。安定门也称西门，原是唐皇城西面的中门。据说，是唐代末年在缩建新城时因故被保留了下来。明代扩建城墙时，只是将其位置向南略作些移动，建成之后取名为安定门。

安远门（北门）。安远门也称北门，明代构筑城墙后被命名为安远门。辛亥革命时，起义军奋力攻城这一带战斗激烈，鏖战中北门城楼曾遭焚毁，1983 年整修城墙时一并恢复了原来箭楼。

• 民国开辟多座城门

朱雀门。朱雀门曾是唐长安皇城正南门，门下便是原朱雀大街。隋唐时期，皇帝常在这里举行庆典，据说隋文帝曾在此城楼上检阅凯旋大军。现朱雀门为遗址西侧于 1986 年开通。

勿幕门。勿幕门俗称小南门，此城门始于 1939 年开通，时为纪念辛亥革命陕西先烈、井勿幕先生而命名。井勿幕曾是同盟会最早创建会员之一，1917 年在护法运动中壮烈牺牲。

含光门。含光门史上曾是唐长安皇城南面偏西城门。唐代末年建缩建新城时，封闭了原中门洞和西门洞，但保留了原东门洞，至北宋以后全部封闭。1984 年，发掘出了含光门遗址。

玉祥门。1926 年，军阀刘镇华围攻西安城，西安军民伤亡 4 万多人，后冯玉祥率国民联军击败刘振华，西安得以解围。1928 年开通此门，为表彰冯玉祥将军功绩将其取名玉祥门。

和平门。和平门因城门所在位置与西安火车站、大雁塔，正好同处于南北轴线上。此门开通于 1953 年，据说当时为表达中国人民对世界和平的期待与渴望，故取此城门为和平门。

文昌门。文昌门位于碑林博物馆南侧，此门开通于 1986 年，城墙上所建魁星楼是唯一与军事无关的设施。在古代传说中，“文曲星”或“文昌星”是被尊称主宰文运兴衰之神。

中山门。中山门位于东城墙偏北侧。1927 年初，在冯玉祥将军倡议下，将此门辟为中山门，以纪念国民革命领袖孙中山先生。1927 年 5 月，冯玉祥率军东征就是由中山门出城。

尚德门。尚德门位于西安火车站西南侧，始于 1986 年开通，因其直对尚德路故得此名。

建国门。建国门始于 1986 年开通，因城门所在位置正对建国路，故取此城门为建国门。

7. 建筑形制甚　装潢堪称极——鼓楼与钟楼

西安钟楼与鼓楼彼此遥相呼应，故有“姊妹楼”“文武楼”之称。唐代诗人李咸用曾言“朝钟暮鼓不到耳，明月孤云长挂情”，可称对其精致写照。如今环钟楼、鼓楼四周红花绿草点缀其间，声光喷泉美轮美奂，钟鼓楼已成古城西安一处著名景观。

西安鼓楼

西安鼓楼位于西安市中心，其始建于明洪武十三年（1380年），也是目前国内遗存古代形制最大、保留最完整的鼓楼之一。今鼓楼内建有楼梯可盘旋而上，楼檐之上覆盖深绿色琉璃瓦，楼内贴金彩绘、雕梁画栋，顶部鎏金宝顶，史上此楼曾为古城西安标志性建筑。

● 鼓楼史话

据称，西安鼓楼原有巨鼓一面，每日击鼓报时故称“鼓楼”。鼓楼横跨北院门大街，与钟楼相距仅有200多米，二楼平分秋色，彼此相映生辉。史载，当年长兴侯耿炳文，以及西安知府王宗周主持鼓楼修建。史传，当年是在朦胧细雨中为鼓楼开工举行的奠基。据称，乾隆五年《重修西安鼓楼记》载，时陕西小麦丰收，“陇有嬴粮，亩有遗秉，民不俟命”，出现了“男娶女归，礼兴讼息”太平盛世景象，于是地方官员便效法古礼重整鼓楼。史载，清康熙三十八年（1699年），乾隆四年（1740年），鼓楼曾先后两次得以重修。

● 鼓楼形制

鼓楼通体构建于高大长方形台基之上，南北正中辟有拱券门洞，可供行人车辆通行，向南通往西大街，向北可达北院门。该楼既有唐代建筑风格也具宋代法式基础，全楼结构无一铁钉，楼檐和平座采用斗拱构造机理，楼体形式高大雄伟，外观颇具民族特色。

据说，在古代封建社会，屋顶形式有严格等级规制，重檐庑殿为最尊，如故宫太和殿，重檐山次之，如天安门。该鼓楼屋顶为“歇山顶”式，故与天安门等同还高出一米。

同样，建筑色彩的使用，也具有严格等级限制，如金、珠、黄色最为尊贵。纵观整个大明王朝时代，西安鼓楼的建筑形制与彩绘，其级别之高甚至可与当时帝都南京媲美。

西安鼓楼也是国内现存明代建筑中，仅次于故宫的太和殿、长陵的棱恩殿，为一座不可多得大体量恢宏古代建筑。因而，在国内的相似建筑中堪称是同类级别形制之冠。

● 鼓楼匾额

在鼓楼的第三檐下，南北各悬匾额一块，南匾为“文武盛地”，北匾为“声闻于天”。据说“文武盛地”匾额，初为陕西巡抚都御史赵可怀于明万历八年（1580年）所题撰。

清乾隆五年（1740 年）鼓楼重修后，陕西巡抚张楷曾模仿乾隆皇帝“笔风”，为鼓楼再书南匾“文武盛地”。而北匾“声闻于天”4 个字，据说是出自咸宁“名儒”李允宽之手。

“文革”时期，西安鼓楼这两块著名匾额也未能逃脱损毁命运。据载，当年国内有许多珍贵名匾毁于一旦，最终只剩下山海关的“天下第一关”匾额得以幸存。

西安钟楼

西安钟楼始建于明太祖洪武十七年（1384 年），此楼初建于广济街口与鼓楼相对。明神宗万历十年（1582 年），钟楼被移建于现今位置。西安钟楼也是国内现存钟楼形制最大、保存最完整的一座，1996 年 11 月，西安钟楼被有关部门公布为全国重点文物保护单位。

●钟楼史话

西安钟楼最初位于今西大街广济街口，且与鼓楼对峙相望。史载，明神宗万历十年（1582 年），由巡抚御使龚懋贤主持将钟楼移建于现今位置，遂成为一座绾毂东西、呼应南北的轴心式建筑。据说，旧时楼上因悬挂一口大钟平常报时危难报警，故被称“钟楼”。

明王朝定都南京初，朝廷多有迁都奏议，其中一些大臣力主迁都西安，久而久之令朱元璋颇有些心动，遂派太子朱标专程赴西安实地巡视，占卜皇宫基址并绘制相应图册。据说，太子朱标从陕西返回南京，将相关图册呈献给太祖朱元璋，同时又详细介绍了西安的地理优势。他认为“举天下莫关中若也，天下山川唯秦地号为险固”，并且援引史料为证提议迁都西安。只是太子朱标不久身染重疾而亡，致此事搁置一来二去便无下文。

明神宗万历十年，在陕西巡抚龚懋贤主持下，将原钟楼进行整体迁移。据碑文记载，除重新建造基座外，钟楼结构全是原物原件，而如此庞然大物当年竟被迁移堪称不易。

辛亥革命时，起义军在钟楼上与布防守军曾进行激战。护国运动时，陕西督军陈树藩自钟楼之上举起“反袁称帝”义旗。抗战时期，钟楼还曾作过观测日军空袭报警台。

●钟楼史迹

景云钟声。史载，景云钟铸造于唐睿宗景云二年（711 年），时有唐睿宗李旦亲自撰书铭文。此钟高 2 米、直径 1.5 米，钟体总重量可达万余千克，钟身纹饰鹤飞龙翔，钟鸣远播数十里。据说，中央人民广播电台曾对景云钟声录音，用于每年除夕之夜，作为辞旧迎新的“新年钟声”进行播放。2000 年景云钟还荣登上中国邮票，展现了文化传播之功效。

碑刻遗存。今西安钟楼一层大厅西墙，分别镶嵌有三方碑刻。第一方为清乾隆五年钟楼大修后，陕西巡抚张楷书写《重修西安钟楼记》碑。第二方是陕西监察御使龚懋贤，于钟楼东迁后亲笔书写的《钟楼东迁歌》碑。第三方是1953年，西安市政府钟楼翻修竣工后所作碑文。

门窗浮雕。西安钟楼上门扇槅窗，雕楼精美、做工繁缛，集中表现出明代所盛行的装饰艺术。该钟楼每一层门扇上均有8幅精致典雅的浮雕，而每一帧浮雕又都蕴含一段历史典故。

---

8. 塔势如涌出　初破晓来霜——大雁塔与小雁塔

大雁塔和小雁塔是古城西安两处著名的景观。一般说大雁塔名声似乎略胜，但小雁塔所处环境则更显清幽。大雁塔位于和平门外的慈恩寺内，相传始建于唐永徽三年。小雁塔又称“荐福寺塔”，其址位于西安友谊西路南侧荐福寺内，据称始建于唐景龙年间。

大雁塔

大雁塔又称“慈恩寺塔”，原址位于唐长安城晋昌坊大慈恩寺。唐永徽三年(652年)，高僧玄奘为保存“天竺”带回长安的经卷及佛像，请旨修建了这座举世闻名的大雁塔。

大雁塔为我国现存时间最早、建筑规模最大的唐代四方楼阁式砖塔，时将古印度佛寺代表性建筑随佛教经典一同传入中原，成为入乡随俗与华夏文化相融之典范。西安大雁塔堪称国内现存著名古塔之一，也被视作古城西安之象征。该塔呈楼阁状形式，建筑采用磨砖对缝工艺，由砖塔墙所显示棱柱，便可显而易见区分出墙壁开间。

● **雁塔史话**

据史书载，当年慈恩寺是唐高宗李治为其母文德皇后祈求阴福所造。在它的北面正对着大明宫的含元殿，附近环绕曲江池、杏园和乐游园等苑院，风光秀丽景色迷人。大雁塔内建有螺旋木梯，每层的四面各有一个拱券门洞，沿着楼梯盘登而上，便可凭栏远眺。

据说，唐代年间多有名人登临大雁塔，亦不时留下千古佳句。如杜甫“高标跨苍穹，烈风无时休”。章八元“却怪鸟飞平地上，自惊人语半空中”等。更有岑参《与高适、薛据同登慈恩寺浮图》名句“塔势如涌出，孤高耸天宫”，则更显文华词丽，高屋建瓴。

《与高适薛据同登慈恩寺浮图》　唐·岑参

塔势如涌出，孤高耸天宫。登临出世界，磴道盘虚空。

突兀压神州，峥嵘如鬼工。四角碍白日，七层摩苍穹。
下窥指高鸟，俯听闻惊风。连山若波涛，奔凑似朝东。
青槐夹驰道，宫馆何玲珑。秋色从西来，苍然满关中。
五陵北原上，万古青濛濛。净理了可悟，胜因夙所宗。
誓将挂冠去，觉道资无穷。

据传，唐中宗神龙年间，“雁塔题名”已成风流雅韵趣事。每逢新科进士及第，文人墨客都要先到曲江、杏园游宴，然后再登临大雁塔抒怀，最后还要在此塔壁题名留句。据说，白居易高中进士后曾留下“慈恩塔下题名处，十七人中最少年”诗句。刘沧及第题下“及第新春选胜游，杏园初宴曲江头；紫豪粉壁题仙籍，柳色箫声拂玉楼”。

民间坊传，大雁塔内此情盛极时，竟一度呈现“塔院小屋四壁，尽是卿相题名”绝佳景观。可惜北宋神宗年间，一场突如其来的大火，竟将流传已久的珍贵题壁毁于瞬间。

史上玄奘被人尊称“三藏法师”，为取真经前往印度且历经81难。玄奘自印度归来时，带回大量梵文经典及佛像舍利。为供奉和珍贵这些宝物，他亲自设计并督导大雁塔施工。唐太宗、唐高宗亲自为其撰写《大唐三藏圣教序》《大唐皇帝述之藏圣教记》。遵唐太宗旨意，玄奘口述取经过程，则将17年旅途所历经的110处城邑、时28国地域历史风貌，以及沿途所见所闻、山川河流、民俗风情由弟子们精心整理汇集成册。

● **塔名来由**

大雁塔为何称作此名，自古以来便有多个版本传闻。其一，传说古印度迦蓝佛曾言道“穿石山做塔五层，最下面一层作雁形，谓之雁塔”。因此，玄奘最初设计建造寺塔，据说就是根据佛家的指点而采用了此种建筑形制。其二，传说一日小乘寺院没买到肉，一和尚仰面语“今日僧房无肉”。话音未落，一大雁折翅坠地，和尚们大惊失色。众僧遂于大雁坠落处建石塔，戒绝荤腥改信大乘教。其三，传说当年玄奘取经途中受困于沙漠，后来得到大雁引领才寻得水源幸得生还。其后玄奘建造这座佛塔，既是感谢菩萨化身指点迷津，也是报答当年大雁救命之恩。

● **景观特色**

如今大慈恩寺是在明代寺院“西塔院”的基础之上整修而成，寺内现存的殿堂多为清代建筑。游客进入寺院山门（自大雁塔南广场北端），举目便可见寺内钟、鼓楼左右对峙。沿寺院中轴线前行，主体建筑依次为大雄宝殿、法堂、大雁塔、玄奘三藏院。其中，大雁塔和玄奘三藏院，分别供奉有佛舍利和玄奘法师的顶骨舍利，此物现为大慈恩寺内的“镇寺之宝”。在寺院的中轴线以东是塔园，园内松柏苍翠恬淡幽静，塔园南侧是大慈恩寺的塔林，塔林内现有舍利塔九座，供奉着自清代以来该寺九位高僧的舍利。

● **古塔名联**

大雁塔底层门洞两侧楹联，其一宝舟登彼岸，妙道辟法门；其二西极引法雨，东垂布慈云。

小雁塔

小雁塔全称为“荐福寺小雁塔”，其址位于西安市友谊西路南侧荐福寺内。说来奇巧小雁塔恰与大雁塔东西相向而立，如今已为古城西安溯源唐代史话重要遗迹之一。

中国自古讲究对称之美，所以民间流传既然有庄严雄伟大雁塔，也要有玲珑秀丽的小雁塔。小雁塔始建于唐景龙年间，塔形挺拔秀丽玲珑，只是因其规模稍逊故称小雁塔。旧时该寺院钟楼内悬挂一口巨大铁钟，时为金代明昌三年铸造，钟高 3.5 米、重 10 余吨。清晨钟声回荡，旭日塔影生辉，被称“雁塔晨钟”，此为史上古关中八景之一。

● **雁塔萍踪**

小雁塔始建于唐中宗的景龙年间，初为存放唐代高僧义净从天竺（今印度）带回来的佛教经卷、佛图典籍之处。小雁塔时作荐福寺之一部，只是最初塔院并不在寺院内。

史传，唐代末战乱频发，荐福寺屡遭破坏，寺院最终毁于战乱，但小雁塔得以幸存。宋徽宗政和六年（1116 年），一位自称“山谷迂叟”信士，发愿修缮小雁塔，令风化严重的塔檐、塔角复原，至今可见塔身粉刷痕迹。史上，明、清两朝对荐福寺和小雁塔曾进行整修。

明宣德元年（1426 年），陕西西宁卫弘觉寺、番僧勺思吉蒙钦锡度牒，见殿堂荒废遂化斋发愿重修。明正统十四年（1449 年）寺院竣工，明英宗御笔亲题“敕赐荐福寺”匾额。

● **雁塔珍闻**

如同大慈恩寺的玄奘法师一样，说到荐福寺经历，必须提到唐代另一位高僧义净法师。义净也曾游学天竺多年，唐证圣元年（695 年）回到长安，同时带回梵文经典 400 余部，后又在荐福寺内主持翻译经文 56 部、230 卷，为玄奘之后佛学界另一位卓有贡献的高僧。

明成化二十三年（1487 年），陕西关中一带发生强烈地震，小雁塔震开一条尺宽裂缝。然时隔 34 年，明正德十六年（1521 年）在一次较强烈地震中，裂缝一夜之间又竟然合拢。社会众说纷纭，流言不胫而走，百思不得其解，人们便将小雁塔此复原奇迹称作“神合”。资料显示，史上陕西关中一带常有地震发生。为此，古代工匠根据西安地质状况，构建时特意将塔基夯土，筑成一个半圆状球体。据说，如此一来该塔受震时，压力就会呈均匀状分散，小雁塔便如同一个“不倒翁”，虽然历经70余次地震，仍巍然屹立至今不倒。

- **雁塔特色**

据说，小雁塔基座之上即为塔身，该塔身的底层较高，自二层以上便逐层高度递减，因此使得塔的外部轮廓，呈现出端庄秀丽的卷刹。与此同时，塔身宽度自下而上依照比例也逐层递减，从而令塔身轮廓呈现锥状形，整体匀称、外观挺拔，玲珑娟秀。不仅如此，小雁塔单壁塔内中空，塔壁之间不设柱额，塔身上为叠涩挑檐，塔身每层砖砌出檐，檐部迭涩砖间用菱角牙。塔身表面各层檐下砌斜角牙砖，塔底层南北各开一券门，门框之上布置精美唐代纹饰线刻，尤其门楣之上天人供养图像，具有很高艺术价值。

小雁塔内大铁钟，初为武功崇教禅院故物，后来流失沉落至渭河。清代康熙年间，始被发现了这口大钟，后被人们移至荐福寺小雁塔旁钟楼内。清代年间，每日清晨荐福寺内都会定时敲钟，方圆十里、皆有耳闻，钟声嘹亮、塔影秀丽，令寺院晨曦别有一番韵味。

据说“雁塔钟声”这一胜景，并非始于清代康熙年间，早在唐代小雁塔初建时，就已呈现闻名遐迩。当年，寺院义净法师为晨曦早起礼佛、译经，便向寺中主持建议“每日清晨击钟”，以便及时唤醒众僧。清康熙十九年（1680年），时任河东盐使朱集义咏诗作画云：

《雁塔晨钟》　清·朱集义

噌弘初破晓来霜，落月迟迟满大荒。

枕上一声残梦醒，千秋胜迹总苍茫。

9. 珠光摇素月　竹影乱清风——碑林

碑林位于碑林区三学街，此处名碑熠熠耸立如林故得此名。碑林始建于北宋元祐二年（1087年），初为保存唐开元年间，镌刻《十三经》《石台孝经》《开成石经》，后历经数代规模渐丰，清代始称“碑林”。今已为国内珍藏古代碑石，时间最早，名碑最多之宝库。

900多年来，碑林入藏著名碑石已近3000方。如今在名碑荟萃展厅内，再现了圣儒、哲人之浩瀚石经，秦汉文人之古朴遗风，魏晋北朝墓志之英华，大唐名家之绝代书法。不仅如此，另有两晋隋唐、宋元明清时期诸多名士洒脱笔墨。如书圣王羲之、画圣吴道子的珍品书画，以及诗画双绝王维“竹影清风”，俱令碑林风韵流光溢彩、蓬荜生辉。无独有偶，唐太宗李世民在《赋帘》一诗中，也留下“竹影乱清风”诗文佳句：

《赋帘》 唐·李世民

参差垂玉阙，舒卷映兰宫；

珠光摇素月，竹影乱清风。

尤其值得一提的是，那幢铸造于唐睿宗景云年间、号称“天下第一名钟”的景云钟，如今就珍藏于碑林苑内。此钟上刻各种精彩纹饰图案，雕工精致，形象生动，更兼上有唐睿宗亲笔撰书铭文，赞誉此钟声音洪亮。此钟曾悬挂于西安钟楼，现收藏于碑林博物馆。

展馆概说

碑林博物馆各陈列室皆以棂星门的中门为主轴线，自南向北呈对称排列，前区为一些临时布展的专题性陈列室。轴线正中有“碑林”匾额碑亭，以北为碑林陈列室，西侧为石刻艺术室。漫步于幽静古朴的青石板小径，此碑林富含风雅古蕴，古色沉香悠然飘逸。

● **第一陈列室**

此碑亭为陈列碑林最大石碑，其始刻于唐天宝四年（745 年），时唐玄宗李隆基亲笔撰书。《孝经》是孔子学生曾参编纂、专门讲述孝道，前一部分是李隆基为《孝经》作序。碑亭底座由三层石台构成，上绘生动线刻画，如蔓草、狮子花、浮雕卷云瑞兽等。该形式在唐代中期颇具代表性。此碑由 4 块石头组成，底下因有石台故称作“石台孝经”。

此陈列 12 部经书典籍为《周易》六卷、《尚书》十三卷、《诗经》二十卷、《周礼》十一卷、《春秋左氏传》三十卷、《春秋公羊传》十二卷、《礼仪》十七卷、《礼记》二十卷、《尔雅》三卷、《公羊春秋》、《孝经》、《论语》。

史学专家称，这 12 部经书乃是封建社会、文人学士必读经典之作。为避免诵读、转抄过程中出现人为之谬误，故将这 12 部经书刊刻于石碑作为范本，永立于长安城国子监内以供校对辨误。史载，自东汉伊始先后历 7 次刻经，这是仅存的一套完整石刻经书。

● **第二陈列室**

陈列多方珍贵史料碑刻。例如《大秦景教流行中国碑》，始立于唐建中二年（781 年）。此碑记叙了古罗马景教传入中国时的盛况。石碑所记载史实在一些中外史书几无记载，因而此碑堪称弥足珍贵。

另外，《中尼合文陀罗尼经幢》是一方呈现柱状形式石刻碑，此碑显现为 6 角柱形、8 角柱形和圆柱形，并用中国和尼泊尔两种文字镌刻了相关典籍和资料。此外还有：《不空和尚碑》，此碑反映了当年印度佛教传入中国的史实。《明德受记碑》，记载了明末农民起义，建立“大顺”政权经过。《曹全碑》虽为汉代曹全树碑立传，却也如实地记述了镇压黄巾军史料。

● **第三陈列室**

陈列书法名家珍稀手迹。第三展室所陈列石碑，荟萃了历代著名书法家的珍稀手迹。例如秦代李斯的篆书见于《峄山碑》、汉代隶书见于《曹全碑》、东晋王羲之手书见于《大唐三藏圣教碑》等。另有，唐代颜真卿的楷书《唐多宝塔感应碑》、柳公权的楷书《唐玄宗秘塔碑》、唐代张旭的草书《判千家字文》，宋代赵佶、元代赵孟頫、明代董其昌，以及清代帝王手迹。

● **4—7展室及艺术陈列**

这些展室陈列有东汉石兽画像石，唐代蹲狮、犀牛。其中，驰名中外的《昭陵六骏》就有四骏保留在这里。此外，还有东汉石刻墓门、唐代石椁、石椁阴刻星相乐舞、仕女图、椁外浮雕彩绘文武侍从、骑龙驾凤仙人，这些都是难得一窥的珍稀文物或艺术珍品。

馆藏精品

秦峄山石。在第五室西侧，陈列着一方《峄山刻石》，这是秦代丞相李斯用篆体书写而就。据说，原石刻早被北周武帝推倒焚毁，此石为宋太宗淳化四年（993年），郑文宝根据原石拓本，翻刻立石而成，此碑阴有郑文宝题记。《峄山刻石》摹刻者甚多，而首推此石碑篆刻最佳。

魏碑。魏碑是我国史上北朝时期所流行的一种书体。据说，北朝时期的书法以魏体为最盛，其书法方峻遒劲，朴拙奇肆，风格多样。史上北朝多以此书体镌刻于石，故称魏碑。

曹全碑。“曹全碑”全称为《合阳令曹全碑》。此碑记载了东汉末年，曹全镇压黄巾起义的历史事件，可作为研究东汉末年社会变革、了解农民起义斗争经过的重要历史参佐资料。

书法名家

王羲之。东晋杰出书法家，早年从卫夫人书，后改变初学、草书学张芝，正书学钟繇、又博采众长，精研体势、且推陈出新，一改汉魏以来质朴笔风，自成妍美流便新体。

虞世南。唐贞观年间任秘书监、弘文馆学士等职。他不仅书法冠绝出众且为人正直，唐太宗曾称其身负“五绝”。“一曰博学，二曰德行，三曰书翰，四曰辞藻，五曰忠直”。

欧阳询。唐贞观年间曾授弘文馆学士等职，他与虞世南的书法并驾齐驱驰名初唐，时有“欧虞”之说。也有称其楷书法度之严谨，笔力之险峻世无所匹，赞誉唐楷第一。

褚遂良。唐太宗时受封河南郡公。史载，其博涉文史，尤工书法，唐太宗曾言“虞世南离去，再无人与我论书法”。魏征遂推荐褚遂良“遂良下笔遒劲，甚得王逸少体”。

薛稷。唐睿宗时官至中书侍郎，其书法初工隶书，后精心临摹，深得褚遂良神韵。时称“买褚得薛，不失其节”。其画精于人物、佛像、鸟兽、树石，尤擅长画鹤时称一绝。

颜真卿。官至太子太师，晋爵鲁郡开国公，其书法初学晋王羲之，唐褚遂良、张旭等。其后，便突破贵族娟秀纤劲之笔风，以圆润厚重的笔法代替了方折劲巧的运笔陈规。

柳公权。历任翰林学士、中书舍人、集贤院士等职。书法初学王羲之，得益欧阳询、颜真卿。其运笔挺拔，风骨峥嵘，神气清健，尽脱陈俗，自成一家，世称“颜筋柳骨”。

张旭。书法前以王体为基底，后得法于张芝，又及发展传统草书，与怀素一起开创了草书之全新境界。唐文宗曾将李白的诗歌、裴旻的剑术、张旭的草书并称为“三绝”。

---

10. 池苑似依旧　芙蓉未央柳——华清池

华清池位于唐华清宫遗址，距离西安市约 30 千米，为史上一处著名的皇家宫苑。其南依骊山，北面渭水，因有千年不衰优质温泉，史上唐明皇与杨贵妃的爱情故事，更兼近代“西安事变”的发生地，筑就丰厚的历史人文积淀，现已成中国著名旅游文化景区。

今景区仿唐风格建筑气势恢宏，园苑文史景观别具一格。如华清宫御汤遗址、西安事变旧址、九龙湖及芙蓉湖景区、唐梨园遗址。另飞霜殿、昭阳殿、长生殿、环园、禹王殿，以及澜汤殿、御汤苑、星辰苑、长汤苑、少阳苑等诸多富蕴历史文化内涵特色景观。

池苑史话

华清池亦称华清宫，其址位于西安市临潼区骊山北麓，是一处以温泉汤池著称、极为显赫的中国古代皇家离宫。史上，周、秦、汉、隋、唐历代统治者，都视这块宜人沃土为风水宝地。史载，此地温泉初现于 3000 年前西周时代，至汉代这里已建有帝王行宫别墅。

自盛唐发迹，这里始构建富丽的“华清宫”。其后历代王朝便于此或布施奢华苑院，或利用温泉筑就极品汤池，或周筑罗城别墅、点缀离宫亭台。据历史文献以及考古发掘显示，史上骊山一方境域早在 6000 年前就已现温泉史痕，3000 多年前便有上古园林踪迹。

史上长安城，虽然历经周、秦、汉、隋、唐等数代王朝辉煌鼎盛，但因所处战略咽喉，所以自古以来征战频发烽烟不断，许多著名历史建筑，不是毁于兵焚就是损于战乱。故史书上的华清池其实早就荡然无存，现仅是参照一些史料于1959年重新构筑仿建而已。

景区概说

今华清池大门上方悬有郭沫若题写的“华清池”匾额，进得大门但只见两株高大雪松昂然挺立，宫殿建筑左右对称。穿过龙墙便是九龙湖，一汪池水、明亮似镜，垂柳拂岸、亭台辉映，湖东主体建筑宜春殿、湖北飞霜殿，沉香殿与之相对，西岸为九曲回廊。

华清池素以温泉著名，“海棠汤”俗称“贵妃池”，始建于唐天宝六年（747年）。因其形酷似一朵海棠花盛开故得此名。据说，杨贵妃就在这汪海棠池中竟然沐浴了10个春秋。

“星辰汤”始建于唐贞观十八年（644年），据说是专供唐太宗李世民圣驾沐浴汤池，该汤池四壁造型南峭北柔，星辰汤后乃温泉之源。有专家们臆想推测，莫非是工匠想模拟自然山川河流而构建。传说，原址上方及四周并无遮拦，沐浴者傍晚可见闪烁星空故得此名。

另有，“九龙汤”为唐玄宗沐浴汤池，“太子汤”据称是专供太子们沐浴的汤池，苑中还有“尚食汤”是专供尚食坊要员沐浴的汤池。沿着贵妃池继续前行便可径直来到望湖楼，由此先临荷花池、后至飞霞阁，传说此阁乃是杨贵妃浴后，凉发安逸观景嬉戏之处。唐代诗人白居易在《长恨歌》中就曾写道：

春寒赐浴华清池，温泉水滑洗凝脂。
侍儿扶起娇无力，始是新承恩泽时。

特色景观

芙蓉园。今为园内一处“静”态观赏唐风雅韵风景区。此处设置了唐玄宗与贵妃“七夕盟誓”的“长生殿”，温泉神女亭、芙蓉湖、得宝楼、果老药堂、御茗轩等多处景观。

九龙湖与芙蓉湖毗邻，湖中今有长堤横贯东西九龙桥，堤畔西侧为晨旭亭，东侧为晚霞亭，东西两亭与南岸的龙吟榭彼此呼应相携成趣。龙吟榭之下泉水淙淙、终年流淌不歇。沿着湖南岸和东岸继续前行，依次可见沉香殿、飞霜殿、宜春殿、宜春阁等仿唐殿宇。

《长恨歌》书墙。今宜春阁内有一面书墙，上面高悬《长恨歌》诗文，据称乃毛泽东手书（影印）。

环园五间厅。环园原为清代驿馆，同治年间毁于战火。清光绪二十六年

(1900年)，慈禧太后携光绪帝躲至西安，其间往返就寝于此。1936年，蒋公亲临西安时环园曾作此行临时之行辕。

史上梨园。传说，唐玄宗“尤善音律”，杨贵妃“吟唱俱佳”，此珠联璧合也创作了许多千古妙曲。如《霓裳羽衣舞》《凌波曲》，而唐玄宗也因此被梨园奉为华夏戏剧艺术开山鼻祖。

唐代水井。据传，唐代帝王驾临华清宫，时汲取此井水饮用。1987年考古队发现，此井距今已有1300余年历史，井口及井身呈椭圆形，条砖错缝环砌而成，井壁绳纹瘢痕可见。

骊山温泉历史悠远，虽历经沧桑变迁仍汩汩流淌不竭，堪称华夏“神泉”神州一绝，可与著名古罗马卡瑞卡拉浴场、英国巴思温泉比肩。有史料载，汉代科学家张衡《温泉赋》、北魏元苌《温泉颂》、唐太宗李世民《温泉铭》等，对华清池俱有十分精彩赞誉。

经典诗句

《过华清宫》　唐·杜牧

长安回望绣成堆，山顶千门次第开。
一骑红尘妃子笑，无人知是荔枝来。

《长恨歌》　唐·白居易

节选一

汉皇重色思倾国，御宇多年求不得。
杨家有女初长成，养在深闺人未识。
天生丽质难自弃，一朝选在君王侧。
回眸一笑百媚生，六宫粉黛无颜色。

节选二

云鬓花颜金步摇，芙蓉帐暖度春宵。
春宵苦短日高起，从此君王不早朝。
承欢侍宴无闲暇，春从春游夜专夜。
后宫佳丽三千人，三千宠爱在一身。

节选三

上穷碧落下黄泉，两处茫茫皆不见。
忽闻海上有仙山，山在虚无缥缈间。
在天愿作比翼鸟，在地愿为连理枝。
天长地久有时尽，此恨绵绵无绝期。

11. 楚人付一炬　宫阁成土灰——阿房宫遗址

阿房宫遗址位于西安市西郊15千米处阿房村一带。它是秦始皇统一六国后，于渭河以南修建的一处超级宫殿建筑群。据传，此宫殿始建于公元前212年，西汉司马迁在其《史记》中，曾经对阿房宫的规模进行过描述，清代画家袁耀也曾绘制过《阿房宫图》。

据《史记·秦始皇本纪》中记载，秦嬴政三十五年（前212年），始皇帝认为都城咸阳人居多，而先王的皇宫又太小。遂下令在周地故都丰镐、渭河以南皇家园林上林苑，欲集天下能工巧匠构建一座极尽奢华朝宫，这便是史传“五步一楼，十步一阁”之阿房宫。

宫阙史话

在《史记·秦始皇本纪》一文中，曾经出现过这样一段记载，其详细描述了当时的阿房宫情形概貌：“前殿阿房东西五百步，南北五十丈，上可以坐万人，下可以建五丈旗，周驰为阁道，自殿下直抵南山，表南山之巅以为阙，为复道，自阿房渡渭，属之咸阳”。

唐代杰出诗人、著名散文家杜牧，在其所著名篇《阿房宫赋》中也曾这样写道：“六王毕，四海一，蜀山兀，阿房出。覆压三百余里，隔离天日。骊山北构而西折，直走咸阳。二川溶溶，流入宫墙。五步一楼，十步一阁；廊腰缦回，檐牙高啄；各抱地势，钩心斗角。盘盘焉，囷囷焉，蜂房水涡，矗不知其几千万落……”。

今阿房村南处，便有一座十分庞大土台基，周长约310米、高约20米，全部用夯土筑起，当地人称“始皇上天台”。在阿房村西南附近也是夯土不断，形成长方形台地，面积约26万平方米，当地称为“郿坞岭”。这两处据说是阿房宫遗址区最为显著的建筑遗痕。

早在1961年，此阿房宫遗址区便被国务院公布为第一批全国重点文物保护单位。

主要景观

如今，阿房村附近出现一座气势宏伟、辉煌壮观的全新仿古建筑群，这是利用艺术再现手法，将亘古名篇《阿房宫赋》中所渲绘的宫阙意境完美呈现。这些极具特色的仿古建筑。主要包括有阿房宫前殿、兰池宫、六国宫室、长廊、卧桥、磁石门等建筑。

● **前殿遗址**

史载，前殿是阿房宫的主体宫殿。现存一巨大长方形夯土台基，西起长安县纪阳乡古城村，东至巨家庄，经实际探测长度得知，这是中国目前考古发现最大夯土建筑台基。

● 上天台遗址

阿房宫上天台遗址位于阿房宫村南一被称“上天台”的地方。另在此台的西北角处，尚有一条向西延伸很长的坡道直通到台下，该坡道长约 30 米，底部较宽而上部较窄。

● 磁石门遗址

磁石门为秦阿房宫重要门阙之一，据说秦阿房宫建筑盖以磁石为门设置安保。其一，为了防止行刺者，聊以磁石吸铁作用，使隐甲怀刃者在入门时早被发现；其二，为向“四夷朝者”显示秦阿房宫前殿具有神奇威力从而令刺客惊恐却步。磁石门的准确位置，古往今来说法不一。在《三辅旧事》中认为是阿房宫北阙门，《雍录》则认为是阿房宫西门，《三辅黄图》则认为是阿房宫前殿正门。不过据《西安地方志丛书 · 汉代长安词典》记载，称“磁石门遗址在咸阳东南双楼村（今三桥镇双楼寺）”。

遗址读音

说来奇怪，关于阿房宫读音，历来就存在不小争议，各方至今皆未得充足佐证。

观点一：应读“ē páng gōng”，即山旁宫殿。阿读 ē 音，房古音读 páng，不能读普通音”。

观点二：应读“ē fáng gōng”，据说坚持此读音观点的学者列举了相关论据且不在少数。

观点三：应读“ā fáng gōng”，即陕西方言释“阿”（ā）“那个”，“房”（fáng）似地名。

观点四：应读“wō bǎng gōng”，“阿近也”即宫殿邻近咸阳，持此一说者称以方言为据。

名称由来

坊传另有一说，阿房原来只是朝宫前殿名，秦始皇本想整座宫殿落成之后再“更择名、命名之”。但由于此宫殿规模实在太大，尽管每天都有十几万劳役苦作，但一直到秦朝灭亡时宫殿仍没有竣工。至于这座宫殿为何被称作“阿房”，历代记载未详且说法不一。

观点一：被称作“阿房宫”是由于营建这座宫殿的位置，靠近咸阳而获地利之便故得此名。持有此种观点人士认为，古时秦地读音“阿，近也，以其去咸阳近且号阿房”遂得此名。

观点二：认为阿房一名，是根据此宫“四阿旁广”形状来命名。阿，在古意中可解释为曲处、曲隅、庭之曲等。阿房宫“盘结旋绕、廊腰缦回、屈曲簇拥”此等建筑形式可称完备。

观点三：认为被称作阿房宫，是因为上宫的殿宇巍峨高峻，若于阿上为房也。这一观点出自《汉书·贾山传》中，其注释曰：“阿者，大陵也，取名阿房，是言其高若干阿上为房”。

观点四：“阿”是因宫殿与山相邻，宫殿成未有名，先称在阿房。这种说法出自《史记》一文中，阿房未成，宫成就会命名的说法。持此种观点者认为，宜用《长安志》中说法解释。

名句采撷

《阿房宫赋》　唐·杜牧（节选）

六王毕，四海一，蜀山兀，阿房出。覆压三百余里，隔离天日。

五步一楼，十步一阁；廊腰缦回，檐牙高啄；各抱地势，钩心斗角。

长桥卧波，未云何龙？复道行空，不霁何虹？高低冥迷，不知西东。

呜呼！灭六国者六国也，非秦也；族秦者秦也，非天下也。

使秦复爱六国之人，则递三世可至万世而为君，谁得而族灭也？

秦人不暇自哀，而后人哀之；后人哀之而不鉴之，亦使后人而复哀后人也。

---

12. 项庄舞剑　意在沛公——鸿门宴遗址

史上楚汉争霸的故事，至今已流传了2000多年。楚霸王项羽力拔山兮气盖世，刘邦用尽心机不择手段与其周旋，二者斗智斗勇，故事跌宕起伏，王者结局令人慨叹。据称，今临潼区新丰镇鸿门堡村为史上鸿门宴遗址，现已成为骊山最北边一处著名旅游景观。

遗址概说

鸿门宴遗址位于临潼区新丰镇鸿门堡村，距秦皇兵马俑博物馆约2500米，其南依骊山，北临渭河，地处潼关通往长安之咽喉要道。立于高处俯瞰遗址地貌，只见1000余米长峭塬眼前横卧，中间仿佛刀劈斧剁断斩为两半，南北顿开恍如关口，鸿门因此得名。

据史学家考证，汉高祖元年（前206年），楚霸王项羽曾在此宴请汉王刘邦。司马迁《史记·项羽本纪》描述，2000多年前的秦朝末期，楚霸王项羽在鸿门摆下宴席，邀请汉王刘邦（即后来汉高祖）前来至此赴宴。其实明眼人都可以看出，此宴席实际暗藏杀机。

如今，仿鸿门宴遗址青砖垒砌，景区处竖立两根高大旗杆，上面分别书写“楚”“汉”二字。北面立有一座中军大帐，门口高悬“楚军战旗”，帐内模拟当年“项庄舞剑，意在沛公”的历史场景。军帐采用玻璃钢制作，分别立“项庄舞剑”“樊哙闯帐”等塑像。此场景雕塑逼真、人物造型生动，令史上这一重大事件，犹如一场活剧真实显露。此楚霸王英武盖世豪气冲天，时汉刘邦小心翼翼惶恐不安，谋士范增、张良各为其主，“项庄舞剑”“樊哙闯帐”等搅局情节悉数展现，从而将鸿门宴惊心动魄场景惟妙惟肖再现。

鸿门史话

秦朝末期，秦二世胡亥施行暴政统治，终于激起民众的起义反抗。陈胜、吴广领导的起义失败后，项羽和刘邦所领导的两股势力，便成为继续反秦斗争的最主要武装力量。秦二世三年（前 207 年），项羽率军终以破釜沉舟意志决心，背水一战彻底击溃了秦军主力。

史传，项羽、刘邦二人曾于楚怀王面前约定“先入定关中者王之”。而刘邦利用取巧先入咸阳，时待藉口前约欲领关中王，但项羽自恃击败秦军功高，根本不把刘邦放眼里。汉高祖元年（前 206 年），项羽佯尊怀王为义帝迫其迁徙郴州，后自立西楚霸王分封天下。

据说，刘邦部下左司马曹无伤曾暗中使人密报霸王项羽“沛公欲王关中，使子婴为相，珠宝尽有之”。项羽闻讯勃然大怒，便从范增之计欲除刘邦，随后假约鸿门设宴。不料，项羽叔父项伯素与刘邦谋臣张良交好，便趁星夜奔至坝上去见张良泄露项羽密谋。

翌日如期，刘邦带张良、樊哙等百余人、忐忑不安至鸿门赴宴。酒席宴间，谋士范增示意项庄舞剑助兴趁机杀掉刘邦，不料项伯亦拔剑与之对舞，借以保护刘邦。危急时刻，樊哙闯帐护驾，项羽爱其勇武赐酒肉，刘邦借机溜出从小道逃脱，时项羽发觉已经晚矣。

今遗址展馆，以星象云图变幻为经线，史上刘邦、项羽生平历程作纬线，通过沙盘、连环画、图版、器物、文字等形式表现介绍。布展依据《史记·鸿门宴》为参照，展馆陈列仿汉代铁剑、铜镜、瓦当等器物，运用蜡像立体展示手法，艺术再现部分历史场面。

这场古代史上极著名的宴席，不仅演绎出许多著名典故，其结局也改变了众多历史人物的轨迹，从而影响了中国历史进程走向。历史学家为此称其为古代史上最重大事件之一。通过“鸿门宴”也可诠释事物未定皆有变数，故此宴也被史学界戏称为“天下第一宴”。

《夏日绝句》　宋·李清照

生当作人杰，死亦为鬼雄。

至今思项羽，不肯过江东。

13. 团结抗战　历史转折——西安事变旧址

1936年12月12日，为挽救中华民族危亡、劝谏蒋介石改变“攘外必先安内”既定国策、停止内战一致抗日，张学良、杨虎城毅然在临潼对蒋介石实行“兵谏”，扣留来陕督战的蒋介石，发动了震惊中外的“西安事变”，提出抗日救国八项政治主张。1936年12月25日，在中共中央和周恩来等人的共同努力下，蒋介石接受了“停止内战、联共抗日”等六项主张，为“西安事变”的和平解决奠定了基础。“西安事变”的和平解决，也为抗日民族统一战线的建立提供了必要前提，从而促进了第二次国共合作。

在中国现代史上，著名的“西安事变”开始了中华民族共同抵抗日寇侵略的局面，因此被载入中华民族斗争史册。西安事变旧址主要包括张学良公馆、新城黄楼、止园、高桂滋公馆、西京招待所、华清池五间厅、兵谏亭等。

兵谏概说

1936年12月12日，古都西安发生一件震惊世界的大事。东北军统领张学良与西北军第十七路军总指挥杨虎城共同发动兵谏，扣押了蒋介石，逼蒋停止内战且一致抗日。

多种“西安事变”书籍记载，止园是事变发生前张、杨二人秘密碰头的地方。止园位于北大街青年路，该楼始建于1933年。张、杨在此密谈之后，决定对蒋介石进行兵谏。

兵谏之前，因蒋介石一再拒绝张、杨二人的苦心相谏，明确表示绝不停止内战，并且准备即刻发布第六次“围剿”红军的命令。张学良当晚接到消息以后，知道面临的情势已十分危急，于是连夜赶到止园与杨虎城紧急磋商，最终二人决定发动兵谏。

张、杨二人在止园紧急磋商后，分头召集高级军官开会，宣布行动计划进行军事部署。几个小时之后，震惊中外的“西安事变”发生。止园应是这场事变的最重要策源地。

“西安事变”发生后，周恩来、叶剑英率领中共代表团立刻赶往西安且住进东楼。其间，中共代表与张、杨会谈。随后，中共代表与南京政府代表谈判也多在此举行。周恩来在此曾会见蒋介石，就停止内战一致对外表明极大诚意，最终初步达成了六项协议。

当年，“西安事变”的指挥部位于西安新城陕西政府内的杨虎城公馆。该公馆始建于1931年，其主体为砖木结构，外观呈现宫殿式造型，具有十分典型的民族艺术风格。

史载，1936年12月17日，周恩来在止园促成了“西安事变”和平解决。高桂滋公馆，今位于西安建国路陕西省作家协会，该馆始建于1933年，兵谏后蒋介石曾移住此地。

西京招待所，位于西安市区解放路，蒋介石来陕时为南京军政要员的一处住所。

此外，华清池园内的五间厅背靠骊山，西安事变发生当天蒋介石在此曾躲至骊山一块巨石缝隙处，后来有人在此石附近建亭，先后施以“正气亭”“避难亭”“捉蒋亭”“兵谏亭”等多个名称。时至1982年，有关部门在张学良公馆处正式建“西安事变”纪念馆。

旧址一瞥

张学良公馆简称张公馆，其址位于西安市的建国路，该建筑由东西排列的三座小楼组成。当年张学良住在西楼，事变发生之后张学良将军曾安排中共代表团住在东楼。其后，张、杨二将军和中共代表团，在这里共同商讨了和平解决“西安事变”的重大决策。

新城黄楼。新城黄楼位于今陕西政府院内。当年这里曾是西安绥靖公署所在地，也是张、杨发动“西安事变”指挥部，兵谏之后蒋介石曾被临时拘禁在黄楼东客厅。

止园。杨虎城公馆原称作“紫园”。据说，为表达停止内战、一致抗日的爱国心愿，将其改名“止园”。该公馆位于青年路西侧，馆内陈设有杨将军遗物，“西安事变”部分史料。

高桂滋公馆。高桂滋公馆与张公馆相邻，其址位于建国路玄风桥，这里曾是移押蒋介石之处。后陈诚、卫立煌以及时从南京赶来的国民政府代表，宋美龄、宋子文等人都曾在此居住。

西京招待所。西京招待所位于解放路和西四路交叉路口的西北侧，此是30年代初杨虎城将军为招待国民党要员所建。当年，国民党军政要员陈诚、蒋鼎文等曾入住西京招待所。

五间厅。五间厅位于临潼华清池园内，1936年10月至12月，曾作为蒋介石行苑。五间厅即五间房子，蒋介石住居中一间内有床、圆桌、沙发和椅子，现已恢复为当年情形布置。

兵谏亭。据说，“兵谏亭”是蒋介石当年藏身之处，经搜山蒋介石在此被发现，后送往西安新城黄楼。由于当时绥署内部复杂恐蒋介石住此安全不妥，便安排蒋住进了高桂滋公馆。

14. 秦汉苑院兴　隋唐池园盛——曲江池

史载，曲江池远在唐代便已是著名风景区。上自皇室贵族、达官显宦，下至才子佳人、街市布衣，每逢节庆常结伴到曲江池游逸。池畔亭台轻歌曼舞，碧波荡漾湖面笙歌。此外，每至科举发榜，新科及第进士都要亲赴“曲江流饮”。宴罢之后进士还要骑马游街，赴雁塔登高题名意得志遂，亦如大慈恩寺内一副著名楹联，曾得人们交口传颂：

历代数鳌头，朱墨千秋崇虎榜。
题名附骥尾，浮屠七级幻龙门。

景区史话

曲江池位于在古长安城东南，因水流曲折而得此名，远在唐代就已是风景名胜区。史上秦代，这里曾被称隑洲，秦始皇在此曾修建离宫“宜春院”。汉武帝时期，曾将曲江池一带列入皇家苑圃，修建有离宫“宜春苑”，其间这里也曾建“宜春后苑”“乐游苑”。

史传，汉武帝时因此处水域宽阔，烟波浩渺，池岸曲折，“形似广陵之江”，故取名为“曲江”。隋代这里曾建大兴城，曲江亦被纳入城郭范围，纳洼地蓄水为池，隋文帝称其为“芙蓉池”，称此苑为“芙蓉园”。唐玄宗年间复用“曲江池”旧名，园苑仍称“芙蓉园”。

史载，唐玄宗时引水黄渠，自城外南来而入曲江，再为芙蓉园营建楼阁。当年芙蓉园地处城垣东南角一坊处，突出于城外周围建有围墙，园内总面积达 2.4 平方千米。凿黄渠、辟御苑、筑夹城、建大雁塔、修新开门、曲江池遂成水域千亩，名冠京华的游览胜地。

悠久的历史，赋予了曲江池深厚文化底蕴，如熟知的“曲江流饮”“雁塔题名”“杏园关宴”“苦守寒窑”等著名的历史典故，更令曲江池名声鹊起，交口称颂饮誉华夏。

名句采撷

唐代诗人杜甫对曲江池描述名句有：

《曲江二首》　唐 · 杜甫（节选）

其一

一片花飞减却春，风飘万点正愁人。
且看欲尽花经眼，莫厌伤多酒入唇。

其二

酒债寻常行处有，人生七十古来稀。
穿花蛱蝶深深见，点水蜻蜓款款飞。

《曲江对酒》　唐·杜甫（节选）

苑外江头坐不归，水精宫殿转霏微。
桃花细逐杨花落，黄鸟时兼白鸟飞。

今曲江旅游度假区集游览、观光、度假、娱乐、商贸、别墅于一体。景区内、外风景名胜云集，大雁塔、慈恩寺、植物园、盆景园、春晓园、蔷薇园、清流园等相映成辉。

特色景观

今曲江池以水面为中心将全园划为8大景区：汉武泉景区、阅江楼景区、曲江亭景区、明皇栈桥景区、烟波岛景区、云韶居景区、畅观楼景区。艺术人家景区。

池园四季。沿着唐城墙遗址，漫步至东南角，是曲江池遗址公园西入口。至此驻足举目远眺，但见湖心仙岛波光潋滟，依岛而建的荷廊、犹如一朵盛开的水莲。目光伸向更远处，南岸的阅江酒楼，掩映于绿荫之中，此地春可以踏青，夏可以观柳，秋可以赏月，冬可以品雪。

幽静苑院。沿池岸环路一路南行，左手是波光粼粼池水，右手是起伏坡丘丛林。沿小园香径继续前行，不久便会蓦然发现葱郁之中掩映几座典雅庭院。此“疏林人家”可称恰如其分。9栋唐式风格建筑俱以诗韵词牌各赋其名：风入松、浣溪沙、浪淘沙、满庭芳、临江仙、念奴娇、忆秦娥、水龙吟、水调歌头。

曲江亭。曲江亭建于池水岸边，在这里人们可畅叙、可怀古、可赋诗、可放歌、亦可吼秦腔。激昂曲调拂煦明媚阳光，伴随着江畔经久不息的流水响声，仿佛在鼓动游人抒情惬意。

阅江楼。阅江楼如同建在一层夯土台基之上，外观飞檐翘角呈现仿古建筑风格，此为曲江池边最宏伟建筑。有诗文赞誉“细草岸西东，酒旗摇水风。楼台在烟梢，鸥鹭下沙中。”

今立于阅江楼上，可凭栏远眺曲江池美景，纵情追思昔日大唐繁华盛世，赞叹与民同乐如此近水楼台，体验诗仙鲸吞千山万仞之气概，抒发我歌月徘徊我舞影零乱之意境。

湖心仙岛。湖心仙岛坡丘起伏，恰与东岸池堤落差遥相呼应。岛上四周遍布荷花，以应韩愈“曲江荷花盖十里”诗句。木桥引渡与山池花木契合，营造一派优雅舒心景致。“榭者”借也，借景而成者也，水边花丛如影随形，堪称“芙蓉影破归兰桨，菱藕香深写竹桥”剪影。

云韶居。云韶居依水而居循势而建，坐落于湖池东岸。这里地势较高，立于云韶居顶端的广场之上，漫步遥台，登高远眺，可观曲江池畔水天一色，望断亭台楼阁此伏彼起笙歌。

15. 苦守十八载　忠贞志不移——寒窑

寒窑景区位于西安城南曲江池东面的一条沟岭内。史传，唐时丞相王允的三女儿王宝钏反抗封建门第婚姻，忠贞爱情不渝，隐居寒窑苦守 18 年，受尽世间困苦磨难，最终等到了丈夫薛平贵称王荣归团聚。陕西名剧《五典坡》就是讲述了这个动人的故事。

寒窑史话

传说唐朝末年，西安北门里有位当朝丞相的千金小姐王宝钏，某日在绣楼上抛球择婿，结果打中了时为乞丐的薛平贵。但她慧眼识人，故摒弃嫌贫爱富、拒绝以貌取人，始终坚持自己择婿、终与父母家人决裂，无奈出走曲江池畔一处寒窑栖身。不久烽烟骤起，薛平贵从军征战西凉，王女苦守寒窑 18 载，纺纱织布果腹充饥，受尽疾苦但忠贞不渝。《五典坡》《武家坡》《红鬃烈马》等著名戏剧，都是讲述这个动人的故事，最后薛、王二人得以团聚，有情人终成眷属，王宝钏也被奉为旧时妇女典范。

王宝钏、薛平贵的故事，史上并无实证记载。但王宝钏忠于爱情、不向封建势力低头，含辛茹苦 18 载，冰心玉洁矢志不移，故千百年来深受广大民众同情赞誉。而王宝钏体现和追求的情感，正是中国古代劳动妇女勤劳、勇敢、正直、忠贞等美好情操之凝现。

据说，在曲江池附近的农田里荠菜一类的植物很少，皆因当年王宝钏以野菜充饥，以致将附近此类植物都挖绝了。史上明代戏剧《五典坡》上演，遂令曲江寒窑闻名遐迩，远近民众前去祭拜甚多。人们将传说她居住地方称为“寒窑”，从而意喻后人应以史为鉴。

今曲江池附近的“寒窑景区”已建有“贞烈殿”“望夫亭”“薛平贵与王宝钏大殿”，以及“平贵降马”“平贵别窑”“宝钏掘菜”“王母探窑”等雕塑。此地现已成为一处十分著名的旅游景观。

故事传奇

史传，唐代末期宰相王允没有儿子只有三位如花似玉的千金。两个姐姐都已婚配且门当户对，王宝钏是王允小女儿。父母总想为待字闺中小女寻得一位称心如意的快婿。

当年长安城南一带，山水环绕，风光秀丽，每逢春暖花开时节，京城达官显贵、文人雅士、布衣百姓，都喜欢到这里踏青赏花。初春一日王宝钏携丫环前来踏青，不料遇上几个公子哥尾随纠缠。恰逢年轻义士薛平贵路见不平，果敢上前拦阻住这群浪子无礼行为。谁知这群恶少反对义士拳脚相加，不过义士只是稍作还击，便将这一帮无赖打翻在地。王宝钏见状上前施礼言谢，薛平贵却说“理当如此，小姐不必多礼！”。王宝钏见此人不但武功高强，而且知书达理，虽然衣着寒酸，却流露气宇轩昂，不由顿生爱慕之意。

不久，父母又催小女早订婚事，王宝钏灵机一动，坚持以抛绣球来决定终身，王父无奈只得应允。话说抛彩球的那一天，可谓轰动了长安城，一阵锣鼓鸣响之后，王宝钏站在绣楼之上，手托一漂亮的五彩绣球，楼下公子哥儿都伸长脖子，期待自己获得天赐良缘。但只见王宝钏面带微笑，玉腕轻扬，绣球飘落，不偏不倚，正好打在院中身着布衣的薛平贵头上。王允见绣球抛中的女婿，竟然是一个寒酸的落魄青年，心中生怒当即反悔。王宝钏明白其父是嫌其贫贱，但她坚持决意嫁给薛平贵，王允一怒之下断绝了父女关系。

此时的薛平贵贫困至极，二人只得搬到五典坡一旧窑洞，在此寒窑中暂作栖身。王宝钏父亲虽与她断绝了关系，但母亲却难以割舍怜爱的小女儿，不时派人前来探望他们，方便之时也会送些钱财衣物，这才使二人未穷困潦倒，生活虽然艰辛但仍可勉强维持度日。

唐咸通九年（868 年），桂州边关发生叛乱，殃及了许多城镇，并不断向北进逼。朝廷欲出兵讨伐，并令沙陀兵马随军助战，文武兼备的薛平贵应征加入了沙陀军队。征战中薛平贵凭自身出色武功和才华，逐渐得到酋长朱邪赤心青睐和重用，不久终于剿平了叛乱。

又逢一日，薛平贵随酋长到郊外狩猎，朱邪赤心的爱女春花公主坐骑受惊突然扬蹄飞奔，眼看就要坠落悬崖。紧随其后的薛平贵飞奔上前果敢地拦住了惊马。缘此次救命之恩竟使春花公主爱上了薛平贵。后经过再三权衡，薛平贵最终成了沙陀酋长的驸马。

此时王宝钏，仍然空守寒窑始终矢志不移，一心一意在等待夫君衣锦荣归。又是一年过去，烽烟再起大唐御敌军力不足，沙陀军全力驰援奋战，最终保住了大唐江山。此时薛平贵功成名就，只身来到五典坡寒窑探寻，后终与分别 18 年之久的结发之妻王宝钏相认。王宝钏最终走出寒窑，遂被接入薛平贵王府中。经历了 18 年的寒窑苦守，始终不渝的王宝钏，最终赢得了一个圆满美好的结局，而王宝钏苦守寒窑十八载的动人故事被广为传颂。

特色景观

思夫亭。游览寒窑景区，自大门前行至沟口处，可见到一座玲珑精巧的小角亭，此亭唤作“思夫亭”，这是为纪念王宝钏独守寒窑 18 载，常登高远眺期盼夫君荣归心绪的艺术发挥。

贞烈殿。沿思夫亭依南坡前行，是屹立崖脚处的五间大殿，称作“贞烈殿”。此殿蓝砖青瓦，雕梁画栋，富丽堂皇。殿内立有王宝钏与薛平贵塑像，以及薛平贵降服红鬃烈马景观。

寒窑。由此继续前行，进一圆形砖门，便是著名寒窑仿古建筑。此地上下两层彩楼依崖而建，飞檐翘角，廊亭点缀，下边两处窑洞为“别窑”和“探窑”，其中立有王宝钏斟酒别夫君，王宝钏母亲探女雕塑。这也是根据戏剧秦腔《五典坡》中两场重要剧情雕塑而成。

茹苦洞。从“别窑”沿楼梯而上，越过成仙洞，便是“茹苦洞”。相传，这里是王宝钏当年含辛茹苦起居之处。洞内仅有一个狭小的土炕，炕前洞壁上只有一个一尺见方的小窗户，窗框是几根歪斜的树枝，洞内幽暗几无光亮，屋内狭窄四壁如洗，仅容两人转身之地。

妖马洞。出此院落继续向东行走，便是著名的“妖马洞”。相传，此地乃是薛平贵所降妖马的藏身洞穴，洞深约 100 多米，窄狭曲折、漆黑阴冷，进入需摸索才能前行。若出另一洞口转入后沟，那里便是史传秦汉时期宜春苑遗址，此处环境优美，堪称曲径通幽。

16. 族秦者秦也　而非天下也——秦二世皇陵

秦二世皇陵位于西安市大雁塔东南曲江池村的坡地之上，现为陕西省重点文物保护单位。秦二世胡亥，秦始皇第 18 子，据传此人靠篡改遗诏谋取了皇帝宝座，但即位后却沉溺酒色，昏庸无为、横征暴敛，终于激起民众起义，胡亥死后仅以黔首身份匆匆草葬。

史载，秦二世三年（前 207 年），朝中权臣宦官赵高胁迫秦二世自杀，遂以庶人仪式入殓，将其潦草葬于周杜国属地，即秦代时期的一处洲地。其址位于今雁塔区曲江乡曲江池村南缘台地处，后人将此地称作“胡亥墓”，其规格与秦汉的高峻宏伟帝王陵墓相差甚远。

陵园概说

今秦二世胡亥的墓地坐落在一处原坡地带，周围环境清幽僻静，但若同附近的杜陵、少陵相比，高低立见顿觉悬殊。该墓为一圆形土丘，封土堆直径 25 米、高 5 米。该陵墓的北面，有石碑一座，碑高 3 米，碑面阴刻“秦二世皇帝陵”6 个隶书字体。此为乾隆四十一年（1776 年）陕西巡抚毕沅所立。碑后阴刻《夜役说》，为生员周新命于嘉庆十年所书。1956 年 8 月，秦二世胡亥墓地被陕西省政府列为第一批重点文物保护单位。

今秦二世皇陵占地 20 余亩（约 13000 平方米）。陵园的正南方是一座朱门红柱，立有卷棚式三间进深的山门，门额正中处悬有一块“秦二世皇帝陵园”的黑色金字牌匾。

步入陵园，穿过山门沿台阶拾级而上，便是一座秦代建筑风格的硬山式的大殿。在近 200 平方米大殿内，陈列着一组“指鹿为马”雕塑群像。这组形象生动彩色雕塑像，将当年重要历史人物胡亥、赵高、子婴、阎乐等塑造得神态逼真、栩栩如生、惟妙惟肖。

史话明鉴

秦二世胡亥可称中国历史上有名昏暴之君，他是秦朝的第二个皇帝，同时也是该王朝的最后一个皇帝，他令秦始皇期盼王朝皇位万代相传的美梦彻底覆灭。

史传，秦始皇三十七年秋，始皇帝巡行至沙丘（河北平乡县东北），途中染病不治而亡。传说中书府令赵高拉拢李斯，伪造诏书废去公子扶苏，拥立胡亥为帝，史称秦二世。

据传，秦二世不但是一个昏聩君王，其残暴程度甚至超过秦始皇。在埋葬秦始皇时，他竟下令将后宫的妃子全部殉葬，为不泄露陵墓内机密，又将修建陵墓工匠一并活埋。

秦二世料理朝政昏庸，但他对豢养飞禽走兽却十分热衷，为游猎玩赏费尽心机。据说，当时咸阳粮草不够用，便令各郡县官吏逼迫百姓强行征送，而运送这些粮草人还要自备行程干粮，不得食用咸阳城外 300 里以内粮草，从而将天下百姓一步步逼向造反的境地。

史载，秦始皇统治时期，秦国的刑罚已经非常严厉，诸如一人犯法罪及三族、一家犯法邻里连坐。秦二世则更变本加厉，以“杀人众者为忠臣”，遂使得各级官吏皆效法刽子手统治。如范阳令杀人如麻，呈现“刑者相半于道，而死人日积于市”的惨状。

社会矛盾被如此激化，而统治阶级内部斗争也日趋尖锐愈演愈烈。秦二世为巩固自己统治，不仅杀了蒙恬、冯去疾等重要大臣，甚至加害于兄弟姐妹 20 多人，从而令各种社会矛盾达到了爆发的顶点，逼迫各地揭竿而起，酝酿已久的农民起义终于爆发。

秦二世元年（前 209 年），秦二世胡亥又一次下令征调淮河一带的乡民 900 余人，到渔阳（北京密云）驻守戍边。时有陈胜、吴广在被征之列，并被指定为此一行程屯长。在秦尉一路押送之下，900 余名戍边乡民行至蕲县大泽乡（今安徽宿州市西寺坡乡刘村集）。恰逢大雨滂沱道路受阻，致使无法如期到达，依秦律戍卒误期将被处斩。此生死存亡的关头，这些被逼走投无路的戍卒，在陈胜、吴广号召下揭竿而起。他们杀掉了押解的秦尉，发动戍卒起义号称“大楚”，陈胜自立为将军、吴广为都尉。起义戍卒“斩木为兵，揭竿为旗”，掀起了中国历史上第一次大规模农民起义风暴。后世，有唐代著名文人杜牧在其名篇《阿房宫赋》中言道：

鸣呼！灭六国者六国也，非秦也；族秦者秦也，非天下也。
嗟乎！使六国各爱其人，则足以拒秦；
使秦复爱六国之人，则递三世可至万世而为君，谁得而族灭也？
秦人不暇自哀，而后人哀之；后人哀之而不鉴之，亦使后人而复哀后人也。

---

17. 险峻奇绝幽　景画若锦绣——古关中八景

关中八景地处长安，又称作长安八景，为史上关中地区 8 处著名的文物风景胜地。据说，在西安碑林中有一块碑石，曾用诗文和画作的形式描述了关中八景的锦绣山川。

这块著名且珍贵碑石，镌刻于清康熙十九年（1680 年），时任河东盐使朱集义咏诗作画，分别描述了关中八景。此碑集书、画、诗于一体，分 16 格、一景一画，实堪称绝。诗画描述关中八景分别为：

华岳仙掌、骊山晚照、雁塔晨钟、曲江流饮、
草堂烟雾、灞柳风雪、咸阳古渡、太白积雪。

关中八景概说

华岳仙掌。西岳华山位于西安以东约 120 千米处的华阴市南部，其北濒黄河，南依秦岭，奇峰突兀，巍峨壮丽，素以“险、峻、奇、绝、幽”之五绝而名冠神州享誉华夏，今为国家级风景名胜区。景区内有诸多著名景观，如玉泉院、青柯坪、回心石、千尺幢、百尺峡等。

《华岳仙掌》　清・朱集义
玉屑金茎承露盘，武皇曾到旧长安。
何如此地求仙诀，眼底烟雾指上看。

骊山晚照。在骊山的山顶立有两峰，分别为东绣岭和西绣岭。西绣岭第一峰上，有一处著名的烽火台。相传，周幽王极为宠爱妃子褒姒，但享尽荣华的爱妃终日脸色韫郁愁眉不展。周幽王遂依宠臣献策，为博得爱妃褒姒一笑，竟然以烽火戏弄诸侯，开了一个天大的玩笑。

史称“烽火戏诸侯，一笑失天下”。据说，当年这段传奇故事就是发生在这里。史载，每当夕阳西下层林尽染之时，苍翠的绣岭笼罩一层红霞，景色壮观、

妩媚动人。此时的骊山又酷似一匹“火焰驹”，这一绝色美景被人们誉为关中八景之“骊山晚照”。

《骊山晚照》 清·朱集义

幽王遗没旧荒台，翠柏苍松绣作堆。

入暮晴霞红一片，尚疑烽火自西来。

雁塔晨钟。这里所指的雁塔乃是西安城南荐福寺内小雁塔。史上，该塔旁钟楼内曾悬挂一口金明昌三年（1192年）铸就的2万多斤大铁钟。旧时每日清晨，这里都要按节律敲击此钟，以便向寺院和乡邻报晓。据说清脆的钟声，悠远而洪亮，方圆十里可闻，声震古城内外。

据说，小雁塔上面刻有“皇帝万岁，臣佐千秋，国泰民安，法轮长转”16字吉祥语。如果有人思念身处远方的亲人，只要将亲人名字和去处写在一张黄笺上，寺院钟声就会将此人思念之情传递到千里之外的亲人耳中，源此“雁塔晨钟”被誉为关中八景之一。

《雁塔晨钟》 清·朱集义

噌弘初破晓来霜，落月迟迟满大荒。

枕上一声残梦醒，千秋胜迹总苍茫。

曲江流饮。曲江池位于西安南郊，距城区约5千米。在我国汉唐时期，这里曾是一处景色极为优美的园苑。史载，当时的曲江池两岸，楼台起伏，亭阁林立，葱郁环绕，波光明媚。

据说，每逢新科进士及第都要在曲江池赐宴。盛筵之中还要将酒杯置于盘上，盘随曲流在水中自在漂移，至回旋不行处面向何人便要执杯畅饮，“曲江流饮”由此得名。

《曲江流饮》 清·朱集义

坐对迴波醉复醒，杏花春宴过兰亭。

如何但说山阴事，风度曾经数九龄。

草堂烟雾。户县草堂镇之草堂营村位于钟馗故里、秦岭终南山圭峰山北麓。据说，草堂始建于后秦时代，后秦王姚兴迎西域高僧鸠摩罗什，另有3000弟子于此翻译佛经。寺内有建于唐代姚秦三藏法师鸠摩罗什舍利塔一座，塔北竹林内有一井，井中常有烟雾升腾而出。据传，寺内姚秦三藏法师始建鸠摩罗什舍利塔。该塔玉石相拼而就，色泽莹润灿烂，每层色彩不同，此塔又称“八宝玉石塔”，塔前二柏一井，人称“二柏一眼井，爬柏龙雀树”。传说井上常见一蛇盘卧，有白雾冲天缭绕，故此“草堂烟雾”被誉为关中八景之一。

《草堂烟雾》　清·朱集义

烟雾空蒙叠嶂生，草堂龙象未分明。

钟声缥缈云端出，跨鹤人来玉女迎。

灞柳风雪。灞桥位于西安城东 12 千米处，是一座颇有名气的古桥。远在春秋时期，秦穆公称霸西戎，曾将滋水改称灞水，河上修有一桥称作“灞桥”。王莽地皇三年，灞桥地洪泛成灾，王莽认为不是吉兆，便将此桥改称长存桥。其后在宋、明、清年代曾有多次的毁建。

史上唐代，灞桥之上曾设有驿站，送别亲朋故交东去时多于此作别，且须折柳相赠。据称，唐代折柳赠别之风盛行。古往今来“长安陌上无穷树，唯有垂杨管别离”，“年年伤别、灞桥风雪”，时多为文人骚客所津津乐道。故此“灞桥风雪”也被喻为关中八景之一。

《霸柳风雪》　清·朱集义

古桥石路半倾欹，柳色青青近扫眉。

浅水平沙深客恨，轻盈飞絮欲题诗。

咸阳古渡。据咸阳地方志记载，“咸阳古渡”始建于明嘉靖年间。史传，当时该渡口处曾建有一座木桥，交通之便可达陇亦通蜀，因而往来过客甚多，曾被称为秦中第一渡。正因如此“咸阳古渡”也成为了古长安通往西北西南咽喉要道，在军事上也处于十分重要地理位置。

咸阳古渡口历史悠久，其横贯于此的关中渭河，自古秦都咸阳一侧悄然流过，现古桥遗迹隐没于百年之后，终于拂去历史尘埃重现人间芳华。今此木桥遗址的发现，也为深入研究明、清时期西北地区交通、经济、军事，以及渭河流域桥梁建筑提供了重要佐证。

《咸阳古渡》　清·朱集义

长天一色渡中流，如雪芦花载满舟。

江上丈人何处去，烟波亦旧汉时秋。

太白积雪。太白山是秦岭山脉主峰，位于眉县、太白、周至三县交界，主峰仙台海拔 3767 米，距西安约 120 千米。太白山得名已久，《水经注》有“汉武帝时，已有太白山神祠，其神名谷春，是列仙传中人”。《录异记》有“金星之精，坠于终南主峰之西，因号为太白山”。

太白山峰峦奇峻，林木繁盛，山巅有大爷海、二爷海、三爷海和玉皇池 4 个高山湖泊，池水清澈，深不可测。因山高云淡、空气稀薄、气候寒冷，终年积雪不化，盛夏时节仍见白雪皑皑，莽莽天际银光四射，景致格外壮观，故“太白积雪”被誉为关中八景之一。

《太白积雪》　清·朱集义

白玉山头玉宵寒，松风飘佛上琅云。
深何处高僧卧云，五月披裘此地寒。

（三）西安特产与美食

地方特产：西凤酒、柿子饼、蓝田大杏、阎良相枣、千层油酥饼、阎良甜瓜、稠酒、灞桥樱桃、耿镇胡萝卜、周至猕猴桃、碑拓、剪纸、刺绣、皮影。

风味美食：饺子宴、肉夹馍、牛羊肉泡馍、灌汤包、石子馍、臊子面、西安凉皮。

二、成都

——赞蜀地风韵 誉花簇锦官

二、成都
——赞蜀地风韵　誉花簇锦官

（一）名城概说

成都地处四川盆地西北部，成都平原腹地，东与德阳、资阳毗邻，西与雅安、阿坝接壤，南与眉山、乐山相望，北依绵竹、彭州。蜀汉文化、天府风光、熊猫故乡被誉为成都三大地方特色。据所发掘的金沙遗址考证，成都的建城历史可追溯至3200年前。

成都域内有岷江、沱江等12条干流及几十条支流经过。沟渠交错，溪流纵横，尤以驰名中外的都江堰水利工程最具代表，各式库、塘、堰、渠星罗棋布，灌溉面积可达35万公顷。成都还是极富于包容性的多民族汇集城市，包括汉族在内约有十数个民族聚融。

早在秦代，成都就已是蜀地著名古邑。汉代时，被誉为国内五大都市（洛阳、邯郸、临淄、南阳、成都）之一。唐、宋时期的成都则有了更大发展。唐代时，享有富甲“扬、益”之称，北宋时，经济富足城市繁华、乐土一方，成为仅次于汴京的第二大繁华都会。

成都是一座有着3000多年悠久历史的文化古城，史上历代王朝曾遗存下众多的名胜古迹。例如武侯祠、杜甫草堂、文殊院、青羊宫、周文王碑、永陵（王建墓）、僖王陵、孟知祥墓、朱悦廉墓、辛亥秋保路死事纪念碑、彭家珍大将军专祠、十二桥烈士墓等。

成都市有许多特色景观，如被称作“竹园”的望江公园，有布置各式盆景的百花潭，有山清水秀的百工堰，有每年举办“灯会”“花会”的文化公园，有饲养和繁殖大熊猫著称的成都动物园，有以锦江绿化带为背景滨江公园，有“人与水”为主题的活水公园等。

成都是四川省会所在地，该市现有全国重点文物保护单位38处、省重点文物保护单位36处、市重点文物保护单位72处。成都已被批准拥有两项世界文化遗产，另有两项预备申报世界文化遗产。因此，成都也是我国中西部地区拥有世界文化遗产最多的城市。

成都，为国务院于1982年公布的首批24座国家历史文化名城之一。

1. 寻踪问源

据考古发掘的金沙遗址推论，成都建城史可追溯到3200年前。早在公元前4世纪，古蜀国王开明九世就于“广都樊乡”（今双流地域）置都。关于成都一名来历，据《太平寰宇记》载，时取周太王从梁止岐“一年而所居成聚，二年成邑，三年成都”而得名。

公元前311年，秦人以咸阳制筑成都邑。时城垣周长12里、高7丈。成都于该年正式建立。公元前256年，蜀郡太守李冰父子率岷江两岸民众兴建都江堰，该设施2000多年来一直浇灌着成都平原。从此这里水旱无忧，土地肥沃，物产丰富，世人称作“天府”。

西汉时期，成都织锦驰名天下，城西南设立有锦官专司织锦，故成都享有“锦官城”美誉。五代后蜀孟昶时，城墙处遍植芙蓉，故成都又有“芙蓉城”美称。史上成都水网密布，江桥众多，树木葱茏，繁花似锦，19世纪法国旅行家古德尔孟赞其是“东方巴黎”。

东汉末延康元年（220年），曹操之子曹丕即位。次年（221年），刘备以汉室宗亲之名，在蜀域成都称帝，声言延续汉朝大统，蜀汉始于昭烈帝刘备，而终弃于汉怀帝刘禅。巴蜀地域历经二帝共43年，蜀汉鼎盛时期曾占据荆、益二州，此时国力积蓄已达极为昌盛。

但蜀将关羽过于自负，最终导致大意失荆州。其后，刘备又不顾众臣劝阻执意要为其兄报仇，终酿火烧连营、夷陵惨败、白帝城托孤，自此令蜀汉元气大伤。其后虽经诸葛亮理政治国，恢复生产励精图治，但也只是竭力抗衡魏吴，再无争霸中原恢复汉室之国力。

唐代初开摩诃池、百花潭等游览胜地，贞观年间于城北修建了建元寺，唐朝大中年间改名为昭觉寺，史称“川西第一丛林”。公元907年朱晃灭唐，建立“后梁”政权。历史进入五代时期。继有王建割据“三川”，在成都称帝史载“前蜀”，时一度复现昔日繁荣。

南宋宝祐五年（1257年），蒙元大军攻占成都统治蜀地。明洪武四年（1371年），于成都设四川承宣布政司，明太祖朱元璋封其十一子朱椿为蜀王。清代因战乱令巴蜀遭劫，其后大规模的“湖广填四川”移民，令其经济、文化、习俗等，出现一次剧烈的社会融汇变革。

元、明、清时期，成都均为四川治所。1911年6月，保路运动率先在成都发起，继而导致辛亥革命总爆发。抗战时期，国内社会团体，高等院校、办事机构大量移至云贵川，使得成都、重庆、宜宾、昆明等地一度成为抗战时期大后方4个最重要文化区域。

新中国成立初期，成都曾为川西行政公署。随着大西南不断发展，来自全国各地的人员陆续进入四川支援内地建设。新中国成立以来，成都曾是我国西南地区最重要的科研、教育、文化、商贸、金融，国防战备中心。“三线”建设时期，更有全国各地人才精英汇聚巴蜀。

2. 人文荟萃

史上，开明氏入蜀，携来荆楚文化；秦定巴蜀，引进关中文化；六国迁徙，融入商贸文化；隋代蜀王，推崇僧侣文化；玄宗僖宗，崇尚诗歌文化。总之，成都并未因蜀道之难，而割断与中原地区的联系交往，却因远离战乱独享偏安一隅，孕育出独特的巴蜀民风。

成都从来具有容纳百川、善取博众、长于创新之风，史上名人荟萃、四方贤达集聚。汉赋大家如司马相如、杨雄；唐代画家黄筌、黄居采；宋代史学家范镇、范祖禹等；更有历史名人诸葛亮、李白、杜甫、岑参、薛涛、韦庄、陆游等，都曾在成都留下历史踪迹。

蜀域自古不便，历来却尊教崇文。早在公元前 141 年，蜀郡太守文翁在成都兴府学、开书馆、设讲堂、建石室。“文翁倡其教，相如身为师”，令两汉时期蜀地人才辈出。至隋、唐、宋时，成都造纸技术创国内高峰。曾经的“益州麻纸”一度作为官方首选标准用纸。

中国早期的雕刻印刷，如五经、文选、诗集等，皆始于唐代的成都。宋代时期，已享有“宋时蜀刻甲天下”之美誉。史上，成都的漆器、蜀锦不只畅销巴蜀，同样誉满华夏。以致汉、晋时代，蜀锦风靡一时，六朝至隋、唐时期，运往西域的锦缎多是产自成都。

“蜀锦”源于战国时期，已有 2000 余年历史。蜀锦因历史悠久、工艺独特，其功用与视觉效果，颇具华丽高雅之风韵，故于四大名锦中立有一席之地。史上蜀绣与苏绣、湘绣、粤绣享誉华夏，并称中国四大名绣。早在汉末三国时，蜀绣已成珍稀昂贵丝织贡品。

成都手工艺品种类繁多、久负盛名，主要有蜀锦、蜀绣、漆器、玉器、竹制品、刻花玻璃、象牙雕刻、水印绢扇、瓷胎竹编以及金银制品等。川菜和风味小吃也别具风味。成都也是四川省文化艺术中心，有川剧、扬琴、清音、评书、金钱板等 10 余种地方戏曲。

（二）历史文化

1. 巴蜀文明灿烂 馆院渊源悠长——四川（省）博物院

四川博物院始建于 1941 年，迄今已有 70 余年历史。博物院现收藏各类文物

32 万余件（套），其中珍贵文物 5 万余件。2009 年，博物院新馆落成，馆址位于浣花溪历史文化风景区，该博物院今为我国西南地区最大综合性博物馆，在全国博物馆中占有重要一席。

简介

博物院现拥有 14 个展厅，展览区分为三层。第 1 层为四川汉代陶石艺术展馆、多功能厅会议接待室。第 2 层为巴蜀青铜器展厅、陶瓷精品展厅、书画馆、张大千作品展。第 3 层为藏传佛教文物馆、万佛寺石刻馆、四川民族文物展、工艺美术馆、百年四川馆。

博物院另设 4 个临时展厅，用于举办专题或临时性展览。该院布展形式包括常设展览、近期展览、临时展览、网上展馆。常设展览（基本陈列）主要为书画、陶瓷、青铜器、民族文物、工艺美术、藏传佛教、万佛寺石刻、张大千书画、汉代陶石艺术等 10 个展区。

该博物院多次出色完成公共展陈工作，在此基础上先后研究出版了《四川博物院藏（格萨尔）唐卡研究》《四川出土南朝佛教造像研究》《馆藏书画精品集》等学术著作。2011 年，“博物院修复能力提升”项目，还被国家文物局确立为全国的两个试点项目之一。

四川博物院不但拥有辉煌历史，今天仍在不断努力、为巴蜀地区的历史及文化事业作出自己的贡献。例如该院先后举办了一系列重要陈列展览，如《四川省历史文物陈列》《四川省革命文物陈列》等。2017 年，博物院获得“全国最具创新力博物馆”荣誉称号。

沿革

早在 1914 年，由美国学者戴谦和教授在成都创建了第一座学院式博物馆——华西古物博物馆。至 1933 年，华西协和大学所属历史博物馆正式建立（现川大博物馆前身）。

1940 年，四川博物馆开始筹建，其间克服了许多困难且终至诞生，最初馆址设于郫县的东岳庙。1945 年，该博物馆迁至明远楼。1949 年，又更名为“川西人民博物馆”。

1950 年，该博物馆迁至人民公园内“之佛学堂”和“国书馆”，并更名为“川西博物馆”。1952 年，定名“四川省博物馆”。1965 年又迁至成都“苏联和平利用原子能展览馆”。

1984 年 5 月，邓小平题写馆名“四川省博物馆”。2002 年 7 月，博物馆老馆闭馆。2004 年 12 月，新馆建设开始破土动工。2009 年 3 月，经批准正式更名为“四川博物院”。

2009 年 5 月，位于浣花溪历史文化风景区新馆落成，四川博物院正式对外开放。2012 年 10 月，评为国家一级博物馆。2017 年 5 月，获“全国最具创新力博物馆”称号。

展陈

该博物院布展形式包括常设展览、近期展览、临时展览、网上展馆。

● **常设展览（基本陈列）**

工艺美术馆：展陈始自商周时期，延续清代末期、及至民国初年，时传承巴蜀地域的各式精美工艺品。这些文物珍品很多已成艺术瑰宝，代表了民族传统文化的珍贵遗产。

共和之光馆：展现了革命党人斗争风采，重现保路运动“全川悲壮，天地易色”的动人情景，以此缅怀辛亥先驱，振兴中华、爱国为民、追求民主共和的革命精神和功绩。

藏传佛教文物馆：由于历史条件与地理环境因素，四川成为我国藏族重要栖息区。该博物馆收集藏传佛教文物比较丰富，这些文物则印证着藏传佛教文化在其传播的历史。

四川民族文物馆：自古以来四川地域就有许多兄弟民族栖息。如豪爽的彝家兄弟，粗犷的康巴汉子，质朴的羌族人家，清纯的苗族少女等，汇聚了多民族不同习性与风情。

书画馆：中国书画艺术源远流长，史载唐代时期，一些京都和各地画家为避战乱，陆续随唐玄宗、僖宗来到偏安一隅的巴蜀，由此也给四川书画艺术带来兴盛与发展机遇。

陶瓷馆：史上蜀域陶瓷有稚拙古朴的大溪彩陶、生动活泼的汉陶塑、丰富多彩的宋三彩俑。以及别具一格青羊宫窑、广元窑、磁峰窑等，凸显巴蜀陶瓷、自然质朴之魅力。

汉代陶石艺术馆：史上巴蜀曾为陶石艺术流行重要区域，始自西汉中后期、盛行东汉初年，延续蜀汉期间。其文物不仅数量庞大、种类繁多，且画像风格也极具地域特色。

万佛寺石刻馆：万佛寺（1882 年）遗址被发现以来，先后出土大批石刻造像。其中多为四川博物院收藏，因这些造像刻有明确纪年，故为研究早期佛教艺术提供了重要佐证。

巴蜀青铜馆：大约在三四千年前，蜀地就已经创建了高度文明的古国，其后又与巴人交汇融合共同创造了灿烂的巴蜀青铜文化，代表了史上巴蜀古代文明的最高成就。

张大千书画馆：该院此类藏品堪称富甲一方，尤其临摹敦煌壁画被誉孤本。

在此观赏大千先生经典作品领略大师笔墨清逸、玉印剔透，犹如步入进一处非凡书画大千世界。

典藏

该博物馆典藏有：曲柄铜匕（青铜、战国时期、国家一级文物）、腊梅双禽图（绢本、宋代、上钤赵佶“御书”葫芦形印）、伎乐天（绢本、中唐时期、张大千临摹于榆林15窟前室窟顶），在博物院（馆）中还收藏许多至珍瑰宝级文物，如巴蜀早期青铜器、藏传佛教典型器物、历朝佛教造像、汉代陶石、张大千先生书画、书画碑帖、陶瓷、近现代文物等。

2. 两江润福地　花簇锦官城——成都（市）博物馆

成都博物馆原址位于市区东风路大慈寺，历经风雨磨砺2016年9月新馆落成。馆址位于天府广场西侧，新馆外观呈金铜色，贴近金沙遗址、三星堆文物颜色。今展厅所展陈的许多文物，可称光彩夺目价值连城，又经历史长河沉淀，勾勒出独具韵味的成都史话。

简介

成都博物馆始建于1958年9月，曾用名为成都方志博物馆筹委会、成都文物管理处、成都博物馆和成都博物院。2015年，博物馆新馆始破土动工。2016年9月正式对外开放。

成都博物馆（新馆）今位于天府广场的西侧，主体建筑分为南楼和北楼：南楼地上包括办公区、科研区，学术报告厅。北楼为展区，首层为大厅、放映厅、一号临展厅。

该博物馆的2—3层，设为“花重锦官城——成都历史文化陈列古代篇”展厅，4层为近世篇和民俗篇展厅，地下一层为二号、三号临展厅，5层则为中国皮影木偶展馆。

博物馆现有各类藏品20余万件，上自新石器时代，下迄民国年间，形成较完整的藏品序列，藏品涵盖了青铜器、木雕等十几个类别，且在数量和质量上已构成规模体系。开馆以来，先后举办具有影响的展陈。如“倥偬的乡愁——张大千”特展，“盛世天子——清高宗乾隆皇帝特展”，以及“法国现当代绘画艺术展暨《陈像·蜕变》摄影展”等。

沿革

早在1958年，成都便成立方志博物馆筹备委员会。1982年，始构建成都市博物馆、馆址位于东风路大慈寺。1984 年博物馆对外开放，2015 年，成都博物馆新馆建设开工。2016 年 9 月，新馆落成对外开放。以常设展览《花重锦官城——成都历史文化陈列》为代表，另不断推出了专题展、特展、临展等一系列的高品位、高水准的经典展陈。

展陈

该博物馆布展形式包括常设展、专题展、特展、临展等。博物馆展陈布置涵盖十大专题，例如和而不同——馆藏清代四川地区木雕造像展、秦蜀之路——青铜文明特展、花重锦官城——成都历史文化陈列及中国皮影木偶展等。

● **常设展（基本展陈）**

花重锦官城——成都历史文化陈列及中国皮影木偶展。

丹楼生晚辉——明清时期的成都。该板块介绍明清时期，成都发挥西南治所作用。其农耕发达，工商兴盛，城市繁华，人才辈出，由此得到天府之国的赞誉。展厅中部为清光绪时期“四川省城街道俯瞰图”。

西蜀称天府——秦汉至南北朝时期的成都。该板块介绍秦汉时期，成都曾为西南域政治、经济、文化中心。公元 221 年，刘备在成都称帝，形成“三分天下”格局。两晋南北朝时，成都为丝绸之路“河南道”端点。

九天开出一成都——先秦时期的成都。该板块以新石器时代晚期古城址，夏商周时期三星堆遗址、金沙遗址，战国时期商街，以及巴蜀图语为代表，通过 240 余件典型文物、揭示先秦时期古蜀文明之瑰丽神奇。

“影舞万象，偶戏大千”中国木偶展。追溯木偶起源，介绍提线、杖头、铁枝等木偶戏。再现了药发傀儡等经典木偶。

近世篇。该板块介绍自 19 世纪中叶后，四川历经的重大变革。如保路运动策源地、抗战大后方之战略重镇、解放大西南的主要战场。这三段重要的史迹也载入近代中国百年史册。

民俗篇。该板块主要介绍成都人海纳百川的胸怀、闲适从容的生活，以及随着岁月流逝，所积淀下的市井里巷习俗，民生百业形态，川味美食香茗，终至传承数千年的蜀域基因。

“影舞万象、偶戏大千”中国皮影展。以非物质文化遗产为话题，叙述古老皮影戏历经千年沧桑，历久弥新再塑辉煌。

喧然名都会——隋唐五代宋元时期的成都。该板块以瓷器、陶器、金银器、铜器为线，引出隋唐时成都“扬一益二”盛况，五代时“天下之富国”偏安，宋代时坊市林立、货通天下，以及历经元代抗争与重建坚韧。

典藏

南朝佛教造像：成都境域佛教兴于东汉晚期，至南朝时已达鼎盛。目前已发现南朝佛教造像，如万佛寺石刻造像、西安中路石刻造像、商业街石刻造像和宽巷子石刻造像。

成汉陶俑：如发掘出土若干伎乐俑、仪仗俑、持物俑、纪年砖、戒指等。这些文物不但显现了墓主人身份，且陶俑造型生动、神态别具一格，反映了成汉时期的丧葬习俗。

石熊：熊形插座出土于大湾汉墓，整体为圆雕瑞兽，耳部与口部似涂朱，瑞兽呈微蹲半坐，前肢一足扶膝一足托腮，咧嘴微笑状，此石熊为汉代瑞兽，艺术造型堪称精湛。

经穴漆人：此物裸身直立、手臂垂放于两侧，手五指并齐掌心向前，双脚呈一字站立。五官清晰、体形匀称。光头通体髹黑漆，身上刻有纵横经络线，且以圆点标识穴位。

陶俳优俑：此物形象生动，憨态可掬，呈开怀大笑状，面部表情幽默、造型富于传神，仿佛表演正处于精彩处。四川各地出土东汉俳优甚多，坊传为后世评书艺人之前身。

---

3. 承海纳百川　续有容乃大——四川大学

简述

四川大学（简称“川大”）位于我国西南地区的历史文化名城成都，今有望江、华西和江安 3 个校区，史上，四川大学源于 1896 年四川总督鹿传霖创办的四川中西学堂，为我国西南地区最早建立的近代高等学校。

四川大学建校百余年来，学校先后汇聚了历史学家顾颉刚、文学家李劼人、美学家朱光潜、物理学家吴大猷、植物学家方文培、卫生学家陈志潜、数学家柯召等名师。史上，吴玉章、张澜曾执掌校务，朱德、杨尚昆、郭沫若、巴金等曾在川大有过求学经历。

四川大学图书馆现有各类纸本文献约 680 万册、中外文数据库 300 余个，该校的人文博物馆内收藏珍贵文物达 8.5 万余件，在自然博物馆中收藏各类动、植物标本达 87 万余件（份），档案馆和校史展览馆收藏的档案 28 万余卷（其中珍贵历史档案 9000 余卷）。

沿革

四川大学溯源可至（1704 年）锦江书院、尊经书院（1875 年）及中西学堂（1896 年）。

该校于1902年实行三校合并，分为四川通省大学堂，以及四川省城高等学堂。

至1916年两校又与四川通省师范学堂实施合并，改为国立成都高等师范学校。

该校于1926—1927年又进一步分立为国立成都大学，以及国立成都师范大学。

1906—1919年四川通省法政等五所学堂演变为四川公立法政等五所专门学校。

直到1927年，原四川公立法政等五所专门学校，经再次合并为公立四川大学。

1931年国立成都大学、国立成都师范大学、公立四川大学合并为国立四川大学。

新中国成立之后，将原国立四川大改称为四川大学。1950—1954年期间，四川大学再次分立为成都工学院（1978年曾改称成都科技大学）以及四川化学工业学院。

1994年四川大学与成都科技大学合并为四川联合大学，1998年复名为四川大学。

此外，成立于1985年的华西医科大学，最早溯源可至1910年始建的华西协和大学。其后该校又历经了私立华西协和大学（1933年）、华西大学（1951年）、四川医学院（1953年）。

2000年，“川大”与“华西”两所著名高校，终合并组建了新四川大学。

今四川大学名师云集，学者荟萃，在中国科学院和中国工程院院士中，就有64位是川大校友且其中不乏有两院院士。现四川大学所开设的学科门类齐全，其覆盖了包括文、理、工、医等12个门类，另有34个学科型学院及研究生院，以及海外教育学院等学院。

●校训：海纳百川 有容乃大

“海纳百川，有容乃大”八字校训，意在体现出“川大”的发展历史和现实的统一。反映了原四川大学、成都科技大学、华西医科大学三校合并实力，三校历经融合、改革、发展的历史，以及相互之间深厚的历史渊源，也直接反映出新川大“三强合并”之优势。

“海纳百川，有容乃大”不仅是民主精神的体现，而且是各种文化思潮交流和对话的舞台，同时是各家学说宏论碰撞，各种学术思想汇聚的瀚海。其实百花齐放，百家争鸣，“海纳百川，有容乃大”不仅蕴含了丰富精神内涵，并且巧妙嵌入“川大”二字于其中。

花絮采撷

● 历史悠久 馆藏丰富 高校翘楚

四川大学博物馆坐落于风景秀丽的锦江一侧，掩映于四川大学葱郁校区之间。该博物馆始筹建于 1914 年，也是我国近代历史最悠久的博物馆之一。

该博物馆也是我国各类高等院校中，唯一具有综合属性的优秀博物馆。今馆内辟有石刻艺术陈列室、民俗文化学陈列室、书画艺术陈列室、道教历史及文物陈列室、革命历史文物陈列室等展厅。现馆内所收藏的各类文物已达 40000 余件，展出的文物有 2000 余件。

1914 年，由美国学者戴谦和教授主持并创建了四川大学博物馆前身——华西大学博物馆。早在 20 世纪三四十年代，该博物馆便已享有“西南最完善之博物馆”的美誉。郭沫若先生曾为该展馆题词“川大博物馆收藏颇为丰富，闻系积四十年之力而得此，殊非易易！望善于加以保管并加以有系统的研究，对中国文化史将有适当之贡献”。

● 艰难创建（1914—1932 年）

展馆从收购第一件校钟起步，随之华西协和大学古物博物馆也开始筹建，由理学院教授戴谦和任馆长。时至 1931 年，已有标本 6000 余件，储藏陈列于华西协合大学赫斐院。

● 逐步成长（1932—1941 年）

至 1932 年，美国哈佛燕京学社鉴于博物馆之重要，遂派葛维汉博士接任馆长。1933 年《成都国民日报》载文，盛赞馆藏珍贵历史遗物甚多，实为西南区最完善之博物馆。

● 初具规模（1941—1947 年）

1942 年展出馆藏灯影，1947 年展出收藏家杨啸谷捐赠之古代名纸。另展出图画、英国刻画、美国建筑等。1942 年 6 月报刊载文称：“尤以华西大学博物馆成绩最为突出”。

● 离乱坚持（1947—1951 年）

时因战乱曾九易馆长。其后由闻宥先生接手主政馆务，着手清点标本，同时购入大量珍贵文物，鼓励全馆同仁努力从事研究。至 1951 年，该博物馆藏品已达 35000 余件。

● 波动前行（1952—1984 年）

1952 年，全国高校院系调整，展馆更名“四川大学历史博物馆”。20 世纪 50—60 年代初，博物馆也有一定发展，20 世纪 60 年代中博物馆下放，更名为“四川大学历史系博物馆”。

• **续写新篇（1985 年至今）**

1984 年，该博物馆正式命名为“四川大学博物馆”，由著名考古学家童恩正出任馆长，自此，博物馆进入快速发展。20 世纪 90 年代杨振宁来馆参观赞誉“我十分高兴参观贵馆，你们收藏了许多精品，陈列方法也非常先进。世界大学博物馆中排名应在前十名之内”。加拿大前驻华大使葛汉先生参观后十分感慨留言“贵馆给我留下了极为深刻印象，中国人应该为有这样的博物馆而感到自豪！”2005 年 5 月，川大博物馆新馆正式落成。

4. 功立于当代 利惠及千秋——都江堰

都江堰位于成都平原西部的岷江之上。其始建于秦昭襄王五十九年（前 256 年），时为秦国蜀郡太守李冰在前人鳖灵开凿基础之上，率众继续整治修建的一项大型水利工程。

这项工程主要包括有：鱼嘴、飞沙堰、宝瓶口 3 个主体组成部分。鱼嘴，江心处修建的分水坝，将岷江分作内、外两部分，外江排洪，内江灌溉。飞沙堰，主起泄洪、排沙，以及调节江水量的功用。宝瓶口，控制进水流量，因口形如瓶颈，故宝瓶口。

都江堰，这项伟大著名的古代水利工程，曾被史学界和水利界称赞为我国古代水利建设工程中，一颗光辉璀璨的明珠。早在 2200 多年前的战国时代，秦国蜀郡太守李冰吸取前人治水经验，率领民众整修了都江堰这项“功立当代，利惠千秋”的重大水利工程。

都江堰建成之后，成都平原顿成沃野千里，被人们称为“陆海”，呈现“水旱从人，不知饥馑，时无荒年，谓之天府”。2000 多年来，都江堰一直发挥着防洪及灌溉的功效。

都江堰也是迄今为止，世界上唯一留存年代最久、持续使用并始终在发挥效益、以无坝疏引水为特征的宏伟的水利工程，是我国古代劳动人民勤劳勇敢、聪明智慧的结晶。

如今，都江堰不仅成为世界知名的中国古代水利工程，而且也是著名的旅游名胜区。都江堰景区风光秀丽，周边文物古迹众多，其主要景观有伏龙观、二王庙、安澜索桥、玉垒关、离堆公园、玉垒山公园、玉女峰、灵岩寺、普照寺、翠月湖、都江堰水利工程。

都江堰曾接待过多国元首、政府首脑，其中不乏知名水利专家。在了解悠久历史，观看工程设施后，对其科学理念、巧妙设计、精湛工艺，一致赞叹不已。都江堰现已成为世界著名文化遗产、世界著名自然遗产、全国重点文物保护单位、国家 5A 级旅游名胜景区。

历史文化

据传，秦蜀郡太守李冰建堰初期，都江堰称作“湔堋”。这是因为都江堰旁边玉垒山，秦代前被称“湔山”，那时都江堰周围聚居主要是氐羌人，他们把堰叫做“堋”，所以都江堰也称“湔堋”。三国蜀汉时期，都江堰属都安县管辖，因县得名都江堰称“都安堰”。

史上唐代，都江堰改称作“楗尾堰”。因为当时这里用于筑堤的材料主要是“破竹为笼，圆径三尺，以石实中，累而壅水”，即利用竹笼装填石块，称作“楗尾”。直到宋代，在宋史中才第一次提到都江堰“永康军岁治都江堰，笼石蛇决江遏水，以灌数郡田”。

都江名称来历众说不一，《蜀水考》中说“府河，一名成都江，有二源，即郫江，流江也”。其上游是都江堰内江分流，柏条河和走马河，《括地志》也说“都江即成都江”。宋代始，将整个都江堰水利系统、概括起来统称作都江堰，自此这个名称一直沿用至今。

2000 年，联合国世界遗产委员会第 24 届大会根据联合国《保护世界文化和自然遗产公约》第一条第二款，有关文化遗产定义规定，对都江堰水利工程作出如下评语：“鉴于都江堰水利工程，历史悠久、规模宏大、布局合理、运行科学，且与环境和谐结合，在历史和科学方面具有突出的普遍价值，因此都江堰被确定为世界文化遗产”。

主要景观

二王庙。二王庙位于在玉垒山之上，是千百年来人们为感恩李冰父子的治水功劳、永世纪念而修建的一座规模宏伟的寺庙。据称，此庙始建于南北朝，宋代以后李冰父子被封为王，蜀人敬重李冰父子如神明，改称二王庙，庙内石壁刻李冰治水秘诀“深淘滩，低作堰”。

鱼嘴。鱼嘴是俗称，其实就是都江堰的分水设施。它是将岷江分为内、外两江。西面为外江，领岷江正流，主用于泄洪排沙；东边为内江，为人工开凿的引水渠道，主用于灌溉。

鱼嘴设置极为巧妙，春季岷江水流小，这时主流直入内江，水量多占六成，外江仅占四成。洪水季节，二者比例又自动颠倒，内江四成，外江六成，使灌区免受水涝灾害。

飞沙堰。飞沙堰为都江堰溢洪水道，古称“减水河”，取泄流之意。当内江水流超过宝瓶口上限，多余水量会从飞沙堰溢出。如遇特大洪水它将自行漫堤，使大量江水重归岷江。飞沙堰位置选址颇为神奇，手法之高具有鬼斧神工之妙。它可巧妙地利用离心力作用，将上游带来的泥沙和卵石，从这里抛入外江，从而确保内江通畅，因而被称飞沙堰。

宝瓶口。宝瓶口，是在玉垒山伸向岷江的长脊上开凿了一个豁口，为内江引水之咽喉，故称“宝瓶口”。古人在岩壁上刻有几十条标线，取名“水则”，这应是我国最早的水位标尺。当内江水流进入宝瓶口后，过干渠经仰天窝节制闸，江水一分为二。再经蒲柏、走江闸二分为四，且顺应西北高、东南低地势一分再分，形成自流灌溉趋势浸润成都平原。

安澜索桥。安澜桥横跨内江和外江分水处，眺望江水灌渠纵横阡陌，古堰雄姿尽收眼底。初春、盛夏、立秋、寒冬，无论何时伫立索桥上，皆可感受岷江水流不同季节发生的变化。

据称此桥，始建于宋代之前，至宋淳化元年（990年）改称“评事桥”。明代末期此桥曾毁于战火，清代嘉庆年间，复建新桥并以此更名“安澜桥”。安澜索桥又称“夫妻桥”。

安澜桥也被誉为“中国古代五大桥梁”之一，为都江堰颇具特征的一处景观。据《华阳国志·蜀志》载，李冰“能笮”，这说明安澜桥的修建不会晚于都江堰修筑年代。

伏龙观。伏龙观原名“范贤馆”，始建于晋代。观建离堆之上、殿宇三重，左侧是宝瓶口、江水奔流不息。观后立有观澜亭，驻足凭栏远眺，近可观鱼嘴激流，远眺可见西岭积雪。

都江堰卧铁。相传，李冰在建堰之初，曾经在内江河床埋有石马，以作每年淘滩清淤时的深度标记。后来随着时间的推移，逐渐演变使用了卧铁。江内现有的四根卧铁，分别为明代万历四年（1576年）、清代同治三年（1864年）、民国十六年（1927年），以及1994年不同时期埋下。

---

5. 诸峰环若廓　林隐天下幽——青城山

青城山位于四川都江堰市西南，距省会成都市68千米，地处都江堰水利工程西南10千米处，最高峰老君阁海拔1260米。青城山诸峰起伏环绕、林木葱郁青翠，素有“青城天下幽”之美誉。放眼山巅林木葱茏，四季常青，群峰环峙，状若城郭，故名青城山。

青城山，史上名称颇多，如汶山、天谷山、渎山、丈人山、赤城山、清城都、天国山等。青城山也被誉为“天下第五名山”，自古以来便享有“洞天福地”“神仙都会”称谓。

《丈人山》　唐·杜甫

自为青城客，不唾青城地。

为爱丈人山，丹梯近幽意。

丈人祠西佳气浓，缘云拟住最高峰。
扫除白发黄精在，君看他时冰雪容。

青城山是我国古代道教发祥地之一，也是道教十大洞天的第五洞天，历来视作蜀中名山。传说，黄帝曾封青城山为“五岳丈人”。自古为名人隐士探幽览胜或隐居修炼之地。相传，天师洞是东汉末年张道陵讲经传道处。三皇殿供奉唐代石刻三皇，殿内存历代石木碑刻。其中，玄宗旨书碑、岳飞手书诸葛亮《前出师表》《后出师表》最为著名。

上清宫，始建于晋代，今殿宇为清代同治年间所建。题有“天下第五名山”“青城第一峰”摩崖石刻。建福宫始建于唐代，位于丈人峰峭壁下，虽历千年风霜仍气度非凡。

历史文化

传说，上古时期轩辕黄帝巡游天下遍访五岳，曾封青城山为“五岳丈人”，而青城山得名亦有两种说法。一说，青城山林木青翠，终年常绿，诸峰环绕，状若城郭，故为“青城”山。另一说，此山原名“清城”，在神话中“清都、紫薇”乃天帝所居故曰“清城”。

史传，唐代佛教发展迅速，时佛教与道教发生领地之争，以致官司打到皇帝御前。因唐玄宗崇道，遂颁下诏书“观还道家，寺依山外”。然而不知何故，诏书中将“清城”写成了“青城”，自此便改称了青城。此据并非戏说，至今保留有唐代碑文诏书，圣谕佐证。

东汉顺帝汉安二年（143 年），有道教“天师”张道陵至青城山，其认为此地山幽而涵碧，宜结茅传道，青城山遂成为道教发祥地之一，被道教列为“第五洞天”。宫观以天师洞为核心，另有建福宫、上清宫、祖师殿、圆明宫、老君阁、玉清宫等数座道教宫观建筑。

张道陵，原名张陵，客居四川学道于鹤鸣山中，依《太平经》作道书，自称出于太上老君口授。其奉老子为教主，以《道德经》为经典，创立了“五斗米道”又称“天师道”，被后世尊称为天师，道名张道陵。传说天师张道陵晚年，既显道于青城山并在此羽化。

唐末，著名道士杜光庭至青城山，致天师道传统乃与上清道结合。上清道宣称修行得道可升“上清天”，故比天师道“太清境”理想更高。杜光庭曾于前蜀皇帝王建殿下称臣，官至光禄大夫尚书户部侍郎，晚年谪居青城山近 30 年，著书立说对道教发展颇具影响。

明朝末年，矛盾激化、战乱不断，宫观荒废、道士四散。一直到清康熙八年，有武当山全真道龙门派道士陈清觉，入主青城山主持事务，才令道观局面得以改变。故而自明代始，青城山道教所传属全真道龙门派，现青城山道教所传便为全真道龙门派丹台碧洞宗。

青城山，古建宏伟颇具特色，诗画辞赋随处可见，风景优美、宫观深邃，丹梯千登、故事传奇，静谧典雅素以清幽取胜。全山宫观乃以天师洞为核心，建有上清宫、建福宫、祖师殿、圆明宫、玉清宫、朝阳洞。著名景观如天师洞、上清宫、建福宫、天然图画等。

天然图画坊位于前山，峻岭清幽、崖石耸立，云雾缭绕、山色空蒙，游人至此，如入仙境。青城山前山景色优美、文物古迹众多，后山景物更具自然、可谓原始不掩清秀。

主要景观

青城山景区可分为前山、后山两部分。前山景色优美，文物古迹众多，主要景点有建福宫、天然图画、天师洞、朝阳洞、祖师殿、上清宫等。后山林幽、山雄、水秀、蔚为新奇，夏天格外凉爽，主要景点有金壁天仓、圣母洞、山泉雾潭、白云群洞、天桥奇景等。

- **前山景区**

天师洞。天师洞始建于隋朝大业年间，其三面环山，一面临涧、古树参天、十分幽静。现存各处殿宇多建于清末，规模宏伟、雕刻精细，观内存有许多珍贵文物和珍稀古树。相传东汉末年张道陵曾在此讲经传道，观内正殿为“三清殿”，殿后立有黄帝祠和天师洞等古迹。

建福宫。建福宫始建于唐开元十八年（730 年），此处现仅存两殿三院，乃是清代光绪年间重建。宫内分别奉祀道教名人和天宫诸神，今殿内立柱上 394 字长联，被赞为“青城一绝”。

上清宫。上清宫始建于晋代年间，现存的多数殿宇乃为清代同治年间所建。其著名景观有“天下第五名山”“青城第一峰”等摩崖石刻，宫门“上清宫”3 字为蒋介石先生题额。

老君阁。老君阁峰顶原有呼应亭，取“登高一呼，众山皆应”之意，20 世纪 80 年代末曾改亭建阁。今老君阁于 1992 年重建，历时三载竣工，今为八百里青城圣境又一恢宏奇观。

圆明宫。圆明宫始建于明万历年间，因供奉圆明道母天尊而得名。宫内四重殿堂，前殿为灵祖殿供奉灵官神像，二殿为老君殿供奉太上老君，三殿圆明道母天尊为北斗众星之母。有联云：

栽竹栽松，竹隐凤凰松隐鹤；
培山培水，山藏虎豹水藏龙。

天然图画。天然图画坊位于龙居山牌坊的山岗脊处，这是一座十角重檐式亭阁，始建于清光绪年间。此地风光恬静景色优美，游人至此仿佛置身桃园仙境，故称其为“天然图画”。

祖师殿。祖师殿又名真武宫，始建于唐代年间。唐代诗人杜光庭、薛昌，宋代张愈等，皆在此隐居。唐睿宗的女儿玉真公主，也曾在此修道以求成仙，此殿环境幽雅、富含意蕴。

朝阳洞。朝阳洞位于主峰老霄顶岩脚处，深阔数丈，可容百人。洞前撰有一副对联“天遥红日近，地厌绎宫宽”。徐悲鸿也于此撰书一联“空洞亲迎光照耀，苍崖时有凤来仪”。

● **后山景区**

以水秀、林幽、山雄、石怪等自然奇观取胜。有神秘溶洞、雄奇蓥华、秀丽味江，罕见古墓群，大蜀王遗址等。此处集山、水、洞、廊、林于一身，可与青城前山相媲美。

泰安古镇。泰安古镇历史悠久，自古便是控扼成都西入金川的必经驿道。史上宋代，曾设味江镇，自清代伊始因场后有古泰安寺，其后便易名为泰安镇。今泰安寺坐落于古镇的中央。

五龙沟。五龙沟古称蛮河沟，其狭长沟谷约 8000 米。传说很久以前，这里有五条神龙隐藏于沟中而得此名。今沿途行进景色绝佳，如金娃娃沱、龙隐峡栈道、石笋岩、回音壁等。

又一村。又一村位于五龙沟的桃花溪，其得名源于诗人陆游名句“柳暗花明又一村”，这里不仅景色清幽还是一个爬山歇脚的好地方，其中桃花溪度假公园与又一村毗邻。

飞泉沟。飞泉沟古名冷凝沟，由泰安寺过黄鹤桥可至。其水流自蓥华山，纳白云洞古磨沟、观音岩沟、响水沟汇入味江，其中“幽谷飞泉”“百丈长桥”“双泉水帘”颇为壮观。

百丈桥。百丈桥位于翠映湖与白云古寨之间，这里有木板铺成的曲桥，长约百余米。两岸古树龙钟，林木草绿花红，“木萝莎”蝉翼漫舞，翠映湖聚一潭碧水，池畔环阔景色清幽。

圣母洞。圣母洞为一天然沙页岩溶洞，深藏于古木密林之中。主洞长 300 余米，曲折迂回，舒缓延伸，洞内冬暖夏凉。洞内钟乳石遍布，危岩现光怪陆离，清泉汩汩，波光粼粼。

赵公山。赵公山为青城山层峦主峰，海拔 2434 米。赵公山不但景色优美，风光旖旎，水流清澈，深邃静谧，这里还有一处华人喜欢供奉的神灵，那就是财神爷赵公明的家庙。

6. 君臣惟合祀　碑联俱冠佳——武侯祠

武侯祠位于成都南门武侯祠大街，由刘备与诸葛亮等蜀汉君臣的合祀祠庙，及惠陵构成，这也是中国古代唯一君臣合祀的庙宇。蜀汉建兴元年（223年）始建刘备陵寝，武侯祠建于唐前初与昭烈庙相邻，明代重建武侯祠时并入“汉昭烈庙”，自此成君臣合祀样形。

历史文化

古往今来，历代君王、名人义士、文人骚客至此，多留有凭吊褒奖诗文赞誉，又以杜甫名篇流传最广。其中：“出师未捷身先死，长使英雄泪满襟”，已成为家喻户晓佳句。

《蜀相》 唐·杜甫

丞相祠堂何处寻，锦官城外柏森森。
映阶碧草自春色，隔叶黄鹂空好音。
三顾频烦天下计，两朝开济老臣心。
出师未捷身先死，长使英雄泪满襟。

成都武侯祠，时为纪念三国时期蜀汉丞相诸葛亮而建的祠堂，因诸葛亮生前曾被封为武乡侯故得此名。史载，蜀汉建兴十二年（234年）8月，诸葛亮因频赴战事，致使积劳成疾，遂病卒于北伐前线五丈原（今陕西宝鸡市岐山县城南20千米处），时年仅54岁。

今全国各地有多处武侯祠，但最具影响力、知名度最高仍是成都的武侯祠。据《三国志》记载，刘备于公元223年病故白帝城，后灵柩运回成都下葬于惠陵。按照汉制有陵必有庙，所以就有了汉昭烈庙。大约在明代初年，武侯祠与惠陵、汉昭烈庙合祀于一处。

武侯祠为五重建筑，其规整排列于从南至北的一条中轴线上。祠内全部建筑以刘备殿的规格最高，建筑显赫雄伟壮丽。今在武侯祠的后部区域还有三义庙、结义楼等建筑。

今祠庙内留存的主体建筑（除惠陵），多为清康熙十一年（1672年）重建。现祠内供奉包括刘备、诸葛亮等蜀汉重臣英雄人物塑像50余尊。另有自唐代以来历朝名家碑刻50余通，著名匾额、楹联70余幅，其中以唐代“三绝碑”、清代“攻心”联最为著名。

1961年，武侯祠公布为首批全国重点文物保护单位，现为国家4A级旅游景区。

主要景观

● 祠堂正门

进入祠堂的正门，可见上悬“汉昭烈庙”匾额，行至大门内松柏浓荫处，伫立着六通石碑，在两侧各有一碑廊。其最大一通位于东侧碑廊内，为唐代“蜀汉丞相诸葛武侯祠堂碑”，此碑为唐宪宗元和四年（809 年）所立，具有珍贵的文史价值，现为国家一级文物。

此碑所撰碑文，对诸葛亮一生高风亮节、文治武功多有褒奖及称颂，并以此激励唐代执政者。碑文特别称赞诸葛亮法治思想，如对马谡因失街亭被诸葛亮依法处斩，而马谡临刑痛哭，但也表示死而无怨。另李严与廖立二臣被诸葛亮削职流放，但他们也自甘服罪。

诸葛亮所以为后人敬仰，主要因其治国理政尽心，依法治军严谨，鞠躬尽瘁死而后已。这也使得李、廖二臣得知诸葛亮病逝，竟然“闻之痛之，或泣或绝”。这些记载均为史实，故裴度据史褒评令人信服，阅读碑文通篇词句甚感真切，文笔酣畅淋漓，令人百读不厌。

● **三绝碑**

“蜀汉丞相诸葛武侯祠堂碑”，为唐元和四年（809 年）刻建。此碑为时任唐朝宰相裴度撰文，著名书法家柳公绰（柳公权兄）书，蜀地名匠鲁建镌刻。以文书刻谓之“三绝”。

名碑三绝不同之说。

其一说，认为唐宰相裴度文章妙笔生花、柳公绰书法脱俗不凡超群、蜀地名匠鲁建碑刻入微精湛，此碑始成乃出自三位名家之手，故被后世赞誉为所立诸碑声冠“三绝”。

其二说，认为此碑三绝，一是因为诸葛亮功绩至伟，二是因为裴度文章酣畅淋漓，三是因为柳公绰的书法出色。故被后人赞誉为诸碑之“三绝”。

其三说，还有一种说法，则是认为自唐、宋、明、清以来，此碑的阴、阳、侧三面，遍刻酣畅题诗、题名、跋语。且皆为赞颂溢美之词，故被后人称作此碑之“三绝”。

● **刘备殿**

刘备殿又名昭烈庙。该庙为单檐歇山式建筑，正中有刘备贴金塑像，仪容丰满庄重，耳大垂肩。左侧陪祀是其孙北地王刘谌像。右侧原为其子蜀汉后主刘禅像，只因刘禅昏庸无能，不能守住基业，以致丧权辱国，宋真宗时被四川地方官撤除，其后也没有再塑。

史传，后主刘禅降魏之时，其子刘谌到刘备墓前哭拜，杀掉家人后自杀。今两侧偏殿，东有关羽父子及周仓塑像，西有张飞祖孙三代塑像。两处塑像既表现了关、张二人不同外貌和不同性格，又反映了他们所具有超群武艺、孤傲自信、勇猛过人的各自特征。

另外，在两侧东、西廊房处，分别塑有蜀汉文臣、武将坐像各 14 尊。东侧文臣廊坊以庞统为首，西侧武将廊房以赵云领衔，塑像如真人大小，形态各异气宇轩昂。昭烈庙正殿西壁悬传为岳飞所书木刻《出师表》，东壁为现代书法家沈尹默所书《隆中对》木刻。

● 诸葛亮殿

武侯祠是纪念三国时期蜀汉丞相诸葛亮的祠堂。诸葛亮生前封“武乡侯”，死后谥号“忠武”，故纪念他的祠堂被称作“武侯祠”。正殿中供奉着诸葛亮祖孙三代的塑像。

今殿内有诸葛亮头戴纶巾、手执羽扇的贴金塑像，像前置有三面铜鼓，相传是诸葛亮带兵南征时所制作，后人称“诸葛鼓”。鼓上刻有精致图案花纹，可称作珍贵历史文物。

大殿顶梁由乌木制成，上书诸葛亮写给儿子诸葛瞻《诫子书》，其中名句“非澹泊无以明志，非宁静无以致远”。史载，诸葛瞻及其子在绵竹抗击魏将邓艾战斗中捐躯身亡。

此外，大殿上方高悬“名垂宇宙”匾额，两侧为清代名士赵藩所撰书的著名“攻心”联。这是一副颇具盛名的楹联，联中借喻诸葛亮治理蜀汉，与刘璋政权二者成败得失分析，提醒后人在治国理政之时，务必要借鉴前人的经验教训，特别要把握“攻心”和“审势”。

《攻心联》　清·赵藩

上联：能攻心则反侧自消，自古知兵非好战；

下联：不审势即宽严皆误，后来治蜀要深思。

● 惠陵

刘备墓，史称“惠陵”，墓中与刘备合葬的为甘氏、吴氏二位夫人。今刘备墓前有清代乾隆年间所立的“汉昭烈皇帝之陵”石碑，陵墓主体建筑由照壁、栅栏门、神道、寝殿等构成，陵前神道乃为清代时期所建。惠陵与武侯祠建筑一样，都是呈现坐北朝南格局。

● 文武廊

在武侯祠里，史上蜀国的重要人物都塑有雕像。例如刘备、诸葛亮、关羽和张飞都有专殿，其余文官与武将则分别塑像在文武廊。如东边一侧文官廊，以庞统为首，其次是简雍、吕凯等。西边是武将廊，以赵云为首，其次是孙乾、张翼、马超、王平、姜维。

● 三义庙

三义庙，初名三义祠，为清康熙初年四川提督郑蛟麟始建。乾隆四十九年（1784 年）因焚香引起大火被毁，后得当年重建，道光二十二年（1842 年）获修葺。今建筑和匾联为道光年间遗存。1981 年，公布为成都市文物保护单位。1998 年，三义庙由提督街迁至武侯祠。

7. 黄鹂鸣翠柳　白鹭上青天——杜甫草堂

杜甫草堂坐落于成都市的浣花溪畔，是中国唐代大诗人杜甫流寓在成都时的一处故居。史传，杜甫在此居住的近4年时间，先后创作诗歌达240余首。唐末诗人韦庄在寻得草堂遗址后，用心重结茅屋，使之得以保存，其后历经宋元明清历代俱得修葺扩建。

杜甫，字子美，是我国历史上最著名诗人之一，被人们尊称为“诗圣”。史传“安史之乱”期间，曾经流离至成都，幸得友人的资助，后在城西浣花溪畔建一草堂，濒浣花溪筑茅屋而居。现今的杜甫草堂乃是后人为纪念杜甫，而重新营建的一处环境幽雅之园林。

今草堂保留明弘治十三年（1500年），清嘉庆十六年（1811年）修葺建筑时的基本格局。核心园区照壁、正门、大廨、柴门、诗史堂、工部祠等，皆有序排列于中轴线上，两旁配以对称回廊，既庄严肃穆又古朴典雅。“少陵草堂”碑亭，现为杜甫草堂的标志性景观。

1961年，杜甫草堂被国务院公布为首批全国重点文物保护单位。成都杜甫草堂也是国内现存规模最大、保存最为完好、知名度最高、且最具特色的一处杜甫行踪遗迹。

历史文化

史载，唐乾元二年（759年）冬，杜甫为避“安史之乱”，携家人由陇右入蜀后转至成都。次年春季在友人帮助下，于成都西郊浣花溪畔修建一处颇有意味的茅舍。此茅屋落成后，始称“成都草堂”，其诗作“万里桥西一草堂，百花潭水即沧浪”，所提便是该草堂。

杜甫在这里寓居近4年，因曾授“检校工部员外郎”之衔，又被称作杜工部。在这段时间内，因生活比较安定，故而诗歌创作甚丰，留下诗作200余首，约占其全部作品近六分之一。如《春夜喜雨》《蜀相》等名篇，其诗作《茅屋为秋风所破歌》更是千古绝唱。

例如，诗中“安得广厦千万间，大庇天下寒士俱欢颜”，如今已成人们几近家喻户晓名句。不仅如此，杜甫在草堂寓居期间，外出交友、赋诗题画，精彩之作、层出不穷。又如，“两个黄鹂鸣翠柳，一行白鹭上青天。窗含西岭千秋雪，门泊东吴万里船”。这首著名的七言绝句，极为生动形象描绘出诗人在成都亲历的明媚春光、秀丽景色。

杜甫诗作在中国古典诗歌中、不仅题材广泛风格独特且自成一家，而且也是一位伟大现实主义诗人。史上，曾与李白合称“李、杜”。其中一些经典华彩名句，皆为后世称赞且不断传颂。现诗人旧居风貌依存、建筑古朴典雅、园林清幽秀丽、俨然一处文化圣地。杜甫诗文名句采撷：

感时花溅泪，恨别鸟惊心。　《春望》
烽火连三月，家书抵万金。　《春望》
但见新人笑，那闻旧人哭。　《佳人》
在山泉水清，出山泉水浊。　《佳人》
会当凌绝顶，一览众山小。　《望岳》
星垂平野阔，月涌大江流。　《旅夜抒怀》
无边落木萧萧下，不尽长江滚滚来。　《登高》
读书破万卷，下笔如有神。　《奉赠韦左丞丈二十二韵》
昔闻洞庭湖，今上岳阳楼。吴楚东南坼，乾坤日夜浮。　《登岳阳楼》
挽弓当挽强，用剑当用长。射人先射马，擒贼先擒王。　《前出塞九首》

景区概说

今杜甫草堂，仍完整保留着清代嘉庆年间重建时的基本格局，同时参考了文史资料，形成了独具特色的中国古典文化园林。今草堂及博物馆，按不同功能区分为 3 部分：文物景观游览区（草堂旧址）、园林景观游览区（梅园）、观光游客服务区（草堂寺）。

例如在诗史堂内有著名雕塑家刘开渠先生创作的杜甫雕像，且陈列有历代名人所题写的楹联、匾额。原梵安寺古建筑群中的“大雅堂”，陈列的大型彩釉镶嵌磨漆壁画，以及 12 尊我国历代著名诗人的雕塑，形象展示了杜甫的生平以及中国古典诗歌的发展史。

不仅如此，杜甫草堂正门之上高悬“草堂”二字匾额，乃是清代康熙皇帝的第 17 子、果亲王爱新觉罗·允礼所书。另在“情系草堂”所呈现的文献图片资料，还展示了国家领导人、国外来宾、海内外名人莅临杜甫草堂参观留下的影像、签名、题词及礼品。

主要景观

草堂大廨。步入杜甫草堂正门，一路前行且跨过石桥，便是一座通堂式敞厅。亭内两壁悬有一幅意语深长的楹联“异代不同时，问如此江山，龙蜷虎卧几诗客；先生亦流寓，有长留天地，月白风清一草堂”。此联原为清代顾复初撰书，现今墨迹乃为著名书法家邵章所补写。

诗史堂。自宋代以来，人们尊称杜甫为“诗圣”，今诗史堂两侧配有陈列室，并经回廊与大廨相连，堂中安放古铜色的杜甫全身塑像，堂内悬挂有朱德、陈毅、郭沫若等名人题词。

工部祠。祠内有明、清两代杜甫石刻像。另有黄庭坚、陆游配祀立于两侧，故此处又称三贤堂。堂中悬有“荒江结屋公千古，异代升堂宋两贤”联语，壁间镶嵌石刻“少陵草堂图”。

草堂寺。草堂寺古称梵安寺，位于杜甫草堂东侧，始建年代有说南朝齐梁，有说唐代杜甫旧宅。现存建筑为清末时重修，有山门、天王殿、大雄宝殿、戒堂、藏经楼、左右厢房等。

浣花祠。浣花祠，又名冀国夫人祠，为纪念唐代女杰而立，该祠于清光绪年间修建。史传，杜甫离成都后，冀国公崔宁将杜甫旧宅一部，辟别墅为夫人所居，后冀国夫人舍宅为寺。

---

8. 井余韵笺芬　阁立叹孤联——望江楼

望江楼位于成都东门外的锦江河畔，是为纪念唐代蜀都才女薛涛的一处著名古迹游览胜地。今园内柳岸石栏，翠竹幽径，波光粼粼，亭阁比肩，现景区尚存古井一口，旧名玉女津，传为薛涛制作诗笺汲水处。唐代才女薛涛遗迹景观现为四川省文物保护单位。

薛涛，字洪度、原籍长安，后随父谪居蜀中。薛涛自幼聪颖好学才华出众，父丧之后，因家贫15岁入乐籍，因能诗善文，又谙谐音律，时称女校书。文献记载，薛涛诗作500余首，与她同时代著名诗人元稹、杜枚、白居易都对其十分推崇，且相互吟诗唱和。据传，旧时园内题咏甚多，其最负盛名一联云：

此间寻校书香冢白杨中，问他旧日风流，汲来古井余芬，一样渡名桃叶好；
西去接工部草堂秋水外，同是天涯沦落，自有浣笺留韵，不妨诗让杜陵多。

新中国成立后，望江楼几经修扩，现翠竹千竿、葱郁如林，立阁倚江、曲径通幽，园区占地面积180余亩。崇丽阁（即望江楼）、濯锦楼、吟诗楼，以及晚清以来所修葺的古建群。尤其清光绪十五年（1889年）所所建崇丽阁，宝顶鎏金熠熠生辉、光彩夺目宏伟壮观。

历史文化

自古巴山蜀水既多才子也出才女，且不论权倾一时的武则天，仅卓文君、薛涛、黄娥（杨升庵妻）等一众才女，便令后人仰慕且赞叹不已。当年薛涛以诗文及自制“薛涛笺”闻名于世，令宰相裴度、尚书元稹、西川节度使韦皋，诗人白居易、刘禹锡一袭名人心仪。

史传，薛涛能诗善文，精谙音律，深得西川节度使赏识，曾任校书郎时称女校书。元稹赞誉“锦江滑腻峨眉秀，幻出文君与薛涛”。她汲井水制成的书笺纸在当时颇负盛名，曾被赞誉为“薛涛笺”。薛涛一生爱竹，常以“苍苍劲节奇，虚心能自持”行为激励自己。

据说，节度使韦皋曾将薛涛请至幕府，与其近距切磋诗艺，并表奏朝廷授予薛涛校书郎之职。自此，人们便称薛涛为女校书，时有文人元稹与薛涛更是一见钟情，倾情相爱四年之久。史传，元稹时以监察御史至成都，便急于面会薛涛，后经朋友引领便一见如故。坊传，偶因琐事不合而令二者不快，才子佳人竟渐生裂隙。时薛涛负气离开元稹，而元稹恰得奉调急返长安。据说，元稹临行之际薛涛特意赶来送行，时薛涛深情注目元稹，心存意念和好如初。只是倔强才女终未释然，待船启程薛涛仍是凝立、遥望船帆渐行远去。

元稹离别后，薛涛痛苦萦绕心头，于是将自己百般思念、深情切意皆赋于诗笺。据说，她写有100多首诗寄给元稹“芙蓉新落蜀山秋，锦字开缄到是愁。闺阁不知戎马事，月高还上望夫楼”，由衷表达了自己“鸿雁传书”之情，深切寄托了对元稹无尽思念之意。

元稹接到薛涛的诗笺后，也为薛涛的真情所打动，埋藏到心底感情同样萌生“别后相思隔烟水，菖蒲花发五云高”，无奈巴山蜀水远隔千里，其后元稹再也无缘来到成都。清代嘉庆年间修建濯锦楼，刻意建成一船舫形状，据说就是为纪念当年薛涛为元稹送行。

两副名联

今崇丽阁与锦江相互依傍，浑然一体构成优美画卷。崇丽阁上悬两副著名楹联，堪称联中佳品绝对。其中一副楹联长达212个字，以景触情谈古论今，其势不凡气吞山河。此长联出自清代名士钟云舫之手，他也曾在江津临江楼撰写过千字长联，迄今仍为华夏第一长联。据说，当年他只因告发贪官反被打入牢狱，遂以长联抒发胸中不平怨气。

《崇丽阁楹联》 清·钟云舫

上联：几层楼独撑东面峰，统近水遥山，供张画谱。聚葱岭雪，散白河烟，烘丹景霞，染青衣雾。时而诗人吊古，时而猛士筹边。只可怜花蕊飘零，早埋了春闺宝镜；枇杷寂寞，空留着绿野香坟。对此茫茫，百端交集。笑憨蝴蝶，总贪迷醉梦乡中。试从绝顶高呼，问问问，这半江月谁家之物？

下联：千年事屡换西川局，尽鸿篇巨制，装演英雄。跃岗上龙，殒坡前凤，卧关下虎，鸣井底蛙。忽然铁马金戈，忽然银笙玉笛。倒不若长歌短赋，抛撒些幽恨闲愁；曲槛回廊，消受得好风好雨。嗟余蹩躠，四海无归。跳死猢狲，终落在乾坤套里。且向危梯俯首，看看看，哪一块云是我的天？

此外，崇丽阁还有一副奇联，据说是一位清代江南才子初登望江楼，见江楼景色美不胜收，一时灵感顿生脱口吟出上联。但因过于沉醉上联意境，致使下联思路阻断，直到即将离去也吟不出满意下联，百般无奈之际只得抱憾而别，故仅将此行上联书就于望江楼。

一百多年来，无数文人墨客慕名而至，其间也有不少学士儒生试图应对，虽然一些楹联应对也还不错，但细化词语纵览全句、相较上联意境，总是感觉识度气势略逊一筹。

《崇丽阁奇联》　清·佚名

上联：望江楼，望江流，望江楼上望江流，江楼千古，江流千古；

下联：

主要景观

望江楼。望江楼又名崇丽阁，屹立于成都市锦江岸边，此为望江楼景区最宏伟之建筑。“崇丽阁”取自晋人左思《蜀都赋》名句“既丽且崇，实号成都”。现为成都标志性建筑。

濯锦楼。濯锦楼位于崇丽阁的西侧，光绪十五年（1889年）与崇丽阁同建。两层三间，略似船形，四周建有回廊。据说，此楼建筑呈现船状，为纪念薛涛在船行之前与元稹惜别之情。

吟诗楼。吟诗楼位于崇丽阁的东侧。传说，薛涛晚年居于碧鸡坊吟诗楼，后有清代著名书法家何绍基为此楼撰联“诗笺茗碗香千载，云影波光活一楼”，恰是此楼风韵真实写照。

薛涛井。薛涛井原名玉女津，今井旁立有碑石，上书“薛涛井”3字，为清代康熙年间成都知府冀应熊的手迹。自清代始，因“薛涛井”题咏碑刻、楹联匾额甚多，令此渐成名胜。

公园竹林。今望江公园内竹园，犹如绿色拱廊且浓荫蔽日，或立池畔，或环水榭。有如凤尾凌空，又似翡翠铺地，叶片宽阔胜似手掌，叶片狭小形若衣针，时千姿百态令人大开眼界。

薛涛墓冢。薛涛生前不住此地，死后葬成都东门外锦江畔，后蜀献王朱椿为纪念薛涛，在今锦江畔打井建坊。宋代建望江楼，陆游曾此登楼，留下“雪山西北横，大江东南流”的诗句。

9. 睿泽深天地 宗风越古今——文殊院

文殊院位于成都青羊区，是川西地区著名佛教寺院。文殊院始建于隋代大业年间，唐代时曾称妙圆塔院，唐会昌五年（845 年）武宗灭佛致寺院被毁，后宣宗即位得以修复。

清顺治元年（1644 年），寺院失火俱焚。康熙三十六年（1697 年），重建庙宇改称文殊院。时康熙帝钦赐御笔“空林”二字，另赐“敕赐空林”一方，今康熙帝墨迹仍存于寺院。

历史文化

文殊院历史悠久，相传是隋文帝之子蜀王杨秀的宠妃，受领“圣尼”信相所建，因而该寺院也被称作信相寺。五代时此寺一度改称妙圆塔院，只是到了宋代又复称信相寺。

据《成都县志》记载，明朝末年信相寺曾毁于兵火，主体建筑俱焚，唯有 10 尊铁铸护戒神像、寺院内两株千年古杉劫后余存。清康熙二十年（1681 年），时有慈笃禅师至荒芜已久古寺，遂于两杉之间结茅为舍，苦行修持数年，其间行著四方，广施恩惠声名远播。史载，清康熙年间，寺院不断得到官府、乡绅、民众捐资。时嘉庆、道光年间，文殊院方丈本圆法师改扩其主要殿堂，由此形成今日主体规模。民国时期文殊院香火旺盛，方丈频开坛传戒。新中国成立之后，寺庙曾得到多次修缮。1983 年，被定为全国重点寺院。

寺院概说

文殊院主要建筑有天王殿、三大士殿、大雄宝殿、说法堂、藏经楼等。寺院氛围庄严肃穆、古朴凝重，布局呈现典型清代时期建筑。院内三檐式钟鼓楼相互对峙，楼内悬有 4500 千克重的铜铸大钟一口。殿中的观音大士像系青铜铸造，可称时代雕塑精品。

护法神韦驮像，为清道光九年（1829 年），第七代方丈本圆法师着青铜形制，工艺精湛、神态庄严，显“童子相貌、将军威仪”。今寺院珍藏佛经、文献达上万册，各式佛像 300 余尊，这些佛像无论石木雕刻、铜铁铸造，还是蜡封泥塑，皆具很高文史艺术价值。

寺院内还珍藏有唐玄奘的顶骨，明神宗田妃亲绣的千佛袈裟，清代杨遇春长女用自己秀发制作的水月观音，以及院僧先宗等数人每日清晨刺舌取血书写的“舌血经书”。文殊院历经 800 余年且延续至今，现为省级文物保护单位、四川省成都市佛教协会所在地。

史料记载，照壁存“文殊院”“睿泽深天地，宗风越古今”楹联，为慈笃禅师之手书。另第一殿为慈笃禅师始立、本圆和尚改建，第三殿为慈笃禅师始立、丈伯和尚重建。

此外，第四殿为说法堂，传为旧古信相寺遗址。今堂中有砖砌戒坛，正中墙壁嵌清康熙帝手书“空林”二字。堂中央宝盖下方供奉药师佛一尊，左、右供奉药叉大将12尊。

宸经楼第五进殿，初为慈笃禅师始立，清道光四年（1824年）得本圆和尚重建。此外，寺院内还建有钟鼓楼、祖堂、准提殿、圆通殿、玉佛殿、三圣殿、五观堂等多处殿堂。

● 空林二圣

佛陀舍利。空林二圣即佛陀舍利和玄奘法师之顶骨舍利。据说，佛舍利乃是佛教中最珍贵圣物，今文殊院宸经楼内供奉着一粒佛骨舍利，为20世纪20年代，蜀中大德能海上师朝礼印度菩提伽耶时，佛金法师将其供养的佛骨舍利，请能海上师带回文殊院且供奉至今。

玄奘顶骨舍利。另有宸经楼左侧供奉玄奘法师顶骨舍利，系20世纪40年代南京报恩寺发现。传闻成都乃玄奘法师出家受戒之地，法师在此生活近5年，携此殊胜方得南京请回顶骨舍利一份供奉。史玄奘法师不畏艰难险阻西行，不为世困全心阐教，故被鲁迅誉为“民族脊梁”。

● 空林八观

天题瞻榜。清康熙四十一年，清圣祖玄烨御赐文殊院“空林”二字横幅，中钤“康熙御笔之宝”朱文玺印一方，其左书“康熙四十一年壬午年仲冬”，右书“钦赐四川文殊院僧超存”。

缅玉敷龛。文殊院大雄宝殿佛龛中，供有缅甸玉佛两尊。左侧玉佛是1923年4月，院僧性麟和尚特从缅甸请回。右侧玉佛是1938年，院僧登云和尚特从缅甸大金塔请回。

群窟涌光。石刻释迦文佛群像一龛，系文殊院第十五代住持、禅安和尚从报国寺遗址寻得。该群像中央雕释迦立像，背刻经变故事《维摩示疾图》，全龛人像60有余，艺术价值极高。

双杉表瑞。据称，文殊院大雄宝殿后檐阶外，原有两株杉树各高15米，为寺中最老之古木。当年慈笃禅师就是在这两株古树间结茅。传古树已于1963年枯死，现为移栽后重植意存。

田衣绚彩。田衣绚彩又称田妃袈裟，据说此物乃明代崇祯帝朱由检所宠爱妃田氏亲绣。史传，田妃原为四川仪陇人，此物本收藏于仪陇西寺，1922年后才辗转藏于文殊院宸经楼。

舌华涵宝。今在舌华寺内珍藏有血书佛经 4 部，传为清乾隆年间《华严经》绍基和尚血书、《法华经》先崇和尚血书、《楞严经》开明和尚血书、道光年间《法华经》佚名和尚血书。

发绣披珍。据传，清代嘉庆至道光年间，有陕甘总督杨遇春之女，以虔诚发愿自取其首秀发辅以金刀精心割分，后于素洁绫绸白缎之上呕心沥血，倾尽诚心终日不辍绣得水月观音。

窣睹晖金。清光绪八年（1882 年），陕甘总督杨遇春曾孙杨光圻发愿为父祈寿作“金刚经塔”。此经文呈七级浮屠状，且“塔”字置顶。经文以细书缮成，楷法细密匀称，制作独具匠心。

---

10. 川西名道观 蜀域冠丛林——青羊宫

青羊宫始建于周朝年间，原名青羊肆。时唐代后期所建宫观皆毁于战火，现存格局建筑大多为清康熙年间所遗。青羊宫曾被赞誉为“川西著名道观”“西南显赫丛林”，今为我国西南地区年代最久远、建筑规模最宏大的道教宫观，也是全国著名道教宫观之一。

史传，唐代中和元年（881 年）社会动荡，时黄巢领导农民起义，慌乱之中唐僖宗逃难于蜀中。其间曾将此观作临时行宫，待后得以重返长安，便颁旨下诏赐其观名青羊宫。今大殿左侧悬挂 3000 千克大钟一口、1000 千克生铁香蜡筒一对。青羊宫中最珍贵文物是一部道藏经典《道藏辑要》，据说这是迄今保存最完整版本，为研究道教珍稀资料。

青羊宫，现为道教全真派圣地，道教全国重点宫观，四川省重点文物保护单位。

历史文化

青羊宫，原名青羊肆，溯源可至周代，唐中和元年黄巢起义唐僖宗避难于蜀中，曾将此观作为临时行宫。唐中和三年颁诏改称青羊宫，五代时改称“青羊观”，宋代又复名为“青羊宫”，自此观名便一直延续至今。现存基本建筑格局，为清代康熙年间复修或重建。

青羊宫内珍藏有清代光绪三十二年（1906 年）所刻《道藏辑要》经版。每块皆以梨木双面雕刻，版面清晰、字迹工整，是道教典籍保存最完整存板，为珍稀道教历史文物。

青羊宫现存史明代原物建筑——斗姥殿，乃为全木结构遗物。青羊宫内后苑有三台，左为“降生台”，右为“说法台”，中为“紫金台”，宫内唐王殿中塑李渊和李世民像。

主要景观

山门。青羊宫山门始建于明代。左侧塑土地神、青龙像各一尊，明正德十年（1515 年）立皇恩九龙碑一座。右侧塑白虎像一尊及七星桩，上刻道教秘传天书云篆，另有龙凤桩、大石狮一对。此金字“青羊宫”匾，笔力雄浑遒劲，为清乾隆年间成都华阳县令安洪德墨迹。

三清殿。三清殿又名无极殿，此建筑为青羊宫主殿，史传初建于唐代，清康熙八年（1669 年）再获重建。现殿宇外檐柱上雕刻六合童儿、双狮戏球等艺术木雕，另悬一副贴金楹联：

福地卧青牛石室烟霞万古；
洞天翔白鹤蓬壶岁月千秋。

道教尊奉三清，即玉清元始天尊、上清灵宝天尊、太清道德天尊（又称太上老君）。今大殿两边塑有 12 金仙，其分别为广成子、赤精子、黄龙真人、惧留孙、太乙真人、燃灯真人、文殊广法天尊、普贤真人、慈航道人、玉鼎真人、道行天尊、清虚道德真君。

混元殿。混元殿为第二重殿，供太清道德天尊（即太上老君）。史传，宋真宗崇信道教，封太上老君为混元大帝。此殿重建于清光绪年间，梁柱镂空雕刻凤凰望月、双狮戏球等。

后殿供奉“慈航真人”，佛教称“观音大士”。传说“慈航道人”本为男身，因见世界苦难重重，而女子又难寻修行之路，便转世为女身修奉道法，并为女子开了不二法门。

八卦亭。八卦亭为青羊宫的标志性建筑，亭座石基呈四方形，布局紧凑、精巧大方、亭身近圆形，此象征古天圆地方之说。卦亭南向正门是十二属相太极图浮雕，造型古朴典雅。

斗姥殿。斗姥殿也称元辰殿，始建于明代。斗姥全称为摩利支天大圣先天斗姆元君，是道教信奉的一大女神，也是六十甲子太岁本命星君的首领。道书中称其为紫光夫人，生有 9 个儿子（即九皇），分别是玉皇、紫微、贪狼、巨门、禄存、文曲、廉贞、武曲、破军。

---

11. 北有十三陵　南有蜀王陵——五代及明代蜀王陵

明蜀王陵位于成都龙泉驿区正觉山麓，以僖王陵为中心分布了 10 余座明代蜀域诸王及王妃墓葬，形成类似明十三陵墓葬群胜迹。1940 年 9 月，挖防空洞发现一座罕见古墓。经考证，系五代十国前蜀开国皇帝王建陵墓，史称“永陵”距今已有 1000 余年历史。

五代蜀王陵

王建称帝时，史称其治国勤政，文武兼备、尊重贤士，知人善任、容纳直言，谦恭节俭、仁爱士卒，劝课农桑、发展生产，故政绩卓著。经王建励精图治理政，前蜀便成为动荡纷乱五代诸国之中，政局最为稳定、国力最具强盛，虽偏安一隅却令成都成为繁华都市。

王建，河南舞阳人，其目不识丁但作战勇敢，曾被唐昭宗封为异姓蜀王。公元 907 年唐朝灭亡，王建随之称帝史载前蜀，其死后葬于三洞桥其陵墓被称“永陵”。传该墓史上多次被盗，1942 年此陵墓经考古发掘确认，1961 年公布为第一批全国重点文物保护单位。

王陵概说

永陵，建筑结构紧凑，石刻艺术精湛，堪称陵寝典范。该陵气势宏伟远胜刘备“惠陵”，前室乐队阵容庞大，场面威武壮观，雕刻艺术精绝。后室安放陵墓御床，正面有双龙戏珠浮雕，左右为狮兽争雄塑像，床上置神态肃穆王建坐像，气势英武不凡仪态威严端庄。

该墓室棺床的东、西、南三面石壁，皆刻有乐伎演奏时画面，从中还可分辨出琵琶、筝、鼓、笙、钹、箜篌等乐器。这些人物造型优美，动作神态逼真，堪称考古发掘唐朝宫廷乐队形象代表，为研究唐及五代时期韵律、舞蹈、服饰、礼制提供了宝贵实物资料。

王陵地宫。王建墓地宫与北方王陵有所不同，其先于地面浅处构建，然后埋于封土之下。地宫由 14 道双重石券构成，三室之间皆以木门相隔，前室相当墓道，第二道石券残存彩画。

中室。墓地中室是地宫主体，其形式规模较大，正中为青白大理石砌须弥座，被称“棺床”，棺床之上放置王建棺椁。在棺床腰部东、西、南三面，皆配饰有精美伎乐舞蹈雕刻。

石雕伎乐。乐舞石刻可称隋唐时期宫廷伎乐缩影。史载，唐代舞蹈可分两类。一为健舞，动作英武矫捷，如剑器舞、浑脱舞、胡旋舞等；一为软舞，仪态轻盈飘逸，如羽衣霓裳舞。

棺床。棺床四周还立有 12 个半身武士俑，其头戴盔帽面朝棺床，作以手扶抬床之状。其雕工之精巧，表情之真切，实属难得珍品，后室则为王建石雕像所设“御床”。

明代蜀王陵

明代蜀王陵，即蜀藩王家族墓葬群，为成都十陵街道考古时，发现的十余座明蜀王家族墓葬遗迹。该墓葬群以僖王陵为代表，彰显富丽堂皇的地宫建筑，巧夺天工的精美雕刻，“堪称中国古代陵墓中最显精美地下宫殿”。被考古界誉为“北有十三陵，南有蜀王陵”。

今陵墓出土一对仿朱元璋人头龙堪称国宝，另有圆形镂空描金彩釉双龙盘价值连城。此陵较王建墓（永陵）更显雄伟，较明十三陵更得俊秀，陵墓构建雕刻之精湛、书法之刚劲、地宫之富丽，被考古专家誉为观诸多帝陵此处可称最是精美、最显恢宏地下宫殿。

王陵概说

据说，王陵墓室如墓主生前所处王宫，此陵墓三道墓门高大厚重，壁画彩绘雕刻精美，经灯光映衬尽显华丽。史载，明蜀王在成都历经十世 13 王，其死后分葬凤凰山、天回山等地，尤以正觉山集中。自唐代至明、清，其间历朝皇室宗亲的墓葬、已形成严格规制。

蜀僖王陵地宫为三进三重殿、四合院式布局。自墓口进入依次为大门、前庭、前殿、中庭、正殿、后庭、后殿，此地宫构建，绘画、雕刻极为精美，尽管年代久远一些彩绘已经褪色，但仍不失精妙绝伦。该地宫形式刻仿生前“殿宇”，这也是明代皇陵一大特征。

昭王陵是昭王和正妃合葬墓。墓葬内室多有浮雕壁画，红墙绿瓦、雕梁画栋、金碧辉煌，左右棺室中央，是昭王和王妃的须弥座棺台。最为奇妙的是在两个棺床之间竟还立有一道隔墙，墙的中间开有一门，据说这是为表夫妻二人心志，即入阴间也不分离。

史载，明朝历代蜀王可称多为贤德之王，中央政权对蜀藩王也都恩宠有加，尤其在“靖难之役”时，蜀王曾助朱棣夺得皇位。因此，僖王陵获恩准八十一颗门钉、五爪金龙图、人头龙身像等，这些都是一般藩王不可承受的恩赐，但大明天子皇恩浩荡都赐予了蜀王。

资料显示，明代蜀王陵墓葬群域内总计 10 座陵寝，其中 5 座蜀王陵、3 座蜀王妃墓、2 座蜀郡王陵。史载，这些蜀王陵及蜀王妃陵分别为僖王陵、成王陵、怀王陵、惠王陵、昭王陵，僖王赵妃墓、僖王继妃墓、成王次妃墓，另黔江悼怀王陵、半边坟郡王墓。

12. 商晚时都邑　蜀早期遗痕——金沙遗址博物馆

金沙遗址现已被定义继三星堆之后，四川省域最为重要的考古发现，国内年度考古界重大发现之一。不仅如此，金沙遗址从世界考古发掘活动视角看，可称在一地考古发现文物特别集中，一次性出土古代象牙数量巨多、一次性出土金器玉器巨丰的典型代表。

历史文化

金沙遗址今为考证我国先秦时期，古蜀国发展史最重要的遗迹之一，它与曾经发现的史前古邑群落、三星堆遗址、战国船棺墓葬，共同构成了蜀域文明发展的4个重要阶段。佐证了史上今成都平原一带，曾是长江上游文明重要起源，华夏古文明的有机组成部分。

此次金沙遗址的考古发现，将古蜀国在成都境域的活动历史，或将从过去2500多年的期限，继续向前推进至3000年左右。经过对金沙遗址出土文物等一系列科考综合研究判断，可初步认为此遗址年代大约在商代晚期，至春秋早期（前1200—前650年）阶段。

金沙遗址的发掘，对深入研究古蜀历史文化也具有十分重要的意义。史载，成都现有文字可考都邑史，最早可追溯至战国晚期张仪筑城，金沙遗址的发掘将弥补过去史籍中一直无法提供的重要证据。通过这些出土文物还可窥探早在3000年前古蜀文明灿烂。

考古专家判断，对于金沙遗址界定，应为商、周时期蜀地活动中心的一处遗迹。颇近似兰苑和体育公园，所表现出的两处文化堆积区。有专家们还甚至提出，金沙遗址有可能是继三星堆文明衰亡后，商代晚期至西周前期古蜀国在成都地区继续兴建的一处都邑。

博物馆概说

2004年11月，金沙遗址博物馆在原址动工修建。这是为深入保护、研究、展示金沙遗址及出土文物，而进行建设的一座专题性博物馆。2007年，遗址博物馆对外开放。

博物馆集中展示了神秘的古蜀文化，独特的青铜文明，博物馆整体设计及展区布局，独具匠心标新立异。如通过“天地不绝”“千年绝唱”“王都剪影”“解读金沙”等板块展陈，将古蜀国璀璨文明以电子书籍、声光景画、幻影成像等现代科技多视角呈现。

现已出土的1000多件文物中，有金面具、金带、圆形金饰、喇叭形金饰等30多件。其中金面具的造型风格与广汉三星堆的青铜面具基本一致，其他金饰则为金沙遗址所特有。如太阳神鸟金饰，其制作采用了镂空方式，可见3000年前古蜀人制作工艺十分精湛。

玉器造型华美，象牙饰物精绝，器物刻纹细致，几何图形规整。其中一件玉琮，造型风格与良渚文化几近一致，青铜器有铜立人像、铜瑗、铜戈、铜铃等，而金沙遗址立人像与三星堆立人像相差无几。石器中的石虎造型古朴生动，人像造型活泼可爱栩栩如生。

馆藏文物

金器。该遗址出土金器30余件，其中尤以太阳神鸟金饰最具代表性。此金器外观呈圆形，器身制作极薄，采用镂空方式表现，内层分布12条作旋转齿状光芒，外层图案由4只飞鸟呈首足前后相接，4只神鸟围绕旋转的太阳飞翔，中心太阳向四周喷射12道光芒。

玉器。遗址出土的玉器400余件，包括玉琮、玉璧、玉璋、玉戈、玉矛、玉斧、玉凿等。这些玉器的造型十分精美，圭形玉凿和玉牌形饰颇具特色，玉璋雕刻细腻，纹饰丰富上饰朱砂。其中，十节玉琮为翡翠绿，该玉琮雕刻极其精细，微刻花纹和人形图案堪称精绝。

铜器。遗址出土的青铜器400余件，基本为小型铜器。其主要有铜立人像、铜瑗、铜戈、戚形方孔铜璧、铜铃、铜挂饰、铜牌饰及铜礼器残片等。而此次出土的青铜立人像，手法表现造型风格与三星堆出土青铜立人像形态相仿几无二异，风格相似近乎一致。

石器。遗址出土的石器170余件，主要有石壁、石璋、石矛、石斧、石跪坐人像、石虎、石龟、石蛇等。其中，石跪坐人像头顶方形冠饰、两侧上翘、长辫及腰、口部涂砂、双手背后交叉似作捆绑状，其基本形状与成都方池街遗址所出土的石跪人像造型大体相同。

象牙器。遗址出土的象牙器40余件，总重量接近一吨，这些象牙应为古蜀人供奉天地神灵的祭品。其中所有的象牙均朝一个方向摆放，有的象牙被切成饼状或圆柱状，还有的只取象牙尖部供奉祭祀，这种方式和表现具有强烈的宗教色彩，或表征某种特定的宗教含义。

陶器。该遗址还出土了大量的陶器，如陶尖底盏、尖底杯、高柄豆、圈足罐，以及数量不等的木耜、木雕、彩绘神人头像等。从这些出土的各式器物来看，专家初步分析判断其所处的年代，绝大部分应为殷商晚期至西周早期，其中也有少量的部分应为春秋初期。

13. 旷世星伴月　三江溯文明——广汉三星堆

三星堆遗址位于四川省广汉市西北鸭子河南岸，距今已有3000—5000年的历史。它也是在我国西南地区迄今发现范围最大、延续时间最长、文化内涵最为丰富的古蜀域、古都邑文化遗址。三星堆遗址也因此而被称作20世纪人类最伟大的考古发现之一。

三星堆遗址揭示了长江文明与黄河文明同属中华文明母体，因而也被史学界誉为“长江文明之源”。在这些出土的古蜀秘宝中，有青铜大立人像、青铜面具、青铜神树等珍稀文物，尤以金杖为代表的金器、满饰图案的边璋玉石器，皆属旷世珍品堪称无价之宝。

三星堆史话

夏始于公元前2000年，但此前只有不为充分信史，而第一个信史商朝，距今只有3600年。而三星堆遗址的发现，则将其向前推进至4800年左右。因此，说中国5000年历史，既不是因为传说的炎、黄二帝，也不是因为夏朝杂文续写，而是有赖于三星堆遗址考证。

现场考古发现，三星堆遗址属于青铜时期文化遗迹，因其域内有3个黄土堆，故获“三星伴月”之美称。经初步考古判断，该遗址年代约在公元前2800年至公元前800年。

资料显示，史上古蜀与当时中原商王朝并无任何藩属关系，可称两个相对独立的政体。在已发现的殷商甲骨文中，曾有商朝军队与蜀人作战记载，在三星堆遗址中也有商朝兵器、贵族权杖、刻有商文字的器物等战利品，由此推断当时的古蜀国势力已经十分强大。

三星堆遗址的发现，验证了古代文献中有关古蜀国记载的真实性，说明了长江流域与黄河流域同属中华民族发祥地之一，证明了长江流域的古文明不亚于黄河流域的古文明。另有观点认为，三星堆文明亦可探寻羌人、彝人、濮人根源，与骆越文化的密切关联。

青铜文化。三星堆遗址很可能为古蜀国都邑之一，在三星堆祭祀坑出土的上千件青铜器、金器、玉石器中，最具特色的首推几百件青铜器。这些青铜器结构复杂、造型夸张、似人非人，似兽非兽、大耳高耸、眼球外凸、面容狰狞、十分怪诞，可谓早期青铜艺术中的极品。

纵目人冢。值得指出，在这些三星堆出土文物中，表现人们“眼睛”的文物不仅数量众多，十分珍贵。最主要是这些文物形象奇特，眼球极度夸张。而《华阳国志》中曾记载：“蜀侯蚕丛，其目纵，始称王”，墓葬称“纵目人冢”，这大概与古蜀人崇拜祖先或某种图腾有关。

三星堆博物馆

1929年春，农民燕道诚在自家附近开挖水渠，偶然发现400余件具有古蜀特色的玉石器物，由此引起中外考古学者注意。自20世纪30年代起，历经几代考古学者不断探寻，尤其1986年，两处商祭祀坑发掘令上千件珍贵文物面世，使得三星堆自此名扬天下。

第一展馆：三星伴月古蜀文明。

经考古发掘初步判断，三星堆遗址距今2800—5000年。也是目前四川域内考古发现面积最广、持续时间最长、文化内涵最丰富的一处古蜀、古邑文化遗迹。

正是三星堆遗址的发现，使得古蜀国以往的历史溯源，可自春秋战国时期继续向前推进2000余年，现经众多出土文物考证，将揭示中华文明集聚具有多元一体化特征。

展陈内容：雄踞西南，古蜀2000年沧桑史；物华天府，三星堆农业与商贸；以玉通神，三星堆玉石器；烈火熔金，三星堆冶炼；通天神树，古蜀人智慧精神象征。

第二展馆：三星永耀青铜王国。

序厅，展示的主体展品是一件“人面鸟身”塑像。它的原型来自三星堆中所出土的小铜树枝上端的造型。在这些三星堆出土文物中，曾出现大量鸟形器物及鸟形图案纹饰。

资料显示，史上几代蜀王如柏灌、鱼凫、杜宇等称谓，竟然都与鸟形生物密切相关。故将人首鸟身造像作为典型器物作序幕，借以表现万物神灵、人神互通古蜀时代特征。

展陈内容：众神之国，神秘的原始宗教；千载蜀魂，奇绝的文物精华；三星永耀，三星堆的发掘与研究。

今三星堆及古蜀历史之谜，三星堆遗址及出土文物已为历史研究和考古学术界提出了一个全新研究课题。尽管许多学者专家已经展开了深入研究并多有建树，但仍有许多重大疑问还是悬而未决，需要专业领域人士深入探究，期待给出令人信服的答案。例如：

三星堆的古文化历史究竟溯源何方？

三星堆遗址先民及族属应归根何处？

三星堆古蜀国何以产生又何以消亡？

古蜀国政权性质及宗教形态是怎样？

究竟什么原因造成两坑器物的掩埋？

这些所出土陶器上符号是什么含义？

文物珍品

青铜人面像。在青铜人面像中，有3件著名“千里眼，顺风耳”造型。它们不仅体型庞大，而且眼球明显突出眼眶，双耳更是极尽夸张，长大且似兽耳，大嘴亦阔至耳根，使人体会到一种难以名状的惊讶和奇异。它们唇吻三重、嘴角上翘微笑状，又给人以神秘和亲切之感。

青铜立人像。青铜立人像面部高鼻、粗眉、大眼、宽阔嘴、大耳朵，眼睛呈斜竖状，耳垂之上有一穿孔，脑后端有发际线；立人像身躯瘦高，手臂和手掌粗大，两手呈抱握状。这尊高 2.62 米青铜立人像，也是迄今世界所发现最大的青铜立人像，故被称为“世界铜像之王”。

太阳轮和神树。青铜太阳轮形器为三星堆出土文物中最具神秘性器物，初步判断是崇拜太阳的一件饰物。据专家推测，大约在 3000 年前，古蜀国为祭祀曾实施一项巨大工程，制造许多高大青铜树，其认为祭祀场所是神的世界，神树耸立、蜀人膜拜，便可实现天地与人沟通。

金面罩、金杖。类似金面罩、金杖，以前多见于古埃及和西亚一带墓葬，对于“鱼凫王杖”金杖，有学者认为是三星堆主信物，金杖为蜀王权杖。也有学者认为，金杖是古蜀神权首领，集王权、神权、财富于一体的显赫标志，象征古蜀王至高无上的地位，时为古蜀人崇拜的神灵。

14. 中西式建筑　近现代世景——大邑刘氏庄园

四川大邑刘氏庄园陈列馆位于成都西南 52 千米处的大邑县安仁镇，以前这里也被称大邑地主庄园陈列馆。该庄园现有南、北两大建筑群，占地面积 70000 余平方米，建筑面积 20000 余平方米，其始建于清末至民国时期，是一处保存完整规模庞大的官僚地主庄园。

庄园概说

四川大邑刘氏庄园地处成都西南的川西平原。自 19 世纪中晚期至 20 世纪中叶，四川近现代大地主刘文彩及其官僚家族，在这里兴建和扩建了这两座富丽堂皇、中西合璧的巨大庄园建筑群。刘氏庄园于 1958 年正式建立陈列馆，现为川西地区民俗文化展陈代表。

早在 1965 年，四川地方文史工作者、美工艺术家、雕塑家便谋划以原地主庄园的收租现场，将中国传统的雕塑技法与西方现代雕塑艺术结合，运用典型创作形式制作了中外闻名、思想性和艺术性高度统一、超现实主义的大型经典雕塑群像作品《收租院》。

主要景观

老公馆：复原刘文彩家居生活原貌，陈列展出大型泥塑《收租院》。新公馆：浓郁的西方哥特式建筑风格，中西式合璧的近代庄园建筑。文物及民俗馆：馆藏民居雕刻精品，再现川西生产生活等民俗风情。

老公馆。刘文彩的老公馆，声名显赫久负盛名。步入庄园大门第一眼，便可看到一辆福特牌小轿车。轿车的左边是“雇工院”，右边分别是“西式客厅”与“中式客厅”。向前行便是刘文彩的内花园，这里面有两处比较大的房间，据说这里就是当年被刘文彩称作的逍遥宫。

沿着指示标继续前行，便到了刘文彩的内院，此院宅中有一寿堂，里面供奉刘氏祖先的灵位。灵位上面写有 98 种不同字体寿字，加上旁边两对刚好 100 个，代表着长命百岁。该寿堂的右边是一进二的房间，在房里间里面摆放着一张金碧辉煌精雕细琢的大龙床。据说，为打造这张豪华龙床，刘文彩曾使用了 30000 斤大米的价格。贴金龙床占地 9 平方米，由 4 柱 4 扇门加床面组成。从佛堂出来沿回廊继续前行，两侧厢房门、窗、栏杆依旧刷成黑色，门上的朱漆描金浮雕，以及窗棂栏杆上的描金装饰，花色各异、富丽堂皇。

小姐楼。庄园内建有一座三层阁楼，被称作“小姐楼”，又称“绣楼”。此楼始建于 20 世纪 30 年代，建筑精妙，风格独特。小姐楼位于收租院北，老公馆正门内东侧，小姐楼也可称作院中之院，院门两侧立柱皆为朱砂色，门楣上方镶嵌长方形白瓷板上有“祥呈五福”字。其中，在最顶部一枝浮雕状如白色牡丹尤显雍容华贵。小姐楼高三层，各面开有大窗，皆可俯视全院。现“小姐楼”内墙体上挂有名人字画和历代仕女图，搜集近 30 处全国各地“小姐楼”照片和图片，并以“风姿绰约小姐楼”为题，以供慕名前来的游客鉴赏。

新公馆。刘文辉是刘文彩兄弟，刘文彩排行第五、刘文辉排行第六。刘文辉宅第俗称新公馆，距老公馆 300 米处，为中西合璧近代庄园建筑。公馆始建于 1938 年，落成于 1942 年。

有关资料显示，刘文辉曾任国民政府四川省主席、西康省主席。1949 年，解放军挺进大西南，迫于形势压力刘文辉于四川率部起义，新中国成立后任国家林业部部长一职。

在安仁镇众多公馆中，刘文辉公馆规模最大，形式更加新颖。该公馆大门为尖顶，造型轻盈且富有动感，垂直线统领着整个门身，具有浓郁的西方哥特式建筑风格。一座庄园有两个大门，这是刘文辉公馆独有的特点，大门正面顶端有虎和鹿造型，意味着“福禄”。

新公馆布局规整、配置对称、主次分明，颇具大家风范。1988 年刘文辉公馆开始进入公众视野，时以公馆南面的院落举办了川西民俗文化展，今馆内常设川西民俗陈列。

妙语传闻。据传，1939 年 10 月蒋介石莅临四川地方视察，各界要员为其举行欢迎晚宴，蒋介石在即席致辞中讲道：四川自古就是“天府之国”，乃英雄辈出地方。不料刘文辉猛然立起，打断蒋介石讲话：“我不同意委座说法。”全场愕然！蒋介石皱眉言道：“自乾，你讲。”

刘文辉话锋一转："四川不应称天府之国，而应是国之天府"。刘文辉久居官场，深知老蒋最忌讳四川军阀拥兵自重割据一方，而此刻巧妙借机表态，以博得蒋介石放心。

最为值得称道，此言乃是大庭广众之下出自他人之口，而非蒋氏宣称自证。因而，此言一出除令众人稍显尴尬，但只是略微停顿片刻，随即便赢得包括蒋介石在内满堂掌声。

泥塑收租院。在中国近现代美术史上，迄今还没有哪一组雕塑作品，能像泥塑《收租院》那样具有如此传奇般的色彩。这组著名的雕塑制作源于1965年前后，当时全国正在开展社会主义教育运动，故恰逢时宜创作应运而生，该作品一经问世便获得了高度赞扬和一致肯定。

泥塑《收租院》曾经获得了高度称赞，却也经历了盛赞之后的冷遇落寞。进入了20世纪90年代，人们又从完全不同的另一视角，重新评价《收租院》所独具的艺术魅力。

1996年11月，四川大邑刘氏庄园陈列馆经有关部门批准公布，今为第四批全国重点文物保护单位，随着社会进步这里已作中国近现代社会重要史迹和民俗建筑得到保护。

15. 酒肆人间世　岁月立回澜——邛崃文君酒肆与回澜塔

文君酒肆位于邛崃市临邛镇里仁街，传为司马相如与卓文君当垆卖酒遗迹。其占地面积6000余平方米，今已建成仿古纪念性建筑，古井、琴台、梳妆台、当垆亭、酒肆、听雨轩等，已成为一处优雅休闲庭院。1980年，四川省政府公布为省级文物保护单位。

邛崃回澜塔（也称镇江塔）位于邛崃城东南约3000米处，是成都域内最高古塔，亦是国内现存最高风水古塔。此塔高度达76米，建于南河的沙碛上，历经无数次狂风、山洪、地震灾害考验，至今仍作巍然屹立，为研究我国古代高层建筑不可多得的历史实物。

邛崃文君酒肆

史传，西汉才子司马相如与邛崃富商卓王孙之女卓文君彼此相爱未成，以致文君深夜私奔与相如结为夫妇。后设酒肆于临邛街，"文君当垆，相如涤器"传为后世佳话。

今仿古遗迹文君井为不规则矮罐形土窖井，周围环置石栏，井口和井面均为石质。现有庭园十余亩，园内有当垆亭、水香榭、听雨亭、梳妆台等建筑，多为清末民初遗物。

井旁不远处有琴台，台前有月池、假山、园林、风韵独特且别具一格。“井上梳风竹有韵，台前月古琴无弦”这幅悬于古琴台处对联，颇有寓意的描绘出现文君园内景色。

据说，今园内的古井乃司马相如与文君当年汲水之处，后人遂题名为“文君井”。唐代诗人杜甫流寓成都作《琴台》诗云“酒肆人间世，琴台日暮云”，为凭吊遗迹之作。

● 卓文君与司马相如

司马相如与卓文君的故事，可称为家喻户晓人尽皆知。司马相如是西汉时期著名的辞赋家，早年家贫且屡不得志；卓文君却为名甲一方的才女和美女，汉代临邛大富商卓王孙掌上明珠。卓王孙秦时自赵国移蜀地，其后经营盐铁业有道，很快积有万贯，富甲一方。

卓文君当时年方17岁，书上形容文君的美貌“眉色远望如山，脸际常若芙蓉，肌肤柔滑如脂”。更兼她精通琴韵、博采棋艺、善作书画，一代才女色艺俱佳。本来欲许配一皇亲国戚，岂料夫君不济命短，成婚不久便怆然辞世，致使卓文君恪守妇道无奈守寡。

卓王孙与邛崃县令王吉多有往来。时值汉代才子辞赋名家司马相如前来拜访临邛好友王吉，王县令宴请相如亦请卓王孙前来作陪。后卓王孙为附庸风雅，也请司马相如来家中做客。相如得知卓王孙之女卓文君美貌出众文采超群，便即席弹奏一曲《凤求凰》。

卓文君久慕司马相如才气，虽然躲在帘后偷听，却顿明琴弦求偶之意，二人互相倾慕。但卓王孙却强烈反对，万般无奈只得私奔。后囿于生活所迫，二人开了一家酒店，卓文君不惜亲自当垆卖酒。消息传至其父耳中，卓王孙顾忌情面，只好将新婿爱女接回临邛。

据说，“文君当垆”“相如涤器”典故由此而来。如今，邛崃城中“文君井”“古琴台”等古迹遗风犹存。唐代大诗人杜甫寓居成都期间，也作《琴台》诗凭吊“酒肆人间世，琴台日暮云”。今文君庭园“琴台”处有楹联云“井上疏风竹有韵；台前古月琴无弦”。

史载，司马相如西汉辞赋家，少好读书击剑，景帝时为武骑常侍。景帝不好辞赋、致相如辞官奔梁国，不期相如复返归蜀，路过临邛结识富商卓王孙女卓文君。卓文君仰慕相如才华，相如则以琴韵诉之，文君私奔后与其复返临邛，一曲凤求凰自此传为千古佳话。

汉武帝即位，偶读司马相如《子虚赋》一文，对其华丽辞藻深为赞赏下旨召见。后相如再呈《上林赋》以献，武帝大喜拜中郎将命其出使西南，时为沟通民族部落关系曾起到积极作用。其主要著作有《喻巴蜀檄》《难蜀父老》等文章，后被指控出使受贿遭罢免。

《凤求凰》 西汉·马相如

其一

有一美人兮，见之不忘。一日不见兮，思之如狂。
凤飞翱翔兮，四海求凰。无奈佳人兮，不在东墙。
将琴代语兮，聊写衷肠。何时见许兮，慰我彷徨。
愿言配德兮，携手相将。不得於飞兮，使我沦亡。

其二

凤兮凤兮归故乡，遨游四海求其凰。时未遇兮无所将，何悟今兮升斯堂！
有艳淑女在闺房，室迩人遐毒我肠。何缘交颈为鸳鸯，胡颉颃兮共翱翔！
凰兮凰兮从我栖，得托孳尾永为妃。交情通意心和谐，中夜相从知者谁？
双翼俱起翻高飞，无感我思使余悲。

关于此二诗，传为司马相如面卓文君弹琴所赋《凤求凰》歌辞。因《史记》未载此辞，故有学者疑为两汉琴工假托司马相如所作。确切根据无从证明，仅为参考尚且存疑。

据说，西汉辞赋名家司马相如为表达对“巴蜀第一美女”卓文君的爱慕之意，遂于才思泉涌灵光闪现之际写就了千古名篇，此文今日读来仍可感触相如对文君一片痴情。

据说，当年汉武帝下旨来召，相如与文君依依惜别，岁月如梭流逝，一晃过了5年。文君朝思暮想，盼望相如得家书。没料到盼来的却是一封写着：“一、二、三、四、五、六、七、八、九、十、百、千、万”13个数字的家书。文君反复品味，终于明白其意。

据传，此封数字书信中，以个位数起而至万位数止，数字按顺序排列皆有，但就是少了“亿”字，不言而喻言似乎表明对卓文君已是无“意”了。卓文君日夜期盼独守空房，得到的却是一纸数字休书，悲愤之中令才女遂以数字模式巧妙复信，即《两地书》如下：

《两地书》 西汉·卓文君

一别之后，二地相思，只说是三四月，又谁知五六年。七弦琴无心弹，八行书无可传，九连环从中折断，十里长亭望眼欲穿。百思想，千系念，万般无奈把郎怨。

万言千语道不尽，百无聊赖十依栏。重九登高看孤雁，八月中秋月圆人不圆。七月半烧香秉烛问苍天，六月伏天人人摇扇我心寒，五月石榴如火偏遇阵阵冷雨浇花端，四月枇杷未黄我欲对镜心意乱。急匆匆，三月桃花随水转；飘零零，二月风筝线儿断。郎呀郎，巴不得下一世你为女来我为男。

司马相如面对这首用数字连成的诗，一连也看了好几遍。越看越感到惭愧，越看越觉得辜负了对自己一片痴情奇女子。后终于用驷马高车，亲自将文君接往长安。

《白头吟》　西汉·卓文君

皑如山上雪，皎如云间月。闻君有两意，故来相决绝。
今日斗酒会，明旦沟水头。躞蹀御沟上，沟水东西流。
凄凄复凄凄，嫁娶不须啼。愿得一心人，白头不相离。
竹竿何袅袅，鱼尾何簁簁。男儿重意气，何用钱刀为！

邛崃回澜塔

邛崃回澜塔，史上也曾称作镇江塔，此塔为我国清代年间历经三次周折才在旧明代塔基之上得以重建。据《邛州志》载，明万历四十四年（1616年），州牧袁昭文始建镇江塔，进士杨伸撰文碑记，明崇祯末年遭兵焚，清乾隆年间，由州官徐时敏主持下得以重建。

● **古塔史话**

史传，清代同治年间该塔曾修建一半因故停工。一直到清代光绪初年，经州官李玉宣聚众协力主持完成，籍此将镇江塔改名“回澜文风塔”，当地人习惯称作“回澜塔”。

回澜塔共13层，塔形为重楼式，塔顶有一铜制葫芦形塔刹，即人们常说的宝顶，远远望去金光灿灿，不知者以为是鎏金宝顶。塔的平面呈正六边形，塔身用红砂石条砌成，每边长7.2米。塔基之上皆由大型青砖起砌塔身，塔之各层叠涩内收敛，依次逐步减小。

塔内有正方形塔心柱，一直通到第九层下部。塔心柱中空，各层其中设有殿龛，供奉8位著名历史人物。自下而上依次为伍子胥、范蠡、关羽、李冰、苏轼、冯时行、岳飞，以及主宰文人命运的“奎星”。另各层塔门外匾额上的题款，皆与塔内所供奉的人物有关。

此回澜塔也是成都地区唯一对外开放古塔，游人可从第一层塔门进入，然后沿着塔心柱与塔壁之间的阶梯盘旋而上，一直上到第九层，仍可再沿木梯登至塔顶。此塔各层六面即可通风透光，又可凭窗远眺，此时邛州古城及方圆数十里风光景色，俱可尽收眼底。

（三）成都特产与美食

地方特产：川酒、张飞牛肉、竹叶青茶、郫县豆瓣、蒲江米花糖、蜀锦、阆中醋、瓷胎竹编、火锅底料包、四川老腊肉。

特色美食：三合泥、龙抄手、韩包子、糖油果子、石磨豆花、各式川菜、各式面食、夫妻肺片、钟水饺、担担面。

三、开封

——汴京富丽天下 史上八代京华

三、开封

——汴京富丽天下 史上八代京华

（一）名城概说

开封位于河南省中东部，黄河的中下游，东与商丘市毗邻，西与郑州衔接，南与许昌和周口相望，北依黄河与新乡一衣带水。据考，开封乃是一座城市中轴线从未变动的古城，这种城摞城遗址逝而复建的现象，即便在世界考古史和都城史上也是极为之罕见。

开封简称汴，古称东京、汴京，迄今已有2700多年历史。夏时的老丘，战国时期的魏，五代时期的后梁、后晋、后汉、后周，以及北宋和金代俱曾建都于此，故开封有着“八朝古都”之说。享有“琪树明霞五凤楼，夷门自古帝王州”“汴京富丽天下无”之美誉。

春秋时期，有郑庄公“开拓封城”，由此始称开封。北宋时期，京都开封曾为政治、军事、经济、文化中心，为当时世界鼎盛繁华之大都市。时城垣建有外城、内城、皇城三重城郭，三条护城河，城内街道布局有序，水陆兼备便利畅通，此时宋都人口达150余万人。

北宋画家张择端所绘巨幅画卷《清明上河图》，便形象生动地描绘了当年京城开封繁华市景。史上的北宋时期，也是继唐代之后在科技、文化、艺术等方面又一鼎盛阶段，创造了灿烂辉煌宋代文化，并对辽、金以及其后的元、明、清各朝，均产生了深远影响。

史上，清正廉明的包公、满门忠烈的杨家将、巾帼不让须眉的杨门女将、变法图强的王安石、民族英雄岳飞等众多著名历史人物，都曾在开封留下历史足迹。开封名胜古迹众多，以铁塔、龙亭、相国寺、繁塔、延庆观、禹王台、包公祠、朱仙镇岳王庙等最为知名。

开封，为国务院于1982年公布的首批24座国家历史文化名城之一。

1. 寻踪问源

远在新石器时代早期，开封域就已有人类活动踪迹。夏时，七世帝杼迁都老丘。春秋，初为郑国领地且于此筑城、立名开封，取其开拓封疆之意。魏惠王九年（前362年），都城从安邑（今山西夏县北）迁至于此，时称大梁。史载，春秋战国时曾有三地被称梁地。

史载，时华夏有大梁（今河南开封）、少梁（今陕西韩城）、南梁（今河南临汝）。

据传，魏惠王因始迁都大梁，又被称梁惠王。史上孟子见梁惠王故事就是发生在这里。公元前225年，秦灭魏后置砀郡，且立浚仪（大梁）、启封两县。西汉景帝元年（前156年），因避汉景帝刘启名讳，遂将启封县改称开封县，至汉魏时期又在开封境域增设梁州。

当年，隋炀帝开凿大运河，南起余杭（今杭州）、北到涿郡（今北京）。时途经江都（扬州）、山阳（淮安）、汴州（今开封）、洛阳等地，此汴河乃隋大运河开凿的一段河道。

北周灭北齐后，改梁州为汴州。公元907年，后梁建都开封称东都。史上后晋、后汉、后周也曾于此建都。公元960年，后周大将赵匡胤陈桥兵变，定都开封立北宋王朝。

宋朝建都开封后，也称其为东京汴梁（960—1127年）此处历经9代皇帝（太祖、太宗、真宗、仁宗、英宗、神宗、哲宗、徽宗、钦宗）其间延续168年。

公元1126年，金兵攻陷开封，改开封为汴京。公元1214年，金朝也曾迁都至开封（称汴京或南京）。史上元代，世祖二十八年（1291年），设河南江北行中书省治所于开封。

明洪武十一年（1378年），太祖朱元璋封其子朱棣为周王且驻藩于开封。明代时，开封城镇兴旺、经济发达，有史书描述其市景称“八省通衢”，盛赞都市繁华“势若两京”。

公元1642年，李自成攻打开封，明军掘开黄河使开封再遭水淹。清代设开封府，清末民族工业兴起，先后创办了机械、兵器、烟草等工厂。民国期间开封曾为河南省会。

1948年10月，开封获得了解放，同年11月成立开封特别市。1954年10月，河南省会由开封迁往郑州。1955年，郑州专区则迁至开封。1962年，开封复立为省属直辖市。

2. 人文荟萃

史上开封，人杰地灵、名人辈出，如蔡邕、蔡文姬、蔡漠、阮籍、崔颢、钟嗣成、王延相等。“开封有个包青天，铁面无私辨忠奸。”清官包拯的故事堪称家喻户晓妇孺皆知。满门忠烈杨家将、民族英雄岳飞、变法图强王安石、虎门销烟林则徐等脍炙人口的故事流传至今，近代名人范文澜、冯友兰、尹达、邓拓、姚雪垠、穆青等于此时代留名。

● **史海钩沉**

迁都大梁：史载魏武侯五年（前391年），魏榆关一战令楚大败其国势达盛。为争霸中原，魏惠王六年（前364年）将都城从安邑（夏县）迁至大梁（开封），此为开封建都之始。

逢泽会盟：魏迁都大梁以后，励精图治且富国强兵。公元前344年，有谋士卫鞅劝说魏王，以朝见周天子为名，邀秦、韩、宋、卫、邹、鲁等于逢泽（今开封东南）会盟。

开凿鸿沟：魏惠王十年（前360年）开通鸿沟，自荥阳北引黄河，联接济、濮、汴、睢、颍、涡、汝、泗、荷等诸河流。由此，促进了黄淮平原水运交通以及农业经济发展。

窃符救赵：史载，秦国将军白起大败赵国于长平，乘势包围邯郸。赵国多次向魏求救，魏王派大军驻扎魏北边境邺城后（今临漳西南）却按兵不动。魏公子信陵君从谋士侯嬴之计盗取兵符，勇士朱亥击杀晋鄙夺得兵权，随之火速发兵击秦，赵都邯郸遂得解围。

隋炀通济：隋大业元年（605年），隋炀帝为沟通南北交通，征发民夫百余万，修通济渠。又自荥阳再引黄河入汴水、淮河，连邗沟通达长江。由此，中原地区呈现经济繁荣。

陈桥兵变：后周显德七年（960年），周恭帝遣赵匡胤领军抗辽。至开封北陈桥驿，赵匡胤生变黄袍加身，翰林学士陶谷用禅代诏，逼周退位拥赵为帝，自此始建立北宋王朝。

开封包拯：包拯，安徽合肥人，为官清廉、执法严峻、不畏权贵，令京师秩序井然，士民皆称颂。其故事传说在民间广为流传，为小说、戏曲、影视中歌颂的清官形象。

靖康之耻：宋钦宗靖康元年（1126年），金军破东京（开封）城，钦宗被迫送上降表。建炎元年（1127年）金兵掳徽、钦二帝。宋将宗泽率兵拒金，公元1130年金兵再陷京城。

大破金兵：南宋庚申十年（1140年），岳飞率军驻郾城与金兵精锐之师激战。岳飞身先士卒，大破金军“铁浮图”和“拐子马”，金兀术大败，哀叹“撼山易，撼岳家军难”。

● **民俗文化**

汴绣：刺绣在我国起源很早，北宋时开封刺绣工艺已达到相当高的水平。当时大街小巷满目锦绣罗衣，绣额珠帘、异彩装饰、精美华丽，汴绣得此良机一时获得长足发展。

豫剧：又被称为河南梆子，河南高调。早在明末清初时，有陕西人来汴经商定居，其家乡戏秦腔也随之传入，后与地方戏曲汴梁腔等民歌相融交汇，终形成豫剧祥符腔调。

汴菊：开封植菊始于南北朝，至唐宋明清时尤盛且绵延不绝至今。“黄花遍圃中，汴菊最有名”，清乾隆皇帝赏菊时亲赋诗词，留下了“风叶梧青落，霜花菊百堆”之佳句。

不仅如此，汴绣、官瓷、麒麟舞、二夹弦、擳石锁、开封盘鼓、汴京灯笼、大相国寺梵乐、朱仙镇木版年画等诸多地方特色工艺绝技，待申报国家非物质文化遗产名录。

（二）历史文化

1. 清明上河春梦　汴梁水韵华章——开封博物馆

开封博物馆（老馆）位于风景秀丽的包公湖畔，是一座集陈列展览、文物收藏、文物保护、科学研究等项工作于一体的综合类博物馆。开封博物馆新馆位于新区郑开大道北侧，建筑面积54000平方米，是一座功能完善的新型现代化博物馆，2016年年底对外开放。

简介

开封博物馆建馆历史比较悠久，自1962年成立以来，每年举办各类展览近30余次。该馆与故宫博物院、首都博物馆等国内各大展馆进行积极合作，部分特色藏品如地方年画还曾远赴美国、日本、加拿大、香港、澳门等地巡展，获得了国内外观众的较高评价。

开封博物馆新馆位于新区郑开大道北，分为陈列区、公共服务区、藏品保管区、文物修复区、学术研究区、行政办公区、后勤设备区等多项功能区，设有贵宾室、会议室、青少年活动室、学术报告厅、5D影院等服务设施，堪称一座基础设施完善的现代化博物馆。

该博物现有馆藏文物8万余件，以陶瓷器、铜器、书法、绘画、石刻最具特色。2008年被评为二级博物馆。其藏品丰富、质量精湛，在省内外享有一定盛誉，先后被授予“全国重点博物馆”“河南省爱国主义教育示范基地”“市级文明单位标兵”等荣誉称号。

2004年，博物馆成立朱仙镇木版年画研究中心，2006年木版年画入选首批国家级非物质文化遗产名录，该馆致力于古版年画的发掘、整理、保护、研究和传承，2007年郭太运荣获“中国民间艺术家”称号，被列为首批国家级非物质文化遗产项目代表传承人。

展陈

该博物馆布展形式包括：基本陈列、临时展览、新展预告。基本陈列主要包括：八朝华章——开封古代文明陈列、东京梦华——北宋东京城历史文化陈列、馆藏精品石刻展、开封朱仙镇木版年画展等四大板块内容。

● **基本陈列**

八朝华章——开封古代文明陈列（第一部分）。

该部分展陈共分 7 个单元：单元 1：文明曙光——新石器时代（距今 8000—4000 年）→ 单元 5：汴水涛声——隋唐时期（581—907 年）→ 单元 7：中原重镇——元、明、清时期（1271—1912 年）。

开封是一座著名的历史文化名城，在中国古代发展史上曾经抒写过璀璨篇章。史上夏代的老丘，战国时期的魏，五代时期的后梁、后晋、后汉、后周，北宋和金代曾在此建都，享有“八朝古都”美誉。尤其北宋时期的开封，被誉为富丽名冠天下的国际型大都会。

东京梦华——北宋东京城历史文化陈列（第二部分）。

该部分展陈共分 3 个单元：单元 1：水韵清明——北宋都城东京→单元 3：中和大晟——北宋时期科技文化。

北宋（960—1127 年）是中国史上著名王朝之一，社会繁荣经济发达，其时农业、手工业、科技、文学艺术等已达封建社会之巅峰，因而创造了中国古代史上一段辉煌篇章。

靖康元年（1126 年），北国女真族崛起，铁骑攻陷京城，一代名都只留断壁残垣，百年山河空遗芳华残梦。从此，汴梁古都那段全盛时期佳话便成为史学界永久之尘封记忆。

馆藏精品石刻展（第三部分）。

分别介绍了历史上的南北魏石刻、隋代石刻、唐代石刻、宋金石刻、明清石刻。

中国书法艺术源远流长，自商周以来不断发展，逐渐形成篆书、隶书、草书、真书、行书 5 种书体。自汉代以来，我国就已有撰写碑刻的传统。如今此类研究活动，已成为了解古代雕刻技艺、书法艺术、考证史迹、勘查记载正误、追寻当时社会习俗的重要佐证。

开封朱仙镇木版年画展（第四部分）。

开封朱仙镇木版年画诞生于北宋东京城，后于明、清两代在朱仙镇一带兴起达盛。至清末、民初时期，因朱仙镇不兴至渐衰。近年来，开封又渐成朱仙镇木版年画重要基地。

朱仙镇木版年画风格独特、用色讲究，因采用矿物、植物作原料，年画印制色彩鲜艳、久不褪色，更兼构图饱满匀称，线条粗犷简练，造型古朴夸张，艺术魅力独具特色。

典藏

博物馆文物收藏主要涵盖有青铜器、陶瓷器、玉器、书画、杂项5个类别。例如：

青铜器，商铜斝（商代）、中姞鬲（西周）等。

陶瓷器，黄釉瓷壶（隋代）、元钧瓷瓶（元代）、宣德青花瓷盘（明代）等。

玉器类，青白玉玉璧（汉代）、青玉荷叶洗（明代）、乾隆碧玉卧象（清代）等。

书画类，《山水楼阁人物图》（颜辉·元代）、《寒林高士图》（钱谷·明代）等。

杂项类，郑胡墓志砖（北魏）、大晟编钟（宋代）、“冯玉祥”石印（民国）等。

---

2. 一柱擎天云低　八方星象平齐——铁塔

开封铁塔，又名“开宝寺塔”，位于开封城东北隅的铁塔公园内，因其塔身全部以褐色琉璃瓦镶嵌，远观酷似铁色，故人们称为“铁塔”。铁塔建于北宋皇佑元年（1049年），距今已有900多年历史，现高大挺拔的铁塔，为开封仅存的两处北宋地面文物之一。

开封铁塔曾被誉为“镇市之宝”，又被称作“天下第一塔”，登临铁塔放眼俯瞰，古城风光尽收眼底，极目远眺但见黄河如带，大地锦绣。游人登临顿感浮云缥缈宛如凌空，此称“铁塔行云”乃古汴京八景之一。1961年，被国务院公布为第一批全国重点文物保护单位。

历史文化

开封铁塔位于开封市东北角归远门里、原甘露寺东侧，铁塔建造据说与一颗舍利有关。相传释迦佛舍利被古印度8个国王均分，其中摩陀国中的一份于200年后被信仰佛教的阿育王所有，他后将佛舍利分藏于84000个小塔运往世界各地，其中之一传入中国。如宁波的阿育王寺便因恭迎奉一份舍利，而得名正言顺建造。五代时期，占据浙江的吴越王，将阿育王寺佛舍利迎入杭州供奉。后宋朝军队逼近吴越，吴越王被迫降宋，宋太祖赵匡胤将佛舍利移至东京供奉，为此特修建号称“京都之冠”的著名开宝寺塔。

据称，开宝寺塔建成 55 年后，于一次暴雨中遭遇雷击失火。公元 1049 年，宋仁宗决意再次建造开宝寺塔，但这次重建却换了地方，由当年的福盛院改到了上方寺。为了防止宝塔容易失火，其建筑材料由木料改用砖和琉璃面砖，这便是今天人们所见铁塔起因。

据传，1938 年 6 月 5 日，侵华日军曾以铁塔为目标发动猛烈炮火袭击。当时塔身中弹七八十发，塔身北侧遍体鳞伤，第八层、第九层甚至被打穿外壁，留下了两个 2 米大的深洞。但宝塔酷似铁人铮铮硬骨，如一名威武不屈勇士，始终不倒巍然屹立于古城大地。

开封铁塔，以卓绝建筑艺术，宏伟秀丽身姿驰名中外。其设计精巧，塔砖饰以飞天、麒麟等数十种图案，砖与砖间如同斧凿，沟槽清晰、垒砌密实。该塔建成 900 多年来，虽历经战火、水患、地震等灾害，但至今仍巍然屹立，建筑专家和游人无不叹为观止。

开封铁塔，堪称古都开封最具代表性的一处古迹，也是开封文物价值最高、分量最重瑰宝之一。在开封已经公布的 13 处国家级文物保护名单中，唯有开封铁塔是 1961 年公布的第一批全国重点文物保护单位，因此被人们称作镇市之宝。

铁塔概说

有关资料记载，开封铁塔设计和监造者喻浩、时为享誉一方的能工巧匠。曾任杭州都料一职，在众多不凡匠人中可称出类拔萃，其尤善建塔被誉“有巧思超绝流辈之能力”。其著有《木经》三卷，据称是我国古代史上重要木工专著，只可惜此文早年散失无存。

开封铁塔，通身采用了 28 种不同形状结构砖契合。尤其在柱、枋、斗拱等结合处，使用特别烧制的有榫、有卯的子母砖，紧紧地扣合在一起，严丝合缝、浑然一体，犹如铁铸一般。因此在 900 多年中，虽历经 37 次地震、18 次大风、15 次水患，仍可巍然屹立。

如果将其视为建筑实物品评，开封铁塔堪称一件完美巨型之作。驻足远望，铁色琉璃瓦遍饰全身，色调具有铁打铜铸的浑厚气息。综观整座塔身上下比例收放协调匀称，视觉比例舒适美观，气势磅礴不同凡响。定睛仔细观看，塔身装饰皆为琉璃浮雕艺术品。

据称，仅适用于装饰各种花纹砖就有 50 余种，譬如佛像砖中有菩萨、飞天、五僧、立僧、供养人、伎乐等；动物图案砖中有狮子、云龙、降龙、双龙、麒麟等；花卉图案砖中有宝相花、海石榴花、莲荷花、牡丹花、芍药花等。另有璎珞、流苏特色装饰花纹砖。

此外，对于挑角、拔檐、转角的处理，则采用了丰富多彩的装饰砖，如嫔伽、麒麟、套兽、云龙猫头、重檐滴水等 20 多种不同类型。每个挑角处前用人头鸟身嫔伽领头，后有独角脊兽，下面是蝉肚老角梁伸出套兽头，套兽口含风铃，遂勾勒出异常优美曲线。

今铁塔正面的“接引殿”处，采取了重檐歇山式建筑，使用了仿汉白玉材料，即三门牌楼式仿宋建筑。大门左右的墙壁上，对称镶嵌8块庄严肃穆、圣洁青石神佛坐像。

殿前有石狮雄踞，鼎香缭绕，殿堂四周由24根大柱抱殿矗立，大殿台基，青石栏杆围护，有妙趣横生的96只小狮子环绕排列。据称，此等布局专为供奉“接引佛”而建。

“接引殿”旁边的“灵感院”，时为供奉白玉佛像所立，此释迦牟尼“白玉佛像”，乃是1933年旅居缅甸华侨捐赠。佛像系整块白玉精雕，秀丽端庄晶莹洁亮，堪称绝品。

●铁塔行云

今塔身内砌旋梯、沿登道拾阶而上可盘旋直登塔顶。若登临至第5层可见开封市容街景，至第7层时便可远眺郊野农田和护城大堤，到第9层时即可遥望黄河之水天来，到第12层时恍惚置身云端，仿佛祥云缭绕，宛如步入天宫仙境，顿生“铁塔行云”梦幻。唐代著名诗人白居易，在其《隋堤柳》文中留下名作佳句：

二百年来汴河路，沙草和烟朝复暮。
后王何以鉴前王？请看隋堤亡国树。

●铁塔佳绝

开封铁塔高度为我国现存琉璃塔之首。铁塔每层建有明窗，一层向北、二层向南，三层向西、四层向东且以此类推。铁塔明窗具有透光、通风、瞭望、并可减轻风压对塔身的瞬时冲击功效。而建塔所用的琉璃砖因需烧制出各种形状，故一般炉窑皆无法胜任。

《铁塔燃灯》　元·冯子振
擎天一柱碍云低，破暗功同日月齐。
半夜火龙翻地轴，八方星象下天梯。
光摇潋滟沿珠蚌，影落沧溟照水犀。
火焰逼人高万丈，倒提铁笔向空题。

3. 最古地面建筑　悠久塔史传说——繁塔

繁塔位于开封城外东南方约1500米处，因其屹立于古繁台基之上而得此名。该塔始建于宋太祖开宝七年（974年），如今可以称得上在开封域内，现存最古老的地上建筑。

繁塔建筑高大雄伟，加之繁台四周地势比较宽阔，古时人们常到此游春赏花，遂成汴京著名八景之一“繁台春色”。史传，繁塔高度原为9层，但因遭受图谋不轨“株连”，甚至要被推倒拦腰拆铲，只是不知何种缘由未被斩草除根，但是9层宝塔最终只剩下3层。

繁塔独特之处，在于使用不同的加釉灰色方砖砌成。每块砖皆一尺见方，一砖一像各具特色，相貌迥异。例如释迦牟尼、文殊、普贤、十二臂观音、十六罗汉等佛像，形象十分鲜明、风格特征突出。另在塔内各层墙壁和登道处，镶嵌有琳琅满目宋代石刻题记。

繁塔层高并不显著，但因具有独特造型、精湛雕刻，传奇般经历、厚重历史人文、依然出类拔萃名扬华夏，令其成为一座华夏名塔，吸引中外游客到此参观络绎不绝。

历史文化

繁塔，始建于北宋开宝七年（974年），原名兴慈塔，因立于北宋四大皇家寺院之一的天清寺，故而又被称作天清寺塔。不过终因建于繁台之上，还是被人称为繁塔。

繁塔距今已有1000多年历史，塔体呈四角形布局，此为八角佛塔之过渡代表。繁塔原是一座六角9层巨型佛塔，故有“铁塔只搭繁塔腰之说”，元代因遭雷击而毁掉两层。

明代初年，因受“铲王气”事件影响波及株连繁塔，致“塔七级去其四，止遗三级”。清代初年，残塔之上又筑6级小塔以封塔顶，从而形成状似编钟这般独一无二塔形。

史传，五代后梁时期高祖朱温曾于此台阅兵演武，其后很长一段时间，这里也被称作高台或称演武台。至后周显德二年（955年），此台之上又得兴建寺院，而寺院落成之际，又恰逢是周世宗柴荣的生辰“天清节”，为将吉日永作柴荣之功德院，遂寺院取名称天清寺。

公元960年，赵匡胤发动陈桥兵变，将后周末代皇帝柴宗训从皇宫驱逐。据说，其间柴曾逃至天清寺避难。古时繁塔高耸台面宽阔，每逢春时桃李争艳、百花吐芬、林木初葱、殿宇峥嵘。人们便来此踏春赏花，烧香拜佛饮酒赋诗，“繁塔春色”时成开封八景之一。

北宋时期，天清寺的名气很大，据称可与当时的大相国寺、开宝寺、太平兴国寺并称为京都四大名寺。只是当年繁塔的兴建与开封铁塔的兴建，起源之初性质便有所不同。

史载，开封铁塔兴建乃是北宋朝廷出资，故财力充裕且进度可控。而繁塔则是当地官僚从民间募资兴建，所以修建时间很长。现存繁塔洞壁镶嵌的石刻中，详细记录建塔捐献者的姓名和日期。根据这些内容推测，繁塔筹建始于开宝中期，竣工于宋淳化元年前后。

明洪武十六年（1383 年），有僧人胜安在天清寺南前楼废址上兴建佛殿。因寺前有国相门取名国相寺。洪武十九年，又在天清寺原址上复建一座新寺，但仍沿旧称天清寺。

其后不久，又有胜安、圆真等众僧，在该寺西北白云阁旧址建白云寺、国相寺。使得天清寺、白云寺于繁台之上，呈南北排列。明代末年黄河泛滥水淹开封，致三寺尽毁。

清康熙年间，河南巡抚张自德勤政有为，于繁台之上重建寺院，仍称国相寺。新寺规模宏大，大门向南，殿堂数进，内有钟鼓二楼，正殿之后为繁塔。清道光二十一年（1841 年），黄河泛滥水淹开封，国相寺再遭重创。自清代末年至 1927 年，寺院坍塌终悉数尽毁。

繁塔概说

繁塔为仿木青砖六角形楼阁式建筑，塔体每层檐部系斗拱承托。一层两个塔心室，彼此不通，二层两个通道 4 个佛洞，三层仅西北一个通道，前后两个佛洞、各层结构不同，塔道变幻莫测。从北门进塔经东西两侧塔道攀登，至二层或上塔顶，须沿外壁塔檐盘旋。

繁塔全身内外遍嵌独特佛砖，此一砖一佛。如释迦、弥勒、阿弥陀佛，另有菩萨、罗汉、乐伎等近 7000 块，其 100 多种姿态、形象生动，显示出宋代工匠高超的雕刻技艺。塔内保存完好碑刻 178 方，其中以宋代居多，另有佛经捐施人题词此为研究佛学珍贵史料。

繁塔内外壁上，多镶嵌佛像瓷砖。该塔表面的每一块砖皆为一尺见方，上面有凹圆形的佛龛，在龛中常见佛像凸起。此称一砖一佛，佛像表情生动、姿态衣着且各具特色。

佛像中有坐单莲座或束腰莲座佛像，有手执各种法器佛像，有骑着青狮的文殊，有骑着白象的普贤菩萨，还有生着六臂或十二臂的观音，各佛像表情细腻、形象造型逼真。

塔基南北均设拱券门，方便出入但互不相通。从南门进入，为六角形塔心室，有木梯可上达三层。从北门进入，沿磴道也可上至三层。若从第三层登上大塔平台，则须出洞门，由外壁磴道盘旋而上，因而就有了民间谚语："自内而上，由外盘旋，登于其巅"之说。

在南门内第一层东西两壁，镶嵌有刻经六方，东壁为《金刚般若波罗蜜多心经》，西壁为《十善业道经要略》。第二层南洞东西两壁，镶嵌有《大方广回觉多罗了义经》。第三层南洞内东西两壁，镶嵌有《圆觉经》。以上雕刻皆为楷书，兼有欧、柳书法之不同神韵。

4. 始自魏都大梁　盛于寿山艮岳——龙亭

龙亭公园位于开封城内西北隅，园内有午门、玉带桥、朝门、照壁、朝房、龙亭、北宋皇宫、宸拱门遗址、碑亭、北门、东门等。另置仿清代万寿宫建筑群，奇妙潘杨二湖，明媚四季同春园，典雅盆景园，号称中原一绝植物造型园，以及长廊水榭等园林景观。

唐建中元年（780 年），德宗李适于龙亭一带建永平军节度使治所，至五代后梁、后晋、后汉、后周时，相继改作王宫。北宋开国皇帝赵匡胤陈桥兵变，又将此立为皇宫。金朝南进也相中这块风水宝地一度用作皇宫。明朝地方王侯同样大兴土木，修建了著名藩王府。

史有八代曾于开封立都，北宋王朝在此定都长达 168 年，而皇宫为今龙亭一带。金代末年，龙亭一带为皇家禁苑。明代，朱元璋五子于此建王府。清雍正十二年（1734 年），河南总督又在附近建“万寿宫”，内设皇帝牌位携文武官员在此朝贺遥拜，时称“龙亭”。

历史文化

龙亭溯源可至公元前 364 年，时有魏惠王定夺将魏国都城，由安邑（今山西夏县）迁至大梁（今河南开封），随后便大兴土木着手都城营建。有关龙亭一带的史上古建，依史查寻的资料可上溯至公元 780 年，即唐德宗李适当政时，建永平军节度使治所藩镇衙署。

北宋时期皇城（包括皇宫）称为大内。史载，北宋东京皇城周长 5 里（2500 米），其正门宣德门红墙朱户、飞檐翘角，正殿大庆殿“殿庭广阔，可容万众”。宋政和三年（1113 年），徽宗赵佶又将皇城北墙外的兵营、寺院、作坊悉数拆除，以图营建新皇宫“延福宫”。

宋政和七年（1117 年），又在皇城东北处修建皇家园林艮岳，这一巨大劳民伤财工程耗时近 5 年，此举唯一可取，只是令园艺造景达登峰造极境地。史传，艮岳御苑周长 20 余千米，内置湖石假山、池沼岛屿，附楼台亭榭点缀、聚四方花竹珍稀，圈养各种珍禽异兽。

金兵攻占开封后，金帝则顺势以此作为皇宫。金正隆六年（1161 年），完颜亮踌躇满志迁都汴京，但北方强敌悄然崛起。金贞祐二年（1214 年），蒙古大军压境，金天兴二年（1233 年）汴京被蒙古铁骑攻陷。金皇宫的命运便戛然而止，开封作为都城的历史也就此终结。

明洪武十一年（1378年），朱元璋第五子朱橚于开封敕封周王，后致宏大周王府落成，其规模在明代藩王府中独占鳌头。清顺治十六年（1659年），周王府旧址设贡院。清康熙三十一年（1692年），地方官员在此修建万寿亭内供皇帝牌位，每逢大典之时官员皆到此遥拜。

清乾隆十五年（1750年）乾隆帝巡视江南，途经开封时河南巡抚鄂容安为其接驾，曾将巡抚衙署改建为行宫。巡抚署则移至按察使司署，按察使司署则搬至大道宫，大道宫道士们只得移万寿宫方可布道，源此万寿宫改名为万寿观，大道宫供奉真武像随之移入万寿观。

1925年，时有河南政府改龙亭为公园。1927年，冯玉祥二度主政河南更龙亭为中山公园。1948年10月，开封获得解放令龙亭由此获得新生。1953年，又更名为龙亭公园。

景观概说

龙亭景区三面环水，风景秀丽，既有北方宫殿浑厚之气魄，又兼南国园林典雅之妩媚，现为国家4A级景区。园中今有风景秀丽潘杨二湖，著名的宋代蜡像馆，陈列有史上发生的“九帝迎宾”“杯酒释兵权”“杨八姐游春”“李师师劝君”等宋代经典历史故事。

龙亭大殿。龙亭大殿原为宋代皇宫后御苑旧址之一部，殿下高台乃是明代周王府花园。龙亭大殿建于72级台阶之上，殿内团龙图案，殿外飞檐高翘，檐角皆挂风铃，风铃随风作响。

盆景园。盆景园位于植物造型园西侧，有树桩盆景、山水盆景数百盒，千姿百态、造型奇特、清秀淡雅，令人赏心悦目。园林小口山石、水池、花架等巧妙点缀，令人流连忘返。

潘杨二湖。潘家湖和杨家湖，位于龙亭公园主干道的两侧，东面为潘家湖，西面为杨家湖。潘杨二湖水面伏波豁然宽阔，堤岸弯曲延展，桃红柳绿、玉桥飞泓、波光潋滟、景色优美。

探古苑。探古苑位于潘家湖内的东湖岛上。此处景观依据龙亭一带史上传说和故事传奇而建。其主体建筑分为北室、东室、西室三处，为游客展示介绍5组有关龙亭的故事传说。

东西朝房。东西朝房有三开间、五开间各一处，其南北排列且东西相对。此建筑为苏式彩绘，古朴典雅。朝房设置展览由故事铺垫展开，以宋代9位皇帝为形、述说九组蜡像史话。

照壁。照壁位于朝门内侧正中处，处龙亭大殿和朝门之间，此照壁高7.4

米、东西宽19米。另在照壁的正中处，又开启一贺顶式洞门，面对朝房门，通过照壁可直达龙亭大殿。

嵩呼。在午门和朝门之间，另有一处小巧玲珑，造型优美、装饰华丽的建筑，这便是“嵩呼”。嵩呼乃是文称即山呼之意，为清代开封地方官至“万寿宫”向皇帝进行遥拜仪式。

玉带桥。过午门北行100米，便是著名“玉带桥”。此桥南北长40米、东西宽18米，是贯穿潘杨二湖的一座石砌拱桥。在波光潋滟水面之上恰似一条弯曲的玉带，故称“玉带桥”。

5. 史称余音绕梁 今存林场碑奇——禹王台

禹王台又名古吹台，位于开封市城区东南隅的禹王台公园内。禹王台最初又称“吹台”，是为纪念春秋时期晋国著名乐手师旷而取名，“吹台”现为省级文物保护单位。

史上明、清两代，对台上建筑曾多次修葺。今庙内正殿东院为三贤祠，祠有唐代大诗人李白、杜甫、高适塑像。明代嘉靖年间，该庙又增祀李梦阳、何景明两位明代诗人。

“梁园雪霁”“吹台秋雨”自明清时期，就被誉为汴梁的著名八景之一。如今，林木茂盛、环境幽雅的禹王台公园，已经成为古都开封一处著名的浏览胜地、史迹名园。

近年来，禹王台公园得到持续维护整修，现主要景观有纪念乐人师旷的古吹台、康熙帝御书“功存河洛”匾、御书楼、乾隆帝御碑亭。今园内苍松翠柏古树参天，林木葱郁花团锦簇，亭台楼阁风光旖旎，鸟语花香景色宜人。

历史文化

相传春秋时期，晋国著名乐人师旷曾在此吹奏乐曲，由于声音十分动听，余音不绝、绕梁三日，故后人称此台为“吹台”。西汉初年，汉文帝封次子于大梁，史称为梁孝王。封疆初期都大梁后迁睢阳（今商丘），由于梁孝王喜欢吟诗唱和吹弹奏曲，后此建吹台。

上喜而下焉。一时间吹台广植名贵花木，殿宇亭阁林立，此兴盛园苑初称梁园，后又称兔园，不久烽烟骤起战乱之中毁于兵火。明正德十二年（1517年）此地建三贤祠。明嘉靖二年（1523年）开封遭黄河水患，为企及大禹治水护佑，在旧吹台建禹王庙，时称禹王台。

今御书楼有康熙帝所题“功存河洛”匾额。在该楼一侧的墙壁上，镶嵌着康有为的《游禹王台诗碑》一文。御书楼后面是禹王庙，此庭院二进，有正殿五间，显精致小巧。

此外，庙内大殿供奉禹王塑像，东西两侧镶嵌禹王“治水图”“庆功图”大型砖雕。北面墙壁镶嵌清光绪年间，河南巡抚刘树棠摹刻“岣嵝碑”，此碑文字奇古字体怪异。

景观概说

现园内古吹台为明代建筑，清代中后期曾进行多次修葺。今禹王台南侧石阶入口处，伫立一座门楼式牌坊，上书“古吹台”3 个大字。此门额 3 字系清乾隆年间河南地方官何书撰写。禹王台仿古建筑群为 1981 年重修，包括禹王庙、三贤祠、水德祠和御书楼等。

园内三贤祠始建于明正德十二年（1517 年），时为纪念唐代著名诗人李白、杜甫、高适三贤。据史书记载，唐天宝三年（744 年），有李白、杜甫、高适三人兴会于吹台园中，饮酒把盏、唱和赋诗，慨叹人生、抒情怀古，从而留下《梁园吟》这一脍炙人口的名篇。

《梁园吟》　唐·李白（节选）：

我浮黄河去京阙，挂席欲进波连山。
天长水阔厌远涉，访古始及平台间。
平台为客忧思多，对酒遂作梁园歌。
梁王宫阙今安在？枚马先归不相待。
舞影歌声散绿池，空馀汴水东流海。
沉吟此事泪满衣，黄金买醉未能归。

史载，园内水德祠初建于明代，时为祭祀历代治水名人而立，彰显史上大禹治理水患之功德。御书楼不仅存康有为诗碑，今古吹台建筑群中所立碑刻也称一绝，上迄明清、下至民国，真、草、隶、篆，各家书法高手贤达名流齐聚一堂，挥洒泼墨献艺蔚为壮观。

今三贤祠内展露《时雨亭记》《抚安亭记》乃明正德年间珍品，水德祠里的双面碑令人称奇世间少有。据称，此物乃河南农林试验总场“客居”禹王台时篆刻。“河南农林实验总场纪念碑”与“树林树人”相背，“河南农林实验总场记略”与“泽溥山林”相背。

此碑虽是一块记事碑，但碑文所承载的经历却意义不凡且富含深意。在碑廊东侧，有康熙三十三年（1694 年）时河南巡抚撰书的《御书功成河洛匾额四道恭颂并序碑》《御书功成河洛记碑》。碑廊还记载了禹王台的历史变迁，以及史上名人留下的数十块墨宝碑刻。

6. 密檐集斗拱　顶似蒙古包——延庆观

延庆观原名称重阳观，位于开封市包公湖东北，此观始建于元太宗五年（1233年）史称“窝阔台汗”。明洪武六年（1373年）改称延庆观，时为纪念全真教创始人王喆而兴建。

史传，金代末期因遭战乱重阳观被毁，元太宗五年（1233年）全真教徒受丘处机遗命，志再复重阳观，后历经30年，观现规模宏伟殿宇壮丽，得元帝赐名“大朝元万寿宫”。

如今，开封的延庆观与北京白云观、四川常道观（青城天师洞），并称中国史上著名三大名观。今道观存玉皇阁、又名通明阁，布局严谨、富于变化，整体建筑为三层。

历史文化

金世宗大定九年（1169年），王喆率丘处机四弟子西归终南，途经开封宿延庆观附近一王氏客栈，次年无疾而终。后人在其逝世地建重阳观，自此开启此观数百年兴衰始端。

王喆，字重阳，史上金、元之交道人。王喆身为全真派开山始祖，号称天下五绝“中神通”之首，其身材伟岸，腰悬佩剑、英姿飒爽、气宇轩昂、飘逸绝伦。史称具有绝代之天资，独步武林之奇才，武功造诣深不可测，已达出神入化的地步，世称“天下第一”。

2008年，玉皇阁整体提升工程竣工，2011年，延庆观历史文化景区开放，至此规模宏大、殿宇恢宏、气势壮丽的重阳宫展现于世人。延庆观整体修复的完成，使古城开封曾经的史迹型建筑实现了宋、元、明、清序列复原，延庆观现为全国重点文物保护单位。

景观概说

今日延庆观内建筑，呈现左、中、右三路总体分布格局。左路置六十甲子殿、八仙醉酒殿等。中路为二进院落，由南至北依次为穿心殿、玉皇阁、三清殿。右路是重阳殿。

玉皇阁。玉皇阁又称通明阁，始建于元太宗五年，已有近800年历史。玉皇阁坐北朝南，全部由青砖、青石和琉璃瓦砌合，整个建筑不施梁木，是一座汉蒙文化结合明代无梁阁。

元代以来，伊斯兰建筑使用穹顶式造型已比较普遍，但在道教建筑中则较为罕见。故玉皇阁建筑形制，成为研究西域伊斯兰教在元、明两代穹顶建筑砖石嬗变重要实物。

三清殿。三清殿可称道家心目中最为神圣的大殿，今在大殿之内供奉着三位三清尊神。中间为玉清元始天尊手捧万事万物之灵气，如同一轮火红的太阳，表示一切生命初始。

地下宫殿。延庆观的地下宫殿主要由走廊、回廊、中心区域三部分组成。进入地下宫殿，便可以看到国内第一例砖混结构的国保文物，从而领略玉皇阁从地下抬升至地上史迹变迁。

玉皇大帝玉雕。此玉雕为延庆观内保存的珍贵藏品，其雕刻精细，具有很高文物价值。

蒙古骑狮武士。骑狮武士配尖顶卷边帽，脚蹬筒靴、身着皮衣、纹路清晰，彰显汉蒙文化特征。

玄武大帝铜像。延庆观内玄武大帝铜像始建于明成化二十二年（1486 年），其高度约 2 米、重达一吨。

---

7. 寺院天下雄　缥缈凌虚空——大相国寺

开封大相国寺，历史悠久驰名华夏，为我国汉传佛教十大名寺之一，有元代文人赞誉“大相国寺天下雄，天梯缥缈凌虚空”。史上寺院名僧辈出，鼎盛时期管辖 64 禅院。

《登大相国寺资圣阁》　元・陈孚
大相国阁天下雄，天梯缥缈淩虚空。
三千歌吹灯火上，五百缨缦烟云中。
洛汭已掩西坠日，汉津空送南飞鸿。
阑干倚遍忽归去，飒飒两鬓生秋风。

北齐文宣帝天保六年（555 年），初立寺院始称建国寺，后毁于兵火战乱。唐武则天长安元年（701 年）僧人慧云来汴，称此有灵仙之气，即募捐化缘购地，由此开启寺院复建。

史上唐、宋两代，为大相国寺的鼎盛时期。尤其在北宋年间，大相国寺屡有增修，遂成为全国最大佛教寺院，又因建筑辉煌瑰丽，竟得“金碧辉映，云霞失容”赞誉。时大相国寺的主持乃是皇帝赐封，遇有皇帝巡幸、祈祷、恭谢，以至进士题名也多在寺院举行。

历史文化

史传，战国时期大相国寺旧址曾为魏公子信陵君故宅。唐代初年，一度为歙州司马郑景的府邸。长安元年有慧云和尚募银建寺，延和元年（712 年）睿宗敕令相国寺赐“大相国寺”匾额。昭宗大顺年寺初遭火焚，宋建隆三年（962 年）再遭火焚，所幸又得以重建。

明洪武二年（1369 年）敕修寺院，不久却遭水患损毁。明永乐四年（1406 年）、明成化二十年（1484 年），寺院曾得两次修缮且赐名“崇法寺”。嘉靖十六年（1537 年）寺院修资圣阁，万历年间寺院再得重修。崇祯十五年（1642 年），黄河泛滥开封被淹，时寺院建筑悉数尽毁。

清顺治十八年（1661 年），寺院重建山门、天王殿、大雄宝殿，复名相国寺。清康熙十年（1671 年）寺院重修藏经楼。后寺院又增建中殿及左右庑廊。清乾隆三十一年（1766 年）寺院再获重修，现寺院所存殿宇皆为此次构建。清嘉庆二十四年（1819 年）重修“智海禅院”。

清道光、光绪年间，寺院曾作部分整修。民国初年，寺院翻修了八角殿，改建法堂。民国十六年（1927 年），冯玉祥将相国寺改作“中山市场”。民国二十二年（1933 年），刘峙将省立民众教育馆迁入大相国寺。1949 年新中国成立后，大相国寺得到维修和保护。

景观概说

开封大相国寺建筑为中国传统式轴对称布局，主要建筑有山门、天王殿、大雄殿、八角琉璃殿、藏经楼等，由南至北沿轴线分布，大殿两旁东西阁楼与庑廊相对而立。现藏经阁和大雄宝殿均为清代建筑，形式为重檐歇山，数层斗拱相迭，覆盖黄绿琉璃瓦。

大相国寺整体布局严谨，殿宇崇丽，高大宽敞，巍峨壮观，历史悠久名不虚传，古往今来是中州著名古寺宝刹。清康熙十年（1671 年），寺院得重修，现寺内主体建筑，如天王殿、大雄宝殿、八角琉璃殿、藏经楼、千手千眼佛等楼阁殿宇古迹，多为清代年间遗物。

山门。大相国寺山门原为清代乾隆年所建，解放开封时毁于激烈炮火。如今殿式山门为寺院方丈心广大师与众僧倾心复建，今寺院匾额为原佛教协会会长赵朴初居士所题写。

钟鼓楼。今寺院钟、鼓二楼为 1992 年重建。钟楼悬挂的铜钟乃清乾隆年间遗物，上铸“法轮常转，皇图永固，帝道暇昌，佛日增辉”16 字铭，史“相国霜钟”乃汴京八景之一。

天王殿。今大相国寺天王殿主体建筑，于清代乾隆年间曾得维修。大殿面阔五间，进深三间，单檐歇山顶式，绿色琉璃瓦顶，此大殿门楣之上殿额当年也是由赵朴初居士所题书。

大雄宝殿。大雄宝殿始建清顺治年间，气势恢宏被誉“中原第一殿”。殿内供奉释迦牟尼、阿弥陀佛、药师佛三世佛，三世佛后大型雕塑海岛观音，取材

《华严经》善财童子故事。

八角琉璃殿。在寺院中轴线上，第3个佛殿为罗汉殿，此大殿八角造型俗称“八角琉璃殿”。该殿时为清乾隆年间所建，因其造型别致旁无它样，故在中国佛教寺院中可称独一无二。

藏经楼。最后一座高大二层建筑是“藏经楼”，这是寺院保存、收藏、佛教经典的地方。藏经楼明间檐下悬挂篆书匾额，白底黑字，笔力遒劲，相传为清代书法大家孙星衍之墨迹。

大师堂。寺院藏经楼的西侧为大师堂，即空海大师纪念堂。现堂前立有空海大师铜像、落成纪念碑，以及一对罕见石雕六牙像。堂内供奉有空海大师铜像，此为日本友人赠送。

---

8. 执法铁面如山　危襟正气凛然——开封府

开封府被称北宋时期天下第一府衙，时包青天匡扶正义的美名，曾驰名华夏、古今传颂。“包龙图打坐在开封府”一声京腔京韵，令人荡气回肠，包龙图三口铡刀是为民除暴安良象征，千百年来始终为后世所敬仰，如今游客专程开封拜谒包公祠寻访“开封府”。

电视连续剧《包青天》主题歌　演唱：胡瓜（93版）

开封有个包青天，铁面无私辨忠奸；
江湖豪杰来相助，王朝和马汉在身边；
钻天鼠身轻如燕，彻地鼠是条好汉；
穿山鼠铁臂神拳，翻江鼠身手不凡；
锦毛鼠一身是胆，这五鼠义结金兰；
七侠和五义，流传在民间。

今仿古建筑开封府内，巨大包公铜像引人注目。堂上包拯蟒袍冠带，正襟危坐，一手扶椅，一手握拳，仿佛拍案而起，一身不可予夺浩然正气。二殿展有包公出仕明志诗，开封府题名记碑、包公书法手迹、墓志铭等。东西侧殿图文并茂布局，展示包公传说轶闻。

历史文化

开封府又称南衙，初建于五代后梁开平元年，距今已有1000多年历史。在历代的官院府衙中，以北宋时期开封府衙规模最为宏大、地位最为显赫。开封府尹在五代和北宋时期，即为开封府最高行政长官，其地位大约在尚书下、侍郎上，一般为从一品或二品衔。

史载，五代时期，后梁太祖开平年间以汴州为京华号称东都。汴州升开封府辖15县，浚仪、开封均为附廓县。后唐庄宗同光元年曾迁都洛阳，改开封府为汴州。后晋高祖天福三年（938年），仍以开封为京都，称开封为东京，洛阳称为西京，汴州也复升为开封府。

金代，改汴京为南京，汴京路改称为南京路，时以南京（开封）立都19年。元世祖至元二十五年（1288年），改南京路为汴梁路。明代，改汴梁路为开封府。清代，圣祖康熙元年，重修开封城池，将省治、府治、县治一并迁至祥符（今开封）。1913年，废除府治。

史上开封府作为“第一府衙”，曾有过160余年的辉煌史迹。宋太宗、宋真宗、宋钦宗三位皇帝都曾在这里履历过府尹，另有寇准、包拯、欧阳修、范仲淹、苏轼、司马光、蔡襄、宗泽等一大批杰出历史人物也曾在此有过任职经历，故开封府非寻常之地。

如今走进开封府，最令人注目的仍是那三口著名的铡刀。虽说大殿内铡刀是复制品，人物也都是蜡像制作，然而身临其境之中，仍会体验到天地人心，甚至会感到一种伸张正义的威严气势。包龙图大多数故事都与这三口铡刀有关，历史也见证了古今对包公的敬畏。

景观概说

展陈内容共分为9部分：第一，以名冤鼓、戒石、大堂等为主体的府衙文化；第二，以梅花堂包拯坐镇南衙为主体包公传说文化；第三，以太极八卦台以及三清殿为主体的道教文化；第四，以典狱房、牢狱为展览介绍的宋代刑狱文化；第五，以拱奎楼、桂籍堂为主体介绍宋代科举文化；第六，以英武楼、校场为主体的古代演兵游艺文化；第七，以清心楼及历任府尹事迹为主体的官府文化；第八，以宋太宗、真宗、钦宗为主体封建帝王文化；第九，以曲桥、湖泊、山石为主体的休闲娱乐文化。

文城墙。此处布置有精美日晷、高表、漏壶和巨大的报时钟、报时鼓，不仅再现了北宋年间，开封府利用这些仪器计日报时的历史，也生动地反映了北宋“重文抑武”的大政方针。

府衙文化。此部分主要由鸣冤鼓、戒石、大堂所组成。大堂是历代府尹开堂审案的地方，大堂前立有戒石，上面有太宗皇帝的戒石铭，在这里可以亲身体会到包公断案时的模拟情景。

府司西狱。此处设典狱房、狱神庙、男牢房、女牢房等场景。并按北宋时期的史料，分别布置有雕塑、刑具以及各种反映当时狱政、狱务实际情况场景，可称宋代刑狱文化一个缩影。

梅花堂。此地景观主要由齐民堂、东西配殿建筑所构成。在这里观众可以了解到，“包公倒坐南衙”“包龙图智勘灰阑记”等传奇故事，景区内还有包公倒坐南衙办案时的蜡像等。

天庆观。这是一座很十分气派的道观，在三清殿、佑圣殿、福佑殿中绘有表现北宋时期崇奉道教的巨幅壁画。整个庭院犹如一个巨大的太极八卦台，反映了当时道教文化的兴盛。

校场区。这是仿照当年开封府举行重大庆典活动场所的建筑，设英武楼、军械库、马厩、演武场、大照壁等景观。每天上午和下午，这里都有精彩的“包公宴请各国使臣”剧艺表演。

史上府尹。开封府内的清心楼是介绍北宋时期历代开封府尹的文化区，底层陈设有目前世界上最大的包公铜塑像，另有寇准、包拯、欧阳修等一众杰出历史人物在此任职的史迹。

9. 杨家满门忠烈　巾帼不让须眉——天波杨府

天波杨府位于北宋都城东京城内西北隅，天波门的金水河旁，民间也称作天波府。曾为北宋时期抗辽名将杨业府邸，宋太宗曾赐其金钱五百万建“清风无佞天波滴水楼”。

天波府建筑规格为正一品武官级别形制。不仅如此，当年宋太宗还御笔亲书“天波杨府”匾额，颁旨凡经天波府门前通过，当朝文武百官皆行文官落轿、武官下马礼制。

杨业（俗称令公）其祖上为麟州（今陕西神木市北）人士，至杨业时迁徙太原，其父杨信为五代时期著名抗辽将领，一度镇守河曲（今山西河曲）和麟州。杨业原名重贵，为五代末年北汉政权割据太原一方的著名将领。因其手使大刀英勇善战人称金刀“杨无敌”。

据传，北汉时期杨业曾任建雄节度使，领兵镇守今山西代县一带要冲。宋太平兴国四年（979年），宋太宗兵进太原北汉政权消亡，杨业遂被收为北宋王朝一名战将。宋太宗欣赏杨业军事才能，又因其熟悉且长期镇守北部边关，遂委任他为代州（今山西代县）刺史。

杨业妻子折氏，同样具有出色军事才能。祖上便为云州（今山西大同）望族，其祖父、父亲和两个兄弟曾是镇守边关的重要将领，与北方契丹族长期往来交战，故坐镇据守北部边关门户。出身武将世家的折氏尤善骑射、能征惯战，助夫杨业镇守边关非同一般。

史上折氏，在戏曲和小说中则被演绎为“佘太君”，这大概是因“折、佘”读音相近。历史古都开封，自北宋以来便有“文包武杨”之赞颂，杨家将传奇故事从北宋中叶，便在民间广为流传。史上欧阳修就曾赞誉杨业、杨延昭父子，无愧智勇双全一代名将。

历史文化

● 天波杨府

北宋时期，天波街因天波门得名，杨业府邸建在天波门内，故后人称其天波杨府。杨家将丰功伟绩在中国史籍中广泛流传。而“血染金沙滩”“大战两狼山”“四郎探母”“穆桂英挂帅”等传奇故事妇孺皆知，由此赢得“杨家世代 满门忠烈”上下朝野俱为称颂。

据传，当年天波府东院是一宽阔校场，时为杨家骑马射箭、排兵布阵之地，设点将台、演武场、帅旗柱、饲马厩等。西院则是杨府的一私家花园，此园布局精巧林木葱秀，堆砌垒石、立岩设洞，曲桥水榭、碧波幽潭，长廊拱桥、九曲回转，亭台楼阁、华贵凌绝。

● 满门忠烈

杨家将前仆后继满门忠烈，其英勇民族气节和大无畏牺牲精神，始终得到人们景仰。令杨家将故事传说家喻户晓、尽人皆知，尤其民间口述文艺中，广为传诵且经久不衰。

杨家将故事传奇，从第一代杨业（即杨令公）归宋始，便展开一幕接一幕可歌可泣的英雄史迹。从杨令公先遭潘仁美陷害，后在两狼牙山被困不屈，战至兵尽粮绝撞李陵碑而亡。而大郎延平、二郎延定、三郎延光各领其命各司其职，皆英勇奋战俱命丧金沙滩。其中，杨四郎虽不幸为番兵所擒，但后来仍在辽国暗助宋营。杨五郎由战场失散，虽出家五台山，但在穆桂英大破天门阵时仍率领众僧兵助一臂之力。而杨七郎惨遭潘仁美陷害，先被毒酒暗伤再遭乱箭穿身，其惨烈悲壮场面令人发指，可谓惊天地泣鬼神。以致，杨家将仅存杨六郎唯一血脉，再由杨宗保传至杨文广，但始终传承祖先之余威，为保大宋王朝江山，继续抛头颅、洒热血。尤其令人称道乃杨门女将巾帼不让须眉。

尤其是巾帼英雄穆桂英、八姐延琪、九妹延瑛、烧火丫头杨排风等一众女中豪杰最具代表。故民间留下杨家一门五代、皆为盖世忠良赞誉。及至杨怀玉为避奸臣陷害，举家归隐太行。杨家将尽忠宋六代君王，即宋太祖、宋太宗、宋真宗、宋仁宗、宋英宗、宋神宗。

杨家众将武艺高强，各自身怀绝艺，杨老令公更是勇猛过人，六韬三略无一不精。杨六郎文韬武略超群，杨七郎勇冠三军，辽国兵将闻风丧胆。杨宗保、杨文广同样文武出众。与杨家将同样值得歌颂的豪杰还有胆大热心孟良、勇猛朴实焦赞、骁勇善战岳胜等。

● 杨家儿郎

关于杨家将的史迹，自宋代以后，元、明、清，各朝都有记载。其间不乏传说演绎及附会渲染。一直到晚清年间，在评书、戏曲中，杨家将的故事，才逐渐丰满趋于定型（此仅为多种版本其一说，不足为凭更不宜作正史）。老令公杨继业、夫人佘太君，大郎杨延平、二郎杨延定、三郎杨延光、四郎杨延辉、五郎杨延德、六郎杨延昭、七郎杨延嗣、八郎杨延顺（义子）。民间广为流传的“七郎八虎”，不是另有八人，八虎仅指八郎杨延顺（义子）。

杨继业生七子二女，另收一义子，分别娶妻是：大郎娶妻张金定；二郎娶妻李翠萍；三郎娶妻花谢玉（又称朱月梅）；四郎娶妻云翠英（又称林素梅）；五郎娶妻罗赛英（又称罗刹女）；六郎娶妻柴美容（即柴郡主）、大刀王兰英（又称王怀女）；七郎娶妻杜金娥；八郎娶妻肖金蓉（又称周淑荣）；另有两女分别是八姐杨延琪；九妹杨延瑛。

景观概说

今仿古建筑天波杨府，由东、西、中三处庭院构成。主体建筑有杨家府邸、杨家花园、演兵场3部分组成。天波杨府东靠六朝皇宫龙亭，西临仿宋代园林建筑清明上河园。

● **杨家府邸**

杨家府邸这是依史料仿当年天波杨府中庭，也是杨府内的主体建筑。其建有大门、照壁、钟鼓楼、过厅、天波楼、东西配殿、后殿、回廊等诸多具有代表性的景观建筑。另外，在天波杨府内展陈杨家将群雄、佘太君庙、杨家兵器等实物或史料。殿内有杨家将忠心报国雕塑群像，祭祀杨家将孝严祠。立有雕塑“幽州救主”“杨门选将”等。

东、西配殿是熟知的杨家将故事，如金刀杨令公、七郎勇闯幽州、大郎替主赴宴、六郎大战韩昌。另有杨门女将佘太君挂帅、八姐九妹大败耶律齐、穆桂英大破天门阵等。

● **演兵场**

天波杨府的杨家演兵场（东院），时为杨家将骑马射箭、操戈练兵演武之地。此处设有点将台、练兵场、帅旗、马厩等。整座建筑结构、匀称威武、古朴典雅、庄严肃穆。

● **杨家花园**

杨家花园（西院）威严华贵、布局精巧、集江南园艺于精华。园中假山奇石，亭台楼阁、曲桥回廊、花池水榭、林木繁茂、鸟语花香、幽静典雅、妙趣横生、美不胜收。

---

10. 凡有犯赃滥者　不得放归本家——包公祠

包拯，我国北宋时期著名政治改革家，他一生忧国忧民，清正廉洁、刚正不阿、执法如山。自宋元明清各朝以来，开封一带就建有包公祠，以便纪念这位历史上著名先贤。

包公祠是纪念宋代龙图阁大学士、礼部侍郎、开封府尹包拯的祠祀。包公祠白墙青瓦构筑，主建筑为包公亭堂，上面端坐包拯高大塑像，壁嵌黑石包公刻像，威风凛凛、铁面无私、一身正气。亭堂西面配曲榭长廊，东面有一六角龙井亭耸立，内有古井号廉泉。

历史文化

包拯，北宋时期曾任开封府尹，一生为官清廉，不畏权贵，执法如山，其功德为后人世代称颂。尤其是他任开封府尹时倒坐开封府衙、抑强扶弱、铁面无私，敢于为普通百姓伸张正义。因而也成就了一个在中国妇孺皆知的著名清官，史上赫赫有名的“包青天”。

史上包公，姓包名拯，字希仁，宋代安徽庐州（今合肥）人士。为天圣年间进士，历任大理监事、建昌知县、转和州税监、天长知县、端州知州、迁殿中丞、监察御史。后任于章阁待制、龙图阁大学士、权三司使等官职，为我国古代史上著名清官、政治改革家。

千百年来，“黑脸包公”在人们心目中享有崇高地位，始终是刚直不阿、铁面无私清官形象，他带给了人们希望和力量，支撑人们坚韧不拔信念，树立欲正人先正己楷模。

《题包公祠》 元·王恽

拂拭残碑览德辉，千年包范见留题。

惊乌绕匝中庭柏，犹畏霜威不敢栖。

据传，包公晚年曾留下铁律般家训“后世子孙仕宦有犯赃滥者，不得放归本家，亡殁之后，不得葬于大茔之中。不从吾志，非吾子孙”。今蜡像两旁陈列有关包公的史迹生平，反映其清正廉明、刚直不阿的文物和史典。

在开封府的题名记碑中，上面刻有自北宋开国以后，历经148年、史上183任开封府尹的姓名，就任年月日期等。在该题记上，唯有包公名下、留有一条深深的凹痕。据说，这是人们在观赏碑刻时认为其历史功绩可圈可点，久而久之便留下一道清晰的历史印痕。

景观概说

包公祠主展区有大殿、二殿、东西配殿、回廊、碑亭、大门、二门等主要建筑，另陈列有包公铜像、铜铡、包公断案蜡像、包公史料典籍、《开封府题名记碑》、碑文等。

大殿。大殿为正史部分，中央有一尊包公坐像，蟒袍玉带，端坐靠背椅上，身正如松，威严端庄。包公坐像两旁陈列的历史文物，主要有包公墓出土碗、盏、木俑、公事砚台等。

二殿。二殿内展示包公家训：“后世子孙仕宦有犯赃滥者，不得放归本家，亡殁之后，不得葬于大茔之中。不从吾志，非吾子孙”。体现了包公廉洁奉公、嫉恶如仇且正直无私。

东、西配殿。东、西两处配殿以图文并茂布局，介绍耳熟能详的历史故事或民间传说。如“包公掷砚”“陈州放粮”“怒打銮驾”“智铡赵王”“打龙袍”“铡美案”“探阴山”等。

廉泉。廉泉是花亭里一口水井，据说廉泉有一神奇怪事，不同人饮之则产生不同味道。常人喝了解渴，清官喝下清冽可口甘醇，但若贪官喝了必定苦涩难咽、犹如芒刺封喉。

缺题名碑。在包公祠内遗留一方缺题名碑。据说庭院里的小鸟总在柏树周围绕来绕去，却从来不在缺题名碑上停留，有人说这是因为小鸟都敬重包拯人品，所以从不在上面惊扰停留。

11. 母刺精忠报国　得识赤胆将军——朱仙镇岳王庙

朱仙镇岳飞庙位于开封城南 22 千米处的朱仙镇。史上明朝，朱仙镇曾经是开封唯一的水陆转运码头。相传在春秋战国时期，因这里曾是魏国义士朱亥的故里而得此名。

南宋初年，著名抗金将领岳飞精忠报国，率领英勇的岳家军于此大败金兵统帅金兀术之精锐。朱仙镇岳飞庙始建于明成化十四年（1478 年），后经多次修复令气势规模不凡。

史传，当年岳飞在这里率 5000 精兵奋勇突击，大破 10 万金军精锐布防的严密军阵，朱仙镇大捷胜利，令金兵统帅金兀术几近丧失斗志，竟然哀叹“撼山易，撼岳家军难”。

自明代起，这里便成为国内著名四大岳王庙之一。1986 年春，当地有关部门对此庙展开维护修葺，现已恢复山门、门前照壁、“五奸跪忠”铸像，寺庙建筑初具规模。

朱仙镇岳飞庙，俗称岳王庙，建筑形式坐北朝南，外廊呈长方形，为三进院落。史上明清两朝，曾获地方多次整修，令庙中殿堂恢宏庄严，碑亭林立碑刻雕塑，丰富多彩。

岳王庙现存碑碣多方，其中尤以《道紫崖张先生北伐》《满江红》两块石碑最具代表，此碑字体苍劲有力，碑文流畅奔放，可称碑刻中的上品。此外，朱仙镇岳王庙与河南汤阴、湖北武昌、浙江杭州四处岳王庙，合称华夏四大岳王庙，声名远播、享誉中华。

历史文化

岳飞，字鹏举，相州汤阴（今河南汤阴）人，南宋时期著名的抗金将领，少时习武，喜读兵书《左传》，北宋末年曾从军抗辽。北宋靖康元年（1126年）复投军抗金，因作战十分英勇升秉义郎，后隶属副元帅宗泽帐下。岳飞纵横黄河南北战场，作战勇武屡败金兵。

北宋王朝覆灭后，高宗赵构于应天府即位，岳飞时上书反对宋室南迁，力主高宗赵构北渡亲征。后转投河北招抚使张所部，又随都统制王彦北渡黄河，在太行山抗击金兵。

赵构为宋室第十位皇帝，宋徽宗赵佶第九子，宋钦宗赵桓异母兄弟，也是南宋王朝的开国皇帝。他即位后不久，迫于形势不得不起用岳飞、韩世忠等一些力主抗金的将领。宋高宗赵构在位35年，其主观意识决定其重用主和派大臣，如汪伯彦、王伦、秦桧等人。最终竟以“莫须有”罪名处死岳飞，罢免李纲、张浚、韩世忠等主战派将领。

岳王庙自建成以后，曾不断遭受水患侵袭、战乱毁损，直至清代后期，朱仙镇完全走向衰落，祠庙规模便逐渐萎缩。“文革”期间建筑损毁，1984年地方政府进行全面修葺和重建。

岳飞庙历经整修，现为三进院落，外廊呈一长方形，整个殿堂气势恢宏庄严。现存大殿建筑主体，为明清时期雏形遗物。该庙的山门、拜殿、寝殿、青台石阶、东西厢房、五将祠等，均为20世纪80年代复修仿古建筑。今步入庙内至大殿、两边中柱悬有一副楹联：

上联是：

若斯里朱仙不死，知当日金牌北招，三字含冤，定击碎你这极恶滔天，黑心宰相；

下联是：

即毗邻关圣犹生，见此间铁骑南旋，万民留哭，必保全我那精忠报国，赤胆将军。

整修后的寺庙，由山门、铁铸跪像、碑廊、拜殿、正殿、寝殿，以及岳飞及家人彩绘塑组成。岳王庙于1991年正式对外开放，岳庙现存碑碣多方，颇具研究考证文史价值。

（三）开封特产与美食

地方特产：花生糕、包公豆、杞县酱菜、新郑红枣、五香兔肉、汴绣、木版年画、北宋官瓷、杞县柳编、鲍乾元毛笔。

风味美食：红薯泥、桶子鸡、鲤鱼焙面、菊花火锅、双麻火烧、三鲜莲花酥、小笼灌汤包、开封套四宝、芝麻翅中翅。

四、拉萨

——藏传佛教圣地 高原日光之城

四、拉萨
——藏传佛教圣地　高原日光之城

（一）名城概说

拉萨，西藏自治区首府，藏传佛教圣地，已有1300多年历史。其民俗民风独特，宗教色彩浓厚，风景绮丽壮观，旷达闻名于世。拉萨河流经南郊，注入雅鲁藏布江，拉萨降雨稀少，冬无严寒，夏无酷暑，年日照时间可达3000小时以上，素有“日光城”之美誉。

拉萨在藏语中有“圣地、佛地”之意，这里有虔诚的朝拜者，永不停息的转经筒，金碧辉煌的布达拉宫，云雾缭绕的念青唐古拉山，湛蓝如洗的天空，神秘深厚的宗教，清净原始的风光，它被众多旅行者盛赞一座“净化心灵”的古城，吸引着越来越多游客前往。

公元7世纪，松赞干布统一西藏各部落，建立了强大的吐蕃王朝。拉萨古称“惹萨”，在藏语中“山羊”称“惹”，“土”称“萨”。相传文成公主远嫁吐蕃时，拉萨还是一片荒原草滩，后为建造大昭寺和小昭寺，以山羊驮土填充沃塘，费尽心力终建成著名寺庙。

拉萨市内和郊区的名胜古迹也很多，如布达拉宫、大昭寺、小昭寺、藏王陵、楚布寺、达扎路恭纪功碑、甘丹颇章、拉萨清真寺、龙王潭、罗布林卡、曲贡遗址、色拉寺、西藏革命展览馆、药王山、哲蚌寺、直贡噶举派寺庙群等，俱已驰名华夏，声名远播海外。

不仅如此，还有墨竹的吐蕃墓群、曲贡的古遗址、查拉路的石窟、唐蕃会盟石碑、药王山摩崖史迹、美妙绝伦壁画，以及北魏铜佛像、金本巴瓶、元印、明印、历朝敕诰等文物。藏戏、藏歌、藏舞神韵独具，使拉萨成为自然与人文景观融于一体的著名旅游胜地。

拉萨，为国务院于1982年公布的首批24座国家历史文化名城之一。

1. 寻踪问源

资料显示，史籍中第一次出现“拉萨”二字，可见于公元806年，藏王赤德松赞所立的《噶琼寺碑》刻。碑文中有这般描述“神圣赞普先祖松赞之世，始行圆觉正法，建拉萨大昭寺”。由此可知，今天拉萨名称的历史沿革，至少已经出现有1200多年的历史。

公元7世纪初，雅隆部落首领朗日松赞率兵北上，成为整个吉曲（拉萨）河流域主宰。朗日松赞营盘曾设于墨竹工卡甲玛岗山沟，并沿这条南北走向的山麓，建造了几座宫堡。据说，其子吐蕃王朝缔造者——松赞干布，公元617年就出生于甲玛沟强巴明久林宫堡。

传说，这位少年王子征战路过吉雪沃塘，时值盛夏、风和日丽、群山四合、秀水中流、地势宽坦、雄伟壮观。由于这里北往青海、南靠山南、西连象雄、东接多康，交通便利，物产丰富，地处雪域中枢，战略位置极其重要，因而他做出迁都吉曲沃塘的重要决策。松赞干布率众臣及部属，从墨竹工卡西下吉曲沃塘，后在这里建宫堡修寺庙，营造军民住所。据说，沃塘平野所修筑红山堡寨，就是布达拉宫前身。这座巨石垒成的宫堡，兀立红山之巅，气势非常雄伟，吐蕃王朝从此风生水起，对日后拉萨城兴盛起到至关作用。

松赞干布先后迎娶了尼泊尔尺尊公主、唐王朝文成公主，还特意为这两位公主修建了著名大昭寺、小昭寺，分别供奉了释迦牟尼8岁和12岁等身佛像。大昭寺建成后，为纪念山羊驮土建寺殊胜之举，该寺庙取名山羊幻化寺，城堡也改名为“惹萨”，意为“羊土城”。

公元8世纪，赤德祖赞迎娶了大唐金城公主，为此修建了“巴嘎噶林”3座白塔。13世纪，元朝中央政府将西藏纳入版图，明朝中央政府也扶持萨迦王朝和帕木竹巴王朝。14世纪中叶，帕木竹巴政权取代萨迦政权，支持宗喀巴修建甘丹寺、哲蚌寺、色拉寺。

17世纪中叶，五世达赖罗桑嘉措受清朝皇帝册封，且以拉萨为政权为中心，建立政教合一的封建农奴制统领。七世达赖时期，又在布达拉宫以西建立起罗布林卡，以后几经迭加不断扩增，逐渐形成了以布达拉宫为中心，辐射八廓街、罗布林卡周边的拉萨古城。

1951年5月，中国人民解放军和平进军拉萨，1960年正式设立拉萨市。这里的海拔高度令不少初来者感到晕眩，但因为它具有1300多年的独特历史文化，以及浓郁的宗教氛围所带给人们的震撼，今天的拉萨无疑是世界上最具特色、最富魅力的秘境古城之一。

2. 人文荟萃

拉萨风景独特、名胜古迹众多，著名旅游景观有100多处，其中包括国家4A级景区4处。这里有冰清玉洁的念青唐古拉雪域风光，也有美丽恬静的当雄草原景色，还有波光万顷的高原湖泊纳木错，更有被称作“地热博物馆”——羊八井一带蒸汽升腾的地热奇观。

地方民俗

藏历新年：藏历年使用起于950多年前。节日期间，空旷广场或草地之上，在六弦琴、钹、锣等乐器伴奏下，人们踏地为节、载歌载舞，沉浸在欢乐、祥和的节日气氛中。

牛王会：牛王会一般延续十多天。每逢节日来临之时，人们都要请黑叭（巫师）念经、吹牦牛角，宰数十头牦牛或上百只羊，节日期间、狂欢豪饮，气氛热烈。

传昭大法会：西藏最大的宗教节日，其间拉萨哲蚌寺、色拉寺、甘丹寺3大寺庙的僧人都会集中在大昭寺。来自西藏各地虔诚信佛者也前来朝拜，此节日至今仍十分盛行。

酥油花灯节：酥油花灯节期间，白天人们要到寺庙拜佛祈祷，夜晚在拉萨八廓街举行酥油花灯会。时满街搭起各色花架，花灯点燃后宛若群星灿烂，明亮闪烁、一片辉煌。

萨噶达瓦节：人们在节日期间搭起斑斓帐篷，摆上青稞美酒、香浓酥油茶，全家欢歌笑语。年轻人围成圆圈，踏地顿节、群起欢歌，文艺团体汇聚，共同献艺为节日助兴。

沐浴节：据说，青藏高原水质素有一甘、二凉、三软、四轻、五洁、六无异味、七不损喉、八不伤腹特点。七月被称最佳沐浴节，每逢这时人们尽情在水中嬉戏。

雪顿节：西藏著名传统节日，藏传佛教格鲁派规，每年藏历六月是禁期，全藏寺院僧人不得外出，以免踏伤小生灵。七月一日为解禁日，时要拿出酸奶（雪顿）敬献佛祖。

赛马节：在所有藏族民间节日中，几乎都少不了盛大的赛马活动。赛马不仅在节日中显现，重要传统的“赛马节”富蕴悠久历史，赛马活动也将藏民族精神气质完美展现。

望果节：在藏语中“望”含有田地或土地之意，“果”则含有转圈之意。“望果”直译可认为绕着地头作转圈状，或称“转庄稼地”的节日，故望果节于西藏农区比较流行。

特色美食

藏民族在自己长期生活中，已经形成了自己独特的食品结构和饮食习惯。其中酥油、茶叶、糌粑、牛羊肉被称为西藏饮食的“四宝”，青稞酒和各式奶制品也很出名。

酥油：先从牛奶中提炼出来，然后将奶汁稍微加温，随之便倒入大木桶内，来回打上百次，直到油水分离，冷却之后便成酥油。酥油营养价值很高，主要用于制作酥油茶。

糌粑：这也是藏民族的重要食品，食用的时候先将糌粑放入碗中，然后再放入少许酥油茶，用大拇指抠住碗沿，另以四指不停搅动，待酥油与糌粑拌匀，便捏成小团食用。

风干肉：也是西藏一种特色食品，即将牛羊肉割成小条，然后挂在阴凉处，让其自然风干。待到来年二三月份食用时，不仅肉质松脆，口味也十分独特，食后回味无穷。

青稞酒：这是利用青稞酿成的一种低度酒，藏民族的男女老少都非常喜欢饮用，青稞酒也是节庆活动时必备饮料。青稞酒色泽橙黄，酒精成分很低，味道酸甜，类似啤酒。

（二）历史文化

1. 藏式建筑风范　雪域高原神韵——西藏（自治区）博物馆

西藏博物馆位于拉萨城关区罗布林卡路，是国家直接投资兴建的一级博物馆。展馆于 1999 年 10 月，暨中华人民共和国成立 50 周年、西藏民主改革 40 周年落成开馆。该博物馆建筑具有鲜明艺术特色和藏民族神韵，为传统风格与现代建筑有机结合的典范。

简介

西藏博物馆的馆藏文物十分丰富，各类展品极具民族特色，不仅有佛像、唐卡、瓷器、玉器、古籍经典等，而且囊括了历代中央政府治藏器物，以及考古发现的史前文物。

目前，博物馆设有 7 个常设展览，每年还要推出 10 余个专题或临时展览，以便为观众充分展示西藏地区悠久的历史与璀璨文化，感知富于魅力的雪域高原独特民俗人文。

今博物馆典藏文物珍品达 1000 余件，基本陈列“西藏历史与文化”，主要从西藏历史、文化、艺术、宗教、民俗等多侧面角度，介绍史上西藏即为中华民族大家庭之一员。

今西藏博物馆已成为西藏自治区最具规模，集文物收藏、保护研究、展示及宣教于一身，为介绍人们了解西藏、认识西藏、热爱西藏、憧憬西藏的重要窗口与交流平台。

沿革

西藏博物馆筹建于1994年7月，列入西藏自治区成立30周年援藏建设工程。国家计划委员会拨款9625万元。该工程建设分作两期实施，一期工程于1997年10月1日竣工。

西藏博物馆二期工程1999年5月竣工，并于1999年10月开馆展出。“西藏博物馆”的馆名由时任中共中央总书记江泽民题写，藏文馆名为17世纪金写《大藏经》上临摹。

2005年8月，西藏博物馆特意从珍藏的1000余件玉器中，精选出107件珍品。以元、明、清3个历史朝代为序，展示自元代以来，历代中央政府颁赐西藏地方政府瑰宝。

展陈

该博物馆布展形式包括基本陈列、常设展览。

基本陈列：7个专题，包括亘古探幽——西藏史前文化陈列、历史的见证——西藏地方与祖国关系史陈列、净苑盛莲——二十一度母唐卡展、情满高原——西藏民俗文化展等。

常设展览：该博物馆根据要求，每年还推出10余个不同形式的专题或临时展览。

● **基本陈列**

亘古探幽——西藏史前文化陈列。

展览结构主要包括旧石器时代、新石器时代、前吐蕃王朝时期等3个单元。代表展品如昌都卡若遗址出土双体陶罐、林芝墨脱县采集玉斧、石梳形器等。

历史的见证——西藏地方与祖国关系史陈列。

展览结构主要包括唐代、宋代、元代、明代、清代、民国、新中国7个单元。代表展品有永乐皇帝敕封喃渴烈巴为辅教王诰书、顺治皇帝授予五世达赖印玺、乾隆皇帝赐予八世达赖喇嘛玉宝、驻藏大臣令牌、毛泽东主席赠十四世达赖玉提梁壶等。

净苑盛莲——二十一度母唐卡展。

展览结构：展览主体为二十一幅度母唐卡实物，不动金刚彩砂坛城等辅助展品。代表展品有布画绿度母唐卡、布画大寂静度母唐卡、布画白度母唐卡等。

情满高原——西藏民俗文化展。

展览结构主要包括介绍西藏地区的生活习俗、生产活动、生产工具3个单元。代表展品有珍珠冠、珊瑚巴珠、鎏金铜马鞍、嵌宝石金索拉、铜质蛙形酒壶等。

妙相梵容——馆藏佛教艺术展。

展览结构主要包括金铜造像，以及使用其他材质造像两部分。代表展品有合金大日如来像、合金释迦牟尼立像、石刻莲花生大师像等。

古韵流芳——馆藏藏族戏曲用具展。

展览结构主要包括藏戏面具、藏戏服饰、藏戏乐器3个单元。代表展品有红珊瑚藏戏面具、扎西雪巴服饰、格萨尔艺人说唱帽、达玛如鼓。

叶星生民间珍藏捐赠展。

展览结构包括远古文明、民居艺术、服饰艺术、唐卡艺术、雕塑艺术、宗教法器。代表展品有陶质雪鸡酒壶、酥油灯、孔丘像唐卡等。

典藏

展示馆藏50件珍品，如大朝国师印（元代 木制），金贲巴瓶（清代 乾隆）等。不仅如此，继50件珍品展览之后，博物馆又推出10大精品赏析。例如：

双体陶罐（新石器时代），普渡明太祖长卷（明代）。

折枝莲托八宝纹青花盉壶（清代），金贲巴瓶（清代）。

西天大善自在佛所领天下释教普通瓦赤拉呾喇达赖喇嘛之印（清代）。

梵文贝叶经《八千颂般若波罗密多经》（11—12世纪）。

八思巴肖像唐卡（13世纪），鎏金铜不空成就佛（15世纪）。

---

2. 团结　勤奋　求实　创新——西藏大学

简述

为适应西藏地区经济、社会快速发展，以及对人才培养的需要，经教育部批准，1985年7月正式成立西藏大学。随着教育质量不断提高，1999年起，西藏自治区艺术学校、西藏医学高等专科学校、西藏民族学院医疗系、西藏自治区财经学校先后并入西藏大学。

西藏大学今有国家级教学名师1人、“长江学者”特聘教授4人、国家杰出青年科学基金资助1人、自治区级教学名师8人、自治区学术技术带头人8人、全国优秀教师和模范教师5人。学校承担省部级以上的科研项目631项，其中国家社科基金重大项目2项。

“藏族唐卡勉唐派”“藏族唐卡钦泽派”和“藏族矿植物颜料制作技艺”现已列入第一批、第三批国家级非物质文化遗产名录。图书馆收藏十世纪写本《大般若波罗蜜多经》《大般若波罗蜜多经两万五千颂》，分别入选第三批、第五批《国家珍贵古籍名录》。

在办学过程中，西藏大学始终坚持社会主义办学方向，坚守“办有特色的高水平大学”的理念，立足西藏、服务西藏，突出民族文化和高原科学技术这两大特色学科建设，力争到2020年，将学校建设成具有“国内有影响力、国际有知名度”的高水平综合性大学。

沿革

有关西藏大学的办学历史，可以追溯到1951年11月的藏文干部训练班，其后又历经了西藏军区干部学校、西藏地方干部学校、西藏行政干部学校等。早在1956年，毛泽东主席就明确提出“西藏也要设立大学”，经国务院批准1965年3月成立西藏师范学校。

其后，根据西藏地区形势发展的需要、经国务院正式批准，1975年7月成立西藏师范学院。时至1985年7月，正式成立西藏大学。1999年以来，西藏自治区艺术学校、西藏医学高等专科学校、西藏民族学院医疗系、西藏自治区财经学校也先后并入西藏大学。

2001年9月，原西藏农牧学院与西藏大学合并，校名仍沿用西藏大学名称。2004年，西藏大学成为教育部与西藏自治区共建高校。2008年该校列入“211工程”三期建设，2013年列入中西部高等教育振兴计划，2013年7月又成功获批为博士学位授予单位。

西藏大学现分为拉萨校区和林芝校区两个组成部分。学校现已设有14个学院（部），其中本科专业计有47个，另有30个硕士学位授权二级学科，以及7个硕士学位授权一级学科。不仅如此，该校还有12个博士学位授权二级学科、3个博士学位授权一级学科。

花絮采撷

● 关于校训

一般说来校训乃一校之魂，可称既富文化底蕴又具传承实效，在某种意义上讲也是一把标尺。它能时常提示、劝勉激励、莘莘学子，也可不断检验自身品格、意志行动。

西藏大学校训为团结、勤奋、求实、创新。

● 重点学科

西藏大学的重点学科，可分为自治区级重点学科，以及校级重点学科这两部分。其中，自治区级重点学科主要包括中国少数民族语言文学（拉萨）、中国少数民族历史（拉萨）、美术学（拉萨）、音乐学（拉萨）、外科学（拉萨）生态学（林芝）、水利水电工程学（林芝）、森林培育学（林芝）、预防兽医学（林芝）等共13个学科。校级重点学科主要包括中国少数民族语言文学（拉萨）、中国少数民族历史（拉萨）、计算机应用技术（拉萨）、理论物理（拉萨）、外科学（拉萨）等共计有8个学科。

●图书期刊

学校图书馆现有纸质文献逾百万册，其中汉文图书85万余册，藏文图书2万册，藏文木刻本3800函，西文图书0.5万余册，报刊合订本1.5万余册，建有CNKI、Apabi等数据库。《西藏大学学报》藏文版被评为“全国民族地区民族文字版学报（期刊）名刊”等。

●特色专业：

数学与应用数学（师范类），该专业是西藏大学比较特色的专业之一；音乐学西藏大学特色专业，该校艺术学院也是全国特色艺术学院之一；美术学专业，是西藏自治区唯一培养高层次美术专业人才的艺术学院；西藏大学林学专业，这也是中央专项资金支持的国家级重点建设专业；农学是西藏大学最好专业之一，国家第二批全国高校特色专业建设点；2008年高等院校特色专业评审，临床医学专业获批为特色专业建设点；动物学是西藏大学重点专业，教育部第四批特色专业（动物科学）点。

---

3. “涌莲初地”“藏目叶下”——布达拉宫

布达拉宫依山而筑，殿宇叠砌、巍峨耸峙、气势磅礴，其建筑艺术集中体现了藏族传统的石木结构与碉楼形式，以及汉族传统的梁架、金顶、藻井等特点。在空间组合上，院落重叠、回廊曲槛、随形就势、主次分明，既突出了主体建筑，又协调了附属各组建筑。

“布达拉”是梵语音，通常译作“普陀罗”或“普陀”，原意是指观音菩萨所居之处。唐贞观十五年（641年），松赞干布迎娶唐文成公主，欣喜之余为公主建造了布达拉宫。史载当年所建的布达拉宫高9层，共有宫室999间，加上修行室共1000间，极其辉煌壮丽。

然而史上布达拉宫饱经磨难历尽沧桑，其初始建筑仅存法王洞和主殿帕巴拉康。现在的布达拉宫主体建筑乃是17世纪以后所修建的格局。1961年，布达拉宫被公布为第一批国家重点文物保护单位。1985年，国家再拨巨款对布达拉宫进行史上最大规模的维修。如今，整修后重新开放的布达拉宫，再次焕发出了绚丽夺目的光彩，这颗雪域高原上的明珠，正在吸引越来越多的中外游客前来参观。1994年12月，布达拉宫被联合国教科文组织列入“世界文化遗产”名录。2013年1月，被国家旅游局评为5A级旅游景区。

历史文化

布达拉宫始建于公元7世纪吐蕃王朝松赞干布时期，史称作红山宫。整个宫阁建筑规模宏大，外有三道城墙，内有千座宫室，时为吐蕃王朝的政治中心。只是后来宫殿建筑屡遭火灾和战乱，大约到公元 9 世纪，吐蕃王朝趋于解体，也使得红山宫逐渐衰落。

明崇祯十五年（1642 年），五世达赖洛桑嘉措建立了噶丹颇章政权，使得拉萨再次成为了青藏高原的政治中心。公元 1645 年，五世达赖重建布达拉宫。公元 1648 年，基本建成以白宫为主体的建筑群，随后政权中心逐渐移至布达拉宫。1653 年，五世达赖入住宫中。

史上，布达拉宫一度作为西藏地区政教合一的统治中心。五世达赖去世之后，为安放其灵塔，宫廷总管第巴桑结嘉措继续扩建宫殿渐呈现红宫。在修建红宫的过程中，除了本地工匠，清政府和尼泊尔政府也都派出匠师参与，前后历时 48 年，耗资白银 213 万两。

布达拉宫由历代达赖喇嘛宫殿、佛殿、僧院机构三部分构成。顶层为历代达赖喇嘛宫殿，分东、西日光殿，历代达赖生活起居处、书房、经堂等，另有议政、会客等场所。布达拉宫是藏文化宝库，宫内收藏历史文物和工艺品，数量巨大、种类繁多，极其珍贵。

灵塔殿存有 8 座达赖喇嘛灵塔，其中尤以五世达赖的灵塔最为豪华壮观。据说，该塔全身以金皮包裹，遍镶珠宝、耀眼辉煌，这座经塔仅黄金就耗用达 11 万两，其他珠宝更是不计其数。人称五世达赖的灵塔为“藏目叶下”，意思是说这个塔的价值可达半个世界。

布达拉宫所收藏的奇珍异宝堪称不计其数，其中以立体坛城和珍珠塔最为珍贵。另有众多的珍品古籍、唐卡、经书、佛像等，件件系出名门，皆是无价之宝。毫不客气地说，布达拉宫既是一座历史博物馆，又是一座艺术的殿堂，堪称是拉萨乃至西藏精华之所在。

景观概说

布达拉宫的主体建筑，就其功能和作用而言，主要可分为两大部分，一部分是历代达赖喇嘛生活起居处和政治活动的场所，另一部分则是历代达赖喇嘛的灵塔和各类佛殿。

驻足布达拉宫极目远眺，远方可见连绵起伏的群山，美丽的拉萨河宛如一条缎带，从天边轻盈飘来。近处是田垄阡陌，绿树成荫殿宇掩映，古老大昭寺金光灿灿熠熠生辉。

第一部分的活动中心主要集中在白宫，白宫始建于清顺治二年（1645 年），前后历时约 8 年，且以松赞干布时期所建的观音堂为中心，然后向东、向西修建起了一片巨大殿宇。由于这些殿宇的墙面皆被涂成了白色，远远望去，格外醒目，因而也被人们称为“白宫”。

第二部分主要集中在红宫，红宫始建于清康熙二十九年（1690年），红宫的主体建筑是各类佛堂和历世达赖喇嘛的灵塔，宫内计有8座存放各世达赖喇嘛法体的灵塔。当年，康熙帝特意从内地派了100余名汉、满、蒙高级工匠进藏，积极参与了这一浩大扩建工程。

在这些灵塔中，尤以五世达赖喇嘛灵塔最为宏大壮丽。该塔高约14.9米，塔身采用金皮包裹，镶珠嵌玉，据称黄金使用竟达11万两。以及珍珠、宝石、珊瑚、琥珀、玛瑙等高级饰物18677颗。此外，红宫建筑中最大殿堂“司西平措”（西大殿）面积725平方米。

在此大殿内的正中上方、高悬着清乾隆皇帝御赐的“涌莲初地”之匾额，下面设有宝座。另外，大殿中还珍存有清康熙皇帝赠送的大型锦帐一对，这也是布达拉宫珍宝之一。

据称，殊胜三界大殿乃是红宫内级别最高之殿堂，步入大殿即可看到一旁经书架之上，放置有清雍正皇帝赐予七世达赖喇嘛京都版的《丹珠尔》经书。另在红宫最西面，便是14米高的十三世达赖喇嘛的灵塔殿。据说，殿内的坛城动用了20万余颗珍珠镶缀而成。

不仅如此，布达拉宫还收藏保存了极丰富的历史文物和工艺品，可称西藏历史文化艺术博物馆，文物珍贵且价值连城，雕塑壁画精致人物栩栩如生。这些壁画大体分四类：宗教故事类、风俗民情类、人物传记类、历史事件类。

布达拉宫珍藏近千座佛塔、上万座塑像，大量唐卡以及贝叶经、金珠尔经等珍贵文物典籍。有史上西藏地方政权与中央政府归属性质的佐证，如明、清两朝皇帝赐封达赖金册、金印、玉印、诰命等悉数珍藏宫中。这些历史文物堪称是国家统一民族团结历史见证。

典藏文物

布达拉宫中收藏各式唐卡（佛教卷轴画）近万幅，金质、银质、玉石、木雕、泥塑佛像数以万计。此外，还有明、清皇帝敕书、印玺，赠送的印鉴、礼品、匾额和经卷，宫中自用的典籍、法器和供器等。而清朝皇帝御赐金册、金印，堪称稀世珍宝，价值连城。

宫中所有灵塔皆以金皮包裹，宝玉镶嵌，因而显得金碧辉煌。据说，五世达喇灵塔内珍藏一颗在大象脑里生成、比大拇指还大的珍珠。布达拉宫还收藏了大量的历史文物，如佛塔、塑像、壁画、唐卡、玉册、金印，以及金银器、玉器、瓷器、珐琅和工艺珍宝。

布达拉宫珍宝馆为三层建筑，展览分为“史海钩沉”和“宫藏珍品”两个部分共8个单元，计有文物及照片约200余件（套）。其展出的宫藏文物，有14

世纪的“八瓣莲花喜金刚坛城像”，明、清两朝的典章文物，以及史上罕见的藏文经典，深藏未露的稀世珍宝。

4.“汉藏艺术”“金顶辉煌”——大昭寺

大昭寺位于拉萨市中心，寺庙始建于公元647年，寺院基址史上原为拉萨卧塘湖，是藏王松赞干布恭迎文成公主入藏所建。据传，此地是文成公主以阴阳五行法而择定。

大昭寺迄今已有1300多年历史，寺庙壮观殿宇辉煌，其建成之后历经元、明、清各朝持续不断的维修扩建，终至如此规模。因此，在藏传佛教中它拥有至高无上的地位。

据称，在大昭寺内环释迦牟尼佛殿转一圈，称“囊廓”。在大昭寺环外墙转一圈，称“八廓”。在大昭寺外，所辐射的街道“八廓街”或称“八角街”，以大昭寺为中心环布达拉宫、药王山、小昭寺转一大圈称“林廓”。从内到外这3个环绕，便是所谓转经仪式路线。

史载，大昭寺在唐代初建时，寺庙的规模并不大，仅有8个殿堂。后经元、明、清历朝修建，规模显露且渐次扩大。现存大昭寺，殿高四层、上覆金顶，建筑面积达25000平方米。尤其融汉、藏建筑艺术之精华，终成一处藏传佛教恢宏庙宇，举世闻名的经典殿堂。

今寺庙内保存有大量珍贵文物，其最著名的是文成公主入藏时所带的释迦牟尼金像。另有《文成公主进藏图》《大昭寺修建图》、唐代丝织佛像、明代大银灯、珍珠佛衣、金灯等稀世珍宝。大昭寺正门前方立有一座3米多高、唐长庆三年（823年）的唐蕃会盟碑。

历史文化

有关“大昭”之名，据说与15世纪的“传昭大法会”有关。大昭寺是西藏现存吐蕃鼎盛时期的建筑，也是西藏早期的一幢宏伟的土木结构建筑，并由此开创了西藏平川式的庙宇布局规制。其后又历经数个朝代多次整修，逐渐形成了占地面积达近30000平方米的规模。

明永乐七年（1409年），格鲁教派创始人宗喀巴大师为歌颂释迦牟尼功德，召集了藏传佛教各派僧众首领，在该寺院举行了传昭大法会，后寺院便更名为大昭寺。但也有不同观点认为，早在公元9世纪时，就已经称为大昭寺了。清代大昭寺曾被称为“伊克昭庙”。

史上，大昭寺不仅是供奉众多佛像、圣物，供信徒们膜拜的一座殿堂，它还是佛教之中关于宇宙理想模式坛城（曼陀罗），这一密宗义理具体而真实的再现。在大昭寺的正门入口处有 3 根石柱，一根石柱上用汉、藏两种文字，镌刻公元 823 年所签唐蕃会盟书。

寺庙概说

大昭寺建筑金顶斗拱为典型汉式风格，碉楼雕梁则属藏传模式，主殿二层、三层檐下排列木雕伏兽和人面狮身，寺内有千米藏式壁画《文成公主进藏图》《大昭寺修建图》。

弥勒佛殿。弥勒佛殿主尊是弥勒佛像，另有文殊菩萨像和观音菩萨像分立这尊佛像两侧。

观音菩萨殿。观音菩萨佛殿主尊是观音菩萨像，其余的五尊菩萨像均为观音菩萨不同化身。

三法王殿。三法王佛殿主尊是藏王松赞干布，左边是藏王赤松德赞、右边是藏王赤祖德赞。

度母殿。尊度母佛殿主尊度母、大佛像即度母像，玻璃柜中是其化身“二十一度母”像。

唐蕃会盟碑。大约公元 9 世纪，大唐王朝与吐蕃王朝实施修好且相互承诺“彼此不为寇敌，不举兵革”“务令百姓安泰，所思如一”“永崇甥舅之好”目的，碑文朴实无华言辞恳切。

宗喀巴及弟子殿。宗喀巴佛殿主尊是宗喀巴，其余 8 尊塑像是他的八大弟子，其中有最著名的两大弟子分列立于宗喀巴塑像的两侧。在宗喀巴塑像的后边，左侧供奉一排萨迦派先师塑像。

神变塔。据传，大约在公元 7 世纪，藏王松赞干布曾将一枚戒指抛向空中，并以戒指所落下地方来确定有关大昭寺的选址，这枚戒指后落于卧塘湖，湖里升起一座幻化白塔。

无量光佛殿。此佛殿主尊无量光佛，内有愤怒相护法神，两侧墙边分别供奉四尊跏趺的佛像。

护法神殿。班丹拉姆护法神殿位于大昭寺建筑的第二层与第三层之间，而在神座上的班丹拉姆神像是一尊蓝黑色威猛女神，这就是被人们尊称为大昭寺和整个拉萨城的护法女神。

大昭寺金顶。在大昭寺内的一角有楼梯，拾阶而上便可以直达屋顶，一路向前走出廊道，眼前顿现金光闪耀。圣洁肃穆的金顶，以无垠的蔚蓝色为背景，将大昭寺映衬得愈发金碧辉煌。

典藏文物

千年木雕。大昭寺列为世界文化遗产，在申遗之中也包括这些千年木雕，这在所有寺院仅此一处。这些木器或木雕已历经了1400年，如今仍像钢铁一样坚硬，敲击时会发出金属声响。

鎏金铜像。佛殿有一尊强巴佛，是释迦牟尼在世时以释迦牟尼真人形象塑造。据说，世上只有3尊释迦牟尼等身佛像。这3尊佛像中，尤以12岁释迦牟尼身为皇子时的鎏金铜像最为精美尊贵。该佛像从古印度进入中国，又经文成公主带入西藏，便一直被供奉于大昭寺。

民间传说

白羊驮土建寺。藏族民间流传“先有大昭寺，后有拉萨城”一说。据说大昭寺址源为一片湖泊，松赞干布曾向尺尊公主许诺，戒指落处修建佛殿，不料戒指恰好落入湖中，湖面顿时泛起金光，光芒中显现一座九级白塔。源此，便以千只白山羊驮土，浩荡建寺工程遂就此展开。

两尊神圣佛像。据说，当年这两位公主各自带来一尊释迦牟尼佛像，时作为最尊贵的陪嫁。尼泊尔公主所带释迦牟尼8岁等身像，文成公主所带释迦牟尼12岁等身像。今藏区公认这是两尊最早进入雪域高原佛像，松赞干布为此开始修建西藏最早的佛教建筑——大昭寺和小昭寺。

“拉萨”源于“惹萨”。史载，拉萨最早不叫拉萨（LaSa）而被称作惹萨（ReSa）。在藏语中“惹”是山羊，而“萨”则含有土地意喻。后因修建了神圣纳佛殿，供奉了佛祖像、佛经、佛塔，致四面八方信徒来这里朝圣，大家认为这里乃是佛门圣地，就将惹萨改称为拉萨，而“拉”在藏语中含佛祖之意。

5.“历算择址”“耆阇真境”——小昭寺

小昭寺位于大昭寺以北500米处，因与大昭寺合称为“拉萨二昭”而闻名于世。小昭寺始建于唐代，由文成公主督饬藏汉工匠建造，是深受藏族人民敬仰的一座古寺。

小昭寺崇楼峻阁金碧辉煌，虽然名声和规模稍逊于大昭寺，但是却有另一番风格。寺内供奉存有尼泊尔尺尊公主带到西藏的释迦牟尼8岁等身镀金像，也称不动金刚像。

小昭寺的建筑风格、融汇了汉藏建筑特点，寺庙最初管理由汉僧主持。可以说，小昭寺不仅是西藏最早寺庙之一，也是汉藏民族团结友谊象征，故在汉藏民族关系史上占有极为重要的历史地位。小昭寺前部为庭院、后部是神殿，另有门楼、转经回廊等相应设施。

历史文化

公元641年，唐朝皇帝以释迦牟尼佛像、金玉书橱、各式珍宝，360卷经典和各种金玉饰物作为文成公主嫁妆。另有卜筮经典300种，识别善恶明签、营造与工技著作60种，时以骡马车载方式将珍宝、绸帛、饰物，以及日常必需品隆重浩荡地送入吐蕃。

在文成公主进藏之前，尼泊尔国王已将其女尺尊公主嫁给了松赞干布。而尺尊公主入藏时，随行带来一尊释迦牟尼佛像、大乘佛教的经典著作、精巧工艺品和工匠等。文成公主进藏后不久，助力尺尊公主修建了大昭寺，并从中原招来能工巧匠修建惹谟伽神变寺。

相传，文成公主进藏时，由汉力士贾伽与鲁伽二人，用木车运送释迦牟尼佛像。只是车行至今小昭寺附近，木车深陷于沙地，用尽办法就是无法前行，最后只好四面立柱，覆盖白绸供养。文成公主博学多才笃信佛教，遂通过历法择算得知，此处乃龙宫所在之地。

随后，她决定将释迦牟尼佛像安放此地建寺供奉，以此将能震慑龙魔使得国运昌盛。小昭寺的整体建筑，历经一年时间顺利竣工。随后，藏王松赞干布广设廷筵隆重庆贺，择吉开光，场面壮观、声势浩大，此举令小昭寺盛极一时，松赞干布死后小昭寺渐趋冷落。

史上，元、明、清时中央政府对佛教采取了扶持政策，由此令小昭寺又得以复兴，随之对寺院展开隆重整修扩建。在清代史料中，对当年小昭寺曾有如下描述“小昭在大昭北半里许，地名喇木契，坐西向东，背布达拉，楼高三层，上有金殿一座，唐公主建”。

史载，清乾隆二十五年，大清皇帝御赐小昭寺匾额“耆阇真境”。1986年，国家投入巨资对小昭寺进行大规模整修，此举使得小昭寺面貌焕然一新，辉煌亮丽、重放异彩。

寺庙概说

小昭寺神殿建筑高三层，底层分别为门庭、经堂、佛殿3部分。门庭内左右为隔门小房，右间是存放吹器之处，左间是寺院配殿内供石榴树枝制作的贡布色懂马塑像。

大殿中间是四柱宽空廓，传说其中一根柱上挂有文成公主手印石板，另一根柱上挂有护法画皮两张。殿内四柱皆为圆形大柱，大柱小栱两侧各雕一大力士，做承托支撑状。

在柱头大栱之上，雕有狮子和圆形升云纹、花瓶等。在一些柱头小栱两侧、浮雕象征狮子及人像。门上铺首如钹形，上面彩绘二龙戏珠图案，横梁之处上书梵文6字真言。

另外，在西后净室门口南面，塑有舍利弗与目犍连两大弟子灵塔，以及高0.4米铜鎏金密集金刚造像、泥塑杰尊贡嘎顿珠造像。在净室门口两侧，还伫立四大天王雕塑像。

最后部是佛殿，供有铜鎏金不动金刚佛、8 大随佛弟子雕塑像，以及两大忿怒力士和宗喀巴塑像。神殿第二层前为僧舍，中为大经堂天井，天井之后为供佛大殿，内供桑杰鲁王甲后、16 尊者及经书。神殿第三层前面，为历世达赖喇嘛进至寺庙后入住专用居舍。

典藏文物

小昭寺内供释迦牟尼 8 岁等身像，众多佛像唐卡，以及其他珍贵文物。例如莲花生铜像展露身披袈裟，双手握持法器，结跏趺坐于莲花座之上。仕女铜像双手捧持堆花瓷瓶，身披锦帛至脚，上着短衣，下着长裙。铜菩萨，头戴宝冠，身饰瓔珞，斜披锦帛，刻“大清乾隆庚寅年敬造”。

6. “色拉崩钦”“野玫瑰园”——色拉寺

色拉寺全称“色拉大乘寺”，位于拉萨北郊 3000 米处的色拉乌孜山麓。该寺是藏传佛教格鲁派 6 大主寺之一。据传，因山下长满色拉而得此名，色拉寺在藏语中有“野玫园”之意。明永乐十七年（1419 年）由宗喀巴弟子绛钦却杰兴建，明宣德九年（1434 年）落成。

色拉寺与哲蚌寺、甘丹寺合称拉萨 3 大寺，时为 3 大寺中所建最晚的一座，寺中释迦益西彩色丝像虽历经 500 余年，至今色彩仍很鲜艳。珍藏于措钦大殿 200 余函《甘珠尔》《丹珠尔》经书，为金汁誊写，堪称绝品、弥足珍贵，色拉寺现为全国重点文物保护单位。

历史文化

史载，释迦益西曾代表宗喀巴大师奔赴京城朝觐了永乐皇帝，自此被敕封为“妙觉园通慧普应辅国显教灌顶弘善西天佛子大国师”。时颁赐印诰，赐予大量经书、佛像、僧衣、法杖、绸缎和金银，这些众多的佛事用具和物品也成为他日后修建色拉寺的资力。

色拉寺内所保存众多的金刚佛像，其中大多为西藏本地制作，也有一些是从中原或印度等地带来的铜佛像。大殿和各札仓经堂四壁保存着大量彩色壁画原作，尤以马头明王金刚像最为著名。色拉寺周围林木葱郁，流水淙淙，自古便是高僧活佛最宜讲经说法之地。

另外，在色拉寺周边也有许多僧尼小寺环绕。例如寺东和寺南有普布觉寺、米琼热尼库寺、贡巴萨寺、帕奔岗寺、扎西曲林寺、曲桑寺、嘎丽尼姑寺，寺后有珠康日却、色拉却顶寺等。拉萨有名的天葬台就在色拉寺北后面山上，恰逢凌晨可能会遇到天葬仪式。

关于色拉寺名来源，曾有两种不同的说法。一说，该寺在奠基兴建时，下了一场猛烈的冰雹，冰雹藏语发音为“色拉”，故该寺建成后取名为“色拉寺”，喻含“冰雹”之意。另一说，该寺庙在兴建之时，此地的蔷薇花遍野盛开，故取名为“色拉寺”。因为在藏语中野蔷薇发音为“色拉”，今该寺全称为“色拉大乘寺”，含“野玫瑰园”之意。

寺庙概说

马拉康及扎仓。佛教将“佛、法、僧”称为“三宝”，只有具备这“三宝”地方才可称“拉康”。

据称，色拉寺有4个拉康，其分别为宗喀拉康（主供宗喀巴大师）、甲央拉康（主供文殊菩萨）、乃堆拉康（主供罗汉）、土其拉康（主供十一面千手观音）。

色拉寺还有3个扎仓，分别为麦扎仓、吉扎仓、阿巴扎仓。

马头明王金刚像。马头明王金刚像是一座著名的塑像。进大殿径直前行，穿过一排小型殿宇，就在四层吉扎仓护法神殿里面，当地人会把头伸进一个小神龛里，用头去接触那个雕像的基座。

甘珠尔。色拉寺文物珍贵典藏丰富，尤以永乐皇帝赐予释迦也失益西用朱砂刊印108函，以及京都版藏文《甘珠尔》，制作精美、最显珍贵，这也是第一部用雕版印制的大藏经。

晒佛台。拾阶而上，登上色拉寺东北方晒佛台，从这里便可静心舒缓地鸟瞰色拉寺壮丽景观的全貌，眺望欣赏远方层峦叠嶂，错落有致的庙宇布局，以及色拉寺周边的秀丽风光。

辩经。据说，色拉寺内的僧众每天有一次辩经活动。辩经是对佛学知识的一种讨论，辩论者常借助各种手势来增强辩论的力度。辩论时或用击掌，催促对方尽快回答，或拉动佛珠，借助佛的力量战胜对方。辩论场上气氛热烈令游人身临其境，常情不自禁地深受感染。

7. “强巴通真”“穆隆元善”——哲蚌寺

哲蚌寺位于拉萨市郊约8000米、根培乌孜山的南山坳处，远远望去可见一众白色的建筑群汇聚于幽静山麓中，就如同堆积了一片雪白稻米。在藏语中“哲蚌”蕴含积米意思，望文生义而被人们称作哲蚌寺。哲蚌寺属藏传佛教格鲁派，为拉萨三大寺院中首寺。

哲蚌寺建筑结构巧妙，逐层上递、殿宇连接、巍峨耸峙、规模宏大、雄伟壮丽。哲蚌寺的主要建筑有甘丹颇章、措钦大殿、四大扎仓以及所属康村。其建筑形式大体可分院落地平、经堂地平、佛殿地平 3 个地平高程。其中各建筑单位既结构严密，又自成体系。

哲蚌寺内有洛色林、果芒、德阳、阿巴 4 个扎仓，阿巴扎仓为密宗扎仓，其余 3 个为显宗扎仓。阿巴扎仓内供奉本尊大威德塑像，内藏著名密宗大师惹译师的骨灰。寺内的甘丹颇章在藏语中含有极乐宫之意，五世达赖在迁居布达拉宫前，这里曾是其重要居所。

五世达赖当政时期建立甘丹颇章王朝，在移居布达拉宫之前，哲蚌寺实际已成为当时的政治中心，因此该寺享有很高地位。不仅如此，哲蚌寺还珍藏有佛教经典，如宗喀巴师徒所著佛教经书手写本，这些重要史料和珍贵文物可谓稀世珍宝堪称价值连城。

历史文化

1409 年，宗喀巴大师在拉萨大昭寺成功创办了传昭大法会，同年他还倡导创建了格鲁派祖寺甘丹寺，至此他苦心创立的新教格鲁派已经基本形成，并得到全藏僧众的信奉。随着格鲁派势日渐强大，广众信徒不断涌入与日俱增，在此背景下哲蚌寺创立始得兴建。

明永乐十四年（1416 年），宗喀巴弟子绛央却杰兴建哲蚌寺，七大弟子分别主持寺中札仓（经院）。该寺也为历代达赖喇嘛母寺，寺中的甘丹颇章时为二世达赖根敦嘉错修建。

哲蚌寺建成之后，很快便成为格鲁派诸寺庙中实力最为雄厚的名寺。寺内原有的七大札仓，后合并为洛色林、果莽、德扬、阿巴四大札仓，西藏众多名僧常在此讲学。

现寺院内主要建筑有措钦大殿、洛色林札仓、甘丹颇章、甲央拉康等，其中多数为明、清两朝时修建。寺院主要建筑大经堂雄伟壮观，有立柱 183 根，雕刻十分精美。另有织绣经幢、挂幢、唐卡（卷轴画）、佛像、壁画等装点修饰，可同时容纳 8000 余人诵经。

大殿里还保存着三世、四世达赖喇嘛的肉身灵塔，释迦牟尼的百行转图，人间形成图，生死轮回图等。大殿 3 层是当年宗喀巴亲自开光的强巴佛，也称未来佛，极为著名。

寺院概说

措钦大殿。措钦大殿是哲蚌寺的主要建筑，殿前有一座石铺广场，由此登上 17 级宽敞石阶，便可见到 8 根列柱明廊。大殿的经堂建筑规模宏大，装饰华丽、光彩夺目，大殿各处造像不论是正殿或厢殿形象极为生动。大殿中间大文殊像以及白伞盖像工艺更是精绝。

大殿层楼。在大殿2层设有甘珠尔拉康，珍藏《甘珠尔》经。大殿3层，内供强巴佛8岁等身巨型铜像。据称，这尊佛像乃是宗喀巴亲自开光，因此极为著名，亦称“强巴通真”。因此，也可称它西藏强巴佛中位处至尊，佛殿门上悬“穆隆元善”汉文匾额，为清朝驻藏大臣奉调离任时制献。大殿4层释迦佛殿时以500两银建成，两旁置银塔13座。

银塔。大殿侧室的两座银塔，分别为三世达赖喇嘛和四世达赖喇嘛灵塔。大殿后部的堆松拉康乃是哲蚌寺最早的拉康（意为神殿或庙堂）之一。据称，绛央曲结曾在此净室内苦心修行。现供奉三世达赖及随身二弟子堆松拉康，左右两侧分别是弥旺拉康和伦本拉康。

四大扎仓。哲蚌寺初立建有7个扎仓，且分别由绛央曲结的七大弟子主持。后根据学经内容和各自籍贯，分别合并为罗赛林、郭芒、德阳、阿巴四大扎仓，而最后一个为密宗扎仓。

甘丹颇章。甘丹颇章（意为宫殿）始建于明嘉靖九年（1530年），为二世达赖喇嘛主持修建。时甘丹颇章一度成为西藏的政治权力中心，并且持续到五世达赖迁往布达拉宫处理政务。

辩经场。寺院辩经场一般多设在札仓附近，全寺的喇嘛都可以参加辩经。但实际上只有极少数的喇嘛能够在全院规模的札仓辩经中圆满获胜，从而有幸取得“格西”之学位。

乃穷寺。哲蚌寺东南500米处、半山腰立一小寺便是乃穷寺，此为历代达赖喇嘛护法神“乃穷神”所在地。进得寺院大殿长廊壁画色彩醒目，内容多与护法降魔、地狱苦难相关。

---

8. “藏式风情”“宝贝园林”——罗布林卡

罗布林卡位于拉萨西部近郊，始建于18世纪40年代（七世达赖时期），是一座颇为典型的藏式风格园林。曾是历代达赖喇嘛消夏理政之地，现为全国重点文物保护单位。

寺庙概说

罗布林卡在藏语中含有宝贝园林之意，现全园占地面积达36万平方米，其建筑布局以格桑颇章、金色颇章、达登明久颇章为形式主体。（“颇章”在藏语中含有“宫殿”之意）。罗布林卡可称是西藏地区所有的人造景园中规模最大、景色绝佳、富蕴古迹名胜之园林。

罗布林卡建筑风格独特，其高处筑台、低处挖池、林木清幽、顺其自然、景自天成，皆以和谐取胜。在绿树花木掩映之中，湖心宫、龙王亭、金色林卡等充满藏式风格建筑点缀其间。清新的空气，葱郁的林木，优雅的环境，罗布林卡彰显藏式园艺静谧自然景观。

早年期间，罗布林卡曾经作为高级僧侣、上层达官贵族游乐休闲的一处“夏宫”。1922 年，罗布林卡开始大兴土木，又在西面建筑金色林卡以及 3 层殿宇的金色颇章，同时种植大量花、草、树木。1954 年又于北面兴建新宫，由此奠定罗布林卡今日总体格局。

新宫是罗布林卡近代著名建筑之一，壁画丰富多彩画面栩栩如生。如北殿西侧经堂内的绘画，“菩提树下的释迦牟尼与八大弟子图”，画面中显现释迦牟尼善良平和之尊容。尤其画中八大弟子，形象生动、静穆沉思、神态虔诚，刻画手法异常逼真，为一幅不可多得的经典之作。新宫南殿壁画，采用连环画形式，就如同在展现一部西藏地区简史。

历史文化

据称，18 世纪 40 年代以前，罗布林卡及其周边还只是一片鸟兽出没、杂草遍布、灌木丛生的荒地。罗布林卡建造以七世达赖喇嘛兴建乌尧颇章为始，历时 200 余年。

由于七世达赖常来此处，又非常喜欢这方宝地，清乾隆十六年（1751 年），七世达赖在乌尧颇章东侧以自己的称呼命名，修建了一座 3 层宫殿格桑颇章。1755 年此宫殿落成，报请大清皇帝准奏。七世达赖每年夏季常在格桑颇章处理政务，由此始端，罗布林卡便逐渐成为历代达赖处理政教事务的夏宫。1922 年，园林西侧建金色颇章宫、格桑德吉宫、其美曲吉宫，又在西南建金色林卡，种植花草树木。1954 年，园林中部建达旦明久颇章（永恒不变宫），北面又建新宫，罗布林卡显现今日雏形。

典藏文物

罗布林卡典藏文物，形式精美、制作考究、各领千秋。其大体可以分两类：一类是西藏本地制造的宗教文物；另一类是由历朝皇帝颁赏或馈赠西藏上层人士的奇珍异宝。

佛像。据称，罗布林卡兴建之初，七世达赖为给宫殿佛堂添装佛像及佛事用具，曾在布达拉宫山脚之下建立一所名为“雪堆白”的造像场地，其中宗教文物以金铜造像最著名。

唐卡。在罗布林卡宫中珍藏有 18—20 世纪西藏勉唐画派、钦则画派、嘎赤画派珍贵作品。其中，尤以 13 世纪绘制“赤唐”作品、觉仲师徒像唐卡最是弥足珍贵，堪称经典之作。

壁画。罗布林卡寺院壁画众多、丰富多彩，其中又以新宫珍藏的壁画出类拔萃、技艺超群。

御赐珍品。史上，明、清两朝中央政府曾颁赐西藏上层众多珍品。例如明永乐年间宫廷制作金刚持金铜佛，清乾隆年间烧制珐琅彩葫芦瓶、八仙庆寿瓶，皆为当朝杰作、稀世珍品。

9. 干戈化玉帛　国泰民安康——达扎路恭纪功碑

达扎路恭纪功碑位于拉萨市的北京东路、布达拉宫南侧，此碑为赞普赤松德赞在位时所立。石碑建于正方形基石之上，台基正中为3级阶梯形碑座，上面镌刻藏语碑文。

史上达札路恭在赞普赤松德赞当政时期，曾是宫中的一位重要大臣，据称其位居“大论”高官要职。此碑是为表彰他当年所建卓越功绩而立，故称其为达扎路恭纪功碑。此碑记载的内容，对研究吐蕃统治时期奴隶社会政治制度，以及史上唐朝与吐蕃之间关系，具有十分重要的史证意义。如今碑身主体基本完好，碑文绝大部分字迹尚可辨识。

历史文化

据称，公元8世纪前后，吐蕃政权与大唐王朝之间经常发生战事争端。至吐蕃赞普赤松德赞时期，大将军达扎路恭于唐广德元年（763年），曾率兵几近攻掠长安（今西安）。达扎路恭纪功碑所记述的就是这样一段历史。驻足了解碑文内容，联系大昭寺“甥舅会盟碑”，便可认识唐朝和吐蕃关系史，更加珍惜民族团结、共同繁荣之弥足珍贵。

史上吐蕃王朝为公元7—9世纪，青藏高原古代王国建立的一个藏族政权。自松赞干布至达摩，前后延续大约200年，为西藏史上第一个有明确史料记载的政权。

赤松德赞，又译“墀松德赞”，《新唐书》为“挲悉笼腊赞”。按照藏族的传统说法，公元755—797年，他是吐蕃王朝第37任赞普，在其统治时期吐蕃国势曾经达到鼎盛。时为弘扬藏传佛教曾起到极其重要作用，与松赞干布、赤祖德赞被后世尊称为吐蕃“三法王”。

赤祖德赞，旧译“可黎可足”，曾为著名吐蕃赞普，年号彝泰，所以史学界也称其为彝泰赞普。史载，唐元和十一年（816年）赤松德赞去世，赤祖德赞（可黎可足）立为赞普。

公元822年，唐穆宗长庆元年至二年（821—822年），唐王朝与吐蕃举行第

8 次会盟。如今，会盟碑历经千年风雨依然伫立。源此会盟时为唐长庆年间，史学也称长庆会盟。

10. 环绕大昭寺 三条转经道——八廓街

八廓街乃是拉萨市内一条十分著名街道，也可称其为拉萨建城史上时间最早、最为繁华的一条街道。据说，确切名称应译为“帕廓”街，源于“帕”意为中，“廓”意为转。

据称，按西藏佛教徒的说法，如果以大昭寺为中心，沿着长方形街道绕行一圈，就可称为“帕廓”，意即“中转”。它表示虔诚佛教徒向供奉在大昭寺内的释迦牟尼佛朝拜。

八廓街，也曾称作八角街。据说，当年在拉萨城内有许多人是来自四川，而在四川话中“廓”与“角”的发音十分相近，一来二去也就将这“八廓街”误传成了“八角街”。当然，也有一些望文生义、以讹传讹者，曾认为八角街乃是因为环形街道有 8 个角。其实，八廓街是由八廓东街、八廓西街、八廓南街和八廓北街构成的多边形街道环。

相传，大昭寺建成以后，西藏各地的善男信女们都从四面八方到此来朝佛，很快便以大昭寺为中心，形成了最初拉萨旧城格局。其后，又有藏、汉族人群开始在这里经商。其间，尼泊尔人也陆续在此开设商店，人们时常可见信徒手摇转经轮，进入八廓街绕大昭寺不停转经。每至傍晚时分街道灯火通明，时这里便成为古城拉萨一道亮丽风景。

历史文化

据传，公元 7 世纪藏王松赞干布下令在卧堂湖修建大昭寺，与此同时在湖边周围又修建了 4 座宫殿，其后便与嫔妃一起移居至宫殿，以便随时监督查看大昭寺的工程进展。

八廓街发展源于大昭寺始建以及大昭寺的落成，随着朝佛信徒不断涌入也令这条街道日趋繁华。依此溯源，时最初 4 座宫殿距今有 1300 多年，可称八廓街最早建筑。

史载，直到 15 世纪前后，大昭寺已经发展成为西藏地区佛教传播中心。众多信佛者也纷纷迁居大昭寺周围，这便使得大昭寺的宗教地位迅速得到了提高，不断加深巩固。

藏传佛教认为，以大昭寺为中心顺时针绕行为“转经”，即表示对供奉在大昭寺内、释迦牟尼佛像尊崇朝拜。八廓街由此成为拉萨三大转经道（大转、中转、小转）之一。据说，每日围绕大昭寺转经信徒众多，从他们那里了解中可知，八廓街是拉萨城内最著名的一处“转经道”。除此之外，还有两条可与八廓街遥相呼应、同样重要的转经道。其中的一条，就是围绕着整个拉萨老城区，连同布达拉宫在内那条著名“林廓”外转经道；另外一条，那就是在大昭寺内、充满神秘虔诚色彩的“囊廓”，回廊转经道。

所以，由内向外环绕分别为：“囊廓”“八廓”（或称“帕廓”）“林廓”这3条拉萨古城著名转经道。

古迹奇观

大法轮柱。围绕八廓街转经路，沿途有许多名胜古迹。如环路与公路交叉口，曾经矗立一名叫“觉牙达金”的大法轮柱。据说，藏族姑娘年满16岁，就要到法轮柱前举行成年仪式。

法王宫。八廓北街有一幢被称作“曲结颇章”的两层小楼，这便是有名的“法王宫”。它是在修建大昭寺之前，松赞干布建造的一处临时行宫，也可以说是八廓街上第一幢建筑。

小白塔。沿着此路继续向前行，不久便见到一处比较开阔小广场，在其附近有一座白塔。据称，以前到小白塔那里烧香、是专门供奉财神爷，求它保佑在香塔周围做买卖的生意人。

驻藏衙门。在供奉香草白色香塔北面是一幢顶部有一层红色草墙的三层楼房，这是当年清朝政府驻藏大臣的衙府。史载，历经183载春秋，清政府总共向这里派遣了84任驻藏大臣。

松曲热遗址。在八廓街转经路的终端处，可以看到在藏传佛教中占有十分重要地位的松曲热遗址。据说，过去大昭寺在举行祈愿法会期间，西藏佛教界都要在这里举行统考头等“格西”活动。格西是藏语“格威西联”省略语，其意为“善知识”，为藏传佛教格鲁派寺院之学位。

吐巴。这是一座古老的三层建筑，位于八廓街转经道南端。它曾是西藏文字的创制者、松赞干布时期吐蕃最有名望的重臣吞弥桑布扎的府邸。据称这里曾作过八廓街的居委会。

转经道。八廓街转经道在藏族人心目中是一条极为重要的转经道。相对于“林廓”和大昭寺内的“囊廓”而言，八廓在藏语里即含有“中圈”之意。据说，傍晚每逢转经时刻一到，信徒就像接到了统一号令，在一阵骚动后，便自律以顺时针方向沿着这条环路开始转行。

11. 承藏式医药　传佛祖化身——药王山

药王山，藏语称夹波日，位于布达拉宫右方不远处一座颇为奇特的尖顶山峰处。如果沿着北坡僻静小路行走便可到达峰顶，时立山坡之巅俯瞰市区，古城新姿、尽收眼底。此山东南侧峭壁陡立，山下清流绿波蜿蜒如带，此处原有座药王庙，始建于清代初年。庙中供镶嵌蓝宝石的药王佛像，因此也被人俗称药王庙，日久此山便被称为药王山。

据传，五世达赖时期（1642—1682 年），在第巴桑杰嘉措主持下，不断组织各地藏药僧医在此集聚，其间整理藏区药学医理经典，以后逐渐发展成西藏医药计算局“门孜康”。

今药王山上遗留一片废墟，原是座门巴扎仓（藏医学院）旧址。相传药王乃是释迦牟尼佛之化身。公元 7 世纪，文成公主远嫁吐蕃时便从大唐带去许多中原地区医药文化。其中，就有著名的医术典籍《医学大全》。此后，又有金城公主再嫁吐蕃，继续带去了著名医书《月王药诊》，自此中医的理论和诊疗方法，便逐步融汇于古老藏医学之中。

历史文化

传说，药王乃是释迦牟尼佛一个化身，释迦牟尼佛法力无边可医治百病。如果依吐蕃王朝时期已现西藏民间的藏医算起，那么古老藏医学至少已经有 1000 多年的发展历史。

史上，中医理论和诊疗方法随着逐步被当地藏医所接受，并不断与藏医学交融。公元 8 世纪，医圣宇妥元丹贡布于印度求学，后融汇藏医和印医精华，著有《四部医典》。据说，当年在药王庙汇聚了许多学识渊博、医术精湛藏医。至 17 世纪这里已成为藏医学府，慕名求学者络绎不绝时药王庙声名鹊起，有高僧甚至成为达赖喇嘛保健私医。

到了 17 世纪末期，第巴桑结嘉措为大力弘扬藏医，又在此山之上修建了著名的门巴扎仓。此后，他还经常不断从各寺庙中选拔一些可造之喇嘛，来此专门进修医学药理。

故事传说

药王山东侧有一洞窟式庙宇，位于药王山东侧陡峭山腰，这是一座造型十分奇特寺庙，人称查拉鲁普。据称，上面山崖乃是文成公主思念家乡时，极目远眺遥拜施礼之地。

传说，该洞窟开凿于松赞干布年间，时有藏王松赞干布王妃如雍，曾在查拉鲁普山崖雕刻大梵天神像，并用西藏紧俏的盐巴作为工匠们的报酬，掘崖粉一升付给盐一升。不仅如此，她还在石窟里面开凿了一条转经廊道。时光流逝，虽然历经了 1000 多年风云变幻，几番时代变迁王朝更替，但这座罕见的石窟寺庙，至今仍然保存基本完好。

这座石窟呈现不规则长方形，总面积达 27 平方米。洞口处建有中心柱，中心柱与洞壁之间是一条狭窄转经廊道，岩壁之上建有 69 尊石刻造像，66 道两边排列石刻神像。

12. 高原热气升腾　新兴光明之城——当雄羊八井

羊八井位于青藏公路与中尼公路的交汇点处，它也是我国西藏地区第一个开发地热资源的试验区，如今这里已陆续建成热电站、地热温室、温泉浴室等一众基础设施。

羌塘草原本为高寒地区，然而唯有热田一带却是绿草如茵，青稞生长茁壮喜人。这里的温泉常年雾气升腾，据说在那些温泉水中放上几只鸡蛋，不过三五分钟便可煮熟。

今天在那些高大林立的厂房处，日夜不停地冒着白色蒸汽，高耸而齐整的输电线路，在如同羌塘草原描绘的优美曲线，现代化厂房与牧人传统毡房，遥相呼应比肩而立。

地热概说

早在 1997 年，人们便在地热城的北部既念青唐古拉的山体上，打出了第一口高压力、高能量的高温井。由此成为世界上少数具有单井发电潜力、高焓值热流体的地热田。

羊八井，不仅是我国现今已开发利用的最大地热电站，也是世界上唯一的一座利用地热潜层热储进行工业性发电的电厂。据说，在 20 多个已利用地热发电的国家地区，只有羊八井电站能利用地下 200 米内、150 摄氏度以下潜层中温储热资源进行实效发电。

地热形迹。在羊八井的热田中，地热显示非常丰富，热田盆地中水热活动十分强烈，地热显示多样种类且规模宏大。如温泉、热泉、沸泉、喷泉孔、热地、水热爆炸穴，热水上升式间歇喷气井、热水塘、热水沼泽等。此外，由于热田北部地势较高，地下水埋藏位置也较深。

地热开发。在热田东部，有一水深达 16 米的热水湖。湖水碧波荡漾，湖面热气蒸腾，游客置身湖边，宛如步入仙境，即便在零下 20 摄氏度隆冬，此地水温仍在 30—40 摄氏度。在热田北部还有一座著名的硫磺矿，而硫磺矿一带的岩浆体，被认为是羊八井地热田的热源。

地热温泉。每天清晨，羊八井附近景色壮美，地热田产生的蒸汽团不断从湖面升起。若遇上热井喷发，还可一睹沸腾温泉直冲云霄的壮观景象。这里泉水富含大量硫化氢，故对多种慢性疾病有辅助治疗效果，人们在沐浴或畅游闲暇，还可尽情领略大自然赋予人类的奇妙景观。

（三）拉萨特产与美食

地方特产：藏茶、藏药、酥油、红景天、古荣糌粑、拉萨风筝、藏香、藏纸、唐卡、藏刀、藏毯、面具、麝香、藏式木雕。

风味美食：青稞酒、酥油茶、奶渣粥、煮羊头、安多奶茶、酥油面团、酸奶人参果、酥油疙瘩汤、手抓炸羊排、奶渣酥油饼、人参果酥油饼、人参果八宝饭、奶饼子、手抓牛肉、虫草牛排、酸萝卜牛肉、牛肉团水饺、牛羊肉炖萝卜。

五、洛阳

——华夏发祥之地 九朝都会遗迹

五、洛阳
——华夏发祥之地　九朝都会遗迹

（一）名城概说

洛阳位于河南省西部、黄河南岸，东有虎牢关，西有函谷关，南有洛河、伊河，北有邙山及黄河，古称“河山之控戴，形胜甲天下”。史上有东周、东汉、曹魏、西晋、北魏、隋（炀帝）、唐（武后）、后梁等十数朝曾于此建都，历900年享“九朝都会”美称。

史学界有关“九朝古都”比誉通常指洛阳。据说，盛传“九朝”之说，源于乾隆帝御批嵩阳书院楹联中有“九朝都会”一语而得名。在汉语中九不仅指具体数量，而且还有泛指数量众多之意，史上洛阳既做过十三个正统王朝国都，也为多个割据一方政权的都邑。

《嵩阳书院》　清·乾隆（据传）
近四旁惟中央统泰华衡恒四塞关河拱神岳；
历九朝为都会包伊瀍洛涧三台风雨作高山。

洛阳是我国著名七大古都之一，驰名中外的历史文化名城，自古有居“天下之中”，享“九州腹地”赞誉。洛阳北临嵯峨逶迤的邙山，南对绵亘耸黛的嵩山。“永怀河洛间，煌煌祖宗业”。上溯数万年前，华夏先祖曾于这块富庶丰饶土地上，繁衍生息、渔猎稼穑。

洛阳，因地处洛河之阳而得此名，洛阳是华夏文明和中华民族重要发祥地之一，联合国命名的世界文化名城，“四大圣城”（耶路撒冷、麦加、洛阳、雅典）之一。洛阳有着五千多年文明史，4000多年建城史，1500多年建都史，史上曾有105位帝王在此定鼎九州。

据说，著名的历史文献《河图洛书》便是出自洛阳，被奉为“人文之祖”的伏羲氏，据以河图、洛书，绘出八卦与九畴。汉代班固也在这里写下了第一部断代史籍《汉书》。

著名文人司马光，曾在这里完成了历史鸿篇《资治通鉴》。著名的“建安七子”“竹林七贤”“金谷二十四友”一众才子云集。时左思的一篇《三都赋》曾令“洛阳纸贵”。

截至2015年，洛阳被联合国教科文组织评选认定三项世界文化遗产。不仅如此，仅沿洛河两岸就分布有，夏邑二里头遗址、偃师商城、东周王城、汉魏故城、隋唐洛阳城五大历史故都城垣遗痕。另有著名的隋唐时期大运河遗迹，曾是丝绸之路的东方起点之一。

洛阳，为国务院于1982年公布的首批24座国家历史文化名城之一。

1. 寻踪问源

史载，西周时期周公始经雒邑，周城曾为西周王朝东都直属周天子所辖。东周时期，雒邑便为其京都。战国时期，雒邑改称雒阳，秦置三川郡时郡治雒阳，辖今三门峡市。

史上西汉，东部为河南郡，西部属弘农郡，以此为始，“河南”正式成为行政区划中一个专用地理名词。东汉时期，河洛地区建制与西汉时期大体相同。三国时期，曹魏改雒阳为洛阳，行政建制仍沿袭东汉。东晋十六国时天下大乱，但此河洛地区依然为河南郡。

史上，北魏统一北方后迁都洛阳，改河南郡为河南尹。隋统一天下之后，复改河南尹为河南郡且以东都洛阳为其政治中心。唐代，河南郡一度改称为都畿道河南府，但仍以洛阳为中心，故其地位和影响丝毫不减，只是当时所管辖区域要比隋朝的河南郡大出许多。

宋代年间，洛阳为西京、置河南府。朝廷在此设“国子监”，令文人学士多聚于此，如赵普、吕蒙正、富弼、文彦博、欧阳修等，都曾居住于洛阳。理学家程氏兄弟、邵雍等，也曾在洛阳著书讲学。司马光当年也正是在洛阳城，完成了他的史学巨著《资治通鉴》。

金代，曾以洛阳为中京，改河南府为金昌府，并河南县入洛阳县。自元代始洛阳便不复为京，始降为河南府治。明代河南辖洛阳、偃师、巩县、孟津、登封、新安、渑池、宜阳、永宁、嵩县10县，时为明伊王和福王之封地。史上清代洛阳仍为河南府驻跸治所。

1912年，始设河洛道，道尹公署时驻洛阳。1920年，直系军阀吴佩孚盘踞洛阳。1932年，日军进攻上海，国民政府定洛阳为行都。1948年洛阳解放，1954年洛阳市升省辖市，1986年洛阳地区撤销，洛宁、伊川等改属洛阳。

2. 人文荟萃

史上洛阳，为各路豪杰争霸、群雄逐鹿中原、王者必争之地。上自伏羲、女娲、黄帝、尧、舜、禹等演绎传说，下至兵戈铁马中原征战厮杀，这里始终不绝惊心动魄争伐。

史上名称

如斟鄩、西亳、洛邑、洛师、成周、王城、雒阳、中都、东都、东京、神都、洛京、京洛、洛中、嵩京、中京、西京、伊洛、河洛、河南、洛州、三川（共计有22个）。

古都纷纭

十三朝古都：如果上溯延伸至夏时算起，史上的洛阳共有13个朝代曾在此建都。其分别为夏、商、西周、东周、东汉、曹魏、西晋、北魏、隋、唐、后梁、后唐、后晋。

十五朝古都：史上西汉、武周也曾在此建都，即前述十三朝，再加西汉、武周两朝。

十七朝古都：即前述十五朝都城，再加上战国时期的韩，以及中华民国（行都）。

二十二朝古都：夏、商、周、战国韩、汉、曹魏、晋、北魏、隋、唐、武周、后梁、后唐、后晋建都。另，新莽、后赵、东魏、北周、后汉、后周、北宋、金，八朝陪都。

定鼎中原

史传，帝喾都亳邑，夏太康迁都斟鄩。史载，商汤定都西亳，武王伐纣、八百诸侯会孟津。有周公辅政，移九鼎于洛邑、平王东迁。后光武中兴、魏晋相禅、现隋唐盛世。

史上隋大业元年（605年），隋炀帝在洛阳建立东都，下令开凿著名的京杭大运河，由此形成以洛阳为中心，同时向东北、东南辐射，长达2000千米的南北水运“丝绸之路”。

瑰宝览胜

龙门石窟，著名世界文化遗产、中国著名三大石刻宝库之一。白马寺，始建于东汉永平十一年（68年），为佛教传入华夏后兴建首座寺院，有中国佛教“祖庭”“释源”称谓。

今龙门石窟，古中国大运河（含嘉仓遗址、回洛仓遗址），丝绸之路（含汉魏洛阳故城遗址、隋唐洛阳城定鼎门遗址、新安汉函谷关遗址），已经被列入世界文化遗产名录。

古域风情

不仅如此，更有著名二里头夏邑遗址、河图洛书、杜康、周公、白马寺、关林、龙门石窟、洛阳牡丹、洛阳水席、“东方红”拖拉机。被人们称作洛阳十大杰出文化代表。

（二）历史文化

1. 溯河洛文明　现隋唐恢宏——洛阳博物馆

洛阳博物馆（新馆）位于洛龙区聂泰路，是一座设施先进、功能齐全，集陈列展览、文物收藏、考古研究、文化交流等多项职能于一体的综合类博物馆。新馆将建筑外形与洛阳史序意喻为 13 个部分，以此象征洛阳历经过 13 朝建都，再现了古都洛阳的悠远历史。

简介

洛阳博物馆始建于 1958 年，原馆址设在关林庙。20 世纪的 70 年代迁至市区，现有馆藏文物近 40 万件，陈列展览文物 3 万余件。洛阳博物馆新馆 2007 年年底动工兴建，新馆建筑由主楼和附楼构成，2009 年 2 月竣工，2011 年 4 月新馆经试运行后对社会公众开放。

该博物馆现为地方综合类历史博物馆，也是首批国家一级博物馆。展馆布局包括基本陈列、专题陈列、常设展览、临时展览等。设有“河洛文明展”“珍宝展”“汉唐陶俑展”“唐三彩展”“宫廷文物展”“石刻艺术展”“书画展”等专题或临时展览。

在博物馆设置的展陈中，有 50000 年前的大象化石、新石器时代的彩陶器、夏商周时期的青铜礼器、汉魏时期的彩绘陶及百戏俑、隋唐时期的彩绘乐舞俑、唐三彩等。其中，夏代的青铜爵，战国的错金银铜鼎，北魏的陶塑，唐代的三彩灯、三彩马等堪称国宝级文物。

博物馆进行展览、收藏、考古、研究等项工作的同时，还出版多部专著及文集，如《洛阳古都史》《西周青铜器研究》《河洛文明》《洛阳唐三彩》《洛阳出土铜镜》《洛阳汉代彩画》《洛阳文物精粹》《洛阳烧沟汉墓》《魅力洛阳——河洛地区考古成果精华》等。

展陈

该博物馆布展形式包括：河洛文明展、常设展览、专题展览、临时展览。

● **河洛文明展（基本陈列）**

展陈分为史前时期、夏商周、汉魏、隋唐、五代和北宋 6 大部分。

河洛文明展主要通过文物陈列为引导历史线索，从而展示洛阳不同历史时期的政治、经济、文化、社会等状况。例如旧石器时代的象牙化石，新石器时代的彩陶、骨针，夏商周时期的青铜器，汉魏时期出现的民族融合迁徙，五代及北宋时期的繁华与动荡等。

在中华五千年历史长河中，古都洛阳城最为繁华的鼎盛时期，莫过于隋唐时代。如隋唐洛阳城、隋炀帝与大运河、武则天与神都、丝绸之路与中外交流、唐三彩斑斓等。厚重的历史人文赋予展览，精巧典雅风格、卓尔不凡气势，再现了繁盛古都的一段辉煌历史。

● 常设展览

展陈设珍宝馆、宫廷文物馆、唐三彩馆、汉唐陶俑馆、书画馆、石刻馆 6 部分。

珍宝馆：为介绍其珍藏的瑰宝，展馆特从数十万件文物中撷取一批珍品，举办《洛阳文物珍宝展》，以此展露古都洛阳历史文化博大精深，感受华夏中原所绵延的千古文明。

宫廷文物馆：1973 年经周总理批示，北京故宫博物院调拨一批珍贵文物至洛博。这些收藏于故宫的文物多为清代皇室珍品，其用料考究、工艺精湛，具有极高艺术价值。

唐三彩馆：唐三彩为唐代两京地区所流行的多彩低温釉陶器，其包罗万象，绚丽斑斓，凸现了唐代东都洛阳的盛极繁华、彰显出盛唐时期开放多元，社会进取的万千气象。

汉唐陶俑馆：陶俑为古代陪葬冥器，在展出的汉唐陶俑中，可见汉陶俑古拙质朴、晋陶俑拘谨呆板、北魏陶俑骨秀像清、唐陶俑高贵华丽，为认识古陶俑艺术提供了依据。

书画馆：该馆所展出藏品，以宋、明、清及近现代作品为主，展品包括诸多史上名人，如宋代的苏轼，明代的张宏、清代的王铎，近现代的齐白石等诸多书画名家的作品。

石刻馆：从东汉、北魏，迄唐宋明清，洛阳石刻造像始而不辍。此展览分为陵墓石刻、宗教石刻、建筑及其他石刻 3 个单元。题材涉及石刻雕像、佛教造像、造像装饰等。

典藏

馆藏珍品主要有：青铜器、三彩器、玉器、石刻、陶器瓷器、佛教造像 6 大类。

青铜器，如乳钉纹铜爵（夏）、母鼓铜方罍（商代）、兽面纹铜方鼎（西周）等。

三彩器，如三彩兽面镇墓兽（唐）、三彩骑马男俑（唐）、三彩女坐俑

（唐）等。

玉器类，如玉人（战国）、透雕龙凤纹玉佩饰（东汉）、夔龙玛瑙璧（西晋）等。

石刻类，如石辟邪（东汉）、正始石经（曹魏）、石虎（北魏）等。

陶器瓷器，如青瓷双耳簋（西周）、斗兽纹绿釉陶壶（东汉）等。

佛教造像，如银鎏金宗喀巴像（清代）、鎏金铜观音（清代）等。

---

2. 典型帝王陵　古墓藏丹青——古代艺术博物馆

洛阳古代艺术博物馆位于洛阳市北郊邙山镇冢头村东，曾被称作洛阳古墓博物馆，该馆1987年建成并对外开放。此馆建筑风格新颖别致，由一组仿汉代建筑群及一组仿北魏建筑群构成，园区内广植花草树木，设山石水池亭廊，是一座庭院式博物馆。

据传，洛阳北邙山及周边地区历来古墓星罗棋布，自古就有“北邙山头少闲土，尽是洛阳人旧墓”之说。该博物馆设展类型之独特，展陈内容之丰富，在国内博物馆中可称独树一帜。如西汉“打鬼图”“卜千秋升仙图”等9座古墓壁画，被誉古代绘画艺术瑰宝。

该博物馆在历代典型墓葬展区，不仅展陈上自西汉，下迄宋金各朝典型古墓葬25座，而且涉猎古墓年代之久、数量之多、类型之广、内容之奇，堪称国内古墓展陈之最。

展馆概说

博物馆展陈包括历代典型墓葬、北魏帝王陵墓、古墓丹青壁画3大展区。

● **历代典型墓葬**

历代典型墓葬展区为一组仿汉代宫殿式建筑，其整体建筑结构分别由地上、地下两部分组成。不仅如此，在地上的建筑设置中，又进一步分为前、后两个不同展览布局。

展区前半部，由南向北依次为仿汉白玉石门阙、馆表、“太虚”大殿。殿内设洛阳历代陵墓分布沙盘，殿前左右两侧为复制的仿汉白玉天禄、辟邪兽。两旁东西配殿布设“夏商周典型墓葬模型”“汉代帝王出殡仪式群塑”“民国初洛阳民间出殡仪式群塑”展陈。

展区后半部，此处地面高于前半部近2米，建有四角楼和琼阁，该四角楼既是地下4个大厅在地面部分的延伸，也为地下展室通风采光之必需。此琼阁建在四角楼间，供游人休息购物之需，南北中轴线石板通道两侧，伫立2.5米高汉白玉人身兽首十二生肖雕像。

展区地下部分，分别建有两汉、魏晋、唐宋及综合 4 座展厅，介绍历代王朝顺序和发掘出土的珍贵史料。通道两侧为搬迁且复原，上自两汉、下迄宋金具有代表性的墓葬，从而将洛阳地区自夏商至宋金，3000 余年历代王朝典型墓葬，一览无遗地展现在观众面前。

● **北魏帝王陵墓**

北魏帝王陵墓展区为一幢仿北魏宫阙式建筑，该展区以北魏世宗宣武帝（元恪）景陵为主体，搬迁且复原清河文献王元怿及江阳王元乂陵墓。景陵封土呈圆形，外形气势壮观、结构完整，墓室风格朴实、色调素雅，可使观众初步了解北魏帝王陵墓基本概貌。

北魏帝王陵区集中展示了北魏陵寝规制、陵墓建筑规模、内部结构特点。在元怿墓室顶部绘有一幅天象图，画中出现300多颗繁星，星辰间以画线相连，银河纵贯全图南北。据说，此图比《敦煌星图》还要早400年，为研究我国古代天文学弥足珍贵佐证史料。

● **古代丹青壁画**

丹青壁画展区为一座仿汉代阁楼式建筑，此以朝代顺序展陈墓葬出土的 53 组壁画、总计 90 余幅，另有西汉、新莽、东汉、北魏、唐、五代、宋、金此八朝的彩绘砖雕。

壁画涵盖西汉、东汉、魏晋、唐宋、金元等多个朝代。壁画上的人物，既有帝王、嫔妃、达官、贵人，也有地方小吏、布衣百姓，此图像揭示了不同朝代宫廷仪式民风习俗。这些古墓壁画涉猎题材宽泛，上接天文地理、下联万物神灵，堪称古代绘画艺术代表之精华。这是一般史料典籍既无法描述也不可替代，具有极为珍贵的历史艺术价值。

---

3. 周公定鼎堂　隋唐宫城门——周公庙都城博物馆

周公庙都城博物馆位于洛阳市定鼎路东侧周公庙，该博物馆意在展现史上洛阳 5 座都城历史与变迁。博物馆的南区为周公庙古建筑群，其轴线两侧廊房陈列周公生平事迹，通过文物史料、图表雕塑表现史上周公东征平叛、营建洛邑等重大事件中的历史轨迹。

周公庙都城博物馆时以周公庙古建筑群为基础创立，此庙原是纪念西周著名政治家、思想家、军事家、洛邑的营建者周公而建立的一座祠祀。它既是国内三大周公庙之一，也是洛阳现存较规整明清古建筑群。1963 年，被河南省政府公布为省级文物保护单位。

<u>历史文化</u>

周公，姓姬、名旦、为周文王第四子，其采邑被封陕西岐山以南周地，故称周公。他是西周初期著名政治家、军事家、思想家。商朝末年，周公全力辅佐哥哥武王姬发兴兵灭商，最终建立了西周王朝，武王死后继续辅佐年幼的成王治国理政，分封诸侯营建洛邑。

周公秉承武王遗愿于洛水之滨营建洛邑，后居洛阳再制礼乐，时为西周王朝创建和巩固作出了重大贡献。后人感其功德立庙永久纪念，馆内现存周公雕像，明代伯禽画像。

清代康熙、乾隆、光绪年间，寺庙曾获多次修葺，如增建后殿、两庑，成为庆幸保存较完整明清古建筑群。现设洛阳都城遗址出土文物展览，隋唐东都宫城与复原模型展。

史传，洛阳周公庙初为隋将王世充创立，后经历代增修渐成规模，时明世宗嘉靖四年（1525 年）周公庙原址得重建。1932 年“一二 · 八事变”，国民政府曾迁都于此，此为中央政府考试院，由院长戴传贤（季陶）撰书“定鼎堂”匾，今仍悬主殿门额赫然醒目。

现展馆由省重点文物保护单位——周公庙古建筑群、全国重点文物保护单位——隋唐东都宫城正门、应天门东阙遗址等几大文保主体构成。另有，中日友好交往“日本国遣隋、遣唐访都地”碑亭，列入洛阳古树名木的两株“千年古柏”，都是该博物馆展陈特色和亮点。

典故传说

● 文王立志

史传，殷商末代纣王是一个穷奢极欲、残暴无道的昏君。据说“西伯”姬昌（即后来周文王），因为不满纣王暴政而被关押囚禁，后费尽心力冒险脱身，几经周折逃回周地。

“西伯”姬昌返回岐山以后，决心推翻商纣王统治。后诚请姜尚（即姜太公）为军师，不断积蓄国力整军备战，其间不断兼并一些诸侯小国，势力逐渐强大。随之都城向东迁至丰邑（今陕西省户县），已现凤鸣岐山准备大举进兵。只是迁都不久周文王便未酬辞世。

● 武王伐纣

文王儿子姬发继位、即周武王，时武王号令天下起兵伐纣，这一号召立刻得到众诸侯响应。大军在孟津渡过黄河，势如破竹所向披靡，直逼商朝都邑朝歌（河南淇县东北）。

此时，纣王已在朝野人心尽失，文臣武将与其离心离德，前方将领士卒不断临阵倒戈。随着商都邑朝歌陷落纣王被斩，武王伐纣灭商顺应天意，自此奠定周朝八百年天下。

● 爱屋及乌

周武王攻克朝歌之初，如何处置商朝遗存的贵族权臣、官宦旧将，武王心里一直没有定论。为此，他要军师智囊、文臣武将尽快提出处置的良策。据说姜太公（姜子牙）言道："臣闻爱其人者，兼爱屋上之乌，憎其人者，恶其余胥，咸刘厥敌，使靡有余何如"。大意如是说："我听说，如果你喜爱那个人，就连带喜爱他屋上那些乌雀，如果你憎恨那个人，就连带他的仆从家奴全部除掉，使敌对分子一个不留，您看此法如何"。

唐代诗人杜甫《奉赠射洪李四丈》诗中，开头两句就有："丈人屋上乌，人好乌亦好"。宋代周敦颐的《濂溪诗》中有："怒移水中蟹，爱及屋上乌"。宋代陈师道《简李伯益》诗中也有："时清视我门前雀，人好看君屋上乌"。都是用到"爱屋及乌"这个成语典故。

● **周公摄政**

史称，周灭商两年后武王离去，其子成王因尚年幼遂由周公摄政。此时武王另外两弟，管叔和蔡叔不服，便不断散布流言，说周公如何有野心，甚至要谋害成王篡夺王位。

周公闻听之后便对太公（姜子牙）言道："我不顾个人得失，承担摄政重任，是恐天下不稳。如果江山生乱民众必遭涂炭，我如何对得起列祖列宗，以及武王对我的重托"。

周公还对受封于鲁地其子伯禽说："我是文王之子、武王之弟、成王之叔父，论身份地位已经很高了。但我时刻注意勤奋俭朴，谦诚待士，你到鲁国去千万不要骄狂无忌"。

● **平叛迁都**

管叔、蔡叔勾结纣王儿子武庚，以及东夷部族反叛周朝，周公奉成王之命率军讨伐。经过 3 年激烈征战，最终平定这方叛乱，斩杀管叔、武庚、放逐了蔡叔，使东方诸夷臣服。周公平叛获胜后，为巩固朝政力主将国都迁至洛邑（今洛阳），令召公爽携重兵拱卫。

● **传法三篇**

周公居功至伟而不自负，时令弟康叔卫君领兵驻守商墟，临别还由衷告诫时年轻康叔："商朝之所以灭亡，是由于纣王酗于酒、淫于妇，终致朝纲混乱，诸侯举义"。为此，他特将上述叮嘱，写成《康诰》《酒诰》《梓材》三篇，以此作警示提醒康叔谨言慎行。

---

4. 东周车马痕　佐证文献史——周王城天子驾六博物馆

东周王城遗址，北依邙山、南临洛河，位于王城公园附近。历经数千年沧桑巨变，东周王城殿宇早已踪迹难觅。但走进广场地下的周王城天子驾六博物馆，仿佛骏马嘶鸣、金戈铿锵犹在耳边回响，眼前浮现疑是 2700 年前，一场鼓角争鸣烽火硝烟、逐鹿中原之战。

周王城天子驾六博物馆位于洛阳市中心区的王城广场、周王城遗址区的东北部，是一处以保护原始旧貌为基础、展示考古发掘现场痕迹、东周时期大型车马坑专题博物馆。

周天子驾六车马坑规模庞大、车型完整、摆放有序、气势恢宏，是国内迄今唯一发掘的“驾六”遗迹。它不仅印证了周天子驾六出行规制，也成为王城陵区的史迹坐标。

史传，“天子驾六”乃天子出行规制，即以六匹马拉一驾马车，史称“天子驾六”。此为周天子出行一种礼仪，史载天子驾六、其余驾四。考古专家认为“天子驾六”大型车马陪葬坑发掘与科考活动为21世纪考古重大发现，提议在遗址发掘处建立永久保护措施。

史上周代礼仪繁多，据文献载：时“经礼三百，曲礼三千”，包括周朝一系列政治制度和社会规范。如井田制、分封制、宗法制、畿服制、爵谥制、礼乐制等诸多礼制。而记载夏礼殷礼史料“夏商礼绝灭、书篇俱散失”，使得周礼考证因缺乏充足有力佐证而存疑。

历史文化

西周末年，周幽王遭犬戎族入侵因兵败被杀，都城镐京被焚毁残破不堪。公元前770年，周幽王之子周平王继位，将都城从镐京迁至洛邑，由此掀开了新的历史一页，周平王也成为东周第一代君王。其后，东周先后又有25位帝王在此登基，前后历经500余年。

20世纪50年代初，考古专家为寻找东周王城遗迹，根据有关文献记载对市区王城公园附近、涧河两岸，进行了有计划考古发掘。经探查，东周王城遗址北依邙山，南邻洛河，呈正方形，西北角大体在今东干沟村北一带，东北角为今洛阳火车站向东1000米处。

《管子》记载：“凡立国都，非于大山之下，必于广川之中，高毋近旱而水用足，下毋近水而沟防省”。郑樵在《通志》也说：“建邦设郡，皆凭险阻。山川者，天之险也。城池者，人之阻也。城池必以山川为固”。观东周王城周边地势环境，择址完全符合上述要求。尤其值得赞许，早在20世纪50年代，洛阳一期城市规划的设计者刻意避开疑似东周王城遗址、隋唐洛阳城遗址区域，从而为今日周王城遗址的成功发掘作出了巨大的历史性贡献。随着“天子驾六”车马坑考古工作深入，探寻洛阳历史踪迹之门将逐步开启。

展馆概说

谈起13朝古都洛阳，多数人首先会想到龙门石窟、白马寺、关林等著名景观。其实，除了熟知的那些史迹名胜，还有一考古遗址很值得一看，那就是周天子驾六博物馆。

2002年7月，在东周王城广场地下考古，发掘车马坑18座、墓葬397座，两者数量超过洛阳50年来考古发现总和。在规模最大的车马坑内，发现对称摆放着6具马匹骨骸，此“驾六马”“天子之乘”，以清晰展露向世人印证，一些古史中“天子驾六”的描述。

尽管历经3000余年，但车辕、车身构件、马骨遗骸仍清晰可见，遗迹保存之完好、规模之庞大，堪称前所未有独一无二。经考证东周王陵含王城陵区、金村陵区和周山陵区“天子驾六”遗迹的发现，为进一步揭开王城陵区谜团，考证王城史迹全貌提供了物证。

目前，周天子驾六博物馆展陈布置分为第一和第二两个展区。在第一展区主要包括4个板块，在第二展区主要包括考古发掘、史上东周时期大型车马坑的遗迹展示。

第一展区版块：一是，史上五大都城与今洛阳城关系；二是，史上东周时期王城的基本概况；三是，王城地域范围王陵探索与发现；四是，考古发掘东周王城的珍贵文物。

第二展区内容：东周大型车马坑、展陈形式和考古规模，为目前国内所仅见。例如车马呈纵向两列放置，宛如御驾出行，场面生动壮观。今令世人瞩目唯一“驾六”展陈，以清晰直观形式，印证了文献资料中有关“天子驾六”传闻，而“驾六”展陈放在发掘遗址则令人称奇。

为使展览效果更具直观，周王城天子驾六博物馆、以先进文物陈列方法、立体车马坑实景布置向观众介绍古都洛阳悠远的王朝历史，璀璨的中州文化，厚重的东方文明。

5. 窟龛塔像丰　碑刻题记绝——龙门石窟

龙门石窟位于洛阳市南郊13千米处，是我国著名四大石窟之一。这里青山夹岸，绿水长流，早在1961年就被列为国家重点文物保护单位，1982年又被公布为全国第一批国家风景名胜区。2000年11月，联合国教科文组织将龙门石窟列入《世界遗产名录》。

龙门石窟始凿于北魏孝文帝时期，历经西魏、东魏、北齐、隋、唐、五代营建，形成了2000余座窟龛，10万余尊造像的恢宏石窟遗存。在500多年营造史迹中，又以北魏和盛唐时期造像称最，其中的古阳洞、宾阳中洞、莲花洞、石窟寺等经典洞窟最具代表性。

在龙门石窟造像中，尤以卢舍那像龛艺术群雕最为著名。这座依《华严经》

雕凿的敞开式像龛，雍容大度气势非凡，卢舍那佛心系广宇时将佛国世界的祥和色彩、理想境界表达得淋漓酣畅。石窟雕刻恢弘壮观、艺术氛围博大精深，强力感染着祈求幸福的芸芸众生。

历史文化

洛阳龙门石窟与山西云冈石窟、敦煌莫高窟石窟、天水麦积山石窟并称为中国四大著名石窟。龙门石窟距离洛阳市南郊约 13 千米，这里的香山和龙门两山夹岸对峙，伊河千年流淌悄然川流而过，远远望去犹如一座天然门阙，古往今来这里又被称作“伊阙”。

据传，隋炀帝杨广登临邙山，远望洛阳南面伊阙，对臣子们言道：“此乃真龙天子之门户，为何不在此建都”。一位大臣献媚道：“古人并非不知，只是在等陛下”。隋炀帝闻听龙颜大悦，遂于洛阳建隋东都城，并将皇宫大门正对伊阙，此后伊阙也被称为龙门。

龙门一带自古山清水秀、溪泉淙淙、峰峦叠翠、景色迷人。“龙门山色”曾位列洛阳八景之冠，唐代大诗人白居易赞誉“洛都四郊，山水之胜，龙门首焉”。龙门石窟始建于北魏孝文帝，自平城（今大同）迁都洛阳起。石窟凿刻隆兴前后绵延长达 400 余年之久。

其后，又经东魏、西魏、北齐、北周、隋、唐及北宋等历代王朝营建。其中，又以北魏和唐代鼎盛、营建达 140 年之久，令北魏洞窟独占 30%，唐代洞窟竟达 60%，其他各朝仅占 10%。据有关部门统计，东西两山现存窟龛 2345 处、佛塔 70 余座、碑刻题记 2860 余方。不仅如此，另有久负盛名龙门二十品、褚禐良伊阙佛龛碑俱为魏碑和唐楷之典范，书法艺术之绝品。龙门石窟全山造像 11 万尊，最大佛像卢舍那大佛全高 17. 2 米、头高 4 米、耳长 1. 9 米。最小佛像位于莲花洞中，这些小佛像高度只有 2 厘米，可称精绝微雕。

洞窟概说

奉先寺。奉先寺为龙门石窟规模最大、艺术最为精湛一组摩崖群雕。洞窟开凿于唐高宗李治及武则天时期，主佛莲座北侧题记称为“大卢舍那像龛”，因其隶属皇家寺院之奉先寺，故一并称作“奉先寺”。这里共有 9 尊大佛，中间主佛卢舍那被称释迦牟尼的报身佛。

潜溪寺。潜溪寺为龙门西山北端第一座大窟，始建于唐代初期。主佛阿弥陀佛端坐须弥台上，面颐丰满，胸部隆起，神情睿智，给人慈祥善目之感。主佛左侧为大弟子迦叶，右侧为小弟子阿难。阿弥陀佛与观世音菩萨、大势至菩萨被称西方三圣，共同掌管西方极乐世界。

宾阳中洞。宾阳中洞是北魏时期的代表性洞窟。洞内题材三世佛，即过去、现在、未来三佛，主佛为释迦牟尼。洞中前壁南北两侧有四层十分精美浮雕，皆具珍贵艺术和历史价值。

宾阳南洞。宾阳南洞是在北魏基础上续凿而成，为一过渡时期作品。其主要佛像为初唐完成，洞中主佛为阿弥陀佛，面相饱满，双肩宽厚，体态丰腴，体现了唐朝以丰为美之国风。

摩崖三佛龛。摩崖三佛龛，洞窟总共有 7 尊造像，其中三身坐佛、四身立佛此造像组合在我国石窟寺中十分罕见。史传，武则天利用弥勒舆论造势，登基后便自称“慈氏”即弥勒。

万佛洞。万佛洞因洞内雕 15000 余尊小佛而得名。洞窟呈前后室结构，前室造二力士、二狮子，后室造一佛、二弟子、二菩萨、二天王，乃是龙门石窟中造像组合最完整洞窟。

莲花洞。莲花洞因窟顶雕有一朵高浮雕莲花而得名。此处释迦牟尼呈肃立状，着褒衣博带式袈裟，衣褶简洁明快。据称为释迦牟尼游说像，即释迦牟尼在外讲经说法时之尊形。

古阳洞。古阳洞为龙门石窟诸造像群中开凿年代最早、刊刻书法艺术最高的洞窟。据说，光绪年间有人将释迦牟尼佛换成太上老君像，讹传老子曾于此炼丹，时古阳洞被称老君洞。

药方洞。药方洞因洞门上刻唐代药方得名。洞窟始凿于北魏晚期，经东魏、北齐至唐初仍未断雕刻。此菩萨头冠两旁带子很长，几乎下垂至胳膊上部。据称是北齐造像典型特征。

擂鼓台中洞。传说，当年奉先寺竣工时，武则天亲率文武百官驾临龙门，彰显规模盛大开光庆典，时有庞大乐队在台上擂鼓助兴，后人便将这里称擂鼓台，此三洞也被称作擂鼓台三洞。

擂鼓台北洞。擂鼓台北洞其主体造型为穹隆顶状，周围环绕四身飞天置景。据说，北洞中的主佛像，中洞里面的三尊佛像以及南洞中的一尊佛像，都是在民国时期从其他地方移来此处的。

看经寺。看经寺为武则天时作品，有称是唐代最精美罗汉群像，时依隋费长房《历代法宝记》刊刻。这种不雕凿佛像仅雕罗汉大窟，很像一座大型禅堂，估计为禅宗主持而开凿。

香山寺。香山寺始建于北魏熙平元年（516 年），武则天洛阳称帝后不久，梁王武三思便奏请敕名“香山寺”。史传，时香山寺飞阁凌云、巍峨壮观，武则天若驾临该寺便于石楼坐朝。

更兼白居易撰《修香山寺记》一文令寺院声名大振。清乾隆帝巡幸香山寺，时称“龙门凡十寺，第一数香山”。据说，蒋介石和宋美龄曾于此避暑，故而又称“蒋宋别墅”。

白园。白园位于东山的琵琶峰麓，此为唐代诗人白居易之墓园，1961 年被公布为国家重点文物保护单位。如今园内建有青谷区、诗廊、日本书法廊、道诗书屋等 10 余处景观。

龙门二十品。“龙门二十品”是指龙门石窟中北魏时期的 20 方造像题记。此魏碑书法彰显上承汉隶，下开唐楷，兼收隶、楷两体之神韵，这些造像题记有 19 品在古阳洞，一品在慈香窟。有关 20 品之说，最早可见清代康有为所著《广艺舟双楫》、方若所著《校碑随笔》。

---

6. 神州一古刹　世界名伽蓝——白马寺

白马寺位于洛阳老城以东 12 千米处，其始建于东汉永平十一年（68 年），被人称作中国第一古刹、世界著名伽蓝（伽蓝为梵语含佛寺通城之意）。史载，白马寺距今已有 1900 余年历史，历经多个朝代寺院几度兴废盛衰，现存主体建筑为元、明、清三朝遗存古迹。

寺院内现存元代夹纻干漆造像，如三世佛、二天将、十八罗汉等珍贵文物，堪称绝世精品。1961 年，白马寺被公为第一批全国重点文物保护单位，现为汉传佛教重点寺院。

白马寺现长方形院落坐北朝南，寺内主要建筑有天王殿、大佛殿、大雄宝殿、接引殿、毗卢阁、齐云塔等。在白马寺山门内东西两侧的柏树丛中，各有一座坟冢便是著名的“二僧墓”。白马寺建寺以来，其间几度兴废又获几度重修，尤以武则天时期整修规模称最。

寺院东边墓碑刻、汉启道圆通摩腾大师墓，西边墓碑刻、汉开教总持竺法大师墓，此为宋徽宗钦敕追封。清凉台称“空中庭院”为白马寺胜景。清代，住持和尚有诗赞曰：

《空中庭院》　清・寺院住持——如诱

香台宝阁碧玲珑，花雨长年绕梵宫。

石磴高悬人罕到，时闻清磬落空蒙。

历史文化

相传，汉明帝一日夜寝南宫，梦遇金神头放白光绕行殿庭，后圆梦得知此梦为佛，遂遣使臣蔡音、秦景前往西域拜求佛法。蔡、秦二臣行至月氏遇天竺著名高僧，遂诚请高僧到汉廷讲经说法，并以白马驮佛经、佛像跋山涉水，于永平十年（67 年）到达京城洛阳。

此后，汉明帝敕令仿天竺式样修建寺院，为永世铭记白马驮经之伟功，遂将该寺院取名“白马寺”。因白马寺为僧院端始后泛称僧院为寺，而白马寺也因此被誉华夏佛教发源地。史上，多有高僧甚至域外名僧来此览经求法，故白马寺又被尊为“祖庭”和“释源”。

据传，摄摩腾和竺法兰之后，又有多位著名高僧来到白马寺译经。在其后150多年时间里，有192部、共395卷佛经典籍在这里陆续译出且传播四方，白马寺也因此被称为中国佛典译经第一道场。史上，曹魏嘉平二年（250年）印度高僧昙柯迦罗曾至白马寺。

据说，佛教在中国最初200年传播，时有许多重大事件都与白马寺有关。如华夏第一次欲往西天求法、最早来华传教弘法僧人的居所，第一部中文佛经和中文戒律，第一位在汉地受戒僧人等。总之白马寺与国内佛教许多“第一”都密切相关，堪称佛教祖庭释源。著名作家老舍先生到此参观称赞不已，即兴赋诗：

《白马寺》 老舍

中州原善土，白马驮经来。野鹤闻初磬，明霞照古台。
疏钟群冢寂，一梦万莲开。劫乱今犹昔，焚香悟佛哀。

景观概说

山门。山门为牌楼式，三洞弧券门、单檐歇山顶，正面镶嵌“白马寺”匾，时为中国佛教协会会长赵朴初先生亲题。寺院门外有两匹形态温顺、相对而立的青石马，坊传为汉代的驮经之马，实为北宋太师太保魏咸信墓前的石像，乃是1935年有明此事理者主张迁移至此。

大佛殿。大佛殿为明代建筑，殿脊前后各书4个大字“佛光普照”和“法轮常转”。大殿东南角处悬挂明代嘉靖年间铸造大钟一口，旧时洛阳城也有一口大钟，两处彼此敲响，故民间有“东边撞钟西边响，西边撞钟东边鸣”之俗语，洛阳八景之“马寺钟声”便源于此。

大雄殿。大佛殿后面殿宇“大雄殿”为寺院内最宏伟建筑。殿内大佛龛内塑三世佛，三尊佛像前立韦驮、韦力两位护法天将，两侧排列着18尊神态各异、仪表不凡的罗汉塑像。

齐云塔。山门东侧有一座玲珑挺拔的佛塔，这就是非常有名的齐云塔。齐云塔为一四方形密檐式砖塔，使得此古塔颇具特色。齐云塔前身为释迦如来舍利塔，现齐云塔为金代重建。

二僧墓。经过古色古香的白马寺山门，在大院东、西两侧茂密的苍翠柏树丛中，各有一座坟冢，这便是著名“二僧墓”。碑文恬静语词真挚，寄托了佛门弟子对二位高僧的仰慕尊崇。

清凉台。寺院中的清凉台也被称作“空中庭院”，这里也是白马寺内的一处胜景。据传，史上清凉台曾是汉明帝刘庄少时读书休闲纳凉之处，其后为摄摩腾、竺法兰译经之所。

毗卢阁。毗卢阁是白马寺内的最后一座佛殿，其主体建筑坐落于清凉台之上，此阁初建于史上唐代，其后在元、明、清各朝多获重修。毗卢阁为重檐歇山，飞翼挑角、造型舒展、颇为壮观，院中古柏苍翠，金桂沉寂，环境幽雅。相传，汉明帝刘庄少时曾在此读书避暑。

7. 历代皆褒封　华夏祀无垠——关林

关林位于洛阳市城南 7000 米的关林镇。关林亦称关帝庙，北依隋唐故城，南临龙门石窟，西望熊耳青黛，东傍伊水清流，庙内松柏挺拔苍翠，树木葱茏花草繁茂。关林是武圣关羽葬首之所，国内唯一“林、庙”合祀，也是一处极具代表性古代经典建筑。

相传，三国蜀汉名将关羽大意失荆州，后为东吴所擒，又因宁死不屈终被斩首，而首级却被东吴送至曹魏，以期挑起魏蜀两家之争，不料曹操识破此拙伎，反以高规格厚葬入殓。史传，关林初建于东汉、明万历年间获整修，现存殿宇廊庑多为明、清时期建筑遗存。

据说，自宋代以后，历朝对关羽之名号屡加追封不止。曾有文称“侯而王，王而帝，帝而圣，圣而天，褒封不已，庙祀无垠”。今存关林庙始建于明万历二十四年（1596 年），史上清代获扩建和整修，清乾隆、光绪、慈禧太后都曾拜谒关林并题有联额悬挂至今。

历史文化

据传，清乾隆四十五年（1780 年），关林因史上厚葬关羽首级名闻天下，又因这里殿宇恢宏、古柏森然，淄素入庙、疑似宫阙，从而形成浓厚的关圣文化。明万历二十年（1592 年），关林庙于原址再获扩建，院落呈四进，殿宇廊庑达 150 间，时为四方朝拜关公圣地。

据说，仪门“威扬六合”匾额乃当年慈禧太后御笔，字端庄重、弥足珍贵。连接仪门的拜殿石狮御道，悉数四海关庙仅此一家独树，甬柱顶雕石狮 104 尊，百狮百态天然王者，形象生动各不相同，此处技艺精湛石雕群，代表了乾隆时期中原石刻艺术极高成就。

史载，清顺治五年（1648 年），谥封关羽“忠义神武关圣大帝”。康熙五年（1666 年）加封洛阳关帝冢“忠义神武关圣大帝林”，立石刻碑敕建碑亭。时碑亭八卦攒尖歇山，顶列脊 13 条、亭盖覆绿色琉璃瓦，瓦头雕龙、雄狮、宝瓶、仙人沿脊，此等规格清碑亭罕见。

清乾隆三十三年（1768 年），谥封“灵佑”，庙碑磨石重刻。嘉庆十八年（1813 年）追封“仁勇”，庙碑再次磨石重刻。道光八年（1882 年）谥封“威显”。这些敕封碑刻充分反映历代帝王对关羽至高无上的尊奉，由此表明此关林庙宇为四面八方关帝庙中最具独尊地位。

景观概说

洛阳关林为国内唯一“冢、庙、林”三祀合一古代经典建筑。虽然历经400余年风雨磨砺，仍肃穆庄重巍然伫立。关羽也是迄今我国儒、释、道三教共尊的历史古人。

步入庙祀至关羽墓前，四周植有古柏千株，庙宇达此境地被称关林。从三国鼎立一直到史上隋唐，世人尊崇忠义敬佩豪杰，随着关羽形象不断被神化，也愈加受到王朝膜拜敕封。现关林庙正门五开间三道门，朱漆大门镶有81颗黄金乳钉，奉享帝王显赫极致尊崇。

关林大殿，建筑雄伟、门庭高耸，翘檐凌空、气宇轩昂。步入大厅之中，可见一尊气势威严关羽，头戴12冕旒王冠、身着敕封龙袍雕塑坐像，左右伫立捧印关平持刀周仓。

后面二殿称武殿，两翼为“张飞殿”“五虎殿”，五虎殿也称陪殿。三殿是春秋殿，内置关公秉蜡观《春秋》坐像及卧像。四周布三英战吕布、镇荆州、战长沙彩饰壁画。

关林后院建清代石龙碑亭，为神化关羽史证。碑亭刻有“勒封碑记”，碑面书“忠义神武灵佑仁勇威显关圣大帝林”。祠祀遍布众多龙首，堪称华夏庙宇之最。另有舞楼、大门、仪门、拜殿、大殿、二殿、三殿、敕封碑亭等建筑，以此彰显出关林布局至尊显赫。

---

8. 龙源图腾迹　夏之宫阙痕——二里头遗址

二里头遗址位于洛阳市东约18千米，偃师区二里头村。今遗址内发现宫殿、陵寝、房屋、道路、水井多处遗迹，另有铸铜遗址，青铜工具，以及武器和酒器。这说明当时洛阳一带，已进入较成熟的青铜时期。据考古专家初步判断，此地应为夏时一都邑遗址。

在二里头晚期文化层中，发掘出土了大量玉制品，如琮、圭、璋等礼器。此外还有很多陶器物件，如陶制龟、猪、羊，以及陶器上刻画一首二身龙蛇纹、龟纹和人形图像。

另在考古第三期文化层中，发现了两处大型宫殿夯土台基，其四周环以廊庑建筑。遗址东南部显现大面积铸铜、制陶作坊遗迹，今此遗址已被列为全国重点文物保护单位。

历史文化

据传，夏代首领大禹确立主尊地位后，为便利于加强呼唤统治，时将天下划分九州。洛阳地处豫州之方域，禹将都邑立于阳城（今河南登封），与洛阳相距大约百里，所以此地应为夏禹统治中心边缘。直到夏第三代首领太康（启子）继位，才将都邑迁到了洛阳。

传说，“太康居斟鄩，羿亦居之，桀又居之”。史学家考证斟鄩史料后认为，此地应为今洛阳偃师二里头村。据传，时太康贪图享乐、不理政事，终致东夷部落反叛，攻占夏邑赶走太康，取代了夏的统治地位。这便是传说中十分著名的后羿反叛“太康失国”典故。

其后，有相的儿子少康（仲康之孙），励精图治复夺回夏的统治，此典故传说又被称作“少康复国”。少康复国后令夏的势力一度得到扩张，时以伊洛为中心、东延东海，西连西河，北达燕山，南逾长滩。此时所有与夏为邻的部落夷蛮，皆表臣服夏的一统呼唤。

逝者如斯夫。随着数千年岁月流逝，传说中的斟鄩遗迹已经成为考古界追寻目标。史学界根据典籍游丝，不断剥离史料，判断夏时都邑斟鄩应在洛阳附近，但始终苦于缺乏有力佐证，以致一些学者开始怀疑最初判断。直到1959年，终于发现夏之都邑斟鄩踪迹。

考古发现

夏之邑墟。1959年夏，考古专家对“夏墟”做初步考古调研。偃师二里头遗址由此进入考古界视线，揭开了科学探索夏邑谜踪序幕。经持续发掘科考佐证，二里头应为夏都邑遗址。

最早宫殿。1961—1975年，对二里头遗址宫城区发掘。1977—1978年，对2号和3号宫殿基址科考发现3号基址年代更早。也是迄今国内考古发现年代最早大型宫殿基址。

最早车辙。另在宫殿区南侧大路，考古发现两条大体平行的车辙印迹。这也是迄今所发现的最早车辙遗痕，此车辙发现将为深入探索我国双轮车历史、远古车史起源提供了重要佐证。

龙之图腾。二里头遗址出土大型绿松石龙形件，为我国早期龙形饰物中罕见器物。现已被史学界正式命名为“中国龙”，它的出土也为中华民族龙图腾寻找到最为直接有力物证。

佐证夏邑。二里头夏邑古史文明，与其后商、周古史文明一道，共同构筑了华夏早期文明。二里头遗址为探索夏、商史迹，论证“夏邑斟鄩、商都西亳”临界划分，提供了有力证据。

9. 古今兴废事　只看洛阳城——汉魏故城遗址

汉魏故城位于洛阳市东 15 千米处，南临洛水，北靠邙山。东汉建武元年(25 年)，东汉开国皇帝刘秀曾定都于此，其后三国魏、西晋、北魏也均以此为都，前后四代历时 330 余年。由于东汉、北魏两代王朝占据此地时间最长，令史学界称其汉、魏洛阳故城。

史载，汉魏故城始建于西周初期，废弃于唐代初年，前后断续沿用了近 1600 年。东汉建武元年（25 年），时光武帝刘秀“车驾入洛阳，幸南宫却非殿，遂定都焉”。其后，曹魏、西晋、北魏等多个朝代也先后将此立为国都，加上更早的东周时期都城史计有 540 余年。

汉魏洛阳故城作为中国古代早、中期都城规建典型代表，上承灿烂辉煌秦汉文明，下启恢弘昌盛唐宋盛世，在中国以至在世界众多都城遗址中，堪称定都时间累积最长、所辖区域广大宽阔、遗址保存较为完整。1961 年，被公布为第一批全国重点文物保护单位。

历史文化

据说，世界上还没有一地像史上洛阳故城那样，自东向西密集排列如此多座古代都城。例如夏都、商都、周王城、汉、魏故城、隋城、唐城等。北宋文史名家司马光面对这些历史悠久、灿烂辉煌古都，曾发出“若问古今兴废事，请君只看洛阳城”的慨叹。

史料记载，洛阳建城历史前后延续可达 1600 年，作为都城历史长达 540 年。据说，史上古罗马帝国与古代中国发生过 4 次交往，其中竟有 3 次是在当年的汉魏洛阳故城。

不仅如此，东汉太学遗址始建于东汉建武五年（29 年），也是我国迄今发现最早的太学史迹。东汉灵台遗迹，始建于东汉建武年间，是我国迄今发现最早天文观测台遗址。

永宁寺遗迹始建于北魏熙平元年（516 年），其址位于汉魏故城的宫城外西南隅，北魏末年因遭雷击焚毁。据称，永宁寺是当年千余座佛寺中，最为豪华壮丽的皇家寺院。

汉魏洛阳城遗址位于丝绸之路申遗最东端，为公元 1—6 世纪著名都城，整座城垣遗迹现为世界文化遗产。2014 年 6 月，中国与吉尔吉斯斯坦、哈萨克斯坦三国，共同联合申报“丝绸之路起始段——天山廊道路网”项目，时通过第 38 届世界遗产委员会审议。

今汉魏洛阳故城遗址作为丝绸之路起点重要史迹，已正式列入《世界遗产名录》，这是我国迄今申报且获批准的第33项世界文化遗产，也是我国唯一都城遗址申遗获准。

古城寻觅

城郭遗址。汉魏洛阳城也称汉魏晋故城、北魏时内城。据晋《元康地道记》文载："城南北九里七十步，东西六里十步，被古人称之为九六城"。史上外郭城遗址则为北魏时期新筑。

城门遗址。文史资料载，汉魏洛阳城最早南城墙原为四座城门但均已淹没于洛水，现已无任何踪迹可寻。史上西城墙已探明五座城门，北城墙探明两座城门，东城墙探明三座城门。

宫城遗址。宫城遗址位于汉魏洛阳城的北部偏西。东汉时期城内主要宫殿为南宫和北宫。曹魏、西晋时期变化不大。汉时的南北两宫，南宫为今龙虎滩村西北，北宫遗殿痕20余处。

阊阖门遗址。阊阖门时北魏宫城正门，正对宫城太极殿、南面御道铜驼街。该门始建于曹魏明帝年，西晋、北魏时期沿用。为帝王威严礼仪性建筑，如帝王登基迎接四方朝贡皆用此门。

太极殿遗址。太极殿始建于三国魏明帝时期。史唐代皇宫正殿称太极殿，北宋西京洛阳正殿也为太极殿，与清代京城阊阖门类似。太极殿确立和建造，划定了汉魏洛阳城的基本格局。

永宁寺遗址。东汉时佛教盛行，北魏更是奉达顶峰，永宁寺时为规模最大皇家寺院。永宁寺塔始建于北魏熙平元年（516年），乃古代佛塔宏伟之最，然史上寺塔早不复存在。

太学遗址。太学遗址位于今偃师佃庄镇太学村西北，其始建于东汉建武五年(29年)，后修葺扩建，汉顺帝时达规模空前。董卓火烧洛阳时焚毁。后曹魏、西晋重修，但昔日风貌已散。

辟雍遗址。辟雍遗址是第四批全国重点文物保护单位。1931年，时辟雍遗址出土巨碑一通，篆书题"大晋龙兴皇帝三临辟雍皇太子又再莅之盛德隆熙之颂"，即著名西晋"辟雍碑"。

灵台遗址。灵台始建于汉光武帝年间，为当时规模最大天文台，曹魏、西晋两朝相继沿用，长达250余年之久。东汉杰出天文学家张衡曾于这里主持实施了天象观测和天文研究。

金墉城遗址。金墉城遗址位于今孟津区翟泉村东北隅，据说此城乃魏明帝年间所筑。史载，李密农民起义军在巩县大败王世充后，乘胜进军金墉城，故民间也称汉魏洛阳城为李密城。

10. 史河洛奇境　传佳苑美名——古都洛阳八景

史上洛阳为著名13朝古都，“古今兴废事，只看洛阳城”。自古以来这里便是宫殿巍峨、园苑林立，更得文人墨客列数佳绝奇观史称古洛阳八景，不断吟咏传世于今。

史上洛阳八景包括：洛浦秋风、金谷春晴、邙山晚眺、龙门山色、天津晓月、平泉朝游、马寺钟声、铜驼暮雨。

八景概说

洛浦秋风。洛水横贯洛阳全城，沿河堤岸草木葱郁绿树成荫，“洛浦秋风”自古为洛阳八景之一。相传，伏羲氏女儿宓妃异常美丽，一日在洛水渡河时不慎跌落，死后化为洛水之神。曹植曾作《洛神赋》，赞颂洛神美若天仙。隋唐时期，洛河水量浩大、芳草鲜艳、长桥卧波、帆樯林立、四季风景如画，故有“洛阳自古多才子，无人不咏洛阳秋”之说。

《天津桥》　唐·白居易

津桥东北斗亭西，到此令人诗思迷。
眉月晚生神女浦，脸波春傍窈娘堤。
柳丝袅袅风缲出，草缕茸茸雨剪齐。
报道前驱少呼喝，恐惊黄鸟不成啼。

此外，魏王堤、波月堤、窈娘堤、斗亭等也是洛河两岸著名景观。千百年来洛水景色令许多诗人流连忘返，初唐四杰王勃、杨炯、卢照邻、骆宾王徘徊于此不忍离去。

洛河，自隋唐直至北宋500余年，历经数代王朝疏浚治理，既有舟楫之便，又有山水之丽，更兼洛浦秋风之胜。尤其到了“金风消夏，半月横秋”夏秋之交时分，更是充满郊野风光、诗情画意。唐高宗时，上官仪循河堤，缓辔咏诗，可以想见当年洛滨风光佳绝。

金谷春晴。谷园是西晋时期官僚巨富石崇别墅。据称，此园规模宏大，筑台凿池随形，广植林木丛郁。亭台楼阁、池现碧波、交相辉映、修竹廊榭、梨团锦簇、桃李粉灼、柳丝拂煦、鸟鸣山空，莺歌燕语、彩蝶飞舞、百花争艳，殿堂屋脊高低错落，玉宇琼楼宛如天上人间。

西晋权臣石崇元康八年（298年）与当朝名士陆机、潘岳、左思等人结为诗社，且广收天下奇花、异木、怪石于园中，时为洛阳一隅声冠京华之名园。据称，石崇为与贵族王恺斗富，悉数以绫罗绢绸、金银财宝去南方换回珍珠、玛瑙、琥珀、犀角、象牙等珍稀之物。

有关史上金谷园旧址，不乏坊间流传众说纷纭。但多数专家分析认为，应在孟津县送庄乡凤凰台村东南一里、袋形浅谷附近。如今名园踪影已无迹可寻，但洛阳八景之一“金谷春晴”，千百年来却未曾断续常得交口相传，古往今来不断被文人纵情描绘以诗文赞咏。

邙山晚眺。邙山绵延数百里（150—200千米），气势恢宏宛如长龙，横卧洛阳城北。苍翠如云、林木葱茏、虎踞邙岭、南望伊阙、山势险峻、天然形胜，史上名人至此皆登临揽胜。相传，老子曾在此炼丹，道教弟子遂于山巅，建上清官以奉祀先师。唐宋时期，每逢重阳佳节，相携邙山游览登临、络绎不绝。夕阳西下、霞光溢彩、皎洁月色、星瀚无垠。

史上，有南朝陈后主、南唐李后主、野心勃勃的司马氏家族，其无论是亡国之君，还是历代帝王公卿、抑或才子佳人，都将邙山环阔视为风水宝地，后必于邙山择地而归。当年，登临邙山之巅，屹立峰顶极目远眺，但只见四围峰峦起伏、山川峻秀、城郭巍峨、殿宇恢宏，顿觉心旷神怡。难怪“邙山晚眺”曾被世间交口赞誉“洛阳八景”之一。

龙门山色。洛阳南郊，有东、西峻岭，傲然屹立、相携对峙。更兼伊水中流，门阙顿开，故山名被称“伊阙”。隋唐时因山门遥对皇宫南门，故此山又称龙门。此处林木芳华、碧水长流，尤以瑰丽石窟精绝刊刻蜚声四海。早在宋代，就有大文豪司马光，由衷感慨赋诗赞誉。

《龙门》　宋·司马光

石楼临清空，南眺出千里；
人怜山气佳，余叹禹功美；
想彼未造时，极目皆洪水；
谁知耕桑民，幸免鲂与鲤。

西山又称龙门山，不仅以石窟精华而著称，更领珍珠泉、禹王池等一袭名胜。东山又名香山，因出香葛而获佳名，峰南为香山寺，北面琵琶峰因山形酷似琵琶得名，此为诗人白居易墓园所在地。唐代大诗人白居易，曾有“洛阳四野山水之胜，龙门首焉”之赞誉。

天津晓月。天津桥始建于隋大业三年（607年）。此桥原为一座浮桥，洛河自西向东川流而过，天津桥横跨其上，与长达“七里一百三十步”之“街宽百步”定鼎门相接，时都城南北通衢。每当凌晨晓月时分，桥上便“马声回合青云外，人影动摇绿波里”，熙熙攘攘热闹非凡。

若拂晓时分，漫步桥上，可见一轮明月悬挂天穹，俯首水面波光粼粼，偶尔传来远方悠扬晨钟，清新恬淡意境令“天津晓月”遂成著名景观。唐代诗人刘希夷赞“天津桥下阳春水，天津桥上繁华子”。只可惜宋代以后烽火连绵，此地建筑大多被毁，天津桥亦未幸免。

平泉朝游。平泉位于市区南 15 千米，伊川县梁村沟平泉庄遗址。此原是唐朝宰相李德裕一处郊外别墅，其建筑规模宏大，覆盖方圆十里。据传，园内亭台楼榭，奇花异草遍植，嶙峋湖石广集，更有鸣皋山、瀑泉亭、双碧潭、垂钓台、丛竹幽径、醒酒石等一众绝世景观。

李德裕被贬后，平泉别墅日趋荒废，后有人在此建平泉寺，“平泉朝游”渐生名气遂成洛阳八景之一。传说，每当旭日东升，山庄如披霞衣，牧童笛声悠扬，空谷婉转回荡，一派田园风光，令人心旷神怡。如今拦河筑坝呈现平湖，此处已成为避暑休闲胜地。

马寺钟声。据说，史上白马寺僧众，闻听寺院钟声，每日早晚必须按时诵经。明代年间，寺内悬挂大铁钟，音律与洛阳钟楼大钟相仿，每当钟、鼓齐鸣，彼此呼应，晨钟暮鼓、所传甚远，声波十里、绵延不绝。故民间便有俗语“东边撞钟西边响，西边撞钟东边鸣”之佳话。

铜驼暮雨。铜驼陌位于洛阳城内东关外的中通巷。据说，远在隋唐时代，它是东都城中的一处里坊。魏晋时被称铜驼大街，唐宋时称作铜驼陌，明清时又称铜驼街，民国初改称铜驼巷。史上，唐宋年间诗人喜欢将铜驼陌与金谷园相提并论，可见二者当时都是洛阳城胜景。

为此，有唐代诗人刘希夷赋诗云“洛阳城东桃李花，飞来飞去落谁家”。宋代诗人司马樵亦写道“洛阳春水扬春柳，铜驼陌上桃花红”。唐代诗人司马扎著文称“前朝冠带掩金谷，旧游花月经铜驼”。宋代诗人邵雍也赞誉“花深柳暗铜驼陌，风暖莺娇金谷堤”。

11. 环卫四塞立　拱卫京师门——史上八关都邑

史上洛阳、环卫四塞，雄关耸立、形势险固，素有“八关都邑”称谓。西周王城五百里，四面边境之上各有 3 处关隘，时与各诸侯国往来通衢，拱卫京都起到至关重要作用。

史传，东汉时期灵帝中平元年（184 年），以河南尹（治所洛阳）何进为大将军，亲率左右羽林军、五校尉营屯都亭，以拱卫皇城镇守京师，另于洛阳周围屯兵设置关隘要冲。

时有八关都尉，统营八关军政事务，拱卫京都安全，其治所设散关为今河南宜阳县东北牌窑。对这些建于洛阳周边不同时期的著名关隘，史上统称为八关都邑。其分别为函谷关、伊阙、广成、大谷、轘辕、旋门、孟津、小平津关。

八关概说

函谷关。函谷关周初入内要地，其南峙巍峨秦岭，北临波涛黄河，遗址今灵宝市坡头北。函谷关称八关之首，“函”乃盒匣，“谷”乃山谷，“函谷”之意在以山谷为匣，遏其要冲。

史传，汉代函谷关乃是西汉楼船将军杨仆“搬来”。杨仆乃是西汉时期名将，一生戎马倥偬南征北战，追随汉武帝开疆拓土，平定部族叛乱，为建立巩固西汉政权立下汗马功劳，后被敕封为楼船将军。杨仆祖籍新安县铁门镇人，去秦关三百里，而“耻为关外民”。为此，他上书汉武帝奏明缘由，欲以其家财为资，徙关于新安县城。汉武帝明其理、知其意：“意亦好广阔”，于是答应杨仆上奏请求。随后便有杨仆倾其家财，率部下将领及一袭众人，比照秦关一般之模样，遂于新安县城东仿造了一座秦函谷关，即汉时函谷关。

伊阙关。伊阙关位于洛阳南龙门山与香山的阙口处，此处时为两山夹峙关隘，伊河一泻川流而过。史上东周年间为都城南面重要关口，也是当年南下洛阳，北上汝颖的必经之路。

据《左传·昭公二十六年》载：“晋知跞赵鞅帅帅纳王使汝宽守阙塞”，“秦攻魏将犀武于伊阙，进兵攻周，败于伊阙”。《史记》载：“秦昭王十四年白起攻韩魏之师于伊阙”。

在《旧唐书》文载：“唐武德三年七月。隋末，李世民北据邙山”，遣派兵将“自宜阳南据龙门”，时攻取都城洛阳。今日伊阙关遗址处已建有宏伟巨大拱桥且连两山为一体。

广成关。广成关位于汉光武帝所置广成苑的南侧，这里地势险要号称“两山夹一川”，自古便是通往汝颖之要塞。东汉时期，在广成关附近有广成泽，环周围四百里，水出狼皋山中，流入东南汝水。隋大业初曾置马牧于此，由荆襄一带北上京洛，这里便是必经之地。

如今，崆峒山上仍然存遗广成庙，只是几经春秋沧桑兴废，此庙始建何时已难考证。随着年代久远、云烟遮迷，史上广成关遗址究竟何在，现已经很难确定。但在这里有关广成子修道之传说，以及广成泽、广成苑之史迹，仍可为寻找史上的广成关提供蛛丝马迹。

大谷关。大谷关遗址位于今洛阳城南约 25 千米的伊川县白沙镇一带，这里为嵩山与龙门山之间峪谷。《洛阳记》说：“大谷，洛城南五十里，旧名通谷”谷深幽远，路径险峻。

因关隘极险要，战时可伏重兵、断绝南北交通，历来为兵家必争之地。据《三国志》载，汉献帝初平二年（191 年），长沙太守孙坚兵进大谷，众诸侯讨伐董卓，致其败走渑池。

另外，在《三国演义》中，“司马懿设计赚曹爽”的故事也与大谷关有关。曹爽侍驾魏明帝幼子曹芳，经大谷关到山南祭祖，却被司马懿用计夺了军权最终丢掉曹氏天下。

史上，大谷关也曾留下中原人衣冠南渡的足迹。西晋末年，爆发“永嘉之乱”，洛阳陷落，士族、百姓为避战乱，穿越大谷关踏上南迁之路，传为今闽南人和客家人先祖。

轘辕关。轘辕关遗址位于今偃师与登封的交界处，时为洛阳通往许、陈的捷径和要冲。由于关隘地处鄂岭坂与少室山之间，此处山路险峻，坡道崎岖、沟壑盘旋，故被称轘辕关。

史载，西汉时期汉武帝刘彻威服四方，后为登临中岳嵩山叩拜祭天，便命人开凿一条用于祭祀的轘辕古道。此后，汉光武帝刘秀也仿效先祖，开辟一条登山古道至轘辕关。

其后，又有一代女皇武则天赴嵩山封禅，令轘辕关更蒙上一层宫闱面纱。据称，历朝皇帝封禅大多首选泰山，但武则天偏要打破“封东不封中”定式，独赴中岳嵩山封禅。

旋门关。旋门关遗址位于今河南荥阳汜水西南十里铺一带，时为东汉末年汉灵帝抵御黄巾军所设八关之一。东汉才女班昭《东征赋》文称：“望河洛之交流兮，看成皋之旋门”。仅读此文，便可领略旋门关重要之所在，同时也表明京师洛阳，由此向东地势再无险关要塞可以据守。旋门关地处古邑皋城，有学者甚至认为此旋门关便为史上虎牢关。

孟津关。孟津关亦称河阳关，位于洛阳以北、孟津扣马 5 里处。史传，此为周武王伐纣，与诸侯会盟之渡河处。有史书称盟津、又名富平津，历来为洛阳北方要冲，兵家必争之地。

史上孟津关，因扼守古黄河的孟津渡口而得此名。孟津关北濒黄河，南依邙岭，从而形成以关制河，以河卫关的态势。不过随着黄河故道变迁，史上孟津关便踪迹难觅了。

典故传说

兄弟让位（孤竹史话）。相传，伯夷、叔齐乃是商朝末年孤竹国君的长子和三子。孤竹国君临终前，认为叔齐天资聪颖更适继承王位，遂立下遗诏传位于叔齐。不料叔齐坚决不受，认为王位理应传大哥伯夷，而伯夷却说父王遗诏极当，弟叔齐理应承位不必过谦，做哥哥肯定全力辅佐。

叩马而谏（孟津古渡）。据说，周武王带着装有文王遗体的棺木，统领大军誓师伐纣。而伯夷、叔齐却拦住武王马头进谏说：“父亲死了不埋葬，却发动战争，这叫作孝吗？身为商的臣子却要弑君，这叫作仁吗？”周围的人要杀伯夷、叔齐，但被统军大臣姜尚（姜子牙）制止，最终放过了这两人。

不食周粟（殷商忠臣）。周武王灭商后被拥立天下盟主，伯夷、叔齐二人却为亡商归周而痛感羞耻。为表自己殷商气节，他们声称从此不食周粟，深藏隐居首阳山，仅以山上野菜果腹。后武王多次请二人出山被拒，不久听人说“采食野菜也属周域”，二人便开始绝食，终饿死在首阳山。

（三）洛阳特产与美食

地方特产：老八件、牡丹饼、浆面条、杜康酒、孟津梨、洛阳燕菜、梅花玉、嵩县银杏、汝阳红薯、水沟庙大蒜、洛宁金珠果、洛绣、银条、唐三彩、洛宁竹帘、洛阳宫灯、赵炳炎铜哨。

风味美食：不翻汤、胡辣汤、小街锅贴、果子油茶、洛阳牛肉汤；四镇桌：燕菜、葱扒虎头鲤、云罩腐乳肉、海米升百彩；四扫尾：鱼翅插花、金猴探海、开鱿争春、碧波伞丸；八大件：鱼仁、鸡丁、鹤脯、快三样、五柳鱼、八宝饭、甜拔丝、糖醋里脊。

六、泉州

——称泉南佛国　颂闽南蓬莱

六、泉州

——称泉南佛国　颂闽南蓬莱

（一）名城概说

泉州，地处我国东南沿海之滨，北承省会福州、南接特区厦门、东望宝岛台湾、背倚闽赣大地，为我国古代史上著名的“海上丝绸之路”起点。史上泉州古城又称鲤城、刺桐城、温陵等，是我国著名的侨乡和台胞祖籍地，闽南区域性文化的重要聚萃和发祥之地。

自古以来，泉州海上交通就十分发达，早在唐代便已成为四大外贸港口之一，宋元时期更是进入全盛，成为海上丝绸之路启锚地。史上居于泉州的河洛人多信道教，唐代时期佛教已达鼎盛。不过伴随经济往来和文化交流，世界一些宗教也随之而来相继传入泉州。随着内外交流敞开，阿拉伯人和波斯人，以及所信奉的天主教、景教、伊斯兰教、摩尼教等多种宗教不断涌入，令这里成为一座不同宗教汇聚，且互不纷扰和谐共存的国际商城。泉州也因具这一典型的多元文化特征，由此获得了“世界宗教博物馆”的难得美誉。

宋、元时期，泉州刺桐港被誉“东方第一大港”，堪与埃及亚历山大港比肩。泉州历史文化积淀丰厚，名胜古迹星罗棋布，文物瑰宝举世瞩目。现有不同形式博物馆、纪念馆30余家，如泉州博物馆、海外交通史博物馆、华侨历史博物馆、闽南建筑博物馆等。

泉州今拥有国家级文物保护单位20余处、省级40余处。泉州还享有“海滨邹鲁”“光明之城”的美称。著名文物古迹如安平桥、洛阳桥、清净寺、开元寺、崇武古城。另已载入国家级非物质文化保护遗产名录，譬如泉州南音、高甲戏、提线木偶、惠安石雕等。

泉州，为国务院于1982年公布的首批24座国家历史文化名城之一。

1. 寻踪问源

早在夏、商时期，泉州属古扬州域，西周时期被称七闽之地。史上，春秋末期至战国初期，此地域又被称作闽越。秦始皇二十六年（前221年），始立闽中郡，此属泉地归之。汉高祖五年（前202年），闽越王无诸因助汉灭秦、楚之功，被封作闽越王、领闽中之地域。

三国时，吴永安三年（260年），会稽南部都尉改建安郡，析建安郡侯官县域置东安县，县治于南安丰州，此乃设县治所之始。后因人烟稀疏终至裁撤，直到200年后南朝梁时才再次设县。西晋太康三年（282年）析建安郡置晋安郡，改东安县为晋安县，县治于丰州镇。

西晋年间（280年）中原发生五胡乱华，令大量河洛人衣冠南渡，后不断沿晋江、洛阳江两岸傍水而居，泉州由此兴起而绵延不绝。如今在久居泉州的一些家族中，如若寻觅姓氏踪迹，只要对应一个或多个郡望堂号，便会发现许多泉州人源于古代中原的历史踪迹。

隋唐时代，隋开皇九年（589年），改丰州为泉州（今福州），晋安县改南安县。自此，福建史上首次出现“泉州”称谓。唐贞观年间，依据山河形势、地理区划分全国为十道，福建域为岭南道，且辖丰州（治所今泉州）、泉州（治所今福州）、建州（治所今建瓯）。

史上宋元，北宋设福建路，置福、泉、漳、建、汀、南剑六州并邵武及兴化二军，后人始称“八闽”。南宋建炎元年，泉州提举市舶司隶归转运使。建炎三年，南外宗正司自镇江迁至泉州。元世祖二十七年，澎湖设巡检司，辖澎湖、台湾诸岛屿属泉州路同安县。

明清时期，明洪武元年泉州置卫指挥使司，领左、右、中、前、后五千户所，隶福建都指挥使司，这是明朝在泉州首设海防军卫所。清沿袭明制，泉州为闽八府之一，雍正十二年，永春升直隶州德化归其所属。泉州府辖晋江、惠安、南安、安溪、同安5个县。

民国元年，废其州府且复县设道，泉州初归厦门道、后属南路道，后此地又增设行政督察区。1949年9月，人民解放军挺进福建，泉州随之获得解放。新中国成立以后，改称行政督察专员公署，设立专区、地区建制，1986年1月撤晋江地区改设泉州地级市。

2. 人文荟萃

泉州域人口主体为古中原河洛人，河洛语乃闽南地方话之一，由此也成为泉州的主体语言。如今泉州老城区仍保留着许多融合闽南、伊斯兰、欧式风格的古老建筑，由于这些尚存完好的古代历史建筑，总是不断地出现在街头巷尾，因此也会经常映入人们的眼帘。

史上因多种宗教汇聚泉州，故留下许多珍贵的宗教文物遗迹。例如十分经典的庙宇、宫观、教堂，规模不等、数以千计的民间寺院。据说，南宋著名思想家朱熹因旅居泉州，后慨叹赞誉“此地古称佛国，满街都是圣人”。这可谓对泉州多元文化氛围的绝妙诠释。

泉州富蕴包容性，历史悠久、史迹丰富。由于道教、佛教、伊斯兰教、景教(古天主教一支)、天主教、印度教（婆罗门教)、基督教、摩尼教（明教)、神道教、拜物教、犹太教等诸多宗教延续传播，即促成了多元性文化格局，也呈现出多种宗教和睦共处氛围。

泉州史上，时有五代太守留从效为此发展奠定丰功，明代民族英雄郑成功为抵御外侮侵略亦曾跨海征战。另有蔡襄修建的洛阳桥，以及号称“天下无桥长此桥”的安平桥。更兼惠东别具一格的民俗风情，丰富的人文景观以及与石雕艺术融为一体的崇武古城。

考古发现，这里的西周礼乐和原始壁画，反映了远在两三千年前，古闽越人原始舞蹈形象。唐朝中期以后，随着中原人南迁入闽，唐、五代时期，城郊东湖一带留下了游宴歌舞记载。宋、元、明、清时期，泉州的地方戏曲、民间歌舞，更发展到一个新的高峰。

泉州的老街、深巷、旧居颇具地方特色。尤其史上贵族、官僚、富豪、士大夫、名家的宅第，独具特色相当讲究，这些宅邸可称独具闽越风韵，建筑形式格局也蕴含了不同时代地方文化气息。如蔡氏古民居、杨阿苗故居、黄宗汉故居、李光地故居、林路大厝等。

泉州当地语言是闽南话，史上泉州方言可称闽南话代表，也为非物质文化遗产重要组成部分。泉州古民居建筑极具地方色彩，这些古老街巷如同一条涓涓小溪，从十分久远年代一直延伸至今，行走街巷古朴的石板路上，极易将人们的思绪牵入古老而悠远的时空。

闽南美食自古便十分有名，历代闽南厨师都会利用丰富食材，烹饪出极具特色的美味佳肴。泉州小食点心，不仅造型美观，而且味道清淡鲜美。泉州安溪茶叶、源和堂蜜饯、永春老醋、德化瓷器、石狮红膏蟹、惠安石雕、安海土笋冻等，都是极其著名地方特产。

（二）历史文化

1. 闽南风格建筑　文化多元展示——泉州博物馆

泉州博物馆位于丰泽区北清东路西湖公园北侧，是一座具有闽南建筑风格综合类博物馆，也是联合国教科文组织设立“世界多元文化展示中心”所在地。该馆集泉州古港文明展陈、“海上丝绸之路”历史，历史文物收藏、考古研究交流等多项功能于一体。

简介

泉州博物馆始建于1985年，原馆址设在市中心的泉州文庙，兼管具有悠久历史的文庙古建设施。曾经举办“文庙文物陈列展”“泉州历史名人纪念馆”“泉州古代教育馆”等多项展陈活动。泉州文庙建筑群，于2001年被国务院公布为国家级文物保护单位。

为保护历史文物实现社会全面发展，泉州博物馆新馆于2002年9月动工，2005年元旦建成并对外开放。新馆占地面积80余亩、建筑面积16000平方米，博物馆建筑设计借鉴了闽南传统形式风格，将外部自然环境与历史文化主题巧妙地融入建筑布局之中。

近年来，博物馆还积极参与了南安丰州南朝墓葬群抢救性发掘，西沙“华光礁1号”水下考古资讯，考古发掘或考古调研等课题。博物馆收藏文物主要为陶瓷器、青铜器、金器、其他杂项4大类。其中，不乏许多珍品，如景教墓碑（元）、青花大盘（明）等。

展陈

博物馆布展形式包括展览总说、长期展览、临时展览。

● **展览总说**

博物馆展陈布局包括展览总说、长期展览、临时展览三种形式。设有学术研究、考古发掘、文博论坛等专栏。该馆“泉州历史文化”展为基本陈列，另有“泉州南音——戏曲艺术”展，以及“泉州古代书法”“泉州民间收藏”等不同内容专题或临时展览。

● **长期展览（基本陈列）**

博物馆展陈《泉州历史文化》部分主要包括4个单元，其中“早期开发”（第一单元）、“刺桐崛起”（第二单元）、“东方第一大港”（第三单元）、“泉南雄风”（第四单元）。

早在远古时期，闽越族先民就已在泉州这块土地上开疆拓土，繁衍生息。汉晋时期，中原士族衣冠南渡，避乱以居。隋唐、五代，泉州港城经济繁荣内外交流日渐兴起。

宋元时期已达鼎盛，被誉“东方第一大港”。明清时期，泉州继续耕海牧洋在风浪中开拓前行。泉州人早年东渡台海，成为开发祖国宝岛生力军。泉州籍华人漂泊四海客居他乡，凭着卓越胆识、广阔胸襟、坚实臂膀为发展经济繁荣进步作出了历史性的贡献。

泉州境域曾涌现过诸多历史名人或英才，如欧阳詹、苏颂、曾公亮、蒲寿庚、俞大猷、李贽、郑成功、施琅等。在这座历尽沧桑的华夏港城中，既保存有海滨邹鲁、泉南佛国的中华传统文化，也融入了诸如“梯航万国”“神学宝库”等多样元素的异域文物史迹。

● **临时展览（或专题展）**

泉州地方戏曲很多，主要有南音、梨园戏、傀儡戏、高甲戏、打城戏、掌中木偶戏等多种艺术瑰宝。2007 年，“泉州南音”被有关部门确认第一批国家级非物质文化遗产。

今《泉州南音·戏曲艺术》展览包括，序厅、“乐史寻踪”“世界遗产”“乐坛瑰宝”“艺术传承”5 大部分。这是该展馆精心准备介绍泉州地方戏曲的一场专题展览。

典藏

展馆收藏文物主要为陶瓷器、青铜器、金器、其他杂项 4 大类。例如：

陶瓷器类，如永隆通宝钱范（五代）、绿釉军持（宋）、青花大盘（明）等。

青铜器类，双月纹弧形青铜镢（东周）、青铜编钟（清代 同治）等。

金器类，金镯（南朝时期）等。

其他类，古人类肱骨化石（旧石器时代）、玻璃片（五代）、景教墓碑（元）等。

---

2. 刺桐海运文史 港城交往佳话——泉州海外交通史博物馆

泉州海外交通史博物馆（简称“泉州海交馆”）为国家一级博物馆，该馆始建于 1959 年，原址位于泉州开元寺内东侧。1991 年 2 月，新馆于东湖街落成。2003 年，博物馆东侧又建泉州伊斯兰文化陈列馆。今两馆占地面积 35000 平方米、展陈面积 11000 平方米。

简介

泉州海交馆以反映古代泉州海外交通、海上丝绸之路，以及由此引发的各种经济行为、文化交流活动为主题的博物馆。展馆以中世纪东方大港——刺桐（古泉州别称）港的历史为主线，以丰富珍贵的海交史文物为佐证，再现了我国古代灿烂辉煌的海洋文化。

博物馆现设“刺桐——古泉州的故事”“泉州湾古船陈列馆”“泉州宗教石刻馆”“中国舟船世界”“阿拉伯—波斯人在泉州陈列馆”等固定展览，介绍中华民族为开辟海上丝绸之路所作的重大历史贡献，以及在航海、造船诸方面的探索追求和创造发明。

博物馆设有临时展览、预约开放展览，分别陈列著名文物瑰宝珍品。例如迄今国内发现年代最早、体量最大的宋代海船，以及伴随发现的沉积物数十件古代木、铁、石锚具，数百方宋元时期伊斯兰教、古基督教、印度教石刻，多个历史朝代外销陶瓷器文物。

今泉州海外交通史博物馆已成为介绍泉州海交文明史、展示华夏海交史重要场所和研究中心，成为一处了解和学习海洋知识的课堂、弘扬爱国主义精神示范基地。

展陈

该博物馆布展形式包括固定展览、临时展览、出境展览、展览宣传。

● 固定展览（基本陈列）

刺桐——古泉州的故事

展览有序厅、“向海而生”“东方大港”“多元荟萃”“守护遗产”4部分。

序厅：以16个申遗点沙盘及对应图片播放形式，展示申遗点所处的历史时空。

“向海而生”（第一部分）。通过介绍早期闽越人生活遗迹、泉州自然环境、中原汉人南迁、城市中心东移等故事，为观众梳理出泉州史上重要事件节点。引证唐宋刺桐诗句、子城城砖、承天寺出土“永隆通宝”铸钱陶范、石经幢镌刻等文物，讲述刺桐城名称由来以及泉州城的历史和发展。

“东方大港”（第二部分）。以10—14世纪的泉州时空为背景，讲述洛阳桥、德济门遗址、文兴码头等历史遗迹。展现泉州港曾经繁华盛况，以及刺桐港崛起为东方大港的历史。以史上“牵星过海洋”造船技术、航海工具、航海技术为导引，介绍泉州海外贸易和港口经济的重要历史地位。

“多元荟萃”（第三部分）。通过真武庙、天后宫、开元寺、文庙、清源山、伊斯兰教圣墓、清净寺、草庵等文物申遗，展示不同魅力的外来宗教文化，与中国儒教、道教、佛教文化交相辉映。彰显泉州异彩纷呈的多元文化氛围，诉说多元宗教文化和平相处、互相交融、精彩动人的故事。

“守护遗产”（第四部分）。介绍泉州人像珍惜生命一样认真保护历史文化遗产和自觉自愿地参与行为。由于历代泉州人悉心呵护，这些承载着历史记忆的文物、史迹和遗址得以留存并传承至今。

● 临时展览（专题陈列）

泉州湾古船陈列馆。1979年建立古船陈列馆，2014年运用现代科技和理念整修后重新开放。

泉州宗教石刻馆。展陈宋元时期数百方精美石刻，其数量之多、类别之丰、价值之高为国内称绝。

阿拉伯—波斯人在泉州。介绍展示海上丝绸之路繁盛时期，刺桐港（泉州）

与阿拉伯、东南亚、中南半岛等地区，以及伊斯兰国家人民的友好往来、经济互惠、文化交流历史和动人故事趣闻。

典藏

宋船及随船出土物（宋代）为宋船、宋船货牌签、南宋槟榔、南宋小口瓶、南宋象棋子、南宋椰子壳等。

宗教石刻：基督教八思巴文墓碑（元代）、基督教尖拱四翼天使石刻（元代）等；伊斯兰教格兰脱特勒墓碑（元代）、印度教大象与林迦龛状石（元代）等；天主教泉州主教安德肋墓碑石（元代）等。

“何朝春款”观音坐像（明德化市）为“何朝宗款”渡海观音塑像，构图精练、雕刻精细，堪称瓷塑艺术巅峰之作。

---

3. 福建桥梁状元　忠惠祠耀千秋——洛阳桥

洛阳桥又称万安桥，位于鲤城区与惠安县交界处，横跨洛阳江入海口，是古代闽、粤北上京城陆路交通要道。北宋皇祐五年至嘉祐四年（1053—1059 年），为泉州郡守蔡襄主持兴建，时首创“筏型基础”桥墩，利用“殖蛎固基”。现桥立蔡襄祠、石碑、石塔、石将军。

资料显示，史上洛阳桥曾有两次大规模修复。初为明代和德中郡人李俊育僧正淳重修，工程令桥身提升三尺，后为近代蔡廷锴将军重修增高铺设水泥路面。现存洛阳桥长 834 米，中间建石亭两座，一为中亭、一为“泉南佛国”亭，另立明清重修碑记 12 方。

今桥立一硕大岩石，上刻“万安桥”3 字，另有几座石像石塔。桥南忠惠祠为纪念蔡襄造桥功德所建，祠内有一文、两方石碑，蔡襄撰文书写，文简意赅、书法遒丽、工刻细致，世称“三绝”。北宋宣和年间，先任市舶司后为知州的蔡襄曾孙蔡桓拓本重刻立于祠内。

历史文化

洛阳桥始建于北宋皇祐五年（1053 年），前后历时 6 年零 8 个月，耗资 14000 多两白银。洛阳桥原长 1200 米、宽 5 米、桥墩 46 座，两侧有 500 石雕扶栏，28 尊石狮，兼有 7 亭 9 塔，武士造像分立两侧。此桥南北两侧各植树木数百株，迄今有 1000 多年历史。

据说，当年的洛阳江“水面宽阔，波涛汹涌”，人们往返须靠渡船通行，每逢大风海潮经常船翻江中，人们为求平安往来便将此渡口称“万安渡”，桥也称“万安桥”。据《泉州府志》记载，旧万安渡初为郡人李宠甃石作浮桥，后由郡守蔡襄主持改建石桥。

史载，建桥后千余年间，此桥历经整修17次。南宋绍兴八年（1138年）飓风致桥体损坏，后经郡守赵思诚修复。明宣德年间桥基下沉潮致桥梁俱没，知府冯桢命郡人李俊育等将桥身增高3尺。明万历三十二年（1604年），泉州一带遭强烈地震，桥梁坍塌致桥基凹陷。其后，又经知府姜志礼动工修复。清雍正八年（1730年）秋，桥梁又因失修崩塌，后经知县工之琦修复。1932年，蔡廷锴将军将桥改建成钢筋混凝土公路桥，并将桥面增高2米。抗战期间，此桥曾遭受严重破坏。新中国成立以后，国家多次拨专款对该桥进行整修。

古桥传说

相传，当年主持修建洛阳桥的郡守蔡襄，时为文曲星下凡。他自幼聪明好学，18岁便高中状元遂在本朝为官，因自幼深受父母教诲，信奉为官一任或于民解难、或造桥修路。故向朝廷请求回本地为官。初到泉州任上却见洛阳江浪激水深，如果建桥定困难重重。

忽一日，在梦中幸得观音菩萨指点，要他向海龙王去求助。蔡襄梦醒后顿感十分惊诧，便给龙王写一封求助公文，并问手下衙役“谁人下得海”，只见一个衙役应声答道：“小人夏得海！”原来此人姓夏，名得海，误以为老爷传唤他，随即应答并静候公差调遣。

蔡襄先是一怔，随后令他前往海神处投递公文。夏得海思忖此去必然无回，告别家人之后便买了一壶酒，喝得酩酊大醉倒于海滩，本想任由海潮卷走了却，谁知一觉醒来黄色公文袋竟成红色，于是连忙赶回府衙交差，蔡襄打开一看，只见上面只写一个“醋”字。

蔡襄冥思苦想，终于领悟龙王指点，决定廿一日酉时动工。果然那一时刻海潮退落，且三天三夜不涨，工匠趁此吉时很快砌成桥基。只是时间、财力所限，桥身高度略显过低，以致每逢大潮来临桥面常被水淹。据传，后有泉州巨富李五出资将此桥增高三尺。

历史贡献

洛阳桥建造，可称世界桥梁史一大贡献。当年洛阳江水深、浪急、潮凶，“水阔五里，深不可测”，根本无法打桩立基。时有聪明造桥工匠沿桥中线抛置大量石块，先筑起一道拦江石堤消弱海潮，后在上面建船形墩。相继采用“激浪涨舟，浮运架梁”妙法施工。

随后工匠们又在桥下专门养殖大量牡蛎，令其与桥梁基石和桥墩石胶合凝结成为牢固的整体，这种别出心裁“种蛎固基法”，成为世界首创将生物学运用于造桥工程。洛阳桥的建成，既使洛阳江天堑变通途，也为日后泉州海运交通发展做出重要的历史性贡献。

洛阳桥现有 44 座船形桥墩、645 个扶栏、104 只石狮、1 座石亭、7 座石塔。桥畔碑亭立“万古安澜”，附近竖历代碑刻、宋代摩崖石刻。桥北建昭惠庙、真身庵遗址；桥南有蔡襄词，蔡襄撰书《万安桥记》宋碑立于祠内，被誉为书法、记文、雕刻“三绝”。

据称，我国著名桥梁建筑专家茅以升先生给予洛阳桥极高评价“洛阳桥是福建桥梁的状元!”该桥今已成举世闻名梁式海港巨型石桥，现为国家重点文物保护单位。

4. 此地古称佛国　满街都是圣人——开元寺

开元寺位于泉州市区西街，曾是福建省内规模最大的佛教寺院。该寺院始建于唐武则天垂拱二年（686 年），曾被称莲花寺、兴教寺、龙兴寺。唐开元二十六年（738 年）改作今名。史上，开元寺宋、元时期有支院百二十，“食指常万”，现为全国重点文物保护单位。

开元寺规模宏大，气势壮观，环境幽雅，时与洛阳白马寺、杭州灵隐寺、北京广济寺齐名。唐开元二十七年（739 年）唐玄宗下令遂改现名。与其他著名寺院有所不同，这里虽少有名山大川陪衬，却多有善男信女的虔诚，这大概也是开元寺与众不同的独到之处。

寺院概说

开元寺以中轴线为基准建筑依次为照墙“紫云屏”、山门、天王殿、大雄宝殿、甘露戒坛、藏经阁、东西塔。大雄宝殿又称紫云大殿，史上屡圮屡复，现存为明代重檐歇山式建筑。今寺内有唐代至明代所建石塔 13 座，其中南宋所建一对金涂小石塔最为珍贵。

寺院大殿外石柱之上悬有一木制楹联“此地古称佛国，满街都是圣人”。据称，这副联为南宋大理学大家朱熹所撰、近代高僧弘一法师所书，它既为浓厚宗教神奇色彩表述，也是泉州古城风貌时实写照。今寺内天王殿两旁以佛教密宗规制，建密迹金刚与梵王。

大殿正中供奉御赐佛像毗卢遮那佛，汉译“大日如来”，这是佛教密宗的最高神祇。两旁是五代王审邽维修大殿时增塑的四尊大佛，依次为东方香积世界阿閦佛、南方欢喜世界是宝生佛、西方极乐世界阿弥陀佛、北方莲花世界成就佛，合称为五方佛也称五智如来。

这五尊恢宏大佛，金光闪烁、纹理清晰、面容慈祥、法相庄严。其双手分别作说法、施与、接引、禅定等状，佛像工艺制作精绝，令人赞叹。五方佛胁侍有文殊、普贤、阿难、迦叶，以及观音、势至、韦驮、关羽、梵王、帝释等诸天菩萨，以及护法神将10尊。

在大殿后方，供奉着密宗六观音的首座、圣观音以及善才、龙女，两翼为神态各异18罗汉。史上开元寺历代住持虽皈宗不一，如法相宗、律宗、净土宗、密宗、禅宗等派，然而大殿却始终如一。延续西长廊外有唐植古桑一株，廊外草坪处立东西双塔凌空对峙。

大殿后面建有甘露戒坛。据说，明末清初时分，泉州甘露戒坛与北京戒台寺、杭州昭庆寺为全国著名三大戒坛。寺院两厢建长廊，东侧有檀樾祠、准提寺（俗称小开元）、东璧寺。西侧有功德堂、尊胜院（又称阿弥院殿），后称为水陆寺，现改作为弘一法师纪念馆。

今寺院珍藏有元代如照法师刺血所撰《法华经》，以及泰米尔文贝叶经。此外，藏经阁保存有盛唐至民国珍贵文物，历朝玉、铜、瓷、木质等大小佛像，菩萨、罗汉、天王、神将等32尊，明代大书法家张瑞图及现代高僧弘一法师和众名家墨宝或木板楹联。

寺院珍闻

● **桑莲古迹**

在百柱殿后西侧，立有一株千年桑树，人称“桑莲古迹”。在古桑树下，竖有一方石碑，言之凿凿，记有其事。称1925年一次雷雨中，桑树被雷电一劈为三，其一枝坠落于地，后寺院僧人用花岗岩托起，并撰一副楹联“此对生莲垂拱二年，支令勿坏以全其天”。

出人意料，老桑树不但奇迹般复活，且枝繁叶茂，焕发青春。前几年一场大风又将树干从托石上吹落，未等人们再次扶植，它却自己落地生根。现如今“三树同根”，千年古桑犹如一朵盛开莲花，且向着北、东、南3个方向伸展生长，一年四季茂盛葱郁。

● **双塔屹立**

寺院内著名的东塔、西塔，是开元寺内重要文物。其间相距200米，八角五层楼阁式，石塔仿木结构。二塔以身形雄伟，规制奇妙、建造神工，雕镂精美、饮誉四方。自宋至今多少年来，东、西双塔吸引着无数中外人士、八方游客前来游览、观瞻、揣摩、研究。

东塔名“镇国塔”，唐咸通六年（865年），文偁禅师始建成5层木塔，历经几次毁坏与重修后易木为砖。南宋嘉熙二年（1238年）本洪法师易砖为石，后经法权法师、天锡法师继造，历经10年方得竣工。该塔壁材料利用加工雕琢的花岗岩，并以纵横交错之方式叠砌。

该塔不但异常坚固，而且造型十分别致，塔檐呈弯弧状向外伸展，檐角高翘，令塔身有凌空欲飞造势。每一层各设四门及四龛，逐层互为转换，这样既均匀分散重力，又可使塔的外形更加生动美观。各层塔檐角皆系铜铎一枚，微风吹动时分叮咚声响、悦耳怡人。

西塔名“仁寿塔”，唐天汉元年（917年），王审知自福州泛海运木至泉州始建此塔。该塔初名为“无量寿塔”，至北宋政和四年（1114年）奏请朝廷赐名“仁寿塔”，后经自证法师易砖为石，于南宋嘉熙元年（1237年）落成。西塔高度略低于东塔，规制与东塔几乎全同。

● **名刹高僧**

大凡名刹必有高僧，历代开元寺僧人或入世献身，或弘道扬名，或领佛学著作至尊，或赋诗词妙语称绝，时高僧“为文似柳，为诗似陶”诠释大圭。更有“念佛不忘救国，救国不忘念佛”，集佛学、书法、金石、音乐、绘画、诗文于一身的现代律宗高僧弘一法师。

据称，史上开元寺常有得道高僧云游四方弘法，“佛国名传久，桑莲独擅声”。千百年来，开元寺以其悠久的历史，恢宏的建筑，幽静的寺院，独特的规制，珍贵的文物，虔诚的佛性，神奇的传闻吸引着四方僧众信徒、八方观光游客来此观瞻施礼膜拜。

---

5. 求知不远万里　即使远在中国——清净寺

清净寺位于泉州市鲤城区涂门街中段，清净寺又称“艾苏哈卜清真寺”。据说，这是仿照叙利亚大马士革的伊斯兰教礼拜堂建筑形式所建造的一座清真寺。清净寺始建于北宋大中祥符二年（1009年），历400年，为中国现存最古老伊斯兰教建筑遗迹之一。

元至大二年（1309年），该寺院又获重修。寺内现存主体建筑主要有大门楼、奉天坛、明善堂。其中，寺内现存明成祖于永乐五年（1407年），朝廷颁发保护清净寺和伊斯兰教《敕谕》石刻，尤显至尊极为珍贵。清净寺为国务院公布第一批全国重点文物保护单位。

历史文化

资料显示，清净寺始建距今已有千余年历史。该寺虽初建于北宋年间，但伊斯兰教传入泉州历史要远早于此寺建造年代，例如伊斯兰教灵山圣墓就比清净寺历史更早。

清净寺自创建以来，历代穆斯林始终不断集资修葺，相继勒碑撰文为记，一些文字内容至今仍很清晰完好。寺中遗存此类文物很多，如历年遗留的汉文、阿拉伯文石刻。其中《敕谕》碑刻尤为珍贵，至今完好无损镶嵌于寺北墙壁之上。

清净寺也以此见证了史上中国与亚非地区友好往来的历史，成为古代刺桐港海事交流重要文物印迹。

主要景观

奉天坛。礼拜大殿与门楼相连，又称奉天坛，其占地面积约600平方米，门楣部分雕刻有阿拉伯文《古兰经》。资料显示，该大殿上方原来罩有巨大穹顶，使清净寺显得极其宏伟壮观。

时寺内墙壁镶嵌精致阿拉伯文石刻，上书内容为《古兰经》句文，这也是公元10世纪前阿拉伯地区清真寺大殿流行模式。如今中东及阿拉伯地区也很难见到此类建筑。

史载，明万历35年（1607年），泉州遭遇一场强烈地震，时寺内殿堂、门楼、穹顶等建筑设施严重受损，坍塌造成寺址地面增高近一米，凹陷的部分恰是大殿讲经台旧址。

宣礼塔。寺内原有一宣礼塔，如今只寻得塔址。史载，时宣礼塔巍峨耸立，塔形如柱、高峻奇伟，可与广州怀圣寺的光塔相媲美。据称，此塔属典型的伊斯兰式建筑风格。时明代泉州著名文人李光缙有文赞“一柱千云，并紫帽峰而作对；七级凌日，参开元塔以为三”。

另有一些史书文集记载，夜间塔顶举光，为商舶导航，方圆百里，一目了然。每逢秋冬，满载丝、瓷、茶商船扬帆离去，再值春秋，装满香料、药材海船，又向泉州港驶来。逢此穆斯林便齐聚寺内，沐浴更衣、登塔眺望，诵读《古兰经》为船队祈求一路平安。

大门楼。大门楼外观恢宏，颇具阿拉伯伊斯兰教传统建筑形式。大门面朝南，高12.3米、基宽6.6米、门宽3.8米，俱以辉绿岩条石构筑，分作外、中、内三层。第一层、第二层皆为圆形穹顶拱门，第三层为环状圆顶，楼顶为一平台四面环筑“回”字形垛口，宛如城堞。

纵观清净寺整座建筑造型巍峨瑰丽。寺院的北墙处，左、右两侧，分别嵌有二方阴刻“月”“台”石刻以便瞭以望月，从而确定起斋日期。入东墙尖拱形正门，西墙正中处立一拱形高大壁龛，龛内嵌有阿拉伯文《古兰经》的铭文石刻，现仍保存基本完好。

明善堂。清净寺西北角建筑为“明善堂”。史载，此堂始建于明隆庆元年（1567年），后因奉天坛礼拜殿遭遇强烈地震，致使屋顶盖倾覆坍塌，致使众教徒们只得移往此处来做礼拜。

祝圣亭。门楼东侧建筑是“祝圣亭”，内中立有元至正十年（1350年）、明万历三十七年（1609年）、两块重修清净寺时之碑记，这也为研究伊斯兰教传在泉州传播历史，提供重要物证。

6. 月台印倒影 榕枝不过墙——承天寺

承天寺位于泉州老城中心区承天巷对面，依南俊巷东侧。此地原为五代时期节度使留从效的南花园。南唐李璟保大末年至中兴初年（957—958 年）建寺，初名“南禅寺”。北宋景德四年（1007 年）赐名承天寺，建制规模仅次于开元寺，时为闽南古刹三大丛林之一。

历史文化

元代至元年间（1279—1294 年）始建七级佛塔，明代时先后有原铺、道陵、智庄、得众、至昌、宗彬、慈灼等高僧至承天寺多有建树。清代初年寺院得重修。致使香火鼎盛，当年全寺占地面积达 75 亩（约 50000 平方米），殿宇 40 余间、田产千余顷，僧众 1700 余众。

清朝末年承天寺渐衰败、颓垣碎瓦，满目凄凉。后云果、转薄、转溥、瑞明诸法师一致发愿，遂修葺殿堂，重整寮房，令寺院隆兴，展露新容。民国初年，云果法师圆寂，会泉法师继任住持。时会泉法师住持寺院期间，继续广募善款修建寮房僧舍，开凿放生池。

该寺院除自己主讲《楞严经》《法华经》《弥陀经》，还邀请佛教名僧坐禅讲经。其后会泉法师接厦门南普陀寺院住持，不久又至新加坡接光明山普觉寺住持，转尘法师继任承天寺住持。抗战期间，有弘一法师、性愿法师接短暂住寺讲经弘法，组织佛学研究会。

弘一法师在承天寺养正院讲经时，曾书写著名横批“念佛不忘救国，救国不忘念佛”，表达了一个佛教徒，真挚的爱国之心。1982 年，泉州修复承天寺等一批历史名胜古迹。宏船法师积极捐资。整修之后的承天寺，殿堂楼阁、垂檐飞甍，规模宏大、气势雄伟。

史上，《记承天寺夜游》乃是北宋著名文学家苏轼精心创作的一篇散文，其写于宋神宗元丰六年（1083 年）。据称，作者时因“乌台诗案”牵连遭贬转至黄州（今湖北黄冈）任职。该文对当时的月色美景作了精妙细微描绘，十分真实地反映了作者处于寂寞寥落时的复杂心绪。

《记承天寺夜游》 宋·苏轼

元丰六年十月十二日夜，解衣欲睡，月色入户，欣然起行。
念无与为乐者，遂至承天寺，寻张怀民。
怀民亦未寝，相与步于中庭。
庭下如积水空明，水中藻荇交横，盖竹柏影也。
何夜无月？何处无竹柏？但少闲人如吾两人者耳。

有文称，作者虽常怀远大政治抱负，但天妒英才仕途不顺多次遭贬，此流落黄州，在内心深处并不愿做一舒心赏月“闲人”，此自喻“闲人”不过是被贬后的一种自我宽心罢了。唯游记流露微妙情感，信笔拈来起止合宜，若行云流水达“一语天然万古新”境地。

景观概说

成天禅寺中轴线长 300 米，依次分布天王殿，弥勒殿、大雄宝殿、法堂、文殊殿，该寺院东侧今重建禅堂、祖堂、龙王殿、僧舍等。承天寺山门面西，上面高悬“月台”匾额，据称，寺院“月台”匾额二字，曾出现时竖、时横神奇变化，故有“月台倒影”传闻。

该寺内植有 5 株老榕树，7 座石塔分立榕树之间。寺院内这些榕树十分高大，但只是不知何原因这些榕树从不越出墙外，故有成天寺树高然“榕不过墙”神奇。今天王殿供奉四大天王，殿前有一青石砌筑经幢，幢顶有一小石狮传说嘴能吐青烟，人称“石狮吐烟”。

传说，史上曾有一高僧手托双塔云游四方，一日二塔不翼而飞，后来僧人竟在承天寺中寻得这对宝塔，只是此刻已立于寺内池旁。大雄宝殿法堂供奉镇寺之宝——隋代铜铸阿弥陀佛，佛像高 2 米、重 1 吨为国内罕见。另法堂两旁护廊之上彩绘 12 幅精美佛教壁画。

另在山门壁柱之上有弘一法师题联“有无量自在，入不二法门”。进得山门不远是一条甬道，南侧七座佛塔，间植榕树，有“塔无禽栖”“榕不过墙”“蝇不朝天”胜景。

在寺院南面墙壁上，有弘一大师手迹“南无阿弥陀佛”“升无上道，得正法流”“善悟无碍，永得大安”等禅悟。在北面墙壁嵌有“古铸钱遗址”“革命遗址”两方石碑。

东轴线建筑布局，依次为圆常院、广钦和尚书馆、旧僧舍、新僧舍、客堂、龙王祠、五观堂、南园故址、大悲阁、会泉宏船法师纪念堂，禅堂、涅槃堂、祖堂等。西轴线原有开山堂、禅堂、光孝寺、王公祠、留公祠、功德堂、许公祠等，现仅留存“檀樾王公祠”。

元代，寺内建有七级浮屠。明嘉靖年间，增建檀樾祠。清康熙三十年（1691年），郡人施世纶重修寺院，殿宇鼎盛达 40 座，如助法师扩建承天寺，云果禅师书“闽南甲刹”匾。另有会泉法师、转尘和尚、新加坡宏船法师、菲律宾瑞今法师等，许多名僧尽出此门。

寺院胜景

承天寺山门上悬横匾“月台”二字，即史上该寺又称作“月台寺”。今寺院虽处繁华闹市但禅院却十分寂静，佛界清幽，源此也被称为“鲤城丛林”。今寺内典藏十大奇景：偃松清风、方池梅影、卷帘朝日、榕径午荫、塔无栖禽、瑶台明月、推蓬雨夜、啸庵竹声、鹦歌暮云、石如鹦鹉。

史上南宋时期，有泉州太守王十朋曾将这十景加以提炼，写有七律诗十首。其后又有明代书法家张瑞图，亦将这十景刊刻碑文传于今世。不过有人对上述十景，也持有不同看法，认为“月台倒影”“一尘不染”“梅石生香”这三景在此十景中，理应得一席之地。

故事传奇

相传，当年建寺之初，由于寺院规模宏大，所需木材迟供不济，闻此有位得道和尚到闽北杉山去向山神化缘。山神道“你如果能将这些高大杉树的尾梢全部折断，我便可解禁，任凭你砍伐”。当下和尚便与山神立约，入夜和尚作法狂风掠过巨杉末梢果尽折。见此情形，山主又不慌不忙继续道：“树虽已被伐得，你将如何运走”？哪知得道和尚，拾得禅杖向那些折梢巨杉一撞，这些巨杉便立刻踪迹顿无。与此同时，就在南禅寺的大龙王井中，这些巨杉却一株接一株涌现出，于是建寺所需的大量木材就这样顺利筹足。

7. 神功护海国　水德配乾坤——天后宫

天后宫，又称妈祖庙，始建于南宋庆元二年（1196 年），其址位于泉州南门天后路，“地处城南晋江之滨，蕃舶客航聚集之地”。史上官府常为出海商船举行祭海大典，天妃宫为国内现存年代最早、形制规格最高、建设规模最大妈祖庙，今为全国重点文物保护单位。

历史文化

据传，妈祖林默娘是北宋时期湄洲岛一渔家女，传说她出生时遍地生香，浮现瑞光。妈祖积德行善乐于助人，时常引导乡邻择吉避凶，后来为救出海遭遇风暴的父亲而遇难。人们感念她孝道美德，尊她为海上女神立庙祭祀，渔民出海前都要到天后宫来祭拜。

传北宋雍熙四年（987 年），妈祖父兄驾舟出海遭遇风暴，时船陷危难即将倾覆，妈祖预感父兄不祥便不顾一切前去解救。后其父得救但妈祖与兄俱亡，乡邻赞其“通悟秘法，预知休咎事，乡民以病苦辄愈。长能乘席渡海，乘云游岛屿间，人呼曰神女，又曰龙女”。

默娘生前与民为善，升化后被岛上渔民尊为海上女神立庙祭祀。天后宫初建，时有徽宗赐额“顺济”庙冠，取其“顺风以济”之意。元世祖年间“制封泉州神女护国明著灵惠协正善庆显济天妃”。明永乐五年（1407 年），出使西洋太监郑和奏令福建镇守官重修祀庙。

此后，朝廷节遣内宦及赴外渡洋使节，凡出使琉球、爪哇、满剌加等国，皆以庙祀祭告祈祷为常。明永乐十三年（1415 年），有少监张谦领命出使渤泥（今加里曼丹岛文莱），自泉州浯江（今顺济桥一带）起航登程，“实仗神庥”归奏于朝鼎新之，改宫号“天妃宫”。

清康熙十九年（1680 年），施琅率军跨海征战、师次于此，“神涌潮济师”“有助顺功”，敕封“护国庇民妙灵昭应宏仁普济天后”，此后易名“天后宫”。清康熙二十四年（1685 年），钦差礼部郎中雅虎领命致祭，清雍正元年（1723 年）御书匾额“神昭海表”，今悬大殿。

景观概说

天后宫现存古建筑群保存了宋代的主体结构，以及明清时期的木构建筑形制。因此，成为现今海内外同类庙宇建筑中规模最大、规格最高、年代最早、颇具社会影响力的一处著名民间祭海古建。1987 年，经国务院批准公布列为全国重点文物保护单位。

天后宫内原有一山门戏台，后因修筑公路被拆除。1990 年 3 月，得台湾鹿港天后宫暨诸委员捐资获重建，时移清代晋江县学横星门为山门，呈现面阔五开间牌楼式造型。另有雕花漆绘、木构斗拱、青石龙柱、螭虎窗。两侧石雕麒麟，屋顶重檐四坡面，屋脊反翘瓷雕八龙二鳄，角脊作凤尾伸展卷曲状，线条柔和优美，整体结构华丽精致。

天后宫正殿虽历经风雨沧桑，但明、清木构建筑至今保存尚好。正殿建筑的台基座，采用花岗岩石砌筑须弥座，束腰处浮雕雄狮，另施以鲤鱼化龙、文房四宝、八骏云火、仙家法器、鹤舞云中、宝盖莲花等图案，采用二度空间，动态艺术造型，雕刻刀法熟练。

殿内木梁骨架，立于圆形花岗岩石柱，柱头浮雕仰莲珠斗，挑出斗拱承托梁作九架，故建筑结构独具特色，空间变化极为丰富。门窗弯枋雀替，雕花精致细密，纹饰丰富多彩，既有几何图案，也有花卉水族、鸟兽人物。托木部位凤凰戏牡丹，表明主祭女性神庙。

殿内精致漆绘，“暖八仙”之一的钟离及如意相间图案，绿地雕塑彩西番莲，喜鹊登梅图案，画作异兽、寓意“益寿”。殿内基础浮雕更加琳琅满目，八骏、八宝、花卉意在表现龙腾鱼跃，百花争妍，另以福、禄、寿、诸吉祥物衬托，彰显灵异非凡吉祥境界。

如今，宫内东西两廊、两轩、寝殿已得完好复原修缮。寝殿又称后殿，两侧突出部翼享，左右斋馆，整座殿宇系明清木构风格。屋盖为两坡面悬山楔，木质梁架粗大古朴，木柱置于浮雕仰莲瓣圆形石础之上，殿前檐柱有 16 面青石雕，系元代印度教寺石柱。

宫中大殿木柱上悬楹联“神功护海国，水德配乾坤”。正面原悬挂明代大书法家张瑞图所书“后德配天”匾额，今经过整修复原已为木构建筑之瑰宝。现宫内收藏珍贵文物和民俗文物，举办“闽台民间艺术展”“泉州古今字书展”“闽台民俗风情摄影展”等。

---

8. 唐额鲁司寇庙　宋元建筑遗风——文庙

泉州文庙位于泉州市鲤城区百源川池畔，文庙又名府学其始建于唐代，宋太平兴国初年（976—981 年）移建于现今庙址。泉州文庙今为福建省文物保护单位，建筑格局、气势恢宏，殿宇壮丽、景象磅礴，今为江南文庙出色古建筑群，建筑形式为现存孔庙罕见。

历史文化

泉州府文庙始建于唐开元末年，时任宰相张九龄题匾“鲁司寇庙”。大成殿立有四根石刻盘龙柱，气势宏伟卓绝、颇具圣府风范。现府文庙虽经历代修缮，但是整体建筑格局仍保持了宋、元时期的形制风格，这在国内众多文庙建筑中可称绝无仅有之孤例。

据称，北宋太平兴国初年文庙移建于此，其间虽几经修缮，但左学、右庙规制保存基本完整。后续规建虽呈现扩展，占地面积几近百亩，但始终以儒学典籍为脉传统文化为根，成为东南沿海及东南亚地区儒教传播之垂范，今为我国东南部形制最大文庙建筑群。

珍贵遗存

此前，国家文物局罗哲文、单士元、黄景略等专家实地考察文庙形制后认为，大成殿基本保存宋代结构形式，此为福建省内少见。泉州文庙古建群，规模宏大，堪称集宋、元、明、清 4 个朝代建筑形制代表，其主体建筑大成殿为典型宋代重檐庑殿式结构。

其中，殿身结构斗拱抬梁式，整座大殿以 48 根白石柱承托，内有石雕盘龙檐柱 8 根。大成殿正中处立孔子像，上悬清康熙皇帝御书“万世师表”匾额。大成殿的东侧为崇圣殿、名宦祠、明伦堂，今庙内遗宋代太守题诗的夫子泉井，以及其他保存尚好历史文物。

《夫子泉》　宋 · 王十朋

刺桐城中泮宫里，大成殿下新泉水。不须更以品第论，混混源流自夫子。

诸生游泳芹藻间，日饮一瓢心慕颜。聪明不数远公社，清白大胜卧龙山。
圣毓尼丘家阙里，泉脉胡为今在是。周流天下皆美泉，浚井得之泉更美。
我来酌泉仍叩头，遐想洙泗三千游。世间何处有此水，此州无愧名泉州。

此外，大殿附近泮池建有元代石桥，桥面铺 72 块长方形条石，寓意孔子有 72 个得意门生，东西为两庑，前为大成门、金声玉振门。东畔明伦堂，为文庙现存主要附属建筑，堂前露庭、泮池和石桥均保存完好，西有泮宫及乡贤名宦祠、状元祠等各式建筑十余处。

今文庙内大成殿，重檐庑殿式结构，为泉州目前唯一仅存的宋代建筑形制孤例。有关专家评价，此种类别的建筑结构形式，可称代表当时最高建筑规格。2001 年，泉州府文庙列入全国重点文物保护单位，由此成为福建省两处已列入全国重点文物保护单位之一。

---

9. 诡奸倾诚何益　公正不拜无妨——关岳庙

关岳庙位于泉州市内涂门街，当地俗称作关帝庙，由于道教主祀关圣帝君，同时附祀岳王故得此名。据称，关岳庙始建于宋代，由主庙、左右三义庙、崇先殿组成，三殿并列，庙中各有前殿、大殿三进深，后进新建仿古楼一幢，庙内香火旺盛，信徒远及东南亚。

历史文化

泉州关岳庙已有 1000 多年历史，闽南多依山傍水，人们常四海漂泊，故泉州人初尊海神。传明太祖朱元璋崇信关圣，曾敕令泉州七城门立七座关帝庙。时明朝初立，地方财力拮据，若大兴土木确有困难，只好将水神庙改作关帝庙，原来此庙也有 600 年历史。

据称，1914 年该庙获重修，时将三义庙前殿后移，同主殿并列取齐，使三座庙祀连成一体，呈现布局结构匀称，庙形群体建筑规整。现存关岳庙主体为 1927 年重修，今庙祀坐北朝南，由武成殿、崇先殿、三义庙构成，此三处并列殿宇构成，建筑面积 1300 平方米。

进入 20 世纪 90 年代，庙宇再次进行了全面整修。修复后的殿宇装饰精美，木雕、石雕、泥塑，屋脊剪瓷龙雕，造型亮丽精致，配有花鸟走兽，凸显闽南古建风格。主殿武成殿单檐硬山顶，穿斗式木构架，正位左祀关圣帝（即关羽），右祀岳武穆王（即岳飞）。三义庙中柱贴壁柱楹联：

通明光大仰二公，拒婚非愎，奉召非愚，平生无改春秋义；
淮海江河流万古，震夏有威，餐虏有志，合传遂熏班马香。

遗存文物

今关岳庙珍存数方清代年间庙祀史迹碑刻：清乾隆四十二年（1777年）重修通淮关帝庙收支石刻；清乾隆四十三年（1778年）官献瑶撰《重修泉郡通淮街关帝庙碑》；清嘉庆二十四年（1819年）林光复所书石刻；清道光二十年（1840年）苏廷玉书《关帝觉世真经》；清咸丰七年（1857年）《关圣帝祖茔碑记》《立看守碑》；

不仅如此，在庙门外左右两壁，嵌有石刻两方“左刻宋米芾诗作一首”“右刻明董其昌诗作一首”。庙内保存朱熹题写“正气”，张瑞图题写“充塞天地”，以及近代蔡浚书“鼎汉立宋”之匾额。立柱悬楹联“诡诈奸刁到庙倾诚何益，公平正直入门不拜无妨”。

---

10. 玉球风动 天然机妙——伊斯兰教圣墓

伊斯兰教圣墓位于泉州东门外灵山南麓。据《闽书》载，唐代武德年间，伊斯兰教创始者穆罕默德门徒四人来华传教，三贤、四贤至泉州，卒葬此山屡显灵异，俗称灵山圣墓。此墓为伊斯兰世界现存最古老、最完好圣迹之一，现为全国重点文物保护单位。

历史文化

据说，伊斯兰教圣墓，即埋葬伊斯兰教穆斯林贤人之墓葬。泉州伊斯兰教圣墓为两座并列的花岗岩石雕塑基盖，上建四方形石亭遮护，墓后石构淮廊，廊内立石碑五方。立有元英宗至治三年（1323年），泉州伊斯兰公会所立记墓葬者事略之阿拉伯文辉绿岩石碑。

另外，有明永乐十五年（1417年），郑和第五次下西洋到此行香纪事碑。从墓园沿石阶向下有一片绿地，绿地东侧磐石上立风动石，上有“碧玉毬”“天然机妙”大字石刻。

据说，当年泉州人因感念神威法力，托庇安宁，信奉伊斯兰教者甚多。随着海运交通日益发达，很多阿拉伯商人也择居泉州，以致与当地人通婚。时有三贤、四贤结庐灵山于此传教，其死后也葬于此地。当时，泉州还没有建成清净寺，故很多信徒常到这里来膜拜。

后来，随着信奉穆斯林人数不断增多，到了宋朝便有阿拉伯人出资在今通淮街附近建造了清净寺。这也是我国史上唯一延续至今、宋代时期所建的一处伊斯兰教寺院史迹。今伊斯兰教圣墓建有一亭，亭中两座花岗石雕长方形墓盖，盖石底座环刻莲花瓣图案。

圣墓后面，为半月形回廊环抱墓室，廊柱造型精致，上下两端偏细。据建筑学家考证，此为唐代柱形称“梭柱”。此物也为考证圣墓历史提供了相应佐证。正中阿拉伯文碑刻，记载了元代至治年间，阿拉伯穆斯林远涉重洋至泉州，时为圣贤修墓表达对真主遵从。

明永乐十五年（1417年），郑和奉旨准备第五次下西洋，在航行圣地麦加启程之前先行至泉州专程到此拜谒。据说，泉州的地方官吏蒲日和特为郑和立行香碑以示纪念。

故事传奇

玉球风动。今伊斯兰教圣墓立有一块十分有名的风动石。据传，这是先贤作法召唤神鹰所掷落的神石，这块石头风吹则晃，手推则动，俗称“风动石”，这也是福建三处风动石之一。

史传，明代嘉靖年间泉州知府周道光特为其撰书“碧玉球”3字，后又有人勒上“天然机妙”4字，此情、此景、此物、乃泉州胜景奇观“玉球风动”。千百年来这座伊斯兰教圣墓，一直受到泉州人和穆斯林精心呵护，为我国现存极其珍贵的伊斯兰文物史迹。

圣墓回廊西侧，有郑和行香碑书“钦差总兵太监郑和，前往西洋忽鲁谟斯等国公干，永乐十五年十六日于此行香，望灵圣庇祐”。这是郑和第五次远航圣地麦加前，专程至灵山拜谒二位先贤史记。回廊下五方汉文碑刻，为康熙至同治年间重修圣墓碑刻之题记。

驱鳄传说。明末史学家何乔远，在《闽书·方域志》文中载，唐高祖武德年间，穆罕默德曾派四大门徒前来中国朝贡，后继续在中国传教，这也是伊斯兰教传入中国最早史记。据称，时泉州湾一带鳄鱼猖獗泛滥成灾，渔民不敢出海打鱼，货物无人装卸，船舶也无法入港。

此番情景令泉州湾海运商贸受到极大影响，损失巨大。一时茶叶、瓷器、丝绸、铁器货物堆积如山。而外来的珍珠、琥珀、象牙、珊瑚、玛瑙、香料等货物也无法卸载。曾经繁华喧嚣的泉州港、顿时沉寂几近窒息，朝廷震怒却一筹莫展，苦于没有驱赶鳄鱼良策。

忽一日，吏部官员前来奏报：“西方大食国圣人穆罕默德，伊斯兰教创始人有四大门徒在中国传教，据称四人法力无边，烈日难灼体肤，雨水不湿衣裳，入火不死，入水不淹，定有驱鳄之神术”。唐高祖李渊立即降旨宣召四大门徒，前来觐见以求速施驱鳄之良策。

是日，四大门徒头缠白巾，身披法衣、手捧《古兰经》，席坐顶礼。大唐皇帝问及治鳄安民良策，其中一人答道：“真主降示经典，吾等奉天传教，如善除恶，驱鳄何难”。言罢朝西膜拜口诵经文，举手一招，御苑古树忽移庭前，复手一挥树还原处，众者皆惊骇。

为首一人言道："盘根古树尚能招之即来，挥之而去，何况游动的水族鳄鱼"。此言一出皇帝大悦，即封四门徒为"贤人"。遂遣一贤到广州、二贤到扬州，三贤沙士谒与四贤沃高什至泉州驱鳄。吉日，三贤、四贤至泉州率教徒朝西膜拜，仰天呼号诵读古兰经文。片刻，其一人拔剑遥指鳄鱼，鳄群立时躁动浅滩；另一人双臂高擎，旋即一群神鹰鼓翼飞来盘旋高空，鹰爪携巨石皆掷鳄鱼，霎时天空巨石如雨，砸得鳄鱼非死即伤。顷刻之间那些横行无忌的鳄鱼，只得逃离称霸一时的泉州湾，很快泉州湾又恢复了昔日之繁华。

11. 三洲芳草　四季迥然——芳草园

泉州芳草园位于泉州鲤城区新门街西段，此园始建于清康熙年间，距今已有300余年历史。史载，芳草园曾是靖海侯施琅在泉州修建的春、夏、秋、冬四季花园中"春园"（即芳草园）。今芳草园呈现诗文赞誉，以"春游芳草地"立意勾勒出人造园景。

历史文化

据说，当年泉州青年乐园曾规划东至新华路，南至溪乾，西至皮革厂，北至新门街。乐园内打通五座池塘，安放游船供市民荡舟，园内建桥五座、建亭六处，植树规建花圃、广铺绿茵草坪，建成儿童游乐场。时南部防洪堤岸久未定夺，另其他因素令工程搁置。

1997年，泉州市复建"芳草园"，规划面积90亩（60000平方米），以植物造景为主。现园内建成崇正书院、"三洲芳草"牌坊、涵碧亭等景观。漫步园中花草葱茏，榕树、龙眼树、玉兰、棕榈等林木参差交错，形态婀娜多姿，俨然成为一处清幽静谧休闲雅园。该园巧妙利用实物地形造景、孤木侏立，整塑樟榕、遍植馨香兰草、桂花浓郁乔木。辅以草坪及花丛灌木，呈现满目翠绿，营造四季花香，满园皆景，四季芳华，形态迥然，异彩纷呈，园景氛围舒心惬意。欲图实现"城市山林、回归自然"游人至此流连忘返。

据称，规划中芳草园将持续不断完善路网、继续充实景观照明、丰富景区标志标识设施。随着东大门广场景区、绿茵"春草芳菲"景区、芙蕖"荷风藕香"景区的落成，届时呈现三洲芳草独领风骚，清新婉约四季迥然，八方宾朋到此一游，赞誉不虚此行。

据说，在施琅的故乡福建省晋江市施琅纪念馆中，就有这样一副十分著名的楹联，语句简介、寓意颇深、饱含历史韵味，可称是对郑成功和施琅历史功绩，客观之点评。

晋江施琅纪念馆楹联：

平台千古，复台千古；
郑氏一人，施氏一人。

据传，史上康熙帝也曾对施琅如此评说：粗鲁武夫，未尝学问，度量偏浅，恃功骄纵，将军施琅，谙熟海岛，凡事必与之共议！如施琅者，立如此奇勋，必令永秉节钺，荣华以终其身！施琅之功甚大。

12. 闽海毓秀　清源鼎峙——清源山景区

清源山，又名北山、泉山、齐云山，地处福建省东南部晋江下游北岸，为泉州城北之屏障。该风景区由清源山、灵山、九日山 3 大景区构成。“清源之奇以石、清源之灵得泉”。元人赞誉：“闽海蓬莱第一山”“清源鼎峙”，乃泉州十景之一，为宾朋登临览胜首选。

《清源洞》　元·偰玉立

洞府神仙去不还，清源紫帽耸高寒。
泉南佛国几千界，闽海蓬莱第一山。
夜月凤箫声隐隐，秋风鹤珮听珊珊。
瑶池岂隔尘寰路，更叩危岑在上关。

历史文化

据传，清源山最早开发于秦代，中兴于唐、宋，鼎盛于元、明、清，其历代皆留存大量文物古迹。现有宋、元时期道教、佛教、藏传佛教等，大型石雕七处又九尊，摩崖石刻 600 多方。元、明、清三代花岗岩仿木构佛像石室 3 处，以及近代高僧弘一法师舍利塔。

历代文人、武士、高僧、权贵游历于此，曾留下 400 余方碑刻或崖刻。北宋米芾“第一山”，明将俞大猷“君恩山重”，近代高僧泓一法师遗墨“悲欣交集”均备受景仰。清源山还不乏结庐读书名士，如唐代欧阳詹、林蕴、林藻，明代的李光缙、王慎中、顾碧等。

如今，清源山大门位于泉山路，主立面如“画卷舒展”，寓意美景尽在自然画卷之中。山门正面匾额“清源山”、背面匾额“闽海毓秀”，分别由方毅、卢嘉锡所书。山门顶端有云纹望柱头，正中顶部还嵌有菱形“蓝宝石”灯饰，喻义清源山为泉州明珠华夏名山。

主要景观

清源山左峰迤逦，右峰峻峭、中峰巍峨、层峦叠嶂、壑深洞幽。其岩洞老君岩、千手岩、弥陀岩、碧霄岩、瑞象岩、赐恩岩、五台岩、南台岩和清源洞彰显自然原貌，巢云岩、寒山岩、紫泽洞遗存历史古迹。此岩洞景自天成，并非人工雕饰，独具特色，各尽其美。

老君岩。老君岩位于左侧罗山与武山之下，此老君坐像为宋代天然岩石雕刻。老子是我国古代春秋时期，著名哲学家、思想家。司马迁在《史记·老子韩非列传》记载：“老子姓李氏，名耳、字伯阳，谥车曰聃”。老子的哲学思想，在我国占有重要位置且影响十分深远。

老君造像始雕于宋代，据《泉州府志》记载：“石像天成，好事者为略施雕琢”。寥寥数语令其颇具神秘色彩。石像左手扶膝、右手凭几、垂耳飘髯、目光炯炯，颇具超凡脱俗，仙风道骨神韵。整座石像神态怡然，和蔼慈祥、熠熠生辉，堪称宋代石雕之艺术瑰宝。

据说，老君岩原有真君殿、北斗殿等多处古道教建筑，规模宏大、蔚为壮观，为历代文人墨客所咏赞，但明代遭损毁，唯老君造像历经风雨尚存。如今，这里每天都会吸引八方游客、历史学者前来参观或考察。老君岩景区现已成为泉州旅游文化热点之一。

弥陀岩。弥陀岩位于左峰山腰处的“一啸台”上，元至正二十四年（1364年），有人依石壁建仿木构状石室，门额刻“阿弥陀佛”。岩外建“一线天”“云台”“连心石”“泉窟观瀑”“弘一法师舍利塔”等景观。室后岩壁处浮雕阿弥陀佛立像，现为省重点文物保护单位。

碧霄岩。碧霄岩位于弥陀岩东南方，始建于元至正二十七年（1367年），原遗石构建筑已废，岩上方为上碧霄，平台崖上刻巨大“寿”字约4米见方。此处有台湾迎回广钦法师之灵骨，埋于碧霄岩侧且建石塔以供瞻仰。岩壁上浮雕三世尊坐像，今为省重点文物保护单位。

瑞像岩。瑞像岩位于碧霄岩东侧，始建于北宋元祐二年（1087年），依天柱峰山石雕刻“释迦瑞像”，明成化十九年（1483年），建仿木构石室。岩外怪石嶙峋、千姿百态，峭壁间有“忘归”，“北门胜概”崖刻。对面的罗汉峰断岩伫立其形如罗汉，构成18罗汉朝瑞之奇观。

清源洞。清源洞又名纯阳洞，历来为游人登高览胜处。这里的千手岩释迦牟尼造像、赐恩岩白衣观音造像雕于北宋元祐年间，具有很高历史及艺术价值。此外，清源山修行羽化、高僧隐士不乏其人，众多典故、神话、传说与清源山关联，这使得此山颇具隐秘神话色彩。

清源山泉。清源山富蕴山泉据称有百眼，著名“孔泉”，也称“虎浮泉”，泉水自山石缝隙中迸出，清泉涓流，潺潺不绝，清源泉山因此而得名。弥陀岩侧“泉窟观瀑”，雨季常现“虹雨千层吹不断，琉璃万斛涌还多”奇景。如遇旱季凝脂潜滴，上方水库开闸可现人工瀑布。

《咏瀑布》 明·蔡德璟

原泉体本似天河，天半飞来透薜萝。
虹雨千层吹不断，琉璃万斛涌还多。
近朝沧海成高浪，分溉青郊饱远禾。
五老九华飞练好，何如此处白龙梭。

13. 海滨邹鲁　古韵新风——泉州城老街

历史文化名城泉州，很久以来便是一座商贾繁市，今在老城中心区仍遗存一些比较完整的历史文脉。20世纪后期，国内许多城市都经历了剧烈拆迁及改造，使得许多文物古迹荡然无存。但若漫步泉州街头巷尾，偶入僻静小街深处仍可见到珍贵历史遗迹。

富蕴史痕——涂门街

涂门街位于泉州市中心地带，东起温陵路、西至中山路，全长1000米，是集商贸、旅游、文化于一体的特色繁华街市。这里沿途有清净寺、孔子文庙、通淮关岳庙、东观西台、祖间苏、世家大厝、棋盘园、东鲁巷、三十二间巷等诸多历史文化古迹遗存。

往事越千年。涂门老街风貌依存，自然与泉州古城历史文脉有着割舍不解的情怀。“涂门街”、史上又称“土门街”，因为旧时老人们传言，在建造东、西塔时需要很多土木石料，那时这一带曾被用来承载、储存建塔所需物料。望文生义，不知是否与其名有关。

据称，当年涂门街的建筑风格一定程度上反映了宋元时期泉州繁华景象。一些健谈的老泉州人会提示你，这条街上不同时期历史和异域风情，那些古老建筑传闻和寓意，其别具一格文史内涵，以及如何在漫长岁月中融合，从而见证涂门老街那些无法忘却的史痕。

棋园与古居。涂门街棋盘园是许多老泉州人十分喜欢、津津乐道的地方。据说，明朝一外族人觐见，其后受赏封为藩王，同时负责管理闽南一带事务，棋盘园时为这位藩王的一处行宫。相传，当年棋盘园的规模宏大、建筑华丽，且有一处景园（棋盘）刻意使用真人行棋。每逢闲暇兴趣来临、或贵客宾朋至此，藩王便会邀约在司棋阁与其对弈。据称，此时便会由32个美人各自站在棋盘型的花园内，所有人穿着红、黑二色衣裙，每人头上均顶着标牌，分别写着王、后、车、马、象、兵等字样，俱以鲜活美人来充当“棋子”。这些鲜活美人在司棋指挥下，按照棋艺的规则要求行走，以此来显示主人的尊贵、奢华和气派。闲暇时，这32位美人被安排在32间阁楼，此楼被称为“三十二间”。

此外，东观西台原是清代泉州状元吴鲁的一处宅邸。而另一处很不起眼的“平房”，称作祖间苏的古民宅，则是北宋著名政治家苏颂后裔旧居，元代后期逐渐成平民居所。

“渔樵耕读”——状元街

状元街位于鲤城区东街后街，为一条著名旅游步行街。其西接中山路、北临东街、中处玄妙观，建有泉州特色牌坊，其位置优越环境典雅，被誉为八闽第一街。状元街长约一华里，店面160间，经营旅游产品、古玩字画、手工艺品，有三段街景颇具特色等。

● **特色街景**

第一段，宅内步行街，此段二层、三层楼皆有廊桥衔接。附近立3座著名牌坊，上书“海滨邹鲁”“岳献海邦”“四门学士”。在中央区建有一处700多平方米市民休闲广场；

第二段，在其入口处立有“仁风行春”“白云古地”“太康肇始”3座牌坊。另外，在此街区内广场两侧的墙壁之上，还嵌有“子见老子”“老子出关”两幅大型浮雕；

第三段，漫步这段著名老街，最引人注目的地方，便是立于街口的仿宋代状元牌坊。在这座著名牌坊之上，刻有曾从龙、梁克家、庄际昌、吴鲁等历代泉州状元的姓名。

据称，史上清代为泉州牌坊存立鼎盛期。据清道光《晋江县志》载，时泉州古城内外共有牌坊399座。其中，宋坊99座、明坊172座、清坊128座。清道光十年（1830年）仍尚存195座。其中，宋坊5座（城内）、明坊73座（城内及城外）、清坊117座（城内及城外）。

据说，福建泉州晋江南登瀛里，池店镇仕春村唐代状元徐晦，乃是八闽史上的第一位状元。如今，立于泉州老街的这些状元牌坊，以及“鲤鱼跃龙门”“渔樵耕读”等浮雕，无不向游客表明，史上泉州人自古便崇尚习文、富蕴耕读、诗书传家的浓厚文化传统。

史上牌坊可称一文化载体，很多牌坊不仅雕刻精美且富含文史典故，其可分界坊、功勋坊、学位坊、节孝坊等。从民初到“文革”堪称古迹牌坊劫难期，几乎损毁殆尽，时人们尚未认识其文史价值，反视作封建糟粕和建设障碍俱以铲除。痛定思痛扼腕叹息。

“锡器店、考棚巷”——打锡街

打锡街东起九一街口，西至中山中路，打锡街全长虽然只有300多米，但老一辈的泉州人大都知道这条老街。据说，20世纪初年，这里还只是城内一条不太起眼小巷。只因后来此处聚集许多专门制作和销售锡器的作坊店铺，久而久之便被人们称为“打锡街”。

● 锡街芳华

对于过去老泉州人来说，自从有了这条打锡巷，那些很平常的居家生活用具，举行宗教仪式的礼器、祭器，就不再视作一般物品。据说，城内大户人家几乎都要置“房内九件”，“厅堂九件”，诸如斗灯、果盒、花瓶等，刻镂堆贴、鎏金绘彩，用尽想法装点修饰。

即便一件小型锡器，也要尽量呈现精致典雅。尤其是每当有女儿出嫁，在嫁妆中也必须有锡器，而锡器的丰富优劣、又直接关乎娘家体面，关乎新嫁娘在婆家的地位。这样说来，国内还没有哪个地方胜过泉州人对锡器如此珍爱，为繁荣促进锡器发展有这般贡献。

在打锡街东段北侧，原来是清代的一处学士考棚，考棚内设有大堂及内署，前为大门、仪门、东西辕门，左右有东西廊。东西辕门外还设有提调堂、公署、巡捕厅、供给所，其形制完备，规模宏大。科举时期泉州府内各县学子，俱纷至沓来参加在此举行的考试。

因为设有这处考棚，打锡巷也还多了个颇有书卷韵味的名称“考棚巷”。而巷内及附近道街、石墙边、海清亭、小泉涧、百源、黄门埕一带的人家，也多了一条生财之路。每临考期，这里便成考生临时寓所。不少文风较盛县乡，还在此购置房屋作“试馆或行馆”。

据说，考棚外东西两辕门、周围环绕木栅，每逢考试之时栅栏外，总是叫卖点心食物。曾经的辅仁堂、绮文居、郁文堂、聚德堂、崇经堂等书坊，对于那些考生而言似更加重要。清光绪以前，清廷盖以八股文取士，时书坊将经、史、子、集等频繁刊印发行。

● 锡街变迁

光绪末年，废八股制改考经义、史论、时务等，这些书坊又转刻经义、史论诸文。故科举时乡试，试艺闱墨以应时趋，这些书坊因考棚而兴也因考棚而落。辛亥革命之后，考棚改作泉州府中学堂，木版也被石版印刷取代，商务印书馆和中华书局营销开始称雄。

1989 年，打锡巷得到拓展，打锡巷借此更名为打锡街。今天打锡街早已不闻“打锡”之声，新楼崛起旧居无存，唯有扶卿巷内还保留了泉州名士黄贻檀故居。另南墙之上镶嵌一方清末《重修泉郡试院记》石碑，记述着考棚的历史，以及那些曾经发生的趣闻。

14. 滢滢山水色　沧波带古亭——东湖与西湖

东湖公园位于泉州城区东北隅，为史上泉州十大胜景“星湖荷香”遗址。

公园现以中心湖为核心，沿着环湖路续建起诸如“星湖荷香”（中轴线）、“祈凤阁”人文景观。另外还建有“七星拱月”“二公亭”“东湖亭”“揽古亭”“波恩亭”等多处幽雅园景。

历史文化

东湖又名“万婆湖”“鲤珠湖”，实为“鲤城”之鲤珠珍藏腹地。史上唐代，湖面水域达40余顷（约2.7平方千米），连晋江通东溟，层峦叠嶂，烟波拥翠。唐代有“二公亭”“东湖亭”，诗云：“十里沧波带古亭”。虹桥绮树，流光溢彩，且渐成名士宴游佳地。

《陈晋江以壬戌四月上浣宴同僚于二公亭》　宋·黄公度

百年遗址俯郊垧，十里苍波带古亭。
隔岸楼台春去远，满湖烟雨酒微醒。
苔碑缺落庭松老，野鸟去来汀草青。
风物不殊天竺路，扁舟仿佛旧曾经。

史传，唐代贞元年间，有刺史席相曾摆宴东湖亭为赴京科举欧阳詹等八秀士饯行。后士子皆附庸风雅，令此处渐成一游览胜地。宋代年间建有“波恩亭”，明代时期增“揽古亭”。史载，宋、明两朝曾二度疏浚，垒土七墩，遍植荷花，遂现“星湖荷香”胜景。

其后数百年间，时局动荡致古建无存，这也使得著名侨乡泉州始终抱憾没能留下一座园苑景观型史迹。新中国成立后曾数度欲复建此园，只多种因素影响致半途而废。1991年，泉州市决定重建东湖，历经3年不懈努力，1994年春节新东湖公园落成。

景观概说

今东湖公园内景观，既有统一风格又具不同特征，即有历史特色也具艺术氛围，既沿袭名城文脉也体现时代气息，即复现“星湖荷香”旧貌之胜迹也注入“海上丝绸之路”“海滨邹鲁”之殊荣。现园区已初具规模，成为一处十分清幽典雅、舒心休闲之地。

今日东湖景园规划取闽南园艺之精华，聚泉州方域之特色，园景玲珑轻盈，园艺雅致柔媚。前中国佛教协会会长赵朴初特为公园题额“东湖公园”。前国家主席杨尚昆游览此园后，高度赞誉东湖公园所独具的园景幽美，并亲笔题下“东湖公园好”之墨宝。

● 东湖公园好　沧波带古亭

东湖景苑立意新颖，两侧走廊墙壁之上嵌有16块牌匾碑刻。此为当代泉州著名书法家撰写，唐代至今文人雅士著名诗文，现清词丽句、铁画银钩，书法精湛堪称一绝。

景苑大殿有木石镂刻、红砖琉瓦，亮丽精致、格调高雅。

景苑门庭有双龙柱傲立雄踞、日月亭竞相生辉、石莲花栩栩如生。

此外，主殿与配景由一清澈渠水融会贯通，主池中有双龙戏水、涌泉跳跃，分水池则流水汩汩、叠瀑依依。中间矗立着11座石牌坊，为仿古时泉州东街的状元坊、贞节坊，刻意设计构筑而成，时景苑设计者与能工巧匠，意在展现泉州胜景引人遐思流连忘返。

不仅如此，湖面之中另筑饱蕴“海丝”雄风、“祈风阁”高达21米。古泉州为海上丝绸之路起点，船只出航前有“祭海”风俗，祈求一帆风顺。如登临阁顶现全园景致，四围风光尽收眼底，七星拱月、二公亭、东湖亭、波恩亭、揽古亭等各领风骚静雅一隅。

公园还为学生儿童设计构建一组儿童乐园，如双舟朝阳、儿童乐园、动物园、游泳池、游船码头等。现代游乐园包括“动感之区”“石泉松屏”“荷里飘香”“刺桐瑞林”“东湖鲤泉”“紫荆花径”等。风格独特、造型别致，富含山石景观，突显闽南特色情调。

●滢滢山水色　鱼跃鸟飞鸣

西湖公园位于泉州市西北部清源山南麓，是西北洋泄洪排涝工程重要组成部分。今西湖繁花锦簇，波光涟漪，与清源山嫣然接壤，秀美翠绿的山色与西湖波光粼粼的美景相得益彰，湖光山色浑然一体，极具山水园林之美，为一处具有现代生态环境的平湖佳园。

也许因泉州先有一个东湖，为成双配对彼此呼应，称其西湖更顺理成章。也许因杭州和福州都有个耳熟能详的西湖，而西湖在人们传统意念中，无疑是景色优美至极的代称。掘泥筑堤，蓄水成湖，巧妙布局，精心点缀，泉州西湖公园恰逢良辰展露“光明之城”。

《游东湖及西湖有感》　佚名

滢滢山水色，两湖手足情；
海阔凭鱼跃，鸟翔任飞鸣；
闽越刺桐古，光明耀鲤城；
水旱丝绸路，多元传美名。

15. 沧溟涵地脉　日月镇天池——崇武古城

崇武古城位于惠安县东南方崇武半岛上，距离县城20余千米，为明洪武二十年（1387年）江夏侯周德兴经略海疆防务时，为抵御时常窜扰的倭寇所建。也是国内现存较完整的一处丁字型石砌古城，1988年被国务院公布为第三批全国重点文物保护单位。

明代初期，倭患猖獗，崇武地处海防前沿卫所屡受侵犯，以致城池陷落遭受劫掠。其后，古城军民筑城为牢，凭借坚固防御设施和天然屏障，对窜犯此地入侵者进行了坚决抵抗。这里的“崇山宫”“崇报祠”等古建祠祀，俱是古城军民为纪念抗倭牺牲的勇士而建。

现存古城周长近2600米、东西宽300米、南北长500米、城池高7米，有城门4处，东西北3门各筑有月城，并在南门外筑照墙。不仅如此，城墙上还设有烽火台、甫望台和安放铳炮虚台，且城墙内有二至三层跑马道，由此构成一处较为严实的城池防御设施。

史传，抗倭名将戚继光挥师崇武，曾于此设中军台且操练兵马。民族英雄郑成功曾据城坚守40余日，抗击清军猛烈进攻。如今，登上崇武古城楼，可远眺浩淼烟波，鸥鹭翱翔、渔船扬帆、归舟唱晚，亲历感受“沧溟万里平如掌，蓬岛相携驾鹤游”之心境。

崇武史话

崇武地处东南沿海要塞，“崇武”一词即含有崇尚武备之意。据传，早在宋代此地称崇武乡守节里。宋太宗六年（981年）惠安置县，设立小兜巡检寨。元代初改称小兜巡检司。洪武二十年（1387年），明太祖朱元璋为御倭寇入侵，遣江夏侯周德兴巡防东南沿海守备。

史载，江夏侯周德兴根据泉州自然环境，海汛潮汐、地形特征，制订了“一郡者设所，连郡者设卫”防御体系。当年，泉州隶属于永宁卫，其管辖范围包括福全、中左、金门、高浦、崇武5所。且惠安再设五城，即崇武城、獭窟城、小岞城、黄崎城、峰尾城。

史上崇武城为五城之一，其隶属于福建司永宁卫的一个千户所。故此城迄今已有600余年历史。崇武建城之初例行各地抽丁戍边，至今此有“百家姓，万人丁”之称（曾存续98姓氏），历代官兵家眷在这里生息繁衍，并为古城的建设和防卫作出了历史性贡献。

史上崇武城历经多次增固修筑，明永乐十五年（1417年）增高4尺，加筑东西门月城。嘉靖年间曾置四门楼，添砌跑马道、建弓兵窝铺。康熙十九年（1680年）施复界修治。道光二十一年（1841年）获重修加固。此后，因逐渐失去军事价值，城墙年久失修且屡有坍塌。

新中国成立后，人民政府对古城实施了保护和管理。1963年列为县级文物保护单位，1985年公布为省级文物保护单位，1988年公布为国家级文物保护单位。1980—1987年，国家分三期对古城进行全面整修，1987年9月竣工，自此恢复了昔日海防胜景。

明代布政使惠安人士戴卓峰，亦曾在崇武龙喉岩上摩刻一联“嘘吸沧溟涵地脉，吐吞日月镇天池，”彰显了崇武人雄浑气势，映射出先贤们英武之风。如今，在崇武城南郊峡道壁谷，盘石岩、峭壁间可见“海门深处”石刻，为著名诗、书、画名家黄吾野所书。

崇武与台湾仅一水之隔，拥有丰富山海资源，史上两地舟楫往来不断，语言相通，习俗相似，地缘文脉关系甚密切。只是受历史因素影响，这里曾被列为“海防前线”，经济发展一度受到制约。现随着两岸交流互通不断扩大，崇武也迎来一轮崭新发展机遇。

主要景观

城垣门楼。该城设有四城门，南北门相距约500米，东西门相距约300米。东、西、北3座城门各设两道城门，城门上各建烽火台一座，南城门外另设一照墙，照墙前有关公雕像一尊。今西门两道城门保存基本完好，城内街道由大块条石铺就而成，且十字街联通4个城门。

城防设施。该城墙由白色花岗岩垒砌而成，现存城墙周长近2600米，城基高5米、墙高7米，内砌跑马道二或三层。城上有垛碟1300余处、箭窗1300余个，4方设敌台5座，城内莲花山设瞭望台，四面城边建窝铺、月城、墩台和涵沟，由此构成一座坚固海事防御设施。

宫祀庙庵。宫祀庙庵始建于宋，元、明、清时期多有建设，今古城内外仍有30余处古建遗存，史上这些庙宇也从各个不同角度，反映着多元宗教文化信仰。如建于宋代的诚应庙（明改城隍庙），建于明代的关帝庙、天妃宫、思德祠、云峰庵，以及建于清代的东岳庙等。

今北城门横眉石刻“威镇海邦”，传为当年戚继光所书。妈祖宫后“马蹄石”，据传为清顺治八年（1651年），郑成功驻此抗清时遗迹。城外峠山八景之一的“龙喉晓烟”，享有惠安第一胜景之美誉。另有戚继光操练水兵的指挥台，以及大峠山新石器时代文化遗址等。

惠安石雕。古城墙南侧“中华石雕工艺博览园”，为一处荟萃石雕精品的主题公园。全园设有25个景区，收藏石雕艺术精品500余件。代表景观如妈祖艺术展区、惠安女雕像、石雕动物园、文学名著人物雕像、华夏诸神汇展、石雕艺术珍品馆等，琳琅满目、美不胜收。

古城南门外的半月湾，今建有国内著名岩雕艺术作品“大地艺术”，也被称“鱼龙窟”岩雕，此为著名画家洪世清先生积数年心血创作而成，其作品遍布于海湾滩头、水中。另有名家宋屺瞻、钱君匋、刘海粟等人的艺术篆刻、书法精品镌刻在岩壁礁石之上。

崇武海岸。崇武海岸被誉为“中国八大最美海岸线”之一，域内有长达29

千米蜿蜒海岸线，12个沙滩湾，4个岩礁群。“中国·崇武东海南海气象分界线”标志碑矗立于此城东南角。

风土人情

古宅民居。古城老街是清一色条石铺地，街道两旁为旧式民宅，常见石房子、红砖厝，这些木结构房屋并没有太多装饰。透过这些不同时期留存建筑，便可窥见岁月斑痕和历史积淀。

惠安女风情。崇武古城是惠安女主要聚居地，她们头戴鹅黄斗笠，身披白底碎花头巾，上身穿蓝色斜襟衫，短而狭且露肚皮，腰间常佩银腰链，下穿飘逸低腰黑裤，此着装被世人戏称“封建头、开明肚，节约衣、浪费裤”。今惠安女服饰已经列入国家级非物质文化遗产名录。

崇武鱼卷。崇武鱼卷是闽南一带特色食品，也是泉州十大著名小吃。早年崇武地区，除了婚庆喜宴头道菜都要上鱼卷，逢年过节或家庭便宴也必上这道菜，因此家庭主妇都会做鱼卷。

泉州卤面。泉州卤面精妙之处，在于熬炖大骨汤时，辅以香菇、虾肉、猪肉、鱿鱼、海蛎、豆芽、胡萝卜、沙茶酱、韭菜等调料秘制的“卤汁”，再于特制面条浇上营养丰富鲜味卤汁。

活梭子蟹。崇武海域广阔周边盛产梭子蟹，其年产量可达万担以上。崇武梭子蟹具有形美肉多，脂膏肥满，味道鲜美，营养丰富，堪称颇具地方特色，为宴请远方宾客一道佳肴美食。

此外，碗糕、咸粽、芋果、桔红糕、嫩饼菜、元宵丸、花生仁汤等小吃味道鲜美，德化瓷器、惠安石雕、木偶头、料丝花灯、清源茶饼、安溪乌龙茶等也颇负盛名。尤其咸粽和花生仁汤，口味与众不同。木偶头做工精致、造型优美，为值得收藏地方特色纪念品。

（三）泉州特产与美食

地方特产：德化名酒、万应神釉；永春老醋、德化瓷器、源和堂蜜饯、木偶头、惠安石雕、永春漆篮、泉州人造花、安溪乌龙茶。

风味美食：肉粽、姜母鸭、牛肉羹、深沪水丸、牛肉锅点、崇武鱼卷、石花膏、元宵丸、面线糊、大虾米粉、洪赖鸡爪、石狮甜果。

七、延安

——巍峨的宝塔　雄伟的古城

七、延安
——巍峨的宝塔　雄伟的古城

（一）名城概说

延安位于陕北中南部、延河与汾川河交汇处，属黄土高原丘陵沟壑区。延安北连榆林，南接关中咸阳，东邻山西临汾，西依甘肃庆阳。城区与宝塔山、清凉山、凤凰山鼎峙，为一座依山傍水、群峰拱卫的山城。域内更有黄河、延河、北洛河、清涧河等水流通过。

延安古称肤施、高奴、延州，亦简称“延”。由于所处特殊地理位置，历代都是陕北地区的政治，经济、文化和军事重地，曾被冠以三秦锁钥、五路襟喉。在漫漫的历史长河中，延安素怀“塞上要冲”“军事重镇”战略性质，古往今来常为兵家的必争之地。

延安历史悠久源远流长，著名的轩辕黄帝陵寝、就坐落于延安桥山之巅。历史涨落的潮汐，大自然的鬼斧神工，也造就了延安丰厚的历史文化底蕴。延安不仅是著名的古城，也是近代中国革命的圣地。全市现有历史遗迹5800余处，革命纪念地440余处。其中，保存完好的宋代石刻群洞18处、石窟寺14座、唐代的宝塔12幢、革命历史旧居140多处等。如黄帝陵、秦直道、钟山和千佛寺石窟、柏山寺宋塔、延安革命纪念馆、宝塔山及延河大桥、枣园和杨家岭革命旧址、鲁迅艺术学院、陕甘宁边区政府旧址等。

延安，为国务院于1982年公布的首批24座国家历史文化名城之一。

1. 寻踪问源

考古发现，距今30000年前，延安一带便有晚期智人“黄龙人”生息。商代，武丁曾发动讨伐鬼方之战。《周易·既济》载“高宗伐鬼方，三年克之。”这是迄今延安有文字可考最早记载。春秋时期，延安一带属白狄部族聚集地，此为当时一游牧狩猎之部族。

晋公子重耳流亡白狄12年，曾隐居延安一带。战国时，此地大部属魏，《史记·秦本纪》载“魏筑长城，自郑滨洛以北，有上郡。”秦汉时期，秦置高奴县，大将蒙恬先北击匈奴，后修长城筑秦道。汉武帝时移民屯垦戍边，令此获得较快发展被史誉“新秦中”。

三国、两晋、南北朝时，延安为羌胡所据。东晋义熙三年（407年），匈奴铁弗部建大夏国，在延安城东修筑丰林城邑。延州和延安之名初见于《隋书》，西魏时改称太平，开皇中改称咸宁。隋大业二年（606年）延安南部设富城郡，后改为上郡，统辖富城、洛川等五地。

唐、宋时期，唐武德元年（618年），改延安郡为延州总管府，领肤施、丰林、延川三县。北宋年间，宋与西夏战事频繁，宋名臣庞籍、范雍、韩琦、范仲淹等于此御敌。宋元祐四年（1089年），升延州为延安府。金时置彰武军部管府，亦在保安军（志丹）置榷场互市。

元、明、清时，元置延安路，明改设延安府。明末陕北爆发农民起义，高迎祥、李自成、张献忠等农民军曾于延安一带游弋。清代设延安府，顺治年间领三州16县，同治年间，左宗棠曾率湘军入境剿抚。清末，开设延长石油官厂，钻成中国大陆上第一口油井。

民国期间，前属榆林道，民国十七年撤道，各县由省府直辖。1935年，中央红军到达陕北吴起镇。新中国成立后，1950年设陕西省政府延安专员公署。1972年，改称延安市。1975年，延安县并入延安市。1996年，设立地级延安市，市政府驻新设立的宝塔区。

2. 人文荟萃

延安，中华民族重要发祥地之一，也是近代中国革命圣地。当年，以毛泽东为代表的老一辈无产阶级革命家，曾在这里生活战斗了近13个春秋，坚持和领导了抗日战争及解放战争，培育了光照千秋延安精神，今为爱国主义、革命传统、延安精神三大教育基地。

延安精神。延安精神蕴含内容丰富，主要可概括为：“自力更生、艰苦奋斗的创业精神；全心全意为人民服务的精神；理论联系实际、不断开拓创新的精神；实事求是的思想路线”。

枣园革命旧址。枣园革命旧址位于延安城的西北方约8000米处的枣园村。这里曾经是中共中央书记处的所在地，如今在现旧址大门石柱的两侧，还保留着当年康生所书的“延园”二字。

杨家岭革命旧址。杨家岭革命旧址曾经是党中央领导的居住地。当年毛泽东就是在这里，会见了美国记者安娜·路易斯·斯特朗，由此提出了“一切反动派都是纸老虎”的著名论断。

凤凰山革命旧址。当年，这里是中共中央到达延安后第一处驻地。在此期间，毛泽东同志曾写下《论持久战》《实践论》《矛盾论》《反对自由主义》《战争与战略问题》等数篇经典著作。

王家坪革命旧址。1935 年 12 月，中共中央在此召开了政治局扩大会议，确立实施抗日民族统一战线的路线和策略。这里曾是中央军委、八路军总司令部、中国人民解放军总司令部所在地。

宝塔山。作家贺敬曾写道“几回梦里回延安，双手搂定宝塔山”，抒发了对革命圣地延安所怀有的崇高敬意和深切之情。1955 年颁授的独立自由勋章，其图案就是宝塔山和红五星。

延河大桥。此桥横跨延河，连接延安城与东关街。该工程当年由周楫主持设计，1959 年 5 月建成通车。今延河大桥与延安宝塔浑然一体、交相生辉，成为延安的重要标志和象征。

民俗文化。这里有高亢激越的陕北民歌，热烈欢快的陕北秧歌，粗犷豪放的延安腰鼓，古朴精美的民间剪纸，无不饱含黄土高原纯朴民俗民风，深切寄托延安人对美好生活向往憧憬。

著名的安塞腰鼓已有 2000 多年历史，以表现精湛，气势磅礴被赞誉为地方名鼓。陕北民歌，俗称“山曲”或称“酸曲”，又以信天游最具有陕北特色，最饱含地方韵味。

不仅如此，延安地方歌舞同样丰富多彩，如上元转九曲等，都是陕北民间喜闻乐见的艺术。今安塞腰鼓、洛川蹩鼓、陕北说书、安塞剪纸等已被列入国家非物质文化遗产。

（二）历史文化

1. 陕北斗争历史　红色革命圣地——延安革命纪念馆

延安革命纪念馆始建于 1950 年 7 月，是新中国成立后国内最早建立的纪念馆之一。该展馆历经数次变迁，现延安革命纪念馆址位于延安城东北方的王家坪。馆内展陈集中反映了党中央在延安和陕甘宁边区 13 个春秋、领导中国人民进行伟大斗争的光辉历史。

简介

延安自古就是军事要塞，素有“塞上咽喉”之称。作为抗日战争、解放战争时期中共中央所在地，这里有着宝塔山、清凉山、枣园、王家坪等多处革命遗址。黄土高原独特的地形地貌，浓郁的陕北民俗风情，令这里每一处革命历史遗迹都充满动人心弦故事传奇。

2009 年 8 月，延安革命纪念馆新馆落成并对外开放。该纪念馆外观设计朴素大方，结构紧凑，气势宏伟，富蕴浓郁的民族风格。在纪念馆前方广场的正中，巍然屹立着毛泽东青铜塑像，毛泽东身着中山装，浩气凌霄、目视远方，该雕塑被称“高瞻远瞩”。

延安革命纪念馆现有馆藏文物 3.5 万余件，历史照片 1 万余张、图书 1.3 万余册、查访资料百余卷。设有“延安革命史”“南泥湾大生产运动”两个基本陈列。管理着王家坪、南泥湾两个全国重点文物保护单位，是集收藏、研究、宣传于一体的著名革命纪念馆。

1997 年，延安革命纪念馆被中宣部及主管单位列入了爱国主义教育示范基地。2008 年，经国家文物局评定为一级博物馆。2009 年，“纪念馆”入选“新中国成立 60 年全国百项经典暨精品工程”。2011 年《延安革命史》陈列入选“全国十大基本陈列特别奖”。

展陈

该纪念馆布展形式包括基本陈列、重点介绍。

基本陈列：包括陈列概况、红军长征的落脚点、抗日战争的政治指导中心、《蜡像》毛泽东在陕北最小的司令部里指挥了全国解放战争、从延安走向世界等 39 个精彩内容。

重点介绍：包括南泥湾革命旧址（延安东南 45 千米南泥湾镇），王家坪革命旧址（延安城西北约 1000 米处）。这些纪念馆展览包括有馆藏文物梗概，陈列概况等 4 部分内容。

● **基本陈列**

序厅：迎面是毛泽东、朱德、刘少奇、周恩来、任弼时五位领导人，和来自五湖四海的工人、农民、军人、知识分子，以及国际友人在一起的主体雕塑。《延安革命史》展陈，按照一般历史编年与专题相辅相成方式，将 39 项内容分为 6 个单元来进行展陈介绍。

红军长征的落脚点（第一单元）。

1934 年 10 月，第五次反“围剿”失败以后，红军第一、二、四方面军，以及红二十五军先后被迫进行长征。红军历经险阻冲破国民党军队围追堵截，克服常人难以想象的苦难，终于 1936 年 10 月，先后抵达西北革命根据地，实现几大主力红军队伍的胜利会师。

抗日战争的政治指导中心（第二单元）。

1935 年冬，随着全国抗日救亡运动进入高潮，中共中央制定了建立抗日民族统一战线方针，西安事变的和平解决，促成第二次国共两党合作。1937 年 7 月 7 日，全面抗战爆发后，中共中央制定全面抗战路线和持久战方针，从而为夺取抗战的胜利指明了方向。

新民主主义的模范试验区（第三单元）。

抗日战争时期，中共领导下的陕甘宁边区积极实行民主政治，发展军事、经济、文化教育和卫生事业，显现出新民主主义社会的雏形。创办了20多所干部学校，为我党我军培养了大批德才兼备的革命干部，也为创建新民主主义社会而进行了积极有益的探索。

延安精神的发祥地（第四单元）。

延安精神是中国共产党人在延安时期培育的伟大革命时代精神。延安“抗大”，是在中国共产党领导下，所创办最具代表性的一所干部学校。学校在长期办学实践中，逐步形成了以坚定正确的政治方向、艰苦奋斗的政治本色为重要内容的著名“抗大精神”。

毛泽东思想地位的确立（第五单元）。

此展览以毛泽东著作墙为导引，重点介绍了毛泽东在延安这个历史阶段，发表的重要理论著作和各种版本、建国后的出版发行概况，以及有关著作的出版数目和统计数据。

夺取全国胜利的出发点（第六单元）。

1947年12月，中共中央在陕北米脂杨家沟召开扩大会议（著名的十二月会议）。展览介绍了全面制定党的行动纲领概况，以及为夺取全国胜利所作的准备（附杨家沟外景）。

典藏

延安革命纪念馆现有各类馆藏文物3.2万多件、历史照片1万余张、图书3万余册、调查访问史籍资料百余卷。其中很多为珍贵的历史文物，具有重要的革命历史意义。例如毛泽东骑过的战马、周恩来穿过的皮大衣、朱德在延安用过的皮箱、刘少奇同志使用过的笔筒、任弼时同志用过的拐杖、谢子长用过的细瓷碗、谢觉哉同志使用过的狼皮褥子，陕甘宁边区火柴厂用过的鼓风机、刘志丹用过的瓷碟子、米脂县民众送给李鼎铭先生的造福桑梓牌匾等。

---

2. 珍藏地方文物　富蕴陕北民俗——特色纪念馆与文博馆

延安是中国革命圣地，中国共产党在新民主主义革命时期革命旧址数量最大、分布最广、规格最高地方。现今延安革命时期遗迹，如瓦窑堡革命旧址、洛川会议旧址，枣园革命旧址以及诸多革命文物史迹，已经建成了博物馆或纪念馆，作为革命传统教育基地。

吴旗革命纪念馆

吴旗革命纪念馆旧址位于吴旗城的砚洼山南麓。1935年10月，中共中央率中央红军经过二万五千里长征，到达陕北吴旗镇进入西北苏区，从而胜利结束了中央红军长征。

毛泽东到吴旗镇后，即致电彭德怀“吴旗镇已是苏区边境，此地以东有红色政权，保安城闻有红色部队，但吴旗镇、金汤镇，金佛坪尚有地主武装，宜速派部队消灭之”。电报还要求彭德怀于次日到吴旗镇，商讨行动方案。另外，第二、第三支队交叶剑英、邓发指挥。10 月 20 日，毛泽东等中央领导同志听取陕北红二十六军、骑兵团政委袭逢春等同志汇报，了解到西北苏区存在错误肃反严重形势，即指示“刀下留人，停止捕人”。

毛泽东还同彭德怀等领导研究了敌情，并明确指示坚决打退追敌，不能让敌人进入根据地。随后红军在头道川、二道川、三道川一线设伏，全歼敌军三十五师骑兵团，击溃敌三十二师和三十六师两个骑兵团。这就是当年十分著名的吴旗镇红军“切尾巴”之战。

此役是中央红军长征后期一次较大规模战斗，前后共俘敌六七百人，缴获战马 1000 余匹。1935 年 11 月，直罗镇战斗胜利为“中央把全国革命大本营放在西北的任务，举行的一次奠基礼”。1936 年 10 月，红军三大主力会师西北，即宣告了红军长征胜利结束。

吴旗革命纪念馆旧址包括当年毛泽东的旧居、张闻天旧居等。该旧居位于吴旗镇砚洼山麓，分为南北两院，南院为毛泽东旧居，在这两院之间有石砌的过洞与之相连。

新中国成立后，为纪念吴旗镇“切尾巴”战斗胜利，今平台山已改称胜利山。此山东麓建革命烈士陵园、烈士纪念塔各一座。1966 年和 1985 年，旧址曾进行大规模维修。

新闻出版革命纪念馆

新闻出版革命纪念馆位于延安城东的清凉山之上，这里仅隔延河与附近的嘉岭山、凤凰山遥指相望，它是我国第一个新闻出版专业纪念馆，时于 1986 年 10 月建成开馆。

在这座纪念馆前面矗立一座汉白玉大理石雕塑，形象地再现了当年新闻出版工作者革命历史风貌。雕像旁立有一块石碑，镌刻着毛泽东“深入群众，不尚空谈”题词。

在抗日战争和解放战争初期，当年延安的清凉山作为新中国新闻出版事业的发祥地，很多重要的宣传机构，如新华通讯社、解放日报社、延安新华广播电台、边区群众报社、中央出版发行部、中央印刷厂和新华书店等诸多部门都曾在这里办公。

当年，党中央的革命之声就是从这里传向四面八方，唤起了千百万爱国人民热情，引导了无数革命青年奔向延安、投身于革命。陈毅元帅称赞其对革命历史贡献，赋诗：

百年积弱叹华夏，八载干戈仗延安。
试问九州谁做主，万众瞩目清凉山。

该纪念馆展陈内容共分5个单元，在4个展厅分别展陈。其包括不同时期历史文物、珍贵照片、各类图表、文献和资料，并运用场景复原、影像合成，配以声、光、电等高科技手段，生动地再现了延安时期新闻出版事业艰难发展历程，以及所取得的辉煌业绩。

洛川民俗博物馆

洛川民俗博物馆位于陕北洛川县城，为一组清代陕北民居风格，复原后四合院建筑，宅院既有陕北常见窑洞，也有关中农村瓦房。该展馆以介绍某家族物质生活和精神生活为主线，展示介绍其经济活动、岁月节令、家庭庆典、日常行为、家族祭祀等民间习俗。

该民俗博物馆，同时还模拟复原了婚堂、寿堂、祠堂、皮影戏台、元宵灯会等地方民俗活动场景。观众可以在工作人员的指导下，亲身参与其中某些民俗表演，身临其境地体验陕北民众丰富多彩的生活方式。洛川的民俗博物馆也是陕西省第一座民俗博物馆。

博物馆在展览的同时也开展整理和文保工作，现已收藏各类民俗文物3000余件。该馆设有黄土高原风情展、古代社会生活展、珍贵石刻造像展3大部分。其中，黄土高原风情展包括经济活动习俗、岁月时令习俗、家族祭祀习俗，以及一些地方民间游艺习俗等。

安塞文化文物馆

安塞文化文物馆位于安塞县城的真武街，馆内集中了安塞县文化馆、安塞县文管所、安塞县博物馆资源，全面展示安塞县历史和文物概貌。安塞县文物馆成立于1949年，2004年6月被文化部授予二级展馆。1993年，安塞县被文化部命名为“全国剪纸之乡”。

该展馆特别展示了闻名全国的“安塞腰鼓”。常设展览为“黄土风情历史文化陈列展”，展厅分6个主题：历史文物展、艺术探源展、现代民间绘画展、剪纸艺术展、安塞腰鼓文化展、馆藏书画陈列展。其中，民间剪纸、民间绘画、民间泥塑、民间美术最具有特色。

3. 发表著名讲话　完成多篇名著——枣园革命旧址

枣园革命旧址位于延安城西北方约8000米处，这里原是一处旧时的地主庄园，后作为中共中央书记处的所在地。中共中央进驻延安之后，这里又成为了中央社会部办公地，不久改名为“延园”，如今在大门石柱旧址的位置，尚有康生当年所书写的“延园”二字。

革命史话

史载，1944—1947年，时中共中央书记处经由杨家岭迁驻于此地。当年的中共中央书记处在此居住和办公期间，曾在这里领导全党开展了著名的延安整风运动、解放区军民进行的大生产运动。不仅如此，中国共产党“七大”召开也在这里进行筹备。

毛泽东同志在此居住期间，曾经写下了诸如《关于领导方法的若干问题》《组织起来》《学习和时局》等著名文章。以及《论联合政府》《对日寇的最后一战》等许多指导当时中国革命历史进程的重要文章。其中，已收入《毛泽东选集》中的文章就有28篇之多。

其时，这里还经历或承载了许多重大历史活动和历史事件。如1943年，在解放区军民大生产运动中，枣园曾举行军民纺线比赛，当年周恩来和任弼时被评为“纺线能手”。

1944年11月，毛泽东曾在这里接见了美国总统罗斯福的私人代表、后任美国驻华大使的赫尔利。其间曾进行过两天两夜的长谈，签署了关于成立联合政府，以及中国共产党给国民政府的5点建议。同年12月，又在此会见了美军驻延安的观察组组长包瑞德上校。

1945年8月，毛泽东、周恩来赴重庆谈判期间，刘少奇代理中共中央主席主持中共中央日常工作、起草相关党内指示，对集中兵力发展和巩固东北根据地起到了至关重要作用。1944年9月8日，毛泽东在枣园后沟西山脚下出席了张思德烈士的追悼大会。为此，毛泽东还亲笔题写了挽词“向为人民利益而牺牲的张思德同志致敬!”，发表了著名的《为人民服务》讲话。1947年中共中央撤离延安，国民党军队对延安进行毁灭性破坏，枣园一带也遭到严重损毁。新中国成立以后，人民政府依照原貌逐步进行修复。

现枣园旧址有中央书记处小礼堂，毛泽东、周恩来、刘少奇、朱德、任弼时、张闻天、彭德怀旧居，“为人民服务”演讲台等景观。如今枣园革命旧址，春、夏、秋、冬景色秀丽，青山绿水、环境清幽，已经成为革命传统教育、爱国主义教育、红色之旅示范基地。

《论联合政府》　毛泽东（节选）

“以马克思列宁主义的理论思想武装起来的中国共产党，在中国人民中产生了新的工作作风，这主要的就是理论和实践相结合的作风，和人民群众紧密地联系在一起的作风以及自我批评的作风”。

4. 进行延安整风　召开中共七大——杨家岭革命旧址

杨家岭革命旧址位于延安城西北 2000 米处，这里曾是中共中央驻地旧址。1938 年 11 月—1947 年 3 月，毛泽东等中央领导同志，以及中央机关在此居住办公。中共中央在这里领导和指挥了大生产运动和整风运动、抗日战争和解放战争、中共七大的胜利召开。

革命史话

史载，这里曾举行延安文艺座谈会，召开过党的“七大”。1942 年，这里建成中央大礼堂。1945 年 4—6 月，在中央大礼堂隆重召开了党的第七次代表大会，“七大”选举毛泽东、刘少奇、周恩来、朱德、任弼时为中央书记处书记，毛泽东为中央委员会主席。

有关资料介绍，中共“七大”是中国共产党在新民主主义革命时期召开最后也是最重要的一次代表大会。毛泽东主席 1938 年 11 月—1943 年 5 月，曾在此居住和办公。

1940 年秋，因修建中央大礼堂，毛泽东曾搬到了枣园居住，1942 年又搬回到杨家岭。1943 年，毛泽东等中央领导同志从这里陆续搬往枣园，毛泽东在此期间写下了《纪念白求恩》《新民主主义论》《改造我们的学习》和《整顿党的作风》等多篇光辉著作。

杨家岭革命旧址也是毛泽东和中央领导同志在延安居住时间最长的一处驻地，这里曾发生许多重要活动或历史事件。最著名的如 1946 年 8 月，毛泽东在这里小石桌旁会见了美国记者安娜·路易斯·斯特朗，提出了“一切反动派都是纸老虎”的著名论断。

《毛泽东著作》节选

《为人民服务》　毛泽东

因为我们是为人民服务的，所以，我们如果有缺点，就不怕别人批评指出。不管是什么人，谁向我们指出都行。只要你说得对，我们就改正。你说的办法对人民有好处，我们就照你的办。

《纪念白求恩》　毛泽东

我们大家要学习他毫无自私自利之心的精神。从这点出发，就可以变为大有利于人民的人。一个人能力有大小，但只要有这点精神，就是一个高尚的人，一个纯粹的人，一个有道德的人，一个脱离了低级趣味的人，一个有益于人民的人。

5. 发布军政训令　承载重要事件——王家坪革命旧址

王家坪革命旧址位于宝塔区西北方 4000 米处，1937 年 1 月—1947 年 3 月，这里是中共中央革命军事委员会，以及八路军总司令部所在地。这里也是毛泽东、朱德、彭德怀、叶剑英、王稼祥等领导同志，中央军委及八路军总部所属机关的主要居住地和办公地。

革命史话

当年，中央军委、八路军总部曾在这里领导解放区军民、坚持艰苦抗战，最终取得了抗日斗争的伟大胜利。随之粉碎了国民党对解放区“全面进攻”，并为日后战胜“重点进攻”作了充分的准备。王家坪革命旧址分为南、北两院，南院为政治部，北院为司令部。

1937 年 10 月，中央军委决定成立总政治部，任命任弼时同志为主任。次年 10 月，又由王稼祥接任政治部主任。1941 年 1 月，中共中央政治局决定，中共中央军事委员会主席团由毛泽东、朱德、彭德怀、周恩来、王稼祥组成，军委实际工作由主席团处理。

1943 年 3 月，刘少奇任军委副主席；10 月，中共中央又任命彭德怀、王稼祥为军委副主席。1945 年 8 月，由毛泽东等 11 人组成新的中央军事委员会，军委主席毛泽东，副主席朱德、刘少奇、周恩来、彭德怀，刘少奇兼任总政主任，彭德怀兼任军委总参谋长。

在这一段时期内，毛泽东同志陆续发表了《以自卫战争粉碎蒋介石的进攻》《集中优势兵力，各个歼灭敌人》等重要文章。朱德同志也为中共“七大”起草了《论解放区战场》的军事报告，撰写了《中国共产党与军事战争》《克服困难，向前迈进》等重要文章。

据说，毛岸英从苏联学习回国不久，一次在旧居门前的石桌旁向父亲汇报在国外学习情况。毛泽东听完后便说你已经大学毕业了，但所学是书本上的知识，只是知识的一半，你还需上一个大学——劳动大学，在那里你可以学到许多书本上学不到的东西。

当年，国民党空军八大队三十五中队机长刘善本上尉驾机起义。1947 年 3 月，彭德怀主动请缨指挥陕北部队保卫党中央、保卫延安等，诸多历史事件也发生在这里。

1947 年 3 月初，蒋介石调集了 34 个旅 23 万军队，向延安和陕甘宁边区发动有名的“重点进攻”，并出动大批飞机不断轰炸延安。尽管当时形势非常紧张，但毛泽东仍在窑洞里坚持正常工作。直到下午，还接见了从山西赶来驰援的西北野战军二纵司令员王震。

转战陕北期间，中央成立了西北野战军，彭德怀任司令员兼政委、习仲勋任副政委。彭德怀随即率领西北野战军抓住战机、以少胜多，发起了青化砭战役、蟠龙战役、羊马河战役、沙家店战役等。经过持续有力作战，最终彻底粉碎了蒋介石对陕北的重点进攻。

据说，对于彭德怀同志的卓越军事才能，以及在其指挥下所取得的辉煌战果中央给予了很高的评价。为此，毛泽东挥笔重写了他初到陕北时，对彭德怀同志赞誉的诗句：

《赠彭德怀同志》　毛泽东

山高路远沟深，大军纵横驰奔。

谁敢横刀立马，唯我彭大将军。

---

6. 人民的政府　根据地模范——陕甘宁边区政府旧址

1937 年 9 月 6 日，陕甘宁边区政府在延安正式宣布成立，由林伯渠同志任主席。边区辖 23 个县及神府特区，面积约 13 万平方千米、人口 200 万。陕甘宁边区在中国共产党领导下，为夺取抗战胜利和全国解放作出巨大贡献。1950 年 1 月，陕甘宁边区政府撤销。

陕甘宁边区政府旧址

陕甘宁边区政府旧址位于当年延安市南关的政府办公楼的北侧，如今这里是全国重点文物保护单位。1939 年 2 月—1949 年 6 月，除了转战陕北坚持斗争的一年时间，陕甘宁边区政府便一直驻守这里。最初边区政府曾在山上土窑洞里办公，后迁至现址。

● 陕甘宁边区政府

当年的陕甘宁边区政府机构，由林伯渠、张国焘、秦邦宪、董必武、徐特立、谢觉哉、郭洪涛、马明方、高岗 9 人组成，时为边区主席团成员，林伯渠为边区政府主席。

史载，1937 年 12 月，中共中央决定由林伯渠（主席）、张国焘（副主席）、习仲勋、徐特立、刘景范、马明方、高岗 7 人再次组成了新一届的边区政府的主席团领导。

1938 年 10 月，中共中央六届六中全会作出决定，赋予陕甘宁边区近期的工作任务是：进行切实的抗战动员，进行民主政治的建设，文化教育工作的普及，增进国防与民生的经济建设，肃清土匪汉奸，发扬艰苦奋斗的工作作风，在全国起到模范的与推动的作用。

● **陕甘宁边区政府礼堂旧址**

陕甘宁边区政府礼堂旧址位于延安市城内南关街。1937 年 9 月，陕甘宁边区政府成立。边区政府在中共中央的直接领导下，坚决贯彻执行中共中央提出的“五一施政纲领”，领导陕甘宁边区人民进行了政权、经济和文化建设，积极开展了著名的大生产运动。

● **“五一施政纲领”概说**

《陕甘宁边区施政纲领》全面体现了中国共产党团结抗日的基本路线，以及边区新民主主义社会的基本方针。其中，针对民主政治方面的三条内容，表明的政治立场和政治态度，尤为引人注目。这件关于抗战时期根据地建设的重要文献，现已珍藏于中央档案馆。

譬如第八条：“厉行廉洁政治，严惩公务人员之贪污行为，禁止任何公务人员假公济私之行为，共产党员有犯法者从重治罪。”正是这些严格廉政的自律规定，特别针对“共产党员有犯法者从重治罪”态度，极大提高了共产党的威信，表明从严治党的意志和决心。

7. 紧张严肃　刻苦虚心——鲁迅文学艺术旧址

“延安鲁艺”是抗日战争时期，由中国共产党在延安创办、培养革命文艺队伍的一所著名学校。“七七事变”后不久，延安便开始成为了热血中华儿女的圣地，全国各地的爱国文艺青年，不远千里跋山涉水，纷纷奔赴延安抗日根据地，很多人也成为了鲁艺学员。

延安鲁艺史迹

延安鲁艺旧址位于延安城东北 5000 米处的桥儿沟，现保存天主教堂一座、石窑洞数十孔。此为 1961 年国务院公布首批全国重点文物保护单位。史载，1938 年 2 月，毛泽东、周恩来、林伯渠、徐特立、成仿吾、艾思奇、周杨联名公布了著名的《创立缘起》。

当年鲁艺校舍，仅是利用以前西班牙神甫时在桥儿沟修建的一座教堂，以及周围一些窑洞，这也是当年延安唯一处比较地道的西式建筑。同年 4 月 10 日，中央大礼堂举行成立典礼。1940 年，改称为“鲁迅艺术学院”，1943 年并入延安大学成为延大文艺学院。

● **延安鲁艺**

1945 年，抗战胜利后不久，“延安鲁艺”迁往东北地区。史载，延安时期曾由赵毅敏、沙可夫、吴玉章、周杨等先后担任了该学院的正、副院长。“鲁艺”也是由中国共产党所创办的第一所综合性艺术学院。1940 年，毛泽东为“鲁艺”

题词：紧张、严肃、刻苦、虚心。

1938—1945 年，学院开办了文学系四届，戏剧、音乐、美术系各五届，培养学生 685 人。其中，文学系 197 人、戏剧系 179 人、音乐系 192 人、美术系 147 人。

- **时代辉煌**

“延安鲁艺”影响了几代人，也为日后的新中国建设和发展，培育了一批优秀的革命文艺人才。当年在“延安鲁艺”诞生的著名歌剧《白毛女》、歌曲《黄河大合唱》，至今仍被传唱且经久不衰。新中国成立以后，延安鲁艺人又继续投身于国家新的文艺事业建设。

史载，很多文化艺术名人，如郑律成、刘炽、莫耶、王昆、成荫、罗工柳、钟惦、李波、贺敬之、时乐蒙、于蓝、秦兆阳、黄钢、康濯等著名作家艺术家皆出自鲁艺。

《延安颂》 词：莫耶，曲：郑律成（节选）

夕阳辉耀着山头的塔影，月色映照着河边的流萤。
春风吹遍了坦平的原野，群山结成了坚固的围屏。
啊延安！你这庄严雄伟的古城，到处传遍了抗战的歌声。
啊延安！你这庄严雄伟的古城，热血在你胸中奔腾。
……你的名字将万古流芳，在历史上灿烂辉煌。

---

8. 自己动手　丰衣足食——南泥湾革命旧址

南泥湾革命旧址位于延安城东南方约 45 千米处。资料显示，南泥湾是当年由中国共产党人所领导开拓的军垦事业发祥地，也是闻名中外的南泥湾革命精神的诞生地。

史传，百年之前这里花草繁茂，树木葱绿、瓜果满山、人丁兴旺、经济繁荣。只是到了清代中后期，当地清政权昏聩引发民族纠纷，终致征战残杀、土地荒芜人烟散尽。

军垦史话

当年，边区所处位置土地贫瘠地广人稀，仅有 140 余万人口，他们却要负担几万干部、战士和学生吃穿，这是当时面临的一个很大困难。正如毛泽东所言我们曾经弄到几乎没有衣穿，没有油吃，没有纸、没有菜，战士没有鞋袜…… 我们的困难真是大极了。

就在这严峻的历史关头，1939 年 2 月党中央和毛泽东及时地提出了“发展经济、保障供给”的总方针，以及“自己动手，丰衣足食”的伟大号召，动员边区的广大军民，积极开展大生产运动。1940年，朱总司令根据党中央指示精神，亲赴南泥湾去实地勘查。最终决定在此实行屯垦自给。1941年春，八路军120师三五九旅在旅长兼政委王震率领下，奉命开进南泥湾。他们披荆斩棘，开荒种地，风餐露宿，战胜了重重困难。

1942年，生产自给率达到62%；1943年，达到100%。到1944年，三五九旅共开荒种地26万亩，收获粮食3.7万石、养猪5624头、上缴公粮1万石，达到"耕一余一"。

不仅如此，在收获大量物质资源同时，部队还开创了著名的南泥湾革命精神。为此，中央还专门嘉奖了三五九旅全体将士，命名为"发展经济先锋"。同年3月，延安文艺界的劳军团、鲁艺秧歌队80多人专程赴南泥湾劳军，萧三、艾青、田方等代表致慰问词。

不久，由贺敬之作词、马可谱曲，一首脍炙人口的歌曲"南泥湾"，便传唱开来不胫而走。后经著名歌唱家王昆、郭兰英演唱，迅速唱红了大江南北，家喻户晓人人皆知。

《南泥湾》　词：贺敬之，曲：马可（节选）

花篮的花儿香，听我来唱一唱，唱呀一唱，
来到了南泥湾，南泥湾好地方，好呀地方，
好地方来好风光，好地方来好风光，
到处是庄稼，遍地是牛羊。

南泥湾主要景观有毛泽东视察时的旧居、三五九旅旅部旧址、七一八团烈士纪念碑、七一九团烈士纪念碑、中央管理局休养所旧址、南泥湾垦区政府旧址、八路军炮兵学校旧址、南泥湾大生产展览陈列等。1992年，被陕西省政府公布为第三批重点文物保护单位。

9. 三山拥卫峙　一塔瞰古城——宝塔山、凤凰山、清凉山

延安古称肤施，史上为西北边塞重镇，宋代韩琦、范仲淹曾在此镇守。宝塔山，又称嘉岭山，位于延安市东南延河西岸的山巅，宝塔巍然屹立、直插蓝天，犹如一名忠诚的卫士，日夜守卫着延安这座古城。它也是历史文化名城延安的标志、革命圣地延安的象征。

嘉岭倚晴空——宝塔山

据称，宝塔山曾为历代守将必到之处。宝塔始建于唐代（有说明代），塔高44米、层高9级，为八角形砖塔，塔内有阶梯，攀登可至塔顶。山上有范公井、摘星楼、东岳庙、嘉岭书院、烽火台等古迹。明代顾延寿赋诗赞曰"嘉岭叠叠倚

晴空，景色都归西照中”。

塔的底层有两个拱门，门额上分别刻有“高超碧落”“俯视红尘”字体。塔旁有钟一口，为明代崇祯年间铸造，击之声音响彻全城。党中央在延安时，常以此钟声报警防空。

在宝塔山下，还有历代遗留下来的摩崖石刻多处，其中尤以范仲淹的“嘉岭山”隶书题刻最为著名。此外，还有“胸中自有数万甲兵”等题刻。

今天的宝塔山，也是革命圣地延安最重要游览景观之一，四方游人、八方宾客至此，无不竞相登临远眺，纵观延安全貌。时游客留言“只有登上宝塔山，才算真正到延安”。

吹箫引得凤——凤凰山

凤凰山位于延安城中心区，为延安市著的“四大名山”之一。据称，因史上曾有“叶生吹箫引凤”传说而得此名，古往今来堪称延安古迹一大名胜之地。如清代《延安府志》就曾记载“城跨其上，雉堞巍然，为郡山首，上有镇西楼，宋范仲淹建，残碑犹存”。

传说，北宋年间杨六郎为调兵遣将之需，曾在此处修有转兵洞。另外，沿山势修筑的古城墙据有关资料考证，其最初史建可追溯至秦嬴政三十二年（前215年），距今有2000多年历史。为延安史上城池所建最早、规模最大、保留最为完整的一段古城垣遗址。

据传，秦始皇统一中原后，北方剽悍的匈奴部落便成为威胁秦王朝北部边陲最主要的敌对势力。为此，秦始皇遣命大将蒙恬亲率30万大军北征匈奴。其后，蒙恬为了伐师进退畅通，便采取两项军事策略，即进攻时稳打稳扎，防守时步步为营，堪称攻防兼备。

当时，延州所处位置当属战略之要地。为此，秦朝整备军力大兴土木，依凤凰山麓筑城为牢，但边陲战火始终未息故历代此处皆有重修。史载，大唐名将尉迟恭镇守延州期间曾亲自督导扩建。后北宋名将韩琦、范仲淹、庞籍、杨家将等驻守时，也不断整修加固完善。

因经历代整修和加固，令此地城池十分坚固气势恢宏，连带周围军事咽喉，使五座城池遥相呼应，故被历代誉为“五花莲城”。唐代著名诗人杜甫为避安史之乱，在其途经延州时曾挥毫写下著名《塞芦子》，此诗句中便有“宝塔钟声三川闻，肤施鸡鸣五城应”。

凤凰山，初看仅似一处古朴的城墙，实则却浓缩了近千年的边陲历史风云。1937年1月，毛泽东率领中国工农红军到达延安城后不久，第一处住地便是在当时的凤凰山。

今天凤凰山，已由过去的西北屏障成为现城区一处气势恢宏、景色秀丽的山城公园。登临凤凰山麓伫亭临风，石径幽邃、浓荫送爽，心旷神怡，古城胜景、气象万千。

一郡两城雄——清凉山

清凉山又名太和山，位于延安城东北延河对岸，与凤凰山、宝塔山呈三足鼎立之势，此山峻峭，殿宇嶙峋，金碧辉煌，有历代名人诗咏皆交口称赞清凉胜境。北宋政治家、文学家范仲淹曾登临此山赋诗“金明阻西岭，清凉寺其东，延水正中出，一郡两城雄”。

时此山上，有《解放日报》社、新华通讯社、延安新华广播电台等著名革命文化旧址。古往今来，在清凉山风景名胜中，赫然名列榜首的乃是“宛若云霞”胜景。每当夕阳照射于一块凌空飞出的大石崖上，景色骤然生辉、云霞顿生变幻，常会令人浮现奇思妙想。

清凉山石窟群，有万佛洞、弥勒洞等，其中尤以万佛洞最为出名。今洞内四周石壁刻有浮雕万余尊故曰“万佛洞”。此佛像神态各异俱着汉服，刻画细腻、形象逼真，充分体现了华丽纤巧的宋代石刻风格。洞窟左右石壁处各雕天王像一尊，气宇轩昂、雄赳伫立。

另有诗湾位于万佛洞南侧的上面。这里有历代名人学者摩崖题刻50余处，真草隶篆错落相间，时令墨宝满目呈现。诗湾旁建有3米多长的一处平石台，中间有一座月牙形水钵。据说，如果从水钵的右角斜视水面，便可见凤凰山上延安城墙，此景曰“水映延安”。

此处所立范公祠，内有范仲淹在延州戍边时身着一袭戎装的威武塑像。此两边墙壁上镌刻有范仲淹的名言，祠堂大门匾额题“宋朝人物第一”6个大字。另有名句“先天下之忧而忧，后天下之乐而乐。”范公祠对面为歇山四出，气势恢宏，九脊十兽等仿古殿宇。

殿门匾额，上刻“天下奇观”4个大字。在其上方的东山头，便是当年中共中央在延安的新闻宣传机构——新华通讯社、延安新华广播电台、《解放日报》社等机关旧址。在清凉山麓东侧的原《解放日报》社大门处，门额上面“解放日报”的题字乃是毛泽东手迹。

如今，清凉山名胜古迹和革命旧址整理修葺恢复旧貌。新近落成的新闻出版专业性纪念馆、延安清凉山新闻出版革命纪念馆、正吸引众多中外游客到此游览，参观学习。

《赴延安留别华中诸同志》　陈毅

众星何灿烂，北斗驻延安。

大海有波涛，飞上清凉山。

10. 河桥衬宝塔　相携入影画——延河与延河大桥

延河，史上也被称作区水、去斤水、洧水、延水等，延河发源于靖边县白于山赐湾的周山，由西北向东南流经志丹、安塞、延安、延长、南河沟，于凉水岸附近汇入黄河。

延河水流全长约287千米，全部流域面积可达7700多平方千米，为黄河水系中的一级支流，延安市的第二大河，也是陕北地区的第二大河。延安是中国近代革命史上的红色根据地，延河因此被称“中国革命的母亲河”，宝塔山和延河水也是延安最突出的象征。

延河概说

延河在《水经注》中被称作“清水”，延河明弘治《延安府志》载：“延水在城东门外，源出安塞县西北芦关岭，自东南流入肤施县境，又经延长县流入黄河，俗称濯筋水”。

延河属中等发达水流，河谷呈“V”字型且河道弯曲，由大沟村至镰刀湾村的14千米距离就有72道弯，河床最窄处宽度仅10米。延河水系布局呈树枝状，主要支流有杏子河、平桥川、西川河、南川河、蟠龙川等，长度在2—10千米的小支流，竟然达150余条。

史上延河干流发生洪水灾害较多。如宋太平兴国六年（981年），延洲洪水泛滥、水丈余而入城，淹没农田冲毁庐舍。又如清康熙四十年（1701年），泛滥之洪水入城冲漂北门。清嘉庆五年（1800年）时河水猛涨，冲塌城身河堤数十丈，水流涌入北门漫北什字至北仓外。

1943年，毛主席率领延安地区党政军人员会同当地民众，一起在西川河上修筑河渠。1958年，国家投资680万元，于此建成可灌溉万亩耕地水利工程及配套设施延惠渠。

1959年，国家在延安地区兴修延河及支流水利工程。1991年，延安市又在联合国有关部门的资助下，再次展开对延河水系综合治理，着重解决河道侵蚀及水土流失难题。

延河大桥

延河大桥位于延安市城东，其横跨延河之上，为连接延安城与东关街交通要道。此桥为空腹式石拱桥，桥有3孔每孔跨径为30米，时周楫主持设计1959年5月建成通车。

大桥全长 115 米，桥面宽 7 米、桥高 13 米，两侧附设人行道。每孔拱上设有 6 个跨径各为 2.5 米的圆拱形小桥孔，此结构既利于排泄洪水，也可减轻桥体的自重和压力。

该桥身下部为重力式墩台，上部承接石拱，该桥梁的设计形式参照了“赵州桥”相关元素。其结构合理、施工精细、雄伟壮观、十分坚固，迄今仍为延安城重要交通要道。

延河大桥建成后，无论清晨曙光或落日晚霞，四时皆可与延安宝塔交相辉映。其雄伟身姿亮丽倩影也不断出现于各影视画面，并由此成为革命圣地延安的重要标志与象征。

---

11. 近接九州月　长雄芦子关——杜公祠

杜公祠位于延安市宝塔区的七里铺，其坐东向西、面对大川，祠下边紧邻 210 国道，一条杏水从祠前悄无声息地静静流过。据说，当年这里曾是一处大石湾，唐代著名文学家、大诗人杜甫辗转于延地时曾在这里枕鞋夜息，后人遂依势凿窟修建该祠堂以作纪念。

唐天宝十四年（755 年）七月，朝政不稳酿成有名“安史之乱”。此动荡时局竟将时任政府官员的杜甫抛到了社会的最底层，他携带家眷与流民一道汇入逃难生涯。唐天宝十五年（756 年），杜甫从秦先（陕西蒲城）出发，历尽跋涉至延安州（今富县）羌村暂栖。为去灵武寻找肃宗参与平叛，杜甫又继续沿羌村北上，途经石门、过徐寨、上万花山，其后抵达延安七里铺。不料途经安塞芦子关时，却被叛军所擒留待押解长安正身。唐天宝十六年（757 年），诗人寻机冒险逃出，侥幸穿越两军对峙疆场，历尽艰辛奔赴凤翔。不久，杜甫又被肃宗任命为左拾遗，只是又因直言进谏再次遭贬，时心灰意冷无奈折返羌村。史上杜甫两次延安之行，是他一生经历的极重要事件，由此得以了解民情、体恤民间疾苦，促成诗人“爱国忧民”之心更甚，也使得他在日后诗作中不断流露忧民伤感。

史上，延安父老为了纪念这位伟大的爱国诗人，便把他经过延安的川道取名为“杜甫川”，在他留眠之处建起“杜公祠”作为纪念旧址。杜公祠始建于何年眼下还未得详考。史载，时任延州知事范仲淹为此亲笔题书“杜甫川”刻于石崖，可见当时已建有此祠。

清道光二十三年（1843 年），有肤施县知事陈炳林撰书“少陵川”3 字并题刻于崖壁，道光二十七年（1847 年），得重建祠堂和望杜亭。今石门两侧悬有楹联清辉近接九州月，壮策长雄芦子关。此副佳对与祠内楹联彼此唱和相携成趣，即映出时代风云也展现文史哲理。

（三）延安特产与美食

地方特产：油糕、苹果、地椒、酥梨、羊肉、水晶梨、糜黄酒、布堆画、农民画、纪念章、民间剪纸、纯手工制鞋。

风味美食：凉粉、果馅、抿节、碗砣、米黄、搅团、钱钱饭、油馍馍、油糕、煎饼、蜜汁南瓜、洋芋擦擦、荞面饸饹、甘泉豆腐干。

八、扬州

——此地即仙寰　夜听玉人萧

八、扬州

——此地即仙寰　夜听玉人萧

（一）名城概说

扬州位于长江下游北岸，江淮平原南端。东临泰州、南依镇江、西望滁州、北濒高邮湖，史上曾是京杭大运河节点，水陆交通重要枢纽。尤自隋唐以后，已成东南地区政治、经济、文化的重要都会，至明清时期已达巅峰，素有“竹西佳处，淮左名都”之称。

扬州史迹至少可追溯至公元前486年，迄今已有2500多年的建城历史，早期远古史上的扬州，也曾作为我国东南部地区统称。扬州之名始于春秋时期，一些史籍中称其广陵，至战国时期（前403—前221年）又被称作邗城，直到公元590年左右开始被称为扬州。

扬州历史悠久文化星空璀璨，此域物华天宝、人杰地灵，又因独特地理位置和优越的自然环境，在中国还享有“运河名城”美誉。自汉代至清代漫长历史过程中，扬州历经过数次发展高峰，尤其是西汉中叶、隋唐两宋和明清时期，扬州经济和文化已达繁荣鼎盛。

扬州也是园艺风景旅游胜地，古往今来赞美扬州的诗文可称不胜枚举，有些已成经典名句流传至今。例如“故人西辞黄鹤楼，烟花三月下扬州”“天下三分明月夜，二分无赖是扬州”“春风十里扬州路，卷上珠帘总不如”“十年一觉扬州梦，赢得青楼薄幸名”。

扬州园林久负盛名，在《扬州画舫录》中就有“杭州以湖山胜，苏州以市肆胜，扬州以园亭胜，三者鼎峙、不分轩轾”的赞誉。清乾隆、嘉庆年间，扬州盐商富甲天下，故有充裕的财力来营造园林。据不完全统计，最盛时期扬州城内私家园林竟达200多处。

扬州园林在中国园艺史中占有重要的地位。如个园、何园等名园，犹如名花翘首傲视群芳。这些园林既有皇家庭苑富丽堂皇，也有私宅园林温婉雅韵。不仅如此，瘦西湖、大名寺、高旻寺、汉陵苑、隋炀帝陵、天宁寺、文昌阁等名胜古迹，同样各具风采熠熠生辉。

扬州，为国务院于1982年公布的首批24座国家历史文化名城之一。

1. 寻踪问源

著名史籍《尚书》载，扬州一名最早可见《尚书·禹贡》中“淮海维扬州”一说，在华夏的上古传说中，便有“禹分九州”的典故。只是有关“九州”话题，一直也有多个版本流传。其中，有一说称冀州、兖州、青州、徐州、扬州、荆州、豫州、梁州、雍州。当然“九州”说法若能成立，也可称作华夏域内最早的行政区划，不过若深究准确性还有待史学界进一步考证。其实无论其可信程度如何，自古以来中国历代王朝早已经习惯将华夏称为“九州”，并且因“禹分九州”于先，故在很多史籍里也将华夏别称禹域。

春秋时期，周天子曾于此封立邗国，周敬王三十四年（前 486 年），吴国恃强灭掉邗国后始筑邗城，随即又开挖邗沟连接长江、淮河，从而进一步利用了水运之便。后越又灭吴此域属越，再后楚又灭越此地归楚。公元前 319 年，楚又于邗城旧址复建城垣史称广陵。

秦统一六国后，始设广陵县属九江郡，汉代此地称广陵、江都，史上扬州常作王侯一处封邑。公元 589 年，隋灭陈后建立统一政权，时改吴州为扬州置总管府。隋炀帝时，因开凿大运河连通黄河、淮河、长江诸水系，自此扬州一跃成为极其重要的水运交通枢纽。

唐代，扬州商业与文化相当发达，故经济盛传“扬一、益二”（今成都）之说，文化赢得“吴中四杰”美称。时张若虚一首《春江花月夜》获“孤篇压全唐”赞誉。此时扬州已成南北粮、盐物资、内外商贸交流要冲，设都督府、节度使，领江淮南北诸州。

宋金时期，扬州的农业、手工业发展迅速，商贸往来更加繁荣其影响力直追都城开封。公元 1127 年，金兵南进入侵中原宋高宗赵构逃遁，流亡中曾将扬州立为“行在”。史上扬州一度是抗击金军重要战场，刘琦、岳飞、韩世忠等南宋名将皆于此进行激烈交战。

元明清时期，有元代意大利旅行家马可·波罗在此领衔为官三年。明太祖洪武元年（1368 年）撤江南行中书省，设京师（南京）扬州府属之。清顺治二年（1645 年），清政府设立江南省扬州府属之。以上历朝政区虽有变换，但扬州携两淮商贸之地位却始终未变。

1949 年 1 月扬州获得解放。新中国成立后不久，扬州市初属苏皖边区第二行政区，后又改称苏中行政区扬州专区，专员公署驻扬州。其后在较长时间内此地一度止于沉寂，进入 20 世纪 90 年代以来扬州开始跃入快速发展轨道，以不同以往的崭新姿态迎接新时期到来。

2. 人文荟萃

史载，自隋唐以后扬州地域州学、府学、县学、社学兴起，尤以书院著称。清康、乾时期，有以金农代表的“扬州八怪”画派，以阮元、王念孙父子为代表“扬州学派”。

扬州戏剧艺术历史悠久，积淀了深厚的文化底蕴。扬州的玉雕漆器、扬州盆景艺术、雕版印刷术等在清代发展已达盛极。淮扬菜系独具特色，可称闻名遐迩，饮誉华夏。扬州评话、清曲、扬剧、木偶，以及琴、棋、书、画在清代业已名冠神州自成一家。史上，扬州有李白、白居易、欧阳修、苏轼、郑燮等文人雅士留下的珍贵足迹。

扬州园林。扬州园林自古声名远播，据说在乾隆、嘉庆年间，乃是扬州的园林称雄华夏，而不是苏州园林甲天下。当时，扬州城内私家园林星罗棋布，楼台倩影、曲笛笙箫、奢华至极。

扬州清曲。扬州清曲初为本地小调发展而来，其曲目选材内容广泛，极具民间性和地域性，至清代康、乾年间已达鼎盛。2006 年，此艺术已被列入第一批国家级非物质文化遗产名录。

雕版印刷。在我国悠久的印刷史上，著名的雕版印刷术曾被业内人士称作“活化石”。中国雕版印刷术最早便起源于扬州，今天这门古老的技艺已被列入国家级非物质文化遗产名录。

● 民俗风情

扬州话：迄今已有三四百年的历史，其凸显于以扬州方言为载体曲艺，如扬州清曲、扬州评话、扬剧等。这些典型艺术代表，现已被列入了国家级非物质文化遗产名录。

春节：旧时新年初一子时一过，当地人便带上猪头三牲、香烛、鞭炮，赶往土地庙烧头香。回家后也不再睡觉，待天一放亮便打开“财门”，点燃香烛、鸣放鞭炮“接年”。

清明节：这天早晨，家人都要吃自制烧饼，有的烧饼还用嫩柳叶和面做，据说是吃了此种烧瓶就可以祛病免灾。很多人家至今仍保留清明前后祭扫和踏青（郊游）的习俗。

重阳节：扬州人逢此时节常要登高祛邪。为此不少人特意登上平山堂、观音堂或文峰塔等高处，俯瞰市肆喧嚣、欣赏秋日美景，未曾登高者便在家中品尝重阳糕以示纪念。

观音山香会：此民俗起源于明代，兴盛于清代沿袭至民国。旧称农历六月十九日，乃是观音菩萨得道吉祥日，这天观音山的香火非常旺盛，此香会也是扬州最繁华庙香会。

（二）历史文化

1. 一轮广陵明月　双博古邑春秋——扬州博物（双）馆

扬州博物馆、扬州中国雕版印刷博物馆（简称“双博馆”）位于扬州市邗江区文昌西路。该博物馆集文物保护、收藏、展示等多项功能于一体，为扬州地区规模最大的文物收藏中心、文博学术研究中心、市民文化及休闲中心、青少年学习文史知识的重要课堂。

简介

扬州是一座具有通史特征的名城。两汉时期，诸侯王利用此地优越条件发展经济；隋唐时期，大运河开通为扬州发展提供了契机；明清时期，资本主义萌芽曾令扬州经济得到快速发展。史上，康熙和乾隆皇帝多次“巡视”，更令扬州地域呈现了空前繁华和鼎盛。

扬州博物馆的建馆历史最早可追溯到1951年始建的扬州“文物馆”，以及同年筹建的“苏北博物馆”。其后经过60多年的不断发展，如今扬州博物馆（即“双博馆”），已成为一座馆藏文物丰富、功能设施齐全、颇具地方特色和鲜明文化特征的综合类博物馆。

2003年8月，经批准成立扬州中国雕版印刷博物馆，并由此建立扬州“双博馆”。今扬州“双博馆”设有《广陵潮——扬州城市故事》基本陈列，以及《书画厅》《古代艺术厅》《国宝厅》《中国雕版印刷展厅》《扬州雕版印刷展厅》等多系列专题或临时展览。

扬州“双博馆，收藏新石器时代文物遗存，春秋战国以来的金属器，陶瓷玉器、名人书画、各类雕刻艺术珍品，以及近代名家艺术作品。尤其是古代雕版印刷文化，使得展馆保留的许多珍贵古籍版片、雕版印刷和传统技艺，已经成为世界文化遗产中珍稀遗存。

展陈

该博物馆布展形式包括基本陈列、扬博特展。

基本陈列有“广陵潮——扬州城市故事”、国宝厅、中国雕版印刷馆、扬州雕版印刷。

扬博特展主要包括芙蓉出水——清代康雍时期外销青花瓷精品展、百年世博梦——龙川居收藏世博文献实物特展、笔下千里——徐悲鸿绘画展等多专题展览或临时展览。

● **基本陈列**

《广陵潮——扬州城市故事》。

展陈包括“争霸中原”“煮海筑钱”“扬一益二”“烽火扬州”“富甲天下”5个独立章节部分。史上扬州古城风云，亦如广陵潮涌此伏迭起连绵不绝。自春秋时期，始筑邗城开端踪迹；有汉代广陵，初现偏安繁盛一隅；携隋唐运河，促其成为富庶之地；经宋元战乱，劫后余生仍显活力；明清时期，文化经济曾达鼎盛。

展陈5部分：“争霸中原”——筑邗城（第一部分）；“煮海筑钱”——镇广陵（第二部分）；“扬一益二”——繁华地（第三部分）；“烽火扬州”——冠淮左（第四部分）；“富甲天下”——话扬州（第五部分）。

通过邗城、广陵城、吴王都城、唐城、宋城和明清新城发展变迁，反映出史上扬州所独具的特征和节律，勾勒出扬州史迹发展主线，展现了中国历史变化中的代表缩影。

国宝厅。介绍元代霁蓝釉白龙纹梅瓶，既是国宝级文物珍品，也是扬州博物馆镇馆之宝。

中国雕版印刷馆。溯源了古代中国的雕版和印刷技艺，以及中国对世界文明发展所作的应有贡献。

扬州雕版印刷。介绍扬州雕版印刷术始于唐，成于宋、元、明，兴于清。清代时，扬州域内刻版印书之风已遍及州郡县城，其种类之丰，数量之多，规模之大，质量之高，已超越历朝。

典藏

该博物馆收藏文物丰富有些甚至可称国宝级珍品，其涵盖陶瓷器、玉器、漆器、金属器、金银器、书法、绘画、雕版、骨角牙器、石刻砖瓦、家具、竹木器十几项类别。例如彩绘卷云纹漆盘（战国）、青釉陶瓿（西汉）、瑞兽纹铜镜（东汉）、抄手端砚（五代）、伎乐飞天金栉（唐）、洒金、洒银竹骨折扇（明）、兰花图轴（清 罗聘）等。

● **镇馆之宝**

霁蓝釉白龙纹梅瓶。梅瓶在我国宋、元时期各地瓷窑均有烧制，但以元代景德镇所制梅瓶最为精湛。今馆藏霁蓝釉白龙纹梅瓶造型端庄隽秀，堪称元代年间景德镇瓷窑制瓷水准的极致精品代表。现这件蓝釉白龙纹梅瓶被珍藏于扬州博物馆，据称此镇馆之宝估价时值约为3.6亿元。

元代蓝釉。据说，今元代的霁蓝釉白龙纹梅瓶目前世上仅遗存3件，另外两件分别珍藏于北京颐和园和巴黎吉美博物馆。与上述两件梅瓶相比较，北京和巴黎两处所收藏的霁蓝釉白龙纹梅瓶，都多少存有一定程度瑕疵，唯有扬州馆藏的这一件其体形最大且保存最为完好。

2. 展示帝王棺椁　呈现宋垣史貌——扬州特色博物馆

汉广陵王墓博物馆位于蜀岗古城遗址南缘，此地形起伏、林木葱郁、建筑雄浑，是一座文物与园林合一的陵园式博物馆。该馆地处古邗沟源头，汉广陵古城南城垣，相别桥东侧神居山上，其东临铁佛寺、南望笔架山、西接汉唐古城——平山堂，北近雷塘。

汉广陵王墓博物馆

20世纪70年代末，在距扬州市的45千米处、高邮市天山镇的神居山上，当地农民开山采石过程中偶然发现两座木椁墓。后经考古学家考证，判断这两座木椁墓为西汉第一代广陵王刘胥与广陵王后之寝陵。刘胥是汉武帝第六子，让其坐镇扬州，足见此域地位之重要。

史载，远在西汉时期扬州方域已渐成江南重镇，时汉武帝令其子刘胥坐镇扬州，刘胥死后乃尊享王侯之冠葬仪，专家称此“黄肠题凑”为汉代墓葬迄今保存完好之孤例。如果北京老山汉墓被称作发现规模最大汉墓，则扬州汉广陵王墓便可称是一座极为精致汉墓。现场考古发掘，该陵墓出土大量文物和丰富文字，此黄肠题凑结构细密，为研究汉代广陵域的丧葬礼仪、官场规制、木作工艺、书法艺术等提供了极宝贵的实物佐证资料。

刘胥的寝陵规模宏大、结构严谨，属帝王级“黄肠题凑”式木椁墓，为国内一处罕见大型汉代墓葬，距今已有2000多年历史。此陵墓中的“黄肠题凑”属就地取材，全部以金丝楠木为构，每块题凑大小尺寸不尽相同，四面企口高低错落有序，结构全凭榫卯相连。

在汉广陵王墓博物馆中刘胥寝陵被称“一号汉墓”。专家透露，棺椁刚出土时有考古人员试图用最薄刀片寻找可插入板缝，结果发现因结构过于密实竟无缝隙可插入。该楠木结构“黄肠题凑”式木椁不仅制作考究，也是此类发现中保存最为完整木椁，极其珍贵。

景观概说

特殊葬制。据称，古人注解“黄肠题凑”，以皮厚的柏木黄心累于棺外被称为“黄肠”，木头皆向内称为“题凑”。由于木头皆向内谓之“头”者“题”

也；而“凑”者乃聚也。即头部集中内向称“题凑”，由于黄柏木皆取其内芯，故曰“黄肠”，这就是所谓“黄肠题凑”。

王陵地宫。汉广陵王刘胥的木椁墓迁移至扬州以后，为能再现当时陵墓深埋的特征，仍采取布展类似地宫形式。该展室内现陈列有陵墓中出土的部分文物，因此也被称为“王陵地宫”。

金印献宝。考古所发现的“广陵玉玺”龟形金印，乃是于最后一代广陵王刘荆的砖室墓中出土。专家介绍，在我国古代金印可称作权力和地位象征，故此金印的发现无疑是稀世珍宝。

细君思乡。展馆布置细君思乡场景，时为纪念史上扬州第一位和亲公主——江都公主刘细君所建。以此昭示其深明大义，为社稷安定民族团结远嫁乌孙，念念不忘故国之心、思乡之情。

王后寝宫。在我国古代，帝王葬仪皆有严格陵寝规制，如西汉梁王陵为“前朝、后寝”式、西汉楚王陵是“前寝、后堂”式。因此，展陈汉陈广陵王及王后木椁展室被称为“王后寝宫”。

黄肠题凑。黄肠题凑是中国古代一种特殊葬制，它与玉衣、梓宫、便房、外藏椁等，同属帝王陵墓中重要组成部分。广陵王刘胥墓中“黄肠题凑”，时以楠木作构件每块题凑尺寸有别。此刘胥寝陵棺椁，四面企口、高低错落、块块紧扣、层层相叠、坚固细密、宛如魔方。该“黄肠题凑”用料之巨大、制作之精细、结构之严谨、保存之完好堪称同类之最。据称，古代天子之下如王公、宰相也可使用题凑，但必须经天子恩准。而重臣死后同样可用黄肠题凑，如北京大葆台刘建墓、石家庄张耳墓、扬州刘胥墓便为“黄肠题凑”。

宋大城西门遗址博物馆

宋大城西门遗址博物馆位于扬州市四望亭路，该博物馆展示的宋代扬州城垣史，被称为“八五”期间全国考古十大新发现之一。史载，我国宋代时期在扬州附近建有三城。

宋代扬州城池概貌。据说，史上五代后周时期周世宗曾在唐代旧城的东南隅，另外改筑了一座小城世称为周小城。而西城门则是在五代周小城的基础上又进一步加固整修，并一直沿用到清代。

宋代扬州三座城池。宋大城（老城区），宝祐城（蜀冈上），夹城（笔架山）。

宋代扬州大城形制。资料显示，宋代大城基本形制为规整长方形，时城内建有十字状大街且与四面城门相互贯通。在城内东西方向另建三条平行街道，分别与太平桥、开明桥、小市桥相衔接。据考证，这些进出城门道路采用块砖铺路，由此不难看出我国宋代时期，时城垣已广泛采用砖砌券顶、圆形状城门洞，并以此替代木构过梁式方形城门洞。专家分析认为，这是由于宋代发明了火药，因此对战争中承担防御重要功能的城门而言，坚固性要求更高。

遗址概说

宋大城西门始建于五代时期，曾经作周小城的西门。该城门形制为“凹”字形，城门的南北两侧各有一座马面。在我国古代，马面是指城门两侧修筑的突出墩台，因外观狭长形如马面故称此名。马面之上建楼可使防守者从侧面打击进犯之敌，以此加强城门防护。

北宋型成。展陈除了介绍宋城西门的进出道路，西门城门、排水沟、石门槛相关史料，还陈列有北宋铜钱、瓷器、墨书、“西门”碗等。而南宋王朝只是在北宋末年城垣基础上，仅对局部稍作整修，譬如加厚城墙、加固瓮城、缩小了城门范围，以便增强提高西门防御能力。

南宋延续。有关南宋城垣史迹，陈列有南宋铭文砖、南宋铜钱、南宋瓷器。明、清时期，扬州城主城垣仍继续沿用南宋大城主体，时西门瓮城形制呈梯形，瓮城内加设一道城墙，形成类似双瓮城形式布局。此整修过程使用了较多石料，其中发现有元代时期阿拉伯文石碑。

扬州宋大城遗址，也是国内目前保存最完好古代城垣遗址之一。西门遗址虽历经千年，但整体结构保存很规整，史上各朝代城墙基础、砖铺路面地层、相互叠压关系都十分清晰。尤其宋代券顶式城门，对研究古代城垣发展史、建筑和军事史，具有重要意义。

---

3. 观风云史话　品百味人生——扬州名人纪念（祠）馆

神秘描述　热烈向往——马可波罗纪念馆

马可·波罗是13世纪意大利著名旅行家和商人，其17岁时跟随父亲和叔叔沿着西部丝绸之路来到东方。途经两河流域、伊朗高原、帕米尔高原，历时4年于1275年到达元大都（今北京）。他在中国游历17年并担任过元朝官员，其间走访问了中国许多地方。

1289年，时波斯国王阿鲁浑元妃去世，阿鲁浑派3位使臣特来元廷求婚，忽必烈甄选阔阔真为元室公主。1292年春，由马可·波罗随使者护送阔阔真公主从泉州出发，前往波斯成婚。1295年，马可·波罗携全家返回意大利，不久马可·波罗在一海战中被俘。狱中囚禁时，他口述大量有关中国的故事，后经狱友鲁斯蒂谦写下《马可·波罗游记》。书中记述了他在这个富有且神秘的东方国度——中国的亲身经历和所见所闻，从而激起欧洲人对世界东方向往，而这本

"游记"也成为研究元朝政经、地理和文史的重要资料。

● **人物概说**

《马可·波罗游记》是由欧洲人著述介绍中国政治经济、历史文化的第一部个人游记。时至1324年马可·波罗逝世之前，已被译成多种欧洲文字书籍，迅速流传广为众受。

据说，马可·波罗中国之行，在中世纪一度被欧洲人认为那只是神话，甚至当作"天方夜谭"。但《马可·波罗游记》也极大地丰富了欧洲人地理知识，打破了以往宗教谬论，以及所谓"天圆地方"之说。该"游记"对15世纪欧洲航海兴起起到巨大推动作用。

其实，史上中国历代统治者，一直也以好奇之心试图要了解和见识中国以外事物，特别是有关西方世界的神话传说。据称，此说考证最早可以追溯到周穆王西巡，有关周穆王西巡传说中，尽管充满了荒诞与神奇色彩，却也反映了史上中国同样欲了解和认识西方。

史载，我国汉武帝时期，著名的张骞通西域之行，终于打通一条从中国经中亚抵达欧洲的丝绸之路，随后便出现持续探索西方世界、彼此认识不断往来的佳话。

● **历史贡献**

《马可·波罗游记》的传播给世界带来了巨大的影响，其积极作用已被历史所证明。可以说《马可·波罗游记》打开了欧洲人心灵视野，掀起了一股东方热中国潮，由此激发欧洲人持续几个世纪东方情结，令许多人开始了解和认识东方。

据说，此前欧洲人认为中国东面是一片大海，而大海彼岸便是欧洲。马可·波罗东方之旅迄今已逾700余年，但这个故事仍可打动人们心弦，激励着世人不断尝试新探索、新发现。从这个意义上讲，马可·波罗不仅属于意大利，而且也属于全世界和全人类。

梅花亡国泪　明月故臣心——史公祠

史可法纪念馆（史公祠）位于扬州市广储门外街，南临古城河梅花岭畔。扬州史可法祠始建于清代乾隆年间，同治九年（1870年）获重建。1962年，德高望重的朱德同志曾为该馆题写馆牌。史公祠墓均为南向大门临河，东墓西祠并列连通，祠院正中为"飨堂"。

祠堂的正前方两侧，悬有清代名士张尔荩撰书楹联"数点梅花亡国泪，二分明月故臣心"，堂内的明间立有云纹形梅花罩格，上悬"气壮山河"横匾。此外，堂内两边还悬有清代道光年间，篆刻及书画家吴熙载撰书的楹联"生有自来文信国，死而后已武乡侯"。

祠堂正中供奉1985年纪念史可法殉难340周年雕塑的史可法干漆夹像。飨堂后史公衣冠冢前立有3门砖砌牌坊，上额“史忠正公墓”。墓地以三面围墙形成墓区，域内银杏竞秀、腊梅争艳，正中立表石墓碑，上镌“明督师兵部尚书兼东阁大学士史可法之墓”。

● **明心史话**

史载，清顺治二年（1645年）四月清军南下大举进攻扬州，时南明兵部尚书兼东阁大学士史可法率城内军民奋起抗击清军直到城被攻破城池陷落，被俘后英勇不屈就义。

据称，清代乾隆年间曾于原墓址西侧建祠，并赐谥号“忠正”。清咸丰年间江南发生骚乱，该祠一度毁于兵燹，清同治九年（1870年）获重建。1935年和1948年两度整修。

现存建筑除遗墨厅、梅花仙馆外大部分为晚清遗物，1949年以来获多次修缮，现称“史可法纪念馆”。岭北有晴雪轩也称遗墨厅，其内壁上嵌史公复清摄政王多尔衮手书及家书石刻，陈列有史公的手迹和拓片。厅前腊梅已有200多年树龄，为扬州今存腊梅之最。

● **衣冠冢**

史可法壮烈殉国后其遗体也一度下落不明，有人便将其生前穿过的袍、帽、靴以及用过的笏板，一并埋葬于扬州城外的梅花岭上，后又在史氏宗祠东宅建立“忠烈祠”。

清乾隆三十七年（1772年），朝廷追记史可法为“忠正”谥号，世称“忠烈公”。乾隆帝御笔题“褒慰忠魂”4字赞扬其英勇忠烈，挽诗一首钦命大臣咏和题跋且制成手卷。

想见高致　悲于奇妙——扬州八怪纪念馆

八怪纪念馆位于金农故居西方寺，今展厅陈列有八怪书画代表作。扬州八怪为史上清代活跃在扬州画坛一批有独创精神的书画家。这些怪才常以立意新、构图奇、技法绝为书画艺术开启了一代新风，在书画艺术发展史上留下浓墨重彩之笔。

八怪纪念馆依旧西方寺改建，八怪人物之金农晚年时曾寓居于寺中。据称，西方寺始建于隋代，原称避风庵，唐贞观年时在此掘得3尊石佛而得太宗敕赐“西方禅寺”，后有僧人智完迁建寺院于此。史上西方寺几经战火兵燹，然屡毁屡复，现存大殿为明代遗物。

扬州八怪纪念馆现珍存明代楠木大殿古建，其梁架颇具特色，殿内彩绘绝佳，梁檩枋间彩绘为宋代风格，东西廊房及珍品陈列厅内有八怪书画代表作。今馆内遗存千年古树，又增设假山水池，绿草如茵、洁净清幽，现为扬州市独具艺术氛围的一处典雅景观。

● **八怪概说**

民间坊传，扬州八怪喜画梅、竹、兰、石，常以梅的高傲、竹的清高、兰的幽香、石的坚毅来表达自己人生志向和书画乐趣，而罗聘甚喜欢画鬼，令笔下鬼怪各具特色。

● **八怪其人**

扬州八怪之说由来已久，但八人姓名各版本却多有出入。据李玉棻《瓯钵罗室书画过目考》载八怪为罗聘、李方膺、李鳝、金农、黄慎、郑燮、高翔、汪士慎。此外，另有八怪列名为高凤翰、华岩、闵贞、边寿民等。因各版本说法不一，故今八怪之说多从李玉棻一文。其实扬州八怪声名远播还在于皇家首肯，如李鱓、李方膺、高凤翰、李勉等都先后得到康熙、雍正、乾隆3位皇帝召见，或试画，或授职。

● **怪在何处**

扬州八怪究竟怪在何处，史上说法也是各类不一，有说他们为人古怪但实际并非如此。据称，八怪自身经历坎坷多有不平之气，心存一腔激愤常怀同情恻隐，故而凭借敏锐洞察力敢于对世间丑恶事物或势利小人进行无情抨击，或著于诗文或见于书画。

● **艺术传承**

扬州八怪开创书画创新之风，艺术精华也不断为后世传承。徐悲鸿曾在郑燮的一幅《兰竹》画作题书云“板桥先生为中国近300年来最是卓绝人物之一，其思想奇，文奇，书画尤奇。观其诗文及书画，不但想见高致，其寓仁悲于奇妙，尤为古今天才之难得者”。

据说，郑板桥为扬州八怪人物代表，其诗、书、画作品闻名于世被喻“三绝”，兼领书画、文学二家。他擅绘兰、竹、石、松、菊，尤以所绘兰竹画作成就最为突出。郑板桥提倡继承传统，但主张“十分学得七要抛三”“不泥古法”，强调艺术独创性、风格多样化，所谓“未画之先，不立一格，既画之后，不留一格”今仍为同行推崇。

罗聘在扬州八怪中年纪最轻，24岁拜金农为师，30岁始便在扬州画坛崭露头角。清乾隆三十六年（1771年），罗聘携画至京师拜谒名流，时所作八幅《鬼趣图》影响甚广。罗聘第二次赴京，画蜈蚣、观音、杜甫与韩愈像。清乾隆四十九年（1784年）应邀为重宁寺作大幅壁画。据说，画中仙佛人物惟妙惟肖，一时传为名作，只可惜此画今已无存。

依稀入梦　缭绕为文——汪曾祺文学馆

汪曾祺文学馆位于扬州高邮文游台。今展馆内有诸多题词、匾额或楹联，如

“天真隽永”等。今展橱中陈列汪先生文学作品、原始手稿、文房四宝，以及评论汪曾祺为人为文的报刊、书籍，邵燕祥为其撰写楹联“柳梢帆影依稀入梦，热土炊烟缭绕为文”。

● **人物概说**

汪曾祺，中国当代作家、散文家、戏剧家，京派作家代表，新中国成立后曾供职北京文联、中国民间文学研究会等。20 世纪 70 年代末至 80 年代初，其文学创作引起文坛瞩目，著有小说《邂逅集》，散文《蒲桥集》、小说《受戒》《沙家浜》《大淖记事》等。

其散文《端午的鸭蛋》和《胡同文化》被选入中学语文课本，好评如潮。也正是这些作品，奠定了他在中国当代文坛不可替代的地位。其家乡高邮也为汪享誉文坛而自豪。据说，汪曾祺同青年朋友戏言“在高邮，第一是秦少洲，第二是双黄蛋，我是第三”。

● **初入文坛**

1949 年 1 月，北平宣告和平解放，同年 3 月汪曾祺参加四野南下工作团。1949 年 4 月，第一本小说《邂逅集》作为巴金文学丛刊之一出版，该书收入汪曾祺早期作品《复仇》《老鲁》《艺术家》《戴车匠》《落魄》《囚犯》《鸡鸭名家》《邂逅》8 篇。

● **艺术人生**

1950 年北京市文联成立，汪曾祺则从武汉北上进京，时任市文联主办的《北京文艺》编辑。1954 年汪曾祺创作京剧《范进中举》剧本，获北京市戏剧调演一等奖。后又在中国民间文艺研究会任《民间文学》编辑，1964 年执笔将沪剧《芦荡火种》改编为京剧。

● **旷达恬淡**

汪曾祺一生经历了许多苦难和挫折，曾受到过不公正待遇，但他始终保持旷达心态，并由此创造了积极乐观的艺术人生。汪曾祺博学多识，情趣广泛，爱好书画，乐谈医道。著名作家贾平凹在一首诗中曾诙谐而打趣地评价汪曾祺“本是一文狐，修炼成老精”。

汪曾祺散文没有结构般苦心经营，也不追求题目玄妙深奥，平淡质朴娓娓道来，如话家常般轻松。其著文多展现真诚美好，恬淡雍容，即将散文回归本意，又携散文走出“千人一面、千部一腔”模式。有评论“汪曾祺散文，虽不注重观念灌输，但却发人深省”。

4. 西湖有几多　瘦的仅一个——瘦西湖

瘦西湖原名保障湖，其址位于扬州城西北郊。史上，湖心因淤塞曾得盐商出资疏浚，后经一书生起名瘦西湖，瘦西湖在清康、乾时期便已形成基本格局，素有“园林之盛，甲于天下”之赞誉。瘦西湖有诸多特色景观，如五亭桥、二十四桥、荷花池、钓鱼台等。

瘦西湖，携得靓丽风光、富蕴人文史话，四时八节芳华明月、珍闻趣事坊传不绝，若逢江南春色、烟花三月时节，漫步于瘦西湖堤岸，晨曦薄雾轻纱妩媚，山茶、石榴、杜鹃、碧桃，柳枝拂煦轻风送爽，婀娜多姿飘逸漫卷，时满腹诗情画意，文思泉涌不吐不快。

传说史话

据传，明清扬州盐业商贾富甲天下，时富商遍访高人聘请造园大师，倾力构筑私家园林。竞相聚湖池堤岸边兴建亭台楼阁，民国年间有乡绅陈臣朔在五亭桥东面建凫庄。

清康熙、乾隆二帝数次南巡，时扬州富豪乡绅竞相献媚，一时呈现“园林之盛，甲于天下”景象。扬州人文荟萃，历代政治家、文学家、艺术家云集，留有许多典籍、诗文、书画，也留下了许多故事传说。人们欣赏赞誉扬州美景时，其实也如翻阅古城史话。

据说，时扬州盐业商贾首推3家，他们经常至湖上游玩、宴客。一日盐商们聚会席间议论，总觉这里景致不逊杭州西湖，抱憾旧有名称太俗只欠一个风雅园号，但议论了很久也没得出高见。恰逢邻座有位书生一直认真在听他们议论，但只静观聆听却笑而不语。有盐商见状提议恭请书生为此湖起名，书生客气后便商榷坦言：“诸位议论各有道理，只是依我来看，此湖若与杭州西湖相媲美，其景色不逊，惟清瘦过之，依我之见，可称瘦西湖也”。此言一出，众人交口称赞佩服欲请书生至上座，哪知书生不知何时飘然而去。

景观诗话

瘦西湖地处扬州城西，原名“炮山河”，又称“保障河”。隋唐时集蜀同诸山之水，汇合大别山东来之涧水，形成运河水道一段蜿蜒曲折的支流，如嫦娥起舞广袖展舒。

● **唤作瘦西湖**

据称，时有著名文人邓拓游历瘦西湖，面对湖光景色赞不绝口随即欣然赋诗曰：

板桥歌吹古扬州，我作扬州三日游。
瘦了西湖情更好，人天美景不胜收。

据说，乾隆年间诗人汪沆也曾将此湖与杭州西湖比较随即赋诗《咏赞保障河》：

垂杨不断接残芜，雁齿虹桥俨画图。
也是销金一锅子，故应唤作瘦西湖。

● **春水饮长虹**

大虹桥为扬州24景之一，始建于明崇祯年间且横跨保障河上。原桥构建为木质红栏，故曰红桥，清乾隆元年改建为石桥。其后又得数位巡盐御史吉庆、普福、高恒，施以维修重建，时桥上建桥亭，改“红”为“虹”，意喻桥如彩虹，此举赢得赞誉名噪一时。史传，乾隆游虹桥见有一乞丐念念有词，传旨令其当面作诗乞丐随即吟道：

三月烟花风流在，一代天君过红桥。
锦帆徐牵碧镜里，落霞贫贱照天烧。

乾隆不禁慨叹“乞儿尚能作诗，不愧文昌府地”，随即便脱口也应和了一首：

绿浓春水饮长虹，锦缆徐牵碧镜中。
真在横披画里过，平山迎面送春风。

● **湖山倍多丽**

瘦西湖的南大门就像一道屏障，使得瘦西湖诸景半藏半露、掩隐园中。今门厅檐口处有“瘦西湖”3字匾，在门厅的廊柱上还高悬有一副楹联，其寓意颇深且耐人寻味。

天地本无私春花秋月尽我流连，得闲便是主人且莫间平泉草木；
湖山倍多丽杰阁幽亭凭谁点缀，到处别开生面真不减清閟画图。

---

5. 镇江淮之水　收吴楚形胜——文峰塔

文峰塔位于扬州市广陵区宝塔路，城南古运河东岸宝塔旁的文峰寺内。史载，该塔始建于明万历十年（1582年），乃由僧人镇存行募集化缘所建，时任扬州知府虞德晔督建浮屠，另邵御史题名“文峰塔”，其后寺名便随其称“文峰寺”，兼有兵部尚书王世贞作题记。

历史文化

文峰塔始建之初实为更加振兴扬州文风，敦促学士们在科举场上夺得功名。清康熙七年（1668年）强烈地震致使文峰塔塔尖坠落，第二年幸得天都闵象南捐资修葺。

史上，文峰塔曾为水陆交通进出扬州城的标志性建筑，民谚“宝塔有湾湾有塔，琼花无观观无花”。康熙七年，地震令房屋倒塌无数，而此塔仅塔尖坠落，由此可知此塔坚固。

据称。登临此塔最宜远眺，俯瞰塔下殿宇，寺幽安详静谧、运河悄然流淌，动静对比鲜明。向南极目眺望，金山如峙似一尊玉屏，不时显露出妩媚妖娆，塔外为一尊“古运河”石碑。据说时康、乾二帝圣驾南巡常于此登岸，而鉴真法师扬帆东渡也是从这里启程。

据说，我国是世界上古塔最多、最丰富国度之一。粗略统计，我国史上各朝代所遗留下的各式古塔有 3000 多座。这些构建于不同时期的古塔，堪称形制各异，丰富多彩、千姿百态，仅外观样式就达十几种。故现存这些珍贵古塔蕴含极高艺术价值和文史价值。

古运河四塔

史上，北京通州的燃灯塔、山东临清的舍利宝塔、江苏扬州的文峰塔、浙江杭州的六和塔并称为“京杭古运河四大名塔”，在大运河辉煌时期一度成为运河沿岸标志性建筑。

● 通州燃灯塔

通州燃灯塔位于北京通州大运河北端西侧。史上燃灯塔又被称作佛舍利塔，“支柱幽燕天半壁”和“一枝塔影认通州”，这是清代两位著名诗人描绘燃灯塔诗词佳句。

《文昌阁十二景——古塔凌云》　清・王维珍

云光水色潞河秋，满径槐花感旧游。

无恙蒲帆新雨后，一支塔影认通州。

● 临清舍利宝塔

临清舍利塔位于山东临清市城北卫运河东岸。该塔已有 380 余年历史，它见证了明、清时期临清经济繁荣与发展，如今当年繁华已远去但舍利塔仍固守着这片乡情。

● 扬州文峰塔

扬州文峰塔位于城南古运河东岸。扬州自古便是繁华之地，名胜古迹不胜枚举。但文峰塔仍以其独特魅力吸引人们络绎不绝前往，登临塔顶时绿杨城廓可尽收眼底。

● 杭州六和塔

杭州六和塔位于钱塘江畔月轮山上。该塔始建于北宋开宝三年，吴越国王为永镇钱塘江潮下诏僧人智元禅师建造六和塔。六和塔又称六合塔取自“天地四方”之意。

《六和塔》　宋·章仙岩

六和塔上一登临，当景江山入兴深。

云出云归天自在，潮来潮去水无心。

6. 若论登临美　淮东第一观——大明寺

大明寺位于扬州北郊蜀冈中峰之上，该寺初建于南朝刘宋孝武帝大明年间。唐代鉴真法师任大明寺住持时，大明寺一度为中日佛教往来重要古刹。该寺集佛教庙宇、文物古迹、园艺景观于一身，在华夏寺院享有盛名，为富含佛经宝典丰富文史、名胜古迹。

唐代鉴真大师曾于寺内主持传经讲律，诗人李白、白居易、刘禹锡等也曾登临赋诗传为佳话。历经1500年风雨寺名多有变化，隋代称“栖灵寺”“西寺”，唐末称“秤平”。清代因讳“大明”二字，一度改称“栖灵寺”，乾隆三十年亲笔御书“敕题法净寺”。

《大明寺题联》　清·雍正

万松月共衣珠朗，

五夜风随禅锡鸣。

《大明寺题联》　清·乾隆

淮海奇观别开清净地，

江山静对远契妙明心。

历史文化

史传，隋仁寿元年（601年），为贺隋文帝杨坚寿诞之日，下诏全国建塔30座以供佛骨。该寺建“栖灵塔”，塔高9层宏伟壮观，被誉为“中国之尤峻特者”，该寺时称“栖灵寺”。唐代，鉴真法师任大明寺住持，使得大明寺成为中日佛教交往史上一座重名古刹。

北宋庆历年间，欧阳修任扬州太守时建平山堂。明万历年间，有扬州知府吴秀重建大明寺。明崇祯十二年（1639年），漕运御史杨仁愿再次重修寺院。清乾隆三十年（1765年），乾隆帝巡游扬州时题额“法净寺”。据传，北宋年间苏辙与秦观同游大明寺曾经作诗唱和。

《次子由平山堂韵》　宋·秦观

栋宇高开古寺闲，尽收佳处入雕栏。

山浮海上青螺远，天转江南碧玉宽。

雨槛幽花滋浅泪，风卮清酒涨微澜。

游人若论登临美，须作淮东第一观。

景观概说

牌楼。大明寺牌楼是为纪念栖灵塔和栖灵寺而建。中门撰书上题“栖灵遗址”4字，为清光绪盐运使姚煜手书。牌楼前雄踞一对石狮，乃古刹重宁寺遗物于20世纪60年代移此。

山门殿。山门殿兼作天王殿，正门上额撰书“大明寺”3字，为赵朴初集隋代《龙藏寺碑》而镌。殿内供弥勒像背面为护法神韦驮，两旁分立持国、增长、广目、多闻四大天王。

大雄宝殿。大雄宝殿现存主体建筑为清代年间所建，大殿屋脊处镶嵌宝镜，阳面是“国泰民安”4字，阴面为“风调雨顺”4字。正中莲花台上面的释迦牟尼大佛被尊称为“大雄”。

平山堂。平山堂大殿西侧“仙人旧馆”门额，为北宋欧阳修任扬州太守时所题。堂前悬楹联“过江诸山到此堂下，太守之宴与众宾欢”。史上苏东坡任扬州太守于寺后建“谷林堂”。

天下第五泉。西园又名芳圃，始建于清乾隆元年（1736年）存有御碑3块。唐人张又新《煎茶水记》文载，此泉水被评天下第五，宋代欧阳修《大明寺泉水记》也称“此井为水之美者也”。

鉴真纪念堂。史上大明寺名僧辈出，尤以唐代律学大师鉴真最为著名。今鉴真纪念堂为纪念鉴真法师圆寂1200周年而立，于1963年奠基、1973年建成。2007年，年近八旬池田先生一家，将其珍藏并敬奉30余年的西晋时期观音菩萨白玉佛奉归中国，同时无偿捐献给大明寺。

---

7. 记十里珠帘　看千竿寒翠——仙鹤寺

仙鹤寺位于市区汶河路，该寺院始建于元代，时阿拉伯人普哈丁曾参与规划。据称，仙鹤寺既融合了伊斯兰建筑风格，也富含我国古代建筑特色，因而与今杭州的凤凰寺、广州的怀圣寺、泉州的清净寺比肩齐名，同为东南沿海地区伊斯兰教四大名寺之一。

历史文化

据史籍记载，扬州的仙鹤寺与杭州的凤凰寺，同样以物喻形蜚声闻名。不过杭州的凤凰寺形如凤凰，只可惜史上屡建屡废，如今已基本看不出凤凰形态。而扬州仙鹤寺不仅形如仙鹤，至今外形仍保存完整，现已成中外建筑风格精妙融合代表，长期以来备受珍视。

据《嘉靖维扬志》《江都县志》文中记述：“清真寺在南门大街，宋西域普哈丁建。”史载，普哈丁是伊斯兰教创始人穆罕默德的第十六世裔孙，从大食国来中国学习文化艺术传播伊斯兰教。他先从古都洛阳出发，途经武昌沿长江到阿拉伯人聚集的扬州传教。

据传，普哈丁在武昌逗留期间，黄鹤楼的恢宏建筑风格引起他极大的兴趣，更兼有李白“故人西辞黄鹤楼，烟花三月下扬州”著名诗句映衬，令其对仙鹤魅力赞叹不已。

寺院概说

普哈丁先贤虽然身份特殊且身世地位显赫，但他仍坚持入乡随俗，极为尊重地方风习。如兴建礼拜寺时便按照仙鹤形体来布局，大门对面的照壁为鹤嘴，大门堂视为鹤头。如此构建寺院，既符合伊斯兰教寺规，又突破阿拉伯穹顶、尖拱门传统模式，并将鹤形的总体布局逐项进行寓景对位。如照壁、牌楼、甬道、大殿、半亭、古柏、竹篁等。

譬如，向北的露天通道，视为寺院鹤颈，礼拜殿视为鹤身，南北两厅房视为鹤翅，南北两古井为鹤眼，南北两棵柏树为鹤腿，大殿后的竹林则作为鹤尾，仙鹤寺由此得名。

环视寺院中景物，隔水屋宇相峙，两侧亭台峨立，鹤形陡然鲜活。今寺院殿堂处高悬一幅巨匾上题“壶天自春”4字，两旁抱柱悬扬州当代书画名家李圣和女士撰书一联：

淮左古名都，记十里珠帘，二分明月；
园林今胜地，看千竿寒翠，四在烟岚。

江南四大清真名寺

● 扬州仙鹤寺

仙鹤寺。形如仙鹤保存完整，是中外建筑风格融合典范，历来为海内外伊斯兰教所珍视。

● 广州怀圣寺

怀圣寺。位于广州越秀区光塔路，始建于唐高祖武德年间现存最早清真寺。

● 泉州清净寺

泉州清净寺位于泉州涂门街，是仿照叙利亚大马士革伊斯兰教礼拜堂形式建筑。

● 杭州凤凰寺

杭州凤凰寺位于杭州市中山中路。该寺院建筑因形似凤凰展翅而获得了此名。

8. 坐禅以香计　面佛岂分心——高旻寺

高旻寺位于扬州城南郊，古运河与仪扬河三汊河口处。清代曾为扬州八大名刹之一，与镇江金山寺、常州天宁寺、宁波天童寺并称为佛教禅宗江南四大丛林。该寺不仅在国内享有盛名，在东南亚各国也颇具影响。1983 年，高旻寺列为全国重点寺观之一。

历史文化

史传，高旻寺初建于隋代，历经数代风雨飘摇寺院屡废屡兴，期间多次更改其名。清代初年改作行宫，清康熙四十二年（1703 年），康熙帝第四次南巡时登临寺内天中塔，有高入云端之感，遂赐名“高旻寺”。此后，康熙、乾隆二帝数次南巡均驻跸高旻寺行宫。

《高旻寺二首》　清 · 乾隆

其一

兰若青莲宇，浮图碧落天。名湾真不愧，埋雁亦堪传。
未纵清明望，谁忘言象诠。金山不速客，暂尔隐江烟。

其二

河干启梵域，塔影矗高旻。两字腾鸿号，千秋焕宝文。
庄严开象设，清净悦声闻。顶礼祝慈寿，都梁飏瑞芬。

清顺治八年（1651 年）两河总督吴惟华，始于三汊河岸筹建七级浮屠，为纾缓水患取吉意唤作“天中塔”。清康熙年间，时有江宁织造曹寅、苏州织造李煦倡，以及两淮盐总俱捐资整修宝塔和寺院，于寺内建佛殿及御碑亭，后曹寅又于寺西建行宫其规模数倍于寺。

清代中叶，高旻禅寺名僧辈出。乾隆三十六年（1771 年）寺院金刹为飓风吹落损及塔身，后经两淮盐商捐资筹款于次年上顶合尖修复。清道光二十四年（1844 年）地震致塔身损毁，高旻禅寺由此渐显衰微。后高僧来果住持寺院，扩庙宇、整寺规、严宗约，寺复隆兴。1980 年，高旻禅寺失散多年僧侣重归寺院。1983 年，经批准成为重点寺庙之一。

寺院概说

高旻禅寺临水而建，构筑形式不拘一格，寺院恬淡曲径幽深，新老禅堂互依并存，念佛堂、藏经楼、西楼、水阁凉亭，相映生辉错落有致。寺内寮房地势随形，殿堂楼阁不失传统，佛光禅语点悟僧众，晨钟暮鼓惊醒迷蒙。寺外运河波纹涟漪、荡涤红尘且微澜不惊。

据说，寺院大殿内菩萨造像的形制与布置与众不同皆有独到。例如通常所见禅宗寺院中间为释迦牟尼佛，旁边立有二位弟子，年长为迦叶尊者，年轻为阿难尊者。而该寺院德林长老，重修寺庙殿宇时却另辟蹊径，中间仍为释迦牟尼佛，旁边也站立弟子二人。但是，此时站立二位弟子年长则为须菩提尊者，他也被称为“解空第一”；年轻乃为目犍连尊者，他也被称为“神通第一”。这三尊佛像皆以泥塑贴金，尤显耀眼光芒夺目。

东西两厢十八罗汉造型生动，似佛非佛、亦僧非僧，有文有武、独具个性，喜怒哀乐、特征分明。如此细腻刻画且形象传神，既极富浓郁生活气息，又颇似佛像返璞归真。

据传，高旻寺得以出名还在于“坐禅”，亦称“坐香”，即坐禅以香计。在德林老和尚住持下，高旻寺重修了一座独具特色禅堂，此禅堂高度 18 米呈不等边形，八面体趋于圆状，内部周边皆为禅凳，中间供奉八尊佛像，坐禅时僧众面前皆可见一尊佛像与其直面。

据说，康熙皇帝南巡驻跸行宫，因仰慕高旻寺禅风，遂亲至禅堂“坐香”拜佛。但由于分心、打失，被当值维那师傅觑破，亲自下座打了三记香板，仍令康熙须隐忍继续参禅。后康熙帝向方丈抱怨，又遭方丈两记警策香板。由此令康熙帝领教佛门禅风高峻超拔。

9. 祇陀舍为庵　皈依入佛门——祇陀林

祇陀林庵又名祇陀精舍，其址位于扬州引市街。据说，此地民国初年，曾是地方军阀徐宝山的宅院，徐宝山被刺身亡后其二夫人孙阆仙皈依佛门，舍宅第为庵改名祇陀林。

历史文化

徐宝山，可称近代史上一个风云人物。清末民初，社会震荡枭雄四起，历史舞台创造了徐宝山这样一个初混迹于镇江和扬州江湖上的大盐枭，后来又成为民国早期大军阀。

1900 年，时中国社会激流涌动，各路英豪揭竿举旗。徐宝山乘机以“两江两湖兵马大元帅”之名贴告示要北上造反，朝廷得知大为惊恐迫于形势将徐宝山招为朝廷命官。

辛亥八月，武昌起义打响，时徐宝山经过一番争斗厮杀，又成了革命党人一中坚力量。1912 年初，中华民国临时政府成立任命徐宝山为第二军上将军长，兼扬州军政长官。

然而，随着孙中山将临时大总统让位于袁世凯，他又立刻转而效忠袁氏，因此深得袁大总统喜爱。如此一来，徐宝山就站到了革命党人对立面，时革命党人决定将其除掉。

不久，派人乔装打扮前去徐府，谎称此行受袁世凯委托专程送一只珍贵古董瓷花瓶。并且一再叮嘱徐的下属亲信，此物贵重价值连城定要徐宝山本人亲自打开查验不可。

徐宝山闻讯惊喜不已，只是刚一打开木匣，瞬间就听"轰"的一声巨响，一代枭雄顷刻之间便被炸得血肉横飞，一命呜呼。事后令袁世凯痛呼"贼害勋良，深堪骇悼"。

徐宝山之死对历史进程影响不大，但对家人命运影响非同一般。譬如二夫人孙閬仙，此孙氏时为民国扬州八大美女之一，才貌双全通诗文，擅画梅，熟知歌舞，尤精古琴。据说，孙氏十分欣赏徐之豪气，从徐后常劝说徐宝山礼贤下士，广揽人才。其后诗人吴召封、书法家吉亮工、盐商首领方尔咸等，众多社会名流皆被网罗于徐府幕僚门下。

徐死之后，孙阆仙万念俱灰遂一心信佛广布善事，后将家中资财变卖，在瘦西湖建起一座"徐园"，修筑了"徐园"门前的长堤和瓜洲三十里驳岸，时常施舍资助贫困乡邻。

祇陀传奇

1921 年，祇陀林建成，孙阆仙亲为题名，其堂妹剃度出家住持、法号了悟。孙阆仙带发修行，1947 年病逝，逝前三日于庵内剃度出家，法号朗潜。时了悟有弟子数人，三弟子明智助阆仙建庵出力最多。了悟之后有明智任住持，后源泉澄、宽敬相继主持此庵。

今祇陀林大雄宝殿正中神台上供释迦牟尼佛，系 1982 年从镇江金山寺请来。右面神台供奉观世音菩萨，左面神台供地藏王菩萨，东西两壁悬挂十六尊者像。大殿后为念佛堂，供千手千眼观音镀金佛像（贴金箔），另陈列"佛说十法界图解"以及彩色观世音像。

● 怀礼其人

徐宝山字怀礼，人称"徐老虎"镇江丹徒人士。据说，此人身材魁梧臂力过人，武功超群，刀枪棍棒无所不精。1893 年参与"仙女庙劫案"，后潜入江湖成为一方大盐枭。

● 功过是非

有评论说，史上徐宝山有功也有过。在辛亥革命初期，其顺势加入革命党，在推翻清廷的革命运动之中曾经作出相当贡献，时被孙中山大总统任命为北伐第二军上将军长。

● 炸弹夺命

不过袁世凯复辟帝制，徐宝山不明就里又转而拥袁，此情令革命党人大为恼火，必欲除之而后快。其后，便有张静江遣人将炸弹放入古董箱内，炸弹被引爆致其当场毙命。

10. 无双亭下醉　不负广陵春——琼花观

琼花观又称蕃厘观，位于扬州市文昌中路（原琼花路）北侧，这里原是供奉主管万物生长后土女神的后土祠，今为扬州一处著名旅游景观。此观始建于西汉之成帝元延二年（前11年），迄今已有2000余年历史，北宋时宋徽宗赵佶赐观金字牌匾额题“蕃厘观”。

据称，琼花之名本泛指盛开美丽花朵时的花卉，古文中“琼花”亦写“琼华”。故许多古籍著文描述，“华”亦“花”，而所谓琼者，实为美玉也。因此，后人便常将琼花花语，定义为美丽、浪漫、完美之爱情。所谓“玉树琼花”乃时逢霜雾雨露、浅薄冰凌凝结。

琼花史话

据说，“蕃厘”语出《汉书·礼乐志》之“惟泰元尊，媪神蕃厘”。蕃指多而大，厘寓有福气，“蕃厘”寓意多福大福之意。宋代欧阳修任扬州知州时曾于观内筑“无双亭”，每逢春时三月，观内琼花盛开，霎时艳丽、蝶舞花丛、仙逝飘然、风姿绰约、景色迷人。

相传，隋炀帝为赏琼花乘龙舟而下扬州。宋代欧阳修任扬州太守，于琼花观旁建“无双亭”彰显扬州琼花独一无二。有诗云“维扬一株花，四海无同类”“天下无双独此花”。据说，宋仁宗、宋孝宗试图移此花于皇宫佳苑，然而效果却不佳无奈只得作罢。

《答许发运见寄》　宋·欧阳修

琼花芍药世无伦，偶不题诗便怨人。

曾向无双亭下醉，自知不负广陵春。

《琼花》（节选）　宋·韩琦

维扬一株花，四海无同类。

年年后土祠，独比琼瑶贵。

《无双亭观琼花赠圣民》　宋·刘敞

东风万木竞纷华，天下无双独此花。

那有灵霙凌暖日，不为琪树隔流沙。

祠城寂寂春空老，江雨冥冥日易斜。
仙品国香俱绝妙，少倾高兴尽流霞。

史载，清顺治、康熙年间，先后两代张天师羽化于蕃厘观内，故此观也被道家正一派视为圣地。另在许多武侠小说中，琼花观也被描写高人隐士蛰伏之地。在《隋唐演义》中有渲染隋炀帝与琼花之神奇。清代杂记中，又常讲江湖隐士、山野奇人寓居于琼花观。

景观概说

据传，琼花观内古建源于唐代淮南节度使高骈所为。唐僖宗中和二年（882年），始建三清殿。其后，欧阳修又筑“无双亭”与一口玉钩古井，以及门前牌坊、弥罗宝阁、文昌祠、深仁祠、竹轩花亭等。今观内有无双亭、芍药亭等仿古建筑，布局典雅，景致清幽。

明代，扬州知府吴秀于观内建玉皇阁，阁高三层、壮丽恢宏，临阁凭栏可俯瞰繁华市景。今观前古石牌坊乃为明代年间遗物，碑石质地呈现糙米色，左右两根石柱上圆且下方，柱端颇似华表分别雕刻日月形状，左为赤乌象征着太阳，右为玉兔象征着月亮。

11. 王陵立两处　史考贵严谨——隋炀帝陵

隋炀帝陵（景观）位于扬州市邗江区槐泗镇槐二村，史上隋炀帝知名度甚高，堪称是一位毁誉参半的帝王。作为一代声名显赫帝王陵墓，这里既是一处旅游景观，也富含历史文化和考古价值，故吸引许多中外人士慕名而来。隋炀帝陵现为省文物保护单位。

炀帝史话

隋炀帝杨广在位14年，初殡江都宫流珠堂，后葬吴公台下唐平江南，再后以帝礼改葬雷塘现址。清嘉庆十二年（1807年），大学士阮元为其立碑建石，扬州知府伊秉绶隶书“隋炀帝陵”。2013年，扬州邗江区发现两座古墓，其中一墓志显示墓主为隋炀帝杨广。

史载，隋大业十四年（618年），隋炀帝巡幸扬州，时禁卫军发动兵变先逼宫后缢死杨广。该墓志铭记载其入殓时间“大业十四年”即公元618年，此情与史载相符。据称，隋炀帝陵墓曾有多次迁移，杨广死后萧皇后与宫人用床板漆制棺木，将其葬于江都宫流珠堂。据传，宇文化及离江都后，镇守江都隋朝旧臣，因感念隋炀帝恩惠，为其发丧且葬于吴公台下。唐武德五年（622年），高祖李渊下旨将隋炀帝陵迁雷塘。唐贞观二十二年（648年），萧皇后病逝，唐太宗下旨将其与隋炀帝合葬。据此史料，推测另一处墓主应为萧皇后。

历史误判

今邗江槐泗镇隋炀帝陵寝实为清代发现墓址的误判，现仍作省文物保护单位。史载，隋大业十四年江都禁军兵变，叛军司马德推宇文化及为首，逼宫缢弑隋炀帝。据说是萧后将其草葬于江都宫西院流珠堂，后旧臣陈棱集众缟素为炀帝发丧备仪，改葬于吴公台。

唐武德五年（622年），隋炀帝又得帝礼移葬至雷塘北，但终因年深日久致帝陵荒芜俱废，已不为常人所知。清嘉庆十二年（1807年），有扬州大学者阮元在槐泗镇发现陵墓遂整修，并在修陵后立石碑，题书“隋炀帝陵”4字，后又经当代书法家扬州知府伊秉绶撰书。

今隋炀帝陵（景观），右侧为“大清嘉庆十二年（1807年）前浙江巡抚阮元立石”，左侧为“扬州府知府伊秉绶题字”。现陵墓南侧有条石筑堤护坡，游人可拾级而上陵墓四周且广植松柏。自1983年整建修葺，恢复神道陵台，林木葱郁环绕，满目石楠、女贞、冬青。

真墓显现

2013年4月，时扬州曹庄隋唐墓葬一号墓出土了一合葬墓志，该墓志铭中有“隋故炀帝墓志”等文字。闻此，南京博物院、扬州市文物考古研究所、苏州市考古研究所迅速组成联合考古工作队展开考古发掘调查。专家称墓内两颗牙齿经鉴定约为50岁男性个体。

据文献记载，隋炀帝杨广生于公元569年，卒于公元618年，年龄与“牙齿时龄”很接近吻合，故判断一号墓主为隋炀帝杨广。二号墓保存有部分人骨遗骸，但根据墓葬形制，墓内出土高等级随葬品，以及对骨骸鉴定再结合文史资料，判断墓主为隋炀帝之萧后。

史载，公元618年隋炀帝于江都被禁军所缢杀，一代帝王就此陨落。今在展厅最后位置立有一块墓碑形状留言牌，上面已写满参观者对于隋炀帝评说。如“秦隋之鉴，隆兴汉唐，毁誉参半，一代君王”等，这大概是今人对这位隋炀帝既客观而又宽容的历史评价。

从隋炀帝墓发现到墓中文物展陈，隋炀帝陵墓一直饱受争议，面对各方质疑考古人员并不进行争辩，而是专注发掘探究更以科学佐证讲话。2014年4月，隋炀帝墓出土文物在扬州博物馆正式展出。从发现隋帝墓志到文物展陈近一年，此考古时段严缜实属罕见。

12. 竹山四季风韵 此景华夏称孤例——个园

个园位于扬州市东关街之北段，是一处以叠石见长的园艺景观为国内四大名园之一。个园始建于清代嘉庆年间，时为扬州大盐商黄英泰居所，园内曾广植多色花竹。

据称，由于竹叶形状如同“个”字，故取名“个园”。宋朝大文学家苏轼曾经慨叹：“宁可食无肉，不可居无竹，无肉至人瘦，无竹令人俗”。据说，旧时个园竹品不下百种，今个园景观不仅富含竹韵，且布局精巧、四季假山、构思奇妙，令恢宏大气灵秀兼具。譬如，个园“四季假山”布置与构建不仅将南方之灵秀，北方之雄浑集聚于一体，令其在国内园艺景观中出类拔萃独领风骚。而且在一块面积不足50亩狭小空间，竟开辟出4个形态逼真山石景区，且以春、夏、秋、冬冠名，使游人移步便可领略园景四季芳华。

园景概说

个园，素以叠石园艺著称且饮誉华夏。如笋石、湖石、黄石、宣石垒砌叠变春夏秋冬四季山景，融造园法式与山水画理于一身，园林专家陈从周先生赞誉此“国内孤例”。

● 特色假山

湖石假山位于园区西北方，选用玲珑剔透湖石堆叠垒砌。山前蓄池水、山下藏洞室、水上走曲梁，山势葱郁、妩媚婀娜、山石穿行，别有洞天，沿阶拾级而上可达峰顶。

黄石假山由粗犷黄石堆叠，拔地陡起、险峻临空。平面见迂回，立体现盘曲，山上山下，廊阁相连。堆叠垒砌精湛，构筑天工神奇，堪称登峰造极，不负江南仅存孤例。

宣石假山宣石又称雪石，迎光发亮，背光显白。以门景竹石为春，湖石叠山为夏，黄石叠山为秋，宣石叠山为冬。携江南山水灵秀、聚北国山岳雄浑，称酣畅淋漓尽致。

● 四季景观

春景：展示修竹挺拔，凌云冲霄，植插斑驳石笋，以显“寸石生情”心绪，表露“雨后春笋”隐意。一幅别开生面的竹石山景图，惜用翰墨点金手法，揭示“春山”话题。

夏景：展露山间古柏，枝葱叶茂，山脚河塘、掩隐山腰、池水清澈、鱼翔浅底，洞内清爽，微露寒意。一弯涓流池塘跌宕，游鱼嬉戏睡莲醉意，园艺造景俱浸润诗情画意。

秋景：展现热烈奔放秋色，黄山石堆叠、显刀斧之功，棱角分明、峻冷靓丽，独领“江南园林之最”美誉。夕阳西下霜天寥廓，遍撒金色一抹稍许，观满园生辉尽收眼底。

冬景：展宣石洁白晶莹堆叠，远远望去略感冰雪寒意。二十四管风音洞，裹携巷风声声呼啸，巧借“雪色”凸现腊月冬季，山岩“风声”烘托料峭，腊梅造势现严冬俏丽。

13. 依南窗以寄傲　登东皋以舒啸——何园

何园别称寄啸山庄，位于扬州徐凝门街的花园巷内，为清朝光绪年间湖北汉黄旗道台何氏增所建的一处私家宅院，因宅主何姓遂得名何园。何园也是保存最完好的一处近代私家居所，既富江南私家园林精致，又具现代西洋风格，更兼文风气息雅韵特色。

园林概说

何园占地面积并不很大，但布局敞亮不显局促，从园艺居所的角度审视，变动观为静观使装潢设计极富层次感。就一般园艺比较而言，从构建到布局确有不同凡响之处。

例如何园别具特色代表串楼与复廊，其构思便十分精巧，它将东、西二园及住宅连为一体，既有局部景致又显整体和谐。此串楼上下回转游人循楼漫步，景物移步变换浮现耳目簇新。这种精妙设计堪称扬州园林代表佳作，不愧为清末年间一处经典私家庭院。

在中国近代史上何氏家族非同小可。其既与北洋重臣李鸿章关系密切，又与光绪皇帝老师孙家鼐是同乡和儿女亲家，还与光绪皇帝另一老师翁同龢，以及清廷洋务派代表张之洞也连带着姻亲关系。何园初建于清代同治元年，此宅基初为清代乾隆年间双槐园旧址。时园内有两株大槐树，据传为双槐园旧址遗物。何园别称“寄啸山庄”，园名取自陶渊明《归去来兮辞·并序》“依南窗以寄傲，登东皋以舒啸”语句，后为何宅臻选园名。

《归去来兮辞·并序》　魏晋·陶渊明（节选）

……归去来兮……引壶觞以自酌，眄庭柯以怡颜。倚南窗以寄傲，审容膝之易安……

……归去来兮……怀良辰以孤往，或植杖而耘耔。登东皋以舒啸，临清流而赋诗……

园艺景观

何园，扬州典型私家园林堪称珍稀压轴之作，它广采皇家园林尊贵、江南庭园优雅，园艺古今融汇，时中国文物学会会长、园林专家罗哲文先生赞誉“晚清第一园”。何园造势独辟蹊径，廊亭湖石布局精妙绝伦，如影随形顺其自然，已达至臻完美无以复加境界。

牡丹厅。进入何园东大门首先看到便是后花园，整个花园分东、西两处。穿过“寄啸山庄”圆洞门，呈现于眼前便是牡丹厅，迎面山墙上嵌有“凤吹牡丹”砖雕，牡丹厅由此得名。

贴壁假山。船厅后侧的风火墙处，紧贴墙壁堆叠一组长达60余米长的假山。上铺盘山蹬道，下置空谷相随，水溪绕山谷山临伴月亭，经过月亭登复道可至回廊，全境布设立体通畅。

船厅。在东园所有构建中尤以船厅布局最为经典，抱柱悬楹联“月做主人梅做客，花为四壁船为家”。船厅四周花窗俱施以通透玻璃，浮现“人于厅中坐、景自四方来”之意境。

读书楼。翰林公子读书楼乃何园文脉之象征，何氏家族从何芷舠父辈起，便是经科举踏上仕途。自此而后也留下厚学重教，诗礼传承之门风，先后走出多位翰林、博士、画家、院士等。

复道回廊。此复道回廊，曾被戏称为早期立交桥雏形。它将东、西两园，宅院厅堂巧妙地串联在一起，逢雨天如注仍可悠闲欣赏园景。廊道墙上开有什锦洞窗，绕廊徜徉移步换景。

水心亭。西园水池居于园中，水心亭也是罕见立于水中之戏亭。主人于此便可纳凉、观景，欣赏戏曲表演。据称，《红楼梦》《还珠格格》《毕昇》等百余部影视剧，将此选作外景。

湖石山。此园建有一湖石山，与水心亭毗邻隔水相望，游人至此环视园景布局，可顿感这里湖石假山高妙谐趣。漫步舒心徜徉、移步换景浏览，即品读明月诗情、也领略清泉意境。

《山居秋暝》　唐·王维

空山新雨后，天气晚来秋。
明月松间照，清泉石上流。
竹喧归浣女，莲动下渔舟。
随意春芳歇，王孙自可留。

水中月。“水中月”称园中奇景，白天池水可见倒映一轮明月，若随视角变化亦有阴晴圆缺。此为园艺大师石涛匠心营造“水月镜花间”景观，隐喻“世事无常，随遇而安”意境。

玉绣楼。玉绣楼因院中广植玉兰和绣球得名，其主体建筑既富于传统串楼理念，又融入西方现代建筑风格。如法式百叶窗，法式墙壁炉，日式推拉门，铁艺家居装潢等现代工艺。

骑马楼。骑马楼是何园客舍，骑马隐喻他乡和旅途之意，何园取骑马寓意，冠以客舍之名，其用心良苦非比寻常。另有一说，是因为骑马楼外形酷似宝马良驹之鞍鞯，故撷取此名。

东一楼。国画大师黄宾虹乃何园主人何芷舠长媳族叔。黄宾虹曾 6 次来扬州皆寓居在东一楼。1954 年，91 岁高龄黄宾虹在回复弟子顾飞信中，便追叙了当年何园经历和见闻。

明楠木厅。片石山房东面有一宽敞厅堂，此为何园保存年代最久的一幢建筑，俗称明楠木厅，距今约有 400 年历史。厅的西侧有“不系舟”，于此端坐观赏池鱼，如驾扁舟荡桨微澜。

清楠木厅。玉绣楼前面有“与归堂”，这是迄今扬州保存最宏伟、最完整的一座清楠木厅。此处原为主人会客之地，楠木厅正间大门两侧融入西式建筑风格，玻璃采光效果完美极佳。

片石山房。“片石山房”可称是明末、清初，园艺大师石涛构筑叠石假山现世存孤本。史称“片石山房在花园巷，又一名双槐园歙人吴家龙别业，今粤人吴辉谟修葺之园取湖石胜”。

14. 说运河故事　话今古传奇——扬州古运河

扬州古运河风景区，可称京杭大运河最古老河道之一。此段运河水质清澈，穿城而过，沿岸古迹林立，风土人情独许。仅从长江入口处始，沿途有瓜洲古渡，江南名刹高旻寺，盛唐时期的海上丝绸之路扬子津，鉴真东渡码头宝塔湾，伊斯兰宗教名胜普哈丁墓等。

历代名人有关“扬州”诗文佳句采撷如下。

故人西辞黄鹤楼，烟花三月下扬州。　《送孟浩然之广陵》唐·李白
嘹唳塞鸿经楚泽，浅深红树见扬州。　《宿扬州》唐·李绅
春风十里扬州路，卷上珠帘总不如。　《赠别二首》唐·杜牧
天下三分明月夜，二分无赖是扬州。　《忆扬州》唐·徐凝
沉舟侧畔千帆过，病树前头万木春。　《酬乐天扬州初逢席上见赠》唐·刘禹锡
楼船夜雪瓜洲渡，铁马秋风大散关。　《书愤·其一》南宋·陆游
春风又绿江南岸，明月何时照我还。　《泊船瓜洲》北宋·王安石

瓜洲古渡

史载，瓜洲最早处于大江之中，四面皆环水，后因泥沙淤积逐渐与陆地相连，因其形状如瓜，故曰此名。瓜洲历来是扬州门户，正因如此，该渡口始于两晋且兴盛于隋唐。

古往今来，它在史上的知名度大概仅次于扬州。时古人云："瓜洲虽弹丸，然瞰京口，接建康，际沧海，襟大江，扼七省咽喉。"故有"江淮第一雄镇""千年古渡"之称。

史上，唐代的李白、白居易，宋代的王安石、陆游，明代的郑成功，清代的郑板桥等一众名人，都曾于瓜洲寻幽揽胜，留下许多吟诵瓜洲名篇佳句。瓜洲也是历代政治家、中外旅行家涉足重地。清康熙、乾隆二帝，数次南巡均驻跸于瓜洲并在锦春园设有行宫。

《长相思·汴水流》 唐·白居易

汴水流，泗水流，流到瓜洲古渡头。吴山点点愁。
思悠悠，恨悠悠，恨到归时方始休。月明人倚楼。

《泊船瓜洲》 北宋·王安石

京口瓜洲一水间，钟山只隔数重山。
春风又绿江南岸，明月何时照我还?

昔日，风流天子乾隆皇帝赞美锦春园题诗之御碑，至今尚保存完好。唐代高僧鉴真大师东渡，造船、买船、登船及储备粮草皆于此地。意大利著名旅行家马可·波罗曾游览瓜洲，并在其《马可·波罗游记》中，对瓜洲所处地理位置和历史作用均作了详细描述。

早年瓜洲古渡，作为长江和京杭大运河交通枢纽，市井繁华、富庶一隅，亭台楼阁、星罗棋布，庵堂庙宇、庭园林立，尤其史上隋唐、宋元、明清时期，极盛时名冠江南。史上瓜洲十景闻名遐迩如：

石桥踏月、天池夜雨、江楼阅武、漕舰乘风、东城柳岸、
桃坞早莺、芦汀新雁、雪水钓艇、金山塔灯、银岭晴岚。

沉箱亭

今瓜洲古渡，亭边岸柳依依，柳丝随风拂煦，撩动传奇思绪，令人不禁想起那个凄美动人的故事，杜十娘怒沉百宝箱。"沉箱亭"，如今静立于古渡江边景区，八根廊柱撑起八角飞檐穹顶，亭内石碑上书"沉箱亭"3个大字，石碑背面记述了杜十娘投江故事梗概。

● **故事传奇**

扫荡残胡立帝畿，龙飞凤舞势催翊。环峙海天襟一带，坐拥太行险峻奇。
戈戟九边雄关立，衣冠华履仰垂衣。人间难得太平世，金瓯泛起罩征衣。

《警世通言·杜十娘怒沉百宝箱》故事梗概

杜十娘怒沉百宝箱的故事，当年就是发生在与京口一水相隔的瓜洲古渡。话

说京都名妓杜十娘决计从良，情愿跟随公子李甲回其绍兴老家。就在李甲现“囊箧空虚”时，十娘利用老鸨一时大言不惭，赚得鸨母诅咒发誓，只需300两银子便可允杜十娘赎身的诺言。

入夜船泊瓜洲，盐商孙富垂涎杜十娘姿色便寻机和李甲攀谈，李甲虽有如花美眷，却显露心神不安。原来李甲因迷恋十娘豪掷无度竟花光了银两，而其父又十分威严势利，心怀忐忑的他正不知如何禀告父老。孙富闻听借机拉拢愿出千金换取十娘，称解李甲之难。李甲权衡利弊最终应允，此入夜时分李甲思前想后，或欲言又止或欲说还休，冰雪聪明的杜十娘仅从言谈话语之间，很快便弄清楚了个中缘由。正是在那恍惚茫然一刻，杜十娘的心真是彻底碎了，她没成想自己欲托付一生男人，仅为区区一千银两竟然将她转卖。

古语道，哀莫大过于心死，此一夜十娘与李甲几尽无语，而杜十娘伤极泪绝，早已随着无尽的江水呜咽逝去。次日天还未全亮杜十娘却早已起身，她在灯下认真梳妆打扮自己。天大亮后，孙富果然送过来白银千两，杜十娘见状唤过李甲让他仔细查验过目点清。

此时，江面晨曦初起，水波粼粼状若红霞。只见杜十娘立于船头，不动声色地打开了她的妆匣。第一层，翠羽、金钗，价值可值数百金，众目睽睽之下，杜十娘看也不看，信手投进了滔滔江中，随即激起点点的浪花。第二层，宝玉、紫金、古玩，价值足抵千金。只见杜十娘凄然一笑，纤纤玉手只轻轻一翻，几多珍宝又悉数落入滔滔江流。此时人群一阵哄然，有人惊呼惋惜，有人开始不解。第三层，祖母绿、猫眼石，顶级的奇珍异宝再次被投入滚滚江水中。李甲此时后悔死了抱住十娘恸哭，孙富也惊呆了欲上前阻拦。

面对进退咫尺狭小天地，却现人生百态世间炎凉，杜十娘近乎发出绝望狂笑，她先是怒斥孙富趁人之危小人行径，然后痛责李甲忘恩负义趋利薄情。此时李甲竟言称谢罪，那杜十娘怎能再信无耻之人的虚假承诺，她悲愤至极再不回头纵身跃入了汹涌大江之中。

《杜十娘怒沉百宝箱》故事，时为明代白话小说集“三言”中的名篇佳作，是中国古代文学史上杰出的短篇小说之一，富蕴艺术效果和非凡哲理。多少年来，人们不断对杜十娘悲剧式命运进行探寻，对小说意喻内涵不断揣摩，只是迄今也没寻得令人信服的答案。

东关古渡

东关古渡今为扬州古运河上一处著名景观，史上这里曾为京杭大运河一处渡口。今在古东门遗址处已发掘出南宋初年的瓮城、便门、城壕等遗迹，以及北宋年间出城路道。东关城门楼外，现建有东门遗址广场，又恢复重建了炮台、吊桥、井亭等多处仿古景观。

资料显示，史上的东门曾与东水门唇齿相依，其大体位置应在今古邗沟以南。据称，唐代有官河横贯古城，江潮涨水亦能随之涌入扬州内河，所以就有了“扬州郭里暮潮生”的诗句。东关街的繁华可上溯至唐代，但是当时的街景模样应该与现在的格局大不相同。

史上，京杭大运河扬州段曾有多个渡口，东关渡口是著名渡口之一。史载，唐敬宗宝历二年（826 年），因城内官河水浅淤塞、阻滞漕运，盐铁转运使王播开七里港河，绕行扬州罗城之城南、城东，时为东门外主要渡口。元末城毁，明嘉靖年间又于旧城以东建新城。

据说，隋唐时期，东关街一带曾有许多小桥，使得唐诗中便有了“入郭登桥出郭船”“夹河树郁郁，华馆千里连”之描述。在唐代东关街市店铺林立，邸店是古代供客商堆货、交易、寓居客栈的旧称，时东关码头上经常停泊许多波斯、大食、日本、韩国商船。

北宋天禧二年（1018 年），江淮发运使贾宗开凿扬州城南运河，从黄金坝向南绕城至文峰塔，这便促使东关渡口繁华至极。南宋年间，扬州因地处抗金前沿，宋高宗赵构命江东制置使吕颐浩、知州郭棣构筑宋大城，一切均以“行在”军事要塞格局来进行布防配置。

史上东门，虽为南宋时城垣遗迹但基址却源于隋唐，其后又历经五代及北宋不断进行修缮。而南宋时期这里恰是前沿重镇，故此时扬州东门比隋唐、五代、北宋等历朝都要坚固。其形制虽无变化，但城防能力却明显增强，内外瓮城、壕沟、吊桥等设施俱得加固。

东城门旧称利津门，俗称东关。江北客商至扬州多要从东关进出，时东关也就成了盐运漕运的转运中枢。民国年间为方便交通，从仙女庙、万福桥、凹字街一带，进入扬州均从东关摆渡。自 1951 年始拆城墙，东关城门也无幸免，但渡口直到 20 世纪末仍在使用。

扬州古运河文化迄今已有 1200 年历史，历经千年岁月积淀，今运河古渡、旧街巷坊，俱成珍贵古迹和丰富历史人文。史上东关古渡也催生一条繁华商贸古道——东关老街。

2004 年 12 月，“东关古渡——沿古运河风光带”已被评为扬州著名新十景之一。

普哈丁墓

普哈丁墓位于江扬州市解放桥南堍，为史上安葬普哈丁所修建的墓园，该墓园是一座典型阿拉伯式建筑。有关史料记载，墓园初建于公元 13 世纪，大约为我国的南宋时期。明代，永乐皇帝曾颁下诏书特予保护，清朝政府也对墓园进行了多次修复。

今墓园的亭壁上，仍嵌有光绪三十四年（1908 年）重修墓园时所立“先贤历史记略碑”。碑文以汉字镌刻，扼要记叙了普哈丁在中国传教概况。墓园大门石额题“西域先贤普哈丁之墓”，下署“乾隆丙申重建”，入门向右有一拱门，内有一座清代中叶建小型清真寺。

今墓园寺内礼拜殿建有拱形圣龛，以及由阿拉伯文《古兰经》组成的图案，从而使墓园呈现十分浓厚的伊斯兰宗教色彩。直对大门的正面是一条青石台阶铺就的甬道，由此前行可直达墓域，普哈丁墓就葬于此墓亭中央地下。今墓园已为全国重点文物保护单位。墓园建筑包括三部分：

第一部分为墓域，此处有普哈丁墓以及其他阿拉伯人墓碑。

第二部分为清真寺，这里也是教徒们进行礼拜的活动场所。

第三部分为东郊园林，保存我国元代所遗留阿拉伯文墓碑。

- **普氏史话**

据传，普哈丁系伊斯兰教先知为穆罕默德女婿阿里支系第 16 世裔孙，在其信奉教徒中具有很高德望，南宋咸淳年间前来中国传教。普哈丁在扬州期间，弘扬伊斯兰教传统美德，扶弱济贫、广交朋友，于此做了许多好事善事，时得扬州地方高度赞扬和官方礼遇。

普哈丁曾主持修建了著名的仙鹤寺。光绪年间《西域先贤普哈丁墓碑记》，记述了一则普哈丁的传教故事：“其时绿扬城东有龙王庙，老僧华仙素擅法术，颇有名誉，见先贤欲一斗其伎俩，卒不能胜，乃折服而退”。这则故事记述了普哈丁传教经历和崇高地位。

史载，普哈丁于公元 1275 年 7 月乘船沿古运河南下，就在抵达扬州黎明时分且于船中归真。当年扬州郡守根据他生前的遗愿，将其安葬于古运河东岸土冈，这座墓园便是最初专为安葬普哈丁修建，穆斯林尊这里为先贤墓，今墓园历经不断整修彰显肃穆庄重。

- **墓园布局**

普哈丁墓园，其门额刻石为“西域先贤普哈丁之墓”，下署“乾隆丙辰重建”。庭院之中立有北轩、东轩各三楹，另在北轩附近建南北相对墓亭两座，亭后便是普哈丁陵墓。墓园布局严谨，庭院轩榭古木芳香，环境清幽庄严肃穆，夏季浓荫蔽日，秋时黄叶铺园。

- **历史价值**

普哈丁墓园为隋唐以来至明清时期，阿拉伯人在扬州社会活动经历提供了重要的历史线索。也为深入研究中国伊斯兰教史、海外交通史、世界建筑史提供了珍贵史迹。

- **墓地保护**

史上，元、明、清历代王朝对普哈丁墓园十分重视，采取了许多保护措施。

新中国成立后，政府不断对墓园整修，现已成集清真寺、墓园、园林于一体的伊斯兰建筑群。

---

15. 三分明月夜　几多扬州桥——扬州月与桥

史上扬州，繁荣寻源三次可称鼎盛，一是西汉中叶；二是在隋唐赵宋时期；三是明清年间。世人曾誉“扬一益二”“月亮城”美称，古往今来文人墨客至此，素以赏月、吟诗、咏怀为乐事，春江潮水连海平，海上明月共潮生。故天下明月三分，扬州独得其二。

史上二十四桥早已湮没流烟衰草，今扬州于瘦西湖畔，重修著名二十四桥景观，意喻史上“二十四桥”之说。此桥仿古栏柱 24 根，台级 24 层，布局皆与 24 对应。浮雕彩绘、湖石堆叠、遍植丹桂，令人置身云，水、花、月，渐入二十四桥诗画意境。

三分明月夜　二分是扬州

扬州二分明月楼今依著名诗句“天下三分明月夜，二分无赖是扬州”寻得此名。该楼始建于清代中叶，有清代文人钱咏书题书“二分明月楼”匾额，故布局设置堪称妙法。每逢清风送爽之夜，明月皎洁笼罩佳园，月光铺银月影绰约，秋蛩低鸣游人漫步，探古寻幽湖畔咏诵，此情此景怎不遐思飞绪赞叹“春风阆苑三千客，明月扬州第一楼”。

● 名句赋楼

造园困惑多苦于筑池有限无以引渠，而“旱园水做”恰在弥补无水缺憾情趣，营造世外桃源别具一格。如月亮桥、月亮门、月亮窗等，置亭台楼阁于玲珑园院，景物皆环扣“月”字，营造一种移步换景，月光、月色、月影、月情，可称“旱园水形”园艺之妙笔。

● 廊壁楹联

今平廊中建有一亭，集金农墨迹“伴月”横匾，唐诗“春江花月夜”“忆扬州”等。亭柱高悬一联：留云笼竹叶，邀月伴梅花。廊尽楼前一联：朗抱开晓月，高文激颓波。

● 楼榭特色

另有夕照楼位于黄石假山南侧，面西而立故曰夕照。楼内悬郑板桥墨迹“夕照”匾额。梅溪吟榭于园一隅，其造型新颖势呈扇面状，上悬一联：荷风送香气，松月生夜凉。

● 诗忆扬州

在《禹贡》一文中，扬州乃为天下九州之一，其后历代王朝都设有扬州区划。唐朝诗人徐凝在其名篇《忆扬州》一诗中不吝赞誉“天下三分明月夜，二分无赖是扬州”。

几多扬州桥　迷离二十四

据沈括《梦溪笔谈·补笔谈》载，史上唐代扬州水道纵横，有茶园桥、大明桥、九曲桥、下马桥、作坊桥、洗马桥、南桥、阿师桥、周家桥、广济桥、新桥、开明桥、顾家桥、通泗桥、太平桥、利园桥、万岁桥、青园桥、参佐桥、山光桥等，诗文曰二十四桥。

只是杜牧诗句一出，竟然留下千古迷离。有说，“二十四桥”只是一桥名。据李斗《扬州画舫录》载：“二十四桥即吴家砖桥，亦红药桥，在熙春台后”。据称，红药桥之名出自姜夔《扬州慢》中“二十四桥仍在，波心荡，冷月无声。念桥边红药，年年知为谁生”。

● 扬州桥影诗话

《寄扬州韩绰判官》　唐·杜牧

青山隐隐水迢迢，秋尽江南草未凋。

二十四桥明月夜，玉人何处教吹箫。

译文：青山隐隐峰峦起伏，江流一泻千里迢迢。时今虽然已过深秋，但江南草木并未凋谢。扬州城的二十四桥，在月色中分外妖娆。老朋友你在何处，聆听着美人吹箫？

鉴赏：这首著名诗句是杜牧被任命监察御史之后，由从淮南节度使幕府回长安供职后所作。唐代时扬州已是长江中下游最为繁华都会，店肆林立，商贾如云，“每至重城向夕，亭台楼阁之上，常有绛纱灯烛，辉映繁峙深夜，时现九里长街，歌舞升平恍若仙境”。

诗文第一句，便撷取远方朦胧之青翠山峦，隐约示人于恍惚迷蒙，江水东流绵长悠远，诗人浮现鲜活意境。第二句继而遥想江南虽近深秋，但此时草木枝叶应未衰落凋零。

前两句，以山川景物描写扬州，意在表现江南风光，也为后面问询韩绰倾诉离别之情作下铺垫。随后两句探询关心韩绰，清风明月之夜、是否于青楼附和笛管笙箫吟唱。

● 迷离二十四桥

杜诗此句既写出了扬州山清水秀、风姿绰约景致，也给后人留下了一个千古谜团。例如诗中二十四桥究竟为何意，是虚数泛指还是实数表明，抑或是一座桥名，由此竟引起好事者不断追问，故专家、学者，也跻身访古寻幽之列捕捉千百年“二十四桥”迷离。

● 二十四座桥说

据《一统志》载，史上隋代扬州曾置二十四座桥，唐代时仍可见二十四桥分布于扬州最繁华街道。宋代沈括在其《梦溪笔谈·补笔》中，曾列举二十三座桥名称和位置。但也有说自唐至明近千年，桥多毁战乱或倾圮，故明代就已有“二十四桥都不见”诗句。

● 排序编号之说

据说，古代诗歌中常有编号之句。如杜甫“不识南塘路，今知第五桥”；张乔“月明记得相寻处，城锁东风十五桥”；姜夔“红桥二十四，总是行云处”“曲终过尽松陵路，回首烟波十四桥”等。尽管有些数字前未加“第”字，但确令人隐约感觉编号之说确存。

● 泛指桥多之说

古诗词中，有时为表明事物不凡感情激越，常见使用某些形容数字，而不采用绝对数字。例如“白发三千丈”“飞流直下三千尺”“山道十八弯”“三百六十行”等。那么杜牧二十四桥诗句，是否也在运用这样的笔法，以此形容古城扬州桥式之丰桥数之多呢？

● 一座桥名之说

史传，南宋著名文人姜夔于淳熙三年（1176 年）冬至扬州，写下《扬州慢·淮左名都》诗文。其中有“二十四桥仍在，波心荡，冷月无声。念桥边红药，年年知为谁生”。此表现手法通常是指一座桥，另宋代一些诗人提及二十四桥时，其诗句也多指向一座桥名。

（三）扬州特产与美食

地方特产：董糖、酱菜、牛皮糖、鸭蛋粉、蛤蟆方酥、双黄咸鸭蛋、绿扬春茶、扬州炒饭、富春包子、扬州老鹅、扬州风鹅、扬州三把刀、扬州玉器、扬州剪纸、扬州漆器。

风味美食：蟹壳黄、鸡丝卷、五仁糕、三丁包子、黄桥烧饼、葱油酥饼、双麻酥饼、翡翠烧卖、蟹黄蒸饺、三色油饺、四喜汤团、蟹粉狮子、桂花糖藕粥、笋肉锅贴、赤豆元宵、虾籽饺面、千层油糕、拆烩鲢鱼头、扒烧整猪头。

附　　录

附录一

历史文化名城的提出、类型、条件

一、中华历史文化名城的提出

为保护重要文物和历史古迹免受破坏，1982 年 2 月，“历史文化名城”概念得以正式提出。根据《中华人民共和国文物保护法》阐述，“历史文化名城”（简称“名城”）是指那些：“保存文物特别丰富，具有重大历史文化价值和纪念意义且正在延续使用的城市”。

如果从行政区划看，这些名城并非一定是市，也可是县或区。关于“历史文化名城”一说，源于 1982 年根据北京大学侯仁之、建设部郑孝燮、故宫博物院单士元三位先生提议而建立的一种文物保护机制，经由中华人民共和国国务院确定并公布。

1982 年、1986 年、1994 年，国务院先后公布了三批共 99 座国家历史文化名城。由此开始，从 2000 年至 2021 年，又陆续增补 40 座，迄今达 139 座中华历史文化名城。

二、名城的七种类型

（1）历史古都型：都城时代的历史遗存物、古都的风貌为特点的城市，例如洛阳、北京、西安等。

（2）传统风貌型：保留了一个或几个历史时期积淀的完整建筑群的城市，例如商丘、大理、平遥等。

（3）一般史迹型：分散在全城各处的文物古迹为历史传统主要体现方式的城市，例如开封、济南等。

（4）风景名胜型：建筑与山水环境的叠加而显示出鲜明个性特征的城市，例如桂林、苏州等。

（5）地域特色型：地域特色或独自的个性特征、民族风情、地方文化构成城市风貌主体的城市，例如丽江、拉萨等。

（6）近代史迹型：反映历史上某一事件或某个阶段的建筑物或建筑群为其

显著特色的城市，例如上海、重庆等。

(7) 特殊职能型：某种职能在历史上占有极突出的地位的城市，例如“瓷都”景德镇、“盐城”自贡等。

三、名城申报的五项条件

在国务院2008年4月所公布的《历史文化名城名镇名村保护条例》中，明确提出了申报国家历史文化名城所需的五项条件：

(1) 保存文物特别丰富；

(2) 历史建筑集中成片；

(3) 保留着传统格局和历史风貌；

(4) 在所申报的历史文化名城保护范围内，还应当有2个以上的历史文化街区；

(5) 历史上曾经作为政治、经济、文化、交通中心或军事要地；或发生过重要历史事件；或其传统产业、历史上建设的重大工程对本地区的发展产生过重要影响；或能够集中反映本地区建筑的文化特色、民族特色。

附录二

中华历史文化名城名录

（按公布年份顺序）

一、国家首批公布的24个历史文化名城（国务院1982年2月8日）

北京、承德、大同、南京、苏州、扬州、杭州、绍兴、泉州、景德镇、曲阜、洛阳、开封、江陵、长沙、广州、桂林、成都、遵义、昆明、大理、拉萨、西安、延安。

二、国家第二批公布的38个历史文化名城（国务院1986年12月8日）

上海、天津、沈阳、武汉、南昌、重庆、保定、平遥、呼和浩特、镇江、常熟、徐州、淮安、宁波、歙县、寿县、亳州、福州、漳州、济南、安阳、南阳、商丘、襄樊（襄阳）、潮州、阆中、宜宾、自贡、镇远（贵州）、丽江、日喀则、韩城、榆林、武威、张掖、敦煌、银川、喀什。

三、国家第三批公布的37个历史文化名城（国务院1994年1月4日）

正定、邯郸、新绛、代县、祁县、哈尔滨、吉林、集安、衢州、临海（浙江）、长汀、赣州、青岛、聊城、邹城、临淄、郑州、浚县（河南）、随州、钟祥、岳阳、肇庆、佛山、梅州、雷州（海康）、柳州、琼山（海口）、乐山、都江堰、泸州、建水（云南）、巍山（云南）、江孜、咸阳、汉中、天水、同仁。

四、其后陆续公布的40个国家历史文化名城（国务院2001—2021年）

山海关（2001年8月）、凤凰（2001年12月）、濮阳（2004年10月）、安庆（2005年4月）、泰安（2007年3月）、海口（琼山2007年3月）、金华（2007年3月）、绩溪（2007年3月）、吐鲁番（2007年4月）、特克斯县（2007年5月）、无锡（2007年9月）、南通（2009年1月）、北海（2010年11月）、宜兴（2011年1月）、嘉兴（2011年1月）、中山（2011年3月）、太原（2011年3月）、蓬莱（2011年5月）、会理（2011年11月）、库车（2012年3月）、伊宁（2012年6月）、泰州（2013年2月）、会泽（2013年5月）、烟台（2013年7月）、青州（2013年11月）、湖州（2014年7月）、齐齐哈尔（2014年8月）、常州（2015年6月）、瑞金（2015年8月）、惠州（2015年10月）、温州（2016年5月）、高邮（2016年11月）、永州（2016年12月）、长春（2017年7月）、龙泉（2017年7月）、蔚县（2018年5月）、辽阳（2020年12月）、通海（2021年3月）、黟县（2021年6月）、桐城（2021年11月）。

参考文献

[1] 丁学仁，等．中国历史文化名城词典［M］．上海：上海辞书出版社，1985.

[2] 中国旅游网

[3] 中国风景园林网

[4] 360 搜索

[5] 中国历史年代简表编委会．中国历史年代简表［M］．北京：文物出版社，1973.

[6] 谭其骧．中国历史地图集（1 至 8 册）［M］．北京：中国地图出版社，1982—1987.

[7] 中国国家博物馆官网

[8] 中国人民革命军事博物馆官网

[9] 首都博物馆官网

[10] 故宫博物院官网

[11] 避暑山庄博物馆官网

[12] 大理白族自治州博物馆官网

[13] 大同市博物馆官网

[14] 广东省博物馆官网

[15] 广州市博物馆官网

[16] 桂林市博物馆官网

[17] 云南省博物馆官网

[18] 昆明市博物馆官网

[19] 曲阜孔子博物馆官网

[20] 南京博物院（省）官网

[21] 南京市博物馆官网

[22] 湖南省博物馆官网

[23] 长沙市博物馆官网

[24] 浙江省博物馆官网

[25] 杭州市博物馆官网

[26] 景德镇中国陶瓷博物馆官网

[27] 荆州博物馆官网

[28] 绍兴博物院官网

[29] 苏州博物馆官网

[30] 遵义市博物馆官网

[31] 陕西（省）历史博物馆官网

[32] 西安（市）博物院官网

[33] 西安半坡博物馆官网

[34] 秦始皇帝陵博物院官网

[35] 四川（省）博物院官网

[36] 成都（市）博物馆官网

[37] 开封博物馆官网

［38］西藏（自治区）博物馆官网
［39］洛阳博物馆官网
［40］古代（洛阳）艺术博物馆官网
［41］周公庙（洛阳）都城博物馆官网
［42］周王城天子驾六（洛阳）博物馆官网
［43］泉州博物馆官网
［44］海外交通史（泉州）博物馆官网
［45］延安革命纪念馆官网
［46］特色（陕北）纪念馆与文博馆官网
［47］扬州博物馆（双博）官网
［48］汉广陵王墓（扬州）博物馆官网
［49］宋大城西门遗迹（扬州）博物馆官网
［50］北京大学官网
［51］清华大学官网
［52］中山大学官网
［53］云南大学官网
［54］南京大学官网
［55］湖南大学官网
［56］浙江大学官网
［57］西安交大官网
［58］四川大学官网
［59］西藏大学官网

后　记

中华文明历史悠久源远流长，上自尧舜、下至民国，孕育出一些或具有深厚文化底蕴，或发生过重大历史事件而青史留名的古都名邑。早在1982年2月，为发掘、保护、弘扬这些史上著名都邑，一些有识之士和专家学者不失时机提出了“历史文化名城”之说。

政府和国家各级主管部门，历来高度重视历史文化名城、名镇、名村保护工作，并以相关法律形式，确立了历史文化名城、名镇、名村的保护制度。2008年《历史文化名城名镇名村保护条例》正式施行，进一步规范了历史文化名城、名镇、名村的申报与批准。该条例还指出，对于已经获得历史文化名城荣誉称号的城市（县或区），如因保护工作不力，致使名城的布局、环境、历史风貌、文化遗产等遭到严重破坏，及至名城历史文化价值受到严重影响，国务院将进行通报批评，并撤销其历史文化名城称号。

编写《徜徉中华历史文化名城》这部丛书，自2015年6月萌生想法、开始策划准备，2016年12月第一册初稿成，2017年5月考虑选择书名，2018年10月底3册书稿脱手，历经3年多基本呈现雏形。自2018年12月至2020年5月，又经一年多反复修改。

编写此书的想法和初衷，意在通过介绍历史文化名城的过去和现在，希望带给读者一些有益的认识和启迪，总结以往成功的经验，克服工作中的缺点或不足，从而激励人们去塑造更加美好的城镇、建设更加富强的祖国，为实现中华民族复兴崛起而共同努力。

本书编著过程中，曾得到清华老师的鼓励支持和热情指导，对各位师长、朋友的无私支持与热情帮助，在此表示由衷的感谢，继而化作不懈努力、集思广益、持之以恒编著该丛书的动力。

本人不是历史文化学者，也不是旅游行业工作者。古人云：“闻道有先后，术业有专攻。”囿于学识所限，在编写过程中需要参考、查阅、引用许多相关资料或网络信息，鉴于不便逐一列举并加以说明，故在此郑重向这些作者或单位，一并表示衷心感谢和诚挚敬意。

随着旅游文化事业的不断发展，旅游环境和设施的不断完善，各种形式的旅游活动将层出不迭、可供选择。对一般旅游者而言，在徜徉“中华历史文化名城”的过程中，建议不必过多纠结景区的史迹是否为原物，而应努力探索其背后那些丰富多彩的历史故事与文化脉络。

尽管自己做了很大努力，但因书中涉及历史文化、古今建筑、革命史迹、风景名胜、传统风貌、民族情趣等方面的知识极为宽泛，基于自身学识和视野局限只能略表皮毛，权作抛砖引玉。如此说来，书中就会存在很多不足或欠缺，故恳请广大读者提出宝贵意见。

李进民

2022年1月

作者简介

李进民，毕业于清华大学机械工程系（现汽车工程系），后供职于全国著名汽车运营企业——北京首汽（集团）股份有限公司（原北京首都汽车公司）。

长期从事汽车运营行业的技术、培训、管理等工作，具有较好的理论基础和较丰富的实际经验，并在工作中总结出一套比较科学、合理、安全、规范的技术培训方法。

其著作有《教你开好车》《教你选好车》《教你用好车》（机械工业出版社出版）、《永远的清华园、难忘的汽四一》（冶金工业出版社出版），并在《汽车之友》《新京报》等报刊发表若干专业类文章。

李晓萌，就读于香港大学中国商业学院 FMPM 专业（金融市场与投资组合管理）。曾供职于摩托罗拉、NEC、华润、凯撒旅游等知名企业，长期从事企业品牌整合营销及项目管理工作。受家人熏陶，自幼喜欢文史知识和旅游，并经常写写画画。